中国水利年鉴

1991

水利电力出版社

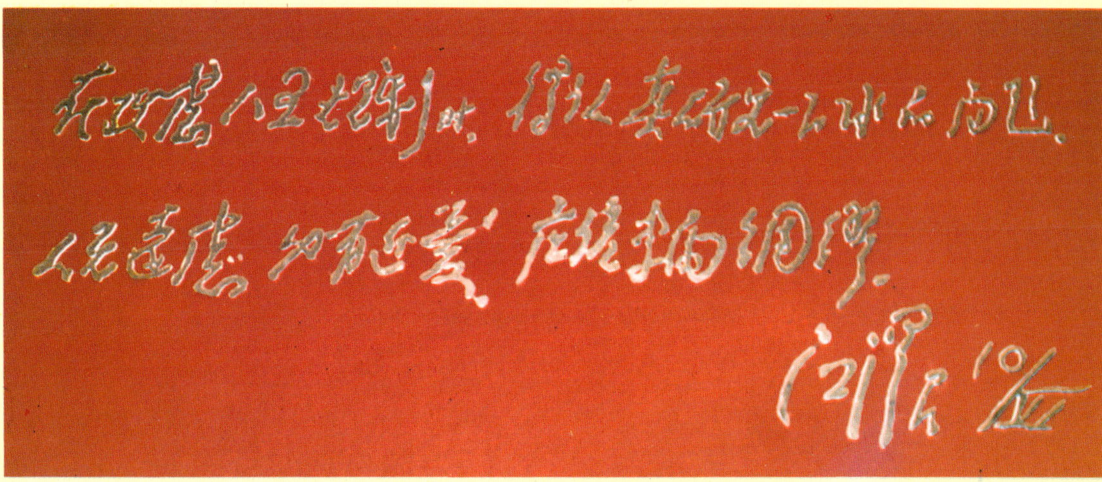

江泽民总书记批示：

“在考虑八五规划时，得认真研究一下水的问题。人无远虑，必有近忧。应该未雨绸缪。”

根治黄河水害，开发黄河水利水电资源，为中国人民造福。

李鹏

一九九〇年六月十二日

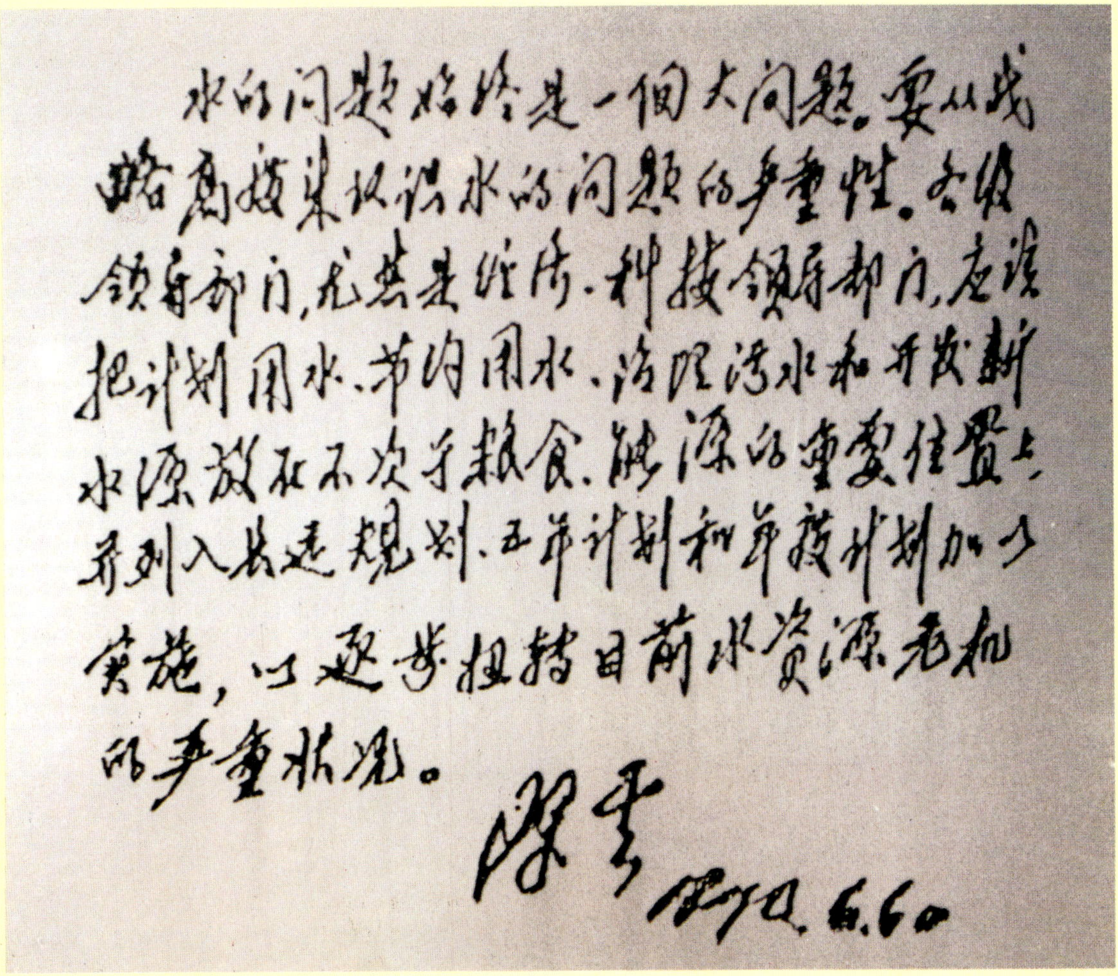
水的问题始终是一個大问题。要从战略高度来认识水的问题的严重性。各级领导部门，尤其是经济、科技领导部门，应该把计划用水、节约用水、治理污水和开发新水源放在不次于粮食、能源的重要位置上，并列入长远规划、五年计划和年度计划加以实施，以逐步扭转目前水资源危机的严重状况。

陈云

陈云同志批示：

“水的问题始终是一个大问题。要从战略高度来认识水的问题的严重性。各级领导部门，尤其是经济、科技领导部门，应该把计划用水、节约用水、治理污水和开发新水源放在不次于粮食、能源的重要位置上，并列入长远规划、五年计划和年度计划加以实施，以逐步扭转目前水资源危机的严重状况。”

1990年12月30日江泽民总书记在京郊水利工地参加劳动，并向全国水利建设者发表讲话

李华强 摄

1990年12月30日李鹏总理在京郊水利工地和大家一起参加劳动

李华强 摄

1990年冬，杨振怀部长在京郊水利工地接受记者采访

1990年冬，张春园副部长在京郊水利工地参加劳动

1990 年冬，王守强副部长在吉林省检查水利工作

严克强副部长与水利科技人员在一起

周文智副部长检查黄河防汛

三峡工程论证领导小组第十次（扩大）会议　　　　　徐昌俊 摄

在改革开放中建成的连结广州市珠江两岸的海印大桥　　　　胡 璟 摄

辽河入海口
赵小瑞 摄

治理开发珠江出海口磨刀门的洪湾北治导堤

胡 璟摄

广东省“七五”期间建成的西枝江水利枢纽——白盆珠水电站

曾 洪摄

河北省潘家口水利枢纽鸟瞰

郑　丹摄

1958年动工兴建的湖北省丹江口水利枢纽工程在防洪、发电、灌溉、航运和水产养殖等方面取得了巨大的综合经济效益

廉立新 摄

安徽省佛子岭水库

李德武 摄

河南省白龟山水库　　李德武 摄

海南省岭北水库　　唐南燊 摄

西藏自治区达然苏水库　　谢玉成 摄

江西省万安水利枢纽施工现场　　王 璋 摄

湖北省清江隔河岩水利枢纽大坝施工现场　　黄爱民 摄

河南省故县水库大坝施工现场

水利部建设开发司供稿

河南省板桥水库大坝施工现场　　水利部建设开发司供稿

新疆维吾尔自治区克孜尔水库截流施工现场

梁翊德 摄

吉林省星星哨灌区　　　　赵小瑞 摄

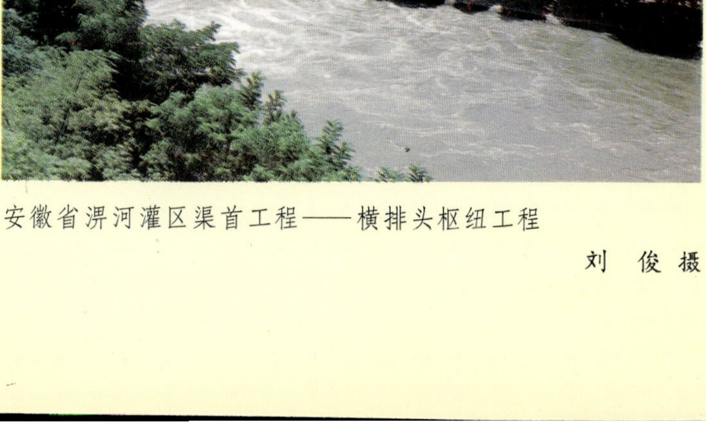

安徽省淠河灌区渠首工程——横排头枢纽工程

刘 俊摄

新疆维吾尔自治区最大的渠首工程——叶尔羌河卡群渠首西岸节制闸　　梁翊德 摄

山东省五莲县水土保持工程　　杜宝祯 摄

四川省宝兴县岩腔水电站　　李华强 摄

河南省新郑县东站乡农田半固定式喷灌节水灌溉工程

李德武 摄

新疆维吾尔自治区墨玉县的防渗渠道

梁翊德 摄

辽宁省建平县种植的沙棘

冯奎五 摄

贵州省山区的人畜饮水工程

贵州省水利电力厅供稿

海河防潮闸

王佑生 摄

山东省徒骇河坝上挡潮闸

杜宝祯 摄

安徽省茨淮新河的上桥枢纽　　陈　强 摄

上海市苏州河闸（桥）工程的闸底板从芜湖浮运至苏州河上，正在平移沉放　　谭耀南 摄

辽宁省辽阳市浑河治理工程　　赵小瑞 摄

建设中的黄浦江防汛墙加高加固工程　　谭耀南 摄

河南省襄县北汝河的“五化”堤防（堤防完整化、堤面平坦化、堤肩草皮化、堤坡草条化、护堤地园林化）

河南省水利厅供稿

福建省东山岛西埔围垦

福建省水利水电厅供稿

《中国水利年鉴》编辑委员会

编委会办公室

《中国水利年鉴》联系人

贾庭欣	水利部办公厅	刘俊辉	松辽水利委员会
李泽冰	水利部水政司	薛家认	淮河水利委员会
王淑筠	水利部计划司	秦明琦	太湖流域管理局
杨春锦	水利部人事劳动司	蒋维藩	北京市水利局
高　峰	水利部人事劳动司	刘长让	天津市水利局
史瑞和	水利部财务司	陈曦亮	河北省水利厅
徐百鹏	水利部人事劳动司	张　荷	山西省水利厅
丁瑞麟	水利部科技教育司	柴建华	内蒙古自治区水利局
周凤瑞	水利部科技教育司	邵质彬	辽宁省水利电力厅
朱蕴培	水利部外事司	盛国舜	吉林省水利厅
任光照	水利部水资源司	叶承华	黑龙江省水利厅
汪纯青	水利部水利管理司	周元福	上海市水利局
黄朝忠	国家防汛总指挥部办公室	王　铭	江苏省水利厅
董其林	水利部农村水利水土保持司	姚年新	浙江省水利厅
王效和	水利部建设开发司	陈道敏	安徽省水利厅
李　荧	水利部农村水电司	蔡健民	福建省水利水电厅
林祚顶	水利部水文司	谈国良	水利电力科学技术情报研究所
杨得瑞	水利部水利政策研究中心	傅国儒	江西省水利厅
胡俊峰	中国水利学会	宫崇楠	山东省水利厅
陈叔康	中国水力发电工程学会	蔡菊存	河南省水利厅
刘文究	中国水利电力企业管理协会	郭永全	湖北省水利厅
刘文究	中国水利电力企业家协会	皮颂孚	湖南省水利水电厅
张学义	中国水利实业开发总公司	孙国惠	广东省水利电力厅
徐昌俊	水利部展览办公室	潘靖海	广西壮族自治区水利电力厅
吴学群	中国水利电力对外公司	符建文	海南省水利局
徐洪亮	水利水电规划设计总院	郭嘉仁	四川省水利电力厅
陈丕瑜	水利电力科学技术情报研究所	汪　凡	贵州省水利电力厅
成绶台	长江水利委员会	谢玉成	西藏自治区水利局
赵民众	黄河水利委员会	贾良权	云南省水利水电厅
王治远	珠江水利委员会	陈恒基	陕西省水利水土保持厅
俞大昌	海河水利委员会	蒋宗平	甘肃省水利厅

马汝伟	青海省水利厅	**解尔庸**	新疆维吾尔自治区水利厅
夏春夷	宁夏回族自治区水利厅	**何　刚**	新疆生产建设兵团基建局

《中国水利年鉴》编辑出版工作人员

编辑说明

一、《中国水利年鉴》是反映中国水利事业发展和记录水利事实、汇集水利统计资料的工具书，每年编印一册。1991年刊主要收录1990年的资料和情况。

二、本《年鉴》包括10个专栏：1. 重要文献；2. 综述；3. 江河治理与开发；4. 地方水利；5. 专论；6. 科技与教育；7. 国际合作与交流；8. 新闻宣传、情报、出版、学术团体与活动；9. 大事记；10. 水利统计。

（一）"重要文献"专栏选载全国人大常委会、党中央、国务院发布的有关水利工作的重要文件，以及党和国家领导人等关于水利工作的重要讲话；有关水利法律、法规、制度、决定；水利方针、政策、体制改革等方面的重要文件；水利工作会议重要文件；报刊上关于水利工作的重要文章，等等。

（二）"综述"专栏按行业论述，包括水政、水文、水资源、计划、财务、防汛抗旱、农田水利建设、水土保持、水力发电、勘测设计、工程建设、城市供水、水利管理、综合经营、队伍建设，等等。

（三）"江河治理与开发"专栏概述全国大江大河治理规划和综合开发工作，以及本流域突出的问题。

（四）"地方水利"专栏论述省、自治区、直辖市水利概况，介绍地区和县的水利工作，反映新疆生产建设兵团水利概况。

（五）"专论"专栏选载专家、学者对中国重大水利问题的论述和见解。

（六）"科技与教育"专栏反映科技方针政策、科技机构、成果应用和推广，教育活动，高等、中等和成人教育，留学人员教育情况。

（七）"国际合作与交流"专栏反映水利外事工作情况，主要的合作交流、利用外资项目和国外项目，以及外事活动等。

（八）"新闻宣传、情报、出版、学术团体与活动"专栏反映水利新闻宣传、情报信息和出版工作，学会、协会的组织介绍，国内主要学术活动、国际学术活动、学会出版刊物和咨询情况等。

（九）"大事记"专栏按时间顺序记录党和国家领导人对水利工作的指示，国务院发布重要文件，水利部重要活动、重要会议，重大灾害，大型水利工程的论证和施工进展情况，重大科研成果评审、鉴定等。

（十）"水利统计"专栏以列表方式集中反映社会经济、水资源开发利用、水旱灾害、水利建设、水库、灌区、水文、科研、教育、劳动工资和水电建设等方面的统计资料。

三、在遵守"四项基本原则"的前提下，本《年鉴》文稿实行文责自负，编辑部一般只做技术性加工。文稿的技术内容、文字、数据、保密等问题均经撰稿人所在单位部门把关审定。

四、本《年鉴》的资料数据，除特别说明者外，均未包括台湾省。

五、本《年鉴》采用中国法定计量单位。数字的用法遵从国家《关于出版物上数字用法的试行规定》。技术术语、专业名词、符号等力求符合规范要求或约定俗成。

六、限于编辑水平和经验，本《年鉴》难免有缺点和错误，我们热忱希望广大读者和各级领导提出宝贵意见，以便改进工作。

《中国水利年鉴》编辑部

1992年1月31日

目　　录

Contents

重　要　文　献

Important Documents

综　述
Overview Papers

地　方　水　利
Local Water Resources

专　　论
Special Papers

科 技 与 教 育
Science and Technology, Education

国际合作与交流
International Cooperation and Exchange

新闻宣传、情报、出版、学术团体与活动
News Publicity, Information, Publication, Academic Society and Activities

大　事　记
Major Events

水　利　统　计
Statistics of Water Resources

重　要　文　献

Important Documents

法规、决定

关于淮河流域防止河道突发性污染事故的决定（试行）

（国家环保局、水利部、河南省人民政府、安徽省人民政府、江苏省人民政府、山东省人民政府　1990年6月15日联合颁发）

淮河流域跨省河道多，径流季节变化大，枯季径流量小，多受水利工程调控，许多河道污染较重，已多次发生突发性水污染事故，造成损失，影响工农业生产和城镇供水，出现了一些水污染矛盾。为防患于未然，以及在发生事故以后能采取必要的应急措施，尽力减少损失，特作出以下决定：

一、严格防止河道污水积蓄和大污水团流放

1. 环境保护和水利部门根据河道枯季径流、水利工程调节以及河道断流的特点，拟定防止河道污染事故的限制排污方案，省内河流由各省批准，跨省河流经流域水资源保护机构协调一致后由各省批准，环保和水利部门监督实施。工矿企业及市政等排污单位，要依据限制排污方案，制订季节性排污实施计划，报当地环保部门批准后执行。当河道污染达到限制标准时，排污单位应采取削减入河排污量的措施，包括提高污水处理设施运转效率、限产、暂时停产等，预防河道污水积蓄。专用的蓄污设施要严防决口。

2. 对可能造成河道、湖泊、水库等水污染事故的非正常排污，排污单位需征得水利部门同意后报环保部门批准。事故排污，要妥善处理，不得造成河道突发性污染。

3. 对可能造成河道突发性污染事故的主要污染源要限期治理，提高河道水质安全标准。

4. 在易发生污水积蓄的河道，水利部门要在水利工程（包括水库、湖泊控制工程）原有调度运行方案的基础上，兼顾到上下游区间河道纳污情况，研究调整调度运用方案，注意维持河道径流与自净能力。已有污水积蓄的河道，应尽可能按小流量放流，避免引起大污水团下移。开闸放水应提前通知下游地区，并要结合水利工程以上流域径流特征和上下游纳污情况，提出枯水季节的河道水质限制标准和最大允许纳污量，作为限制排污的依据。经省批准，水利部门监督实施。

二、制订应急措施方案，减少河道突发性污染损害

1. 河道突发性污染事故发生以后，县以上人民政府应及时采取有效措施，最大限度地减小污染损失和影响范围。事故应急措施的调度，应小局服从大局，局部服从整体，污染源控制与水利工程调节并重，上下游联防。

2. 根据入河污染源的具体情况和限制排污方案，制订应急措施方案，按次序对排污大户采取限产、停产、切断污染源等措施。必要时通过闸坝调度，发挥缓解污染情势的积极作用。

3. 污染事故发生地区的人民政府应采取措施，尽量在当地解决污染事故，不应以邻为壑，转嫁到下游地区，造成污染蔓延。污染河道的上下游地区，都应主动配合，视河道污情，采取措施，削减排污量，避免形成污染负荷叠加，扩大污染事态。

4. 发生事故地区，要做好集中供水的监督管理，防止供水中毒，有条件的地区应有备用水源。要做好宣传工作，动员用水单位和居民做好储水节水，安全度过水污染危机。水产养殖作业，要采取防范措施。

三、做好防止河道突发性污染的监视监测工作

1. 在可能发生事故的地区和季节，应开展监视监测工作，结合河道具体情况，建立健全水质、水量、排污量的监视监测站网，制订监测制度和资料信息传报制度，做到情况明，信息准确，传递及时。跨省河道，可设立边界监测哨，有条件的单位应开展水污染警告或水质预报。

2. 根据河道具体情况，确定主要的和敏感的水质、水量指标，定点监测和追踪监测相结合；取样分析与现场监测相结合。按水情、污情确定监测频率，在重要控制站、省界站、支流河口站、闸坝站和集流排污沟，当超过规定水质标准时，要进行动态监测。

3. 每年进入防止突发性水污染时期，即应开始水质水量的监视监测和资料信息的传报工作。由各监测单位和水文测站直接向领导机关和有关相邻地区主管机关传报，测得结果即报。具体传报方向和传报办法，由业务部门结合各地情况，另行拟定。要利用现有通讯手段，并进行必要的通讯装备，提高传报时效。

排污单位发生事故或其他突然事件，要立即向当地环境保护部门和水利部门报告。

四、组织实施

1. 各省境内河道防止突发性污染事故的监督管理领导工作和应急措施的指挥调度，由各省人民政府负责，具体工作，由省环境保护部门和水利部门进行。跨省河道防止污染事故的监督管理和应急措施的调度，由淮河流域水资源保护领导小组负责组织协调，日常工作由领导小组办公室负责，有关的省和部门要密切配合。

2. 在淮河流域，一般以每年10月至次年5月定为防止突发性水污染时期。各省环境保护和水利部门要组织有关单位进行会商，分析排污、治理设施运行情况及河道水情、污情、水工程运用等情况，制定年度防污安全方案，做到任务层层落实。

3. 防止污染事故的监测及情报、预报工作，由环境保护和水利部门负责，市政、卫生部门及工矿企业单位配合开展。所需经费由各自的领导机关解决。

4. 在易发生河道突发性污染的地区，要严格排污管理。对造成河道严重污染的企业事业单位，逾期不完成限期治理，造成了危害和损失的，要按水污染防治法规定，分别征收超标排污费和处以罚款。不按规定排污，造成河道污水积蓄进而酿成突发性污染事故并造成损失的，要追究排污单位的法律责任。省际间突发性水污染事故纠纷，由淮河流域水资源保护领导小组商有关省人民政府提出处理意见，报国家环境保护局和水利部备案。

以上决定，淮河流域有关地区和部门，应结合实际情况，制订具体实施办法，切实贯彻执行。流域水资源保护领导小组办公室做好协调服务工作。

河道采砂收费管理办法

（水利部、财政部、国家物价局
1990年6月20日联合颁发）

第一条 为加强河道的整治和管理，合理采挖河道砂石，依据《中华人民共和国河道管理条例》第四十条规定制定本办法。

第二条 本办法所称河道采砂是指在河道管理范围内的采挖砂、石，取土和淘金（包括淘取其他金属及非金属）。

第三条 河道采砂必须服从河道整治规划。河道采砂实行许可证制度，按河道管理权限实行管理。河道采砂许可证由省级水利部门与同级财政部门统一印制，由所在河道主管部门或由其授权的河道管理单位负责发放。

第四条 采砂单位或个人必须提出河道采砂申请书，说明采砂范围和作业方式，报经所在河道主管部门审批，在领取河道采砂许可证后方可开采。从事淘金和营业性采砂取土的，在获准许可后，还应按当地工商、物价、税务部门的有关规定办理。

第五条 河道采砂必须交纳河道采砂管理费。

第六条 河道采砂管理费的计收：

(一)由发放河道采砂许可证的单位计收采砂管理费。

(二)河道采砂管理费的收费标准由各省、自治区、直辖市水利部门报同级物价、财政部门核定。收费单位应按规定向当地物价部门申领收费许可证，并使用财政部门统一印制的收费票据。

第七条 河道采砂管理费用于河道与堤防工程的维修、工程设施的更新改造及管理单位的管理费。结余资金可以连年结转，继续使用，其他任何部门不得截留或挪用。

第八条 河道主管单位要加强财务及收费管理，建立健全财务制度，收好、管好、用好河道采砂管理费。河道采砂管理费按预算外资金管理，专款专用，专户存储。各级财政、物价和水利部门要负责监督检查各项财务制度的执行情况和资金使用效果。

第九条 违反本办法第三、四、五条规定的，按《河道管理条例》第四十四条规定办理。

第十条 河道管理、监理人员在河道采砂收费管理中，滥用职权，徇私舞弊、收受贿赂的，按《河道管理条例》第四十八条规定办理。

第十一条 各省、自治区、直辖市水利部门可以根据本办法的规定，结合实际情况，商同级财政、物价部门制定本地区河道采砂收费管理实施细则。

第十二条 本办法由水利部负责解释。

第十三条 本办法自公布之日起施行。

制定水长期供求计划导则

（水利部 1990 年 8 月 10 日颁发）

第一章 总 则

第一条 根据中华人民共和国水法第三十条规定，为了实施编制水长期供求计划，制定本导则。

第二条 水长期供求计划是指导性计划。它以水的供求现状、国民经济和社会发展计划与国土整治规划为依据，以江河流域规划、水资源综合评价为基础，测算不同水平年的可供水量和用水需求，按供需协调，综合平衡保护生态、厉行节约、合理开源的原则制定，以保证水的长期稳定供给，促进经济发展和社会繁荣。

第三条 水长期供求计划要在宏观上查清本地区今后水资源开发利用和保护管理应遵循的基本方向，拟定水源地和供水设施等建设，以及水的合理使用和调配应采取的指导性、综合性对策和切实可行措施。为国家和地区编制五年计划、年度计划，以及执行取水许可制度提供依据。

第四条 编制水的长期供求计划时水平年的选取要与国民经济和社会发展计划的总目标相协调，一般要选取现状、近期、中长期三个水平年分析本地区水资源供需情况。现状水平年又称基准年；近期水平年为基准年以后的 5～10 年；中长期水平年为基准年以后的 15～20 年。水资源超长期供需预测，可根据需要和资料条件作宏观展望。

第五条 编制水长期供求计划按照行政区划结合流域综合规划分区，并确定重点区和一般区。对重点区，可再细分子区。重要城市（指城区）应单独作为一个分区。

第六条 编制水的长期供求计划，各分区选用的水文系列和代表年的保证率要协调一致。平水年保证率 $P=50\%$，枯水年保证率 $P=75\%$，特枯年保证率 $P=90\%$ 或 95%。根据需要选择相应保证率的代表年进行水资源供需分析。

第七条 水资源供需分析一般按月、或者根据本地区的实际情况，选取适当的计算时段。

第二章 历史与现状水资源分析

第八条 编制水的长期供求计划，应当全面回顾和分析水资源开发利用的历史变迁，重点是中华人民共和国成立后修建的水利工程和开发利用水资源的演变过程和效益。

第九条 水资源开发利用现状分析包括：基准年的实际供水和用水现状；江、河、湖、库及地下水的水质状况；现有供水工程条件下不同来水保证率的水资源供需情况；以及水资源开发利用存在的主要问题。

第三章 需 水 预 测

第十条 需水预测以本地区不同水平年社会经济发展指标为依据。主要指标包括：人口（城镇、农村）、工业（一般工业和电力、分行业产值和产量）、农业（水田和旱地灌溉面积、经济作物和粮食作物产量和产值、大小牲畜头数等）、其他（水运、水力发电、环境生态、旅游等）。

第十一条 城镇生活用水包括城镇居民生活用水、公共用水、商品菜田用水以及城镇河湖环境补水。要着重分析人口的增长、生活水平的提高、城镇化的发展对用水增长的影响。

第十二条 农村用水包括农田灌溉用水、林、牧、渔业用水、乡镇企业用水、农村人畜饮用水。农村用水的预测要考虑灌溉面积的增长、节水灌溉措施的推广、作物的合理布局、乡镇企业的发展速度、农村人畜饮用水的发展等因素。农田灌溉面积要保持稳定适度的发展，做到定水源、定工程措施、定面积，合理选用不同保证率的灌溉定额（包括污水灌溉）。

第十三条 工业用水预测按行业的万元产值用水量及重复利用率估算，或用其他方法估算。要着重研究耗水量大的工业的发展，不同时期的用水定额要充分考虑节水措施。

第十四条 对有通航、冲淤、水力发电、环境生态等需水要求的河道，通过综合平衡，确定河道内需水量。

第四章 供 水 预 测

第十五条 不同水平年新增加可供水量取决于新增水源工程的供水能力。新增水源工程包括现有工程的挖潜配套、新建水源工程、污水处理回用工程等。

第十六条 不同水平年新增水源工程拟定依据：①本地区水资源的开发现状和进一步开发的条件；②与用水需求相协调；③流域规划、地区水利规划以及供水规划中拟定的水源工程，注意上下游协调，避免重复建设，避免取水矛盾。

第十七条 不同水平年新增水源工程的安排原则：①优先挖潜配套，充分发挥现有工程的潜力；②先开发当地水，后考虑地区间、跨流域调水；③全面衡量工程的经济效益、社会效益和环境生态效益。

第十八条 对地表水供水工程可供水量，要自上而下逐级调算，并考虑需水要求，估算出不同水平年、不同保证率的工程设施供给的水量。估算现有工程供水量时，应考虑工程老化、泥沙淤积等因素造成的供水量减少。

第十九条 地下水可供水量以补给量和可开采量为依据，分别估算出浅层、深层以及微咸水改造利用的数量。对超采地区要严格控制开采量，并考虑补救措施。

第二十条 污水处理回用量要结合城市规划和工业布局考虑，分别估算出回用于工业和农业灌溉的数量。

第二十一条 对利用海水，主要估算直接利用海水量和替代淡水数量。

第二十二条 对新增工程要进行初步经济分析，包括：①投资及投资可能性分析；②不同供水方案主要技术经济指标（工程总投资、年总供水、年净效益、投资回收年限、效益费用比等）比较。

第五章 综合平衡与对策措施

第二十三条 初步供需分析：根据供水、需水预测，拟定若干组合方案，算出各组合方案分区的余缺水量和各项开发利用指标，并进行综合评价。

第二十四条 平衡方案：是指按某一来水保证率条件下的供水和需水的基本平衡。不同水平年平衡方案保证率，应根据水源、技术、经济等条件来选定。

第二十五条 当拟定的组合供需方案中提不出平衡方案时，应根据优先保证生活用水，统筹考虑工业和农业用水的原则，进行供水和需水的反馈计算，以求达到平衡，并进行分析评价。

第二十六条 实现不同水平年水资源供需平衡应采取开源、节流、保护、管理的综合性对策措施，并进行相互协调，在不同地区有不同侧重点。

第二十七条 开源对策：实现供需平衡的合理供水工程布局；各类开源工程的规模、效益、投资、实施计划；供水工程集资办法和投资政策。

第二十八条 节水对策：节水规划；节水技术、工艺、工程的推广应用；节水的技术经济指标；节水的投资政策和鼓励办法。

第二十九条 保护对策：建立重点水源保护区；供水工程供水能力的保持和维护；地下水超采区的有效控制；江、河、湖、库和地下水水污染防治；海水入侵的防治。

第三十条 管理对策：实行计划供水和取水许可制度；建立和健全用水统计和用水考核制度；在缺水严重地区，限制耗水量大的工矿企业和水稻面积的发展；征收水资源费和水费等。

第三十一条 拟定特殊干旱年与连续干旱年应急措施。

第六章 编制与审批

第三十二条 全国和跨省、自治区、直辖市的区域和江河水长期供求计划，由国务院水行政主管部门会同有关部门制定，报国务院计划主管部门审批。

第三十三条 地方的水长期供求计划，由县级以上地方人民政府水行政主管部门，根据本导则和上一级人民政府主管部门制定的水长期供求计划，会同有关部门，结合本地区的实际情况制定，报同级人民政府计划主管部门审批，并报上一级水行政主管部门备案。

第三十四条 水长期供求计划每隔一定时间，根据情况变化而修正，使计划具有现实性和连续性。

第三十五条 本导则由中华人民共和国水利部负责解释。

水政监察组织暨工作章程（试行）

（中华人民共和国水利部令第1号，1990年8月15日发布）

第一条 为贯彻实施《中华人民共和国水法》和其他水法规（以下简称水法规），实行依法治水、管水，根据水行政主管部门的法定职责和权限，制定本章程。

第二条 各级水行政主管部门必须加强水政工作，设置水政机构，建立水政监察队伍。

各级水政机构是水行政执法的综合职能部门；水政监察人员是水行政主管部门行使行政执法权的代表，按照规定的授权范围依法实施直接的水政监察。

第三条 水政监察必须以事实为根据，以法律为准绳。

水政监察以法律、行政法规和地方性法规为依据。依照法律、行政法规和地方性法规制定的水行政管理规章和规范性文件，也作为水政监察的依据。

第四条 水政监察的基本任务和职责是：

（一）宣传贯彻水法规；

（二）依法保护水、水域、水工程和其他有关设施，维护正常的水事秩序；

（三）依法对水事活动进行监督检查，对违反水法规的行为依法作出行政裁定、行政处罚或者采取其他行政措施；

（四）配合司法机关查处水事治安、刑事案件。

第五条 水政监察人员的职务序列是水政监察专员、副水政监察专员、主任水政监察员、副主任水政监察员、水政监察员、助理水政监察员。

省、自治区、直辖市、计划单列市级水行政主管部门设置水政监察专员、副水政监察专员、主任水政监察员、副主任水政监察员、水政监察员。地区级、县级水行政主管部门设置主任水政监察员、副主任水政监察员、水政监察员、助理水政监察员。

县级水行政主管部门在乡（镇）的派出机构设置水政监察员、助理水政监察员。

水利部有关司及七大江河等流域机构的水政监察人员的设置，由水利部另行规定。

县级以上地方人民政府水行政主管部门所属的水资源管理、工程管理、河道管理、水土保持管理、水文管理等机构和单位的兼职或专职水政（含水保监督）监察人员的设置，由同级水行政主管部门规定。

第六条 各级水政监察人员的考核和任免，按下列规定办理：

（一）各级水政监察员、助理水政监察员，由同级水行政主管部门进行考核和任免；

（二）地区级、县级主任水政监察员、副主任水政监察员，由同级地方人民政府考核、任免，报上一级水行政主管部门备案；也可以由上一级水行政主管部门考核、任免；

（三）省、自治区、直辖市、计划单列市级副水政监察专员、主任水政监察员、副主任水政监察员，由同级水行政主管部门考核、任免，副水政监察专员、主任水政监察员报水利部备案；

（四）省、自治区、直辖市、计划单列市级水政监察专员，由同级水行政主管部门提名，报同级人民政府核准，由水利部任免。

第七条 水政监察人员应当具备下列条件：

（一）热爱水利事业，具有一定的水利管理业务知识和实践经验；

（二）具有中等以上文化水平，经过法律基础知识培训和考核，熟悉水法规；

（三）作风正派，坚持原则，秉公执法，廉洁奉公。

第八条 水政监察专员、副水政监察专员应由具有大专毕业以上文化程度，谙熟业务和水法规，有较高的政策水平和组织能力，能处理复杂的水事案件和水事纠纷的干部担任。

第九条 主任水政监察员、副主任水政监察员应由具有中专以上文化程度，熟悉业务和水法规，有一定的政策水平和组织能力，能经办和处理比较复杂的水事案件和水事纠纷的干部担任。

第十条 水政监察人员必须遵纪守法，不得徇私舞弊。各级水行政主管部门对所属水政监察人员应定期进行培训和业绩考核，有关培训考核和奖惩办法，由各级水行政主管部门制定。

第十一条 水政监察人员实行任期制，任期由任命机关规定。水政监察人员有权向上级反映情况，并对下级水政监察人员进行监督指导。

第十二条 水政监察人员在执行公务时：

（一）应进行现场检查、取证；

（二）要求被调查的单位和个人提供有关情况和材料；

（三）询问当事人和有关证人，作出笔录；

（四）依法制止不法行为，并采取防止造成损害的处置措施；

（五）对违法行为和侵权行为依法作出行政裁定、行政处罚，或者采取其他行政措施。

第十三条 水政监察人员执行公务时应当着装、持证、佩戴标志。标志和证件格式由水利部规定，由县级以上地方人民政府或上一级水行政主管部门核发。

水政监察人员执行公务，应配备水政监察专用车辆和有关装备。

第十四条 省、自治区、直辖市水行政主管部门可根据本章程，结合本地实际情况，制定具体办法。

第十五条 本章程由水利部负责解释。

第十六条 本章程自发布之日起施行。

违反水法规行政处罚暂行规定

（中华人民共和国水利部令第2号，
1990年8月15日发布）

第一章 总 则

第一条 为了依法治水，依法管水，维护水利秩序，保护公民、法人和其他组织的合法权益，根据《中华人民共和国水法》及有关法律、法规制定本规定。

第二条 本规定中的行政处罚，是指县级以上地方人民政府水行政主管部门对违反水法规的违法行为的责任人给予的一种行政制裁，不包括治安管理处罚。

第三条 县级以上地方人民政府水行政主管部门负责所管辖范围内发生的水事违法行为的行政处罚。

应当给予治安管理处罚的，按照《中华人民共和国治安管理处罚条例》的规定，由公安机关处罚。

构成犯罪的，依法追究刑事责任。

第四条 行政处罚应以事实为根据，以法律为准绳，坚持教育与处罚相结合的原则，按照违法的性质、情节、危害程度区别处理。

第二章 处罚的种类和运用

第五条 本规定的行政处罚种类主要包括：警告、罚款、没收非法所得等。

第六条 违反水法规，使国家的水、水域、水工程和其他有关设施造成损失的，由责任人赔偿损失，如果责任人系无行为能力人或者限制行为能力人，由其监护人承担赔偿责任。

第七条 违反水法规，有下列情形之一的，可以从轻或免予行政处罚：

（一）情节显著轻微、危害不大的；

（二）主动承认错误及时纠正的；

（三）受他人胁迫或者诱骗的。

第八条 违反水法规，有下列情形之一的，从重处罚：

（一）损害程度大的；

（二）后果严重的；

（三）胁迫、诱骗他人违法的；

（四）对检举人、证人打击报复的；

（五）屡犯不改的。

第三章 行 政 处 罚

第九条 违反水法规，有下列情形之一的，县级以上地方人民政府水行政主管部门除责令其停止违法行为，赔偿损失，限期清除障碍或采取补救措施外，可以并处警告和1万元以下罚款；情节严重，已构成犯罪的，应依法追究刑事责任：

（一）非法围垦湖泊、河流的；

（二）未经水行政主管部门批准在河床、滩地修建建筑物的；

（三）擅自修建水工程或整治河道、航道的；

（四）占用堤防、护堤地、渠道建房和修建其它建筑物的；

（五）未经水行政主管部门批准随意取水、截水、阻水、排水的；

（六）在下游地区设障阻水缩小河道现有过水能力的；在上游地区擅自增大下泄流量的。

第十条 违反水法规，有下列情形之一的，县级以上地方人民政府水行政主管部门除责令其停止违法行为，赔偿损失，限期清除障碍，采取补救措施外，可以并处警告和1万元以下罚款；逾期不清除的，按《中华人民共和国河道管理条例》第三十六条的规定办理：

（一）在江河、湖泊、水库、渠道内，弃置或堆放阻碍行洪的物体、种植阻碍行洪的树木或高秆作物、建筑围堤或阻水渠道；在河道内弃置沉船、设置碍航渔具、种植水生植物的；

（二）未经水行政主管部门批准，随意在河道、渠道堆放物料，弃置砂石、淤泥、矿渣、煤灰、垃圾的。

第十一条 违反水法规，有下列情形之一的，县级以上地方人民政府水行政主管部门除责令其停止违法行为，赔偿损失，采取补救措施外，可以并处警告和1万元以下罚款；应当给予治安管理处罚的，按照《中华人民共和国治安管理处罚条例》的规定处罚；构成犯罪的，依法追究刑事责任：

（一）损毁堤防、护岸、闸坝、水工程建筑物，损毁防汛设施、水文监测和测量设施、河岸地质监测设施以及通信照明等设施的；

（二）在堤防、水源工程、灌排渠道等水工程保护区内建房、打井、钻探、爆破、挖筑鱼塘、采石、取土等危害水工程安全活动的；

（三）非管理人员操作河道上的涵闸闸门或者干扰河道管理单位正常工作的；

（四）在属于水利工程管理和保护范围的水域内炸鱼、毒鱼、电鱼和哄抢水种植、养殖产品的。

第十二条 违反水土保持法规的单位或个人，县级以上地方人民政府水行政主管部门除责令其停止违法行为，限期恢复原貌，赔偿损失外，并可对违法单位或个人并处警告和罚款。

第十三条 未经水行政主管部门批准或不按批准范围和作业方式在河道内随意采砂、取土、淘金的，水行政主管部门除责令其停止违法行为，没收其非法所得外，可以并处警告和3000元以下罚款。

第十四条 取水单位和个人，有下列情况之一的，水行政主管部门除责令其停止违法行为，采取补救措施，赔偿损失外，可以并处警告和2000元以下罚款：

（一）不按取水许可规定取水的；

（二）不按规定期限装置量水设施的；

（三）拒绝提供取水测定数据等有关资料或者提供假资料的；

（四）拒绝或妨碍水行政主管部门按规定进行检查的；

（五）拒不执行水行政主管部门批准的取水调整、限制方案的。

第四章 裁决与执行

第十五条 违反水法规行为的处罚，由县级以上地方人民政府水行政主管部门裁决。

200元以下罚款，可由乡镇水利管理部门裁决。被处罚人没有异议的，由水政监察人员当场执行。

第十六条 水行政主管部门进行处罚的程序，应根据《违反水法规行政处罚程序暂行规定》，填发《违反水法规行政处罚决定通知书》，通知受罚单位或个人，罚款、赔偿损失和没收非法所得，均应开具正式凭证。

第十七条 受罚款处罚的单位或个人，应将罚款当场交水政监察人员，或在接到罚款通知书后5日内送交作出处罚决定的机关；逾期不交纳的，应加计滞纳金。

第十八条 依照《中华人民共和国水法》第四十八条第一款的规定，当事人对行政处罚不服的，可以在接到处罚决定通知之日起15日内，向作出处罚决定的机关的上一级机关申请复议；对复议决定不服的，可以在接到复议决定之日起15日内，向人民法院起诉。当事人也可以在接到处罚决定通知之日起15日内，直接向人民法院起诉。当事人逾期不申请复议或者不向人民法院起诉又不履行处罚决定的，由作出处罚决定的机关申请人民法院强制执行。

第十九条 违反水法规，应当给予治安管理处罚的，其裁决与执行，按《中华人民共和国治安管理处罚条例》的规定办理。

第二十条 各级水行政主管部门的水政监察人员，必须严格执行国家的法律、法规，秉公办事，不得徇私舞弊，对违反者依法严肃处理。

第五章 附 则

第二十一条 省、自治区、直辖市人民政府水行政主管部门可根据本规定制定具体办法。

第二十二条 本规定由水利部负责解释。

第二十三条 本规定自发布之日起施行。

违反水法规行政处罚程序暂行规定

（中华人民共和国水利部令第3号，
1990年8月15日发布）

第一条 为保证《中华人民共和国水法》和水法规（以下简称水法规）的贯彻实施，使违反水法规行为（或称水事违法案件）的查处工作规范化、制度化，根据《中华人民共和国水法》及有关法律、法规，制定本规定。

第二条 县（市）级水行政主管部门负责查处本行政区域内水事违法案件和同级人民政府或上级水行政主管部门交办的案件。

地、市、州、盟水行政主管部门负责查处本行政区域内有较大影响的案件和同级人民政府或上级水行政主管部门交办的案件。

省、自治区、直辖市水行政主管部门负责查处本行政区域内有重大影响的案件和同级人民政府或国务院水行政主管部门交办的案件。

第三条 在必要时，上级水行政主管部门可处理下级水行政主管部门查处的案件，也可将自己查处的水事违法案件交由下级水行政主管部门办理；下级水行政主管部门认为案情重大，情况复杂，由上一级水行政主管部门查处更为适宜时，可请求报送上级水行政主管部门处理。

第四条 水利部流域机构查处由水利部授权管辖的水、水域和水工程等的违法案件或水利部交办的有重大影响的案件。

第五条 县级水行政主管部门对行政执法人员在实施检查监督中发现的违反水法规的违法行为，可立案处理。县级以上地方人民政府水行政主管部门对上级交办、其他部门移送和群众举报的违反水法规的水事违法案件应予受理。

第六条 举报水事违法案件可用书面或口头的方式。水行政主管部门受理口头举报案件时，必须详细记录，经核对无误后，由举报人签名盖章；举报人举报案件，如不愿使用真实姓名的，水行政主管部门应当尊重举报人的意愿。

第七条 水行政主管部门发现受理的举报案件不属于本部门查处时，应及时向举报人说明，同时应将举报信函或者笔录移送有权处理机关。对明显违反治安管理处罚条例和刑法的水事案件，水行政主管部门应主动协同司法机关查处。

第八条 水行政主管部门受理的水事违法案件，应当认真进行审查，符合立案条件的，应予以立案。不符合立案条件的须告知交办、移送案件的单位和举报人。

第九条 符合下列条件的水事违法案件，水行政主管部门应当立案：

（一）具有违反水法规事实的；

（二）依照水法规应当追究法律责任的；

（三）属本部门管辖和职责范围内处理的。

第十条　符合立案条件的水事违法案件，应填写《水事违法案件受理、立案呈批表》，经水行政主管部门领导批准后立案。

已经水行政主管部门批准立案的重大案件，应抄报上一级水行政主管部门备案。

经批准立案的案件，应及时指派承办人。承办人员和主管领导，与本案有利害关系，或与本案当事人有其他关系，可能影响公正查处案件的，应当回避。

重大案件中止或者撤销，应抄报上一级水行政主管部门备查。

第十一条　承办人员在执行检查和调查任务时，应出示水政监察证件，必要时还应出示县级以上地方人民政府有关主管部门的证明。

第十二条　承办人在调查案件时可以向当事人和证人提出询问，索取有关的证据，必要时可以进行现场勘测。填写《水事违法案件调查笔录》。

第十三条　证据包括下列几种：

（一）物证；

（二）书证；

（三）视听资料；

（四）证人证言；

（五）当事人陈述；

（六）调查笔录和现场勘测结果；

（七）鉴定结论。

上述证据未经查证属实，不得作为认定事实的根据。

案件调查后，承办人员应提出《水事违法案件调查报告》。

第十四条　经立案调查认定后，有明显违法行为的，水行政主管部门应及时发出《责令停止水事违法行为通知书》，送达当事人。

第十五条　承办人员在案件调查结束后，应根据事实，依据法律、法规，分别案情予以处理：

(一)举报不实或者证据不足，未构成违法事实的，应报请原批准立案的主管领导准予撤销；

(二) 违法事实清楚，证据确凿的，水行政主管部门应依法作出行政处罚决定，并发出《违反水法规行政处罚决定通知书》，送达当事人；

(三) 需给予治安管理处罚的，应移送公安机关处理；

(四) 国家工作人员违法，依法给予行政处分的，须提出书面建议并附调查报告和有关证据，移送当事人所在单位或上级监察机关处理，处理结果应抄送移送案件的机关；

(五) 违法行为已构成犯罪的，应及时将案件移送司法机关依法追究刑事责任。

第十六条　依照《中华人民共和国水法》的有关规定，当事人对行政处罚决定不服的，可以在接到《违反水法规行政处罚决定通知书》之日起15日内，向作出处罚决定的机关的上一级机关申请复议；对复议决定不服的，可以在接到复议决定之日起15日内，向人民法院起诉。当事人也可以在接到处罚通知之日起15日内，直接向人民法院起诉。当事人逾期不申请复议或者不向人民法院起诉又不履行处罚决定的，由作出处罚决定的机关申请人民法院强制执行。

第十七条　承办人员在案件处理完毕后，应及时填写《水事违法案件结案报告》，经主管领导批准结案。

结案后，承办人员应将查处过程中形成的有关文件编目装订，立卷归档。

案情重大和情况复杂的案件，以及上级交办的案件结案后，应当向上一级水行政主管部门备案。

第十八条　水事违法案件的罚没财物和追回的赃款、赃物，由作出处罚决定的机关收缴，按照财政部《罚没财物和追回赃款赃物管理办法》的规定办理。其中，由财政返回的部分应用于办案费用的补助，奖励举报和查处重大案件的有功人员。

第十九条　承办人员应当严格遵守法纪，秉公执法，不得徇私舞弊滥用职权，打骂，侮辱人格或逼供，违者给予行政处分，构成犯罪的依法追究其刑事责任。

第二十条　本规定附《水事违法案件受理、立案呈批表》、《水事违法案件调查笔录》、《水事违法案件调查报告》、《责令停止水事违法行为通知书》、《违反水法规行政处罚决定通知书》、《水事违法案件行政处罚强制执行申请书》、《水事违法案件结案报告》。

第二十一条　本规定由水利部负责解释。

第二十二条　本规定自发布之日起施行。

水事违法案件受理、立案呈批表

<table>
<tr><td rowspan="2">报告人</td><td>姓名</td><td></td><td>男
女　　　岁</td><td>工作单位</td><td colspan="3"></td></tr>
<tr><td>住址</td><td colspan="2"></td><td>报案时间</td><td></td><td>方式</td><td></td></tr>
<tr><td colspan="2">发案时间</td><td colspan="2"></td><td>发案地点</td><td colspan="3"></td></tr>
<tr><td colspan="2">违法单位</td><td colspan="2"></td><td>法定代表人</td><td colspan="3"></td></tr>
<tr><td colspan="2">违法人或直接责任者姓名</td><td>性别</td><td>年龄</td><td colspan="4">工作单位</td></tr>
<tr><td colspan="2"></td><td></td><td></td><td colspan="4"></td></tr>
</table>

案情简介

<table>
<tr><td>受理人建议</td><td></td></tr>
<tr><td>主管领导批示</td><td></td></tr>
<tr><td>备注</td><td></td></tr>
</table>

填表人：____________________ 立案机关________________________ 盖章

填表日期　　年　月　日

水事违法案件调查笔录

第　页

案　由＿＿＿＿＿＿＿＿＿＿＿＿＿＿＿＿＿＿＿＿＿＿＿＿＿＿＿＿＿＿

被调查人＿＿＿＿＿＿性别＿＿＿＿＿＿年龄＿＿＿＿＿＿职务＿＿＿＿＿＿

工作单位＿＿＿＿＿＿＿＿＿＿＿＿与当事人关系＿＿＿＿＿＿＿＿

详细住址＿＿＿＿＿＿＿＿＿＿＿＿＿＿＿＿＿＿＿＿＿＿＿＿＿＿

调查时间＿＿＿年＿＿＿月＿＿＿日　自＿＿＿时＿＿＿分　至＿＿＿时＿＿＿分

调查地点＿＿＿＿＿＿＿＿＿＿＿＿调查人＿＿＿＿＿＿记录人＿＿＿＿＿＿

问：＿＿＿＿＿＿＿＿＿＿＿＿＿＿＿＿＿＿＿＿＿＿＿＿＿＿＿＿

答：＿＿＿＿＿＿＿＿＿＿＿＿＿＿＿＿＿＿＿＿＿＿＿＿＿＿＿＿

被调查人＿＿＿＿＿＿＿＿＿＿（签章）　调查人＿＿＿＿＿＿＿＿＿＿（签章）

水事违法案件调查报告

第　页

调查时间自＿＿＿＿年＿＿＿月＿＿＿日至＿＿＿＿年＿＿＿月＿＿＿日

组织调查机关＿＿＿＿＿＿＿＿＿＿＿＿调查人＿＿＿＿＿＿＿＿

案　由＿＿＿＿＿＿＿＿＿＿＿＿＿＿＿＿＿＿＿＿＿＿＿＿＿＿＿＿

当事人情况＿＿＿＿＿＿＿＿＿＿＿＿＿＿＿＿＿＿＿＿＿＿＿＿＿＿

调查事实＿＿＿＿＿＿＿＿＿＿＿＿＿＿＿＿＿＿＿＿＿＿＿＿＿＿＿

处理意见＿＿＿＿＿＿＿＿＿＿＿＿＿＿＿＿＿＿＿＿＿＿＿＿＿＿＿

调查人＿＿＿＿＿＿＿＿（签章）　　　　　　年　月　日

责令停止水事违法行为通知书

（存根）

字（ ）第 号

________________：

经查你单位（人）________________________________

违反了________________________________

________________________的规定，现责令立即停止违法行为，听候处理。否则，追究法律责任。

附：________________________

____

通知人________签发人________

年 月 日

水 政

责令停止水事违法行为通知书

字（ ）第 号

________________：

经查你单位（人）________________________________

违反了________________________________

________________________的规定，现责令立即停止违法行为，听候处理。否则，追究法律责任。

附：________________________

____

通知人________签发人________

年 月 日

违反水法规行政处罚决定

通知书（存根）

水罚字第 号

单位名称________地址________

当事人姓名____性别__年龄__工作单位________

职业________住址________

事由________年____月____日在________

根据________________

________的规定，决定给予以下处理：

一、没收非法所得________________元；

二、赔偿损失________________元；

三、罚 款________________元；

四、修复好水工程________________处，或交纳修复工程费________________元；

五、追缴被盗物资及变价款________________元；

六、其他。

上述处理款项于____年____月____日交到________。

上述处理物资于____年____月____日交到________。

年 月 日

水罚字第 号

违反水法规行政处罚决定

通知书

水罚字第 号

____

如不服本处罚决定，可按《水法》第48条的规定办理。

本通知书一式四份。

年 月 日

水事违法案件行政处罚强制执行申请书

字（　　）第　　号

________人民法院：

　　年　月　日　下达的水罚字第　　号《违反水法规行政处罚决定通知书》，已发生法律效力，被处罚人________拒不执行________的处罚决定。根据《中华人民共和国水法》第四十八条规定，特申请________人民法院强制执行。

申请机关________　盖章____

年　月　日

水事违法案件结案报告

第　　页

结案时间：自________年________月________日至________年________月________日

办案机关________办案人________

简要案情及调查经过________

处理情况________

执行情况________

结案建议________

办案人________（签章）　　　　年　月　日

中共水利部党组关于开展向雷锋式的好青年文青成学习的决定

（1990年5月5日）

今年3月5日，湖南省隆回县北山乡东鄄村看水员文青成，在抢修油老冲水库中以身殉职。文青成同志是我们水利系统开展学习雷锋活动中涌现出来的优秀代表，为表彰他的先进事迹，加强水利职工队伍建设，水利部党组决定，在水利系统深入开展向雷锋式的好青年文青成同志学习的活动。

水利战线全体职工，要学习文青成同志一心为人民，一心为水利，公而忘私的高尚品德；学习他勤奋努力，积极工作，一丝不苟的优良作风；学习他临危不惧，舍己为人，勇于牺牲的献身精神。

各单位要把向文青成同志学习活动同学习贯彻党的十三届四中、五中、六中全会和七届全国人大三次会议精神结合起来，促进政治稳定、经济稳定和社会稳定。开展向文青成同志学习活动，还要同当前反对腐败，加强廉政建设结合起来，进一步密切党同人民群众的联系，密切干群关系，促进水利行业作风建设。要结合本职工作，深入学习文青成同志，使我们水利行业出现更多的像文青成那样的雷锋式的好青年、好干部、好职工，推动水利事业的振兴和发展。

国家计划委员会 水利部 中国水利电力工会全委会关于表彰农村电气化试点建设先进工作者的决定

（1990年11月24日）

经国务院批准的一百个农村电气化试点县工作，在各级党委、政府和有关部门的关怀和支持下，已如期完成。在建设试点县过程中，水利（水电）和其他有关部门的各级领导干部、工程技术人员和广大职工群众，发挥了极大的社会主义积极性，科学规划，认真实施，千方百计克服各种困难，为试点县建设做了大量的工作。为了表彰在农村电气化试点县工作中做出突出贡献的干部、群众和工程技术人员，在各省、自治区水利（水电）厅、工会和有关部门逐级评选和推荐的基础上，经水利部和全国水电工会审定批准，决定授予罗育民等461位同志“农村电气化建设先进工作者”称号，颁发奖杯和证书，并在中国水利报上公布名单，予以表彰。希望受到表彰的同志，再接再厉，继续为农村电气化事业作出新的贡献。

中共水利部党组关于开展向周景文同志学习活动的决定

（1990年12月15日）

今年11月15日，黄河水利委员会机关幼儿园会计室被盗，值班的幼儿园主任科员、党支部委员周景文同志闻警而起，与歹徒英勇搏斗，不幸牺牲。

周景文同志是水利职工的优秀代表。他一生致力于治黄事业，几十年如一日，在平凡的岗位上勤奋工作，为水利事业倾注了毕生心血，多次被评为先进工作者和优秀共产党员。特别是在这次反盗事件中，面对持枪歹徒，将个人安危置之度外，在脸、胸部连中数刀生命垂危的情况下，还以惊人的毅力从血泊中爬起来报警，表现了一个水利职工和共产党员崇高的思想境界和无私牺牲精神。

为表彰周景文同志的先进事迹，水利部、水电工会已追授他为全国水利系统劳动模范。现决定，在全国水利系统深入开展向周景文同志学习的活动。

广大水利干部职工要学习他为保卫国家财产、临危不惧、不怕牺牲的革命精神；学习他全心全意为人民服务、一心为公、一心为水利的崇高品德；学习他勤奋简朴、任劳任怨、艰苦奋斗的优良作风。

各单位要结合本单位实际，切实把这项活动抓好，为推动水利事业的发展作出新的贡献。

水利部珠江水利委员会“三定”方案

（水利部1990年5月4日批准）

按照水利部关于流域机构体制改革的部署精神，遵循“转变职能，下放权力，调整机构，精简人员”及党政分开、政事企分开等原则，结合珠江流域的实际情况，关于珠江水利委员会的职能、机构、编制的“三定”方案，意见如下：

一、主要职能

根据国务院批准的水利部“三定”方案，珠江水利委员会是水利部在珠江流域的派出机构，代部履行水行政主管部门的职能。按部授权并协同地方执行水法，协助部负责流域内跨省市河流及国际界河的治理与防洪安全，组织实施珠江流域水资源的综合开发、利用和保护，协调流域内省际及行业间的水事矛盾，协调跨省河流管理机构的设置。受部委托负责海南省、韩江流域、云南、广西国际河流的有关水事。其基本职责是：

1. 贯彻执行水法和有关水利方针政策，协助部进行有关政策法规的调查研究和拟定。

2. 组织协调珠江流域水资源综合考察、调查评价和水文、勘测、地质等基本工作。

3. 根据国家批准的规划任务书，组织编制珠江流域综合规划及有关专业规划，在规划指导下，组织流域水资源的综合开发和河道河口治理。

4. 组织制订流域跨省、自治区区域的水长期供求计划和水量分配方案，根据批准的方案进行水量调度。对流域内节约用水工作实行行业管理。

5. 协调处理流域内省际及行业之间的水事纠纷，协调跨省河流管理机构的设置。具体负责云南、广西国际河流有关水事工作。

6. 组织制订本流域防御洪水方案，协助地方做好防汛、抗旱、防台风工作。

7. 按照有关规定，执行取水许可管理。

8. 依照河道管理条例及河道分级规定，管理有关河流、湖泊等水域及其岸线和水工程。督促检查流域内跨省（区）的河道清障，指导流域内蓄滞洪区的安全建设。

9. 负责管理本流域水资源保护工作和水质监测工作，协同环境保护部门对水污染防治进行监督管理。依照水土保持法规，归口管理本流域水土保持工作。

10. 按照有关规定，代部管理流域内中央直属水利基本建设项目，管理水利部直供和补助地方的水利建设项目，受部委托，审查或审批地方水利基建项目的设计任务书和工程设计。负责流域内中央水利基建年度计划的编制、调整和实施。

11. 对地方水利工作进行业务指导和技术服务。

12. 负责组织本流域内水利水电行业的经验交流，促进流域内有关水利水电的科技管理和合作。负责组织对本流域的水事宣传，新闻报道，信息交流。

13. 负责制订珠江流域综合开发治理各项事业经费的年度计划和管理办法。

14. 受部委托，负责组建流域内江河（含河口）水利开发集团或公司，搞好综合经营；办理开发项目的承包兴建，并负责或参与有关工程项目的开发。

15. 负责珠江水利委员会职工队伍建设和机关管理等工作。

16. 承担部授权与交办的其他事宜。

二、机构设置

（一）委机关机构设置

1. 办公室（内设外事办公室）
2. 水政水资源处
3. 防汛抗旱办公室（工程管理处）
4. 计划财务处
5. 人事教育处
6. 规划技术处
7. 农村水利水土保持处
8. 水利水电建设管理处
9. 行政处
10. 政治工作处
11. 监察室
12. 审计室

党、工、团机构

（二）委属事业单位机构设置

1. 水资源保护局（副局级）
2. 勘测设计院
3. 科学研究所
4. 水文局
5. 科技情报所
6. 西江局
7. 离退休职工管理办公室
8. 物资供应站
9. 综合经营管理办公室
10. 职工后勤服务部

（三）委属企业单位机构设置

1. 珠江水利水电开发公司
2. 珠江实业发展总公司

三、编制

全委事业编制1270人。

1. 委机关编制200人。

2. 委属事业单位编制1070人（含企业管理单位编制）。

委领导职数按有关规定办理。

水利部太湖流域管理局“三定”方案

（水利部1990年5月4日批准）

按照水利部关于流域机构体制改革的部署精神，遵循“转变职能，下放权力，调整机构，精简人员”及党政分开、政事企分开等原则，结合太湖流域的实际情况，关于太湖流域管理局（以下简称太湖局）的职能、机构、人员的“三定”方案，意见如下：

一、主要职能

根据国务院批准的水利部“三定”方案，太湖流域管理局是水利部在太湖流域的派出机构，并受部委托负责浙江和闽江流域有关水事工作，代部行使水行政职能。其基本职责是：

1. 贯彻执行水法和国家有关水利水电方针政策，进行有关政策法规的调查研究和拟订。

2. 组织进行太湖流域水资源综合考察、调查评价和水文、勘测、地质、科学研究等基本工作。

3. 根据国家批准的规划任务书，组织编制太湖流域综合规划及有关专业规划，在规划指导下，组织实施和推动流域水资源的综合开发、利用、保护、管理和河道治理，组织流域开发集团。

4. 组织制定流域内跨省、直辖市的区域的水长期供求计划和水量分配方案，根据批准的方案进行水量调度。对流域内节约用水工作实行行业管理。

5. 协调处理流域内省际及行业之间的水事矛盾。

6. 拟订本流域防御洪水方案；及时掌握情况，提出防洪调度意见，并协助地方做好防汛抗旱工作，按部授权，负责本流域直属工程或主要河流的防汛调度工作。

7. 按照有关规定，执行取水许可管理。

8. 依照河道管理条例及河道分级规定，管理有关河流、湖泊等水域及其岸线和水工程。督促检查流域内主要河道的清障。

9. 负责管理本流域水资源保护工作和水质监测工作，协同环境保护部门对水污染防治进行监督管理。

10. 按照国家有关规定和水利部所授权限，管理流域内中央直属、水利部直供和补助地方的水利基本建设项目，审查或审批地方水利基建项目的设计任务书和工程设计。负责流域内中央水利基建项目年度计划的编制、调整和实施。

11. 组织对本流域水事的宣传、新闻报道、信息交流。组织本流域内水利水电行业的经验交流，促进科技合作。

12. 对地方水利水电工作进行业务指导和技术服务。

13. 组织安排流域内中央直属水利工程的前期工作。

14. 负责局机关、局属单位的管理和职工队伍建设，开展综合经营。

15. 承担部授权与交办的其他事宜。

二、机构设置

（一）局机关机构设置

1. 办公室
2. 水政水资源处（规划处）
3. 防汛抗旱办公室
4. 计划基建处
5. 水利工程管理处
6. 水资源保护局（副局级）
7. 政治工作处
8. 行政处

（二）局属事业单位机构设置

1. 通讯调度中心
2. 苏州管理处

三、编制

全局事业编制150人

1. 局机关编制100人。
2. 局属事业单位编制50人。

局领导职数按有关规定执行。

水利部淮河水利委员会“三定”方案

（水利部1990年5月8日批准）

按照水利部关于流域机构体制改革的部署精神，遵循“转变职能，下放权力，调整机构，精简人员”及党政分开、政事企分开等原则，结合淮河流域的实际情况，关于淮河水利委员会的职能、机构、人员的“三定”方案，意见如下：

一、主要职能

根据国务院批准的水利部“三定”方案，淮河水利委员会是水利部在淮河流域的派出机构，在流域范围内代部行使水行政职能。按部授权并协同地方执行水法，负责流域内跨省市河流的治理与防洪安全，组织推动淮河流域水资源的综合开发、利用和保护，代部调处流域内省际及行业间的水事矛盾。其基本职责是：

1. 贯彻执行水法和有关水利方针政策，协助部进行有关政策法规的调查研究和拟定。

2. 组织协调淮河水资源（外含胶东地区）综合考察、调查评价和水文、勘测、地质等基本工作。

3. 根据国家批准的规划任务书，组织编制淮河流域综合规划及有关专业规划，并负责规划的行政管理工作。在规划指导下，组织流域水资源的综合开发和江河治理。

4. 组织制定流域内跨省和主要城市的区域的水长期供求计划和水量分配方案，根据批准的方案进行水量调配。对流域内节约用水工作实行行业管理。

5. 协调处理流域内省际水事纠纷及行业之间的水事矛盾，协调跨省河流管理机构的设置。

6. 组织制订本流域防御洪水方案；及时掌握情况，提出防汛调度意见，并协助地方做好防汛抗旱工作；按部授权，负责本流域直属工程、主要河流和重要城市（蚌埠、淮南）的防汛调度工作。

7. 按照有关规定，执行取水许可管理。

8. 依照河道管理条例及河道分级规定，管理有关河流、水库、湖泊等水域及其岸线和水工程。督促检查流域内跨省、市的河道清障，指导流域内蓄滞洪区的安全与建设。协调和组织建设、管理跨流域调水工程（南水北调）。

9. 负责管理本流域水资源保护工作和淮干、南水北调水质监测工作，协同环保部门对水污染防治进行监督。依照水土保持法规，管理流域水土保持。

10. 管理流域内中央直属水利基本建设项目，代部管理水利部直供和补助地方的水利建设项目。受部委托，审查或审批地方水利年度基建项目的设计任务书和工程设计。负责流域内中央水利基建计划的编制、调整和实施。

11. 对地方水利工作进行业务指导和技术服务。

12. 负责组织本流域内水利水电行业经验交流，促进流域内有关水利水电部门的科技管理和合作。负责组织对本流域水事的宣传、新闻报道、信息交流。

13. 负责管理淮委机关及委属单位的队伍建设、思想政治工作及职工教育。

14. 承担部授权与交办的其他事宜。

二、机构设置

（一）委机关机构设置

1. 办公室
2. 水政水资源处
3. 防汛抗旱办公室（工程管理处）
4. 计划基建处
5. 财务物资供应处
6. 人事劳动处
7. 科教外事处
8. 水文水情处
9. 农村水利水土保持处
10. 淮河水资源保护局（副地师级）
11. 监察室
12. 审计处
13. 政治工作处
14. 保卫处（公安处）

党、工、团机构

（二）委属事业单位机构设置

1. 沂沭泗工程管理局（地师级）
2. 规划设计院（副地师级）
3. 科技信息中心
4. 水利综合经营办公室
5. 通讯总站
6. 淮河水环境监测中心（科研所）
7. 宣传出版中心
8. 机关后勤服务中心
9. 离退休职工管理办公室

（三）委属企业单位机构设置

1. 水利综合经营公司
2. 建筑安装工程公司
3. 淮河水利水电开发总公司

三、编制

（一）全委事业编制控制在2000人以内

1. 委机关编制250人。
2. 委属事业单位编制1700人。

（二）企业职工50人

委领导职数和党、工会组织的司局级干部职数按有关规定执行。

水利部海河水利委员会“三定”方案

（水利部1990年5月8日批准）

按照水利部关于流域机构体制改革的部署精神，遵循“转变职能，下放权力，调整机构，精简人员”及党政分开、政事企分开等原则，结合海河流域的实际情况，关于海河水利委员会的职能、机构、人员的“三定”方案，意见如下：

一、主要职能

根据国务院批准的水利部“三定”方案，海河水利委员会是水利部在海河流域的派出机构，按部授权并协同地方执行水法，负责流域内跨省市河流的治理与防洪安全，组织推动海滦河流域水资源的综合开发、利用和保护，协调流域内省际水事纠纷及行业间的水事矛盾，协调跨省河流管理机构的设置。其基本职责是：

1. 贯彻执行水法和有关水利方针政策，协助部进行有关政策法规的调查研究和拟定。

2. 组织协调海滦河流域水资源综合考察、调查评价和水文、勘测、地质等基本工作。

3. 根据国家批准的规划任务书，组织编制海滦河流域综合规划及有关专业规划，在规划指导下，组织流域水资源的综合开发和河道治理。负责本流域直属工程的管理。

4. 组织制定流域内跨省、自治区、直辖市的区域的水长期供求计划和水量分配方案，根据批准的方案进行水量调度。对本流域节约用水工作实行行业管理。

5. 协调处理流域内省际水事纠纷及行业之间的水事矛盾。

6. 拟定本流域防御洪水方案；及时掌握情况，提出防汛调度意见，并协助地方做好防汛抗旱工作；按部授权，负责本流域直属工程或主要河流的防汛调度工作。

7. 按照有关规定，执行取水许可管理。

8. 依照河道管理条例及河道分级规定，管理有关河流、湖泊等水域及其岸线和水工程。督促检查流域内跨省、自治区、直辖市的河道清障，指导流域内蓄滞洪区的安全与建设。组织实施跨流域调水工程。

9. 负责管理本流域水资源保护工作和部分水质监测工作，协同环境保护部门对水污染防治进行监督管理。依照水土保持法规，管理本流域水土保持工作。

10. 管理流域内中央直属水利基本建设项目，代部管理水利部直供和补助地方的水利建设项目。受部委托，审查或审批地方水利基建项目的设计任务书和工程设计。负责流域内中央水利基建年度计划的编制、调整和实施。

11. 对地方水利工作进行业务指导和技术服务。

12. 组织本流域内水利水电行业各项工作的经验交流，促进流域内有关水利水电部门的科技管理和合作。组织对本流域水事的宣传、新闻报道、信息交流。

13. 组织安排流域内中央直属水利工程的前期工作，承担水利水电工程的勘测设计。

14. 管理委属单位的队伍建设、思想政治工作及职工教育。并组织强化委机关的各项管理工作。

15. 承担部授权与交办的其他事宜。

二、机构设置

（一）委机关机构设置

1. 办公室（含政策研究中心）
2. 水政水资源管理处
3. 防汛抗旱办公室（水管处）
4. 计划处（含移民办）
5. 财务处
6. 规划设计处
7. 人事劳动处
8. 科技外事处
9. 水利水电管理处
10. 水文处
11. 农村水利水土保持处
12. 水资源保护局（副局级）
13. 监察室
14. 审计处
15. 政治工作处
16. 保卫处
17. 行政处
18. 离退休职工管理处

党、工、团机构

（二）委属事业单位机构设置

1. 天津勘测设计院（两部共管，挂靠水利部）（地师级）
2. 海河下游管理局（地师级）
3. 引滦枢纽管理局（地师级）
4. 漳卫南运河管理局（地师级）
5. 海河科技咨询中心
6. 通讯调度中心
7. 水质监测中心
8. 情报资料中心
9. 计算机中心
10. 设计室
11. 物资供应处
12. 综合经营办公室
13. 海河志编纂办公室
14. 职工后勤服务中心

（三）委属企业单位机构设置

1. 海河综合经营公司
2. 华北水利水电开发总公司

三、编制

全委事业编制5250人

1. 委机关编制330人（含党群、记者站的编制）。

2. 委属事业单位编制4920人（含企业化管理单位编制）。

委领导职数按有关规定执行。

水利部松辽水利委员会“三定”方案

（水利部1990年5月8日批准）

按照水利部关于流域机构体制改革的部署精神，遵循“转变职能，下放权力，调整机构，精简人员”及党政分开、政事企分开等原则，结合松辽流域的实际情况，关于松辽水利委员会的职能、机构、人员的“三定”方案，意见如下：

一、主要职能

根据国务院批准的水利部“三定方案”，松辽水利委员会是水利部在松辽流域（外含国际界河流域及东北地区独流入海河流流域，下同）的派出机构，在流域范围内代部行使水行政职能。按部授权并协同地方执行水法，协助部负责流域内跨省市河流及国际界河的治理与防洪安全，统筹松辽流域水资源的综合开发、利用和保护，协调流域内省际水事纠纷及行业间的水事矛盾。其基本职责是：

1. 贯彻执行水法和有关水利方针政策，协助部进行有关政策法规的调查研究和拟定。

2. 组织协调松辽流域水资源综合考察、调查评价和水文、勘测、地质等基本工作。

3. 根据国家批准的规划任务书，组织编制松辽流域综合规划及有关专业规划，并负责规划的行政管理工作。在规划指导下，组织与协调流域水资源的综合开发和江河整治。负责国际界河有关水事的国际合作。

4. 组织制定流域内跨省、自治区和主要城市的区域的水长期供求计划和水量分配方案，根据批准的方案进行水量调配。对流域内节约用水工作实行行业管理。

5. 协调处理流域内省际水事纠纷及行业之间的水事矛盾，协调跨省河流管理机构的设置。

6. 组织制订本流域防御洪水方案；及时掌握情况，提出防汛调度意见，并协助地方做好防汛抗旱工作；按部授权，负责本流域直属工程或主要河流的防汛调度工作。

7. 按照有关规定，执行取水许可管理。

8. 依照河道管理条例及河道分级规定，管理有关河道（包括国际界河）、水库、湖泊等水域及其岸线和水工程。督促检查流域内跨省、自治区及主要城市的河道清障，指导流域内蓄滞洪区的安全与建设。

9. 依照水土保持法规，管理流域水土保持工作。

10. 负责本流域水资源保护工作和水质监测工作，协同环境保护部门对水污染防治进行监督管理。

11. 管理流域内中央直属水利基本建设项目，代部管理水利部直供和补助地方的水利建设项目。受部委托，审查或审批地方水利基建项目的设计任务书和工程设计。负责流域内中央水利基建年度计划的编制、调整和实施。

12. 对地方水利工作进行业务指导和技术服务。

13. 组织本流域内水利水电经验交流，促进流域内有关水利水电部门的科技管理和合作。组织对本流域水事的宣传、新闻报道、信息交流。

14. 加强与各省区有关部门的协调与协作，组建松辽流域综合开发集团，促进本流域的治理和开发。

15. 负责管理委机关及委属单位的队伍建设、政治思想工作及职工教育。

16. 受水利部和能源部委托，领导东北勘测设计院。受水利部和国家环境保护局委托，领导松辽水资源保护局。

17. 承担部授权与交办的其他事宜。

二、机构设置

（一）委机关机构设置

1. 办公室（含外事办公室）
2. 水政水资源处
3. 防汛抗旱办公室（工程管理处）
4. 计划处
5. 财务处
6. 人事劳动处
7. 科技教育处
8. 水利水电建设管理处
9. 农村水利水土保持处
10. 安全监察处
11. 监察室
12. 审计室
13. 公安处
14. 政治工作处
15. 离退休职工管理处

16. 综合经营管理处

党、工、团机构

（二）委属事业单位机构设置

1. 东北勘测设计院（两部共管，挂靠水利部）（地师级）

2. 松辽水资源保护局（地师级）

3. 察尔森水库建设管理局

4. 水文局

5. 情报资料中心

6. 计算机中心

7. 松辽物资局

8. 职工后勤服务部

（三）委属企业单位机构设置

1. 东北水利水电工程咨询公司

2. 东北水利水电开发总公司

3. 松辽水利实业开发公司

4. 建筑维修公司

三、编制

（一）全委事业编制 2959 人

1. 委机关编制 250 人（含党群、记者站的编制）。

2. 委属事业单位编制 2709 人（含企业化管理单位编制）。

（二）企业职工 128 人

委领导职数和党、工会组织的司局级干部职数按有关规定执行。

1990 年部颁制度目录

颁发文号	制　度　名　称
水办 4 号	水利部实施《国家行政机关公文处理办法》的细则
水政 4 号	水利工作中国家秘密及其密级具体范围的规定
水政 16 号	黄河下游浮桥建设管理暂行办法
水财 16 号	河道采砂收费管理办法　（水利部、财政部、国家物价局联合颁发）
水财 24 号	水利部直属水利工业单位预算会计制度（试行）
水财 53 号	水利工程基本建设项目竣工决算报告编制规程（SL19－90）
水财 83 号	水利部直属单位离退休统筹基金财务管理及会计核算办法
水人劳 55 号	关于劳动模范奖励升级问题的暂行规定
水人劳 137 号	水利部直属单位离退休费用统筹管理办法
水资 10 号	制定水长期供求计划导则
水电 1 号	地方中心小水电建设与管理暂行办法
水电 6 号	水利系统国家级电力企业等级标准（试行）
水建 9 号	水利工程建设监理办法　水利工程建设监理单位管理办法
水建 10 号	疏浚工程施工技术规范
水管 13 号	国家级大中型水库工程管理单位等级标准（试行）
水农水 7 号	灌溉试验规范
水农水 18 号	农田排水技术规程（南方农田暗管排水部分）
水文 1 号	水文资料的密级和对国外提供水文资料的试行办法
水汛 13 号	城市防洪规划编制大纲
水企管 2 号	水利水电施工等三个专业部级先进企业标准和审定办法（试行）
水企管 5 号	部级先进管理单位审定办法（试行）
水灌 1 号	节水灌溉贴息贷款项目管理试行办法
水规 35 号	水利水电枢纽工程等级划分及设计标准（山区、丘陵区部分）补充规定

续表

颁发文号	制 度 名 称
水利部第 1 号令	水政监察组织暨工作草程（试行）
水利部第 2 号令	违反水法规行政处罚暂行规定
水利部第 3 号令	违反水法规行政处罚程序暂行规定
能源技 33 号	水利电力系统自然科技期刊管理办法（能源部、水利部联合颁发）
能源水规 8 号	水利水电工程设计防火规范（能源部、水利部、公安部联合颁发）
能源水规 677 号	水利水电工程控制投资开展限额设计的规定（能源部、水利部联合颁发）
能源水规 825 号	水利水电工程可行性研究投资结算编制办法（能源部、水利部联合颁发）
能源物 432 号	水利电力系统物资供应工作中若干问题暂行规定（能源部、水利部联合颁发）

（贾庭欣）

重 要 讲 话

李鹏总理在国务院三峡工程论证汇报会结束时的讲话

（1990 年 7 月 14 日）

我完全同意刚才姚依林同志的讲话。在会议结束之前，国务院开了一次办公会议，依林同志的讲话是这次会议讨论的结果。

三峡工程是一项关系到防洪、发电、航运等，具有巨大综合效益的工程，党和政府一直是采取积极又慎重的方针。这个方针要坚持下去。这次是国务院听取水利部、能源部关于三峡工程可行性研究报告重新论证情况的一次汇报会，吸收了有关方面、有关部门负责同志、各方面的专家参加。我认为这个会议是开得好的。大家对两部提出的可行性报告进行了充分的讨论，大多数专家是赞成的，但也有基本赞成的，也有不赞成的。会议发扬了民主，大家畅所欲言，充分体现了在重大问题上决策科学化民主化的精神。

1986 年 6 月 2 日，中共中央和国务院对长江三峡工程论证工作曾经发了一个通知，决定成立国务院三峡工程审查委员会，审查当时的水电部（现在的水利部和能源部的一部分）提出的可行性研究报告，再提请党中央、国务院批准，提交全国人民代表大会审议。决定了审查委员会主任、副主任人选，但是没有确定具体成员。现在因为人事上有些变动，国务院办公会议重新研究了审查委员会的正式组成名单。

国务院三峡工程审查委员会，主任由邹家华同志担任，邹家华同志是国务委员兼国家计委主任。三峡工程审查工作按国务院分工主要由国家计委承担。副主任由王丙乾、宋健、陈俊生同志担任。丙乾同志是搞财政的，宋健同志是负责科技的，俊生同志是分管农业的。

委员有：杨振怀（水利部部长）、刘中一（农业部部长）、黄毅诚（能源部部长）、钱永昌（交通部部长）、何光远（机械电子部部长）、高德占（林业部部长）、林汉雄（建设部部长）、朱训（地矿部部长）、柳随年（物资部部长）、刘仲藜（国务院副秘书长）、陈光健（国家计委副主任）、蒋民宽（国家科委副主任）、迟海滨（财政部副部长）、郭振乾（中国人民银行副行长）、曲格平（国家环保局局长）、方樟顺（国家地震局局长）、王先进（国家土地局局长）、邹竞蒙（国家气象局局长）、周光召（中国科学院院长）、刘国光（中国社会科学院副院长）。

另外，三峡工程审查委员会还准备聘请若干专家作顾问，名单另行商定。这个委员会组成以后，请他们在适当的时候，对可行性报告进行正式审查。

由于三峡工程是一件很大的事情，在论证和审查提交人大会议之前需要进行一系列的协调工作。中央原成立了一个协调小组，负责协调三峡工程的论证工作。现在协调小组人员也要有一点变动，因为这个小组是中央定的，所以和泽民同志、宋平同志商量过，请姚依林同志牵头，原有的薄一波同志、王任重同志、程子华同志继续保留。鉴于王任重同志已经离开人大到政协工作，所以建议人大再参加一位副委员长。

三峡工程上马不上马，什么时候上马？我认为既有技术上的可行与否问题，更重要的是在经济上是否可行，国力是否能承担。我认为这次汇报会对审查委员会的审查工作是一次很好的预备会议。下次审查的重点，除了这次会上若干专家提出的一些疑点和问题之外，应该把经济上是否可行作为审查的重点。

最后，我认为三峡工程是全国人民关心的一件大事，关系到我们的国土整治和国家安危。因为现在长江的防御能力特别是中游的防御能力，是否能够抵御1954年发生过的洪水还是个问题，更不用说1870年的大水（达到110000 m^3/s）。如果再发生这样的大水，按照我们现在的防御能力将受到极其严重的灾害。所以我们要求湖南、湖北两省（两省省长都在这里）、水利部、防汛总指挥部要居安思危，提高警惕，丝毫不要麻痹，首先争取安全渡过今年的汛期。

因为这件事情非常重大，关系到子孙后代，关系到社会安全，长江、黄河汛期是我们的心腹之患。如果将来条件成熟，要进行这项工程，势必要动员全国人民的力量加以支持。这个决策必须是十分科学的，是经得起历史考验的。因此，在国务院审查委员会通过以后，还要经过中共中央讨论和国务院批准，然后提交全国人大常委会审议。就是在提交全国人大以前，也要进行充分的协商，认真地听取各方面的意见。

三峡这个工程已经进行了多年的科研、设计、地质勘探、水文、生态等各个方面的工作，我愿意借此机会向为这项工作付出辛勤劳动的科学家、科研人员、设计人员和全体职工表示崇高的敬意，向你们表示感谢！我也愿意借此机会对关心三峡工程的各界人士、科学家、设计工作者、以及各民主党派，无论是提出赞成意见、不同意见或是提出疑问，我认为都表现了对三峡工程的关心，从不同的角度支持了三峡的工作，也表示衷心地感谢。

姚依林副总理在国务院三峡工程论证汇报会结束时的讲话

（1990年7月14日）

国务院召开的三峡工程论证汇报会，今天就要结束了，我讲几点意见：

一、这次会议邀请了116位专家、教授、学者和有关同志参加，从7月6日到14日，历时9天。会议期间，三峡工程论证领导小组汇报了论证工作的全面情况和主要结论意见。与会同志认真阅读材料，积极准备，有76位专家、教授、学者、有关方面的同志和湖北、湖南、四川省、重庆市的负责同志在六个半天的大会上，发表了意见。其中有46位同志发了言；印发了30位同志的书面发言和材料。在大家的共同努力下，这次会议开得很好。会议的气氛是民主的，尊重科学的，各种意见都有发表的机会，畅所欲言。因此，我认为会议是很成功的。

二、关于三峡工程的论证工作

长江是我国最大的河流，长江流域是我国国民经济比较发达的地区，又是近期重点发展的地区，沿江经济走廊的建设和发展，对我国的经济发展将起重大的作用。三峡工程是长江治理开发中具有防洪、发电、航运等巨大综合效益的骨干工程。但三峡工程规模大、作用大、影响广。所以，党中央和国务院历来对三峡工程采取积极而又十分慎重的态度。毛主席、周总理等老一辈革命家，都曾亲切关怀并亲自过问过三峡工程，提出了“积极准备、充分可靠”的方针。1958年党中央成都会议通过了《关于三峡水利枢纽和长江流域规划的意见》。决议指出：“从国家长远的经济发展和技术条件两方面考虑，三峡水利枢纽是需要修建而且可能修建的。”决议还要求：“应当采取积极准备和充分可靠的方针，进行各项有关的工作。”30多年来三峡工程已做了大量的规划、勘测、科研和设计工作，积累了丰富的资料。1970年党中央和国务院决定兴建葛洲坝水利枢纽，为三峡工程做了试验。

这次三峡工程重新论证工作，是按照党中央和国务院在1986年发出的15号文件要求进行的。1984年国务院曾原则批准了三峡工程150米方案的可行性报告。此后各方面提出了许多意见，为了“更加细致、精确和稳妥”，中央和国务院要求原水利电力部“在广泛征求意见，深入研究论证的基础上，重新提出三峡工程可行性报告。”并在论证中“注意吸收有不同观点的专家参加，发扬技术民主，充分展开讨论，得出有科学依据的结论意见”。这些都体现了中央和国务院是积极而又慎重的这一方针。

论证的具体组织工作，是由原水利电力部负责的。参加论证工作的人员范围很广，包括了国务院所属的17个部门、单位，中科院所属12个院所，28所高等院校和8个省市的专业部门的专家、学者和科技人员，同时邀请了一部分有不同意见的同志参加。同志们从这次会议文件中所发的论证人员名册中可以看出，有21位特邀顾问和412位专家，他们大多是全国各行各业第一流水平的专家，其整体科学技术水平是高的。

三峡工程论证的14个专题报告和重新编制的三峡工程可行性研究报告,反映了几十年来各有关部门、单位和近三年来四百多位专家研究的工作成果，是国家的宝贵财富。直接参加和配合论证工作的专家、工程技术人员数以千计,这些同志长期以来埋头苦干、尊重科学、追求真理的求实精神、科学态度和严谨的工作作风,是应当受到赞扬的。这里应当特别指出的是,参加论证工作的大批专家，不少人年岁已高，他们为了祖国的四化大业，不辞辛苦，勤奋工作，体现了我国知识分子热爱社会主义、热爱祖国的优良传统，应当受到敬重和高度评价。借此机会我代表国务院向参加这项工作的专家和各方面的同志们表示感谢和慰问！在论证期间，有八位参加论证工作的领导同志和著名专家不幸去世,他们为三峡工程论证作出了贡献，我们要永远纪念他们。

三峡工程论证贯彻了中央15号文件,体现了科学化、民主化精神。对论证之前和论证过程中各有关单位和同志提出的问题和意见，也作了论证。根据论证成果重新编写的三峡工程可行性研究报告，基本资料丰富、翔实，论证成果是有说服力的。六月初由全国水资源和水土保持工作领导小组主持审查原则通过的《长江流域综合利用规划要点报告》，肯定了三峡工程在长江流域综合治理开发中的地位和作用。

三峡工程规模大而且影响深远，对于这样一个巨型工程的利弊得失和各类技术经济问题，有这样、那样的不同看法和意见是正常的。不同意见的交流和讨论，有助于论证研究工作的深入。这样做，可以避免决策上的重大失误。这次三峡工程论证成果比过去任何一项工程都更加深入、细致、精确，这是和论证过程中不同意见的交流、讨论分不开的。

这次会议上许多同志赞同论证报告，也有一些同志发言对报告提出不同意见，指出不足之处。大体上可分为四类意见：一是要不要兴建三峡工程，也就是在长江流域规划中有无三峡工程的问题；二是何时修建三峡工程合适，早建好还是晚建好；三是水库蓄水位问题；四是对有些工程的技术经济和环境问题还有些疑虑。对第一个问题，会上只有个别同志不同意建三峡工程，绝大多数同志认为在长江治理和综合开发中三峡工程是需要的，只是何时兴建为好的问题。第二个问题，关于早建晚建的问题，参加论证的专家大多数主张早建,也有的同志主张推迟到2000年以后再考虑。对此应由国家综合部门进行宏观经济的系统分析,根据综合国力情况,在审查可行性报告时确定。至于蓄水位问题专家们已作了论证，这次会上有的代表建议再考虑一下160 m方案，也有代表发言对此表示不同意见，在审查可行性研究报告时要认真研究。对第四类问题，如通航建筑物、移民、泥沙、地震、国防及环境等问题，论证报告中已作详细的论述，部分代表从各个方面提出意见和建议，有的可在审查可行性研究报告时研究，有的可在下步工作中继续优化和研究。根据这些情况，三峡工程论证领导小组提交的重编三峡工程可行性研究报告可以开始组织审查。

三、关于下一步工作

1. 经国务院研究，组织了三峡工程审查委员会(请李鹏同志宣布)。要抓紧对重编的三峡工程可行性研究报告进行审查并报告中央和国务院。

2. 继续抓紧三峡工程前期工作和科研等基本工作，编制初步设计报告，请国家计委、科委会同有关部门作出部署和安排，各有关部门要积极配合。在初步设计过程中，对一些有疑虑和不放心的问题，要继续深入进行科研试验，比较优化，并及时向国务院报告进展情况。鉴于三峡工程的规模大、技术复杂、影响面广,对建设中的一些重大科学技术、经济问题,请国家计委、科委和有关部门统筹安排好，列入国家重点科技攻关计划。

3. 加强库区管理和移民试点工作。水库移民问题是三峡工程建设中最困难的任务，不论三峡工程早建或缓建，都必须加强库区的管理和移民试点工作。要搞开发性移民，并尽可能纳入全国农业开发计划。要搞好库区城镇农村的建设规划、移民规划和移民试点工作，国家在资金上给予支持。库区淹没线以下的人口和基本建设必须严格加以控制和管理,这一方面,请四川、湖北两省，以及有关地、县切实地制定专门条例和办法加以落实和贯彻。

最后，我想强调一下当前的防汛工作。

长江、黄河的洪水灾害威胁是国家的心腹大患。长江自1954年以来已有30多年没有发生全流域的大水，距离历史上发生过的1860、1870年那样的特大洪水，也有120年了。天有不测风云。按我们目前的科学技术水平，还不能预测哪一年会发生特大洪水，要居安思危，早筹良策。在三峡工程没有修建好以前，只能依靠堤防和分蓄洪区运用，加上防汛抢险和各种非工程防洪措施。当前要继续抓紧1980年平原防洪方案的各项工程和非工程措施的建设，请国家计委、财政部给予重点支持,水利部会同沿江各省抓紧组织实施,加快建设步伐。遇到特大洪水，必须执行国务院已批准的特大洪水防御方案，从大局出发，牺牲局部，确保重点。防洪工作要落实各级行政首长负责制。国家防汛总指挥部、水利部、沿江各省，特别是湖北、湖南等省的主要负责同志，必须切实负起责任，确保荆江大堤、洞庭湖等重点堤防、城市和地区的安全，首先夺取今年防汛斗争的胜利。

李鹏总理在接见全国农田水利基本建设会议部分代表时的讲话

(1990年9月1日)

建国以来，水利建设成绩很大。这是有目共睹的。兴建了大中小水库8万多座;对大江大河进行了治理，黄河、长江两条大河40年来没有发生十分重大的自然灾害；建设了一大批大中小型水电站；进行了小流域治理；还有打井、河网化，水利灌溉等，全国的水浇地比建国初期有了很大增加。

40年来，中国农业之所以产量有大幅度提高，与水利事业的发展有很大关系。毛主席讲“水利是农业的命脉”，现在看来，这个论断还是颠扑不破的真理。水利战线的同志比较辛苦，待遇也比较清苦，这也是事实，应该承认这一点。当然，这是由于历史的原因造成的，不可能一下子解决，但应当逐步加以解决。

这次开会，除了要提高对水利的认识以外，还想借此机会向全国水利战线的职工，包括工程技术人员、领导干部和从事水利、水文、水电、水保建设等方面工作的广大职工表示亲切的慰问。

生产力和生产关系是互相起作用的。这十年中我们实行改革开放，首先从农村做起，实行了家庭联产承包责任制。由于生产关系的改革，调动了农民的积极性，使得原来建设的基础设施、生产力得到了进一步的解放。原来我们建设的基础设施，包括水利建设，农用工业，大型化肥厂以及各县建的小化肥厂，都是为农业的发展提供条件。没有这个基础，只有生产关系的改革，也不可能取得这样大的成绩。

但是，要清醒地看到，我们驾驭自然灾害的能力还是很有限的。大江大河的治理，到现在隐患并没有完全消除。黄河、长江能够防御洪水的能力有限，黄河也就是50年一遇，长江的防洪能力还不到40年一遇。其他的江河也都还存在着不同程度的隐患。在抗旱方面，防御旱灾的能力也很弱。在我国一般情况下是旱灾的受害面积大，对农业的损失也大。“旱灾一大片，水灾一条线”。但是，如果大江大河决口，那就不是一条线了，损失更大。今年，就全国范围来讲，可以说是风调雨顺，到目前为止只有小面积的灾害，局部性的水灾和旱灾，受水害面积大约有6000万亩。就现在情况看，旱灾的损失大于水灾。现在全国的耕地面积，经过航测，地面卫星遥测和抽样调查，比较确切的数字是18.5亿亩，每年的受灾面积平均是4亿亩。所以我们防御自然灾害的能力还是很薄弱的。因此，要使农业再上一个新台阶，要搞水利。

对于农业重要性的认识，现在提高了。世界上没有一个国家能解决中国人的吃饭问题。中国人的吃饭问题，只能靠中国人自己解决。这个话讲起来是一个常识问题，但在前一阶段却有人提出解决中国人的吃饭问题要靠外国，主张进行产品大交换，通过交换来解决吃饭问题。这是不可能的。我国现在一年进口粮食最多达1500万t，减去我们出口的粮食，净进口粮食是1000万t，合100亿kg。这100亿kg粮食只占整个粮食总产量的一个零头，占2.5%。但是，我们到国际市场去买这1000万t粮食，就不是小数。再多买几百万吨，粮食价格马上会上涨，国际粮食价格的波动，我们就受不了。从这次中东石油危机来看，也是这样。我们中国可以说是稳如泰山，因为中国的石油虽然产量不高，但自给自足，还有少量油可供出口。中东的石油危机影响到许多西方国家股市下跌、油价暴涨。对这场危机，我们将拭目以待。靠自己，这条道理本来是不成问题的，却有人把它搞得混乱了。中国人的吃饭问题，只能靠自己。而且还应看到危机是比较大的。因为人口的增长速度太快，一年增长一千五、六百万，稍一放松，就是一千八百万人。假如保持现在人均375kg粮食的水平，每年也要增加75亿kg粮食。增长这么多粮食靠什么？靠政策，靠投入，最根本的还是要靠科技。科技的投入方面很多，归纳起来有三条：一是水利；二是肥料；三是品种改良。当然，还有其他方面。毛主席讲过农业的八字宪法，水利是一个核心问题。

第一个问题，水利怎么搞呢？现在正编制五年计划和十年规划。总的指导思想还是大家要有分工。国家、中央主要负责大江大河的治理和重要商品粮基地的开发。因为，大江大河的治理牵涉到几个省，因此要集中人力、物力来解决这个问题。

当前国家的心腹之患，应该说是黄河与长江的洪水问题。这个问题，能不能在我们这一代开始来解决它呢？当然，长江的问题，在今后十年不一定能解决；黄河的问题，在小浪底工程开工后，有十年时间，可能见效，但也还不是一劳永逸。黄河的问题，包括泥沙问题，远远还没有最后解决。每个省都有自己的大的水利工程，要集中一点财力、物力解决大江大河的治理，这是造福子孙的大事。应该说，中国几千年的历史，就包括了向洪水作斗争的历史。黄河改道，大的26次，长江也是这样，过去有云梦泽，就是现在的湖北。长江过去靠洞庭湖调节，现在洞庭湖库容剩下不多了，洞庭湖蓄水量的减少，主要是泥沙淤积引起的。这是经过多年来自然变迁的结果。现在，对长江洪水有比较大的调蓄作用的是下游的鄱阳湖。宋平同志看了洞庭湖，说变成了“洞庭河”，那里一个围垸中，有好几万到几十万居民，垸子里的地面高程比湖水位低得多，垸子一破，就不得了。四川的洪水，流到中下游，以前主要威胁湖北江汉平原、荆江分洪区，现在对洞庭湖的威胁已不亚于对江汉平原和荆江分洪区的威胁。“八五”期间，国家要集中一点人力、物力、财力，在大江大河上进行治理。与此同时，地方上也应集中一些人力、物力、财力，对本省的重点江河进行治理。我们希望增加一些有水利设施的旱涝保收稳产高产农田。刚才杨振怀同志讲了要在现有灌溉区中搞3亿亩高产稳产农田，要具体规划落实。总的来讲，灌溉方面要下功夫。

还有依靠群众的问题。农民的力量不可忽视。农村有丰富的劳动力，而且是有组织的劳动力。我们的基层组织还是发挥了作用。从两件事来看，一是去冬今春的农田水利基本建设，我们的基层党组织和干部一带头，群众就带起来了；另外一个是，遇到自然灾害的时候，我们农村党支部和干部的力量就显示出来了。在大水灾、大旱灾、大地震中，还是党员带头，吃苦在前，牺牲自己，保护广大群众的利益。中国有这个优势，要继续发扬。总的来说，我们还要发扬中国人民在中国共产党领导下的优良传统和艰苦奋斗的作风，组织起来，进行农田水利基本建设。这是农业投入的一个重要方面，是改变农业面貌，农业再上一个台阶的重要力量。

在这方面，我们当然应该提高工作水平，总结过去的经验，过去有大轰大嗡的事情，缺乏规划，浪费劳力，效果不好。现在应当比过去聪明些，干得更好些。

第二个问题，发展水利要有些政策。大家讲的水利投入要占一定比例，要有基金等等，我也赞成。搞一定的水利基金，增加国家、地方财政对水利的投入，这是对的。现在财政收入不到国民生产总值的20%，过去曾达到28%、30%。在支出上比例变化也很大，各项补贴差不多占财政收入的1/3。补贴包括对农村的补贴，粮食的补贴是一大项。现在马上把这些补贴减下来，会引起社会的不稳定。但我们的方向是逐渐减少补贴比例，这需要一个较长的过程。现在国民收入分配的结构、财政收入分配的结构，已经发生了很大的变化。所以，我们不主张和历史比较谈投资比重和比例，谈哪个行业多，哪个行业少。要实事求是地看，哪些行业需要加强，哪些行业需要控制。有的地方想干什么，就有钱；不想干什么，钱就没有。到时候搞水利没有钱，建楼堂馆所钱就不知从哪里出来了。所以我主张不去谈这个比例，而是把水利提到基础产业的地位，切实地加以重视。一是靠国家，靠政府；二是靠农民。还有一条，确实应该以水养水。

以水养水，究竟能养到什么程度？实行水费制度，农民用水要收一部分钱；城市用水、工业用水要收钱。总的来讲目前水费是偏低的。低水费造成了水的浪费，造成水资源不能有效利用，而且造成水利建设事业的开发受到影响和制约。因此，水费问题，应该提到议事日程上认真研究解决。

我们过去的水利设施搞完以后，国家发的水利事业费，连管水利的人都养不了，不够用，结果水利队伍不巩固。没有钱进行现有水利设施的正常维修，连维持简单再生产都没钱，这与水费低有关。水费太便宜还造成水资源很大的浪费。

中国水资源按人口平均是偏低的，而且全国很不平衡，东南沿海降雨量不算少，但沿海城市都缺水，西北降水少比较干旱。现在水的问题不仅是农业问题，也是工业问题，并且已经是城市生活中的大问题。所以还要提倡节约用水、计划用水。

中国如何实行节水型农业？一方面要发展水浇地，兴修水利；另一方面要发展节水型农业。在这方面大有文章可作。如河北省的井灌，在推行了管道输水的技术以后，普遍节水30%左右，还有潜力。现在普遍状况是漫灌，大量的水并没有为农作物所吸收。要把世界上一些先进的科学技术措施用到农业上，如喷灌、滴灌等，结合中国情况有所创造，首先用在收入比较高的经济作物上，如果树、蔬菜等，通过喷灌、滴灌大量节约用水。还要发展一些旱作灌溉，能够高产、稳产的旱作农业。有些地区水资源特别缺乏，水稻就不一定要继续发展。可以全国统一市场上调剂，在水资源丰富地区种水稻。这可以作为一个题目来研究，使农作物布局合理安排。东北的水稻从延边地区发展到辽河流域，现在黑龙江也种水稻。还有养鱼，过去挖鱼塘是广东的事情，后来从中原到北京，现在连哈尔滨都养鱼了。

不同的土壤条件，发展什么样的农作物，都要考虑水的问题。工业上，现代工业更要用水，如发电、钢铁要用水，工业要节约用水。大的工业要实行循环用水。还可以采取回灌的办法，把水灌回地下，保持一定的地下水位。节约用水、科学用水有很大潜力。

总的讲，要明确一个概念：我国还是一个水资源相对贫乏和缺水的国家。随着工业的发展，人民生活水平的提高，水的用量日益增加，一定要节约用水、科学用水。

第三个问题，农村小水电问题。以电养水的政策我支持。需要总结一下这几年的经验，进一步采取扶持小水电的政策。小水电是一个再生资源，建小水电主要是劳务投入，这是我们做得到的。它无非是用点水泥、钢筋，还有的用石头。小水电的设备各省、有的县都有能力搞。虽然它是分散的能源，但集中起来，对于一个地区的农业、工业、人民生活、文化发展都有巨大意义。前几年我们搞了100个农村电气化试点县，现在要再搞第二批200个初级电气化县。对农村水电要采取进一步扶持的政策，包括对小水电的贷款和电价，以及和大电网的关系，都要进一步调整，目的是支持小水电的发展。重要的一条是电价政策问题，有的地方电价偏低，我主张不采取挖国家的办法，而是调整价格，把负担转嫁给用电部门，谁用电谁多拿钱。因为现在小水电电价低于大电网电价，有的才5分钱一度，可以提高一点，达到大电网的平均电价。可考虑把电网的每度电两分钱的政策延伸到小水电，请国家计委研究，如果小水电也有两分钱的这个政策，那对小水电的发展就很有保证。

在对小水电的贷款政策上，实行适当的优惠，但也要提点要求：就是在建设小水电时，应有个科学的规划和可行性报告，还要看它的经济效益怎样，如果利用小时很少，工程规模很大，装机很多和季节性电能多的项目，就不一定搞，可以往后靠一靠，把那些效益好、投资省的项目拿到前边来。支持小水电，应当优先支持效益好的小水电。在办小水电中农民应当有一部分劳务投入，以降低造价。在处理和大电网的关系上，我曾讲过，大电网应当让一让，对小水电、小电网实行扶持的政策，这是对的，应当这样做。但对水利部门的小电网来讲，也要讲团结。现在都是经济组织，有承包责任制，都是一级法人，所以大家要协商。大电网也不只是为工业和城市建的，有相当部分也是为农业服务的。省级电网也是大电网，在处理这个关系上还是要互谅互让。我们要求大电网，因经济实力雄厚，对小电网多采取扶持的政策，但小电网要立足自力更生。这样问题就好照顾和解决。

关于水利和电力部门、城建、环保部门的矛盾如何解决？我也赞成用互谅互让的办法解决。大家都从整体利益出发，风格都高一点。当然，有些问题，国家要做出原则规定，使各省有所遵循。如水利和城建怎么分工，由国务院来协调，做出决定，大家遵照执行。凡遇到这些事，都有个部门利益问题，不能大家都满意，所以还是要大家互谅互让。我们大家是一个目的，为了国家四化，无非是谁多管一点，谁少管一点。不能有利的事大家都想多管，无利的事都往外推。

在行业待遇上是有差别的，中国有，外国也有。这是历史条件形成的，只能逐步解决。水利行业的待遇比较低，队伍不大稳定。会后计委、劳动部和水利部再商量一下，在什么条件下，对那些长期在水利战线上的临时工可以转正。总的转正人数要严格控制，事业费也在地方财政，但为了巩固水利队伍，适当转一些，把遗留问题解决。水利部门有条件发展多种经营，有的部门搞得很好，很有成效，网箱养鱼，种经济作物，开办各种各样水利企业。水利部门人才多，技术水平高，过去综合利用的展览会上名堂不少，卓有成效。国家扶持，用这些钱来改善职工待遇，巩固水利队伍是可以的。

关于水电项目管理问题，计委可以研究一下，基本上以防洪、灌溉、供水等为主的水电站，可以划给水利部门建设和经营。在水电部分家和“三定”方案中，都有这样的规定。计委在制订“八五”计划中，有些水电项目就可以交水利部门去经营管理，如小浪底、桃林口都是水利项目，四川的几个项目也都是水利项目，如紫坪铺等，有这些水电项目，就能以电养水。以电养水，滚动发展是条出路。

我想到的先讲这些。大家说这次会开得很好。以后，一定时期可以开一次这样的综合性的会，也可以开一些专业会，总结一下经验，如小水电一百个县完成了，第二批二百个县要新搞了，可以总结一下。水土保持小流域治理开发也很了不起，增加了土地面积，有利于水土保持，改变了北方农村的面貌，也可以开个专业会总结一下。有些会可以联合召开，小流域治理，水利可以和农业联合开会，小水电，水利部可以和计委联合开会。梯田在黄土高原是成功的经验，梯田主要是劳务投入，又有利于水土保持，也可以开个专业性会议。

总之，在中国特定的条件下，四十年来，水利建设事业取得了很大的成绩，对中国经济建设做出了巨大的贡献。水利事业是基础行业，对今后中国的工业、农业，特别是对农业有非常重要的意义，希望大家共同努力，把水利搞上去。

中共中央政治局常委宋平在接见全国农田水利基本建设会议部分代表时的讲话

（1990年9月1日）

看了纪云同志和振怀同志、侯捷同志的讲话，都讲得很好，也看了你们的简报。我要讲的主要意思是怎样把提出的方针、做法落实下来。

首先各级领导要真正把水利建设放在一个重要地位。李鹏同志提出，水利是基础产业，提得很好。农业是基础，农业没有水上不去。到2000年粮食总产要达到5000亿kg的目标，有的同志说这个目标是不是高了？达不到。算了一个帐，达到5000亿kg，按那时的人口计算也就是现在的水平，还谈不上食品结构有什么大的改善。所以说到2000年达到5000亿kg还要过紧日子，如果达不到5000亿kg就要过苦日子。实现这个指标不容易，这十年平均每年增加45亿kg，下个十年每年要增加75～80亿kg。这个指标是不低，但如果达不到，确实会给我们整个国民经济和人民生活带来很大的问题。因此，这个目标，无论如何要千方百计尽我们的各种力量，一定要达到。要达到这个目标，没有各方面的建设，首先是水利建设，是不行的。当然水利建设不只是农业的问题，还有工业用水、城市用水、大江大河治理、减少洪水威胁、改善环境，这些问题都与水利有关。因此不单是水利部门，各级党委、政府都要把水利放在重要位置上，而且要把它落实下来，这是第一点意见。

第二点意见，要搞好水利建设的规划。这次会议不仅安排今冬明春的农田水利基本建设，而且研究了“八五”水利计划的设想。要按科学办事，不能像过去“大办水利”那样，成绩很大，浪费也很大。大江大河治理要花很多钱，工期也很长，要搞好流域规划。关于大江大河治理，我只想提出一个问题，就是要有全局观点，要上下游兼顾，工业、农业、城市用水兼顾，近期和长远兼顾。淮河治理到现在为止，上、下游的意见没有完全统一起来，给淮河治理带来很大的困难；太湖的治理，大家费了很大的劲，搞了一个规划，是不是都能够按规划落实，还需要做很多的工作。黄河，总共有500亿m^3水，每年冲沙就要200多亿m^3水。几个省怎么按分水的计划来利用，是很大的问题。水的问题，许多是跨省市、跨区域的，要有一个全盘的规划。我们总讲水利部是统管部门，要有权威。有了规划后，大家要按规划办事，要有全局观点不能只顾自己的地区，自己的局部，更不能以邻为壑。这一点是很重要的。大家都是搞水利的，希望都能注意这个问题。农田水利基本建设，也要规划。农田水利成绩是很大的，在学大寨的时候，搞了很多建设，现在还是很好的，发挥了很大作用。艰苦奋斗、自力更生，成绩很大，但确实也有很多浪费。所以要注意搞好规划，现有水利工程的维修、改造、更新，新的水利工程的兴建，以及治山治坡、水土保持、植树种草等，都要很好规划。有了规划，坚持年年搞，不要间断。现在，农村实行家庭联产承包责任制，更要加强领导，县、乡（镇）、村都要加强领导。规划不能停留在纸面上，要真正变成群众的实际行动，要有组织、有布置、有检查。真正做好规划，按科学办事，实实在在去干，减少浪费，效果会是好的。

第三点意见，讲讲劳动积累问题。水利建设，大江大河的治理，黄、淮、海开发等等，国家是要拿点钱的。但国家拿钱主要用在那些骨干工程上。农田水利还是要靠地方，靠县，靠区、乡和村，靠群众自己积累，特别靠劳动积累。去年一年成绩很大，完成42亿个工日，平均每个劳力10.5个工日。这是很大的成绩，但还远远没有到顶。规定10到20个工日，刚才湖南讲用了20个工日。也不是20个工日就到顶了。王乐泉同志讲山东省昌邑县九间棚村，是个山区贫困村，为了改变落后面貌，近五年来，每年每个劳动力投工200多个。群众为自己的利益办事，投工出力是乐意的，是没有什么意见的，所以不能说10.5个工就已经用到顶了。现在农村有将近4亿个劳动力，真正干农活用不了多少工。四川的同志告诉我，干工业三班倒，干农活是“早、中、晚”，四川的地种得不错，庄稼长得很好。农村劳动力的潜力很大，今后十年还要增加1亿劳动力。这些劳动力不能都到城里去搞第三产业、第二产业，还得在农村干。社会主义的优越性就是使人人有饭吃，吃了饭就得干活，我就讲这么个逻辑。干活就能创造价值，也可以说增加财富，就能增加就业机会。修了水库，有水可以养鱼，可以灌田，就有收入，就可以增加就业机会。所以我们应该想到我们这么多的劳动力资源，是让它待着好呢还是干活好呢？我看就是得干活，不干活就会无事生非。干活就能创造价值。可以搞农田水利，搞治山治坡，搞平田整地，植树造林，修筑道路，治理环境。要把劳动力组织起来很好地去干活。我们不要求太多，要求达到湖南的水平21个工日。问题是我们要去领导、去组织，按规划去干。包括城市劳动力，也是要让他们有活干，我跟重庆市肖秧同志说，城市那么多劳力，你把他们组织起来，把山头治理治理搞成公园，就可以卖门票、增加就业。劳动投入要作为一个长期的战略问题来研究。今后十年要把这个问题当做一个大问题来研究。农村劳动力的投入主要应用于农田水利上，搞治山治坡水土保持，这样我们的农业就有希望。搞水利的同志经验很多，我想指出的是，要发动群众去搞，要讲清道理，使群众自觉自愿。关键是要有组织、有领导，要我们的领导亲自组织，而且要带头参加劳动，这样就可以掀起一个兴修水利的高潮，群众不仅不会有怨言，而且会转变干部作风，改善党群关系。要狠狠抓一抓劳动投入。国家可以花很少的钱，搞点钢钎、炸药、工具，这些我们花得起。最近我到山东胶东去，他们讲，海阳县有一个池塘要修一修，需要15000元钱，说了几年凑不起钱来，一直修不成，去年发动群众，去了170个人，干三天就完成了，可以灌溉250亩地。

我们多年不讲大办了，我看水利还是要认认真真地、科学地、有领导、有规划地好好搞，这对我们的事业至关重要。

田纪云副总理在国家防汛总指挥部第一次会议上的讲话

（1990年4月21日）

刚才杨振怀同志就今年全国的防汛抗旱形势和工作部署，讲了很好的意见，我完全同意。我们分析形势要有全面观点，既要看到有利的一面，以增强信心，鼓舞士气；更要看到不利的一面，困难和问题的一面，把我们的工作做得更好、更扎实。

大家都知道，我国是一个水旱灾害频繁的国家。新中国成立以来，在党中央、国务院的领导下，全国人民经过四十年的艰苦奋斗，在江河治理、兴修水利方面，取得了举世瞩目的巨大成就，战胜了一次又一次水旱灾害。但是应该清醒地看到，目前我国大部分地方的水利工程设施，由于长期运行，老化失修，再加上人为的破坏，存在病险隐患，防灾抗灾能力下降。因此，水旱灾害的威胁还严重存在，我们应该增强忧患意识。

今年的气候有些异常，去冬今春出现了少见的持续大范围的降雨降雪天气，应该引起我们的警惕和注意。汛期的天气将会怎样变化？专家做出了各种各样的预报，但是不管什么说法，我们的一切工作都要立足于防大汛、抗大旱上，防汛抗旱两手抓，不能存在任何的侥幸麻痹思想。

今年是治理整顿、深化改革极为重要的一年。当前，稳定高于一切。政治稳定和社会稳定是前提，经济稳定发展是基础，而农业的稳定发展又是国民经济稳定发展的基础。因此，做好防汛抗旱工作，确保不出大的问题，夺取农业丰收，对于实现我国的政治、经济和社会的进一步稳定发展，具有重大意义。

下面我讲几点意见：

一、要进一步加强防汛工作的责任制。三年来的实践证明，李鹏同志提出的要建立健全各级行政首长防汛责任制，是行之有效的，是完全正确的。一定要坚持下去。新上任的省长、市长、专员、县长要很快熟悉情况，上岗到位，肩负起防汛抗旱工作的重任。各级防汛指挥部是负责防汛工作的办事机构，目前还有部分省、市、县的办事机构的编制、经费不落实，没有固定的专职人员，请各地编委、人事、财政部门认真研究，给予支持。

二、要大力宣传贯彻《水法》、《河道管理条例》，依法办事。现在我们许多事情，不是无法可依，而是有法不依，执法不严。譬如河道清障，虽然《水法》中也有明文规定，这几年多数地方也已经取得很大进展，但还有一些地方推不动。大江大河中有这个问题，中小河流更为突出。看来，这件事情还要继续坚持不懈地狠抓下去。今年二月份，我到山西大同检查工作，就发现那个地方的十里河、口泉河里的碴土、垃圾，还有一部分房屋，障碍重重，长期得不到清除。后来，我请水利部的同志到大同帮助他们制订计划，采取措施，限期解决。据说，他们最近已由领导、党团员带头，组织群众参加义务劳动，掀起了全市性清障高潮，计划二十天内全部完成。这也说明了只要领导重视，问题是可以解决的。又如各种破坏防洪设施的违法行为仍然屡屡发生，也需要依法予以严厉打击。

三、要顾全大局，团结治水。当江河发生超过防御标准的特大洪水时，为了保全整体，必须权衡利弊，牺牲一些局部地区的利益。国务院颁发的《黄河、长江、淮河、永定河防御特大洪水方案》就是为了保全大局而制订的，有关省市要坚决贯彻执行。对拒不执行而造成重大损失的，要追究主要行政负责人的责任。各地也都有跨行政区的江河，在处理超标准洪水时，也同样有个牺牲局部保全大局的问题。因此，一定要教育广大干部和群众，以大局为重，从全局出发，团结治水。

四、要认真进行汛前检查，落实渡汛工程和措施。各地都要认真组织好汛前准备工作检查，发现问题及时处理。特别是对于堤防的险工险段、病险水库、病险涵闸等薄弱环节，要作为紧急渡汛工程认真处理，并制订出可靠的渡汛方案和切实的措施。为了更加有力地推动今年的防汛工作，我们在座各位作为国家防总成员，除了负责做好本部门与防汛有关的工作外，也要尽可能地参加防汛检查工作，特别要对雨水偏多的黄河、长江、淮河险工险段，指定专人带队，重点检查，并把落实情况报国家防汛总指挥部，具体安排由国家防汛办负责。各省的防汛检查也可以仿照中央的做法进行。应该指出，历年来，国务院各部委、中国人民解放军，武警部队都为防汛抗洪抢险做出了很大的贡献。今年希望一如既往，要立新功。

城市防洪问题很多，任务很艰巨，实际上我们许多防洪措施都是为了保城市，因此，要求有关城市一定要把本身的各项防洪工作做好。

蓄滞洪区是综合性防洪措施的重要组成部分，是处理特大洪水的主要手段，一定要把蓄滞洪区的工作抓紧抓好。但是由于滞洪区的工作牵涉面广，不是水利部门一家可以办得了的，在各级政府统一负责和领导下，建设、农业、商业、物资、财政、民政、交通、邮电、卫生、保险等有关部门应予以密切配合。水利部门也要多做宣传和组织工作。今年工作的重点要放在落实通讯预警系统和紧急救生措施上来，以备分洪运用，保障人民生命安全。

五、要增加资金的投入。今年国家在增加农业投入中，相应增加了水利的基建经费。大部分的省市也增加了对水利的投入。当前突出的问题是防汛岁修经费严重不足，蓄滞洪区安全建设经费太少，城市防洪经费缺口较大，中小河流防洪、山洪、泥石流等灾害防御经费没有来源。请计委、财政部和水利部共同研究解决。当然，这是指国家负担的那一部分。根据分级管理的原则，地方各级政府也要认真解决这些问题。

田纪云副总理在全国农田水利基本建设会议上的讲话

（1990 年 8 月 27 日）

国务院批准召开的这次全国农田水利基本建设会议，是一次重要的会议。去年国务院做出《关于大力开展农田水利基本建设的决定》以后，由于各级领导重视，群众发动充分，工作比较扎实，效益也比较好。各地都涌现了很多好的典型，有不少好的经验，可以说是近十年来取得成绩最好的一年。但也存在不少问题。这次把各省、自治区、直辖市分管水利工作的负责同志请来，主要是总结交流和检查一年来各地贯彻国务院《决定》的情况、经验和问题，重点研究部署如何全面贯彻落实国务院的《决定》，会议后两天，水利部还要与各省讨论一下“八五”期间的水利建设工作。下面我着重讲三个问题。

一、一年来农田水利基本建设取得的成就

党的十三届五中全会突出强调了农业在国民经济中的基础地位，号召全党全国动员起来集中力量办好农业，从中央到地方开始形成了一个重视农业，支援农业、发展农业的热潮，形势很好。今年的农业生产继去年丰收之后，夏粮、夏油、早稻又获得丰收，达到历史最高水平，秋季作物播种面积增加，长势也是好的，只要后期不发生大的自然灾害，完成今年农业生产计划是大有希望的。

农业的丰收是与近两年来大规模地开展农田水利基本建设分不开的。特别是去年国务院《关于大力开展农田水利基本建设的决定》发布以来，在全国范围内形成了一个大搞农田水利基本建设的高潮，取得了很大成绩。据统计，去冬以来全国共投入劳动积累工 42 亿个，完成土石方 48 亿 m^3，分别较前三年平均数增长 40%和 26%。这些工程完成后，估计可改善和增加灌溉面积 7100 万亩，除涝面积 1400 万亩，改造盐碱、渍害低产田 1000 万亩，治理水土流失面积 15000 km^2，是近十年来规模最大，效益最显著的一年。

去冬以来农田水利基本建设所以能取得这么大的成绩，首先是各级党政领导的重视，他们从前几年农业生产徘徊不前的局面中认识到水利的“命脉”作用；认识到要保证农业的稳定发展，不建设旱涝保收、高产稳产的生产基地，不提高农田抗御水旱灾害的能力是不行的，因此对贯彻国务院的《决定》高度重视，措施得力，深受广大农民群众的拥护。很多省、市都成立了农田水利基本建设指挥部，由政府负责同志挂帅，各有关部门参加，统一指挥全省农田水利基本建设的开展。各级党政领导同志纷纷亲临现场指导，参加劳动，发现问题，及时解决，极大地调动了广大基层干部和农民群众兴修水利、治山治水的积极性。广大群众交口称赞，党的好传统好作风又回来了。

在农田水利基本建设中，各地都十分重视抓工程效益，抓工程质量。根据当前水利工程设施的现状，大部分地区都把工作重点放在现有工程设施的维修、恢复、配套和更新、改造上。同时根据需要和可能，因地制宜，量力而行地兴修一些防洪、灌溉、除涝、人畜饮水和水土保持综合治理工程。

为了保证农田水利基本建设的顺利进行，各级计划、财政、物资、银行、电力、石化、轻工、机械、商业、宣传等部门以及人民解放军、武警部队、公安干警都给以很大支持。农田水利的投入有明显的增加，据初步统计，除小型农田水利补助费外，各级财政投入农田水利基本建设的资金约有 26 亿元；乡、镇集体和群众自筹资金约 30 亿元，较往年都有显著增加。

各级水利部门和广大水利干部，特别是战斗在第一线的县（区）乡的水利、水保干部，工人和技术人员，对作好勘测设计，进行现场技术指导，保证施工质量，加强工程管理，争取及时发挥效益，付出了辛勤劳动，作出了重大贡献。但是，在去冬今春的农田水利建设中，也还存在着一些问题，主要表现在：少

数地区的领导对水利的“命脉”作用认识还不够，群众还没有广泛发动起来，一些应该搞而且有能力搞的工程没有搞起来；个别地区由于思想准备不够，前期工作跟不上，仓促上马，布置比较忙乱；一些地方资金和物资供应不足，以致土方工程搞了不少，而建筑物配套跟不上，不能及时发挥效益。这些问题都需要在今后工作中加以解决。

二、要把农田水利基本建设长期坚持下去

我国是一个水旱灾害频繁的国家，又是世界上人均水资源量比较少的贫水国家之一。人口多与水、土资源少的矛盾十分突出。由于降雨的多变性，水资源分布不均，就全国而言，不是南涝就是北旱。农业的兴衰，农村的稳定与发展，国家的稳定与发展，可以说与水利的兴衰是分不开的。农业是国民经济的基础。水利是农业的命脉，是农业最重要的基础设施。最近中央几位领导同志都强调，要从战略高度来认识水的问题的重要性，以提高水的基础产业地位。这些年的实践已经表明，如果水利基础设施上不去，不光是农业的综合生产能力上不去，整个国民经济的发展也会受到制约和影响。

90年代是我国坚持改革开放，实现国民生产总值再翻一番战略目标的重要时期，也是农业走出徘徊，登上新台阶的一个关键时期。在这十年中，水利改革和建设的任务是十分繁重和艰巨的。在过去十年改革中，水利的改革和建设总的方向是正确的，并取得了成效。但由于水利投入大幅度减少，现有水利工程设施老化失修和北方地区水资源紧缺的两个危机依然存在。我们一定要充分估计和认识这些问题发展下去的严重性。近年来，国家在对大江大河进行重点治理的同时，去年国务院做出大力开展农田水利基本建设的决定，就是一项加强水利的重大决策。群众性的农田水利建设，是在国家必要的扶持下，依靠亿万农民的劳务投入，建设高产农田，发展农业的创举。这不是权宜之计，而是一项符合中国国情的决策。希望这次会议在充分肯定成绩的基础上，认真总结经验，制订规划，加强领导，发动和组织广大农民群众，年复一年地把农田水利基本建设坚持下去。

农田水利基本建设是一项长期任务，各地要全力以赴，精心规划，精心设计，精心施工。按照“巩固改造，适当发展，加强管理，注重效益”这一农田水利基本建设总方针，因地制宜地制定出今后5至10年的水利规划和分年实施计划。要把工作的重点和主要的财力、人力放在现有水利工程的巩固、配套、更新、改造上，提高工程效益和农田抗灾能力，改造中低产田，力争用10年左右时间把现有7亿亩灌区，逐步建成旱涝保收高产稳产的基本农田。在巩固改造的基础上，适当发展，搞些新的工程，尤其是水利基础差的地方，要力争多搞一些。在山区，要搞坡改梯，把跑水跑土跑肥的“三跑田”建设成“三保田”。水土保持要坚持保护、治理两手抓，把重点转到“预防为主”的轨道上来。采取坚决措施，制止新的破坏。小流域的治理要把防护性治理与开发性治理结合起来，加快脱贫致富的步伐。总之，各地要统筹安排，按计划实施，以效益为中心，修、管、用结合，不要搞形式主义。

今冬明春，要从群众要求最迫切、反映最强烈、经济效益最显著的问题入手，因地制宜地做出合理安排，以严格的科学态度确定主攻方向，以严谨的工作作风进行分类指导。贫困地区的农田水利基本建设，要和国家正在实施的中低档工业品以工代赈计划结合起来，取得更大的成效。

三、进一步贯彻落实国务院《决定》的几点意见

国务院的《决定》的基本精神，就是要充分发动和依靠广大农民群众，继续发扬艰苦奋斗、自力更生精神、扎扎实实、富有成效地把农田水利基本建设长期坚持下去。为此，希望各地解决好以下几个问题。

1. 要认真做好群众的发动工作和组织工作

农田水利基本建设关系到亿万农民根本利益，认真细致地宣传群众，发动群众，使群众为自己的利益而自觉地行动起来，是开展大规模农田水利建设的思想基础。当群众的积极性起来了，还要做好周密的组织工作，施工管理工作，关心群众的生活，十分爱惜民力，这是防止大轰大嗡，讲求实效的关键。近二年的实践证明，只要做好深入细致的思想工作和组织工作，所谓实行家庭联产承包责任制后出现的群众难发动、资金难筹集、施工难组织的问题是完全可以解决的。希望各地认真总结经验，把思想工作和组织工作做得更好。

2. 要不断完善劳动积累制度

我国农村劳动力资源丰富，在农村历来就有利用农闲季节出工修水利的习惯。去年国务院发出的《决定》中，明确规定的劳动积累工制度，每年每个农村劳力投入农田水利基本建设平均10到20个工日。如果全国每年40亿工日，每个工日2元，就是近百亿元的劳动积累。这是一笔巨大的投入，不可小看，它充分体现了投入的主体是农民群众。这是农村自我发展自我积累的一种有效机制，各地要坚持和不断完善这个制度，并依靠劳动积累解决小型农田水利设施的老化失修问题。就全国而言，解决水利工程老化失修问题，投入是个关键，应该按照分级负责的原则，从多

方面筹集资金。除了一些大中型水利骨干工程和主要机电设备的更新改造计划，由中央和省加以解决外，一般中小水利和配套建筑物，可由市、地、县、乡农业开发资金、农水补助费、银行贷款和自筹资金多渠道加以解决；面上的大量土方工程和田间工程则主要依靠受益区的水利劳动积累工和群众集资合作加以解决。

3. 要改进农田水利补助费的使用和管理

目前，农田水利补助费的管理和使用情况需要做一次检查。农水补助费一定要专款专用，能不能把这项补助费收到省里来管，或由省直接掌握一部分，由各级水利部门分级管理，对这个问题，希望大家议一议。在这里需要重申的是，中央和国务院曾多次要求各省要把水利投资尽快恢复到1980年财政包干时的水平，这个问题已连续讲了四五年了，据了解，还有少数省未恢复到1980年包干时的水平，希望能在明年兑现。事实上，即使恢复到1980年水平，由于物价上涨等因素已经达不到1980年水平的投资效果。

4. 要狠抓农田水利设施的管理和效益

管理和效益，长期以来一直是水利工作的一个薄弱环节，也是水利工程设施损坏严重、效益差的一个重要原因。要求各地拿出比兴修水利更大的劲头抓管理、抓实效。计收水费一定要按国务院规定的办法做，这是保证管理单位能够达到自给和正常运行的主要经济来源。同时，要支持区乡水利水保站、工程管理单位，因地制宜地开展多种经营和有偿服务，搞活经济，开辟财源，增加收入，提高自身的经济实力，逐步建成具有经济实力的服务体系。只有把区乡水利、水保站和工程管理单位巩固住，提高了，壮大了，强化水利管理工作，才不是一句空话。

5. 要高度重视农业节水工作

北方水资源紧缺问题，是个大事。农业用水是大头，占全国总用水量的80%，缓解农业用水矛盾，中国非搞节水农业不可。因此各地要高度重视农业节水工作。这不是权宜之策，是中国国情和水资源条件所决定的一项长期政策。目前各地都有不少节水灌溉的典型经验。对于一些已经行之有效的节水措施，各地要因地制宜地大力推广。同时，进一步研究改进适合我国国情的各种农业节水措施，研究制定鼓励节水的优惠政策和办法。

6. 要加强领导，各部门协同作战

农村水利涉及各行各业、各个部门，组织工作量很大，政策性很强，单靠水利部门是不够的。也就是说，决不能把水利只看成是水利部门的事。各级政府应建立强有力的领导班子，主要负责同志亲自抓，统一领导，协同作战。各级地方政府都要增加投入，除用好管好农业开发资金和农田水利补助费外，各级财政在安排预算时，要增加水利投入。县、乡两级的以工补农资金也要增加，支持农村水利建设。各地用于农田水利基本建设的各项资金，要严格掌握，不准挪用。国务院各有关部门要按照国务院《决定》的要求各负其责，大力支持全国农田水利基本建设。对农田水利基本建设所需物资，要优先安排；排灌和施工用电用油，要优先保证，继续实行优惠价格。凡指定用于农田水利基本建设的物资和油、电，要按计划平价供应。各级政府也要从自己掌握支配的物资中拿出一部分用于农田水利基本建设。各级物资部门要主动搞好服务，做好物资供应工作。

关于“八五”期间的水利工作，由于国家“八五”计划尚未确定，这次会上水利部门可以与各省先交换意见。下面我想强调一下对加强水政和水资源的统一管理问题。

加强水政建设，加强水资源的综合利用、保护和统一管理，依法治水、依法管水，是深化水利改革的一个重要方面。政法、公安部门要严厉打击破坏水利、水保设施和挑起水事纠纷的不法分子，保护水管和公安执法人员的安全，做到有法必依，违法必究。要帮助水利部门建立水利公安执法体系，支持水利、水保监督部门做好工作。国务院批准水利部的“三定”方案，已明确水利部是国务院水行政主管部门，并负责全国水利行业管理。水行政主管部门作为国家水资源(包括地下水资源)的产权代表，水资源的权属管理必须统一。国务院在审定有关部门“三定”方案时，就是按这个原则审定的。去年我曾提出水资源管理要做到“五统一、一加强”，即坚持实行统一规划，统一调度，统一发放取水许可证，统一征收水资源费，统一管理水量水质，加强全面服务。水利部门要依法担负起水行政主管部门的责任，并切实履行职责。希望各省、自治区、直辖市人民政府，加强对水政和水资源的统一管理，支持流域机构和各级水利部门做好水资源的统一归口管理和保护工作。否则，政出多门，势必加剧水资源紧缺的矛盾。水资源要加强统一管理，但在开发利用上，则应发挥各用水部门的积极性，按照流域规划和水法规进行多目标的综合开发和合理利用。加强流域管理，是贯彻《水法》的重要内容，也是水利改革的重要方面。关于流域开发的模式，各地已有了一些典型。这些典型需要进一步研究和探索。最近李鹏总理在听取水利部“八五”计划时提出，同意实行以电养水，综合利用的水电站可交水利部门去管。新建的工程可以给些新的政策，用于水电的滚动开发和流域的滚动开发。这是水利深化改革中很重要的一个方面。

今年，各地洪、旱、涝灾害，如湖南、四川、苏北、内蒙古、山东等地的洪涝灾害和闽、粤等省的风暴潮灾害还是严重的，洪涝灾害约1.5亿亩。南方不少省区出现干旱，旱灾面积达到9000多万亩。特别是最近12号台风经福建、浙江、广东造成严重水灾，现在秋汛的威胁仍然存在，还可能会有台风登陆。因此，各地一定要防汛抗旱两手抓，兴利与除害相结合，坚持依法治水，科技兴水，以质量和效益为中心，扎扎实实地把农田水利基本建设推向一个新的阶段。

最后，借此机会我代表国务院向全国水利系统职工们致意！全国水利系统有130万职工，多年来同江河洪、涝、干旱进行不懈的斗争，他们风里来，雨里去，为人民除害兴利做出了奉献。在此，谨向广大水利职工表示亲切的慰问。同时希望各地人民政府关心他们的疾苦，支持他们的工作，改善他们的工作和生活条件。希望通过这次会议，大家励精图治，齐心协力，团结奋斗，使农田水利基本建设更健康地向前发展，为增强农业后劲，夺取明年的更大丰收做出新的贡献。

田纪云副总理在全国减轻自然灾害研讨会上的讲话

(1990年10月22日)

今天，来自各行各业，从事各种学科研究的专家、学者，汇聚一堂，共同研讨减轻自然灾害的对策。这是中国科协组织的一次减灾科学技术攻关活动，我坚决支持并预祝会议圆满成功。

我国是世界上自然灾害最严重的国家之一。在旧社会，在反动统治下，自然灾害曾给人民带来深重灾难，“十室九空”、“哀鸿遍野”就是当时的真实写照。新中国成立后，在中国共产党领导下，从中央到地方，各级党和政府领导全国各族人民努力防灾,大力抗灾，全力救灾，战胜了一次又一次的严重自然灾害，大大减轻了灾害造成的损失。但是，由于我国幅员辽阔，气候及地质情况复杂，各种自然灾害频繁，现有的科学技术水平和财力物力有限，还不可能做到根除这些灾害的影响，严重的自然灾害仍然影响人民生命财产的安全，影响社会、经济的持续稳定发展。因此，在相当长的时期内，减灾依然是我国一项艰巨而重要的任务。当前，我国正在为本世纪末实现国民生产总值翻两番的目标而奋斗。要实现这个伟大的战略目标，在坚持改革、开放，发展生产，努力提高经济效益，把国民经济搞上去的同时，做好减灾工作，提高抗御自然灾害的能力，十分必要。减轻损失等于增加生产，这个道理是人所共知的。

为了卓有成效地开展减灾工作，我讲几点意见供大家参考。

一、要动员全社会的力量减灾。我国自然灾害种类多，分布广，发生频繁。各地区、各时期都有发生自然灾害的可能性，都应做好投入减灾斗争的各种准备。同时，减灾工作是一项系统工程，涉及到方方面面。只有组织动员全社会各行各业和全民投入减灾工作，才能确保减灾工作的胜利。为此，要继续深入开展减灾活动的宣传，提高全国各族人民对减轻自然灾害重大意义的认识，增强全民的减灾意识。还要使大家认识到，减灾是全民的义务，各行各业和全体公民都有参加减灾的责任。

二、要发挥各级政府的主导作用。减灾是和自然灾害做斗争，各级政府必须加强领导，统一组织，才能以最小的投入，把灾害损失减少到最低程度。今年7月上旬，嘉陵江上游发生特大洪水，陕西省略阳县县城进水，由于县政府在汛前做了充分准备，立足于来大水制定了“防、抢、撤”预案，落实了各种防汛责任制；洪水即将来临时，按照预定方案组织指挥人员撤退，并转移贵重物资。尽管水深达3～5 m，全城3万余人却无一人伤亡。

三、要依靠科学技术减灾。虽然造成各种自然灾害的因素很多，但总有一些因素起主导作用。通过对这些因素的研究，逐步掌握各种灾害的发生规律，并认真总结吸取前人和国外的先进经验，寻找预测、预报、预防和抗御各种灾害的办法，采取各种工程和非工程措施提高抗灾能力等等，都是运用科学技术减灾的重要内容。实践证明，减灾工作离开各种科学技术手段，不可能达到有效减灾的目的。这次会议各位专家、学者提出的研究成果，各级政府要予以高度重视。已经成熟的，应立即组织实施，使之尽快转化为生产力；尚不够成熟的，继续组织研究或试验；对那些投资少，收效快的项目要优先安排；对那些效益巨大的项目，也要逐步组织实施。

最后，我还想利用这个机会强调一下，要搞好今冬明春的农田水利基本建设。数千年历史表明，对我国危害最大的还是洪涝旱灾害。建国以来的实践也证明，各种水利设施是抗御洪涝旱灾害的重要物质基础。因此，深入扎实地开展农田水利基本建设，为抗御明年可能发生的洪涝旱灾害做好准备，是今冬明春减灾活动的重要组成部分，希望各级领导抓早、抓紧、抓好。虽然这次会议不是部署农田水利基本建设的会，而是研究减灾对策的会，但由于农田水利建设是减轻洪涝旱灾害的极为重要的措施，所以在这里再讲一讲。

国务委员陈俊生在长江流域综合利用规划要点报告审查会开始时的讲话

（1990年5月29日）

《长江流域综合利用规划要点报告（1988年修订）》审查会，现在开始。

这次会议是全国水资源与水土保持工作领导小组主持召开的，参加会议的有：全国水资源与水土保持工作领导小组成员，国务院有关委、部、局、院，军委总参、总后，长江流域各省、自治区、直辖市、计划单列市，有关流域机构、规划设计、科研、管理等单位，有关公司、院校、学会以及新闻等单位的领导和代表。关心长江流域治理的部分全国政协委员和我国知名的科学家、学者、专家，原水利电力部的老领导、老专家，也应邀参加了会议。

这次会议规模较大，为把会议开好，经研究，由全国水资源与水土保持工作领导小组负责会议的领导工作。会务由水利部负责。

这次会议拟分三个阶段进行：①听取长江水利委员会关于规划工作和主要规划内容的报告；②分组讨论，对《规划要点报告（修订）》进行审议；③水资源领导小组根据审议意见，向国务院提出审查意见的报告。这次会议预计6月5日结束，共开8天。

下面我讲三点意见。

一、三十年来对长江治理做了大量工作

长江是我国最大的河流，干支流流经我国18个省、自治区、直辖市，流域面积180万km^2，在我国占有举足轻重的地位。但是，由于历史的原因，解放前，长江流域洪、涝、旱等自然灾害频繁，水利资源开发利用程度很低。新中国成立后，党和国家对长江流域的治理和开发十分重视。建国初期就广泛发动群众，动员各方面的力量，进行以培修堤防为主的大规模水利建设，完成了包括荆江分洪区在内的一批水利工程，在1954年防洪斗争中发挥了重要作用。

为了有计划地对长江流域进行全面治理和开发，在战胜1954年特大洪水后，于1955年中央决定全面开展长江流域的综合治理和开发利用规划工作。在有关部门和流域内各省、自治区、直辖市的大力支持和配合下，规划的主要工作于1957年基本完成。1958年，周恩来总理亲自组织现场踏勘研究后，在中央政治局成都工作会议上做了“关于三峡水利枢纽和长江流域规划的报告”，中央政治局批准了周恩来总理的报告，通过了“关于三峡水利枢纽和长江流域规划的意见”。原长江流域规划办公室根据周总理的报告和政治局指示精神，广泛征求各方面的意见后，于1959年正式提出了《长江流域综合利用规划要点报告》。

多年来，按照《规划要点报告》提出的规划，对长江中下游的堤防进行了全面的培修加固，完成土石方30多亿m^3，修建了杜家台分洪区、洪湖隔堤，确定并正在建设洞庭湖、洪湖、鄱阳湖等一批分蓄洪区。对平原圩区进行了综合治理，完成土石方200多亿m^3，建成大小涵闸7000多座，排灌站装机620多万kW，治涝面积5600多万亩，占易涝面积的82%。修建丹江口等大中小型水库4.8万多座，总库容1222亿m^3，引水工程56万多处，提水工程26万多处，全流域灌溉面积达2.28亿亩，占耕地面积的62.8%。其中旱涝保收面积1.69亿亩，占耕地面积的46.6%。到1985年全流域已建和在建水电站装机总容量1700多万kW，年发电量720多亿kW·h。沿江岸线防护、水运航道整治疏浚、水土保持、冷浸田改良、血吸虫防治灭螺等工作，也取得很大成绩。

30多年来，长江流域的洪、涝、旱自然灾害得到初步治理，抗灾能力有一定提高，水电、航运、水产等有很大的发展，对保障人民生命财产安全，满足国民经济各部门的需要，促进国民经济的发展，起到了重要作用，发挥了巨大的效益。长江流域的治理和开发实践证明，党中央、国务院制定的长江流域治理和开发利用的方针是正确的，《规划要点报告》提出的规划方案基本上符合长江流域的实际，起了重要的指导作用。

二、为适应我国经济、社会发展需要，必须尽快制定出新的规划

目前长江的治理标准仍然不高，遇大洪水需大量分洪，对广大农村损失很大，遇较大的涝、旱，有相当大的农田面积要受灾；由于植被破坏，土壤侵蚀加剧，现全流域水土流失面积已发展到55万多km^2；一度得到控制的血吸虫病，近年来又开始蔓延；随着工业生产的发展，水资源受到污染，沿江大中城市相当长的河段遭受污染，危害很大；丰富的水利资源开发程度很低，有待进一步综合利用。长江流域的治理开发任务还很艰巨。原来的《规划要点报告》提出已30年。30年来我国发生了巨大变化，长江流域的社会、经

济和环境等方面也发生了很大变化。随着经济、社会的发展，国民经济各部门和流域各地区出现了一些新的情况，提出了新的要求。为了适应我国本世纪末和更长远时间经济、社会发展的需要，国家计委于1983年下达了修订补充长江流域规划的任务，请原水利电力部负责组织编制，长江流域规划办公室（现名长江水利委员会）承担综合编制任务。同年12月国家计委报经国务院批准，批复下达了《长江流域综合利用规划要点报告修订补充任务书》，要求继续执行1958年党中央《关于三峡水利枢纽和长江流域规划的意见》的指示，坚持“统一规划，全面发展，适当分工，分期进行”的长江流域规划工作的基本原则。正确地解决需要与可能，整体与局部，近期与远景，除害与兴利，生产与生活，农业与工交，干流与支流，上游与下游，左岸与右岸，滞蓄与排泄，防洪、发电、灌溉与航运，水电与火电，发电与用电，以及水土和生物资源的利用与保护等方面的关系。认真总结以往规划工作及其实施等方面的经验教训，深入调查研究流域自然规律和经济规律，从流域的实际情况出发，全面考虑国民经济各部门发展的需要，包括研究相邻流域对长江的要求，统筹兼顾，综合平衡，在1959年《要点报告》的基础上进行修订补充。并明确了各项工作的具体要求和参加工作各部门、各地方的协作关系。为落实《任务书》的要求，原水利电力部于1984年8月召开了长江流域综合利用规划要点报告修订补充工作协调会，对规划工作进行了协调和安排，会后规划工作全面展开。经过近四年的努力，提出了规划初步成果。水利部又于1988年5月召开了长江流域综合利用规划要点修订补充工作座谈会，汇报了规划进展情况和初步成果，征求各地区、各部门、各有关方面对规划的意见，并研究《修订报告规划要点》的编报和有关的工作。长江流域规划办公室认真研究和吸收了这次座谈会的意见。在各地区、各部门的大力支持和密切配合下，于1988年12月正式提出了《长江流域综合利用规划要点报告（1988年修订）》。根据《水法》规定，长江的流域综合规划要由国务院审查批准。因此，我们召开这次会议，对提交的这一《规划要点报告（修订）》进行审查，为国务院正式审批做好准备工作。

三、长江流域规划是个巨大的系统工程，必须从提高社会综合效益和综合生产力出发

长江流域综合利用规划，牵涉面广，是一项巨大的系统工程。要在短短几天内把涉及到的所有问题都进行深入研究讨论是有困难的。为了集中精力，抓住主要问题，进行研究讨论审查，避免和减少决策失误，我建议着重讨论以下问题，供大家参考。

1. 目前我国自然资源和社会、经济、技术的发展水平，在地区上存在很大差异，客观上形成东部沿海、中部和西部三个大的地带。根据这一情况，当前和今后一段时期，我国经济发展仍要继续大力发展东部沿海地带，充分发挥其技术、经济的优势；积极开发中部地带的能源和各种资源，带动经济的全面发展；加快西部地带资源条件和经济基础较好的地区的开发和建设，并为今后大规模开发打好基础，创造条件。长江三角洲位于东部沿海的中部，长江自东到西，横贯三个大地带，有上海、南京、武汉、重庆等中心城市和一批中型城市，智力密集，技术水平高，经济基础雄厚。在加强东部沿海地带建设的同时，利用长江这条难得的“黄金水道”，充分发挥其优势，在现有经济设施的基础上，建成一条沿江经济走廊，将是近期和今后一段时期我国国土开发和经济建设的总体布局和基本框架。现在提出的《规划要点报告》是否适应流域内以至国家的社会经济发展布局的需要，是否与国土规划相协调，是需要重点研究的。

2. 长江流域广大，除干流外，还有许多支流。当然每条支流都有其需要研究、协调的问题，但对长江流域来说，都属于局部性的问题。因此，这次会议主要是要研究审查关系流域全局综合治理开发的总体布局。从干、支流关系讲，主要是干流的治理开发布局问题。当然，有的支流的治理开发对干流会有一定的影响，干流对这些支流的治理开发也有一定的要求，讨论中也会有所涉及，但重点还应是干流和总体布局。至于具体工程项目，只要在总体布局中比较适当，专门技术问题就不过多展开，可以在以后设计阶段再进行深入研究。这次规划提出的工程项目很多，其中近期工程项目是根据需要和可能优选出来的，是建议近期安排建设的对象，研究可深入一些。远景项目则可以在以后修订规划时再进一步研究。

3. 《规划要点报告》作为一项综合利用规划，涉及到社会经济的诸多部门。是否经过充分协调，作到了统筹兼顾，综合平衡，在保证整体利益的前提下，照顾到各方面的合理要求，是很重要的问题。例如：

(1) 防洪问题还是长江流域突出的问题，特别是荆江河段和沿江一些重要城市，一旦出事，将造成重大损失，甚至会有大量人员伤亡，必须作为首要问题认真对待。防洪标准的确定，上、中、下游和左、右岸关系的协调，蓄、滞、泄等工程设施的布局，调度运用的原则，都应加以审定。

(2) 农业生产关系着国家稳定的大局，中央已作出决定，要大力加强农业这个基础。长江流域的农业生产在全国占有极为重要的地位，但目前旱、涝威胁

仍然严重。要着重研究生产潜力较大的四川盆地、洞庭湖、鄱阳湖、太湖、巢湖、江汉平原、南阳盆地、吉泰盆地、滇中高原等主要农业生产基地的水利设施，力争长江流域农业生产有较大的发展。

(3) 能源和交通是当前我国社会经济发展的重要制约因素。长江水能、水运资源丰富，条件优越。大力开发水电，发展航运，对缓解西南、华中、华东能源紧张状况，沟通西南与中、东部及沿海地区的交通具有重要的战略意义，必须予以充分重视，作出必要的安排。

(4) 水土保持和水资源保护是长江流域规划中又一重要的问题。目前长江流域山丘区植被遭到破坏，不少地区水土流失日益发展，污染严重。这些，给人民的生活、生产和生态环境都带来十分不利的影响，如不及早治理，后果将是十分严重的，必须早日提出根本治理的规划。

(5) 最后，关于三峡工程问题。大家知道，三峡工程具有巨大的防洪、发电、航运等综合效益，但工程巨大，为全国关心，对这一重大工程既要积极研究，又必须慎重对待。国务院已责成原水利电力部在以往研究的基础上，组织国内各方面专家，进行了专门论证，并已于1988年提出论证报告。长江水利委员会根据论证成果已经重新编制并提出了《三峡工程可行性研究报告》。国务院三峡工程审查委员会将召开专门会议，听取全面汇报，在这次会上主要研究讨论三峡工程在整个长江流域规划中的地位和作用。

同志们，以上只是想到的一些需要大家着重讨论的问题，供大家参考，而不是限制发表意见的范围。长江流域规划是个很大的系统工程，涉及上中下游各省市和国民经济各部门，牵涉到许多学科，需要各方面的人士共商大计，希望与会的各位领导、专家和代表畅所欲言，踊跃发表意见，提出建议，共同讨论审查，实行决策科学化、民主化，把《规划要点（修订）》审查好，为国务院正式审批打下基础。特别是到会的老领导、老专家，经验丰富，学识造诣深，更希望对《规划要点报告（修订）》提出宝贵意见。各种不同观点是客观存在，可以心平气和地展开讨论，取长补短，探索出一个最佳方案。大家都是为了一个共同的目的，这就是国家的全局利益、子孙万代的利益。我相信各种观点会在这个共同点上统一起来。

长江流域是我国的一块宝地，它的治理和开发任重道远，让我们共同努力，把这次会议开好，为长江流域的综合治理、开发和保护做出贡献。

国务委员陈俊生在长江流域综合利用规划要点报告审查会结束时的讲话

（1990年6月5日）

长江流域综合利用规划要点报告审查会，经过八天的审议，完成了预定任务，今天就要结束了。下面我讲五点意见。

一、这次会议取得了积极成果

国务院领导同志对这次会议很重视。姚依林副总理亲自到会看了长江流域规划的展览，田纪云副总理询问了会议进展情况。到会同志采取小组讨论和大会发言相结合的形式，审议了《规划要点报告》。在大会审议的基础上，昨天下午领导小组开了会，请到会的7个省市负责同志列席，又集中讨论了对《规划要点报告》的审查意见。领导小组同意到会大多数同志的意见，认为从整体上看，《规划要点报告》指导思想正确，体现了中央和国务院制定的长江治理和开发利用的方针以及国土整治和国家社会经济发展的战略部署，基本上反映了各有关省、市、区和各有关部门的意见，吸取了几十年来治理长江的实践经验和科研成果，各项资料比较丰富，重点明确，是一个符合实际的科学规划。领导小组原则同意《规划要点报告》。但认为还需根据与会同志提出的意见，进一步修改。为此，在全国水资源与水土保持工作领导小组的领导下，由水利部一位副部长牵头，长委、国家计委、农业部、林业部、能源部、交通部，各抽一位参加会议的同志，组成一个修改小组，在“七·一”前完成修改工作。各省要把修改意见留下。《规划要点报告》修改后，领导小组再开一次会议进行审议，尔后连同审查意见报国务院批准。这一《规划要点报告》的原则通过，无疑将对今后长江治理产生重大影响，对其他江河流域综合利用规划也有重要参考价值。

领导小组认为，所有参加这一工作的同志，在长江综合利用规划过程中付出了大量的心血和辛勤的劳动，做出了很大贡献，领导小组对这些同志表示亲切的慰问和衷心的感谢！

这次会议，体现了科学与民主的精神，各方面代表和有关方面专家从不同角度畅所欲言，各抒己见，提出了许多补充修改意见。这是我们这次会议的初衷。个别同志提出了不同意见，这也是领导小组欢迎的。总之，所有意见都反映了对长江流域开发、利用、治理、保护工作的关心。

我认为，不同意见有助于把长江流域规划搞得更好。如果大家都是一个意见，一种声音，那么，我们就没有必要开这样的会了。这次会议开了一周，时间不算短，就是为了让大家充分发表意见。

大家提出的意见，一方面是肯定性的，另一方面是修改、补充性的。修改、补充性的意见，大致可以分为这样几类：一类是属于近期建设项目的安排问题，多数代表认为这样安排是恰当的。但也有的主张减少些，有的建议再适当增加些。请修改小组根据大家提的意见在修改时作适当调整。当然，不可能把大家提出的所有项目都写进去。否则，规划就会成为一个庞杂的、无系统的东西了。有些意见则属于要求列入国家基建计划问题，这些意见请国家计委、水利部在安排年度计划中予以考虑。第二类是属于补充、完善内容的，如血吸虫病防治、旅游、土地利用等专项规划，请有关专业部门组织力量进行专项规划，在修改时，根据现有资料在报告中予以补充。防治血吸虫病和水土保持问题都要加重份量。第三类是属于各省、市的特殊问题，也都是各省、市很关心的事情，有的可以吸收进来，有的可以在专项规划中解决。全国的规划，不能采取简单的加法，把各省市的特殊性问题都包括进去。第四类是属于对《规划要点报告》的重要技术性修改意见，如调整某些规划内容和各地、各部门规划衔接问题，以及基本资料、数据的重新订正等，也要认真加以修订，以使《规划要点报告》更加准确，更有现实性。还有一种是属于对《规划要点报告》中一些重大问题的不同意见，对这类问题，水资源和水土保持工作领导小组在向国务院报告时将如实反映上去。如对长江规划中的三峡问题。在会议开始时我就说了，这次会议主要是研究讨论它在长江流域规划中的地位和作用，它是长江规划中的一部分，是一个无法回避也不必要回避的问题。至于工程什么时候上，怎么上，三峡工程审查委员会在综合各方面的意见后还要讨论研究，最后要由中央和国务院决策。

各小组会讨论记录在案，所有大会发言包括书面发言，都要由领导小组办公室汇编成册。

领导小组经过审查，原则同意《规划要点报告》，是这次会议的重要成果。审查意见体现了长江治理与综合开发，上游要努力开发水电和加强水土保持工作，中下游要突出防洪、航运和河道整治、岸线管理，河口地区要着重整治航道，全流域都要加强水土资源的保护。

审查意见已交各组进行了讨论，领导小组原则通过后还要进行具体修订，然后同《规划要点报告》一起报国务院。

二、要充分认识治理开发长江流域在国民经济发展中的重要地位

这次会议中同志们对这个问题谈得最多，认识也是一致的。长江在我国国民经济中的重要性，由这样几个基本数字可以说明：

长江流域的居住人口占全国人口的1/3，流域面积占全国1/5，耕地约占1/3，水能资源可开发量占1/2以上，水陆交通方便，森林、矿藏等各类资源丰富，沿江有上海、南京、武汉、重庆等一批大型中心城市和数十个中等城市，智力密集，技术、经济基础雄厚，经济发展水平处于全国领先地位，工农业总产值占全国总产值的1/2。在整个国民经济中占有举足轻重的地位。长江流域横跨我国东、中、西三大经济区，是发展潜力很大的一块宝地。根据我国国土开发和经济建设的总体布局，今后十年我们将大力开发长江沿岸地区。最近国务院决定把上海浦东区作为经济开发区，该区的经济必将更加繁荣。我们要抓住这个契机，统筹安排，协调发展，把长江沿岸建成兴盛繁荣的经济走廊。这必将对我国社会主义现代化建设作出重大贡献。因此，我们这次会议审查并原则通过《规划要点报告》的意义，就显得格外重要了。

三、依法治水，要从规划抓起

编制江河综合利用规划，是水法的规定和要求。我们这次审查通过的长江流域综合利用规划，从法制的观点来看，是依法治水的一个重要步骤。经国务院正式批准之后，这个规划就具有法律的地位。因此，江河流域综合利用规划，是依法治水的一个蓝图；是流域内水资源开发利用和防治水害的基本依据，对流域内工业、农业、能源、交通、城乡建设、岸线利用和治理等方面都有重大影响，对邻近流域也会产生辐射作用；流域综合利用规划对水资源在开发、利用、治理、保护中实现经济效益、社会效益、环境效益三者的统一起保障作用；能够避免盲目开发，重复建设，短期行为；有利于协调中央与地方，部门与部门、地方与地方之间的利益关系。总之，只有依法治水，综合规划，才能做到有利当代，造福子孙。依法治水，就要从综合利用规划抓起。这是一项非常重要的基础工作。

水法第十一条规定："国家确定的重要江河的流域综合规划，由国务院水行政主管部门会同有关部门和有关省、自治区、直辖市人民政府编制，报国务院批准。其他江河的流域或者区域的综合规划，由县级以上地方人民政府水行政主管部门会同有关部门和有关地区编制，报同级人民政府批准，并报上一级水行政

主管部门备案。”这次会上审查了长江流域的综合利用规划，还要有支流规划、区域规划和各项专业规划。这些规划必须在全流域综合利用规划的原则指导下进行编制，并经过一定的法定程序审查批准。这项工作各地方、各部门要抓紧进行。按照水法规定，我国对水资源实行统一管理与分级、分部门管理相结合的体制，这在全流域综合利用规划与支流、区域和各专业规划的编制关系上也得到了体现。

另外，作为长远规划，审查通过之后还必须建立修订补充的制度。大江大河的流域规划涉及面广，除害兴利关系错综复杂，以往编制时间长，审查时间长，不利于发挥规划的指导作用，今后要缩短审批周期。在长远规划实施过程中，由于客观条件的变化，经济形势的发展，需要不断总结新经验，研究新问题，提出新对策。要根据江河流域情况，经过若干年实践之后，对长远规划进行一次必要的修订补充，这应当形成制度。

四、长江流域规划批准后，要认真组织实施

规划经国务院批准之后，重要的问题是要认真组织实施。规划通过了，不等于万事大吉了，关键是要团结一致，顾全大局，讲求整体效益，发扬艰苦奋斗、自力更生、勤俭建国的精神，共同努力，千方百计实现这个规划。该做又有可能做到的事不去做，有的一耽误就是十几年、几十年，就会贻误时机，给国家和人民造成损失。规划上不允许做的事情要坚决制止，不然也会造成失误。特别是对近期规划一定要抓紧组织实施，如有关防洪的项目，人命关天，当前应办好，刻不容缓，要有紧迫感。计划部门应根据国家经济条件通盘考虑，择优安排。

实施规划还必须明确责任，加强监督和管理。按照水法规定，各级水行政主管部门有义不容辞的责任。全国几大流域机构是国家水行政主管部门的派出机构，应全面发挥作用，协调流域内综合利用的各方面的要求，统一水政，加强全流域水资源的统一管理和保护，充分发挥宏观管理和监督的作用，更好地为各行各业、为全社会服务。湖北清江流域开发公司的经验值得借鉴，组建各江河开发公司，把江河梯级滚动开发抓好，使各江河流域的开发具有自我发展、良性循环的能力，既减轻国家负担，又造福于人民。

实施流域规划，除了水行政主管部门承担重要责任外，各级地方政府、中央各个部门也都负有责任。大家要通力合作，相互支持，兼顾各方，发挥各方面的积极性，这样规划中的各项任务才能顺利实现。

五、讲一下当前防汛问题

《规划要点报告》兼顾了长远问题和当前问题。长远问题要经过较长时间才能实现，如：从根本上解决防洪、防涝、抗旱问题。但远水解决不了近渴。我们要本着“急则治其标，缓则治其本”的原则，决不能因为有了规划而放松当前工作。当前防汛、抗旱工作仍要按已有的部署抓紧进行。今年5月，国家防汛总指挥部对长江、黄河、淮河的防汛工作进行了检查。又专门召开了黄河、长江中下游防汛会议，工作已经作了部署。当前要抓紧落实，即思想、组织、措施三落实。长江洪水峰高量大，历史上多次造成大灾。现在已进入汛期，根据对气象资料的分析和预测，我们在指导思想上要立足于早来水、来大水、抗大洪，切忌麻痹侥幸，不可掉以轻心；要认真落实各级责任制，扎扎实实做好各项防汛准备工作；各级政府的领导要时刻把人民的生命财产安全挂在心上。防汛安全关系到社会稳定、经济稳定、政治稳定，要采取一切有效措施，把可能发生的洪水灾害减少到最小程度。

同志们！这次会议就要结束了。与会全体同志为审议好《规划要点报告》努力工作，一些高龄的老专家、老领导坚持参加会议各项活动，为开好会议做出了贡献，会议工作人员为我们创造了良好的条件，新闻工作者对会议作了一系列报道，我代表领导小组向大家表示衷心感谢。

国务委员陈俊生在国家防汛总指挥部第二次会议上的讲话

（1990年6月18日）

刚才振怀同志传达了李鹏总理关于当前防汛工作的重要指示。几位同志分别汇报了对长江、黄河、淮河、海河的防汛检查情况，讲得很全面，对发现的问题提出的处理办法或建议是得当的。今年国家防汛总指挥部根据总指挥田纪云副总理的部署，组织这样多的成员，检查大江大河的防汛工作，多年来还是第一次。这次大家到防汛第一线检查防汛，时间虽然不长，但掌握了不少情况，收获很大，这对于我们正确部署今年的防汛工作，取得指挥的主动权，很有必要。今后每年都要坚持下去。

国家防总今年第一次会议以后，中央各部门，中国人民解放军，各省、自治区、直辖市都做了大量的工作。财政部最近又为部分省、市增拨了部分防汛经

费；中国人民解放军对今年的抗洪抢险做了周密的部署；邮电部、物资部、交通部、国家气象局、国家民航局、保险总公司在如何为防汛提供优质服务方面做了认真的安排。湖南、安徽等省落实了各级防汛办事机构的编制；湖北、湖南、江苏等省较多地增加了防汛经费；黄河防总、长江中下游防总、淮河流域、绝大多数省、自治区、直辖市都召开了防汛会议；各级防汛指挥部的成员正在进一步调整充实；各地都进行了汛前检查，抓了应急渡汛工程的施工，搞了渡汛方案和渡讯措施的制订，搞了防汛抢险队伍的落实；许多省市还进行了防汛实战演习。这些，为夺取今年防汛工作的胜利打下了良好的基础。

通过这次检查，发现的共同问题是，麻痹侥幸思想依然很严重，是目前防汛工作的主要问题。有的同志，特别是今年前期降雨较多的地区的部分同志，对我国暴雨洪水规律的复杂性认识不足，认为前几个月的降雨量已占一般年景全年雨量的一大半，今后不可能有大水了，存在着盲目乐观的情绪。思想上的麻痹侥幸，严重影响了防汛工作的正常进行。如有的地区不认真落实行政首长防汛负责制，用防洪工程管理人员责任制代替；有的地区不下决心落实防汛办事机构的编制人员，依然是“汛期凑班子，汛后散摊子”的状况。因此，教育广大干部、群众切实克服麻痹侥幸思想，消除其对防汛工作的消极影响，是当务之急。我国气候复杂，降雨量年际间相差很大，最大年比最小年一般都多一倍以上，有的地区竟多六七倍。今年你那里是多雨年，是少雨年，还是一般年，在目前的科学技术水平条件下，谁都很难说准。前期雨水少的地区，后期雨水多的可能性较大；前期雨水多的地区，后期，特别是七八月雨水也不一定少，而且，许多河道湖泊底水高，水库蓄水多，给后期的防汛工作增加了难度，今年1至5月，全国大部分地区降雨偏多，大部分江河底水较高，大部分水库蓄水比往年同期多，加上防汛准备工作存在着不少问题，若不抓紧解决，一旦大水来临，很难保证不出大问题。一些地区由于前期雨水多，土壤含水量大，容易发生滑坡、泥石流等灾害。现在汛情接连不断发生，情况不可忽视。6月11日至15日，湖南省湘中、湘北和湘西9个地市普降大到暴雨，降雨量超过100 mm的有39个县市。据初步统计，暴雨洪水给湖南省造成的损失是严重的。另据中央气象台预报，近两天，川鄂黔湘等省将有较大降雨；第四号热带风暴在海南生成。海南中部和西北部海面、海南省和北部湾的风力将有6到7级，风暴中心经过的附近海面和地区有8到9级大风，海南省有大到暴雨。江西近日也降暴雨，局部地区成灾。福建最近一场特大暴雨造成闽西地区山洪与泥石流并发；冲走一些人员、牲畜和房屋。看来，今年汛情来势较猛，并且连续不断，万万麻痹不得。我们一定要从最坏处着想，立足于防大汛，抗大洪。各级防汛负责同志要立即上岗工作，按大水年准备才能立于不败之地。

通过这次检查，也发现实际工作中存在一些问题，主要是防洪基础设施十分薄弱。一是大江大河的防洪标准很低，一般只能防御二三十年一遇的洪水，而且还存在不少隐患，如长江中下游的崩岸、海河尾闾的淤积，都是比较严重的问题。二是许多防洪工程老化失修，隐病患多，不能充分发挥防洪效益。三是蓄滞洪区安全设施很少，分洪运用问题很大。四是防汛通讯手段落后，防汛车辆严重不足，不能适应防汛工作的需要。五是一些河道阻水障碍严重，河道行洪能力大大降低。六是病险水库亟待加固。

通过这次检查，还发现防汛工作存在的另一个障碍，就是部分地区、单位和群众缺乏顾全大局，团结治水的观念，处理一些问题只讲小局，不顾大局，只讲本地区、本单位和个人的利益，不顾整体、全局的利益，常常在相邻地区发生争执。这对防汛工作十分有害。特别是在出现大洪水时，如果各地区、各单位、各部门不听从指挥，统一调度，各自为政，各行其是，那就会出现非常混乱的局面，加重人民生命财产的损失。这里重申：一切地区、部门和单位都必须听从防汛指挥机构统一指挥，不能各行其是。如果有人故意从中作梗，造成损失的，要给应得的处分。

根据李鹏总理最近讲话精神和这次检查中发现的问题，特提出如下要求：

一、要居安思危，继续克服麻痹侥幸思想。要实行行政首长负责制，从各级行政首长自身做起。当前，衡量一个地区麻痹侥幸思想是否真正克服的标志，就是看你这个地区防汛准备工作是否真正落实。具体讲，就是看以行政首长负责制为核心的各种防汛责任制是否落实，各级防汛办事机构的编制、人员是否落实，各种防汛渡汛方案措施是否落实，专业的和群众性的防汛抢险队伍是否落实，各种防汛经费和抢险物资是否落实。各级领导要继续深入进行防汛检查。检查也要防止形式主义，要像河南省那样对防洪工程进行徒步拉网式检查，不让各种隐患漏网。检查发现了问题不去及时解决，也是形式主义，是更恶劣的形式主义。要像安徽省傅锡寿省长那样，发现问题当场拍板，立即解决。当前各地要狠抓蓄滞洪区救生设施的落实，狠抓中小河流的清障工作，狠抓防汛机动抢险队伍的落实，狠抓防汛抢险人员的技术培训，要组织必要的实战演习。沿江各地七八月份不要召集三级干部会议，要集中精力防汛。

二、各级政府，特别是行政首长应该把教育各级干部、广大群众树立顾全大局，团结治水的观念作为防汛工作的大事来抓，并带领各级干部争做顾全大局的模范，同各种不顾全大局的行为坚决斗争。要树立江河流域机构权威，支持他们就地协调解决矛盾。

三、增加对防洪的投入。要增加防汛岁修费。全国国家管理的防洪工程每年需防汛岁修费近20亿元，目前只有五六亿元，尚差10多亿元。中央直属的防洪工程尚差5000万元。请各级财政部门尽量研究解决。还要增加基本建设投资。水库除险加固、大江大河的险工隐患处理、蓄滞洪区安全建设，防汛通信设施都应列入基建项目去加以解决。特大防汛抗旱经费也应增加一些，而且应多预拨一些处理应急渡汛工程。这样做，花钱少、效益大。

四、增加防汛车辆和物资。防汛任务艰巨、条件差、时间紧迫，应该配备越野性能好的车辆，据各省定编，全国需防汛车辆6000辆，现已配备近3000辆，请物资部和全国控办从今年开始，每年拨给213吉普200辆，212吉普300辆，继续配备和更新，以适应防汛工作需要。防汛用汽油、柴油可在今年基础上再增加一些，但不能搞高价，要平价。防汛是全社会的公益事业，搞高价收费是不妥当的。

五、加强防汛通讯建设。防汛通讯是防汛工作的生命线，建设一些骨干防汛通讯线路是十分必要的，国家计委应支持水利部加强这方面建设。原水利电力部建设的水利电力共用的通讯线路，要为防汛工作提供方便，保证防汛部门对话路数的需要，并按原定标准收费。据有的地方反映，拍发水情电报要交纳各种地方附加费达19种之多，影响了水情信息的正常传递，这是乘人民之危，是不能允许的，请有关省、市政府立即解决。

六、继续深入开展河道清障。各级政府要下决心解决清障工作中的一些老大难问题，如江苏、安徽交界的水阳江水阳镇河段的行洪障碍，国务院下了文仍不清除。这类情况不能再继续下去了！还有，梧州市弃土伸入西江河道六七十米的问题，南昌电厂、南宁电厂将煤灰排入河道的问题，都应尽快解决。中小河流设障也很严重，各级政府也要引起重视，尽快组织清除。

七、要给蓄滞洪区一定的优惠政策。由于蓄滞洪区要牺牲一些利益，承担蓄（滞）洪任务，工业和乡镇企业发展慢，群众生活不富裕，安全建设自筹能力差，应适当减免农业税，减少定购粮、棉，安排一部分无息、低息贷款，集中进行安全建设和发展农业生产。还要积极推行防洪基金和防洪保险办法。

八、各地在抓防汛准备工作的同时，还要做好抗大旱的准备，防汛抗旱两手抓，有汛防汛，有旱抗旱，努力把水旱灾害损失减少到最低限度。

全国政协副主席钱正英在全国水利执法体系建设工作会议上的讲话

（1990年5月15日）

（摘要）

水利部今天召开全国水利执法体系建设工作会议，这是推进水利法制建设的一次重要会议，我向你们致以热烈的祝贺和亲切的慰问！

《水法》是新中国第一部水的大法，《水法》的颁布标志着我国进入一个依法治水的新阶段。但是，在《水法》颁布的那一天，我们就强调指出，《水法》虽然颁布了，但是艰巨的工作还在后边，重要的是如何贯彻执行。因为在当前全国的法制建设工作中，有法不依，执法不严，违法不究的问题还是普遍存在的。去年春节我曾经对水政司的同志提出贯彻《水法》要建立三个体系，那就是水的法规体系、水的管理体系和水利执法体系。后来看到在去年的全国水利工作会议上，在杨振怀部长的报告里边正式提出了加强水政建设，建立三个体系的问题，而且决定正式开展建立执法体系的试点工作，我也看到了水政司设计的水政建设框图。从这以后，在不长的时间里，各地方的试点工作取得了很大的成绩。你们这次会议将在总结试点经验的基础上，进一步扩大试点。我相信你们一定会取得更大的成绩。

我在这里只提一点意见，我建议在我们水利执法体系建立的开始就应当强调明确指导思想，树立良好的作风。我们的指导思想应该是从国家和人民的全局利益出发，全面的理解和贯彻执行《水法》，水利部门是水的行政主管部门，水利执法体系是在我们各级水利部门的领导下建立起来的。但是我们的水利执法体系一定要明确，我们不是站在一个部门的立场上，绝对不能为一个部门和单位谋私利，现在，这种现象在我们有的地方，有些方面是存在的，所以我们水利执法体系绝对不能够为部门或单位谋私利，而是应该站在国家和人民的全局上，从一开始就建立公正廉洁的形象，这样才能取得广大人民的信任和支持。我相信我们水利部门是有艰苦奋斗传统的，在廉政建设方面，各级机构都是做得很好的。在开始建立水利执法体系的时候，一定要在这方面注意并做好。刚才我在水法研究会上讲了，水利法制建设是水利事业中一项重大的软件建设，它和水利工作的硬件建设一样重要。但是在我们过去的工作中，也确实存在着“一手软，一手硬”的问题。我希望我们大家都拿出兴建水利工程，兴建大坝一样的劲头来共同建造法制建设这样一项软件工程，使我们的水利事业更好地向前发展。祝会议圆满成功，祝同志们身体健康！

全国政协副主席钱正英在水法研究会成立会上的讲话

（1990 年 5 月 15 日）

中国水法研究会今天正式成立。大家要我担任名誉会长，我深感水平不够，名不符实。但是我确实很赞成建立这样一个组织，并且希望它将推动中国的水利事业走向新的阶段。因此，我以一个水利界老兵的身份，向大家致以热烈的祝贺和崇高的敬意！

水利属于人类改造自然的系统工程。中国由于特定的自然条件，几千年来，我们的祖先在兴修水利中开拓了我们的国土，发展了我们的社会经济。兴修水利在过去和今后，都是中华民族生存和发展的必要条件，这是历史的必然，是不以人的意志为转移的。在我们开展水利工作中，总是包含两方面的内容：从总体上说，当然是为了解决人与自然的矛盾，即如何认识和利用水的规律，避水之害，兴水之利，以发展社会生产力。无论是筑堤防洪、开沟排水、引水灌溉、水力发电、借水行舟、凿井汲水，以及各项防治水害、开发利用水资源的工程建设，都是人类改造和利用自然的斗争，都是为了发展社会生产力。没有大规模的水利建设，没有这么多的水利固定资产，就难以保障经济的发展和防洪的安全，这一点比较容易理解。但是，为了做到这一点，就需要协调社会各方面的利益，动员与组织全社会的力量。兴修水利是为全国人民谋利益，为子孙后代造福。但是，在上下游、左右岸与地区之间，在防洪、治涝、灌溉、供水、发电、航运、水产和各项事业之间，在全局与局部之间，也存在不同的要求，存在着利害矛盾。这就需要全面规划，统筹安排，就需要制定水的政策和法规，加强水的管理。如果说水工程建设是水利的“硬件”，那么水的政策、法规和水管理就是水利的“软件”。随着我国经济的发展和人口的增长，水资源开发利用的程度越来越高，“软件”的作用也将越来越显得重要。我个人体会，我们对水利建设中工程技术问题的重要性和复杂性，也就是对水利“硬件”的艰巨性，40 年来的正反面经验已有一定的认识。但是，对水利“软件”的重要性，就我过去的工作来检查，还认识不足，措施不力。这是水利还没有达到应有效益的重要原因。在建设与法制问题上，我们过去确实存在“一手硬，一手软”的状况。因此，加强水的政策、法制和水管理工作，改变“软件”较软的状况，具有重要意义。

《水法》的颁布标志着我国水利事业进入依法治水、管水的新阶段，也为加强“软件”提供了契机。新组建的水利部很重视法制工作，在杨振怀部长的领导下，抓的第一件事就是学习、宣传《水法》、贯彻《水法》。去年春节，我们曾经对水政司的同志提起，贯彻《水法》，要建立三个体系，即水法规体系、水管理体系和水执法体系。这三个体系就是水利法制建设的基本内容，也是贯彻实施《水法》的保障。我们也可以把它叫做“水利法制建设工程”，或者“水政建设工程”，这确实是水利事业的基础建设。在这方面，有许多理论与实践的课题，等待我们去研究探讨。

中国水法研究会的宗旨是:“团结广大科技与管理工作者，增进对水的立法、政策和行政管理方面的研究，促进水资源方面的法制建设”。现代水法具有跨学科、跨部门的性质，研究会要团结广大科技、管理和法律工作者，共同努力开展工作。今天成立的研究会，有法律专家，有过去水法起草小组的成员，他们来自国务院的有关部门，是与水有关的各行业的专家。前几年大家在一起共过事，合作配合得很好。现在又欢聚在一起，共商水法的研究工作。我相信，大家一定能继续发扬团结协作精神，把这项研究工作搞好。我们还请邬福肇、李培传、魏耀荣同志作为研究会的顾问，他们都是当时主持审议《水法》的领导同志。他们一定会对研究会的工作给予有力的指导。

今天与会的还有部分水利厅（局）长，他们也很关心研究会的工作。听说有的地区正在筹备成立分会。看来，随着水利事业的前进，这个群众性的学术组织将会继续扩大和兴旺发达。现在国际水法协会（AIDA）也和国内有联系，柯礼聃同志是 AIDA 执行理事。研究会成立后，希望能加强国内外学术交流，以促进我国水利法制建设工作。

我们要使水利的“软件”建设迅速赶上水利的“硬件”建设，使水利事业走上更加健康发展的宽广大道，这也是水利工作治理整顿、深化改革的根本任务。

以上是我个人的粗浅体会，有不当之处，请大家批评指正。

坚持推进小流域治理关键在领导

——全国政协副主席钱正英在山西省小流域治理工作会议上的讲话

（1990年9月16日）

（摘要）

1988年，我和水利部的屈健同志参加了山西省政府在乡宁、隰县召开的全省的第二次户包小流域工作会议，今年又和水利部的屈健、丁泽民、郭廷辅等同志前来参加全省第三次小流域治理工作会议。我们参观了河曲、岚县和会议安排的部分典型，听了郭裕怀同志所作的《以科技为先导，以效益为中心，坚持不懈地推进小流域治理和开发》的报告，听了吕梁、忻州、临汾地区、河曲、闻喜、天镇、潞城、岢岚、寿阳等县和山西省水土保持科研所的发言，并看了会议所发的书面材料，我们感到这次会议很及时，很重要，内容丰富，开得很好。两年以前，我曾提出“户包小流域大有可为，户包小流域贵在坚持”。这两年来，在山西省各级党委和政府的领导下，在广大干部和群众的努力坚持下，户包小流域有了很大的发展。可以说，小流域治理的路子更加清楚，经验更加系统，成效更加显著，前景也更加大有可为。特别是山西省的广大干部和群众，在小流域治理工作中艰苦创业、勇于奉献、努力学习、不断进取，体现了在改革开放新形势下的老区革命精神。陈汝刚、陈汝强两位刚强兄弟和小流域治理中涌现出来的许多英雄模范和先进单位，就是老区革命精神的杰出代表。这都使我们受到深深的教育，在这里，我特向山西省各级领导、广大干部、科技人员和群众，致以崇高的敬意！

郭裕怀同志的报告，认真总结了近十年来，特别是1988年以来小流域治理的成绩和经验，明确提出了“以科技为先导，以效益为中心”的指导方针和相应的措施。这个报告很全面，也很有针对性。我相信，贯彻落实这个报告，将使山西省的小流域治理工作推向一个新阶段。今天，我只就两个问题，谈一点个人体会：

一、小流域治理是一项长期伟大的事业

中国的黄土高原，是全国著名的贫困地区，也是全世界著名的难治的地区。长期的水土流失使黄土高原冲成了千沟万壑，沟越冲越大，塬越冲越小。在这片中华大地上，可以说是满目疮痍，遍体鳞伤。人民的生产活动，陷入了越冲越穷、越穷越垦、越垦越冲的恶性循环。从哪里着手治理，如何达到全面治理，这是长期以来所没有解决的问题。现在中国人民终于找到了答案，这就是：把这片支离破碎的土地，分解成不同层次的小流域，从黄河的一级支流，到二级支沟、三级支沟……，一直到集水面积只有几平方公里，甚至零点几平方公里的毛沟。这些小流域本来是水土流失的单元，也是生态环境受破坏的单元。但是在社会主义计划经济的指导和支持下，对每个小流域注入了家庭联产承包责任制这样一个活跃的生产力因素以后，就可以将这些小流域从水土流失的单元，改造成从塬面、坡面到沟道的水土保持的完整的防护系统；就可以把这些小流域从生态环境恶性循环的单元，改造成为农、林、牧、副、渔互相支持的良性循环的生态系统。就可以把这些小流域最终建成各个适度规模经营的社会主义商品经济单元。将这些小单元联系组织起来，就可以成为黄土高原综合开发的大系统，这是黄土高原治理开发的道路，是当地人民治穷致富的道路，这条道路已经越来越为广大干部群众所认识。

和其他地区相比，我认为黄土高原还有独特的有利条件：首先是土地资源丰富，每一个农户一般都可能分到几十亩到几百亩的荒沟，而且丘陵沟壑还提供了立体开发的条件。其次是治理措施比较简单，我们所看到大量的工程是挖土方，加上垒少量的石头，然后就是种树、种草、种庄稼，养兔、养鱼、养牛羊，这些虽然也要一定的资金和材料，但是大量可以靠劳动积累来完成。第三是外界的制约因素比较少，每一条沟都是一个独立的单元，可以沟自为战，一条沟一条沟都可以逐步见效。以上这些条件是许多富庶的平原地区所没有的。现在看来，黄土高原开发的潜力很大，确实是大有可为的。各地的经验证明，每个普通的农户，只要他肯学习，肯劳动，在国家的指导和支持下，包下一条小沟，三五年就可以解决温饱，五年以后可以逐步地致富。每个地区，只要坚持不懈地一条沟一条沟地治理，并且逐步地联结成片，就可以建成区域性的商品经济，逐步走上社会主义现代化建设的大道。

因此，小流域治理是黄土高原综合开发的基点。小流域可以联成大系统，经过长期奋斗，小流域治理可以发展成为改造黄土高原的系统工程。我认为，这个改造黄土高原的工程，将是我们中华民族发展中有历史意义的伟大事业。因此我们说，小流域治理是一项长期的伟大的事业，这是我讲的第一个问题。

二、推进小流域治理的关键在于领导

小流域治理要做到以科技为先导，以效益为中心，坚持不懈地长期推进，我认为关键在于领导。许多经验证明，小到一个村、一个乡，大到一个县、一个地区、一个省，只要领导坚强、思想重视、措施得力，小流域治理就可以大步前进。但是，从目前看来，虽然小流域治理出现了许多好的典型，出现了一些先进的乡和县，发展仍是很不平衡，即使在一些较先进的地方，也还存在不同程度的问题，已取得的成绩还有待巩固，进一步发展更需要做大量工作。小流域治理是一项全方位的工作，需要各行各业的协调配合，因此它必须在党政主要领导的支持下才能推进。各地发展中差距的关键，还在于领导的认识、思想、方法和作风。为了坚持推行小流域治理，我对各级领导提六条建议，供大家参考。

1. 在制定各级领导任期目标时，要坚持自己的历史使命

我认为，山西省同志的历史使命感是很强的。正如吕梁的同志所说的："治县之要贵在富民，富民之要贵在治山治水"，他们明确提出："不抓水保没出路，抓不好水保没有退路，不抓水保不能当干部，抓不好水保不是好干部"。山西省同志的历史使命感还体现在他们处理煤炭与农业的关系上。山西是个煤炭省，绝大部分县、乡都产煤，但他们不是弃农挖煤，而是以煤支农。许多地方都提到，煤炭有朝一日会挖尽，只有土地才是人民永续生存的基础。因此，他们提出，以开发地下黑色宝库来建设地上绿色宝库，以一次性资源培植再生资源。吃了祖宗的饭，要为子孙造福。这是许多干部对他们的历史使命的深刻的理解。

各级领导都要深刻认识，在黄土高原这块灾难深重的土地上工作，就负有改造黄土高原生态环境的历史使命。这个伟大使命当然不是一届政府、一代领导所能完成，但是每届政府、每代领导都应当在这项根本任务中做出自己的贡献，否则就对不起当地的人民，对不起后代子孙。现在，小流域治理的路子已经清楚，我希望每个县都要像河曲县那样，制定一个比较科学的总体规划，经过人民代表大会通过后，一届一届、一代一代地干下去。每一届党政领导都要为实现规划定出自己的任期目标，在实践中可以不断修正充实，但决不可以一个将军一道令，一任新官一本经。

大家反映，县级领导的任期三年，太短了，有的形容说，第一年看，第二年干，第三年忙着换。这个问题我们大家都可以向中央反映。对县级领导本身来说，正因为任期短，更要充分利用原有的基础，按既定的规划，定出自己的任期目标，像接力赛跑那样，一棒接着一棒地跑下去。我希望这三年能改成，第一年接着干，第二年更好地干，第三年尽最大努力干。要像潞城的同志所说的："站好最后一班岗，留得青山在人间"。

2. 在指导思想上，要坚持以经济效益为核心

在小流域治理中，经济效益、生态效益和社会效益，这三大效益是统一的，其中必须明确以经济效益为核心。经济效益也有近期、中期、远期效益，必须着重抓中近期效益，而且要保证一定的近期效益。一般规律是通过近期效益求温饱，经过中、远期效益逐步致富。户包小流域能否巩固发展，关键在于能否取得近期的经济效益。一定要使近期有利可得，中期有利在望，远景有利可盼。有了经济效益，生态和社会效益就寓在其中了。有的同志顾虑，强调了经济效益是否会影响和破坏生态效益和社会效益。照我看来，各地方的经验都证明是不会的。因为小流域治理的路子是明确的。事实上，只有通过水土保持才能取得经济效益。过去和当前的主要偏向是不重视经济效益。为什么一些典型推不开，主要原因是在经济上缺乏吸引力，缺乏近期的经济效益。现在全省户包治理中，效益好的只占15%，一般的50%，差的35%。如何较快转变差的，提高一般的，巩固好的，这是当前巩固和发展户包小流域的关键所在。

3. 在具体工作中，要坚持以科技为先导

根据我们看到的实例，各个小流域治理的经济效益差距很大，其主要原因是科学技术的差距。同样一条沟，有的布局合理，既有近期效益，又有中远期效益；有的布局不合理，不仅没有近期效益，中远期效益也不可靠。同样修了基本农田，但各地方的产量大不一样。有的如天镇县，他们加强技术指导，建好管好种好基本农田，取得很好效果。有的虽然建了基本农田，但农业措施没有跟上，仍是广种薄收，打不出基本农田的产量。同样种树，经济效果也大不一样。有的如潞城县，他们认真总结了过去那种"年年号召一个样，年年栽树老地方，年年刨得一个坑，年年白搭一个工，年年绿化一场空"的教训，而采取精心指导，精心组织，取得了很大成绩。但有的地方，有的承包户，虽然也年年种树，种了很多树，但成活率不高，小老树很多，经济价值不大。即使同样种了果树，但有的品种好，产量高，能卖出好价钱；有的就不行。同样种了草，同样养了畜，效益也大不相同。有的如岢岚县，他们严格保证草畜同步，并且注意草畜的品种质量，加强技术服务，取得了很大成绩。但有的草畜不同步，草畜不配套，或者不注意草畜的品种，同样花了钱，费了力，经济效益并不理想。在一些小水库里，同样养了鱼，有的技术高的亩产几十斤甚至更多，

有的亩产只有几斤。今后在发展商品经济中，更要讲究市场信息，不仅要有产品，还必须有销售市场。同样的承包户，像张振珠那样有文化、学科学的，五年就可以致富，而有的由于缺乏科学指导，十年还不能还贷。

4.在各种形式的责任制中，要坚持以户包为基础，并落实有关政策

近年来，在户包小流域的基础上，发展了多种形式的责任制，如联户包、户专群结合以至股份公司等等。这些都是很好的经验，应当在群众自愿的基础上，积极推进和试办。但是，正如临汾地区同志所强调的那样，当前仍然应强调和坚持以户包为主或以户包为基础，因为它符合我国农村现阶段的生产力水平，符合绝大多数农民的愿望。对小流域来说，即使是先治后管，以至股份公司治理，大量的仍要分包到户来管理经营。

为了巩固和发展户包小流域，必须抓紧落实全省已制定的户包政策。据我们了解，当前承包户的顾虑是一怕政策变，二怕“红眼病”，三怕孤立。首先是怕政策变，这是柳林县龙花垣党支部书记高宝成同志给我说的。河曲县群众也反映，“政策不稳，治沟没劲”。有的地方，如岚县的同志告诉我们，群众甚至愿意出钱买地，以求放心。二是怕“红眼病”，一些已经取得效益的承包户，怕哄抢，怕合同不算数，怕“四至不清”，怕合法权益没有保障。目前，全省38.5万承包户中，还有43%的户未领到治理使用证，他们的思想是不可能安定的。只有解决这些问题，才能使承包户解除顾虑，大胆地投劳投资，加快治理。还有的成绩突出的承包户怕孤立，这是需要领导上很好注意的，不要给他们的压力太大，更不要帮倒忙，根本的还是做辐射工作，帮助他们带动周围的群众，使全村共同走上富裕的道路。在这个意义上，发展新承包户，扩大户包的气候，也有利于巩固已有的承包户。总的看来，山西省已定的户包政策都是好的，但真正落实还要做大量工作。当前首先要抓承包户的发证工作，认真查处侵犯承包户合法权益的案件，还要积极发展新承包户。

5.在各项建设中，要坚持以提高干部群众的素质为最根本的建设

这点已为许多同志所认识。“治穷先治愚”，这是千真万确的。上边所谈的承包户经济效益的差距，在于科学技术的差距，而根本还在人员素质的差距。不论从近期还是从长远，各级领导都要抓住这个根本。只有根本提高干部与农民的素质，才能根本改变本地的贫困面貌，只有开发人民群众的智力，才能成功开发本地的自然资源。我们要学习方山县圪叉咀村党支部书记陈有良同志那样的远见卓识，把培育人才作为最基础的建设。加强基础教育、成人教育、职业教育、技术培训、干部培训，并使教育、科研、生产更好地结合起来，这是一项巨大的系统工程，是决定今后一个地区发展速度的基础工程，各级领导要早下决心，切不要丧失时机。

6.在领导中要坚持实事求是和真抓实干的作风

首先是实事求是。这是我们党一贯提倡的思想路线和工作作风。过去几十年来，正反两方面的经验教训很多。小流域治理是一项牵涉面很广、科学性很强的工作，一定要实事求是。只有符合客观规律才能够发展。在工作中不要一阵风、一刀切、一点论，过去我们在这方面吃的亏太多了。响应号召是需要的，但必须联系自己的实际情况，不要一哄而起，更不能对群众瞎指挥，强迫命令。对别人的经验要具体分析，对自己的工作更要具体分析。是就是是，非就是非。一就是一，二就是二。对成绩不要少估一分，也不要多讲一分，在成绩中要看到不足之处，更不要为了追求虚名，搞形式主义与花架子，搞那些劳而无功的东西。中央号召我们学哲学，这对我们的工作大有好处。

第二是要真抓实干。现在的方针、政策、技术都很好，问题是要落到实处。全省已经确定了统一的方针政策，各地工作中的差距主要还在抓实事办实事的程度不同。会议开了，态度表了，最后还是要看行动，要看实际的工作。在山西，广大干部群众中蕴藏着治山治水的极大积极性，他们要求领导的，就是真抓实干。只要各级领导真抓实干，必能调动出广大干部群众的积极性，必然能做出很大成绩。山西省的领导干部，有真抓实干的好传统，我相信，他们一定不会辜负群众的期望。在真抓实干方面，还要注意在加强全面管理和日常管理中下功夫。当前的普遍倾向仍是重点轻面，重建轻管。我们比较擅长于发动群众运动的突击，而不长于建立制度化的组织管理。会战时千军万马，建成后无人管理，这不是个别现象。在小流域治理中，巩固治理成果比发动治理更为困难。在某种意义上，领导就是管理。因此，领导办实事，更要注意贯彻在全面和日常的管理中，在这方面，寿阳县提供的经验和阐述的观点，值得我们重视和学习。

以上是我的六点建议。

在这里还想对参加这次会议的其他省区的同志说点希望和要求。根据水利部的建议，这次会议邀请了陕、甘、宁、青、内蒙古五省区水利水保部门的负责同志，以及四川省涪陵和万县、贵州省毕节、云南省昭通、甘肃省陇南、陕西省汉中等六个地区的负责同志参加这次会议。这些地区的自然条件，有的和山西相似，有的有很大不同，但有一点是共同的，都是严

重的水土流失区，都是贫困区。我想，山西省各级党委、政府对水土保持的高度认识和重视，广大干部群众的自力更生、长期奋斗的精神，以小流域为单元，治理和开发结合，各行各业协调配合打总体战的路子，他们提出的以科技为先导、效益为中心的指导方针，特别是亲眼看到一些先进典型的成果，肯定对各省、区都会有所启发的。希望大家回去后，向党委和政府汇报，并结合本地情况，提出建议，推动本地区的水土保持工作。

最后，在会议即将结束的时候，我代表到会的北京和外省的同志，对山西省和会议所在地的吕梁地区的领导，以及为这次会议服务的全体同志，致以衷心的感谢。感谢你们对我们的热情接待，并且希望在1992年召开的下次会议上看到你们更大的成绩！

方 针、政 策

国务院批转全国水资源与水土保持工作领导小组关于长江流域综合利用规划简要报告审查意见的通知

（1990年9月21日）

长江流域横跨西南、华中、华东地区，幅员辽阔，人口众多，气候温和，土壤肥沃，水资源和矿产资源十分丰富，经济发展潜力巨大。长江沿岸地区是我国本世纪或长时期内重点开发地区之一，在我国经济建设和社会发展中占有极其重要的战略地位。因此，制定长江流域的综合利用规划是十分重要的。

依照《中华人民共和国水法》的规定，这次原则批准的《长江流域综合利用规划简要报告》，是今后长江流域综合开发、利用、保护水资源和防治水害活动的基本依据。各有关地区和部门要根据全流域的综合利用规划，抓紧编制与其相适应的支流规划、区域规划和专业规划，并按有关法定程序审查批准。处理好上下游、左右岸、防洪、灌溉、水电、水运等方面的关系，专业和支流规划要服从全流域综合利用规划。长江干流及其主要支流是南水北调，解决我国北方水资源严重短缺的主要水源，要继续做好不同时期水资源的供需计划安排。

国务院各有关部门，流域内各省、自治区、直辖市人民政府要发扬艰苦奋斗、勤俭建国的精神，各负其责，团结治水，认真组织实施规划。水利部和长江水利委员会作为国务院的水行政主管部门及其派出机构，要切实履行《中华人民共和国水法》和国务院赋予的职责，加强全流域水资源的统一管理和保护，充分发挥宏观管理和监督作用。

附：

关于长江流域综合利用规划简要报告的审查意见

（1990年7月23日）

全国水资源与水土保持工作领导小组（简称领导小组）于1990年5月29日至6月5日在北京召开了《长江流域综合利用规划简要报告（1990年修订）》（以下称《简要报告》）审查会议。为了广泛听取有关部门、地方以及社会各方面的意见，参加会议的除领导小组成员外，还邀请了国务院有关部门、解放军总后勤部，流域内各省、直辖市和计划单列市，科研、高校和新闻等单位的领导和代表，部分全国政协委员和社会知名专家、学者，共300多人。国务委员陈俊生受领导小组组长田纪云副总理的委托主持了会议。全国政协副主席、领导小组顾问钱正英参加了会议。

会议听取了水利部长江水利委员会关于《简要报告》的汇报，进行了讨论和审议。与会代表本着认真负责和科学、民主的精神，畅所欲言，广泛交换了意见。绝大多数代表从各自不同的方面肯定了规划报告，也提出了一些宝贵意见和建议。会后成立修改小组，对《简要报告》作了修改。领导小组在充分听取各方面的意见后，进行了认真研究，原则同意这个《简要报告》。现将审查意见报告如下：

一、长江流域幅员广阔，人口众多，资源丰富，经济基础雄厚，发展潜力巨大。长江沿岸地区是我国本世纪或更长时期内重点开发地区之一，在我国经济建设和社会发展中具有极其重要的战略地位。根据新的情况，及时修订补充1959年原长江流域规划办公室编制提出的《长江流域综合利用规划要点报告》，对长江流域的江河治理、水资源综合利用和水土资源保护提出全面综合安排，用以指导全流域的治理开发是非常必要的。《简要报告》是长江水利委员会在国务院有关部门、流域内各级政府大力支持、密切配合协作下，进行大量综合分析研究提出的。该报告资料丰富，内容全面，重点明确，较好地体现了国家建设的各项方针政策，协调了各方面的关系，符合国土整治开发和国家社会经济发展的战略部署，基本达到了1983年国家计委批准的《长江流域综合利用规划要点报告修订补充任务书》的各项要求。对规划中的重大问题，各方面意见比较一致，也有个别同志有不同意见。

二、原则同意《简要报告》对长江流域水资源开发利用的综合评价意见。长江流域水量丰沛，为流域社会经济发展提供了优越的水资源条件，但流域内洪涝旱灾严重，对两岸生产建设和人民生活造成了很大的威胁。开发利用长江水资源，必须兴利与除害相结合，继续采取必要的工程措施，拦蓄洪水，调节径流，调剂地区间水量余缺，并合理开发地下水，满足流域内经济发展和人民生活不断提高的需要。

从长江调水到北方缺水地区，是我国社会经济发展具有战略意义的重要措施。长江干流及主要支流是南水北调，解决我国北方水资源严重短缺的主要水源。要从全国和长远发展需要出发，在今后流域水资源开发利用中，继续做好不同时期水资源供需分析和合理利用规划。

随着社会经济的发展，水资源问题日益成为流域内外一些地区工农业生产的重要制约因素。为了充分、持续地发挥长江水资源的综合效益，必须加强流域水资源的统一管理，提倡科学用水、节约用水，保护好长江水资源。

三、原则同意流域防洪治理标准、方针和基本方案。长江洪水灾害严重，切实解决防洪问题，是长江流域治理开发的首要任务。中下游平原地区，特别是荆江河段两岸，人口稠密，经济发达，地面高程普遍低于洪水位，防洪标准低，一旦堤防溃决，将造成大量人口伤亡和巨大经济损失，并带来严重后果，是全流域防洪的重点地区。治理中要继续贯彻“蓄泄兼筹，以泄为主”的方针，采取综合措施，逐步实现堤防、整治河道、干支流水库以及分蓄洪区组成的完整的防洪工程体系。近期应尽快完成1980年所定的各项防洪工程，并按照“江湖两利”原则，认真落实荆江河段超标准洪水处理方案，尽力防止在特大洪水时可能造成的毁灭性灾害。上游地区，要大力搞好水土保持，结合水资源综合利用，修建水库和部分河段堤防，提高防洪标准，逐步有效地控制洪水。全流域都要重视建设和完善非工程防洪措施，加强河道管理，清除并防止人为设置的河道行洪障碍。在行洪河道和滞洪区内严格制止任意占用或围垦河湖洲滩。

基本同意规划中拟定的治涝方针和分区治理原则。各治涝区应在治涝规划原则指导下，采取综合措施，提高防涝标准，积极进行治理。

四、原则同意流域水电开发总体规划布局。长江流域水力资源丰富，开发条件优越。在流域其他能源资源相对短缺的情况下，应充分利用水力资源优势，大力发展水电。开发水电，要大、中、小型结合，干支流结合、高低水头结合，梯级开发，综合利用，合理承担防洪和工农业供水任务，注意航运梯级的衔接和改善通航条件，并优先考虑综合利用效益大的工程。

五、原则同意发展长江水系航运的总体规划方案和措施。充分开发利用长江水系水运优势，积极发展航运是我国经济建设的重要任务。航运建设要注意航道、港口、船舶和支持系统等方面协调发展；要切实贯彻水资源综合利用的方针，妥善处理防洪、发电、供水与航运、过木的关系。有关部门应继续通力协作，对有复航价值和建设条件较好的河段，有计划地分期分批解决碍航闸坝问题。

六、原则同意流域灌溉发展目标和重点灌区规划意见。长江流域是我国主要的农业生产基地之一，要进一步发展灌溉，努力提高农业生产水平。发展灌溉要正确处理巩固、改造和发展的关系；认真做好现有灌溉设施的完善、配套和改造；积极进行中、低产田的改造；认真做好节约用水、节约用地工作；切实保护耕地，适当开垦宜农荒地，扩大灌溉面积。在保证重点地区发展的同时，要积极扶持边远地区和少数民族地区发展灌溉。要十分重视解决好人畜饮水困难地区的供水问题。

原则同意流域发展水产的方针、规划目标和分区发展方向，大力发展水产事业。

七、基本同意水土保持的规划原则、治理要点和防治措施。水土保持工作，必须贯彻“以防为主，防治结合，因地制宜，综合治理，重点突破，积极推进”的方针，实行植物措施、工程措施和蓄水保土耕作措施相结合的综合治理。要搞好土地利用总体规划，严禁乱砍滥伐森林和陡坡开垦，改造坡耕地。修路、开矿、采石和进行其他基本建设，要有防治水土流失的措施。各有关部门和地区要加强对长江上游地区的滑坡、崩塌、泥石流等灾害的勘查、监测和预报，并积极开展工作，落实防治措施。

长江流域搞好国土绿化，加强林业建设十分重要。中上游防护林体系建设是涵养水源、保持水土的一项重要工程，应按林业规划逐步落实。

八、《简要报告》中提出的南水北调东线、中线和引江济淮线路、从长江引水的地点和可能水量基本可行，可以作为各线路规划的基础。这三条引水线路已进行多年规划研究工作，应抓紧进行可行性研究，协调处理好有关部门、地方的关系，逐步实施；南水北调西线引水，应继续进行科研、勘探和规划等工作。

九、基本同意长江干流中下游河道整治原则和方向。长江干流两岸是我国经济发展的重要地带，中下游河道河势不稳，与沿江城镇建设、岸线利用的矛盾日益突出。应在统一规划下，抓紧进行河道整治，加强管理，合理利用岸线，使两岸社会经济保持全面持久的稳定发展。

基本同意长江口整治原则。长江口是上海港及沿江各开放港口通向海洋的门户，滩槽冲淤复杂多变。综合开发整治长江口，涉及航运、防洪、防风暴潮、滩涂及岸线利用和城市建设等方面，必须加强前期工作，在可能条件下安排一些紧迫工程。

《简要报告》提出的长江沿岸以上海、南京、武汉、重庆为中心的城镇群体的布局设想，可以作为有关城镇规划的研究基础。要解决好城镇防洪、供水、航运、桥梁、排水和污水处理等问题，做到城镇规划与江河治理开发、岸线利用及港口建设相互协调。

十、原则同意《简要报告》对流域综合规划方案和主要综合利用工程的环境影响初步评价意见。随着规划方案的逐步实施，流域环境将不断得到改善，但经济发展和流域内某些方面的治理开发，也会对局部环境产生影响。对此，要充分重视，认真研究，采取切实措施，力求消除或减少可能对环境带来的不利影响。

基本同意流域水资源保护原则、目标和措施意见。长江流域主要江河湖泊水污染日趋严重，一些中小河流流经城市的河段尤为突出。在流域治理开发中，必须采取相应措施，按《水污染防治法》的要求，做好水质监测，加强工业污染源治理和城市污水处理，特别要保护好饮用水源。

有血吸虫病害的地区，水利建设要与血防灭螺紧密结合，积极消除病源。

十一、原则同意长江干支流治理开发任务、规划意见和重点工程的安排。干流宜宾以上河段主要任务是发电、航运、灌溉、供水和分担中下游防洪；宜宾至宜昌河段主要任务是承担中下游地区防洪，以及发电、航运及供水；宜昌以下河段主要任务是防洪、航运、灌溉、供水、河道整治与岸线利用。干流上中下游和支流雅砻江、大渡河、汉江等均应按照规划承担南水北调任务。各主要支流可在流域综合规划的基础上进行具体规划。支流规划除满足本流域治理开发的需要外，要服从流域综合规划中有关防洪、灌溉、供水、发电、航运、调水、水资源保护等方面的要求。

十二、原则同意规划中提出的近期治理开发工程的意见。具体实施应根据国家建设的财力、物力，分别轻重缓急，在制订国家计划时研究确定。对江河防洪、能源、航运和农业发展有迫切要求的重要工程，特别是具有重大综合利用效益的工程，要给予优先考虑。

十三、长江三峡水利枢纽工程，地理位置适中，条件优越，建成后可有效控制长江上游洪水，提供巨大电力，改善长江航运，增加中下游干流枯水期流量，综合效益巨大，在整个流域综合治理开发中，具有重要地位和作用。当前荆江河段和洞庭湖地区防洪情势严峻，华东、华中地区及四川能源紧缺，川江航运急待改善，迫切要求早日兴建三峡工程。三峡工程规模宏大，是关系国家经济总体布局的重大项目，对三峡工程的重大技术、经济、社会问题，已经过多年专门论证，并提出了可行性研究报告。建议列为国家建设项目，在国家财力可能的条件下，尽早兴建。

十四、批准后的流域综合规划是开发利用和保护水资源、防治水害活动的基本依据。水利部和长江水利委员会以及有关部门、有关地方都要加强对规划实施的监督和管理，制定必要的法规和政策，保证规划的实施。随着流域的治理开发和社会经济的发展，今后流域规划还要定期补充修订。各有关部门、地方应当继续加强合作，加强基础工作，继续开展专项规划、研究。对近期可能实施的工程项目，应抓紧做好前期工作，把长江流域的江河治理、水资源开发利用和水土资源保护工作推向前进。

国务院办公厅关于贯彻执行《水利工程水费核订、计收和管理办法》的通知

（1990 年 3 月 1 日）

我国是个水资源紧缺的国家，必须厉行节约用水。多年来，用水浪费现象普遍存在，其重要原因之一，是由于水费标准过低。为了巩固现有水利工程，发挥水利工程的效益，促进节约用水，国务院于 1985 年 7 月发布了《水利工程水费核订、计收和管理办法》（国发[1985] 94 号）。几年来，多数省、自治区、直辖市进行了水费制度的初步改革，但有些地方并未全面贯彻执行。根据党中央、国务院领导同志的指示精神，现

就有关问题通知如下：

一、各省、自治区、直辖市人民政府要认真贯彻执行国务院国发［1985］94号文件，按照文件规定的原则，抓紧修订和颁布本省（区、市）水利工程水费的具体标准，并认真组织贯彻实施。

二、改进水费的计收办法，逐步改变目前以货币计收农业水费的单一方式。收取农业水费可以采取以实物计价，货币结算或计收实物的做法。水费由水利工程管理单位催交收取，也可委托财、粮部门代收。

三、用水户和用水单位都必须按各地核订的水费标准和规定日期交付水费。逾期不交水费，水利工程管理单位有权限制供水，直至停止供水。水利工程管理单位要切实负起责任，主动为用水户和用水单位做好服务工作。

四、水费收入由水利部门商请财政部门核定抵作供水成本和事业费拨款的，视为预算收入，免交能源交通重点建设基金和国家预算调节基金。

水费收入是水利工程管理单位的主要经费来源。水利工程管理单位要加强财务管理，收好、管好、用好水费，要确保用于供水工程的管理、维修和更新改造。任何单位和部门不得截留或挪用水费。

国务院办公厅关于国务院三峡工程审查委员会组成人员的通知

（1990年8月22日）

今年7月，国务院听取了三峡工程论证领导小组关于三峡工程的重新论证情况汇报，并同意将重新提出的三峡工程可行性研究报告提交国务院三峡工程审查委员会审查。鉴于1986年组成的国务院三峡工程审查委员会主任、副主任工作变动，需作适当调整。经国务院批准，调整后的国务院三峡工程审查委员会由下列人员组成：

主　任：邹家华（国务委员兼国家计委主任）
副主任：王丙乾（国务委员兼财政部部长）
宋　健（国务委员兼国家科委主任）
陈俊生（国务委员）
成　员：杨振怀（水利部部长）
刘中一（农业部部长）
黄毅诚（能源部部长）
钱永昌（交通部部长）
何光远（机电部部长）
高德占（林业部部长）
林汉雄（建设部部长）
朱　训（地矿部部长）
柳随年（物资部部长）
刘仲藜（国务院副秘书长）
陈光健（国家计委副主任）
蒋民宽（国家科委副主任）
迟海滨（财政部副部长）
郭振乾（人民银行副行长）
曲格平（国家环保局局长）
方樟顺（国家地震局局长）
王先进（国家土地局局长）
邹竞蒙（国家气象局局长）
周光召（中国科学院院长）
刘国光（中国社会科学院副院长）

国务院三峡工程审查委员会办公室设在水利部（不另增加编制），负责审查委员会的日常工作。

办公室主任：杨振怀（兼）
副　主　任：陆佑楣（能源部副部长）
张春园（常务，水利部副部长）

根据工作需要，由国务院三峡工程审查委员会办公室聘请若干专家为顾问。

国家防汛总指挥部、水利部关于做好蓄滞洪区安全建设与管理工作的通知

（1990年1月13日）

蓄滞洪区是综合性防洪体系的重要组成部分，是合理处理局部与全局关系，减轻洪水灾害损失的有效措施。在历史上，蓄滞洪区对保障重要城镇和广大地区的安全，减轻国民经济损失曾发挥了重要的作用。但是由于过去对已经确定的蓄滞洪区缺乏统一规划和管理、工程老化失修，安全设施不完善，使得蓄滞洪区运用时问题较多。国务院对此相当重视，于1988年10月批转了水利部《关于蓄滞洪区安全与建设指导纲要》，该文件对合理有效地运用蓄滞洪区、指导区内居民的生活和经济建设，以适应蓄、滞洪水的要求和安全提出了原则规定。一年来，各地根据《指导纲要》的规定，初步开展了工作。为了切实加强蓄滞洪区的管理，按照《指导纲要》要求做好安全规划和建设，现将有关要求通知如下：

一、认真做好蓄滞洪区安全建设规划。蓄滞洪区

安全建设是关系到适时分蓄洪水与区内人民生命财产安全的大事，要引导群众做出长远安排，并同时依靠群众抓紧准备防护和避水、救生等措施，因此需制定切实可行的规划，编制不同洪水淹没范围和水深图，建立通讯、报警系统。规划应按照因地制宜、突出重点、“平战”结合、分期实施的原则进行。规划的目标：1995年达到分蓄洪时不死或少死人，群众财产少损失；2000年达到群众生命安全有保障，尽量减少群众财产损失。国务院国发（1985）79号文《关于黄河、长江、淮河、永定河防御特大洪水方案》中确定的蓄滞洪区，必须按规定、保证按命令适时分洪蓄洪，其规划和设计由所在省（市）负责组织抓紧编制，要求1990年5月底前完成并上报。属于国家防汛总指挥部调度运用和涉及两省重要的蓄滞洪区安全建设规划，由流域机构会同有关省编制，上报水利部审批。省内其他蓄滞洪区规划由所在省（市）政府组织编制审批，报水利部备案。从1990年起所有蓄滞洪区安全建设计划都必须符合规划要求。蓄滞洪区内工矿企业、事业等单位的安全建设均应按统一规定自行迁移或采取防水、避水等措施解决。

二、切实加强蓄滞洪区的管理。当前蓄滞洪区管理工作十分薄弱，必须使区内人口控制和生产与社会设施各项建设等适应蓄、滞洪水的要求，因此要制定必要的法规制度，建立蓄滞洪区管理机构。根据《指导纲要》的规定：“蓄滞洪区所在地的省级人民政府可根据工作需要成立蓄滞洪区管理委员会”，各省（市）要尽快建立蓄滞洪区的管理机构，在1990年内制定出辖区内蓄滞洪区的管理条例或办法。

建立防洪基金或洪水保险制度是抗洪救灾工作的一项重要改革措施。已经确定试行的地区，要切实贯彻落实，并认真总结经验。其他地区，要努力创造条件，积极开展试点工作。

三、大力开展宣传教育工作。按照《指导纲要》的要求，利用各种宣传工具，宣传蓄滞洪区的各项规定，人员安全转移和紧急避险、救援的知识，明确标志蓄滞洪运用水位，做到家喻户晓，人人皆知。

四、落实1990年汛期应急渡汛措施。冬春季节即需动手做好夏汛各项准备工作，要在汛前把各种应急救生、渡汛措施，落实到单位、落实到户、落实到人。

以上各项，关键是认真贯彻多年来行之有效的各级政府行政负责人防汛责任制和健全各级防汛机构。请各级水利部门认真当好各级政府参谋，努力做好本职工作。

国家防汛总指挥部关于做好1990年防汛工作的通知

（1990年4月12日）

1990年是90年代第一年，是治理整顿、深化改革的关键一年。做好防汛工作，保障防洪安全，对于国家和社会的稳定，对于治理整顿任务的顺利完成，对于为实现90年代的奋斗目标创造良好的开端，有着密切的关系。为了扎扎实实地做好今年的防汛工作，特作如下通知：

一、进一步落实以行政首长负责制为核心的各种防汛工作责任制。各级政府的主要负责同志除了在汛期要亲自挂帅指挥好本地区的防汛抗洪工作外，从现在起就要做好思想动员和新闻宣传工作，教育广大干部、群众防止和克服麻痹思想，立足于来大水，抗大洪，早做准备；充实、完善各级防汛办事机构，加强防汛正规化、规范化建设；落实防汛经费、物资；抓防汛法规的制订与实施。各级水利部门要进一步落实各种防汛技术责任制和岗位责任制，加强技术培训，做好防洪工程的管理。

二、抓好防汛重点。大江大河、大中型水库和大中城市，是全国防汛的重点，必须尽早抓紧抓好。大江大河的防汛要继续贯彻落实国务院批准颁布的特大洪水防御方案，同时研究落实多种可能洪水对策；大中型水库的防汛要抓好病险水库的除险加固和渡汛应急工程以及渡汛计划、方案、措施的制订与落实；大中城市的防汛要深入贯彻国务院1989年批转的《关于进一步加强城市防洪工作的意见》，首先要解决统一指挥和今年渡汛措施的制订与落实。东南沿海地区要加强对台风的防御。各地都要注意防御局部暴雨洪水，山区还要重视防御山洪、泥石流、滑坡、岩崩等突发性灾害。

三、狠抓防汛薄弱环节。病险水库、河道阻水障碍及险工险段是防汛的主要薄弱环节。各地要抓住当前国家对农业、对水利的投入采取倾斜政策的大好时机，加快病险水库和河道险工险段的除险加固步伐，消除隐患，充分发挥防洪工程的效益。要继续贯彻落实1989年3月国家防汛总指挥部关于认真清除河道阻水障碍、保证防洪安全的通知精神，完成对七大江河的重点清障任务，中小河流也要按国务院的有关文件精神，坚持不懈、毫不动摇地清除阻水障碍。

四、加强非工程措施的建设。蓄滞洪区管理、防汛通信、洪水预报警报等是重要的非工程防汛措施，必须舍得花力气、下本钱加快建设步伐。各地要切实贯彻国务院批转的《关于蓄滞洪区安全与建设指导纲要》与国汛［1990］1号《关于做好蓄滞洪区安全与建设管理工作的通知》，做好“立足于分洪”的充分准备，当前首先要尽快落实分蓄洪水时的救生措施。防汛通信工作要按照国家计委和水利部1989年3月关于加强防汛通讯建设的通知精神，尽快建立和完善水库、堤防、蓄滞洪区的通讯、水文测报和洪水警报设施。

五、加强防汛抢险队伍的建设。各地在汛前要落实群众性的防汛抢险队伍，要与当地驻军、人武部门联系，组织人民解放军、民兵投入防汛，实行军民联防；与此同时，要建立技术精、机械化程度较高的机动抢险队，以应付各种突发性的险情和事故。

六、认真做好汛前检查工作。各地要尽早组织汛前检查，当前要重点检查水毁工程的修复情况、应急渡汛工程的安排情况、闸门启闭设备和通讯设施的灵活可靠情况、防汛物资的准备情况。对于检查出来的问题，要及时采取措施予以解决。

七、加强防汛法规建设，依法治水。各地要进一步贯彻落实《水法》和《河道管理条例》，并根据本地的具体情况，制定实施办法。要和公安、司法部门密切配合，严厉打击各种破坏防汛设施的犯罪活动。

国家防汛总指挥部关于福建省战胜多次台风灾害情况的通报

（1990年10月20日）

今年6月23日至9月10日80天时间内，福建省连续遭受5号、6号、9号、12号、17号、18号台风的袭击，其突出的特点是：台风来得早，6月份就有5号、6号两个台风登陆，是百年来少有的；持续时间长，12号台风三次登陆，迂回时间长达48小时；相隔时间短，5号和6号、17号和18号台风几乎是连续登陆的。

受台风的影响，全省普降暴雨或特大暴雨。今年1月至9月上旬，降雨量大于1500 mm的有43个县，大于2000 mm的有11个县，其中莆田县2077 mm，福清县2267 mm，晋江县2003 mm，柘荣县2500 mm。几次台风，恰遇大潮，省内江河暴满，海水猛涨，江海堤防普遍超警戒水位，有的超危险水位；水库超蓄，局部地区山洪泛滥，沿海平原内涝严重，给工农业生产和人民群众的生命财产造成严重损失。据统计，全省9个地市有68个县受灾，农田受淹1399万亩（占全省农田面积的75%），成灾474万亩，绝收133万亩，因灾减产粮食约4.2亿kg；有1936万人受灾，死亡588人，倒塌房屋13.46万间；毁坏堤防1784 km，小型闸坝10845座，渠道4441 km，渡槽841座。总计直接经济损失41.1亿元。

面对严重的自然灾害，福建省委、省政府坚决贯彻“防、抗、抢、避、救”的抗灾方针，带领全省广大干部和群众，在驻闽部队的全力支援下，积极迎战台风，防灾抗灾。由于指挥得法、防抗有力、抢救及时，把灾害损失减少到最低限度，取得了很好的效果。如南日岛海堤发生决口，经组织3500多人抢险堵口，保住了海堤，减少经济损失800多万元。漳浦县根据台风预报，及时通知1300多条渔船回港避风，无一艘渔船受损。

他们的做法是：

一、精心部署防御台风工作，事先做好充分准备。汛前，省政府专门召开会议，就今年防汛工作等做了全面部署，并狠抓落实。他们组织有关单位对全省江河如晋江、闽江、九龙江编制了防御大洪水预案和群众安全转移的方案，并从省到地、县、乡、村，层层建立防汛责任制，层层组织抢险队。在迎战6次台风中，省委、省政府先后15次召开防台风紧急会议，研究分析台风的动向，制定抗灾措施；共发出13份明传电报，部署防台风工作；多次召开全省防汛抗灾通播大会，动员干部和群众积极投入抗灾斗争。在抗御18号台风期间，由于连续遭受几次台风袭击，干部、群众精力消耗较大，而抗灾任务仍很艰巨，针对这种情况，省委、省政府布置再次召开抗灾紧急动员会，号召全省军民发扬连续作战的精神，坚持战斗，夺取抗灾的彻底胜利。他们针对恶劣的天气形势，对全省大、中、小型水库进行科学调度，因此尽管暴雨强度很大，不仅全省没有垮一座水库，而且通过调洪削峰减轻了水库下游地区的洪水威胁。如9号台风期间，山美水库提高正常蓄水位2 m，调蓄洪水4.25亿m^3，降低下游河道水位50 cm以上，保证了泉州市防洪安全。福鼎县吉坑水库发生500年一遇洪水，最高水位72.55 m，离坝顶只0.85 m，县委、县政府及时组织群众巡坝查险，抢修险段，保住了大坝。

二、领导干部身先士卒，始终战斗在抗灾第一线。省委陈光毅、贾庆林、袁启彤，省政府王兆国、陈明义、苏昌培等领导同志，多次顶风冒雨到抗灾最紧张、受灾最严重的地区察看险情、灾情，慰问群众和解放军，组织抗灾救灾。省委书记陈光毅同志9月9日从厦门赶回福州后，不顾连日来的劳累，晚上11时赶到出现险情的过溪水库大坝，同抢险的部队、地方领导研究保安对策，慰问战士，10日凌晨又到福州市主要街道察看灾情，由于淋雨、泡水、劳累过度，他被强制送进医院治疗，第二天又带病离开医院，继续指挥抗灾工作。闽侯县委书记、县长张学梅在抗御18号台风中，带病组织群众安全转移，清除路障，安置灾民，连续战斗三昼夜。福鼎县大白鹭村党支部副书记，在自家有三人被山体滑坡倒房压死的情况下，仍坚持带领全村人抗灾。干部的模范行动不仅激发了群众抗灾的热情，而且进一步密切了党群关系。

三、军民联防，各方配合，全力以赴抗灾救灾。驻闽解放军、武警部队积极支援抗灾抢险。共出动兵员14872人次、车辆1325台次，基干民兵6866人次，营救和转移受洪水围困群众22600人次，抢修堤坝24 km，抢运大量的物资。8月20日下午，福清县音西乡30多名群众被洪水围困，得知消息后，福州军分区司令员林锦春和32364部队参谋长郑钱均带领36名官兵摸黑在齐胸深的水中跋涉3个小时，行程5 km，用10个汽车轮胎绑上木板，把群众转移到安全地带。在连江县城抗洪保堤的战斗中，有2名解放军同志英勇献身。

在抗洪救灾中，省交通、水利、气象、电讯、民政、物资、粮食、公安、电力、城建、农业等部门通力协作，密切配合，全力以赴为抗灾服务。充分体现了社会主义制度的优越性。

目前，灾区群众生活已得到初步安排，社会秩序井然。全省正在掀起一个恢复生产、重建家园的群众性热潮。台风虽然给灾区人民带来了严重损失，但是通过抗灾救灾，党政军民的关系更加密切了；广大人民群众对共产党、对政府更加信任了，对党员干部的感情更深了，对人民解放军更加热爱了。

福建省战胜多次台风的做法和经验，值得各地借鉴。经国务院批准，特予通报表彰。希望各地结合自己的实际情况，认真做好今年防汛总结，制定有效措施，努力把防汛工作提高到一个新水平。

国家防汛总指挥部1990年防汛工作总结

（1990年12月15日）

今年汛期，大江大河水情比较平稳，除5月下旬珠江流域的西江发生一次中等洪水，7月上旬长江中下游出现超警戒水位的洪水外，其他江河没有发生较大洪水。受局部暴雨影响，局部地区发生了较大洪水。6月中旬湖南洞庭湖水系的沅水、资水发生一次较大洪水，7月上旬长江支流嘉陵江上游出现1857年以来的最大洪峰，汉江上游出现有实测记录的最大洪峰，6月中旬至7月下旬黄河支流大汶河出现三次大洪水，6月上旬至7月上旬嫩江支流洮儿河出现四次中等以上洪水，7月中旬西辽河乌力吉木仁河、西拉木伦河出现大洪水。受登陆台风和热带风暴影响，8月上中旬淮河流域的沂、沭河水系出现两次较大洪水，8月中旬至9月上旬福建、浙江沿海江河出现超警戒水位或保证水位的较大洪水。据不完全统计，截止9月底，全国（不包括台湾）洪涝受灾面积2亿余亩，成灾面积1亿余亩，死亡3535人，倒塌房屋134万间，直接经济损失239亿元。湖南、福建、四川、浙江等省灾情较重。

今年是治理整顿、深化改革极为重要的一年。稳定高于一切。为了给社会、经济持续稳定发展创造条件，今年防汛工作在党中央、国务院的领导下，坚持以防为主，常备不懈，立足于来大水，抗大洪，在进一步健全完善防汛工作责任制、加强工程和非工程措施建设、组织防汛抢险队伍并不断提高其战斗力、坚持深入开展河道清障等方面做了大量工作，取得一定成效。发生洪涝灾害的地区，减轻了损失；没有出现洪水的地区，为今后抗御洪水打下了基础。主要经验和做法是：

一是党中央、国务院十分关心。党中央、国务院历来都非常重视防汛工作，今年也是如此。李鹏总理、田纪云副总理、陈俊生国务委员汛期分别视察了黄河下游、淮河的防汛工作。国务院领导同志和国务院有关部门的负责同志就地研究解决了视察中发现的主要问题。当湖南、福建、浙江等省发生洪涝灾害时，江泽民总书记、李鹏总理都亲自过问抗洪救灾工作。

二是各级领导重视。国家防汛总指挥部分别在田纪云副总理和陈俊生国务委员主持下，召开了两次会议，研究部署今年的防汛工作。各省、自治区、直辖市的防汛指挥部成员都进行了充实调整。大部分地区的行政首长防汛负责制都得到认真贯彻落实。各级行政首长都在积极解决防汛工作中存在的问题。安徽省省长傅锡寿了解到地、市、县防汛办事机构仍处于“汛前凑班子，汛后散摊子”的状态时，立即找来省编委负责同志，解决防汛办事机构的编制问题。湖南、江苏、湖北、安徽等省增加了防汛经费。湖南增加了1000万元，江苏增加了900万元，湖北增加了790万元，安徽增加了745万元。淮河水利委员会建立了分段防汛责任制。凡是发生洪水的地方，那里的各级领导都亲临第一线组织指挥抗洪抢险和救灾。如在抗御台风灾害中，福建省陈光毅书记、王兆国省长等多次顶风冒雨到受灾最重的地区察看灾情，慰问群众和解放军，组织抗灾。陈光毅书记曾因淋雨、泡水和劳累过度生病被强制送进医院治疗，但第二天又带病离开医院继续指挥抗灾工作。闽侯县委书记、县长张学梅在抗御18号台风中，带病组织群众安全转移，清除路障，安置灾民，连续战斗三昼夜。福鼎县白露树村支部书记一家有三人被山体滑坡掩埋，他顾不上挖掘亲人的遗体，坚持带领全村人抗灾。陕西省略阳县七月初因嘉陵江上游发生超保证流量的特大洪水，由于县委、县政府汛前立足于来大水做了充分准备，接到预报后及时组织人员安全撤离，虽然县城水深 3～6 m，却无一人伤亡。

三是汛前检查比较深入。国家防总领导成员、各省、自治区、直辖市防汛指挥部的主要负责同志都亲自深入防汛第一线检查防汛工作。今年5月，国家防汛总指挥部成员由正副总指挥带队，分3组分别检查了黄河、淮河、长江的防汛工作，就增加防汛岁修费、防洪工程基建投资、特大防汛抗旱经费、防汛车辆和物资，加强防汛通讯设施建设，继续深入开展河道清障等做了决定，这在建国以来还是第一次，对搞好今年和今后的防汛工作都有深远的影响。河南省各级防汛指挥部对堤防工程进行徒步拉网式检查，共查出各种隐患上千处。珠江水利委员会主任周甘霖受国家防总委托，率领检查组到广西检查城市及大型水库的防洪渡汛工作，发现一些部门和单位麻痹侥幸思想严重，全区有半数以上县的防汛机构名不符实，部分水库以管理人员责任制代替行政首长负责制，部分河道旧障未除，新障又增等问题，引起了自治区党委的重视，并得到逐步解决。

四是各部门对防汛工作都很支持。为了补助大江大河的应急渡汛工程，财政部汛前预拨特大防汛经费5000多万元，比往年增加2000多万元。国家计委、物资部、商业部、全国控办和中国石化总公司大力支持国家防汛办公室落实防汛抢险物资，安排了6万t汽(柴)油、1万 m^3 木材、7000 t钢材、372辆吉普车的供应指标。商业部负责储备了抢险草袋250万条、铅丝8170 t。在有关部门支持下，国家防汛办公室沿大江大河储备了救生橡皮船2550只，救生衣7066件，救生圈5870个，编织袋100万条。邮电部、商业部、能源部、交通部、公安部、国家气象局、国家民航局就做好今年的防汛工作，先后发了通知，要求本部门、本系统在传递防汛信息、储备管理防汛物资、加强汛期天气预报、保证防汛抢险人员、物资的优先运送等方面，提供优质服务。北京市长途电信管理局及所属各基层单位的领导，多年来一直大力支持防汛工作，每年都主动上门到国家防汛总指挥部办公室，帮助解决防汛通信中存在的困难。中国人民解放军对参加各地的防汛抗洪抢险工作，做了周密的部署。济南军区、天津市警备区、浙江省预备役司令部等和地方共同进行了防汛抗洪抢险救灾演习。汛期全军共出动9万余人、车辆4000余台次、飞机386架次、船只280余艘投入抗洪抢险，抢救群众7万余人，抢运物资9840余t，抢运土石方235万 m^3，加固堤坝17万多m，堵决口7次，为保卫国家财产和人民生命安全做出了重大贡献。涌现出51330、81829、55094、56038、37622等部队、浙江省台州军分区、湖南省怀化军分区及32360部队部队长魏声外等一批抗洪抢险先进集体和模范。

五是部分蓄滞洪区的安全设施有所改善，防汛通讯有所加强。国家防汛总指挥部办公室和有关省、市今年对永定河泛区、荆江分洪区、洞庭湖蓄洪垸等蓄滞洪区的安全建设和落实群众性应急安全措施进行了重点补助，在荆江、洪湖、杜家台、蒙洼、永定河泛区、洞庭湖民主垸等蓄滞洪区建设了警报系统；对54座大型和重点病险库建设防汛报汛通讯设施进行了重点补助，有34座已经完成，这些水库上游都建立了测讯报汛通讯系统。湖南、湖北、河南等省今年狠抓了蓄滞洪区救生和预警设施的落实。湖南沅江市还进行了各种报警措施的演习。

六是河道清障工作有了进展。海河流域山西大同市五套班子一齐上，层层动员、全社会动员，在很短的时间内清除了口泉河、十里河的各种障碍。珠江流域广西南宁、梧州市，长江流域江西南昌市、水阳江水阳镇河段，黄河流域乌兰木伦河段，松辽流域齐齐哈尔市等地的河道清障也有了进展。南宁市糖纸厂向珐江排煤灰的问题已基本解决，沿江堆积的废弃粗石渣已清除93%以上。梧州市烤胶厂附近西江上的河障已清除64%。南昌电厂已建两个排灰场，解决向赣江排灰问题。华能精煤公司已清除了1989年下半年以来弃置在乌兰木伦河段的28万 m^3 废弃物。齐齐哈尔市横跨嫩江的滨州铁路避溢桥、齐富公路通过嫩江滩地的滩桥等已在兴建，1991年竣工后即可解决铁路和公路的阻水问题。江苏、安徽交界的水阳江水阳镇河段的清障取得了突破性进展，两省均有了具体行动。

七是建立防汛抢险机动队伍，抓紧进行防汛演习和防汛抢险技术培训。陕西省渭南地区举办了有主管防汛工作的专员、县长、各级防汛办主任以及黄河、渭河修防段长等70多名领导干部参加的防汛知识培训班。浙江省预备役司令部组织预备役师工兵营应急分队进行了橡皮舟水上编队、抢救被洪水围困的群众、水下爆破分洪等项目的演习。广州市组织3000人在北江大堤进行防汛抢险演习，检验各种方案实施的可靠程度。河南省抓了机动抢险队的技术培训，培训骨干600余人。天津市警备区与天津市防汛指挥部在永定河分洪区联合组织了由驻津部队、预备役部队，地方各有关部门近千人参加的军民协同，转移群众，分洪抢险的综合演习。海河水利委员会和河北省水利厅在固安县永定河上进行了土工织物防汛抢险演习。国家防汛总指挥部办公室6月底在副总指挥杨振怀主持下进行了防汛模拟演习。长江水利委员会成立了技术抢险队。

八是广大干部、群众和人民解放军指战员同洪涝灾害进行了艰苦卓绝的斗争。福建、浙江省军民分别连续抗击了六次和五次台风（或热带风暴）的袭击，充分显示了中华民族在困难面前不屈不挠的英雄气概。在全国各地都有为防汛抗洪无私奉献的好干部、好群众。在抗洪抢险中英勇献身的湖北省宜昌县物价局副局长、共产党员文伏一，在河道清障中牺牲的山东省无棣县基干民兵王云龄就是其中的杰出代表。水利部门的广大职工汛期坚守岗位，尽职尽责，运用各种防洪工程和非工程措施，有效地抗御了洪涝灾害。8月上旬沂沭河连续发生的两次较大洪水中，淮河水利委员会沂沭泗管理局与江苏、安徽两省密切配合，及时认真分析雨情水情，精心调度，做到了预报准确迅速，调度合理，减少了洪灾损失。浙江省水利职工充分发挥水库的拦洪削峰作用，东部的22座大中型水库在12、15、17和18号等四次台风暴雨中，拦蓄洪水14亿m^3，占坝址以上洪水总量的52%，削减洪峰流量2/3以上，使水库下游的800万亩农作物、人民群众和企事业单位受灾程度大大减轻，使苍南、奉化、新昌等县城及一大批乡镇企业、学校免受损失。

从今年一些地区发生的洪涝灾害看，防汛工作还有不少薄弱环节，主要表现在：第一，麻痹侥幸思想依然存在，特别是那些经常发生干旱的地区。如湖南省怀化地区，由于历史上屡受干旱之苦，少有洪涝之扰，因而忽视洪灾，疏于防范。今年汛前，不少地方没有加固防汛设施，一些关键防洪工程的设备未及时检修而失灵，6月中旬发生大洪水时仓惶应战，损失惨重；又如山东省惠民地区因近几年受旱，只注意引黄灌溉，未进行河道清淤，今年来洪水，造成严重内涝；第二，中小河流防洪能力低，而且没有引起足够的重视。80年代以来，大江大河没有出现大洪水，洪涝灾害主要是中小河流的洪水造成的，但损失也不小。与70年代相比，年均受灾面积增加了61%，成灾率上升了21%。这种情况固然与80年代经济有较大发展有关，但中小河流防洪能力低是主要原因。不少河流因乱占滩地，河床堵塞，行洪能力降低；流域内的山塘、堤坝病险患多；一些中小型水库既未进行除险加固，又没有落实保安措施，加上管理不善，不仅不能拦蓄洪水，一旦失事反而加重了损失。今年有5座小（一）型水库、25座小（二）型水库垮坝失事。第三，对热带风暴和台风灾害以及山洪、泥石流、滑坡等山地灾害的防御工作研究不够，措施不力。近几年这些灾害损失较大。今年九次台风和热带风暴造成直接经济损失102亿元，死亡784人。今年一些地方的实践证明，尽管这些灾害突发性强，难以抗御，但只要防御工作做得扎实深入，完全有可能做到少损失、少死人甚至不死人。

针对上述存在问题，今后应加强以下几方面的工作：第一，行政首长负责制要贯穿到防汛工作的各个主要环节，不仅在汛期抗洪抢险中，在冬春修及水毁工程修复中，也要落实行政首长负责制。第二，要狠抓各类防汛责任制的落实，不能只停留在口头上、纸面上，要落实到行动上。第三，要从落实保安措施、清障清淤、除险加固、整顿管理秩序、强化管理手段、实行科学调度等方面入手，加强中小河流和中小水库的防汛工作。引黄灌溉的河渠也要建立定期或淤厚定量的清淤制度。第四，热带风暴和台风的防范工作要抓细，要和有关部门密切配合，研究能抗御台风的水利工程及房屋建筑结构型式，尽可能地避免人员伤亡和减少损失。第五，继续组织建立机动抢险队伍。大江大河的重要河段，大中型水库都要落实技术较精、设备较好的抢险队伍，并认真组织防汛抢险演习，以保证召之即来，来之能战，战之能胜。

水利部党组关于认真贯彻六中全会《决定》的几点意见

（1990年4月29日）

党的十三届六中全会作出了《中共中央关于加强党同人民群众联系的决定》，郑重地向全党提出了密切党群关系的目标和措施，表明了党中央对于密切党群关系的高度重视，反映了全党同志，全国各族人民的共同心愿。《决定》是一个极其重要的马克思主义文件，认真学习和贯彻好《决定》对于恢复和发扬党的优良传统和作风，进一步密切党同人民群众的血肉联系，加强党的建设和廉政建设，端正党风，搞好治理整顿和深化改革、保证我国的社会稳定及整个社会主义现代化建设事业的顺利发展，都具有重大的现实意义和深远的历史意义。

按照六中全会的要求和部署，各级党的组织务必要认真组织广大党员用整风的精神学习贯彻《决定》，在党内普遍进行马克思主义群众观点和党的群众路线的再教育。结合水利系统的实际情况，对照《决定》，进行检查，找出党群关系、干群关系中存在的突出问题，研究解决办法，切实改进领导作风和工作作风。同时，在广泛征求和听取党内外干部、群众意见的基础上，制定出本部门、本单位贯彻《决定》的细则和措施，认真实施，落到实处。为此，水利部党组特提出以下几点意见：

一、贯彻群众路线的根本，是要结合业务工作正确执行党的各项路线、方针、政策。

(1) 党的路线、方针、政策是代表人民群众的根本利益。我们要结合水利业务工作按照本部门、本岗位的职责，去认真贯彻落实党的路线、方针、政策，这是水利行业为人民服务的最大体现。

(2) 要发扬水利系统艰苦朴素，勤奋拚搏，密切联系群众，全心全意为人民服务的优良作风，努力端正行业作风。各级水利机关一切工作的出发点都要落实到为基层、为群众服务上。

(3) 要结合水利行业的特点，十分关心人民的生命财产的安全。特别要抓好防汛、工程施工、农村用电、野外测报等安全工作，防止恶性事故的发生。

二、坚持走群众路线，建立和健全民主的、科学的决策和执行程序。

(1) 凡涉及贯彻党和国家的方针、政策、干部的任免，加强思想政治工作的决定，水利事业的发展方向与改革措施的出台等重大决策的制定，必须经党组集体讨论后决定。

(2) 凡属水利建设的战略规划、方针、政策、法规，大江大河的防汛安全与重大事故的处理，必须经部务会议讨论决定。

(3) 凡属水利科学技术和重大工程建设项目的决策，经水利部科学技术委员会讨论咨询，由部务会决定。

决策作出之前，必须要认真地做好充分的调查研究，有关部门要提出调研报告和可行性方案，同时广泛听取各方面的意见，坚持从实际出发，走群众路线，努力做到民主讨论与科学论证。决策作出之后，各级领导机关和领导干部要带头贯彻执行，虚心接受广大干部和职工的监督，保证决策的顺利实施。

三、各级领导机关要建立起深入基层，深入群众的制度，各级领导干部要带头下基层。

部机关和水利系统的各级领导干部每年都要结合部门、单位的实际，带着问题深入基层，了解真实情况，调查研究，解决问题，为基层和群众多办实事，加强党群关系和干群关系，富有成效地开展工作。坚决反对和克服官僚主义、主观主义、命令主义以及各种损害党群关系、干群关系的错误思想和行为。

(1) 各级领导机关对干部下基层要规定一定的时间，分层次，有计划，形成制度，长期坚持。要组织干部适当参加劳动。务必讲求实效，切忌形式主义。

(2) 每个部长都要下基层进行调研，时间每年不少于50天；业务司局的领导干部深入基层的时间每年不少于70天；部机关每年还要选派一些年青干部到基层工作，锻炼一至两年。各级干部下基层都要明确责任，做到事前有调查提纲和明确解决问题的重点，事后要有调查报告。

(3) 各级领导干部下到基层一定要工作深入，谦虚谨慎，严守纪律，朴素廉洁，不允许用公款吃喝，不许收受礼物，不增加基层与群众的负担。对执行纪律好的要表扬，违反纪律的要批评，情节严重的要严肃处理。

四、加强与群众的紧密联系，疏通各方面渠道，采取多种形式，广泛、深入、及时地听取群众的意见、要求和批评。

(1)部党组每年要召开1～2次水利系统的人民代表、政协委员的座谈会，倾听群众的呼声，共商水利建设和改革的大计。

(2) 部司两级干部都要结合分管业务建立联系制度，定期到联系单位和分管单位检查工作，了解情况，征求干部和职工对工作的意见。

(3) 建立每月半天部领导与机关职工会见日的制度，认真听取群众的意见和呼声，广交朋友，密切干群关系。

(4) 充分发挥工会、共青团、妇女等群众组织联系群众的纽带作用。部党组每半年要听取一次机关工、青、妇的工作情况汇报和有关建议。各级党组织都要切实加强对工、青、妇工作的领导，及时帮助解决他们工作中的实际问题，通过他们把广大群众团结起来，共同搞好水利战线物质文明与精神文明的建设。

(5) 在广大干部和群众中开展提合理化建议的活动，促进水利各项工作卓有成效地开展。

(6) 部机关每年搞一次民意测验，征求群众对水利方针、政策和机关作风方面的意见，在此基础上搞好整改工作。

五、切实抓好廉政建设，各级党政干部要做到执政为民，勤政爱民，在群众中树立“实干、廉洁、公正、奉献”的良好形象。

(1) 部长要严格执行水利部制定的《廉政建设七项决定》。部机关全体职工要认真贯彻《水利部机关及其工作人员保持廉洁的十条规定》。监察局和机关纪委每半年对其执行情况进行一次检查，检查结果报水利部党组和监察部。

(2) 各流域机构和直属单位每年要在自查的基础上写出一份廉政建设的情况报告报水利部办公厅，由部里写出综合性报告。对水利行业的廉政建设加强指导。

(3) 各级监察、纪委部门要把查处案件工作摆到重要工作议程，由有关领导牵头，下决心组织力量查处各种违纪案件，做到发现一件，查处一件，严格执行纪律，绝不搞“下不为例”。凡检查出的违纪问题，不管涉及什么人，都要认真严肃处理。

(4) 对群众来信来访举报的问题，要及时查证，一般不超过十天。严禁打击举报者和包庇被举报者的行为，如有违反，要严肃查处。对举报不实的信件，经过查证核实，组织上要立即予以澄清。同时要配合地方政府抓好行业的案件查处。

(5) 部机关今年廉政检查的重点：一是清查小金库；二是检查用公款吃喝请客的问题；三是检查收受低价物品、礼物和以权谋私的问题。各流域机构和直属单位也应按上述三个检查重点，有的地区和单位还应将用公款盖私房和超标准装修房子的问题列入重点，在本年度内进行一次检查。

(6) 各级党政部门要严格按照德才兼备的原则和规定的程序选拔干部，切实做到任人唯贤，秉公办事，坚决反对在干部、人事工作中拉关系，搞交易的不正之风，选拔任用干部要经集体讨论，广泛听取群众意见，防止一人说了算。要建立起干部回避制度，各单位主要领导干部的子女、配偶一般不得在本单位担任部门领导职务，特别不能在本单位担任党政办公室和组织、干部（人事）、纪检部门的领导职务。

(7) 各级党政部门都要大力宣传和表彰廉政建设方面的好人好事，树立先进典型和模范人物，把廉政建设长期坚持不懈地抓下去。

六、建立和完善党内监督与党外监督机制。

(1) 各级党政领导干部要以普通党员身份坚持过好双重组织生活会，坚持参加每年一次的党员民主评议。认真开展批评与自我批评，自觉接受党内监督。各级党组织要负起责任，加强对领导干部参加双重组织生活会和民主评议的督促检查。

(2) 充分发挥新闻舆论的监督作用，通过新闻舆论媒介加强对水利部门和行业在执行党的路线、方针、政策以及遵守党纪、政纪和国法方面的监督与批评，促进水利事业健康地发展。

(3) 各级党组织和党政领导，要十分重视群众的来信来访，认真做好接待和处理工作。对于重大问题，领导同志要亲自出面，认真倾听群众意见，切实解决问题。对群众来信来访反映问题置之不理，不闻不问的，要追究责任。

(4) 各级干部（人事）部门要建立干部考核制度，每年对处以上干部的德、能、勤、绩进行一次民主评议和考核。提拔任用干部，要按照规定在一定范围内进行民主测验，采取听取群众意见与考核相结合的办法，加强监督，严格把关。

(5) 凡是涉及到群众所关心的重要问题，例如：调资、晋级、奖金分配、干部调配、评定职称、住房分配以及子女就业安排工作等，应坚持按政策秉公办事，要做到公开办事制度，公开办事结果，接受群众监督。

七、各级党组织和广大党员要充分发挥战斗堡垒作用和先锋模范作用。

(1) 各级党的领导干部要进一步提高在新形势下宣传、组织和带动群众的重要性的认识，在实际工作中，以身作则，为群众作出表率。带头执行并向群众宣传党的路线、方针、政策，关心群众的生活和进步，做好群众的思想政治工作。

(2) 健全各级党组织，配好各级领导班子，要挑选忠于马列主义的干部担任。做到从严治党，认真搞好思想建设、组织建设、作风建设和制度建设，加强党纪、政纪、法纪教育，努力恢复和发扬党的优良传统，关心和重视群众的思想和政治进步，加强对群众中要求入党积极分子的培养和发展工作。

(3) 每个共产党员都必须按党员标准严格要求自己，树立为人民服务，向群众负责，遇事同群众商量，与群众同甘苦的思想作风和工作作风。要同自己周围的群众交知心朋友，以自己的模范行为团结群众一道做好各项工作。遇到损害群众利益的现象要敢于挺身而出，坚持斗争。

八、加强马克思主义理论学习，增强执行党的群众路线的自觉性。

党群关系是党的建设的一个根本问题，群众观点是马克思主义理论的一个基本观点。在进行马克思主义群众观点和党的群众路线的再教育中，各级领导干部要首先接受教育，带头学习领会六中全会《决定》的精神实质，联系自己的思想和工作，有针对性地选学马列主义、毛泽东思想的有关内容和邓小平等同志的有关著作，学习党章和《关于党内政治生活的若干准则》等有关中央文件，增强党性，改造世界观。

(1) 部党组建立中心学习组，结合水利工作实际，定期学习马克思主义基本理论，以保证党的路线、方针、政策在水利工作中的贯彻执行。各级党政部门也要相应成立中心学习组。

(2) 中央党校国家机关分部水利部分校将有计划地分期分批对部机关未参加过系统马克思主义理论学习的处以上干部进行集中轮训，并吸收部分流域机构处级干部参加。今后要把干部是否参加党校培训作为提拔、任用、考核干部的条件之一，注意培养忠于马克思主义的合格人才。

(3) 根据中央的部署，今年，要在各级干部中开展马克思主义哲学的学习。各部门、各单位要制定学习计划，坚持理论联系实际，注重学习成效，扎扎实实地打好理论根底，学习运用马克思主义的立场、观点和方法观察问题和指导工作。司局级以上的领导干部要运用马克思主义基本观点每年结合工作实际写出一篇调查报告。

(4) 各级党组织要把马克思主义群众观点和群众路线的教育，同坚持四项基本原则，反对资产阶级自由化的教育结合起来，列入党员教育和理论学习的计划。不断提高思想水平和政策水平，紧密团结和依靠广大群众，克服困难、战胜困难，推动水利建设和改革。

水利部关于贯彻落实国务院加强廉政建设纠正行业不正之风电话会议精神的通知

(1990年9月24日)

8月23日国务院在北京召开了“加强廉政建设，纠正行业不正之风”的全国电话会议，李鹏总理作了重要讲话，要求中央国家机关和各级政府积极行动起来，采取坚决有力的措施，切实抓出成效。这是党中央国务院推动廉政建设的重要步骤。为贯彻落实好国务院对加强廉政建设，纠正行业不正之风的重要部署，特作如下通知。

一、加强廉政建设，纠正行业不正之风是当前一项十分紧迫的任务，要切实把这项工作放到重要位置上。

各单位领导机关和领导干部要认真学习、深刻领会李鹏总理在全国电话会上的讲话精神，端正行业作风、大力加强行业廉政建设。从总体上看，当前水利行业广大干部和职工多数是廉洁、勤政和比较廉洁、勤政的。他们保持和发扬了艰苦奋斗的优良传统，长年在工作条件较差、生活条件艰苦的深山野岭、穷乡僻壤中战天斗地，为水利事业的发展作出了很大贡献。大多数干部能认真贯彻党和国家的方针政策，廉洁奉公，勤勤恳恳，深入群众，为基层办实事，干群关系是比较好的。但是，也要清醒地看到，由于前几年放松了思想政治工作，受社会上“一切向钱看”的思想影响，有少数人经不起金钱和物质的诱惑，沾染上了“以权谋私”的恶习，“以水谋私”的不正之风在水利系统中虽然还不突出，但也有所反映，尤其是社会上的不正之风，在水利系统中同样存在，有的还比较普遍、严重。问题虽然发生在少数部门和少数人身上，却在群众中造成了严重影响，损害了水利部门的形象和行业自身的荣誉。因此，各单位要按照国务院电话会议精神，把消除腐败现象和纠正行业不正之风作为今年下半年的工作重点，集中精力、下大力量，解决好这个问题。

二、采取措施，切实抓出成效。

李鹏总理在讲话中指出：加强廉政建设，纠正行业不正之风，必须抓好三个环节。即思想教育是基础，制度建设是保证，领导干部是关键。各单位在抓好这三个环节中，具体做好以下几项工作：

1. 要尽快摸清本单位情况，认真分析存在问题的主要原因。要针对群众意见比较多的重点问题制定出治理方案和具体措施。

2. 各级领导要重视和抓好本单位职工的思想教育，提高干部素质。重点抓好全心全意为人民服务的宗旨教育、职业道德教育和遵纪守法教育。

3. 组织各有关业务部门及时制定纠正行业不正之风的制度和规定，并严格贯彻执行。要抓住最容易滋长腐败现象的薄弱环节，制定规章制度，强化内部制约机制。

4. 要加强监督检查工作。充分发挥监察、审计部门的行政监督作用。对本单位贯彻落实国务院关于纠正行业不正之风的部署和本单位制定的措施、规定的执行情况进行监督检查，及时提出问题，反映情况，总结经验。

5. 抓好正反两方面的典型。一方面要大力宣传表彰廉洁奉公的先进典型，弘扬正气，另一方面要对违法违纪案件敢抓敢管，坚决查处。

6. 各单位要在12月中旬以前将贯彻落实国务院电话会议精神、纠正行业不正之风的情况作出总结报部。

水利部关于贯彻落实国务院加强廉政建设纠正行业不正之风电话会议情况的报告

(1990年10月10日)

现将我部贯彻落实国务院8月23日召开的“加强廉政建设，纠正行业不正之风”电话会议精神的情况，报告如下。

党中央、国务院十分重视廉政建设工作，特别是党的十三届四中全会以来，多次强调：加强廉政建设，改进机关作风，是关系到我们国家兴衰的一件大事，是国家政权建设的一个极其重要的内容。要求在进行廉政建设和反腐败斗争中，大力整顿和纠正不正之风。8月23日，李鹏总理在国务院召开的“加强廉政建设，纠正行业不正之风”电话会议的重要讲话中，强调要求今年下半年要把行业的廉政建设放到重要地位上，认真抓好。

我部在认真抓好水利工作的治理整顿、深化改革，抓好防汛抗旱斗争的同时，努力贯彻党中央、国务院关于加强廉政建设的重要指示。今年7月在学习贯彻国务院全体会议纪要（9）《通报国内外形势，部署下半年工作》时，杨振怀和侯捷同志要求部办公厅等部门，按李鹏总理“要加强廉政建设”的要求，研究贯彻意见。与此同时，杨振怀和钮茂生同志要求部机关，要组织学习并推广陕西省水利水土保持厅关于《从制度建设入手，抓住重点推动水利行业廉政建设》的经验。8月23日国务院召开“加强廉政建设，纠正行业不正之风”电话会议后，杨振怀同志在8月27日至9月1日召开的全国农田水利基本建设会议的讲话中，要求认真贯彻国务院电话会议精神，端正行业作风，大力加强廉政建设。钮茂生同志要求驻部监察局等部门，要根据李鹏总理讲话精神，提出贯彻意见。

从我们了解掌握的情况来看，水利系统的广大职工，长期在工作条件、生活环境十分艰苦的环境下，勤勤恳恳、兢兢业业，继承和发扬艰苦创业、勤俭办水利的优良传统和行业精神，为社会主义事业积极奉献，努力为人民服务。我部认为，大多数是好的和比较好的，是廉洁、勤政的。水利部门利用自己的行业特点——以水进行谋私，还不普遍、不突出，没有形成“以水谋私”的行业不正之风。但是，我们应清醒地看到，水利部门同其他部门一样，由于前几年放松了思想政治工作，受社会上“一切向钱看”的思想影响，少数水利人员经不起金钱和物质的诱惑，沾染了以权谋私的恶习。少数水利部门存在着消极腐败现象，主要表现是：社会上普遍存在的那种利用工作之便和职权进行“吃请送要”不正之风，在水利部门的一些单位同样存在；有些水利专项经费（如农水费、防汛费、移民费等）和物资被挤占，挪用于非水利事业比较普遍，有的地方还比较严重；少数地方的有些基层单位和有些人员，在收交水费、电费中有进行层层加码、乱摊派、乘机搭车和转嫁等加重用户负担现象。甚至还有个别勒索行为。这些消极腐败现象，虽然发生在少数单位和少数人员身上，却在群众中造成了坏的影响，不但损害了水利部门的形象和行业自身的声誉，而且影响到党和政府同人民群众的关系。因此，必须集中精力，下大力量，认真抓好水利行业的廉政建设工作。

按照李鹏总理在国务院召开的“加强廉政建设，纠正行业不正之风”电话会议上重要讲话精神，我部已作出和正在作出以下工作部署。

1. 召开专门部务会议，提出贯彻意见

8月下旬至9月初召开的全国农田水利基本建设会议结束后，9月7日部长杨振怀同志立即主持召开部务会议，专门传达贯彻国务院电话会议精神，并听取了监察局8月29日召开的水利系统执行监察座谈会贯彻李鹏总理电话会议重要讲话的情况汇报。杨振怀同志要求部机关各司局、各单位要认真组织职工学习李鹏总理重要讲话，提高认识。在学习基础上对照我部去年制订的部机关及其工作人员保持廉洁十条规定，进行认真检查，对待水利系统存在着的行业不正之风，态度要坚决、严肃、认真，要高度重视，坚决杜绝。要按照李鹏总理提出的“思想教育是基础，制度建设是保证，领导干部是关键”的要求，从部领导做起，从部机关做起。

2. 召开水利系统监察座谈会发出专门通知，向全国水利系统进行了部署

8月29日至9月3日召开了由11个部直属单位和16个省（自治区、直辖市）参加的水利系统执法监察座谈会，学习了李鹏总理的重要讲话，贯彻了国务院电话会议精神；并由部向部直属单位和各省（自治区、直辖市）水利部门发出了通知，要求各单位按照国务院电话会议精神，把加强廉政建设，纠正行业不正之风作为今年下半年工作重点，集中精力，下大力量，认真抓好。

3. 加强调查研究，总结交流经验

为了推动水利系统贯彻国务院电话会议精神，在10月至11月间将组织工作组前往部分水利部门进行调查研究，并准备今年底或明年初，召开全国水利系统监察会议，总结工作，交流水利行业加强廉政建设，纠正行业不正之风的经验。

水利部关于劳动模范奖励升级问题的暂行规定

（1990年4月25日）

为了进一步做好在社会主义物质文明和精神文明建设中作出特殊贡献的水利系统劳动模范的奖励升级工作，根据《国务院关于国家行政机关工作人员的奖惩暂行规定》等文件精神，结合实际工作中遇到的一

些问题，经研究，并征得人事部同意，现对劳动模范奖励升级问题，暂作如下规定：

一、凡获得各省、自治区、直辖市和水利部级及以上劳动模范称号的，可给予奖励升级。

二、同一工作人员因同一事迹，同时获得省、部级及以上劳动模范称号的，不能重复升级，可按其中批准某一劳动模范的最高标准执行。

三、对获得市（地）、县级及以下劳动模范称号的，一般不批准升级。但是，工作人员的功绩够升级奖励条件的，可按有关规定使用升级奖励指标。机关，事业单位按职工实有人数的1‰掌握，最多不超过2‰；企业单位使用3%的升级指标。实行工资与经济效益挂钩的企业，可在效益工资中优先考虑升级。

四、在业务工作中，由两个以上不同行业部门管理的单位，其人事工资关系在哪个部门，就应按哪个部门的规定评选劳动模范和给予奖励升级。

五、本规定适用于部直属各单位。地方水利系统的单位可参照执行。

六、如国务院或有关部门对此有新的规定，则按新规定执行。

水利部、司法部关于继续深入学习、宣传、贯彻《中华人民共和国水法》的通知

（1990年3月2日）

《中华人民共和国水法》颁布已两年了。1988年6月，水利部、司法部以水政［1988］6号文发出关于认真学习、宣传、贯彻《中华人民共和国水法》的通知。一年多来，各地按照《通知》精神，在各级人大和政府的领导下，学习、宣传和贯彻《水法》活动在全国城乡广泛地开展起来，取得了良好的效果，普遍认为，这是建国以来，在水和水法规方面的一次较为全面和广泛的宣传活动，其影响也较大。

通过学习、宣传和贯彻《水法》，广大干部和人民群众对水与《水法》的重要性认识有了进一步提高；各级政府明确了水利部门是水的行政主管部门，确立了水行政执法的主体；全国3/4的省、自治区、直辖市和1/3的县市建立了水政执法机构，通过试点，水政监察队伍正在逐步建立；按照总体规划，水法规体系建设正在有计划地开展，北京、山东等13个省、自治区、直辖市进行了水法执行情况的检查，3万多件水事案件和长期未能解决的地区之间水事纠纷得到依法处理。这说明，遵循《水法》的规定，水利法制建设已迈出了重要的一步。

前一阶段《水法》的学习、宣传所以能取得较明显的成果，一是领导重视，统一部署；二是水利部门带头学习、大力组织宣传；三是发挥社会各方面的力量，较好地运用电视、电台、报刊等舆论工具；四是采取“水法宣传周”这一集中宣传的形式，声势大、效果好。应该看到，水法宣传“争取做到家喻户晓，人人皆知”的要求还有较大差距，在当前法制还不很健全，各级干部和广大群众法律意识还比较淡薄的情况下，《水法》的实施还会遇到这样或那样的问题与困难，因此学习、宣传和贯彻《水法》仍是一项长期而艰巨的任务。各级水利、司法部门要在总结过去两年经验的基础上，再接再厉，坚持不懈地继续加强《水法》学习、宣传和贯彻。为此，作如下通知：

一、继续加强对《水法》学习与宣传的组织领导。要求各级水利部门与司法部门积极主动依靠各级人大与政府的领导和有关部门的配合，把对《水法》的宣传教育继续引向深入。

二、水法的宣传的重点对象是各级领导干部，同时也要面对全社会，《水法》是统管水资源开发、利用、保护管理和防治水害，调整一切水事活动的法律，涉及到各行各业、千家万户，因此，宣传水法必须面向全社会；同时，出现一些重大水事案件和水事纠纷往往与一些干部法律观念薄弱，不依法办事有关。因此，必须始终坚持把各级领导干部作为宣传《水法》的重点对象。结合实际，结合案例向广大干部进行宣传，提高他们知法，用法的水平，增强依法行政，以法管理、违法处置的观念和能力，各级水利领导干部尤其要带头学好，用好《水法》。

三、要充分运用电视、广播、报刊等新闻媒介和运用群众喜闻乐见的文艺等多种形式，使水法宣传向广度和深度展开。如有计划地拍摄宣传水和水法的电视片，处理典型案例的录相片，在电视节目中播放；在交通要道，人口集中的乡镇墙壁上制作醒目的标语等都能收到较好的效果，应继续推广，使《水法》的宣传进入乡村、进入基层、进入千家万户。

四、进一步检查《水法》执行情况。在去年13个省、自治区、直辖市和部分计划单列市开展《水法》执行情况检查的基础上，水利部、司法部将商请国家有关部门于今年三、四季度进行重点的检查（具体安排将另行通知）。希望尚未开展检查的省、自治区、直辖市提前做好自查。已经开展了的，要做好执法检查的总结，提出进一步贯彻《水法》的措施。

请各地将贯彻上述意见和安排执行情况及时报告水利部水政司、司法部宣传司。

水利部关于大力开展取水许可管理工作的通知

(1990 年 3 月 9 日)

随着经济发展和人口增长，水资源供需矛盾日益突出，不少城市和地区已经出现或者潜伏着水危机，水资源已经成为我国社会经济发展的制约因素。

《中华人民共和国水法》第三十二条规定："国家对直接从地下或者江河、湖泊取水的，实行取水许可制度"。

实施取水许可制度是加强水资源管理的一项重要措施。近两年来，贵州、山西、黑龙江、吉林、辽宁、河北、山东、陕西等省或部分县（市）已经开始推行取水许可制度。实践表明，它对加强水资源宏观控制，调节供求关系，有效保护和合理利用水资源，使有限的水资源更好地为人民生活和经济建设全面服务，起到十分有效的作用。因此，应当采取有力措施，在更大范围内施行此项水资源管理的基本制度。

国务院已授权我部负责实施取水许可制度。去年 5 月，国务院领导同志在全国水利工作会议讲话中明确指出，必须统一发放取水许可证；同时指出，法定的职权已经明确了，现在的问题是要切实履行职责。

根据上述精神，在国务院颁布实施取水许可制度的行政法规之前，我部就实施取水许可制度及其管理工作中的有关事项，现作如下通知。并随文转发《贵州省取水登记规则》，供各地施行时参考。

一、各级水利部门必须明确，实施取水许可制度是贯彻《水法》，加强水资源管理的一项重要内容，是各级水行政主管部门的重要职责。审批发放取水许可证，必须由水行政主管部门统一实施。已经开始推行取水许可的省市，应当进一步加强领导，下大力气抓紧抓好，及时解决工作中出现的问题，总结经验，尚未开展取水许可的地区，应当参考贵州省的作法，把实施取水许可作为一项重要任务，提到当前的议事日程，经过调查研究，作出部署。根据实际情况，也可以分批实施。

二、实施取水许可制度，必须加强领导，得到各级人大、政府的重视和有关部门的理解与支持。各级水行政主管部门的主要负责同志要主动向人大、政府领导汇报；省水利（水电）厅（局）负责同志要亲自抓重点省（市），及时总结和推广经验，帮助解决工作中遇到的问题，要向全社会作广泛宣传，使社会各界，特别是取水大户，明确认识到实施取水许可制度的重要意义在于合理开发利用和保护水资源，维护用水户的合法权益。

三、取水许可制度实行分级管理。各级水行政主管部门尚未建立水政水资源机构的要尽快成立，以保证取水许可制度的实施。取水单位要按规定的内容和要求编写取水申请书（包括有关文件、资料）提交取水工程所在地的县（市）水行政主管部门，依照分级管理的权限，行使审批。应当属于上级水行政主管部门审批的，由取水工程所在地的县（市）水行政主管部门逐级上报。应当与有关部门协商的事项，则应事先征求有关部门的意见。

下列取水申请由我部授权的流域机构负责审批：

①长江、黄河、淮河、海滦河、珠江、松花江、辽河、汉江干流的主要河段；②省际边界河流、湖泊限额以上的取水；③跨越省、自治区、直辖市行政区域限额以上的取水；④由国务院审批的重大建设项目的取水。

前款所指的河段和限额，由部属各流域机构商有关省级水行政主管部门后，报部确定。

四、继续搞好有关基础工作。各地要组织力量在以往工作的基础上，进一步搞好所辖区域内的水资源调查评价、供需平衡及预测，水的长期供求计划等项工作，为取水许可的科学管理创造条件。

希各地将实施取水许可制度的部署、进展情况和问题及时报告我部。

水利部关于去冬农田水利基本建设情况的报告

(1990 年 2 月 6 日)

现将去冬以来农田水利基本建设情况和今后意见报告如下：

一

去冬以来，在国务院《关于大力开展农田水利基本建设的决定》和电话会议的推动下，广大干部、农民重新振起艰苦奋斗的革命精神，掀起了农田水利基本建设高潮。据初步统计，截至 1 月 15 日，全国共投入劳动积累工日 32 亿个，全国平均每个农村劳力投工 8.6 个；完成土石方 42 亿 m^3，恢复、改善和新增灌溉面积 5200 万亩，除涝面积 1600 万亩，改造盐碱、渍害低产田 1100 万亩。治水与治山相结合，治理水土流失面积 1.35 万 km^2。此外，还解决了 600 万人、350 万头牲畜的饮水困难。无论动工规模、完成工程量，还是工程质量和实际效益，都是近10年来的最好一年。群众普遍反映："早就应该领导我们这样干了"。往年有些地区动工晚，今年普遍比往年动手早，有的秋收前就行动起来了；往年边远地区动工规模不如内地，今年东北、西北、西南都搞得比较好。从进入12月，到春节前，全国一直有7000万人在施工。今年农田水利基本建设形势所以这样好，主要是"大气候好"。江泽民、李鹏和其他中央领导同志，多次提出要重视农业、重视农田水利基本建设。在我部9月间召开南、北两片农村水利会议后，国务院及时做出了《关于大力开展农田水利基本建设的决定》，田纪云副总理、陈俊生国务委员又主持召开了全国农田水利基本建设电话会议进行部署。去冬许多地区气温偏高，"小气候好"也有利于施工。

同往年比较，去冬农田水利基本建设主要有以下特点：

一是领导普遍重视。近几年来我国粮食生产一直处于徘徊状态，许多地区受到水旱灾害的困扰，越来越多的同志认识到不改变农业生产条件不行；要增强农业后劲，必须大力加强基础设施建设。去冬绝大部分省由政府召开了水利会议，由省政府主要领导进行动员。对国务院《决定》，各地反复进行传达、贯彻。为了加强农田水利基本建设的领导，辽、吉、黑、京、皖、陕、新、闽、桂、川、黔等十多个省、自治区、直辖市，建立了由政府负责同志挂帅、有关部门参加的农田水利基本建设指挥机构。国务院领导和京、冀、鲁、晋、辽、陕、新、内蒙古、皖、沪、湘、闽、川、黔、桂、浙、赣等省、自治区、直辖市党政领导还亲自到水利工地参加劳动，激发了广大干部群众的积极性，密切了党群、干群关系。

二是主攻方向对头。各地均按照国务院《决定》中提出"巩固改造、适当发展"的方针，把建设重点放在维修、恢复、配套、改造、提高上。许多地区普遍对中小河流进行整治，对沟渠进行清淤，对机电排灌设施进行检修，对堤防、险库、圩垸进行了加固；对各类灌区，包括北方井灌区，普遍进行了渠系配套和建筑物配套以及平田整地。辽、吉、黑、冀、鲁、豫、京、津、内蒙古、桂等省区旱情较重，多以抗旱保水为中心，普遍挖掘水源，大力推行节水措施。许多山区治水与治山相结合，普遍进行了以小流域为单元的综合治理，实行工程措施和植物措施紧密结合。陕、甘、晋、宁、青等黄土高原地区普遍开展了"三田"建设。甘肃省到1988年底已修梯田、沟坝地、压砂田1380万亩，去冬又新修"三田"81.2万亩，对发展农业生产起到了重要作用。

三是小型工程多，机械化施工程度比往年高。过去的农田水利建设大中型工程上马多，战线长，遗留问题多；这次高潮多为村办、乡办小型工程，如湖北省提出的"小型大规模"，当年可以收益。在具体做法上，一般均贯彻"谁受益，谁负担"的原则，协作工程多实行以工还工、轮流受益、"推磨转圈"的办法。这次施工中，投入机械比往年多。许多地区尽可能地利用农业机械投入施工，如湖南省加固湖区大堤，出动各类机械5000多台；上海市河道疏浚投入挖泥船117条，水力挖塘机275台套；北京市投入施工的各类机械2252台。

四是增加了投入。为了支持农田水利基本建设，绝大部分省都按照水利年度提前预拨农田水利补助费，据统计已预拨5.8亿元。各地认真贯彻落实国务院《决定》精神，多层次、多渠道筹措资金。据不完全统计，省、地、县、乡财政和其他渠道共集资20多亿元。此外，村办企业和群众还筹集了一部分资金。

五是各行各业有力支持。计划、财政、物资、银行、石化、商业、供销、新闻宣传等部门和人民解放军，在资金、物资、人力、运输、宣传等方面对农田水利基本建设给予了大力支持。中国农业银行发出通知，要求各地增加农田水利贷款。陕西、福建等省有关部门积极落实农田水利施工所需"三材"和铅丝、柴油。人民解放军各部队认真贯彻军委三总部"关于义务参加国家经济建设的通知"，先后有8万人次投入冬季农田水利建设。

六是通过检查评比、加强指导，促进了质量、效益。继辽宁"大禹杯"、吉林"天池杯"、黑龙江"黑龙杯"之后，河北、新疆、内蒙古、山西等省、自治区先后兴起了"海河杯"、"天山杯"、"金龙杯"、"禹王杯"竞赛，不少地、县、乡也开展了不同形式的检查评比活动，部领导也多次强调兴修水利要确保质量重效益，全国有大批地、县、乡领导干部蹲点包片，深入第一线，加强技术指导，从而使工程质量、效益普遍好于往年。据我部派往各地的工作组反映，去冬农田水利基本建设普遍搞得比较扎实，形式主义少，一般工程质量和效益都比较好。有一部分工程已投入运用，去冬北方冬麦区已冬灌近1亿亩。

二

冬修水利中存在的主要问题：一是发展不平衡。据各省汇报，去冬农田水利基本建设动工规模、完成工程量均好于往年，但省内发展不平衡，有的急于改变面貌，层层加大任务；有的乡村尚未发动起来。二是有的政策不够落实。如协作换工问题，有的地方没有认真建立记工制度，个别地方在动员组织民工中有简单生硬的做法。三是建筑物配套跟不上。冬修水利中挖了大量沟渠，需要兴建一批桥、涵、闸、站等建筑物进行配套。由于"三材"供应不足，特别是缺少资金，配套工作跟不上。四是施工用油短缺。去冬施工机械化程度高，用油量大，计划内供油仅占1/3，高价、议价油农民负担不起。

三

春节前，我们已经通知各省注意劳逸结合，为了欢度春节，在春节期间妥善安排暂停施工。春季农田水利基本建设中，拟进一步贯彻国务院“关于大力开展农田水利基本建设的决定”，重点抓好以下几项工作：

（一）集中力量抓好建筑物配套。各地一般的做法，多是冬季挖土方，春季抓建筑物配套。去冬各地上了不少工程，开春以后要统筹安排劳力，对现有工程分类排队，能够争取在春耕生产中发挥作用的，要集中劳力、财力、物力，狠抓工程配套和田间配套，使之尽快形成生产力，投入运用。不能在春耕生产中完成的，也要抓紧扫尾工程，力争在汛前完成，不留尾工。

（二）狠抓质量、效益和管理。在抓好新建工程质量、效益检查验收的同时，加强对现有工程的管理和新建工程的管理。我们拟会同各地政府认真落实国务院《决定》中提出的“要将农田水利基本建设搞得好坏、水利固定资产的增减，作为对各级地方政府政绩考核的重要内容”。努力健全基层水利管理服务体系，认真落实和完善管理责任制，建立健全规章制度，重视水利工程的维修、养护和更新改造，使农田水利建设更好地为农业生产服务。

（三）发动群众认真总结经验，认真落实、兑现有关政策。去冬以来农田水利建设规模大，群众投入不少力量，有不少经验教训。要发动群众，自下而上地普遍进行一次总结，特别是要对有关政策执行情况进行一次普遍检查落实，肯定成绩，吸取经验，找出差距，以利再战。我部拟于最近组织工作组分赴重点省进行检查，并于五月初与各省有关部门一起研究总结。

（四）认真抓好规划。根据国务院《决定》要连续坚持三、五年时间大力开展农田水利基本建设。为了及早做好今冬明春施工准备，我们拟会同各省从规划抓起，及早选定项目，以便将今冬明春农田水利基本建设搞得更加扎实，为进一步夺取农业丰收而努力。

水利部关于当前全国农田水利基本建设情况的报告

（1990年12月15日）

全国农田水利基本建设会议结束后，各地认真贯彻落实会议精神，工作上有突破，有特色，有发展，农田水利基本建设形势很好。特别是在江泽民总书记、李鹏总理等党和国家领导人亲自参加北京市农田水利劳动后，进一步推动了农田水利基本建设的蓬勃发展。目前，全国农田水利基本建设已兴起一个新的高潮。据11月底统计，全国日高峰上阵劳力已达8400多万人，累计投入水利劳动积累工20.7亿个，完成土石方32亿m^3，分别比去年同期增长21%、24%和32%。预计新增、恢复、改善灌溉面积2400多万亩，新增除涝面积600多万亩，治理水土流失面积9600多km^2，落实各项农田水利基本建设资金30亿元。

为进一步推动全国农田水利基本建设工作的开展，从十月中旬开始，我们分别召开了有二十六个省、自治区、直辖市及十二个计划单列市水利部门参加的东北、华北、西北、中南、华东五大片汇报座谈会。现将各地反映和实地了解的情况，报告如下：

一、领导重视，部署早，行动快。全国农田水利基本建设会议一结束，各地即开会进行动员部署。现在全国三十个省（市、区）都已由省政府主持召开了有各地、县政府主要负责同志参加的农田水利基本建设会议。不少省在召开动员大会之前，还认真进行各项准备，狠抓了农田水利基本建设的组织、计划、资金、劳力和物料的落实工作。各地要求党政主要领导亲自抓，力争使今冬明春农田水利基本建设的规模、速度和效益好于往年。如江西省，省委换届后的第一次常委会研究的第一项议题、作出的第一个决定就是大力开展农田水利基本建设。

今年的农田水利基本建设，由于各地部署早，大都较往年提前了半个多月。现在，北方已掀起高潮，南方各地开始进入高潮。

二、健全指挥机构，开展多种形式的劳动竞赛。全国已有二十八个省（市、区）成立了由政府负责同志挂帅、有关部门参加的农田水利基本建设指挥机构。辽宁、吉林、黑龙江、北京、内蒙古、河北、山西、陕西、甘肃、宁夏、新疆、青海、河南、湖南、广东、广西、海南、江苏、山东、浙江、安徽、福建、四川、贵州等省（区、市）分别开展了夺杯竞赛活动；河南、浙江、福建、江西等省还进一步开展了达标晋级和初级水利化县试点，有力地促进了农田水利基本建设的开展。

三、搞好规划，明确主攻方向。明年是实施“八五”计划的第一年，各地都很重视制定农田水利基本建设“八五”规划和今冬明春实施计划，结合本地情况确定主攻方向。辽宁省在前几届“大禹杯”竞赛的基础上，提出以配套为中心、建管结合的农田水利基本建设计划；北京市根据水资源紧缺的特点，明确提出今冬明春农田水利基本建设的重点是大力开发高标准节水型工程；河南省政府正式颁发了《规划纲要》，要求各级领导一年接一年，一届接一届地干下去；上海市制定出以调整水系为基础，以改造中低产田为重点的治理规划；江苏省紧紧围绕一个阵地（防洪保安）、两个建设（低产田、吨粮田）、三个改造（泵站、灌区、老化建筑物）、四个效益（工程、经济、生态、社会），提出了具体要求；浙江省为使规划工作更具有权威性和连续性，规定未经县人大通过或县政府批准的县水利规划，上级不予批准。在统计的74个县中，54个县已制定了规划，占73%，其中经县人大或政府批准通过的有33个，占44.6%。

四、增加投入。今年，很多地区在资金、劳力、物资投入上都有所增加。浙江省从机动财力中拿出1900万元资金，拨出钢材3000多t，水泥2万多t，柴油1400 t，用于冬春农田水利建设；江西省克服财政困难，从省财政预备费中拿出400万元，4000 t钢材，1万t水泥，用于农田水利基本建设；海南省挤出3000万元资金与农业开发配套使用；广东省已投入资金1.8亿元，其中群众自筹6400多万元；陕西省新增财政投入800万元，省石油、物资部门按平价供应汽油1000 t、柴油1100 t，按最低价供应铅丝200 t；山东省至11月底止，已筹集资金8亿多元；河南省各级财政已落实资金1.3亿元，并预拨钢材6000多t，木材1300多m^3；上海市要求各县水利投入与财政收入同步增加，以工补农资金的30%用于水利；贵州省在财政很困难的情况下，增加2600万元农田水利投资。另外，上海、湖南、浙江、福建、江西、贵州、湖北等不少地方对农村水利劳动积累工又提出了新的要求。

五、认真落实和完善有关政策。各地在进一步贯彻近几年来形成的一套较符合实际的政策的基础上，又不断进行了深化和完善。江西省认真总结农水费层层下切、使用分散、效果差的教训，决定将切块到县的农水费收回30%到省。河北、安徽、广西等省已决定明年农水费全部恢复到1980年水平。北京、河南、安徽、湖南、吉林、山东、辽宁、山西、江西、广东、上海、广西、黑龙江等省（区、市）进一步完善多层次、多渠道集资政策，积极建立农村水利建设发展基金。北京市政府专门下发了《关于建立郊区（县）、乡（镇）两级农田水利基本建设基金的决定》；河南省已有近半数县（市）建立了农村水利建设发展基金；安徽省有7个县、191个乡成立了水利发展基金会，他们计划今冬明春60%的县，建立起县、乡水利发展基金制度（任务已落实到县），两年内全部完成。大多数省（市、区）政府制订了农村水利劳动积累工使用方法或规定，浙江省政府还专门发出《关于建立劳动积累工的补充通知》。江西、上海、福建、安徽、湖北、广东、山西等省市重新颁发了按成本计收水费的规定和办法，北京、江西、浙江等一些地区对占用水工程补偿、水工程折旧等分别作出了规定。湖南、湖北、江西、福建、吉林等省专门对原有小水电电价作出了相应调整。江西省把集资办电的政策延伸到小水电，并要求小水电价要按成本核定，落实新电新价政策，发供电利润除用于还贷款外，均列为预算外收入，由各级水电部门专户储存，继续专项用于水利水电建设。在加强基层水利队伍建设和科技推广体系建设方面，许多地方也有新的做法：江苏省政府决定今明两年全部解决余下的2万名区乡水利员劳动指标；江西省今年进一步解决5000名区乡水利员农转非指标；安徽省政府今明两年解决1000个水利劳动指标；北京市决定将区乡水利员经费纳入财政预算，并已批准50人的编制，建立市水利科技推广服务站，安排建站经费128万元；陕西省专门拿出120万元，对基层水利站人员和村级水利员进行技术培训；湖北省和广西自治区政府决定对水利基层单位长期以工代干人员转正以及区乡水利员的农转非问题给予解决。

总之，今年农田水利基本建设与往年比，不仅投入人力增多，机械化程度有所提高，而且组织得好，质量有所提高，势头十分喜人。

目前，这项工作存在的主要问题：一是今年各级财政普遍较紧张，原有计划配套的建筑物落实仍有一定困难，有的资金预拨还不到位；二是物资供应，特别是施工用油紧张；三是有些地方农业丰收后，对进一步大搞农田水利基本建设的思想有所放松；四是部分地区发展不平衡，有的地方满足于开会布置，行动缓慢，有的措施不具体或不落实等。

针对以上问题，建议各地重点做好以下工作：

一、狠抓效益，搞好建筑物工程配套。今年，各地领导对农田水利基本建设都很重视，群众发动充分，行动迅速，一些地区甚至已完成年度计划的大部分土方。搞好建筑物配套工作是下一步工作中的一项重要内容。特别是今年，各级财政都比较紧，资金筹集难度较大，水利工程建设规模与资金能力还不大适应。因此，各地要认真摆好土方与建筑物的关系，积极筹措资金和物资，并对各项工程分类排队，抓住重点，统筹安排，扎扎实实搞好工程配套，把效益落到实处，使农田水利工程干一处，成一处，发挥效益一处，让农民真正得到实惠。

二、抓好工程安全、质量和管理。冬修开始以来，各地采取了督促、检查、评比、竞赛等很多行之有效的措施，狠抓了工程质量和管理，收到良好效果。在此基础上，各地要进一步抓好工程质量，切实搞好工程管理，做到管理与建设并重。此外，要求各地在冬季农田水利基本建设中，注意做好防火、防冻等工作，搞好安全施工。

三、各部门要搞好服务，水利部门要当好参谋。农田水利基本建设面广量大，各有关部门要相互支援，密切配合，协同作战。各级水利部门要组织好、落实好任务和各项准备工作，对物资和资金要统筹安排，做到因地制宜，量力适度，使农田水利基本建设稳步发展。

水利部关于加强农村水电及其供电电网工作的通知

(1990年1月5日)

农村水电关系到国民经济中农业和能源两个战略重点，不仅关系到广大农村的物质文明建设，而且也关系到广大农村的精神文明建设。随着国民经济治理整顿的深入，农村水电工作越来越受到各级政府及有关部门的重视和支持。

我部为适应国民经济治理整顿的需要和加强农村水电工作的行业管理，制定了《地方中小水电建设与管理暂行办法》，颁发后受到各级地方政府的欢迎，都在认真贯彻执行，认为这个办法的实施，有利于提高农村水电及其供电电网的管理水平，有利于促进水利水电事业的发展。最近，据一些省、自治区反映，在部分地区的地方电网又出现“上收”或变相“上收”现象，引起了各地水电工作上的混乱，影响了安定团结，为此，经研究，我部提出如下要求。

一、水电是水资源综合利用的一个重要方面，是水利事业不可分割的组成部分。建国40年来，全国各省、自治区和地、县（市）建设和管理地方水电的职能一直由水利部门负责，各级水利部门也一直将发展水电作为自己的一项主要任务。到1988年底，全国水利部门建设的水电站约1500多万kW，占全国水电总装机的47%，有些省占50%以上。现在由水利部门管理的水电站装机1427万kW，占42.5%，其中大、中型水电站190万kW，地方电网已经拥有11万V变电站180余座，3.5万V变电站3000余座，高压输电线路70多万km，低压线路150多万km。农村水电的发展对解决全国1/3县的生产和生活用电起到决定性作用。水利是农业的命脉，它是社会公益性行业，水电是水利行业中经济效益较好的产业，是支持水利事业的重要支柱，实践证明农村水电的发展不但促进了整个水利和农业的发展，而且也促进了农村经济和社会面貌的改变，在当前全国上下普遍重视水利建设、重视农业生产的情况下，各级水利（水电）部门要进一步重视和加强农村水电及其供电电网的领导。

二、在国务院机构改革中，水利与电力分开，经水利部与能源部领导同志协商同意并经国务院批准的水利部“三定”方案，明确规定水利部是国务院水行政主管部门，负责全国水资源的统一管理和保护；负责大江大河的综合治理和开发，会同有关部门编制流域综合规划，并负责监督实施；组织重大水工程建设；对全国水工程建设和开发进行行业管理和监督；对以防洪、灌溉、供水为主的水力发电进行开发和管理，归口管理水利、水电的水库移民工作；对农村水电及其供电电网实行归口管理；对水利水电工程建设的技术业务，包括大坝安全、设计标准、规程规范等共性问题会同能源部进行行业管理。

国务院颁发的中华人民共和国河道管理条例第四条规定各级水利行政主管部门是河道的主管机关。第十一条规定，“修建开发水利、防治水害、整治河道的各类工程……，建设单位必须按照河道管理权限，将工程建设方案报送河道主管机关审查同意后，方可按照基本建设程序履行审批手续”。

按照国家“水法”、“河道管理条例”和国务院批准的水利部“三定”方案的规定，水利部对整个水电行业从规划、建设到管理都担负有重要行政管理与行业管理的责任。

在水利部“三定方案”中，明确规定对以防洪、灌溉、供水为主的水力发电进行开发和管理，这中间包括大、中、小型水电站；对农村水电及其供电电网实行归口管理，农村水电除了小水电站以外，还包括目前由水利部门建设和管理的中型水电站，国务院国发[1983]190号批转水利电力部关于积极发展小水电建设中国式农村电气化试点县的报告的通知中明确规定，地、县可以建设容量大于1.2万kW的水电站；电压等级也可以高于35kV。以上这些都属于水利部门的管辖范围。各级水利部门都要认真担负起上述行政管理与行业管理的职责，必须继续认真贯彻执行《地方中小水电建设与管理暂行办法》，加强农村水电及其供电电网的建设与管理。

三、据各地反映，在水利和电力分部以后，一些电力企业基于本企业的利益，利用手中掌握的用电指标，采用增拨指标、联营翻牌，在小水电供电区另设供电机构等手段上收地方农村水电及供电电网，出现“大网吃小网”，侵占地方和水利部门的利益等现象，引起了各地水电工作的混乱，这不但严重地挫伤了地方办电积极性，而且影响了安定团结。对此，李鹏总理1989年7月9日在听取水利部汇报时，针对上述情况严肃指出：“小水电不要收，一收就把人家的积极性搞掉了。”“我重申，小水电必须有自己的供电区，它与大电网是售受关系。国家对小水电原有的政策不变。”田纪云副总理在1989年5月全国水利会议的讲话中指出：“发展水电是水利事业不可分割的组成部分，以防洪、灌溉、供水为主的大中型水电站，农村水电及其相应的地方电网，由水利部归口开发和管理。关于农电管理体制，国务院和原水电部过去已作过明确规定，今后应继续执行”。各级水利（水电）部门对国务院领导同志的上述指示，要坚决贯彻，认真执行。

农村水电涉及农村千家万户，完全是地方性事业，发展农村水电除了水利部门的努力之外，需要各级地方政府的领导和有关部门的支持。国务院领导同志对农电管理体制，特别是针对目前农电被“上收”的现象，已有明确的指示。请各省、自治区水利（水电）厅（局）对当前农村水电发展中遇到的问题及时向省、自治区政府领导汇报，采取措施及时扭转当前出现的一些混乱现象，稳定大局，使农村水电工作能够正常进行。并对本省、自治区水利部门管理的农电中出现的问题作一次认真的清查，将清查结果报送我部。

水利部、公安部关于在农村水电地区贯彻执行《关于严禁窃电的通告》的通知

（1990年11月27日）

为在农村水电地区认真贯彻执行国务院批准发布的《关于严禁窃电的通告》（以下简称《通告》），现就有关问题通知如下：

一、各省、自治区、直辖市水利（水电）、公安部门要共同研究制定在农村水电地区贯彻《通告》的具体措施，并报水利、公安两部备案。各级水利（水电）、公安部门要认真执行《通告》精神，充分发挥各自的职能作用，整顿供用电秩序，维护电力正常生产，严格依法处理窃电行为。

二、要在农村水电地区的城乡各地广泛张贴《通告》，并在地方各级政府的支持和广播、电视、新闻等宣传部门的有力配合下，进行广泛的宣传教育，做到家喻户晓、人人皆知。各级管电部门还要进一步向社会宣传当前的电力形势，加强对计划用电、节约用电重要性和窃电危害性的宣传教育，并向广大用户宣传解释电业规章制度。

三、各级管电部门工作人员要带头贯彻执行《通告》。对于以权谋私、徇私舞弊，甚至目无法纪、监守自盗或勾结他人窃电者，要依法从严惩处。供电企业要强化用电管理，电力销售环节的抄表、核算、收费和复核等工作要制度化、规范化，以堵塞漏洞，尤其要做到电能计量装置准确、安全、可靠。要积极研制和推广行之有效的防止窃电的技术措施。

四、对执行检查窃电任务的工作人员发放专用证件——《检查用电证》，这是贯彻《通告》精神的一项具体措施。在农村水电地区，《检查用电证》由水利部统一印制，各省、自治区、直辖市水利（水电）厅（局）颁发。各水利（水电）厅（局）要根据所属供电部门检查窃电任务的工作量，选派一定数量的政治素质高、认真负责、秉公办事、作风正派、熟悉用电业务的人员从事此项工作；通过一定的审核批准手续，颁发《检查用电证》，并规定检查的纪律和要求；要加强对《检查用电证》发放、使用的管理；加强对检查窃电工作人员的领导、教育和监督。

附：

能源部、公安部关于严禁窃电的通告

（国务院1990年1月31日批准）

为治理经济环境，整顿供用电秩序，保证生产建设和人民生活的正常用电，必须严禁任何窃电行为。为此，特通告如下：

一、全国城乡各企业、事业单位、机关团体和其他社会组织，要积极宣传和贯彻《全国供用电规则》，加强对职工的法制教育，共同遵守和维护有关的法律、法规和规章。

二、任何单位或个人有下列行为之一的，即为窃电：

1. 在供电企业的供电设施上，擅自接线用电；
2. 绕越供电企业计费计量装置用电；
3. 伪造或启封供电企业加封的表计封印；
4. 故意损坏供电企业计费计量装置；
5. 包灯用电户，私自增加用电容量；
6. 致使供电企业计费计量装置计量不准或失效的其他行为。

三、供电部门对窃电行为，可视情况当即采取限制用电或停电措施，并按《全国供用电规则》第十章第80条第2款规定处理。造成供电部门设备损坏的，窃电责任者还要照价赔偿或支付修复费用。

四、窃电构成违反治安管理情节的，公安机关可依照《中华人民共和国治安管理条例》有关规定予以处罚。

窃电数额较大，情节严重，构成犯罪的，依法追究刑事责任。

五、检查窃电行为的工作人员必须持有专用证件，按章办事。被检查的用电单位和个人应予配合。

六、对持证查电的工作人员进行侮辱、殴打、非法拘禁或用其他方法威胁人身安全的，按照《中华人民共和国治安管理处罚条例》规定予以处罚；构成犯罪的，依法追究刑事责任。

本通告自发布之日起执行。

水利部关于加强农村水电供电地区配套小火电建设和管理的通知

（1990年12月31日）

根据国务院批准的水利部“三定”方案，水利部是国务院水行政主管部门，对以防洪、灌溉、供水为主的水力发电进行开发和管理，对农村水电及其供电电网实行归口管理。

全国水利部门负责管理的大、中、小水电及配套小火电1990年底总装机达1602万kW，年发电量464亿kW·h，在建中、小水电及配套小火电规模355万kW。

目前，我国农村能源十分紧缺，中、小水电资源和地方煤炭资源的开发利用程度很低，许多地方还没用上电或用电极少。为解决这些问题，中央要求对农村水电重点扶持，在有条件的农村水电供电区内可以建设坑口火电厂，提高电网枯水期供电能力。国家计委计资源［1989］973号《关于鼓励发展小型热电联产和严格限制凝汽式小火电建设的若干规定》的通知中，明确规定可以“在当地有煤又运不出来或电网送不到的边远缺电、无电地区，及以中小水电为主的地方电网供电区配套建设的调峰小火电，方可建设烧煤凝汽式小火电就地供电。”对农村水电电网建设配套小火电给了特殊的放宽政策。

水利部为贯彻国务院国发［1990］45号《关于贯彻国家产业政策对若干产品生产能力的建设和改造加强管理的通知》精神，特对农村水电供电区配套的小火电厂建设和管理做如下规定：

一、今后，农村水电供电地区新建或扩建、改造机组的火电项目，一律由所在省、自治区水利（水电）厅（局）会同当地计委（计经委）初审并汇总后报送水利部，由我部提出核准意见后，再分别按项目审批权限和程序进行审批。

二、各省、自治区水利（水电）厅（局）要主动会同当地计委（计经委）做好以下工作：

1、对于农村水电供电区内与其相配套的火电厂进行调查，将已开工的项目电厂名称、建设规模、项目建议书和设计任务书审批文号、资料来源、投产日期等列表报水利部（见附表）。

2、在农村水电供电区内需要新建或扩建改造的火电项目，由各省、自治区水利（水电）厅（局）报省计委（计经委）核准后报水利部备案。

3、结合国家“八五”计划和十年规划，商有关地区和部门，提出新建、改扩建水电项目规划意见报水利部，规划中应考虑在有条件地方采用热电联产机组，并尽可能采用较大容量的机组以提高经济效益。

以上资料请于1991年1月30日前报部农村水电司。

农村水电供电区内配套的小火电建设管理应以水利部文件为准，为了掌握火电建设的进度，请及时向部反映情况。

水利部关于加强水利基建工程质量管理工作的通知

（1990年4月30日）

1989年全国水利基建战线的广大职工在水利建设任务不足，市场竞争激烈的情况下，积极克服困难，开拓前进，完成总产值11.27亿元，比上年提高13%，取得了很好的成绩。但从工程质量情况来看，很不理想。去年省属施工企业单位工程优良品率在连年下降的情况下，又下降了3.4个百分点。部属施工企业单元工程优良品率略有好转，但质量通病仍普遍存在。尤其值得注意的是，去年除一般质量事故外，有些工程还发生了重大甚至是恶性事故，如去年5月建成的四川省简阳县石桥水电站，6月12日溢流坝第一次泄洪，洪峰流量仅为3810 m^3/s（5年一遇洪峰流量为5970 m^3/s），便造成高坝段下沉，垮塌宽105 m，铺盖、消力池、消力坎、海漫等全被冲毁，直接经济损失约300万元。

水利工程质量的好坏，不仅直接影响设计效益能否充分发挥，而且关系到下游千百万人民生命财产的安全，关系到安定团结的大局，因此，必须认真贯彻执行“百年大计、质量第一”的方针，采取有效措施，大力加强质量管理工作。根据水利基建工程的现状，今年请做好以下几项工作：

一、各级水利基建主管部门对工程质量要加强管理，支持质量管理单位的工作，树立质量管理样板，交流推广质量管理的先进经验。

二、选择合格的施工队伍承担水利工程施工，以利于保证工程质量。建设单位在水利工程招标中应严格执行水利部水建[1989]7号文《水利工程施工招标投标工作管理规定》，加强施工企业资质审查。非水利水电行业的施工企业必须从事过与投标工程相类似的水利工程建设，并且其资质要符合“水利水电施工企业资格等级标准”，方允许参加投标。

三、设计的优劣关系到工程的成败和造价的高低，因此设计单位应通过全面质量管理，加强设计的校对、审核工作，切实把好设计质量关。工程建设单位应坚持搞好施工图会审，不合格的图纸不能交付施工，如对初步设计有重大修改，需经原审批机关批准。

四、当前施工企业承担的项目多且分散，因此，应责成施工企业根据项目大小、工程特点，按项目建立健全质检机构，并配足合格的质检人员，使质量保证体系能与工程任务相适应。

五、全面质量管理是全面的、综合的、科学的质量管理，是提高工程质量，提高企业素质的重要途径。为此，应要求各施工企业结合企业升级，推行全面质量管理，健全机构，制定规划，由点到面逐步推广，用3年时间使QC小组普及和提高。

六、各级质量监督机构要切实履行自己的职责，扩大质量监督的覆盖面，做好工程项目的质量监督工作，并帮助建设单位和施工企业加强质量管理工作。

七、继续开展质量大检查。在各地区自检的基础上，下半年我部将组织各省分片进行互检，具体办法另行通知。

水利部关于尽快落实《水利工程水费核订、计收和管理办法》中附加库区移民扶助金的通知

（1990年5月30日）

为解决水库移民遗留问题，落实资金来源，帮助群众摆脱贫困，国务院1985年发布的《水利工程水费核订、计收和管理办法》中规定“尚有移民遗留问题的水库，水费可附加库区移民扶助金，用于扶助移民发展生产。”国务院办公厅1986年在《转发水利电力部〈关于抓紧处理水库移民问题的报告〉的通知》中又明确指出“在有条件而且尚有水库移民遗留问题的地方，可根据国务院发布的《水利工程水费核订、计收和管理办法》，在水费外附加库区移民扶助金。收取标准可由当地人民政府定，但不得超过水费的1/10。”

几年来，不少地方认真落实水费外附加库区移民扶助金，对解决本地区的移民遗留问题起到了推动作用。但是，也有些地方没有认真贯彻执行，在一定程度上影响了本地区解决移民问题的步伐。为此，我们要求各省、自治区、直辖市水利（水电）厅（局）和各流域机构，在贯彻执行《水利工程水费核订、计收和管理办法》时，对尚有移民遗留问题的水库，要认真落实水费外附加库区移民扶助金。按分级负责的原则，水利部直属工程的库区水费外附加移民扶助金标准按水费的1/10，由管理单位代收后交部移民办公室，用于统筹解决部直属工程的移民遗留问题；地方所属水库的水费外附加移民扶助金由地方人民政府制定具体办法，并责成有关部门负责收取，用来解决本地区的移民遗留问题；跨省、自治区、直辖市的大型水库，由水利部或流域机构根据谁受益谁负担的原则，协调有关省、自治区、直辖市提取水费外附加移民扶助金，妥善解决移民遗留问题。

水利部关于1989年税收、财务、物价大检查工作的总结报告

水利部所属单位1989年税收、财务、物价大检查工作，在国务院大检查办公室的领导下，在地方各级财政、税收、物价、审计、监察等部门的协调配合下，经各单位共同努力，历时4个多月，到目前已基本结束。现将有关情况报告如下：

一、基本情况

1. 领导重视，行动迅速。国务院发出《关于开展1989年税收、财务、物价大检查的通知》以后，我部立即行动，以电报的形式向所属单位发出开展1989年大检查的紧急通知。部领导主持召开了专门会议，拟定出贯彻措施，充实并加强了部税收、财务、物价大检查领导小组和大检查办公室。

2. 做好思想发动和组织部署。1989年9月18日召开了部在京直属企事业单位主管领导和财务负责人

会议，进行动员和部署。同时，通过内部报、刊进行广泛宣传，大造声势，充分认识今年大检查工作的重要意义。及时转发了有关大检查的文件，不定期地编发《大检查简报》，以沟通情况，交流经验，推动工作，向国检办及有关领导部门反映情况。

3. 组织力量，积极开展重点检查。所属各单位普遍开展了自查，自查面达100%。在此基础上，我部抽调了36名财会、审计专业干部，组成7个重点检查组对14个所属企事业单位进行了抽查，重点检查面达50%。

4. 认真清理、检查各种形式的“小金库”。我部把此项工作作为1989年大检查的一项重要内容。部大检查领导小组召开在京企事业单位主要领导和部内各司（局）长会议，专门进行动员部署，并要求单位领导对清查“小金库”要亲自挂帅，亲自动员部署，亲自过问清查“小金库”工作，并指定专人负责。在清查“小金库”中坚持自查从宽，被查从严；过去从宽，今后从严；基层从宽，机关从严，对屡查屡犯的要从严处理。坚决取消“小金库”。在各单位清查“小金库”工作开展的同时，部大检查办公室还抽调人员组成一个专项检查组，对部分在京单位和部内各司（局）的预算外资金进行了专项检查，取得了较好的效果。全系统自查出“小金库”余额计16.2万元。

5. 认真搞好整改。对各单位自查和重点检查中发现的违纪问题，我部都逐项进行了核实、纠正和处理，各单位对查出的违纪金额及时进行了调帐或交库，有些单位结合检查出来的问题，还提出了相应的改进措施，堵塞漏洞，建立和完善各项财经制度。

1989年大检查工作，由于各级领导重视，工作做得比上一年深入细致，检查的质量也比往年有所提高，经过单位自查和部重点抽查，截止到1990年1月底，共查出违纪金额888万元，其中应上交财政483万元，已上交424万元。

总的来看，1989年开展大检查工作的成绩是显著的，但是，这项工作的发展也不平衡，有个别单位自查不够认真，有的单位1988年曾发生过的违纪问题，没有认真加以纠正，1989年仍有违纪现象发生。

二、查出的主要违纪问题及处理情况

1. 乱摊乱挤成本和截留应交收入金额共131万元。如长江水利委员会在成本中列支书报费、煤气补贴10.3万元，对收回的全民转集体应返回工资23.21万元，不作冲减成本处理；淮河水利委员会及下属单位在成本中列支职工生活补贴、赞助费、奖励性支出及施工机械购置费等计8.59万元；松辽水利委员会挤占成本45.94万元，截留应上交收入8.7万元。

2. 漏交能交基金和国家预算调节基金92.63万元。如丹江口管理局铝厂1989年1至8月份提取的折旧基金、留利、专项存款利息等未及时计提能交基金和预算调节基金30万元；黄河水利委员会漏交11.8万元；海河水利委员会漏交49.19万元。

3. 提高开支标准，滥发钱物。如海河水利委员会用职工福利基金发放实物3.59万元；丹江口管理局在成本中超标准发放工作服布料990 m，金额6.94万元；淮河水利委员会的板桥水库建管局在执行部有关流动性临时建设单位工地人员按出差待遇规定的同时，还重复享受地方规定的“进山补助费”，每人每天补助6元；河海大学对出差野外和海上工作除按差旅费标准报销外，还加发差旅费补贴每天5元。

4. 违反国家专控规定，擅购专控商品。如小汽车、彩电、冰柜、洗衣机、取暖器、吸尘器、照像机、收录机、放像机、沙发、文件柜、复印纸等。

5. 违反价格和外汇管理条例的问题。如丹江口管理局调拨铝锭49.85 t，多收货款12.04万元，自查时已将多收款项退还用户。此外，该厂未经外汇管理部门批准，擅自在境内以外币计价结算，同深圳某公司签订供销铝锭合同，收取外币20万美元，自查发现问题后，已通过外汇管理部门兑换成人民币入帐。

6. 公款私借和拖欠公款的问题。在检查中发现，有些单位公款私借和拖欠公款的现象较严重。如珠江水利委员会职工个人借公款达17.07万元；淮河水利委员会下属的沂沭泗管理局职工拖欠公款4万元。

对上述查出的违纪问题，我部以国检办（89）第126号《关于税收、财务、物价大检查处理经济违纪问题的若干政策界限》等文件精神为依据，边检查、边纠正、边处理，取得了较好的成效。目前，经核实定案后，该补交的金额，已基本补交入库，个别单位由于资金紧张，一时未能全部交齐的，也已限期交清；该调帐的，已于年度决算前调整完毕；“小金库”余额留存部分，已纳入各单位财务部门统一管理；滥发钱物的支出均纳入单位的奖励基金，该补税部分及时补税；擅购的专控商品一律封存，补办专控审批手续，超过1989年指标的，抵扣下年度的专控商品购买指标；公款私借和拖欠公款的问题，责令各单位进一步抓紧清理，尽快收回。

三、下一步的工作安排

1. 加强大检查办公室的经常性检查工作。遵照国检办的要求使大检查工作做到经常化、制度化，我部将尽量稳定并建立健全和进一步充实各单位的大检查办公室。近期的任务主要是：继续处理1989年大检查中的遗留问题，搞好表彰工作，同时做好调查研究，交流经验，抓好典型，大力开展维护财经法纪的宣传教育，提高对违纪行为危害性的认识，增强遵纪守法的自觉性，力争把各种违法乱纪的行为减少到最低限度。

2. 召开违纪案例分析座谈会，加强干部培训。通过教育培训工作，提高广大财会人员的政治业务素质，使他们在工作中更好地坚持原则，当好领导参谋，正确处理各种帐务，正确处理国家、集体、个人之间的利益关系。

3. 按照国务院通知要求，继续做好清查"小金库"工作。对已清理出的"小金库"按照规定及时进行处理，并制订相应的措施严禁再设"小金库"。

四、几点建议

1. 制定大检查验收标准。为了确保一年一度的大检查工作按质按量地完成，建议制定大检查工作的统一验收标准。

2. 协调好税收、财务、物价大检查与审计检查的关系，尽可能避免多头进点，重复检查，以减少企事业单位的负担。

3. 按照国务院［1988］65号《通知》的规定，各级大检查办公室及其工作人员要保持稳定，机构不能撤销，人员不能解散，工作不能中断。由于我部已经实行了"三定"，人员定编较紧，不可能从有关业务司局抽调在职人员，组成办公室，负责大检查工作。如每年总是临时抽人来搞大检查工作，不利于大检查工作的开展和经常性检查工作的进行。因此我们再次建议，对中央部门的大检查机构应明确行政或事业编制，以确保大检查工作的顺利进行。

附：

水利部1989年税收、财务、物价大检查违纪和入库金额汇总表（一）

单位：万元

项　　目	违纪金额	应入库金额	已入库金额
一、越权减免税和偷漏工商各税	38.00	38.1	28.53
二、国营企业偷漏所得税、调节税或利润	140.56	93.49	83.87
1. 少计漏计或截留销售收入而匿报的利润	6.1	6.1	1.2
2. 乱摊乱挤成本（费用）	93.51	46.44	44.26
3. 多提企业留利和其他专项基金	3.38	3.38	0.84
4. 转移截留各项应交收入	37.57	37.57	37.57
5. 不按规定归还拨措、基建性贷款			
三、虚报亏损骗取财政补贴			
四、偷漏能交基金和国家预算调节基金	92.63	92.63	65.19
五、截留、挪用、侵占、私分罚没收入	0.08	0.08	
六、任意扩大消费基金，挥霍浪费	79.37	17.52	15.2
七、违反控制集团购买力规定的收入	15.36	7.97	0.32
八、违反国家物价法规的收入	12.12		
九、违反国家外汇法规的收入	74.6		
十、其他	435.44	232.87	230.86
合　　计	888.16	482.66	423.97
其中：私设"小金库"金额			

水利部1989年税收、财务、物价大检查违纪和入库金额汇总表（二）

单位：万元

项目	国营企业	集体企业	行政事业单位	“三资”企业	其他	合计	其中：地方查出中央单位
违纪金额	227.05	4.4	656.71			888.16	
其中：自查	227.05	4.4	656.71			888.16	×
应入库金额	84.04	2.8	395.82			482.66	
其中：自查	84.04	2.8	395.82			482.66	×
已入库金额	28.08	1.6	394.29			423.97	
其中：自查	28.08	1.6	394.29			423.97	×
应自查户数	27	8	123			158	×
已自查户数	27	8	123			158	×
其中：自查有违纪问题户数	15	4	71			90	×
已重点检查户数	11	3	45			59	
其中：重点检查有违纪问题户数	8	2	33			43	

补充资料：

工作组、检查组个数：52

工作组、检查组人数：255

受经济处罚单位数：

受经济处罚人数：

受党纪政纪处分人数：

移交司法机关立案侦察人数：

水利部关于贯彻中共中央、国务院关于坚决制止乱收费、乱罚款和各种摊派决定的通知

（1990年11月29日）

最近，中共中央、国务院发出了《关于坚决制止乱收费、乱罚款和各种摊派的决定》（以下简称《决定》），为贯彻落实中共中央、国务院的《决定》，结合水利行业的实际情况，特提出如下贯彻意见。

一、要提高对治理“三乱”工作重要性的认识。“三乱”的出现和蔓延，不仅加重了企事业单位和群众的负担，造成国家财政收入的大量流失和浪费，而且助长了不正之风，严重损害党和政府同人民群众的关系，挫伤了企事业单位和群众的积极性，影响了经济发展和社会稳定，也影响了治理整顿工作的顺利进行。各级水利部门的领导一定要提高认识，要把清理和制止“三乱”提高到端正党风，加强廉政建设，密切党群、干群关系的高度来认识，要把制止“三乱”与纠正行业不正之风、清除腐败现象以及完成治理整顿工作结合起来。从全局出发，既要坚决抵制其他部门的“三乱”，同时也要防止和纠正本部门、本单位的“三乱”现象。

二、各级水利部门和各单位，要对本部门和本单位现有的各种收费、罚款、集资项目以及各种摊派进行全面的清理。要全面检查现有收费、罚款和集资项目的依据、标准、范围、资金用途、执收执罚机构、收费票据等情况。对符合国家审批规定又合理的收费、罚款、集资项目，可予以保留，继续执行，但对其中标准过高的，要降下来，重新核定标准。不合理的要取消，重复收取的要合并。对不符合审批规定的收费项目，应立即停止执行。如其中确有正当理由需要保留的，应按规定的审批权限重新申报批准后才能执行。

三、今后部机关各司局和各直属单位（包括各种社会团体和群众组织），不准擅自新开收费、罚款项目的

口子，也不准以任何名义向所属单位摊派。对于确需新增加的收费、罚款项目，必须按规定的审批权限审批。各企事业单位对任何非自愿的摊派均应拒绝执行。属于自愿捐赠、赞助的，企业单位只准在企业留利中列支，不得计入成本。事业单位只能在包干结余分成中列支，不得计入经费支出。

四、要划清正常价款收入、合理收费与“三乱”的界限。各地根据《水法》和国务院颁发的《河道管理条例》、《水利工程水费核订、计收和管理办法》等制订的有关收费办法，要坚决执行，尚未贯彻落实的要抓紧落实。开展农田水利基本建设而要求农民投劳的积累工不属摊派，应坚决贯彻。而对于不合理或未经规定权限批准的收费要坚决取消。

五、加强对收费、罚款和集资的财务管理和票证管理。

1. 不论是行政事业性收费，还是罚款收入、集资资金都要纳入单位财务管理，入帐核算。要按照资金性质，该纳入预算管理的纳入预算管理，不纳入财政预算的作为预算外资金管理。严禁挪用、私分或私设“小金库”。

2. 企业单位除产品销售价款收入以外取得的其他收入，均应按财政部《关于国营企业的各项收入严格按规定入帐核算的通知》（水利部财务司财生［1989］97号文转发）的有关规定统一入帐核算，并按规定进行分配。严禁截留和按规定分配前提成。

3. 除经济合同违约罚款仍按有关规定处理外，各单位取得的罚款收入均应上交财政。取消各种形式的罚没收入提留分成办法。

4. 各级执法执收部门所需的业务经费，事业单位纳入各单位的事业费支出预算，企业单位列入成本开支。

5. 经批准集资的资金，实行收支两条线管理。用于基本建设的，除建设项目必须纳入国家计划外，资金要存入当地建设银行专户，使用和管理均接受财政部门和建设银行的监督。

6. 各单位在按规定收费时，必须持“收费许可证”。

7. 各单位在按规定收费和罚款时，都必须使用财政部门统一制定的票据。其他部门或单位向本单位收费和罚款时，凡不使用财政部门统一制定的票据的，应予拒付。

六、目前，我部系统各种学会、协会、研究会、基金会等社会团体和群众组织，要进行一次全面清理，并按照国家有关规定办理重新登记手续，凡不符合社会需要、不具备基本活动条件的要撤消，学科分工过细或重复成立的要进行合并，社会团体和群众组织不得向社会，特别是所属单位收取费用，更不得变相摊派。需要收取会费的，必须报经民政部和财政部批准，任何单位不准在未解决经费渠道前增设编外机构和人员。

七、要加强对收费、罚款、集资、摊派的监督检查。各单位在每年的税收、财务、物价大检查中要将其作为一项重要内容。财务、审计、监察部门也要切实加强监督检查，并建立“三乱”举报制度，要把治理“三乱”与各项经济监督工作结合起来。对目无法纪，继续乱收费，乱罚款和摊派的单位，除将其非法收入按规定退还被收被罚和被摊派的单位外，还要对这些单位和越权审批的领导人进行相应的党纪、政纪处分。凡部机关有关司局向下属单位乱收费和摊派的，各单位除有权拒绝执行外，还应向部办公厅反映，对于私分财物或打击报复举报人的，要依法从重处理。

八、要切实加强对治理“三乱”工作的领导。治理“三乱”是一项十分艰巨的工作，政策性强，情况复杂，难度很大。各单位必须加强对这项工作的领导。部决定成立治理“三乱”领导小组，由办公厅、财务司、计划司、人劳司、监察局、审计局的负责同志组成，由侯捷副部长担任领导小组组长，领导小组下设办公室，负责日常工作，办公室设在财务司（与财务大检查办公室合署办公）。部直属各单位要接受地方的统一领导，按照地方政府和部统一部署，抓紧研究制定实施方案，并抽调一定力量，扎扎实实地做好这项工作，争取在明年8月底以前搞完。清理整顿结束后，要认真进行总结，并将情况专题报部。工作中有何问题，请及时向部清理“三乱”办公室反映。

水利部关于进一步加强水利系统公安保卫工作的通知

（1990年3月19日）

自水利部、公安部水办字（1988）5号《关于贯彻水法，加强水利系统公安保卫工作的通知》（以下简称两部联合通知）发出后，水利系统的公安保卫工作有了很大进展。据最近不完全统计，全国水利系统已建公安机构800多个，有着装公安干警4100多人。这支队伍在水利部门和公安部门的领导下，坚守岗位，认真执行水法，加强治安管理，查处了一大批盗窃破坏水利设施的案件，保卫了水利设施的安全，推进了水利执法工作。山西、山东、浙江、贵州、辽宁等省水利（水电）厅及一些地、市、县水利部门还积极配合公安机关开展了专项打击活动，遏制了盗窃破坏水利设施犯罪活动的嚣张气焰。但是，由于种种原因，水利工程设施的治安形势仍然十分严峻，一些地方破坏水利设施的犯罪活动仍然十分猖獗。

保障水利设施的安全，保证水利工程效益的正常发挥，直接关系到国民经济建设和防洪的大局，必须进一步加强水利系统公安保卫工作。为此，特作如下通知：

一、继续抓好两部联合通知的贯彻落实。要把一年多来执行两部联合通知的情况进行一次自查，提出进一步贯彻落实的措施。要经常向公安部门汇报工作，反映情况，协同公安部门继续严厉打击破坏水利设施的犯罪活动。当前重点是抓好对盗窃破坏防汛设施和农田水利设施案件的查处，保卫春灌和防洪安全。

二、建立健全水利公安保卫机构，充实人员。根据两部联合通知要求，凡应建立而尚未建立公安机构的单位，应积极向各省、自治区、直辖市公安机关申请，成熟一个建立一个，争取在今年年底前基本解决。对已建立公安保卫机构的单位，要按编制充实力量，配齐干部。

三、加强水利公安保卫队伍的业务建设。要制定公安保卫干部的业务培训计划，积极选送人员参加公安学校的学习，有条件的可与当地公安学校联合办班或委托代培、代训。部将继续委托武汉水电学院办好大专证书班，以逐步提高公安保卫干部的业务素质。要从实际需要出发，为公安保卫部门解决必要的侦察器材、交通工具和办案经费，保证办案的需要。

四、加强水利公安保卫队伍的思想建设。各级党政领导要认真抓好公安干警的马列主义、毛泽东思想基本理论的学习和四项基本原则的教育，坚决清除资产阶级自由化思潮的影响，确保这支队伍在政治上、思想上、行动上与党中央保持高度一致。要加强公安干警的职业道德教育，秉公执法，清正廉明，坚决杜绝腐败现象。对个别不符合公安干警条件的人员，坚决调离公安队伍，一定要从严治警。同时也要切实注意关心公安保卫干部的生活方面问题，尽力解决他们的实际困难。

五、全国水利系统公安保卫工作，要贯彻“条块结合，以块为主”的原则，在当地公安机关领导下开展工作。我部办公厅保卫处归口管理水利系统公安保卫工作，其主要职责是：贯彻《水法》和公安保卫工作的方针政策；加强行业管理，即从水利行业特点进行业务指导；协助地方公安机关管理好水利公安保卫队伍；加强调查研究、检查督促、掌握动态、研究防范措施等。保卫处在工作中要加强与水政司水事协调处的协同配合。当前要密切配合搞好水利执法体系的试点工作，协同查处各类水事违法案件。

望各单位接此文后，将你们的贯彻意见与今年工作安排报部保卫处。我部准备在今年第三季度召开公安保卫工作座谈会，进一步检查本通知的落实情况。

水利部关于在“严打”斗争中开展严厉打击严重破坏水利设施犯罪活动斗争的通知

（1990年6月20日）

在中央政法委员会的部署下，一场严厉打击严重刑事犯罪活动的斗争正在全国展开。这是当前国内形势的要求，是民心所向，是维护政治稳定、经济稳定和社会稳定的一项重大措施。近年来，由于种种原因，一些地方的社会治安形势不好，刑事犯罪活动相当猖獗，严重危害经济建设和人民群众的安全。各地水利设施的盗窃破坏问题一直十分严重，历年的直接经济损失均在1亿元以上，严重威胁防洪安全，影响工农业生产和社会的稳定。这次“严打”斗争，把破坏水利设施的犯罪活动列为打击的一个重点，体现了党中央、国务院对水利事业的高度重视和关心。各级水利部门要立即行动起来，积极响应中央的号召，在各级党委和政府的统一领导下，协同配合政法机关集中开展一场严厉打击严重破坏水利设施犯罪活动的斗争，以保卫水利成果。为配合公、检、法部门把这场斗争搞好，现通知如下：

一、广泛深入地开展以《水法》为中心的法制宣传活动，形成“严打”的舆论攻势。《水法》是我国水利事业的一部根本大法，各级水利部门应结合本地区、本单位的实际情况，利用各种形式，把《水法》的宣传和《刑法》、《治安管理处罚条例》等有关法律法规的宣传结合起来；把保护水利设施先进事迹的宣传和破坏水利设施典型案例的宣传结合起来，在今年《水法》宣传周期间掀起一个新的宣传高潮。使广大群众切实明确保护水利设施的重要性和破坏水利设施应承担的法律责任，激发大家保护水利设施的责任感，发动和依靠广大群众勇于揭发、举报和制止破坏分子的活动。

二、对所属地区水利设施受人为破坏的积案和现案进行一次全面、彻底的清理，积极主动地向公安机关提供案情线索；协助公安机关研究制订侦破工作的方案，确定打击的重点地区、重点目标，坚决摧毁一批严重破坏水利设施的犯罪团伙，挖掉一批犯罪窝点，严惩一批作恶多端的犯罪分子。要协同司法部门召开公捕、公判大会，以教育群众，震慑罪犯，坚决把破坏水利设施的气焰压下去。对破坏黄河、长江等大江大河防洪工程、通信设施和大、中型水利工程的案件，有关水利部门要协同公安机关做好侦破工作，并从重从快给予严处，以确保防洪的安全。

三、要协同公安、工商行政管理、物资等部门，对废旧金属收购、冶炼、铸造企业进行一次认真的清理。对非法收购水利物资、器材、构件的，应视情节轻重，予以停业整顿或坚决取缔。对非法收购已购成犯罪的，应坚决依法惩处，从而堵塞销赃的渠道。

四、充分发挥水政监察、水利公安等水利执法队伍的作用，要把这次"严打"作为当前中心任务来抓，在当地公安机关的统一部署下，集中力量、集中时间，全线出击。对发生在本单位、本地区的重大、典型案件要全力以赴，尽快破案。要主动与当地公安机关协同配合，自觉接受领导，积极参与统一行动或联合行动。

五、加强安全防范工作。各级水利部门要加强对水利设施的管护，建立健全各种形式的责、权、利相结合的管护责任制。做到有目标、有措施、有检查，把各项安全管理制度切实落到实处，坚决堵塞安全防范上的漏洞。在一些易发案、多发案的重点地段或重点目标，要加强值班、守卫、巡逻，不给犯罪分子以可乘之机。

六、提高认识，加强领导。各级水利部门领导要充分认识当前人为破坏水利设施的严重性，认识到通过"严打"斗争，对巩固和发展水利事业的重大意义。为此，流域机构和省级水利部门要有一名领导主管这项工作，并应指定一个部门具体负责，随时掌握工作动态，及时向当地政法部门和上级水利部门反映情况，并注意总结经验。各大单位要在10月初书面向部报告这次"严打"斗争的开展情况。

会 议 文 件

全国政协副主席钱正英在国务院三峡工程论证汇报会开始时的讲话

（1990年7月6日）

长江三峡工程可行性报告共编写了两次。第一次可行性报告于1983年提出，1984年经国务院原则批准。以后各方面提出各种意见，包括蓄水位是否提高、以及建或不建、早建或晚建的各种不同意见。中共中央和国务院领导对不同意见非常重视，于1986年6月发出15号文，要求原水电部广泛组织各方面专家，在广泛征求意见，深入研究论证的基础上，重新提出三峡工程可行性研究报告。

为了贯彻执行15号文，原水电部组织了12人的领导小组，进行集体领导。根据全面系统论证的要求，成立了14个专家组，共聘请412位专家，其中水电系统外的专家为213位。为了监督指导我们的论证工作，请各有关领导单位选派了21位领导同志，担任论证领导小组的特邀顾问。

在各方面的关心、支持和积极参加下，以2年8个月的时间，写出并通过了14个专题论证报告，并在此基础上，重新写出可行性研究报告，于去年9月上报国务院。

这次为了汇报论证情况，领导小组写了书面报告。为了使各位领导能全面了解论证情况，特别能直接听到各种不同意见，我们提出的汇报名单，除论证领导小组成员、特邀顾问、各专家组的顾问和正副组长外，还建议邀请了没有在专题论证报告上签字的专家，以及参加过论证讨论的部分政协委员。他们在论证过程中提出许多宝贵意见，推动了论证工作的深入。

书面汇报分三部分。第一部分汇报论证的组织领导、工作方法与工作程序，为了节省时间，在会上不读了，请各位领导会后翻阅。第二部分是重新论证的主要结论，第三部分是关于加拿大编制的可行性研究报告。我们委托领导小组的副组长兼技术总负责人、中科院学部委员潘家铮同志代表领导小组作口头汇报。

能源部水电总工程师潘家铮关于三峡工程论证情况的汇报

（1990年7月6日）

我受三峡工程论证领导小组的委托，向国务院作关于三峡工程论证情况的汇报。1986年6月《中共中央、国务院关于长江三峡工程论证有关问题的通知》（中发〔1986〕15号，简称15号文）要求原水利电力部"广泛组织各方面的专家"，"在广泛征求意见，深入研究论证的基础上，重新提出三峡工程的可行性报告"。经过2年8个月的工作，重新论证工作已经结束，根据论证成果重新编写的可行性研究报告，已于去年9月上报国务院三峡工程审查委员会。现将有关论证情况及主要结论简要汇报如下：

一、论证工作的组织领导、工作方法与论证程序

1983年，长江流域规划办公室曾提出正常蓄水位150 m的三峡工程可行性研究报告，经国家计委组织350余位专家和有关领导同志审查后，国务院于1984年4月原则批准，并决定立即进行施工准备，争取1986年正式施工。1984年9月重庆市人民政府向国务院报告，建议将正常蓄水位提高到180 m，以便万吨级船队能直达重庆港。国家计委、科委受国务院委托对三峡工程的水位进一步组织了论证，做了大量工作，取得一批成果。在此期间，国内有关部门和关心三峡工程的人士对三峡工程建与不建，早建或晚建以及建设方案，提出了各种不同的意见。中央对此非常重视，国务院领导于1986年4月，亲自视察三峡库区和坝址，经反复研究后发出15号文，决定进一步扩大论证，重新提出可行性研究报告。

15号文件体现了决策科学化、民主化的精神，将工程的决策过程分为三个层次：第一个层次是广泛组织各方面的专家，围绕各界提出的一些问题和新的建议，从技术上、经济上进一步深入研究论证，得出有科学根据的结论意见，重新提出可行性研究报告，为国家提供决策的依据；第二个层次是由国务院三峡工程审查委员会负责审查可行性报告，提请中央和国务院审批；最后一个层次是提交全国人民代表大会审议。原水电部负责进行的是第一个层次的工作。

原水电部党组认真讨论了15号文件，认为长江三峡工程是一项举世瞩目的工程，各方面都很关心，论证的问题涉及面很广，认识又很不一致，工作难度很大。必须兢兢业业，尽最大努力，做好这项工作，关键是要充分听取并认真研究各方面的不同意见，充分发扬民主，对有关科学技术和经济问题作出有严格科学依据的结论，在此基础上，重新提出可行性报告。为此，做了如下部署。

在组织工作上，水电部成立三峡工程论证领导小组，对论证工作实行集体领导。领导小组由原水电部部长、有关的副部长、总工、副总工及有关领导共12人组成。政府机构换届后，经能源、水利两部商议和李鹏总理指示，领导小组组成不变，继续负责到底。

在领导小组下设地质地震、枢纽建筑物、水文、防洪、泥沙、航运、电力系统、机电设备、移民、生态与环境、综合规划与水位、施工、投资估算、综合经济评价等14个专家组，聘请国务院所属17个部门、单位，中科院所属的12个院所，28所高等院校和8个省市专业部门有各种专长的专家412位。其中中科院学部委员15人，全国政协委员20余人，有高级职称的359人；包括了曾经参加和未参加过三峡工程研究工作的专家，以及对三峡工程有各种不同意见的同志。上述专家共涉及约40个专业，包括自然科学、工程技术、社会科学、财政经济、生态环境、系统工程和人防等方面。其中水电系统以外的专家213人，占51.7%。

为了支持各专家组的工作，根据工作需要，在全国范围内委托有关高等学校、科研、勘测、设计等单位，承担试验、勘测、调查、计算、研究的任务。实际参加工作的达数千人。此外，国家科委还组织了有关的科技攻关项目。

为使论证工作能得到各有关方面的指导，论证领导小组商请全国人大财经委员会、政协经济建设组、国家计委、国家科委、中国科协、国务院经济技术社会发展研究中心、国务院三峡地区经济开发办公室、中国科学院、中国社会科学院、交通部、机械电子部、财政部、四川和湖北两省政府，推荐人选担任特邀顾问，后来又聘请了机械和国际贸易方面的两位老专家，一共请了21位特邀顾问。

领导小组和特邀顾问的名单如下。

长江三峡工程论证领导小组

组　　长：钱正英　原水利电力部部长
全国政协副主席

副组长：陆佑楣　原水利电力部副部长
能源部副部长、高级工程师

副组长兼技术总负责人：潘家铮　原水利电力部总工程师
能源部水电总工程师、高级工程师
中国科学院学部委员、国务院学位委员会委员

成　　员：史大桢　原水利电力部副部长
能源部副部长、高级工程师

杨振怀　原水利电力部副部长
水利部部长、高级工程师
全国政协委员

苏哲文　原水利电力部总工程师、高级工程师

娄溥礼（加框）　原水利电力部总工程师
水利部副部长、高级工程师
河海大学兼职教授

张春园　水利部副部长、高级工程师
(接替娄溥礼同志工作)

成　　员　陈赓仪　中国三峡工程开发总公司筹建
兼秘书长：　　处主任、高级工程师
成员兼副　黄友若　国务院三峡地区经济开发办公
秘 书 长：　　室副主任
成　　员：魏廷琤　原水利电力部长江流域规划办公室主任、全国政协委员、水利部长江水利委员会主任、高级工程师、国家级专家
沈根才　原水利电力部副总工程师、规划小组组长。教授级高级工程师、中国电力企业联合会技术顾问、清华大学、浙江大学等校兼职教授
徐乾清　原水利电力部副总工程师、高级工程师
水利部副总工程师

特邀顾问（以姓氏笔画为序）：
马　宾　国务院经济技术社会发展研究中心顾问
王　京　原国家计委重点建设一局局长
王　谦　第六届全国人大财经委员会副主任
王汉章　原湖北省副省长、湖北省人大副主任
毕大川　国家科委科技促进发展研究中心副主任
刘国光　中国社会科学院副院长
孙宗海　国家科委工业技术局总工程师
孙鸿烈　中国科学院副院长
孙越崎　全国政协常委，全国政协经济委员会副主任
沈　鸿　原机械工业部顾问、中科院学部委员
李　强　国务院顾问、原外贸部部长、中科院学部委员
李伯宁　国务院三峡地区经济开发办公室主任、全国政协经济委员会副主任
刘仲藜　财政部副部长
张　维　中国科协副主席、中科院学部委员
赵明生　原国家机械委员会委员、机械电子工业部副部长
胡兆森　国家科委委员，自然科学基金委员会常务副主任
钱永昌　交通部部长
徐礼章　国家计委计划研究中心副总干事
蒋兆祖　中国国际工程咨询公司副总经理
蒲海清　四川省副省长
张根生　第七届全国人大财经委员会副主任

在论证工作方法上，我们强调：①既要充分利用过去的工作成果，又不能局限于以往的结论；②一定要有严格的科学基础；③要充分考虑各种不同的意见和建议，不同意见允许保留。

为了保证专家论证工作能发扬民主，严格尊重科学，在整个论证工作期间，中央和国务院对论证领导小组没有行政干预，领导小组对各专家组也没有行政干预。论证过程中印发了各种不同意见共7本，发给参加论证的全体专家参考。

三峡论证是一项巨大的系统工程。论证程序采取先专题后综合，专题与综合交叉结合的方法。从流域、地区和全国经济发展三个不同层次分别考虑。首先审查各专题的基本资料，制定专题论证纲要，进行初步论证工作。在初步论证的基础上，综合择优选出一个各方面可以接受的有代表性的设计水位方案，再由各专家组进一步深入论证。论证过程中，各专家组在本专业范围内独立负责地工作。经过反复调查研究，充分讨论，而后提出专题论证报告，并签字负责。凡是对专题报告的内容有不同意见的，可以不签字，另提出书面意见做为专题报告的附件一并上报。14个专题论证报告，有9个是专家组一致通过的，有5个论证报告讨论通过时共有9位专家（10人次）没有签字。

在14个专家组大量工作的基础上，论证领导小组共开了10次会议。除第一次以外，都是扩大会议，参加人员包括领导小组成员，特邀顾问，中国水利学会、中国水力发电工程学会、中国电机工程学会的理事长，各专家组的顾问、正副组长、工作组长以及有关部门、地方的同志。其中第三、四、九、十次扩大会议，部分对三峡工程有不同意见的全国政协委员应邀出席指导。

前三次会议，主要是组织和部署工作，包括研究聘请特邀顾问，确定论证专题、论证要求、方法、程序，审议论证工作纲要，审议和补充推荐专家组名单，确定工作步骤等。第四次扩大会议是审议和通过可行性阶段的基本论证水位方案。第五至九次扩大会议分批审议和原则通过了14个专家组所做的专题论证报告。第十次扩大会议审议并原则通过了重新编写的可行性研究报告（审议稿）。历次会议纪要以及历次会议上各种不同意见的全部发言都已陆续编印上报。

在这里，我们愿特别指出，在论证中有一些专家和社会人士对三峡工程提出了很多问题、疑虑和不同见解。我们认为这些同志都是从对国家、人民负责的立场出发，提出善意和宝贵的意见。他们提出的问题、疑虑和不同见解，不仅有助于交流意见、沟通思想，而且大大加深了论证工作的深度，提高了论证工作的质量。对论证工作都起了重要作用。我们愿借此机会，向他们表示深切的感谢。

此外，从1984年起，根据国务院批准下达的《长江流域综合利用规划要点报告修订补充任务书》，经国

务院有关部、局和有关省市通力合作，长办于1988年12月提出《长江流域综合利用规划要点报告》，也已上报国务院审批。

在这里，我们要沉痛地告诉大家，有许多领导同志和专家在论证期内已不幸去世。他们是为水利事业作出重大贡献的水利部副部长娄溥礼同志；著名电气专家、中科院学部委员、中国电机工程学会理事长毛鹤年同志；国际泥沙权威、中科院学部委员、泥沙专家组顾问钱宁教授；著名地质专家、地质地震专家组组长戴广秀总工程师；著名水电施工专家，施工专家组副组长杨春桂同志；著名系统工程专家传凯同志；著名水利专家张志诚同志和长办副主任、移民专家组工作组组长邹兆倬同志等。他们为三峡工程的论证，尽心尽力，直到病重垂危期间，还念念不忘三峡论证工作。我们将永远怀念他们。

二、三峡工程重新论证的主要结论

重新提出的三峡工程可行性报告总的结论是：三峡工程对四化建设是必要的，技术上是可行的，经济上是合理的，建比不建好，早建比晚建有利。现将重新论证的主要结论意见简述如下：

（一）重新论证推荐的三峡工程建设方案

在1984年批准方案和1985年、1986年国家计委、科委组织的三峡水位论证的成果的基础上，这次重新论证对正常蓄水位150 m、160 m、170 m、180 m，以及两级开发和“一级开发、分期建设”等三种类型共六个方案进行了全面的经济和技术论证。最后推荐采用“一级开发，一次建成，分期蓄水，连续移民”的三峡工程建设方案。大坝坝顶高程为185 m，一次建成，初期运行水位为156 m，最终正常蓄水位为175 m，移民不间断地进行，20年移完。

大坝坝址位于湖北省宜昌县三斗坪镇，距下游已建成的葛洲坝水利枢纽约40 km，坝址控制流域面积100万km²，多年平均年径流量4510亿m³。水库总库容393亿m³，其中防洪库容221.5亿m³，兴利库容165亿m³，与防洪共用。水库回水可改善川江航道约600 km；水电站装机总容量1768万kW，年发电量840亿kW·h，以1986年末价格水平计算，包括输变电投资在内的静态投资为361.1亿元，其中枢纽工程投资187.7亿元，水库移民投资110.6亿元，向华东、华中、川东供电的输变电投资62.8亿元。枢纽工程总工期18年，其中准备3年，从主体工程开工到第一批机组发电的工期为9年。连续移民至第20年完成。

与1984年国务院原则批准过的长江三峡工程150 m方案比较，这次重新论证，对一些问题和新的建议从经济上、技术上进行了深入研究。提出的方案更为合理和稳妥。许多方面的研究已超过可行性研究阶段的深度。

与1984年批准的150 m方案比较，这次论证将坝顶高程由175 m提高至185 m；正常蓄水位由150 m改为初期运行水位156 m，最终正常蓄水位175 m。这个变动使正常防洪库容由原来的73亿m³增加到221.5亿m³，使三峡工程防洪、发电、航运效益增大，同时避免了大洪水超蓄的临时淹没问题。工程先按156 m水位运用，最终抬高到175 m，不仅有利于移民安置，而且有利于验证泥沙淤积对库尾航道港口的影响。由于提高了水位，淹没人口由33万人增到72.5万人（1985年底调查数，不包括建设期人口增长），淹没耕地由14.6万亩增至35.7万亩，单机容量由50万kW提高至68万kW，船闸增加一级，施工期延长一年，包括物价调整因素，工程静态投资（包括枢纽建筑物、移民和输变电工程）由1984年的208.5亿元，增至361.1亿元（1986年末价格）。

论证中，有些专家提出几种不同的工程建设方案，有的从战时大坝安全、移民及使变动回水区泥沙问题较易处理的角度出发主张蓄水位160 m，有的从减少重庆淤积和移民人数考虑主张两级开发，有的从有利于航运的角度考虑主张蓄水位180 m，有的泥沙专家从减少对重庆淤积影响考虑主张蓄水位172 m左右。经过讨论，多数专家赞成上述推荐方案。

（二）兴建三峡工程的必要性

三峡工程地理位置得天独厚，上有物产丰富的西南经济区，下有经济比较繁荣的华中、华东经济区。三峡工程对这些地区的经济发展、兴利除害具有巨大的综合效益。推荐方案主要作用是：第一，可以控制长江上游洪水，减免长江中下游广大地区洪水灾害，保障经济建设和社会发展。第二，为华中、华东及川东地区提供大量的电力，可有效地缓和这些地区能源供应长期紧张的矛盾。第三，使宜昌重庆间航道条件获得显著改善，为万吨级船队汉渝直达创造条件。

从防洪方面看：

长江流域洪水灾害分布很广，尤以中下游地区灾害最为严重频繁，是全江防洪重点。据文献记载和调查，从汉代到清末2000年间，长江中下游共发生洪水灾害200多次，平均10年一次。1788年宜昌站洪峰流量达到86000 m³/s，荆江大堤溃决22处，荆州城被淹，大量人口死亡。1860年和1870年两次特大洪水，宜昌站最大流量分别达到92500 m³/s和105000 m³/s，荆江河段控制站枝城流量达110000 m³/s，先后冲开了南岸的藕池和松滋两口门，使洞庭湖区受到毁灭性灾害，由于洪水过大，北岸仍在监利以下决口，江汉平原也受淹没。两次洪灾的损失十分惨重。本世纪的1931年和1935年洪水，中下游平原分别淹地5090万亩和2264万亩，人口死亡分别达到14.55万和14.2万人，1931年汉口被淹3个月。1954年大洪水，在堤防有所加强，广大军民大力防守、抢救和采取分洪措施的情况下，分洪和堤防漫溃的洪量达1000余亿m^3，有4755万亩农田被淹，受灾人口达到1888万人，因灾直接死亡3.3万人，京广铁路有100天不能正常运行。

建国30多年来，党和政府领导人民进行了大规模的防洪工程建设，加高加固中下游堤防3万余km，完成土石方30余亿m^3；兴建了荆江分洪和汉江的杜家台分洪等工程，安排了一批分蓄洪区；在支流上修建了一批综合利用的水库，其中丹江口水库初步控制了汉江中下游的洪水灾害，其他如资水的柘溪、修水的柘林和青弋江的陈村等也有一定的防洪作用。这些措施使长江中下游地区初步改变了多灾局面。按国务院批准的1980年长江中下游防洪方案，目前正继续进行堤防加高加固和分蓄洪区建设，预计1995年完成。但这些工程完成后，中下游干流堤防仍只能防10～20年一遇洪水，其中荆江河段只能安全通过60000 m^3/s的洪水流量，约相当于10年一遇洪水。超过上述标准，即需运用分蓄洪措施。而分蓄洪区都是已经开发的地区，农田多，人口稠密，分蓄一次，损失极大，而且很难保证人身安全。即使付出以上代价，荆江河段也只能承受枝城来量不超过80000 m^3/s，约相当于40年一遇的洪水。超过这一流量时，经多年研究，除修建三峡水库以外，尚无切实可行的防洪办法。而据历史洪水调查，自1153年以来，宜昌洪峰流量大于80000 m^3/s的有8次，其中大于90000 m^3/s的有5次。1860年和1870年两次特大洪水，枝城流量均在110000 m^3/s左右。如果再发生1870年那样的洪水，使用分蓄洪区以后，仍将有约30000 m^3/s的超额洪水流量无法安全通过荆江河段，必将造成干堤溃决，无论是南溃淹洞庭湖区，或北溃淹江汉平原，均将发生大面积农田被淹没、城市被冲毁和大量人口伤亡的毁灭性灾害，更大的可能是南北俱溃，两湖都被淹。荆江大堤溃决，还直接影响武汉市的安全。荆江南北，是湘鄂两省的精华所在，一旦发生问题，其影响将是全国性的。特别是不可避免的要有大量人口死亡，这是个重大的政治问题，是长江防洪中的心腹大患。必须集中力量尽早予以解决。

三峡水库推荐方案的主要防洪作用如下：

1. 对荆江地区，遇100年一遇洪水或1931、1935、1954年洪水，可以不启用荆江分洪区；遇100年以上到1000年一遇或类似1870年洪水（这类洪水从1788年到1870年不到百年时间内已三次出现），可控制枝城最大泄量不超过71700～77000 m^3/s，配合荆江分洪等措施，可保证荆江两岸安全。

2. 对城陵矶附近地区，包括洞庭湖和洪湖地区，遇一般洪水可以基本不分洪，遇1931、1935、1954年洪水，可以大量减少分蓄洪量和淹没损失。

3. 对武汉地区，由于上游洪水得到有效控制，可以避免荆江大堤溃决对武汉的威胁，提高武汉市防洪和调度运行的可靠性和灵活性。

4. 为松滋口、藕池口等地建闸控制创造条件，减轻干流洪水对洞庭湖地区的威胁，并减少入洞庭湖的泥沙，延缓洞庭湖的淤积和消亡。从长远观点讲，可以部分替代洞庭湖的功能。

在论证当中，也有些同志提出了各种疑问和不同的意见，我们都做了认真研究。主要有如下一些问题。

1. 关于类似1870年洪水对荆江防洪的严重性的认识。有同志提出，1870年洪水荆江大堤上段并未溃决，现在荆江大堤经过几十年加高加固，比当年坚实得多，如再遇类似的洪水，荆江大堤不致溃决。事实是，百余年来的泥沙淤积，已改变了河势和江湖关系。当年荆江河段南汊过流量比现在大得多，洞庭湖的范围也比现在大得多，江湖距离近，因此主要向南溃决，洪水直冲洞庭湖区，荆江大堤的上段侥幸未破，但监利以下仍遭溃决，江汉平原大部被淹，损失也极严重。现在洞庭湖经过一百几十年的淤积，范围缩小，江湖的通道已经淤高，而且堤垸纵横，阻碍行洪，调蓄洪水的能力大大降低。如遇再遇类似1870年洪水，两岸俱溃的危险性是完全存在的，决不能掉以轻心。

2. 关于三峡水库对中下游防洪的作用。提出疑问的主要理由是：长江洪水有好几个来源，三峡工程只能控制上游来水，不能控制湖南、湖北、江西等省各大支流洪水；长江中下游一次大洪水量有上千亿立方米，而三峡水库只有200多亿立方米的防洪库容，怀疑到底有多大作用。

长江中下游干流洪水的组成，确实有不同的来源和组合类型。但不管是哪一种类型，洪水主要来源都是川江。据统计分析，本世纪五次不同类型的大洪水，川江七、八两月洪水来量占干流沙市洪水量的95%以上，占城陵矶洪水量的61.4%～79.5%，占武汉洪水量的55.1%～76.2%。三峡水库可以调节控制川江来水，对中下游的防洪作用是显而易见的。再者，水库的防洪作用并不是全部拦蓄一次洪水的全部水量，而只是调蓄超过下游河道安全泄量的部分。例如，1870年洪水30天洪水总量为1650亿m^3，枝城洪峰流量达11万m^3/s，正确运用三峡的防洪库容，就可以把枝城的泄流量控制在71700～77000 m^3/s。如遇1954年洪水，有了三峡水库，荆江分洪区就不必运用，可减少整个荆江地区分洪量96～220亿m^3，减少耕地淹没

180～330万亩，作用同样很大。

3. 三峡水库是否会加重四川省的洪水灾害，造成水害搬家。修建大坝是要抬高上游水位的，在坝址处抬高的程度最大，越往上游越小，到“回水末端”就和天然水位重合。水位抬高区的居民均已迁移。水库投入运行后，遇到各种洪水，库水位均在预定的范围内变动，和现在情况相比，只会大大减少或免除受灾人数。但在水库长期运用后，由于泥沙淤积末端上延，对重庆市的洪水位会有些影响。这个问题经过泥沙专家计算分析，按现在推荐的方案，即令不考虑今后上游建库拦沙和调节洪水的有利因素，运用100年后，重庆市朝天门100年一遇洪水位将由目前的194.3 m提高到199 m，再加上3 m的余地，将不超过202 m，重庆是个山城，主要市区高程都在此水位以上，不会受到影响。事实上，上游干支流正在兴建而且将继续建设水库，这些水库都将减轻重庆河段的淤积并降低其洪水位。因此，重庆市认为，三峡正常蓄水位175 m的方案不会造成水害搬家。成都平原高程一般在500～700 m，嘉陵江合川县城附近的高程一般也在214 m以上，三峡工程不会影响到四川盆地各江河的防洪排涝。

4. 关于三峡水库对武汉的防洪作用。有的同志认为，三峡工程既不降低武汉堤防的防御水位，又不能减少武汉附近的分蓄洪量，似乎对武汉防洪不起作用。

解决长江中下游防洪的方针是“蓄泄兼筹，以泄为主”。也就是首先考虑充分利用河道的泄洪能力，然后再安排分蓄洪区和干支流水库，互相配合解决问题。为了充分利用河道的泄洪能力，1980年制定的长江中下游平原防洪方案中，确定了干流加高堤防后各段的防洪水位，其中武汉是29.73 m，与1954年最高水位相同，城陵矶是34.4m，比1954年洪水位提高0.45 m，沙市是45 m，比1954年洪水位高0.33 m。兴建三峡水库后，从荆江到武汉的最高防洪水位不降低，正是为了充分利用其泄洪能力。

三峡水库对武汉的防洪作用是：第一，可以保证特大洪水时荆江河段的行洪安全，也就避免了荆江大堤溃决对武汉的威胁；第二，川江洪水占武汉以上洪水来量约2/3，经过三峡水库调节，武汉市出现最高防洪水位的机会将显著减少；第三，有了三峡水库，遇较大洪水时，防洪调度的灵活性大大提高，从而提高了武汉防洪的安全度。

5. 关于不建三峡工程的中下游防洪替代方案研究。这次论证中，根据各方面的建议，在过去长办多年研究的基础上，又进一步研究了不建三峡工程的中下游防洪替代方案。主要是两大类方案，即修建上游干支流水库方案和进一步扩大中下游河道泄洪能力的方案。关于上游水库的方案，防洪专家组研究分析了有一定防洪作用的13座和16座水库的方案。16座水库方案共有有效库容375亿 m^3，但即使全部按防洪为主进行调度，对千年洪水最大作用也只能削减荆江河段枝城站洪峰流量9200 m^3/s，不到洪峰流量的8%，作用有限，仍然不能使荆江河段安全泄洪，何况各水库不可能全按中下游防洪来进行调度。这是因为，这些水库只能控制约70万 km^2 流域面积，水库下游到宜昌区间还有30万 km^2 的暴雨区不能控制。但这些水库如果与三峡工程配合运用，则可以补充三峡工程的防洪库容，减少三峡水库的泥沙淤积，更好地解决长江中下游的洪灾。

关于进一步扩大中下游河道泄洪能力，研究了进一步加高堤防和开辟分洪道等方案。研究结果，为了防御1954年洪水避免分洪，加高堤防工程量达76亿 m^3 以上，如要防御1870年洪水不溃堤，荆江大堤堤身平均高度将达16 m，最高将达20 m，受堤防基础地质条件和堤身隐患的限制，安全缺乏保证，而且占地和移民的数量巨大，很不现实。开辟分洪道将打乱沿江两岸的排、灌水系和城乡生产布局，而且占地达320万亩，移民达200万人，土方量达140亿 m^3，远远超过三峡工程，显然是不可行的。

经反复研究，如果不建三峡工程，只能在近期完成1980年方案的基础上，进一步加固中游堤防，增建各分蓄洪区的进洪控制工程，增加分蓄洪安全措施，远期与上游干支流水库联合运用。这个方案，估计需要投资约70亿元，分蓄洪运用的机率和现状差不多，在遇百年以下洪水时，分蓄洪和河道行洪的安全性比现在有所提高，但分蓄洪带来的巨大损失、临时人口撤退和防汛困难的形势没有明显改变，特别是遭遇大于100年一遇和类似1788、1860、1870年大洪水时，仍不能避免毁灭性灾害，荆江河段的严重危险依然存在。

从能源方面看：

三峡水电站装机容量1768万kW，年发电量840亿kW·h，主要供应华中、华东，部分送川东，每年可替代（4000～5000）万t原煤。相当于10座大亚湾核电站或相当于7个240万kW的火电厂、一个年产5000万t的煤矿和相应的运煤铁路。与火电相比，每年可以少排放1亿多t二氧化碳、200万t二氧化硫、1万t一氧化碳、37万t氮氧化合物以及大量废碴废水，有利于减轻环境污染。

华中、华东地区工农业生产发达，但多年来能源不足制约着经济的发展。这两个地区煤炭资源都很少，分别只占全国的3.6%和3.2%，目前就需要从北方调进煤炭，1989年华东地区因煤炭供应不上，大批火电机组被迫停止运行，因此，进一步发展火电受着煤炭生产特别是运输的制约。水能资源华东地区本来就不多，条件较优越的多已开发，今后主要开发中小水电和修建抽水蓄能电站。华中地区剩余的水能资源70%集中在三峡河段。据两地区电力发展规划，从1986年起，到2015年，共需增加电量8600亿kW·h，新增装机1.7亿kW，即便兴建三峡工程和当地其他水电站并尽可能建设核电站，仍需增建火电1.3亿kW，要从华北能源基地每年运进2.85亿t原煤，煤炭生产和运输还都存在很大困难，有待解决。如果放弃三峡工程代以火电站，将进一步加剧煤炭生产、运输困难和污染问题，从能源布局来看，是不合理的。

有的同志建议是否可以开发金沙江上的溪落渡、向家坝和乌江等支流水电站代替三峡工程，向华中、华东地区送电。根据华中、华东和西南地区1986～2015年电力发展规划，30年内即使大力建设火电和核电，三峡工程和金沙江、雅砻江、大渡河、岷江、嘉陵江、乌江、清江、汉江以及洞庭、鄱阳等水系的水电站均需陆续开发。其中金沙江的溪落渡、向家坝需开始建设并部分投产，彼此不存在互相替代问题。从已进行的前期工作、地理位置和地区负荷需要来看，三峡必然应排在溪落渡、向家坝之前。电力系统专家组把金沙江、乌江和华中地区支流电站共组合了四个比较方案进行分析计算，结论是在经济上都以包括三峡工程和先建三峡工程有利。我们认为，西南地区煤炭资源少，当地长江支流水电站应加快开发，但只能用以满足当地的用电需要；金沙江的水电可以东送也应当考虑东送，但在近期，解决华中、华东缺电仍以三峡工程最为现实。

从交通运输方面看：

长江上游以重庆为中心的西南经济区资源丰富，发展潜力很大，但交通不便，发展交通运输是开发西南的一项关键措施。长江干流横贯东西是一条运输大动脉，预测到2030年川江下水年运量将达5000万t，而目前的下水年通过能力仅约1000余万t，主要受航道现状的限制。川江航道流经高山峡谷，水流湍急，滩险密布；重庆至宜昌660 km航道条件差，沿程共有主要碍航滩险139处，单行控制段46处，严重防碍了航运的发展。三峡水库能淹没川江滩险，使航道条件明显改善，万吨级船队有半年时间可直达重庆九龙坡，结合港口建设和船舶现代化，年下水运量可提高到5000万t，运输成本也可降低35%～37%。航运专家组研究，若不建三峡工程而采取大规模航道整治结合出川铁路分流，虽也可能使年出川运量达到5000万t，但不能根本改善川江的水流条件，不能满足万吨级船队汉渝直达的要求。

除防洪、发电、航运等巨大效益外，三峡工程还可以增加长江中下游枯水期流量，为改善中下游的航道和南水北调创造条件，是一个具有巨大综合效益一举数得的水利枢纽，对促进华中、华东、西南三地区的经济发展具有不可代替的战略意义。

（三）技术上的可行性

三峡工程基本资料充分、可靠。长江水文、泥沙资料系列很长、数据可靠，地质地形的测量勘探工作30多年来不间断地进行，资料收集、整理、分析与研究工作深入细致，这次重新论证又对一些重大技术问题，包括基本资料、建筑物设计与施工、主要机电设备的制造与安装，以及水库诱发地震、库岸稳定、泥沙淤积、人防等，进行了全面的复核并补充了大量的科研调查工作。论证的结论是：三峡工程的基本资料充分可靠，工程前期工作相当充分，有较坚实的规划、勘测、设计和科学试验研究成果为依据；工程建设中需要解决的技术难题，包括这几年提出的一些有疑虑的问题，各有关专家组均已作出明确的结论，技术上没有不可逾越的障碍，兴建三峡工程技术上是可行的。

三峡工程的规模虽然很大，但大坝是一座混凝土重力坝，最大高度175 m，位于完整的花岗岩体上。枢纽布置简单，主要机电设备除少量需引进或合作制造外，绝大部分都可立足国内。建筑物除梯级船闸和升船机超过当前国际水平外，其余工程主要是规模较大，技术上均未超出国内外已建工程水平。根据40年来我国水利水电建设的经验，完全有能力完成设计和施工任务，这些都是没有争议的。各界人士担心的是泥沙淤积、水库诱发地震和库岸稳定等问题。现分别说明如下：

1.关于泥沙问题。三峡坝址平均年径流量4510亿m^3，年输沙量5.3亿t，平均含沙量约1.2 kg/m^3。和黄河相比，三门峡的年平均径流量420亿m^3，年输沙量16亿t，平均含沙量37.9 kg/m^3。但长江年输沙量绝对值仍相当大，又是一条重要的通航河流，泥沙问题应该慎重对待。

为了论证泥沙问题，我们聘请国内最优秀、最有经验的36位泥沙专家组成泥沙专家组，由中科院学部委员、中国水利学会、中国海洋工程学会理事长严恺教授，中科院学部委员、国际泥沙研究培训中心顾问委员会主席、清华大学钱宁教授，武汉水电学院名誉院长张瑞瑾教授，长办技术顾问杨贤溢，交通部三峡工程航运领导小组顾问、中国土木工程学会常务理事、港口工程学会理事长、海洋工程学会副理事长石衡等同志任顾问，国际泥沙研究培训中心顾问委员会主席、中国水利学会副理事长林秉南教授任组长，国际泥沙研究培训中心管委会副主任、中国水利学会泥沙专业委员会副主任、南京水利科学研究院院长窦国仁教授，中国水利学会泥沙专业委员会主任、武汉水利电力学院谢鉴衡教授任副组长。在专家组指导下，承担三峡工程物理模型和数学模型等试验研究工作的主要单位有清华大学、武汉水电学院、交通部天津水运工程科研所、北京水利水电科学研究院、南京水利科学研究院、长江科学院，可以说是集中了全国泥沙专业的精华。

三峡工程泥沙的主要问题有：水库是否会很快淤满失去作用？在变动回水区内，泥沙淤积是否影响航道和港区，重庆港是否会变成死港？泥沙长期淤积，对重庆市的防洪水位有什么影响等问题。

这次论证中，在过去大量研究成果的基础上，泥沙专家组又安排了大量补充调查、计算、试验工作，经过反复讨论研究，提出了全体专家签字确认的专题论证报告，对上述问题得出了一致的结论。

关于水库寿命问题：由于三峡水库是狭长的河道型水库，长江来沙又集中在洪水期，因此，根据理论研究和实践经验，三峡水库采用“蓄清排浑”的方式运用，在汛期将库水位降低到“防洪限制水位”，腾出防洪库容，同时利用洪水流量通过底孔大量排沙，水库的大部分有效库容，可以长期保留。按照这一方式运行，建库后一定时期内，进库的泥沙大于排出的泥沙，库内是要淤积的，淤积部位主要在死库容和一些边滩、库尾地段。经过数10～100年运行后，进、出的泥沙量将基本平衡（冲淤平衡），三峡水库仍然能保持85%的防洪库容和92%的兴利库容，长期发挥作用。

关于泥沙对航道港口的影响问题。水库区可划分为“常年回水区”及“变动回水区”两大部分。三峡水库常年回水区库段的滩险常年被淹没，航道可得到显著改善。变动回水区库段的航道也有不同程度的改善，但在枢纽运行数十年后如遇特枯水年或丰沙年后，在水库水位消落后期，某些河段的航道港区将出现碍航和影响港区作业情况。对这些问题可以从优化水库调度、结合港口改造和适当的航道整治措施加以解决。根据试验，航道的泥沙冲淤年内基本平衡，整治的工程规模不大。重庆港的边滩将发生累积性淤积，可采取一定规模的整治工程加以解决，具体整治方案可通过下一步的试验研究来优选。

关于库尾泥沙淤积对重庆市水位的影响问题前面已经汇报了。此外，坝区泥沙问题将发生在工程运用数十年以后，根据葛洲坝的经验，分阶段采取措施也是可以解决的。三峡工程运用对于河口地区的影响问题，泥沙专家组认为不致有明显影响，生态与环境专家组内有不同看法，对这个问题在生态与环境专题中再汇报。

对于论证中采用的泥沙数据，有同志根据1981、1984出现大沙年的情况，认为由于人类活动的影响，进入长江的泥沙日益增长，认为平均年输沙量5.3亿t偏小。水文专家组对三峡以上长江干流历年来沙情况的变化趋势做了分析，认为还没有出现悬移质泥沙明显增长的趋势。论证领导小组又委托严恺教授主持，于1988年约请48位有关专家进行了专门讨论，讨论会的倾向性意见是，人类活动确实加剧了长江上游水土流失，需要加强水土保持工作。但长江干流历年来沙量仍然是在多年平均值的上下摆动，没有明显增加的趋势，例如，1986年来沙量3.61亿t，为有实测记录以来最低的一年。原因是上游侵蚀物质较粗，大部分在短距离内淤积，进入支流的只有一小部分，进入干流的更少。因此，三峡设计来沙量可以采用根据30多年实测泥沙资料分析出的数据5.3亿t。为留有一定余地，泥沙专家在进行泥沙淤积对重庆市洪水位抬高的影响计算时，做了来沙量增加30%的敏感性分析计算，结论是对水库长期运用的淤积情况没有实质性的影响。

2.地质地震问题。地质地震专家组由24位专家组成，其中有水电系统7人，交通部1人，其余都是中科院、地矿部、国家地震局和高等地质院校的地质专家。由陈宗基、贾福海两位学部委员任顾问，地矿部水文地质工程地质司副总工戴广秀同志任组长，国家地震局地质研究所研究员李坪、中科院地质研究所所长王思敬、水电部水电规划设计院高工姜国杰、地矿部环境地质中心总工胡海涛等四位专家任副组长。

三峡工程的地质地震问题，自1955年起，已研究了30余年，完成的实物工作量及勘探研究工作之多是工程史上少见的。这次论证中，专家组针对社会上关心的问题，补充安排了有几百名地质工作者参加的勘探、调查工作，进行了反复研究，得出了完全一致的结论。专家组对坝址区地质条件的总评价是：坝址基岩完整，力学强度高，透水性弱，工程地质条件优越，适宜兴建混凝土高坝。

关于水库诱发地震问题，专家组认为，目前的科学技术水平虽然还不能对此作出精确预测，但根据库区的地质构造背景，主要断裂的规模和分布以及考察历史发展情况，对建库后可能遭遇的地震以及水库诱发地震的规模作定性定量的判断是完全可能的。三峡工程在地质构造上处于相对稳定的地区，地震活动水平不高，为弱震环境，坝区地震烈度取决于外围地震的影响，经国家地震部门多次鉴定，基本烈度定为6度是合适的。建库后虽然不能排除局部地段产生水库诱发地震的可能，但是产生较强水库地震的可能性小。从高估计，水库诱发地震影响到坝区的烈度，不会超过6度，小于设计的抗震烈度7度，不会影响工程安全。

关于三峡水库库岸稳定问题，在这次重新论证中由几个单位平行进行了调查、研究，结论基本一致。三峡水库的库岸，主要由坚硬、中等坚硬岩石组成，总体稳定条件是较好的。据几个部门平行进行调查和计算、试验、监测，干流库岸体积在100万m^3以上的大中型崩坍、滑体约140处，其中变形正在发展的8处，稳定性较差的14处，但距离坝址都在26 km以外。经过按最不利的假定条件进行涌浪计算和试验，即使离坝最近的新滩滑坡和链子崖危岩体全部滑坡入江，引起的涌浪衰减到坝址处，最大浪高约为2.7 m，不会影响大坝安全。水库蓄水后，崩坍滑坡造成碍航的风险比天然情况将有所减轻。葛洲坝建成后，1985年新滩大滑坡没有造成碍航，就是一个实例。

另外，我想汇报一下有些同志担心的战时大坝安全问题。这个问题许多大型水库都有，它和技术问题有关，但又主要不是技术问题。60年代，在一次研究大型水库人防问题时，周总理提出水库人防应主要靠放空水库的对策。现在看来，这仍然是最切实有效的办法。三峡工程的人防，过去水电部门有关单位曾配合总参工程兵部、国防科工委做过长期大量工程防护试验研究和溃坝模型试验，这次论证中，又邀请总参工程兵部顾问殷之书教授等总参工程兵部和国家人防委员会的4位人防专家和水利水电科学研究院长期从事抗震和人防研究的专家，组成三峡工程人防小组，并重新做了很多溃坝模型试验。大家一致认为，三峡大坝设有大流量的泄水底孔，战时可以迅速降低水位；水库是个长五、六百公里的狭长河道型水库，不是人们想象的"一盆水"；下游有长达40 km的狭谷，其中有20 km宽仅200～300 m，可以约束洪水；峡谷下游的河道，泄洪能力很大；这些都是有利条件。万一大坝遭受核武器袭击溃决，沙市以上地区损失严重，但荆江大堤可保安全，对荆北、洞庭湖和武汉地区无大影响，仍属于局部地区性灾害，因此，战时安全问题不致成为三峡工程决策的决定因素。有的同志怀疑，溃坝的瞬时最大流量比1870年洪峰流量大得多，怎么会只造成局部灾害？应该说明，溃坝洪峰流量虽然很大，但历时极短，和天然洪水相比总水量不大，经过河谷约束和被淹地区的调蓄，流量可大大削减。

（四）水库移民安置问题

库区移民能否安置好是兴建三峡工程中一个最关键和最困难的问题。中央和地方都十分重视，国外也关注这个问题。移民专题的论证由钱正英、王汉章（湖北省副省长）、蒲海清（四川省副省长）和黄友若同志共同主持。聘请了财政部邵治同志为顾问，中央书记处农村政策研究室张岳同志为组长，四川、湖北两省、库区三个专区和重庆市主管移民工作的负责同志和国务院三峡地区经济开发办公室、国家土地管理局、国家科委、城建部、中科院的有关专家共28人组成了专家组，是专家与地方共同论证的。论证中充分利用了长办、湖北省、四川省和有关地、市、县、水电部、建设部、中国科学院及水土保持、生态、国土、民政、水产、文物、地质、测绘等部门的大量工作成果，在国家计委、科委论证水位时组织的水库淹没与移民专家组工作的基础上，各级政府集中了400多名技术人员和移民干部，有近千名同志配合，反复研究才完成的。

三峡水库各项淹没指标，高程160 m以下，是逐村逐户普查统计后，经各县（市）复核，精度较高；160～175 m之间，根据以往普查资料推算后，抽样复核、数据基本吻合。全库淹没耕地35.7万亩（其中水稻田约11万亩），柑桔地7.4万亩。据统计，1985年底淹没区人口72.6万人，其中农村人口约33万人，占淹没迁移人口的46%。考虑人口自然增长及其它各种可能出现的人口增加因素，推算到2008年，规划迁建安置的总人数为113.2万人。

鉴于以往水库移民的遗留问题很大，1984年原水电部曾专门召开水库移民政策研讨会，总结经验教训。针对过去移民中存在的补偿标准偏低、缺少统一规划、搞单一粮食生产又解决不好口粮等问题，提出了开发性移民方针。对三峡移民提出了两条基本要求：一是移民搬迁后的生产生活水平，不低于搬迁前的水平；二是搬迁后生产生活的发展不低于非搬迁居民的平均发展水平，经济效益、社会效益和环境保护统一规划，各项标准实事求是，各项安排因地制宜。经过专家组和地方同志共同研究反复商议后，提出了九条改革和政策性建议，请国家批准，做为解决好三峡移民的配套措施。主要有：①树立负责到底的思想，移民工程是制定好分年计划，经国家批准后按计划分年拨付投资。城镇的基础设施、农村移民安置基地建设和智力开发提前安排进行，防止在淹没区继续建设以利开发性移民方针的实施；②实行库区与工程效益挂钩的政策，电站留给地方的税收部份，合理分配给四川和湖北两省，并从第一台机组发电后，按每千瓦小时提取三厘钱作为库区建设基金，用于库区建设，且将库区有淹没损失的县列为农村的扶贫县和电气化试点县予以扶持；③实行保障口粮政策，由于农业生产作物调整而引起移民人平粮食占有量低于当地平均水平的，给予补贴，保障口粮，避免不合理的开荒，以利保护环境，防止水土流失。此外还有库区税收政策、库区外贸创汇单列、改革移民投资管理体制和在移民安置区对群众承包的土地和荒山草坡进行适当调整等政策建议。

据专家组和地方同志论证结果，三峡水库移民分散在水库两侧约2000 km长的狭长地带内，涉及19个县（市）的331个乡，没有一个乡全部淹没，淹没耕地占各县耕地的比重从0.15%到5.88%，淹没区农村人口占各县农业人口比重，从0.5%到4%。规划结果，农村移民有足够可利用土地，在有淹没的331个乡中有301个乡可以不出乡安置，30个乡需在邻近乡调剂安置，初步规划安置区共361个乡。经航片解译核实有123万亩荒山草坡为可垦荒地，选择其中条件较好的29.2万亩荒地，开发成水平梯田，发展柑桔等经济作物，并改造现有低产坡耕地中的12.56万亩，建成高产稳产的粮食生产基地，以上两项共安置农村移民的53%。其余则利用库面和草地资源，发展渔业及畜牧业，并利用天然资源和土特产优势，发展乡镇企业和二、三类产业进行安排。专家组和当地居民一致认为，对农村移民采取这样的安排和比例是切合实际的，农村移民的环境容量是够的。

三峡水库需搬迁或后靠的城市13个，集镇140个，都按国家规范进行了选点和规划工作。所有城镇新的规划都为发展留有余地，环境条件较现状有很大或根本性改善。对需要搬迁的工厂，本着先建后迁，发展生产与安置移民相结合，因地制宜，区别对待的原则，提出了意向性规划。城镇移民占库区移民的54%，基本上不需要重新安置就业。

专家组和地方反复研究了各项迁建补偿标准，按1986年底物价，逐项计算出农村移民安置、城镇和工厂迁建、淹没区公用设施补偿迁建、文物古迹迁移发掘、库底清理等项费用，共为110.61亿元。

三峡水库的移民规划，经外国专家和世界银行移民专家严格验证后，评价是高水平、高质量的。移民论证中认真吸取了以往移民的经验教训，注意了局部和全局、眼前和长远的结合，强调了生态环境的保护和改善，运用了现代科技手段，并与外国合作，进行了规划典型试点。国务院三峡地区经济开发办公室会同两省有关地、县、市组织了开发性移民试点工作，已进行5年多，取得了农村移民安置、城镇及工厂搬迁及人才培训等各方面的经验，受到库区领导干部和广大群众的欢迎和支持。

（五）生态与环境问题

生态与环境专家组由55位专家组成，除12位是水电部门专家外，绝大部分都是中国科学院有关研究所、环保部门、高等院校教授和地矿、林业、农业、土壤、地球物理、医卫部门的专家。侯学煜、黄秉维两位学部委员担任顾问，马世骏、严恺两位学部委员，国家环保局高工孙鸿冰、中科院成都分院院长高福晖4位同志担任正副组长。

专家组全面分析研究了各单位特别是中国科学院和长江水资源保护局的大量研究成果，考察了库区，召开了多次专家组会议，反复讨论和磋商，最后提出了论证报告。报告将长江流域作为一个完整的大系统，对修建三峡工程引起的生态系统结构功能的变化以及由此引起的整体效应进行了全面评价，重点阐明了库区移民搬迁带来的生态与环境问题，并提出了对策和建议。

论证报告认为，三峡工程对生态与环境的影响是广泛而深远的。

1.大坝对生态与环境的有利影响主要在中游。水库可以有效地减轻长江洪水对中游人口稠密、经济发达的平原湖区生态与环境的严重破坏，以及洪灾对人们心理造成的威胁。对中、下游血吸虫病防治有利。水电与火电相比，可减少对周围环境的污染。此外，还可以改善局地气候，减少洞庭湖淤积，有利于调节长江流量。

2.大坝对生态与环境的不利影响主要在库区。根据不利影响的性质和程度可分以下几类：

（1）不可逆转的影响：水库蓄水后部分文物古迹、三峡自然景观和部分耕地被淹没。

（2）影响严重或较大，但采取措施可以减轻的影响：水库淹没，城镇迁建，移民过程中产生的生态与环境问题；对白暨豚等珍稀物种资源的影响；对上游库尾洪涝灾害的影响；滑坡、诱发地震等问题。

（3）影响较小，采取有效措施后可减少危害的影响：对局地气候和一些水文因素的影响；对人群健康的影响；对陆生动物和植物的影响等。对水污染的影响，现在虽不严重，但如目前各种污水不作处理径排长江的情况继续下去，则是长江污染的潜在危险。

3.潜在的或目前还难以预测或难以定量的影响：其中有对上游水生生物的长期影响；对区域的自然生态——社会经济系统的长远影响；对河口和邻近海域生态与环境的影响等问题。

论证报告强调，三峡工程对生态与环境的诸多因素中，库区移民环境容量是工程决策中比较敏感的制约因素，需要认真对待，慎重处理。并对当前工程论证决策和规划设计提出了宝贵的建议，主要内容有：

1.以建立和维护库区良好的生态环境为目标，在科学分析库区环境容量的基础上，作好移民安置规划。对此，移民专家组已做了大量工作。

2.长江流域水土流失是生态条件恶化的重要因素。必须从现在开始要抓好规划，建立健全队伍，制订有效的政策和措施，把库区和上游的水土保持工作做好。根据这个建议，论证领导小组委托全国水土保持工作协调小组专门召开座谈会提出措施，于1988年4月报经国务院批准，现正由新成立的长江上游水土保持委员会部署实施。

3.划出一定范围作为自然保护区和国家公园，重点保护自然、历史遗产，对建坝后将淹没的重要文化遗址进行搬迁。

4.实行开发性移民，库区工业和乡村企业将会有较大发展，必须加强环境管理，避免环境污染加重。

5.水库工程设计和调度要充分考虑生态与环境的要求。例如水库调度应考虑四大家鱼繁殖对涨水过程和水温的要求，并应尽可能减缓库区泥沙淤积等。

6.对一些尚有争议或者较长时期才能弄清影响的问题，需要进一步深入工作，以得出明确的结论。

7.生态与环境保护费用，应纳入工程预算并予落实。

专题论证报告，有一位同志未签字，并发表了书面意见，认为三峡工程对上游、中下游和库区都有许多比较严重不利影响，因此从生态环境角度看，三峡工程是否要上应加以慎重考虑。

另外，还应说明的是：考虑到生态环境专家组内，关于三峡工程对中游平原湖区和对河口影响的一些不同见解，论证领导小组委托水利学会理事长严恺教授主持，于1988年8月先后召开了"长江三峡工程对平原湖区影响座谈会"和"长江三峡工程对河口影响座谈会"。参加的代表分别为32和30人，包括有各种意见的专家。我把座谈会的主要情况也简要介绍一下。

关于三峡对平原湖区的影响，主要是有些同志认为修建三峡工程后，长江水位及地下水位将发生变化，担心会造成或加重中游荆北四湖地区的沼泽化和渍涝灾害。

座谈会讨论后认为，四湖地区在建国后修建了配套的排灌系统，为农业增产发挥了巨大作用，但人口成倍增长，对土地资源也存在不合理的开发利用，甚至过分围湖造田，破坏环境，导致部分农田土壤潜育化。不论三峡工程上或不上，都应进一步完善排水系统，降低地下水位，使农田向脱沼和减轻潜育化方向发展。三峡建库后，10月份蓄水期下泄流量减少，对该地区自流排水是有利的，1～5月份下泄流量比天然流量稍大，相应抬高水位约0.2～0.23 m，由于河床要下切，实际水位还要低一些。据此，许多代表认为三峡建库不会加剧四湖地区土壤潜育化、沼泽化，有些代表则仍认为枯水期长江水位抬高的影响有待进一步研究。但都认为只要思想重视，措施得力，进行综合防治，问题是可以解决的。

关于三峡对河口的影响，泥沙专家组认为不致有明显影响，但生态与环境专家中，部分同志担心三峡建库后，由于水位、沙量的变化，可能影响河口地区的盐渍化、泥沙侵蚀和堆积以及盐潮入侵。座谈会讨论后认为，三峡建库后，1～4月下泄水量增加，抬高河口水位的幅度不大，仅5～15 cm左右，不致对该地区地下水位和土壤脱盐的总趋势产生大的变化。关于泥沙问题，一般都认为建库后在一定时期内泥沙将淤在库内，下泄泥沙量将减少，但小于0.01 mm的泥沙基本上不在水库落淤，且将在下游得到补给，故长江口来沙量不会有大的变化。局部洲滩岸边的侵蚀堆积过程则可能发生改变，要研究其影响和制订措施，但部分代表仍认为河口来沙会减少，可能引起海岸侵蚀。

座谈会认为，从目前研究情况看，就河口地区土壤盐渍化、泥沙堆积等影响而言，还不是影响决策的制约因素，但仍应加强科学研究和监测，对不利影响提出可靠的防范措施。

我们认为，除水库淹没以外，影响生态与环境的基本因素是建坝引起河流水文、水力情势的变化。三峡水库是典型的河道型水库，全长600多km，平均宽度1.1 km，比天然河道宽度只增加一倍，与武汉江段的河道宽度相近。库容系数（总库容与坝址年水量的比值）很小，只有0.09，而埃及阿斯旺水库和我国的新安江水库为2，丹江口水库为0.55，三门峡为0.39。因此，三峡水库对河流天然径流的调节有限，水库各月平均下泄流量只在枯水季节比天然情况有变化，而且均在天然流量变化幅度的范围之内。三峡工程对生态与环境的影响和对策应当充分重视认真对待，但不致成为三峡工程决策的制约因素。

（六）经济上的合理性

参加综合经济评价组工作的有中国社会科学院数量经济技术研究所所长、研究员、教授李京文同志，中国建设银行顾问、中国投资咨询公司副董事长武博山同志等各方面的高级工程师，总工程师，经济师，总经济师，会计师，总会计师，经济技术方面的研究员、教授共57人。由水电部原计划司司长、中国电力企业联合会副理事长游吉寿同志任组长。对综合经济评价专题论证报告有53人签字同意，有3位不同意，未签字，有一位在论证过程中不幸去世。

三峡工程枢纽部分总工程量为土石方开挖8789万m^3，土石方填筑3124万m^3，混凝土浇筑2689万m^3，土建工程量大致相当于两个葛洲坝枢纽。安装发电设备1768万kW；移民规划迁移人口113.2万人；及相应的输变电工程。工程的静态投资按1986年末价格计算为361.1亿元。如包括建设期应付的贷款利息，相应的动态总投资为452.0亿元。工程投资是否可靠取决于设计基本资料是否可靠和设计工程量是否准确。三峡工程的水文、地质条件已研究多年，并经多次反复审查，基本资料是可靠的。工程设计进行多年，总的已达到初步设计深度，不会产生重大漏项；移民数量及安置方案经上上下下数次反复核对是落实的；输变电工程数量也是经过反复比较核实的；总的工程量是可靠的，并留有将近10%的预备费。因此，投资计算的基础是可靠的。

在此基础上，综合经济评价专家组用多种方法分析比较，得出结论是三峡工程经济性是优越的，建比不建好，早建比晚建有利。

用水电站实物工程量比较，三峡工程的指标是比较低的。与近期国内已建在建的五强溪、隔河岩、东江、岩滩、二滩、东风、漫湾、紧水滩、龙羊峡、白山等10个大型水电站比较，每万千瓦小时所需土石方量，这些电站低的为6.32 m^3，高的为31.67 m^3，三峡工程为10.46 m^3；每万千瓦小时的混凝土量，低的为3.35 m^3，高的为13.95 m^3，三峡工程为3.2 m^3；每亿千瓦小时耕地淹没，除漫湾、二滩只有74和153亩外，其余低的为349亩，高的达4354亩，三峡工程为513亩，居中间偏下；三峡工程由于有十几座城市要全部或部分迁移，每亿千瓦小时要移民1347人（按2008年规划数）是较多的，但也低于五强溪的1575人，东江的3980人，紧水滩的4213人。

用水电站单位千瓦投资比较，三峡工程也比较低。与石堤、江垭、潘口、水布垭、构皮滩、沙沱、思林、彭水、向家坝、溪落渡等10个正在进行前期工作的水电站比较，这些电站平均每千瓦的投资（包括输变电工程）为2157元，三峡工程为2042元。应当说明的是：①这些电站的防洪、航运效益小，远不能与三峡工程比；②这些电站前期工作的深度也比三峡工程低，投资是粗估的，没有三峡工程准确，一般估算偏低。

与煤电、核电比，华中、华东新建煤电每千瓦投资，包括相应的煤矿投资和铁路投资，（用60万kW机组算）为2467元和2780元；与核电比，大亚湾电站的每千瓦投资约6000元左右，三峡工程为2042元，比核电煤电少，而且有煤、核电所没有的防洪、航运效益。

三峡工程是一个地理位置得天独厚的具有巨大综合效益的工程，经过各有关专家组反复研究，它的作用没有其他工程能等效代替。防洪方面找不出等效或接近等效的现实可行的方案。按三峡工程投资分解计算，361.1亿元中分解于防洪方面的约60多亿元，设想的一些替代方案已在前边汇报过，既不能等效，投资也多，很不现实。航运方面，三峡投资中分解于航运投资约12亿元，设想了一个以整理川江航道为主辅以铁路分流的方案，不仅投资要多花近40亿元，而且不能实现万吨级船队汉渝直达的目标。发电方面做了三个替代方案，三峡投资中分解到用于发电的近300亿元，比较的结果是这些方案比建三峡工程要多花投资30%到50%。结论是：在所有的比较方案中，三峡工程的投资是最少的，其综合利用效益是不可替代的。

三峡工程的国民经济评价指标是好的。按动态计算，三峡工程的产出高于投入的净现值（按10%折现率折算到开工年）为131.2亿元；经济内部收益率为14.5%，高于国家计委规定的10%的基准指标。

经过优化计算，建三峡工程比不建三峡工程的替代方案费用现值小110.1亿元，相当于三峡工程费用现值156.74亿元的70.2%。早建比晚建的替代方案费用现值小72.7亿元（晚建按推迟12年计算），相当于三峡工程费用现值的46.4%。这说明三峡工程建比不建好，早建比晚建有利。

三峡工程的财务评价指标也是好的，按国家有关规定及电力生产的资金利润率按10%核算；上网电价为每千瓦小时9.3分，价格相当低；华能公司火电厂出口处电价按1986年价格为13.3分，就比三峡电站高。财务内部收益率为11%；资金利税率12.1%，高于全国电力工业的9%；贷款偿还期及投资回收期都是20.6年，即竣工后的次年即可还清贷款，收回投资。这是其他水、火电站作不到的。正常运行期每年利税额为54.06亿元，比葛洲坝水利枢纽的总投资还多。

在进行综合经济评价时，还做了敏感性和风险分析。敏感性分析的成果表明，各项经济和财务评价指标稳定，某些因素向不利方向的变化，不会改变评价的总结论。风险分析的成果表明，经济效益低于评价结论的风险很小而高于评价结论的机遇大得多。

综合经济评价专家组还对资金筹措问题进行了研究。按1986年末价格，三峡工程建设期间共需筹集资金626.6亿元（包括静态投资及建设期间利息及还贷等系按工程建成后第二年就还清贷款考虑）。资金筹措原则是立足于国内，只考虑少量外资（约10亿美元）用于必要的设备购置及技术引进。国内资金来源主要依靠自有资金即葛洲坝电厂的利润和三峡工程在建设期间自身的发电利润，共计405.2亿元，占全部所需资金的64.7%；需要贷款221.4亿元，占35.3%。贷款的重点在前12年（从第13年以后，主要可靠自有资金解决）。前12年需贷款153.1亿元，平均每年12.8亿元，可利用多种来源贷款，如国家贷款、地方贷款、每千瓦小时2分钱的电力建设基金以及发行债券和少量外国贷款等。其中仅电力建设基金一项，华中华东两网在三峡建设期间约可提取1472亿元，其中前12年约674亿元，年均约56亿元。因此，总的看来资金筹集不是很困难的。

上述财务评价是按1986年末物价计算的。综合经济评价专家组还研究了物价上涨的影响问题。国家计委规定的建设项目经济评价方法中指出，物价上涨不影响经济和财务评价。因为，如考虑物价上涨因素，则投入（工程投资）和产出（电价）应同步上涨，两者互相抵销，不影响评价结论，但影响具体筹资数字。例如，按1986年末价格计算，三峡静态投资为361.1亿元；如按1988年末价格增加30%计算，为470亿元；如按1990年价格估计1989年、1990逐年再增加10%，约为570亿元。

三峡工程投资大，工期长，建设的前12年只有投入而没有产出，它是否因此会影响2000年国民经济发展战略目标的实现，需要从国民经济宏观范围作进一步研究。为此，综合经济专家组委托航空航天工业部710所和浙江大学软科学研究所用数学模型进行了分析测算。两组数学模型采用的数据和方法虽不相同，所得结果的总的概念是一致的，即建设三峡工程不会影响2000年翻两番的国民经济发展战略目标，也不会影响人均国民收入的总的水平，而对2000年以后的国民经济发展却十分有利。

（七）兴建三峡工程的时机

综上所述，三峡工程是我国四化建设中一项具有防洪、发电、航运巨大综合效益的战略性基础工程，重新提出的三峡工程可行性报告的结论是：建比不建好、早建比晚建有利，建议早作决策。这是400多位专家中绝大多数同志的一致看法，我们认为是符合实际的。

有少数专家赞成缓建三峡工程（有个别同志不同意修建），社会上也有一些人主张不要修建三峡工程，或建议以后再议。其主要理由，一是对建设的必要性有不同看法，并提出先建上游、支流工程或用其他措施替代三峡，二是认为工程规模大、工期长、积压资金，国力承担不了，三是对工程的一些技术、移民和环境问题是否真能解决表示疑虑。因此认为不能急于求成。对于这些意见，我们的看法是：

第一，三峡工程的兴建，不仅是必要的而且是紧迫的。从防洪角度看，荆江河段防洪标准实在太低，加之洞庭湖的情况还在继续恶化，若不修建三峡工程，不仅要增加启用分洪区的次数，而且遇到特大洪水，必将造成严重的毁灭性灾害，并将打乱全国经济发展的计划。水文现象是按一定周期洪枯循环出现的。现在距历史上集中出现三次特大洪水（1788、1860、1870）已过了一百数十年，重大洪灾重现的威胁不断增长，沿江两岸人民都有危机感和紧迫感，现在如再发生这种洪灾，其损失和后果与过去不可相比，党和政府不能不考虑这个现实。从能源和交通角度看，富庶繁荣的华中华东地区能源奇缺，东西交通不便，研究今后发展的趋势，问题将愈趋严重，三峡的地理位置如此优越，水力资源如此集中，又是贯穿东西的最重要航道，不考虑开发利用，年年让相当于5000万t原煤的资源白白流入大海，进一步加剧煤的开采和运输压力及环境污染压力，让川江航运一直受自然条件制约不能迅速发展，这将造成无可挽回的损失，也是说不过去的。

有些同志认为，河流开发都应该先上后下，先支后干，三峡工程应在上游和支流开发后再建。关于河流开发程序，无论国内国外，无论在理论上或实践上，都不存在“先上后下先支后干”的固定模式，而是根据具体自然条件和经济发展需要确定的。美国的哥伦比亚河、科罗拉多河、苏联的伏尔加河和我国黄河的开发，都是先干后支。至于长江的开发，建国以来已建成大型水库一百多座，中小水库4.8万多座，大中型水电站1150多万kW，除葛洲坝以外，都在支流上。按照长江流域综合利用规划，开发上游和支流的工作都在继续进行，它们与三峡工程，既不互相排斥，也不能互相替代。

第二，关于修建三峡工程国力能否承受的问题，综合经济专家组已作过多方面的深入分析，认为我国经济发展到现阶段，国力可以承担三峡工程的建设。从物力上看，建设三峡工程共需水泥1082万t、钢材195万t，木材160万m^3，年平均用水泥55万t，钢材10万t，木材18万m^3，而1988年我国水泥产量已达20337万t，钢4698万t，木材6214万m^3，三峡工程用量只占极小比重。从国民收入和国民生产总值看，用1986年价格计算，三峡工程总投资占建设期间（论证中是按1989～2008年计算的）国民收入累计值的1.23‰，占国民生产总值累计值的0.73‰，这两个比值与宝钢一期工程的指标相比（分别为2.54‰和2.16‰），还不到一半，国家经济能力应可承担。

当然，三峡工程总工期20年是比较长的，但它在第12年即可开始发电，比一般百万千瓦级的水电站第一台机组发电要八、九年的工期相差并不多，与建设火电站和相应的大型矿井及运输路线来比也相差不多。如采取先进的施工技术和进一步优化设计，发电时间还可能提前。任何骨干性大型工程工期总要长些，有一部分资金发挥效益要迟一些，这是避免不了的。但骨干工程一旦投产即可迅速发挥巨大效益，在国家的战略性宏观决策中，安排少量大型骨干工程完全是必要的。三峡工程在第一批机组发电后的6年中，每年可投入相当于一座葛洲坝电站的容量。在全部投产后，每年的利税约可修建一座葛洲坝电站，其后劲是巨大的。

第三，关于建设三峡工程中的技术问题、移民问题和生态环境问题，以上都汇报过。通过30多年的工作，加上这次为期3年的全面深入论证，资料的丰富、工作的深度都是少有的。各专家组的结论中明确指出，三峡工程在技术上是可行的，不存在难以克服的障碍，移民是可以安置好的，不仅可以安居乐业，而且可以使目前库区落后的经济面貌和“越穷越垦”的生态环境问题得到改变。总之，建设三峡工程的条件已经具备，相信对这方面有疑虑的同志在了解详细的论证情况后会消除顾虑的。

社会上有些人士担心，兴建三峡工程是否又犯好大喜功、急于求成的毛病。我们认为，建国以来我国在经济建设上确有过大起大落、大上大下、急于求成、欲速不达的教训，是应当深刻记取，引以为训的。例如大跃进三年中，工农业总产值年递增 18.5%，社会固定资产投资却年递增 40%，又如 1985～1988 年三年中，国民经济总产值年递增 17.4%，固定资产投资年递增也达 17.0%(以上两项包括物价上涨因素)，都造成严重后果。这主要是在国民经济整体上和结构上宏观失控的结果，特别是非生产性建设和加工工业上得过快，而不是一两项战略性骨干工程造成的问题。1988 年开始，中央确定控制总量、调整结构、整顿秩序、提高效益的方针，情况迅速得到控制。对八五计划，国家计委考虑国民生产总值年递增 5%～6%。在吸取正反两方面经验后，在中央正确领导和控制下，我国经济一定能持续稳定协调发展，一定能避免过去的失误。三峡工程的建设资金只要控制在社会固定资产投资总额以内，不会造成国民经济整体失调，只能是有利于调整结构，提供后劲。对这种关系国民经济战略发展和国家社会长治久安的骨干工程，我们应该把眼光放远些，着眼于人民和国家的长远利益及根本利益，进行正确决策。

除宏观控制外，过去在个别工程上也有过急于求成的教训。这是指：①前期工作不深、资料不全，例如地质情况未查清、设计不深、仓促上马，引起一系列问题，甚至被迫停建；②规划不当、论证不足、原材料、动力不落实，产品没有销售市场，以至工程建成后长期不能发挥效益，甚至起副作用。很显然，三峡工程不属于上述情况。

总之，我们认为不论从国家的长远规划上看，还是从当前防洪、能源、交通的紧迫情况来看，兴建三峡工程都是必要的、急迫的。三峡工程在技术上是可行的，经济上是合理的、移民和生态环境问题是可以解决的，国力是可以承担的。现在已到了认真考虑三峡工程的时候了，不考虑三峡工程，无法解决长江中游日趋严重的洪水威胁，无法安排煤炭、水火电和航运的规划，经过如此长期的从宏观到微观的反复论证，可谓慎重和民主，在这个基础上做出决策，决不是急于求成，而是符合中央对三峡工程所采取的积极慎重的方针。相反，一拖再拖、失去时机、贻误大计，将造成我国经济和社会发展上的真正失误和重大不幸。至于具体开工时间可由国家根据各种条件决定，我们建议在八五后期开始准备工作。

三、关于加拿大编制的可行性研究报告

过去，国务院领导同志曾向美、加等国和世界银行表示，中国政府欢迎他们在三峡工程的技术和资金方面进行合作，并收到了他们各种合作方式的建议。为利用外资作准备，同时也为了引进技术和互相验证，1986 年 5 月经国务院批准，由经贸部代表我国政府与加拿大政府签订协议，由加拿大国际开发署提供赠款，加拿大最有经验的两个政府水电机构和 3 个私营公司组成咨询集团，负责按国际通行的标准与国内平行地编制可行性研究报告。中、加、世界银行三方组成指导委员会，并由世行推荐和协商，在国际范围内（包括我国）聘请 13 位知名专家组成国际咨询专家组，参与指导和监督。加方进行的可行性研究独立进行，不要求与国内的研究结论一致。

从 1986 年 7 月开始，加拿大咨询集团对正常蓄水位 150 m 至 180 m 各种方案涉及的技术、经济、社会、环境等问题，对建三峡和不建三峡替代方案问题等进行了全面研究，现已提出可行性研究报告，经过国际咨询专家组和项目指导委员会审查通过，已一并上报。

加拿大的可行性研究报告总的结论是：三峡工程效益巨大，技术、经济和财务方面都是可行的，建议早日兴建。认为三峡工程设计所依据的基本资料，包括水文、泥沙、地质等资料是充分和可靠的，质量符合国际标准，满足了可行性研究的需要；选择三斗坪坝址是恰当的，地区地震活动轻微，库岸稳定不会影响大坝和水库安全；工程在环境影响方面也是可行的，不会使环境遭受大的危害，泥沙问题是可以解决的。这些都与国内的研究结论一致，他们推荐坝顶高程也是 185 m，也与国内论证相同。与国内的结论不同之处主要是：加方推荐正常蓄水位为 160 m，比国内的 175 m 低，理由是，这个水位的经济效益最大，移民的人数较少，涉及的社会问题也较少。

加方的枢纽布置与国内的方案基本相同，但建议采用更大的机组，单机容量 76.1 万 kW（我们暂定 68 万 kW）装机 22 台，总容量 1675 万 kW，并认为不需要设垂直升船机，认为升船机在技术上虽然是可行的，但不能证实在经济上是合理的。工程投资按 1987 年年初价格为 246 亿元（不包括输变电工程），其中枢纽工程投资 161.1 亿元，移民费 80 亿元，环保费用 4.8 亿元。与国内估算的投资比较，主要由于移民人数的减少、发电容量的降低以及取消升船机等原因，比国内

估算数少52亿元。

世界银行为该可行性报告撰写的声明，确认正常蓄水位160 m方案的可行性，并认为该报告关于移民可行性的研究具有很高的质量，是可以接受的。世行考虑移民的艰巨性和经济的合理性，表示不支持采用比160 m更高的正常蓄水位。

我们初步认为，单从直接经济效益来看，他们的结论是有道理的。但这个方案在防洪上有超蓄问题，也不能满足航运部门的万吨级船队直达重庆港的要求，库区人民和航运部门难以接受。

以上汇报请审议。

杨振怀部长在国家防汛总指挥部第一次会议上的汇报提纲

（1990年4月21日）

一、防汛形势

从4月开始，我们从南到北，各地陆续进入汛期，防汛工作逐步进入临战状态。广东省3月份以来，已遭受两次龙卷风、暴雨的袭击。4月中旬，西江、北江已经出现第一次洪水，汛期比往年早来近一个月，石角北江水位已超过警戒水位。

今年的防汛抗旱工作有一些有利条件，如自1987年以来，从中央到地方，实行了行政首长防汛负责制，进一步加强了对防汛工作的领导，各地逐步建立和健全了防汛指挥机构，同时，制定和逐步完善了各类防汛岗位责任制，基本上实现了正常的防汛秩序；在防汛建设上，近几年，通过采取加固堤防、清障、河道治理等措施，部分江河、城市的防洪能力有所提高，如辽河的防洪能力已接近20年一遇，哈尔滨市的防洪标准达到100年一遇；全国43座重点病险水库已有新立城、陆浑、长冈、花溪、高洲、门楼、官厅、陡河、羊毛湾等9座完成了除险加固，有27座正在加固之中；去冬今春，各地认真贯彻执行国务院《关于大力开展农田水利基本建设的决定》，多方集资办水利，各行各业支援水利，取得了较好的成绩，截止3月底，全国已累计投入水利劳动积累工日40亿个，完成土石方48亿 m^3，新增灌溉面积1000万亩，恢复、改善灌溉面积5000万亩，除涝面积1700万亩，改造盐碱、渍害低产田1150万亩，治理水土流失面积1.6万 km^2，水利设施抗灾能力有所提高；国家对水利采取倾斜政策，今年投资的2/3用于大江大河治理、重点病险水库的除险加固，防汛通信、城市防洪和蓄滞洪区安全建设；在国家计委、物资部、商业部、全国控办、石化总公司等部门的大力支持下，拨给国家防办的钢材、油料、铅丝、车辆、化工原料等防汛物资都已落实，指标也比往年增加较多；各省、自治区、直辖市和1/2的县市已建立水政、水资源管理机构；在公安部门的大力支持下，全国水利系统已建公安机构800多个，有着装干警4000多人，查处了一大批盗窃、破坏水利设施的案件。

但是，今年的防汛工作，也确存在一些不利因素，主要是：目前大江大河防洪标准很低，只能防御一般洪水，尚难抵御解放以来出现的最大洪水，更不能抗御历史上曾经出现的特大洪水；水库、堤防、涵闸等防洪工程有的老化，进入更新周期，有的病险隐患严重；一些河道、湖泊泥沙淤积，人为设障，致使防洪能力下降，如海河干流、独流减河、永定新河等三条河道的行洪能力已由设计的5800 m^3/s 减少到2000多 m^3/s；一些河流特别是中小河流，山洪、泥石流尚待治理；大部分城市防洪设施建设与经济发展、人口的增长不相适应，城市防洪任务越来越重；七大江河自50～60年代大洪水后，70～80年代都未来流域性的特大洪水，部分干部、群众存在麻痹侥幸思想；县、乡政府今年普遍换届，新人缺乏防汛抗洪的实践经验；今年2至3月，全国从华南到东北相继出现了历史上少有的多雨雪天气，全国大部地区降水明显偏多，其中尤以黄河以南地区最为突出，淮河上游、长江中下游出现了历史同期最高水位。4月以来主要降雨在珠江流域。4月初，全国重点水库蓄水量比多年同期多39%，长江中下游的湖北、湖南、安徽、江西、江苏等省的大型水库蓄水量比多年平均多78%。由于今年前期气候变化激烈，影响我国汛期降雨的西太平洋副热带高压开始明显增强，加之今年夏秋有可能再次出现厄尔尼诺现象，又遇到太阳活动加剧，太阳黑子相对数较高。天文、海洋、气象、水文等各种因子的相互作用与遭遇，预示今年汛期有可能面临严峻和艰巨的防汛抗旱形势。因此，不能麻痹大意，不能掉以轻心。

二、防汛部署

今年是90年代第一年，是治理整顿、深化改革的关键一年。做好防汛工作，保障防洪安全，对于国家政治、经济和社会的进一步稳定，对于治理整顿和深化改革的胜利推进，关系极大。我们必须在防汛工作中，认真贯彻李鹏总理在政府工作报告中提出的指导思想，充分利用有利条件，尽量减少不利因素的影响，努力把洪涝干旱灾害造成的损失减小到最低限度。为此，对今年的防汛工作作出如下部署：

一、进一步落实以行政首长负责制为核心的各种防汛工作负责制。各级政府的主要负责同志要做好思想动员和新闻宣传工作，教育广大干部、群众防止和克服麻痹思想，立足于来大水，抗大洪，早做准备；充实、完善各级防汛办事机构，加强防汛正规化、规范化建设；落实防汛经费、物资；抓好防汛法规的制订与实施。各级水利部门要进一步落实各种防汛技术责任制和岗位责任制，加强防汛抢险技术培训，做好防洪工程的管理。

二、抓好防汛重点。大江大河、大中型水库和大中城市，是全国防汛的重点，必须努力做到大江大河保安全，大中型水库不垮坝，大中城市不出事。大江大河的防汛要继续认真贯彻落实国务院批准颁发的特大洪水防御方案，同时研究落实多种可能洪水对策；大中型水库的防汛要抓好除险加固和渡汛应急工程以及渡汛计划、方案、措施的制订与落实；大中城市的防汛要深入贯彻国务院1989年批转的《关于进一步加强城市防洪工作的意见》，首先要解决统一指挥和今年渡汛措施的制订与落实。2月中旬，我们已在哈尔滨召开了全国25个城市防洪经验交流会，贯彻国务院文件精神。东南沿海地区要加强对台风风暴潮的防御，加强海堤建设。各地都要注意防御中小河流洪水，山区要重视防御山洪、泥石流等突发性灾害。

三、狠抓防汛薄弱环节。病险水库、河道阻水障碍及险工险段是防汛的主要薄弱环节。各地要抓住当前国家对农业、对水利的投入采取倾斜政策的大好时机，加快病险水库和河道险工险段的除险加固步伐，消除隐患，充分发挥防洪工程的效益。要继续贯彻落实1989年3月国家防汛总指挥部关于认真清除河道阻水障碍、保证防洪安全的通知精神，彻底完成对七大江河的重点清障任务，中小河流也要按国务院的有关文件精神，坚持不懈、毫不动摇地清除阻水障碍。

四、加强非工程措施的建设。蓄滞洪区管理、防汛通信、洪水预报警报等是重要的非工程防汛措施，必须舍得花力气、下本钱加快建设步伐。各地要切实贯彻国务院批转的《关于蓄滞洪区安全与建设指导纲要》与国汛[1990]1号《关于做好蓄滞洪区安全建设与管理工作的通知》，做好"立足于分洪"的充分准备，当前首先要尽快逐户落实分蓄洪水时的救生措施。防汛通信工作要按照国家计委和水利部1989年3月关于加强防汛通讯建设的通知精神，尽快建立和完善水库、堤防、蓄滞洪区的通讯、水文测报和洪水警报设施。

五、加强防汛抢险队伍的建设。各地在汛前要落实群众性的防汛抢险队伍，要与当地驻军、人武部门联系，组织人民解放军、民兵投入防汛，实行军民联防；与此同时，要建立技术精、机械化程度较高的机动抢险队，以应付各种突发性的险情和事故。

六、认真做好汛前检查工作，各地要尽早组织汛前检查，当前要重点检查水毁工程的修复情况、应急渡汛工程的安排情况、闸门启闭设备和通讯设施的灵活可靠情况、防汛物资的准备情况。对于检查出来的问题，要及时采取措施予以解决。最近，水利部已派出10多个工作组，由部长、司局长带队深入主要江河调查防汛准备和清障情况。我们还计划组织国家防总成员检查重点地区的防汛工作。各地也可以仿照这种作法，把检查工作搞得深入扎实些。

七、加强防汛法规建设，依法治水，依法防汛。《中华人民共和国防汛条例》，在征求各地、各部门意见的基础上，已拿出修改稿，即将上报国务院批准颁布。颁布后，各地要结合《水法》和《河道管理条例》，大力宣传，认真贯彻执行，并根据本地的具体情况，制定实施办法。要提高法律意识，增强法制观念，把防汛工作逐步纳入法制轨道。要以法律为武器，同各种违法行为作斗争，严厉打击各种破坏防汛设施的犯罪活动。

八、防汛抗旱两手抓。今年以来，虽然我国大部分地区雨雪偏多，受旱的北方冬麦旱情基本缓解，有利于冬麦返青、生长。但是仍有一些地区降水少，受干旱威胁，如山东、天津、辽宁、吉林、黑龙江、新疆、青海、内蒙古等省、自治区、直辖市。建国以来的情况表明，我国的旱灾面积较大，年平均达3亿亩以上，对农业危害极大，特别是一些地区经常发生夏伏旱。因此，无论目前有无旱情，都要在抓好防汛准备工作的同时，做好抗大旱的准备，对防汛和抗旱，都不能有任何的侥幸心理。

三、需要解决的问题

（一）防汛办事机构的编制、经费问题。全国人大通过的《中华人民共和国水法》对县级以上防汛指挥机构规定了很多任务、职责，李鹏总理多次强调防汛工作要正规化、规范化。如果防汛指挥部的办事机构是汛期凑班子，汛后散摊子的临时机构，是难以胜任的。据了解，全国还有部分省、地、县防汛指挥部办事机构的编制、经费未落实。请各地编委、人事、财政部门予以研究解决。

（二）防汛经费不足问题。主要反映在以下几方面，请国家计委、财政部研究解决：

1. 直接承担防汛任务的水文部门、防洪工程管理部门，由于工作量增加、物价上涨、人员增加等原因，事业费和防汛岁修费严重不足，有的连人头费都难以维持。

2. 蓄滞洪区安全建设的投资太少。据有关流域机构最近提供的统计资料，海河、淮河、黄河、长江四大江河防御特大洪水需要使用蓄滞洪区共85处，在设防标准内调度运用的71处涉及人口1296万，其中有967万多人需要解决安全措施，目前已建的安全楼、避水台等设施只能安置256万人，仅占计划的1/3。造成这种情况的主要原因是蓄滞洪区安全建设的投资太少。今后除了中央要增加经费外，要求各地也要列入专项，增加投资。

3.25个重点城市的防洪经费不足。自从25个与大江大河的防洪有密切关系的重点城市的防洪骨干工程划归水利部负责以来，国家计委每年只安排2000万元投资，与实际需要相差很大，使城市防洪工程设施建设不能与其他建设同步进行，不能适应城市经济建设发展的需要。

4.近几年山洪、泥石流给人民生命财产造成很大损失，然而其防御经费至今没有渠道。

最后，希望各省市，各地区，各部门，各行各业严格组织纪律性，顾全大局，服从统一调度和指挥，团结治水；气象、水文、能源、农业、林业、解放军等各部门、各系统的雨量、水情站网和通讯系统互相配合，互通情报，真正发挥防汛抗旱的尖兵和耳目作用；中科院、国家气象局、水利水文和有关部门继续搞好气象雷达，卫星传输和防汛遥感系统为防汛服务；国家计委、民政部、财政部、水利部密切配合，共同研究解决如何搞好灾前预防，灾后救灾的问题；财政部、民政部、保险公司、水利部共同搞好防洪基金、防洪保险工作；交通、民航部门在汛情紧急时刻，为紧急运输和救人提供车辆、船只和飞机；邮电部门一如既往，保证汛期通信优先，价格优惠；能源部所属水电站汛期服从各级防汛指挥部的统一调度和指挥；水利、电力共用的通讯系统汛期全力为防汛服务好；财政部连续五年从经费上大力支持辽河堤防，东辽河和哈尔滨市堤防工程，发挥了很大作用，希望继续给予支持。连续四年每年提前预拨特大防汛费3000万元，今年亦希继续。总之，我们要在党中央、国务院的领导下，做好迎战可能出现的各种水旱灾害的各项准备工作，为夺取今年防汛抗旱工作的胜利而奋斗。

国家防汛总指挥部一九九〇年第一次会议纪要

（1990年4月21日）

4月21日上午，田纪云同志主持召开国家防汛总指挥部今年第一次会议，听取国家防汛总指挥部副总指挥、水利部部长杨振怀同志关于今年防汛抗旱形势和工作部署的汇报，国家气象局副局长马鹤年同志关于今年汛期天气趋势的介绍，研究部署了今年的防汛工作。副总指挥、国务院副秘书长李昌安、国家计委副主任叶青和指挥部成员参加了会议。

会议认为，今年的气候有些异常。去冬今春出现了少见的持续大范围的降雨降雪天气，淮河上游、长江中下游出现了历史同期最高水位。4月中旬，西江、北江已经出现第一次洪水，汛期比往年早来一个月，石角北江水位已超过警戒水位。4月初，全国重点水库蓄水量比多年同期多39%，长江中下游的湖北、湖南、安徽、江西、江苏等省的大型水库蓄水量比多年平均多78%。据预报，今年汛期降水比去年同期有增多趋势。各地必须提高警惕，把工作建立在防大汛、抗大旱的基础之上，防汛抗旱两手抓，不能存在任何的侥幸麻痹思想。今年防汛的重点，依然是大江大河，大中型水库和大中城市。必须努力做到大江大河保安全，大中型水库不垮坝，大中城市不出事。

今年是治理整顿、深化改革极为重要的一年。当前，稳定高于一切。政治稳定和社会稳定是前提，经济稳定发展是基础，而农业的稳定发展又是国民经济稳定发展的基础。因此，做好防汛抗旱工作，确保不出大事，夺取农业丰收，对于实现我国的政治、经济和社会的进一步稳定发展，具有重大意义。为此，会议经过研究，议定以下意见：

一、要进一步加强防汛工作的责任制。新上任的省长、市长、专员、县长要很快熟悉情况，上岗到位，肩负起防汛抗旱工作的重任。各级防汛指挥部办公室是负责防汛日常工作的办事机构，其编制、经费请各地编委、人事、财政部门认真给予支持。

二、大力宣传贯彻《水法》、《河道管理条例》，依法办事，把防汛工作逐步纳入法制轨道。要以法律为武器，坚持深入开展河道清障，严厉打击各种破坏防汛设施的犯罪活动。

三、顾全大局，团结治水。出现超过防御标准的特大洪水时，有关省、市要坚决贯彻执行国务院颁发的《黄河、长江、淮河、永定河防御特大洪水方案》，对拒不执行而造成重大损失的，要追究主要行政负责人的责任。各地跨行政区的江河，在处理超标准洪水时，要从大局出发，以大局为重，团结治水。

四、搞好蓄滞洪区安全建设，做好立足于分洪的充分准备。蓄滞洪区安全建设牵涉面广，各级政府要组织水利、建设、农业、商业、物资、财政、民政、交通、邮电、卫生、保险等有关部门共同完成。今年工作的重点要放在落实通讯预警系统和紧急救生措施上，以备分洪运用，保障人民生命安全。

五、要认真进行汛前检查，落实渡汛工程和措施。各地都要认真组织好汛前准备工作检查，发现问题及时处理。特别是对于堤防的险工险段、病险水库、病险涵闸等薄弱环节，要作为紧急渡汛工程认真处理，并要制订出可靠的渡汛方案和采取切实的措施。国家防总成员，除了负责做好本部门与防汛有关的工作外，要尽可能地参加防汛检查，由国家防办负责安排，重点检查黄河、长江、淮河。其他河流由各省组织检查。

六、增加资金的投入。今年国家在增加农业投入中，相应增加了水利的基建经费。大部分的省市也增加了对水利的投入。当前突出的问题是防汛岁修经费严重不足，蓄滞洪区安全建设经费太少，城市防洪经费缺口较大，山洪、泥石流等灾害防御经费没有来源。请计委、财政部和水利部共同研究解决；地方各级政府也要按照分级负责的原则，认真研究解决。

会议要求各部门，各行各业紧密配合，通力协作，做好防汛工作。气象、水利、能源、农业、林业、解放军等各部门、各系统的雨量、水情站网和通讯系统要互相配合，互通情报，真正发挥防汛抗旱的尖兵和耳目作用；中科院、国家气象局和有关部门要继续搞好气象雷达，卫星传输和防汛遥感系统；国家计委、民政部、财政部和水利部要密切配合，共同研究解决如何搞好灾前预防，灾后救灾的问题；财政部、民政部、保险公司和水利部要共同搞好防洪基金、防洪保险工作；要求交通、民航部门在汛情紧急时刻，为紧急运输和救人提供车辆、船只和飞机；邮电部门要一如既往，保证汛期防汛通信优先，价格优惠；能源部所属水电站汛期要服从各级防汛指挥部的统一调度和指挥，水利电力共用的通讯系统汛期要全力为防汛服务好；财政部要继续从经费上大力支持防汛工作。

杨振怀部长在全国水利执法体系建设工作会议上的开幕词

（1990 年 5 月 15 日）

全国水利执法体系建设工作会议现在开幕。这次会议得到国务院领导的重视和关心，得到全国政协钱正英副主席和全国人大、国务院有关领导部门的指导与支持。今天在主席台上就坐的各位领导同志，他们在百忙中到会亲莅指导，这是对我们很大的鼓励与鼓舞。我代表水利部和与会代表，表示衷心的感谢。

《中华人民共和国水法》的颁布，标志着我国开发利用水资源和防治水害的事业将走上法制的轨道。1988 年新组建的水利部把学习、宣传和贯彻《水法》作为第一件大事来抓。两年来，各级水利部门在全国人大、国务院和各级人大、政府的领导下，以宣传教育为先导，以建立水立法、水管理和水利执法三个“体系”为中心，深入贯彻《水法》，加强了水利法制工作。

去年，田纪云副总理在全国水利工作会议上指出，“现在的问题不是无法可依，而是必须解决有法不依的问题。有了法不去执行，等于有了武器不用”。“贯彻《水法》必须建立执法体系”。遵照田副总理的指示，水利部立即研究部署建立水利执法体系的工作。

建立水利执法体系是各级水利部门实施行政执法的一项重大决策。遵照中央关于“有的重大决策在实施前还需要经过试点”，以及“领导要坚持一般号召与个别指导结合，点面结合的工作方法”等指示精神，水利部在一些省市进行水利执法体系的试点工作，事先规定了试点工作的目的、任务以及步骤、方法，在试点过程中，水利部和有试点任务的省水利厅派干部下基层调查了解，从群众中吸取智慧和营养，及时总结经验，推动面上工作。

目前全国大部分省、自治区、直辖市和 1/3 以上的县（市）已建立了水政执法机构，其中，黑龙江、北京、天津、山东、贵州、广东、上海等省（市）基层水政机构已建立 90％以上；我部在 10 个省（市）和黄河水利委员会进行的第一批 21 个单位执法体系试点工作已经结束，并通过验收；水政监察队伍正在逐步扩大，全国现有水政监察和水利公安执法人员共 6000 多人；按照总体规划，水法规体系建设正在有计划地开展，据不完全统计，已制定地方性水法规 100 多件；在人大和政府的领导下，北京、山东等 13 个省、自治区、直辖市去年进行了《水法》执行情况的检查，3 万多宗水事案件得到依法处理，漳河、黄河小北干流等长期未能解决的重大省际水事纠纷的调处，取得了突破性进展，各项水事活动逐步纳入了法制的轨道。

各级人大和政府对水利执法体系的试点工作都十分重视，组成领导小组，加强对试点工作的领导，确立了水利部门的执法主体地位，支持水利部门依法行政、以法管理和对违法的处置，并联系本地水利工作的实际问题，确立试点工作的重点和突破口，决定办好几件有影响的实事，使试点工作取得了明显的效果，在社会上造成积极影响。贵州省遵义市进行试点，以加强城市水管理为重点，统一实施取水许可制度，目前，全市 97％的取水点已完成登记发放取水许可证，履行了水资源权属管理的职责，为理顺城市水管理体制和实施取水许可证制度提供了有益经验。北京市、广东省进行试点，以清除河障和渠障为重点，依法处理一批过去难以解决的违章建筑，并划定了工程保护范围，进行定权发证，有力地保护了水域和水工程。各试点县、市，通过水政监察与水利公安联合执法，盗窃破坏水利工程设施的案件减少，水利治安秩序明显好转，为依法治水提供了许多新鲜的经验。水利部计划在第一阶段试点工作的基础上，进一步加强领导，加快步伐，为在今明两年内建立起水利执法体系而努力。

这次会议的主要任务是：按照党中央、国务院有关加强政府法制工作的指示精神，认真贯彻“一手抓建设，一手抓法制”，总结两年来水利法制工作，重点是总结第一批水利执法体系试点工作的经验，研究、讨论加快步伐搞好执法体系建设，部署下一步工作任务。通过这次会议，各级水利部门要切实地更新观念，转变职能，增强执法意识，更好地承担起政府综合管理水的行政主管部门的职能；要在各级党委、人大和政府的领导和监督下，在有关部门的支持和配合下，把水利法制工作深入持久地开展下去；要贯彻“立法与执法并重，执法与监督并举”的精神，在抓紧制定水法规的同时，尽快建立起全国水利执法队伍，有计划地对《水法》执行情况进行监督检查，以保障《水法》的贯彻实施，为推进我国社会主义民主和法制建设，维护我国政治、经济和社会稳定，保障治理整顿、深化改革的顺利进行，作出新的贡献。

这次会议预计开4天，时间短，任务重，希望同志们集中精力，认真把会议开好，圆满完成会议的各项议程，以达到会议通知所预期的效果。

杨振怀部长在全国水利执法体系建设工作会议上的总结讲话

（1990年5月18日）

这次会议开了4天，今天就要结束了，会议开幕时全国政协钱正英副主席、全国人大法工委郄福肇副主任、公安部俞雷副部长、司法部郭德治副部长的讲话给我们很大的鼓励与有力的指导。他们的讲话已印发给大家，希大家学习贯彻。这几天，大家听取了试点单位的介绍和厅局长、流域机构主任们的大会发言，介绍了各地的宝贵经验，这些经验都很好，可供大家学习参考。会议讨论中，大家情绪很高，气氛热烈，发言踊跃。会议开得很好，对今后进一步推动全国水利法制建设，必将起到重要的作用。

刚才，水政司柯礼聃同志作了第一批试点工作总结和下一步部署的综合发言，我都同意，希望按照这个部署，结合各地情况，因地制宜作出安排并抓紧落实。下面我再补充讲几点意见。

一、加强水利法制是实现人民根本利益的需要

党的十三届六中全会通过的《关于加强党同人民群众联系的决定》，强调指出了加强社会主义法制正是保障人民民主、维护人民利益的需要，是实现人民当家做主的需要。

我国的法律从根本上讲，就是为了保障人民的权力，实现人民利益的。我们开展法制教育，重要的目的也是让人民掌握法律，依法行使自己的权力。因此，我们要大力开展《水法》宣传教育。全体水利职工、各级水利部门都应加强水政观念，立足本部门，主动积极地做好水法宣传工作。在这个基础上，让广大群众知道和了解《水法》，依法参与水的管理和保护，节约用水，合理用水，依法治水，保障各方面在开发利用水资源和防治水害方面的合法权益。

加强水利法制，建立水利执法体系的目的在于有力地纠正过去由于管理薄弱，法制不严而出现的设障阻水、滥用水资源、污染水体、水土流失、破坏水利工程设施，以及各地区、各部门在水利用方面的水事纠纷，使我国有限的宝贵水资源得到保护利用和合理开发。也就是说，要依靠广大人民群众，让人民掌握《水法》，自觉地遵守《水法》，来保护人民群众自己的利益。一句话，我们是为了保护国家和人民利益而执法的，决不是为其他什么目的，更不允许为本部门、本单位甚至个人谋求私利。明确了水利执法这个根本目的，才能增强执法工作的使命感和责任感，无私无畏地贯彻实施水法，水利执法工作就会得到广大人民的理解和支持。我想，大家在前一阶段的执法实践中，都能体会到这一点，在下一步扩大执法体系试点工作中，牢牢地掌握这个准则，使水利执法队伍一开始就能在社会上树立起廉洁公正的良好形象和作风。

二、克服“一手硬、一手软”的状况，必须从各级水利领导机关做起，首先从水利部做起

钱副主席在水法研究会成立会上的讲话中指出：“在建设与法制问题上，我们过去确实存在一手硬、一手软的状况。要使水利的软件建设迅速赶上水利的硬件建设，使水利事业走上更加健康发展的宽广大道”。她在讲话中提出“水政建设工程”，我认为她提出的这件事有十分重要的意义。大家在讨论中也强烈希望当

今水利工作中，必须自上而下地下大决心，改变“软件”疲软的问题，我们水利部领导和各司局要在这个问题上带好头做表率，自觉地接受基层的监督。

去年全国水利工作会议上，我们提出要把转变职能，贯彻“水法”，加强水资源统一管理和水政建设，真正担负起各级政府水行政主管部门的职责作为近期重点要抓好的三大任务中的第一件。一年来，水利法制建设取得不小的进展。各省人大、政府做了大量的工作，各省水利厅尽了很大的努力，取得了显著的成绩。但是从部领导，尤其从实际工作中来检查，这方面还是远远不够。我们部领导抓得不实，部机关各司局仍然存在着转变职能，全面服务的问题。抓具体问题多，真正在转变职能上下功夫不够。同样，地方有的水利部门也存在着类似情况。

为了切实改变这种状况，今后水利部一定要把水利法制建设当作水利事业的基础工作来抓，并提到主要议事日程上来；要把水利的“软件”、“硬件”两手抓，并相互促进，以此作为水利工作治理整顿、深化改革的主要任务。要按照“三定”方案，对照检查各职能部门是否都切实履行了《水法》与国务院所授予水行政主管部门要强化宏观管理、行业管理的职责。要增加对“软件”建设方面人力、物力的投入，为“软件”建设开“绿灯”；对地方水利工作支持和指导上，要把“软”、“硬”件捆在一起，凡是不重视“软件”的，要考虑是否对“硬件”给予支持，要把水法制建设贯穿在防汛抗旱、农田水利等水利事业的管理和建设中去，并作为考核政绩的重要指标之一。昨天下午我听了六位厅长的大会发言很受启发，他们确实抓得好。我想如果都能像那几个省那样抓“软件”，水利法制建设就能够迅速得到加强。从这次会议交流的情况看，其他如北京、广东等省、市水利厅（局）的主要负责同志也都重视“软件”，肯在水政建设上下力气，所以工作成绩也较好。应该指出，现在还有少数几个省，一些地方水利部门的领导，还没有进入“角色”，或者说还站在水法制大门口。个别省至今连水政机构还没有成立。没有机构和人，怎能推动下边的水利执法工作呢？所以说，要转变“软件”疲软的状况，我们各级水利部门的领导，特别是第一把手一定要更新观念，转变职能，进入“角色”。各级水利部门第一把手亲自过问水政，分管领导要具体抓，希望每年有新的成绩和进展。希望大家监督。

三、当前统一水政要处理好三个方面的关系

一是在水法规和水管理体系建设中的外部关系问题，包括水利与水电、城市与乡村、地表水与地下水、河道与航道、水量与水质这五对矛盾。关键是要认真学习和贯彻田纪云副总理在全国水资源与水土保持领导小组第一次全体会议上的讲话和去年5月在全国水利工作会议上的讲话。这个讲话提出的水政水资源实行“五统一、一加强”，即统一规划、统一调度、统一发放取水许可证、统一征收水资源费、统一管理水量水质，加强全面服务。应该说，国务院在机构改革中很注意理顺这几个关系，做了大量的协调工作，通过行政法规和“三定”，大多数问题已经明确了。但是，理顺关系涉及到部门的利益和权责的调整，因此，执行起来往往有不同理解，出现一些矛盾，使一些行政法规难于出台，也给地方工作增加不少困难。我认为，处理部门关系的准则应该是：在各级政府领导下，团结协作，同时，凡法律（或法规）已经授权，国务院各部门“三定”已经明确的，我们必须坚决执行。水资源管理制度，统一管理是前提，分级分部门管理必须服从统一管理。在规划工作上，专业和地区规划必须服从流域综合规划。这些都是原则问题。在处理工作关系上，则应主动与兄弟部门和相邻地区协调，搞好合作，团结治水。所以我常说，搞水政的要学点公共关系学。既要坚持原则，又要善于处理多种复杂的关系，才能把工作做好。这方面山东马麟厅长和贵州邓副厅长等在大会发言中讲得很好，很值得大家参考。要发挥主观能动性，不能等，要开拓前进。在处理部门关系和在立法工作中遇到的重大问题，省厅主要领导同志要亲自出面与兄弟部门和相邻地区领导协商对话，多做工作。另外要多向政府、人大、政协以及有关综合部门汇报，说明情况，以得到他们的支持。在水利执法过程中还要加强与公、检、法部门的联系，争取他们的指导、支持与合作。

在协调好上下左右关系的同时，要抓紧水法规体系建设。如山东、贵州、北京、黑龙江、山西等省以省政府、省人大名义颁布水管理地方性法规，大大推动了水政水资源工作的开展。另一方面要大力加强县级规范性文件的制定，如山东昌邑，广东从化，黑龙江宾县那样。目前全国有几百个县颁布了地方水管理的规范性文件，没有搞的，要积极推动这项工作。

在处理部门关系中，各级水利部门都要十分注意研究其他部门的有关法规，要把它摆到和制订本部门规章一样重要的位置。水污染防治法、森林法、渔业法等我们同样要贯彻，还要注意执行中的衔接。要注意在江河修建桥梁、道路、码头、渡口与河道防洪的关系。对大型企业的设定，尤其是耗水大的企业配置，我们水政、水管部门都要主动去关心。过去我们主要抓水利工程建设，抓水利技术，是内向型的，工作做在水利部门内部，不注意上下、左右关系。希望开拓

眼界，重视抓部门关系，这关系到水利在国民经济中地位的认识问题。水利不是一般的业务部门，他和能源一样是基础。摆正了位置才能在国民经济中、国家各级计划中发挥一定的作用。各级水利部门领导都要协同做好经济部门，特别是综合部门的工作，在安排经济计划时要考虑到水利对经济的促进、保证和制约作用。对城镇建设规划、工业布局、长远经济规划中涉及国计民生的大事，水利部门都要积极参与，要有发言权，不能只埋头干自己的工程。当前，在江河两岸修建的建设项目，从项目立案时便要注意，主动提出意见，不然，工程建成后，遗留问题更难处理。

二是在建立水利执法体系中水利部门内部关系问题。新成立的水利部不是五十年代水利部的恢复，也不是原水电部水利部分简单的分部，而是国务院授权的政府水行政主管部门，要贯彻《水法》，对水资源实行统一管理。为此，新设立了水政司和水资源司，只有大力加强综合司的职能，加强宏观管理，水行政主管部门才能就"位"。水利部门有关政策法规方面的工作，有关执法体系总的安排和牵头单位，即"龙头"是水政部门。水政工作并不是现在才有，古代就有，唐朝就有水部，元明清有河务机构，官位为从一品，大运河管理有漕运总督。古代的水利管理都有法制，分水比例都明确规定。历史证明，一些盛极一时的水利工程湮没、消失的原因很大程度上是政治腐败，水政松弛，管理混乱，被豪强侵占。没有政府的支持，没有法律的支持，没有水政不行，管理必然松弛，再好的水利工程效益不能发挥，甚至也会湮灭。也就是钱部长讲的，硬件没有软件作保证，没有法律作保证，没有坚强的执法体系作保证，不可能发挥效益。因此，各级水利部门要把水政建设放在首位。水政机构和计划、监察、审计部门一样是综合部门。各级水资源、河道、水工程管理、灌排管理、水土保持、农电管理、水文等业务部门在水政监察体系中分别负责职责范围内的行政执法任务，是整个水利执法体系的组成部分。既要强调专业水政执法机构的作用，也要加强水利部门各个单位在水利执法中的作用，调动各方面的积极因素，五个手指攥起来才能形成拳头，不能内耗。各级水利部门第一把手要亲自抓，协调好这方面的工作关系。

三是要发挥成千上万个基层水利管理单位的作用，发挥水利战线130万职工的作用。赋予水利管理单位，灌溉区、排水区管理单位，河道堤防管理单位，水土保持管理站，水库管理单位，乡镇水利站，水文站等基层单位一定的权职；特别是要发挥乡水利站、重点工程灌区水管单位的作用。学习环保、土地管理部门以及郾城、昌邑等地经验，在乡一级建立群众性的监察人员，给他们一定的水政监察任务和权力，建立专群结合，上下结合的水政监察队伍。村一级水管员，灌区一级放水员、堤防管护员都能在村一级宣传《水法》，调解水事纠纷，提供有关信息或线索等方面发挥作用。各地根据自己的实际情况，规划一下，把我们自己的力量组织起来。

各业务部门与水政执法机构的工作关系：各单位的立法要通过水政机构归口上报，不能政出多门；与外部门联系，解决职责交叉或法制工作中出现不协调时要通过水政机构，这样不致于出现偏差和矛盾。当然，水政机构也包不了各业务部门的工作，如水土保持监督，他们的工作大多在山区，有自己的特点；河道管理工作由河道管理部门负责，出现大的违法案件时要依靠水政，因为法律顾问在它那里，懂法律、打官司、与公检法密切联系的人在它那里。总之，我们要协调好内部关系，统一起来，调动各方面积极性，共同抓水政建设，共同抓"软件"。

我很同意浙江省陈绍沂厅长的意见，为了更好地发挥水政监察的作用，水政人员，特别是水政监察专员，水政主任监察员要和审计、监察人员一样实行同级政府和上级水行政主管部门双重领导，有的要以上级水行政主管部门为主。要建立各级水政监察人员向上级主管部门的联系和报告制度，设立水政监察信息传递制度。

水利公安是水利执法体系的一个重要组成部分，1988年11月水利部、公安部共同发出的"贯彻水法，加强水利公安保卫工作的通知"，各地要抓紧贯彻执行。这次公安部俞雷副部长出席会议开幕式，表示了对水利公安的支持。过去，水利公安在打击盗窃破坏水利工程设施、维护水利秩序中已经发挥了很大的作用。水政监察和水利公安是水利执法队伍一文一武，要密切配合，协同作战，发挥更大的作用。水利公安队伍要在省、市、县地方各级公安部门领导下开展工作，对已有的水利公安队伍要完全按照公安部门的要求训练和装备。

流域管理是实现国家对水资源统一管理的重要方面。流域机构要切实转变职能，加强大江大河的水政管理和流域内跨省主要江河水资源分配和管理，调处省际间水事矛盾。在重要江河干流取水、修建大型跨河、临河、岸线利用工程要经过流域机构同意。国务院审定颁布的水利部"三定"方案中，授权七大江河流域机构可以行使水行政主管部门的部分职责，希望各省大力支持流域机构的工作。

为了适应法制建设工作需要，各地都要大力加强培训，建立一支熟悉法律的队伍。各级水利部门和重要的水利单位都要聘请法律顾问。

四、当前水政执法工作从何抓起

一是要抓好今年的水法宣传周，这就是我们的“水节”，已经搞了两年了，要坚持不懈地做好这项工作。要发动全国130万水利职工，共同做好这项工作。要以全社会为对象，搞好水周宣传，宣传要结合本地区水旱实际，总结经验教训，以此宣传发动群众。永定河1956年洪水到现在已30多年了，现在50岁的人都不知道永定河要发洪水，历史上北京五次进水，淹了北京城。干旱大家也只记得去年和前几年的旱情，不知道明崇祯年间连续16年大旱，光绪三年连续5～6年干旱，华北赤地千里。还要结合典型案例宣传，每个省都要抓几个典型案例进行宣传，才能更好地发动群众。宣传方法要多种多样，除了领导上街头外，最好的办法是放幻灯、放录像、搞宣传车、发宣传品、写标语。宣传要花钱，花的是小钱，各级都要拿一点。

二是要紧紧依靠基层管理单位执法，要从加强现有水利工程管理入手，坚定地保护水利、水电工程的产权不受侵犯，要界定产权，谁投资谁所有，不许“平调”；有的水库、水电站被平调走了，水利部门不吭一声，这不行；县、乡、村三级都要建立水利固定资产责任制，以其增减作为考核指标；要抓紧划定水利水电工程管理和保护范围，定权发证，树立界标；密切配合公检法部门，严厉打击破坏水利水电工程设施的犯罪活动。当前最紧迫的是加强水利水电工程的管理工作，依法管理，确保现有工程更好地发挥综合效益。

三是结合当前防汛抗旱工作，狠抓清除河障、堤障，抓紧水事案件的处理，使之取得突破性的进展。

四是大力开展水资源的统一管理和保护，狠抓节约用水、计划用水。节约用水是我们的国策，也是水利部门最薄弱的环节。昨天维吾尔厅长说新疆的潜力在节水，通过节水可以扩大几百万亩灌溉面积，他讲的何止是新疆。昨天贵州邓副厅长说要改变南方不缺水的观念，我完全赞成。要全面实行节水，同时，有计划有步骤地开展取水许可管理保护江河湖库水质，特别要保护饮用水源，控制地下水区域性超采。通过这些把水政、水资源工作开展起来。

五、关于扩大试点中亟需解决的几个“软件”和“硬件”的问题

大家在讨论中都表示有信心、有决心努力争取今明两年内建立起全国水利执法体系。实现这个目标要因地制宜，既要积极，又要量力而行，有计划分步骤地实施，不搞“一刀切”。会议上大家提出亟待解决的具体问题，归纳起来是三个“软件”和三个“硬件”。三个执法方面的规范性文件，这次会议讨论修改后部正式下文发送各地，在试点中试行。水政监察员、主任监察员和监察专员都要经过法律培训，要有结业证书才能任命上岗。关于经费问题，只要第一把手抓水政，各级领导思想上真正重视了，就像黑龙江省王才厅长那样，经费就好解决。我双手赞成钱副主席提出要搞“水政建设工程”。部计划司已安排了一些水利经费，促进推动各流域调处水事纠纷，补助执法体系试点工作。关于商请财政部在水利事业费预算科目内增设水政水资源管理科目的问题，请财务司继续商办。有的地方也可以从水费、水资源费、农水费中安排解决。这点经费，在水利部门是可以解决的，只要领导重视，就能解决。水利工程每年被破坏造成直接损失约1.5亿元，3年近4.5亿元。加强水政建设，加强管理可以减少损失，发挥更大的经济和社会效益。因此，要下决心，宁肯少上一、二个工程，也要把水政建设搞上去。希望省、地、县也相应地拿出此经费用于“水政建设工程”和处理水事纠纷。各级水利计划、财务、物资、农水等管钱管物的部门都要给予支持。水政监察专用车我是同意的，由部物资局归口，正在与有关部门协调，就此联合发出文件。关于执法装备问题，我们上下齐努力，积极创造条件。

今后，对执法人员中的好人好事，以及作出显著成绩的先进人物和单位，每年都要进行表彰。执法很不容易，会遇到许多实际困难。我们都要为基层执法人员撑腰，如果发生执法人员被殴打事件，一定要查处。当然，首先要求水利执法人员不得妄作非为，必须公正、廉洁执法。

今年不召开全国水利会议了，趁这个机会把今年的水利工作讲一下。今年水利工作重点归纳为“贯彻水法，加强管理，科技兴水，讲求效益”四句话。年初，已将今年水利工作要点通报各地了。加强管理不是一般意义上的管理，既包括工程管理，也包括水政水资源管理、水土保持管理。

当前全国的水利形势很好，好的标志是中央重视农业，各省的领导重视农业，整个社会和舆论界对农业和水利都是支持的。李鹏总理在去年11月接见农业综合开发经验交流会的代表时说：“中国农业的命脉在水利，所有的农业开发区都与治水有关。在中国发展农业不解决水的问题不行，一方面是开发水资源，另一方面是搞节水型农业。最现实、最有潜力的是搞节水型农业，投入省、收效快。各行各业都要支援农业，包括金融部门，也包括煤、电供应。现在农民发动起来了，农田基本建设规模很大，要注意效果，讲究效益。综合部门要发挥综合的作用，国家计委要管工业，也要管农业，又管基建又管生产，各级计划部门要起到综合经济部门的作用。省长要亲自抓农业”。去冬今

春农田水利建设是近10年来最好的，全国搞了35亿个工日，相当于1000万名劳力干一年，增加灌溉面积约1000万亩，改善灌溉面积约5000万亩，第一次扭转了80年代以来灌溉面积下降的状况，净增加100多万亩。国家统计局对28个省市，800多个县，3900个村的调查说明，"农田水利基本建设出现近年来少有的好势头"，"水利投劳显著增加，增加84%～61%，完成土石方为去年的3.1倍，水利投资大幅度增加，水利设施得到改善"。今年政府工作报告和江泽民同志讲话中提出"要连续干五年"，所以说形势是好的。

今年的水利工作，仍要认真学习、落实全国水利工作会议精神，特别要学习贯彻田副总理的两次讲话。要贯彻《水法》，转变职能，全面服务，真正切实承担起各级水行政主管部门的职责，加强水政和水资源统一管理。要抓节约用水，抓科技兴水。采取切实措施落实会议精神。另外，强调一下要具体抓好两件事：

一是要贯彻落实国务院办公厅"关于贯彻《水利工程水费核订、计收和管理办法》的通知"，这个文件重申了1985年国务院94号文件；重申水费可按实物计收；重申逾期不交水费，管理单位有权限制供水，甚至停止供水；重申水费的收入抵作供水成本和事业费拨款的视预算收入，免交能源交通重点建设基金和国家预算外调节基金；重申要加强水费管理，确保用于水利工程维修改造，任何单位不得截留挪用。这个问题是在江总书记、李鹏总理那里最后定下来的。有了文件，就应认真彻底实施，不能将文件束之高阁，需要一个省一个省落实。

二是要抓在国民经济发展计划中确立水利在国民经济中的重要地位，确立水利在产业政策中的地位。特别是当前各级都在研究"八五"计划和2000年安排。要做好这项工作，为水利事业创造一个能不断自我积累和具有自我发展能力的环境条件，这是水利治理整顿、深化改革的一项重要任务，主要领导的精力要放在这里。

当前，要着重抓好两方面的工作：

一是要抓好防汛和抗旱工作，保证江河、城市和农村的防洪安全。今年气候不太正常，不论南方北方，春雨那么多，基本不旱，这是多年没出现过的。前两个月珠江的水位已超过警戒水位，长江汉阳水位也超过20多年来春季的水位。现在湖北、安徽有几百万亩农田受涝。南方雨季已经开始，北方也只有一个多月就要进入雨季，大汛前必须做好准备。中央防总、水利部对今年防汛十分重视。4月21日田纪云副总理主持了防总第一次会议，5月份又召开了第二次会议，会议决定国务院领导和防总成员单位都要派负责领导或他们的代表参加防汛检查，田纪云副总理带队检查黄河，陈俊生同志带队检查淮河，我和有关部委检查长江。从今年的气象预报看来，洪涝、干旱都可能发生。黄河、淮河一带，今年雨可能不小。70～80年代基本上没有大洪水。90年代洪水可能也不会小，但不一定是哪一年来。各级水利部门，特别是领导现在要把工作做到前头，以预防为主，不管今年来不来大水，现在开始下决心，大干三年做好临战准备，立足于来大水，有准备才能减少损失。

防洪也要"软件""硬件"一起抓，就是工程措施与非工程措施并重。这几年我们相当多的投资放在通讯、预警系统建设，蓄滞洪区安全建设，行蓄洪区的有关政策的制定上。全国每年用于病险库的投资近亿元。不能把力量都放在新的工程上，而不注意对已有的险库、险闸的保安加固。各省的投资方向也要转过来，要以发挥现有水利工程的效益和保障安全为主，全面安排，量力而行。

要居安思危，水利部门有责任向全社会讲清，动员全社会的力量搞好防洪工作。我们历来防汛靠工程，但更重要的是靠人的作用，发挥社会主义制度的优越性，发扬群众路线的传统，依靠广大群众，组织起来，保障防洪安全。现在仍要强调这一点。因为第一，我们现在的各级领导没有老一辈领导那样的水平和经验；第二，实行家庭承包责任制后，不像过去人民公社时那样，一声号召大家都上。因此，统一指挥、分级负责相结合一定要贯彻，乡、村两级基层群众防汛组织一定要落实，以民兵为骨干的防汛队伍一定要建立。要做好基层河道、堤防管理人员，防汛人员的防汛抢险技术培训，要进行演习训练。国家防办也要搞演习。现在干部、技术人员正青黄不接，平时不演习，战时就难打好仗。平时严要求多流汗，战时才能少"流血"。平时要求不严，防汛责任制不明确，马马虎虎，洪水一来，老百姓遭殃，给国家和人民带来重大损失。

二是深化水利改革一定要克服困难，开拓前进。最重要的一条是要加强对现有水利工程的管理，加强对去年、前年新增的农田水利基本建设工程的管理，加强水保设施、水电工程的管理。全国政协委员田园同志在全国政协七届三次会议上发言说："全党全国集中力量搞好农业，必须兴修水利，加强管理。现在我们做好了第一篇，就是冬修水利，建设仗打好了，就看下一篇做得如何，假如我们忽视了管理这个重要的一环，我们将犯历史性的重大错误，因此，我们要大声疾呼，在兴修水利的同时，必须要大力加强水利工程管理工作。建是基础，管是目的，我们过去失误在'山'上，也失误在'水'上，这两大失误集中点在'管'字上，失误在'山'上是指水土流失，失误在

‘水’上便是设备老化，破坏严重。这两类失误的关键都在‘管’字上”。今年，我们一定要继续下工夫把现有的工程管好，充分发挥效益。另外，还有几个薄弱环节要抓好：

（一）抓农业开发。全国农业开发投资大约30亿元，如果一半用在水利上，这就相当于全国农田水利事业费。希各省水利部门都要重视认真抓好。我们水利部门往往只注意三大件（农田水利费、水利事业费、水利基本建设费），这三大件是常规的。靠财政来增加投入是有限的，我们要开拓前进，把各方面能利用的钱利用起来。

（二）抓好中小型水电及地方电网的管理。今年8月水利部和国家计委准备召开全国农电会议，总结100个农村电气化试点县经验，安排第二批电气化县和“八五”农电工作，会议还将表彰一批农电建设先进县。中小水电建设要抓区域电网和骨干电站的建设。要把水利部门管的1517万kW装机、70万km地方电网管好，要抓几个县联在一起的区域电网。四川已经形成134个县的县级电网和6个地区的区域电网。去年全国小水电新增装机63万kW。要走以水养水，以电养电的路子。

（三）抓好农村的人畜饮水、乡镇供水和重点城市水源的建设。城乡供水水源建设不仅发达地区有要求，贫困地区也有要求，社会效益好，是最得民心的。乡镇水利站成立后，首先抓乡镇供水，树立水利为社会服务好的形象。今后水利部门开设的大学专科学校都要设置给水排水课程，各省要抓好对县乡两级组织这方面的业务培训，要加强组织与指导，全国水利部门都要行动起来。对此，早认识，早抓就早主动。

（四）搞好水库渔业和综合经营。现在是水库渔业和综合经营艰辛的阶段，水利部门各级领导和各有关业务部门都要给予支持。渔政工作也要作为水政的重点内容，对搞得好的单位的经验要多宣传推广。湖北省水库养鱼、渔政搞得较好。利用水库水面、土地养殖业搞好了也是可靠的。目前水利综合经营艰辛，要挺过去，把产品结构调整好。目前全国水利综合经营总产值已达到70多亿元，争取二、三年内搞到100亿元。这方面各省不平衡，浙江、北京每年产值4亿多元，江苏12亿元。内地的陕西也有大的发展，陕西能办到的，其他地区也应能办到。

以上四个方面是我们水利工作中的薄弱环节，需要大家很好转变观念，开拓、加强这几方面的工作。

从现在起各地就要开始抓今冬明春农田水利基本建设的各项准备工作，西北、东北和高寒地区要抓紧夏季，发动群众，多搞些水利、水保建设。要重视前期工作，要以县为单位，把各个乡农田水利基本建设的前期工作落实，要把各级水管理机构都发动起来。前期工作要舍得花点钱，农村水电、中型水电、供水工程等都要把前期工作做好，决不能千军万马上阵时乱套、窝工。国家在“八五”、“九五”的重点是长江、黄河的开发和治理，解决北方水资源问题。各省抓什么，也要早作安排。

还要认真抓监察、审计工作，要保持水利部门艰苦奋斗的优良传统。部党组发出“关于认真贯彻六中全会《关于加强党和人民群众联系决定》的几点意见”，希望全国水利职工对部机关进行监督。希各级水利部门在地方党委领导下，结合自己的情况，制定出贯彻意见。最近部党组提出学习雷锋式好青年文青成，也希望大家贯彻。总之，要抓好两个文明建设，加强政治思想工作。我们要全力以赴，兢兢业业，勤勤恳恳工作，在保障社会安定，保障城乡防洪安全和抗旱工作，满足经济发展对水的要求的前提下，把我们各项工作做好。

全国人大法工委副主任郛福肇在全国水利执法体系建设工作会议上的讲话

（1990年5月15日）

（摘要）

很高兴来参加全国水利执法体系建设工作会议。本来全国人大法律委员会副主任委员宋汝棼同志也接到了邀请，准备来参加这次会议，因事不能来，委托我向各位同志致意。我现在代表他并以我自己的名义祝贺这次会议取得成功！

水利部召开这次会议专门就全国水利执法体系建设工作做部署，我觉得这是非常重要的。刚才我先参加了水法研究会的理事会成立会，在那个会议上，我谈到了这个意思，就是咱们50年代经济领域中间还没有法律的时候，那个时候首要任务如果是依法治理工作的话，那就是首先立法。等到有了法律以后，就是执法。有了法后不执法，有了法不依就等于没有法。《水法》于1988年1月份全国人大常委会通过，从1988年7月1日开始实施到现在为止将近两年了，总结一下这两年来《水法》的贯彻执行情况，专门就如何建设全国水利执法体系进行研究和部署，加强水利执法工作，我觉得正是抓住了要害。钱正英同志讲的很好，现在我们不是无法可依，而是具体解决有法不依的问题，所以针对着这样一个要害问题，召开这个会议来加强这方面的工作，我觉得这是水利部在工作中抓住了关键问题。这个会议是非常必要的，而且也一定会取得成效。

为了把水利执法工作搞得更好，提出以下几点意见，供大家参考：

第一点，要做好执法工作，首先要学好《水法》，宣传好《水法》。《水法》颁布已经两年多了，实行也将近两年了，但是《水法》是不是所有执法队伍的同志都已经全面了解清楚了，以及和《水法》有关的其他领域的同志，他们是不是对《水法》已经熟悉了？我看还不够。可能是执法队伍的同志学习《水法》多一点，但是与《水法》有关的各个方面、各个领域的同志不见得是很熟悉。所以我觉得首先一个问题是要学好《水法》，在学好《水法》的基础上，大力宣传《水法》，做到不能说是全国10多亿人口都能家喻户晓，但是与《水法》有关的同志们能够有所了解，有所熟悉。这就是普法教育，要贯彻执行《水法》首先要做好普法教育。

第二点，就是田纪云同志讲到有了法以后，主要要解决有法不依的问题，也就是必须要贯彻有法必依，有三句话就是：有法必依，执法必严，违法必究。这三句话的关系是这样的，要解决有法必依的问题就是要解决执法必严的问题，要解决执法必严的问题就一定要解决违法必究，所以其核心和关键是违法必究，违法必须依法处理，只有这样才能做到有法必依，执法必严，违法必究。这三者是辩证的关系。刚才杨部长在讲话中已经讲了，我们现在建立水利执法体系的目的就是要依法行政，依法管理，对违法的处置。只有这样才能达到实施，真正是有一件抓一件，才能逐步树立起水利执法队伍的威信。

第三点，就是执法工作，首先执法者必须知法，有一支执法队伍去执法。任何法律都有执法者，也有守法者，执法者去管守法者。执法者要管好守法者，首先执法者自己必须要守法，执法者自己对违法行为必须要依法执行。如果是执法者自己不守法的话，就无法执法，也执不好法。法律里面，《水法》本身就有这方面规定，刚才钱副主席已经讲得很透。我们水利执法队伍从一开始就要注意廉洁奉公、奉公守法，树立非常良好的作风，树立非常良好的形象，这样才能够将《水法》贯彻执行下去，这样首先执法者自己守法。《水法》第五十条规定："水行政主管部门或者其他主管部门以及水工程管理单位的工作人员玩忽职守、滥用职权、徇私舞弊的，由其所在单位或者上级主管机关给予行政处分；对公共财产、国家和人民利益造成重大损失的，依照刑法规定追究刑事责任"。刑法中有好几个规定都涉及这方面，比如像渎职罪、贪污罪，还有其他有关的规定。希望同志们在执法过程中，首先执法者能守法，这样执法工作才有希望。

再一个意见就是在执法中间希望能够按照《水法》规定，分清民事关系和行政管理关系，任何一部经济法里边都有两种内容，一种是民事关系的内容，一种是行政管理关系的内容。有些属于行政管理的规定，违反了这些行政管理的规定，紧跟着下来就是行政处罚，有些法律规定不是行政管理的规定，而是民事关系的规定，就得按照民事关系的原则。希望执行《水法》时能够分清这两种关系，不要混淆在一起。《水法》里面本身又没有规定，比如说《水法》第二十四条、二十五条，第二十四条这里面就是行政规定，"在航道内不得弃置沉船，不得设置碍航渔具，不得种植水生植物。"那么紧跟下面就有法律责任问题。如果说在这些江河、湖泊、水库、渠道内，弃置、堆放阻碍行洪、航运的物体，种植阻碍行洪的林木和高秆作物的，在航道内弃置沉船等等，就可以由县级以上地方人民政府水行政主管部门或者有关主管部门责令其停止违法行为，限期清除障碍或者采取其他补救措施，可以并处罚款；对有关责任人员可以由其所在单位或者上级主管机关给予行政处分。这就是法律责任要给予行政处罚的行为，因为这种行为是一种违反行政管理的行为。但是有些行为就不是这种行为。比如说，"用水管理"这一章第三十四条，"使用供水工程供应的水，应当按照规定向供水单位缴纳水费。"有些地方可能没有缴纳水费，这就是一种民事关系，没有缴纳水费，当然是不对的，这是一种债务关系。你向他收水费，他没有缴纳水费，你按照规定，该加倍收的加倍收，该催收的催收，对拒不缴纳的，可以作为民事关系起诉，打官司。这不能作为违法行为，不能按照下边的法律责任处罚。下边的法律责任中也没有规定不及时缴纳水费的要受处罚。所以《水法》执行中，希望能够分清民事关系和行政管理关系，分清这两种不同性质的关系，才能够正确的执法。

最后，希望各有关方面都能遵循一个共同的目标，通力合作，使《水法》的执行工作搞得更好。执法的开展不光是行政主管部门自己执法的事情，而且是各有关主管部门配合在一起共同执法。希望各有关部门和水行政主管部门都能够在《水法》颁布的基础上，为了《水法》执行这个共同的目标，通力合作，搞好《水法》执行工作。

提供这几点意见供大家参考。

司法部副部长郭德治在全国水利执法体系建设工作会议上的讲话

(1990 年 5 月 15 日)

(摘要)

我首先代表司法部祝贺全国水利执法体系建设工作会议的开幕。这几年我们司法部在和水利部共事当中，深切的感到水利部的领导同志对水利法制建设工作非常重视。正像杨部长在开幕词中讲到的，水利部在《水法》颁布后就很重视《水法》的宣传工作。我记得在1988年的秋天，杨部长亲自到司法部去找蔡诚部长商量《水法》的宣传工作，以后两部发了宣传《水法》的通知。今年上半年，水政司的同志又到司法部去商量总结一年多《水法》的宣传工作和部署今后的《水法》宣传。在这点上不但是对认真贯彻实施《水法》是个重大措施，也是对我们司法部普法工作的一个重大支持。普法工作今年年底第一个五年规划就基本结束了，从现在看执行情况比较好，当然问题还是不少的。但是司法部预计 5 月份开始要制定第二个法制宣传教育五年规划，现在正在考虑。最近中央宣传部和司法部召开的第三次法制宣传教育工作会议，总结了第一个五年规划的基本情况，讨论了第二个五年规划的草稿。预备在本月 19 日，司法部邀请各个部的法规司局的领导同志开个会进一步讨论第二个五年规划。然后召开各地会议，进一步讨论，把这个草稿发下去，送各部各省的同志提意见，最后由党中央、国务院批准，提请人大常委会作第二个法制宣传教育规划的决议，明年开始第二个五年规划。第二个法制宣传教育五年规划的主题是促进各专业法律知识的学习，促进依法管理。当然是以宪法为核心，认真深入地学习宪法，学习国家政局稳定的有关法律，这点是没问题的。但是大量的普遍的是学习专业法律知识，促进依法管理。《水法》是和国计民生有密切关系的，所以《水法》、《土地管理法》在第二个法制宣传教育五年规划当中，将在有关的地区，在广大干部群众当中广泛地开展学习。这在第三次法制宣传教育会议上，各地方都重视，北京市委的一位副书记参加了这次会议，会上讲了北京市从明年开始要全面的在干部当中广泛地学习《水法》。这说明地方的领导同志都比较重视《水法》的学习、宣传和贯彻，所以希望咱们司法系统和水利系统两个部门的同志进一步密切合作，把《水法》的宣传开展好，家喻户晓，而且实施好。第二个法制宣传教育五年规划的特点是以专业法为主，所以就区别于第一个五年规划的管理方法。第一个五年规划因为主要是宪法和基本法，主要是由党委宣传部门和司法部门管，是块块统管。专业法涉及到专业领域和各项工作密切结合起来的，所以它的管理方法改变了，是以条块结合，分类指导。比如《土地管理法》和《水法》，《水法》就需要水利部牵头，搞一个全国的《水法》学习宣传规划；《土地管理法》由土地管理局来搞一个规划。各个中央主管部门都搞出规划然后到各地方，地方党委统管。但是从制定规划到编教材，这些工作主要是中央主管各部门牵头。这一点党委和司法部都统一看法了。《水法》我们都知道点常识，比水利部门的同志还差得远，而且我们司法部的同志不可能熟悉那么多法，党委宣传部门也不可能。这主要靠中央各主管部门以及地方各主管部门，中央主管部门牵头搞规划编写教材，由地方党委统一部署宣传执行，变为这样条块结合，分类指导的形式。所以司法部邀请中央有关部的法规司局领导同志共同讨论这个问题，共同研讨一下怎么样来贯彻第二个法制宣传教育五年规划。中央各部门如何牵头，19 日开始讨论。中央许多部门都很重视法制建设工作，水利部是很重视的一个部门。我们希望水利部门在第二个法制宣传教育五年规划当中，在这方面为全国其他各个系统创出一些好的经验，来推动专业法的学习、宣传和贯彻实施。

公安部副部长俞雷在全国水利执法体系建设工作会议上的讲话

(1990 年 5 月 15 日)

(摘要)

我首先代表公安部向这次全国水利执法体系建设工作会议表示祝贺，并且通过同志们向奋斗在水利战线上的水警察、水公安表示亲切的慰问。《中华人民共和国水法》的颁布是一件大事，是我们国家法制建设的一个很重要的措施。我完全赞同刚才钱副主席、杨部长、法工委、司法部领导同志的讲话，我没有什么更多的要讲。

目前我们的社会治安情况总的来说还是稳定的，特别是经过去年平暴治乱以后这一段，我们国家的政治形势、经济形势，大形势是稳定的。东欧出现一些动乱，在我们国家没发生什么大的波动，说明我们社会总趋势是人心思定，这是大势所趋，谁都不愿意乱，有想乱的，但乱不起来。对于东欧问题出来后，各种议论都有，但有一条是共同的：中国乱不起来。但是我们面临的治安形势也是非常严峻的，不容忽视。治安案件、刑事案件大幅度上升。在1983年时咱们曾经发动了一次严打斗争，奋战了三年，以后专项斗争一直没有停止过，到去年年底是197万起案件。今年又是看涨的趋势。今年入春以来，刑事案件上升速度又是比较大的，比去年同时期上升了40%的样子，其中就包括破坏水利设施的案件。最近我们准备在全国开展一次仿照1983年的声势的严打斗争，有打击的重点。其中破坏水利设施就是重点的一个方面。水利设施是不容破坏的，水火无情，破坏了不得了，关系到国家经济建设，关系人民的生命攸关的大事，这也不能以经济数目来衡量，严重与否要以后果来衡量。水利设施不容破坏，所以这次把它作为打击的主要方面，希望在座的同志能提供线索。会议开了四天，回去后把这项工作捎个信，提供一下线索，坚决在这次斗争中把破坏水利设施的犯罪分子，包括以往没有破的案子，包括现行的犯罪分子一网打尽，保障我们的水利设施安然无恙，为我们治理整顿作出贡献。

杨振怀部长在国家防汛总指挥部第二次会议上的汇报

(1990年6月18日)

(一)

这次，田副总理、陈俊生国务委员和国家防总成员，检查了黄河、淮河、长江防汛工作。这三条河基本上能反映我国防洪工程的现状和存在的问题。概括起来说，就是“标准低，隐患多，任务重，江河安全关系重大。”

目前，我国七大江河防洪工程标准很低，一般只能防御20～30年一遇的洪水，难以抗御建国以来出现的最大洪水，更不能抗御历史上出现过的最大洪水。长江、黄河、淮河、海河使用了蓄滞洪区，也只能防御40～50年一遇的洪水。中小河流只有5～10年一遇，农田排涝标准大部分只有3年一遇，少数5～10年一遇。而且由于工程老化失修，河道淤积和人为设障，不少河流行洪能力还在降低。如海河入海口淤积堵塞严重。

造成这种情况的原因可以用六个字来概括，就是“投入少，管理差”。

70年代以来，特别是80年代，我国水利基建投资在全国基建总投资的比重大幅度减少。“六五”期间仅占2.7%，是建国以来最低的，比最高的“二五”期间7%少5个百分点，减少一倍还多。比建国初期最低的“一五”期间还少1个百分点。水利基建投资少，使水利工程的许多问题都不能得到解决。据大致估算，目前全国大中小型病险库的处理需40余亿元，蓄滞洪区安全建设需20余亿元，一些防洪工程更新改造需25亿元，还有防汛通信、城市防洪工程设施的建设也要有一定的投入，请中央和地方各级计划部门在“八五”期间予以安排。特别是蓄滞洪区安全建设，防汛通信，大江大河的险工治理、病险水库的除险加固要及早安排，才能适应防汛工作的需要。

目前，防汛岁修费也很少。每年全国国家管理的防洪工程需要防汛岁修费近20亿元，1989年(包括特大防汛费)只有5.6亿元，尚差10多亿元。中央直属的防洪工程多年来防汛岁修经费一直维持在4500万元左右，由于物料价上涨，与实际需要尚差5000万元。还有特大防汛抗旱经费，1980年以来10年一直维持2亿元，由于物料价上涨，1990年能修复的水毁工程不到1980年的实际工作量的一半，远不能满足防汛抗旱工作的需要。请财政部和各级财政部门大力支持解决。特大防汛抗旱经费每年预拨30%～50%用于防汛应急工程，体现了以防为主，花钱少，效益大，执行近4年来，效果好，希望今后继续坚持，并适当增加一些。

长期以来，由于防洪工程管理机构、编制没有解决，经费没有正常的渠道来源，加上法制不健全，管理工作较差。为了改变这种状况，80年代以来，我们提出了水利工程管理单位编制定员标准，人大常委会制定了《水法》，国务院颁布了《河道管理条例》。水利工程管理单位编制定员标准，我们正进一步修定，修定后，请人事劳动部门尽快审定颁发。为使防汛工作和水利工程管理工作逐步走向法制化轨道，各级水行政主管部门已健全了水政机构，许多省、市建立了水利公安机构。据反映，个别省最近要把水利部门成立的公安派出所撤销，这对保护防洪工程设施十分不利，请公安部按照田副总理的多次讲话精神，支持水利部门尽快把水利公安执法队伍建立健全起来。管理差还表现在长期以来，河道设障严重不能得到有效制止。如江苏安徽交界的水阳江的行洪障碍，国务院下了文仍不拆清。南昌电厂、南宁电厂至今还向河道倾倒煤灰，梧州把弃土推入西江已挤占河宽达50～60 m。这些问题，除了河道管理部门积极努力外，主要靠各级政府下决心才能解决。各地有不少因河道行洪障碍不清除加重了洪灾损失的沉痛教训，希认真记取。管理差还有一个原因，就是管理条件差。比如通讯设施落后。国家防汛总指挥部沟通各省、市、区、流域机构的防汛通信线路，原水利电力部建设的水利电力共用的微波线路，只解决了28条话路，还差128条。请能源部按照原水电部的规定，尽快予以解决，并继续给防汛用线路以优惠价格。防汛车辆1987年以来在李鹏同志的过问下，每年解决200辆212北京吉普。为了加快配备速度和保证更新需要，请物资部、国家控办从今年起每年拨给北京213吉普200辆、212吉普300辆。

此外，目前防汛用柴、汽油数量不足，且按高价收费，各地反映很强烈，应该改为平价，柴油数量希在今年基础上逐年增加（1～2）万t。一些省拍发水情电报要交纳19种附加费，严重影响了水情信息的正常传递，邮电部对此很重视，但据说，那些附加费是地方自定的，请地方各级政府予以纠正。

（二）

今年进入6月以来，我国南方出现了3次降雨过程。6月1日到2日，珠江流域和江南大部一次；6月5日至8日、11日至15日，长江中下游及江南地区连续两次。广西西江、江西修水、信江，福建闽江，湖南沅水、资水，淮河流域沂河均发生了洪水。6月3日，西江梧州超警戒水位2.19 m；6月8日，修水超警戒水位0.48 m；6月12日闽江十里庵超警戒水位1.12 m；6月15日，沅水桃源洪峰流量20400 m^3/s，超警戒水位0.78 m，信江梅港超警戒水位0.67 m；6月16日，资水桃江洪峰流量9040 m^3/s，超警戒水位2.5 m。特别是6月11日至15日，湖南中北部和江西中北部出现了持续性暴雨天气，四日降雨量，湖南泸溪浦市437 mm，沅陵298 mm，安化柘溪489 mm，江西临川230 mm，弋阳259 mm。6月14日湖南溆浦县普降特大暴雨，县城关6至7时降雨99.9 mm，致使沅水支流溆水水位猛涨，溆浦县城及下游部分乡镇被淹，县委、县政府机关二楼均进水，2万多人被洪水围困，死亡33人。上述情况表明，我国南方，江淮流域，防汛已进入实战阶段。不久，北方大汛也即将来临。因此，我们要紧急行动起来，动员各方面的力量，积极投入防汛抗洪斗争。

首先，各级行政领导干部要上岗就位。当前各级领导的主要任务，要组织落实县、乡、村三级防汛抢险队伍，动员广大群众利用麦收后的有利时机，掀起夏季农田水利基本建设的热潮，大搞土方工程，加高加厚堤防，处理险工隐患。陕西、山西、内蒙古等地希加高淤地坝、梯田坎。南方山洪、泥石流、滑坡等灾害易发地区，要指定专人加强观测，做好预防躲避工作；在城市，要健全城镇、街道防汛组织，对穿堤地下管道、闸门进行认真检查维修。

第二，要组织防汛抢险演习，检验各种防汛方案的可靠程度。对演习中发现的薄弱环节，要尽快弥补，使渡汛方案更加完善。像广州市那样，组织各行业、单位3000余人去北江大堤实战演习。

第三，要落实水库安全责任承包制。水库安全与否，对人民生命财产的安全关系极大。要按照分级负责的原则，由各级行政首长承包水库的防洪安全，要逐级上报包库行政领导责任制名单。要认真执行经批准的渡汛方案，合理调度运用并要落实好抢险队伍、设备和物资，以应急需。

第四，分蓄洪区要做好分蓄洪水的各项准备和安全撤退工作。要搞好宣传动员，准备好通讯联络手段，落实应急救生设施，制定可行的安全撤退避险方案，并落实到户。

第五，各级水利部门要集中精力搞防汛。当前，防汛是水利部门的中心工作，各级领导要坚守工作岗位，认真落实防汛技术岗位责任制，当好各级防汛指挥部的参谋。七八月份，希望沿江河各地不要召集地、县、乡基层干部开会，以便集中全力投入防汛抗洪工作。

第六，动员各行各业投入防汛。防汛抗洪是保障全社会安全的头等大事，各部门、各单位都有参加防汛抗洪的义务。要发扬党政军民齐动员的好传统，各部门、各单位都要立足本岗位，积极主动，大力配合支持，团结治水。人民解放军、物资、商业、通信、交通运输等部门要发扬过去的好传统，为防汛抗洪多做贡献。

第七，要继续克服麻痹思想。麻痹思想在一些地方还比较严重。如广西，由于麻痹思想的存在，一些地、县的防汛办事机构编制、人员都不落实，汛期凑班子，汛后散摊子；一些水库行政首长包库责任制不落实，而用工程管理人员岗位责任制代替。现在自治区领导亲自抓以后有所改善。前阶段雨水较多的地区，一些领导对我国气候的复杂性认识不足，认为后期雨水不多了，对防汛盲目乐观，影响了防汛准备工作的深入进行，以致于在洪水来临时，仓促应战，甚至惊慌失措。只有随时做好充分准备，严阵以待，洪水来了，才能胸有成竹，沉着应战。同时要坚持防汛抗旱两手抓，易旱地区要做好抗旱准备。

搞好今年的防汛抗旱工作，对我国的社会稳定，对治理整顿的顺利进行，对夺取今年农业丰收，有着特殊重要的意义。因此，要党政军民齐动员，各行各业一齐上，全力以赴投入当前的防汛抗洪斗争，千方百计地去夺取防汛抗洪斗争的胜利！

最后关于汛情和灾情的报道，要通过国家防总办公室把一下关，希望中央电视台和新闻单位支持。

杨振怀部长关于水利“八五”计划和十年规划设想汇报提纲

——在中南海向李鹏、邹家华等国务院领导同志的汇报

(1990年7月19日)

一、水利现状和存在问题

中华人民共和国成立后，水利发展的规模和速度是前所未有的。40年间，全国水利财政支出1200亿元，形成水利固定资产1100亿元。现有水利设施的效益是显著的。

(一)主要江河初步控制了常遇洪水，多数为10～20年一遇，黄河、海河为40～60年一遇，重点河段在遭遇特大洪水时，采取临时措施，保重点地区安全，使灾情控制在一定范围内。由于江河防洪能力不足，洪水灾害仍然是社会经济发展的严重威胁。大江大河一旦决口，轻则造成人民生命财产的损失，重则打乱国民经济发展部署，后果堪忧。

(二)增强了农田抗灾能力，初步控制了普通旱涝灾害，为农业增产创造了条件，在占全国耕地不到一半的灌溉面积上，生产了全国粮食产量的2/3、经济作物总量的60%，蔬菜总量的80%，为城市、工矿和牧区提供了必需的水源，对解决人民群众温饱问题和满足经济发展需要作出了贡献。但是，近10年来，农田水利发展缓慢，不能适应人口不断增长情况下的农业发展要求，10年间农田灌排面积在7.2亿亩左右徘徊，已治理的易涝地区，标准低，尚有30%的洼涝地未经治理。农田抗灾能力不强，无疑影响农业的稳定持续发展和城乡粮食供应以及副食品生产。

(三)水利工程年供水能力达5000亿m^3，为城市和工农业用水提供了水源。但是，70年代以来，北方许多地区及全国许多城市水资源严重紧张，每年因旱成灾面积在2亿亩以上，使农业生产波动，甚至停滞。全国450个城市中，有近300个城市存在缺水问题，日缺水1000万t。有的居民吃“夜来水”。据统计，1988年全国104个城市，因缺水影响工业产值800亿元。

(四)不少工程年久失修，设备老化，效益衰减，更新改造的任务非常紧迫和艰巨。

(五)建国后，水利财政累计支出达1262亿元，但近10年，水利投入大幅度下降，水利财政支出占国家财政总支出的比重由1960年的6.2%下降到1987年的2.5%。

二、“八五”计划和十年规划目标和措施

(一)江河防洪

“八五”期间进一步巩固大江大河现有防洪标准，适当提高部分重要河段、重要城市的防洪标准，在充分利用行蓄洪区情况下，再遇到建国40年来曾发生过的大洪水，做到重要堤段不决口，减少损失。“九五”期间主要江河要继续增强河道行洪能力，改善分蓄洪措施，遇本世纪内发生过的最大洪水，力争有计划地分洪蓄洪，尽量缩小受灾范围。进行中小河流治理，减少山洪损失。

防洪核心问题是保障我国约100万km^2精华地区的安全，为社会经济发展创造安全稳定的条件。防洪标准只能根据国家的财力，逐步提高，不能希冀有一劳永逸之策。

1.长江重点在中下游，继续加高加固荆江大堤、同马、无为、黄广、松滋老城、南线、武汉、九江等堤防，整治河道，控制河势，进行蓄滞洪区建设，加强上游山丘区水土保持；开始兴建三峡水利枢纽。在支流上兴建港口湾、紫坪铺、江垭、皂市、亭子口、大桥、峡江、合川、彭水等水利枢纽，综合开发利用水资源。

2.黄河防洪重点在下游。10年内治理目标是，提高下游防洪标准，维持下游河道稳定，确保下游堤防安全，减少分滞洪区损失，尽可能延长现有河道安全稳定的使用年限。“八五”期内，完成故县水库和三门峡水库改建，兴建小浪底、万家寨水利枢纽。“九五”后期碛口和大柳树水利枢纽准备开工。

3.淮河要确保淮北大堤和洪泽湖大堤安全；沂沭泗河系防御20年以上一遇洪水；基本解决沿淮行洪、蓄洪区的正常运用和居民的安全。10年内兴建入海水道应急工程，临淮岗控制工程。

4.海河在于加强管理和维修，恢复原达到的防洪能力，确保京津两市和工矿交通安全。

5.珠江重点是保障广州、南宁等重要城市和珠江三角洲地区的防洪安全。采取主要措施为：巩固完善北江大堤，进行西江左岸重要河段整治和堤防加固工程；整治三角洲河系及磨刀门、蕉门、横门、虎门等出海口门；修建飞来峡、百色、龙滩、大藤峡等水利枢纽。

6.辽河重点是确保沈阳、辽阳等重要城市、辽河中下游农业生产基地和石油基地的安全。“八五”期内

整修干流堤防，完成观音阁水库，开始兴建大凌河白石水库，石佛寺水库；加强柳河、西辽河上游水土保持，扩建闹德海拦沙水库，减少辽河淤积。

7. 松花江基本任务是保障哈尔滨、齐齐哈尔、佳木斯、大庆、吉林等重要城市和工矿区的安全，保护松花江、嫩江、第二松花江两岸重点粮食生产基地。主要措施为：加高加固松花江、第二松花江、嫩江堤防，增加泄洪能力；清除河道行洪障碍，扩大现有行洪能力；兴建二松哈达山和嫩江上的布西水库。

8. 城市防洪。城市在社会经济生活中的主导地位日益显著，安全保护也日益迫切。2000年前，分批完成25座重点城市的防洪工程，并对其他一些大城市和重要的中等城市防洪建设给予必要的支持，以保证国民经济建设的顺利进行。

（二）农田水利

到本世纪末全国粮食总产要达到5000亿kg，平均每年增加粮食100亿kg，大大超过过去10年平均增产粮食45亿kg的速度，特别是要求农业生产持续稳定增长，任务非常艰巨。从我国实际情况出发，粮食增产主要要靠在现有耕地上采取一切增产措施，增加灌溉面积提高抗灾能力，挖掘约有10亿亩中低产田生产潜力，努力提高亩产来实现。

十年规划和“八五”计划农田水利发展安排如下：

1. 现有灌排区的技术改造。以巩固提高现有灌排工程效益为中心，通过工程改造，设备更新和推广先进灌排技术，达到增产节水节能，节约耕地，降低运行成本，减少泥沙淤积，改良土壤的目的。

“八五”期间，按节水高产要求计划安排灌区改造面积1.7亿亩，其中井灌改造面积0.5亿亩，大中型灌区1.2亿亩。现有灌排机电设备更新改造1500万kW，达到先进机电设备节能要求。因地制宜，重点修建防渗渠道和低压管道输水，推广暗管、暗渠和田间软管输水，发展喷灌滴灌。

2. 增加灌溉面积。10年内全国灌溉面积由7.2亿亩发展到8亿亩，净增加灌溉面积8000万亩，为弥补灌溉面积的自然减缩，需发展灌溉面积1.2亿亩。

3. 治理低洼地，改良盐碱地，改造渍害田，提高中低产田的单位面积产量。

（三）供水

随着国民经济不断发展、人口增长和生活水平提高，各方面对水的需求量日益俱增，水资源供需矛盾日趋突出。

1. 供需预测。预计到本世纪末，全国总需水量遇中等干旱年将增加到6500亿m^3。其中农田需水4500亿m^3，林牧业灌溉需水200亿m^3，农村人畜用水350亿m^3，农村其他用水50亿m^3，工业用水1200亿m^3，城市生活用水200亿m^3。全国供水能力要相应增加1500亿m^3才能供需协调平衡，需要采取强有力的措施和较大的投入才有可能实现。重点是黄淮海地区、山西能源基地、西北地区、辽河中下游以及沿海缺水城市。

2. 解决供需矛盾对策。解决供需矛盾的根本对策是社会经济发展规划和生产力布局必须与水资源的开发利用规划协调安排，水资源的开发利用要开源、节流和保护三者并重。

具体措施是：压缩需水，全面节水；巩固现有供水能力；调整水源，修建“引黄入淀”、“引拒济京”、“位山引黄”、“引黄入晋”、“南水北调东线一期工程”、“南水北调中线工程”，以及安徽“引江济淮”等跨流域调水工程。

（四）水电

1989年底，全国水利部门建设的水电站约1500多万kW。占全国水电总装机的47%；由水利部门管理的水电装机1420万kW，占全国的42%，年发电量437亿kW·h，占全国水电总发电量的38%；819个县（市）的供用电由水利部门负责管理，拥有11万伏变电站202座，变电容量480万千伏安，3.5万伏变电站3011座，变压器容量1105万千伏安，高压线路长71万km，低压线路长152万km，建成了含193个县的39个区域电网。

根据水利办电的实际状况，水利部今后主要进行两方面的水电建设：一是按照江河治理和水资源综合开发利用的需要，安排大型综合利用水利工程的水电建设；二是根据中小河流综合治理和地方经济发展需要，进行中小水电及供电电网建设。

按照资源分布情况2000年前水利办电计划和设想为：

1. 大型综合利用水利工程水电站建设。“八五”期间，拟建大广坝、小浪底、万家寨、紫坪铺、江垭、永定（即棉花滩）、百色、大柳树等综合利用枢纽，总装机容量472万kW（不计龙滩），“九五”期间拟建碛口、龙门、大藤峡、彭水、大柳树、亭子口、峡江、敷溪口、布西等水利枢纽，连同“八五”期安排的项目，总装机容量1399万kW。三峡争取“八五”期间开工。这些工程都兼有防洪、灌溉、供水、发电等多种效益。电站建成后，除输送国家大电网外，还要输送一部分到地方电网，改善地方电网的供电质量和提高供电可靠性。

2. 中型水电站建设。“八五”期间计划总装机499万kW，计划投产200万kW；“九五”期间规划总装机537万kW，计划投产300万kW；合计投产500万kW。

3. 小型水电站及农村电气化县建设。“八五”期间发展 350 万 kW，建设农村电气化县 200 个，"九五"期间发展 450 万 kW，建设农村电气化县 300 个。

90 年代大、中、小型综合利用水电站总计投产约 1700 万 kW，连同水利部管理的现有水电 1420 万 kW，总计达 3120 万 kW。

4. 电网建设。"八五"期间增设高压电力线路 12 万 km，变配电容量 1200 万 kVA。"九五"期间增设高压电力线路 13 万 km，变配电容量 1400 万 kVA。

以中型水电站为区域电网骨干，"八五"期间区域电网由目前的 39 个发展到 79 个，网内含县数从 193 个扩展到 400 多个县；"九五"期间对区域电网进一步完善、扩大和延伸，区域电网仍保持 80 个左右，联网县数扩大到 500 多个县。

（五）保护和改善生态环境

1. 水土保持。水土流失遍及全国丘陵山区，在北方土壤肥力减退，生产率下降；在南方石化面积增大，耕地日益减少，影响山丘区人民的生产生活。抓好水土保持工作，不仅是治水的一项根本措施，还可以改变当地自然面貌和社会经济面貌。今后十年完成初步治理面积 20 万 km^2。

2. 防治沙化。

3. 保护水资源，改善水环境。

三、对"八五"计划和十年规划的几点要求

按照水利建设十年规划，初步推算 10 年内共需各类投资 2300 亿元。其中水利部部属大江大河防洪及水源等工程需国家预算内投资，"八五"期为 180 亿元，35 亿元/年，"九五"期为 300 亿元，60 亿元/年，总计 10 年 480 亿元。三峡工程未包括在内。10 年建设投资主要考虑了：江河防洪工程、重点险库除险加固、重点城市防洪工程等共 290 亿元；新增灌溉面积 8000 万亩需 400 亿元；农田排涝、改造低产田、节水增产等投资 330 亿元；维持现有水利工程正常运行的更新改造资金 300 亿元；水保及人畜饮水工程 120 亿元；源流域调水骨干工程及城乡水源地点建设投资 230 亿元；大中型水电站及电网建设 600 亿元，总计 2220 亿元，合计 220 亿元/年。

目前水利建设的资金来源有：国家预算内投资；切块地方的农田水利费以及农业开发基金，粮食发展专项资金，以工代赈专项、银行贷款，地方自筹资金等。

按照 1990 年投资水平估算，上述各项水利资金约为 100 亿元。这些资金的投入，只能维持简单再生产和已有工程现状。要想达到"八五"计划和十年规划的目标，必须要有相应的资金和政策措施。除了要多方面增加投入和多渠道、多层次筹集资金外，请国家在以下方面给以支持。

1. 增加国家水利基建投资。自 1980 年以来，水利投入大幅度减少，水利基建投资占全国基建投资的比重由 1980 年以前的平均 6.8％下降到 80 年代的 2.3％，1988 年为 1.9％。水利投入减少给国民经济、尤其是农业的发展带来明显不利的影响，前几年粮食产量连年徘徊，与水利投入减少有直接关系。为改变这种状况，保证国家"翻两番"战略目标的实现，应增加国家预算资金对水利的投入。从长期实践和国外经验看，水利基建投资应占到全国基建投资的 8％才是适宜的。据此，建议国家在"八五"期间每年对水利的基建投资增加到 35 亿元，即明年起每年增加 19 亿元。地方也要相应增加。

2. 征收水利附加税。水利和能源、交通一样，是国民经济的基础产业，同时，也是目前国民经济中的薄弱环节。为改变这种状况，国家应当用支持能源、交通发展的办法支持水利，建议国家征收水利附加税。征集范围同能源交通发展基金范围相同；征收标准为占预算外资金的 2 个百分点，用于水利建设。

3. 建立水利工程大修更新改造资金。我国水利工程大多建于 50～60 年代，一直没有大修更新改造的资金来源，长期得不到更新，目前存在严重的老化失修现象，效益不断衰减。目前我国水利固定资产已达 1100 多亿元，按正常更新改造每年需更改资金 37 亿元。现在水费年收入约 10 亿元，加上各级财政补贴 5 亿元，每年尚缺 22 亿元的更改资金，缺口太大，工程难以为继。建议国家从财政中拨专款，在"八五"期间将老化失修工程更新改造一遍。同时，从财政方面辟财源，建立水利工程正常的更新改造资金，解决问题。

4. 基建投资中增列城市水源工程建设专项投资。我国北方和沿海城市水资源的短缺问题日益加剧，全国 104 个缺水城市每年因缺水而影响工业产值达 800 亿元。而且，由于工业用水挤占农用水严重，也影响到农业的发展。对城市水源工程建设，现在国家计委每年投资 1.5 亿元，直接补助给地方。不仅数量太少，而且管理方法不利于资金效益的充分发挥。鉴于今后一个时期解决北方和沿海城市缺水问题任务繁重，建议国家对解决城市水源的引水工程，单独作为基建投资中的一项专项投资，每年下达 10 亿元，由水利部安排重点城市供水工程建设。

5. 大型综合利用水电站的建设与管理。在大电厂建设方面，多年来国家水电建设的投资远低于火电厂建设的投资，造成各大电网水火电比例失调。而且，在大型水电站建设中，资金投向也多考虑单位千瓦投资效益，考虑综合效益不够。今后，应注意增大水火电

中大水电的比重，同时，在大水电建设时应优先考虑综合效益好的大型水利水电枢纽工程，充分体现综合利用优先原则，最大限度地发挥投资效益。建议国家计委将综合效益好的大型水电建设投资按项目划给水利部建设与管理。

6.中小水电建设问题。解放后，国家对大电网、大电厂投资逐年增加，现在各种渠道每年约有200亿元资金投入。而大电网达不到的山区、贫困地区、少数民族地区及大电网末梢地区约800多个县，都主要靠自筹资金建设。从1985年起，国家才每年拿出1亿元拨改贷资金进行建设。这些地区经济落后，财力弱，却要自己办电；水力资源丰实，却无电用。希望国家在电力建设中优先考虑这全国1/3县电力建设资金的正常渠道问题。建议在国家计委掌握的投资中每年再增加1亿元，地方综合利用中型水电建设的立项，应由水利部归口。

7.给政策支持流域滚动开发问题。党中央国务院已批准葛洲坝电厂与三峡总公司资产，为三峡筹集资金，希望批准丹江口等水电厂提高过低的电价，用于滚动开发水电。丹江口水电站每度电只2.8分；三门峡水电站3.8分；葛洲坝电站3.85分。地方水电上网电价也只5分左右。为促进水电发展，建议将上述水电上网电价普遍提高3～5分。应实行计划外电量加价，新建水电应新电新价；实行峰谷电价差和税前还贷。建立水电发展基金，以电养电，滚动发展。

8.多渠道利用资金。为体现国家向水利倾斜、支持水利发展的精神，建议国家在贷款和外资利用方面要在贴息和政策上给予水利优惠和支持，以鼓励水利部门更多利用贷款，扩大资金来源。“八五”期间要求低息银行贷款10亿元/年，水利部利用外资每年4亿元左右。

9.国家支持建立地方重点堤段的防洪基金。每年按保护地区城镇工商业产值的1‰，农田按1.5～2.5 kg粮，以丰补歉，各级财政、民政、水利资金补助一部分，筹集防洪资金，以减轻受灾人民的损失。

杨振怀部长在全国农田水利基本建设会议上的讲话

（1990年8月30日）

我们这次全国农田水利基本建设会议，已经开了4天。会议开得很好。

田纪云副总理在会上作了重要讲话，要求我们在新形势下进一步提高对水利在国民经济中基础地位的认识，各级政府加强对水利的领导，各有关部门齐心协力，各行各业支持农田水利基本建设。大家在会上交流了经验，各省（自治区、直辖市）的负责同志在讨论中，对贯彻落实田纪云副总理的指示，做好今冬明春的农田水利基本建设和今后的水利工作，发表了许多宝贵的意见。今年是贯彻落实国务院《关于大力开展农田水利基本建设的决定》的第二年，大家都表示遵照党中央和国务院的要求，坚持依靠群众，进一步发扬艰苦奋斗、自力更生的精神，抓好这项工作。

侯副部长代表水利部所作的报告，对去冬今春全国各地农田水利基本建设取得的成绩和经验做了全面的总结，具体地部署了今冬明春进一步开展农田水利基本建设的工作。我们相信，只要认真执行政策，搞好规划，加强对基层的指导服务，讲求实效，量力而行，不急于求成，坚持扎扎实实抓下去，一定能够为农业的发展后劲打下坚实的基础。

现在，国家正在制订“八五”计划和十年规划。今后，水利应当怎样发展才能适应国民经济的需要，这是大家所共同关心的。借这个机会讨论一下水利工作的一些迫切问题，是有必要的。我在这里谈一谈水利部的一些意见和设想，供大家讨论，集思广益，修改补充。

一、水利面临形势的估计

全国的水利建设，经过40年的奋斗，形成了1100亿元的固定资产，发挥了巨大的效益。据不完全的统计，水利工程直接经济效益累计价值量约为8000亿元。

40年来水利事业是经过曲折发展的。“六五”期间水利投入曾经逐年下降，到1986年降到了最低点。“七五”期间开始回升，各级水利部门认真贯彻“加强经营管理，讲究经济效益”的方针，坚持“转轨变型，全面服务”的方向，走“巩固改造，适当发展，加强管理，注重效益”的道路。

1986年分析了水利存在的危机，提出了农田水利基本建设要重整旗鼓，恢复干劲，开始建立了农村水利劳动积累工的制度。从此，各地水利建设开始回升，特别是在去年以来，农田水利基本建设出现了近十年来少有的好势头。

就全国来说，水利的形势是好的。其主要表现是：

党中央、国务院和各级党委、政府重视水利，加强了领导。人们对水利是农业和国民经济的命脉，观念深了，对水利的基础产业地位有了新认识。这几年中央和地方都增加了对水利的投入。

两年来贯彻实施《水法》，依法治水有了一个良好的开端。国务院批准的“三定”方案，明确了新组建的水利部是国务院的水行政主管部门，并负责全国的水行业管理。全国30个省、自治区、直辖市也都明确了水行政主管部门；有2/3的地（市）和近一半的县建立了水行政执法机构。各地还制订颁布了一批地方水法规。

去冬今春全国农田水利基本建设卓有成效，初步扭转了10年来灌溉面积连续下降的局面，对今年农业丰收发挥了作用。黄河中游、长江上游和各地水土保持重点治理工作有了新的发展，预防监督工作在一些地区已经开始起步。实行了各级政府行政首长防汛负责制，防汛抗旱指挥机构健全充实，工作正在走向正规化、经常化、制度化。河道清障取得了突破性进展。病险水库除险加固、蓄滞洪区安全建设和管理都有所加强。

各地水资源的统一管理和开发利用取得新的成绩。全国农村初级电气化100个试点县已经完成。水利部门管理的以防洪、灌溉、供水为主的水电站，农村水电及其电网发挥了显著的效益，建设有了新进展。城乡供水工作取得较大的成绩，进一步解决了一些地区人畜饮水困难。水库渔业和水利综合经营得到巩固和发展。

加强了区、乡基层水利组织的建设。经批准设置了28900个区、乡水利水保站，农村基层水利服务体系正在逐步形成。

当前，水利发展的势头很好，但是，面临的形势仍然是十分严峻的。

（一）全国主要江河洪水威胁仍是我国的心腹大患。长江、黄河等江河防御洪水能力较低，许多城市防洪存在问题较多；同时全国约有1/3的水库带病运行，急需除险、加固、保安。

（二）北方地区和部分沿海城市缺水问题严重，水资源危机日益尖锐。全国缺水的大中城市有200多个，特别是京、津、冀、山西能源基地、辽河中下游地区、沿海和内陆一些重点城市，水资源已成为社会经济发展的制约因素。

（三）现有水利设施老化失修严重，缺乏更新改造的资金和途径，不能维持简单再生产。有些地方人为破坏仍很严重，损失巨大。巩固水利建设成果，扭转水利工程效益衰减的趋势，已是燃眉之急。

（四）水土流失的状况仍然在继续恶化，边治理，边破坏；水源污染日益严重。保护水土资源，保护水环境需要高度重视。

（五）水利行业清贫，职工队伍不稳。水利单位工作条件差，收入低，生活较艰苦。水利行业职工工资低于全国平均水平的17%。全国尚有一部分水利管理单位不能维持正常开支，有的甚至连发工资都困难。

这些问题是多年积累下来的，原因也是多方面的。水利的基础地位一度被忽视、削弱，水利投入在80年代大幅度减少。现有水利工程设施，“先天不足，后天失调”，欠帐太多。每年洪水水毁和人为破坏，得不到恢复，水利固定资产缺乏大修更新改造资金渠道，无法维持简单再生产。加之水利改革起步晚，对一些深层次的问题，如如何讲究经济效益、加强经营管理，水利设施如何有偿使用，水利水电效益如何发挥等，研究得还不够，必须高度重视。

为了有利于解决上述问题，需要深化水利改革，进一步确立水利在国民经济中的基础产业地位；确立水政、水资源的统一管理；确立大江大河流域综合开发规划的地位；调整水利产业结构，确立良性的、具有活力的水利经济运行机制；加强队伍建设，提高职工素质。

二、水利的发展目标

今后10年是我国经济发展和改革开放的关键阶段。

最近，江泽民同志批示：“在考虑‘八五’规划时，得认真研究一下水的问题。人无远虑，必有近忧。应该未雨绸缪。”

李鹏总理今年7月19日在听取水利部关于“八五”水利计划汇报时指出：“水利要作为基础产业在‘八五’计划安排中加以体现。这样水利的基础地位就提高了。”

陈云同志批示：“张光斗、陈志恺同志就我国水资源问题进行了认真研究之后，提出水的问题始终是一个大问题。要从战略高度来认识水的问题的严重性。各级领导部门，尤其是经济、科技领导部门，应该把计划用水、节约用水、治理污水和开发新水源放在不次于粮食、能源的重要位置上，并列入长远规划、五年计划和年度计划加以实施，以逐步扭转目前水资源危机的严重状况。”这些指示，给我们指明了解决水资源问题的途径和水利发展方向。

水利是社会基础设施，属于基础产业。这是因为水利是农业稳定增长必需的条件，是工业发展和城市生存的前提，是能源、交通事业的重要组成部分，也是生态环境的基本要素。国土整治，国民经济总体布局，生产力合理优化配置，江河治理与开发是其中的重要因素。沿海经济区开发，能源、重化工基地建设，城乡规划实施，粮、棉、糖、油农业基地建设，滩涂荒地开垦，今后开发大西北、大西南等，都必须水利先行。这说明水利不仅是农业的命脉，而且是国民经济的命脉，不仅是社会和经济发展的基础设施和基础产业，而且是必须超前重点发展的战略产业。

水利发展的指导思想：

（一）水利要为国民经济和社会发展提供全面服务，适应国民经济持续、稳定、协调发展要求，为实现国民生产总值到本世纪末第二个翻番和人民生活达到小康水平的战略目标创造条件，并为下一世纪继续发展增添后劲。

（二）除害与兴利相结合，综合利用水资源。重视防洪、灌溉、除涝、水电、供水、水运、水产等多目标开发建设和协调发展。重点是：巩固提高江河防洪能力，减轻洪水灾害，为国民经济发展提供安全保障；提高农田抗灾能力，为粮食稳定增产创造条件；结合江河治理，大力开发水电，实行以水促电、以电养水；缓解北方和沿海城市水资源紧张状况，促进工业发展和对外开放；同时要十分注意保护水土资源和水环境。

（三）贯彻水法，依法治水，加强水政、水资源统一管理。把深化水利改革贯彻到水利工作的各个环节，提高经营管理水平，建立以流域为单元的滚动开发机制。发挥水资源综合利用效益，建立具有活力的水利经济实体。

水利建设的布局应服从国家整个经济的战略布局和国土整治规划。2000年前后，我国生产力布局是以沿海弧线和沿长江、沿黄河（结合陇海、兰新铁路）为东西向主轴线，建设沿海、沿江河、沿铁路干线的经济带。

根据国民经济总体发展规划设想，今后水利规划的宏观布局是：以治理开发长江、黄河为骨干，建设南水北调东线、中线工程，形成“井”字型结构。配合沿海经济开发，搞好城市、海港、开发区和沿海、半岛地区的供水、防洪等水利工作。重点是开发和建设长江三峡、黄河小浪底和缓解华北缺水的南水北调工程。这些重点工程的兴建，将为国民经济的发展和21世纪国家建设提供强大后劲，是关系到实现四化、振兴中华的宏伟事业。

今后10年，全国要形成水法规体系和水法执法体系，走依法治水的轨道；推进水利经济体制改革，到本世纪末水利行业基本达到能够良性运行的目标；用现代化科学技术来武装水利各部门；提高水利队伍素质，做到物质文明建设和精神文明建设双丰收。

十年规划安排的建议：

第一，加强江河治理，巩固提高防洪能力。

重点是提高黄河下游和长江中下游的防洪标准。提高部分重要河段、重要城市的防洪标准，“八五”期间遇到建国四十年来曾发生过的大洪水，做到重要堤段不决口。“九五”期间遇到本世纪内发生过的最大洪水，力争经过有计划的分蓄洪，尽量缩小受灾范围。同时进行海堤加固和中小河流治理，减少风暴潮和山洪损失。当前，集中力量抢修水毁工程，加强管理和调度，做好病险水库除险加固、水库移民遗留工作，搞好配套，充分发挥现有工程的效益和潜力。

第二，大力进行农田水利水土保持工作。

到本世纪末全国人口将达12.8亿，每年递增约1500万人，耕地平均每年递减约500万亩，随着经济发展，人民生活改善，粮食总产需要达到0.5万亿kg。平均每年需增产粮食100亿kg，大大超过过去10年平均年增产粮食45亿kg的速度，任务艰巨。灌溉排水、水土保持、农田水利建设是农业稳产高产的重要保证，也是农业增产后劲的所在。从我国实际情况出发，要挖掘现有7亿亩灌区增产潜力，在现有灌溉面积中的约3亿亩中低产田应按高产要求，完善配套，旱、涝、碱、渍综合治理，加强用水管理并配合农业措施，使现有灌区成为高产稳产田。同时根据水土资源条件，适当新增灌排面积，并结合排水排渍，改造涝洼地、盐碱地、山冲渍害田，大力进行水土保持梯田、条田、坝地三田建设；加强开荒水利，滩涂围垦，适当增加耕地。结合农业开发，大力进行相应的水利建设，加强抗旱、土壤蓄水保墒等水利土壤改良建设，提高雨养农业的增产能力；大力发展牧区水利。“八五”期间计划净增灌溉面积3000万亩，排涝面积增加2000万亩。“九五”净增灌溉面积5000万亩。排涝面积增加2000万亩。“八五”和“九五”分别治理水土流失面积10万km^2，使初步治理面积达到75万km^2。

第三，全面节水，缓解水资源紧张状况

全面推行城乡、工农业节水措施，逐步建设节水型社会。10年内逐步解决华北和沿海主要城市供水水源；基本解决农、牧区人畜饮水困难；大力发展乡镇、农村供水。完成陕甘宁盐环定抽黄供水工程，兴建引黄入白洋淀，万家寨枢纽和引黄入晋，观音阁水库，南水北调等跨流域引水工程，缓解京津冀和晋、辽以及沿海城市、海港的缺水问题。

第四，加强水资源综合利用，促进水电、水运、水产、水环境和水利综合经营等事业的发展。

结合江河治理，大力发展水电，建设综合利用为主的大型水电站以及农村中、小水电。“九五”末增加装机1300万kW，到本世纪末水利部门水电装机达到(2700～3000)万kW。

“八五”建设200个以水电为主的农村初级电气化县，“九五”建设300个，到本世纪末以水电为主的农村初级电气化县达到600个。实行以水促电、以电养电、以电养水、按流域滚动开发的新机制。

同时要大力加强水文、勘测、设计、科研、教育等前期基本工作和水利队伍建设。

三、深化水利改革

去年召开的全国水利工作会议，确定了近期水利改革三个方面的重点：一是转变职能，贯彻《水法》，加强水资源的统一管理和水政建设，切实承担起水行政主管部门的职责；二是以效益为中心，逐步形成能自我维持、具有活力的管理运行机制；三是调动各方面积极性，多层次、多渠道投劳集资，社会办水利。一年多来的实践说明，进行这三个方面的改革，方向是正确的，要继续贯彻。下面结合一年多来的新情况和实践经验，讲以下几点意见。

（一）认真贯彻实施《水法》，切实承担起各级政府的水行政主管部门的职责

国务院批准水利部的“三定”方案，明确水利部是国务院水行政主管部门，并负责全国水行业管理，地方各级人民政府也已明确了水利部门的相应职责。搞好水行政管理，就是要加强规划、政策、法规与监督的职能，建立宏观调控体系，加强水资源的统一管理和保护，促进水资源的综合开发利用，更好地为国民经济发展和改善人民生活服务。要做到这一点，必须改变传统观念，转变职能。看一个地区水行政管理是否走上了法制轨道，就要看这个地区的水法规、政策和规划等水管理的宏观决策系统是否健全，调控手段与能力是否已经得到加强，决策系统的信息及反馈渠道是否畅通。为此，水利部和省级水行政主管部门今后应该按照政事企职能分开和分级管理的原则，集中力量抓好水行政管理工作。

搞好水行业管理就是要加强对水事活动的政策指导、组织协调和监督服务。如水利部门对大坝安全的行业管理，除水利部门建设与管理的大坝外，各级防汛指挥部还要对有关部门建设和管理的大坝安全工作进行监督；按照《水法》、《河道管理条例》和国务院批准的大江大河流域综合规划，对江河上兴建水工程进行监督、管理；协调水事矛盾也属于水行业管理的范围；节约用水、保护水资源是我国的重要国策，大力搞好城乡节水，同样，也是各级水利部门行业管理的一项重要任务。总之，水利部门要站到为国民经济全局服务的高度，按照国务院和各级政府所赋予的职责，认真搞好水行政管理与水行业管理工作。

实施水资源的统一管理和保护，是《水法》赋予各级水行政主管部门的最重要的职责之一。必须继续大力宣传和坚决贯彻田纪云副总理去年在全国水利工作会议上书面讲话中提出的“五统一、一加强”的指示，坚持实行“统一规划，统一调度，统一发放取水许可证，统一征收水资源费，统一管理水量水质，加强全面服务”。在国家对水资源统一管理的前提下，实行分级、分部门管理。管理也是服务，水利部门一定要更好地为各用水行业服务。今明两年，水资源管理工作的重点：一是尽快审定重要江河流域的综合规划，为各项水事活动提供科学依据；二是制定水的长期供求计划，实行用水计划管理，全面实行取水许可制度，并相应征收水资源费，为合理、有偿使用我国有限的水资源奠定基础。

今明两年，水政工作的重点，一是遵照《水法》、水法规的规定以及国务院、地方各级政府的授权，进一步理顺部门关系。处理部门关系的准则应该是：在各级政府领导下，团结协作，相互支持，凡法律（或法规）已经规定、国务院各部门“三定”方案已经明确的，必须坚决执行。对规定的职责必须切实履行，但也不能超越自己的职责。在处理部门关系中遇到重大问题，上下左右要多通气，以团结为重，全局为重，水利部门领导同志要亲自出面，向政府、人大、政协以及有关综合部门汇报，请地方政府领导予以帮助和支持，以做好协调工作。

二是加强水法规建设的进程，力争涉及全局的法规及早审定颁布。目前，贵州、山东、甘肃等省已经颁布《水法》实施办法，希望尚未颁布的地方，要尽快制定。

三是深入贯彻今年6月全国水利执法体系建设工作会议的精神，争取今明两年建立起全国水利执法体系，今年内省、地（市）、县三级水政机构全部建立起来，并按计划完成扩大执法体系试点任务。全国水利执法要以贯彻《取水许可管理制度》和《河道管理条例》为重点。同时，要加强水利公安的建设，严肃处理一批违法案件，并配合司法部门的严打斗争，有力地打击盗窃、破坏水利设施的犯罪行为。必须加强对执法人员的教育和管理，坚持公正廉洁执法；同时要支持他们依法行使职权，关心他们的生活和工作，对在执法工作中受到打击报复，甚至危及人身安全的，要为他们撑腰，坚决依法保护。

在统一水政、实行水资源的统一管理中，流域机构担负着重大责任。在国务院审定的水利部“三定”方案中，授权七大流域机构行使部分水行政管理职能，负责流域规划的制定、规划的实施监督、工程建设和管理、协调水事矛盾等。希望各地支持他们的工作。

（二）继续推进水利经济体制改革，建立起具有活力的水利经济运行机制

水利经济体制改革是国家经济体制改革的一个组成部分，必须把水利经济体制改革纳入国家经济体制改革的总体系中去。总的思路是：按照发展社会主义有计划商品经济的大方向，增强水利企业各级水利管理单位的活力，建立能够良性运行、富有活力的水利

经济运行机制。当前着重进行以下几个方面的改革：

1.与农村改革相结合，建立健全基层水利服务体系和水利经济实体。县、乡、村水利改革要与农村经济体制改革密切结合，在稳定以家庭承包为主的联产承包责任制，完善统分结合、双层承包经营体制中，水利要发挥自己的优势，促进和建立农村水利、水电、水保、农田水利建设社会化服务体系，增强统的方面功能和集体经济力量，为农村经济体制改革作出贡献。在农村，水利工作统的作用是占主导地位的，水利水电水保工作的特点就是需要统一组织。在社会主义制度下，我们要充分发挥水利、水电、水保工作在基层统的作用，促进农村统分结合的双层经营体制的发展。去年，李鹏总理和宋平同志都曾经提到水利应在农村统分结合的体制下充分发挥作用。我们一定要跳出单纯水利业务技术观点的局限，积极投身到农村改革的大潮中去，为推进农村体制改革、建立社会化的农村服务体系，为增强农村集体经济的力量做出贡献。

基层水利经济是水利经济的细胞，细胞具有活力，整个肌体才会生机勃勃。

首先要建立和健全基层水利组织，完善统分结合、以统为主的基层服务体系，搞好水利服务。乡、村两级水利组织要统一组织农田水利基本建设，统一安排计划用水，统一安排劳动积累工和筹集资金，工程建成后实行统一管理，统一调配水量，合理用水，节约用水。县、乡两级水利组织既要管水，也要管农村水电、水土保持。当前要抓好乡镇和农村的供水，组织水利、水电、水保的建设和管理，并建立水利科技推广体系。搞好这些服务，就是为人民办实事。有的省的领导讲得好："水到哪里，干部同群众关系的改善就到哪里，经济的稳定、政治的安定和社会的发展就到哪里。"这充分说明了水利工作的重要作用。

在完善水利基层服务体系，搞好水利服务的同时，要建立和发展基层水利经济实体。搞好县、乡两级水利经济实体是关键。县一级的水利经济实体，要因地制宜，可以建立一两个，也可以建立若干个。县级水利部门所属的勘测、设计、施工、物资供应的水利、水电、水产、水保等管理单位，都有条件逐步向经济实体发展。县一级的水利经济实力壮大了，就有力量支持区、乡一级水利经济的发展。区乡一级的水利经济实体，可以条件较好的水库、灌区、泵站、水电站、水保站等为依托，也可以乡水利站或农田水利服务队为基础，因地制宜地发展水电、水产、乡镇供水、综合经营，并组织好农田水利基本建设和水土保持。区乡一级的水利经济搞好了，就可以带动村一级水利经济实体的发展。村一级的水利经济实体，可以是村水利水电管委会、村级管水组织，如：灌溉会、堤圩会、水土保持综合开发公司等，要成为经营服务型的经济组织。要充分发挥群众自己办水利、自己管水利的作用。

在建立和发展基层水利经济实体中，要努力做到水资源的综合利用，一水多用，综合发展。在山丘区要把水利、水保、水电、乡镇供水、人畜饮水结合起来进行；在大型灌区内，灌排、水电、泵站、机井 水运相结合，地表水、地下水统一管理和调度。要大力开拓水利、水电开发经营领域，除水利水电产业外，有条件的地方，还可以发展工矿业、农副业、旅游业和其他行业。在中央和省一级要实行政、事、企职能分开，政府机构应着重抓政策、规划、监督等带根本性的问题，具体经济业务要放手由经济实体去经营管理。近几年来，各地在建立和发展基层水利经济实体中，已经做了大量的工作，积累了不少有益的经验，希望认真总结推广。区乡和村两级水利经济实体搞好了，对完善农村双层经营体制，壮大两级集体经济，可以发挥重要作用。

希望各级政府支持水利经济实体的发展，在政策上给予优惠，并按国务院办公厅国办发［1985］40号文"对水利系统经营的生产项目和企业，地方政府和单位不能平调"的精神，保护水利企业的权属。

2.加强江河流域开发和管理，实行以水促电，以电养电，以电养水，滚动开发的新机制，促进流域和地区的经济实体的成长。加强流域水管理，是贯彻《水法》的重要内容，也是水利改革的重要方面。改革的基本方向是促进流域的治理和水资源的综合开发利用和保护，促进按流域建立江河综合开发的经济实体，按流域综合开发水电、灌溉、城乡供水、水运、水产、水土保持、水利旅游等，实行自我积累，滚动发展。

关于流域经济实体的模式，目前各地已有了一些典型。广东省恩平县锦江流域是国家和集体联合对流域进行水电、灌溉梯级开发的经济实体；湖北省清江开发公司是以隔河岩水电站的开发作为起点，进行清江流域滚动开发的经济实体；珠江磨刀门是多方集资，组成开发公司，把河口治理与滩涂开发相结合，投产一片，收回投资，再开发一片；广西梧州、四川雅安、阿坝地区按中小河流流域滚动发展水电，效果也十分显著。各地可以借鉴，因地制宜，进行探索。

建立江河流域经济实体，需要国家给予必要的扶持政策，落实启动资金。湖北清江流域开发，省政府确定，除税收上缴外，其余利润留给开发公司进行滚动开发；广东省鼓励集体经济参加开发锦江水电等，都是很好的政策。有了国家的政策和资金扶持，许多流域都有条件滚动起来。黄河可以通过三门峡和故县水库滚动发展；长江可以通过葛洲坝滚动发展；各地的中小流域也可以滚动开发。流域经济实体的发展，将会大大推动流域水利事业的发展。各流域机构，要下力量促进流域开发经济实体的建立与发展。水利工作的特点，就是按流域进行开发治理，梯级开发，这是自然的规律和客观的要求。不按流域治水，各行其是，曾经吃过许多苦头。因此，必须按流域进行治理开发和管理。不但要按流域规划修建工程，流域内已建成的水库也要统一优化调度，发挥其群体的作用，现在更要注意建立江河流域滚动开发的机制，促进流域经济实体的成长。

3.逐步建立以效益为中心的水利固定资产经营管理体系。建国以来形成的1100多亿元水利固定资产，是水利产业最基本的经济要素。加强对现有固定资产的经营管理，逐步形成以效益为中心的经营管理体系，对于搞活水利经济有着十分重要的意义。要在水利系统“三查三定”（查安全，定标准；查效益，定措施；查固定资产，定发展规划）的基础上，完善工程分级管理的制度。按照“谁投资、谁所有、谁经营管理”的原则，明确界定产权，分级负责，做到责权利统一。界定产权非常重要。长时期以来，水利部门重建轻管，缺乏明确的产权观念，吃了不少苦头。如：水利设施破坏了没人管，别的部门无偿平调等，必须切实改变这种状况。各级一定要抓好界定产权的工作。属于哪一级管理的工程，就由哪一级负责工程的维护、加固和更新改造。建立国有水利固定资产增减和效益状况的统计和考核制度，建议作为县、乡两级政绩的考核内容之一。今后水利资金的投入要同水利固定资产值的增减效益挂钩，坚决防止和纠正侵占、平调、损害水利固定资产产权的行为。

继续推行和完善工程承包经营责任制。按照所有权和经营权可以分离的原则，实行多种形式和多层次的承包。制订科学的切合实际的考核标准，并认真进行考核。管理单位的职工工资总额可以同工程效益挂钩，以便调动职工管好工程的积极性。

完善经营管理体制。根据不同性质的水利固定资产，制定相应的投资经营、管理政策措施。“八五”期间，国民经济发展的方针是“治理整顿，理顺关系，调整结构，提高效益”。水利作为基础产业，我们要认真研究水利产业结构调整的问题，研究水利产业内部各部门不同类型部门和工程的投资政策。水利各种设施不分类型都由国家无偿投资的办法不行了。要区分类型根据投入产出和效益情况，实行不同的投资和经营管理政策。对于社会公益工程，凡受益范围明确的防洪、排涝、防海潮工程，应依法收取堤防维护管理费；其他社会公益性工程，各级政府应给予政策性补贴（即明补），对有偿服务性工程，实行有偿服务，按成本收费，要求逐步做到自我改造。对有效益的生产经营性工程实行企业管理，讲究投入产出、经济核算、还本并要求做到自我发展。对于农业集体经济组织所有的水利固定资产，可以健全完善我国传统的基层水管理组织形式，建立民主的、群众自治的水管组织，如水利会、堤圩会等，由受益群众参与管理，并参照上述精神，制定相应管理措施，水利部门在行业管理上给予指导。

（三）改革水利投资体制，多层次、多渠道集资投劳，社会办水利

水利工程具有投资大，建设周期长和面向社会、服务公益等特点，必须贯彻“谁受益，谁负担”的原则，依靠国家、集体、个人和受益单位共同投入，走水利为社会，社会办水利的路子。

多层次、多渠道开辟资金来源：

一是国家调整产业结构和投资结构。水利是国民经济的基础产业，在“八五”计划安排中，要求同能源、交通一样实行投资倾斜政策，提高水利投资在国家基建投资中的比重。在国家重点项目安排中，农业水利重点项目要占总项目数中相当比例。

二是要改革水利投资体制，发挥中央、地方、受益部门和群众的积极性，充分利用国内、国外多方面的资金，形成多元化的投资格局。水利为社会，社会办水利，国家、地方、集体、群众一起上，多层次、多渠道、多形式地筹集建设资金。要划分事权，实行分层负责，条块结合。国家投资和专项建设资金要用在重大骨干工程项目上。地区性的建设项目应由地方和受益部门、群众投资兴建，有些项目地方资金有缺口、有困难的，国家酌情给予一定的补助。综合利用多目标开发的工程项目，由有关行业部门合资兴办。专为某一部门服务的工程，由受益行业自行投资建设。农田水利建设，依靠集体和群众集资投劳，自力更生为主，国家适当补助。要采取适当的政策措施，鼓励集体和个人兴办小型水利、水电、水保工程。要继续扶持老区、少数民族地区、山区、边远地区、贫困地区的水利、水电、水保和人畜饮水工作。

三是要坚决贯彻落实国家已给的各项经济政策，如计收水费，收取堤防、护岸、圩垸、海塘、排涝工程的维修管理费、河道采砂管理费等。李鹏总理指出：“水利要给些政策，要有操作性，可以实行老帐老算，新帐新算。”水利部门要按照李鹏总理的指示，认真研究水利经济政策，如现有水利工程的更新改造资金渠道、新建工程如何滚动发展等，研究拟订出具体的政策措施，积极争取各级政府支持解决。

四是要积极利用外资和银行贷款。特别要积极争取利用世界银行、日本海外协力基金、亚洲开发银行和各国的优惠贷款。国家已经确定在世行对我国贷款

总额中要有1/4用于农业、水利。最近，世界银行官员表示，几年内要给水利增加贷款额，我们要抓住这个有利时机，在使用国内各银行贷款中，希望各级政府在利率上对水利给予优惠或由各级财政给予贴息。

要改革水利资金管理。目前，投入水利建设的资金有基建投资，农田水利事业补助费，农业开发基金，以工补农资金，中低档工业品以工代赈，银行贷款，外资等。各种渠道的资金，应当统筹安排，按项目综合配套，合理使用，充分发挥资金的效益。

要改革水利建设项目的管理，从根本上扭转水利工程建得愈多，背的包袱愈重的状况。新建水利项目，必须建立经济评估和财务分析制度，明确解决工程运行管理、大修和资产折旧经费的途径。水电、供水项目必须落实用水用电单位，事前订合同，落实电价和水价，否则计划部门不予批准列项。要加强项目管理，提高管理水平。水利计划部门的职能要向综合计划管理转变，切实加强各项建设资金的统计和管理，加强计划的综合协调平衡。要建立对项目的投资效益进行统计和核订的制度，讲究投入产出，实行有效监督。要继续推行和完善基建投资包干责任制、招标投标制，提高工程质量，加快工程建设进度，节约工程投资。利用外资兴建的项目，要考虑外资项目的特点，制订具体的管理办法，加强管理。

改革是一场深刻的革命。各项水利改革要有计划有步骤地进行。坚持稳步推进，不急于求成，成熟一项，改革一项；坚持实践第一，先试点后展开；坚持因地制宜，不搞一个模式，在改革的步骤上不搞“一刀切”。这样，才能避免失误，少走弯路。

四、当前的几项工作

今年的水利工作重点是：“贯彻水法，加强领导，科技兴水，讲求效益”。当前几项工作需要在这里强调一下：

（一）坚持不懈地抓好防汛抗旱和水利经营管理，为农业丰收创造条件

今年汛期，湖南、四川、陕西、内蒙古、吉林、福建、浙江、广东等省区先后发生了不同程度的洪涝灾害。各级政府组织广大军民进行抗洪斗争，减轻了受灾损失。南方赣、浙、湘、鄂、苏、皖、黔、闽等省相继发生伏旱。防汛、抗旱要两手抓。要加强防汛抗旱资金使用管理，加强防汛通讯工作。当前要保证防洪安全，抢修水毁工程，复堤堵口，抓紧做好蓄水工作，大力开展农田水利基本建设，为明年农业丰收创造条件。

各地在加强水利工程管理工作中，要按照国务院文件的规定和水利部、国家物价局、财政部联合通知，继续做好水费核订、计收和管理工作。要认真贯彻国办发［1990］10号文的精神，坚持水费改革。水费是水利管理单位的主要经济来源，维持水利设施简单再生产所必需，取之于民，用之于民。目前水费严重偏低，要下决心提高。要有偿供水，实行基本水费与计量水费相结合，水费保值，实物计收，新水新价，超用加价。农业水费按成本核订计收，城市工业水费以成本加平均资金利润率确定。农村水电电价偏低，难以维持，希各省领导重视，加以解决。要不失时机地抓紧完成水利工程管理范围界定产权的工作。当前，国家土地管理局正在全国范围内部署进行土地权属调查和土地登记发证工作，要把水利工程管理范围的划界发证工作纳入当地人民政府颁发土地证的统一部署。

（二）加强前期工作和水文基础工作

江河流域规划是水利建设和管理的依据。流域机构和各级水行政主管部门要认真按批准的规划进行监督，组织实施。

要在流域规划指导下，编制好地区规划和专业规划。要抓紧进行流域规划的编制和审定；抓紧进行南水北调、黄河小浪底等一批重点项目的勘测、设计工作，要继续抓紧长江三峡工程前期工作和科研等基本工作，编制初步设计，搞好三峡开发性移民试点工作；抓紧大、中型水利水电建设项目和各地建设项目的前期工作。为了使农田基本建设更富有实效，希望各地今明两年根据实际情况组织力量抓紧补充修订或提出新的县、乡两级的农田水利基本建设规划，以指导群众水利建设。

“八五”期间各项建设，将按项目进行列项与管理。这里关键是项目择优列项，必须有较充分的勘测设计文件，否则无法列项。当前水利项目设计储备严重不足，急需迅速抓上去。特别是水库移民规划，需要各省市县政府共同努力，认真落实，否则必将影响列项。今年我部增加经费用于加强前期工作，希望各级水利部门要舍得花力气，舍得花经费，宁可少建点工程，也要把前期工作搞好。

水文是水利事业的重要基础工作，也是为全社会服务的。要贯彻1987年国家计委、财政部、水利电力部联合发文的要求。近两年来水利部已经并将继续增加对水文事业的投入，也希望省、自治区、直辖市解决水文工作中存在的困难，加强领导，增加投入。

（三）大力促进江河治理与流域综合开发

水电在江河治理和水资源的综合开发利用中，占有十分重要的地位。水利与水电难以分割。水利工程一般都具有防洪、发电、灌溉、供水等综合效益，只讲防洪除害，只讲水利的社会环境效益，把防洪除害与兴利截然分开，是水利事业长期不能良性运行、没

有活力的原因所在。水利“利”之所在，就在于发挥水资源在发电、供水、水运、水产等方面的综合利用效益。只有兴利与除害相结合，才能建立水利的良性运行机制。因此，必须大力发展水利行业中具有活力的水电、供水、水运、水产等综合利用产业。

开发水电是水利部门的重要职责。综合利用的水电站由水利部门负责开发和管理，这是国务院在水利部“三定”方案中明确规定的。各级水利部门要建立健全水电管理机构，建立健全规章制度和基层水电管理体系，包括科研试验、修造企业、培训、物资供应等。

“八五”期间国家将在原定1亿元基础上再增加一亿元拨改贷资金，用于建设200个农村以水电供电为主的初级电气化县，希望各地作好各项准备工作。

要加强农村水电及其电网的建设和管理。李鹏总理今年3月9日在接见全国能源工作会议部分代表时指出：“为了支持小水电的发展，我的观点是应该给他们供电区，在中国的体制下，小水电没有供电区很难发展。”7月19日又对我们说：“我早就下结论小水电必须要有自己的电网和供电区，没自己的供电区是发展不起来的。”希望各省按李鹏总理的指示精神和国务院1989年国发190号文件以及原水电部有关文件的规定，理顺大小电网之间关系。当前关键是小水电上网电价偏低。李鹏总理1986年曾讲过：“小水电是贷款建设的，如果它的电价太低，它就没有还款能力，小水电就发展不起来，所以，小水电电价偏低的政策，不利于小水电的发展”。原水电部文件明确规定“小水电属于计划外电量，要参与市场调节，随行就市”，即价格不应低于当地的议价电。要实行新电新价，浮动电价，峰谷差价。今后十年计划中小水电、小火电争取每年新增装机100万kW。各省要根据有关文件规定，提高小水电上网电价，支持小水电的发展。

城市供水和乡镇供水是关系人民生活、身体健康的重要事业。广东省水利部门发展供水事业已取得明显效益，辽宁和湖北搞得也好。希望各省、区、市的水利部门把供水列入重要工作日程，认真抓好。

水库渔业是水利部门的重要任务。各地在水利建设投入中要安排一定的资金用于水库渔业设施的建设。

水利综合经营对发挥水利部门管护范围水土资源和人力、设备潜力，减轻国家财政负担，稳定职工队伍，安置职工家属子女就业起到良好作用，希望各地继续给予大力支持。

（四）水利先行，做好农业综合开发区水利工作

水利建设是农业综合开发的主要内容。李鹏总理在1989年11月接见全国农业综合开发经验交流会代表时特别指出：“中国农业的命脉在于水，所有农业开发区都与水利有关。在中国发展农业不解决水的问题不行。”占全国耕地面积2/3的中低产田，主要是洪、涝、旱、渍、碱和水土流失灾害，土壤肥力低，也就是说主要是农田水利基本建设问题。开垦宜农荒地和滩涂围垦，首先也是水利问题。我们各级水利部门，应该在各地政府的领导下，积极主动地做好这项工作。水利先行，加强规划，加强协调。真正做到“水利搭台，农技唱戏”。在去年11月农业综合开发经验交流会期间，在与苏、鲁、皖3省座谈时何康同志提出：“农随水转。”水利要为农业服务，共同建设旱涝保收高产稳产田。水利部已汇总各省农业开发区水利规划，将正式报送国家农业综合开发领导小组，但要真正做到开发区农林水规划的协调，关键还要靠各级政府。希望各省、自治区、直辖市水利部门首先精心做好本地的水利规划，并向省、自治区、直辖市农业开发领导小组汇报，与有关兄弟部门共同做好综合规划和协调工作。

去年国务院《关于大力开展农田水利基本建设的决定》，已明确规定农业开发用于水利的投资要占总投资的50%以上。经过两年多的开发实践，从各省农业开发安排的结果看，用于水利的资金一般占开发区总投资的60%左右，高者达70%。要真正做到治一片，成一片，必须按项目进行管理，统筹安排资金，统筹安排好骨干工程及其配套设施的建设。

（五）积极做好城市水利工作和水利扶贫工作

随着城市发展和经济的发展，城市水利工作面临更为繁重的任务。城市水利部门，尤其是计划单列市水利（水电）局，要切实担负起城市水行政主管部门的责任，对城市的河流，地表水、地下水资源实行统一管理。在统一管理的前提下，大力协调理顺与各有关业务部门的关系。城市发展和建设规划，要与江河流域综合规划相协调，加强城市防洪工作，提高防御洪水和风暴潮的能力，确保城区安全。要积极为城市工业和人民生活提供水源，促进城市水源建设，保护城市水环境。要大力发展郊区水利，积极推进节水灌溉，为郊区农业和城市“菜篮子”工程服务。全国3个直辖市和14个计划单列市，经济实力较强，技术水平较高，要率先向水利现代化迈进。

要认真处理好现有水库库区移民遗留问题，帮助他们尽快发展生产，摆脱贫困。要切实加强少数民族地区工作。做好老、山、边、穷地区的水利扶贫工作。用好国际粮食计划署以及各方面资金和以工代赈等，搞好小型水利、水土保持、农村水电、人畜饮水等各项工作，希望确定重点，持之以恒。

（六）积极开展科技兴水

用先进水利科学技术来武装水利事业各部门，这是水利现代化的关键。

今明两年主要是建立各级水利科技推广服务体系。县成立水利科技推广中心，区、乡以现有水利站、灌区、水库管理单位为阵地，成立水利科技推广站。要学习农业部门建立健全科技推广体系、培训基层人员和农业科技户的做法。各级农业开发资金中有支持农、林、水技术推广服务体系的专款，希望各级水利部门安排水利技术推广经费，今年水利部也增加拨款，主要用于支持各省水利科技推广，建立水利科技推广机构。

要加强水利科学基础研究及基本工作。按照国家中长期水利科技发展纲要的要求，配合水利建设“八五”计划及十年规划的编制，完成各项专业科技发展规划的编审工作。努力完成国家的“七五”攻关项目。

要总结长江三峡论证工作的经验，作好水利水电重大项目的论证研究工作。要加强决策科学化、民主化，水利部已正式成立部技术委员会。同时要支持水利学会、水力发电学会、水土保持学会的工作。当前的重点是：结合水政、水资源、防汛、抗旱和江河治理的重大科技、经济和政策性问题，结合南水北调、黄河小浪底和长江三峡工程等存在的科技问题，组织攻关，并开展国际间的科技合作与交流活动。

（七）弘扬行业精神，加强职工队伍建设

兴利除害，全心全意为人民服务是水利事业的宗旨。水利工作同人民群众的切身利益息息相关，是为人民办实事，造福当代、荫及子孙的伟大事业。

在长期的治水斗争中，水利队伍形成了为人民服务，关心人民疾苦，坚持艰苦奋斗，团结治水，无私奉献，积极进取，重视质量的优良传统和行业精神。我们要建设一支素质高、能打硬仗的职工队伍，保证各项水利任务的完成。要紧密结合行业特点，进行有效的思想政治工作，广泛开展为人民服务宗旨和水利职业道德教育，学习雷锋式好青年文青成的奉献精神，大力弘扬行业优良传统，在全行业兴起一个争为水利做贡献的热潮。

要认真贯彻8月21日国务院召开的加强行业廉政建设电话会议精神，端正行业作风，大力加强行业廉政建设。监察工作要加强，切实加强监督，严肃查处各类案件。要健全审计制度，切实加强对水利资金及有关经济活动的审计监督，健全管理制度，维护财经纪律，讲究经济效益。要共同努力，树立起良好的水利行业作风。

目前，水利队伍存在着青黄不接、后继乏人的问题，尽快培养中青年成长，是水利系统一项十分迫切的任务。对他们政治上要关心，工作上要压担子，生活上要关心，使他们能够更快地担负起工作重任。要加强职工教育和技工、中技、学校教育，努力把水利院校建成传播社会主义精神文明和培养水利专业合格人才的基地。各级要在人财物各方面舍得花力量，切实把教育这项基础工作搞上去。

搞好队伍建设，关键是抓好各级党的建设，增强党的凝聚力和战斗力。要注重各级领导班子建设，在搞好干部考查的基础上，调整充实加强领导班子，切实抓好领导后备干部队伍建设，贯彻执行党中央的要求，有计划地进行干部交流。要深入贯彻党的六中全会《决定》，密切同人民群众的联系，自觉接受监督。领导就是服务。水利部门各级领导要认真当好各级地方党委和政府的参谋，要保持谦虚谨慎的作风。要深入基层，为基层群众办实事，切实解决基层工作和群众的实际困难。要在政策允许的范围内，采取措施，为基层排忧解难。这里也希望各级政府对水利职工的生活多加关心，努力改善水利职工的工作、劳动和生活条件，增强水利队伍的凝聚力。

同志们，90年代是我国经济发展的关键时期。在20世纪这最后的10年中，必须实现翻两番的战略目标，同时要为21世纪国民经济的发展后劲打基础。水利是国民经济的基础产业，又是需要超前发展的社会基础设施。水利部门要在各级党委和政府的领导下，坚定信心，齐心协力，团结奋斗，依法治水，为水利事业的兴旺发达和振兴中华而奋斗！

杨振怀部长关于全国农田水利基本建设会议情况的汇报提纲

（1990年9月1日）

一、会议的基本情况

全国农田水利基本建设会议已经开了5天，这次会议的议题：一是布置今冬明春农田水利基本建设，进一步贯彻去年国务院《关于大力开展农田水利基本建设的决定》；二是研究水利“八五”计划和十年规划的设想和水利改革。这次会议请来了30个省、自治区、直辖市和14个计划单列市分管水利的领导同志，国务院各有关部委的负责同志，各省的水利厅（局）长和七大流域机构的负责同志。

各地对这次会议十分重视，有22个省、自治区、直辖市的副省长、副主席、副市长参加，有的省政府除副省长外，秘书长也参加了会议。

会议开始，田纪云副总理做了重要讲话。先后有15位副省长、副主席、副市长大会发言。会上发言踊跃，讨论热烈。大家一致认为，这次会议是水利部近12年来第一次召开这样规模的重要会议。会议学习了最近中央几位领导同志对水的问题的重要批示和李鹏总理强调水利作为基础产业的指示，大家认为这是从战略高度上确定了水的地位和作用，是对巩固和发展水利事业有力的支持和最大的鼓舞。

会中，水利部的领导还分别同每个省的负责同志一一进行了座谈，听取了他们的意见、要求和建议。

二、水利的形势和任务

总的来说，水利形势是好的。去年农田水利基本建设各级领导重视，群众发动充分，投入有明显的增加，工作比较扎实，注重实效，可以说是近十年来规模最大、效益最显著的一年。去冬，全国高峰时日出工人数达7000万人（相当于农村总劳力的18%），一年中共投入水利劳动积累工42亿个(平均每年每个农村劳动力负担10.5个工日，相当于1150万人干了365天)，完成土石方48亿m^3，预计可恢复、改善和新增灌溉面积约5000万亩。为夺取今年的农业丰收提供了重要的物质条件，同时也密切了党群关系和干群关系。

但当前水利面临的形势仍十分严峻。主要表现在：

1.全国主要江河洪水威胁仍是心腹之患，全国约有1/3的水库仍在带病运行，急需加固保安。

2.华北地区和沿海城市缺水问题严重。水资源已成为社会经济发展的制约因素。

3.现有水利设施老化，缺乏维修改造更新的资金来源，无以为继。大批机井、泵站设备超龄带病运行，灌溉面积衰减，80年代10年停滞，到现在还没有恢复到1980年水平。

4.江河湖库水源污染日趋严重，水土流失仍在继续恶化。进一步加剧了水资源供需矛盾。

5.水利部作为国务院水行政主管部门，与有些部门之间的关系还没有完全理顺，水资源的统一管理和保护、水政工作、防止人为破坏等都还存在一些问题。

6.作为基础产业，水利没有经济收入，缺乏经济实力，难以自我发展，更谈不上自我滚动的发展机制，七大江河流域机构5.6万人的技术队伍不能充分发挥作用。

水利整个行业清贫，职工队伍不稳，收入低，生活比较艰苦，工作条件差，有1/3的水利管理单位不能维持正常开支。有的单位连基本工资都发不出来。

这些问题是多年积累下来的，原因也是多方面的。会议讨论了90年代的规划设想：

一是加强大江大河治理，巩固提高防洪能力。重点提高黄河下游、长江中游和重要城市的防洪标准；加强水资源的综合利用，兴建三峡、小浪底、南水北调等一批大型水利骨干工程，要结合电力需求大力发展水电。十年规划设想：新增装机容量1300万kW，达到2800万kW；农村电气化县已完成109个，新增500个。解决京、津、冀和沿海城市开发区供水水源以及城镇供水和农村牧区约5000万人的饮水困难。

二是大力开展农田水利基本建设，改造中低产田，努力进行开荒水利和滩涂围垦，新增灌溉面积8000万亩，排水面积4000万亩，治理渍害田3000万亩，治理盐碱地3000万亩，治理水土流失面积10万km^2，新增梯田3000万亩，达到1.4亿亩梯田，将现有7亿亩灌溉面积建成旱涝保收高产稳产农田。

三、具体要求和建议

大家认为，水利作为基础产业，希望中央能给些新的政策。过去国家已给过一些政策，例如水费计收，收取堤防、护岸、圩垸、海塘维修保护费，排涝费，对占用灌溉农田、农业水源和排灌设施实行补偿，以及关于小水电“谁投资、谁所有、谁管理”、“要有自己的供电区”、“小水电供电区不要侵占和农村电网不能上收平调”等等，都要继续贯彻执行。这次大家提出的主要要求是：

1.水利作为国民经济的基础设施和基础产业，希望国家在编制“八五”计划和十年规划中，能够具体落实。把水利与农业、能源、交通、原材料放在同等地位增加水利投入，在“八五”计划投资上实行倾斜政策；在全国重点项目安排中，水利项目要占相当的比重；在银行贷款中要增加水利的比重，除了原来农行专项农村水电5亿元贷款要恢复外，建议建行增加水利部门每年10亿元水利水电贷款指标，并在利率上给予优惠，各级财政给予适当的补贴；在利用外资上，希望国家对水利给予重点支持。

2.李鹏总理在今年7月1日全国《水法》宣传周题词“贯彻水法，加强水资源的统一管理和保护”，我们正抓紧贯彻执行中。据各地的同志反映：在实行水资源的统一管理中，部门之间的关系还没有完全理顺，给下面基层造成很多困难。大家认为，应当按照国家颁布的《水法》、国务院批准的水利部“三定”方案和田副总理去年在全国水利会议书面讲话以及这次大会上又重申的“五统一、一加强”(即：坚持实行统一规划、统一调度、统一发放取水许可证、统一征收水资源费、统一管理水量水质，加强全面服务)。切实加强水利部门做为各级政府的水行政主管部门的作用。只有在国家水行政主管部门对水资源统一管理的前提下，实行分级、分部门管理，才能充分发挥水资源的综合利用效益，国务院赋予水利部门的水行政管理与水行业管理职责才能真正落实。

加强水资源统一管理和保护，大力节约用水、计划用水、加强管理是个大问题。目前水费太低，不利于节约用水，水利管理部门连维持简单再生产，甚至发工资都很困难。大家认为，应当由水利部门统一收取水资源费，各地除了坚决按国务院发布的《水费办法》计收外，工业和城市用水，建议每方水增加2分钱。

3.水利部门要大力发展水电。国务院批准的水利部“三定”方案中已明确，“以综合利用为主的水电站已由水利部门负责开发与管理”，“原则上，现有以防洪、灌溉、供水为主的水电站，交水利部门管理。谁投资，谁所有”。这方面的规定应加以落实。希望国家计委把以综合利用为主的水电站项目列入水利建设计划。当前，建议尽早建设万家寨和棉花滩水利水电枢纽。希望国务院颁布江河开发治理综合利用促进法，结合电力需求，由水利部门修建一批水电项目，希望得到国家计委支持，并在“八五”计划中落实。目前水利部门管理的水电站上网电价过低，不少电站发电越多，亏损越大，各省在座谈中反映强烈。按国务院和原水电部已发文件，大电网对农村水电电网应当继续实行扶持让利政策，农村水电是计划外电量，按照1986年水电财字101号原国家经委、物价局、原水电部文件规定，小水电电量属计划外电量，参与市场调节，其价格随行就市，不低于当地议价电价，由各省市自定，实行丰枯和峰谷差价。新建电站实行新电新价。水利部门水电每度电2分电力建设基金应由水利部门收取办电，滚动开发。明确水利部门实行以水促电，以电养电，以电促水的滚动开发优惠政策。赋于江河流域机构以江河治理开发滚动开发的职责。丹江口、三门峡电价过低，发电越多，亏损越大的问题急待解决。分部前原已确定的每度电上调1.5分，希望落实。调价后增加的收入用于汉江滚动开发。

4.关于建立水利建设基金问题。水利作为基础产业需要增加投入，就必须有可靠的资金来源，大家建议资金来源能否从几个方面筹集：①中央和地方各级财政都要增加对水利的投入，希望按每年各级财政增长率同比例增加水利投入；②国家征收的能源、交通基金中拿出一个百分点，因为当前火电比较缓和，煤、铁路已涨价，交通有养路费的车辆附加，而水利什么也没有，也可以在能源、交通基金外增加1个百分点，或超收部分划给水利作为水利建设基金；③投资方向调节税中划部分给水利；④1988年11月国务院国发76号文件批转水利部关于依靠群众合作兴修农村水利的意见的通知中，提出县乡两级农村水利建设基金，资金渠道有6个来源，现在有的省如辽宁、北京、湖南等不少县已建立，希望能继续推行。

5.水利行业清贫，全国130万水利职工工资比全国平均水平低17%，约有1/3水利管理单位不能维持，有的甚至连发工资都困难。因此，人才外流十分严重，后继乏人。为了稳定水利职工队伍，大家要求适当解决基层县乡水管单位编制、事业费和长期临时工转正问题。水利综合经营企业能比照农垦企业免税五年的办法继续给予照顾。同时希望允许从水利基建费和农水费以及其他水利资金中拿出一点解决职工宿舍等生活福利设施。因为多年来水利行业一直是先治坡后治窝。

最后，与会代表一致表示，希望国务院领导号召各行各业继续大力支持农田水利基本建设。农田水利基本建设及排灌所需的油、电和物资，希望优先保证，按平价供应。特别是柴油，除了农业计划内用油应重点优先保证农田水利基本建设外，建议明年开始，从国家计划中划拨10万t农田水利基本建设用油，由水利部掌握，作为救急补缺使用。节水灌溉每年需要塑料（4～5）万t，希望能和农膜一样对待列为专项，平价供应。

与会代表希望国务院能发一个“关于加强水利基础产业决定”的文件。

以上汇报是否妥当，请中央和国务院领导指示。

杨振怀部长在全国水利系统公安保卫工作座谈会上的讲话

（1990年11月23日）

这次会议已经开了3天，开得很好。公安部很重视，二局的肖处长自始至终参加会议。张春园副部长、办公厅李昌凡主任和公安部肖处长3位同志都讲了话，我完全同意。今天来主要是看望大家。

我们水利公安保卫工作尚处在初创时期，许多条件还不具备。大家在这两年中做了大量的工作，非常辛苦，勤勤恳恳，任劳任怨，出色地完成了艰巨的任务，取得了很大成绩。我首先要向大家表示感谢！两年多来，破获各类案件两万多件，挖出犯罪团伙近两千个，查处各种违纪、犯罪分子1.4万多人，挽回直接经济损失几百万元。这说明，我们战斗在水利公安保卫战线的同志们所取得的成绩，为保卫水利建设成果做出了贡献。

下面我讲五个问题。

一、水利公安保卫工作的重要意义

建国40年来，国家对水利的投入大约1000多亿元，群众投劳折款也差不多1000亿元。现在形成的水利固定资产值约1100亿元，是国家一笔非常宝贵的财富。如何保护这些国家和人民的财富不受损失，这是十分重要的事情。但是，近几年来，各地的治安问题、犯罪案件呈上升趋势。从我们水利来看，水利设施破坏比较严重的是1987～1988年。据统计，1987年、1988年水利固定资产遭到人为破坏的直接经济损失，每年大概在1.5亿元左右。这个数字是很惊人的，因为每年的投入也只不过是几十亿元。给国民经济造成的损失、给人民造成的经济损失那就更大了。一个电灌站的导线被人割断了，或者一个变压器被破坏了，当成废铜烂铁给卖掉了，所造成的损失，起码是几千亩地不能按时灌溉，甚至影响上万亩，给农民带来多大的损失！而这类事件绝不是一、二起，一年发生几百甚至上千起。

这两年来，公安部十分重视这个问题，公安部俞雷副部长亲自过问。这绝不光是偷电线，连防洪的通讯线路都遭到破坏，一割就是几千米，严重地影响了防汛的通信联络，防汛万一出了问题，后果就不堪设想。有的地方在水库的下游挖沙，湖南省的一个小（Ⅱ）型水库决口，就是这个原因。有人在水库大坝底下十几米的地方挖了一个大坑淘金，结果就在今年汛期出现了垮坝，下游遭受了严重的损失。50年代国务院发过一个通报，就是湖南省的宝盖洞水坝，因垮坝曾死了400多人，整个村子全被洪水淹没了。

水利工程被冲毁不仅是个经济损失，给人民生命财产造成的损失是极为巨大的。1938年国民党在黄河的花园口人工决口，一直从河南淹到了安徽、江苏，黄河改道从扬州入长江。那次的灾民共有1200万人，死了88万人。那个时候叫"水、旱、蝗、汤"，河南的老百姓都知道。所以，对水库的安全保卫，在汛期对堤防的安全保卫，这就是对人民生命财产的保护，也是对社会的安定的保卫，是十分重要的。这就是我们过去为什么一直对大型的水库、大型的桥梁、电站都要配有武警保护的原因。

"75.8"淮河大水之后，加上近几年水利设施被破坏的问题十分惊人，所以从公安部、水利部对此事都十分重视。田副总理在最近的讲话中，曾多次指示要重视水利的公安工作，并希望公安部门要支持水利部门建立水利公安，就是针对这个严峻的形势提出来的。40年来，我们几代人建设的社会主义财产、人民积累的财富，决不允许在我们手中衰败，受到人为的破坏。几十年来，水利部门积累的每一项财富，都是不容易的，都是人民的血汗。去年全国的农田水利基本建设最高的出工人数达7000万人，完成了土石方44亿m^3，投入劳力42亿个工日。我们不能看着一边投入，一边破坏。现在水利形势如果说是严峻的话，就严重在这个地方。一方面是投入巨大，一方面是管理，要把它管好，把社会主义的财产和基础设施管好，让它充分地为农业的增产、为保证社会的安全、为工业供水、为水电、航运等更好地发挥作用，这是一项艰巨而又光荣的任务。

最近，我们召开了新闻发布会。今年农田水利基本建设的规模要比去年要大。全国农田水利基本建设会议之后，各省的领导都亲自到农田水利现场带头参加劳动，现在东北、西北、华北大搞农田水利基本建设的工作已普遍开展起来了。初步统计，参加全国农田水利基本建设的就有4300万人，群众乐意干的、真正对群众有益的事我们才干；当年受益、或第二年受益的事情我们才干，就是为了要把工作搞扎实，真正为人民办实事，真正使农民通过劳动、通过国家的扶持，真正为第二年搞好增产，使农民增加收入，这样才是把为人民服务的工作落到了实处。这么大的规模，国家这么重视增加投资投劳，我们各级水利管理部门包括水利的水政、水资源、水利工程管理部门，也包括我们的水利公安保卫部门，都应该把我们的水利财产、现有的水利设施保护好管理好，让它更好地发挥效益。

农业要上去，我们根本的一条还是要靠现有的设施。全国的耕地大概有16亿亩左右，灌溉面积7亿亩，占全国耕地的40%多，但灌溉面积生产的粮食，大概占全国粮食总产量的60%～70%。80年代以来，我们面临一个严峻的形势就是水利设施遭到人为、自然破坏严重和工程设施的老化，使现有的水利设施，逐渐丧失能力。但是，我们最怕的还是人为破坏，尤其是这几年人为的破坏比自然的破坏还要严重。从1949年到1980年，灌溉面积从2.4亿亩发展到7.2亿亩，这些灌溉设施保证了我们的农业增产，我们是依靠抗灾夺丰收，具体的就是靠防洪设施、灌排设施、水电、水保设施等。过去30年，每年都增加1000万亩灌溉面积。但是，从1980年以后，一直到1989年，灌溉面积逐年减缩，每年减少100多万亩，到1986年，到了最低点。这几年由于大搞农田水利基本建设，加强了管理，加强了公安保卫工作，制止了人为的破坏，灌溉面积从1989年开始有了回升，今年估计还会增加。

在当前的形势下，水利工程设施是社会主义建设中一项不容忽视的社会财富,它保卫着社会的安定,保卫着城乡的安全,保证了农业增产、城市工业供水。要让这些设施充分发挥作用,充分发挥效益,让它更好地为人民服务,需要我们精心地加以管理、精心地加以保护,这是一项很有意义的工作。我们每年要增加投入,更要注意对现有工程的保护,对现有工程的管理,发挥现有工程的作用。

我们要正确地处理好发展与巩固现有水利设施的关系。我们衡量一个地区、一个单位的工作有没有成绩,首先要看他所做的工作给人民带来多少益处,灌溉设施、水利设施等固定资产是增加还是减少,对发展农业起了多大作用。从这个意义上来讲,今天在座的同志,你们在水利公安的岗位上,为了现有的水利设施充分发挥效益,是尽了最大努力的。制止破坏本身就是发挥效益的很重要的一部分。你们提出开展"水利卫士"的评比活动,我是十分支持的,称你们是"水利卫士",当之无愧。希望你们再接再厉把工作搞得更好。

二、水利公安保卫工作面临的任务还很艰巨

这个问题张部长在报告中已经讲到了,公安部的同志和我们部里有关司局的领导,在讲话中也讲到了。我们要继续贯彻1988年水利部、公安部联合下发的5号文件,即《关于贯彻水法,加强水利公安保卫工作的通知》,要贯彻公安部发出的《关于清理整顿企事业公安机构的通知》,要认真贯彻中央关于整顿社会治安、开展"严打"斗争的通知,要贯彻全国农田水利基本建设会议上李鹏、宋平、田纪云等中央领导同志的讲话精神。大家要学好这些文件,才能把我们的工作做的更好。要以中央领导的讲话,以公安部、水利部有关文件作依据,指导我们的各项工作,走到正规化的轨道上来。随着水法的学习和贯彻,随着水利建设的深入,随着水利在90年代作为一个基础产业地位的确立,水利公安保卫工作将面临新的形势,任务更加艰巨。

最近一年多来,江泽民总书记、李鹏总理和陈云同志的批示,我想大家已学过了,我就不重复了。中央领导同志讲话核心的一点就是水利作为基础产业,要跟能源、交通一样,在今后的国民经济的发展规划中,在"八五"计划中,加以体现。增加投入农业是其中一个主要方面。这是中国的特点所决定的,因为水利是农业的命脉。

随着水法的贯彻,随着水利作为国家基础产业的确立,水利的任务就更加繁重了。我们要首先保证大江大河的安全。长江、黄河等七大江河洪水威胁是我们中华民族的忧患。我们必须居安思危。今年丰收了,明年怎么办,明年要抗灾夺丰收。现在有许多省市的领导已经意识到这一点了,老天爷不会年年照顾我们的。所以我们水利部门的任务,第一就要为明年的防洪抗旱做好准备,要夏汛冬防,春旱冬抗。不能临阵磨枪,我们不能靠老天爷的恩赐,要立足于抗灾夺丰收。明年的重要任务是保证七大江河的安全,各流域机构、沿江河各省市的公安保卫任务是很艰巨的。黄河的通讯线路年年被割断,今年公安部俞雷副部长亲自督促河南、山东公安部门尽快侦破。如果大江大河出事故,我们无法向党中央、国务院和广大人民交待。我们必须要把防洪安全、堤防安全,特别是城市堤防的安全保卫放在第一位。

现在有些地方特别是城乡结合部,在堤防上设集市、摆摊点,在河道上设置障碍物,挤占堤防保护地、河滩地。这些人不晓得滩地是用来行洪的。进行河道清障,维持它原有的防洪能力,这本身就是极大的效益。只图近利,必遭灾祸。我们要向群众宣传,要动员执法队伍、水政监察、水利公安去制止。你们的任务,首先是大江大河,河道的清障和保护;第二是水库,要放在特殊重要位置,特别是下游有铁路和靠近城镇的水库,要坚决保卫。在水库下游采金挖坑,在水库岸坡搞炸山采石等等都是犯罪行为;第三个是大型水闸,大型水工建筑物。今后随着水利基础产业地位的加强,我们对水利设施的保卫工作也必须加强。除了堤防、水库、水闸等建筑物以外还有农村水电站、供水建筑物及机电设备,也非常重要。北京的京密引水渠,天津的引滦入津工程,为香港供水的东深引水工程等都要坚决保护。

希望各级领导都要重视水利的管理、水政、水资源及水利公安保卫工作。钱正英同志说这些"软件"工程,我们要摆到重要位置上。要以管理为中心,要建管并重。"软件"、"硬件"要并重。在90年代"软件"更要加强。从思想上重视了管理建设,真正把它当成大事来抓,这样水利才能振兴。

治理整顿决不是削弱我们水利公安而是要提高我们的素质,精兵简政,练好"内功",加强本身的业务建设,提高所有干警的政治思想和技术业务素质,以便承担90年代更繁重的任务。

三、如何贯彻这次会议精神

要求各级领导把水利公安保卫工作列入议事日程,一把手要亲自抓,要有一位领导分管这项工作。今后水利部门要明确一条,考核一个单位工作的好坏,很大程度就看这个单位每年增加了多少水利设施和灌溉面积,减少了多少也要同时考核。现有的水利固定资

产经过本届政府留给下一任，是增加了还是减少了？你给群众干实事了还是吃老本？哪个地方水利设施遭到了破坏，又不采取措施而还要求我们增加投入，这是办不到的。只有自己重视，本身工作搞好了，才能增加投入，不能老是靠外面“输血”，谁重视水利管理，保护用好水利设施，增加灌溉面积，就支持谁。

今后，水利上发生重大案件要报告，特别是水利设施被破坏案件，要搞一个制度，造成严重损失的要追究这个单位领导者的责任。各级领导把水利公安保卫工作列入议事日程，其他问题才能逐步得到解决。如经费、办案工具、装备等。关于这三个方面的问题，请有关司局研究，提出个意见，我同意“谁受益、谁负担”的原则。经费问题主要是靠在现有的水利经费中挤出一些。领导把这项工作摆在议事日程上来，是可以解决的。部里要加强行业管理，水利公安的必要装备也要解决。

四、水利执法要依靠群众，发动群众

我们有一支9000多人的水利公安保卫队伍，我们要宣传群众、依靠群众、发动群众。中国的面积大，水利工程散布面广，水利治安单靠公安保卫队伍是不行的。所以要向群众宣传水法。你们既是水法的执行者，也是水法的宣传员，要把全国有关破坏水利设施案件、水利纠纷案件汇集成册，向群众宣传。要把法院判决破坏水利设施的布告广泛张贴，使群众知道犯什么罪会判以极刑。有些人对破坏造成什么后果不知道，所以我们要大力宣传，将各种不同类型性质的案件汇编成册，广为宣传，在社会上大造舆论。要把基层的乡一级，村一级和灌区库区的群众组织起来，要订立乡规民约，组织基层水利单位、管水组织、护堤组织、防汛抢险队共同维护水利治安。要组织群众自保。这方面公安部门有很多经验，好的办法。水利部门内部要协调好，特别是要强调水管部门要负重任，各省水利厅、流域机构各级水利管理单位的领导充分重视水利公安保卫工作，领导重视了许多问题就好解决。比如用车，出了案件堤防管理站要出车。重点地区的公安派出所，线路长跨度大的重点堤防派出所，可以适当配车。如都江堰灌区管理局的公安机构要负责几个县。你们说有的地方出了案子干警骑自行车追汽车，这怎么行！通讯问题，防汛通讯水利公安也可以用，同时要与当地公安机关接通，便于有了案子及时上报。水管部门在安排防汛通讯线路时，带一下就把这个问题解决了。水利管理部门约有46万职工，各地的堤防管理、灌区管理、水电站等单位和各级防汛指挥部对加强水利公安保卫工作都有责任，除了厅长抓，局长抓，这些单位也应该抓，责无旁贷。支持水利公安就是支持自己。

水政监察、水公安不可分割，“一文一武”。处理水事纠纷、民事纠纷主要靠水政。现在全国水事纠纷案件越来越多，农村特别是南方，在50年代一度绝迹的械斗，现在又出现了。为了争水，打起来，这些事情最好是防患于未然，以预防为主，发现苗头及时调解，不要酿成大事，再出来调解就难了。水政部门和水利公安要特别注意这类事件，往往一旦出现就是恶性案件。

水事纠纷要立案，中央管省与省之间的纠纷，省要负责县与县之间的纠纷，县要管乡与乡之间的纠纷，层层负责。水利问题往往与地区之间的矛盾搅在一起。要求水政、水管、水利公安保卫部门拧成一股绳，主动做工作。水利公安在业务上由当地公安机构管理，本单位的党委要管。分工是为了协作，是为了把工作做得更好。

五、切实搞好队伍的自身建设

要在各级地方公安部门的领导下，搞好水利公安保卫队伍自身的建设，公安部门制订的规章制度都要学习贯彻。山西省把水利公安干警送到省公安学校培训的作法很好。要让水利公安保卫工作的同志有业务提高的机会，相互交流经验的机会。领导重视与否，关键是靠自身工作。要培养大家热爱水利事业，热爱公安保卫工作，做一名光荣的“水利卫士”。要提高自己素质。各单位在选配水利公安人员时，要把住进人关。该装备的东西，逐步装备。在自身建设方面我同意公安部提出的“从严治警”的要求。打铁先要自己腰板硬。宣传水法，首先自己要遵纪守法，要廉洁勤政。我们水利公安保卫队伍是支新军，新队伍就要有新作风，我们要学习公安部门的好传统。我希望水利系统公安保卫人员在90年代新形势下，依法治水，在保卫我国城乡水利设施的安全工作中做出新的贡献！

侯捷副部长在全国农田水利基本建设会议上的讲话

（1990年8月27日）

国务院批准召开的这次全国农田水利基本建设会议，是一次很重要的会议。国务院对召开这次会议非常重视，刚才田纪云副总理的重要讲话，充分肯定了去冬今春农田水利基本建设取得的成绩，对开好这次会议的指导思想和主要议题，以及进一步贯彻国务院的《决定》，更好地开展今冬明春农田水利基本建设做了全面指示。我们要认真学习贯彻。现在我就有关农田水利基本建设的情况和问题，以及今后工作意见向大会做一汇报，请会议讨论。

一、一年来的回顾

去年，国务院作出了《关于大力开展农田水利基本建设的决定》，特别是党的十三届五中全会把农业提到了一个关系到政治、经济、社会稳定、国家安危以及调整经济结构的关键地位，号召全党全国动员起来，集中力量办好农业，水利的"命脉"作用和农田水利基本建设得到了进一步重视和加强。一年来，由于各地认真贯彻十三届五中全会精神和国务院的《决定》，把农田水利基本建设作为长期任务纳入了各地的农村中心工作，广大干部、群众重整旗鼓，艰苦奋斗，在全国范围内开展了规模较大的农田水利基本建设，取得了很大成绩，可以说是近10年来最好的一年。据统计，全国共投入水利劳动积累工42亿个（平均每个农村劳动力负担10.5个工日），完成土石方48亿m^3，分别较前3年平均数增加40%和26%。这些工程完成后，预计可恢复、改善和新增灌溉面积7100万亩，改善、新增除涝面积1400万亩，改造盐碱、渍害低产田1000万亩，治理水土流失面积15000 km^2。此外，还解决了710万人、440万头牲畜的饮水困难。另据1989年水利年报统计，当年新增灌溉面积1760万亩，比1988年新增的灌溉面积增长34%，减去当年减少的1125万亩，净增635万亩，初步扭转了近些年灌溉面积逐年下降的局面。通过广泛开展农田水利基本建设，不仅为夺取今年的农业丰收提供了重要的物质条件，同时也密切了党群关系和干群关系，广大农民群众对党中央、国务院振兴农业大力开展农田水利基本建设的决策十分拥护，对各级党政领导干部亲临现场指导，带头参加劳动，交口称赞，认为党的好传统好作风又回来了。

从各地贯彻国务院《决定》的情况来看，一年来农田水利基本建设的主要特点：

一是领导重视。为了加强领导，不少省区建立了新的组织领导网络和服务体系，已有13个省、自治区、直辖市成立了由政府负责同志挂帅、有关部门参加的农田水利基本建设指挥机构，各地、市、县也成立了由主要领导同志负责的指挥机构，并建立了各级领导分工的责任制。如山东、山西等省普遍实行了县级班子包乡镇，乡镇干部包村，村干部包项目的领导分工责任制；辽宁省层层签订了责任状。各地都把农田水利基本建设搞得好坏和水利固定资产的增减，作为各级干部政绩考核、职务升降和奖惩的重要依据。使各级干部增强了责任心，也增加了压力。

二是主攻方向明确。各地在制定水利建设规划时，都提出了以效益为中心，以增产为目的，把重点放在现有工程设施的维修、恢复、配套、改造、提高上，因地制宜提出了主攻方向和目标。如江苏省提出以增粮增棉为目标，以防洪保安全，改造低产田，建设吨粮田，开发新资源为重点；湖北省提出以抗御大洪、大涝、大旱，扩大保收面积为目标，平原湖区突出了堤防加固、排涝渠道的清淤和渍害低产田改造，丘陵区突出了水库的防汛岁修、灌溉渠道的疏挖延伸和小水库、塘坝的兴建，山区突出了坡改梯、建设"当家地"和中小水电站的建设；东北、华北等旱情较重的地区，多以抗旱保水为中心，挖掘水源。许多山区治山治水相结合，水利水保并抓，开展以小流域为单元的水土保持综合治理，对发展农业生产起到了重要作用。

三是投入明显增加。据各省上报的材料统计，除小型农田水利水土保持补助费外，各级财政投入的农田水利基本建设资金达26亿元，集体和群众自筹资金约30亿元。湖北、广西、云南、贵州、北京、上海等省、自治区、直辖市财政的投入较上年度都有较大幅度的增加。有些省还明确规定了以奖代补、定额补助和贴息等一系列激发群众治水改土的补助政策。北京市政府最近发出通知，建立县、乡两级水利基金，安徽、辽宁、四川、宁夏、湖南、福建、广东的一些县乡也都开始建立了农村水利建设基金，形成了以农民投入为主体，国家补助为辅，符合中国国情的投入机制。各地投入农田水利建设的劳力有了明显的增加。全国有23个省、自治区、直辖市制定了本地区的水利劳动积累工使用管理制度。这些措施，为今后长期坚持农田水利基本建设开辟了稳定的资金渠道，使水利劳动积累工的使用与管理走向正规化。

四是各部门的大力支持。农业、林业、计划、财政、物资、银行、电力、石化、轻工、机械、商业、交通、供销、新闻宣传等部门以及人民解放军，对农田水利基本建设都十分重视，在资金、物资、人力、运输等方面给予了有力的支援。中国农业银行发出通知，要求各地增加农田水利贷款。解放军三总部发出了《关于义务参加国家经济建设的通知》，广西、河南、江苏、山西等地驻军先后有8万多人次投入冬季农田水利基本建设，出现了城乡结合，工农兵结合，全社会关心支援农田水利基本建设的好势头。

五是开展社会主义劳动竞赛。在农田水利基本建设中，各地比较普遍地开展了以质量、效益为中心的检查评比活动，辽宁、吉林、黑龙江、河北、河南、山西、内蒙古、江苏、新疆、北京等省、自治区、直辖市政府因地制宜开展了多种形式的夺杯竞赛活动，有的还把检查评比同达标、晋级相结合，对推动农田水利基本建设起到很大促进作用。

六是科技推广和水利基层服务体系发挥了重要作用。各级水利部门在农田水利基本建设中，重视和加强了水利科技的推广工作。如在黄淮海平原旱涝碱综合治理、南方低洼渍害田改造以及推广各项节水技术措施方面，都取得了很大成绩。全国3万个区乡水利水保站11万多名区乡水利水保员以及其他战斗在农田水利基本建设第一线的广大干部和技术人员，他们在开工前择优选项，施工中现场指导，严格管理，完工后检查验收，对保证工程质量，发挥工程效益做出了很大贡献。

此外，101个全国水利建设先进县和各省评出的先进县，在农田水利基本建设中，都起到了相互学习和促进作用。

最近李鹏总理指出："农村以家庭经营为主的联产承包责任制要保持稳定，并不断巩固和完善，同时要完善统分结合的双层经营体制，搞好服务体系建设，其中，很重要的一个方面就是要搞好水利。"近几年，各地的经验也充分表明，加强农田水利基本建设是搞好农村社会化服务体系建设的一个重要方面。农村实行以家庭经营为主的联产承包责任制，对调动广大农民的生产积极性起到了极大的作用，这一点中央已经作了充分的肯定。现在的问题是在稳定以家庭为主的联产承包责任制的基础上，如何完善统分结合的双层经营体制，以及怎样组织和依靠集体力量去改善生产条件，这是当前农村深化改革的关键问题之一。农田水利基本建设关系到亿万农民的根本利益，由于各级领导重视，各方有力支援，广大干部和群众的积极性调动起来以后，就有利于解决农村家庭联产承包后出现的群众难发动，资金难筹集，施工难组织的三大难问题，这就从深层次上为农村调整生产关系创造了有利条件。因此，农田水利基本建设不仅仅是提高了农业的抗旱除涝能力，有力地促进了农村生产力的发展，而且有利于农村改革的深化和农村精神文明建设。

一年来，各地农田水利基本建设工作中，也还存在一些问题。主要是国务院《决定》中提出的要求还没有完全得到贯彻和落实，具体表现在以下几个方面：一是有些省区的指挥机构还不健全，发展还不平衡，除了省与省之间的不平衡外，就是在一个省区内，发展也很不平衡。主要是有些地区的少数领导对水利的"命脉"作用和农田水利基本建设的重要性认识还不够，对国务院《决定》贯彻不力，群众还没有广泛发动起来。二是个别地区思想准备不足，前期工作跟不上，上阵比较仓促。三是所需资金和物资供应跟不上，有些地区小型农田水利补助费还没有达到1980年的包干水平。由于资金、物资不落实，不少地方土方搞得不少，建筑物配套跟不上，影响工程效益的发挥，特别是施工用油缺口较大，影响工程施工。

二、形势和任务

新中国成立以来，在党中央、国务院和各级党委、政府的直接领导下，在亿万农民群众和广大水利职工的艰苦奋斗、共同努力下，水利建设取得了很大成就。全国各类水利设施形成了1100多亿元的固定资产，提供了近4000亿m^3的农业和农村用水，修建了大量的防洪除涝工程，建成了7亿多亩的灌溉农田、6万多座农村小水电站和6600多万kW的排灌机械，为农业的长期稳定和持续发展提供了雄厚的物质基础。但在"六五"计划期间，曾一度减少了水利投入，放松农田水利基本建设，给农业生产带来了一定的影响。近年来，由于中央领导同志的重视，大家对水利"命脉"作用认识上的统一，以及水利投入的增加，全国水利形势总的来说是好的。但工程老化失修、效益衰减和北方地区水资源短缺两个危机依然存在，全国灌溉面积尚未恢复到1980年的水平。水利工程老化失修、人为破坏、资金缺乏、效益衰减叫了多少年，但这一老大难问题，一直还没有得到有效解决。加上各项建设占用大量灌溉农田，排水系统淤积破坏严重，新的人为水土流失仍不断发生，农田水利事业仍处于十分困难的境地。

我国大量的水利工程是50～60年代兴修的，经过多年运行，设备破损、工程老化，而且有些带病运行，一旦出事，极易造成对经济、社会与环境等效益的破坏。据统计，现有的6600多万kW排灌机械，每年需要更新200～300万kW的机电和水泵设备；260多万眼机井，每年需要更新10多万眼。全国5200多处大中型灌区建筑物老化、破损现象普遍存在。从一些省区的典型调查来看，约有20%～30%的渠道建筑物急待大修、改造，再加上渠系不完整和渗漏严重，不仅影响水的利用率提高，而且有些灌溉面积已成"挂名"水地；有些小型水库也徒有其名，弄不好还可能成为"灾库"。河南、山东、湖南都是灌溉事业比较发达的省份，据河南省1989年对已成灌区的普查结果，由于工程老化、失修、不配套以及其他一些原因，全省有效灌溉面积已由5871万亩减至4989万亩，减少了880多万亩，占全省灌溉面积的15%；1988年山东省对151个灌区的调查，灌溉面积由原来的1007万亩下降到754万亩，减少了25%；湖南省对8座大型灌区的调查，灌溉面积由原来的420万亩下降到323万亩，减少了23%。据水利年报的统计，全国1981～1989

年累计增加灌溉面积1.13亿亩，而同期累计减少灌溉面积1.21亿亩，增减相抵，1989年比1980年净减800万亩。在减少的灌溉面积中，因老化失修和机井报废而减少的占47%，因长期水源短缺而减少的占14%，因基建占地减少的占9%，因其它原因减少的占30%。灌溉面积减少的严峻现实说明，工程老化失修和更新改造问题已到了非解决不可的地步。如果再久拖不决，就全国来讲，灌溉面积可能还会引起大的滑坡，占全国粮食总产2/3的7亿亩灌溉面积巩固不住，造成的后果将是十分严重的。

我国的水土流失问题也十分严重。据50年代初的统计，全国水土流失面积为150万km^2，经过40年的艰苦努力，尤其是近些年来推行以小流域为单元进行综合治理，水土保持工作卓有成效，现已治理水土流失面积53万km^2。但最新遥感普查的初步结果表明，全国水土流失面积已接近180万km^2。水土流失的危害，不仅严重制约着山丘区农业生产的发展，而且给治理江河、国土整治以及保持良好生态环境带来困难。不少地方破坏大于治理的问题，也到了非解决不可的地步了。水土保持工作是山区经济、社会发展的生命线，不可等闲视之。

大家都知道，农业是关系到国计民生的大局，增产粮食是社会稳定和建设四个现代化的需要。1985年以后，粮食棉花等主要农产品出现了徘徊，去年粮食总产虽然超过了历史水平，今年夏粮又获丰收，总产9935万t，比上年增长6%，达到历史最高水平。但要清醒地看到，这几年全国并没有发生特殊的大旱大涝，虽然局部地区的旱涝灾害比较严重，但由于多年来建设起来的水利设施发挥了重要作用，所以就全国而言，遇灾粮食生产还能够稳得住。此外，近几年全国粮食总产的增加在很大程度上是播种面积扩大、挤减经济作物的结果，如1989年粮食增产额中，因面积增加就占增产总额的63%。因此，现在还不能说农业生产已经走出了徘徊的困境，尤其是粮食生产的形势仍然十分严峻。从粮食单产分析来看，除自然因素外，1984至1989年，按播种面积平均每年单产只增长了0.6%，平均每年增加1.5 kg。本世纪末要实现粮食总产量5000亿kg的目标，在稳定1989年播种面积的前提下，单产必须达到297 kg，比1989年单产要净增加55 kg，平均每年增加5.5 kg，增长速度必须保持在2%左右，显然这是一项十分艰巨的任务。因此，粮食生产的形势不容乐观。发展农业生产要依靠社会主义制度的优越性，运用政策、价格手段，调动生产者的积极性。从发展来看，增强农业后劲，还要靠科学技术，增加投入，加强水利基础设施建设，进一步改善农业生产条件，千方百计地提高单位面积产量。

我国是一个人口众多，水资源相对贫乏，且分布不均，水旱灾害频繁的国家，人口与水土资源的矛盾十分突出。农业的兴衰，农村的稳定与发展，国家的稳定与发展，可以说与水利兴衰休戚相关，形影相随。今年6月，江泽民总书记在14省的农村工作座谈会上指出："我国11亿人口8亿多在农村，农村稳定了，农民安居乐业了，也就从根本上保证了我们国家和社会全局的稳定。农业是国民经济的基础。90年代，我们要实现国民生产总值再翻一番的第二步战略目标，必须继续搞好农村的改革，继续加强农业这个基础"。农田水利基本建设正是加强农业这个基础的一项基础事业。水利是农业的命脉，是农业的基础设施。正如李鹏总理明确指出的："水利要作为基础产业，在'八五'计划安排中加以体现"。因此，我们要从基础产业的战略地位来认识水利事业的地位和作用。最近，江泽民总书记在张光斗教授来信上批示："在考虑'八五'计划时，得认真研究一下水的问题。人无远虑，必有近忧。应该未雨绸缪。"陈云同志批示："水的问题始终是一个大问题，要从战略高度来认识水的问题的重要性，各级领导部门，尤其是经济、科技领导部门，应该把计划用水、节约用水、治理污水和开发新水源放在不次于粮食、能源的重要位置上，并列入长远规划、五年计划和年度计划加以实施，以逐步扭转目前水资源危机的严重状况。"因此，农业要上新台阶，必须从战略上高度重视水利建设，一方面我们必须依靠现有水利工程设施的生产条件和潜力；另一方面还要继续发展水利事业，大力加强农田水利基本建设，进一步改善农业生产条件。

从当前情况来看，水利作为基础产业，还很脆弱，已有的农田水利设施还远不能适应客观需要，巩固和发展的任务都是十分艰巨的。因此，农田水利基本建设必须一年一年地坚持搞下去，扎扎实实，讲求实效。从当前实际情况出发，根据需要与可能，今后十年内农田水利基本建设的基本任务是：

（一）把现有的7亿多亩的灌溉设施，通过配套、更新、改造、加强管理，提高供水能力和抗灾标准。其中按节水、节能、高产的要求，重点安排4亿亩灌溉面积的改造，包括大中型自流和提水灌区3亿亩、井灌区1亿亩，使其达到工程设备完整、管理组织健全、灌排技术先进、经济能够自给、农业高产稳产的要求。

（二）通过灌区配套、节水和新的水源工程建设，努力增加新的灌溉面积，同时要严格控制基建占用灌溉农田，尽量减少由于自然灾害和人为破坏等原因减少的灌溉面积，争取在十年内净增灌溉面积8000万亩，到2000年全国灌溉面积达到8亿亩。

（三）治理低洼易涝农田4000万亩、改良盐碱地

3000万亩、治理渍害低产田5000万亩。使上述三项的治理面积分别达到3.2亿亩、1.0亿亩、1.02亿亩，分别占应治理面积的89%、90%、93%。同时，对已治理面积要进一步巩固、提高。

(四) 将现在统计在册尚未解决的8000多万农村人口、4400万头牲畜的饮水困难问题基本解决。同时，在经济比较发达和严重缺水的地区，安排解决4500个乡镇的生活和工业用水。

(五) 进一步推广节水节能灌溉技术。10年内在井灌区和提水灌区新增低压管道输水灌溉面积3000万亩，新建防渗渠道5万km，同时对机井和泵站继续进行测试改造，使全国渠系利用系数由现在的0.4左右提高到0.6左右。在大中城市郊区、经济开发区、经济作物区以及水源缺乏地区，要大力推广喷灌、滴灌等节水措施，10年内喷滴灌面积计划达到(2000～3000)万亩。争取京津沪三大城市的节水灌溉技术率先实现现代化。

(六) 牧区水利和林果灌溉要有一个较大的发展，计划新发展饲草饲料基地灌溉面积1000万亩、林果灌溉面积300万亩。

(七) 水土保持工作在加强监督预防、控制产生新的水土流失的同时，要继续抓好全国13片重点治理区的治理，10年内完成治理面积6.6万km^2，连同面上的治理共完成20万km^2的综合治理任务，其中新修梯田、沟坝地3000万亩。

(八) 为了总结经验指导全面，计划从今年下半年起在全国选择100个大中型灌区和排灌泵站，做为改造的重点，先走一步。具体安排，拟在会议期间与各省商量提出初步意见。

(九) 加强农田水利水土保持的科研和技术推广工作，在今后十年内要逐步建立健全中央和省一级的灌排技术推广中心，各省要分别不同地区建立农田水利技术推广中心站。现有的400多个灌区试验站和100个水保试验站，经过调整、整顿、充实、提高，要把工作重点放在技术推广上，在推广中进行试验。并逐步提高全国区乡水利水保站的业务水平，完善技术设备，使其发挥向农民传授、推广灌排技术和水土保持技术的功能。

(十) 加强水利、水保职工的培训和知识更新工作，计划在10年内，每个乡水利、水保站都配备1～2名中专以上水平的技术人员，大型灌区和泵站都要设置总工程师、总农艺师和总会计师。同时有计划地对基层水利、水保职工进行全员培训。

三、今后意见

90年代是我国农业攀登新台阶的关键时期，明年是"八五"计划的第一年，搞好农田水利基本建设，对夺取明年农业丰收，使粮食生产尽快走出徘徊局面和增强农业发展后劲，具有十分重要的意义。因此，各地要牢固地树立水利是基础产业的指导思想。中央对水利的地位和作用，已经讲得很明确了，现在的关键是落实的问题，希望各级政府一定要把农田水利基本建设当作农村的一项中心工作，光靠水利部门是不够的。各地在深化水利改革和开展农田水利基本建设时，要与农村改革的深化和统分结合的双层经营体制的完善相结合，全面贯彻和落实国务院的《决定》，切实加强领导，强化指挥机构和水利基层服务体系，按照"巩固改造，适当发展，加强管理，注重效益"的总方针和10年的基本任务，充分发动群众，狠抓现有工程的配套、改造，巩固和提高现有工程效益；坚持建设与管理、防汛与抗旱、水利与水保一起抓，兴利与除害相结合；坚持依法治水，科技兴水；坚持工程投入与增产效益挂钩，扎扎实实地把群众性的农田水利基本建设形成制度化，长期坚持下去。

为了使今冬明春的农田水利基本建设更富有成效，现提出以下几个问题，请大家讨论。

(一) 关于规模与速度问题。根据当前农业发展对水利的要求以及当前农田水利工程设施老化失修严重、亟待更新改造的现实情况，适当的加快建设步伐，扩大建设规模是完全必要的。同时，根据当前农村剩余劳动力较多的现状，动员农民多投一些劳动积累工，多搞一些农田水利基本建设，对改变农业生产条件、提高抗灾能力，于国于民都是有利的。在那些农村劳动力剩余较多、水利任务较大的地方，要根据需要与可能适当多搞些劳动积累，以加速农田水利建设步伐；对一些经济比较发达、农民在乡镇企业就业较多的地方，可以在群众自愿的基础上以资代工，逐步提高机械化施工的比重；对一些劳动力紧缺而又十分贫困的山区、少数民族地区，可以采取以工代赈的办法给以适当补助。根据各地经验，除利用冬春农闲季节，组织农民开展农田水利基本建设外，还可根据本地区农业生产特点，利用夏、秋农事空隙时间，见缝插针，组织短期突击，并可组织专业施工队常年施工，做到长短结合，充分发挥农村劳动力潜力，加速水利建设步伐。在农田水利基本建设中，各地一定要把工程质量和效益放在第一位，不要单纯追求土方数量和上工人数。要因地制宜，从实际出发，量力而行；要坚持群众路线，遇事与群众商量；要搞好规划设计等前期工作，不打无准备之仗；要珍惜民力，不搞"花架子工程"，不搞无效劳动，对劳力、资金和器材要统筹安排，使土方工程与建筑物协调进行，互相配套，不要搞"半拉子"工程；工程竣工验收之前就要建立管理机构，制订管理制度，真正做到修好一处，管好一处，用好一处。

（二）关于现有工程的更新改造问题。长期以来，由于对农田水利工程的维修养护重视不够，特别是“六五”期间水利投入大幅度减少，很多工程只能靠吃老本来维持，带病运行，这就更加速了工程的破损和设备大量的报废，效益日趋衰减。为了解决这个问题，我们建议：

1. 分级负责对农田水利工程设施的现状进行一次摸底调查。例如由省负责大型工程和关键设施，市（地）县负责中型和重点工程设施，县、乡负责面上小型工程，弄清工程现状，作出评价，制订整治规划，分别轻重缓急，分批分期列入各级水利计划。

2. 通过多种渠道增加更新改造资金。现有工程设施的更新改造和续建配套任务很大，面上土方工程可以依靠群众力量，由当地受益户群众集资投劳和国家农水补助费以及银行贷款的帮助加以解决；但对于一些大中型骨干工程和主要机电设备的更新改造，如果没有国家资金的支持是无法进行的。因此，中央和地方水利基建经费以及农业开发资金要优先安排解决。一般中小水利和配套建筑物，各地、市、县、乡应依靠农业开发资金、农水补助费、银行贷款、以工代赈和自筹资金等多渠道加以解决。对一个地区的续建配套、更新改造的任务大部分还未完成的，原则上不要上新的工程。总之，要通过多种渠道解决更新改造的资金问题，以逐步建立农田水利工程设施的正常运行机制和自我更新改造能力。

3. 在更新改造完善现有工程设施的基础上，进一步加强管理养护，健全管理机构，完善管理制度，推行先进的管理措施，发挥灌溉优势，以灌区为依托，把水利措施和农业措施紧密结合起来，逐步把现有的7亿多亩灌溉农田建设成集约经营的旱涝保收高产稳产的粮食和经济作物生产基地。

4. 要建立占用灌溉农田和灌溉水源的经济补偿制度。各项基本建设和兴建其他工程，凡需要占地的应尽可能不占用灌溉农田和灌溉水源，必须占用的，应征得水利主管部门的同意，向县级以上水利主管部门办理审批手续，并根据国务院《决定》中“农业灌溉水源和水利工程设施被非农业占用的要给予补偿”的要求，负责对其占用的水源和灌溉农田进行经济补偿，具体补偿办法和标准拟请各省人民政府根据当地实际情况先制订地方法规，颁布试行。

（三）关于水土保持工作。1982年国务院颁布了《水土保持工作条例》，召开了全国第四次水土保持工作会议，确定水土保持工作要从广泛宣传、坚决保护和重点治理三方面着手。几年来在各部门有力配合下，各地积极贯彻《条例》精神，在水土资源保护和重点治理方面都取得很大成绩。当前水土保持的任务是继续巩固和扩大这些成果，并坚持不懈地抓下去。各级水保部门把水土保持工作的重点转到“预防为主，治管结合”的轨道上来。《水土保持法》即将颁布，各地要积极做好宣传、贯彻的准备工作和地方配套法规的研制工作。要大力宣传，提高全民的水土保持意识，树立人人自觉保护水土资源的社会风尚。要建立健全从上到下的水土保持监督体系，在水土流失地区，设置专职和兼职水土保持监督检查员，由当地政府发证行使监督检查职能，在政府公安部门的密切配合下，采取坚决措施，防止发生各种人为造成的水土流失现象，制止新的破坏。

对全国13片重点防治区和地方各级的重点治理区的治理工作，仍然要层层抓重点，以点带面，推动水土保持工作的开展。要继续抓好梯田和沟坝地等基本农田的建设，这是解决水土流失区群众温饱的一项关键措施。目前，各地进行重点治理的小流域已达7000多条，大部分都收到良好的效果。希望各地区认真总结小流域综合治理以及分户承包、专业队治理等各种统分结合的承包经验，进一步加以巩固提高，向面上推广。小流域的治理要把长远规划与近期生产结合起来，预防与治理、治理与开发、开发与致富有机地结合起来。充分利用流域内的各种资源，做到山、水、田、林、路综合治理，农、林、牧、副、渔有机结合，既保持了水土，又发展了生产，让农民在近期内得到经济实惠，尽快脱贫致富。只有这样才能调动广大农民的积极性，把小流域治理持久地进行下去。

（四）加快解决缺水地区（包括水源型氟病区）农村人畜饮水问题，有计划地开展乡镇供水和牧区水利工作。

解决农村缺水地区和水源型氟病区的人畜饮水问题，是关系到广大农民切身利益深受群众欢迎的一件大事，是农村水利工作的一项重要任务。根据国务院的要求，今后五年每年平均要解决1000万人和540万头牲畜的饮水问题，任务还是相当艰巨的，希望各级政府要重视这项工作，在政策上和在财力、物力上给以大力支持。所需资金除目前使用的小农水补助费、以工代赈、支援不发达地区资金等专项资金外，建议国家把以工代赈做为一项长期的扶贫计划，并提高用于解决人畜饮水工程的比例。同时希望各省也列出专项资金，以加速解决的步伐。

近几年来，随着乡镇企业的发展和人口的不断增加，乡镇供水已成为群众迫切要求解决的问题，特别是在缺水地区，供水问题已成为农村经济、社会发展和环境改善的主要制约因素。国务院1988年在批准水利部“三定”方案中明确水利部门“归口管理乡镇供水”，这是各级水利部门以及区乡水利站的职责，要切实把这项工作抓起来。为了摸索经验，1988年以来，水利部先后在吉林、湖北、湖南、河南等地进行了乡镇供水工程的试点工作，并取得了一定成效。乡镇供水虽然是一项新兴事业，但试点经验已经表明：它不仅仅是解决农村的生活用水困难问题，更重要的是通过乡镇供水，发展乡村两级集体经济，改善群众健康状况和农村社会环境，以及对精神文明建设都有十分深远的意义。“八五”计划期间乡镇供水工作的指导思想是：“积极引导，稳步发展”；其重点放在经济比较发达的地区和缺水严重的地区。所需资金本着“自力更生为主，国家补助为辅”的原则，采取多渠道筹集的办法解决。建议国家在税收、电价及银行贷款利率上给以优惠。随着畜牧业和林果业的发展，这几年牧区水利和林果灌溉都已提到日程上来。当前牧区水利的重点应当是在解决畜群用水的同时，发展饲草和饲料基地的灌溉。

（五）关于资金的筹集和使用管理问题。多渠道，多层次集资是近几年开拓水利资金渠道的有效措施。当前在全社会重视增加农业投入以及扩大对外开放的形势下，投入农田水利基本建设资金的渠道有了增加，今后不论是内资还是外资，都要把它管好用好。目前用于农田水利基本建设的资金渠道，除了水利基建费和农田水利补助费外，还有银行贷款、地方和乡村自筹资金、群众集资等，还有农业发展基金、发展粮食专用资金、工业品以工代赈资金、商品粮基地建设基金、不发达地区建设基金等。此外还有国际上的投资和贷款等。这些钱有些可全部用于水利，有些可大部或部分用于水利，各级水利部门要主动争取多开拓一些财源，并与有关部门密切合作，充分用好用够这些资金。前一个时期，由于经验不足和与有关部门协调不够，对从各方面筹集来的水利资金的管理使用还存在不少问题，或多或少地影响着资金使用效果。建议各省根据实际情况拟订一套管理办法，逐步做到统筹安排，集中使用，提高资金的使用效果和经济效益。各级水利部门要进一步加强对农田水利水保资金的行业管理，不论利用哪一方面资金修建的农田水利水保工程，其工程计划和设计文件都要由当地水利主管部门审批，未经批准的不得施工。关于这一点，希望能得到各级政府领导的支持。

1980年财政体制改革，小型农田水利补助费下放到地方管理。但有些省层层下放，把这笔钱分散到县，从这些年实际情况来看，使用效果很不好。最近李鹏总理指出：“小型农田水利补助费，切块包干下去，实际上用于水利的减少了，有的用于发工资人头开支了，看来这个办法不大成功，要改进”。根据总理指示，建议各省将农水费收归省里，由各级水利部门分级管理，专款专用，主要用于农田水利。到目前为止，还有少数省的农水费没有达到1980年的包干水平，希望明年一定达到。建立县、乡两级农村水利建设发展基金，是近两年来出现的新事物，各地要按照国务院批转水利部《关于依靠群众合作兴修农村水利的意见》精神进行试点，摸索经验，逐步推广。

（六）关于水利劳动积累工的使用问题。水利劳动积累工制度是近些年来在农田水利基本建设中收效显著，具有普遍推广价值的重要政策。我们要在实际工作中认真落实和兑现，不断总结经验，完善提高，逐步做到正规化、制度化。

关于水利劳动积累工的使用原则、数量和范围等，在1988年国务院批转水利部《关于依靠群众合作兴修农村水利的意见》和1989年国务院《关于大力开展农田水利基本建设的决定》中，都有明确规定，各地应认真贯彻执行。至于当年出工多少，要根据当年任务的大小，资金、器材的可能条件以及农民的负担能力适当安排，做到取之适度，用之合理。

在这里还应该着重指出，在农田水利基本建设中，有些地方把水利劳动积累工与义务投工等同起来，有的还任意扩大水利劳动积累工使用范围。这是一个很值得重视的问题。水利劳动积累工，是农民群众为了改善生产条件，扩大再生产的一种自我积累方式，劳动积累是有偿积累，所形成的经济效益与劳动者的切身利益息息相关。因此，要把农村义务工和水利劳动积累工两种不同性质的出工负担严格分开使用。今年上半年国务院发出的《关于切实减轻农民负担的通知》中强调指出：“农村义务工主要用于植树造林、防汛抢险、公路建勤、修缮校舍等。农民用于农田水利基本建设的劳动积累工，不属于义务工”。希望各级政府和有关部门，认真贯彻执行国务院的决定，以保护亿万农民兴修水利的积极性。

合理负担，是我们在农田水利基本建设中实行多年的群众投劳、集资负担政策，主要是两条，即动员受益区农民投劳、集资时要贯彻“多受益多负担，少受益少负担”的原则；在动员非受益区支援时，要贯彻“自愿互利，等价交换”的原则。凡是比较好地贯彻这两条的地区，群众就满意；兴修水利的积极性就能持久；否则，就会出现“平调”，造成消极的影响。去年，大部分地区对合理负担政策执行得是比较好的，但也有些地区出现了新的“平调”现象。当前要抓好政策的兑现，对那些出工负担不合理的，要进行必要的调整；对支援工则需要按合同规定予以还工或付给报酬；对支援工当年无力还工的，要在今年农田水利基本建设中予以兑现，或按合同在规定时期内兑现；对那些贫困或受灾地区，群众确实无力还工的，当地政府应该设法在救灾款或以工代赈经费中调剂解决，以保证政策的严肃性，取信于民。

（七）关于科技兴水和技术推广问题。农田水利工作不仅是一个群众性、政策性很强的工作，而且是一个科学性、技术性要求很高的工作。农田水利是一门综合性的学科。随着科学技术迅速的发展，今后农村水利建设和管理水平的提高，将会越来越多地依靠科学技术，我们必须赶上去，迎接挑战。现在我们的农村水利科技力量还是很薄弱的，再加上经费不足、工资待遇过低、生活环境艰苦等原因，这些年有不少原在水利工作岗位上的科技人员外流，大专院校的农田水利专业有的又被取消或兼并，使已经很薄弱的农村水利科技力量每况愈下，已经到了后继无人的危境，这种情况应该引起我们的高度重视。

当前，农村水利科技工作要双管齐下。一方面组织整顿完善原有的科技队伍，建立健全从中央到省、地、县以及大型灌区、泵站等的科学研究和技术推广体系；区乡水利水保站在完善提高的基础上，逐步建成农村水利基层科技推广和培训基地。各地要认真解决农水科研和推广机构的经费问题，根据实际需要，各地可从农水建设经费中拿出更多一些钱用于新技术、新产品的研制、试验和推广工作。另一方面，要恢复和加强水利和农业院校的农田水利专业，为了使学生毕业后能安心农村工作，可采取定向招生和在职培训等办法，学员从哪里来还回哪里去。同时要扩充中等水利科技专业学校和职业高中的农村水利专业，为基层水利机构培育科技人才。积极采取函授、录相、广播、电视等办法举办各种形式的函授班、电教班和专题讲座等，以扩大授课范围，加速基层水利人员的技术更新和科技推广工作。

在技术推广方面，各地在编制科技推广规划时，要特别重视建立推广体系，并制订、组织实施不同层次的推广计划，有重点地推广一批经过技术鉴定、群众欢迎的科技成果，包括借鉴外地、外国经过在本地区试点确有成效的新技术和新经验，不断提高科技推广的广度和深度。近期推广的重点，包括水资源的综合开发利用、各种形式的灌溉节水增产技术、盐碱渍害低产田综合治理、小流域水土保持综合治理、泵站及机井的技术改造、水工建筑物及输水管道新材料新工艺新施工技术、渠道泥沙的综合治理、挖沟清淤新施工机具的推广等等。努力开拓科技成果向生产转移的中间试验的资金渠道。总之，各级水利管理机构都要指定专人负责技术推广工作，要把通过试点认为成功的科技成果，尽快纳入农田水利建设计划，使之早日在实际工作中应用，变为生产力。

（八）关于加强管理，建立健全基层水利水保服务体系问题。要使农田水利和水土保持工程设施长期稳定的充分发挥效益，加强管理是个关键。农田水利水保工程量大面广，分布在农村各地，把这些工程设施管好用好，必须加强和完善乡村基层管理服务体系。经过近几年的努力，乡一级的水利水保站已初具规模，一些国家管理的大中型灌区、泵站的基层群众管理组织也逐步得到恢复和整顿。当前主要应该抓好以下几项工作：

1.进一步完善充实区乡水利水保站：区乡水利水保站是县水利、水保局的派出机构，受县水利、水保局和区、乡政府的双层领导。它是水利、水保部门最基层的全民事业单位，担负着区、乡范围内水利水保建设、管理、保护、科技推广等繁重任务，把区乡水利水保站建设好，是强化农村社会化服务功能的一个重要方面。因此，目前还没有完成建站计划的省、区，要抓紧落实，争取在今年内完成全部建站任务。对已建的站要求做到有称职的人员、有办公的房屋、有管理责任制度、有可靠的经济来源、有必要的设备。有的省从用于水利的粮食发展专项资金中安排一定比例，加强区乡水利站建设的做法比较好。希望各级政府能加强领导和给以必要的财政支持，使其能站稳脚跟，逐步发展。在加紧建立和完善区、乡水利水保站的同时，还要逐步建立村一级的群众管理组织和单项工程的专管人员或群众管理机构，做到不论工程大小都要有人管，逐步建立起群管与专管相结合，重点工程与面上工程相结合，行政管理与专业管理相结合的水利管理网络，把水利管理工作推向一个新的水平。

2.提高工程管理单位和区乡水利水保站经济收入，增强活力。农村水利水保管理机构（包括群管组织）的经济来源，除了按国家规定给予的事业费和工程费外，主要是靠水费和有偿服务的收入，各地要按照今年3月由水利部、国家物价局、财政部联合转发的国办发［1990］10号文件精神，加快水费改革的步伐，抓紧修订、颁布本地区的水费计收标准，并认真组织贯彻执行，使基层水管单位真正做到按成本收取水费，达到经费自给和正常运行的目的。乡村水利水保站和工程管理单位，要根据拥有的水土资源、设备和技术力量，因地制宜地开展多方面的有偿服务和多种经营来提高自身的经济实力，扩大服务范围，改善职工工作条件和生活条件。这些方面，希望各级政府给以支持。

3.加强管理职工和群管人员的业务培训和技术更

新工作。各省、地（市）、县都应有自己的培训计划和培训基地，对于新参加工作的区乡水利水保员、支斗渠长、抽水站站长、井长等，都要进行培训，经考核及格后才能正式上岗、定级，并在以后分期分批进行轮训提高。利用广播、电视、录相等工具进行广泛的农村水利建设和管理技术的传授，把水利管理知识普及到每一个基层管水人员和用水户。

4.加强法制建设，广泛宣传，认真落实《水法》，建立水利执法队伍，配合政法部门严厉打击破坏水利水保设施和制造水事纠纷的不法分子，做到有法必依，违法必究。希望各级人民政府对基层水利水保管理和公安执法人员予以支持和保护。

农田水利基本建设是一项整治山河、改造自然的伟大而又艰巨的事业，是需要长期努力持之以恒艰苦奋斗才能奏效的工作。四十年来的实践经验告诉我们，即使要改变一个县、一个乡的农业生产面貌，解决普通的水旱灾害问题，就是领导得力，方法对头，也需要八九年、十多年的坚持不懈努力才能奏效。因此，我们搞农田水利工作一定要有比较长远的规划，要有长期奋斗百折不挠的决心，要有一套保证工作持续进行的管理制度、组织机构和职工队伍。

这些年来，我国大多数县、乡都已制订了水利长远规划，而且经过多次修改、补充。实践证明，凡是根据规划一年一年坚持搞下去的，都已收到很好的效果；而一些由于领导干部的更换、政府的换届而轻易改变规划或中止实施的地区，则往往使治山治水方向摇摆不定，工程措施忽东忽西，投入多而收效微，水利问题长期得不到解决。所以，一个地区要把水利搞上去，首先要有一个合乎科学的切合实际的规划，同时要有保证规划执行的法令和措施，做到“一届接着一届干，实施规划不断线”。各地这两年开展的评比、“杯赛”和“达标”竞赛活动，起到了树立典型、促进后进的作用。但要防止形式主义，把工作做到实处。明年，全国将进行第二届全国水利建设先进县表彰活动，希望各地通过评比竞赛，把农田水利基本建设推向一个新的阶段。

同志们：农田水利基本建设是全党全民的事业，是关系农业兴衰的基本建设，希望各级政府根据国务院《决定》的精神，把它做为一项重要工作，加强领导，一年一年地坚持下去，我们各级水利部门一定要当好参谋，与农业、计划、财政、物资、银行、电力、石化、轻工、商业、政法等有关部门，同心协力，各负其责，把农田水利基本建设搞得更好，共同为农业再上一个新台阶做出新的贡献。

以上意见仅供会议讨论，不当之处，请代表批评指正。希望同志们同心协力，把这次会议开好。

张春园副部长在全国水利系统公安保卫工作座谈会上的讲话

（1990年11月20日）

（摘要）

全国水利系统公安保卫工作座谈会今天正式开会了。这是我们新的水利部组建后召开的第一次全国性的水利公安保卫会议。这次会议很重要，杨部长、侯副部长、钮副部长对这次会议都很关心。今天的会原定侯部长到会讲话，因临时有事不能来了，让我来讲一下。

这次会议将认真学习贯彻公安部[1990]27号文件“关于清理整顿企事业公安机构的通知”精神，总结工作，交流经验，研究在新的形势下如何进一步加强水利系统公安保卫工作。会前，部办公厅李昌凡、任润余两位主任向公安部作了汇报，得到公安部的大力支持，公安部二局的肖处长今天参加了会议。两部的同志共同商讨了这次会议的议题、主要内容等有关事项。

最近，公安部发出的《关于清理整顿企事业公安机构的通知》，对于加强我们水利系统公安建设是十分必要的。清理整顿的目的是为了进一步加强水利系统的公安保卫工作，提高我们队伍的战斗力，而不是要削弱，更不是取消。这一点在《通知》中说得很明确。我们水利系统公安建立时间短，基础比较薄弱，通过这次整顿，对于进一步加强公安干警和保卫干部的思想、作风、纪律、组织等各方面的建设是十分必要的，通过整顿必将为水利系统公安保卫工作打下坚实的基础。

两年来，水利系统的公安保卫工作在各级水利和公安部门的领导下，取得了显著的成绩。全体公安干警、保卫干部兢兢业业，任劳任怨，勤奋工作，广泛深入地宣传贯彻水法，依法查处各类违法的案件；深入开展严厉打击破坏水利设施犯罪活动的斗争，有效地保护了水利水电设施安全。为维护水利治安秩序、保卫水利建设成果作出了突出的贡献。在这里，我代表部党组，部领导向你们、并通过你们向战斗在水利公安保卫工作第一线的全体公安干警、保卫干部表示亲切的慰问！向对水利公安保卫工作给予很大支持的公安部和各级公安部门表示诚挚的谢意！

党中央、国务院十分重视水利，确立了水利在国民经济中的基础产业地位。江泽民、李鹏、陈云等领导同志指示要在“八五”计划和十年规划中体现水利的基础产业的地位。在今后的10年，首先大江大河的治理要进入一个新的阶段，像长江、黄河、淮河、珠江除了抓紧当前的水利建设以外，还要建设一批骨干工程，比如像三峡、小浪底、万家寨、大柳树、大滕峡，还有丹江口加高等一批大型的枢纽工程。第二，为本世纪全国粮食产量达到5000亿kg为目标大搞农田水利基本建设，建设4亿亩稳产高产田，和一批新的农业开发项目。"八五"期间计划净增灌溉面积3000万亩，"九五"增加5000万亩。第三，缓解水资源紧缺状况，建设一批跨流域的引水工程，比如像"引拒入京"、"引黄入淀"、"引黄入晋"、长江的南水北调工程、东北的北水南调、东水西调工程等等。同时积极解决农、牧区的人畜饮水困难问题。第四，积极地进行江河的开发，发展水电，增加水电装机1300万kW，相当我们目前水利部门管理的总装机翻一番。建设农村电气化县500个，其中"八五"期间200个，"九五"计划300个。水土保持及保护水资源等方面，也要有较大的发展。以上计划目标的实施，将为我们的国民经济的发展、2000年目标的实现，提供强有力的保证；也为我们21世纪国家的发展提供强大的后劲。因此，90年代是整个国民经济发展的一个关键时期，也是水利事业发展的一个关键时期。我们水利事业面临的宏伟任务给水利公安保卫工作提出了新的要求。但是：要看到当前水利治安形势还十分严峻，我们的任务十分艰巨。这就要求我们必须进一步加强水利公安保卫工作，以适应整个水利发展的需要。下面，我讲几点意见。

(一)进一步提高对水利公安保卫工作重要性的认识

中央领导同志曾多次指出，维护稳定是全党和全国人民压倒一切的政治任务。社会治安的好坏，直接关系到社会的稳定。水利是我们国家的基础产业，是农业的命脉，也是我们国民经济的命脉。它不但关系到城乡千家万户，而且直接影响到我们整个国民经济建设和社会生活的各个方面。因此，水利治安问题是整个社会治安中的重要组成部分。水利治安情况好坏，将直接影响到社会的稳定。在新的形势下，各级水利部门的领导同志对水利公安保卫工作的重要作用，要有高度的认识。

《中华人民共和国水法》的颁布是一件大事，它标志着我国开始进入依法治水的新阶段，在我国水利发展中具有重要意义。水法实施以后，迫切需要加强水利执法体系等整个水利法制建设。在今年5月份召开的全国水利执法体系建设会议上，钱正英同志提出一个响亮的口号，要求拿出兴建水利工程、兴建大坝一样的劲头来搞水利法制建设这样一项软件工程！这是一件具有深远意义的大事。我们水利公安保卫是水利执法体系等软件工程中一个非常重要的方面。水利公安保卫作为一支专业的水利执法队伍，担负着维护水利治安秩序、保卫水利建设成果的重任。水利公安在水利事业中的作用受到国务院领导及公安部等有关领导的重视。田纪云副总理在去年全国水利工作会议和今年的全国农田水利基本建设会议上曾反复强调："贯彻水法必须建立执法体系"。"要帮助水利部门建立水利公安执法体系"。"为防止防洪工程和各项设施的人为破坏，建立水利系统公安是必要的。这方面请公安部给予支持。"公安部一贯支持水利系统公安建设。1988年公安和水利两部下发了具有重要作用的联合通知；公安部俞雷副部长在水利执法会议讲话中反复强调水利公安的重要性；杨部长曾多次强调要依法治水，保卫水利建设成果，离不开水利公安保卫队伍。在前不久召开的全国农田水利基本建设会议上，杨部长和侯捷副部长都反复强调了水利公安保卫工作的重要性。两年多的实践表明，哪里的水利公安机构健全了，工作做得好，哪里的水利治安形势就好，发案率就下降，水利设施的效益也就发挥得比较好；反之，破坏水利设施的案件就增多，犯罪活动就猖獗，水利设施效益的发挥也受到严重影响。依法治水的形势，要求不但要建立一支水行政执法队伍，而且要建立一支以水利公安保卫为主体的水利治安执法队伍，这样才能健全水利执法体系，切实保证水法的贯彻执行。水利公安保卫一方面依法履行职责，查处因触犯水法而构成的各类刑事、治安案（事）件；另一方面，通过严厉打击各种犯罪活动，支持水行政执法工作，有力地促进了水法的深入贯彻。要指出的是，近年来水利设施遭受人为破坏还相当严重，致使一些工程设施失去效益；有的被拆盗破坏后威胁到防洪安全，有的直接影响到工农业生产和人民生活。我们在一些大型水库、重点水利设施、重点工程建立了水利公安机构后，弥补了公安机关警力不足，这些地方水利治安秩序都明显得到改善，工程设施完好率和效益也有较大的提高。因此，我们要有计划，有重点地加强水利公安的建设，特别是随着水利事业的发展，将陆续有一批关系国计民生的重点工程上马，水利公安作为保护水利设施的重要力量，要进一步的加强。总之水利系统各级领导都要统一思想，进一步提高对水利公安保卫工作重要性的认识。一定要克服那种只讲生产建设，不讲安全保卫和麻痹轻敌的思想。我们希望通过这次会议，把水利公安工作提高到一个新水平。

(二) 切实加强领导，关心和支持水利公安保卫工作

首先，要摆正水利公安保卫工作在整个水利工作中的位置。我们各级领导，一定要把水利公安保卫工作当做一件大事来抓，而且要常抓不懈。要把水利公安保卫工作列入我们领导工作的议事日程。各个单位

在研究我们水利开发、水利工程管理工作的时候，都要考虑水利公安保卫工作的内容。我们各级水利部门的领导在布置检查工作的时候，都要布置检查水利公安保卫工作的内容。据了解我们有些水利部门的领导同志往往对业务工作很重视，但是对水利公安保卫工作往往给忽视了，认为这是公安部门的事。这种想法是片面的，也可以说是错误的。水利工程设施是人民的血汗浇成的，是国家的宝贵财产。我们水利部门是以人民办的水利设施来为人民、为国家服务，如果它给人为破坏了，我们就没办法为人民、为国家服务了。因此保卫水利设施应当是我们神圣的责任。水利公安保卫工作是我们整个水利工作中一个重要的有机组成部分，因此，各级水利部门要有一名领导同志具体分工负责水利公安工作，而且要配备一定的力量具体抓好这项工作。据了解，现在还有少数单位没有把这项工作抓起来，对两部的通知及我们部的有关文件精神没有很好地贯彻落实，要求上报的情况也不能及时报到部里来。今后，要把水利设施的安全管理、工程的完好率与水利投入挂钩，并纳入各级领导的政绩考核内容。如哪个单位领导对水利公安保卫工作不重视，对人为破坏采取的措施不力，我们将不得不考虑，减少对这些单位的水利基建投资。同时，按中共中央中发[1990] 6 号文件的精神，对于那些因工作不负责任而发生的严重破坏水利设施事件，一定要追究有关人和单位的领导责任，严肃处理。

其次，各单位领导在工作上要给予大力支持。要及时了解水利公安保卫部门的工作情况，加强对工作的指导。帮助他们研究解决队伍建设、管理、治安防范措施、重大案件的查处等问题。在人为破坏水利设施严重的地方，水利部门的领导要支持公安保卫部门采取切实有效措施进行治理，要帮助他们排除办案中遇到的来自各方面的干扰和压力，支持他们秉公执法。

第三，切实解决好实际问题，为水利公安保卫工作创造条件。当前各地反映意见比较集中的问题是，经费开支紧张、装备器材缺乏、有的地方连基本的东西也没有，干警的工资标准不能同地方公安干警同等对待等等。这些问题各地水利部门要认真研究解决。同时请部财务司、人劳司、办公厅等有关部门共同研究商讨，拿出一些具体办法。比如经费开支问题，可以按照“谁受益、谁负担”的原则解决。交通工具、通信器材及其他一些装备该买的要买一点。人力不够的要充实加强。重点水利工程尚没有水利公安机构的，整顿后通过一定手续该建立的要建立起来。

（三）狠抓水利治安的综合治理

水利治安问题，是整个社会各种消极因素在水利工作中的反映。解决水利治安问题要和解决社会治安问题一样，我们水利公安保卫工作必须依靠地方各级党委、政府和当地公安部门，要争取得到他们的领导和支持。各个单位、各个部门齐抓共管，并充分发动和依靠广大人民群众，进行有效的综合治理。此外，水利治安要坚持两手抓，一手抓预防，一手抓打击，单靠打击的一手是不行的。要坚持专业和群众相结合的原则。要采取教育、行政、经济等各种手段，从多方面消除不安定的因素，特别要宣传动员广大人民群众行动起来，同一切破坏水利设施违法犯罪行为和不良社会风气作坚决的斗争。

（四）加强管理，明确职责

水利公安保卫工作是一项专业性、政策性很强的工作，但由于一些历史的原因，目前水利系统对公安保卫工作的管理部门较多，不利于工作，这种情况部里的意见是：凡是建立了公安机构的单位，由公安机构负责；没有建立公安机构，但已建立了保卫机构的单位，由保卫机构管理。总之，按照 1988 年水利、公安两部联合发文的规定建立健全公安和保卫机构，加强对水利公安保卫工作的管理。从部里的情况看，去年底经与公安部协商，根据公安部的意见，部里将这项工作放在我部办公厅，由保卫处具体负责日常工作。希望各单位也应本着上述精神，抓紧健全组织，切实加强公安保卫工作的管理。

公安保卫部门，要注意同水政监察部门的密切协作和配合。公安保卫部门主要是负责治安和刑事方面执法，水政监察部门主要是负责行政执法。水行政执法和水利公安执法是水利执法部门中的两支兄弟部队，要团结执法，共同贯彻执行水法，维护水法的威严。各级水利部门要加强对公安保卫和水政执法工作的统一领导，充分发挥这两个执法部门的作用。

（五）对水利公安保卫人员的几点希望和要求

水利公安保卫面临的任务日益繁重，我们必须大力加强水利公安队伍的自身建设，提高队伍的素质和战斗力。公安部［1990］27 号文件“通知”也明确要求在清理整顿中“加强企事业公安机构的队伍建设”。希望各级水利公安机构认真学习“通知”的精神，结合本单位实际在明年上半年之前集中精力搞好清理整顿，加强管理，提高队伍素质。我想下面对水利公安保卫人员提几点希望：

第一、一定要努力提高政治觉悟，以适应复杂的斗争需要。要把学习马列主义、毛泽东思想，不断提高思想水平作为一项经常性的政治任务。水利公安保卫人员一定要在政治上与党中央保持一致，坚持四项基本原则，坚决执行党的路线、方针、政策，旗帜鲜明地反对资产阶级自由化，要提高阶段斗争观念和敌情观念，树立无产阶级专政的意识，要严厉打击各种刑事犯罪活动，要维护社会的稳定。

第二、要不断提高政策水平，增强法律意识。我们是直接在第一线担任执法任务的队伍，政策水平如何，法律意识强不强，不仅影响执法效率，而且直接关系能否维护水法的严肃性，也关系着整个水利队伍的形象和威信。对这一点一定不能掉以轻心，否则就将失去群众的理解和支持。要依法办事，秉公执法，严格要求，提高执法水平和效率，维护水利公安在人民群众中的良好形象。

第三、要热爱水利事业，安心水利公安保卫工作。部党组对水利公安保卫工作十分重视，对全体公安干警、保卫干部寄予很大希望。希望同志们一定要认识到自己所肩负的光荣责任，安心本职工作，继续努力，完成重任。要牢固树立全心全意为人民服务的思想，要为警清廉，坚决反对以权谋私等不正之风。

第四、要把打击人为破坏水利设施犯罪行为作为自己的主要职责和常年的中心工作，经常研究和分析水利治安形势，加强案件的查处，并搞好水利设施的治安防范。今后，凡是成立了水利公安保卫机构的单位，都要保持良好的水利治安秩序，保证工程设施不发生大的人为破坏事故。当前根据中央政法委的部署，要继续保持“严打”声威，集中力量，继续把“严打”斗争进行下去。

第五、加强业务训练，不断提高侦查办案能力。当前水利设施遭人为破坏的案件比较多，斗争的形势需要我们必须具有较高的业务素质，有较强的独立办案能力。对部分同志业务素质偏低的问题必须认真加以解决，各级领导也要重视这个问题，要舍得在人才培训方面花点钱。不适合做公安保卫工作的要调开。

同志们，这次会议开得很及时，也很重要。希望大家认真搞好清理整顿，提高队伍素质。学习公安部的《通知》精神，要总结交流经验，研究问题，相互启发，把会议开好。我们相信通过这次会议，一定会大力促进水利公安保卫工作，使这项工作迈上一个新台阶，为90年代水利事业的发展作出新的贡献。

杨振怀部长在水利部召开的贯彻全国计划会议精神座谈会上关于明年工作的讲话

（1990年12月8日）

12月7日至8日，水利部召开贯彻全国计划会议精神座谈会，部署1991年工作，商讨促进水利建设和深化水利改革的大计。杨振怀部长主持会议，副部长侯捷、张春园、王守强、严克强和总工程师何璟出席；参加会议的有七个流域机构、部机关各司局及在京有关直属单位的负责同志。

会议传达了刚刚闭幕的全国计划会议精神，学习了中共中央、国务院“关于加强农业和农村工作的通知”；与会同志就水利在促进农业和国民经济发展中的作用、如何体现水利的基础产业地位、进一步推进水利建设和深化水利改革等问题进行了深入的座谈。杨振怀部长作了重要讲话，代表部党组、部领导提出了明年水利工作的重点。他讲话的要点如下：

1991年水利工作将继续深入贯彻去年全国水利工作会议和今年全国农田水利基本建设会议的精神，这两次会议提出的思路和方针是今后一个时期水利发展所必须遵循的。明年工作总的要求是，按照党中央、国务院的统一部署，适应国民经济发展的需要，千方百计维护社会的稳定，搞好减灾保安全，促进农业稳定增产，为社会稳定、经济发展和人民生活全面服务。特别要保证大江大河的防洪安全，立足于抗灾夺丰收，充分做好迎战大洪水的准备。

有四项工作必须抓紧，力争明年有新的突破。第一，继续深入贯彻《水法》，加强水政建设和水资源统一管理，切实履行水行政主管部门的职责。各级都要转变职能，使水利工作真正转到水行政管理和行业管理的轨道上来，切实加强政策、法规、协调、监督等宏观调节与控制。第二，加强经营管理，提高经济效益，建立水利良性发展的机制。要把1100多亿元的水利固定资产管好用好，使之充分发挥效益。各级要根据“以水促电，以电养水，以水兴农”的方针，结合自己的实际，因地制宜，建立经济实体，促进以流域为单元滚动发展的新机制。各单位都要积极探索，勇于实践，迈开步子，争取早日走出成功的路子来。第三，搞好江河治理和重点工程建设，加强前期工作和基础工作。现在国家已确立水利在国民经济中基础产业的地位。这已在明年计划安排中有所体现，一些重点工程即将开工或准备开工。我们要更多地把力量集中到江河治理、重点工程上去，特别是前期工作和基础工作一定要跟上，包括政策研究、规划、勘测、设计、科技、水文等等都应走在前面，才能适应水利建设新的发展形势。第四，下大气力切实加强队伍建设，这是在90年代把水利工作搞上去的重要保证。要加强思想政治工作，加强教育、监察、审计、信息、舆论宣传等工作。要注重接班人的培养，干部的培训和交流都要列上日程。要关心职工生活，采取措施努力解决职工的生活困难。

保证大江大河、重点水库、重点城市的防洪安全，为社会稳定做出贡献，是明年水利工作首要的、压倒一切的任务。对此，各级领导指导思想一定要明确。要立足于早来水，来大水，各大江河要按出现建国后最大洪水做准备。从现在起就要着手安排，做到夏汛冬防，春旱冬抗，把工作做扎实。要加强防汛通讯、交通设施的建设，重视防汛演习、实地练兵，重视机动抢险队的建设。

七大流域机构有近6万人，是一支可观的力量。“三定”方案中明确，流域机构作为水利部的派出机构，代部行使部分水行政主管部门的职责。因此，流域机构要转变职能，开阔视野，对流域规划的实施、流域内水政水资源、防汛抗旱、农田水利、水保、城乡供水、水电开发都要按照“三定”方案赋予的责任行使职权。各级各单位要支持流域机构的工作。各流域要积极研究江河综合开发、滚动发展问题，积极创造条件，建立经济实体，因地制宜地走以水促电，以电养水，以水兴农的路子。

侯捷副部长在全国水利系统办公室主任会议上的讲话

（1990年4月10日）

这次全国水利系统办公室主任会议是新的水利部组建以来第一次召开的会，今天正式开会，这个会开得很及时，也很必要。党组分工由我分管办公厅的工作，今天来主要是和大家见个面，看望大家。我完全同意昌凡同志刚才作的报告。昌凡同志传达了中央领导人在秘书长会议上的重要指示。大家还将交流各地做好办公室工作的经验。最后钮副部长还要来讲话。

水利部组建两年来，部办公厅、各流域机构和各级水利部门办公室的同志们积极工作，在转变职能、参政议政、处理领导机关日常政务等方面都作了大量的工作，你们默默无闻，勤奋努力，工作很辛苦，为部机关和各级水利部门领导机关的指挥决策、为各级水利部门机关工作的正常运转、为圆满完成党和国家赋予的各项水利任务，做出了贡献。在这里，我代表部党组、部领导向你们并通过你们向水利系统办公室的全体同志们表示亲切的慰问和衷心的感谢！

应该看到，水利部和各级水利部门，作为国务院和各级人民政府的水行政主管部门，转变职能的工作，由于时间短，还处于摸索研究阶段，因此，加强办公厅、办公室的工作十分必要。

下面，我讲几点意见：

一、正确认识90年代水利面临的严峻形势和艰巨任务，努力作好办公室工作

大家知道，刚刚胜利闭幕的全国人大七届三次会议，李鹏总理的政府工作报告精辟地、实事求是地分析了国际国内形势。一年来，我国各族人民经历了惊心动魄的斗争和严峻的考验，战胜了重重困难，在党中央、国务院领导下，取得了制止动乱和平息反革命暴乱的伟大胜利，在治理整顿和深化改革中取得比较明显成效，政治思想战线出现新的转机，在拥有11亿人口的中国，巩固发展了社会主义阵地，取得了历史性的伟大胜利。

李鹏总理对1990年的国内工作提出10项要求，指出，压倒一切的任务是稳定，政治稳定和社会稳定是前提，经济稳定是基础，必须集中精力把国民经济搞上去。水利工作对全国政治、经济、社会稳定关系极大，党中央、国务院对水利工作很重视。江泽民总书记视察长江时强调指出：“农业是基础，水利是命脉”。李鹏总理指出：“中国农业的根本问题是水利问题。”“所有农业开发区都是治水问题，在中国不解决水的问题不行”。党的十三届五中全会提出，实现农业的稳定发展，是经济稳定，政治稳定和社会稳定的基础。国务院去年10月作出了《关于大力开展农田水利基本建设的决定》，要求各级领导要充分认识农业的基础地位和水利的命脉作用。30个省、自治区、直辖市的党政主要负责同志从近年来农业徘徊和水利在抗御水旱的作用，通过反思，进一步提高了对水利的认识，并采取有力措施加强水利工作，在过去的一年中取得了很大成绩。

建国40年来，全国的水利建设取得了巨大成就，但也存在严重问题，与四化建设需要相比，差距很大。首先是大江大河和中等河流的防洪标准普遍偏低，洪水灾害是四化建设和社会安定的严重威胁；二是连续几十年“吃老本”，水利工程老化失修，效益衰减，加上人为破坏严重，很多设施带病运行，一旦出事，后果极其严重；三是水资源严重短缺，水资源污染及水土流失状况未得到根本转变；四是水资源的统一管理亟待加强；五是资金不足是当前水利工作的突出矛盾。

今年是90年代第一年，我们要坚决贯彻党的十三届四、五、六中全会和七届人大三次会议精神，为安定团结的大局，为持续稳定协调地发展国民经济，努力做好各项水利工作。杨部长概括了四句话、十六个字，即“依法治水，加强管理，科技兴水，提高效益”，具体做好六项工作：

（一）认真做好防汛抗旱工作。水利部门保证大江大河防汛安全是贯彻执行政治、经济和社会稳定的具体体现，因此，要立足于防大汛抗大洪，重点是确保大江大河，大中型水库和大中城市的防洪安全。同时，去年我国部分地区降水稀少，今春干旱已成定局，面对这严峻形势，我们必须立足于抗旱保春播，动员全社会的力量关心农业，支援农业，抗旱夺丰收。

（二）继续贯彻水法，依法治水，建立健全水利宏观管理体系。今年内各级水利部门要把水政和水资源管理机构建立起来，并相应建立水政监察和水利公安等执法体系。加快水法配套法规和地方水法规制定的步伐。同时加强水资源的统一管理和保护，特别是北方和沿海缺水城市，要推行全面节水，建立节水型社会。

（三）继续大力开展农田水利基本建设和水土保持工作。农田水利建设一定要搞好配套设施，扎扎实实，坚持干几年，要十分注重实效。在继续抓好全国13片水土保持重点区工作的同时，抓好水保监督，防止新的水土流失，巩固治理成果。

（四）加强经营管理，充分发挥现有水利设施的效益。主要是继续推进水利工程经营管理机构的改革，完善承包经营管理责任制；按照国务院文件精神推进水费改革；大力贯彻《河道管理条例》，推进河道、湖泊、岸线、河口的管理工作；加强大坝的安全管理，加速水库的除险加固；抓好水利综合经营，使现有水利工程能够逐步自我维持，实现良性循环。

（五）加强江河治理和综合开发利用，缓解北方地区缺水危机。要抓紧审定江河流域规划，加强流域管理；要编制好“八五”建设计划和2000年发展规划，选定重点建设项目，安排好前期工作；大力发展水电，以水养水，以电养水。要抓好中小型水电站的前期工作，力争今年有一批中型电站开工建设；今年上半年认真总结100个农村电气化试点县的经验和表彰工作，并为开展第二批电气化试点工作做好准备；进一步做好水库移民工作，总结和推广开发性移民的经验，积极开展扶贫工作。这是关系人民疾苦，密切联系群众的大事，一定要切实抓好。

（六）科技兴水，更好地为农业增产服务。特别是开展以节水灌溉为中心的科技推广工作，为此，部已成立了领导小组，以协调各方面的力量，组织动员全国水利系统的科技人员到农业第一线参加科技兴水、科技兴农活动。

总之，水利工作面临的任务是十分艰巨的，在严峻的形势下，做好办公室的工作尤为重要。部领导对你们的会议很重视，对各位参加会议的办公室主任寄予很大希望。我们希望通过会议，首先在各级水利部门的办公室工作开创新局面，以适应水利事业的发展。

二、各级领导要重视、支持、关心办公室的工作，充分发挥办公室的作用

我长期在地方工作，对办公厅、办公室的工作接触很多，也有很多感受。办公厅、办公室的工作很重要。

（一）办公厅、办公室是各级领导机关的一个很重要的工作机构，是领导的左右手。一方面是领导的参谋助手，上面来的指示，你们要拿出办理意见供领导决策参考；另一方面，下面反映的问题，很多要你们出面处理。如送我审批的文件，如果办公厅主任没看，我就叫秘书退回去，让主办单位先送办公厅主任核后我才签发。省水利厅的领导到部里办事，由办公厅安排。部长们开部长办公会，要办公厅主任列席，由他牵头去落实承办。办公厅又是个不管部，很多找不到具体承办部门办的事，就由办公厅、办公室来办。

（二）办公厅、办公室是各级领导机关的枢纽，上情下达，下情上达，主要靠办公厅。我在省里工作，每天早上一上班，桌子上放着当日信息，那些急办的事很快就可得到处理。我到外地出差，办公厅给我通报情况和信息，很多事我不在家也清楚。综合协调，监督检查，是办公室的一项重要职能。

（三）办公厅、办公室是各级领导机关联系群众的桥梁。最近，党的十三届六中全会作出关于加强党同人民群众联系的决定，指出，保持和发展同人民群众的血肉联系，直接关系到党和国家的盛衰兴亡，要求我们“多办实事，关心群众疾苦”。基层的情况，群众的意见和呼声，要通过办公厅、办公室反映到领导，领导的决定又要通过办公厅、办公室传达到基层和群众中去。

（四）各级领导要十分关心和支持办公室的工作。我看至少有这样几个方面：

一是提高认识，摆正办公室的位置，善于放手使用办公室。从一个机关来看，可能会设置十几个业务部门，但是，办公室是个不同于一般业务部门的综合单位，正如江泽民总书记说的那样，它“处在承上启下的地位，在党的工作部门中具有特殊的地位和作用，它工作好不好，对党委乃至全党的工作影响很大”。因此，各级领导要加强办公厅、办公室的工作，像淮委袁国林主任、黑龙江王才厅长那样，使办公室充分发挥参政议政，担当起左右手、枢纽、核心、要害部门的作用。也有的单位的领导，对办公室工作重视不够，省水利厅开厅务会，别的处长能参加，办公室主任不参加，这是一件怪事。据说去年江总书记到长委会视

察，办公室主任不知道，而由外办接待，这是很不正常的。有的办公室只管收收发发，文秘打字，迎来送往，不参政议政，我认为上面这些现象，对领导来说，起码是没有发挥办公室的作用，思想上不重视办公室的工作。应该指出，哪个单位的办公室工作没做好，首先是领导有责任。希望各级领导要进一步提高认识，重视办公室的工作，放手使用办公室。

二是加强办公室的工作，关键是转变职能，提高参政意识，做好参政议政工作。各级领导和办公室的工作同志，要强化参政意识，把参政议政，发挥参谋助手的作用，作为自己的一项基本职能。要针对当前水利工作的一些重大问题，组织和协助有关部门加强调查研究，为领导决策提供依据。要搞好综合协调工作，既有内部的综合协调，更重要的是作为水行政主管部门，要做好公共关系工作，加强与兄弟单位的协调，团结治水、团结办电。要组织好本单位重大政务活动的组织安排，掌握动态，做好督促检查与追踪反馈等工作。

三是各级领导要为办公室办几件实事。①、要帮助办公室按照转变职能的要求，健全机构，调整充实人员，要把思想好、业务强、作风硬、综合协调能力强的同志配备到办公室主任的岗位上来。②、逐步配备现代化的办公手段。小平同志说过，信息工作很重要，做管理工作的人没有信息，就是鼻子不通，耳目不灵。可是我们有的单位现在传真电话机都没有，还靠老一套的方法传递信息，这样下去怎么行？我们要求各流域机构和部属单位今年就要把传真电话配上，希望各省、自治区、直辖市和计划单列市的水利（水电）厅（局）也要尽快配上，花这点钱还是值得的。③、要关心办公室同志的工作进步与生活困难。办公室的工作很繁重，很辛苦，要关心他们的政治进步，要帮助他们解决生活中的实际困难。办公室人员的职称问题，在没有统一系列解决前，能靠得上的，可以靠工程技术人员系列、图书档案系列、新闻编辑系列或其他系列。昌凡同志讲下一次全国水利系统办公室主任会议要表彰先进单位和先进个人，我很赞成。总之，要从多方面关心他们，解除他们的后顾之忧，安心做好本职工作。

三、对办公室工作人员提几点希望

（一）要有坚定正确的政治方向。办公室是各级领导机关的要害部门，接触领导，接触机密，联系面广，因此，办公室工作人员要坚决执行四项基本原则，反对资产阶级自由化，保守机密，在政治上、思想上和行动上与党中央保持一致，坚决执行党的路线、方针、政策。同时注意自身的学习，不断提高政治素质和业务素质。

（二）要牢固树立服务的思想，为各级领导服务，为机关的业务部门服务，为基层服务，这是办公室的重要职责，也是各级领导机关密切党同人民群众联系的一个窗口。要广泛开展学习雷锋的活动，努力增强服务意识，提高服务水平和服务质量。坚决克服脱离群众，脱离实际的倾向。把各级办公室真正办成全心全意为人民服务的工作机关。

（三）要提高工作质量和效率。质量和效率是检验办公室工作好坏的一条重要标准，也是作风建设的一个重要方面。因此，办公室的各个业务单位必须不断强化效率意识，完善运转机制，优化工作方法，以实际行动克服那种为政不勤，从业不务，办事拖拉等作风。

（四）要发扬务实精神，实事求是。真实、准确、及时、全面地反映情况，反对说假话、报喜不报忧、华而不实等不良倾向。

（五）要保持廉洁的作风。为政清廉是当前各级党和政府作风建设上的一个重要内容，各级领导机关都制定了一系列规定和制度，办公室的工作人员要带头执行。你们整天围着领导转，说话算数，下面也很尊重你们，千万不要以权谋私。要发扬正气，艰苦奋斗，做廉政的模范，以实际行动带动机关的廉政建设。

（六）要加强党的建设，发挥支部的核心堡垒作用和党员的先锋模范作用。由于工作的需要，许多工作岗位都要求党员同志担任。因此，要做好积极分子的培养和党的发展工作。

我就讲这些。希望同志们在新的一年里，在工作上做出新的、更大的成绩来。

钮茂生副部长在全国水利系统综合经营工作座谈会上的讲话

（1990年3月10日）

这次会议是全国水利综合经营工作座谈会，是根据部综合经营工作领导小组决定召开的。

这次会议的目的，是进一步贯彻落实中央提出的治理整顿，深化改革的总方针，进一步贯彻落实中央制定的“一个中心，两个基本点”的基本路线，根据党中央、国务院的要求，认真研究我们水利系统综合经营工作如何进一步落实。会议的开法，主要是交流经验充分听取大家的意见，请同志们畅所欲言。到会同志，大部分是从事综合经营的老同志，经过10年的实践，经验最丰富，最有发言权。所以希望大家能充分发表意见，出主意，想办法，共渡难关。

从郑州会议后一年多以来，同志们做了大量的有效的工作。朱司长刚才代表领导小组对大家表示感谢、欢迎。我在此代表杨振怀部长和其他领导向全国从事水利综合经营工作的所有同志们表示衷心的感谢和亲切的慰问。

现在，我讲以下几个问题。

一、我们已经取得的成绩

一年来，我们形势发展很快。据1988年的统计，全国从事水利综合经营的职工已达67万人，总产值已达64.4亿元(这个数字不包括水费8.2亿元和电费10.8亿元)，实现利税8.4亿元，税后利润用于工程管理、维修养护，增加投入共8000万元。产值中：工业22.1亿元，建筑业13.6亿元，渔业4.3亿元，种植业1.2亿元，畜牧业1.1亿元，科技、咨询、商业、服务业等11亿元，其他11.1亿元。

1989年统计报表尚未汇总统计上来，初步统计总产值可以突破70亿元，从总体上来说没有出现大的滑坡，而是稳中有提高。我们最近到江苏、浙江跑了一部分地区，花了几天时间，看了十几个企业，所到之处，形势一派大好，看到的水利企业都是生气勃勃，蒸蒸日上，没有看出来受到整个市场疲软的影响。

二、面临的挑战和存在的问题

一路走来，先后听取了党政领导，水利各级部门负责同志和企业中工作同志的意见，从全国来看，大体存在四个问题。

1.思想认识问题 我们一年多来有很大的进步和转变，但是也存在一定的问题，主要有两种说法：一种说法认为搞综合经营是不务正业，因为多年吃“皇粮”惯了，伸手要觉得很顺手，自己创收，减轻国家的负担办法不多，本事不大，这种思想要不得，不符合党中央、国务院对我们的要求。

另一种说法认为是搞综合经营容易出现不正之风，这种看法也不全面。确有个别人在经营过程中违法乱纪，对这些人，我们不手软，应严肃处理，绝不姑息迁就，但这仅仅是极个别的。绝大多数人是奉公守法的，即便有些失误，也是没有经验造成的，不能都算是不正之风，一定要具体分析。

2.组织领导问题 有的地方有的单位领导不重视，决心不大，机构组织都不落实。

3.行业管理问题 总的来看，这项工作十分薄弱，首先是部里抓得不够紧，措施不够坚强有力，抓微观多，抓宏观少，急需扭转这种局面。

4.资金、原材料问题 这是普遍存在的老问题，部里要尽量想办法再开辟一些渠道，也请同志们多想些办法，请地方政府给一些优惠政策。

二、我们的对策

总的还是进一步贯彻党中央、国务院治理整顿深化改革的方针，不能动摇。水利改革只能深化，不能停步，更不能走回头路。“两个支柱、一把钥匙”这是老部长钱正英同志提出来的，要进一步深入贯彻落实，不能动摇。政策要稳定，要有连续性。江苏、浙江等好多省、市提供了很多经验，值得我们学习、借鉴。我想再从四个方面作些分析，供大家研究。

1.在指导思想上 认真总结回顾过去的十年，充分肯定成绩，坚定信心，振奋精神，然后面对现实，冷静分析，稳住阵脚，沉着应付。我们既不盲目乐观，也不盲目悲观，防止大起大落，大砍大压。要进一步稳定思想，稳定机构，稳定政策，稳定队伍。对综合经营，国务院早有文件，国务院领导同志十分关心，我们实行以水养水，以电养水，良性循环，受到中央领导同志的赞扬。因此，我们要进一步提高认识，坚定地走有中国特色的发展水利事业的社会主义道路，我们要努力去实践，为国分忧，创造财富，为民造福，改善生活。

2.在行业管理上 根据许多地方提供的成功经验，有四个方面：

(1) 实行分类指导。现有的水利综合经营企业大体可以分为三类：

第一类，关、停、并、转。耗能高，原材料奇缺，经营管理不善，效益很差的企业，关停并转有好处，早下决心早主动。

第二类，巩固提高。这类企业是相当大的一部分。需要巩固提高，完善配套。对经济形势要认真分析，要站得高一点，看得远一点。

第三类，发展壮大。对销售好，有市场，能源、原材料有保证，经营管理好的效益高的企业，还要发展壮大，可以大踏步前进，再上一个台阶。

(2) 产品质量分类、分级管理。企业要升级，产品要上档，1990年要作为一项重点任务抓好。首先必须提出质量标准，没有标准就没有质量，没有质量就没有效益，没有效益就没有信誉，没有信誉就没有生命力，所以首先要从根本抓起。国家有现行质量标准的我们照办，积极努力，争取达标，国家没有现行规定标准的，水利部要自己制定，创造自己的标准。我们初步考虑，今年10月份，召开全国第二次综合经营会议时，确认一批上等级的企业，希望各地从现在起就积极做这方面工作，先请各省自己选拔出来，然后部内评定，从实际出发，定自己的标准，评自己的企业，走自己的路，当然要严格要求。

(3) 充实完善管理服务体系。企业内部要继续完善各种形式的承包责任制，我们要全心全意为人民服务，为基层服务，为企业服务，不断增强基层和企业自身的实力与活力。同时，要完善健全管理服务体系，更好地服务，增强基层和企业的吸引力与凝聚力。

(4) 提高经济效益。这个问题很重要，真正做到难度很大。最近王丙乾同志对经济效益问题有一个讲话，他讲了几个方面的问题：第一要搞清楚提高经济效益的含义，绝不只是一个钱的问题，而是少投入，多产出，增加社会财富，充裕国家的财源，既满足社会的需要，又能使国家经济增长，保证社会主义建设和改革的需要。第二，提高经济效益的范畴，绝不光是企业，生产单位、建设单位、流通领域和其他非物质生产部门，都有提高经济效益的任务和相应的内容。各个方面只是特点不同，要求不同，但都有个效益的问题。第三，既要讲微观的经济效益，又要讲宏观的经济效益，二者都很重要，互为因果。第四，经济效益和社会效益都要抓，社会效益好了，可以转化为或有助于提高经济效益。第五，经济效益和政治的关系是必须两手抓。第六，经济效益和开放的关系是，提高经济效益要依靠改革开放，引进先进技术，也包括国内科研，等等。对整个经济效益怎么搞上去，他提了三条：一提高认识，二研究办法，三靠大家身体力行地干。我们抓行业管理也不要忘记抓经济效益，这是重要的一个方面。

3.在组织领导上　首先需要的是进一步加强，而不是削弱，更不是放手不管。当前困难很多，难度很大，更要切实加强领导。好多省提供了好经验，党政领导重视、支持，厅、局长一把手亲自抓，主持党组会、厅长办公会，研究决定，采取措施，主管厅、局长集中主要精力抓，这一条很重要。再一方面要理顺关系，机构设置，人员编制，这个问题又难又不难，只要领导下决心，就不难解决。

4.在方针政策上　主要办四件事：(1) 延长免税期。部里要继续争取，也请各省不要等，有的省已发文件，决定继续免税三年。(2) 建立综合经营发展基金。好多省提出这个问题，特别是经济比较发达的地区要求很迫切，这点部里和大家的看法一致，已进行了一年多调查研究工作，正在研究制定办法，要闯出一条路来。请江苏省带个头，搞个综合经营发展基金办法，搞起来大家相互学习。(3) 设置综合经营奖励基金。部里已经这样做了，建议各省、各单位也能够这样做。(4) 资金、原材料问题。刚才讲到，许多同志提出，要立个户头。现在的办法与乡镇企业一样，都是一次性补助，难度很大，今年从大气候看，资金、原材料都有增加，会后再专题研究。

钮茂生副部长在全国水利系统办公室主任会议上的讲话

(1990 年 4 月 13 日)

(摘要)

全国水利系统办公室主任会开了 4 天，今天就要结束了。这个会议中心就是贯彻中央召开的各省、自治区、直辖市秘书长座谈会精神，研究水利系统办公室在新形势下如何转变职能，改变作风，加强参政议政，提高服务质量。

这次会议听李昌凡同志讲，大家情绪很高，会开得很好，按同志们的话说，就是明确了职责，提高了认识，交流了经验，找到了差距，增强了信心。会议当中，同志们也对部里的工作提出了很多意见和希望，对改进部里的工作，改进办公厅的工作将有很大帮助。侯部长在开始的时候讲了话，国务院秘书三局周锁洪局长在百忙当中参加了会议并讲了话，据说讲得很好。说明领导对我们的会议很关心。办公厅李昌凡同志也做了一个很好的报告，虽然我没有来听，但我看了，觉得很好。下面，我主要讲四点意见，十六个字，即：提高认识；增强意识；当好参谋；加强建设。

一、提高认识

就是要提高对办公室地位和作用的认识。江总书记、李鹏总理、温家宝、白美清等领导同志，对这个问题都有很多论述，讲得很清楚。总的来讲，办公室是机关领导的左右手，是枢纽、是核心、是桥梁。明确办公室的重要地位，发挥办公室的作用，我们在思想认识上要着重解决好两个方面的问题：

第一，办公室工作人员对办公室工作的自我认识。这个问题首先要解决好，我们办公室是服务部门，是窗口，是助手，是参谋。我们大家可能都有这样的体会和经验，不管大小单位，办公室工作是好还是差、有无生机，往往反映出这个单位的精神状态，总的面貌。因此，我们要把自己的位子摆恰当，办事要谨慎，说话要谦虚，协调要公正。

第二，领导要提高认识。要重视和支持办公室工作，要善于使用办公室这个助手，充分发挥办公室的参谋作用。因此，领导要为办公室工作创造必要的条件，要给办公室撑腰，这两个方面是相辅相成、紧密结合、不可分割、缺一不可的。同志们在会议当中说得很好，要领导重视办公室的工作，首先我们办公室要主动地为领导服好务；要争取各方面支持，办公室自己要更加勤奋努力。据了解，我们全国水利系统绝大多数的领导对办公室的工作是重视、支持的。比如，北京市水利局颜昌远局长，虽然身体不好，但对办公室工作十分支持，十分重视。贵州省水电厅李天碧厅长也经常给办公室出主意，出题目，提要求，有时还亲自帮助办公室审改稿件。河北省水利厅的领导也把办公室当做自己工作的前沿阵地，对办公室的工作非常放手，非常支持。黑龙江省水利厅、黄委、淮委、松辽委以及许多省市领导对我们办公室工作都给予很大支持，十分重视。但也有个别单位，有些是我们部的直属单位，并没有把办公室的工作放在应有的地位，有些应该办公室主任参加的会没有参加，有些应该让办公室主任看的文件人家看不到，该交给办公室办理的工作不交给人家去办，这说明我们在这些方面还没有理顺，对办公室地位的认识还没有完全解决。

通过这次会议，希望过去办公室工作搞得好的单位在今后工作中搞得更好一些。过去重视不够、支持不够、措施不力的单位应该扭转，迎头赶上。这次会上大家酝酿希望今后能够表彰办公室的先进集体和先进个人，这个意见很好。要有一点奖励办法，有个激励政策，我们做办公室工作的大多数同志是无名英雄，应该得到社会的承认，应该受到有关部门的表彰。我希望在座的办公室主任和各单位的办公室工作人员，积极努力，涌现出一批先进来。

二、增强意识

就是增强办公室参政的意识。要树立四个观念：参政议政观念，协助决策观念，新闻信息观念，综合协调观念。只有这些观念明确了，我们才能在工作中发挥应有的作用，为领导决策创造条件，减少领导的事务性工作，便于集中精力考虑重大问题。这里分两个层次：

第一，部直属单位，要求坚决贯彻落实国务院批准的水利部“三定”方案所规定的职能、任务，把政务工作与事务工作分开。特别是需要明确，当前，首先要强化政务工作，有些单位暂时分不开的，也可以过渡，分两条战线进行工作，但内部要有所侧重，不要眉毛胡子一把抓。办公室的主要领导，主要精力要放在政务工作上来。

第二，各省、自治区、直辖市、计划单列市水利部门的办公室，主要应该根据省委、省政府和市委、市政府的要求去办，部里提这些意见，主要供参考。从实际情况来看，大多数的办公室都是统管的，政务、事务没有分开。分开也好，统管也好，各有利弊，要因地制宜，不要一刀切。但政务和事务要兼顾，不要对立起来，也不可能相互取代。是分开好，还是不分开好，请大家去考虑。机构不管怎样设置，有一点是有共性的，就是政务工作要加强，应该摆在办公室工作的第一位。当然，事务工作也很重要，群众生活，迎来送往，组织会议等等。都应该把它搞好，服务好，但是，办公室的主要工作首先是要把政务搞好。

最近，部里委托一些单位起草一个《水利系统办公室工作职责》，会上已发给大家，这主要是对部直属单位的，要结合各自情况来落实。对于各省的水利部门办公室，仅供大家参考，不一定作为依据，还是要根据地方党委、政府的要求来制定自己的职责。将来《职责》修改后正式下发，部直属单位先试行，抄送各省、自治区、直辖市、计划单列市。

总之，办公室要转变职能，要提高参政意识，这是中央要求的精神和原则。杨部长在研究今年工作时曾强调了两句话：一是转变职能；二是改变作风。转变职能的含义在国务院批准的水利部“三定”方案中已经表述得很清楚，核心就是两句话，一句是水行政主管部门的职能；另一句是水利行业管理的职能，这两个方面要强化，这是根本，要抓住不放。改变作风，大家都传达和学习了今年国务院的3号文件，深入基层联系群众。再一个是中央六中全会的决定，解决执政党密切联系群众的问题，共9条，要深入贯彻，坚决落实。在根据上述精神制定我们的规划，明确我们的要求。在这些方面做好工作，就等于消除了不稳定的因素。要从根本上解决官僚主义、不正之风等问题。身教重于言教，有的省已采取措施。部直属单位有的也做出了贯彻中央“决定”的明确规定。有的单位规定机关干部一年下基层不得少于4个月，有的规定不能少于3个月，厅局长下去多少时间，处级干部下去多少时间，不同层次都有具体要求。还有的明确蹲点、跑面、在机关主持工作，实行“三三制”，即：1/3的人在机关主持日常工作，1/3的人下去跑面，1/3的人长期蹲点。还有的单位明确了干部参加集体生产劳动的时间，有的地方一年不少于15天，有的地方一个月不少于1天，办法可以多种多样。

三、当好参谋

就是当好领导决策的参谋，为领导提供高层次、全方位的服务。中央要求各地、各级领导机关要坚决实行两手抓。一手抓精神文明建设，一手抓物质文明建设。行政首长要全面负责，水利厅厅长、水利局局长要全面负责。所以，引伸下来，我们办公室主任也要两手抓，也要全面负责。政务、事务多数单位办公室统一管理，少数单位分设。还有一个党务也要管。当然，各单位情况不一样，有的设党组，有的设党委，有相当一部分单位党委办事机构没有单列，也在办公室。有的单位设了党组，也没有单设党组办公室。比如：水利部恢复了党组，但党组没有办公室，只有一个党组秘书，要完成这么大一个任务，一个人是不可能的。所以，任务还是办公厅，还是李昌凡主任，他要全面负责。大家可能说，这不是政事不分，党政不分吗？我想大家能够理解，该分的则分，不能分的就不能分得太清楚。这个问题要从实际出发，政务、事务、党务把它衔接起来。编制这么紧张，中央严格把关，而好多事情还得办，这样，无形中就加重了办公厅、办公室的责任。当然有条件的地方，分开也可以，如果有编制，分设也好。要真正当好参谋，我考虑了五个方面，供大家参考：

第一，正确领会领导意图。也就是我们经常所说的，要吃透上级的精神。首先厅长、局长的意图要吃透，再往上，省委、省政府的意图，中央、国务院的意图及路线、方针、政策要吃透，真正领会，这样，我们就会运用自如，举一反三。

第二，要积极、主动服务。我经常同李昌凡主任讲，你这个办公厅主任，当然要接受部长的领导，当部长的参谋，搞好服务。但有时你还要指挥部长，部长还要听你安排，我想这个作用也是辩证的。不是你不服从领导，因为你的职责在那儿。几位部长你怎么去协调？他们的活动怎么安排？办公厅主任起很大作用。一台戏怎么唱？办公室主任要安排好。谁先上场，谁后上场，谁唱红脸，谁唱白脸，该是什么时候谁出面，很有学问。班子团结的时候，可能更顺手一些，比较容易。如果几位厅长、局长意见不一致，办公室主任的责任尤其重大。你既要运筹帷幄，还要去协调。当然，厅局长之间内部有不同意见，这也是正常现象，应当在双重组织生活会、领导干部生活会上去解决。但有些提不到议事日程上，那么办公室主任就要去协调。

第三，工作要细致、严肃。办公室工作千头万绪，错综复杂，承上启下，组织协调、督促检查、下情上达，上情下达，要认真、要细致、要严肃。做到忙而不乱，管而不死，分层次，有章法。一年干几件事，一个季度干几件事，一个月干几件事，一个星期干几件事，很有秩序。好多事情都是事务性工作，但是办公室工作分不清大小，小事也可能是大事。比如，组织一次会议，传达一个精神，接一个电话，如果是省长、省委书记打给你厅长的电话，找不着厅长，你办公室主任接了，记错了或记得不完全，或有原则错误，那后果不堪设想。如果是国务院总理打来电话，找杨振怀部长、办公厅主任，值班室的同志记错了，那后果也不可想象。咱们现在好多事情都是重要的。比如《水法》中有这样一句话："水资源实行统一管理和分级、分部门管理相结合。"这句话就有不同的解释，不同的理解。我们认为首先是统一管理，在这个前提下分级、分部门管理，不能分割，地上、地下，城市、乡村，水量、水质不能分割。而到了建设部门、地矿部门、交通部门，解释起来就不同了。我们认为，河道与水道、河道与航道不能分割，你要在河道走船必须经我批准，过多少吨级的，造成冲刷和污染谁负责；在哪儿建船闸，在哪儿设港口、码头，要经过水利部门批准。但因为对《水法》中这句话理解得不一样，有的部门说既然分级、分部门管理，当然航道归交通部门，城市地下水当然归地矿部门。地矿部门甚至还说：水资源也是矿产资源之一，应该列入地矿范畴。都是依法办事。这句话改不改，好多人大代表在这次人代会上提出来要改，要求说得清楚、确切一点，不能似是而非，让下边怎么执行？当然，解释权在立法部门，可以做工作，可以挽回。但这就说明，语言不确切，文字不准确，造成的后果是严重的。

第四，要坚持实事求是，反映问题要真实、迅速、全面，要讲时效。我们提倡要说真话、实话，不能领导爱听什么你就说什么，这样不好。我们的经验教训可不少，还是要出以公心，从事业出发，对某些领导的缺点、不足甚至失误，应及早提出批评和建议。办公室应该起到这个作用。因为办公室主任的信息量特别大，有时比厅（局）长知道的还多，承上启下。要及时、准确、全面地反映大家的意见、群众的要求。广东、湖南、江西等单位的同志都讲了这方面的经验。

四、加强建设

就是加强自身建设，使办公室工作逐步实现规范化，制度化。这里我讲三个意见。

第一，队伍建设，工作人员素质的提高。

这次会议同志们反映这方面的意见比较多，普遍反映队伍不稳定、老化、后继乏人，有专业的没人愿意干，都想转到其他部门、其它行业，不愿在办公室侍候别人。原因有三：一个是职称问题；一个是待遇问题；一个是职级问题。这三个问题还没有完全得到解决。怎么解决，可以商量。

关于职称问题。第一个解决办法是向主管部门提出报告，提出请示，争取批准，得到解决，这是最稳妥、最理想的办法，当然必须打通若干个环节。特别是据说当前政工系统职称已得到批准了，技术干部、经济干部也解决了，那么剩下的就是我们在座的没解决，矛盾更加尖锐。所以，要争取主管部门的批准，但难度较大，我们还是可以争取的。

还有一个土办法，就是因地制宜，灵活变通。能够挂靠到其他系列的，就挂靠到其他系列，妥善解决。有自然科学学历，可以挂靠技术若干系列；搞社会科学的挂靠社会科学若干系列。还有一种土办法，不能写成文件的，在办公室实在解决不了的，那么哪儿能解决先调哪去，解决完了再调回来。灵活变通，不与中央的精神相违背，能解决实际问题，那么就因地制宜，你去决策，请厅长、局长决策总的精神，必须一视同仁。

关于待遇问题。主要是指住房等生活待遇，大家普遍关心的问题。在这些方面，行政、专业、党务干部要一视同仁，避免不必要的矛盾。做办公室工作的同志，大多数是经过反复挑选出来的，有些同志不仅是专才，而且是全才。政治、业务素质好，组织协调能力强，作风好，联系群众，平易近人，没有架子，谦虚谨慎，他们就好像飞机一样，“全天候”，能文能武，比较全能。既然这样，那么在待遇上不能比别人低，特别是有些同志管车、管房子等等，在某些问题上不能搞特殊化，但不能因为我们管这个就不能涉足。比如分房，有标准，有原则，打分，该分多少间就分多少间，要实事求是。不要以权谋私，要从工作出发，按国家规定办事。

关于职级问题。大家提的意见都很对，值得研究。部里现在采取灵活变通方法，比如，部机关部长的秘书，各司局秘书，总值班室秘书，在秘书岗位上的，我们也分设了处级秘书、科级秘书，稳定了这些同志的情绪。这些同志都是挑选出来的，各方面都很好，不给人家明确就给耽误了，不合适。部里监察、党委部门可设司局级、处级监察员、巡视员，又可以解决一批人。当然这个岗位设不设，这是个人事纪律问题，要经人事部门同意。部里这样做，地方可不可以这样做，当然要请示地方党委、政府，要和人事部门商量，提出我们的办法，争取得到批准。现在岗位的设置，职数的限制是很严格的，要严格遵守。但存在问题应当解决，在不降低干部标准的情况下，采取适当办法妥善解决一些同志的问题还是有条件的。

在办公室工作人员的配备上要选拔好，保证质量，宁缺勿滥。首先是革命化，是政治素质，然后在业务能力，业务水平，文字水平，知识面，组织协调，综合工作能力各方面要全面考察，但也要从实际出发，过高过严也不行。建议大胆选拔一批年轻人，这样，办公室工作就有后劲。只要基本条件具备，我们就把他放到一定的岗位上锻炼、实践，让他增长才干。情况不熟没关系，一年、二年、三年就熟了，大胆使用，否则，我们就改变不了被动的局面。现在新组建的水利部各司局就存在这个问题，有的3位司局长一刀切，都到60岁了，要下一块下，工作没有连续性。还是按毛主席说的老、中、青，年龄档次拉开。现在真正需要突破的，就是在使用年轻人上，这一步，阻力比较大，掂掂这个不行，看看那个差点，再瞧瞧那个欠缺，还不成熟，还得考验考验。很多办公室主任也提出这个问题，自己白发苍苍了，还没有接班人，这是个很重要的问题。当然，要动员年轻人来，特别是有专业的本科大学生难度比较大，职称、职务、待遇不解决肯定是不会来的。

第二，业务建设。

一是要建立健全必要的工作制度。我看了广西同志带来的材料，其他省也有，很好。有章法，有遵循，不打乱仗，每件事，该怎么办，什么程序，都很清楚。

二是要加强岗位培训。哪个岗位什么条件，你是否具备，上岗之前必须经过培训。这要求比较高。还可适当办培训班，一个月，半个月听几讲，缺什么补什么，谁懂就请谁讲一讲。怎么当好秘书，怎么当好主任，怎么当好科长，怎么搞好信访，怎么搞好接待等等。我很同意昌凡同志所讲的，要把眼光放远一点，要花点本钱。原来部里想在河海大学办个文秘班，部里下决心还是要办，欢迎大家积极报名参加。钱不多，一年才2000元钱，如果主任们有困难，提出来，我们同厅长们打个招呼，还是要从长计议。参加学习的每人2000元，而部里还要补几千，咱们还要花点小钱，办点大事，将来要形成制度，逐渐把它规范化，不要走过场。

第三，物质建设。

主要是大家提出来能够有一些比较现代化的办公手段，现有的都老化了，需要更新换代，这个要求完全是合理的。没有必要的先进手段，影响我们的工作效率，办事质量，信息不灵，那怎么能行？从北京往各地的通信联系问题，我们正在研究方案，采取措施，花点钱就花点钱。杨部长在这方面下了决心，逐渐把它沟通衔接起来。现在咱们拉了“海式”卫星，效果很好，即使走到天涯海角也能联系上。调整好天线，几秒钟内即可通话。国际国内都可以，但就是价钱高，用一分钟40元钱。假如我们没办法，非用不可时，也可以用。今年已经买了几台，以后逐渐配上，形成网络，因为咱们好多工作都是人命关天的事，防汛、安全等，当然需要逐渐配备。现有设备还要充分利用好，部里请李昌凡主任也费点心，把它组织起来，宜统则统，宜分则分，除发挥现有设备效益外，多找点资金和渠道，下决心，把它办了。现在已有好的开端。(办公厅李昌凡主任插话：各省的传真、通信从某个意义上讲，是为部里服务的，提供信息是为部里决策服务的，从这点讲还是有道理的，这不单是帮助了下面，实际上是帮助了部机关自己。我们会后跟信息中心有关部门商量，想点办法，从别的渠道搞点资金）。有些单位设备还很落后，要千方百计，争取在90年代第一年在这方面迈出新的步伐。

整个办公室的自身建设问题，关键还是人员的思想建设、作风建设。要求我们在办公室工作的每一个同志，应该是思想作风过得硬，党性要强，马列主义水平要高，胸怀要宽阔，眼界要高，兢兢业业，廉洁奉公，学雷锋，讲奉献，密切联系群众，关心群众疾苦，不争名，不争利，能吃苦。我想，办公室的工作我就发表这些意见，供大家参考。

还有一个事情，给大家通报一下。

最近中央连续发了一些文件、内部通知、电报。中心就是讲，4、5、6月份有人要闹事，有的是大专院校，有的是工矿企业，有的是机关事业等单位。闹什么事呢？就是上街游行，制造混乱，挑起事端或是搞破坏等等。大家可能也知道，现在有的车站、机场遭到破坏，国内的敌对分子，国外的特务也有派遣，有新的活动。中央反复强调，稳定高于一切，要做好工作，要实行责任制。最近，特别是4月15日，耀邦同志逝世一周年，中央对这个问题的态度是不组织统一纪念活动，如果群众组织一些自发的纪念活动，我们要劝阻，不要搞，免得被坏人利用，制造混乱。如果遇到哪个单位有人想借这个机会闹事，要严肃处理，严加惩办，不能手软。这是总的精神，总的要求。总的指导思想就是内紧外松，防患于未然，做到有备无患，应付一些突发事件。希望办公室主任能够做出安排，根据地方党委、政府的统一安排，今天只是打个招呼。部直属单位，杨部长讲，按中央精神实行首长负责制，哪一个单位出了问题，首先找党政一把手。机关要包职工，学校要包学生，工厂要包工人。特别是水利系统也有一些热点。从全国大气候来看，4、5、6三个月热点较多，如：4月15日，是耀邦同志逝世一周年；5月4日“五四”青年运动71周年；6月4日是动乱，暴乱以及平暴1周年，大家要注意。我们还有不同的重点单位、重点部门、重点问题。比如说移民多的地方，有些发不出工资的企业，停业待业的企业，不安全的工程，病险水库等容易出问题的地方，要结合我们的具体情况，做出部署。院校青年多的地方，重点是教育，提高认识，初生牛犊不怕虎，要认真、细致地做好思想工作，要加以引导，一些不应该办的事不要去办。在京单位都做了部署，4月1日至5日，没有任务不要到天安门广场。我们要保证我们全国130万水利大军不出问题，能够按中央的要求和部署去做，水利部门无论如何不能带头上街游行，制造事端。真正稳定当前的大好局面，政治上、经济上、社会上要稳定，首先要把我们自己的队伍搞好，特别是各级领导干部要密切联系群众，关心群众生活，群众最关心的而且有条件解决的问题，要抓紧解决，要兑现，要检查。希望大家根据自己的具体情况，做出安排。

侯捷副部长在长江上游水土保持重点防治区第二次工作会议上的讲话

（1990年4月14日）

这几天，我看了陇南地区水土保持的一些治理典型，又听了同志们的发言，特别是路省长讲了很好的意见。感到一年来，长江上游四片水土保持重点防治工作确实取得了可喜的成绩，重点防治区的广大干部和群众积极性高，做了大量的工作，长江上游水土保持委员会办公室季主任已进行了总结。我们这次会议是在重点防治工作顺利起步的情况下召开的，也是在全党深入贯彻党的十三届六中全会精神的时候召开的。《中共中央关于加强党同人民群众联系的决定》指出：“多办实事，关心群众疾苦”，长江上游水土保持重点防治工程就是关心人民疾苦、密切联系群众的大事。因此，这次会议是贯彻六中全会和七届人大三次会议精神的实际行动。

下面，我想讲几点意见：

一、搞好长江上游水土保持重点防治工程具有重要的意义

国务院将长江上游列为全国水土保持重点防治区，并批准第一批四片重点水土流失区从1989年开始进行治理。四片重点防治区涉及到132个县，土地总面积近30万km^2，而水土流失面积达17万km^2，约占长江上游水土流失总面积的一半。第一期开展防治工作的61个重点县，土地面积11.7万km^2，水土流失面积7.35万km^2。在如此广大的范围内预防和治理水土流失，是历史上和建国以来从未有过的。因此，长江上游水土保持重点防治工程是继八片之后又一项规模宏伟的流域治理和国土整治工程。同时，这项工作也是解决水土流失地区群众温饱和脱贫致富的基础工程，是为广大群众办的一件很大的实事。越来越多的事实证明，这一工作已深得人心，被广大干部和群众

所接受。这一点，大家通过参观是深有感触的。像我们这次参观武都县安化镇的艾湾村就是很好典型，这个村过去是个有名的缺粮、缺钱、缺水、缺柴的“四缺”贫困村，1980年人均口粮仅一百多斤，人均收入不足百元。现在他们从改变生产条件，控制水土流失入手，坚持治山、治坡、治沟，使成片的坡地变成了梯田，农村面貌、人民群众的生活发生了翻天覆地的变化。据介绍，他们的粮食已达到了自给有余，全村60%的农户修建了新房。在那样的一个条件下，获得如此的成效，确实是一件了不起的事情。这也足以说明了国务院把长江上游列为水土保持重点治理区的重要意义所在。可以说，水土保持是一条既保护了水土，又使广大群众脱贫致富的有效途径，沿着这条路走下去，不仅造福于现在，而且造福于我们的未来，我们的后代。

当前，国家对长江上游水土保持重点防治工作的重视和强有力的支持，这是一个十分难得的机遇，希望61个重点县要不失时机地抓住这一机遇，充分发动群众、组织群众，千方百计地加快防治工作的进程，争取尽快地改变生产条件，为振兴当地经济打下一个可靠的基础。国家在财政比较困难的情况下，每年拿出几千万元用于四片开展水土保持，一般的，一个县能拿到上百万元，最多的一百几十万元。这对贫困的水土流失县来说，是个不小的数字，使用得好，能发挥较大的作用。如果领导的认识跟不上去，就会白白地失去这一良机，达不到预定的目标。应该像陇南地区武都县那样，四套班子一齐上，全力以赴地搞好水土保持重点防治工程。我们不要辜负国家和人民赋予我们的重托，切实为水土流失区的群众办好这件实事，这是检验我们是否关心人民疾苦、密切联系群众的一项重要内容。

二、切实贯彻“以防为主”的方针，认真做好监督预防工作

国务院在关于长江上游水土保持重点防治区治理问题的批复中指出：“当前最迫切的是抓好预防保护工作，要通过行政的、法律的、经济的手段，坚决制止滥垦乱伐，以及办矿、修路造成的新的水土流失，彻底扭转边治理、边破坏和一处治理、多处破坏的局面。”从去年实施的情况看，预防保护工作仍然是一个薄弱环节，还没有引起足够的重视，我认为，在方针上强调“以防为主”，是总结了历史经验，付出了很大代价，受到了大自然的报复所换来的。如果国家扶持开展治理，而又在不断造成新的水土流失，那将是很大的浪费，也是劳民伤财的。我们绝不能在重点防治区走这条“先破坏后治理”的老路。因此，一定要在思想上理解“以防为主”的含义，在实际工作中，把预防保护摆在首位来抓。要像陇南、陕南片那样，建立比较完善的有一定职权的监督体系，强化监督管理职能，真正做到依法防治水土流失。我认为西和县介绍的“加强预防监督，巩固水保成果”的经验很好，他们在水土保持预防监督方面，所采取的几条得力措施，像加强组织领导，坚持以法管护，以及加强现场监督管理和案件查处等做法，都值得大家学习借鉴。在全国水土流失地区要大力推广，要全面介绍西和县的经验。

总的说，我们有丰富的开展水土保持治理的经验，但对监督预防工作还没有一套成熟的办法，希望各重点县创造更多的经验，特别是建立监督体系、审批制度和监督检查等方面。从全国来说，开展水土保持的监督预防工作，首先是要在全国13片重点防治区内进行。能否搞好预防保护，是列为重点县的重要条件之一。今后检查重点县是否完成任务，不光是看治理任务，首先要看预防保护工作做得怎么样。

三、开展适度的规模治理，更好地发挥整体效益

从八片的治理实践中，我们探索出了以小流域为单元的适度规模治理的经验。规模治理，就是要集中连片，不要分散，不论是梯田、水保林、经济林果都应集中连片，这样，便于组织群众开展治理，也适合于农业的集约化经营，从作物的种植、管理、收获、调运、加工、销售等都能做到经济合理，也宜于推广先进技术。从控制水土流失来说，分散治理是难以奏效的。国务院确定的长江上游水土保持方针中提出“重点突破，积极推进”，就是要集中人力、物力、财力进行集中连片治理，要在重点中还要有重点，防止分散造成战线过长，事倍功半。集中连片治理，可以收到显著效果，可以鼓舞士气，树立信心。一片一片地进行，费省效宏。

在治理中，一定要注意质量，讲求效益，这是个群众观点问题。我们要珍惜民力，要在保证质量的前提下求速度，求效益。一定要讲究工程质量，防止前功尽弃。保证治理质量，要依靠科学技术，搞好技术服务。同时，也要提高投入治理的广大群众的技术素质，进行现场培训。搞培训的办法很好，这就是靠科学进行水保。

四、对水土保持工作要大力宣传大造舆论

长江上游水土保持重点防治工作的任务是相当艰巨和繁重的，要完成这一历史任务，需要动员千百万群众进行长期不懈的努力。武都县提出“发扬‘三

苦’精神，搞好‘长治’工程”，所谓三苦，即领导下苦功夫抓，各部门下苦功夫帮，群众苦干，领导苦抓是关键，群众苦干是基础，部门苦帮是条件。他们意识到了这项工作的艰巨性和长期性，不是抓一阵子，而是要持之以恒地抓下去，直至抓出成效。我们希望61个重点县开展竞赛，看谁搞得好。长江上游水土保持委员会办公室将拟定具体办法，开展这项工作。

为了使重点防治工作搞得更好，需要利用各种形式大造舆论，特别是宣传当地正反两方面的经验，真正做到家喻户晓，以动员广大群众的力量。特别是预防保护工作更要大喊大叫，引起社会各界的高度注意。当前，在宣传方面，深度和广度都不够，应该把重点防治工程喊得更响，以取得各方面的支持。我们提倡既埋头苦干，又要大造舆论。我们也希望新闻宣传部门给予我们更多的支持，配合我们把水土保持的宣传工作做好。一篇好的报道，会引起领导高度重视，会给贫困地区带来巨大力量和物质财富。因此，非常需要宣传部门的支持，特别需要报纸、电台和电视台的大力支持，这样覆盖面大，宣传更广泛。

同志们，当前水土保持的形势很好，可以说是建国以来最好的时期之一，国务院对水土保持工作很重视，并采取了一系列的措施，既重视黄河中游的治理，又重视长江上游的治理。同时，水土保持也日益引起了全社会的关注，不少人认识到保护人类赖以生存的条件是刻不容缓的。国家正在制定《水土保持法》，送审稿已送国务院法制局审定，争取年内送全国人大常委会讨论，《水土保持法》颁布后，将召开全国第五次水土保持工作会议，这是一件大事，将会推动水土保持工作的蓬勃开展，这对于改善生态环境，增强农业后劲是非常有利的。

此外，全国农田水利基本建设的形势也是很好的，去年国务院下发“关于大力开展农田水利基本建设的决定”。之后，全国农田水利基本建设不论规模、质量、上工劳力、完成工作量，都是近10年来少有的。截至2月底，全国累计已投入水利劳动积累工日36亿个，完成土石方45亿m^3，新增灌溉面积900万亩，恢复改善灌溉面积5000万亩，除涝面积1650万亩，改造盐碱、渍害低产1150万亩，治理水土流失面积1.42万km^2。《决定》要求大抓3～5年的时间，使生产条件有较大的改善，为农业增添后劲。第一年就取得了上述成效，我们希望各省认真总结去冬今春农田水利基本建设的经验，同时做好今冬明春的前期工作，使我们的农田水利基本建设做得更扎实，更富有成效。

同志们，防治水土流失和农田水利基本建设是两项艰巨而繁重的任务，我们一定要以向人民高度负责的精神，再接再厉搞好。

侯捷副部长在全国水利人事劳资工作会议上的讲话

（1990年6月29日）

（摘要）

首先，我代表部党组向参加全国水利人事劳资工作会议的全体代表表示热烈的欢迎，向承办这次会议的东道主四川省水电厅、都江堰管理局的领导和全体同志表示诚挚的问候和衷心的感谢！

全国水利人事劳资工作会议已进行两天了，两天来，部人劳司万里同志做了报告，朱登铨、廖显铨两位副司长传达了劳动部、人事部有关会议精神，会议中间还有11个单位的代表交流了人事劳资工作的情况和经验。万里同志的报告回顾了水利行业人事劳资工作的情况，提出了面临的主要任务，加强行业联系和行业管理的具体意见。这个报告是经部党组几位成员审阅过的，我昨天又看了一下，讲得很好，很重要，请各位代表回去之后认真研究讨论和贯彻。

这次全国水利人事劳资工作会议，正如万里同志讲的，是水利部组建以来的第一次会议，也是建国以来水利行业人事和劳资两个方面共同召开的首次会议。这次会议对加强人事劳资工作的行业联系和行业管理，提高人事劳资工作水平，稳定水利职工队伍，搞好队伍建设是十分重要和非常必要的。部党组对这次会议很重视，委托我专程参加会议并讲话。到会后，听了一些同志介绍的情况，了解到地方水利（水电）厅（局）的同志对这次会议寄予很大的希望，希望通过这次会议，能解决一些实质性的问题，能奠定水利行业的行业管理基础，为逐步解决水利职工队伍建设存在的问题创造条件。我认为，经过与会代表和全体人事劳资干部的共同努力，我们的想法和希望是能够实现的。

水利部组建两年来，水利事业在党的方针、政策指引下，依靠广大群众的力量，各方面都取得了一定的成绩，这与人事、劳资干部的勤奋努力，积极工作是分不开的。两年来，部人劳司和各级从事人事、劳资工作的同志们，在转变职能，处理大量繁重的日常工作等方面，做了大量工作，在干部人事制度改革、劳动制度改革、工资改革、机构改革、职称改革等方面进行了大量的调查研究和初步的探索，为部机关和各级水利部门圆满完成党和国家赋予的各项水利任务，做出了贡献。你们的工作很辛苦，这次借开会的机会，一方面和大家见个面，另一方面，我代表部党组和部领导向你们，并通过你们向水利系统从事人事、劳资工作的全体同志表示亲切的慰问和衷心的感谢！

下面我就水利形势和加强人事、劳资工作等方面讲几点意见，供同志们参考。

一、水利的形势和任务

从整个水利形势来看，可以归纳成三句话：即成就巨大，问题不少，任务艰巨。建国40年来，无论是筑堤防洪，开沟排水，引水灌溉，水利发电，借水行舟，凿井汲水，还是各项防治水害，开发利用水资源的工程建设，各方面的成就是举世瞩目的。40年来，共建成大、中、小型水库82900多座，塘坝640多万座，总库容4500多亿 m^3，整修、新建堤防20万km，建成万亩以上灌区5300多处，固定排灌站46万多处，机电井252万眼，机电排灌动力达到6400多万kW，水力发电装机达到3270多万kW，其中农村水电装机达1180万kW。40年来已形成的比较强大的水利工程体系，在保障人民生命财产的安全，保证国民经济的持续增长，保护水土资源和生态环境等各方面发挥了巨大作用。实践证明，水利不仅是农业的命脉，也是整个国民经济的命脉，另外，在贯彻钱部长提出的“两个支柱、一把钥匙”的指导思想中，全国水利系统大力开展综合经营，为开辟就业渠道，提高职工的生活福利待遇做了不少工作，对逐步实现水利的良性循环有重大的现实意义。水利部组建以来，为认真贯彻国务院批准的“三定方案”，行使“水利部是水行政主管部门”的职权，部人劳司和各省厅人事劳资部门在转变职能，加强行业管理方面做了大量工作，解决了一些实际问题，为水利队伍的稳定，深化水利改革做出了一定的成绩。因此，水利事业各方面取得的成就必须予以充分肯定。

在肯定成绩的同时，我们也应清楚地看到，我国水利事业与“四化”建设的需要相比还有很大差距。当前，水利战线面临的形势仍然是十分严峻的，问题还很多。主要是：第一，江河的防御标准还比较低。由于河道淤积和人为的障碍，不少河流防御能力还在逐年下降。尽管我们做了很多工作，如黄河40年没发生问题了，上次我陪田副总理去检查黄河，认为问题还很大，谁也不敢保证不死一个人。因此，每到汛期，大家都提心吊胆，这种状况对社会的安定和工农业生产都很不利。第二，水利设施严重老化、失修，效益衰减。已建成的水利工程，由于只讲投入，很少讲产出，只讲社会效益，不讲经济效益，由于水利工程又没有折旧，因而缺乏维修资金，工程老化失修，再加上一些人为因素的破坏，致使水利工程呈现效益衰减趋势。据1981～1985年统计，全国灌溉面积净减1400多万亩，平均年净减295万亩。现虽有好转，但问题还相当严重。第三，一些地区和全国许多城市严重缺水。北方的一些地区和城市缺水，如北京、天津等。南方也缺水，我最近到贵州走了几天，有的地方要走出五六公里担水吃，有一个县长因解决了5个乡的吃水问题，群众要给他修庙，以示纪念。有些地方的群众说：只要把水解决了，我们就达到小康了。可见缺水问题的严重，目前，不少农牧区的人畜饮水还有困难，现在全国农牧区还有5000多万人和3000多万头牲畜饮水问题有待解决，而解决乡镇和农村卫生水源的任务更为艰巨。水利部90年代有三大任务：黄河小浪底，长江的三峡，还有南水北调。这三大工程搞好了，可以说是对21世纪做出了很大贡献，为子孙后代造福。第四，水土流失严重，水源普遍遭到污染。据统计，水土流失地区初步治理了面积只占总流失面积的30%，许多地区由于陡坡开荒，滥伐森林，盲目进行一些生产建设，又加重了水土流失。黄河的含沙量很大，云、贵、川、甘肃等地，泥石流和滑坡现象也很严重。与此同时，水源污染遍及大多数江河湖泊，严重影响人民健康。第五，水利职工工资、福利待遇较低，生活较困难。近几年经过工资改革和几次工资调整，虽有所转变，但工资水平仍在全国平均线以下。1989年全国平均工资1935元，水利系统为1616元，有的地区人均年收入只有1300元左右，有时还不能保证，严重影响职工队伍的稳定，出现人才外流现象，给水利事业带来损失。第六，离退休人员逐年增加，负担越来越重。建国初期参加水利建设的职工，现陆续到达离退休年龄，有的单位出现两个职工养一个老的，再过几年可能出现一个职工养两个老的。由于我们的保险福利基金没有积累，给我们工作带来一定困难。第七，加强管理，讲究经济效益不够。这是各级水利部门当前存在的一个较普遍、较严重的问题。用田纪云副总理在全国水利工作会议上的讲话，就是：水利建设重视讲投入、讲服务、讲社会效益，讲经营不够，基本上是“吃大锅饭，喝大锅水”，这个问题应加以改变。

因此，水利存在的问题是严重的，解决上述问题是水利面临的艰巨任务。杨部长概括了四句话，即“依法治水，加强管理，科技兴水，提高效益”。具体说应做好以下几方面工作：第一，深入开展学习、宣传、贯彻《水法》，加强《水法》的配套法规的建设和水政建设。第二，大力巩固、提高现有河道防洪排涝能力，抓好防汛、抗旱工作，确保安全。第三，搞好农业商品粮基地的建设，大力发展农田水利，增加灌溉面积，力争扭转灌溉面积下降的局面。第四，促进江河治理，综合开发，大力发展水电、供水、水产事业，缓解一些地区缺水危机。我们原定建成100个电气化县，第一批已建成，还要搞第二批。第五，抓紧病险库处理，分、蓄、滞洪区安全建设和水库移民遗留问题的处理。第六，大力开展水土保持和水质保护工作，保护和改善生态环境。第七，加强经营管理，提高水利工程的经济效益，同时抓好水利综合经营，使现有水利工程能够逐步做到自我维持和实现良性循环。第八，各级领导和人事劳动部门要积极采取措施，关心职工生活，改善职工的工作、劳动条件、住房条件和生活福利，增强队伍的凝聚力，调动广大职工的积极性。

总之，水利存在的问题是很多的，面临的任务是十分艰巨的，这就要求我们人事、劳资干部做好本职工作，开创新局面，以保证和适应水利事业的发展。

二、加强班子建设，强化行业管理，稳定水利队伍

要完成水利面临的艰巨任务，必须依靠和稳定现在的130多万水利职工队伍。

我们这支队伍是一支好的队伍。这一点万里同志的报告中已讲了，我不再重复。但是，我们这支队伍中，现在还存在许多实际困难。主要是：条件差，工资福利待遇偏低，职工队伍不稳定，行业管理薄弱。我们水利职工队伍的特点是：流动、分散、点多、线长，成天和水打交道，风里来，雨里去，工作性质决定了其工作和生活条件差；在工资福利待遇方面，我们还是偏低的，有的省，如湖北对水利职工的工资福利待遇同电力、石油等行业进行了比较和分析，说明了我们的工资福利待遇确实低，和其它一些行业比较也有一定差距。工作、生活条件很艰苦，工资福利待遇又低，势必造成职工队伍不稳定，老职工想调出，新分配的学生留不住，这种现象对水利事业的发展十分不利。当然，产生这些问题的原因是多方面的，有历史的，也有我们工作中的问题，其中，水利系统行业管理薄弱也是问题产生的一个重要因素。

当前，水利职工队伍的概况是：部机关的行政和事业单位约1000人，在北京的约1万人，部直属单位约10万人，全国水利职工队伍130多万人。我们要分别不同情况，区别不同层次，采取措施，稳定职工队伍。对北京地区的1万多人和部直属的10万人的工资、福利、住房等方面要想办法，逐步加以解决；对130多万广大水利职工的实际问题，各级领导和人事劳资干部必须放在重要的议事日程。单纯等、靠国家拨事业费过日子，国家也有困难，事实证明是靠不住、等不来的，越靠、越等我们越穷，和其它行业的差距会越大。因此，我们只强调困难，不如我们多想办法去解决困难。提高水利职工的工资福利待遇，稳定130万职工队伍，我想不外乎以下几方面：

第一，各级领导和人事、劳资干部，对解决职工的实际问题，重点要放在解决基层单位和广大职工的实际问题上，牢固树立为基层服务的思想。

第二，要大力开展综合经营。利用我们水、土、人力资源的优势，搞一些开发性的企、事业，增加收入，用综合经营收入的一部分来弥补事业费的不足，提高职工的工资、福利待遇。过去，北京、江苏、广东、辽宁，还有我们四川包括都江堰等一些省、市和单位，在这方面做得较好。实践证明，凡是综合经营搞得好的地区和单位，职工的生活福利待遇就好，队伍就稳定。

第三，水费问题。现在水费很低，一方水八厘、三厘，有的甚至两厘，还有的同志认为经过人工和投资后的水不是商品。这个观点是错误的。不论怎样，我们还应多想办法，加强水费的计收，用水费收入的一部分，解决职工的一些实际问题。

第四，我们还可考虑用农水费和国家投入的一定比例，改善职工的生活和住房条件。

第五，对于在偏远地区尤其是水文站、水保站、水管站等职工的子女上学难、就业难的问题，也要想办法，可以考虑在附近城镇盖或租几间房子，把学生集中起来，请一位老职工照顾他们学习。我们不能让职工贡献了青春还要献子孙，我们也不能再让父亲是大学生，子女是中学生，孙子是小学生，一代不如一代的现象继续下去，应该是一代胜过一代。对于子女就业难问题，我们要多和当地有关部门联系，取得支持，适当照顾，解决职工的后顾之忧。

总之，综合经营问题，水费收入和国家投入有多大比例可以用于职工生活、福利方面，这次会议大家没有思想准备，会上还说不清楚，这就要求我们会后要认认真真地搞点调查研究，首先要弄清楚，我们的友邻单位、兄弟部门在哪些方面比我们好，比我们高？我们的问题应怎样解决？水费收入和国家投入，哪些能动？动多少？有多大比例可用于职工的生活福利方面？这些问题各省可根据不同情况定一个标准和制度，提出具体意见。另外，各省、市对本省、市水利系统职工队伍状况也要拿出一份报告，提出解决问题的意见和措施。我希望大家用半年的时间对以上问题进行调查，由部人劳司牵头、汇总，拿出十条八条，部里能定的，经部党组讨论通过后发文执行。部里定不了的报请国务院，或与有关部门协商，以逐步解决我们队伍中存在的一些实际问题，争取三五年内水利职工的工资水平和生活福利待遇方面有个新的变化。

水利部不只是管机关和直属单位，还要管水利行业的130万职工。因此，加强行业联系和行业管理也十分重要，这个问题万里同志在报告中已讲得很详细，

我完全同意，请你们回去后认真研究落实。

下面我再强调一个问题，就是：稳定队伍和加强队伍建设，关键是各级领导班子。

配好各级领导班子，第一，是把人选好，要把那些坚持四项基本原则，坚持改革开放的人，政治素质好，管理水平高，业务能力强，作风正派的人选进领导班子，特别是对一把手要选好，一把手一定要具有统筹全局的才能；第二，要注意班子的智能结构和专业结构，要有懂专业技术的，也要有懂经营管理的，更要有会做政治思想工作的，也要有能管后勤的。大家反映，当前统筹全局的一把手难选，会做党务工作和思想政治工作，会做后勤工作的这几方面的领导干部难选。尽管难选，但一定要选好，否则就会影响一个单位的工作；第三，在年龄结构上，要注意梯形结构。这方面确实存在着"断裂带"问题，解决"断裂带"问题的思路和措施，万里同志已经讲了，我是同意的。

另外，稳定职工队伍，加强行业管理，也是人事劳资工作的一项重要任务。水利系统各级领导干部，要加强对人事劳资工作的领导。人事劳资干部遇到的矛盾很多，各级领导干部要支持、关心、帮助他们。

三、关于发展综合经营，加强企业管理和开展企业升级工作

你们这次会议，还套了一个小会，就是研究和布置了水利系统开展企业升级的问题。因此，我想对于发展综合经营，加强企业管理方面的问题，也讲几句话。

第一，讲讲综合经营。发展综合经营，是水利行业稳定队伍，逐步实现水利良性循环的一项很重要的措施。现在水利行业综合经营的总产值已达80亿元，从事综合经营的人员已达76万人，其中安排待业青年和社会劳动力49万人。综合经营对我们水利行业起了很大作用，解决了很大问题。①安置了大批子女就业；②改善了职工生活；③稳定了职工队伍；④增加了水利投入；⑤为社会增加了物质财富，活跃了市场。同志们想一想，如果不发展综合经营，我们水利行业的局面就会比现在困难得多。1989年我们综合经营产值是80亿，若翻一番就是160亿，相当于一个较小省份的总产值，一个省几千万人，我们才100多万人，可以说，我们的问题是可以得到较好解决的。

现在的情况是：综合经营在我们水利行业发展得很不平衡，搞得好的地区和单位，一般的特点是领导班子比较重视，特别是一把手比较重视。他们从开展综合经营中尝到了甜头，越干越想干，越干越会干。也有一些地区和单位，还是想完全躺在国家身上过日子，一心一意等、靠、要，等不到，要不到，靠不住时，就怨天尤人，这种精神状态是再也不能继续下去了。希望有这种思想的领导干部要尽快觉悟，多想办法，把水利搞活。我们从事人事劳资工作的同志要注意选好、配好综合经营干部，促进综合经营的进一步开展。

第二，讲讲企业管理。我们水利行业事业单位居多，为什么讲要重视企业管理？一是水利行业本身有不少企业，大大小小的综合经营单位，应该说是企业；二是有许多的水力发电单位、供水单位、施工单位、机械修造单位也是企业；三是许多事业性的水管单位、勘测设计单位，也都是可以实行企业化管理的。因此，对水利行业加强管理，是很有必要的。过去我们水利行业"重建轻管"，一般管理是比较薄弱的；此外，我们过去还有一个习惯，一种传统，叫做只讲投入，不讲产出，只讲向上要钱搞建设，不讲回收搞维修、搞扩建，只讲社会效益，不讲经济效益。结果，建了一些工程，管理人员的基本生活设施没保障，"只治坡，不治窝"，工程没钱来维修，建一个工程，背一个包袱，有些效益的企业就白白地交给了别人。这个多年来形成的习惯，许多人适应了，搞惯了。现在一提要抓管理，要抓企业化管理，要计算投入产出，要讲经济效益，许多人就不习惯，还是想维持过去的老状态。我们应该大声疾呼，再也不能这样继续下去了！希望有这种思想和习惯的领导干部，要认真想一想，把思想观念转变过来。思想通了，机构问题、干部问题都比较好解决了，工作问题自然也会逐步加强起来。

第三，讲讲企业升级工作。既然我们水利行业有许多企业，还有一批骨干企业，我们就要在抓管理的同时，逐步做好企业上等级的工作。这项工作，全国许多其他行业，已经抓了多年了，但对我们水利行业绝大多数地区、绝大多数单位来说，是一件"新鲜事"。不错，有些省厅这项工作抓得有一定头绪，如四川省水利电力厅，几年来，已经在省水利系统通过考核和评定，产生了一批省级先进企业。我们部有些司，这几年已做了一些工作，如水管司管的丹江口水电厂，已被命名为国家二级企业，机械修造局也抓了一批先进企业。但是，从全局、从总体上看，我们这项工作比其他行业落后了许多年。我们要急起直追，迎头赶上。当然，我们起步时，要根据国家的要求，结合我们水利行业的特点，一要制订标准，二要认真考核，三要逐级申报。这些事情要在这次企业升级座谈会上讨论好，研究好，安排好。这方面我就不再多讲了。

我只是在这里强调一下，请参加会议的同志回去后，向各有关省厅的领导同志汇报，请他们结合本省的特点，注意和重视开展综合经营的工作，注意和重视加强企业管理和企业升级的工作，从而使我们水利行业的管理水平进一步提高，经济水平、技术水平进一步提高，为国家多做贡献，为稳定水利队伍多做工

作。

四、对从事人事劳资工作的同志们提出几点希望

第一，密切联系群众，稳定职工队伍，为深化水利改革服务。六中全会做出了《关于加强党同人民群众联系的决定》，人事劳资干部要认真学习，深刻领会，坚决贯彻执行。我们的工作任务和性质决定我们必须坚持党的群众路线，坚持从群众中来，到群众中去的工作作风，定期深入基层，了解职工队伍建设中存在的主要问题，做群众的知心朋友。只有这样，才能稳定职工队伍，调动广大群众的积极性和创造性，党的政策才能变为群众的自觉行动，我们的水利事业才能兴旺发达。

第二，严格组织纪律，加强廉政建设。

人事劳资工作处处涉及群众的切身利益，政策性很强，你们在工作中一定要顾全大局，做到令行禁止，公道正派，为政清廉。严禁在人员招聘录用，毕业生分配，复转军人安置，出国政审，家属农转非，人事制度和劳动制度改革中，在子女和亲友的安排上以权谋私。你们要自觉遵守职业行为准则和规范，牢固树立为人民服务的思想，以实际行动做好廉政建设。

第三，要树立“严”、“实”、“细”的作风。

人事劳资工作政策性很强，若出现差错，就会造成无法挽回的影响。因此，人事劳资干部一定要树立“严”、“实”、“细”的工作作风，在各项工作中，一定要严格要求，踏踏实实，深入细致地把工作做好。

第四，抓好形势教育，做好思想政治工作。

稳定队伍，必须加强政治思想工作，要配合各级党委，进行广泛深入的国际国内形势教育，实事求是地宣传十一届三中全会以来各条战线及水利建设和改革的巨大成就，分析存在的问题和消极现象。通过形势教育，培养行业精神，把职工的积极性调动起来。

当前，人事劳资体制改革在不断深化，这是对国家、集体和个人三者利益关系的调整，也是对传统的“铁饭碗”、“大锅饭”等观念的一个强烈冲击。在新的形势下，职工的思想比较活跃，我们的思想工作要不断加强，不断澄清各种模糊认识，增强广大职工坚持四项基本原则，反对资产阶级自由化的自觉性，正确处理眼前利益和长远利益的关系，使水利职工以主人翁的态度积极支持和参加改革。

最后还有一个问题，单独说一下。

《中国水利报》和《中国水利》杂志是水利部的机关报刊，部党组的喉舌。最近中宣部和新闻出版署要对全国的记者站进行清理整顿和重新登记。请与会的同志回去后和有关部门积极联系，保留水利记者站的机构和编制，你们在工作中遇到困难可立即告诉我。现在报纸工作有很大起色，但全国只订了3万份，希望大家把订阅工作搞好一点，多订几份报纸，多给一些支持。明年:《中国水利》杂志要改成自办发行了，请各地不要漏订。

同志们，希望你们认真把这次会议开好，圆满完成这次会议的各项议程，达到会议预期的目的。

采取切实有效措施，保质保量完成第一期重点治理任务

——侯捷副部长在全国八片水土保持重点治理区第七次会议上的总结讲话

（1990年9月9日）

全国八片水土保持重点治理区第七次会议，经过与会同志的共同努力，今天就要圆满结束了。

这次我们根据全国农田水利基本建设会议上中央领导同志的重要指示和会议精神，检查和总结交流了7年多来重点治理工作的情况和经验，特别是去年吕梁会议以来的新情况，并研究了进一步加速国家八片水土保持重点治理的对策和措施。

这次与会同志参观了奈曼、库伦两旗的重点治理小流域，听取了内蒙古自治区人民政府阿拉坦敖其尔副主席的讲话和哲里木盟特日根盟长的经验介绍以及其他有关地、县负责同志的发言，并认真组织了讨论。同志们认为这次会议开阔了视野，交流了经验，增强了信心，达到了预期目的。

现在，我就这次会议的情况，作一简要总结。

一、重点治理工作的新形势

去年以来，八片重点治理工作进入了一个新阶段，形势十分喜人。主要表现在以下几方面：

1.各级党政领导进一步重视水土保持工作，不少重点县的主要领导亲自抓，治理区广大群众水土保持意识日益增强，防治水土流失的积极性空前高涨。去年，国务院发布了《关于大力开展农田水利基本建设的决定》，推动了治理工作的深入开展。7年多的治理成果，使广大干部、群众更加认识到水土保持是发展山区生产的生命线，重点治理是个十分难得的机遇，切不可丧失时机，第一期任务只剩两年多时间，任务还很艰巨。通过这次会议，增强了到会同志的紧迫感和责任感。因此，大家一致表示要把重点治理工作列为

政府的重要议事日程，作为振兴山区经济，实现脱贫致富的战略措施来抓，并采取有力措施，来解决影响治理速度和治理质量等突出问题。到会同志通过参观学习，进一步认识到国务院批准将一批水土流失严重地区列为国家水土保持重点治理区，坚持进行集中、连续治理是非常正确的。大家在交流讨论中，对重点治理的成效，无不交口称赞，同时也反映，尚未列入第一期重点治理的地区，干部和群众纷纷要求早日开展重点治理。重点治理已深得人心，合乎民意。

2.治理水平有很大提高，已进入小集中大连片的新阶段，不少小流域已形成层层设防、全方位治理的水土保持综合体系。

一大批小流域进入验收阶段，由于综合治理，群体防护，整体效益显著。不仅促进治理区农、林、牧、副、渔业生产的发展，而且下游平原群众的生产生活因上游的水土流失得到初步治理也得到了很大改善。这次参观的重点治理区，由于兴修了工程，保持了水土，农作物长势很好，一派丰收景象。

3.重点流域重点治理。各地根据第六次会议的要求，为争取交个好帐，集中人力、物力、财力和领导精力，全力以赴主攻第一期达标的重点小流域，取得了较好的效果。

4.基层水土保持服务体系日趋健全和完善，在重点治理中发挥了很好的作用。

5.重点治理起了示范作用，带动了面上治理的开展。八片治理区的重点小流域已成为当地改善生态环境、改变生产条件、脱贫致富的样板。

二、重点治理工作的新进展

第一批水土保持重点治理项目，从1983年开始以来，经过7年多时间的不断探索、不断升华，各地已经走出了自己的治理路子，7年多来取得了引人注目的成绩。共完成综合治理面积18800 km²，占八片水土流失面积的31%，占第一期项目区治理任务的64%，平均年治理进度为4.4%；兴修梯田、坝地、小片水地等基本农田242万亩，营造水土保持林1855万亩，种草514万亩，还修建了一大批蓄水保土工程。这7年，不论在治理的广度和深度方面，都是前所未有的。新增治理面积为1982年前30多年总治理面积的130%，年治理进度为1982年前年均进度的6倍多。

吕梁会议以来，治理工作又取得了新进展。据各地统计，不到一年时间完成综合治理面积2500 km²。而且，更加重视了适度规模，集中连片，突出了基本农田、灌木和经济果木。使治理水土流失与治穷致富结合得更紧密，所以深受广大干部和群众的拥护，从而激发了群众治理水土流失的积极性。

7年多来，重点治理区发生了深刻的变化，显示了党的领导和人民群众的智慧，已经发挥了整体效益。已验收和接近验收的小流域，由于形成了水土保持综合体系，明显地发挥多功能效应，即蓄水保土、防风固沙、缓洪防冲、保护农田村镇、土地利用结构和作物结构趋于合理、荒沟变良田，增加了可利用的国土面积。上述多功能的效应，达到了多目标的效益：一是水土流失恶化的状况得到基本控制，生态环境由恶性循环逐步向良性循环转化。八片重点治理区的植被率由1982年前的10.8%提高到现在的26.8%。根据黄委会黄河中游治理局对水文资料的分析，黄河流域的无定河、皇甫川、三川河和定西县四大片，经过连续的综合治理，平均每年减沙率达50%以上。内蒙古列为国家重点治理区的六旗（县）植被率由21.5%提高到现在的41.6%；治理度达40%的长川流域，集雨面积644 km²，近几年修建了15座水土保持治沟骨干工程，去年7月21日发生150年一遇的暴雨，而洪峰流量只有560 m³/s。生态环境的改善，为飞禽走兽提供了栖息场所。二是农、林、牧、副、渔业生产得到了较大发展，土地生产力和劳动生产率都提高了一大步。现在八片重点治理区，每人平均有基本农田1.09亩、水土保持林4.34亩、人均新增经济果木0.24亩。黄河流域四大重点治理片，现在的农业总产值比治理前增长94%，其中农业增长61%，林业增长68%，牧业增长157%。内蒙古重点治理区已验收的21条小流域，人均有2亩基本农田，每人平均生产粮食由治理前的260 kg提高到570 kg；六个重点旗（县）7年播种牧草130万亩，牧业产值增长2.2倍，畜牧业产值占农业总产值的比例，由21%上升到31.4%。定西县7年新修基本农田28.75万亩，粮食年产量稳定在1亿kg以上，在重点治理前的33年中很少上过1亿kg，人均生产粮食由治理前的204 kg提高到340 kg。三是环境容量增强了，人民生活水平有较大提高。八片重点治理区，人均纯收入由治理前1982年的142元增加到1989年的313元，贫困的农户和人口分别由69.22万户、397万人减少到41.78万户、189.1万人，脱贫率分别为39.6%和52.4%。水土流失最严重，生态条件最差的内蒙古准格尔旗德胜西乡，1989年人均收入仅有170多元，人均产粮100 kg，农民只好外迁求生，1988年还迁出99人。而属于该乡的黑毛兔沟重点小流域，经过9年治理，人均达到基本农田1.6亩，水保林29.4亩，经济林0.6亩，人均产粮达674 kg，人均收入达713元，流域内人口不仅没有外迁的，还迁入12人，现在全流域36户中，70%的农户有风力发电机和电视机，与未治理的地区农户相比截然不同。内蒙古库伦旗白庙子小流域，治理前后形成了鲜明的对照。过去这里流传着一句顺口溜是“种一坡，收一车，打一簸箕，做一锅，吃一顿，剩不多”，群众生活非常困难。水土流失治理后，这里发生了翻天覆地的变化，今年人均产粮预计可达3000多斤。

重点治理区由于植被的恢复和农作物产量的提高，“三料”困扰局面已得到基本解决。此外，还修了不少作业道路，特别是沟壑多的地区，筑坝为路，坝路合一，解决群众行路难的问题，群众十分满意。

实践证明，越是高标准高质量的治理，越能显示出综合效益，并且随着时间的推移，其效益日益明显。

三、新的经验

去年以来，各地紧紧围绕第一期重点治理项目十年基本完成的宏伟目标，又做了大量的卓有成效的工作。从这次会议上大家交流的情况看，原来搞得好的县，更上一层楼，搞得较差的县，也迎头赶了上来，可以说重点治理出现了你追我赶，争创优质工程，争交优秀答卷的新局面。通过一年的治理，各地又积累了不少新经验，这对加速治理步伐，巩固提高治理成果，促进重点治理在开拓中不断前进是十分宝贵的。

大家交流的经验主要有以下几点：

1. 领导真抓实干，措施具体得力。各地都重视了加强具体的领导，而不是停留在一般领导上，因此针对存在的问题采取了过硬的措施，收到了良好的效果。辽宁省所辖的柳河流域，近一年来，由于省、市、县三级共同努力，主攻重点治理中薄弱环节，特别是把重点治理纳入“大禹杯”竞赛活动，使治理工作出现了新气象，治理规模形成了，治理质量提高了。阜新、彰武两县的新领导班子，在前任的基础上，对重点治理工作抓得很紧。如阜新县在治理期间，县委书记和县长定期听汇报，解决具体问题，主管副县长具体抓重点治理工作。在抓治理的同时，重视管护工作，阜新县重点小流域都有专职水保管护员，佩带有县政府盖印的袖章。三川河流域已形成全党全民抓重点治理的局面，吕梁地区行署专员王文学同志今春一上任，召开的第一个会就是水土保持工作会，要求各县、乡一把手抓，层层签定目标责任状。县、乡主要领导包重点、包工程，确定“书记山、县长沟”，地区财政今年仍拿出10万元用于奖励先进。陕西省所辖的无定河、皇甫川落实干部任期目标责任制，地县两级领导分片抓，一把手亲自抓，主管领导具体抓，五套班子配合抓，业务部门全面抓。在治理技术指导方面，实行了科技集团承包。江西省兴国县委、县政府提出了“不抓水土保持工作的干部就是失职”，把治理水土流失作为考核干部政绩的重要内容。今年在目标管理评比方案中明确提出了水土保持与计划生育一样，实行一票否决权。

内蒙古准格尔、乌审旗、丰镇等旗（县）做出了《进一步加强重点流域综合治理的决定》，对后三年的工作提出了具体要求。库伦、奈曼旗每年召开几次水保会议，研究落实治柳任务，解决物资、技术服务和组织领导等问题。

河北省尚义县从县委书记到村支书，从县长到村委主任，从主管局长到包工程的技术员，层层实行行政管理承包责任制，把治理面积、措施、标准、质量、完工时间等全部列入承包范围，然后按阶段进行检查评比，年底排出名次，兑现奖惩。

2. 集中连片，规模治理。通过7年实践，人们愈来愈认识到没有一定的治理规模，不可能发挥整体效益。特别是吕梁会议以来，各地更加重视规模治理。陕西省所辖的无定河流域，由以村为单位治理转入连村、连乡整条流域的规模治理。永定河上游的河北省蔚县已初步形成了两个20万亩的综合治理大片，该县今春完成7个千亩以上的水平梯田片，最大的达2500亩，标准高、质量好，地埂还种上了柠条。涿鹿县辉跃乡用三年时间建成了“10里经济坡”，实现了“10里梯（坡改梯）、10里果（树）、10里渠（防渗渠）、10里路”的规划，促进了经济发展。库伦旗已建成4个10万亩以上的综合治理片，正在形成乡与乡连片的新格局。

3. 调整治理措施结构，加快治理速度。各地为了按期完成第一批重点小流域的治理任务，因地制宜调整了治理措施结构，研究和采取了加快治理速度的对策。

一是突出抓了以水平梯田为主的基本农田建设。为了增强农业后劲，增产粮食，各地在治理措施中，十分重视基本农田建设，近年来基本农田在治理措施中的比重不断提高，并千方百计采取措施，加快坡改梯的进程。如阜新县每年留出“常治田”，由专业队常年进行治理；在人少地多地区建设隔坡梯田，既加快了坡耕地治理，又有利于发展雨养农业和林果业。三川河流域把建设基本农田放在首位，要求黄土区人均基本农田达到2亩、土石山区人均达到1.5亩，组织专业队，人力、畜力、机械一齐上，坚持常年兴修基本农田。

二是突出抓了灌木林。为了解决干旱半干旱地区侵蚀劣地的治理，吕梁会议以来，各地更加重视灌木在治理水土流失中的作用，并认真总结了以往的经验教训，提高了灌木在水保林中的比重。陕西省的无定河流域，为了加快治理速度，榆林地区规定，灌木林面积要达到水保林总面积的80%以上。去年，该地区营造水土保持林88万亩，其中75%是灌木。今年，头7个月，无定河重点小流域已种植灌木38.47万亩，占水保林总面积的87.7%。他们还在坡耕地上，大力推广等高灌木带缓洪拦淤，并由风沙区、河源区向黄土丘陵区推开，不仅加快了治理步伐，同时由于改变了林种配置，大大提高了成活率和保存率。

三是推行农田、草场灌木林网。在内蒙古境内的柳河流域，为了适应大面积治理和当地生产发展的需要，创造和推广了农田、草场灌木林网，防风固沙，保持水土。既加快了治理速度，又保护了农田，改良了牧场，弥补了牧草生命周期短所带来的缺陷。

四是在有条件的地方，采用了机修梯田的办法，从而加快坡改梯的进度。

4.重视经济效益，治理与开发利用结合得更加紧密。近年来，各级领导日益重视治理中的长、中、短期经济效益，特别是使群众能尽快得到实惠的近期经济效益，因此，把治理与开发利用融为一体，相互促进。库伦、彰武等旗（县）在进行坡面治理的同时，积极治理沟道，在沟道兴建拦蓄工程，同时将坝下的荒沟改造为水稻田，当年就受益。库伦旗近几年已发展稻田12000亩，其中今年就发展2500亩。彰武县也已发展1100亩。同时，还充分利用水土资源，对沟道进行立体开发利用，沟底种稻，沟坡发展果树等。干旱风沙的库伦旗如今一些治理的小流域呈现江南景色，生态环境大为改观，经济效益大为提高。江西省兴国县以开发促治理，以效益求发展，使治理与开发利用同步，如治理紫色页岩，同时开发种植烤烟；治理红壤低丘，同时开发种植柑桔枇杷等果树，千方百计为群众增加收入，加快了脱贫致富的步伐。该县原有特困户46450户，已脱贫的有41309户，脱贫率达88.9%，致富的有4134户，占贫困户的8.9%。

5.户、专、群结合的组织形式得以发展和完善。为了适应规模治理的需要，各地在治理组织形式上，发展了户包、专业队承包和组织劳动积累工统一治理相结合的办法，农户承包支毛沟，专业队承包难度大、要求高的骨干工程，群众突击面上治理，统分结合，使重点治理既有速度又有质量，也利于推行双层经营体制。近年来，各地的乡、村两级专业队蓬勃兴起，通过专业队治理，建立一定的集体经营基地。现在，43个县（旗）有乡、村两级专业队439个、20648人；承包治理的农户425.2万户，占重点治理区总农户的18.8%，已治理面积占重点治理面积的27.9%。群众的劳动积累工已完成2400万个。户、专、群在重点治理中起了重要作用。

6.重视抓基础工作。吕梁会议要求将治理成果全部上图，以便找出存在的问题，然后针对问题采取措施。山西、陕西、内蒙古和辽宁等省、自治区组织科技人员，对7年多来的治理成果在现场验收上图，外业均已结束，正在进行内业工作，这对1992年的全面验收打下了很好的基础。各地正在逐条流域地收集整理系统的技术档案，以便取得可靠的数据，为各级领导的正确决策和科学指挥提供依据。

此外，在水土流失的治理方面，也存在一些亟待解决的问题，如县与县、乡与乡之间发展不平衡，少数地方领导的认识还跟不上，致使有的流域迟迟上不去；管护任务重，植物措施保存率较低；验收任务繁重，软件工作薄弱；少数县拖欠、挪用重点治理专款，严重影响治理进度和群众的积极性；沟道治理较差等等。希望各地认真解决这些问题，以推动重点治理工作的健康发展。

四、采取切实有力措施，保质保量完成第一期重点治理任务

第一期水土保持重点治理工程已进入攻坚阶段，时间紧迫，任务艰巨，在今后的两年多时间内要完成1万km^2的治理任务。因此，各地要采取切实有力的措施，在认识上要有新的提高，在对策和措施上要有新突破，保证按时按质按量完成任务。当前的形势，有利于加快重点治理速度。在刚结束的全国农田水利基本建设会议上，田纪云副总理要求今冬明春扎扎实实、富有成效地把农田水利基本建设推向一个新阶段，要年复一年长期坚持下去。还要求“水土保持要坚持保护、治理两手抓、把重点转到‘预防为主’的轨道上来，采取坚决措施，制止新的破坏。小流域的治理要把防护性治理与开发性治理结合起来，加快脱贫致富的步伐。”在会议结束时，李鹏、宋平、田纪云、陈俊生等中央和国务院的领导同志又接见了参加会议的各省、自治区、直辖市负责同志，李鹏总理和宋平同志又作了重要讲话，强调水利在国民经济中的重要地位。李总理指出：水利事业是基础产业，要在“八五”计划安排中加以体现。同时，李鹏总理充分肯定了小流域治理的地位和作用。他说“水土保持小流域治理开发也很了不起，小流域开发增加了土地面积，有利于水土保持，这些都改变了北方农村的面貌，要认真总结和推广经验。梯田在黄土高原是成功的经验，梯田主要是劳务投入，梯田有利水土保持。”宋平同志强调水利建设和农田水利建设都要搞好规划。会议要求全国13片重点防治区和地方各级的重点治理区的治理工作，要层层抓重点，以点带面，推动水土保持工作的开展。各地区要认真总结小流域治理的经验，加以巩固提高，向面上推广。小流域的治理，要把长远规划与近期生产结合起来，预防与治理、治理与开发、开发与致富有机结合起来。充分利用流域内的各种资源，做到山、水、田、林、路综合治理，农、林、牧、副、

渔有机结合，既保持水土，又发展生产，让农民在较短的时期内得到经济实惠，充分调动广大农民的积极性，把小流域治理持久地进行下去。上述重要指示和会议精神，对重点治理区各级领导和广大干部、群众是一个很大的鼓舞和鞭策，可以预料今冬明春农田水利基本建设和水土保持工作将掀起新的高潮。

为了贯彻落实中央领导同志的重要指示和全国农田水利基本建设会议精神，进一步搞好重点治理工作，提出以下几点要求：

1.强化领导，做好服务。搞好重点治理工作，关键在领导。我们认为加强领导要解决三个问题：一是认识问题，真正认识重点治理的重要意义，列入各级领导的议事日程；二是把重点治理工作做为县、乡两级政府任期目标责任制的考核内容；三是真抓实干，解决重点治理中的问题，特别是落实各项经济政策，健全和完善劳动积累工制度。我们希望各重点县（旗）进一步加强领导，同时做好技术和资金、物资供应等服务工作。

2.切实做好验收工作。按照重点小流域治理进展分类排队情况，一手抓达标流域的验收工作，一手促平衡，狠抓差距较大的小流域的治理工作，使其尽快赶上，同时推动处于中间状态的小流域的治理工作，缺啥补啥，集中连片，使其措施成龙配套，尽快形成水土保持综合体系。但措施一定要因地制宜，地多人少地区应选择省工效宏的措施，如等高灌木带（埂）、隔坡梯田、草场、（或农田）灌木林网、机修水平梯田等。对少数积极性不高、差距较大、短期难以赶上的小流域所在乡镇，要采取果断措施，直至暂停扶持。总之，要根据分类排队，明确每条小流域在后两、三年的主攻方向和治理措施。

3.抓紧做好第二期重点治理小流域的前期工作。要在总结已有经验的基础上，科学地制定新上小流域的综合治理规划，并按规划实施、检查和验收。各地要抓紧时间，验收一批，新上一批，滚动前进。

4.狠抓治理质量和效益。质量是效益的前提，效益高低取决于质量，保质量就是保效益。达标的小流域，不仅要完成数量，同时要注意质量，二者并重，否则，不予验收。作为基本农田的水平梯田，必须一步到位，修一亩算一亩，修好、种好、管好梯田，使其变为高产田，不搞过渡式的，以免浪费民力；而荒山荒坡的治理要逐步到位，由低层次过渡到高层次，即先种草、灌，改善立地条件后，逐步发展乔、灌结合的混交林，不搞一步到位、劳民伤财的做法。从实践看，灌木是成功的，要大力发展灌木。只有改变林种，才能提高植物措施的保存率。

5.加强预防管护，不断巩固提高治理成果，防止人为造成新的水土流失。将要进入验收阶段的小流域，应以治理为主转入措施配套、巩固提高、发挥效益；已验收合格的小流域，要加强管理，制定乡规民约，要落实管护工作的领导和具体管护人员。成果管护十分重要，工作量也很大，在下达新的治理任务时，要同时下达维修、补植任务，使治理成果日益巩固，治理效益充分发挥。为此，各地要加强监督管理体系的建设，强化监督管理职能，巩固治理成果，防止人为造成新的水土流失。验收合格不是水保工作的终止，而是向生产深度和广度进军的开始。因此，各县对验收合格的小流域，要作出切实可行的管护规定，并要继续搞好效益跟踪调查和反馈。

6.加强经费的使用管理，严防挪用、拖欠，搞好有偿扶持。在经费使用管理上，少数县存在着拖欠、挪用的问题，不能及时向群众兑现合同，严重影响群众的积极性。凡是拖欠重点治理专款的，务必在今年内还清，否则影响明年的拨款；今后凡是发现有上述现象时，停拨专款。国家在财政相当困难的情况下，每年拿出一定资金投入重点治理是不容易的，这笔专项投资只能用于八片重点治理，不得挪作兑现职工工资和其它使用。

要继续开展有偿扶持，建立水土保持基金。不少县正在探索，有的已取得较好的成效，但也有相当县尚未进行。我们认为，每年对短期能见效的治理项目实行有偿扶持，这对稳定资金渠道、逐步转入良性循环、扩大治理成果极为有利。因此，各地要继续把这项工作做好。

7.抓好软件建设。当前尽管软件工作比以前有较大进展，但还是薄弱环节。因为第一批重点治理项目都要验收，历年的技术档案都要整理分析，图、表、文字必须齐全。因此，要进一步抓好软件建设。应该把软件与治理一样对待，凡经过验收的重点小流域，必须有一套能反映治理水平、治理质量和治理效益的系统完整资料。

8.加强重点治理的宣传工作。重点治理的宣传工作仍很薄弱，各地要花点力量、投点资，大力宣传重点治理工作取得的成绩和对重点治理工作作出很大贡献的先进人物和先进集体。要利用各种宣传形式，大造舆论，使广大干部和群众进一步提高重点治理意识，以利广泛深入地调动各方面的积极性。

9.增强基层水土保持服务体系活力。在健全和完善水土保持基层服务体系，搞好技术服务的同时，要建立和发展基层水土保持经济实体。要根据拥有的水土资源、设备和技术力量，因地制宜地开展多方面的有偿服务和多种经营来增强自身的活力，扩大服务范围，不断改善职工的工作条件和生活条件。水保职工长年战斗在重点治理第一线，工作条件和生活条件都很艰苦，希望各级政府在政策等方面给予优惠支持，使他们增强自身活力，以利稳定这支队伍，更好地为重点治理服务。

同志们，我们希望通过这次会议，使重点治理区的各级领导和广大干部，对重点治理工作的认识有新的提高，在具体部署上有新的对策，在抓法上有新的突破，治理的成效要更加显著，使重点治理工作登上一个新台阶。我们拟在第一期重点治理工程结束时全面地进行总结表彰，让重点治理区的43个县（旗）来个大竞赛。国家八片水土保持重点治理是国家的重点工程。我们一定要再接再厉，艰苦奋斗，开拓创新，持之以恒地把国家水土保持重点治理工程搞得更好，为完成和超额完成第一期重点治理这一光荣而艰巨的任务而努力奋斗！

立即行动起来迅速掀起农田水利基本建设高潮

——侯捷副部长在东北地区农田水利基本建设座谈会上的讲话

（1990年10月12日）

全国农田水利基本建设会议已开过1个多月了，这次请大家来，主要是了解一下，东北地区贯彻会议的情况。吉林省委、省政府把今年定为“水利年”，所以，我们选定到这里来开会，以便总结经验，推动全国水利建设的开展。

通过大家1天多座谈，可以看出，东北地区几个省对这次全国农田水利基本建设会议普遍都很重视，都进行了传达和部署，并做了大量准备工作。特别是吉林省，在全国农田水利基本建设会议后，省委常委会和省政府常务会议都及时听取了水利部门的汇报，对贯彻这次全国会议精神做出了具体政策规定，9月中旬就召开了电话会议；还发了《关于大力开展秋冬农田水利建设的通知》；由省政府领导亲自主持，有关部门参加，对恢复水利基建投资、建立水利基金制、解决水利建设前期工作费、水费按成本计收、小水电投资、水政公安队伍建设等几个问题进行协调；10月底，他们还要专门召开由各级政府主管负责人参加的全省农田水利基本建设会，有力地推动了全省农田水利基本建设的开展。辽宁省正在开农田水利建设会议，省的领导亲自到会讲话，并做部署。黑龙江省政府主要领导在出国的前夕，还挤出时间听汇报，做批示，并及时召开了电话会，在近日内省政府还要开专门会议进行布置。内蒙古自治区也开了农田水利基本建设会议，东部两个盟市的领导抓得很紧。根据东北地区的季节，到会各省、市（盟）结合“天池杯”、“大禹杯”、“黑龙杯”、“金龙杯”竞赛，实际上已行动起来了，农田水利基本建设正在从北向南掀起高潮。

据我们了解，全国其他省市区贯彻情况总的说也是比较好的。从29个省反馈的情况看，全国农田水利基本建设会议结束后，各省主要领导都亲自听取了水利部门的汇报，并结合当地具体情况做了安排。目前，山东、广东、河南、浙江、福建、海南、陕西、湖南、云南、新疆、江苏、宁夏、江西、内蒙古、甘肃、上海、河北、青海等19个省已由省政府主持召开了全省农田水利基本建设会议，而且都要求各地、县政府主要负责同志或主管农业的负责同志参加，其他省市近日也将召开会议进行贯彻。现在，北方的山东、河南、河北、宁夏、山西、陕西、新疆等省区的农田水利基本建设已普遍开展了起来；甘肃省行动最快，9月底省委、省政府的主要领导李子奇、贾世杰带队亲自参加劳动，兴修水利，走在全国的最前列。南方的江苏、安徽、广东、四川、江西、贵州等省也结合本地区的农时特点，提前干起来了。

为把全国农田水利基本建设会议的精神落到实处，许多省区领导采取了不少具体措施给予支持。贵州省政府在财政困难情况下，决定由省财政增加2600万元投资，并要求劳积工在去年人均11个工日的基础上，增加到13～14个。江西省财政也很困难，这次省政府从财政预备费中拿出400万元增加农田水利投入，从省掌握的物资中拿出4000 t钢材，1万 t水泥支援农田水利。湖南省省长办公会做决定，要求省、地、县都成立农田水利建设指挥部，劳动积累工山区达到20工日，湖区达到30工日，并对水费、电价等都做了相应的规定；海南省政府要求农田水利基本建设与农业综合开发紧密联系起来（指挥部与开发办是一套人马），并规定农业开发基金70%投入水利建设；福建省已下达第一批1280万元的冬春水利建设经费，省计委拿出2100 t钢材支援农建。上海市要求劳积工人均由去年10个工日提高到今年15个，要求投入水利的资金与各县财政收入同步增长，对乡镇企业以工补农资金要求相当比例用于农田水利。

另外，这次全国农建会议以后，各地对国务院领导提出“水利要作为基础产业在‘八五’计划安排中加以体现，这样水利的基础地位就提高了”反映很强烈。北京、湖南、河南、上海、河北、宁夏、福建、浙江、广东、山东等省水利部门都开展了热烈的讨论和宣传，力争在“八五”计划中加以体现。河北省代省长程维高在听取水利部门汇报时讲到：“水的问题很重要，水资源是经济发展重要的制约因素，农业、工业、城市人民生活各方面都需要水，如何解决好水的问题很关键。搞农业，政策再好，科技再好，一旱一涝就全完了。应当把水利问题摆到重要议事日程加以研究”。北京市水利部门结合自己多年来进行水利改革的体会，认为“水利基础产业”的提法是政策性的突破，“颇有新意”很受启发和鼓舞。河南省副省长宋照肃要求各地在讨论制订“八五”计划时，认真贯彻落实李鹏总理的指示，“水利是基础产业”的精神，并加以体现。

总之，全国各地贯彻会议比较及时，不少地方采取了得力措施，行动也比较快。但从全国看，有的省虽然进行了传达，但政府还没有专门研究，有的省秋冬修的任务还不落实，措施也不够具体。

根据以上这些情况，谈几点意见：

一、要进一步把全国农田水利会议精神贯彻好，尽快行动起来。在贯彻和落实中，要像吉林省那样，借助今年农业丰收的大好时机，对水利存在的问题，及时向政府汇报，使需要解决的问题能尽快得到落实。

按季节特点，东北、西北地区从现在开始到上大冻前，是大搞农田水利建设的黄金季节，我希望东北、西北地区要抓住有利时机，集中人力、物力搞会战，使全国秋冬季农田水利基本建设首先在东北形成高潮，以推动全国这项工作的开展。大规模群众性的农田水利建设涉及面广，也可以说是一项系统工程，各级水利部门一定要搞好服务，组织好，落实任务和各项准备工作，切忌打乱仗。对物资和资金要做好安排，有困难及时向政府汇报并和有关部门协调取得他们的支持。最近水利部与财政部要联合发文预拨资金，农水费要预拨一部分，保证工程进度需要。

会上各省、市都谈到，这段时间为贯彻会议精神做了大量准备，拟定一些好的政策、制度、办法、措施等，要继续努力，积极争取，尽快通过、尽快落实，我们就是要在这个好的形势下，将一些好政策、制度落实贯彻，为我们农田水利建设的顺利开展打下好的基础，这也叫做“软件”的基础建设。

二、农业丰收了，更要坚定不移地搞好农田水利建设。丰收了如何对待农田水利建设，这是今年和今后农田水利基本建设所面临的一个非常重要的问题。大家也认为这个问题十分重要。农业丰收后，有的人往往认为农田水利基本建设不一定要花那么大力气了，所以也就放松了，我们有过这样的历史教训，我们有过头一年丰收，下一年就滑下去的历史教训。丰收后要历史的、客观的认识我们的自然规律，认识水与农业产量的关系，我们希望各地认真研究这个问题，正确总结经验。

这次会上统计，东北地区1989年粮食产量450亿kg，1990年575亿kg，增产粮食125亿kg，这个数字是相当可观的。仔细分析一下，今年东北地区的气候除春季严重干旱外，6月份后就可以说是基本风调雨顺，在全国大办农业的大好形势下，从我们水利战线来说，水利工程发挥了明显的作用，特别是今年我们及早的抓了抗旱工作，春节一过我们就共同努力投入抗旱，千方百计采取有力措施，用水灌溉，搞坐水种，有了这些措施保证了全苗，6月份以后东北地区陆续降雨，直到现在气候因素都很好，生育期内基本不旱不涝，所以说抗旱保证及时播种，及时出苗为丰收打下了基础。这是不可否认的；春季如果不是这样抓抗旱，有几百万亩甚至上千万亩出不来苗，后期风调雨顺又有什么用呢?国家今年抗旱经费给东北最早最多，有人说是“雪中送炭”。东北粮食登上历史最高水平这台阶与水利工程多年的基础也是分不开的，比如高产稳产的水稻，东北就有3000多万亩，全国也一样，正是解放后我们大搞农田水利基本建设，特别是去年，全国投入了42亿劳动积累工和上百亿元资金，完成了48亿m^3土石方，无疑改善了农业生产条件，也为今年农业丰收打下一定基础。因此，一定要有一个比较清醒的认识，坚定不移地把农田水利建设开展下去。丰收后大干农田水利建设的有利条件很多，各地要根据实际情况，努力工作，抓住这个机遇。辽宁曲副厅长谈的八条有利条件很好。各省市区要根据自己的情况认真总结，找出有利条件，广泛宣传更好地发动群众，把秋冬建设搞的更好。

三、效益要放在首位。搞农田水利基本建设，要使农民真正得到实惠。当前最关键的问题是把建筑物配套搞上去，这是个老问题。原因很多，但最根本的一点，就是水利工程建设规模跟资金能力不相适应。发动群众多搞一些土方工程，仍很有必要，但一定要实事求是，各地一定要考虑自己在资金上的承受能力，避免出现过多的半拉子工程，发挥不了效益。另外，我们也要积极去开拓资金渠道，争取多搞一些工程，现在国家尽管对水利的投资做了倾斜，但国家财力还很困难，而且国家的水利投资主要用于大江大河等骨干工程建设上。兴修农村水利是我国的传统做法，仍应贯彻自力更生为主，国家扶助为辅的方针，实行劳动积累，多层次、多渠道集资。我看用在配套上的资金渠道很多，关键看大家如何去挖掘，比如说东北三省用贴息贷款搞水田就取得很好效果，还有以工代赈、粮食专项资金，农业开发资金等等，渠道很多，只要我们做好工作，都可以多争取一些，这样，我们工作就主动一些。

四、水利部门的各项工作要跟上农田水利基本建设的形势。现在，全国农田水利建设情况十分喜人，听了大家这两天谈的情况，东北也和全国一样，各级领导对水利工作确实很重视，这一点就很难得。黑龙江省的同志谈到，过去搞水利工程，我们找领导，现在是领导找我们，主动解决具体困难。所以，现在，一方面说明水利形势是很好的，我们水利工作受到重视，水利部门的地位提高了；另一方面也对我们水利部门的工作提出更高的要求，比如，要搞好规划，搞好勘测设计前期工作，水利部门的作用就很关键。否则规划没有科学依据，怎么当好领导参谋呢？若工程技术上出现错误，就会造成重大损失，会出现劳民伤财。所以我们的责任是重大的。此外，水政建设、水资源管理、水利科技推广、水利服务体系建设、工程管理、部门协作等工作也都很重要，这里就不一一讲了，希望按这次全国农田水利会议精神和国务院《决定》，认真加以贯彻。

吉林省委、省政府把今年定为“水利年”，这是对全国水利工作的有力支持，这次会议又提供了这么好的条件，我再次表示感谢。

以节水为中心，搞好华北地区农田水利基本建设

——侯捷副部长在华北片农田水利基本建设汇报会上的讲话

（1990 年 10 月 30 日）

全国农田水利基本建设会议开过快 2 个月了，据我们了解，各地对贯彻这次会议精神都很重视。因此，亚运会一闭幕，我们便立即着手抓了北方几个大片，分头召开了农田水利基本建设汇报会。10 月中旬，我去长春开了东北片会；前几天，张岳同志去兰州开了西北片会。这次请华北两省两市一区，还有海委的同志来，同样是想了解一下华北几个省贯彻落实情况，看看还有什么问题，目的是尽快把全国农田水利基本建设扎扎实实搞起来。

大家座谈一天多，看来华北片这次来的 5 个省、自治区、直辖市普遍都抓得比较紧，部署比往年早，行动也比较快。北京市前几天刚开完会，许多工作很有特色，他们根据国务院领导关于把水利作为基础产业这一指示，把农田水利基本建设摆上了一个很高的位置，各级党政一把手亲手抓。他们在召开全市的动员大会之前，针对一些具体政策，先后开了 7 次专题会议进行研究，工作做得很细；为了使农建工作常年开展，市政府成立了由主管市长黄超同志任指挥、市顾委主任王宪同志任顾问的北京市农田水利基本建设指挥部，形成了市、区（县）、乡（镇）、村 4 级指挥机构；市政府还拿出了 100 万元以奖代补资金，开展农田水利基本建设百分竞赛；为了使水利各项工作做到制度化和科学化，他们在多层次多渠道集资、基层水利服务体系建设、科技推广、节水以及占用水工程补偿等方面已作了或正在制定规定，工作做得很扎实、很有深度；在规划建设中，他们制订的标准也比较高，比如在节水灌溉方面，要求能搞喷灌的就不搞管道，能管道灌溉的就不搞衬砌。河北省程维高省长在全国农建会议后，亲自听取水利部门的汇报，对水利的基础作用、水资源状况、水利投入、水利规划、农田水利基本建设以及水利的有关政策等方面都讲了些很好的意见，并提出了具体要求；在全省地市委书记工作会议上，又专门强调了农田水利基本建设。前不久，他们又召开了由省委、省政府、省人大和省政协负责同志参加的全省农田水利基本建设电视广播大会。为了支持农建工作，省财政已预拨农水费 1000 万元，并与省农行商定“八五”期间安排 2 亿元农田水利贴息贷款，并要求全省 1991 年农水费全部达到 1980 年包干数。决定明年 2 月份再召开一次地市主管农业领导参加的农建现场会，进一步进行检查督促。各项工作抓得比较紧。山西省 9 月份就已经召开了全省水保工作会和全省农田水利基本建设现场会，党政主要领导亲自挂帅、亲自上阵，提出了“以煤兴水、以水兴工、以水兴农、以水致富”的新思路，部分地区已经取得了显著的效果。他们组织巡回检查，把地市县的干部都调动起来真抓实干。目前，全省已投劳力 3593 人，已经掀起了农田水利基本建设高潮。天津市在全国农建会议后，市水利部门认真当好参谋，结合天津市的具体情况，提出了土方工程与节水工程、建筑物配套同时并举。做到建一处，成一处，当年施工，当年见效。截至本月 25 日，全市已投入劳积工 172 万个，完成土石方 650 万 m^3，5 个县的农田水利基本建设已逐步进入高潮。内蒙古自治区，全区以“金龙杯”竞赛活动为龙头，各地的秋冬季水利建设已经全面展开，据不完全统计，到目前为止，全区出工人数达 88.4 万人，出动施工机械 19526 台，完成土石方 1740 万 m^3，新增机电井 1000 多眼，无论是完成的工程量，还是实际效益均明显好于往年。

全国各地贯彻落实农田水利会议的情况，总的来说也不错。10 月中旬，我们在东北地区汇报会中了解到，东北今年粮食增产 125 亿 kg，相当可观，但他们

农田水利基本建设没松劲。东北地区三省两盟（内蒙古自治区的两个盟市）对这次会议普遍都很重视。特别是吉林省，省委、省政府把今年定为"水利年"，对水利各项工作抓得很紧，很有成效。全国农田水利基本建设会议后，省委常委会和省政府常务会议都及时听取了水利部门的汇报，对贯彻这次全国会议精神作出了具体的规定。9月中旬他们召开了电话会议；还发了"关于大力开展秋冬农田水利基本建设的通知"；省政府领导还亲自主持、有关部门参加，对水利基本建设投资、建立水利基金制、解决水利建设前期工作经费、水费按成本计收等几个问题进行协调；最近，他们还要专门召开由各级政府主管负责人参加的全省农田水利基本建设会，辽宁省在分析了丰收的利弊后，结合"大禹杯"竞赛，对今冬明春农田水利建设的任务也作出了很具体的安排。黑龙江省召开了电话会议，部署了第三届"黑龙杯"农田水利基本建设竞赛。内蒙古的哲里木和赤峰两个盟市，在全区召开会议后，地方领导也抓得很紧。现在，东北地区抓住封冻前的有利时机，正在进行封冻前的歼灭战，为开春后的工作打好基础。

西北片张岳同志刚开完会，从掌握的情况看，甘肃行动早，省委、省政府的主要领导李子奇、贾志杰以及兰州军区司令员傅全有、政委曹凡生等亲自带领4000多名干部参加劳动，兴修水利；9月底地县乡已投入水利资金4000万元；最近正在召开的全省农村工作会议上，对农田水利基本建设又作为一项重要内容进行研究。陕西省为农田水利基本建设大开绿灯，新增财政投入800万元，预拨明年水利资金1100万元，省石油、物质部门除原定供应平价汽油6000 t和平价柴油700 t外，再分别增加400 t，按最低价供应铅丝200 t，省政府还决定在农水费中划出（200～300）万元，在全省开展"水利振兴杯"农田水利基本建设竞赛，实行以奖代补。新疆、青海、宁夏工作也都开展得很及时、很扎实。

从华东、中南、西南各省传来的信息看，贯彻落实情况也比较好，还出现了一些新景象，动得比较早。目前，山东、河南、江苏、安徽、浙江、上海、福建、江西、湖南、湖北、云南、贵州、四川、广东、广西等10多个省，已由省政府主持召开了全省农田水利基本建设会议，而且都要求各地、县政府主要领导或主管农业的负责同志参加，他们跟以往不一样，结合自己的农时特点，都提前干起来了。为了把工作落到实处，很多省市领导还采取了一系列具体措施给予支持。贵州省在财政困难的条件下，决定由省财政增加2600万元投资；江西省财政也很困难，还拿出400万元、4000 t钢材、1万t水泥支援农修；湖南省省长办公会作出决定，规定劳积工山区达到20个工日，湖区达到30个工日，并对水费、电价等也作了相应规定；海南省政府要求农田水利基本建设与农业综合开发紧密结合起来，（指挥部与开发办都是一套人马），并规定农业开发基金70%投入水利建设；福建省已下达第一批1280万元的冬春水利建设经费，省计委拿出2100 t钢材支援农建；上海市要求劳积工人均由去年10个工日提高到今年13个，要求投入到水利的资金与各县财政收入同步增长，对乡镇企业以工补农资金要求确保30%用于农田水利；据山东省本月22号统计，全省落实水利建设资金1.8亿元，日出工570多万人，动用机械17500台，完成土石方6500多万 m^3。

总之，全国各地对这次会议精神都很重视，采取不少措施加以落实。现在全国日出工大约3000万人以上，通常说，农建高潮由北向南逐步展开，今年似乎是北方干得早，南方动得快，全国农建的势头都不错。但是从东北片会及今天这个会大家反映的情况看，还存在一些问题，有共性的，也有区域性的。比如，大家普遍反映的材料和柴油问题；部分地区发展不平衡问题。有的地方满足于开了会但行动慢；有的措施不具体或不落实。有的地方，搞的工程项目虽然有规划，但结合本地区的针对性还不强或者跟效益挂得不紧；有的水利部门参谋、指导作用还跟不上；有的地方对丰收后，大搞农田水利基本建设思想有所松劲等等。

针对这些情况，我谈几点意见：

一、抓住时机，迅速掀起高潮

前面讲了，各地领导对农田水利基本建设都很重视，北京、河北、山西、内蒙古、天津等都是领导亲自挂帅、健全机构、纳入政绩考核、采取措施等等，确实抓得很紧。再说，今年农业丰收，农民尝到了兴修农田水利的甜头，有了新的感受，也愿意干。最近李鹏总理在全国工业生产工作会上说："这两年，我们之所以能够在外有压力，内有困难的情况下治理整顿，还进行的比较顺利，取得明显效果，两个丰收起了决定性的作用。去年全年农业基本丰收，今年夏粮丰收，我们还要努力夺取秋粮丰收。现在还没有发生大的灾害，只有局部性灾害。今后一段时间里，防旱、防汛要一起抓，在必要时，工业让路，支援农业，是责无旁贷的。"这些都是有利条件。从华北地区看，三秋已基本结束，各地农田水利建设实际已经动了起来，有些形成了高潮。当然，各地开展的也不平衡，有的行动早，有的则行动迟缓一些。因此，各地还是要做更深一步的发动工作，抓住目前这个大好时机，迅速将华北地区的农田水利基本建设推向高潮。

最近，全国有一部分地区遇到干旱，给小麦按期播种带来了困难。如河南，到现在还有近4000万亩小麦没有种上。河北、山西等也都出现了不同旱情，这在一定程度上也影响了冬修的开展。这就要求我们结合本地区的情况，统筹安排，并结合抗旱开展好农田水利基本建设。

二、以节水为中心，抓住重点，突出效益，当好参谋。

现在，领导很重视，群众也发动起来了，所以建设重点一定要抓住，才能把效益搞上去，在这些方面水利部门一定要加强指导，当好参谋。与会的几个省市区水利部门做了大量工作，从你们汇报的情况看，规划搞得都比较认真，现在关键是真正按规划实施，所以一定要针对当地实际，抓住今冬明春建设的重点，落实好各项措施，把效益搞上去。针对华北的特点，我先谈一点情况，希望你们能结合每县、每乡、每村的实际，把农田水利建设的劲使在刀刃上，也就是通常说的少花钱，多办好事。

华北地区，大家都知道，节水是件大事。现在就拿海河流域来说，每亩耕地年平均占有水量不到200 m^3，远低于全国平均水平（全国平均1760 m^3），干旱问题经常困扰着农业生产的稳定和发展。80年代以来，随着城乡工业和生活用水的大量增加，农业用水更加紧缺，缺额将达200亿 m^3，水资源短缺问题，不仅制约农业发展，而且国民经济发展和人民生活提高都受到严重影响。许多专家都作了研究，办法无非是从开源和节流两方面着手，开源方面现在正在搞流域性工程，如南水北调、小浪底、引黄入淀、万家寨等，但是这些工程只能一步步进行，不可能马上解决问题，当前最现实的也是最可行的是结合农田水利基本建设，在节水灌溉上下功夫。农业是我国用水大户，占全国总用水量80%以上，所以节水灌溉搞好了，对整个节水举足轻重。无疑，节水工作对华北来讲是一项中心任务。另外，这几个省山区水土流失治理任务也很重，北京密云水库上游重点防治面积1.5万 km^2，现有水土流失面积8342 km^2，占一半还多，它的治理具有其特殊意义；山西汾河水库1961年建成，到1987年已淤积3亿 m^3，占库容42%。这几个省一些平原地区还有相当数量的洼涝盐碱低产田，大约还有近1000万亩，都需要进行改造，河北、天津、山西都有一定任务。华北地区机井也很多，北京、天津、河北三省（市）机电灌溉面积占有效灌溉面积90%以上，内蒙古、山西也占50%以上。华北地区还有不少中小水库，特别是小水库，由于部件不齐全，大部分溢洪道都没有闸门，调节能力差，防洪、灌溉能力很低。许多中小河道防洪排涝标准也很低。总之上述这些方面的配套、更新、改造、清淤任务都很大，各地要抓住重点，做好安排。

你们几个省实际上已经在选择主攻方向方面下了一些功夫，北京市根据水资源紧缺的特点，明确提出今冬明春农田水利基本建设重点是，大力开发节水型工程，疏挖治理排水河道，大平大整土地和开垦荒地，并要求在抓好建设的同时，狠抓水利工程管理，建管并重。他们计划发展节水工程面积35万亩，其中喷滴灌面积20万亩。山西省根据本省各地的不同特点，分别对山区，平川的建设重点提出不同的要求，坚持因地制宜，实事求是。实行山、水、田、林、路，梁、峁、坡、沟、川全面规划，综合治理；要求无论是重点工程还是一般小型水利工程都要精心规划，精心设计，精心施工，把工程质量和效益放在第一位；在组织施工中，要加强技术指导，搞好技术服务；在各个环节上，严把质量关。他们在全省农田水利基本建设会上，要求无论新建工程，还是现有工程，都要把节水列为重点，并作为农田水利基本建设的一项战略任务常抓不懈。河北省也提出以开源节流为中心的农田水利基本建设计划，准备打修井15万眼，发展地下管道500万m，软塑管道800万m，修建一批小塘坝和扬水站。天津、内蒙古在这方面也采取了很多措施，这里就不一一讲了。总之，各级水利部门还要进一步加强指导，当好参谋，把工作做细，落到实处，使工程发挥应有的效益，使农民真正得到实惠。

三、要进一步落实和完善有关政策

这几年，通过实践，农田水利基本建设已经有一套行之有效的政策，国务院“决定”中已经讲得很明确了，各地在实践中也在不断完善和深化，对推动农田水利建设、扎扎实实搞下去，起到了非常重要的作用。北京、天津、河北、山西、内蒙古都由省、自治区、直辖市政府制定和转发了劳积工制度。北京市政府还下发了“关于建立郊区区（县）、乡（镇）两级农田水利基本建设基金的通知”，同时，市委已批准50人的编制，建立市水利科技推广服务站，并安排建站经费128万元。山西省领导讲话也要求各地迅速建立县、乡两级水利基金。这些政策的完善，充分调动和保护了广大群众兴修农田水利的积极性。因此，我们首先要将这些好的政策认真贯彻和落到实处；在此基础上，我们还要结合自己的实践，逐步完善，特别是最近国务院领导提出把水利作为基础产业，这是一个很大的政策性突破，我们要根据这一指导思想，认真加以研究和分析，争取在一些具体政策方面有新的发展；此外，还希望各地在实践中不断总结和创造出更多更好的经验和办法，来促进全国水利建设的发展。

四、丰收后怎样认识农田水利基本建设

这一点，我在东北片会上专门讲了。其实华北地区看来也遇到了这类问题，我看还是讲一讲好。今年，我们华北也和全国一样，夺取了农业大丰收。五个省市区统计比1989年增长40亿kg，均创历史最高水平。但是，正像河北省张润身副省长讲的，“虽然河北农业连续三年获得丰收，但农业的基础还很脆弱。”这句话，切中要害，我国大多数省，水利设施为农业增产起到了巨大作用，但针对我国的旱涝特点，要想农业稳产高产，水利作为农业重要的基础设施，还相当脆弱，华北各省也不例外（当然水平不一样），可以查查你们省近几十年农业产量起伏的规律，就不难看出这一点来。北京总结了一下，看得就更清楚了。要纵观历史，实事求是，一分为二地加以认真分析才能看清实质。所以农田水利基本建设决不能因为丰收而放松了，过去这方面的教训已经很深了。特别是华北，水资源本来就那么紧张，如果不巩固提高水利工程设施的抗灾标准，农业产量一遇旱涝灾害就会滑坡。希望各地注意这个问题，多分析，多研究，千万不要遭灾减产了，就想起兴修水利，丰收了就淡薄了，吃老本过日子。要多做这方面的宣传。

我就讲上面几点，当然水利要讲的事情很多，也都很重要，在这里就不重复了，大家按照全国会提出的要求去落实。这次会只是大家交流一些情况，起个推动作用，北京市政府、水利局为会议做了很好的安排，在此，代表水利部表示感谢。

钮茂生副部长在流域机构工管处长座谈会上的讲话

（1990年3月2日）

这个会开得很好，很必要。大家都发表了不少好的意见，今天又听了几位同志谈了情况和要求，现在我想讲三方面的问题：

一、当前水利形势和加强水利管理工作的紧迫性

当前水利形势很好，中央对水利很重视，中央、地方、集体、群众对水利的投入都将比上一年度有所增加，今年特大防洪抗旱经费基数不变，水利事业费略有增加。去冬今春全国各地大搞农田水利基本建设，积极投劳兴建水利设施，取得了好成效。我们一定要抓住这个有利时机，进一步强化管理、深化改革，把水利管理搞上去。

加强水利工程管理，这是多年来一直没有很好解决的老大难问题。自1981年全国水利管理会议以来，水利管理工作取得了不少的进展，但由于工程上的欠帐太多，管理上积累的问题复杂，加上一些领导仍然存在着“重建轻管”的思想，致使原有的许多水利工程的效益近年来不断下降。这些年来，国家投资兴建的新工程只能弥补上已建工程减少的效益。这是摆在水利系统面前的一个极其严峻的问题。在当前和今后一个时期里，水利为国民经济服务，主要靠什么？主要靠发挥已建水利工程的效益，要认识到，管理好，使用好已建工程，是搞好防汛工作的基础，没有平时的管理，汛期就很难保证人民和国家生命及财产的安全。因此，我们要下决心，花气力，做好水利工程管理工作，力争在5～10年内从根本上改变水利管理的状况，使1000多亿的固定资产真正发挥出应有的效益。

二、充分发挥流域机构在水利管理工作中的作用

各流域机构是水利部的派出机构，担负着本流域水行政管理的职能，管理好、使用好现有水利工程，是流域机构的重要职责。要切实加强全国水利管理工作，首先要充分发挥各流域机构的作用。在这里我要强调，各流域机构，要转变职能，依法治水，依法抓好水利管理，尽快完善法规配套工作。要切实改进作风，面向基层，深入实际，服务人民。要转变观念，不能认为流域机构只管直属工程或者只管规划，一定要抓好面上的水利管理，包括河流、湖泊、水库、海堤、河口、岸线、蓄滞洪区的管理，还有水库渔业和其它综合经营。下面就流域机构做好水利管理工作讲几点具体意见：

第一，解决认识问题。要进一步提高对水利管理工作的认识，彻底扭转“重建轻管”的思想。流域机构有五万多人，潜力很大，要把加强全流域的水利管理工作，做为一项重要任务。

第二，解决领导问题。各流域机构一把手要亲自过问水利管理工作，要把水利管理工作提到单位工作的重要议事日程。要明确一名副主任分管水利管理工作，并列入干部考核的内容之一。

第三，解决机构问题。各流域机构要有具体负责水利工程管理工作的专门职能机构。现在长委、珠委没有水利管理机构，要抓紧解决。黄委有个工务处，也不完全适应加强面上管理的要求。周司长建议长委、黄委都设立水利管理局，这可以研究。对已经有了专门水利工程管理机构，但人员配备还不足的，要尽快配

齐、充实。

第四，水利管理工作要逐步实现规范化、正规化。在这方面，流域机构要协助部里多做些工作，每年可根据各流域机构不同的情况，有所侧重地开展工作，今年具体做些什么，请水管司和大家商量落实。部直属的河道、堤防、水库、水闸的管理要走在全国前列，要评优、上等级，成为全国工程管理的模范。1981年在全国水利管理工作会议上，李伯宁副部长就提出，流域机构的工管单位要首先达标，到现在已经九年了，我们还没有完全达到这个要求，这项工作要抓紧。我们部可以根据有关政策，制定管理工作达标，上等级和奖励的办法。

第五，要切实改变作风，密切联系群众，想群众所想，急群众所急，办群众所需。充分发挥流域机构作用，依靠群众，动员全社会的力量，共同办好水利事业。

三、关于防汛工作

2月22日，部召开了防汛抗旱办公室会议，已发了会议纪要，有关防汛具体工作，请周司长再具体讲一下。在这里我要强调两点：

第一，做好今年的防汛工作具有特殊意义。我们考虑问题，处理问题，都要从稳定大局出发，稳定高于一切。要一手抓防汛，一手抓抗旱，确保七大江河的安全，确保国民经济和工农业生产建设的正常进行。

第二，坚决实行地方行政首长负责制。我们水利部门要给地方领导当好参谋。各地经费、物资、抢险队伍要抓紧落实，部领导最近将带队分头到几个流域进行汛前检查，我们还可以邀请人大代表、政协委员视察江河防汛工作，并听取他们的意见。

总之，我们要全力以赴抓好防汛抗旱工作，抓好水利管理工作，让现有水利工程发挥出应有的效益。

流域机构工管处长座谈会纪要

（1990年3月3日）

为进一步发挥各流域机构在全国水利管理工作中的作用，部水管司于1990年3月1日至3日在北京召开了流域机构工管处长座谈会。参加会议的有七个流域机构负责水利管理工作的处长。部领导对这次会议很重视，钮茂生副部长到会与大家座谈并讲了话。会议就流域机构在水利管理方面的职责，全国水利管理“八五”计划和“九五”设想进行了讨论研究，国家防办领导对流域机构的防汛工作做了部署。大家感到这次会开得很好，必将促进各流域的水利管理工作。会议讨论的问题纪要如下。

会议首先交流了各委、局在推动全流域水利管理工作方面的情况。几年来，各流域机构在抓好直属工程管理工作的同时，在交流和指导地方水利管理工作方面也做了许多工作，并取得了成效，为发挥现有水利工程的效益起到了促进作用。但是，大家也感到流域机构在水利管理方面的职责还不够明确，机构不健全，工作关系还没有理顺。当前，加强水利管理工作的任务很重，流域机构要切实抓好本流域内的水库、河流、湖泊、滩涂、河口、岸线、蓄滞洪区等水域，水工程和水库渔业的管理，要按照分级管理的原则明确职责，健全机构，进一步开展工作。

会议根据水利部“三定”方案讨论提出了流域机构在水利管理方面的职责是：

1.加强与流域内各省（自治区、直辖市）水利部门的联系，了解掌握本流域内水域、水工程管理和水库渔业工作的情况。

2.协助部拟定水利管理的有关法规和规程、规范，提出加强水利管理的有关政策、措施，组织监督《水法》及其配套法规的实施。

3.组织交流推广本流域内水利管理工作的先进经验，抓好水利工程经营管理试点工作，积极探索水利经营管理机制改革。

4.掌握水利管理方面的技术情报，组织进行有关培训工作。

5.负责直属水利工程的管理，抓好水利工程水费和河道堤防维修管理费的计收工作。

6.按照分级管理的原则，审批或核准江河堤防和水利水电枢纽工程的调度运用方案；根据规划对地方河道整治工程及其他建设项目进行检查监督或审批；提出跨省（自治区、直辖市）的重要水利枢纽的供水水量分配方案和调度意见。

7.审查省（自治区、直辖市）水利（水电）厅（局）报部的险库、险闸和堤防除险加固工程计划，检查重点除险加固工程的进度和施工质量。

8.参加重大水利水电枢纽工程的设计审查和竣工验收工作。

9.做好本流域防汛有关工作。

10.协调处理省际之间的水事纠纷及部门之间的有关水事矛盾。

会议认为，为完成以上任务，要认真贯彻落实钮部长在讲话中提出的各项要求。要转变观念，流域机构不仅要抓好直属工程管理，而且还要检查指导面上水利管理工作。各流域机构的一把手要过问水利管理工作，要有一位副主任分管这方面的工作。把水利管理列为委、局的重要议事日程。各流域机构都要设置负责水利管理工作的职能机构，已有的机构要加强力量，配备足够的干部，使之全面担负起上述职责。

会议要求，要切实抓好直属工程的管理，要走在全国水利管理的前列，对面上的水利管理工作，各流域的情况不同，工作可以各有侧重，目前可以从一两项主要工作抓起，逐步全面开展起来。

与会同志一致认为，充分发挥现有水利工程的效益是今后水利为国民经济服务的主要立足点，加强水域、水工程的管理是水利战线的一项十分重要的任务。大家讨论了“八五”水利管理计划和“九五”设想，要力争在今后5至10年内从根本上改善水利管理的状况，达到设计防洪、灌溉、供水等综合效益，提高现代化管理水平。具体目标和措施拟征求各省（自治区、直辖市）意见后再定。

加强全国的水利管理工作，各流域机构担负着重要的任务，今后要进一步发挥应有的作用，积极开展工作，共同努力开展水利管理的新局面。

为国分忧　为民造福　大力发展沙棘事业

——钮茂生副部长在全国沙棘开发利用工作会议上的讲话

（1990年12月14日）

在党中央改革开放的方针政策指引下，在有关部委的关怀和各级政府的支持下，经过从事沙棘工作同志的共同努力，近五年来沙棘的开发利用经历了艰苦创业的历程，出现了前所未有的大好势头。资源建设稳步发展，科学研究深入进行，加工生产由浅入深，经营销售日渐扩大，沙棘的“三大”效益日益显示出来。5年来的实践有力地证明了沙棘在保持水土、防风固沙、涵养水源、护岸治滩等方面所起的作用是明显的。特别是在干旱、半干旱的黄土高原地区，种植沙棘对保持水土，改善生态环境，增加经济收入，促进老、少、边、穷地区人民驱穷致富等方面已发挥了应有的作用。为了总结“七五”期间的经验，统一认识，理顺关系，表彰先进，进一步做好“八五”期间的工作，决定召开这次会议，把我国沙棘事业推向一个新的阶段。

下面我将“七五”期间开发利用沙棘情况作一简要总结。

一、五年来沙棘事业发展的基本情况

自1985年钱正英部长提出“以开发沙棘资源作为加速黄土高原治理的突破口”的设想以后，得到中央负责同志和广大群众的广泛支持，促使我国沙棘事业开始走上一条健康发展的道路。从上而下相应地成立了各级领导机构，开展了沙棘资源建设、产品开发、科学研究和经营销售等各项工作，取得了令人可喜的成绩，主要表现为：

（一）沙棘资源建设稳步发展，取得了明显的生态效益

开发利用沙棘的目的之一，在于迅速扩大种植面积，增加覆盖面，以保持水土，改善生态环境。陕西、山西、内蒙古、甘肃、宁夏、青海、新疆、四川、辽宁等省（自治区）先后采用不同的技术手段，基本摸清了我国沙棘资源的分布、面积和种植资源状况。目前，我国已有沙棘、西藏沙棘、肋果沙棘、江孜沙棘、柳叶沙棘五个种和中国沙棘、云南沙棘、中亚沙棘、蒙古沙棘四个亚种。“七五”期间，全国每年平均以100万亩左右的速度进行人工种植，其中内蒙古、辽宁每年分别为20万亩，陕西、甘肃各15万亩，山西10万亩。到1990年，我国沙棘总面积已由1985年的1000万亩增加到1500万亩，初步形成了“三北”地区沙棘资源建设基地。

这5年中，各地大力营造多种形式的沙棘林，发挥了巨大的效益，总结起来有以下三个特点。

1.发展沙棘，保持水土，由自然向必然过渡，从山区发展到平原，并波及沿海滩涂。党的十一届三中全会以来，在黄土高原逐步实行了户包小流域治理，确实给水土保持工作注入了新的活力。户包小流域的巨大吸引力首先来自对小流域承包权长期不变的政策。面上的治理如果不能在一个时期内产生驱穷致富的效果，由于价值规律的调节作用，人们可能会另谋出路，甚至可能重走乱垦滥伐的老路。多年来，黄土高原的治理总是出现边治理边破坏的现象，根本原因在于治理措施没有与经济效益挂钩，总结历史经验教训，沙棘对加速黄土高原治理具有独到的意义，它既能迅速实现荒山绿化，又使群众增加收益，广大群众因此去爱护它，又把它当作宝贵资源自觉地种植它、发展它。

甘肃省镇原县武沟乡在黄委会西峰水保站的技术帮助下营造了5万多亩沙棘林，昔日的荒山秃岭披上了绿装，保持了水土，改善了生态环境，使当地群众的生产、生活条件向良性转化。如今武沟乡人民对沙棘有了很深的认识，种植沙棘的积极性很高。

辽宁省建平县结合小流域治理和荒山绿化大规模

种植沙棘，已有80多万亩面积，全县的生态环境面貌，特别是水文、气候条件得到了明显改观，同时还解决了长期困扰群众生活的烧柴困难。通过沙棘的开发利用和其他林副产品的收入，为调整山区产业结构和促进脱贫致富创造了条件。

陕北丘陵风沙区飞播沙棘造林试验成功，北京密云水库上游土石山区油松、沙棘飞播混交造林，河北省围场县利用沙棘防风固沙和草场围栏，防治草场退化、沙化，以及山东省昌邑县利用沙棘进行沿海滩涂和平原盐碱地改造等均积累了成功的经验，为沙棘资源建设拓宽了领域，这标志着沙棘事业已从黄土高原水土流失地区和干旱、半干旱山区向平原绿化和沿海滩涂防护治理方向发展。

2.由点到面，由一般到攻坚，科研与生产相结合，向更深层次发展。沙棘具有适应性强、成活率高、生长快、保持水土、改良土壤、促进生态平衡等作用，并含有丰富的维生素、氨基酸、脂肪酸、多种微量元素等生物活性物质，具有广泛的食用、营养保健和药用价值，这一特点已被越来越多的人们所认识。五年来，由于向各界不断宣传，促使沙棘由小片种植发展到大面积开发，科研紧密结合生产，并走在生产的前列，为生产指明方向。

内蒙古伊克昭盟砒砂岩区自然和社会经济条件十分恶劣，治理水土流失难度很大，任务急迫。1986年第二次全国沙棘经验交流会后，内蒙古沙棘办、伊盟水利水保处、黄委中游局等单位在砒砂岩地区种沙棘获得成功。如今，结合小流域综合治理已种植沙棘10余万亩，为全面治理近一万平方公里的砒砂岩指出了一条道路。

山西省沙棘办、山西省生物研究所共同主持在朔平露天煤矿开采后的废弃地上种植沙棘试验也获得初步成功，并引起了吴方总经理的极大兴趣。在当前国家大力发展能源工业的同时，产生的环境污染值得关注，沙棘有希望为解决这一难题开辟新路。

3.由荒山荒坡绿化到道路、村旁和城市绿化。沙棘不仅有繁茂的枝叶，起着截持降雨径流，拦蓄泥沙，绿化荒山，保持水土的作用，它还有经冬不落的果实，为北方地区道路、村庄和城市绿化、美化提供了优良的材料。辽宁省建平县的公路绿化，北京方庄小区的城市绿化，在这方面已经开了个好头。

纵观“三北”地区五年来的发展形势可以看出，我国沙棘资源基地已基本形成，沙棘的水土保持效益日益明显地发挥出来。据辽宁建平县在大营子南川沟经过7年观测，人工沙棘林与荒山对比，年均径流减少95.2%，减沙95.2%，风速减小70%，有力地证明了以种植沙棘作为治理黄土高原水土流失的突破口是完全正确的。同时也为“八五”期间以及今后沙棘资源建设保加工利用创造了坚实的基础。

(二) 加工利用种类繁多，重点日益突出

开发利用沙棘的关键在于开发它的经济价值，我们一开始就提出以加工利用促资源建设，光有资源而不去开发它的经济价值，群众得不到实惠，工作就很难推进。

在短短五年里，各类沙棘加工厂由68家发展到150多家，分布在全国22个省、自治区、直辖市，总产量由6万t增长为15万t，增加了150%。产品种类由原来的原汁、汽水等简单初级产品发展为饮料、食品、酒类、日化、医药、保健、饲料添加剂和其它原料等8个系列的200多种精加工产品，并创出了一大批名优产品。到目前为止，全国已有50多种沙棘产品获部、省级和国家优质奖。如山西太原综合食品饮料厂的“沙维康”被选为1988年汉城奥运会中国体育代表团的专用饮料；河北省涿鹿县的“中华沙棘汽酒”在国内评选中曾10次获奖；陕西沙棘食品实验厂的“沙维乐”荣获1989年陕西省饮料类唯一的“省优”称号；北京利福沙棘（集团）公司生产的沙棘鲜汁饮料获得1989年全国十佳运动饮料奖；广东健力宝集团公司生产的“健力宝”沙棘运动饮料被列入1990年北京亚运会中国体育代表团专用饮料之一。辽宁、内蒙古、甘肃等省（自治区）也相应推出了多种优质产品，增强了沙棘的知名度和声誉。

沙棘的开发利用基本上以食品、饮料为先导，逐渐扩大到医药卫生、保健制品和化妆品的开发，并向沙棘的全方位、系列产品开发推进。同时，由于改革开放政策和这几年比较注重宣传工作，欧、日、美、苏、南朝鲜和港、台等国家和地区的商人对沙棘产品产生了越来越浓厚的兴趣。外商一方面从我国购进沙棘原汁、化妆品、沙棘油、沙棘酒等产品，另一方面积极参与合资企业的开发。如已开发的中美合资天津天友食品有限公司专门生产了“博桑”沙棘饮料。北京利福沙棘（集团）公司与日本“砂见”株式会社合资生产沙棘袋茶、沙棘药膳等。在苏联库班等三个地区合资兴建沙棘加工厂的意向也正在商谈之中。

沙棘产品正朝着质量高档化，包装精美化，产品多样化、系列化、营养化、保健化，拓宽国内市场，打开国际市场的方向发展，其中沙棘油的开发利用显得日益突出和重要，通过开发沙棘油，并进一步开发出一系列医药制剂等拳头产品，是可以作为近期沙棘开发利用的突破点的。

(三) 经营销售市场日趋扩大，沙棘的知名度不断提高

开发出的产品在于销售，在流通中求得经济效益。

随着生产工艺技术的不断完善，产品质量不断提高，沙棘产品已基本打开市场，特别是在北方地区，如陕西西安，山西太原、大同，甘肃兰州、天水和北京的一些旅游网点，沙棘产品深受群众的欢迎。许多加工厂的效益也明显提高。仅黄河中上游7省（自治区）的统计表明，1986年沙棘产品总产值4160万元，1988年有各类加工厂108家，总产量3万t，总产值超1亿元。其中山西大同日化厂生产的沙棘系列化妆品，每年实现利税70万元；陕西省沙棘食品实验厂在1988年投产当年创产值72.4万元，创利税5.4万元，该厂生产的沙棘汽水和沙棘果味奶畅销西安市；西安啤酒厂于1988年试产的沙棘啤酒，其口感好，果味香，深受市民的欢迎，特别值得注意的是，可节约粮食38%。此外，甘肃省甘南乳制品厂，河北省涿鹿酿酒厂，辽宁省建平酒厂，北京利福沙棘（集团）公司，以及内蒙古、新疆、青海等省（区）的一些厂家效益也很好，在扩大占领国内市场的同时，厂商们还努力提高产品质量，完善产品包装，不断试制新产品，瞄准国际市场，加工出口创汇产品。

5年来的实践可以看出，凡是技术雄厚，设备先进完善的厂家生产的产品质量高，花色多样，包装新颖，比较受群众的欢迎。

（四）科研日趋完善，成果不断涌现

沙棘事业一经在我国出现，便吸引了多部门、多学科的大批热爱沙棘事业的科研单位和科技人员，经过他们的艰苦努力，在短短几年的时间里，业已取得许多使国内外专家关注的重要成果。总结起来有以下四个特点：

1.多学科、多部门联合开发，科研取得大面积丰收。山西、陕西、甘肃等省先后组织了本省几十家轻工、食品、医药等研究部门进行沙棘的联合开发，创造了一系列实用成果，并立即投入了生产，转化为生产力，收到了较好的经济效益。如在沙棘浊汁饮料工艺技术中，解决了保留原有生化成份和天然风味的技术问题；三种沙棘油（籽、汁、渣）的提取技术研制成功并投入试生产；以及沙棘原粉已进行到中试阶段，等等。

2.继大规模的资源普查之后，良种选育已全面铺开。全国沙棘资源分布、面积、沙棘种质资源分布状况等普查工作已基本完成，并按沙棘分区、分类作了果实生化成份分析，为今后加工利用规划决策提供了科学依据。全国沙棘种源试验已基本结束，定向育种工作进展迅速，有希望在“八五”结束时培育出1～2个适宜不同用途的新品种。

3.大面积营造沙棘林综合效益的研究成果振奋人心。辽宁省建平县大面积人工沙棘水保林技术开发研究成果表明，沙棘造林成本低，成活易，成效快，效益高，展示了沙棘在干旱、半干旱地区巨大的生态、经济和社会效益，再次证实了沙棘是我国北方地区难得的水土保持优良灌木。此外，其它一些基础研究和应用基础研究，如沙棘种子育苗，硬枝和嫩枝扦插育苗技术成果，天然林改造技术，人工沙棘园建设技术，混交林营造技术，沙棘根瘤分离和培养技术，沙棘用于矿山开采后废弃地的复垦，盐碱地改良和河道整治等科技成果，展示了沙棘在促进农林牧协调发展和改善生态环境诸领域有着广阔的应用前景。

4.医药、卫生、保健应用深入研究，使沙棘更好地造福于人类。西安用复方沙油栓治疗妇女病；青海将沙棘用于“高原人早衰及防治措施”的研究；四川用沙棘黄酮研究治疗冠心病、心绞痛；山西、甘肃、上海、南京、北京等地用沙棘治疗胃及十二指肠溃疡、褥疮等疾病等。最近北京、山西、陕西、甘肃等地的专家在沙棘的抗癌作用研究中发现了可喜的苗头，他们从动物试验中发现，沙棘叶和树皮的提取液、沙棘果汁、沙棘油对一些癌细胞有35%～40%的抑制率，目前正与有关部门研究“八五”立项，以便进一步开展深入研究。

（五）积极组织多种多样的宣传报道

《沙棘》杂志，“沙棘开发动态”简报，《沙棘》科教片、电视广告、报刊、广告以及多次举行的全国沙棘工作会议，沙棘产品评优会和新闻发布会，在宣传沙棘，提高人民对沙棘的认识起到了很重要的作用。1989年，我们克服了重重困难，在当时严峻的国际干扰形势下，在西安如期召开了首届国际沙棘学术交流会，向国内外展示了我国多方位的沙棘科研和生产成就与水平，获得了国际沙棘同行们的关注和赞扬。同时，也使我们找到了与国际间的差距，加强了各国沙棘工作者之间的联系，了解了国际沙棘进展信息，为今后国际合作打下了基础。

总之，这5年中我国沙棘事业从无到有，从小到大，取得了巨大的成绩。事实证明，我们为沙棘事业奋斗所走过的道路是正确的，实现了“七五”规划的目标，为保持水土、治理生态环境作出了应有的贡献。

二、开发利用沙棘的主要经验

5年来，各地在沙棘开发利用中积累了许多丰富的经验，总结起来有以下几条：

（一）领导重视是发展沙棘事业的保证

沙棘事业一直受到中央领导的重视和关怀，早在1985年，中央负责同志就对沙棘事业非常关心，并亲自过问部分省、区的沙棘开发工作。国务院的有关部委、各省、市、自治区的党政领导也给沙棘事业以极大的支持。例如，山西省郭裕怀副省长，亲自担任山西省沙棘基地建设领导小组组长，统一组织、协调和规划了全省沙棘科研、加工、种植和开发利用，提出"靠科学开发沙棘的商品价值，防止资源的破坏和枯竭，加速全省水土流失治理"的方针。陕西省徐山林副省长领导组建了沙棘开发利用办公室，并指出，"广泛而合理地开发利用沙棘资源，不仅是加强黄土高原治理的一个重要措施，也是发展山区经济、脱贫致富的重要途径之一。要加强领导、合理利用、注意效果"。甘肃省路明副省长和内蒙古自治区人大常委会副主任白俊卿同志分别担任本省（自治区）沙棘协调小组组长，辽宁省委副书记孙琦同志也直接参与全省的沙棘工作。国家科委、计委、银行系统、中国科学院、林业部、农业部、卫生部、轻工业部、商业部、水利部等部委领导都十分关心和支持沙棘这项利国利民的事业。

依靠各级行政领导，推动沙棘事业发展，这是由我国社会主义经济体制所决定的，也是我国沙棘开发建设的一大特点，几年来，凡是领导重视，机构健全的地方，那里的沙棘事业就能健康地发展，收效就显著。

（二）统一认识是发展沙棘事业的关键

钱部长提出了"以开发沙棘作为黄土高原治理的突破口"，这是建国以来在水土保持中的经验总结。因此很快就得到各地区、各行业、各部门的积极反应。大家一致认识到，沙棘这种植物在黄土高原和干旱、半干旱地区较好的三大效益，是贫困地区驱穷致富的新路子，正如水利部杨振怀部长指出的："开发沙棘，保持水土，有利环境，造福人民。"前些年对开发沙棘存在这样或那样的看法和担忧，但经过宣传和实践，人们较普遍地了解到水利部门抓沙棘是为了搞好水土保持，是为贫困山区人民开辟一条致富之路，是一件为民造福，为国分忧的新路，只要有雄厚的资源保证，沙棘开发事业一定会不断地发扬光大，思想统一了，步调才能一致，沙棘开发利用才能保证长盛不衰的局面。上述甘肃武沟乡和辽宁建平的实践都已证实了这点。

（三）联合攻关，综合利用和经济扶助是发展沙棘事业的手段

发挥全国沙棘协调办公室、各省（自治区）沙棘办公室和沙棘专业委员会的作用，有利于多部门联合攻关和综合开发，使资源建设、加工利用、经营销售和科学研究相结合，组成一个系统工程来开发，有利于发挥行政领导和学术界的作用，争取多方面，多部门的经济资助和协调合作，保证沙棘事业的顺利开展。例如：

山西省在这几年中，由财政厅拨款 100 万元，省科委划拨 30 万元，联合了省内 20 多个科研单位，开设 30 多个研究课题，全面地进行协作攻关。省里还从扶贫资金中拿出 180 万元扶持生产条件较好的沙棘厂家。

陕西省沙棘办公室安排了 6 大类 19 个课题的沙棘科研项目，组织了 30 多个科研单位的 2200 多人参加系统研究。

甘肃省筹集了 100 多万元资金，采取科研结合生产，分工协作，开展从资源调查到加工利用等 14 个项目的综合研究。

因此，沙棘是一项复杂的多方位系统工程，涉及了食品、饮料、医药、保健、日化、机械加工、生态环境、育种栽培、营林护林等众多学科，如果我们不能很好地研究该系统的运行规律，协作攻关，就难以取得理想的效果。

（四）组织建设是发展沙棘事业的基础

开发利用沙棘必须有组织、有领导、有计划地进行，才能步调一致，全面发展，少走弯路。所以，在大力开发利用之际，在全国水土保持工作协调小组下设立沙棘协调办公室，以协调全国沙棘开发利用工作。山西、陕西、辽宁、甘肃、内蒙古、青海、水利部黄委会也相继成立了沙棘办公室，河北省设立了山区开发办公室，新疆设有野果开发公司，山东、四川成立沙棘协会。一些资源重点县，如辽宁建平、山西右玉、吉林蛟河也成立了类似机构。在协调科研方面，建立了面向全国的陕西省沙棘开发科研中心和中国水土保持学会沙棘专业委员会，辽宁省干旱造林研究所、北京林业大学等单位也设立了沙棘研究室，它们分别协调了本地区的沙棘开发建设，使得我国沙棘事业得以顺利地发展。

（五）情报宣传是沙棘事业的先行官

山西、陕西、中科院西北高原所、中国林科院等地的情报部门和陕西省武功农业科研中心、《沙棘》编辑部等的许多同志，在这几年的沙棘情报搜集处理中做了许多艰苦的工作，搜集整理了大量国内外资料，提出了许多有益于科研、生产、行政决策工作的宝贵意见和建议，使得我们沙棘事业在前进中少走了弯路，起到了积极的参谋作用。

以上五方面表明，沙棘事业已初步建立起一支由多行业、多部门、多学科组成，老中青相结合的资源建设、生产销售、科学研究，情报宣传和行政管理的沙棘专业队伍。五年来的实践证明，这支队伍是有一定水平和战斗力的，正是由于我们有了这支队伍，才使得沙棘事业一往无前地发展。

三、进一步提高认识，摸清沙棘发展规律，促进沙棘事业向纵深发展

在沙棘事业蓬勃发展的今天，也必须看到发展中还存在一些新问题，需要在今后的工作中不断加以解决。

（一）要全面、客观地认识沙棘开发利用的必然趋势

今年我国经济建设在总结以往的经验基础上，实行持续、稳定、协调发展的方针，压缩了一些基本建设项目，减少了一些基本建设投资，加上国际大气候的影响，市场出现疲软，有些产品销不出去，也影响到沙棘的开发利用。有些同志因此认为“沙棘热”已经降温，发展沙棘进入了低谷，这种看法出现是不奇怪的。我们要认识到，目前市场疲软毕竟还是暂时现象，而我们所从事的沙棘事业却是一项有组织、有计划、有领导的事业，是以实现黄土高原和“三北”地区水土保持、脱贫致富和生态环境改善为最终目的的全民族的事业。无论在过去还是现在都有各级领导从人力、物力和财力上给予支持和优惠，将来会有更多的领导给予支持的，只要我们继续努力，不懈地工作，那么我们的目标就一定能够实现。

（二）开发利用沙棘要因地制宜，资源建设既要考虑增加覆盖，又要保证加工利用

开发利用沙棘一开始我们就明确提出，凡是能种沙棘的地方就种沙棘，凡效益不如沙棘的就要改种沙棘，要根据本地区的条件和需要，因地制宜，不能一哄而起，宜林则林、宜牧则牧，与当地脱贫致富结合起来，要给群众一些经济效益，变“要群众种”为“群众自己要种”，其动力就是加工利用。因此，种植和加工是相辅相成的，要统筹实施。

（三）不断强化一支过硬的沙棘专业队伍

在过去的五年里，全国已形成了一支强大的多学科专业队伍，在这支队伍里，有轻工、医药产品的科研、加工者，有农、林、牧业的资源种植者，还有默默地从事服务工作的情报人员和各级行政领导，他们所表现出的奉献精神和知难而上、锲而不舍的精神风貌，使我们看到了沙棘事业的远大前途。今后我们更好地组织这支队伍，为他们创造工作环境，发挥他们的聪明才智，真正做到“英雄”有用武之地。

（四）努力提高科研水平，在推进沙棘全方位研究的同时，宜侧重沙棘综合利用研究

科研一定要走在生产的前面，有了充足的科研成果储备，才能保证生产的后劲。特别要注重科研与生产结合，多渠道争取科研经费。要广泛宣传，提高沙棘的知名度，争取各部门的支持，条件成熟时，可建立沙棘科研基金会。

（五）加强科学管理，建立健全各级领导机构

全国沙棘协调办公室、各省（自治区）及黄委会沙棘办公室要加强自身建设，也希望尚未建立沙棘办公室的有关省（自治区）尽快地组建起来。各省（自治区）沙棘办要根据全国沙棘办提出的“八五”总体规划，结合本地区的实际情况制定相应计划。资源建设、加工利用、科学研究等项目必须按计划进行，定期验收，表彰先进，不断完善沙棘事业的运行机制。同时做好沙棘的综合开发，长短项目相结合，提高产品质量，搞好重点，发挥“启动力”的作用，走横向联合、技工贸和原料一体化的道路。

要争取成立国际沙棘研究开发中心，以便加强国际交流与合作。国外有许多先进技术值得学习，尤其是苏联，除了“走出去，请进来”之外，情报收集处理也很重要。

同志们，我们所进行的沙棘事业是一项伟大的新兴事业，需要大家去关心它，爱护它。同时，沙棘事业又是一项复杂的系统工程，是一个面向社会、面向国际的庞大的开放系统，既要各部门充分发挥自己的作用，做好细致的工作，又要相互协作，取长补短，发挥系统的整体功能。我们仍然坚持“不垄断，不排他”的原则，谁搞都欢迎。发展沙棘事业既是黄土高原和“三北”地区人民的愿望，也是国家建设的需要。我们深信，沙棘事业大有可为。

如果说我们已经走过的5年是沙棘事业的准备和起步阶段的话，未来的5年将是攻坚阶段，一旦沙棘制品的数量和质量、科研成果、国内外市场等攻坚战拿下来，沙棘事业就将进入大发展和腾飞阶段。这就是我们对目前沙棘形势的应有看法。

依靠科技进步振兴水利更好地为农业生产服务

——张春园副部长在全国科技工作会议上的讲话

（1990年3月3日）

国家科委这次召开全国科技工作大会，认真研究贯彻国务院《关于依靠科技进步振兴农业，加强农业科技成果推广工作的决定》，这对我国今后农业，特别是粮食生产的稳定增长具有十分重要的作用。现在我就依靠科技进步搞好水利，更好地为农业生产服务向

大会作一汇报。

一

我国是个水资源短缺的国家，人均水资源占有量只有世界人均的1/4，占全国耕地面积58%的北方地区人均水资源只有世界人均的1/12，且降雨年际年内分布极为不均匀，旱灾十分频繁；还有5亿亩耕地，5亿人口处于汛期的洪水位以下，防洪涝问题也十分突出，平均每年受灾面积达4亿亩。对于我们这样一个人多、地少、水资源短缺、旱涝灾害又十分严重的国家，水利对于农业，对于整个国民经济显得特别重要。李鹏总理最近指出“农业的命脉是水利”，“中国农业的根本问题是水利问题”，这是对中国几千年水利与农业问题历史经验的总结。

建国40年来，党和政府领导全国人民开展了大规模的水利建设。灌溉面积由建国初期的2.4亿亩发展到7.2亿亩，排涝面积2.8亿亩，改良盐碱地渍涝低产田1亿多亩。这些建设成就为我国农业生产发展提供了坚实可靠的基础。在不到耕地总面积1/2的灌溉面积上，生产了占全国74%的粮食、60%的经济作物和80%的蔬菜。

但是，当前水利面临的形势十分严峻：主要江河的防洪能力低，一旦堤防决口，损失将十分严重；北方干旱相继出现水资源危机，严重影响工农业生产和人民生活；水利工程老化失修、投入不足，严重影响农业上新台阶；水土流失、水资源污染、土地沙漠化等没有得到很好控制。水利投资1979年占全社会固定资产投资的5.4%，到1988年降为1.3%。现在一大批50～60年代的水利工程进入更新改造期，如若再不着手改造将难以为继。旱涝灾害严重地困扰着农业的发展，水利的滑坡是造成这几年农业徘徊的重要原因之一。

近几年水利受到中央和各级领导的重视。特别是去年在国务院《关于大力开展农田水利基本建设的决定》推动下，全国掀起了农田水利基本建设的高潮。截至2月15日，全国共投入劳动积累工日35亿个；完成土石方44亿m^3；新增灌溉面积850万亩，恢复和改善灌溉面积4600万亩；除涝面积1650万亩；改造盐碱渍害低产田1700万亩；治水与治山相结合，治理水土流失面积1400 km^2。这些成绩的取得必将为夺取今年农业的丰收创造好的条件。

二

水利事业的发展，一靠政策，二靠科技，三靠投入，但正像国务院《决定》中所指出的那样，最终还是要靠科学来解决问题。近10年来，奋战在农田水利科研战线的科技工作者，紧密结合生产，开展农田水利的科学研究，取得了丰硕的成果。近10年来，获得国家级、部级科技成果、科技进步奖的就有384项，其中有相当数量的是投入少、产出多、效益好、周期短的项目。这些项目深受各地欢迎，得到了广泛推广并为农业增产发挥了积极的作用。这里重点向大家介绍几方面的水利增产技术。

1. 节水增产灌溉方面

目前全国每年总用水量为5000多亿m^3，其中农业灌溉用水达3900亿m^3，占78%，但仍然满足不了农业的发展需要。缺水，严重制约着我国特别是北方农业的发展。李鹏总理最近指出，发展中国农业非搞水利不可。水是不可替代的资源，对大部分缺水地区，要发展农业生产只能靠节水。而且在目前农业灌溉中，一方面缺水，一方面浪费又很大，据统计，目前我国的灌溉用水损失约占总用水量的50%～60%。如果采用节水技术，把水的利用率再提高10%，就可以增加灌溉面积几千万亩。节水增产技术包括渠道防渗、低压管道输水灌溉、喷灌、微灌、膜上灌等。这几年节水灌溉技术推广很快，已发展4000多万亩，其中低压管道输水灌溉在北方井灌区推广很快，特别是山东省每年以200万亩速度发展，现在全国已有管灌面积3000万亩，与土渠灌溉相比，管灌可节水30%～50%，节能20%～30%，省地2%～3%，增产粮食10%～20%。如山东省1989年碰上历史上少有的大旱，但在全省1288万亩管灌中，不但没有减产，而且增产粮食9.35亿kg。全国节水灌溉计划2000年推广到1亿亩，每年计划推广（800～1000）万亩。

2. 中低产田改造方面

全国易涝盐碱渍害低产田近1.5亿亩，产量一直低而不稳。如果推广暗管排水、鼠道排水等技术调整地下水位，一般每亩可增产粮食100 kg以上。今后计划每年改造500万亩。

3. 水土保持小流域综合治理技术

在水土流失地区，重点推广小流域综合治理技术，采取生物措施和工程措施相结合山水田林路综合开发治理，这样不但水土流失得到了控制，而且改善了生态环境和农业生产条件，农民生活逐步得到提高，收到显著效益。现在全国在26个省、自治区、直辖市内正在治理的有7000多条。“三田”建设，特别是坡耕地改造为水平梯田是行之有效的水土保持技术。梯田比坡耕地产量增长1倍以上。全国已经改造了1亿亩，还有近3亿亩坡耕地有待改造，计划全国每年搞100万亩。

4. 机电排灌节能改造方面

我国现有机电排灌设备能力总容量6400万kW，

机井240多万眼，能源消耗在农用能源中占的比重很大，但设备的装置效率不到30%～40%。通过一系列效率测试技术和调整布局、改造机泵装置效率等技术，排灌泵站的效率可以提高10%～25%，机井装置效率提高14%～15%，能耗下降20%左右。一般利用节能的费用来还贷，4～6年可以还清，经济效果很好。江苏省这几年通过机电排灌站的改造，改善和扩大灌溉面积710万亩，效果很好。

以上只是列举了水利科技兴农的几项重点推广技术，其他不一一列举。会上，我们印发了一批典型材料，供大家推广参考。

三

江泽民同志在国家科学技术奖励大会讲话中指出“我们要坚持把科学技术放在优先发展的战略地位，坚决依靠科技进步提高经济效益和社会效益。只有发展科技，才能事半功倍。”科技兴水是水利工作中的一项带有方向性、战略性的任务，对党中央领导的重要指示，我们要在实际工作中认真贯彻落实。当前，结合国务院的“决定”精神，重点抓好以下工作：

1.提高认识，加强领导

水利系统的各级领导同志要树立依靠科技进步发展水利，真正把科技作为第一生产力来抓，把科技兴水列入重要的议事日程，切实加强对科技工作的领导。要认真研究和制定“科技兴水”规划、实施步骤。今年我部将科技兴水列为我部四项重点工作之一，开展以节水灌溉为中心的科技推广工作。为了做好这项工作，水利部成立了领导小组，组织协调部内各方面力量，组织动员全国水利系统的同志，特别是广大科技人员到农业第一线参加“科技兴水”“科技兴农”工作。

2.继续贯彻国务院《决定》

继续认真贯彻国务院“关于大力开展农田水利基本建设的决定”和“关于依靠科技进步振兴农业，加强农业科技成果推广工作的决定”，搞好水利工作，为科技兴农创造好的条件。农业中作物新品种、科学施肥以及高产耕作制度离不开水，都要求有新的水利条件。高产吨粮田都是农业和水利很好结合的结果。因此，水利部门在科技兴农中既要做好水利科技兴农的科技推广工作，又要做好水利的服务工作。水利部门的同志认真贯彻国务院“关于大力开展农田水利基本建设的决定”，继续搞好农田水利建设，加强水利管理，积极参加科技兴农，为农业增产提供好的服务。

3.抓好水利科技推广体系的建设

科技兴农，首先要建立健全全国水利科研体系和科技推广体系，以便组织和动员全国科研力量更好地为水利建设服务。今年，我们首先把部、流域机构、省、地、县、镇（乡）灌溉（水保）站的科技推广体系建立起来，尽快形成一个上下相联，左右相通的科技成果推广体系和科技信息网络。

4.抓重点科技成果的推广应用和人材培训工作

今年我部水利科技成果推广工作以节水灌溉为龙头，以科技兴农为中心，各地结合本地实际情况，要因地制宜有重点地选择自己的推广重点项目。在推广过程中，重点抓好宣传和培训工作。

5.抓增加投入

水利发展，必须依靠科技；科技发展需要增加投入。今年我部在资金比较困难的情况下，增加了前期科研工作费，加强长远及基础性应用研究工作。此外，最近我部和农业银行联合发了《关于加强农田水利建设、增加农业信贷投入的联合通知》，增加水利的信贷，重点用于扩大灌溉面积，建设稳产高产田，特别要支持科技兴农的项目。各级水利建设经费也要根据本地区的情况，给予优先支持。

6.抓规划

坚持水利科学技术必须面向水利生产建设的方针，各级水利部门都要紧密围绕当前本地区水利建设和管理中急需解决的“软”、“硬”课题，以及根据水利发展总体规划对长远及基础应用研究的要求，切实搞好水利科技发展规划和科技成果推广规划。

水利是农业的命脉，又是国民经济的命脉。依靠科学技术振兴水利，这是历史赋予我们水利系统广大职工的光荣使命。我们要认真贯彻落实党的十三届五中全会精神，搞好治理整顿，深化改革，振奋精神，讲求实效，依靠科技，加快水利事业发展，为我国的经济振兴作出贡献。

王守强副部长在全国25个城市防洪经验交流会的总结讲话

（1990年2月19日）

全国25个城市防洪经验交流会议，经过3天的活动，现在就要结束了。会议期间，大家听取了哈尔滨市、长春市和武汉市有关城市防洪建设问题的报告，座谈并交流了经验，参观了哈尔滨市沿江一条线工程和市政建设。与会代表普遍反映，通过上述各项活动，受到了启发，学习到了许多好的经验，增强了搞好城市防洪工作的决心和信心。会议圆满地完成了任务，达到了预期的目的。

这次会议，是在全体代表共同努力下取得好的效果的，许多城市在分组座谈讨论中介绍了本市的防洪情况和经验。

现在，我谨就同志们在座谈讨论中小结出来的经验和意见，作如下归纳，做为全国25个城市防洪经验交流会议的初步总结。

一、加快城市防洪建设步伐，努力提高城市防洪能力，切实保障城市防洪安全，是摆在我们面前的一项严重而紧迫的任务

我国许多城市都是在江河湖畔兴盛起来的。今天到会的各城市代表，来自25个防洪重点城市，都是在我国大江大河的沿岸。这些城市长期以来就是政治、经济、文化中心，工农业产品的集散地，人口密集，百业兴旺，又是海陆空枢纽，交通命脉。近10年来，在党中央一个中心，两个基本点的总的指导思想指引下，国民经济都有了长足的发展。而另外一个特点是，这些城市都处于我国大江大河的两岸，其地面高程都在江河洪水水位以下，汛期处于洪水威胁之中，全靠堤防保护。

回顾历史，这些城市在本世纪中大多受到过洪水侵袭。例如，1915年珠江的西江、北江同时发生100年一遇以上大水，广州市被淹7天；1917年和1939年天津市两次被淹；1931年江淮并涨，长江中下游上自沙市，下至南京均遭淹没，淮河蚌埠屋顶行船，淮南(当时叫老田庵）全部淹没；1932年松花江大水，哈尔滨市市区水深2～3 m，损失惨重。

建国以来，各地兴修了大量防洪工程，进行了江河整治，江河防洪能力有所提高，战胜了多次洪水，重点保护了城市的防洪安全。例如：

1954年又一次江淮并涨。长江流域保住了武汉等沿江城市；淮河保住了蚌埠市和淮南市。

1957年松花江大水，保住了哈尔滨市区。

1958年黄河大洪水，确保了黄河下游两岸大堤安全，也就保住了沿河城市，包括郑州、开封、济南等城市的安全。

1963年海河南系大水，保住了天津市和津浦铁路的安全。

进入80年代以来，又先后发生过长江上游四川、松花江、辽河以及珠江流域西江上游的几次洪水，经过努力，也保住了哈尔滨、盘锦和齐齐哈尔等城市的安全。

但是，这些年来，也曾出现过较大洪水，使部分城市遭受损失，如1954年长江大洪水，武汉三镇中的汉阳部分地区被淹，南京市部分街道进水；60年代上海市曾被台风暴雨袭击，防汛墙决口，部分市区被淹；1981年大水，成都市部分受灾；以及1988年广西柳州、梧州市进水的情况。有些城市，经过紧张的抢险，虽然堤防没有溃决，但是也出现了不少重大险情，带来较大损失。这些教训，我们必须记取。

目前，我国城市防洪能力不足，防洪标准偏低，远远不能适应国民经济稳定发展的要求。一旦发生洪水灾害，不仅一个城市本身受灾，而且由于一些工业和交通遭受灾害停产或中断，还势必影响更多地区乃至全国的经济生活。很难设想万一上海、天津、武汉、广州等城市进水，京广、津浦铁路大动脉中断，将给我国整个国民经济带来什么样的灾难。

根据资料，国外大江大河的防洪，一般是以防御实际发生过的最大洪水或100年一遇洪水或更大洪水作为防洪标准。例如，美国的哥伦比亚河和康涅狄格河都是以发生过的最大洪水作为防洪标准；密西西比河洪水灾害严重，所以她的防洪标准比实际发生过的洪水大11%～29%。欧洲多瑙河奥地利首都维也纳附近河段，是以1501年的历史调查洪水(比100年一遇江水大35%)为防洪标准，其他河段以100年一遇洪水为防洪标准。日本一级河流的重要河段防洪标准为100年一遇洪水至200年一遇洪水，一般河流为50年一遇洪水至100年一遇洪水。捷克等国家的城市和工业区的防洪标准为100年一遇洪水至200年一遇洪水。

我国也多次制订江河和城镇防洪标准。现在沿用的是原水利电力部颁发的《水利水电工程等级的划分和洪水标准》，它根据城市的规模和重要程度确定防洪标准。1989年12月，部水利水电规划设计院提出了：国家标准《防洪标准》(征求意见稿)，是按城市的非农业人口数划分等别，并对防洪标准做出相应的规定(待批准后执行)。

我国大江大河现有的防洪标准，除去保卫首都北京市区防洪安全的永定河卢沟桥以上左堤，系按可能最大洪水修建的；保护广州市防洪安全的北江左堤和保护哈尔滨市市区防洪安全的市区段松花江右堤，其防洪标准已达100年一遇洪水；现在正在施工的上海市区段防洪墙工程，其防洪标准是按1000年一遇洪水(含风暴潮）进行设计的。此外，其他大江大河多数只能抗40年一遇洪水（淮河中游）至50年一遇洪水(海河、淮河下游)。黄河防洪至关重要，但其下游防洪标准也仅达到60年一遇洪水至70年一遇洪水。长江干流和主要圩垸堤防，只能抗御10年一遇洪水至20年一遇洪水。广西自治区首府南宁市邕江的防洪标准只能达到20年一遇洪水；四川省会成都市防洪标准更低，只达到10年至15年一遇洪水，为我国省会一级城市中防洪标准最低的一个。

由此，可以看出我国与大江大河密切相关的各个

防洪重点城市，除少数城市具有不同程度较高的防洪标准外，其他城市或重要河段的防洪标准普遍是偏低的，不仅低于世界上许多国家江河和城市的防洪标准，而且也低于我国的国家标准或有关的规程规范的规定。一旦发生洪水，将会带来巨大的损失，可能达到几十亿或上百亿元的损失，威胁到经济的稳定和社会的安全。对此，我们必须统一认识，要有紧迫感，把城市防洪工作放在应有的位置上，尽快地解决好这个问题。

二、近几年，城市防洪建设有了相当发展，一些城市的先进经验，为加快防洪建设开辟了广阔前景

近几年，不少城市防洪建设进展较快。保卫广州市防洪安全的北江大堤的防洪标准提高到抗御100年一遇洪水。哈尔滨市市区防洪堤原有防洪标准不足40年一遇洪水，1986年大水时出现大量险情，经过3年奋战，现在市区段防洪堤已全面达到抗御100年一遇洪水的标准。长春市3年来整治了伊通河，把一条垃圾满河、污水横溢、浸泡街道的长春市“龙须沟”整治成水流通畅，绿波粼粼，受到广大市民称赞的河流。武汉市防洪工作向科学化、正规化、规范化迈进。最为重要的汉口地区防洪工程即将在今年汛前达标，武汉三镇也将在3年内陆续达标。上海市设计标准为1000年一遇洪水的防洪墙正在建设，完成后就将基本结束台风暴雨高潮淹没上海市区的历史。广西南宁市邕江堤防加高加固工程正抓紧实施，江苏省南京市第一期防洪工程已于1989年12月开工。还有一些城市防洪建设在原有基础上，又进行了提高防洪标准、防洪能力为目标的建设规划或设计等等。

一些城市在加强城市防洪建设中，也都积累了一系列好的经验，成为城市防洪建设中的极为宝贵的财富。我们这次城市防洪经验交流会上，大家进行了交流和学习，这将为今后进一步推动和加强这一工作，发挥很好的作用。这些经验主要是：

（一）认真总结历史经验教训，明确认识做好城市防洪建设的重要意义，增加了紧迫感。从经验交流会上各地的报告中可以看出，这些城市防洪建设步伐快，成绩大，根本的一条是有没有紧迫感，有没有决心。不少城市的领导，认真回顾和总结近几年遭受江河洪水冲击的经验教训，正视在防洪防汛中暴露出来的种种严重险情和问题，充分认识洪水的严重威胁，一旦发生溃决，必将造成全局性重大灾害。哈尔滨市总结了1986年防洪斗争的经验，下决心进行沿江一条线工程把哈尔滨市区防洪标准提高到抗御100年一遇洪水。哈尔滨市总结了威胁城市安全的四大隐患，感到其它隐患发生问题都是局部性的，江堤出了问题就是全局性的倾城灾难，任何人也负不起这个历史责任。因此，他们把治理江堤隐患作为处理各项隐患之首要一项，把这项工程列入《十件大事规划》，不管有什么困难也要干到底。长春市、齐齐哈尔市也都有着同样深刻的体会，不搞好城市防洪建设，不整治江河，就存在着洪水威胁，城市就得不到安宁，城市和工业得不到发展，社会不能保持稳定。这是不能允许的。

（二）城市防洪建设要有较高标准，要统一规划，多功能，综合整治。从各地经验看，各地从规划到实施都注意并十分强调90年代的城市防洪建设，要求和城市建设相结合，要防洪、排涝、排污结合。要坚持抗御洪水和美化市容、交通道路、园林绿化、停车场地以及防汛通道等统筹规划，配套建设。要发挥堤防的多功能作用，实行多目标开发，在确保防洪安全的前提下，为市政建设，为城市人民提供一个优美的环境和活动的场所。

（三）根据“人民城市人民建”的原则，制订合理的政策，各方集资，加快城市防洪建设步伐。规划确定后，城市防洪建设资金的安排，就是重要的制约因素。从这次会议上交流的经验看，各城市都在很好地解决这个问题，都有办法，而比较普遍、成熟又行之有效的，是各方集资，大家来办，有钱出钱，有力出力。哈尔滨市防洪建设总投资1.71亿元，其中，国家和省补助占19%，市财政投入占25%，各单位集资7%，通过义务劳动、房屋开发的谁设障，谁清除，“消化”占32%，还有银行贷款占17%，其拆迁资金就是由城市开发和住户所在单位来消化解决的。上海市防汛墙加高加固工程总概算为8.34亿元，国家补助1.8亿元，占21.6%，其余79.4%为市地方财政、解放军总后勤部和企业自筹负担（其中企业自筹占40.4%）。其余城市的防洪建设也多采取集资办法，只是分担比例不尽相同。同时，最近又有一些城市正在推行防洪基金制度，即将过去行之有效的建设集资办法，使之进一步朝着正规化、规范化完善，形成地方法令条例，明确城市防洪建设和管理实行防洪基金制度或征收防洪维护费。我们认为这个方向是正确的。我们希望各地都进行试验，在一个阶段之后，再进行总结交流。

从各地这些先进经验看，我们应当有信心，通过我们的努力，克服种种困难，可以加快城市防洪建设步伐，尽快提高城市防洪能力，为城市发展提供安全保障，同时也为美化城市做出贡献。

三、对今后城市防洪工作的设想

为了做好城市防洪工作，确保城市防洪安全，要

求继续执行好1989年全国城市防洪工作座谈会上田纪云副总理讲话中提出的各项要求和国务院批转的《关于加强城市防洪工作的意见》。现在，根据各城市的情况和经验，提出以下意见：

（一）切实执行好城市防汛责任制。田副总理指示要坚决实行市长负责制，哪个市防汛出问题，由哪个市的市长负责。防汛工作实行行政首长负责制，是国务院主要领导定下来的，也是多年来行之有效的。城市防洪、防汛、涉及面广，关系到许多部门，部门工作安排和本身利害，往往产生矛盾和纠纷，不是市长就很难统一协调、果断处理，很可能发生延误时机，酿成严重后果的危险。哈尔滨、长春、武汉等城市防洪建设和防汛工程进行的顺利，关键就在于实行了市长负责制，避免扯皮、内耗。与此同时，要健全统一的城市防汛机构，主要的一条是要求由市长亲自挂帅，统一指挥城区和郊区的防洪、防汛工作，而重点是城区，首先要确保城区防洪安全。不论组织机构或建制如何安排，城市防洪工作内容和重点必须放在城区的确保安全上。这点必须明确，不能误解和动摇。一些城市把防汛工作放在水利部门，就要要求水利部门增强城市防洪防汛工作的意识，合理摆布本身工作的方向和重点；城市防洪防汛工作放在城建部门的，也要服从和执行防洪规划和防洪统一调度。

（二）要抓紧做好城市防洪规划。城市防洪规划要服从流域防洪规划和全面部署，同时，又要与城市总体规划相协调。城市防洪规划的重点是要求科学地、合理地规定城市段江河防洪标准和行洪能力，安排好洪水和沥水的出路，严格控制城市建设或工业区域不向江河滩地、泥石流、山洪容易冲击的地方发展，城市建设要注意防洪安全，做好防洪、排渍配套建设等等。城市防洪规划要由城市制订，必要时，也可以请省有关部门或水利部流域机构、设计院协助制订。城市防洪规划要按照1989年城市防洪工作座谈会的部署，抓紧完成。

（三）广开渠道，多方集资，加快城市防洪建设。关于城市防洪建设资金安排问题，我们认为，要求加快城市防洪建设进度，就必须解决好建设资金，否则，加快建设就将成为一句空话。我们这次城市防洪经验交流会议上，许多城市对于防洪建设资金的筹集，提供了良好的经验。例如，哈尔滨市、长春市、武汉市以至上海市等城市的防洪工程建设，都体现了以地方为主，各方协同，促进防洪建设的精神。我们认为，城市防洪建设采取多渠道集资，多途径消化的办法是可行的，应予推广。特别是由受益地区、受益单位集资、负担是合理的，是解决城市防洪建设的有效途径。当前，国家各项基本建设都在压缩，但是，为了保证粮油棉花的稳定增长，国家增拨了部分资金，其中包括水利上的大江大河整治。我们相信，大江大河整治，也会涉及一些城市的防洪建设，促进城市防洪建设的发展。我们也要千方百计支持，总的要求是想比1989年有所增加，准备比较集中地用于一些已经安排的重大项目或紧急工程上去。而不能过于分散。总之，城市防洪建设，要依靠地方，依靠大家。我们希望通过这次会议上的经验介绍，使那些先进的集资兴建防洪工程的经验能够得到响应、推广，使我国城市防洪建设得到有力的发展。以求早日提高城市防洪标准，确保城市防洪安全。

四、关于1990年工作安排

主要是1990年防汛工作和防汛抗旱两手抓。

（一）早做准备，搞好今年 城市安全渡汛工作。今年是90年代第一年，是治理整顿关键的一年。我们一定要高度重视今年的防汛工作，确保城市防洪安全。南方汛期4月份就要开始了，北方6月份也陆续开始上汛。从现在开始就要作好各种防汛准备，并部署好今年的防汛工作。首先要作好汛前检查，包括工程设施和非工程措施的检查。城市防洪是一项复杂的系统工程，涉及到水利、建设、气象、交通、邮电、物资等各个部门，以工程设施而言，有抗御外洪的堤防和市内排涝工程，市防汛指挥部要组织水利、建设等部门按分工的原则进行认直检查，对检查出来危及今年渡汛安全问题，要进行研究，及时地采取渡汛应急工程措施进行处理，以确保汛期安全。

水文测报、预报是防汛的耳目，通信设施是汛情信息传递的重要手段，要引起我们的高度重视，和工程措施一样重要，也是我们汛前检查的重点。检查时一是要注意现有水文站网是否满足城市防洪的要求，二是要注意现有站网的设备、手段是否可靠。如现有站网不能满足要求，要抽调力量设置临时站，汛期把基本汛情收集到并及时传输给防汛指挥部门。对于水文站技术力量和设备不足的，要予以加强。通讯设施要检查和维修好，缺少必要的电台、无线电报话机的要临时抽调和租用。防汛通信，除了使用水利、电力、建设和邮电部门的设施外，还可利用公安、广播电视、人民防空等部门的设施。防汛部门事前要主动同这些部门联系，争取这些部门的支持。

清障工作前几年做出了较大的成绩，今年汛前要狠抓一下清障，有条件解决的，要坚决果断的清除掉，确有困难的，也得拟定方案逐步解决，今年汛期应有个应急措施。

会后请各市从组织上全面落实今年城市的安全渡汛工作，城市要建立解放军、公安、消防部队与企事业单位、街道居民的防汛联防组织。还要以水利、建设部门为主建立机动抢险队伍，为防汛抢险准备好车辆、器材、照明通讯设备等，作好迎接大洪水的准备。此外对遇到超标准洪水要有一个好的处理方案，对各种可能洪水拟定多种调度方案，多种抢险方案，重点保护什么地区和单位，群众如何避险和安全转移，都要有个周密的计划，要把洪水造成的损失减小到最低程度。

（二）要防汛抗旱两手抓，做好防旱抗旱工作夺取夏粮丰收。去年我国部分省、自治区、直辖市特别是辽、吉、黑、冀、鲁、内蒙古、新疆、广西等省、自治区伏旱、秋旱严重，由于汛期少雨、河道来水少，水库蓄水明显减少，地下水位普遍下降，灌溉水源十分紧缺；入冬以来，上述地区虽降了一些雨雪，但量不大，加之气温偏暖，土壤失墒很快，旱情持续；春节期间我国大部地区降了雨雪，特别是北方冬麦主产区的晋中南大部、豫、冀南、鲁北、鲁西、淮北一线雪量大于 10 mm，旱区在隆冬季节得此瑞雪对增加土壤表墒以及小麦越冬和返青都将带来好处，但就降雨量而言仍很少，且北方其他大部地区只降了几毫米，甚至未下，尤其是久旱的东北、华北、山东等地仍难以彻底扭转干旱局面，因此抗旱工作仍不能放松，希望各级领导，特别是水利部门的领导，必须有充分认识，立足防旱抗旱，抓紧春修水利时机，多搞一些应急、见效快的工程以增加灌溉水源，同时大抓节水措施，抓好春灌，并做好水量调配，做到计划用水、节约用水，要抓紧灌溉工程，排灌机具的检修、养护工作，保证春灌时及时投入运行。对水利条件差，无灌溉水源的地区，要搞好农业抗旱措施，加强田间管理，做好蓄水保墒工作，以增强抗旱能力，力争抗旱夺取今年夏粮丰收。

我们这次会议就要结束了。感谢同志们在会议上提供、交流了很好的经验，也学习了哈尔滨、长春、武汉等城市的经验。我们相信，通过这次会议，将把城市防洪建设推上一个新阶段，更好地落实 1989 年城市防洪工作座谈会上的各项要求，把城市防洪建设更快、更好的开展起来，把 1990 年防汛工作，抗旱工作做得更好。希望同志们回去后，把会议情况和各城市的经验向市委、市人民政府领导汇报，结合你们的具体情况，做好部署，总的要求是尽快搞好防洪建设，提高城市防洪能力，确保城市防洪安全。今年城市防洪会议提前了，目的就是要早商量，早研究，早部署，希望各地也按这个精神，及早部署防汛工作，抓好抗旱工作。

最后，对于哈尔滨市领导和有关部门的支持，为这次会议的圆满成功提供了有利条件。再次表示感谢！

进一步加强水文情报预报工作

——王守强副部长在全国水情工作会议上的讲话

（1990 年 3 月 30 日）

这次会议统一了对水情工作重要性的认识，并进行了客观的评价，水情工作多年来，通过做好各项服务，及时准确地提供了水情信息，对合理调度，搞好防汛抗旱、减轻自然灾害，推动社会、经济发展作出了很大贡献；同时，总结了经验和教训，找出了存在的问题；研究部署了今后水情工作。会议开得很好，达到了预期目的。下面，我谈四个问题：第一，要讲清我们的成绩，肯定我们的经验，以得到社会的重视和在水利部门内部应该占有的位置；第二，要讲清存在的问题，以便我们沿着解决这些问题的方向作一些有效的工作；第三，要讲一下解决问题的措施和办法，希望各地要在加强水情工作方面作出积极的响应；最后，讲一讲要努力做好今年防汛抗旱中的水情工作。

一、成绩和经验

长期以来，各级水文职工发扬了艰苦奋斗、无私奉献的光荣传统，在当好防汛抗旱的参谋和提供重大决策的科学依据方面作出了巨大的努力，取得了优异成绩，很有实效，得到了各级领导重视、关心和支持，还有很多单位得到了表扬。可以说，大家的工作得到了社会的承认。特别是十一届三中全会以后，实行改革开放以来，水情工作者拓宽了视野，扩大了服务面，在各方面进行了主动服务，作出了成绩，积累了很多经验。归纳起来，有如下几方面的成绩和经验：

（一）水情部门为各级防汛抗旱部门及时、准确地提供了水文情报，在减轻洪旱灾害方面发挥了很大的经济和社会效益，涌现出很多先进典型。

（二）在建立水情工作规范化、制度化、正规化方面，做了大量工作，取得了成效。很多单位汇编、修订了预报方案；不少省（区、市）建立了岗位责任制，有的省制订了目标管理责任制、评比考核办法，有的省还制订了水情工作条例；认真地贯彻了《水文情报预报规范》。

（三）各地在应用现代化技术方面有了很大的进展。首先，改善了报汛条件，建立了一些无线报汛网，在重点地区建立了水文遥测系统，建立了计算机水文信息处理系统和联机洪水预报系统；还采用了新的预报方法和模型，有些单位开始利用卫星云图、雷达测雨等先进手段。

（四）拓宽了服务面。水文预报和调度相结合，进行洪水、水环境、供水调度，还有蓄滞洪区调度、水库蓄水调度等；北方地区开展了枯水、干旱、春汛和冰凌等预报，沿海开展了风暴潮的预报；有些地区还开展了有偿服务。

不少单位在这些方面做出了显著的成绩。如黑龙江省在80年代的各次洪水中，为防汛部门提供了及时、可靠的水文情报和预报，特别是1988年嫩江加格达奇发生了建国以来的第一位大洪水，由于预报准确，使人员及时转移，没有死一个人。他们还面向全社会，为航运、农业、水资源利用、水产等部门提供枯水、冰情、春汛等预报，受到好评。河南省在1982年7月北汝河、1989年淮河干流息县发生洪水时，他们以对人民高度负责的精神，为防汛部门正确地指挥提供了及时的预报，从而避免了7000多万元的损失，得到了人民群众的好评。事后，群众向他们送了锦旗，录了像。广东省在1988年9月西江发生洪水时，提供了准确的、预见期较长的洪水预报，使领导做好了充分准备，措施得力，确保了17万亩堤围安全，转移群众2.8万人，抢运物资近3万t，没有人员死亡，避免了近30亿元的损失，对稳定群众情绪、安全社会秩序起到了很好的作用。近年来，他们还开展了风暴潮预报，对防灾减灾起到了很好的作用。浙江省在1989年两次暴雨洪水期间，作出了准确预报，为防汛调度发挥了很大效益，使灾害降到最低限度，并保证了交通畅通。江西省在1989年9月信江、抚河发生大洪水时，预报准确，对数据分析透彻，给领导部门提出了不要分洪的建议，当好了参谋，结果没有分洪，取得了很好的减灾效益。河北省大型水库多，水资源紧缺。从防汛角度要保证防洪库容，蓄水不能太多；从水资源紧缺角度考虑又需要多蓄水。在这种情况下他们根据预报，进行了科学合理的调度，较好地处理了防汛安全和合理利用水资源之间的关系。安徽省依靠洪水预报，多次合理调度淮河中游四个滞洪区和17个行洪区，为减轻洪灾进行了艰苦的工作，还首次完成了淮河中游洪水预报方案汇编，使预报人员多年积累的经验得到了总结。山东省建立了水情工作的目标管理制度，使该项工作提高到了一个新的高度，他们采取定量计分的办法，评定水情工作质量，调动了职工的积极性，使报汛质量有了显著提高。他们四年跨了四大步，使错报率由1986年的7.5%降到1989年的1.8%。黄委会也建立了防汛水情岗位责任制，对于不同层次的技术人员规定了不同的岗位和责任；对水情监视、水文气象预报以及值班人员都规定了严格的制度，使工作有条不紊。吉林省积极搞好预报方案的编制，加强基础建设，使预报工作规范化、正规化。70年代以来，共编制预报方案673卷，他们还结合本省实际，加强汛前培训，使水情人员素质有很大提高。其他省和流域机构水情工作也都有很多成绩和经验，在此就不一一列举了。

总之，在全国范围内水情工作没有大的失误。大家都是兢兢业业地、在艰苦的工作岗位上做好本职工作，为领导当好参谋。在条件艰苦、经费紧缺、通讯困难的前提下，完成了任务，发挥这么大的效益，大家应该感到光荣和自豪，应进一步增强做好水情工作的信心和决心。

二、问题和困难

（一）近年来错报、迟报现象比较严重，质量下降。如河北省1989年统计错报为3%，迟报率为20%。其他一些省（自治区）错报率也都在2%左右，质量明显下降。主要是委托雨量站错报率高出水文站6～7倍，有的站还有伪造现象。

（二）雨量站的委托费仍然很低，难以为继。辽宁汛期每月50元，解决得比较好一点，其余的省（自治区）仍是10多元、20多元一个月。这样一来，观测员队伍无法稳定，有的不愿意干，有的马虎从事。

（三）报汛设施陈旧老化，有的破坏严重。目前95%以上报汛站用有线通过邮电系统报汛，全国有专用报汛线路2万多km。这些线路都是50～60年代搞的，遇大风大雨就要倒杆断线。这里面有两个因素，一是经费不足无法维修更新，另一个是管理不善。淮河“75.8”大水后搞的无线报汛，多是74系列电台，不少已经老化淘汰，已不能用。各地通讯线路被偷被盗严重。

（四）邮电系统收费较高，使水文部门难以承受。据湖北省调查统计，水情电报的各类附加收费项目达19种。另外有些地方邮电系统要求水文报汛电话改为程控电话要收很高的改装和集资费，月租费也大幅度上涨，不少地方已被迫撤销了电话。

（五）水文预报技术干部出现了严重的“断层”。中年干部青黄不接，水文预报的经验难以衔接，这个问题也要引起高度重视。

（六）关键的问题是经费不足。报汛业务费和报汛设备的维修更新改造费都有问题。水文部门的防汛经费除江苏、安徽、河南外，其他省（自治区、直辖市）都比较少。由于整个水文经费紧张，报汛设备的维修更新排不上队。

三、措施和办法

（一）要加强水情工作的宣传。要讲我们的成绩、效益和作用，要宣传我们艰苦奋斗和奉献精神，要争取得到各级领导和社会上的承认和支持。这次会后要及时组织报道，宣传水情工作会议精神，表彰先进集体和个人，希望各级都要作出相应的宣传计划。

（二）既然要得到领导和社会上的支持，我们就要继续千方百计地搞好服务工作，继续开拓我们的服务面，面向社会、主动服务，有条件的地方，可以搞些有偿服务，增加一点收入。

（三）继续搞好制度化、规范化、正规化建设。这是李鹏总理对防汛工作总的要求。水情部门已创造了一些经验，要认真总结一下。要求各流域机构、各省（自治区、直辖市）都开展起来，而且要不断完善。全国水文工作也要搞个条例，作为《水法》的配套法规，水情工作应包括在内。

（四）要继续推进新技术应用。要依靠科技进步提高水情工作质量，发挥水情工作效益。江泽民总书记在科技会议上讲到：科技进步是党的历史任务。在今年世界气象日，国务委员宋健同志指出："减灾也要靠科技进步。"我很同意这个观点。水文部门条件不错，各省（自治区、直辖市）和流域机构水文部门都配了VAX计算机，已走在水利部门的前列，应充分利用它来为水文情报预报服务。水利部支持各地买VAX机，第一个要求就是要用在防汛抗旱上的服务。

遥测系统和无线报汛系统要继续发展。重要水文控制站和水库站应做到有线和无线双保险。部内已确定最近二三年要解决重点水库上游水文站无线报汛和分滞洪区的警报系统。这两项是水利部通信工作的重点，在资金安排上实行鼓励政策，按比例补助各地。哪个省积极先走一步就先支持谁，希望各地尽早实施这个计划。

其他新技术，如卫星云图、雷达测雨，遥感、卫星通讯等我们也要搞起来。

（五）要认真抓测报质量。过去我们提出的口号是："顶得住、测得到、报得出"，各地做得不错，涌现出一些先进典型。但目前错报迟报现象比较严重，我看现在还要加上两条，一是"报得及时"，二是"报得正确"。要继续发扬水文战线吃苦耐劳、热爱水文事业的奉献精神。这方面还要加强管理，加强培训，搞些奖惩办法，而且要注意表扬先进。

（六）各级防汛部门要积极支持水情工作，防汛与水情密不可分。水情工作是防汛决策的重要科学依据，是防汛工作的一个重要组成部分。各级水文部门的负责人应吸收到防汛部门担任领导工作。对水情工作存在的问题和困难应及时帮助解决。

（七）雨量站委托费偏低的问题，各地一定要认真解决。国家防总、水利部已多次发文，有些省就解决得比较好。解决这个问题并不很难，一个省也就是十几万元，是非花不可的，如果不花，到时候信息没有，出了问题，事就大了。我们要来个分级负责，部里直属的系统由部里解决，各省（自治区、直辖市）的由各省（自治区、直辖市）水利厅（局）解决。可以从防汛费里拿出一部分钱来解决，各负其责，认真对待。

（八）在水文水情工作方面，水利部今年要认真办几件实事，并力争在汛前解决一些问题。

1.大力宣传水文水情工作。在今年汛后表彰100个水文站、100个委托站、100个先进集体和个人。

2.加强技术业务培训。水利部将组织举办一次研讨会，希望各级也开展相应的培训活动。

3.水利部以鼓励的方式拿出一点资金解决流域机构和有关省、区的通讯设备问题，地方防汛、水情部门争取地方资金的投入。

4.水利部将积极和邮电部门联系，解决好报汛线路的合理收费问题，各级防汛部门要密切同地方邮电部门的关系，加强合作。

5.水利部将着手制订水文工作条例（水情工作包括在内），加强水文工作制度化建设。

6.组织推广VAX计算机水情信息处理和水文预报系统，以发挥现代化科技手段在防灾减灾工作中的作用。

7.实行主管领导负责制。解决水情工作的问题关键在厅领导要加强对水情工作的领导。水情部门首先要做好本职工作。当工作遇到困难的时候，要多向厅领导请示汇报。我也愿意从中作推动和促进工作。

8.协助地方水情部门依靠地方的力量解决好委托、代办站的报酬问题。

四、做好今年防汛水情工作

搞好今年的防汛工作，关系到国家和社会的稳定，关系到治理整顿任务的顺利完成，关系到农业生产持续发展，具有极为重要的政治和经济意义。我们要集中精力、扎扎实实地搞好今年防汛工作。

今年防汛工作的重点和目标是，大江大河不出险，大中型水库不垮坝，大中城市不出问题，要尽量把灾害减小到最低限度。防汛工作方针是："以防为主，防重于抢。"

具体的防汛措施，从防汛责任制和体制上来讲，第一要抓首长负责制，以行政首长负责为核心建立各类防汛责任制，如技术责任制和水情工作责任制等；第二，落实、健全防汛指挥机构；第三，要有防汛抢险机动队伍。

工作重点：一是大江大河；二是城市防洪；三是

蓄滞洪区的安全建设及警报系统；四是水库除险加固和水库遥测系统的建设。

旱灾虽然没有防洪工作的突发性，但到一定时候灾情就是一大片，损失严重。及时测报墒情，以便领导及早采取抗旱措施是很重要的。水情部门不仅要抓好防汛服务，也要抓好抗旱服务，要防汛抗旱两手抓。

为了夺取今年防汛、抗旱战线的新胜利，要努力做好水文情报预报工作。对局部暴雨洪水要加强监视，做好预警工作。要落实水情工作责任制，各省水文总站主任要负责水情工作，汛前要对报汛线路进行检查，确保报汛站网通信线路畅通，狠抓测报质量；组织水文职工进行测洪演习，组织水情人员修改补充洪水预报方案和进行洪水预报演习。教育各级人员提高认识，严阵以待，要有紧迫感，保证不出问题。要贯彻落实全国水情工作会议精神，对存在的实际问题要逐项研究解决，力争在汛前解决一些问题，各地都要办几件实事。

严克强副部长在水利经济改革研讨会开幕式上的讲话

（1990年12月18日）

今天中国水利经济研究会和中国水法研究会在这里召开水利经济改革研讨会，刚才听了张季农理事长的开幕词，我觉得召开这次研讨会确实很有意义，也很必要。在座的老部长和国家体改委、国务院发展研究中心、机构改革办公室、中国社会科学院等有关负责同志和专家、首都新闻界同志应邀前来参加会议，这是对我们水利工作的很大支持，我代表水利部对研讨会的召开表示祝贺，向各位老领导、专家和同志们表示问候。我刚到部工作，情况还不熟悉，趁此机会，向大家学习。

随着我国社会和经济的发展，水利在国民经济中的地位越来越重要。今年，中央和国务院领导同志对水利工作做了一系列重要指示，进一步明确水利是农业的命脉，也是国民经济的命脉；水利是基础产业，而且是与能源、交通一样必须超前发展的基础产业。

今年8月全国农田基本建设会议以来，各地都在认真贯彻落实中央和国务院领导同志的指示和会议精神，冬修水利已在全国范围内扎扎实实地开展起来；贯彻水法，加强水资源的统一管理和水利法制建设工作正在有计划地开拓前进；今年全国计划会议对水利的投入又有新的增长。有利的形势鼓励着我们广大水利工作者在即将来临的新的一年里，更加努力工作，为国民经济的持续、稳定、协调发展作出新的贡献。

水利形势很好，但也面临一些困难和问题，其中有些问题确实是深层次的。刚才张季农理事长已经讲了，我感到他讲得很好，也很深刻。解决这些问题和困难的出路只有依靠改革，也就是他讲的要通过改革，摆脱旧的水利经济运行机制，进一步把水利搞好，把水利搞活，把水利搞富。我感到这几句话，说出了广大水利职工的心声和愿望。希望大家围绕《规划》（草案）所提出的战略目标与措施，很好议一议，使之更加完善切实可行，今后据此指导“八五”期间水利经济体制改革工作。

今年5月，政协副主席钱正英在中国水法研究会的成立大会上讲过：“水利法制建设是水利事业中的一项重大软件建设，它和水利工程建设一样重要。”“希望我们大家拿出兴建水利工程，兴建大坝一样的劲头来共同建造法制建设这样一项‘软件’工程，使我们的水利事业更好地向前发展。”水利经济体制改革是水利产业领域内的一场革命，也是一项宏大的系统工程，它关系到水利是否更好地为国民经济发展全面服务和水利事业兴衰的大事，它和水利法制建设一样，都是重大的“软件”工程。我们水利经济和水利法制工作者今天率先来研讨这项“软件”工程是很有意义的；当前，国家正在制定国民经济“八五”计划，水利的“八五”计划也正在制订，按照发展与改革相结合的精神，现在我们研究“八五”水利经济体制改革规划（草案）也是很必要、很及时的。

河道管理单位经营管理改革座谈会纪要

（1990年12月6日）

为了认真执行《河道管理条例》，贯彻“加强经营管理，讲究经济效益”的方针，深化河道管理改革，水利部于1990年11月2日至6日在湖北省石首市召开了河道管理单位经营管理座谈会，参加座谈会的有部分省、直辖市水利（水电）厅（局）、流域机构、基层管理单位、以及南昌水专、水利工程管理培训中心等单位的同志共57人。会议交流了各地开展河道管理改革的情况，着重研究了加强经营管理和试行经营管理责任制问题，对加快河道管理单位经营管理改革提出了意见。与会同志一致认为这次会议很重要，将会促进河道的经营管理工作。现纪要如下：

一

1983年水利电力部提出了“加强经营管理，讲究经济效益”的水利方针，1985年国务院发布了《水利工程水费核订、计收和管理办法》，1988年国务院又发布了《河道管理条例》。几年来，各地在河道经营管理的改革方面做了大量工作，在计收河道工程维护管理费和采砂管理费、开展综合经营、推行河道管理责任制等方面取得了不同程度的进展，从而提高了工程效益，增强了河道管理单位的活力，改善了经营管理机制，促进了河道管理工作。

为了巩固现有的河道堤防工程，不少地方先后征收河道工程维护管理费。广东省人民政府1986年颁发的《广东省水利工程水费核订、计收和管理办法》，规定了堤围管理费的标准，去年又规定了北江大堤的堤防维护管理费标准和计收办法，1989年广东全省共收堤防维护管理费3792.92万元。湖北省人民政府1982年颁发的《湖北省河道管理暂行条例》对堤垸维护费做了规定，已有10多个县、市收取了堤垸维护费，收费较好的汉阳县年收入50万元左右。黑龙江省人民政府1987年颁发的《黑龙江省水利工程供水收费标准和使用管理办法》中规定了堤防维护管理费的标准，1989年有33个市、县共收费282万元。湖南省人民政府在今年8月关于调整水利工程水费标准的通知中规定了堤垸保护费的标准，目前正在实施。河北省、河南省的部分市、县已开始计收河道堤防维护管理费。南京市规定企业和个体工商按销售额的2‰计收堤防维护费，农田每个劳力出工20个。湖南省洞庭湖区按企业固定资产2‰～3‰，商业按营业额的2‰～3‰计收堤防维护费，农田每亩2～3元。其他还有一些省已提出测算成果和收费标准方案，有的已报请省、市人民政府审批。各地现行维护管理标准或测算的结果，一般农业应交河道工程维护管理费0.4～4元/亩；工商企业为总产值（或固定资产）或营业额的1‰～3‰。

水利部、财政部、国家物价局联合发出《关于河道内采砂收费管理办法》的通知以后，各地进一步加强了采砂管理及收费工作。辽宁、黑龙江、北京、天津、河北、河南等省、直辖市认真执行已颁发的采砂收费规定，辽宁1989年计收采砂费500万元，黑龙江省1989年收费359万元，1990年预计可达700万元。陕西、湖北、安徽等省也已提出方案正与物价等部门会商待发。综合各地采砂收费标准，一般砂、土每0.4～1.5元/m^3，或为售价的5%～40%；石料为1.5～2元/m^3，或售价的10%～35%；淘金为售价的3%～5%，或以采金船生产容量收费。黑龙江、陕西等省水利部门依法办事，主动积极工作，与地矿等部门协调，在省人大和省政府支持下，坚持了由河道主管部门发证收费的办法。

在河道排水费的收取和管理方面，也取得一定进展。北京市人民政府规定收取工商企事业单位排水费标准为0.12元/m^3（按用水量的80%计量），从中提取30%交水利部门用于河道维护管理。河南省新乡市在1987年开始试点，建立排水收费管理站，按每月自来水用量70%计收，直接排入河道的，河道管理单位提取80%。南京市也已开始计收河道排水费。湖北省鄂州市水利局不仅计收农业排水费，而且计收工业排水费。

辽宁、南京等省、市还对占用河滩的收费做了规定。

陕西省人大常委会于1989年9月修订了《陕西省河道堤防工程管理规定》，明确了河道主管部门对沿河新增土地的使用权和砂石的统管权。今年大荔、合阳等县在河道国有土地申报和确权发证工作中，已确认了河道管理单位对沿河几万亩新增土地的使用权，为开展多种经营增加管理单位的收入创造了有利条件。

辽宁省从辽河堤防加固基建经费中提出部分经费用于修建管理用房和扶持管理单位的经营管理，对加强管理、稳定职工队伍起了重要作用。河南规定受益群众每年每人10个左右义务工用于冬春修堤，大大缓解了河道工程维修经费的不足。

近几年来，各地试行了各种形式的河道堤防管理责任制。北京市水利局同各管理单位签订了承包管理合同，合同规定了管理单位的经营目标、工程管理目标，把工程管理的状况与管理单位的经济利益挂钩。河南省对主要河道管理单位实行了目标管理承包责任制，管理单位向主管部门签订目标责任书，管理单位对护堤主任、护堤员也建立了岗位责任制，实行责、权、利相结合，严格执行承包合同。

河道管理单位在开展综合经营方面也取得了新的进展，各地利用河道管理范围内的水土资源发展多种经营，改善了职工福利，促进了河道管理工作。湖北省河道管理单位综合经营收入已达5000余万元，石首市长江修防段利用堤防禁脚地种植粮食、棉花、油料、饲养猪、鸡、鸭、鹅、牛，年利润达23.4万元。辽宁省辽河药王庙管理所去年综合经营盈利15万元，新民县大民屯河道管理所通过开展综合经营，使职工人均收入达4000元。

二

会议讨论认为，当前水利改革正面临着一个大好的形势，河道管理的改革是水利改革的一个重要组成部分，当前要进一步明确任务，统一认识，加快河道管理改革的步伐，促进河道管理的良性运行，发挥河道和河道工程的综合效益，为社会经济发展全面服务。

长期以来，河道管理单位主要抓了堤防工程的管理，这是不全面的。根据《水法》和《河道管理条例》的规定，河道主管部门的职责是全面管好河道水域，水资源和水工程，既要搞好防洪，又要全面发挥河道和水资源的综合效益。河道管理单位是水行政主管部门派设的河道专管单位，必须依法管好河道水域、水资源和水工程，全面执行《河道管理条例》赋予的职责。河道堤防修防单位也应该正名为河道管理单位。

为了管好河道，就必须加强经营管理。河道的经营管理是指管理单位合理组织和利用所有的人力、物力、财力、水土资源，为发挥防洪、供水、排水、航运等综合效益所进行的全部技术经济活动。认为经营管理仅仅是水利管理单位开展种植、养殖等多种经营的生产是不全面的。

河道管理单位要深化经营管理改革，全面完成任务，首先要转变观念，统一思想。一是要克服单纯工程技术管理观点，树立全面搞好经营管理的广义观念；二是树立既要重视社会经济效益，又要讲有偿服务的观念，努力增强自身的财务收益，使河道管理有可靠的经济基础，扭转工程失修、无以为继的局面。我国是个发展中的国家，而且水旱灾害频繁，水利任务艰巨。40年来的实践证明，完全依靠国家来维持水利工程的再生产这条路是难以为继的，管理单位的经费没有保证，甚至连工资也发不出来，搞好管理就只是一句空话，管理经费不足是制约河道管理工作的主要问题。为此，水利部门一方面要争取各级财政增加投入，另一方面要实行有偿服务，积极依法组织收费，积极开展多种经营，千方百计增加收入，落实承包经营管理责任制，增强自身活力，提高经营管理水平，稳定职工队伍，才能完成发挥综合效益，全面为社会经济发展服务的任务。

会议讨论认为，实现河道管理的良性运行主要靠我们主观努力去争取。近年来，河道管理的改革，虽然取得一些进展和成效，但改革的深度和广度都不能满足形势发展的需要。水利部门要有高度的紧迫感，加快河道经营管理的改革步伐，力争在几年内从根本上改善河道管理的状况。

三

会议提出，当前在河道管理改革方面要着重抓好以下工作：

(一)加强对河道管理改革工作的领导　各地水利部门的领导要把河道管理改革作为当前的重要工作抓好，组织研究加强河道经营管理改革的措施，把任务落实到职能部门，指定专人负责此项工作。主要领导同志应亲自出面，主动争取省（自治区、直辖市）人民政府和财政、物价等部门的支持，促使有关改革措施尽快落实。

(二)努力增加对河道管理的投入　当前各级财政拨给河道管理单位的事业经费很少，距离实现良性运行的要求差得很远，各地水利部门对于各河道管理单位所需的管理经费应认真地核定，然后汇总报请当地人民政府安排必需的事业费。存在严重安全问题的堤防，水闸等河道工程除险加固所需经费，应在水利基本建设等有关经费中优先解决。利用劳动积累工维修河道工程的办法是缓解管理经费不足的有力措施，各地也应尽力推行，落实到年度计划中。

(三)积极推行有偿服务依法收取各项费用　国务院《水费办法》发布已经5年多了，《河道管理条例》也已发布2年多了，但收取河道工程维护管理费工作进展缓慢，必须认真抓紧贯彻执行。各地尚未组织测算的，可按照部水利管理司提出的“关于河道工程维护管理费测算的意见”尽快组织测算；已有测算成果的，可参照上述意见考虑进行适当调整，尽快提出收费标准和计收办法，报请省（自治区、直辖市）人民政府审批。会议认为，1991年底前各省（自治区、直辖市）都应颁发实施。

《河道管理条例》对收取采砂费已经有了明确规定，今年水利部、财政部、国家物价局又联合发了《河道采砂收费管理办法》。为此，各地应抓紧制订实施细则，争取明年6月底前由水利、财政和物价部门联合发布实施。流域机构要对大江大河的采砂进行规划和管理，避免对河势产生不利影响。

对于河道排水至今尚未收费的，河道主管部门应尽快制订收费标准和计收办法，报经地方政府批准后实施，也可纳入河道维护管理费或水费计收办法中一并实施。已由城建或环保部门收费的，河道主管部门要根据排水、排污对河道的影响程度，报请当地政府批准提取一定比例用于河道的维护管理。

(四)抓好承包经营管理责任制的试点　会议对水管司提出征求意见的“河道管理单位承包经营管理责任制试行办法”进行了认真地讨论，大家认为这是增强管理单位活力、调动职工积极性、稳定职工队伍的有力措施。建议各地结合具体情况，选择有条件的河道管理单位进行试点。河道主管部门要在地方政府的支持下，深入调查研究，主动与财政、人事劳动等有关部门联系，取得支持，落实试点工作。通过试点，总结经验再逐步推广。

(五)积极开展多种经营　充分利用河道管理范围内的水土资源开展多种经营，是增加管理单位收入，搞好职工福利，促进河道管理的重要途径，是河道管理单位经营管理工作的重要方面。各地河道管理部门要重视这项工作，做好调查研究，协助管理单位解决资金、原材料等有关问题。在土地确权发证的过程中，依据《河道管理条例》的有关规定，要积极争取明确河道管理单位对治河新增土地的使用权。

重 要 文 章

水利，也是国民经济的基础产业

——《人民日报》“大家来谈水”专栏座谈会

在我国，对水的问题必须重新认识

杨振怀（水利部部长）：水的问题在全世界已成为几大热门话题之一。人口、粮食、资源、能源、环境等人类关心的大问题都与水分不开。我国11亿人口，只有2亿多能喝上符合卫生标准的洁净水；中国有15亿亩耕地，只有7亿亩的灌溉面积；中国水电资源在全世界是最多的，但开发利用程度却不到8%。在中国，水多了不行（形成洪涝），水少了不行（干旱），水冲了不行，水淤了不行，水脏了也不行。5000年来，水利一直是农业的命脉。从80年代开始，水利已经成为整个国民经济的命脉。如何保证21世纪淡水资源成为干净的卫生水？如何能使青山常在，绿水长流？这是一个非常重要的问题，我们研究水的问题，最终必须考虑水生环境，考虑人类的生存。把水利和能源、交通一样，当成我国经济发展的基础产业，明确水利在我国国民经济建设和社会发展中的重要位置。

沈坩卿（北京师范大学教授）：纵观人类开发利用水资源的漫长岁月，先后经历或正在经历着三种模式（或阶段）：一，以解决人类生活生存为主要目的的原始水利模式；二，以工程为主要手段解决经济建设、社会发展的工程经济水利模式；三，生态经济环境水利模式。目前我们应当努力消灭原始水利模式，并下决心、下大力从工程经济水利模式提高到环境水利模式。所谓环境水利模式，就是全面系统研究水资源开发、利用、保护、管理和环境生态之间的相互关系。做到地表水、土壤水、地下水和污水资源化统筹，水质水量并重，工程措施与非工程措施并举，经济效益、社会效益、环境效益辩证统一，能动地使自然生态系统和人类社会经济系统协调发展。

要依法治水、管水

柯礼聃（水利部水政司司长）：1988年1月，《水法》正式颁布。同年3月，水利部被明确为国务院水行政主管部门。《水法》实施两年来已初见成效；促进了重要江河流域综合规划的制定；为开发利用水资源和防止水害提供了法律的依据；推动了地区间水事纠纷的解决；执法较好的地区，破坏水利工程设施的活动明显减少……但是，目前有法不依，违法不究的情况还相当普遍。这一方面需要加强面向全社会的宣传教育；一方面水利部门要改变“一手硬，一手软”的状况，搞好水法制建设这一软件工程。

向节水型经济转变是解决问题的长期战略

邓楠（国家科委科技发展司司长）：所谓节水型经济，简单说，就是充分而又适度地开发利用水资源，对水资源合理调度，科学利用，节约使用，用最少的水量，保证经济稳步协调发展。具体要做到：一，引导全体人民改变传统观念，树立长期的节水意识；二，调整产业结构，提高用水效率；改变水资源规划方法，由传统的供水定向调整到管理定向；三，调整水价，建立用水审计系统；四，充分发挥科学技术在向节水型经济转变中的作用。国外的经验证明，向节水型经济转变，可谋求持久的全局的最大的投资有效性，获得全面的经济、社会和生态效益。

邹广荣（中国灌排技术开发公司总经理）：从全国看，我国推广节水灌溉新技术的面积比重还很小，现有喷、滴灌面积仅占全国灌溉面积的1.5%，而美国为40%，苏联为47%。我国灌溉新技术发展速度比较缓慢，其原因主要有以下几点：一是对水资源危机的严重性认识不足；二是设备不过关；三是推广节水灌溉新技术所需资金及一些必要的原材料没有列入国家计划；四是水利科技服务体系不健全，技术指导跟不上，等等。这就要求我们针对上述几点，采取措施，推动我国节水型农业出现新局面。

污水资源化是一条重要途径

袁子恭（中科院、国家计委自然资源综合考察委员会研究员）：早在70年代，国际上就把节水工作和防治水污染及合理用水结合起来。美国曾计划在总取水量不增加且有削减的情况下，保持城市和工业的发展。他们所采取的主要措施是提高工业用水的重复利用率，同时把城市污水经处理后回用，并将其视为稳定的第二水源。我们的差距较大。以北京为例，至今城区仍有6～8亿m^3的工业废水和生活污水排放，其中绝大部分未经处理。实现污水资源化的最大难题是需要较多投资，解决起来的确不易，但如果对此问题予以足够重视，节省一些非生产性开支，问题是能够解决的。

节流很重要，但也要注意开源

姚榜义（水利部南水北调规划办公室主任）：华北一些地方缺水，大抓节约用水，减少浪费是非常重要的。但应看到，时至今日，节水潜力已大不如前。从大范围看，缺水的主要原因是山区修了水库，在平原西部发展了灌溉，流向东部平原的水量减少了。有的水库上游也发展了灌溉和其他用水事业，进库的水量也少了。多年来我们强调内涵为主，现在恐怕要把外延放在一定的位置上。必须早日筹办南水北调工程，东线已经规划多年，是下决心的时候了。实施前一要批准方案，二要筹集资金。

陈家琦（水利部水资源司高级工程师）：华北地区除力求节约用水外，由外区调水补源是唯一出路。这是势在必行，不能总是犹豫不决。目前应当充分做好调水补源工程的前期工作。关于节水，当务之急是开展软科学研究。

刘昌明（中科院、国家计委地理研究所教授）：黄河多年来平均年水量为581亿m^3，是我国华北平原最宝贵的地表水资源。目前可供进一步利用的黄河水量最多只有50～90亿m^3。合理利用这部分水意义重大。

不能挤农业用水

陈志恺（水科院水资源所高级工程师）：在当前研究解决城市缺水的问题时，比较容易忽视农业用水问题。我国城市除了城区外，还都管辖若干个县级卫星镇，周围都有一定的农业人口和耕地。研究城市供水问题不能忽视农业用水。多年来的经验证明，愈是缺水地区，工农用水矛盾愈突出，如不作统筹安排，经济就不能协调发展。搞了农业，反过来必然影响工业和城市的发展。

认识降水条件，寻找新的对策

黄让堂（中科院、国家计委自然资源综合考察委员会研究员）：我国水问题比许多国家突出，原因是降水量偏小，时空分布不均，各年变化大。对此我们应有准确的认识。在经济建设中应从这一实际出发，制订发展规划和在人力、物力的安排上都要有相应的措施。具体建议：一，降水时多时少是大气环流异常，目前或相当长的时间内科学技术还不能做到利用人工的办法来控制，因此，除水利防灾以外，还要求各部门考虑如何及早避灾。二，水利的投入应和国民经济的发展同步增长，亦可考虑以旱涝灾害保险的形式，要求各部门按固定资产和受益的比例交纳保险金，以便用于水利建设。三，强化治水机构，使有限资金用在实处。四，加强配套，管好、用好现有水利设施，最大限度地减少水旱灾害带来的损失。

以法治水　团结奋进
为人民多做实事

杨振怀

（1990年1月）

国务院作出《关于大力开展农田水利基本建设的决定》后，截至12月中旬，全国投入劳动积累工24亿个，完成土方量约30亿m^3，恢复改善灌溉面积3000万亩，除涝面积900万亩，改良渍害低产田、盐碱地1500万亩，治理水土流失面积约8000km^2。目前，北方已进入寒冬，东北、西北和华北地区的第一个战役已告一段落，不打算在严冬季节施工。要抓紧冬灌和春灌准备工作，春耕前再干一下，搞好建筑物配套，完善田间工程，以充分发挥灌排效益，保证春耕生产。南方的农田水利建设正在大规模展开。全国在不同的情况下，出工人数每天达6000多万人，是近10年来所未有的。在农田水利建设中，我们十分强调效益和质量，主要靠农民出工，搞劳动积累，在本乡、本地区利用农闲时节从事农田水利基本建设，改善农业生产条件，增强农业后劲。

在中国特殊的国情下，农业要精耕细作，走集约化经营道路，必须依靠水利建设。“农业是国民经济的基础，水利是农业的命脉”。李鹏总理在12月1日接见出席全国农业综合开发经验交流会的各省区市负责同志的讲话中也说过“中国农业根本问题是水利问题”，“所有农业开发区都有治水问题。在中国不解决水的问题不行”，“中国非搞节水农业不可”。五中全会决定中提出要加强农业基础地位，治理整顿和产业结构调整中，要向农业、水利倾斜。李鹏总理说过：“中央对农业投入要增加，主要是大江大河治理；大型水利建设；农用工业建设；大型农业开发、启动费”。农业和水利不单纯是8.5亿农民的问题，而且与2亿多城市人口的吃、穿、副食品“菜篮子”等问题密切相关。水利兴，农业稳，农业、水利血肉相连。各个农业开发区要“农随水转”，水利为农业服务，共同建设旱涝保收、高产稳产田。水利、农业、科技、化肥等各方面力量，打在一张鼓面上，联合作战，打好总体战，共同为农业增产服务。如果不把水利这个基础搞好，长江、黄河等发了大水，一年受灾，几年受影响。1989年东北、华北干旱严重，影响了农业丰收。农业、水利这个基础搞好了，农、轻、重结构理顺了，城、乡就会稳定，经济就会发展。

当前水利上存在的问题：一是连续几十年“吃老本”，水利工程老化失修，危机严重，全行业亏损，无法维持简单再生产；二是北方水资源危机，包括京津两市在内，城乡工业、农业和沿海城市缺水严重；三是水土流失、水质污染普遍，治理跟不上，人为破坏。这是危害当代、贻患子孙、严重破坏生态环境的大事。

1990年是90年代第一年，也是治理整顿关键的一年。在党的五中全会决议的指引下，水利部门要认真贯彻执行治理、整顿、改革、开放的方针。水利不单是农业的命脉，也是整个社会、人类赖以生存的基础设施，是国民经济的命脉。在新的一年里，全国130万水利职工，团结奋进，齐心协力，在各级党和政府领导下，克服困难，勤俭节约，全心全意为人民办实事、办好事。

在1990年我们主要抓以下五方面的工作：

一、抓好防汛抗旱工作，努力保持和逐步提高江河防洪能力，确保水库安全，保证社会稳定和工农业生产持续发展。在这里特别要确保长江、黄河等七大江河的防洪安全。全国20万km长的堤防保护着100多万km^2平原。这里是中国的精华之地，居住着5亿人口，有5亿亩耕地。这个地区工农业总产值占全国的70%左右，但汛期处于洪水位之下。大江大河、大型水库出了问题，对全社会是大灾难，一定要认真贯彻各级行政领导防汛责任制。

长江目前堤防只能防御20年一遇洪水。历史上1954年长江大水，5000多万亩耕地被淹，3万多人死于水患，武汉市被洪水围困，京广铁路停车3个月。长江历史上1931年、1935年大水，每次死亡人口都有14～15万人。现在的人口是30年代人口的2～3倍。因此，千百万人民生命财产的安全是第一位的。何况，1860年、1870年长江大洪水远比1954年洪水大得多。因此，必须居安思危，早做安排。

二、贯彻《水法》，依法治水，建立健全水利宏观管理体系。各级政府水利主管部门都要“转变职能”，真正担当起国务院赋予的各级政府“水行政主管部门”的职责。就是要贯彻《水法》，加强水政；“加强对水资源的统一管理和保护”，“统筹抓好城乡节约用水”，“加强整个水利行业的管理”。各级水利部门在1990年转变职能是关键。要在各级政府领导下，加强与各兄弟部门的联系协作，理顺关系，克服“多龙治水”、资源管理混乱的状况，抓紧处理好水利纠纷。要坚决贯彻《水法》，加强水政工作。与各级公、检、法等部门积极配合，建立水政监察和水利公安，坚决打击破坏水利设施罪犯。1987、1988年，每年受破坏的水利设施损失约1.5亿元，灌溉面积减少以百万亩计，人民受到巨大损害。1990年必须建立县、乡、村各级水利固定资产责任制，认真加强管理，确定自上而下的各级水政、水资源统一管理体系。在北京等缺水地区推行全面节水，建立节水型社会。

三、充分发挥现有水利设施的效益，加强水利经营管理。40年来积累的水利固定资产达1100亿元。这是相当宝贵的财富，是广大人民群众在各级党政领导下，经过几辈人艰苦奋斗的结果。一定要加强经营管理，充分发挥现有水利设施和今年冬春农田水利基本建设的效益。要以效益为核心，通过巩固、挖潜、更新、改造，使已建成的水利设施充分发挥效益，并认真贯彻国务院（85）96号文件，搞好水费改革，并积极推行水费实物计征。搞好水利工程管护范围区内土地的划界定权发证，抓好水利综合经营，使现有水利工程能自我维持，防止老化失修，维持简单再生产。

现有7亿亩灌溉面积，约占全国耕地的40%多，生产出全国2/3的粮、棉。但现有灌溉面积中，中低产田仍占相当比例，潜力大。再加上17片农业开发地区，水利是关键。河口滩涂、荒地开垦，水利必须先行。全国农村水利基本建设必须长年抓，分季节干，连续干3～5年。这些都是1990年的重要工作，必须抓紧。

四、加强江河治理和综合开发利用。首先要抓紧审定江河流域规划，加强流域管理，加强以防洪、灌溉、供水为主的水电站和农村水电的电网建设和管理，加强城乡水资源建设，25个大城市防洪，加强农村人畜饮水和乡镇供水，大力加强水土保持和江、河、湖、库的水质保护，加强水库渔业、库区移民和水利综合经营等工作，真正抓好“科技兴水”。努力提高水利职工的政治、思想、文化、科技素质，抓好教育、水文和规划勘探设计等前期工作，使各项工作做得更好。

五、抓好改革开放。关键是人的思想观念的转变。学好《水法》，加强水行业政策和法规的制定。主动与各个兄弟部门、各个地区、各方面协作配合，协调好各方面的关系。水利是关系社会各方面的基础事业，是为城乡、工农业各方面服务的，政策性、科学性、群众性和社会性很强。要抓紧水费改革，大家办水利，多渠道集资，积极利用贷款和外资搞水利。大力建立、健全基层水管理和科技服务体系。

各级都要加强水利宣传工作，争取社会各界和舆论的支持、帮助，特别要抓紧监察、审计和廉政建设，加强理论学习和政策学习，认真加强精神文明建设和思想政治工作。各级水利领导要团结奋进，依靠群众路线，充分调动各方面和广大群众的积极性。水利决策要贯彻科学化、民主化、法制化，振奋精神，齐心协力，克服困难，抓好90年代第一春的冬春灌和防旱防汛准备工作，使全国水利事业真正进入依法治水的新时期！

加强防洪抗旱 减轻水旱灾害

杨振怀

（1990年4月）

联合国决定把20世纪的最后10年定为“国际减轻自然灾害10年”，在世界范围内开展国际减灾活动。这对减少人民生命财产的损失和保证社会经济的稳定发展，都有重要意义。

在人类同自然灾害斗争中，抗御水旱灾害占有极其重要地位。由于我国地理和气候的特点，水旱灾害十分频繁。加强防洪抗旱，减轻水旱灾害，更是攸关中华民族生存和发展的重大问题。有人算过这样一笔帐，一般年份水旱灾害所造成的损失约占我国全部自然灾害的60%以上。据文字记载，从公元前206年到1949年的2155年间，全国发生较大的水灾1029次，较大的旱灾1056次，几乎每年都有一次较大的水灾或旱灾。大禹治水的传说，反映了我国古代人民与洪水、干旱所做的艰苦斗争。

新中国建立后，党和人民政府始终把防治水旱灾害作为治国安邦的大事来抓，进行了艰苦努力和卓有成效的水利建设，组织了坚持不懈的抗洪抗旱斗争。建国以来，共修建堤防20.3万kW；建成水库82937座，塘坝600多万座，总库容4500多亿m^3；建成排灌站46万多处，机电井251万眼，机电排灌动力6400多万kW；建成万亩以上灌区5000多处。全国已初步形成一个防洪抗旱工程体系。依靠这些防洪抗旱设施和各级党政以及广大军民的英勇抗洪抢险、抗旱斗争，为减轻水旱灾害损失做出了巨大的贡献。历来被称为“中国的忧患”的黄河，建国前的2000多年决口1500多处，造成了极其惨重的损失。建国后，对黄河进行了综合治理，有效地组织抗洪抢险，取得了40年安澜的胜利。昔日“大雨大灾，小雨小灾，不雨旱灾”的淮河，如今已形成了比较完整的防洪、排涝、灌溉工程体系，提高了抗御水旱灾害的能力。海河历来洪水灾害十分严重，从1412年至1948年的536年间，天津市遭水淹12次。建国后，在上游兴建了一批水库，在中下游开挖疏浚了30多条骨干河道，排洪入海能力扩大了10倍，在同1963年海河发生的特大洪水斗争中，取得了辉煌的胜利，确保了天津市的安全。1954年长江发生了近百年罕见的特大洪水，数百万军民英勇抗洪抢险，保证了武汉、南京、九江、安庆等大中城市的安全。据不完全统计，建国以来，全国防汛抗洪共减少经济损失3000多亿元，为防洪建设投入的12倍。

同样，抗旱治涝为发展农业生产也做出了巨大的贡献。全国灌溉面积由解放初期低标准的2.4亿亩发展到7.2亿亩，初步治涝面积2.84亿亩，改造盐碱地0.71亿亩，改造渍害低产田0.52亿亩，治理水土流失面积53万km^2，大大增强了农业抗灾能力，为农业增产创造了条件。在不到全国农田面积一半的灌溉土地上，生产出占全国总产2/3的粮食，在解决我国11亿人口的吃饭问题中，发挥了显著的作用。

但是，我们必须清醒地看到，防治水旱灾害在我国还是一项长期、艰巨的任务。我国江河防洪标准普遍偏低，长江、黄河等大江大河的洪水威胁仍然是我国的心腹之患。随着国民经济的发展和人口的增长，同样的洪水所造成的损失将越来越大。当前的水利设施远不能适应农业发展的需要，全国半数以上的农田没有灌溉设施，已有的设施因年久老化失修，效益衰减。近几年属正常年景，每年仍有4亿亩左右的农田遭受水旱灾害，因水旱灾害粮食减产每年在一二百亿斤以上。因此，为了保障人民生命财产安全，稳定社会，为了发展农业，保证国民经济持续、协调、稳定发展，必须继续大力加强防洪抗旱，增强抗灾能力，努力减轻水旱灾害造成的损失。这是各级党和政府的一项重要战略任务，也是全国水利职工的光荣职责。

在本世纪的最后10年里，力争做到因水旱灾害的人身死亡损失减少1/3，尽量降低因水旱灾害造成农业减产的幅度，减轻对国民经济发展的影响。为此，必须大张旗鼓地进行兴利除弊的宣传，增强全民防御水旱灾害的意识。要深入宣传贯彻《水法》，加强水政建设，把防洪抗旱纳入法治轨道。要加强水资源的统一管理和保护，使水资源得到更加合理和有效的开发和利用。要加强对现有工程设施的管理，使其在防洪抗旱斗争中发挥最大的效益。要动员社会的各方面力量，增加对水利的投入，加快防洪抗旱骨干工程的建设，逐年提高防汛抗旱的能力。要加强对防洪抗旱工作的领导，贯彻“安全第一”“以防为主”的指导思想，搞好对灾害的预防、预报、信息传递和处理等工作，最大限度地减轻水旱灾害造成的损失。要大力发展科技兴水，促进全社会节水，发展节水农业，搞好节水灌溉，防止浪费和污染，充分利用现有的水资源。

今天，减轻自然灾害已成为全世界的共同愿望。我们诚挚地感谢许多国际组织对我国水利建设的合作和支持，并愿意在此基础上继续加强国际间的交往与合作，为实现联合国提出的减轻自然灾害的目标贡献我们的力量。

进一步完善水库工程管理机制

王守强

（1990 年 2 月）

水库工程承包责任制试行了 1 年，有力地推动了水库的经营管理工作，维护了工程的完整安全，提高了工程效益，增强了经济活力，改善了职工生活，效果是应该充分肯定的。

水库工程管理机制就是在水库经营管理的全过程中各个相关的部分、相关的部门的内在联系和外部联系的总和，属于生产关系的范畴，而不是生产力。是人与人之间的关系，是权利的关系、利益的关系、责任的关系。好的、完善的机制会有效地推动经营管理，反之，也会影响到效益的发挥。我们的领导仅仅考虑生产力是远远不够的，应该重点放在研究生产关系上，激励调动职工的积极性。我认为水库管理机制应该由三部分组成，一部分叫自我起动机制，也有的叫激励机制，就是怎么产生动力，使得单位产生活力。第二个机制是自我约束机制。单位对每个人以及单位本身要受到约束，不能为所欲为，想干什么就干什么，不想干什么就不干什么。第三个机制是调节机制，怎样能运转灵活。对照水库管理机制来看，有些还要进一步研究。

第一部分，自我起动机制。调动职工的生产活力，最有效地产生动力，发挥最大的推动力。要形成这个机制靠什么？我认为产生起动力主要靠两个方面：一方面是责、权、利的结合。这是前一阶段比较重视的。现在看来，只靠责、权、利是不够的。另一个重要方面还是要靠精神文明建设。当前我国还处在社会主义的初级阶段，物质产品还不是极大丰富，劳动还是谋生手段，要改善生活还必须通过劳动，就是说劳动是改善生活必不可少的手段。分配的依据是单位和个人向社会提供劳动量的多少，具体的讲就是劳动时间的多少。所以，你投入较多的劳动就可以得到较多的工资、奖金。承包责任制实际上就是责、权、利相结合，就是尽承包之责，行明确之权，得规定之利。这三者结合得好，承包就比较成功。在承包责任制中，原则上讲要多给经营单位自主权。当然，应该给的自主权给，不应该给的不给。该由下面决定的，上面不要管得太多，原则上是多给下面一些自主权，多给下面一些利益。我们基层的领导还都是有水平的领导，他们能处理好利益分配的问题。如果他连这个问题都处理不好，他就不配当这个领导。总的来说还是多给下面一些经营管理的条件，我们水利工作大部分是在艰苦偏僻的地方，应该给以照顾。具体来讲，对于基数的问题，我是这样理解的，就是与工资报酬相对应的效益和贡献，这两者要相对应。国家给你这么多工资你就应该完成最起码的目标，有个最基本的贡献。奖金应该是相对于超额劳动，多做的贡献。基数对不同的地方、不同单位都不一样，部里也不好统一规定。是否递增或递减，也请各地掌握，原则还是上面讲的，多给一些自主权，多给一些余地。再一个是确定时间是一定一年还是一定几年，也可以由地方协商解决。跟社会上横向比较来看，我们水利职工条件艰苦，贡献不小，除了管理工程，还要搞多种经营，我们的劳动一般都在社会平均劳动时间以上，应该得到社会平均工资待遇以上的工资水平。所以我个人想法，我们水利管理职工的待遇应大于或等于社会平均的增长水平。至于承包形式也是一样，多种形式，不能一刀切。从大家的汇报看，各种承包形式都很好。为什么说好？因为它都推动了本单位的经营管理，管理水平在提高，还没有发现他们的办法是阻碍经营管理的。所以说各种办法都是好的，但有程度的不同。所以希望大家在原有的基础上去总结去研究，研究出更好的办法去调动大家的积极性，做出更大的贡献。第三个是挂钩比例的问题，通过这次讨论我看能不能制定一个幅度，是七比三还是五比五，让各地自己去决定。什么比例适合自己的情况，什么就是好的。希望大家要创造性地工作，研究更好的办法，提高管理水平。

同时，我要提醒大家，关于承包形式问题，要逐步完善，通过政策、法规的形式规定下来，而不是靠领导权威，不能因领导的变化而失去连续性，有必要把好的办法通过试点研究用文字的形式确定下来。关于全奖、全赔、大包干的承包形式我提醒大家要注意，我们过去也搞过。要有一定的基础，有一定的根据，不能蛮干，否则会出现不平衡，要摸索规律。怎么搞好，要因地制宜，不搞一刀切。对不同的形式要有把握。以上所说责、权、利结合的问题是第一个机制，激励机制。

第二个机制是自我约束机制。单位的行为一定要有约束，单位要对国家负责。落实到我们承包责任制上就是要全面考核，进行综合考核，落实到三大任务一起抓。我们之所以提出20项考核指标，就是要全面考核，综合考核，而不是只提出哪几项进行考核，更不是片面地进行考核。具体的有两个方面的工作要做：1.从时间上，要防止只考虑或多考虑当前，不考虑或少考虑长远，防止短期行为。2.防止工作内容上的片面性，保证国家全面要求得以实现。

第三部分，调节机制。要使管理单位调度灵活，运用自如，得心应手。主要决定因素是组织因素、领导班子、机构设置、职能分工、人员编制、指挥调度、规划、计划、项目、规范、制度、措施、守则等等，还有科技手段等。

还有几个水库经营管理上的具体问题：

1.关于水费方面的工作，应强调几点　①积极贯彻94号文件，按供水成本收费。要实现工程自我维持、自我完善，水费占很大的比重。水费是非常关键的，不收好，工作的简单再生产就维持不了。②积极推行以实物计价的收费方式。③要加强水费的使用管理。我知道有些地方拿水费去搞别的东西被审计部门查到了。水费来源于工程要用于工程。这话要讲给领导听，做他们的工作。我们不是把水费收来干别的事情，而是把水费收来用于工程，提高灌溉水平。这样农民容易接受，领导也容易理解。

2.关于正确处理三大任务一起抓的问题　工程效益、工程安全、多种经营三者关系通过实践来看，三者之间是相辅相成的。有些单位搞了综合经营，知道了钱来之不易，花钱的时候就不会大手大脚。搞综合经营学会了精打细算，使得搞工程也精打细算。从整体来说是相辅相成的，切不可对立。搞多种经营既是要充分发挥水土资源和工程效益，也是要增强管理单位的经济活力，改善职工生活。领导要关心职工生活，这是一个恢复劳动力的问题，工作一天有一天的劳动消耗，怎样尽快地恢复，领导必须有很强的意识。从这个角度来讲，综合经营必须搞上去，水费必须收好。三大任务都非常重要。这个关系弄清楚了，就不会对立起来。

3.关于两个支柱一把钥匙的问题　从内容上讲，两个支柱是指水费和综合经营。这两个支柱确实是支柱。至于大家要求增一个投入作为第三个支柱，我想当时钱部长提出这两个支柱主要是对水管单位而言，并不是不要投入。至于有些地方以此来减少投入，这要靠我们自己去做工作。现在我们大家要统一认识。这两个支柱能支到什么程度。我觉得水费到现在为止，从全国管理单位讲，只能支到解决运行管理费和部分大修费。现在还要积极努力，争取水费能解决三项费用，但在这之前我们要争取国家给些投入，解决更新改造资金。要做好宣传。综合经营能支到什么程度，我看目前只能支到适当改善职工的生活。当然有的单位可以改善得好一点，大部分来说只能解决一点奖金，搞点职工福利，想建点房子很多单位都做不到。特别是当前市场竞争如此激烈，大家更应冷静对待。认识统一了，还要多宣传。

4.关于两个文明一起抓的问题　前一段时间我们过分强调了包。现在看，只靠包、只靠经济手段是不行的。要克服以包代管，还是要搞精神文明建设。管理单位怎样搞精神文明建设，我看有几条：①要树立精神支柱，大讲共产主义理想和全国各族人民的共同理想。②大讲为人民服务，大讲为水利作贡献，端正事业职业道德。③正确处理劳动与报酬的关系，通过我们的劳动给国家作出贡献，国家给以报酬。这是一个主从关系，如果颠到过来，就变成一个雇佣关系，就会滋长拜金主义，看钱办事，没钱不办事。④正确处理好国家、集体、个人三者关系。从我国的经济形式来讲，如果个人得的多了，国家就少了，国家治理经济就更困难。⑤遵纪守法，特别要遵守财经制度和纪律，该算帐的老老实实算帐。我建议把精神文明建设列入到承包和考核指标中去，要占据一定的位置。抓好精神文明建设的一个重要任务就是要改善职工生活，要把改善职工生活的好坏列入考核内容。这里面大有文章可做。水管单位地处偏僻，子女就学、就业问题怎么办？一年能解决一个问题也好。还有教育培训问题，职称评聘问题，要用足政策，能放宽的放宽。

5.关于经济效益问题，我想还是多提净收入，少讲总产值，毛收入　要振兴管理工作，就要求我们大家齐心协力去工作。需要我们统一部署的我们义不容辞，需要各级领导分别解决的各级领导一定要照办。要做好领导的宣传工作，要对领导负责。管理部门的同志要和各个业务部门及党政领导人交朋友，和各方面人士交朋友，请他们帮助、支持我们的工作。花大力气搞好我们的管理工作。

有的放矢　搞好减灾科研工作

王守强

（1990年12月）

科学技术是生产力。减轻自然灾害离不开科学技术。当前开展减灾十年活动也就是要通过依靠科技进步提高减灾的效益。因此，如何充分发挥科学技术在减灾工作上的重要作用，是减灾工作的重要环节。专家们为此已经做了许多开拓性的工作，但是，由于减轻自然灾害是一项长期的任务，随着国民经济的迅速发展和人口的不断增加，这一任务越来越艰巨，越来越重大；加上我国抗御自然灾害的能力较低，在某些方面甚至有下降的趋势，减灾形势越来越严峻。我们致力于减灾研究的科技工作者必须再接再厉，继续奋战，为不断减轻各种自然灾害、为攀登减灾科学技术高峰贡献力量。

为了使减灾科学技术研究工作尽快收到实效，我想提三点建议：

第一，进一步有的放矢地开展减灾科学研究工作。要讲究经济效益，努力用最小的投入获取最大的效益。各部门、各地区要结合本部门、本地区的实际，突出重点。要把影响面大、发生频繁的灾种作为重点研究对象，要把效益显著、关系全面的关键措施作为重点研究项目，组织跨学科跨部门联合攻关。在进行微观减灾项目研究的同时，要加强宏观减灾项目的研究。在进行基础理论研究的同时，要加强应用技术的研究。在进行尖端技术研究的同时，要加强常规技术的研究。在进行工程措施研究的同时，要加强非工程措施的研究。

第二，深入减灾第一线推广科研成果。把科研成果尽快转化为生产力，才是科学研究的最终目的。为此，除了各级政府投入财力、物力、人力，组织实施已成熟的科研成果外，从事科学研究的科学技术工作者亲临减灾第一线，向广大群众传授减灾科技知识，建立减灾示范区，很有必要。这样做，不仅有利于科研成果的运用推广，而且有利于科研成果的进一步完善提高。

第三，加强多学科、跨部门的协同作战。减灾是一项系统工程。防灾、抗灾、救灾是减灾工作的三个主要环节。无论防灾、抗灾还是救灾，都需要多学科的科学协作和各部门的密切配合。中国科协在组织多学科的减灾研究方面，已经起到了桥梁和纽带作用。希望各有关学会今后在开展单项灾种研讨活动时，广泛吸收有关方面的专家、学者参加，争取尽快建立和完善包括防、抗、救诸方面措施的对策体系，以各种形式为各级政府统一组织、领导、指挥减灾斗争当好参谋。

新中国成立时面临的严峻水利形势

徐乾清

（1990年12月）

1840～1949年，即自鸦片战争开始至中华人民共和国建立的110年间，我国的水利形势与整个历史形势一样，是一个冲击与探索的年代。江河变迁、水旱灾害形成了影响整个社会经济发展的严峻形势。新中国的大规模江河治理，积极发展水利事业，是客观形势的需要，是历史的必然。本文仅就主要江河演变和洪水灾害的发展，粗略分析一下新中国建立前的水利形势，说明新中国发展水利的历史背景。

一、近代中国主要江河发生了剧变，都发生过历史最大（或接近历史最大）的洪水，成为我国历史上洪水灾害最严重的时期

1.1855年（清咸丰五年），黄河在铜瓦厢决口改道，夺大清河入海。铜瓦厢以上黄河河道发生剧烈溯源冲刷，河道行洪水位大幅度下降。黄河下游的防洪形势则发生了根本变化。但要形成新的防洪体系，需要付出极大的代价。

2.1851年（清咸丰元年），淮河在洪泽湖南端蒋坝附近决口，淮水经三河至三江营入江。1855年黄河北徙，700年黄河夺淮局面从此结束，淮河摆脱了黄河的侵扰和治黄保运的约束，为治理淮河提供了新的条件。但黄河夺淮给淮河水系造成破坏性影响却十分严重，又为治理淮河带来极为复杂和长期艰巨的任务。

3.自1128年（宋建炎二年）河决滑县，黄河南徙，海河水系摆脱黄河的侵扰，形成独立的水系。但自1855年黄河北徙后，又面临黄河洪水泥沙的严重威胁，特别是徒骇、马颊河和漳卫河下游不断遭到黄河决口泛滥的侵扰。由于大运河中断，减少了大运河对海河水系出路的束缚和限制，但大运河对海河水系的恶劣影响，如沿河两岸的淤高，限制运西各河流直流入海和淀洼淤塞湮废，仍将长期难以消除。

4.黄淮海平原经过黄河的长期破坏和自然演变，水系紊乱，洪涝灾害频繁，已成为破坏生产力和动摇社会安定的重要因素。近代政治腐败，帝国主义入侵

和农民不断武装起义，形成了社会的极度动荡和经济的严重破坏。社会经济状况和江河变迁、洪涝灾害互相影响形成恶性循环，江河治理的艰难程度与日俱增。

5. 1860 年和 1870 年长江上游发生了两次特大洪水。长江中游先后冲开藕池口、松滋口，荆江河段形成松滋、太平、藕池、调弦等四口分流入洞庭湖的局面。自此，长江中游江湖关系、荆江河段的演变关系发生根本变化。长江中游防洪形势出现新局面，不断发生新问题，长江两岸防洪矛盾有新的发展。

6. 近代主要江河都发生过特大洪水，对主要江河的中下游产生极其严重的破坏，灾情之重，影响之大，震惊中外。对中国近代历史产生了极其深远的影响，如：

①黄河：1840～1853 年，连续发生特大洪水，13 年中有 7 年决口，特别是 1843 年（清道光二十三年）黄河中游发生千年来最大洪水，花园口以下两岸俱溃，使豫东皖北 20 余州县受灾。1933 年又发生本世纪内最大洪水，冀、鲁、豫 3 省 67 县受灾。黄水泛滥 11000 km^2，灾民 360 余万人，死亡 1.8 万人。1938 年，国民党军队在花园口决口，造成惨绝人寰的大灾难，同时又一次对淮河水系造成严重破坏。

②长江：1788～1870 年间，长江中游在不到 100 年的时间里发生了 3 次大于 100 年一遇的洪水，其中 1870 年是 1153 年以来最大洪水。每次洪水江汉平原和洞庭湖区都是一片汪洋，最大淹没范围达 3 万 km^2，造成极其严重的损失，形成四口分流入洞庭湖的局面。本世纪内，1931 年长江中下游平原地区又发生特大洪水，淹没农田 5000 余万亩，死亡 14.5 万人，汉口被淹达 3 个月之久，洞庭湖区、江汉平原和太湖流域灾情最为严重；1935 年，汉江、澧水又发生特大洪水，淹没农田 2200 余万亩。澧水尾闾死亡 3 万余人，汉江下游遥堤决口，汉北平原死亡 8 万余人。

③淮河：1905 年、1921 年，沂、沭、泗流域和淮河流域分别发生大水，苏、鲁、皖灾情十分严重。1931 年淮河又发生特大洪水，淹没农田7700万亩，死亡 7.5 万余人，干支流普遍泛滥，里运河开归海坝，里下河地区一片汪洋。

④海河：本世纪内先后发生 1917 年和 1939 年两次大水，潮白河、永定河、大清河普遍泛滥，天津全市进水，灾情十分严重。

⑤辽河：1861 年辽河下游决口冲入双台子潮沟，以后遂形成双台子河。1894 年西拉木伦河在台河口以上决口，形成了新开河。辽河水系发生了明显变化。1886、1888、1917、1923 和 1930 年辽河干流东侧主要支流和大凌河均先后发生洪水，每次造成十余州县的水灾。

⑥松花江：1932 年松花江发生特大洪水，64 县市受灾，3000 万亩耕地被淹，哈尔滨市被淹达 1 月之久，全市 80%的人口受灾，死亡达 2 万余人。

⑦珠江：1915 年发生特大洪水，西江北江分别达到 200 年一遇，而且同时并涨，三角洲堤圩几乎全部溃决，广州市被淹达 7 天之久。

据调查分析，近代特大洪水泛滥淹没农田范围达 70 余万平方公里，都是中国人口最为密集、经济发达的地区。巨大的洪水灾害，不仅经济损失惊人，人口死亡众多，造成社会的严重动荡，同时还使基础十分薄弱的防洪设施不断遭受破坏，每遭破坏又无力修复，于是大雨大灾、小雨小灾已成为中国广大东部地区的普遍现象。这 100 年成为中国历史上水灾最为严重的时期。

二、近代对江河治理的探索，取得了一定的进展，而付诸实施者甚少

近代历史，历经清末和民国两个时期，其共同点是政治腐败，经济凋敝，战乱不已，社会动荡，民穷财匮，都没有把安定社会、发展经济放在重要位置上。但江河治理，特别是大江大河的治理，需要一定的社会经济环境、巨大的财力和国家行政的组织领导力量。这些条件在整个近代历史中都是不具备的。但是统治阶层有识之士和爱国爱民的知识分子却不断进行探索，孜孜不倦地促其实现。他们所做的贡献是不容忽视的。近代对江河治理的探索，大体集中在三个时期：19 世纪 70 年代，太平天国及与之有联系的各种农民起义都失败了，清朝统治者暂时渡过了被推翻的危机，清朝少数上层人士，面对江河剧变（不断加剧的洪水灾害），开始关注江河治理，着手进行调查测量；民国肇始、第一次世界大战结束之前，民族经济略有发展之际，从孙中山的“建国方略”到张謇等人的导淮倡议，推进了江河治理的探讨研究。20 世纪 20 年代末至抗日战争前夕，以李仪祉为代表的向西方学习科学技术的知识分子，引用西方科学技术，对江河治理的方向和规划提出各种建议和方案，将江河治理的工作推向一个新阶段。这三个时期的主要贡献是：

1. 引进西方科学技术，设置气象水文站点，进行江河、港口测量，引用近代科学技术分析江河演变规律和水工技术。

2. 开展了江河治理方略的探讨，对主要江河提出了轮廓规划。从 19 世纪 70 年代起，对江河变化和治理方向展开过探索和争论，如黄河堵塞决口和挽河南归与修筑新堤就势北流之争；淮河入江尾闾的治理与分流入海的议论，长江中游塞口还江与退田还湖之争。

这类问题的争论对江河演变的认识和治理方案的研究是有帮助的。20世纪30年代初，学习西方水利技术的先驱利用近百年来的水文、气象测量资料，亲自进行实地踏勘研究，以现代科学技术观点研究编制了主要江河的初步规划。至抗日战争前夕，淮河、海河、黄河、长江、珠江等大江大河都有了比较全面的治理规划和重点工程查勘研究，这是江河治理的一大进步。

3.按照近代科学技术的要求培养了水利建设人才。从1915年张謇倡议设立"江苏河海工程测绘养成所"和南京河海工程专门学校（1924年改名河海工程大学）起，开始用近代科学技术培养水利人才，李仪祉等发挥了重要作用。此后，北洋大学、清华大学、中央大学等先后设立土木工程系水利组或水利系，使水利人才逐步壮大。在发展水利教育的同时，水利实验研究机构逐步建立，开展了水力学、土力学、材料力学、河工学等方面的试验研究，对气象水文资料和水利历史文献的整编也做了不少有益的工作。

4.沿海城市被迫对外开放，出于商业贸易的需要，港口、航道、江河治理的要求日益迫切。清末民初，外国殖民者与中国民间合作，对局部河段进行了整治，如天津海河和上海黄浦江的治理，收到了一定的效果。20世纪30年代，我国自行设计、自行施工修建了一批水利工程，也发挥了一定作用。

江河治理、防治水灾是国家大事，是安定社会发展经济的重要条件。但治理江河，由于工程大，投资多，涉及千家万户，没有良好的政治经济环境是无法举办的，特别是进入20世纪以后，江河水系紊乱，洪水灾害频繁，我国主要江河如果不采取治本措施是难以见效的。这种治本措施动辄一项工程即需银上千万两，须数年之久，在近代100余年内实在没有必须的条件。因此，众多的仁人志士和专家学者，虽怀报国之心，坚持不懈地探索追求，提出了不少的建议和方案，但言者谆谆，听者藐藐，迄无显著成效。这不能不使人感到遗憾和痛心。

三、新中国成立前的江河治理形势

1.自1855年以来，到新中国成立前夕，主要江河变化已逐步趋于稳定，不可能恢复到19世纪50年代以前的状况，但河道恶化日趋严重，洪水灾害的威胁不断增加。黄河下游已基本稳定在改道后的流路上，但经过1938年花园口决口改道和1947年在未作好必要准备的情况下的强制堵口，都给下游河道造成严重危害。1949年前黄河伏秋大汛和凌汛期间，在中小洪水时，即随时可能发生决口泛滥。淮河流域，排洪出路不畅，入江能力不足，入海极为有限。自1881年至1949年开放归海坝8次，里下河地区洪涝灾害无法解除。1938年花园口决口后，淮北各河破坏十分严重，洪涝灾害进一步加重。沂沭泗尾闾紊乱不堪，洪涝不分，泄量很小，连年水灾不断。淮北平原、里下河地区和沂沭泗下游平原已成为当时水灾最严重的地区。海河水系1939年以后虽无大水，但一般年份洪涝灾害面也很大，洪涝都没有适当出路。长江中游，自四口分流入洞庭湖的局面形成以后，洞庭湖区每年淤积1亿m^3以上，湖滩不断围垦，调蓄洪水能力不断下降，洞庭湖水面19世纪初为6000 km^2，1949年已下降到4000多km^2。沿江河湖洲滩淤积围垦，江河水位普遍抬高，河湖蓄泄能力普遍下降。其它主要江河都有类似情况。由于自然和人为因素，江河恶化的程度不断加剧。洪水灾害对社会经济的严重破坏，沿江河海的广大人民群众，每年防汛修堤的负担极重，而又得不到安全，主要江河已到了非治不可的程度。

2.全国主要江河防洪设施极为薄弱。除少数主要堤防如黄河大堤、荆江大堤、洪泽湖大堤等有专设机构和人员进行修防外，绝大部分的堤防依靠群众自行修守。限于财力人力，大都残破不全，不能及时养护维修，防洪能力很低。沿海海塘残破不全，防风暴潮的能力下降，但沿海人口增加和经济增长都较快，迫切要求提高防潮能力。主要江河除东北地区部分河道有少数水库（如松花江的丰满水库，辽河流域的二龙山水库）可以调度外，其余各河没有一座调度水库，每遇较大洪水，依靠天然湖泊洼地滞蓄，作用有限，不能防止堤防自然漫溃。每遭遇一次大洪水，江河防洪设施就遭受一次大破坏，长期难以修复。

3.水土流失不断加剧。山丘区山洪、泥石流、滑坡、岩崩等山地灾害不断加重，平原河湖洼地不断淤积，蓄泄能力下降。特别是黄河中游黄土高原水土流失大量增加，本世纪初以来，平均输沙量已达每年16亿t。黄河下游河床持续淤高，"悬河"的危险程度与日俱增，河口流路不断变化延伸，使黄河的防洪更为困难。华北的永定河、东北的辽河，河道淤积也日趋严重。

4.人口的不断增加，与水争地不断加剧，影响了河湖蓄泄能力，同时又加重了防洪的任务和要求。19世纪50年代末，全国人口达到4.4亿。由于频繁的战乱和水旱灾害，人口一度曾下降到3.6亿，但到1912年（民国元年）人口又达4亿。至1949年人口已达5.4亿。人口增加最多的是沿江河的中下游平原湖区和滨海地区。为了扩大生存空间，不断与水争地，天然湖河滩地不断缩小；行洪障碍不断加多，增加了江河洪水决口泛滥的机会，洪水灾害的损失和社会影响越来越大。

上述情况是建国初期所面临的严峻形势。新中国的成立，迅速统一了全国，安定社会、恢复生产、发展经济成为亿万人民的要求，而最迫切的任务就是进行江河治理，防治洪涝灾害。中国共产党的坚强领导和广大人民群众的热情拥护，又为治理江河创造了有利条件。因此可以说，新中国成立后的大办水利，全面进行江河治理，是顺乎民意、符合历史发展的必然规律的，所取得的巨大成绩是对中国历史发展的巨大贡献。100多年来的志士仁人和杰出的知识分子对治理江河的探索和贡献，都在新中国水利事业发展中得到体现，也可以使他们在九泉之下得到安慰。20世纪90年代，中国江河治理仍然面临着艰巨的任务，但在社会主义的优越条件下，完全有可能胜利完成江河治理的重任。

我国水资源的问题及其解决途径

张光斗 陈志恺

当今世界正面临人口、资源、环境三大问题，水属于资源又和其他两个问题有密切关系，因此水资源的开发、利用和保护已为世界各国所重视。随着人口的增长，经济发展，以及人类物质文化生活水平的提高，人类社会对水的需求日益增长，特别是目前世界上不少国家和地区，已经不同程度地发生了水源危机以后，水资源日益成为不亚于能源和粮食不足的一个严重问题，并已成为当今世界各国社会经济发展的重要制约因素。

一、我国水资源的特点

（一）水资源量

水资源通常指逐年可以得到更新的那部分淡水，它是一种动态资源，包括地表水、土壤水和地下水，其补给来源主要是大气降水。

在我国辽阔土地上，多年平均降水总量约61900亿 m^3，折合降雨深648 mm，小于全球陆地平均降雨深（800 mm）约20%。降水量中约有56%消耗于蒸散发，44%形成径流。

全国河川多年平均径流总量为27100亿 m^3，折合径流深284 mm，其中包括地下水补给量约6780亿 m^3，冰川融雪补给量560亿 m^3。平均每年流入海洋和流出国境的水量为24560亿 m^3，占河川径流量90%。

地下水天然资源量多年平均约8300亿 m^3。扣除地表水和地下水相互转化重复估算部分，我国水资源总量约28100亿 m^3（见表1）。

表1 **分区多年平均年降水量及水资源量**（1956～1979年）

分区	面积（万 km^2）	降水量		径流量		地下水资源（亿 m^3）	水资源总量（亿 m^3）
		mm	亿 m^3	mm	亿 m^3		
Ⅰ黑龙江	90.3	496	4476	129	1166	431	1352
Ⅱ辽河及其他河	34.5	551	1901	141	487	194	577
Ⅲ海滦河	31.8	560	1781	91	288	265	421
Ⅳ黄河	79.5	464	3691	83	661	406	744
Ⅴ淮河及山东诸河	32.9	860	2830	225	741	393	961
Ⅵ长江	180.9	1071	19360	526	9513	2464	9613
Ⅶ东南诸海	24.0	1758	4216	1066	2557	613	2592
Ⅷ珠江及华南诸河	58.1	1544	8967	807	4685	1116	4708
Ⅸ西南诸河	85.1	1089	9346	687	5853	1544	5853
Ⅹ内陆河	337.4	158	5321	34	1164	826	1304
全国	954.5	648	61889	284	27115	8288	28124

注 内陆诸河包括额尔齐斯河。

（二）水资源特点

1.我国水资源总量不算太少，但按人口、耕地平均，占有水平很低。我国河川径流总量居世界第6位，低于巴西、苏联、加拿大、美国和印尼。但由于国土辽阔，人口众多，按人口、耕地平均，人均亩均占有水量均低于世界平均水平。人均占有量只有世界平均的1/4，亩均占有量只有世界平均的3/4。因此正确处理好人与水和地与水两方面的关系，比世界上任何一个国家都要艰巨、复杂。

2.水资源分布极不均衡，水土资源组合很不适应。我国降水量的分布由东南沿海向西北内陆递减，降水量和径流量在地区上的分布极不均匀，并且与人口、耕地的分布不相适应（见表2）。全国水资源有81%集中分布在长江及其以南地区，耕地面积仅占全国36%；淮河及其以北地区，耕地面积占全国64%，而水资源仅占全国的19%。其中：黄、淮、海、辽四河流域内耕地占全国42%，而水资源只占全国的9%。因而形成了南方水多耕地少，水量有多余；北方水少耕地多，水源短缺的局面。要改变这一格局，必需从战略上研究将南方多余的水调到北方缺水地区的工程措施，在地区上对水资源进行合理的再分配。

3. 降水及径流的年内分配集中，年际变化很大，连丰、连枯年份交替出现。受季风影响，我国大部分地区的降水量在年内和年际之间有很大的变化、汛期四个月的降水量和径流量占全年60%～80%，集中程度超过欧美大陆，与印度相似。年径流历年最大和最小的比值，在长江、珠江、松花江为2～3倍，黄河为4倍，淮河、海河则高达15～20倍。

表2　水资源、人口、耕地的统计对比

分区			占全国（%） 水资源量	人口	耕地	人均水量（m³/人）	亩均水量（m³/亩）
外流河	北方	东北诸河	6.9	9.8	19.8	1960	637
		海滦河	1.5	9.8	10.9	430	251
		淮河及山东半岛诸河	3.4	15.4	14.9	623	421
		黄河	2.6	8.2	12.7	874	382
		小计	14.4	43.2	58.3	938	454
	南方	长江	34.2	34.8	24.0	2763	2620
		珠江及华北诸河	16.8	11.0	6.8	4307	4530
		东北诸河	9.2	7.4	3.4	3528	4920
		西南诸河	20.8	1.5	1.7	38431	21800
		小计	81.0	54.7	35.9	4170	4130
内陆河（含额尔齐斯河）			4.6	2.1	5.8	6287	1467
全国			100.0	100.0	100.0	2730	1870

注　文中北方包括内陆河。

我国的主要江河都曾出现过连续几年来水较丰或连续几年来水较枯的现象。例如：黄河在近60年内曾出现过连续11年（1922～1932）的少水期，平均径流量比正常年份少24%；也出现过连续9年（1943～1951）的丰水期，平均年径流比正常年份多19%。

降水量和径流量在时程上的剧烈变化是造成一些地区水旱灾害出现频繁、农业生产不稳定和水资源供需矛盾十分尖锐的主要原因，也决定了我国江河整治，水资源开发利用的长期性、艰巨性和复杂性。

二、水资源利用现状和问题

（一）利用现状

建国以来，我国水利事业有了很大的发展，全国兴修了大量蓄水、引水、提水工程，为灌溉、发电、供水、航运等事业提供了大量水源，有力地促进了我国经济的发展和人民生活水平的提高。

1980年，我国各种水利设施的总供水量为4437亿m³，约占全国水资源总量的16%。其中：引用河川径流量3818亿m³，占86%；开采地下水619亿m³，占14%。总供水组成：农业用水占88.2%；工业用水占10.3%；城市生活用水占1.5%。全国平均人均用水量为452 m³/年。与先进国家相比较，我国目前用水的水平还比较低，人均用水量仅相当于美国的1/5，苏联的1/3，全世界平均的3/5（见表3）。

我国水资源开发利用很不平衡。南方水多的地区利用程度较低，长江只有14%、珠江13%，浙闽诸河不到4%，西南诸河则不到1%。北方水少的地区，地表水开发利用程度都比较高，如海河的利用率达到61%，辽河达到52%，内陆河达到49%，黄河41%，淮河达到32%。地下水的开采也是北方高于南方，对北方半干旱和干旱地区的工农业生产发展和城市建设起到了重要作用。目前海河平原浅层地下水的利用率已达到93%，黄河流域为54%，其它流域浅层地下水的利用率不到30%，还有一定潜力。

（二）主要问题

我国几千年的历史和建国40年的实践证明，兴修水利对我国经济文化发展具有特别重要意义。水是农业的命脉，实际上也是国民经济的命脉。农业离不开水，工业离不开水，人民生活离不开水。水关系到各行各业，千家万户。由于我国人均、亩均水资源量偏

表 3　　中外用水量的统计对比（不包括海水利用）

国家	统计年份	总用水量（亿 m^3）	人均用水量（m^3）	占总用水量（%）			
				农业用水	工业用水	城市生活	其他用水
中国	1980	4437	452	88.2	10.3	1.5	
美国	1975	4676	2184	48.7	43.4	7.9	
苏联	1975	3314	1304	48.9	32.0	4.8	14.4
印度	1974	4240	691	92.7	4.0	3.3	
日本	1981	882	792	65.8	18.2	16.0	
全世界	1975	30000	744	70.0	21.0	5.0	4.0

低，水资源时空分布极不均匀，近年来用水增长很快，新的水资源工程没有跟上，原有工程的调蓄能力有限，因此在水资源的开发利用上出现了以下问题：

1. 农业灌溉处于停滞、萎缩状态。农业用水是我国用水的大户。1980 年全国农业用水已达到 3912 亿 m^3，其中农田灌溉用水 3580 亿 m^3，约占总用水量的 80.7%，其他林、牧业、副业和农村人畜用水 331 亿 m^3，约占 7.5%。从 1950～1980 年，我国农田的灌溉面积由 2.4 亿亩增加到 7.3 亿亩，灌溉面积占耕地的百分率由 16%提高到 48%。根据 1980 年资料分析，占全国耕地面积 48%的灌溉农田，生产了占全国 74%的粮食。由此可见灌溉农业的发展，在保证和提高我国农业单产方面所起的作用是十分明显的。

表 4　全国前后期受旱面积统计对比

项目	1957～1963	1971～1979	1980～1986
年数	7	9	7
平均受旱面积(亿亩)	4.01	4.26	3.40
最大(亿亩)	5.72	6.03	4.66
平均成灾面积(亿亩)	1.63	1.21	1.59
最大(亿亩)	2.80	2.70	2.21
成灾率(%)	40.70	28.40	46.70

但是，我国农田灌溉的发展，在 70 年代以后基本处于停滞和萎缩的状态。全国灌溉面积 1980 年达到 7.3 亿亩以后开始明显下降。1981～1984 年全国累计新增加灌溉面积 4136 万亩，但由于占地又减少了 4867 万亩，净减 731 万亩。1984 年的灌溉面积 7.26 亿亩，仍停留在 1978 年水平。由于在全国 15 亿亩耕地中，目前尚有 8 亿多亩耕地没有灌溉设施，经常受到干旱威胁。1980～1986 年，全国农田平均受旱面积为 3.4 亿亩，其中减产三成以上成灾的面积为 1.6 亿亩，成灾率高达 46.7%，与 70 年代相比较，我国农田的抗旱能力已有所下降（见表 4）。此外，由于工程老化、年久失修和水源不足，在现有的 7.3 亿亩灌溉面积中，约有 1.2 亿亩没有充分发挥效益，每年实际灌溉的面积只有 6 亿亩左右。因此，对我国农业生产的发展带来了不利的影响。

2. 城市和工业用水增长迅速，供需矛盾日益突出。目前，我国城市和工业用水所占比重尚不大，1980 年全国城市和工业用水量为 525 亿 m^3，约占全国用水总量 11.8%。但由于用水的地点非常集中，年增长速度较快，随着工业生产和城市建设的迅猛发展，我国大中城市的供水日益紧张。由于大部分城市依靠开采地下水供水，新的水源工程没有跟上，全国有 200 多个城市缺水，平均日缺水量 1240 万 t，其中约有 40 多个城市严重缺水，造成的经济损失近 200 亿。由于城乡超量开采地下水，致使我国北方广大平原地区地下水的水位大幅度持续下降，有些城市每年平均下降 1～2 m，形成了地下水位下降 50～60 m 的大漏斗。有的地方地下含水层接近疏干，有的城市地面沉降十分严重，在滨海地区甚至出现海水倒灌、海水入侵等情况，大大恶化了平原地区的生态环境，缺水造成的后果十分严重。值得注意的是发达国家工业和城市生活用水量约占总用水量的 40%～50%。随着我国工业和城市的发展，用水量还会增加，工业和城市生活用水将更为紧张。

3. 气候持续干旱我国北方水源危机更为突出。综上所述，我国北方城市和工业用水激增，供需矛盾突出。继 1972 年和 1978 年两次大旱之后，从 1980 年到 1988 年我国北方气候又持续干旱少雨，京、津、冀、鲁各省、市的降水量明显偏少，大部分地区九年平均的年降水量减少了 10%～25%；年径流量减少了 20%～50%，由于来水减少，不少地区河流干涸，水库蓄不上水，地下水位持续下降，水源危机更为突出，同时也暴露了现有水利设施供水的保证率偏低，在干旱年份更不能保证城市正常供水。

我国北方缺水的省、直辖市，包括北京、天津、河北、山西、豫北、鲁北胶东和辽宁中南部，都是我国人口稠密、城市和工业化程度、经济高度发达的地区。建国以来，国家对这些地区进行了大量的水利投资，1980 年供水 658 亿 m^3，水资源的开发利用程度已达到

70%，居全国首位，但人均供水量仍只有 374 m³，还远远不能满足当地经济迅猛发展的需要。可见经济发展过快，用水量超过当地水资源的承受能力，也是这些地区水资源紧缺、供需矛盾突出的重要原因。

4. 投资减少供水能力衰退。在“六五”期间，大部分省、自治区、直辖市的水利投资比“六五”以前下降 50%以上，水利投资大幅度减少，新的水源工程增加极少，完全依靠吃 50 年代和 60 年代兴修水利的老本，工程老化、年久失修，又无力更新，水利工程供水能力有明显的衰退趋势。

5. 用水浪费，水污染日趋严重。当前工农业用水一方面很紧张，另一方面浪费很严重。由于思想不重视，管理不善，制度松弛，用水无计划，节水无措施，造成用水定额普遍偏高，重复利用率一般偏低，而工业废水和城市污水又大量任意排放，污染水源和土壤，不合理的用水进一步加剧了水资源供需不平衡的矛盾。

据统计，1985 年全国工业废水和城市污水总排放量达 342 亿 t，其中工业废水占据 3/4，约有 80%未经处理直接排放，城市污水处理率只有 2.4%。据全国水质调查评价的 9.5 万 km 河段，受到不同程度污染的占 20%，严重污染的占 5.2%。随着乡镇企业的兴起，水污染正向面上发展，向乡村小河沟扩散。根据环保部门分析，我国因水污染每年造成的直接经济损失在 300 亿元以上，对人民健康的危害则更大，而且贻害于子孙后代。

三、解决华北缺水的途径

随着人口的增长，人民生活水平的提高，我国用水量还将进一步增加，根据经济发展的规划目标，初步预计：到本世纪末，全国农业、工业和城市的总需水量将较 1980 年净增加 1500～2000 亿 m³，增加新的供水水源，需要大量资金和时间，无论从资金和资源条件分析，都有困难需要克服。预计到本世纪末，全国缺水约 700 亿 m³，主要集中在北方水资源贫乏的黄、淮、海、辽四个地区，缺水量在干旱年分将达到 400～500 亿 m³，水资源供需矛盾将进一步激化。要缓解北方的干旱缺水和沿海城市水源不足的矛盾，必需采取节流和开源并重、保护和管理相结合的方针，从开发、利用、保护、管理各个方面研究采取综合有效的对策措施。在全面节水的基础上，积极开辟新水源，大力提高水的有效利用率，加速向节水型经济方向转变，才能逐步满足日益增长的用水需要。

(一) 节约用水

解决缺水问题，首先要抓节约用水。通过建立节水机构，加强对节水的宣传教育，并采取征收水费、调整水价、实行计划供水等行政、法律和经济手段，大力开展节水活动，可取得明显的节水效果。从 1978 年到 1984 年，京、津两市的工业总产值分别增长为 1.8 倍和 1.6 倍，但由于工业用水的重复利用率由 46%～50%，提高到 72%～73%，万元产值取水量的减少使工业取水量不但没有增加，反而有所下降。

在农业用水方面，除了推广喷、滴灌，管道灌溉等节水灌溉技术，采用适当的渠道防渗措施外，又逐步推广冬小麦和水稻等农作物的节水灌溉制度，取得了节水、节能、省工、增产的成功实例。但由于先进的灌溉技术如喷、滴、灌投资较大，要因地制宜用于菜地等经济作物上，目前尚不能普遍推广。要大量节约农业用水必需有技术措施。由于农业是用水大户，必需抓紧节水，需要大量投资。

工业节水潜力很大。目前工业用水的重复利用率虽有所提高，而耗水定额仍偏高，以首钢为例，重复用水率，又达到 80%以上，而每吨钢用水约 18 t 左右。目前国际水平每吨钢用水约 10 t 左右，要进一步节水，就必须改革技术装备。从工业节水的效果看，它具有较大的经济、社会和环境效益，但节水也需要投资。在开展节水的初期，少量投资即可取得较高节水效益。例如，通过节水，可以减少废水排放量，从而延缓排水管道和废水处理建筑物的投资和运转费用。据统计：节水初期，节约日供水量一吨投资约为 100～200 元，比新增加的供水工程的投资要低。随着节水工作的深入发展，节水的难度也在加大，所需的节水投资也在增加。今后节水工作能否深入，增加节水的投入是重要条件。

总的说来，无论工业或农业节水的潜力很大，但由于措施不力，政策不配套，投资不落实，不少地区节水的进展缓慢，还需结合技术改造，采取有力措施进一步推动节水工作向前发展。

(二) 积极开辟新水源

开源首先要充分合理地开发当地水资源。我国北方已修建了大量水库，还有少数河流可修建水库，如拒马河等，还有些河流有弃水，可增建水库，如滦河等。还有些地下水可开采利用，但大部分地区地下水已超采，必须严格控制减少开采量。开发当地水资源虽然数量不多，但还是有可为的。

其次是跨流域引水，华北地区水资源紧缺，跨流域引水势在必行。如山西能源基地把黄河水引至桑干河和汾河流域，河北省的引黄入淀。至于引滦入京等工程是华北地区水资源的内部调剂。京、津两市和山东、河北两省必须靠引江的南水北调工程，其中以东线最为现实可行。黄河的年径流只有 400～500 亿 m³，随着黄河流域工农业的发展，其本身用水并不富裕，难于外调，而且黄河还需要保持有一定水量，冲沙入海，更难外调。所以近期黄河可能有少量水可外调，但不久将来即不能外调了。

(三) 污水资源化，海水利用和地下水回灌

开源的另一途径是污水资源化。目前有大量城市污水未经处理排放入河道，既污染了水源，又污染了土壤，贻害于人民。以北京市为例，每年排放污水有7—8亿立方米，如加以处理回用使污水资源化，既可增加供水量，又可以起到治理污染的作用。我国环境保护法规定：谁污染谁治理，虽然污水处理费用较大，但为防治污染，改善环境也是必需的，何况比跨流域调水还节省，应当将污水处理回用与污染源的治理有机结合起来，运用法律手段控制水污染的发展。

还有一个利用海水问题。华北地区海岸线很长，沿海地区可以大量利用海水作为工业冷却用水，青岛、大连利用海水，有比较丰富的经验，其他沿海城市也应当尽量利用海水替代淡水，解决当地淡水资源短缺的问题。海水淡化需要消耗大量电能，成本很高，目前尚难于大规模推广应用。

华北地区从70年代以来，累计超采地下水约300亿m^3。在气候持续干旱，地表水短缺的情况下，动用地下水的动储量，抗旱救灾，使工农业生产得以正常进行，地下水所起的作用是十分明显的。今后应利用引黄、引江的余水，汛期多余的洪水，修建必要的回灌工程措施，促使地表水向地下转化，通过地表水和地下水的联合调控，进一步提高华北地区抗旱能力，这是十分重要的。

(四)开发利用水资源应是国家经济建设战略重点之一

由上可见，水是经济建设的命脉。华北地区已存在水资源危机，我国其他地区也存在着不同程度的水资源紧缺问题。水资源不足将卡经济建设的脖子，其重要性不亚于能源、交通、原材料等。因为用水量大，运输困难，所以在有些地区其重要性比能源、交通等还大。但是社会上还有错觉，认为水来自自然，用之不尽，取之不竭，而实际上水资源是有限的，目前已存在着危机。水资源的开发利用，既费钱，又耗时。宜未雨而绸缪，毋临渴而掘井，现在已为时不早了。

在另一方面，洪水还未根治，存在着洪水威胁。华北地区海河流域如遇大洪水，将发生洪水灾害。以永定河为例，如遇到2000 m^3/s的洪水，频率不超过100年一遇，但因堤防不够高大，北京仍有被淹的危险。至于黄河、长江等主要河流，防洪标准都不到100年一遇洪水。所以我国防洪任务还是十分艰巨的。

水资源的除害兴利，关系到国家的命脉，必须列为国家经济建设的战略重点之一。目前党和政府虽对水利建设已十分重视，但还要进一步重视，并号召全国人民重视水资源的开发利用。

(五) 开发利用水资源应按经济规律办事

开发利用水资源是兴利事业，需要投资和管理费用。供水有成本，像其他生产企业一样，应按经济规律办事。但是目前基本上还是无偿供水或低偿供水。各地也收些水费，但主要是自来水厂的费用。开发水资源的成本，包括投资本息、维护费、大修费、管理费、税金等，基本上得不到补偿，甚至管理人员的工资都有困难，维修、大修更有困难。也收一些地下水资源费和排放污水费，但是没有用来回灌地下水和处理污水。

这种情况是习惯造成的。在解放初期，动员农民开发水资源，由国家投资，主要用来灌溉农田。由于农产品价格低，所以暂时无偿供水或低偿供水。但这也不利于农业节约用水。目前情况变化了，工业和城市用水量激增，供水紧缺，但是习惯思想认为供水应该无偿或低偿的，不承认供水是商品。实际上供水是商品，是有成本的。

当然也应该指出防洪建设是社会福利，应有国家和地方负担费用，不能作为商品。开发利用水资源的产品和任务是供水、供电、供航运，这些是商品，应有用户负担成本。

由于目前开发利用水资源不按经济规律办事，其后果一是难于筹集资金，工程规模难于控制，这样水资源工程建设不能进行。以南水北调一期工程为例，设计中已年调水200亿m^3左右，长江的生态环境已受到海水入侵的影响，要堵塞叉口才能解决，但引江尚未过黄河。长江能引的水毕竟是有限的，沿线各省市因不负担供水成本，要求水量猛增，使工程规模巨大，难于实现。而且引水有限，沿线尽量利用、水很难到达京津。这样的南水北调国家和地方都不肯投资，用水户、通航户不肯负担成本，使工程无法兴建。即便兴建，水也很少能到达华北地区。此外沿线城市大量污水都排入南水北调运河，污水处理费也要国家投资。南水北调是势在必行的事，但如不按经济规律办事，用水户不负担成本，排污水的不负担处理费用，南水北调就难于实现。国家投资是全民投资，以全民投资来解决部分地区的用水问题，这也是不合理的。开发利用水资源必需纳入有计划的商品经济范畴。

后果之二是节约用水难于开展。因为节约用水要改革装备，需要投资。目前水费很低，节水成本高，在经济上不合算，因此难于集资。节约用水全靠号召和觉悟，是不行的。

后果之三是地下水继续超采，污水得不到处理。目

前虽收少量开采地下水费和排污费，但不能抑制超采地下水和排放污水。而所收地下水资源费和排污费，也不用来补偿地下水，回灌地下水也难于开展。水源和土壤继续被污染。

后果之四是管理费不足，管理人员不能专心致力于管理，改善已建工程，连维修、大修都不能进行，已建工程日益老化和失修。

由上可知，如不把开发利用水资源纳入商品经济范畴，解决华北地区用水问题的途径难于实施，无论节约用水、开发华北地区水资源、污水水资源化和回灌地下水、跨流域引水等，都难于开展，陷于困境。

关键问题在于使用水户负担供水成本，以便偿还投资本息、维修费、大修费、管理费、税金、合法利润等。这样就能集资，维修和管理费用有着落。由于水费高了，用水户愿意集资搞节水措施。这样才能顺利解决华北地区用水问题。我国其它地区也有同样情况。

社会上流传一种说法，用水户无力负担供水成本，这是不符合实际的。如每吨供水收费 0.2～0.5 元，居民每月用水 2.5 t，要付水资源费 0.5～1.25 元，四口之家，付水费 2～5 元，是力所能及的。炼钢一吨用 15 t 水，需付水费 3～7.5 元，占炼钢成本很小的一部分。其他行业都是如此，是完全能负担的。以密云水库为例，每年供水 5 亿 m^3，可收水费 1～2.5 亿元，有能力偿还投资本息，且有一定利润。南水北调由于工程巨大，投资大，抽水还要电费，所以每吨供水费可能在 1 元以上，可见节约用水的重要性。较为困难的是农业用水，由于农产品的价格较低，农民无力承担供水成本。但仍要收一定费用，是农民能负担的，以促进节约用水。与供水成本的额差，可由工业和生活用水水费补贴，如开发利用水资源中有水电的，可用电费补贴。如开发利用水资源的项目专为农业的，则其差额由国家和地方补贴。这样使开发利用水资源能符合经济规律。国家和地方补贴农业用水并不增加国家和地方开支，因为这笔钱用来偿还投资本息，不过转账而已。

至于超采地下水的费用如何定价，需要研究，或者等于回灌地下水的费用，或者等于开发其他水资源的费用。

必须牢牢记住，关键在于天然水资源有限，用水不能超过能供给的，必须使供水与用水平衡。超过供水的可能性，有钱也买不来水。

（六）*多学科联合攻关，妥善解决华北缺水的问题*

解决华北地区用水问题的途径如上所述，其中有许多科学技术问题需要研究，如水资源的评估，水资源的调度系统工程，工业、农业、城市、生活用水的节水措施，灌溉用水制度，开发水资源的工程技术问题，包括跨流域引水、污水处理的科学技术、地下水回灌的工程技术、管理维修的工程技术、海水利用和海水淡化的工程技术等。此外，还涉及到环境工程和生态保护问题。这些都是自然科学的问题，有的需要改进现有的工程技术，有的需要发展新的科学技术。

然而光靠自然科学研究还不行，必须要研究社会科学问题，如水利经济中的成本和水价问题，筹资方法、各种水费的互相调剂、国家和地方补贴农业用水办法、地下水水费问题、污水处理收费问题、水资源开发利用的管理体制问题，以及工农业及城市发展规划等问题。这些社会科学问题过去较少研究，有的问题没有结合水利经济来研究。而这些问题都是解决华北地区用水问题的关键。

过去讨论解决华北地区用水问题的途径偏重于自然科学方面。看来必须社会科学与自然科学结合起来，才能真正得出解决华北地区用水问题的途径。

巩固和扩大水利产业的设想

张季农

（1990 年 11 月）

为适应国民经济和社会发展的需要，水利作为基础产业应在巩固已有建设的同时，扩大加强这个基础。要和能源、交通、农业等基础产业一样，采取措施体现出发展的超前性。水利产业更应抓好如下几项工作：

1. 制定中长期水资源开发利用计划。我国水资源既少又分布不平衡，各地区国民经济发展有快有慢，对水资源的需求有多有少，制定全国中长期水资源开发利用计划十分必要。各流域机构制定的流域水资源利用和经济综合开发规划，应组织审查论证后报政府或人大批准，作为各流域治理与开发的依据，并在此基础上制定全国性中长期水资源开发利用计划，提出某些大型工程建设时限，并根据执行计划的需要向中央和国务院建议制定有关水利基础产业的倾斜政策，以便批准后执行。批准的规划在若干年后需要修改时再予以修改。这些也是以法治水的法律依据。

新建工程应在可行性研究阶段认真地研究工程的投入与产出的效益计算，不仅要进行静态分析，而且要进行动态分析，既要研究社会效益，又要进行企业本身的财务分析；研究建设项目的资金来源、筹借方式及贷款的偿还，供水供电状况预测、价格分析；工程管理机构的设置，劳动定员和人员培训措施，运行管理费用的预测等，以求工程建成后管理工作能顺利进行，经济状况达到良性循环，坚决克服工程“先天不足，未老先衰”的状况。灌溉工程应走逐步集约化、现代化经营的道路。在新建时应学习利用国外贷款的管理方式，从水源工程、输水工程、田间配套工程几方面同时规划设计，同时集资兴建，进行集约化经营，作为一个工程整体统筹安排，发挥工程效益。

2.对现有工程要分类指导，要求分期达到经济的良性循环。现有工程管理单位2/3可以经费自给，其中有的能达到自我维持、自我发展，有的处于维持良性循环状态，工程的老化失修、设备陈旧问题无力解决。主管单位应进行研究，制定计划分批分期在现有经费中调剂解决。在这些工程老化失修状况未解决好以前，少搞甚至不搞新的工程。目前管理单位有1/3尚不能经费自给，甚至时有发不出工资的困窘。这是各级领导机关研究问题的重点，应组织人员逐个调查研究，找出分批分期解决问题的出路与办法。

3.建立各级节水委员会，推行节水措施。中国是水资源短缺的国家，淡水资源是有限的，而工农业发展和人民生活用水是无限的，计划用水、节约用水是长期的战略性任务。建立节水委员会，研究节水技术、节水措施、节水政策，参照国外产品单位耗水情况制定国家对各种产品的单位耗水定额，以推动各部门各单位采用先进的节水技术和节水措施，达到节约用水之目的。加强水费管理，实行定额用水，超过部分应累计增加水费。另一方面，积极推广污水处理技术，使污水资源化。经过处理的污水可以用作灌溉，冲洗马路、厕所等。搞好这项工作，要制定具体政策，鼓励城市或工矿企业进行污水处理。污水处理单位要实行企业化管理，独立核算，自负盈亏。用贷款建设的，要从收费中偿还贷款，或政府予以定额补贴，使城市污水处理的数量逐步增加，达到排污量的50%，甚至70%。

4.坚持水土保持工作。治理水土流失，是山区农户脱贫致富的一条出路，又是减少河道和水库泥沙淤积的重要途径。黄河上游黄土高原，是中国水土流失严重地区，也是黄河之所以黄的原因。40年来，黄土高原7省区坚持不懈地努力，已治理水土流失面积占原有水土流失面积的30%，从而使高原上85%左右的农户基本解决了温饱问题。昔日的荒山秃岭，如今绿树成荫，大面积坡耕地、沟地建成了层层梯田、坝地和小片水田。滦河上游承德地区治理水土流失的积极性很高，提出的要求是每亩地只支持10～15元买树苗的费用，自己用劳动积累工挖坑植树，承德地区隆化县西地村，坚持16年治理水土流失，既种成材林，又种果树（种红果树6800亩），1989年人均收入1250元，由贫变富。

治理水土流失，必须坚持贯彻“以防为主，防治结合”的方针，把防止水土流失、防止毁林开荒放在重要位置上，制止造成水土流失的人为灾害，同时，还要坚决制止只抓治理、不抓破坏的不正常现象。

5.开展水利“星火计划”，推广先进经验和先进技术。我们水利方面经验很多，典型也很多，科学技术方面新成果不断出现，但推广不够。现在，应结合国家的星火计划制定水利星火计划，这是科技兴水利的重大措施。把科学研究工作、经验总结工作和技术推广工作结合起来，纳入水利星火计划，组织实施，逐步实现水利现代化。

新中国成立以来，政府投入大量资金进行水利建设，形成固定资产1000多亿元。但工程管理单位的水费等项收入却很小，有1/3单位不能维持正常的经费开支，甚至发不出工资，至于大修费、设备更新费更无从谈起。究其原因，主要有二：一是1980年后水利投资大量减少；二是水利界缺乏有计划的商品经济观念，缺乏水利经济意识，对水利资金管理不善，只讲投入不讲产出，不进行经济核算，缺乏“造血”机能。因此，要加强基础，扩大基础，必须一方面强调政府对水利增加投入，包括科技投入、政策投入和资金投入，另一方面要提高基础自身的造血机能。

1.有偿使用水利资金。现在投入水利建设资金的渠道很多，有水利基建投资，农田水利事业补助费，银行贷款，国外资金，农业发展基金，以工补农资金，中低档工业品以工代赈等等，各种渠道的资金应当统筹安排，合理使用。根据使用资金的不同项目，有的应进行合资经营，按投资比例分享利润。有些项目实行低息或无息贷款，规定使用年限，分期分批归还贷款。收回的利润及归还的贷款，再使用于其他项目滚动发展，以用活资金，搞活水利。

2.建立经济实体，增强水利基层单位的活力。他们可以进行水资源的综合开发利用，也可进行多种经营，提高造血机能。现有的水库，灌区、泵站，有条件的可以办成独立核算、自负盈亏的企业。水利水电施工的工程局人员多，设备多，技术力量强，除承担施工任务外，应积极兴办各种高技术企业，可以向科研单位购买专利，生产跨行业、跨部门的高技术产品。在举办经济实体中，根据条件可以自办，可以联办，也可引进外资办中外合营企业，生产有原料有销路的产品，并逐步办成流域性甚至全国性的公司。在举办企业中要遵纪守法，按国家政策办事。

3. 加强水利资金的管理，建立核算制度。水利部门在搞好工程管理的同时，要加强水利资金的管理，当前要下大力量加强资金管理，纠正只拨款不核算的倾向。我们有些工程完工后不及时验收，验收时不及时进行财务收支的决算。要想水利事业的经济运行达到良性循环，必须采取有效措施，改变这种状况，提高经营管理水平，要制定、颁发一系列核算办法和制度。例如：水利管理单位、水利综合经营单位、流域机构、农电企业、乡镇水利站都应有各自的财务管理办法和会计制度，有效地进行资金管理。注意培训财会人员，提高财会人员素质，建立年度上报制度。各级领导机关要检查财会工作，提高水利财会工作水平。

党中央和国务院已明确水利是基础产业，我们水利行业的职工应在中央有关政策的指引下积极努力，艰苦奋斗，实现水利的现代化，承担起水利为工农业和人民生活全面服务的光荣任务。

论水利基础产业

张 岳

（1990 年 10 月）

最近中央领导同志强调指出，水的问题始终是个大问题，得认真研究水利问题。水利要作为基础产业，从战略高度来认识水的问题的重要性。各级领导部门，尤其是经济、科技领导部门应该把计划用水、节约用水、治理污水和开发新水源放在不次于粮食、能源的重要位置上。人无远虑，必有近忧。水利是应该未雨绸缪。在长远规划、“八五”计划以及年度计划中加以贯彻。这些重要指示极其深刻地揭示了水利的性质，精辟地论述了水利的战略地位和改革的方向，对我们正在进行的经济体制改革、产业结构的调整和产业政策的制订都具有重大的指导意义。

大家都知道，基础产业一般是泛指事物发展的根本或起点，所以，它是国民经济中最根本，即作为根基的事业。这类产业包括两大类，一类是基础工业，一类是基础设施。基础工业是指为国民经济部门提供原材料、动力和技术装备的工业部门，如钢铁、煤炭、电力、化学、机械工业等等；基础设施又称基础结构，是指为工业、农业等生产部门提供服务的各种基本设施，如供水（工农业和城乡居民生产生活用水等）、动力、邮电通讯、交通（包括铁路、公路、水运及其相应的港口、桥梁等配套设施），以及教育、科研和卫生等基础建设。在经济建设中，基础工业和基础设施都有一定的比例关系，尤其是基础设施建设，它是对整个国民经济建设起先行和保证作用，由于它的建设投资多、周期长，所以基础设施建设一般都是超前发展的。一个国家的基础设施越完善，基础工业越发达，那么这个国家的社会和经济活动便越有成效。这是世界各国经济发展的一条普遍的客观规律，也是衡量一个国家经济发达水平的一个重要标志。

我国产业结构比例失调的一个很重要的原因，就是在优先发展重工业时，忽视了基础设施的配套建设，加上我们对基础结构与产业结构的相互联系和相互制约的关系研究不够，所以形成了基础设施与国民经济其他部门发展不相协调的局面，造成了基础设施不适应经济发展的客观需求，面临着加强基础设施建设的巨大压力。基础设施一旦出现不能满足和适应国民经济发展的需求，短期内是难以解决的，对国民经济发展的制约最为严重，也最为直接。这几年，我国国民经济建设中暴露出来的工农业发展不协调的问题，基础设施与经济发展不协调的问题等等，已经证明，基础设施不搞好，不仅影响和制约经济的发展，而且现在已经形成的生产能力也不能得到充分发挥。

就水利而言，供水属于国民经济中的基础结构，是基础设施中最根本的一项基础设施。所谓供水就是指水资源的开发利用，因为水是人类生存和社会发展最根本的一个要素。但水作为一种自然资源存在，并不能构成生产力，也就是说，单是自然水还无法进行生产，必须通过人类的开发建设才能被利用。各国社会经济的发展进程都充分表明，随着人口的急剧增加，社会经济的快速增长，淡水能否保证稳定的供应已成为各国社会经济发展、人类生活最重要的制约因素之一。由于任何一个社会结构的形成和经济发展都离不开水，因此，一个国家发展水平和水资源的开发利用程度，两者可以说休戚与共，形影相随。像美国、法国、意大利这些发达国家，总用水量占河川年径流量均在20%以上（美国 27.4%，法国 25%，意大利 23.2%）。目前人均用水量超过 1000 m^3 的 3 个国家也都是发达国家，美国人均用水量为 2184 m^3，苏联为 1034 m^3，加拿大 1070 m^3。再从用水结构来看，发达国家工业用水量占全国总用水量的比重都比较高，加拿大 81.5%，英国 76%，法国 57.2%，美国 43.4%，苏联 32%。我国经过 40 年的水利建设，水资源的开发利用程度，总供水量只占河川年径流量的 17%左右，按人口平均的用水量只有 400 多 m^3，工业水的比重也只有 10%左右。这些主要指标集中反映了我国现有水利基础设施很不适应国民经济发展的需求，供水不足的矛盾，尤其是北方地区十分尖锐。目前全国缺水城市已有 200 多个，超过城市总数的一半以上，工业由于供水不足，每年要影响产值 200 多亿元。农业发展，主要是粮食生产，1985年以后出现徘徊的困境，水利基础设施脆弱和设施不足是徘徊的重要原因之一。

当今世界各国对水资源危机问题都十分关注，并发出警告，供水不足有可能成为一个严重的社会危机。能源还可以寻求替代的途径和办法，而淡水是无法替代的。这就是为什么把水资源的重要战略地位看作不次于粮食、能源、交通的一个根本原因。但是过去人们对水资源问题的认识并没有像能源、交通问题那样被当作基础产业高度重视，在国民经济产业结构和计划安排中也没有放到应有的战略地位加以体现。水利建设四十年来形成了1100亿元的固定资产，约占全国国营企业固定资产的10%左右。这样一笔巨大的财富却没有得到应有的地位，也没有计入国家固定资产之中，以致水利工程老化失修，效益衰减（全国灌溉面积至今未恢复到1980年的水平），加上北方地区水资源短缺形成了水利上的两大危机。近年来，领导重视，投入增加，全国水利工作正向着好的方向发展，形势很好。但这两大危机是多年积累下来的，在短期内一时尚难以缓解。水利基础产业的脆弱和设施不足仍然是国民经济发展的制约因素之一。

党的十三届五中全会通过的关于进一步治理整顿和深化改革的决定已经明确指出了工农业比例关系严重失调，基础工业、基础设施与加工工业的比例严重失调的问题。这与基础设施严重滞后是分不开的。为此，中央提出的治理整顿工作要求加强农业等基础产业和调整经济结构。大力调整经济结构，改善产业结构不合理的状况是增强经济发展后劲的一项带根本性的措施。最近中央领导同志又要求把水利放在不次于粮食、能源的战略地位，作为一项基础产业在长远规划、“八五”计划和年度计划中加以贯彻。这就为提高水利基础产业的地位和水利深化改革指明了方向。我国水利工作者应当牢固地树立水利是基础产业的指导思想并通过以下途径加快水利经济体制的改革：一是通过国家产业结构的调整，加强水利基础产业的建设，在国家建设重点项目中，安排一定的比重，以减轻国民经济对水资源需求的压力；二是在深化水利改革中，水利部门要结合电力和供水的需求，大力开发以综合利用为主的水电站，实行“以水促电，以电养水”的政策，建立以流域为主的滚动开发新机制，并按照基础产业研究制定相应的政策和措施，使水利建设尽快与基础产业地位相适应；三是坚决执行《水法》，依法治水，依法管水，加强水资源的统一管理和水政建设，切实承担起水行政主管部门的职责，加强水利工程设施的经营管理，搞活水利经济；四是加速水利工程设施的技术改造，挖掘潜力，大力推行节约用水，巩固提高和充分发挥现有工程设施的能力；五是增加水利投入，无论是依靠现有水利设施的生产条件和潜力，还是建设新的水利基础设施，这两者都需要有足够的资金做保证。因此，除了各级财政增加水利投入外，要依靠农民投入主体搞好劳动积累，制定鼓励政策，引导农民集资办水利，利用多渠道集资共同办水利，调动亿万农民群众和各部门办水利的积极性。总之，各级水利部门要抓住当前的大好形势，按照巩固、改造和适当发展的方针，把水利基础产业的建设推向一个新的阶段。

水利工作要适应基础产业的地位

赵春明

（1990年10月）

国务院领导同志最近指出，水利是基础产业，在“八五”计划中要加以体现。这首先是明确了水利的性质是产业，并明确了它在国民经济中的地位。水利工作如何适应基础产业的地位，是我们当前需要认真研究的重要课题。

研究这一课题，不妨首先分析一下水利与能源、交通、原材料等其它基础产业相比较有些什么特点，当前水利工作中有些什么不适应基础产业要求的问题。

初步分析，我认为水利这一基础产业有以下特点：

水利的影响范围比能源、交通、原材料要广、要深，而且水是不可替代的。水利是农业的命脉，这早已为人们所认识。近些年来出现的水资源危机，说明了水利也是工业和整个国民经济的命脉，是人民生活的命脉。水利关系到千百万人的生命安全，关系到社会安定，影响国家的全局。

水利的效益一方面是兴利，另一方面是减灾。兴利和减灾都难以用货币价值量来计算，因此水利的真正效益往往不容易被公众所了解。多年来，一直说水利的经济效益差。这一方面是由于在水利工作中确实存在不大讲投入产出、忽视经济效益的现象，另一方面也是由于水利工作者没有把水利工程已经发挥的真正效益向社会讲清楚。目前已经估算的建国40年来用货币量计算的效益，可能也没有真正反映出水利的实际效益。可是一旦出现影响全局的大灾大难，人们才能从沉痛的教训中反思水利的效益。相形之下，能源、交通的效益则比较直观，易于被人们所认识。

水利工程，包括防洪工程和灌溉、供水等工程，每年都要被洪水冲毁一大批。这是我国的自然地理条件所决定的。因此水利投入的人力、财力，有相当大的比重用于修复水毁工程。而且今年恢复了，明年可能还会有一批新的水毁工程需要恢复。因而这一数字是不能逐年相加的。这也说明了水利与能源、交通相比，具有更大的艰巨性。

从技术的角度来看，水利是与自然灾害做斗争的，人们对洪水自然规律还远未完全掌握，也不可能完全掌握。从某种意义上说，水利在技术上比能源、交通工程更加复杂，难度可能更大。加之大型水利工程的建设周期往往比较长，水利的一些战略性工程措施需要提前几年、十几年甚至几十年加以规划研究，因而水利工程应具有更大的超前性。

能源、交通、原材料这些基础产业都是企业，其产品是按价值规律定价的，企业本身具有维持简单再生产和扩大再生产的能力。而水利除少数单位是企业以外多数是事业性质的，其主要产品——水并没有完全按价值规律定价，因而自身没有扩大再生产的能力，甚至难以维持简单再生产。

以上仅仅肤浅地分析了水利产业的特点，研究水利的特点并使各级领导者以及广大人民群众了解，对水利的发展是有益的。

长期以来，水利仅仅被看作是公益事业，没有真正作为产业来认识，缺乏投入产出观念和经营管理观念。在规划、设计、计划、运行、管理各阶段都与产业性质不相适应，导致了水利工程失修、效益下降的难以为继的局面。水利部门往往就水利谈水利，从国民经济全局的高度研究水利不够深入，"全面服务"的要求尚未真正落实。目前，国务院有关综合部门还没有真正把水利作为基础产业来对待，从国家角度给水利行业应有的政策尚需水利部门主动去争取。因此，"水利是基础产业"要落到实处还需做出很大的努力。

当前，我们一方面要提出水利作为基础产业在国家"八五"计划中如何体现以及制定与基础产业相适应的政策，另一方面要研究改进水利工作，以适应基础产业地位的要求。

基于以上认识，对水利工作如何适应基础产业的地位，提出以下几点建议：

第一，从国民经济全局的高度，加强水利宏观的战略性的研究。一是了解工农业发展的趋势，研究相应的水资源对策。我们从我国国情出发是以提高重复使用率为主，还是以开辟新水源、增加供水量为主，需要研究。二是研究工农业生产与城市建设的布局如何适应水资源条件和江河防洪标准，水利如何适应工农业生产现有布局的要求。三是研究水利与流域经济、地区经济的关系。四是研究水利需要超前发展的程度，既要适应国民经济发展的要求，又能适应国家的经济实力；既要研究如何改造自然，又要研究如何适应自然。在现有国力条件下，尽量减少洪旱灾害的损失，为工农业生产和城乡人民生活提供防洪安全和水源保障。

第二，进一步落实"全面服务"的要求。对农业灌溉，建议与农业技术人员相结合，把工作做到农作物生长的过程中，研究科学的灌溉定额和灌溉方式。对工业生产，建议研究水在生产过程中的作用，研究工业生产的用水定额以及水的循环利用及重复使用问题。

第三，转变观念，加强经营管理，搞活水利产业。要改变水利单纯是服务性事业的观点，把水利当作产业，通过改革把水利搞活。改革的核心问题是扭转现有水利工程难以为继、效益下降的局面，使水利工程实现良性运行。基层管理单位搞不活，县、乡两级就搞不活。要达到这一目标，不仅是运行管理机制要改革，而且必须从规划、设计、计划、施工、运行、管理各个方面都进行相应的改革，才能真正加强水利经营管理。长期以来，水利工程的投资者、建设者、管理者、受益者是相互脱离的。投资者不考虑运行和效益，建设者只着眼争项目，受益者不承担经济责任，管理者无权决定水费、电价，处于被动地位。这是造成水利工程恶性运行的症结所在。今后在设计阶段就要进行财务分析，申报建设计划时要明确工程的管理机构、编制和水费标准、电价，明确管理经费来源，包括财政部门和受益户应承担的责任，签订相应的合同。否则计划不能审批，工程不能上马。审批计划必须会签工程管理部门。设计、施工要为工程管理创造必要条件，要制定具体的规定。在运行管理阶段，要落实经营管理责任制，管理职工的工资总额与管理状况、工程效益挂钩。建立固定资产和效益增减的考核制度。要实行工程管理单位上等级的办法。要像工厂那样加强生产管理，搞好经营管理的基础工作。

第四，制定水利产业的技术政策，重视重大技术措施的研究工作。在强调改革的同时，决不可低估科学技术的威力，不可忽视水利产业的科技工作。长期以来，水利的科研工作重点在工程结构方面，建议今后加强对江河防洪、缓解水资源紧缺的重大技术措施的研究如洪水回灌。建议在研究国内外经济的基础上，研究制定水利产业的技术政策，推进水利产业的现代化。

第五，进一步研究改进水利效益的计算、统计办法，比较全面客观地反映水利的效益，并加强宣传，使各部门和社会各界都能了解水利的巨大作用。

总之，我们要认真贯彻落实今年召开的全国农田水利基本建设会议提出的要求，转变观念，转变职能，加强行业管理，真正起到水行政主管部门的作用。

国务院领导同志提出了“水利是基础产业”。当务之急是要在国家投资计划和有关政策措施等方面加以落实，真正体现水利的基础产业的地位。与此同时，建议研究水利工作如何改革，以适应基础产业的地位。以上仅粗略的谈一点肤浅的体会，不当之处请批评指正。

2000年我国灌排事业发展战略研究

陆孝平　黄熙盛

一、灌排事业对我国农业发展的重要作用

1.农业生产的稳定和发展，关系到中华民族的繁衍生息和社会安宁。我国水旱灾害频繁，建国以来，1950年到1988年（缺1967到1969年），因旱受灾的农田面积在3亿亩以上的有22年。受水灾的农田面积在2亿亩以上的有5年，在各种自然灾害中，对我国农业产量影响最大的是干旱。

2.发展灌排事业对粮食增产有显著作用。每年实际灌溉面积约占全国耕地的1/3，而提供的粮食占全国的65%，经济作物占全国的60%，蔬菜占全国的80%。1949年水稻田3.4亿亩，一半是靠灌溉，另一半是望天田，总产量为466.5亿kg，而现在水田灌溉面积3.8亿亩，播种面积约5亿亩，1987年总产量达1744.2亿kg，增加了2.7倍，旱作物灌溉面积，解放初只有4800万亩，现已达3.4亿亩，增加六倍多。黄河下游的鲁西北地区44个县有43个县发展了引黄灌溉，灌溉面积由1966年的600多万亩发展到1986年的2000万亩，棉花总产量由1978年的139万担增至1500万担，粮食总产由59亿kg增至95亿kg，提供商品粮20亿kg。1978年湖北持续大旱200多天，各种水利设施提供抗旱灌溉水源221亿m^3，全省粮食总产超过往年，达到172.5亿kg，旱年夺得了丰收。

3.农田水利设施是农业创高产、稳产的基础条件。近年来发展的吨粮田的经验是：必须水利有保证，适时适度灌溉，及时排水，加上肥料、良种和科学种植等措施，综合发挥最佳效益。缺少水，就难以达到这样高的产量。

全国易涝面积3.6亿亩，初步治理了2.8亿亩。北方的盐碱地和南方的渍害低产田，各有一半以上得到初步改良。

4.为满足我国人口增长和改善人民生产生活的需要，必须使粮食大幅度增长。我国是人多耕地少的大国，要满足全国人民的需要，不仅要求粮食高产，而且还要求稳定地增产。近10年来，我国平均年增产粮食45亿kg。从发展的要求来看，今后的十年间需平均增产粮食100亿kg。如果不大力加强农业基础设施建设，包括积极发展灌排事业，就难以达到要求。

二、灌溉排水建设成就及存在问题

（一）40年建设成就

1.全国解放时，我国灌溉面积仅2.4亿亩，而且工程设施一般比较简陋。经过40年来的努力，全国有效灌溉面积发展到7.2亿亩，其中旱涝保收面积5亿多亩。此外，林地及果园灌溉面积2000多万亩，牧草灌溉面积1000多万亩。已建万亩以上灌区达5302处，有效灌溉面积近3.2亿亩，其中，30万亩以上的大型灌区146处，有效灌溉面积1.2亿亩。经过灌排治理，占全国耕地的一半的灌溉面积上，生产了全国粮食产量的2/3，为解决全国人民群众温饱问题和满足经济发展需要作出贡献。

与修建灌溉引水工程的同时，初步解决农牧区11487.5万人和6755.8万头牲畜的饮水。社会生态环境在一些地区有了一定的改善。结合灌溉工程（水库、渠道等）开发的水电、水产、航运等也得到相应的发展。水利社会经济效益很明显，据不完全统计分析，40年累计灌溉工程效益价值量约为3200余亿元，由于发展水利，累计增产粮食1.5万多亿kg。

2.取得了明显效果。各地的节水措施，主要有：①合理开发利用地下水资源，有些地方采取井渠结合，以井补渠，以渠促井的办法，汛期拦堵地面水，以补充地下水。②采用渠道防渗和管道输水，以减少输水损失，一般可节水50%～70%。渠道防渗主要用于自流灌区。管道输水主要用于井灌区。③发展喷灌滴灌技术，主要用于经济作物，也有一部分大田作物。到1989年，全国喷灌已超过1000万亩，滴灌发展近20万亩。效果很好。④推广地面、田间节水技术。包括平整土地，大畦改小畦，长渠改短渠，水平梯面，深松蓄水，以及采用薄膜覆盖等措施。

3.在盐碱地改良方面，也取得很大成就。我国盐碱耕地面积约1.1亿多亩，目前已有7000多万亩盐碱地得到改良，同时积累了丰富的经验。“六五”“七五”期间，通过国家重点攻关在改造技术上有很多新进展，措施更为完善，为全面改造盐碱地提供了可靠依据。

（二）存在问题

1.现有灌溉设施面积仅占耕地的一半，而且建设标准不高，不能适应发展农业的需要。①渠道建设标准不高。汛期易为山洪冲毁，填方渠堤又往往容易塌方，渠道防渗防冲设施都很不足。灌溉期间一处渠道断水，就将影响一片农田及时供水。②灌溉水库很多为病险库，未达到设计能力，不能按设计蓄水灌溉，不能全部发挥效益。③引黄沉沙池措施不够，灌溉引进的含沙水退入河道，造成河道淤积。④机电泵站和机电井设施不配套，耗能高、效率低，设备容易损坏等现象，经常发生。⑤对灌溉相应配套的排水设施建设重视不够。不少灌区在建设时有灌无排，极易造成次生盐碱化和新的渍涝，影响农业增产。

2.多数灌溉工程现行管理机制存在严重弊病，缺乏活力，以致使工程难以自我维持与改善。

3.不少灌溉工程投入不足，配套不完善，不是达不到设计能力，就是带病运行。

4.灌溉工程发展不平衡：

①各省灌溉面积占耕地的比重不平衡：占70%以上有北京、天津、上海、江苏、浙江、福建、江西、湖北、湖南、广东、新疆。占50%以上有河北、安徽、山东、河南、广西、西藏、海南。占30%以上有山西、云南、陕西、青海、宁夏、四川。占20%以上有甘肃、贵州、吉林、辽宁、内蒙古。占10%以上有黑龙江。

以上说明，华东、中南发展较快，西北（新疆除外）、西南、东北和华北部分省区发展较慢。

②现有灌溉面积主要集中在河川、盆地和江河中下游的平原湖区，而生产潜力很大的丘陵和旱塬发展较少，大量的中低产田没有得到改造，致使这些地区生产很不稳定。

③按农业人口计算，人均占有灌溉面积不平衡。

人均1亩以上有北京、天津、上海、河北、内蒙古、江苏、山东、湖北、西藏、青海、宁夏、新疆。

人均0.7亩以上有山西、辽宁、吉林、黑龙江、安徽、江西、河南、湖南、广东、陕西、甘肃、海南。

人均0.5亩以上有云南、四川、广西、福建、浙江。

人均0.3亩有贵州。

5.与世界一些发展国家比较。本世纪中，世界灌溉面积有较大的增长。1990年全世界灌溉面积约6亿亩，1950年为14亿亩，1985年为33.6亿亩，从1950～1985年，平均年递增2.5%。在世界一些主要灌溉农业国家中，我国发展速度很快，年递增3.1%。目前我国的灌溉面积仍占世界第一，耕地中灌溉面积的比重也属前几名的国家，按总人口平均人均0.68亩，世界总人口平均为0.69亩，相差不多，但按农业人口平均我国为0.85，只及世界农业人口平均值（1.4亩）的60.7%，均低于许多国家。

三、2000年前灌排事业发展目标及建设规模预测

（一）近期灌排事业的发展目标

我国经济建设的近期总体战略部署是：到本世纪末全国国民生产总值再翻一番，人民生活达到小康水平。我国灌排事业的近期发展目标，就是围绕上述部署为相应增长的农牧业生产提供水源保证，促使农牧业生产更上一个新台阶；同时为农村人畜饮水困难地区解决水源问题。在建设的同时要加强管理，以改善管理机制为主要目标，增强灌排事业的活力，达到能够自我维持，自我改造的目的。

（二）建设规模预测

1.灌溉工程。由于自然因素和基本建设用地，现有灌溉面积大量被占用。从1981年到1988年8月，全国累计新增灌溉面积9576万亩，年平均增加1197万亩；累计减少11048万亩，年平均减少1384万亩。中央对农业采取倾斜政策，增加对农业的投入，加强土地管理，减少各项建设占用灌溉耕地，并需采取有力措施解决工程老化失修问题。如使每年占用灌溉耕地压缩到800万亩到2000年灌溉面积发展到8亿亩，包括开荒和改造干旱低产田在内，每年需发展灌溉面积1600万亩，扣除每年占用部分，年净增800万亩，才能达到预期目标。此外，为达到上述目标，还要改善灌溉面积3.6亿亩。

2.农田排水工程。农田排水工程，是低洼平原和沼泽化地区保障农业生产的基本措施，需和灌溉工程建设同步进行，迄今，易涝面积3.6亿亩中，已初步治理2.8亿亩，预计2000年治理面积达到3.2亿亩。

3.牧区水利。我国可利用草地33亿亩，除南方草山、草坡外，北方草原牧区因降水量少，缺少供水设施，基本靠天养畜，一些牧区人畜饮水相当困难。为了改变这种落后局面，牧区水利要相应得到发展。重点是解决人畜饮水，适当发展饲草饲料基地灌溉面积。

4.解决人畜饮水。目前人畜饮水困难的地区分布在山区、草原、滨海和海岛。为了实现2000年人民生活达到小康水平的目标，应花大力气解决好这一问题。

四、近期灌排事业发展战略

1.贯彻巩固、改造、适当发展的方针，以巩固改造好现有灌区为中心，密切结合农业的发展，调整灌排事业管理机制，加强现有灌排事业自我维持、改造的能力。

我国粮食供应一直是经济建设中的头等大事。为

实现中央制定的战略目标，预测到2000年我国人口将达到12.5～12.9亿人。即使维持在人均400 kg水平，粮食总产要达到0.5～0.52万亿kg，其他主要农产品也要有相应的增长。目前我国农业的综合生产能力，基本上只有和4000亿kg粮食相应的水平，要完成0.5万亿kg的任务，困难不小，形势是严峻的。

由于我国水土资源分布不均，以及受经济条件的制约等，新增灌溉面积难度较大，水资源越来越紧缺，工程越来越艰巨。因此，今后10年农田水利建设应贯彻巩固、改造、适当发展的方针。重点对现有灌区进行技术改造，充分发挥其增产潜力；根据水土资源条件，首先围绕现有灌区在节约用水的前提下适当扩大灌溉面积，同时在水资源有保证地区采取蓄引提多种形式积极发展新的灌区，以保持农业增产后劲。积极进行一批跨流域调水工程，解决土地资源较好而又缺水地区的灌溉发展问题。在发展灌溉的同时，要注意排水设施建设和改善。

我国现有灌溉面积中，普遍存在渠系不完整，建筑物不配套，灌排不适应，不能适时适量灌溉。如经过改造，结合农业措施，产量可进一步提高。

现有灌溉面积中，有一半左右是中低产田（约3.6亿亩），其中粮田约3亿亩。这些耕地只要进行旱涝渍碱综合治理，加强管理，有了作物生长所需的水分这个重要保证条件，良种、肥料、耕作制度改革等各种农业增产措施充分发挥作用。如每亩增产125 kg，总计可增产525亿kg。现有灌区内，还有2.8亿亩产量较高的粮田，经过治理改造，加快吨粮田建设，结合农业措施，如每亩增产100 kg，总计可增产280亿kg。到2000年新增灌溉面积8000万亩，其中粮田6000万亩，如每亩增产100 kg，总计可增产60亿kg。

以上灌溉面积中，估计共可增产865亿kg。

目前无灌溉设施的粮食耕地约5.6亿亩，扣除新增灌溉粮作面积6000万亩后，全国旱地粮作面积约5亿亩。据农业部农业发展战略研究中心组织有关单位专家完成的《我国中低产田分布及粮食增产潜力研究的报告》称，全国旱地中，南方13省市占40%，目前平均单产110 kg，加强水土保持，提倡“旱作农业”措施，平均单产可增加50 kg。按此计算，南方种粮旱地约2亿亩，播种面积约2.6亿亩，可增产粮食130亿kg。另据《经济参考》报载，农业部在陕、甘、宁、青、晋和内蒙古等省区197个县试验示范，推广旱地农业耕作栽培技术措施，亩产平均增加29.5 kg，据此，以北方17省市旱地中有3亿亩种粮计算，约可增产44亿kg。

以上旱地农业约可增产粮食174亿kg。从以上的分析中，可以看出粮食总产要达到0.5万亿kg，需要增产的部分中，80%以上要在灌溉农田上做文章，才能达到费省效宏的目的。

2. 大力发展节水灌溉措施，制订奖励节约用水的政策。我国水资源特别是北方地方水资源紧缺，已成为日益突出的问题。但一方面水资源紧缺，一方面又存在着利用率不高和浪费的现象。因而如何大力推行节水措施是具有战略意义的重大问题，节水已成为我国一项长期的基本国策。我国农业用水是大户，年用水量4400多亿m^3，占总用水量的90%，如果节约用水10%，则扩大灌溉的效益就极为可观。

目前，许多地方推行节水灌溉，取得很好效果。如山东鲁西北由实行节水灌溉，扩大了灌溉面积，提高了灌溉效益。同70年代相比，引水从45.7亿m^3，增加到58.3亿m^3（不包括放淤用水）；平均年亩用水量从450 m^3降低到300 m^3左右；灌溉面积从年平均1066万亩，扩大到1808万亩，最高年份达到2319万亩；粮食亩产量从200 kg提高到400 kg左右。

甘肃张掖地区1988年推行节水增产灌溉技术，主要是推广大块地改小块、适宜灌溉制度、计划用水、加强管理、科学种田、提高单方水效益等。推广面积59万多亩，每亩省水56.9 m^3，共节水3296万m^3，粮食单产534 kg，亩增产25 kg。

许多地方采取低压管道输水灌溉，华北地区已推广3000万亩，1989年统计，共节水40亿m^3。

北京市顺义、通县、大兴等平原地区的县份，推广了喷灌、地膜覆盖、免耕地等先进的适用技术，效果很好。仅合理用水一项，每年可节约种粮用水8亿多m^3。

江苏里下河地区，探索出一种适于当地水稻高产节水栽培的灌溉方式——浅湿灌溉。目前，宝应县的65万亩杂交水稻基本上推行了这种灌溉制度，取得了平均亩产550.7 kg的好成绩。浅湿灌溉比水层灌溉平均每亩省水215 m^3，节水率为28%；同时亩增产54 kg，增产率为9.8%。

黑龙江推行水稻旱种技术，据试验，旱种水稻枯水期省水量214～384 m^3/亩，所需水量为该地区水直播水稻全生育期灌水量的44.4%～79.6%。大面积生产田旱种水稻的产量，基本上都高于当地水直播田的产量。旱种水稻地表水灌溉的亩产量在300～497 kg之间，地下水灌溉的亩产量在230～300 kg之间。

如上所述，认真抓好节水型灌溉技术和各种有关措施，尽快把农业单位面积耗水量降下来，是大有可为的。

大力发展节水农业，首先要使各级干部和广大群众提高对节水农业重要性的认识，同时还涉及到一些政策问题，如合理征收水费，发挥经济杠杆作用等，必须制订奖励节约用水的政策。

3. 加强水源工程建设，修建必要的调水工程。

华北地区是全国严重缺水地区。目前，北京市、山西能源基地缺水形势十分严峻，如不立即采取有力措施，可能造成严重的被动和损失。解决华北地区缺水问题，必须采取从外流域调水措施，实施引拒济京、引黄入淀济京、位山引黄、引黄入晋、南水北调东线及中线工程。

西北地区许多地方干旱、风沙、缺水，粮食不能自给，农牧业生产基础设施较差，产量低而不稳，需增加供水能力，充分发挥土地资源的潜力。计划兴建大柳树水库及其灌区。该灌区有集中连片的大面积宜农荒地，也是我国农业开发条件优良的三大片后备耕地之一。涉及陕、甘、宁、蒙四省区17个县市（旗），总面积3300万亩，宜农荒地2000余万亩，可考虑工程难易及各方面因素，对灌区实行分期开发。

在新疆兴建额尔齐斯河灌溉引水工程。

东北地区水资源总的特点是松花江水相对丰富，辽河水紧缺。解决本区水源紧缺总的工程布局是实施“引松济辽”。

主要安排布西水库及引松入长等工程。布西水库建成后增加齐齐哈尔、富拉尔基地区及大庆油田的工业和城市供水，并使嫩江下游灌溉面积由目前的200万亩增加到1288万亩，也为解决吉林、内蒙古东部地区和辽河中下游沈阳、鞍山、本溪等城市的工业和生活用水创造条件。引松入长工程，解决长春市用水。

西南地区供水的调蓄工程不足。主要应安排四川紫坪铺水库、武都水库及云南渔洞水库等。紫坪铺水库建成后增加都江堰灌区及城市供水水源。武都水库建成后增加武都灌区的水源提高灌溉保证率，结合武都引水工程可发展灌溉面积205万亩。渔洞水库建成后，可增加昭鲁、洒渔、靖安等平坝地区的灌溉水源，发展灌溉面积32万亩。

东南地区城市集中，经济发达，农业用水供水保证率高，不少城市供水设施不足，海岛淡水供应困难。主要安排海南岛大广坝水利水电枢纽，为八所港供水，并灌溉农田99万亩。

五、措施和建议

1. 从上述论证可以看出，今后增产1000亿kg粮食大部分要靠现有灌溉农田挖潜解决。因此，对现有灌区应加强管理，搞好维修配套，并进行较高标准技术改造，使其能充分发挥效益。要和农业部门结合落实灌区增产任务，对现有大中型灌区逐个进行分析，研究工程存在的问题，增产潜力，需做些什么工程，并与农业措施相结合，重新提出补充规则。按照效益大、投资省、见效快的原则排队，根据保证2000年农业生产指标实现的需要列入计划，限期完成，把增产任务落到实处。

2. 大力推广节水技术。组织多专业、多学科力量，对水资源、生物、工程、管理等各方面综合考虑，进行节水增产灌溉制度的研究和新技术开发。按不同地区的具体情况，因地制宜地选择一批技术成熟，适合各地社会经济条件，行之有效的节水增产措施，列入实施计划，并相应安排必要的资金、材料，以保证节水技术的推广。当前应建立健全科技推广服务体系，大力推行改进灌溉技术，如低压管道输水灌溉，渠道防渗，喷灌，微灌等。对地上水、地下水、土壤水联合优化调控运用，以及适当回灌补充地下水。对机电泵站和机井进行节能水技术改造，同时还需推广渍害低产田改造等技术。

3. 要认真研究新发展灌溉地区的技术政策。根据不同地区当前的具体条件，分别采取相适应的灌排技术。

总之，要因地制宜，搞好规划，充分提高灌排技术水平，逐步实现灌排事业的现代化，努力为农业大幅度增产服务。

综　　述

Overview Papers

水利部1990年工作总结

1990年水利部在党中央和国务院领导下，认真贯彻十三届四中、五中、六中全会精神，在治理整顿和深化改革中，以“贯彻水法，加强管理，科技兴水，讲求效益”为重点，在有关部委各级政府的大力支持下，全体水利职工努力工作，一年来取得很大成绩，形势很好。具体表现在以下10个方面。

一、党中央、国务院确立水利是基础产业，水利地位空前提高

1990年党和国家领导同志多次听取水利问题的汇报，专题研究水利问题，发表重要讲话。明确指出水利是农业的命脉，水利是基础产业，要在“八五”计划中体现出来。党的十三届七中全会通过的《建议》，指出了今后10年水利基础产业发展的方向。

1990年6月10日，江泽民同志批示：“在考虑‘八五’规划时，得认真研究一下水的问题。人无远虑，必有近忧。应该未雨绸缪。”

李鹏总理今年7月19日在听取水利部关于“八五”水利计划汇报时指出：“水利要作为基础产业在‘八五’计划安排中加以体现。这样水利的基础地位就提高了。”

陈云同志1990年6月6日批示：“水的问题始终是一个大问题。要从战略高度来认识水的问题的严重性。各级领导部门，尤其是经济、科技领导部门，应该把计划用水、节约用水、治理污水和开发新水源放在不次于粮食、能源的重要位置上，并列入长远规划、五年计划和年度计划加以实施，以逐步扭转目前水资源危机的严重状况。”这些指示，给我们指明了解决水资源问题的途径和水利发展方向。

党的十三届七中全会审议通过的《中共中央关于制定十年规划和“八五”计划的建议》明确，国民经济发展的重点是农业和关系国计民生的基础产业与基础设施。水利是国民经济的基础产业。《建议》要求“加强能源、交通、通信、重要原材料以及水利等基础工业与基础设施的建设”。并指出：“水利是基础设施的重要组成部分，不仅关系到农业，而且关系到工业建设和人民生活，中央和地方都要充分重视和认真抓好”。

党中央、国务院高度重视水利工作，给我们指明了方向，极大地鼓舞了水利职工，增加了我们的紧迫感、责任感。

二、水政建设和水资源统一管理取得明显成效

1. 水政机构有较大发展　30个省、自治区、直辖市七个流域机构已全部成立，79%的地市、66%的县也成立了水政部门。水利执法体系建设完成了第一批21个试点单位的验收工作，确定了第二批40个试点单位。全国第一二批和省、自治区、直辖市扩大的试点单位共达366个。全国已有547个县市建立水政监察队伍，查处各类水事案件3万余件。全国水利系统已建立公安执法机构954个，现有公安干警5900多人，共破获各类案件2万余起，其中重大案件1600起，猖獗多年的破坏水利设施现象受到遏制。

2. 健全法规　按照水法体系总体规划，1990年7项配套法规正式颁布实行，另有5项行政法规正在审议。对兄弟部门的49个法律、法规的征求意见稿提出了意见，对《城市规划法》、《铁道法》以及《海洋环境保护法》的配套条例等提出的意见已被采纳。各地水利部门也开始重视对其他部门有关法规的研究。

3. 建立机构　省、自治区、直辖市一级的水资源管理机构基本建立，地县一级全国有1/3已建立水资源管理机构。积极推进了取水许可管理工作。全国已有500多个县市开展了取水许可管理或取水登记工作。山西、河北、山东和贵州已在全省范围普遍实施。召开了15个省、自治区、直辖市和8个县市参加的全国取水许可管理工作座谈会，为进一步开展和加强取水许可管理工作，正在制定取水限额和重点河段的划分，拟定实施取水许可制度的证书和表册。

与有关部委对城市水管理、河道采砂、岸线管理、地下水、水利建设行业管理等方面的问题进行了协商。

4. 完成供水规划和开展水资源规划保护试点　完成北方7省、直辖市水长期供求计划，颁发“制订水长期供求计划导则”。完成全国七大江河水资源保护规划和审查，开展水资源保护规划的实施试点。开展湖区5省市血防工作，水利灭螺62万亩。

三、年度计划顺利完成，编制了“八五”计划和十年规划，前期工作有突破性进展

1. 安排基建计划　贯彻全国计划会议精神，按

照重点突出、照顾一般、精打细算、厉行节约、注重效益的原则，顺利完成部直属水利基建计划的安排（规模比1989年净增41%）。在使用银行贷款，改革投资使用办法，开展利用外资等工作中有所突破。

统筹安排资金，搞好资金调度。保证部直属企事业单位和基建工程用款。全年核拨事业费比上年增长21.6%，教育经费增长17.23%，科研费增长15.6%。

2. 编制“八五”计划和十年规划　成立专门工作组编制了“八五”计划和十年规划，这是水利系统第一个长远规划。有关司局也制定了行业的计划和规划。

3. 长江流域综合利用规划要点报告　“长江流域综合利用规划要点报告”已经国务院正式批准。这个要点报告是全国水资源与水土保持领导小组邀请283名专家、代表审议通过的；是经国务院批准的长江流域综合利用的第一部规划，将对长江流域的经济和社会发展起到重要促进作用，是指导长江流域水资源综合开发利用的法规性文件。

4. 三峡工程　三峡工程重新论证工作胜利结束，三峡工程可行性报告审查工作起步。7月6日，国务院召开三峡工程论证汇报会，听取了三峡工程论证领导小组关于三峡工程重新论证情况的汇报。决定将重新提出的三峡工程可行性研究报告提交国务院三峡工程审查委员会审查。审查委员会召开了第一次会议，明确了审查办法、分工和进度。

5. 重点工程　加快重点工程的规划设计工作。编制了《南水北调东线工程修订规划简要报告》和《小浪底水利枢纽初步设计》及移民规划。修订了《南水北调东线第一期工程设计任务书》。协调山西、内蒙古两省区达成了联合建设万家寨水利枢纽意向书。完成了引黄入淀等工程设计任务书。1990年共完成规划审查63项，其中规划12项，可行性研究报告29项，初步设计22项。还对一批重点工程进行了调查、技术咨询和前期工作。加强了水文基础工作，增加了对水文的投入，为保证防汛安全和国民经济建设提供了水文服务，江河湖库水质监测工作有新的进展。

四、夺取了防汛抗旱的胜利，为农业丰收和社会稳定作出了贡献

1. 国家重视和社会支持　党和国家领导人亲自参加检查防汛。汛前李鹏、田纪云、陈俊生等领导和防总成员（有关部委领导）分别视察了黄河、长江、淮河的堤防、险工、涵闸，督促防汛准备工作；各部门各省、自治区、直辖市的领导同志和部机关、各流域机构也组织了各种层次、类型的检查组，分别对大江大河、重点城市、水库、堤防进行了深入检查，及时解决防汛中存在的问题。城市防洪有了新的进展。开展了减轻自然灾害的研究和活动。

有关部门对防汛工作很支持。财政部汛前预拨特大防汛经费5000万元，比往年增加2000多万元。国家计委、物资部、商业部、全国控办和中国石化总公司安排了6万t汽（柴）油、1万m^3木材，7000 t钢材和372辆吉普车的供应指标。交通、气象、邮电等部门对天气预报、信息传递和交通运输等方面提供了优质服务。汛期，人民解放军出动9万余人、4000多台次车辆、飞机386架次、船只280余艘投入抗洪抢险，抢救群众7万余人，加固堤坝17万多m，人民解放军为防汛作出了重大贡献。

河道清障工作有所进展，蓄滞洪区安全有所改善，防汛通信有所加强，黄河等防汛指挥部还建立了防汛抢险机动队伍，进行培训和防汛演习，提高防汛人员素质。国家防汛总指挥部在副总指挥杨振怀主持下进行了防汛模拟演习。各级防汛机构，认真监视雨情、水情、汛情，正确发布预报，合理指挥调度，及时汇报情况和下达领导指示。广大军民齐心协力，努力奋战，为夺取防汛胜利，保证大江大河安全作出了重要贡献。

2. 抗旱工作为农业丰收做出积极贡献　1990年北方冬麦区发生春旱，南方夏、伏、秋连旱，受灾面积约1亿多亩。部领导先后赴山东、辽宁、内蒙古和广西等地调查旱情，帮助解决问题。会同财政部向21个省、自治区拨出抗旱经费1亿元。组织河南、山东和吉林省白城地区进行遥测旱情试点。

五、农田水利基本建设有重大突破

8月，我部召开了有省、自治区、直辖市领导参加的全国农田水利基本建设会议，李鹏、宋平、田纪云等同志发表了重要讲话，这是近10年来规格最高的一次会议。

1990年12月3日，江泽民总书记、李鹏总理等党和国家领导人参加京郊水利工地劳动；4日至8日中央和国家机关58个部委的2000余名干部参加劳动，其中有85名部级领导，400余名司局级干部；各省、自治区、直辖市以及地方各级领导也参加了水利工地劳动。这是1958年毛主席、周总理等老一辈革命家参加十三陵水库劳动以来规模最大的一次，对全国人民特别是广大水利职工是极大的鼓舞。

为加强冬修水利的领导，根据分类指导的原则，我部分别召开了东北、华北、西北、中南和华东五大片汇报座谈会，强调要注重质量、注重效益，推动农田水利基本建设健康发展。今冬农田水利基本建设由于领导重视，部署早、行动快；指挥机构健全，开展了多种形式的劳动竞赛；规划搞得好，主攻方向明确；

努力增加了投入，加之许多具体政策方面有突破，各地工作有起色，有发展，呈现了十几年来少有的大干水利的好形势。截至12月底统计：全国日高峰上阵劳力9200万人，投入水利劳动积累工38亿个，累计完成土石方50亿 m^3。分别比去年同期增加33%，16.6%和21%；预计可恢复、改善和新增灌溉面积4800万亩（其中新增约800万亩），除涝面积900万亩，改造盐碱、渍害低产田1100万亩，治理水土流失面积13000 km^2；同时解决500万人、290万头牲畜的饮水困难。无论建设规模和实际效果都比往年好。

水土保持重点片的治理向广度和深度发展。1982年确定的8片重点治理区，经过7年连续治理共完成综合治理面积18800 km^2（合2820万亩），占第一期任务的64%。兴修基本农田242万亩，营造水土保持林1855万亩，种草514万亩，修建了一大批蓄水保土工程，已产生了明显效益。长江上游4片重点治理区，重点县由61个扩大到78个，开展重点治理小流域795条。已完成治理面积10165 km^2（合1524万亩）。密云水库上游重点片治理工作进展顺利，已完成治理面积230 km^2（合34.5万亩）。

《黄土高原水土保持规划》经国务院同意，国家计委已正式批准。

水土保持预防监督工作有新进展，据9个省市统计，收缴水土流失防治费4203万元，查处违法案件2万多起，使人为造成新的水土流失现象有所缓解。

部署了科技兴农技术推广服务体系的试点工作。大力推广节水灌溉，安排了6000万元贴息贷款，发展喷滴管灌面积90万亩。安排使用黄淮海农业开发基金，增加高标准排灌增产示范农田7.2万亩。

针对当前灌区和泵站老化效益衰减的严重问题。进行了工程老化损坏评价和调查分析工作，并在此基础上提出对策措施。

六、水利经营管理取得新进展

1. 加强了水费计收　预计全年征收水费15亿元（比1989年增加2.3亿元）。通过落实国务院办公厅关于贯彻执行《水利工程水费核订、计收和管理办法的通知》，制订了《供水成本测算规范》，河北、湖北等5省颁布了新的水费计收标准。广西、贵州、四川等省推行农业水费以物计价的办法，使水费收入有较大的增长。

2. 注重水利企业发展　成立了水利部企业领导小组。加强水利企业管理。围绕“抓管理，上等级”开展了企业上等级工作。发布了《水利水电施工、电力企业、机电设备制造行业部级先进企业标准》、《国家级、部级先进企业、先进管理单位审定办法》等文件。召开了企业管理座谈会；初步调查了水利系统大、中型企业的情况；经过审查批准，现有国家二级企业9个，部级先进企业55个，省级先进企业94个。

3. 水库管理　扩大了水库承包经营管理责任制的试点，开展地方工程管理机制的改革，制定了计收河道工程管理维护费办法和《河道管理单位承包经营管理责任制试点办法》。目前，广东、湖北、黑龙江和湖南等省已开始计收河道工程管理维护费。建立水库上等级制度。颁发了《国家级大中型水库工程管理单位等级标准》（试行）和评审办法。举办了大中型管理单位上等级培训研讨班和大型水库管理单位局长岗位证书培训班。协助流域机构进行部直属水库的防洪、供水、发电调度工作。抓紧水库除险加固工作。有9座重点险库完成除险加固，累计已完成18座；安排了“八五”期间重点险库除险加固计划；《大坝安全管理条例》已上报国务院待批。

4. 加强河道、堤防和湖泊的管理　会同财政部、物价局颁发《河道采砂收费管理办法》。提出了《湖泊管理实施办法》初稿。编印了建国40年防洪经济效益的报告。开展水利工程土地发证和全国水利工程管理部门土地划界工作。

5. 水利综合经营　在清理整顿中，加强了水利综合经营的行业管理，流域机构和各省水利厅普遍建立了行业管理机构。调整综合经营开发方向，为适应水利事业发展，综合经营转向紧密结合国家水利建设任务，围绕乡镇供水、中小型水电建设、水利渔业、滩涂开发、沙棘资源开发加工工业，房地产开发和水利旅游等进行实业开发，并结合发展与水利建设有关的原材料企业。中国水利实业开发总公司与有关单位联合兴建的海口市供水工程(20万 t/d)和丹江防汛自备电站等正在施工；沙棘开发利用成效显著。在全国市场疲软的情况下，1990年水利系统的综合经营仍得到稳步发展，产值近90亿元，利润9亿元，从业人员75万人，对稳定职工队伍，发展水利事业作出了积极贡献。

6. 财务管理　进一步加强了企事业单位的财务管理。部属企业继续实行财务包干；开展了企事业单位会计工作上等级，已有30个单位会计人员达标。制定了《水利工程基本建设竣工决算报告编制规程》，重新修订了《水利部中央级事业单位预算会计制度》。贯彻落实水管单位的以收抵支财务包干办法，进一步改进了资金管理，建立了事业发展、勘测生产、科研周转金制度。

七、农村水电和水利工程建设稳步发展，加强了扶贫、移民工作

1. 超额完成100个农村电气化县试点任务　经

检查验收，有109个县达到初级电气化县标准，这些县的社会面貌和经济建设发生了历史性的变化，实现了“四个翻番”（发电量、工农业总产值、财政收入、人均收入），“四个促进”（山区经济、精神文明建设、生态环境、全国农村水电事业）。制定“八五”期间再搞200个农村初级电气化县的规划。全年新增水电装机86.34万kW（包括水利部门建的小火电11.9万kW）年发电量达446亿kW·h。完成电网技术改造26项。

2. 加快重点工程建设　故县水库工程质量明显提高，进度有了加快，即将下闸蓄水。板桥水库经几次协调，下半年进度明显加快，察尔森水库电站2号、4号机组胜利竣工验收。加强施工企业的行业管理，评选出5个部级先进施工企业，2个国家二级企业。颁发了施工单位企业资质标准、管理办法。开展施工质量大检查，有6项工程获部优质工程奖，1项优秀施工奖，1项国家银质奖。

3. 积极开展水利扶贫工作　先后派出干部对一些省区的贫困地区进行调查研究，为12个省区安排扶贫项目18项，投资7090万元，为脱贫致富创造了条件。有关司局结合农村电气化县试点、中型水电建设、水土保持、水利灌溉、人畜饮水、水产养殖等方面对三峡贫困地区给予扶持。安排了17个省39座部直属水库和9个省近80座地方水库移民遗留问题的处理。加强了移民资金的管理；审查批复了东平湖、三门峡和碧口水库的移民安置总规划；编制了《90年代移民遗留问题处理的总规划》（初稿）；依靠地方各级政府和水利部门，采取措施，到16个省、自治区、直辖市的库区进行了调查，做好工作，保证了库区移民的稳定。

八、加强了科学决策和技术咨询，积极开展科技兴水和教育工作

1. 成立水利部技术委员会　聘请一批老专家，加强了决策的科学化和技术咨询工作。

2. 成立科技兴水领导小组　确定60个科技试点县。“黄淮海平原灌排技术措施研究”、“华北水资源评价和开发利用研究”已经鉴定验收。确定建设22个节水灌溉增产示范区。审议修改了水利科技中长期发展规划；编制“八五”国家科技攻关项目水利科技部分的12个项目建议书。完成了水利水电标准化体系表的编制与审定工作。对“七五”科技体制改革工作进行了总结并上报国家科委。进一步加强科研管理工作。对部属科研院所的管理模式、绩效考核评价、仪器设备管理、科研成果效益分析评价、建立部级重点试验室的可行性等5个方面进行了调查研究，提出了专题报告初稿。各级科研院所完成了上千个科研课题，1990年获国家科技进步奖8项，获部级科技进步奖69项。

3. 加强了教育工作　输送了大中专（含成人教育）毕业生4000多人，举办了江河多目标开发经济政策国际研讨班，组建了全国水利职业技术教育学会和中国水利高等教育学会，开始调整专业结构，多次组织了教育改革和经验交流活动。完成了1990年招生计划和基建计划。加强院校政治思想工作，印发了《关于进一步维护部属高校秩序稳定的几点意见》和《关于贯彻党建会议精神，加强高校思想政治工作情况简报》。华北水电学院开始迁址郑州办学。

4. 加强了水利电力出版工作　在科技图书市场疲软情况下，抓编辑、抓发行，提高质量和效益，仍完成出书品种341种，新书6947万字；还完成录像片20项。

九、信息、宣传、政研和外事等工作取得新的成果

1. 信息交流　成立水利部信息中心并开始工作，为建立水利系统的防洪、抗旱、基建、生产、科技和行政等方面现代电子系统服务，将分期分步骤地完成。第一步从水利部机关办公自动化和领导决策信息反馈系统开始，进行了详细调查，正准备提出实施方案。

部机关编印了《每日情况》、《当日要闻》等，为部领导及时提供了信息。

2. 新闻宣传　水利新闻宣传工作有新的起色。通过报纸、刊物、电台、电视台等新闻媒介宣传水法和水利工作。结合水法宣传周、防汛抗旱、农田水利建设和重大会议等中心工作，召开了几次新闻发布会和通气会。在《人民日报》上开办了“大家来谈水”专栏，收到稿件3000多篇。拍摄了三集电视片《大命脉》，在中央电视台播放后对水利职工鼓舞很大，引起社会各界对水利的关注。组织记者考察采访长江三峡、黄河防汛、黄淮海科技示范区、长江水文、海河治理等。发表了一批有份量的文章。《中国水利报》《中国水利》坚持正确的舆论导向，紧密围绕部防汛、农田水利基本建设等各个时期的中心工作进行了大量宣传报道，受到水利职工的欢迎。《中国水利报》发行量已由1989年底2万多份增加到3.6万份。

3. 水利政策研究有新成果　各地申报研究课题128项，正式批准列入部的委托课题40项，开展了大量调查研究工作，有9项已提出成果报告或阶段报告。对沿海滩涂开发、建设经营乡镇自来水、占用农业水源、水利工程设施补偿办法等课题的研究取得新进展。召开了政研中心理事会第二次会议，交流了水利政策研究成果。还进行了与苏联学者的交流。

4. 水利外事工作有新发展　在引用世界银行贷款方面取得明显进展，如：小浪底工程技术咨询、黄河水资源经济模型研究等项目得到世界银行支持；对江苏、安徽、山东三省水利部门自借自还外资的项目进行业务指导和监督；协助新疆、四川等省区开展外资项目工作。参与观音阁水库、通榆河、引黄入淀等日元贷款项目的工作。全年共接待外宾62批378人。派出出国团组194个，出国人员466人。在华举办了“国际水资源管理、水文基础学术讨论会”和“第七届亚太地区国际水利学术讨论会”等活动共7次。

中国水利电力对外公司适时调整经营布局，积极开拓业务，全年新签对外承包合同13项，合同额7637万美元，超过年计划46.8%；完成营业额8647万美元，超额12%。新签经援项目内部承包合同3099万元人民币，进口项目新签合同79项，总金额为11.74亿美元。1990年在19个国家和地区经营各类项目共49个。在国际市场上已有一定知名度，在金融界有较好信誉。

十、加强了党的建设、廉政建设和职工队伍建设，组织干部深入基层为群众办实事

1. 加强党的建设　部机关及在京直属单位的7个基层党委、3个总支、100个支部开展了党员重新登记工作。有1819名党员准予重新登记，有3名缓登，有5名进行组织处理。通过重新登记，使全体党员受到一次深刻的教育，普遍增强了党的观念，经国家党工委验收合格。开展评先创优活动，评选出12个先进基层党组织、19名优秀党务工作者、47名优秀党员(其中获国家党工委表彰的有1个单位、9名党员)。评选优秀团员28名、团干部15名、三八红旗手65名、妇女工作积极分子8名、工会积极分子175名。在全体职工中开展了《关于社会主义若干问题学习纲要》的学习。通过学习普遍提高了对社会主义优越性的认识，增强了只有社会主义才能救中国、才能发展中国的信念。

2. 加强领导班子的建设　全年任免司局级干部53人，提拔10人，任命机关处级干部26人；重新组建调整七个流域机构和水科院的党组和领导班子；对17个单位的党政领导班子和110名部管理干部进行全面、深入地考察；注意抓了现职领导干部的培训，举办了领导科学研究班，完成小浪底、万家寨工程领导班子的初选方案。评审通过了高级技术职务173人，中级66人，初级2人，完成了2076名应届毕业生的分配工作，向有关部门推荐有突出贡献的专家8人，初步提出选拔水利行业100名优秀专家的方案。调整和加强了一些不适应工作发展的组织机构，解决了黄委和长委两个副部级机构的级别问题。

积极落实老干部的政治、生活待遇和发挥其作用，对部机关和直属单位进行了调查了解；召开了有部分省市参加的部属单位老干部会议；举办了水利系统首届老干部门球邀请赛等文体活动；对部机关老同志办了两期政治理论学习班。

工资调整工作取得成绩。对机关、事业单位职工的工资，在普调一级工资的基础上，经过努力约有90%的职工晋升了两级工资，对部属企业和离退休人员的工资进行调整，在一定程度上改善了职工的生活，对直属企业实行工资总额与实现税利挂钩，加强对水利行业人事劳资工作的管理。

3. 加强监察审计工作　根据中央和国务院电话会议精神，部机关及直属单位进行廉政自查，组织了5个调查组深入基层检查，没有发现大的以权谋私案件和严重的腐败行为。但在不执行财经制度，用公款吃请送礼，收水费电费搞摊派，搞“人情工程”和“关系工程”等方面仍然存在不正之风。一年来在部直属单位共立案查处各类违纪案件44起，结案19起，销案16起，结案率近80%，移送检查机关及给予政纪处分的18人。一年来共收到来信和举报电话150件次，来访5次，做到了件件有着落。审计工作贯彻执行了“积极发展，逐步提高”的方针，加强了对全国水利行业审计工作的指导。一年来完成了7个项目的直接审计，查出违纪金额148.8万元；对部分事业单位作了直接审查调查；组织了10省、自治区、直辖市水利部门对6项水利专项资金作了审计调查，查出有问题的资金3575万元，占被调查资金总数的4.53%，揭示了一些问题，促进了管理；草拟了《水利部审计工作暂行规定》、《经济合同审计办法》和《水利部内审工作上新台阶的设想和规划》等3个文件。同时加强了对国外机构的管理监督。积极组织直属单位财务、税收、物价大检查，清理小金库及治理三乱工作。

4. 深入基层调查研究　组织机关干部1380人次(其中部领导5名全年下基层485天，人均97天)深入基层，到困难大、问题多的单位调查研究，为群众办实事。黄河修防段和一些水利、水管、水文站，条件艰苦，有的甚至发不出工资，有关司局的领导会同财政、人事部的同志到现场实地调查，初步解决了一些问题。有关部门还赴水事纠纷的现场，向群众宣传党的政策，使一些激化的矛盾得到缓解。

5. 转变职能和参政议政　综合部门进一步转变职能，参政议政，改变作风，搞好服务。首次召开了全国水利系统办公室主任会，加强办公厅工作的行业管理和指导。认真承办人大政协提案154件，受到国务院办公厅、人大办公厅的表扬。加强综合协调有关司

局间的搭界矛盾，落实流域机构的“三定”方案，注重公共关系，加强了国办秘书局与有关部委的联系。加强保密工作，制定有关规定，安装了保密电话。组织丹江口发电厂档案管理晋升一级企业的考评，接待群众来访132起、981人次，处理人民来信1684件。提高公文质量，完成部发文1037件。加强机关安全保卫工作，保证机关的正常秩序。

6. 加强系统思想政治工作　在水利系统干部职工中开展了马克思主义哲学和社会主义若干问题纲要的教育，基本国情和基本路线的教育。加强政工机构和政工队伍建设，在部直属单位进行政工专业职务评聘的准备工作；举办政工干部培训班、通讯员培训班，提高了人员素质。开展“四有”职工队伍建设。在全系统开展了学习雷锋式的好青年文青成和学习周景文的活动，激励广大职工为水利事业奋斗；为稳定职工队伍，对在水利战线上工作25年（县以下单位）和30年（县以上单位）的干部职工做了颁发荣誉证书和证章的准备工作。

7. 后勤服务　机关行政后勤部门扩大服务领域，保证机关日常工作开展。召开了水利系统第一次行政后勤改革座谈会，在长委交流机关办食堂的经验。为机关安装电话，保证用车，安排职工福利等方面做了大量工作，一年来为机关272户职工解决住房，车队安全行车77.8万km。部机关被评为国家机关精神文明建设先进单位、北京市卫生先进单位和北京市献血先进单位。

水　政

水利政策研究综述

一、水利政策研究的工作概况

1. 地方水利政研工作　1989年10月在山西榆次市召开的水利政策法规研究工作座谈会对地方水利政策法规研究工作起了很大的推动作用。1990年一些省水利厅和流域机构在建立政研机构，组织重点课题研究及组建研究员队伍等方面都取得了进展。黄委、海委、黑龙江水利厅新成立了政策研究机构，河北省水利厅在原有基础上加强了政研机构；黑龙江、河北、天津、陕西、安徽等省的水利厅根据榆次会议精神，结合本省水利工作情况确定了重点调研课题，组织了调查研究，如天津市针对干旱缺水的严峻形势，确定把优化引滦调度、强化工程管理、搞好抗旱护水等作为研究课题；安徽省把建立农村水利建设发展基金制度的研究作为1990年的重点课题；陕西省把全省小水电发展的前景与对策等8个课题作为1990年的调研重点。黄委、海委及河南省、河北省水利厅调整充实了研究员队伍，山西省水利厅开始实行聘请研究员办法。

2. 课题委托制　截至1990年底累计办理委托课题40项，其中1990年新办理委托课题20项，新办理课题主要有：预防重大水事纠纷的对策研究，水资源费研究，城市水资源管理与保护研究，乡镇供水有关政策研究，节水政策与节水型社会标准，防洪工程的资金筹集及运行维护费的征收，建立农村水利建设发展基金制度研究，户包小流域治理政策研究，牧区水利投资政策研究等。承担委托课题的单位有水利部农水司，水管司，水政司，河海大学，武汉水利电力学院，华北水利水电学院，葛洲坝水电工程学院，山东水利专科学校，南昌水利专科学校，丹江口工程管理培训中心，牧区水科所，黄委，海委及河南、湖北、山东、山西、安徽等省的水利厅。在1990年12月份召开的水利部政策研究中心理事会第二次会议上，有7个委托课题将研究成果向理事会做了汇报，即：水利部计划司的《近期水利方针和发展战略目标的研究》，人劳司的《提高水利事业单位职工工资福利途径的探讨》，建设开发司的《水利部门开发城市生活及工业供水的研究》，太湖流域管理局的《城市防洪基金筹集办法的研究》，河南省水利厅的《预防重大水事纠纷的对策研究》，湖北省水利厅的《水利部门建设经营乡镇自来水的可行性研究》和山东省海阳县的《村级水利工程企业化管理的研究》。理事会认为，这7个课题的研究成果内容充实，针对性强，有一定的深度，可为制定政策提供依据。

3. 刊物　1990年《政策研究》出了6期，《政策研究资料》出了5期，每期发行4500份，全年刊登政策研究论文、调查报告和来自基层的文章共100多篇，比较重要和有影响的文章有：涂能文、李佩祥等写的《水利行业中正在崛起的新产业》，李健生写的《城市防洪与防洪战略布局》，彭世雄的《水利基建投资实行有偿使用势在必行》，赵鸣骥写的《关于黄河水利委员会财务状况的两篇调查报告》，屠荷芳写的《新上工程必须重视财务分析》，邹广荣写的《发展节水型农业的对策和建议》，张季农写的《大型水利工程决策问题》，水利部财务司写的《关于实现水利良性循环的设想》，还有《中国江河多目标开发经济政策高级研讨班总报告》等。1990年部政研中心还编印了《政策法规研究通讯》，目的是及时交流各地政策法规研究工作的情况和经验，报道各地水利政策法规研究工作动态及工作建议，1990年全年共出12期。

4. 研究员　1990年部政研中心对研究员队伍进行了调整，调整后，重新聘任的研究员93位。除研究员外，在部机关和在京单位又聘请了29位专家担任特约研究员，特约研究员除承担课题研究、撰写稿件外，还担任研究成果的评审工作。

5. 研讨班　1990年4月中华人民共和国水利部和世界银行经济发展学院在南京联合开办了中国江河多目标开发经济政策高级研讨班，世界银行、亚洲开发银行的13位外国专家和40多位中国专家参加了研讨班，研讨班在总结我国江河综合开发治理的经验、学习借鉴其他国家经验的基础上，写出了《中国江河多目标开发经济政策高级研讨班总报告》和规划、经济、财务、组织机构、环境、人才培训等子报告，就江河多目标开发的规划、投资政策、回收政策、经济循环机制和经营管理体制等进行了探讨，提出了很好的建议。

二、水利政策研究的主要成果

1. 水利基础产业的研究　关于水利在国民经济中的地位和作用的研究和水利产业性质的研究，几年来一直是水利界共同关心的课题，已有不少研究成果。水利是国民经济的基础产业的论断得到了中央和国务院领导的肯定。1990年6月江泽民同志在张光斗教授关于水资源问题的一封信上批示："在考虑'八五'规划时，得认真研究一下水的问题。人无远虑，必有近忧。应该未雨绸缪。"陈云同志批示："水的问题始终是个大问题。要从战略高度来认识水的问题的严重性。各级领导部门，尤其是经济、科技领导部门，应该把计划用水、节约用水、治理污水和开发新水源放在不次于粮食、能源的重要位置上，并列入长远规划、五年计划和年度计划加以实施，以逐步扭转目前水资源危机的严重状况。"1990年7月份，李鹏同志在听取水利部领导汇报时指出："水利要作为基础产业在'八五'计划安排中加以体现。这样水利的基础地位就高了。"水利是基础产业这一论断不仅仅是对水利的地位和作用做了确切的概括，更主要的是，这将对今后的水利发展给以强大的推动。

2. 水利经营机制的研究　杨振怀部长在1989年召开的政策研究中心理事会第一次会议上指出，改革和完善水利经营机制、提高水利经济效益应成为政策研究的核心。1990年的许多政策研究课题都是围绕水利经营机制这个核心开展的，如防洪工程的资金筹集及运行维护费的征收研究，水资源费研究，水文有偿服务研究，水电站上网电价的研究，建立机井折旧基金的研究等等。1990年水利部、国家物价局、财政部联合转发了国务院办公厅国办发（1990）10号通知，要求各地认真贯彻国务院国发（1985）94号文，并进一步规定：农业水费可以以实物计价、货币结算或计收实物；水费收入由水利部门商请财政部门核定抵作供水成本和事业费拨款的，视为预算收入，免交能源交通重点建设基金和国家预算调节基金。1990年水利部、财政部、国家物价局发布《河道采砂收费管理办法》，明确规定河道采砂实行许可证制度，许可证由河道主管部门发放，并计收采砂管理费。1990年又有一些省出台了新的水费办法，收取堤防维护费的办法在江苏镇江、河北保定等地实行。

3. 水利部门建设经营乡镇供水的研究　国务院"三定"方案中明确规定乡镇供水由水利部归口管理，水利部领导曾多次指示要抓好这项工作。从1989年起，部政研中心组织乡镇供水的政策研究，1990年这项研究取得初步成果。研究表明，水利部门建设经营乡镇供水是必要的，也是可行的，前景十分广阔。大力建设经营乡镇供水对于促进乡镇经济发展，改善人民生活、生产条件，提高人民健康水平有明显效益。同时，水利基层单位通过建设经营乡镇供水也可获得一定的经济效益，随着乡镇经济的发展，供水效益会逐步增加，这对于提高水利工程的综合效益，拓宽服务范围，增强水利基层单位的活力，稳定职工队伍，有很大好处。通过调查研究，对建设经营乡镇供水的指导思想、资金筹集，以及建设经营中的其他有关政策性问题提出了建设性意见。这些研究成果引起了广泛的重视并得到部领导的好评。

4. 河口及沿海滩涂开发的政策研究　我国沿海和河口滩涂资源丰富，开发滩涂对沿海经济发展具有很重要的意义，水利与开发滩涂的关系非常密切，我国东南沿海的水利部门在开发滩涂的工作中一直发挥着重要作用。但滩涂开发中存在着指导思想不明确、管理体制不顺、资金渠道不畅等问题。自1989年起，部政研中心组织河口及沿海滩涂开发的调查研究，先后对广东、福建、上海、浙江、江苏等省市的滩涂开发情况进行了调查，并于1990年11月召开了专题研讨会，对滩涂开发的指导思想、管理体制、资金筹集办法、经营机制及开发模式等问题进行了探讨，就水利部门在滩涂开发中如何更好地发挥作用提出了建议。

5. *占用农业水源补偿办法的研究* 近年来，随着工业建设和城市的发展，工业和城市生活用水量迅速增加，大量挤占了农业用水，有的给以少量补助，更多的是无偿调拨，加上建设占地等其他原因，灌溉面积滑坡，对农业生产影响很大，特别是遇到干旱年份，为了保工业和城市用水，对农业生产影响更大。这是一个急待解决的问题。水利部政研中心与农水司等部门，经过调查研究，起草了补偿办法，这个办法现处在征求意见阶段。

三、今后水利政策研究的主要课题

研究如何真正把水利基础产业的地位落到实处是今后水利政策研究的总课题，围绕这个总题目，具体有以下几个方面的研究课题：①从理论上研究探讨水利基础产业的确切含义；②研究在国民经济和社会发展计划中如何体现水利基础产业的地位；③研究水利内部各种产业类型的建设、经营、管理政策；④研究水利全行业逐步实行有偿服务的政策；⑤研究积极发展大中小水电，发展城乡供水事业，完善水利产业结构的政策等。

水利政策研究工作这几年虽有一定发展，但仍然非常薄弱，其现状和所面临的繁重任务对它的要求还有较大差距，今后还需在组织机构、人员经费等方面大力加强，政策研究成果的推广应用也是今后政研工作的重点。

（杨得瑞）

实施水法 加强水政

1990年，水政工作仍以宣传教育为先导，围绕水法规、水管理、水利执法三个体系的建设进行，以建立水利执法体系为重点，带动水政工作全面开展。把实施水法，统一水政作为当前水政工作的中心。为了落实国务院领导同志关于“贯彻实施水法，必须建立执法体系”的指示精神，水利部于5月中旬在北京召开了全国水利执法体系建设工作会议，总结了第一批试点经验，部署了下一步工作，并提出：争取1991年底前全国建立起水利执法体系；明确建立水法规体系、水管理体系和水利执法体系为中心的水利法制建设为“水政建设工程”，应作为水利事业的基础建设和庞大的“软件工程”来抓。全国政协副主席钱正英同志在会上强调指出，要克服过去“一手硬，一手软”的状况，要用当年建设大坝工程那样的劲头搞好水政建设。这次会议对提高水政工作的认识，推进全国水政工作和创建水政监察体系将产生深远的影响。8月，水利部在北京召开的全国农田水利基本建设会议上，杨振怀部长指出了今、明两年水政工作的重点。一是遵照《水法》、水法规的规定，以及国务院、地方各级政府的授权，进一步理顺部门关系。二是加快水法规建设的进程，力争涉及全局的法规及早审定颁布。三是争取今、明两年建立起全国水利执法体系，全国水利执法要以贯彻取水许可制度和《河道管理条例》为重点。这些都为全国水政近期工作进一步指明了方向。

10月，水利部水政司在乌鲁木齐市召开了1990年全国水政工作年会，会议主要议程是总结1990年全国水政工作，贯彻上述“两会”精神，努力实现统一水政的目标。会议认为，近期统一水政的目标就是实现田纪云副总理提出的“五统一”，即统一规划、统一调度、统一发放取水许可证、统一征收水资源费、统一管理水量水质。“五统一”的核心是要切实履行各级水行政主管部门的职责。会议还总结和交流了各地一年来水政工作的经验与体会，部署了1991年度的工作。这届年会表明，与上届年会相比，大家对水政工作的认识更提高了，思想更统一了，解决问题的办法更多了，对工作的信心更强了。一年来，各级水利部门普遍加强了对水政工作的领导，转变职能把加强水政建设作为近期水利改革的一项重要任务来抓。通过总结，认为转变职能和加强水政主要体现在三个方面：①在计划安排上，舍得拿出钱来搞水政；②强化水政机构设置和人员配备，选派素质高的得力干部从事水政工作；③把水政当作重要工作列入领导议事日程，重要的工作，领导亲自抓，具体管。有的省已这样做了，所以工作大有起色。

一年来，全国水政工作者发扬团结、开拓、奋进、求实的精神，克服困难，积极进取，使全国的水政工作取得了显著的进展。

一、建立健全水政机构

几年来的实践证明，建立健全水政机构，是做好水政工作的组织保证。

1990年，各级水利部门进一步贯彻水利部《关于尽快建立健全各级水政水资源机构的通知》（水政［1989］18号）精神，克服种种困难，领导亲自出面，积极向政府反映，争取支持解决。新疆、福建、江苏的水利厅长亲自给各地、市政府负责同志写信，说明水政工作的重要意义和建立水政机构的必要性，对于地方建立水政机构起了很大的推动作用。9月7日，安徽省人民政府办公厅以明传电报向各行署、各市（县）人民政府，以及省政府各有关部门发出了《关于进一步宣传水法，加强水政工作的通知》，要求各级水利部门要迅速建立起水政水资源管理机构。吉林省编制委员会和吉林省水利厅于11月23日联合发出《关于地县两级尽快成立水政机构的通知》，通知明确："经省政府领导同意，各市（地、州）、县（市、区）水利（水电）局单设水政科（股）。""各地接到本通知后，要按正常的审批程序，抓紧做好水政机构的组建工作，在年底前将机构组建起来。"广西水电厅水政水资源处的负责同志深入到66个县（全区共83个县），做地方领导的工作，推动县（市）水政机构的建立。

经过一年的努力，截止到年底，30个省、自治区、直辖市水利（水电）厅局和水利部的七大江河流域机构已全部建立了水政机构；全国有262个地（市）水利局建立了水政机构（占应建总数的78.9%）；1476个县（市、区）水利局已建立了水政机构（占应建总数的65.6%）。省、地（市）、县（区、市）共建立水政机构1775个，占应建总数的67.7%。北京、上海、天津、黑龙江等省、市各级水政机构已全部建立；河北、山东、福建、广东、湖南、贵州各级水政机构已有90%建立起来。

二、深入进行《水法》的宣传教育

1990年3月水利部和司法部以水政［1990］9号文发出了《关于继续深入学习、宣传、贯彻〈中华人民共和国水法〉的通知》。《通知》要求：各级水利部门与司法部门积极主动依靠各级人大、政府的领导和有关部门的配合，把对《水法》的宣传教育继续引向深入；必须始终坚持把各级领导干部作为宣传《水法》的重点对象，结合实际，结合案例向广大干部进行宣传，提高他们知法、用法的水平，增强依法行政，以法管理、违法处置的观念和能力，各级水利领导干部尤其要带头学好、用好《水法》。《通知》还要求各地充分运用电视、广播、报刊等新闻媒介和群众喜闻乐见的多种形式，使《水法》宣传进入乡村、进入基层、进入千家万户。

《通知》发出后，新疆等15个省、自治区、直辖市水利（水电）厅（局）转发了《通知》，并制定了本地区的《水法》宣传计划，一个群众性的《水法》宣传高潮在全国掀起。

由《中国水利》杂志编辑部和水利部水政司、水利管理司、水资源司、水利实业开发总公司和水利电力出版社联合举办的《水法》知识竞赛，共收到14831份答卷，5178份答卷获得满分的成绩，160多个单位组织职工集体参赛。许多单位都把这次竞赛当作是一次普法的再教育，学法的大宣传，用法的大检查。

各地采取了多种生动活泼的形式抓好经常性的群众性《水法》宣传。宣传标语的数量、规格、质量均比往年有较大提高。山西省开展了水法宣传标语评比。山东省举办了《水法》知识电视竞赛，参赛人数达1600多人。在各地市竞赛的基础上，省电视台向全省转播了决赛的实况。

7月1～7日是第三届水法宣传周，李鹏总理为"水周"题词："依法治水，加强水资源的统一管理和保护"，进一步掀起了《水法》宣传的热潮。杨振怀部长发表了电视讲话，水利部向全国发送"水周"宣传画2万份。《人民日报》、《中国法制报》、《中国妇女报》和《中国水利报》等报刊都发表了社论、宣传文章和照片。海南省、广州市在省市报纸上专版宣传《水法》。

此外，各地在建立水利执法体系中把宣传普及《水法》及水法规作为重要内容，大力宣传贯彻实施《水法》的重要意义，结合对水事违法案件的查处，以案说法，收到了很好的效果。

4月，中宣部、司法部在北京召开了普法工作会议，司法部对全国《水法》宣传给予了肯定。部水政司柯礼聃司长出席了会议，并在会上作了"以宣传教育为先导，大力贯彻《水法》"的发言，会议印发了他的发言简报。

12月，中共中央、国务院批转《中央宣传部、司法部关于在公民中开展法制宣传教育的第二个五年规划》。据此，《水法》已被列入普法内容之一。水利部将拟定在第二个五年普法工作中开展水法宣传教育的规划，要求各地水利部门与当地普法主管部门配合，在党委、人大、政府的统一领导下实施规划，把《水法》的宣传教育进一步搞好，为依法治水、依法管水创造一个良好的法制环境。

三、加快立法进度和推进水法规体系建设

加快立法进度，逐步建立符合我国国情、具有我国特点、比较科学、结构完整的水法规体系，是实现依法治水、依法管水的重要保证。根据水利部1988年制定的《水法规体系总体规划方案》和国务院1990年立法计划，由水利部起草的法律草案和行政法规共9件，还有一部分是由其他有关部门负责起草，但与水利部关系较大的立法工作。由水利部起草的《水土保持法》正由国务院审查。《农业投资法》、《电业法》是由国务院有关部门牵头，水利部参加，已列入国务院今年重点审查论证的项目，现正在起草中。部水政司与有关司、局正在积极配合国务院法制局审议《大中型水利水电工程建设征地补偿和移民安置办法》、《水库大坝安全管理条例》和《取水许可制度实施办法》。此外，《水规划管理条例》、《防汛条例》送审稿已经完成。已拟订并正在与有关部门协调的有《水资源费征

收管理办法》、《水事纠纷处理条例》、《水文条例》和《水资源保护条例》等。

为了给水行政执法提供法律依据，并使之逐步实现制度化，规范化，在总结试点经验的基础上，水利部制定了《水政监察组织暨工作章程（试行）》、《违反水法规行政处罚暂行规定》和《违反水法规行政处罚程序暂行规定》等三个部行政规章，于8月15日由杨振怀部长签署，以水利部令第1号、第2号、第3号颁布施行。

此外，还有一些部行政规章正在积极制定。

为了加强河道整治和管理，合理采挖河道砂石，根据《河道管理条例》第四十条规定，由水利部、财政部、国家物价局联合制定的《河道采砂收费管理办法》于6月20日颁发施行。

为了贯彻《水法》，各省、自治区、直辖市都结合本地区情况抓紧了制定地方《水法》实施办法。继山西、河北、贵州、山东省之后，今年7月2日甘肃省人大常委会审议通过了《甘肃省实施水法办法》并公布施行。7月14日海南省人民政府审议通过了《海南省水资源管理办法》并发布施行。至此，全国已有6个省颁布了《水法》实施办法或水资源管理办法。浙江、陕西、内蒙古、黑龙江、辽宁、河南、广西、安徽、北京、上海等省、自治区、直辖市也在加紧制定或进行审议。

实施取水许可制度是加强水资源管理的一项重要措施，近两年来，贵州、山西、黑龙江、吉林、辽宁、河北、山东等省已开始推行。今年，水利部除积极协助国务院法制局审议《取水许可制度实施办法》外，3月9日以水政［1990］10号发出了《关于大力开展取水许可管理工作的通知》，要求各级水利部门必须明确实施取水许可制度是贯彻《水法》，加强水资源管理的一项重要内容，是各级水行政主管部门的重要职责；审批发放取水许可证，必须由水行政主管部门统一实施；尚未开展取水许可的地区，应把此项工作列入议事日程，要加强领导，取得各级人大、政府的重视和有关部门的理解和支持；要继续搞好有关基础工作，经过调查研究作出部署；要实行分级管理，根据实际情况，也可分批实施。

8月，水政司和水资源司在太原市召开了有15个省、自治区、直辖市和8个县（市）参加的全国取水许可管理工作座谈会，交流贯彻水利部水政［1990］10号文，开展取水许可管理情况和经验的交流工作，研究在全国推进这一工作的方法、步骤。据初步统计，全国已有500多个县（市）开展了取水许可管理或取水登记工作。

四、建立水利执法体系和强化执法工作

立法是根本，执法是关键。只有立法与执法并重，才能使水利法制建设不断向前发展。建立水利执法体系是今年水政工作的重点，按照计划，上半年完成了部第一批建立水利执法体系试点的总结验收。全国水利执法体系建设工作会议，是在杨振怀部长的亲自领导下召开的。侯捷副部长主持了会议，杨部长致开幕词并做了会议总结。全国政协副主席钱正英、全国人大法工委副主任邬福肇、司法部副部长郭德治、公安部副部长俞雷等领导同志出席会议并讲了话。会议首先对水利部建立水利执法体系第一批试点的工作进行总结，其基本经验是：①建立机制健全、运行有力的水利执法体系是贯彻实施《水法》的有力保证；②各级人大和政府的领导与支持是搞好试点的关键；③水利部门转变职能，上岗到位，敢于和勇于履行《水法》赋予水行政主管部门的职责是实施水利执法的首要条件；④提高干部、群众的法制观念，增强各级水利部门的执法意识，必须以《水法》的宣传教育为先导；⑤坚持试点单位应具备的条件，遵循试点工作的步骤，上下紧密结合是试点取得成功的重要因素。经过8个多月的努力工作，第一批试点单位取得了较显著的成果：21个试点单位大张旗鼓地宣传《水法》，接受宣传人数达326万人次；张贴和制做各种宣传标语21.5万条；举办水政培训班30期，2400人参加培训；试点期间颁布规范性文件120件；经选拔、培训，任命了1220名水政监察人员；上岗执法后共查处水事案件787件；水利秩序明显好转，水事案件发案率大幅度下降，如北京市下降了60%。

会议对下一步水利执法体系建设工作进行了部署。下一步的目标和任务是：加强领导，加快步伐，为在今、明两年内全国建立起水利执法体系而努力。总体部署分三步走，即试点、扩大试点、全面铺开，滚动式进行。会上审议和认定了40个单位作为部第二批建立水利执法体系试点。开展试点工作仍按水利部水政［1989］13号、16号文件的要求和规定的步骤进行，并坚持高质量、严要求、重实效，试点都要按部制定的6条标准进行验收，不得走过场。对水利执法工作必须加强监督检查，严明纪律，树立公正廉洁执法的良好作风。

会上，还对《水政监察组织暨工作章程（试行）》等三个执法部规章讨论稿进行了讨论，并提出了修改意见。

杨振怀部长在总结讲话时指出：加强水利法制是实现人民根本利益的需要，要克服“一手硬，一手软”的状况，必须从各级水利领导机关做起，首先从水利

部做起。在谈到当前统一水政要处理好三个方面的关系时，杨振怀部长强调了在建立水利执法体系中特别要处理水利部门内部的关系。“水利部门有关政策法规方面的工作，有关执法体系总的安排和牵头单位，即‘龙头’是水政部门。各级水资源、河道、水工程管理、灌排管理、水土保持、农电管理、水文等业务部门在水政监察体系中分别负责职责范围内的行政执法任务，是整个水利执法体系的组成部分。既要强调专业水政执法机构的作用，也要加强水利部门各个单位在水利执法中的作用，调动各方面的积极因素，五个手指攥起来才能形成拳头，不能内耗。各级水利部门第一把手要亲自抓，协调好各方面的工作关系”。杨部长还对当前水政执法工作从何抓起，以及扩大试点中亟需解决的几个“软件”和“硬件”问题作了指示。

这次会议不仅是个总结会，而且是个动员会。会后，各地水利部门纷纷召开水政工作会议，认真贯彻会议精神，并对下一步工作做了具体安排。第一批试点所在省、市继续发挥试点引路作用，除继续健全和完善执法体系，进一步提高执法队伍的素质和执法水平外，均开始进行扩大试点的工作。如广东省已把水利执法体系建设扩大到50个县（市），占应建水利执法体系县数的20%。7月中下旬，水政司在贵州举办了全国第二期水政干部培训班，部第二批试点单位的水利局长和所在省水政处的同志学习了有关法律知识，并对试点工作实施方案进行了研讨和认定。第二批试点的河北、青海、吉林、江西、新疆、湖北、湖南、福建、广西、浙江、上海、天津、重庆等省、市的试点工作抓得紧，很多方面创出了新经验。到9月底，全国已有366个县、市开展了建立水利执法体系的工作。

今年，各地结合水利执法体系建设和严厉打击刑事犯罪，强化了执法工作。在清除河障，整顿河道导砂秩序，打击破坏水利工程设施的违法行为和犯罪活动中做了大量的工作。为了及时掌握各地的水事案件发生与处理情况，总结交流水利执法经验，并使之制度化，3月，部水政司在全国水利系统建立了水事案件半年度报表与典型案例登记制度。据不完全统计，1990年全年共发生水事案件36978件，查处26080件，查处率70.53%。在发生的水事案件中，河道案9775件，水工程案20995件，水资源案2997件，水土保持案3168件，水事案件造成直接经济损失为9990.17万元。通过案件查处，司法部门判刑1643人，拘留2227人。罚款506.91万元，行政处分3923人，追回款物折合人民币2021.8万元。

各地在加强执法队伍建设的同时，积极支持和保护水利执法人员和水管人员依法行政。《人民日报》8月14日发表了《保护水利卫士支持水管工作》的调查汇报和《严肃查处殴打护堤员事件》的报道。杨振怀部长对这两篇文章作了批示：“《人民日报》读者来信栏登载的两篇文章十分重要，请各级水利部门领导大力保护水利卫士，坚决开展水利执法工作。安徽、湖南、湖北、浙江、河北等省水利厅请向省政府领导汇报，希严肃查处殴打、伤害水管人员事件，依法制裁不法分子，并将处理结果告之人民日报社和水利部。”8月30日，水利部以水政［1990］45号文发出了“关于认真贯彻杨部长对《人民日报》两篇文章批示的通知”，向各地水利部门和领导提出了三点要求，如果执法人员或水管人员在执行公务时再遇到被殴打、伤害的事件，水利主管部门的负责同志必须为他们撑腰，绝不能听之任之。否则，应追究主管领导的责任。

五、依据法规和“三定”方案进一步理顺部门关系

今年，各级水利部门继续贯彻田纪云副总理提出的“五统一，一加强”的精神，正确处理水利与有关部门的工作关系。

国务院在机构改革中很注意理顺上述关系，并做了大量协调工作。通过行政立法和有关部门的“三定”，大多数问题已经明确。但是，由于理顺关系涉及到部门利益和权责的调整，执行起来往往有不同的理解，出现一些矛盾，这不但使一些已颁布的法律、法规的贯彻实施受阻，甚至影响一些行政法规的出台，给地方工作造成一定的困难。为此，水利部进一步明确处理部门关系的准则应该是：在各级政府的领导下，团结协作，凡法律（或法规）已经授权，国务院对有关部门的“三定”方案已经明确的，我们必须坚决执行。关于水资源管理制度，统一管理是前提，分级分部门管理必须服从统一管理。

关于城市水管理问题，10月30日国家机构编制委员会以国机中编［1990］14号印发了经审议并原则批准的建设部“三定”方案，其中明确：“建设部归口管理全国城市节约用水、城市规划区地下水的开发利用和保护。”10月1日印发了9月26日国务院秘书长罗干同志主持召开国家机构编制委员会1990年第八次会议审议建设部“三定”方案的会议纪要，其中明确：“关于城市地下水的管理，按照资源管理与开发利用管理分开的原则，水利部是水资源的主管部门，建设部的职能为，归口管理城市规划区地下水的开发利用和保护。目前有的城市建设部门管到城市规划区，有的只管到建成区，各地应维持现行管辖不变。”

一年来，水利部和省级水利部门的领导同志亲自出面做了大量的协调工作，除向有关领导部门积极反

映情况外，还就城市水管理、河道采砂、岸线管理、地下水的法律调整和水利建设行业管理等方面的问题与有关部门进行了多层次的协调对话。黑龙江省水利厅水政处的同志到了50个市、县，帮助理顺水资源管理关系。内蒙古、陕西、山东、浙江、江西、安徽、河南等省（区）水利厅（局）的领导同志，在理顺部门关系和立法工作中遇到重大问题时，亲自出面与兄弟部门协商对话，并且多次向人大、政府以及法制部门汇报，说明情况，争取他们的支持。各地还以热忱为国民经济各部门服务的实际行动，赢得各方面的信任和支持。

六、确定流域“三定”方案和加强流域水政工作

七大江河的流域机构是水利部的派出机构。国家授权其对所在流域行使《水法》赋予水行政部门的部分职权。6月，水利部正式颁发了流域机构“三定”方案。除长委外，各流域机构都按规定完成了水政水资源处（局）的组建工作。3月，水政司召开了流域机构水政处长会，通报情况，明确职责，研究1990年各流域机构水政工作。会议认为，贯彻实施流域管理与区域管理相结合的水管理体制是流域水政工作的基本任务。其在立法方面的任务是：①受部委托，负责组织或参与专项水法律、行政法规的草拟；②组织拟订由部颁发的流域性规章、规范性文件；③组织制订由流域内有关地方政府或人大联合颁发的地方水法规的草拟工作。在执法方面的任务是：①在直接管辖的江河和直属工程管理范围实施水政监察；②协同地方执法；③处理省际水事纠纷；④参加部水利执法体系试点工作，了解情况、指导工作和参加验收。明确今年流域机构水政工作的重点是围绕部水政工作年度计划，大力开展取水许可管理，处理省际水事纠纷，搞好或协助地方搞好水利执法体系试点，有计划地开展流域立法或部委托的法规草拟等工作。

会上，讨论了水政司草拟的《流域机构在河道取水许可管理中的权限规定》和《河道管理范围内建设项目审批的有关规定》两个规章的初稿。这两个规章是流域机构行使部分水行政管理的具体体现，是履行流域管理的重要内容。流域机构在取水许可管理方面分为直接管理、限额管理、间接管理和总量控制等四个层次的管理。

一年来，各流域机构的水政工作均有较大起色。流域水政机构对各自联系的水利执法体系试点都作了部署，并积极组织实施。各流域机构水政处还按部的要求，参加了负责联系各省的试点总结验收工作。在调处韩庄运河、水阳江、黄河小北干流、漳河、沪苏之间的排水矛盾等省际水事纠纷方面做了许多工作，并取得了积极的进展。

为了对流域水管理体制和管理模式进行较为系统的总结和研究，9月14日至18日，国务院机构改革办公室和水利部在安徽省黄山市联合召开了资源自然区划与行政区划相结合管理模式研讨会，这是一次跨学科、跨部门讨论自然资源管理体制的会议。水利部副部长王守强、国务院机构改革办公室副主任顾家麟同志出席会议并讲话，国务院机构改革办方克定司长参加会议并作了会议总结。参加会议的有国家计委、农业部、林业部、地矿部、中国科学院、国家海洋局、国家土地局、环保局、地震局、气象局、辽宁、河北、安徽、福建、广东等省水利（水电）厅，山西太原市水利局，水利部有关司（局）、流域机构等单位的负责同志和专家共70余人。

水利部水政司柯礼聃、张林祥同志在会上作了题为《流域管理的概况与展望》的发言。水利部和所属流域机构比较系统地介绍了流域水资源管理的历史沿革、现状概况、体制、发展设想等。会议认为，我国水资源量在世界上名列前茅，但人均拥有量是贫乏的，因此，在我国的国民经济和社会发展中，合理开发利用水资源，加强水资源管理和保护，具有十分重要的意义。通过研讨认为，解放后特别是近年来，水利部建立的流域水资源管理与行政区划管理相结合的模式已取得不少经验，摸索一些有效的管理办法。按流域管理水资源是一种对资源进行按水文单元进行管理的有效方法，应继续完善、深化和加强。

七、成立中国水法研究会以推动学术与信息交流

在水利法制建设中，有许多理论与实践的课题亟待研究和探讨。为此，中国水利学会研究决定成立中国水法研究会。成立大会于5月15日在北京召开。研究会的宗旨是：“团结广大科技与管理工作者，增进对水的立法、政策和行政管理方面的研究，促进水资源方面的法制建设。”由于《水法》具有跨学科、跨部门的性质，研究会要团结广大科技、管理、法律工作者，共同努力开展工作。研究会由全国政协副主席钱正英任名誉会长，水利部水政司司长柯礼聃任会长，并聘请邬福肇（全国人大法工委副主任）、李培传（国务院法制局副局长）、魏耀荣（全国人大法工委经济法室主任）为顾问。成立大会原则通过了研究会1990～1991年工作计划，主要内容包括：参与调查研究、总结水立法和水利执法的经验；接受委托，参加水法规的咨询与论证；参与组织有关水政策和水利体制改革的研究；加强同国内外相关学会或协会的联系，开展国内

外学术交流等。根据工作计划，两年内要逐步建立地方水法研究会；成立法律咨询服务部；编写有关培训教材；参与组织《水法》的宣传活动；举办1～2次学术讨论会，并筹备出版会刊等。

中国水法研究会成立后，一些省（市）也酝酿成立地方分会，福建省已成立了水政水资源研究会。

为了加强水政工作的信息交流，水政司全年共编印了《水政工作信息》36期。广东、四川等十多个省（市）编印了水政信息交流刊物，交流情况，推动工作，效果很好。水政司编印了《建立水利执法体系资料汇编》共三册，约70万字，对交流试点工作经验，推进水利执法体系建设发挥了积极的作用。此外，还编印了《国外水资源管理总览》、《国外水管理机构与国际河流管理总览》、《国外水政策与水管理体制》等资料，及时交流了国际水政信息。

（李泽冰）

水利经济体制改革规划工作

1990年2月，国务院在北京召开了全国经济体制改革工作会议，研究落实七中全会精神，讨论、修订“八五”期间和今后十年经济体制改革的总体规划。4月，国家经济体制改革委员会根据会议精神，向国务院有关部门部署关于制定“八五”经济体制改革规划工作，提出经济体制改革规划需要重点调研的题目。

遵照国家体改委的统一部署，为了加强“八五”水利经济体制改革规划编制工作的领导，6月，水利部成立了编制“八五”水利经济体制改革规划工作领导小组，由水政、计划、人劳、财务、农水、水管、农电、水资源司和政研中心负责同志组成。钮茂生副部长任组长，柯礼聃、陆孝平、张岳、朱登铨同志任副组长，领导小组下设规划编写小组，由上述有关单位派人参加。7月，领导小组邀请部分水利经济专家和规划编写小组成员对水政司提出的《“八五”水利经济体制改革规划大纲》进行研究、修订，经领导小组批准后，编写小组按照大纲分工编写，由柯礼聃同志负责汇总。经过多次讨论和反复修改，8月形成了《“八五”水利经济体制改革规划（草案）》［以下简称《规划（草案）》］。并发至全国水利系统，广泛征求意见。

12月，由中国水利经济研究会。中国水法研究会召开水利经济体制改革研讨会。中国水利经济研究会理事长张季农到会并致开幕词。水利部副部长严克强、原副部长李伯宁、黄友若出席了会议并讲了话，政研中心副理事长王继兴也参加了会议。国家体改委综合规划司曾国强副司长等和国务院机构改革办公室方克定同志到会指导，国家计委、中国人民大学、清华大学等有关同志也应邀参加了会议。研讨会由中国水法研究会会长、水政司司长柯礼聃同志主持。经过3天的研讨，与会代表发表了许多宝贵意见，提出了对《规划（草案）》的修改意见和建议。水法研究会副会长许志方教授做了会议总结。根据各地反馈意见和研讨会上代表提出的意见和建议，再次对《规划（草案）》进行了部分修改。

《规划（草案）》回顾了十年来水利经济体制改革取得的成就，研究了水利经济体制改革中的基本问题和改革方向，制定改革的目标和主要内容，并提出了实施改革规划的措施和步骤。

《规划（草案）》根据发展要依靠改革，改革要为发展服务的原则，提出水利经济体制改革的基本方向和目标是：按照发展社会主义有计划的商品经济这个大方向，水利改革与水利建设密切结合，争取在5年或稍长时间内，以加强水利固定资产经营管理为重点，初步创立能以促进良性运行，富有活力的水利经济新体制，使水利更好地为国民经济持续、稳定、协调发展和人民生活的需要服务。

《规划（草案）》拟订的“八五”水利经济体制改革的主要内容有以下几方面：

（1）逐步建立起以效益为中心的水利固定资产管理体系。国有水利固定资产要纳入国有资产管理体系中去。贯彻“谁投资、谁所有、谁管理”的原则，水利部门受国有资产管理部门的委托，作为国有水利固定资产的产权代表分级管理所辖水利（包括水电及其配套的地方电网），并界定产权，坚决防止和纠正侵占、损害国有水利资产产权的行为。要区分社会公益性、有偿服务性和生产经营性不同性质的水利固定资产，制定相应的政策和措施。要坚持水费和电价改革，实行基本水费与计量水费相结合，新水新价，超用加价，水费保值等办法；要扭转水利行业上网电价过低的状况，实行计划外用电加价、峰谷差价、新电新价等政策。

（2）继续改革水利固定资产投资体制，分类型、多层次、多渠道集资投劳办水利。要明确划分事权，理顺投资关系，中央对水利的投入要起引导和启动作用，主要用于大江大河治理以及带战略性的骨干工程；一省范围内的工程，由地方和受益部门、单位共同兴建；集体性质的小型水利工程设施，主要由农民投资投劳兴建。要实行投资倾斜，调整投资比例，水利基建投资占全国基建投资的比重，应逐步恢复到1979年的平均水平，同时要增辟财源；大中型水利工程更新改造应纳入国家技术改造投资规模，要完善投资运行机制，对社会公益性水利项目以国家无偿投入为主，对有偿服务性项目原则上实行谁受益、谁负担，对生产综营性项目主要依靠银行贷款和多方集资，实行有偿投入，滚动发展；要改革投资管理体制，提高投资效益，建立从项目决策到建设实施，以及资金回收全过程的投资管理制度，对投资效益进行有效的监督。

(3)完善水利产业结构，大力开拓和发展水电、供水等综合利用产业，建立流域、地区的经济实体，为水利经济注入活力。水电是水利经济中最有活力的部分，要大力发展水电，并优先安排现有水库、灌渠的配套电站，扶植龙头水库电站，使之滚动发展。要发挥水利优势，在解决人畜饮水地区和经济比较发达的地区，积极兴办乡镇供水事业，兴办自来水工程。要结合河口治理进行滩涂开发；要充分利用水利工程所在地的水土资源和秀丽山河开展水产、旅游、水上娱乐等多种产业。要以骨干工程和工程群为依托，建立流域或区域的综合开发、利用水资源的经济实体，调整水利产业组织结构。有条件的水管单位，要建立和发展水利经济实体，并以县乡(以水管单位为依托)级水利经济实体为重点，自上而下地形成健康的水利经济机体。继续开展以农村集体经济所有的小型农村水利、水电、水保工程设施为依托的村一级经济实体建设的试点，逐步形成广大农村的水利服务体系。

(4) 深化水利企事业单位的改革，强化管理，提高效益。继续坚持和完善承包经营责任制，进一步研究、探索符合水利企事业单位实际需要的承包经营方式，通过试点，取得经验，分类型、分层次加以推开。要根据水利企业的特点制定水利企业标准规范与不同类型的水利企业经营管理定量考核指标等。

《规划（草案)》拟订了实施改革规划的措施和步骤。提出要加强水利经济理论研究，指导改革；要逐步建立和完善水利经济法规、规章和相应的政策体系，使各项改革有所遵循。水利经济体制改革拟分两个阶段，“八五”前两年以贯彻治理整顿方针为中心，稳定、充实、完善已出台的改革措施，并相继推出为目前社会政治、经济环境所允许的、急需而又可能的改革措施；同时，要组织力量研究、设计、论证深层改革的总体方案和专项方案。“八五”后三年，要在通过改革实践取得经验的基础上，使水利经济体制改革在较大范围内推开，逐步解决水利经济体制中的深层问题，争取将水利经济体制的框架初步树立起来。为此，要在调查研究的基础上，分级制定相应的改革规划和实施计划，对各项改革措施，要进行分类研究、分类设计、分类指导，选好并搞好综合的或单项的改革试点，取得经验，在面上逐步推开。

《规划(草案)》指出，水利经济体制改革是水利产业的一场革命，制定水利经济体制改革规划是重要的水利决策研究。各级领导干部要充分认识制定规划、推进改革的重要和深远意义，增强对改革的责任感和紧迫感；切实改变观念，转变职能，带领职工，投身改革；要加强领导，各级水利部门要成立改革领导小组和工作班子，在中央和地方各级体改委的领导下，有领导、有计划、有步骤地开展工作。

《规划（草案)》尚需进一步修订，经部批准后上报。根据国家有关规定，《规划（草案)》将先报送国家体改委审查，《规划(草案)》中涉及到其他部门的重大改革措施由国家体改委进行协调，然后报国务院批准后，组织实施。

（赵 伟）

水 文

重新认识水文的地位与作用

杨振怀部长在1990年11月召开的“全国水文系统先进集体、先进个人表彰大会”上指出：“水利是基础产业，水文是水利的基础；整个水利系统要加强前期工作，水文是重点；科技兴水，进行现代化技术改造，要从水文开始；加强队伍建设，关心职工生活，特别是解决基层住房问题，要优先考虑水文基层职工。”这是杨振怀同志根据多年来水利建设的实践和当前的水利形势，对水文的地位与作用的高度概括和总结。

要发展水利，必须振兴水文；要振兴水文，又需对水文的地位与作用取得共识。

一、充分认识水文在水利建设和国计民生中的重要作用，确立水文的基础地位，加强水文工作是发展水利事业的重要环节

大家知道，中国洪涝灾害之多世界少有。虽经40年来的江河治理，取得了巨大成就，但目前平均仍只能防御 20～50 年一遇的洪水，遇超标准洪水将会给

人民生命财产带来巨大损失，甚至会打乱国民经济建设的部署，影响社会的安定。因此，防御特大洪水的冲击，减免水灾损失是摆在水利工作者面前的一项艰巨任务。而在防御和减免洪水灾害的斗争中，水文工作者像作战部队的侦察兵，水文部门像作战部队的参谋部。准确及时的水文情报预报是河道要否分洪、分滞洪区是否运用、洪水如何调度等重大防洪决策的依据。

水利水电工程的规划、设计、施工和大型工矿企业的兴建都需要了解所在河流或地区的水资源状况，掌握洪水变化规律，否则会造成建设上的巨大浪费或重大失误，这类教训在国内外水利建设史上不胜枚举。

在贯彻水法实行水资源统一管理过程中，水文部门担负着水量、水质的监测计量和调查评价任务，这是水资源分配、调度的依据。

所有这些事实都说明水文是基础，只有打好基础才可能减免洪涝灾害，实现水资源的合理开发和科学管理。

二、要加快水利建设必须下决心抓好各项前期工作，水文工作在前期工作中更应超前开展

在工程建设中，水文、地质勘探、地形测绘、规划设计和科学研究均属前期工作，应超前进行。边勘测、边设计、边施工的“三边”方法，在“大跃进”时期有过沉痛教训。水文现象具有以下特点：①偶然性、多变性和随机性；②要掌握水文的变化规律必须进行与水文变化同步的长期观测；③资料积累的长期性，如工程设计中采用的千年一遇或万年一遇洪水防御（保坝）标准，至少要依据几十年的洪水资料系列进行分析计算才能得到近似成果，观测系列越长其分析计算成果越接近实际。要想用三五年的资料探求水文规律是不可能的。因此，把水文工作作为前期工作的重点，不论从水文的特点出发，还是从它在水利建设中的作用考虑都是完全正确的。

三、水资源危机、水环境恶化和人类活动对水文的影响都对水文提出了严重的挑战，只有加快水文的技术改造和提高科技水平才能适应形势发展的需要

20 世纪 60 年代以来，北美、西欧和日本、苏联相继把信息论、系统论、控制论等先进理论和航天技术、人造卫星、航空遥感、雷达探空等先进技术及电子计算机用于水文。先后建立了水文信息采集传输系统，实时存贮处理系统和水文预报、水资源调度自动化系统，使水文进入了深入的机理研究和广泛快速服务的新阶段。但目前中国的水文信息采集、传输手段还相当落后，测验方法与通信方式基本上还是五六十年代的水平。要掌握 960 万 km^2 国土面积上的水资源变化和众多江河湖库的水量水质动态，每年要收集、整理几千万数据，进行大量复杂的分析计算；随着经济的发展，各行各业对水文信息的需求数量正日益增大，对分析的速度和深度要求也越来越高，落后的手工操作方式已远远不能满足社会的需要。因此要实现水利现代化，首先要进行水文测报、资料存储、信息传输和分析计算系统的技术改造，实现水文工作的现代化。

四、提高人的素质和调动职工的积极性，必须加强队伍建设和关心职工生活

水文的基础在测站。全国有水文职工近 30000 人。3400 多个测站，90%以上在农村，其中相当一部分在远离村庄，交通闭塞的荒僻地区。测站的房屋多为五六十年代修建，标准很低，目前破房危房占 40%以上；一些山区测站看不上报纸、电视，听不到广播，文化生活非常单调；由于条件所限，子女上学，青年职工择偶、退休职工安置都很难解决。水文职工不但生活环境异常艰苦，而且工作条件也很恶劣。夏季要和狂风暴雨搏斗，为抢测暴雨洪水资料掌握洪水涨落变化过程，常常夜以继日在水上作业，一次又一次地向有关部门传递水文情报预报；在冬季，要进行冰雪观测和冰下流量测验，为防御冰塞冰坝灾害，预报凌汛提供水文信息。水文野外作业十分艰苦紧张，内业资料整编和分析计算任务也很繁重；每个水文站一年要分析整理和上报上万数据。但广大水文职工克服困难，为经济建设积累了宝贵资料。

五、水文是水利的基础和科技兴水的先行，水文工作已进入一个新的发展阶段

水文工作地位的提高和其作用的进一步肯定，只能理解为对水文工作提出了更高的要求，而不等于水文事业就会自然而然地向前发展，更不等于我们的工作效能、服务水平就会自然而然地提高。要改变目前水文难以为继的局面，使之向现代化的“多功能、大水文”发展，首先水利部门的各级领导要把水文提到重要议事日程，在计划安排和资金投入上予以体现。同时要求水文部门加强行业管理，深化水文改革，发挥技术、资料、设备优势，开展技术咨询，综合经营，扩大社会服务。对广大水文职工来说，要充分认识肩负的重任，要以新的精神面貌、新的工作姿态，继续发扬艰苦奋斗、勤俭建国的光荣传统和“一不怕苦、二不怕死”的革命精神，把水文工作推向一个新阶段，

提高到一个新水平。

（卢九渊）

1990年全国水情概况及其预报效益

1990年汛期，全国大部分地区降水量接近常年，基本上是一个风调雨顺年。汛期各大江河洪水不大，但部分中小河流因局部暴雨，尤其是东南沿海多次遭受台风暴雨袭击，出现了洪涝灾害。

6月中旬，湖南洞庭湖水系的沅江、资水和长江支流清江发生了较大洪水。7月上旬嘉陵江上游和汉江上游普降暴雨到大暴雨，出现了有资料以来的最大洪水，如嘉陵江广元市新店子站7月6日洪峰流量为12900 m^3/s，为1951年设站以来的第一位大洪水。汉江武侯镇站7月6日洪峰流量为6090 m^3/s，为1935年设站以来第一位大洪水。6月中旬至8月中旬，山东的徒骇马颊河、大汶河、沂沭河等受多次暴雨袭击，先后出现了较大洪水。7月上中旬内蒙古和黑龙江省交界处的嫩江支流绰尔河、洮儿河及内蒙古西辽河上游出现了较大洪水。

6月中旬至9月上旬，东南沿海地区多次遭受台风暴雨袭击，浙、闽沿海的中小河流及安徽省的水阳江出现了大洪水或较大洪水。如受12号台风影响，浙江省飞云江峃口站8月20日洪峰水位为37.48 m，为1950年有资料以来的最高洪水位。

1990年，全国水文职工在迎战洪水中，发扬了一不怕苦，二不怕死的革命精神，冒风雨，顶巨浪，为防汛斗争及时准确地提供了水情信息，起到了耳目和参谋作用，为减轻洪水灾害取得了明显的社会效益和经济效益。

7月上旬，嘉陵江上游发生特大洪水，四川省水文总站和南充水文大队准确及时地发布了洪水预报，防汛部门根据预报采取了积极措施，及时将大批物资转移，使该省苍溪、南部、阆中、南充等县市减少直接经济损失1500多万元。与此同时，陕西略阳水文站先后三次洪水预报，略阳县委根据水文站的预报，及时将城区3万多人转移到安全地带，在城区受淹的情况下，无一人死亡，减少损失8200多万元。

9号台风袭击福建时，晋江流域普降暴雨，严重威胁泉州市区及下游1.5万亩农田。泉州水文分站根据雨情，进行周密分析和详细的计算，提出了为了确保泉州市安全山美水库要错峰调度的方案。当地政府果断地采纳了泉州水文分站的调度意见。由于山美水库调度得当，既确保了水库的安全，又保证了泉州市及其下游农田的安全。初步分析，这次预报的经济效益达5000万元。又如15号台风在浙江登陆后，狂风暴雨席卷浙江东南沿海及北部等地，灵江、曹娥江、浦阳江等流域水位猛涨，多数河段超过保证水位。在这紧急水情形势下，浙江水文职工日以继夜监视汛情的发展，为减轻台风灾害，先后提出不少建议。如浦阳江安华水库是否继续泄流，上下游几个县提出了不同意见。总站水情科根据雨情、水情和台风的发展趋势，提出了安华水库可以继续泄流的意见。浙江省防汛指挥部采纳了这一建议，结果，安华水库淹没损失较小，其下游高湖分洪区又未分洪，避免了直接经济损失300多万元，社会效益和经济效益均很显著。

（许才华）

水文行业宣传

长期以来，水文工作并不为社会所了解，水文职工的艰苦工作条件，和他们为水文事业所做的贡献未得到宣传。应改变这种状况，必须重视和加强水文行业宣传工作。水利部水文司在部领导的大力关怀和支持下，今年水文行业宣传工作取得了很大进展。

今年3月23日“世界气象日”的主题是：“气象和水文部门为减轻自然灾害服务”。为此，在这一纪念日到来之际，水利部水文司与国家气象局一起组织了水文气象减灾服务专题座谈会，水利部、国家气象局、农业部、民政部、国家海洋局、总参气象局、空军司令部、中国科学院、北京大学等单位的同志及中央新闻单位的记者出席了会议。国务委员宋健到会，并作了重要讲话。他说：40年来，气象和水文部门在防灾减灾中作出了巨大贡献。并指出，我们有一支优秀的水文气象队伍，在汛期和灾害性天气来临之际，能够奋战在第一线，值得全国人民关心、爱护和帮助。希望今后不断改进技术装备，提供优质的预报和服务，各级政府要予以支持和加强。水利部副部长王守强也到会讲话，他说：几十年来，水文气象部门在防汛抗旱等减灾工作中做了很大努力，取得了巨大的效益，希望水文和气象部门今后能更进一步携手合作，发挥各自特长，继续为防灾减灾提供科学依据，当好参谋，作出应有的贡献。国家气象局局长骆继宾和民政部、农业部的代表也在会上讲话，一些水文气象专家分别就有关防灾、减灾的问题作了发言。

在3月23日这一纪念日到来之际，水文司协助中国水利报编辑了内容为“水文与气象工作为减轻自然灾害而努力”专版，并与国家气象局一道组织出版了水文气象减灾服务宣传材料并拍摄了题为“水旱风雹话防灾”的电视片，于1990年3月下旬中央电视台播出。

为了能抓住时机，在全国范围内广泛宣传，在纪念日到来之前，水文司发出通知，号召全国水文部门组织多种形式的纪念宣传活动。于是，全国各地水文部门便纷纷迅速行动起来，通过电视、广播、报纸、杂志，甚至走上街头开展咨询等形式，开展了内容丰富、形式多样的宣传活动，取得了良好的效果。如江西省水文总站，在3月23日，与省气象局一道组织召开了水文气象减灾座谈会，参加会议的人数达3000多人，省顾委主任、省人大常委会副主任、省政府副省长、省政协副主席、省军区参谋长等领导都亲自到会，并作重要讲话。在3月22日晚，副省长张逢雨还发表了电视讲话。

1990年7月、8月，水文司分别与办公厅、水电文协一道组织了两次记者采访，由原水文司司长胡宗培同志及副司长程渭钧同志分别率队对长江、黄河两大流域二十几个水文基层工作单位进行了深入细致的采访和了解。参加采访的有国务院秘书局、中央电视台、中央人民广播电台、新华通讯社、光明日报社、工人日报社、求是杂志社、科技日报社、中国科学报社、中国水利报社、时代杂志社、中国报道社等共18位领导、编辑、记者。采访结束后所写的调查报告反映了长江水文工作存在的成绩及存在的问题。国务院副总理田纪云、国务委员陈俊生阅后，非常重视，批转杨振怀部长阅，杨振怀部长随即也作了相应的批示，计划向国家计委和财政部详细汇报水文工作情况；中央人民广播电台记者任晓东同志写了题为“黄河上的水文工作者”等三篇报道；工人日报社记者刘贵贤同志在工人日报显著位置报道了一位黄河老水文工作者的事迹；新华通讯社、光明日报社、中国水利报社通过内参反映了情况；科技日报、中国科学报、中国水利报、时代杂志、中国报道杂志等都刊登了水文工作文章，中央电视台也作了报道。

为了做好中国水利报水文行业宣传报道工作，水文司与中国水利报编辑部一道，在全国范围内成立了中国水利报通讯员，并在中国水利报开辟了“前哨”专栏，专门报道水文工作及水文职工工作、生活情况。据不完全统计，一年内仅在中国水利报上就发表了约160篇水文稿件，有消息、专题报道、小说、散文等多种形式的文章。其中题为“水文基层的呼声”一文刊登在中国水利报内参上，引起了部领导的重视，反映的问题也随后迅速得以落实。此外，在其他中央和地方报纸、杂志、广播、电视、内参上也登载或播发了不少水文稿件。

一年来，通过水文行业宣传工作，扩大了水文在社会上的影响，提高了知名度，从而也取得领导和社会上各界人士的进一步理解、关心和支持。

（林祚顶）

水文有偿专业咨询服务和综合经营

水文有偿专业咨询服务和综合经营是水文改革的重要内容，1990年这项改革进一步深化，取得了较好的效果。

1990年9月7日至9日在山东省泰安市，召开了全国水文有偿技术咨询服务综合经营经验交流和中国水利电力企业管理协会水文分会成立大会。原水电部副部长、国务院三峡地区经济开发办公室主任李伯宁同志在会上作了《大力发展综合经营，在深化改革中开创中国水文事业新局面》的重要报告。水文司司长卢九渊在会议开幕和结束时作了重要讲话。前任水文司司长胡宗培就水电企协水文分会筹备成立经过、章程草案等有关事项作了报告。

卢九渊司长重点讲了四个问题：①深化水文改革，大力开展有偿咨询服务和综合经营。水文部门在完成其本身任务的前提下，要充分利用自己的技术力量、设备、资料等方面的优势，针对各部门的需要，大力开展有偿技术咨询服务。关于开展综合经营，这是水利部的既定方针，是符合党的改革、开放、搞活精神的。②转轨变型，全面服务，扩大水文业务范围。要作到常规水文与开发水文并举，实行提供原资料与进行资料深加工，直接为社会服务相结合；水文测报与水资源评价相结合。建立多功能的“大水文”模式，这是振兴水文事业，满足社会需要，发挥水文效益的一个关键。要振兴水文，就要扩大我们的视野，改变我们的观念，发挥我们的优势，扩大我们的服务范围，这既是水文自身发展的需要，也是新形势对我们的要求。③关于成立中国水利电力企业管理协会水文分会问题。成立水电企协水文分会，这是一个新的事物，没有经验。但中国水电企协已成立多年，根据水电企协的经验，水文企协要很好执行“服务、研究、交流、提高”的八字方针。对水文部门的各级领导来说，要贯彻对企协“重视、关心、支持、依靠”的方针。④全国农田水利基本建设会议情况简要汇报。

开展水文有偿技术咨询服务综合经营的经验：①扩大服务范围，提高社会效益。②提高经济效益，改善职工生活、稳定水文队伍。③这是实现“精兵高效”的一项措施。当前，水文队伍“臃肿”现象比较严重，要走“精兵高效”的道路必须按照“精简、效能、统一”的原则去办。在开展技术咨询服务和综合经营工作中，大量事实证明，对安排富余人员是一项可行措施。据不完全统计，1985年到1990年安排子女就业全国近1500余人。有利于稳定队伍，有利于发展社会生产力。④锻炼了水文队伍，提高了职工素质。水文职工增强了商品经济观念、价值观念、利润观念、竞争观念；同时发扬了艰苦创业，自力更生的精神。⑤各级领导的重视和人才的选用是关键。⑥因地制宜，合理选择项目是重要的环节。⑦加强管理，讲究质量，是立足之本。建议今后继续加强对开展有偿专业技术咨询服务和综合经营工作的领导，提高对此项改革的思想认识；制定有关政策；筹集周转资金，将水文综合经营纳入省水利综合经营工作之中；发挥水电企协水文分会的作用，推动有偿技术咨询服务和综合经营工作向前发展。

水电企协水文分会第一届理事会共28名理事。推举王守强为名誉会长，胡宗培为会长。

1990年12月在中国水电企协、水利部办公厅和水文司支持下，创办了由水文分会主办的《水文经营管理信息》内部刊物。

牡丹江水文建筑工程公司于1990年8月与苏联乌克兰顿涅茨克州别里茨科耶市精密机器厂就承担厂房施工项目已签定合同。该项工程总工程量150万卢布(折合390万瑞士法郎)，工期15个月，总入苏施工人数50人。这是水文企业进入国外市场的第一家，近几年该公司取得了较好的社会效益和经济效益。

（王玉辉）

水利部表彰全国水文系统先进集体先进个人

水利部于1990年11月17日至22日在京召开隆重盛会，表彰全国水文系统140个先进集体及145名先进个人。

全国6大流域，30个省、自治区、直辖市水利水文部门及有关院校、科研单位、工厂等42个单位，共90余名代表出席了会议。

每一个先进集体和个人都有自己的特点，事迹都很感人。他们是水文系统的榜样及楷模。

杨振怀部长在会议开幕式上作了重要讲话：指出为适应水利事业和国民经济发展的需要，水文工作必须加强，根据当前形势和水文工作情况，经过认真考虑，提出如下四个看法：水利是基础产业，水文是水利的基础；整个水利系统要加强前期工作，水文是重点；科技兴水，进行现代化技术改造，要从水文开始；加强队伍建设，关心职工生活，特别是解决基层的住房等问题，要优先考虑水文基层职工。

杨振怀部长代表水利部党组，向荣获先进集体及先进个人致敬致贺，要求在水文系统掀起一个学先进赶先进的热潮，这是水文系统精神文明建设的重要内容。

王守强副部长作了会议总结，谈到要振兴水文，一是靠水文职工的共同努力；二是靠各级领导的关心与支持。

会议期间，部水文司司长卢九渊作了题为《加强领导，深化改革，为振兴水文事业而努力奋斗》的报告。报告回顾了几年来水文工作的成绩及经验，并提出水文的出路在于改革，具体地说，一要开拓工作领域，扩大服务范围；二要优化水文站网，推进站队结合；三要从实际出发，改革工作方式；四要采取有力措施，加强行业管理。

会议还向全国水文战线的职工提出了倡议，决心在党的基本路线指引下，继续为推进水文事业的发展作出贡献。

（袁令勋）

全国水文系统先进集体及个人

全国水文系统先进集体

1.	北京市	昌平县水资源局
2.	天津市	水文总站化验室
3.	河北省	廊坊水文水资源勘测大队
4.	山西省	雁北水文分站
5.	内蒙古自治区	水文总站水情科
		兴安盟水文勘测大队
6.	辽宁省	辽阳水文勘测大队
7.	吉林省	延边水文勘测大队图们江勘测一队
8.	黑龙江省	绥化水文勘测大队
		黑河水文勘测大队嫩江水文勘测队
9.	上海市	嘉定县水文站
10.	江苏省	连云港市水文分站赣榆水文中心站
11.	浙江省	水文总站水情科
12.	安徽省	芜湖水文分站
		黄山水文水资源勘测大队水文巡测队
13.	福建省	泉州市水文分站

14. 江西省　景德镇市水文站
水文总站水情科
15. 山东省　泰安水文分站
惠民水文勘测队
水文总站水情科
16. 河南省　水文水资源总站水情室
17. 湖北省　咸宁水文分站
水文总站水情科
18. 湖南省　水文总站水情室
资水水文水资源勘测大队测验资料室
19. 广东省　江门水文中心站
20. 广西壮族自治区　百色水文分站
21. 四川省　内江水文水资源勘测大队情报预报室
南充水文水资源勘测大队勘测室
22. 贵州省　铜仁水文勘测队
23. 云南省　楚雄水文分站
24. 西藏自治区　日喀则水文水资源勘测大队
25. 陕西省　宝鸡水文水资源勘测大队
26. 甘肃省　水文总站水情科
27. 青海省　西宁水文分站
28. 宁夏回族自治区　水文总站水质监测站
29. 新疆维吾尔自治区　伊犁水文水资源勘测大队
水资源保护监测中心
博尔塔拉水文水资源勘测队
30. 长委会　荆江河床实验站
葛洲坝水利枢纽水文实验站水质室
汉口水文总站洞庭湖水文勘测队
水文局水资源室
南京河床实验站水文 024 轮
31. 黄委会　水文局水情处
黄河水资源保护科学研究所水资源室
兰州水文总站兰州水文勘测队
东营水文水资源勘测总队
32. 淮委会　水文水情处水情科
(共计 50 个)

全国水文系统先进水文站

1. 北京市　张坊水文站
密云水库下会水文站
2. 天津市　罗庄子水文站
海河闸水文站
3. 河北省　东洋河水文站
阜平水文站
朱庄水文站
承德水文站
安陵水文站
4. 山西省　石梁水文站
泉口水文站
柴庄水文站
5. 内蒙古自治区　巴林水文站
福山地水文站
四分滩水文站
6. 辽宁省　海城水文站
巨流河水文站
沙里涂水文站
7. 吉林省　伊通水文站
顺山堡水文站
8. 黑龙江省　明水水文站
梨树镇水文站
毕拉吽水文站
9. 上海市　高桥水文站
10. 江苏省　埝上水文站
安丰水文站
瓜泾口水文站
江都排灌站水文站
11. 浙江省　乍浦水文站
瓶窑水文站
双塔底水文站
12. 安徽省　润河集水文站
沙河埠水文站
13. 福建省　松溪水文站
白塔水文站
14. 江西省　上高水文站
李家渡水文站
棠阴水文站
15. 山东省　冶源水库水文站
瑞谷庄水文站
莒县水文站
16. 河南省　息县水文站
扶沟水文站
尖岗水文站

	漯河水文站
17. 湖北省	竹山水文站
	陕西营水文站
	草店水文站
18. 湖南省	老埠头水文站
	杨德溪水文站
	桃江水文站
19. 广东省	高州水文站
	大庙峡水文站
20. 广西壮族自治区	宁明水文站
	马陇水文站
	恭城水文站
21. 四川省	夹江水文站
	新店子水文站
	岩润水文站
	若尔盖水文站
22. 贵州省	黄猫村水文站
	茅台水文站
	玉屏水文站
23. 云南省	元江水文站
	东武邑水文站
	允景洪水文站
	道街坝水文站
24. 西藏自治区	奴下水文站
	羊村水文站
	白地蒸发实验站
25. 陕西省	略阳水文站
	张家山水文站
26. 甘肃省	莺落峡水文站
	红旗水文站
	连城水文站
27. 青海省	直门达水文站
	巴滩水文站
28. 宁夏回族自治区	贺堡水文站
	汝箕沟水文站
29. 新疆维吾尔自治区	西大桥水文站
	同古孜洛克水文站
	碾盘庄水文站
30. 海南省	乐东水文站
31. 长委会	武胜水文站
	龚滩水文站
	长沙坝水文站
32. 黄委会	头道拐水文站
	五龙口水文站
	吴堡水文站
	社棠水文站（共计 90 个）

全国水文系统先进个人

1. 北京市水文总站	唐立刚 谢殿亮
2. 天津市水文总站	高孟川
3. 河北省水文总站	周恩山 杨崇凯 王维东
4. 山西省水文总站	刘炳根 蒋培信
5. 内蒙古自治区水文总站	曹广德 贾金平 李俊平 许绍君
6. 辽宁省水文总站	祝福洪 于长江 于海江 于兆和（水调中心）
7. 吉林省水文总站	魏占起 朴枝顺 冯天琼
8. 黑龙江省水文总站	李 俭 秦焕军 杨丽霞（女） 孙立功
9. 上海市水文总站	胡志荣
10. 江苏省水文总站	范荣书 浦良东
11. 浙江省水文总站	伍祥元 李正兴
12. 安徽省水文总站	马云龙 毕儒蕴
13. 福建省水文总站	李容物 陈家琴
14. 江西省水文总站	周振书 管永祥 王士林 邹长友 周世儒
15. 山东省水文总站	于增先 王纪东 刘作舟 王家顺
16. 河南省水文水资源总站	谷培生 李春正 邢长有 黄柏富
17. 湖北省水文总站	蔡贤儒 言寒竹 唐三阳 张立本
18. 湖南省水文总站	余心乐 王梦蝶 罗孝祥 袁桂中
19. 广东省水文总站	林心球 丁国雄
20. 广西壮族自治区水文总站	林有忠 陈祖杰
21. 四川省水文水资源勘测局	黎家申 曾 克 陈邦树 龙成德
22. 贵州省水文总站	吴武生 舒守福
23. 云南省水文总站	杨文义 虞 锦 李新建
24. 西藏自治区水文总站	刘天仇
25. 陕西省水文总站	孙天佐 韩金堂
26. 甘肃省水文总站	顾长辉 顾纪元
27. 青海省水文总站	王才钿
28. 宁夏回族自治区水文总站	勉如麟
29. 新疆维吾尔自治区水文总站	王顺德 马庆安

加尔肯　谢至善
30. 海南省水文总站　伍尚立
31. 长委会水文局　杨克诚　向治安
吴云章　伏厚甫
钟友良　石照泉
32. 黄委会水文局　杨正吉　卢化忠
阎学仁　张广海
赵树清
33. 珠委水文局　何　炘
34. 海委水文处　刘瑜才（女）
35. 松辽委水文局　靳铭钦
36. 淮委水文水情处　程绪干
37. 南京水文水资源所　赵海瑞
38. 南京水利水文自动化所　周益祺
39. 河海大学水资源水文系　叶秉如
40. 水利电力部水文培训中心　杨诚芳
41. 重庆水文仪器厂　冯全文

（共计98人）

全国水文系统先进委托观测员

1. 北京市水文总站　王亚民（女）
2. 天津市水文总站　田守勤
3. 河北省水文总站　王善修　王兵山
4. 山西省水文总站　管改青（女）
吉竹贤（女）
5. 内蒙古自治区水文总站　刘寿山　郭建城
6. 辽宁省水文总站　高丕荣（女）
江永媛（女）
7. 吉林省水文总站　曲宝中　洪海波
8. 黑龙江省水文总站　常玉书　霍国珍
9. 江苏省水文总站　朱来法
10. 浙江省水文总站　方宁红　娄世总
11. 安徽省水文总站　马　标　吴立斌
12. 江西省水文总站　熊冬青（女）
刘顺发
余良根
13. 山东省水文总站　刘永宽　吴文先
任有忠
14. 河南省水文水资源总站　刘肃德　李进亭
陈加三
15. 湖北省水文总站　向光兰（女）
刘德凤（女）
16. 湖南省水文总站　尹能炎　石谋江
熊丽花（女）
17. 广东省水文总站　张兴富
18. 广西壮族自治区水文总站　宋集良
19. 四川省水文水资源勘测局　黄明煜　刘远德
20. 贵州省水文总站　张廷栋
21. 云南省水文总站　杨绍祥
22. 陕西省水文总站　王桂林　刘世雄
23. 甘肃省水文总站　张同武
24. 青海省水文总站　唐昌明
25. 宁夏回族自治区水文总站　海生清
26. 新疆维吾尔自治区水文总站　陈　普
27. 海南省水文总站　王汉昌
28. 黄委会水文局　柴玉山

（共计47人）

南方水文会议

一

水文司于1990年5月23日至28日，在湖北省武昌召开了南方片省、自治区、直辖市、流域机构水文部门负责人会议。出席会议的代表共39人。会议由水文司司长卢九渊同志主持。水利部副部长王守强同志到会听取了代表们的汇报，并就当前水文工作作了重要讲话。湖北省政府、水利厅领导到会讲了话。代表们在会上分别介绍了各地水文工作情况和经验，认真讨论了水文司提出的五个文件。

大家认为领导的讲话、代表们的经验介绍有利于全面正确认识中国当前水文工作的形势，增强了大家共同努力克服困难、解决存在问题、发展水文事业的信心。代表们认为会议所讨论的几个文件，对于加强水文行业宏观管理具有很重要的意义。

二

王守强副部长在听取了会议代表的汇报后，针对代表们提到的问题作了重要讲话。

他首先指出，水利部门、防汛指挥部门对水文工作的重要性要有足够的认识，并要在实际行动上给予重视和支持。水利工作没有哪一项能离开水文。水文部门的同志要主动向计划、财政部门汇报工作，也要向社会做好宣传，让大家了解水文，关心水文，支持水文工作。一些单位请省计委、财政厅的同志去水文站进行调查的做法就很好。我们还应给这些单位发送简报，大力宣传水文效益。四川省杜家河水文站6位同志在上级单位未拨经费的情况下，用自己的钱维修测验设施的事情很感人（所用资金事后已给予报销），应该宣传，这既是表扬他们热爱水文事业的精神，也可以让一些领导了解水文工作的困难。关于水文队伍的接班问题，王副部长提出水利部和地方都要加强职工培训，以地方为主。关于水文经费困难问题，王副部长表示同意代表们的意见，水利部将努力提高水文基建费在水利基建费中的比例，逐步达到3%。现在中央和地方“分灶吃饭”，各地的水文经费困难主要靠地方解决，各省、自治区、直辖市一定要坚定不移地落实两部一委文件。对于尚未落实的地方，要查明原因，如果问题是在省计委、财政厅，首先水利厅（局）长要做工作，做不通的向水利部反映，我们帮助做工作。如果问题在水利厅（局），我们找厅长商量。王副部长还说，委托站的补助费太低的要提高，但标准要根据各地实际情况确定。特大防汛经费的使用应包括被冲毁的水文设施的修复，未按此原则办的，可向部里反映，我们将帮助联系解决。王副部长还强调指出，技术咨询和有偿服务的规定应尽快制订出台，收费标准要定得适当。水文工作是重要的前期工作，工程前期费中应划出一部分用于水文工作。王副部长还讲了水文职工的待遇问题。他说，水文职工的工作条件很艰苦，贡献不小，他们的福利待遇应不低于社会的平均水平，水利部门的领导在制订某些政策时，对此应给予足够的重视。王副部长最后指出，站队结合是水文改革的主要内容，上下要共同努力，增加投入，加速实施步伐。

卢司长在会议开始时，首先指出部领导非常重视这次会议，参加会议的各单位也都作了充分的准备。他说，这次会议的主要目的和任务是交流水文工作经验，讨论修改有关水文工作宏观管理的五个文件，这些文件的制订和出台将有利于稳定水文队伍，有利于摆脱水文工作目前的困境，有利于水文工作的稳定和持续发展。

卢司长在会上谈了水文工作的形势。他说，当前的水文工作形势可归纳为四句话：成绩很大，问题不少，形势是好的，前途是光明的。水文工作的成绩是大家共同努力取得的，在困难很大的情况下，水文系统不但较好地完成了资料收集、水文情报预报等基本工作，而且随着国民经济建设的发展，水文工作有了新的进展。如新技术的引进，计算机的开发应用，水质监测，水资源评价，地下水观测井网规划，规程规范的制订，技术咨询和综合经营以及水文宣传等方面，都取得了显著成绩。当前水文工作中还存在不少问题。如：许多测站的设备老化失修，测洪能力下降，站队结合进展缓慢，一些站房破旧，很不安全，不少离退休老职工有待安置，很多测站职工就医看病难，子女上学就业难等。产生这些问题的原因很多，主要是经费不足。尽管问题不少，但从总体上看，水文的形势还是好的。首先是多数领导重视或开始重视水文工作，并着手解决水文工作中存在的困难。江泽民总书记上任后的第一次视察工作就来到长委，视察了长委水文局水文预报室，这对水文系统的同志是很大的鼓舞。田副总理去年在一期“水利简报”上批示：要每年挤出一点钱，重点分批解决水文工作中存在的问题。水利部杨部长在多次会议上都提到要加强水文这项基础工作。钮副部长和王副部长多次与水文司的同志一起研究水文工作。王副部长每到一地，都要找水文总站的同志了解水文工作情况，找水利厅(局)领导研究解决水文工作中的问题，并挤时间看望水文站的同志。广大水文职工对水文事业的奉献精神是决定水文形势的重要因素。他们积极克服困难，努力开拓水文事业，涌现出不少先进人物，他们的许多先进事迹是非常感人的。在1989年动乱和北京发生暴乱期间，广大水文职工仍坚守工作岗位，完成了各项任务，再次表明我们的水文队伍是好的，是经得起考验的。因此，尽管我们还会遇到许多困难，但我们的前途是光明的。我们应该坚定信心，积极努力，争取在几年之内，使水文工作的面貌能有较大的改观。卢司长还强调指出，水文队伍已经相当庞大，对多数省、自治区、直辖市来说，职工队伍不应再继续扩大，要在精兵高效上狠下功夫；同时要积极开展技术咨询、有偿服务，努力搞好综合经营。这也是深化水文改革的重要内容，对稳定队伍、改变水文工作目前的被动局面有重要意义，请大家能予以重视。

三

会上共有19位代表发言。他们介绍了两部一委文件在本地区的落实情况，以及站队结合、水文测报、业务管理、水文宣传、技术咨询、有偿服务和综合经营、为基层职工排忧解难等方面的经验。

根据代表们反映的问题，会议一致认为：

(1)要坚定不移地认真贯彻落实两部一委文件。有些省、自治区、直辖市的有关部门对两部一委文件比较重视，落实得较好。但是，还有不少省、自治区、直辖市没有认真贯彻两部一委文件中的三条要求，水文经费严重不足，水文工作仍然困难重重。会议认为两部一委《关于加强水文工作的意见》是经国务院审阅同意的重要文件，是解决水文问题的关键措施，有关部门应采取有效措施认真贯彻落实。

(2) 目前水文站的测验设施普遍老化破旧，约有40%测站测洪能力很低，也难以保证人身安全。代表们对此非常忧虑。会议要求水利部门的领导要高度重视这一问题，设法解决，以保证洪水测报工作正常进行，保障人身安全。

(3) 水文机构建制不适应当前工作需要。大家一致认为，当前水文分站(大队)为科级单位，与其工作范围和任务不相适应。一些省、区，如江西、广西水文分站(大队)的建制已得到解决，加强了基层管理，促进了水文事业的发展。会议认为，水利部门应努力促进各地尽快按1963年原水电部转发国务院文件的531号文所提要求，为水文分站(大队)配备县级干部。

(4) 要加快站队结合步伐。大家都认为站队结合是水文工作改革的重要内容，但由于经费不足，进展缓慢。会议认为站队结合势在必行，要求各省、自治区、直辖市水利厅(局)领导给予重视和支持，安排必要的经费。水利部也要作出相应安排。大家认为，上下共同努力，再用五年左右时间，实现站队结合是完全可能的，也是必要的。

四

代表们认真地讨论了水文司提出的五个文件。

关于《对当前水文工作的几点意见(征求意见稿)》，代表们认为，文件中所提出的几点意见都是有针对性的，对加强当前水文工作有一定的意义。代表们建议水利部向国务院报告，要求国务院发文，重点解决当前水文经费紧缺、机构建制不适应工作需要的两大突出问题。

关于《水文工作发展模式(征求意见稿)》，代表们认为，文件中所提到的六个方面，较好地概括了水文行业的发展方向和指导思想，比较符合我们行业的情况，但也提出一些修改意见。有些同志提出以不叫“模式”为好。

关于《水文勘测水资源评价条例(征求意见第十稿)》，大家是满意的，并逐条仔细推敲，提了许多很好的修改意见。会上修改并印发了第十一稿。代表们同意在国务院批准颁发《条例》之前，先发一个水利部的与《条例》内容基本相同的《水文勘测水资源评价试行办法》。

关于《水文专业有偿服务暂行规定》和《水文勘测水资源评价资格认证暂行办法(草案)》，代表们认为这两个文件都是很需要的，希望抓紧修改颁发。

(焦得生)

专　　题

一、水质

据本年统计，全国水文部门已有2547个地表水质监测站、214个水质分析室投入水质监测工作，从事水质研究、管理的专业人员有1598人，其中大专以上文化程度的人员占42.1%，中专程度的占24.7%，中专以下为33.2%，水质队伍的素质和专业结构均有了较大改善。

为各级领导和有关业务部门提供水质信息服务的《全国重点河段水质通报》，严格执行测报技术规定，按月印发；为了保证测报质量和水质信息的可靠性，由部水质试验研究中心负责，对承担测报的95个水质分析室实施质量控制，经考核评比出6个水质监测全优分析室，24个优良分析室，55个分析室获得考核项目合格证书。

水质动态监测试点工作进展顺利。1990年10月水利部水文司在安徽阜阳召开“水质动态监测工作会议”。会后，以安徽省水利水文总站在沙颍河——淮河开展的动态监测为基础，又与河南省水文系统实行上下游联防，充分发挥水文站网的系统优势，水质水量同步监测，利用防汛通讯设施，快速向上级有关部门及下游主要用水单位进行水质预报，并辅之以利用闸坝控制，水质、水量联合调度，使水污染可能造成的严重危害和经济损失减至最低限度。从而保证了沿岸城镇和主要工业用水户的安全，维护了社会安定，受到当地政府和群众的欢迎。

长江水利委员会水文局依据职责分工要求，在各级领导和水质监测人员共同努力下，使长江干流和一级支流把口处的27个水质监测站，全面开展监测，为保证水质监测成果的系统性、可比性打下了基础。

由水利部水文司主持的全国水系本底值站水质调查评价工作，于6月份在北京召开工作会议，核定调查站点、讲解调查技术提纲，确定工作进度要求。在各地水文总站、有关流域机构监测中心和水利部水质中心密切配合下，首次调查、采样测定工作已于9月开始。全部调查任务预期在1992年上半年完成。

应美国地质调查局水资源处的邀请，由水利部水文司卢九渊司长率领的5人水质代表团，于1990年4月18日到5月11日期间访问美国。对开展“水中沉降物化学”的双边合作研究，地下水水质调查评价及在生产中的应用技术的科技合作等内容，进行了较为系统、深入的考察，为今后我国开展这方面工作提供了有益的借鉴。

5月28日到6月6日，美国地质调查局水资源处系统分析组专家Helsel和Gilrog两位博士来北京，在水利部水质试验研究中心为参加“国际水资源数理统计函授班”的中国学员举办面授研习班。水利部水质试验研究中心和各流域水质监测中心共12人参加了这次学习活动。由于美方专家的精心讲授和我方学员的努力实习，使这次研习班圆满结束，为中国水利部门培养了水资源数据的分析、研究和应用的技术力量。

长江水质监测中心和安徽省水文总站，受水利部水文司委托，选派5名水质工程师，携带部分仪器赴西藏，帮助自治区水文总站培训水质监测人员，筹建中心实验室和规划水质站网，援藏人员经过近2个月的辛勤工作，圆满完成水利部水文司的委托任务，得到了自治区农委、水文总站领导赞扬。

山东省水文总站、淮委水质监测中心，长委水文局和水利部水质试验研究中心，依靠水文水质技术工作有利条件，在水电企协水文分会的支持、组织、协调、扶持下，采取集资方式，跟山东省泰安市岱道庵村合股，联合开发泰山优质天然饮用矿泉水资源，兴办"泰山天然矿泉水饮料厂"。从1988年夏季开始，经过调查、考察、论证、定点到集资筹建，用了两年零三个月时间，于1990年9月9日正式投产，品种有系列饮料和纯天然矿泉水。这是水文系统开展综合经营的一个大企业。

（水文司水质处）

二、水资源评价

城市是水资源供需和保护的矛盾最突出的地方，水文司选择北京、济南、长春和乌鲁木齐四城市作为研究城市水资源的试点。在1990年，四城分别精确地观测了降水、蒸发、进入城区的水量、排出的水量、地下水动态和开采量、地表和地下水的水质，详细调查了各种用水量，并进行了初步统计和分析。这项工作按计划还将进行两年。四城市试点工作的目的是：研究城市水资源数据及有关基本资料的积累方法、城市水资源的分析评价方法，为解决城市水资源问题提供基本依据，也为研究城市水文问题积累经验。

（焦得生）

三、地下水

组织编写《地下水监测规范》。原水利部水文局于1979年颁发了《地下水观测试行规定》，对促进中国北方17省、自治区、直辖市地下水观测工作发挥了很好的作用。为适应对地下水动态监测的新要求，水文司决定组织编写《地下水监测规范》，并于1990年4月成立了编写组，开始了编写工作。

1990年中国北方平原地区地下水动态：水文司根据北方17省、自治区、直辖市提供的资料，对北方平原区地下水动态进行了分析。1990年中国北方地区的降水量，除天津和陕西关中外，都为平水年或丰水年，大部分地区较1989年有大幅度增加。1990年中国北方平原地区地下水开采量为556亿m^3，比1989年减少55亿m^3。由于1990年降雨普遍较1989年增大，地下水补给量相应增加，地下水开采量又有所减少，因此地下水位在连年持续下降后，普遍较1989年有所提高。但回升幅度有限，一般仅几十厘米。在一些地下水开采量大、地下水位连年持续下降的漏斗区，即使遇到1989年这样的丰水年，地下水位降落漏斗区也仍然存在。

（焦得生）

四、浙江水文科技咨询服务效益显著

1990年，浙江总站坚持常规水文与开发性水文并举的改革，在认真做好水文测、报、整、算工作的同时，充分发挥人力、技术、设备、资料的优势，面向社会生产、经济建设的需要，积极开展水文科技咨询服务，取得了较好的社会效益和经济效益。

（1）坚持做好为全省防汛服务的同时，积极开展水文情报预报有偿服务。1990年浙江省连续遭受5次台风袭击，各级水文站及时拍发雨情水情电报近4万份，总站发布雨情水情公报250份，省市两级水文站作出水文预报60多次，为全省防汛抢险提供了决策依据，并使安吉梅溪镇和浦阳江流域减少直接经济损失820多万元。同时，市县两级水文站为当地企事业单位提供水文情报预报有偿服务，使其减少经济损失，社会效益非常显著，有关水文站也获得了较好的服务收益，如巨县、兰溪、金华、义乌、德清等站，年水文情报预报有偿服务收入均在3000元以上。

（2）坚持面向社会经济建设，扩大水文服务范围，增加服务收入。1990年，在做好水文测量、水文计算分析、情报预报技术咨询服务的同时，还继续扩大水质水量的测定研究等水资源监测评价技术咨询服务，积极承担开发海岛水资源监测和调查评价和水环境保护监测评价、水文遥测技术咨询服务；还为海洋预报、交通航运、城市防洪提供技术咨询服务。年内共承接大小各种服务项目和课题近百个，服务范围逐步扩大，有偿服务收入有较大提高，1990年度共创水文有偿服务收入92.7万元。

（3）坚持科技改革，利用优势，把水文科技成果转化为生产力，为社会生产直接服务。经广大水文科技工作者艰苦努力和探索，已经较好地掌握了利用电子计算机进行水文自动遥测和联机预报的先进技术。为使这项科技成果发挥更大的社会效益，打破了过去只注意研究，不重视向社会推广的做法，积极向社会宣传各项科技成果，把水文科技成果推广应用于国民经济需要的地方，变被动为主动。总站承接的台州地区牛头山水库水文自动遥测系统建设项目，1990年建成后，年内经受台风暴雨的考验，运行正常。为牛头山这座大型水库的运行调度、水资源的综合利用，发挥水库综合经济效益起到重大作用。这个投资25万元的技术服务项目，不仅社会经济效益显著，而且对提高科研人员的技术素质创造了良好条件，同时也增加了较好的经济效益。1989年始，浙江总站负责实施建设的中国与欧洲共同体合作项目“富春江流域水情自动测报系统”（欧方投资1000万元），于1991年6月初建成投入试运行。总站的建设速度和技术能力得到欧方专家的好评。此项目的建成，对于富春江流域的防汛调度指挥和富春江水电厂发电效益的提高有着重要作用，使水文科技成果直接成为社会生产力。总站自行设计研制生产的超声波测流仪，获国家专利权，1990年始，不仅在浙江省广泛应用，而且已向外省推广、转让技术服务。这一成果的应用，为今后开展自动遥测流量奠定了基础。

（4）坚持立足本职，为水资源监测评价和管理服务。随着国民经济建设的发展，水资源保护、利用、监测评价和管理显得越来越重要。总站把它作为水文工作的重要组成部分来抓。积极参加全省取水用水登记工作和水质水量供需平衡评价分析。1990年始，协助开展了金华江、临安等地和平原水网区水资源供需平衡可行性分析工作试点。同时把水环境分析评价作为有偿服务的重点来抓。1990年全系统共完成4个水质水环境评价课题，收到较好的效益。其中温州圹河现状评价及改善水厂取水口水质对策探讨服务课题，被省水利厅评为1990年度科技进步二等奖。年内，德清水文站经9个月的调查评价工作，为德清县政府提供了详尽可靠的有关杭州运河段水污染成因的研究成果，为德清县赢得100万元水污染治理赔款作出重大贡献，得到县府的表扬，也大大提高了水文工作的知名度。

（姜　斌　郑培兴）

五、水文科技国际合作简介

随着改革开放的深化，水文科技领域的国际交往也不断增多，合作的内容涉及水文资料收集技术、自动存储和检索系统、分析技术、水文预报、水文通讯调度（包括先进的自动测报系统引进）、空间技术应用于水文水资源以及水文测验仪器设备、水质监测、旱涝灾害分析等水文科学的各个方面。

诸多内容的水文科技对外合作由水利部水文司业务归口，通过各流域和省的水文业务部门、科研院所分别挂靠或牵头具体实施。

与中国水文界进行科技交往的国际组织和国家有：世界气象组织（WMO），联合国教科文组织（UNESCO），联合国开发计划署（UNDP），国际水文科学协会（IAHS），国际标准化组织（ISO），以及美国、苏联、意大利、加拿大、德国、英国、朝鲜、泰国、荷兰、芬兰、法国等国家，此外还有结合地区、流域、边境河流的水利规划、报汛、水资源开发利用等具体项目而开展的水文科技合作和交往。对外合作主要以以下方式进行：①交换水文水资源科技情报和研究成果，互派专家代表团进行实地考察、参加国际学术讨论会、开展专题合作研究。②联合举办学术会议、研讨会、开展专题学术讲座和技术培训。③引进新技术，邀请专家进行技术咨询和指导，吸引国外新技术设备的投入。④交流水文仪器、设备的研究情况，进行水文仪器交换、测试、比测。⑤参加有关的国际组织，并担任一定职务和承担部分业务，扩大中国在国际水文科学界的影响。

水文科技合作的结果表明，上述方式的实施，对促进中国水文科学的发展是十分有效的，具体体现在以下几个方面。

（1）水文界代表以WMO的中国常任代表的水文顾问身份出席历届大会，宣传和交流中国水文科技工作的进展情况，并承担该组织有关业务，如按其水文业务综合子计划（HOMS），在中国建立了水文业务和技术转让国家咨询中心，承担HOMS分件的技术转让和咨询任务。作为国际标准化组织的正式成员，参加历届ISOTC 113明渠水流测量技术分委员会工作会议，具体参与对有关国际标准的投票和修改，中国专家，在泥沙测验技术方面的研究意见被该标准草案所采纳。中国作为东道主，成功地为世界气象组织等国际组织举办了国际泥沙测验研讨会，亚太地区水文工作组会议和亚太地区水质监测研讨会，国际水文科学协会学术讨论会以及国际标准化组织明渠水流测量委员会工作会议等，受到有关组织和代表的高度评价，为国际水文科学的发展做出了积极贡献。

（2）新技术设备的引进，改变了中国水文测报和信息处理的落后手段。以减少中国洪涝灾害的损失为目的，引进洪水自动测报系统，用于黄河、长江、淮河、珠江等洪水多发河流，并采用卫星通讯、遥感等空间技术，促进遥测报汛现代化。水文系统引进的WAX计算机用于水文数据处理，存储和检索，使水文资料整编从传统的手工方式解放出来，大大提高了水文数据处理的质量和效率，使水文系统在计算机的开发应用方面走在整个水利系统的前面。将交换和无偿赠送的力量较先进的水文仪器和设备用于我国水文仪器的试制和开发、加快了新仪器的开发速度、对仪器的质量控制、水文仪器设备更新换代起到一定作用。同时也向国外展示和介绍了代表我国水文仪器研制水平的部分新仪器，引起国外同行的兴趣和好评。

（3）水文学术交流的频繁活动。其中以中美地表水水文科学技术合作最为活跃和成功。围绕着“交换水文水资源研究分析技术科技情报、水文测验方法和仪器设备、水文极值、泥沙输移、水文情报和预报、高寒地区水文及水质”七个合作项目，开展了一系列的学术交流活动，从中获得了有关水文水资源研究分析技术的情报资料。了解了国外水文测验方式和无人水文测站，巡测设备、巡测方法，对改进中国常驻站的方式和测流方法有明显实际意义。通过在暴雨洪水频率计算和对干旱规律研究等方面的学术交流，了解美国在该领域的研究状况，从而提高对洪、旱灾害的理性认识。在泥沙测验技术方面，对推移质取样方法，河流泥沙测验和计算、利用流量及悬移质测验资料计算全沙方法，以及河流修建工程以后引起的变化和高含沙量河流测验等课题的合作探讨、均达到预期目的。了解和学习美方在水文情报预报方面所采用的如卫星通讯、遥感、计算机应用新技术，也交流了新安江预报模型等中方的水文预报方法，在水质合作项目中吸收国外水质监测的经验和模式，引进水质评价方法，进行水质监测仪器设备、采样技术以及与之有关的质量控制和包括实验室样品分析方法在内的质量保证程序的开发交流，为逐步建立国家级水质监测站网奠定了基础。在与其他国家的合作项目如黄河下游河段冰凌问题，中苏、中朝等边界河流报汛及水情资料交换等，均从中取得不少收益，增进了友谊和相互了解。

水文科技国际合作的效益是显著的，从经济效益方面看，借鉴国外经验，缩短新技术开发过程，提高效率，节约资金。如通过合作，直接借鉴美国水质监测站网经验，要比自己摸索或盲目建立自动监测站要少走许多弯路，经济得多。从其社会效益来看，引进新技术，为防洪服务，如将传统水文测报方式与国外先进自动测报设备技术结合起来，提高洪水测报的及时、准确性，为防洪减灾提供可靠信息和依据，所带来的社会效益是显著的。

通过多渠道，多方面的对外科技方面的成功合作，了解了世界上水文水资源科技领域的研究状况和应用技术，开扩了眼界，拓宽了知识面，广交了朋友，起到了相互取长补短、相互促进的作用。由此可见，中国与国际水文学术界在水文科学技术领域的合作，具有丰富的合作内容和充实的合作前景，也将成为水文科技发展的动力。

（朱晓原）

六、《中国水文志》专题工作组成立

自80年代以来，全国各地、各行业纷纷开展了方志的编修工作。水利部也成立了全国江河志研究会；各流域机构相继组员编纂各自的江河志；各省（区、市）也都先后开展了地方水利志的编写工作。所有江河志和地方水利志中，都编录有各自的“水文事业篇”，有的省还编有独立成卷的省水文志。这一形势，对编写全国统一的水文志极为有利。

水利部水文司领导根据这一形势，决定筹组编志工作班子，进行必要的调查研究，确定工作计划。乃于1990年10月27日召开了《中国水文志》编写工作座谈会，主要议论了编写《中国水文志》的重要意义、编写内容、规模范围、进度计划、工作部署等有关事项，并确定成立专题工作组负责此项工作。同时组织建立水文志编写工作联络员网，由各流域、省、自治区、直辖市水文部门指定搞编志工作的人员1～2人组成，以及时相互交流情况、相互提供有关资料。会后发出两文通知全国水文系统：一是确定编写《中国水文志》，一是寄送《中国水文志》纲目（征求意见稿），请各流域、各省、自治区、直辖市汇报编志情况及提出对《中国水文志》纲目（征求意见稿）的修改意见。其后，专题工作组正式开始工作，陆续收到各流域、各省、自治区、直辖市的编志情况汇报。从这些汇报中可以看出，约有1/3的省分已完成水文志的初审稿，除个别单位尚在初创阶段外，大部分单位均在积极编写之中，预计1991年可以完成初审稿。专题工作组将对各单位报送的初审稿和有关对纲目(征求意见稿)的修改意见进行分析研究，拟定1991年的工作计划和修订《中国水文志》纲目，以便开始组稿工作。

（黄伟纶）

七、福建省洪水预报效益显著

1990年6月初至9月上旬近百日里，福建省连续遭受7次台风洪水袭击，闽江、九龙江、晋江及沿海诸河发生数百次洪水，其中超警戒水位的289次，超危险水位的22次，全省有68个县、市受灾，直接经济损失41.1亿元。

在严重的自然灾害面前，福建省广大水文工作者克服测站被洪水围困，设施被冲毁、电讯中断、交通阻隔等困难，以对党对人民高度负责的主人翁精神，抢测到全部洪水资料，发布了222次洪水预报。据不完全统计，这些水情预报减少直接经济损失近1.5亿元。

8月1日～3日，晋江发生2次近30年以来的最大洪水，上游山美水库日雨量达150 mm，水库水位逼近97 m，超过正常限制水位近2 m。严重威胁库区及下游泉州市人民生命财产安全。有关部门提议炸毁泉州南堤分洪保泉州市的措施。为此泉州市领导于8月3日7次打电话到泉州水文分站征询意见。分站的同志进行了周密的分析、计算。提出了不必炸堤，对山美水库调度错峰的方案，一方面保证水库水位不超过

97 m，一方面使泉州大桥水位控制在 8.20 m 以下，这样上下游均可安全渡汛。市里采纳了这个方案，经实施过程中合理调蓄错峰，使泉州大桥最高洪水位降低 0.5 m，调蓄洪水 4.25 亿 m^3，减少了堤防压力使泉州市避免了一场洪水浩劫，减少直接经济损失达 5000 万元。市政府对水文分站的同志表示由衷敬佩和感谢，说："你们对情况如此了如指掌，分析水情变化如此符合客观实际，真是想不到。"

8 月 20 日 12 号台风正面袭击福州，又恰逢天文大潮，外潮内涝并发。总站及时发出"在未来三天内，白岩潭高潮位将持续超危险水位 0.1～0.3 m"的预报，福州水文分站当即通知了福州市堤管处等有关单位，及时关闭闽江南北港几十座水闸，使得闸内 60000 多亩福州地区的"菜篮子"基地免遭暴潮倒灌淹没。福州贮木场有 4 万 m^3 木材贮放于闽江下游水坞，获预报后，当即加固，不仅保住了价值 2000 多万元的木材，而且避免了这些木材漂流堵塞解放大桥的危险。福州造纸厂、渔轮修造厂、火柴厂、化纤厂等几十个单位也都采取了防范措施，据统计减少直接经济损失近 6000 万元。

9 月 9 日 18 号台风袭击闽东，福安县白塔站出现 1969 年以来最大洪水。白塔站于 8 日上午 8 时做出 9 日凌晨 3 时洪峰水位将达 32 m，超警戒 6 m 的预报，使当地党政机关和有关单位及时采取防范措施，最大限度地减少了损失。福安公路段搬迁价值 100 万元的设备、物质。物资局进水 4 m 深，但在洪水到来之前已转移价值 130 万元的茶叶、建材、机电设备等。福安市客车站转移了夜里停放的 200 多辆客车、10 多辆货车。宽岐大桥工程指挥部转移价值 60 万元的建桥设备及 300 t 水泥。同时宁德分站的风暴潮预报使宁德市三都界溪海堤保住价值 150 万元的 400 亩虾池和 2100 亩农作物。五里洋海堤保住价值 350 万元的 200 亩虾池和 1 万亩农作物。当地党政机关和有关单位对分站的及时水情服务十分满意。据不完全统计全区减少直接经济损失 3000 万元。

莆田分站、南平分站、三明分站、尤溪水文站，连江塘坟水文站等也在测报工作中做出很大贡献，受到当地政府和有关单位的好评。在近百日的测报过程中，涌现了许多先进模范人物。总站水情研究室、泉州分站、宁德分站、治安水文测站四个集体和洪雅山、黄志键、叶江苏等 3 个个人被省人民政府授予 1990 年防汛抗洪先进集体及积极分子。

（福建省水文总站刘海天）

水 资 源

水资源利用问题

中国开发利用河川径流和地下水源，发展农业灌溉、内河航运、水产养殖、改善城乡人民生活用水，以及防治水害，有悠久的历史。但由于历史条件的限制，一直到 1949 年中华人民共和国成立前夕，水资源开发利用规模都比较小，全国灌溉面积只有 2.4 亿亩(1600 万 ha)，多数工程标准和供水保证率不高；内河航运里程约 7.3 万 km；水电装机容量不包括台湾只有 36 万 kW；淡水渔业年产量曾在 1936 年达到 50 万 t。但由于连年战争和其他原因，到 1949 年降到 15 万 t；全国水土流失面积有 150 万 km^2，其中西北黄土高原就有 43 万 km^2；江河防洪标准很低，洪涝灾害频繁，也经常发生大面积旱灾，赤地千里，颗粒无收。

中华人民共和国成立以来，有关部门整治江河，开发利用水资源，进行了大规模建设，取得了巨大成就，也走过曲折道路，存在一些问题。

一、为发展国民经济和改善人民生活提供了大量水源，工农业和城乡供水事业有了很大发展，但一些地区和许多城市严重缺水，水资源供需不平衡的矛盾日益尖锐

1980 年分片分区实际调查和分析计算，全国现有供水设施的实际供水量为 4432 亿 m^3（未包括台湾省，下同），约占全国多年平均水资源总量的 16%；其中河川径流的利用量 3813 亿 m^3，约占全国多年平均河川径流量的 14%，地下水开采量 610 亿 m^3。外流河流域水利设施的供水量 3878 亿 m^3，占 1980 年全国总供水量的 87.7%；内陆河流域水利设施的供水量 559 亿 m^3，仅占全国总供水量的 12.3%。其中七条主要江河：长江、黄河、珠江、淮河、海滦河、松花江、辽河的供水量 3277 亿 m^3，占全国总供水量的 74%(见表 1)。

表1 **1980 年全国用水量及其组成** 单位:亿 m^3

流域（片）	总用水量			工业用水		城镇生活用水	农业用水					
								灌溉				
	合计	地表水	地下水	小计	其中火电厂		小计	种植业	牧业	林业	农村人畜	农副其他用水
全国总用水量	4436.91	6817.91	619.00	457.32	157.48	67.70	3911.89	3579.60	34.64	41.08	212.62	43.95
占总用水量(%)	100	86	14	10.30	3.5	1.50	88.2	80.7	0.9	0.9	4.7	1.0
东北诸河	353.72	268.86	84.86	63.86	14.47	9.47	280.39	238.51	2.82	3.08	11.57	24.41
海河	383.88	181.44	202.44	48.69	11.78	10.72	324.47	304.25	1.10	3.56	14.97	0.59
淮河及山东半岛诸河	531.26	402.33	128.93	38.42	12.02	5.30	487.54	454.44	0.01	0.16	27.20	5.73
黄河	358.37	273.96	84.41	27.93	5.56	6.04	324.40	304.89	3.80	4.66	10.05	1
长江	1353.27	1286.25	67.02	208.76	92.65	22.34	1122.17	1041.10	3.14	0.41	74.84	2.68
华南诸河	660.64	654.52	6.12	45.86	18.09	9.47	605.31	551.23	—	0.01	53.82	0.25
东南诸河	193.14	188.05	5.09	16.03	2.06	2.14	174.97	166.13	—	—	8.84	—
西南诸河	43.92	43.25	0.67	0.74	0.03	0.22	42.96	39.46	—	0.01	3.49	—
内陆河	558.71	519.25	39.46	7.03	0.55	2.00	549.68	479.59	23.77	29.19	7.84	9.29

注 表中数字未统计台湾省资料，计入台湾省我国1980年总用水量为4562.35亿 m^3（台湾农业用水99.24亿 m^3，工业用水13.05亿 m^3，城市生活用水13.15亿 m^3，合计125.44亿 m^3）。

1980年实际供水量的组成为：河川径流利用量占86%，其中蓄水工程占27.3%，引水工程占36.3%，提水工程占14.7%，其他供水设施占7.7%；地下水开采量占14%。

与供水相应，1980年调查分析全国各部门实际总用水量为4437亿 m^3。其中农、林、牧业灌溉及农村生活等用水量为3912亿 m^3，占总用水量的88.2%；工矿业用水量为457亿 m^3，占总用水量的10.3%；城镇生活用水量为68亿 m^3，占总用水量的1.5%。1980年全国用水量及其组成如表1所列。

1988年，全国水利工程年供水量4986.08亿 $m^3$①，其中蓄水工程年供水1354.50亿 m^3，引水工程年供水1755.50亿 m^3，机电井年供水529.17亿 m^3，机电站及水轮泵年供水1239.25亿 m^3，其他工程年供水107.66亿 m^3。年供水量中，用于农业4464.80亿 m^3，其中农业灌溉供水3874.30亿 m^3，农副产品加工供水41.83亿 m^3；用于工业428.32亿 m^3；用于城镇生活92.96亿 m^3。

尽管工农业和城乡供水能力比较巨大，但与需要相比，目前全国水资源供需存在日益严重的紧缺状况。

1980年对全国进行分片分区分析，在遇中等干旱年（$P=75\%$）情况下，全国现有供水设施总可供水量为4735亿 m^3，其中河川径流利用量为4144亿 m^3，地下水开采量为591亿 m^3；工农业总需水量5124亿 m^3，其中农业总需水量4604亿 m^3（包括林牧业、农村人畜及其他需水量），城市生活和工业需水量520亿 m^3。由于供需水量在时、空分布上的不平衡性，全国共缺水389亿 m^3，其中北方五片共缺水259亿 m^3，占全国总缺水量的67%，南方四片共缺水130亿 m^3，占全国总缺水量的33%。水资源供需比较紧张的地区，在北方主要有黄淮海平原、辽河中下游、辽东半岛、胶东半岛、山西能源基地等，在南方主要有四川盆地、衡邵丘陵、吉泰盆地、萧绍宁地区以及海南岛部分地区等。北方水资源供需紧张的原因主要是水资源少，南方水资源供需紧张的原因主要是供水工程不足，有的是由于水源受到污染。

上述水资源供需比较紧张地区，尤以城市供水紧张问题突出。据统计，全国1990年共有城市447个，其中有近300个城市缺水，比较重要的缺水城市有100多个，严重缺水城市有40多个，日供水能力仅能保证高峰期日用水量的65%～70%，每日缺水约1500万 m^3，城市供水不足不仅造成了巨大的经济损失，而且也常带来许多其他问题。此外，目前部分山

① 4986.08亿 m^3，为水利部水利统计数，其中工业供水未统计上海、青海、宁夏；城镇生活用水未统计上海。如计算这些未统计省、自治区、直辖市数字，全国水利工程年供水量约为5020亿 m^3。

区、草原、滨海和海岛还有6000万人口和4500万头牲畜饮水困难未获得解决。

预计到本世纪末，全国总需水量遇中等干旱年将增加到6500亿m^3，其中农田需水4500亿m^3，林牧业灌溉需水200亿m^3，农村人畜用水350亿m^3，农村其他用水50亿m^3；工业用水1200亿m^3，城市生活用水200亿m^3。全国供水能力遇中等干旱年要相应增加1500亿m^3才能供需协调平衡。这就需要社会经济发展和生产力布局与水资源开发利用规划协调安排，既要努力扩大供水能力，又要加强水资源统一管理，注意节约和保护水资源，才有可能实现。

二、农田排灌和土壤改良取得了显著效益，但与农业生产发展的要求极不适应

到1988年，全国有万亩以上大、中型灌区5300多处，其中30万亩以上的大型灌区146处；农用机电排灌动力设备620万台，6437万kW（其中农用配套机井252万眼，2537万kW）；大中小型水库8万多座，总库容4500亿m^3，还有小型塘堰600多处。全国灌溉面积由1949年的2.4亿亩发展到7.2亿亩，增长了2倍。水稻从一年一熟改为两熟、三熟，年播种面积达到4.8亿亩，总产量增加近3倍；旱作物灌溉面积从4800万亩增至3.6亿亩，治理低洼易涝地2.86亿亩，改造盐碱地7200万亩，改造渍害低产田4100万亩，分别占应治理面积的78%、63%和31%。我国农田排灌建设和土壤改良为发展农业打下了重要的物质基础，显著促进了农业的增产。据分析，占全国耕地48%的有灌溉设施的农田，生产了占全国产量74%的粮食。

我国的农田灌排和土壤改良虽取得了举世瞩目的成就，但存在问题不少。主要有三方面：

一是农田灌排面积近些年徘徊在7.2亿亩，影响农业综合生产能力的提高。这种情况从全国灌溉面积与粮食产量增长历年对比就可以看出（表2）。

二是许多工程标准不高，配套不齐，长期达不到设计效益；有的地区习惯于大水漫灌的方式，用水十分浪费；许多排灌工程尚未建立工程折旧和大修的制度，缺少自我发展的经济基础和活力，不能及时维修更新；管理工作不适应农村体制变革的新形势，许多水利工程老化失修，甚至遭到人为破坏，工程效益衰减，排灌面积日益缩小等。据统计，1981～1985年间，全国灌溉面积净减98万ha（1477万亩）。

三是要满足未来人口增长和经济发展对粮食和农副产品的需求，任务非常艰巨。在我国人口多、耕地较少、水资源相对缺乏，且分布又不平衡的具体条件下，更增加了解决问题的难度。

表2　全国灌溉面积与粮食产量增长情况统计表

年份	有效灌溉面积（万亩）	人均占有（亩/人）	粮食总产（万t）	人均占有（kg/人）
1949	23893		11320	209
1952	29003	0.5	16390	288
1957	37507	0.58	19505	306
1962	43045	0.64	16000	240
1965	48054	0.66	19455	272
1975	69181	0.75	28450	311
1980	73332	0.74	32056	324
1984	72600	0.70	40731	396
1988	71871	0.66	39408	363
1989	72124	0.65	40755	370

注　表中有效灌溉面积数字系采用水利部计划司统计数字。

三、内河航运有很大的发展，但水运仍是交通运输上一个薄弱环节

内河航运经过建国初期和“一五”、“二五”期间对原有航道的恢复，部分干线航道的重点改善，并积极开辟新的航道，取得了较好的经济效益。据交通系统统计资料，1961年全国内河通航里程曾达到17.2万km，1962年内河货运量达18013万t，货运周转量达456亿t·km。随后经历了1963～1965年的调整巩固阶段和十年“文革”浩劫，内河通航里程缩短为10.78万km（1979年普查）。党的十一届三中全会以后，出现了新局面。1984年内河通航里程有所增加，货运量达32830万t，货运周转量达770亿t·km，分别比建国初增长12.1倍和11.2倍。

影响内河航运发展的原因是多方面的。水资源综合利用不够，全国通航河流上有碍航闸坝1300多座；有些通航建筑物标准过低，通航条件不好；有的水电站调度运行考虑航运条件不够，尾水位变动频繁，不利于船只正常航行。建设投资比重太低，建国后到1982年，内河航运基建投资仅占全国基建总投资的0.2%，相当同期铁路投资的2.5%，因而不能有计划地开发水运资源，许多航道长期处于天然状态，通航标准低，港口技术装备差，运输船舶落后。许多地方长期重铁路轻水运，未能形成合理的运输网布局和运输结构，水陆交通不能相辅相成，协调发展。有些地方在工业布局上往往忽视沿河建厂可以充分利用水运的有利条件，选址不当，有的临河工厂甚至也弃水走陆，不发挥水运潜力。国家尚未制定完整的保护、扶植

和发展水运的政策，也缺少相应的法规。

四、水电建设成绩显著，但水能资源开发利用程度不高

中国的水能资源甚为丰富，理论蕴藏量为6.76亿kW，相应年发电量5920亿kW·h；可开发水能资源3.78亿kW，相应年发电量1920亿kW·h，均占世界第一位。从1949年到1988年水电装机容量由16万kW增加到3270万kW，占全国总装机容量的28%，水电年发电量由7亿kW·h增加到1092亿kW·h，占全国年总发电量的20%，水电装机平均年增长率12.3%（表3）。水电建设虽然取得了相当成就，但水能资源开发程度仍然很低，到1988年底水能资源开发程度按装机容量计为8.6%，按年发电量计为5.7%，远落后于国民经济发展的需要。当前影响水电建设的主要问题是：前期工作量大、投资要求多、建设周期长；有些水库移民遗留问题较多，新建工程移民代价很高，已成为决定工程规模乃至能否上马的重要制约因素。

表3 全国1949～1988年发电设备容量和年发电量

年份	发电设备容量（万kW）			年发电量（亿kW·h）		
	合计	其中：水电	水电比重（%）	合计	其中：水电	水电比重（%）
1949	185	16	8.6	43	7	16.0
1950	187	17	9.1	46	8	17.4
1955	300	50	16.7	123	24	19.5
1960	1192	194	16.3	594	74	12.4
1965	1508	302	20.0	676	104	15.4
1970	2377	623	26.2	1159	205	17.7
1975	4341	1343	30.9	1958	476	24.3
1980	6587	2032	30.8	3006	582	19.4
1985	8705	2642	30.3	4107	924	22.5
1988	11549	3270	28.3	5450	1092	20.0

五、淡水渔业出现了新局面，但也要排除影响继续发展的障碍

1965年前，我国淡水渔业产量一直居世界首位，占全国水产总量的1/3左右。1966年后曾大幅度下降，1972年后略有回升。党的十一届三中全会以后，调整了政策，年产量开始有较大增长。1983年淡水鱼产量达184.1万t，为1949年的12.3倍，淡水养殖产量在总产量中所占比重，1950年为18%，1965年为53%，1983年达到78%。近年来淡水养殖经营由粗放转向集约化，产量较高的专业经营鱼塘在各地普遍发展。

开发淡水渔业资源也有一些不利因素：许多地方江湖建闸，隔断鱼蟹洄游通道，江湖水产自然资源不能相互补充；大面积围湖造田，缩小了发展水产的水面；水污染严重地方，水产资源遭受破坏，受污染鱼体中的残毒也影响人民健康；有些地方酷渔滥捕，有些水域不注意控制养鱼水位，甚至竭泽而渔，破坏了水产资源。

六、增强了大江大河抗御洪水的能力，但洪水灾害仍是国民经济发展和社会安定的潜在威胁

依靠不断加固加高堤防和已建干支流水库，目前黄河下游可防御建国以来出现的花园口最大洪水22300 m^3/s，相当100年一遇的标准，已维持多年安澜的局面。长江中下游加强了荆江大堤等沿江干堤及主要支流和滨湖堤防，建设了一批分洪蓄洪工程和支流水库，如重现1954年洪水，可以减少分洪量。淮河及海河主要河道防洪可达40～50年一遇或稍高的标准。珠江、辽河和松花江的主要河段，特别是大城市防洪能力，都有一定程度的提高。

但大江大河的洪水仍然是自然灾害中的突出问题。长江防洪重点荆江段的安全泄量约6万m^3/s，只相当5～10年一遇，标准太低。黄河下游河道在水土保持没有明显收效前，不断淤积抬高的趋势不会改变，如出现历史上曾经发生过的特大洪水，还没有保证大堤不决口的对策。其他江河防洪标准也都不高，建国后历年平均受水灾农田面积约1亿亩，其中1954年达2.4亿亩。112个沿江沿海城市的防洪设施标准偏低，其中40座城市尤为严重。近年来因洪水灾害不断给一些城市经济和人民财产造成严重损失。许多河道失于统一管理，没有统一法规，许多部门和地区各自为政，在行洪滩地上建设生产堤、套堤、抽水站机埠、束水桥梁、码头甚至建房，盲目种植树木及荻苇条杈，严重阻水，人为降低了河道行洪能力。不少地方山洪灾害严重，缺少有效的防御措施。已建的两千多座大中型水库有不少标准不高，质量不佳，带病运行；一部分严重淤积，接近设计使用年限，使下游地区长期承受垮坝失事的威胁。

七、水土保持做了大量工作，但也存在着加剧水土流失的社会因素

到1988年底，全国水土流失地区初步治理面积

约 50 万 km²，占总水土流失面积的 1/3，其中营造水土保持林 4 亿亩，修筑水平梯田 1.16 亿亩，种草 5000 万亩，修坝淤地 2400 万亩，对于改善生态环境和生产条件，都起了很好的作用。水土保持面广量大。在治理过程中，我国始终坚持执行“预防为主、治管结合、因地制宜、全面规划、综合防治、注重效益”的方针，许多地方坚持长期连续治理，重视消除造成水土流失的社会因素，推行以小流域为单元的综合治理和按户承包的责任制，使保水保土的效果同群众的经济利益密切结合，取得了新的经验。

但是仍有许多地方继续开垦陡坡、滥伐森林树木，各类生产建设带来的废料废渣不断增加。一些地区的水土流失现象有加重的趋势。

八、保护水资源、改善水环境的工作取得一定进展，但远未控制住水环境恶化趋势

表 4　1980 年和 1986 年氨氮污染情况统计表

单位：km

流域名称	1980 年			1986 年			趋势
	评价河长	污染河长	污染河长/评价河长 (%)	评价河长	污染河长	污染河长/评价河长	
长江	31770.6	1208	3.8	21481	1697	7.9	上升
黄河	6001.4	507.5	8.5	18648.2	3504	18.79	上升
淮河	8878	1900	21.4	7897.3	2400	30.39	上升
海河	3855.5	1107.5	28.7	10314.4	3477	33.71	上升
浙闽	3904.7	84.6	2.1	5558.1	291.8	5.25	上升
珠江	7690.4	518.8	6.7	6250	155	2.48	下降
新疆	739.8	14	1.9	8541.6	20.5	0.24	下降
松辽	11414.8	2188.3	19.7	18157.6	1981	10.91	下降
全国	81619.2	7539.0	9.2	97772.6	13526.3	13.99	上升

中国环境保护机构设立较晚，相应环境保护工作也起步较晚，由于受国力等条件的限制，环境保护治理工作只是取得一定的进展，与国外先进发达国家相比，显得比较落后。目前，全国虽然建起一定数量的污水处理厂，并采用其他一些污水处理措施，但污水处理数量有限，污水处理数量不到污水排放量的 20%。由于污水量逐年增加，1980 年为 315 亿 t，1985 年为 342 亿 t，1988 年为 368 亿 t，而处理能力明显不足，致使全国的水环境进一步呈恶化趋势，局部河段情况相当严重，这种恶化趋势从监测调查统计资料可以清楚看出（表 4）。水环境的恶化已经在我国许多地区产生不良后果：许多原来洁净的水源变得污浊不堪，不能饮用；过量开采地下水后产生区域性漏斗甚至地面下沉、海水入侵等情况；用含有害物质的污水灌溉农田，严重危害人民的身体健康，癌症及其他疾病发病率明显增加；有些水体鱼虾绝迹；水污染影响工农业产品质量，严重的造成停产等。据有关部门统计，全国每年因水污染造成的经济损失至少达 300 亿元，若加上间接损失数字更是惊人。

（水资源司）

水资源管理

一、关于水资源管理观念的变化

分析中国水资源管理工作的演变历史，在认识上，水资源管理观念变化大体经历三个阶段。

1. 古代　这一阶段最早可以追溯到公元前 2000 年传说中的大禹治水，一直延续至本世纪初近代水资源事业开始发展之前。这一时期，水资源管理最主要的特征是：①水资源开发利用程度相当低，经济、技术比较落后；②水资源管理服务对象比较简单，主要为农业、航运及少量城市供水等；③管理法规大多不成文，成文也比较简单；④主要是对水利工程的管理。

2. 近代　这一阶段大致以本世纪初出现近代水资源事业为开始，以 70 年代我国北方出现供水紧缺为结束。这一时期水资源管理最主要的特征是：①经济愈来愈发展，技术愈来愈进步，人口不断增加，城市愈来愈多，开发利用水资源的规模愈来愈大，特别是中华人民共和国成立后，有一个安定的和平建设环境，开发利用水资源取得了历史上前所未有的成绩。水资源开发利用程度逐步提高，局部地区水资源已不能满足经济发展的需要，出现了供水危机。②水资源开发利用的门类基本完善齐全，水资源管理的制度不仅比以往趋于完善、全面，而且服务对象有了很大的扩大，不仅主要有农田的灌溉、排水、河道防洪、内河航运，而且有了水力发电、工业供水、城市供水等；不仅有地表水利用工程，而且有数以百万计的地下水利用工程；不仅有自流供水工程，而且有大量机电提水工程。③但水资源管理基本上是多龙治水的局面，不同的服务对象，不同的工程分属不同的部门，既没有统一管理观念，更没有统一管理的机制。对管理工作的理解，还停留在狭义的概念上，例如水利部门所说的水利管理，一般只是指对防洪和农田水利的管理，甚至仅仅理解为对水利工程的管理。没有把水管理中最核心的内容，即把水当作重要的自然资源和环境要素引入管理的范畴。④水资源管理仅是对水量利用的

管理，对水质基本不加监测和管理。

3. 现代 这一阶段从70年代开始，一直到现在，是我国水资源管理逐步向现代管理发展迈进的阶段。这一时期水资源管理显著的特点是：①国家的经济建设向现代化迈进，建设规模越来越大，人口继续增加，城市化、工业化进程加快，经济建设和人口发展对水资源需求越来越大，水资源问题日益严重，有些地方和城市水资源问题成了当地社会和经济继续发展的制约因素。②水资源管理范围和对象进一步扩大，不仅要包括水量，而且包括水质；不仅包括开发、利用，而且要包括保护；不仅只管开源，而且要管节流。管理范围扩大的显著标志，一是国家和地方普遍成立了环境保护机构，开展了卓有成效的工作；二是在全国农村和城市开展了群众性的节约用水工作，取得很大的成绩，成了解决水资源危机的一条行之有效的措施。③水资源管理的观念发生了质的转化。从过去对水资源管理的狭义理解变化到对水资源管理的广义理解，即广义的水资源管理是指人类社会及其政府对利用、开发、保护水资源与防治水害活动的动态管理以及对水资源的权属管理，包括政府与水、社会与水、政府与人以及人与人之间的水事关系。对国际河流，水资源管理还包括相邻国家之间的水事关系。

代表这种观念转化突出标志，一是1984年国务院决定由水电部作为全国水资源的综合管理部门，负责水资源规划、立法、调配和科研等工作，并于同年成立了全国水资源协调机构，负责“水法”的起草和水资源开发、利用、保护、防治水害中重大问题的协调工作；二是1988年元月第六届全国人大常委会二十四次会议审议通过《中华人民共和国水法》，同年7月1日起施行。《水法》中明确规定国家对水资源实行统一管理与分级、分部门管理相结合的制度。

二、水管理体制

1988年1月《水法》颁布之时，正值国务院机构体制改革之际。同年3月，决定撤销水利电力部，重新组建水利部，作为国务院的水行政主管部门，负责全国水资源的统一管理工作。国务院对有关部门在水管理方面的职责，也作了相应的规定。随后各省、自治区、直辖市人民政府也相继明确了水利部门是省级政府的水行政主管部门。

依据《水法》，国家新的水管理体制已初步确立。地方上水管理体系也大体相似。

1. 全国水资源与水土保持工作领导小组主要职责 在原有的全国水资源协调小组与全国水土保持协调小组的基础上，成立由主管副总理任组长，水利部部长和国家计划委员会副主任为副组长的全国水资源与水土保持工作领导小组，国务院有关的11个部委（局、院）的负责同志为领导小组的成员。其主要职责是：①审核大江大河的流域综合规划；②审核全国水土保持工作的重要方针、政策和重点防治中的重大问题；③处理部门之间有关水资源综合利用方面的重大问题；④处理协调省际重大水事矛盾。

2. 国家和地方水行政主管部门实施水资源统一管理的目标 依照《水法》的规定和水利部的职责，1989年制定了各级人民政府的水行政主管部门实施水资源统一管理的目标是：①统一管理地表水、地下水，水量与水质，江河、湖、库、水域和岸线；②统一进行水的立法、调查评价、规划、水量调配、制订水的长期供求计划，实施取水许可制度以及其他重要的水行政管理工作；③依法促进水资源的综合开发利用，并对开发利用和保护实行统一的监察管理；④组织地区间、行业间水事活动，协调水事矛盾；⑤节约用水的监督管理；⑥推进流域管理与区域管理相结合的制度。同时，要面向社会各用水行业，进行全面服务。

三、水资源管理的基本制度

根据《水法》的规定，我国在水资源管理方面，实施以下的几项基本制度：

1. 水资源调查评价 全国水资源调查评价由国务院水行政主管部门会同有关部门统一进行。1986年第一次全国水资源调查评价工作业已完成。

2. 水规划 开发利用水资源和防治水害必须按流域或者区域进行统一规划。国家确定的重要江河流域综合规划，由国务院水行政主管部门会同有关部门和地区组织编制，报国务院批准。经批准的规划是开发利用水资源和防治水害活动的基本依据。

3. 水长期供求计划 全国水长期供求计划由国务院水行政主管部门组织制订，报国务院计划主管部门审批。1989年，北方缺水的7个省（市）水长期供求计划已经制订。

4. 水资源的宏观调配 跨行政区域的水量分配方案，由上一级人民政府水行政主管部门征求有关地方人民政府的意见后制定，报同级人民政府批准后执行。例如，1987年国务院已经批准黄河水水量分配方案，1989年国务院又批准了海河流域漳河分水方案。

5. 取水许可 各级水行政主管部门负责取水许可制度的实施。

6. 计划用水和节约用水 各级政府必须加强对节约用水的管理，采用节约用水的先进技术，降低水的消耗量，提高水的重复利用率。在水资源不足地区，限制城市规模和耗水量大的工业、农业的发展。

7. 水费与水资源费 使用供水工程供应的水，

要按照规定向供水单位缴纳水费；直接从地下或者从江河、湖泊取水的，征收水资源费。

8. 水事纠纷的处理　地区之间发生的水事纠纷，由有关双方协商处理；协商不成的，由上一级人民政府处理。在水事纠纷解决之前，未经各方达成协议或者上一级人民政府批准，在国家规定的交界线两侧一定范围内，不得单方面改变水的现状。

四、未来发展对水资源管理的要求

中国自1979年实行改革开放以来，社会和经济的发展发生了深刻的变化，取得了举世瞩目的成就。未来社会和经济的发展，国家已经制定了蓝图，规定了要达到的宏伟目标，目前，全国上下都在为实现这一宏伟奋斗目标而进行工作。

未来社会和经济的发展对水资源管理提出了更高的要求，主要有以下6方面：

(1) 全国有近1/10的国土面积处于洪水位之下，这些人口密集、经济荟萃地区，依靠防洪工程体系的保护。这里拥有全国1/3的耕地、1/2的人口和70%以上的工农业总产值。未来社会的安定，经济的发展，将更加依靠防洪的安全保障。

(2) 到2000年，全国将有3亿以上人口居住在城镇。随着城乡人民物质生活和精神生活的提高，居民住宅和环境卫生条件的改善，自来水普及率的提高，人口向老龄化的发展，劳动者业余时间的增多，生活的多样化，旅游和水上娱乐活动的发展等，社会对水的需求将进一步增长，对水质的要求将更高。

(3) 全国粮食主要产自有灌溉设施的农田。为了解决我国粮食问题，需要改造低产田、开发滨海荒地和滩涂，以及开发大西北，这些都必须开发利用好水资源。

(4) 全国电力系统中，水电装机约占30%，水力发电量约占20%。由于火电燃料运输的困难和污染的加剧，电力建设将越来越重视蕴藏量为世界之最的我国水力资源的开发。

(5) 在全国42万km河流长度中，运航里程约占1/4，水运发达的太湖流域，内河航运占全部运力的90%以上。按照国民经济发展的战略布局以及减轻铁路运输日益加重的压力，必须大力发展水运事业。

(6) 淡水养殖产量在全国水产总量中的比重已占37%。根据我国渔业资源的状况以及随着人民饮食营养结构的改善，必须利用江河、湖泊、水库大力发展淡水渔业。

五、未来水资源管理的基本目标

根据未来社会和经济的发展对水资源管理所提出更高要求，今后，水资源管理任务应该是促进合理开发利用和保护水资源，防治水害，充分发挥水资源的综合效益，保持良好的水环境，以适应日益增长的国民经济和人民生活的需要。未来水资源管理将进入水量与水质并重、资源与环境管理一体化的阶段，其基本目标是：

1. 形成能够高效率利用水的节水型社会　在水的需求有新的发展的形势下，必须把水资源作为关系到社会兴衰的重要因素看待。根据我国人均水资源短缺和水文特点，全社会必须节约用水。节约用水不是限制用水，而是要求高效率、充分有效地利用水，发挥水的多功能和可重复利用的特性，同时要大力保护和提高水质。

2. 建设稳定、可靠的城乡供水体系　在节水战略指导下，预测社会需水量的增长率将保持或略高于人口的增长率。在人口达到高峰以后，随着科学技术进步，需水增长率将相对降低。按照这个趋势预测，争取全国基本上能够按照制定的水长期供求计划，解决水的供需平衡，提高枯水期供水安全度，并对可能出现的特殊干旱采取对策。

3. 建立综合性防洪安全的社会保障制度　洪水危害始终是国家心腹之患。随着江河的整治，防御洪水的标准有不同程度的提高，但由于人口和产业的增加，遇同样洪水，给社会经济所造成的损失比过去将大为增加。洪水又具有随机性的特点，在我国的具体条件下，江河洪水的威胁，将长期存在。因此要建立综合性防洪安全的社会保障体制，以有效地保护社会安定、经济繁荣和人民生命财产的安全，在可能发生的特大洪水情况下，不致影响社会经济发展的全局。

六、未来水资源管理的基本对策

适应未来社会和经济发展的需要，未来水资源管理的基本对策包括两个方面：

1. 进一步贯彻实施《水法》，完善法制建设，坚持以法治水、管水、用水　《水法》的颁布施行，只是水法制建设的起点。真正做到以法治水，以法管水，必须坚持大力推进水法制建设，这是一项长期、艰巨的任务。

水法制建设包括水的立法、水行政执法和水行政司法三个方面，近期要着重推进三个体系建设：①建立科学、完整、协调的水法规体系。这个体系的总体规划已经制定，要有步骤按计划地实施。②建立上下左右关系协调的水资源管理工作体系。重点是理顺部门关系和流域管理与区域管理相结合的体制，建立水行政主管部门内执法机构，健全各项工作制度，这是依法行政和以法管理的组织保证。③建立机制健全、运行有力的水行政执法组织体系。这是指对专门负责违法处置工作的队伍建设，也就是要建立一支自上而下的、专职与兼职相结合的水行政执法队伍。这支命名为“水政监察”的队伍将与公检法部门配合，承担起纠正各种违法行为，依法追究违法者的责任，维护水资源管理秩序，保卫水资源开发利用建设成果的任务。

有了这三个体系，贯彻实施水法就有了保证，水法制建设就有了基础，我国各项水资源开发、利用、保护和防治水害工作将真正纳入法制管理的轨道而走向未来。

2. 继续坚持实行行之有效的政策和措施 ①继续坚持利用广播、报刊、电视、画廊、展览会等一切宣传形式，对人民群众进行水资源方面的教育，改变“水是取之不尽，用之不竭”的传统观念，树立“水是宝贵的、来之不易”的新观念，树立爱惜水、保护水和节约水的新风尚。只有当人们逐渐认识到人类赖以生存的水，如不加以认真地保护和合理地利用，不但会影响社会与经济的发展，而且最终人类将失去自己生存的条件的时候，政府所采取的一切措施，才能比较顺利地付诸实施。②通过立法、政策、规划这三项水管理要素，以及实行计划用水、节约用水和取水许可等用水管理的基本制度，形成新的水资源管理机制。③控制污染，加强防治，努力保护和改善水环境质量。采用先进技术，提高工业用水的重复利用率，削减工业排污量，并严格控制新的污染源，贯彻“谁污染、谁承担责任”的经济原则，增强企业治污的责任。建立和完善城镇下水道系统，加强城市污水处理；合理利用江河、湖泊、海洋自净能力，发挥水工程调度对水质的调节作用。④改革水工程建设的投资机制，实行合理的投资政策，促进水资源综合开发与城乡供水工程的建设。对公益性工程设施的投资，采取分类型(防洪、城乡生活、农业、工业、供水等)、多层次(国家、地方、企业或用水事业单位)共同负担的办法。⑤采取工程措施与非工程措施，运用社会、经济、技术和行政手段，保障防洪安全。进行江河整治，禁止围垦，坚持河道清障，大力巩固和提高防洪工程体系，维护河道以及通江湖泊的行洪、滞洪能力；实行洪水保险和防洪基金制度，加强对蓄滞洪区的安全与建设的指导。⑥建立水的合理价值观念，进一步加强现有水工程的管理，改革水费制度，促进水工程运转机制的良性循环。

（水资源司）

财　务

水利财务工作

1990年的水利财务工作，按照国务院批准的水利部“三定”方案的要求，继续努力抓好全国水利系统财务会计工作的行业管理，积极运用财政、价格、金融、税收等经济杠杆对水利资金和经营管理进行经济调节、认真做好部直属单位的预决算和各项财务管理、会计核算工作。在过去的一年里，水利财务工作认真贯彻了中央关于进一步治理整顿，深化改革的方针，在深化水利改革、筹措资金、增加水利投入，加强资金管理与经营决策、协调理顺各方面的经济关系，加强经营管理和财务监督以及财会队伍自身建设等方面，取得了一定成绩。

(一) 转变观念和改进方法

广大水利财务会计工作者，认真贯彻1989年在荆州召开的全国水利财务工作会议精神，一方面继续发扬兢兢业业、任劳任怨、无私奉献的精神；另一方面解放思想，积极参与改革、支持改革，勇于开拓创新，认真学习和研究经济改革，主动为单位领导出主意，想办法。在工作方法上，加强了横向联系，主动取得财政、银行、税务、物价等综合部门的支持和帮助。

由于水利财务工作在深化水利改革中发挥出越来越重要的作用，水利财务工作的地位也明显提高。各级水利部门的领导对水利财务工作越来越重视，很多单位的领导在作重大决策前，都主动征求财务部门的意见，认真参阅财会资料，并在政治上、工作上、生活上支持和关心财会人员，使他们在经济改革中发挥出更大的作用。

(二) 水利投入继续增加

各级水利部门紧紧围绕如何增加水利投入积极开展工作，继续坚持多层次，多渠道集资办水利的方针，积极开辟财源，拓宽资金渠道，增加水利收入。①资金投入总量继续增加。1990年，水利资金投入总额达到125.5亿元，比1989年增长20%以上。其中国家预算内基建投资53.1亿元，增长27.95%；水利事业费21亿元，增长9.95%；小型农用水利水土保持补助费27.1亿元，增长12.45%，粮专基金，土地开发基金及地方机动财力等专项资金投入24.3亿元，增长9.61%。中央级投入19.27亿元，增长43.06%。地方各级投入106.23亿元，增长6.90%，仅中央水利事业费一项就增加3844万元，增长16%。②资金投入渠道增多了。除了原有国家拨的水利事业费，小型农田水利和水土保持补助费、水利基建投资等资金渠道外，还增加了土地开发基金，银行贷款、外资、社会集资。特别是打破了过去单一依靠国家投入的模式，社会、集体、群众水利投入的比重逐渐增大。在国家投入资金中，结构也发生了变化，信贷资金的比重大幅度上升。各级政府机动财力用于水利部分也增长较快，1990年达近6亿多元。

(三) 进一步加强和改善了资金管理

各级水利部门，在增加水利投入的同时，进一步加强了资金管理。如继续完善投资包干办法，经费包干办法，推行项目合同制，实行"以奖代补"、"以资引资"，加强资金使用监督等。在投资体制上进行了一些改革，如对一些经济效益较好的项目试行了有偿使用制度等，大大提高了资金使用效果。

(四)企事业单位经济改革进一步深化和内部管理有所加强

1. 部直属企业　原预算内企业继续推行以"财务包干"和"工资总额与经济效益挂钩"为主要内容的承包经营责任制。原预算外管理的企业纳入了预算管理，并也将实行相应的承包经营责任制办法。完成了部属公司的清理整顿。加强了部属保留公司的财务管理。建立了以丰补歉风险基金。

2. 部属事业单位　继续根据事业单位的不同特点，分别实行事业经费包干办法，勘测设计单位仍实行项目合同责任制，科研单位仍实行技术经济责任制，其他事业单位也在事业费这个基础上，鼓励创收。对创收收入在增加单位所得的同时实行部分抵顶预算支出。

对基本建设继续推行投资包干责任制和项目招投标责任制。

水利工程管理单位结合贯彻《水利工程管理单位财务管理办法》，积极推行"统一核算，以收抵支，财务包干"经济责任制。实行统一核算、以收抵支、财务包干办法后，以收抵支的收入全部纳入预算内管理，按国家规定免交能交基金和预算调节基金，较好地解决了水管单位不合理交各种基金和税收问题，调动了水管单位创收的积极性，给水管单位进一步发展注入了活力，同时也减轻了国家财政的负担。

(五) 水价和电价改革取得了新的进展

1. 水价方面　各地水利部门继续积极贯彻国务院国发［1985］94号文件。到1990年末，已有25个省、自治区、直辖市颁发了水价改革文件，实行了新的收费标准，还有6个省、市进入了第二步水价改革。1990年实收水费超过15亿元，比1985年增加了1.5倍。由于水价提高，1990年供水固定资产提取折旧费1.09亿元，大修费0.95亿元，开始扭转供水固定资产不能提取折旧费的局面。

2. 电价方面　各地根据原国家经委、水利电力部、国家物价局［1986］水电财字第119号《关于小水电电价的几项规定的通知》精神，继续积极进行小水电及其自供区内的售电价格的改革，会同电力、物价等部门适当提高小水电上网电价和自供区内的信电价格。浙江省将原上网电价0.05元/kW·h调整为0.10元/kW·h，对1986年后投产的新电站基数外电量的上网电价，规定不低于0.20元/kW·h。广东省已将小水电价格放开，实行市场调节。河北、福建、湖北、甘肃、湖南等省也适当提高了小水电上网电价。

(六)加强了行业管理和财会基础工作以及财会队伍的自身建设

各级水利部门根据1989年荆州全国水利财务工作会议精神，在进一步建立健全财会机构，充实财会人员。不少省（区）和部属单位健全了财会机构配备了懂财会工作的财务负责人，财会人员数量也有所增加，人员比例达到7.2%。福建省水电厅发文要求各地、市、县水电局按规定比例配足财会人员，已基本到位。其他一些省、市水利厅（局）和部属单位，也正在结合贯彻《会计法》，酝酿健全财会机构，充实财会干部的问题。

针对水利系统财会队伍青黄不接、新手多、专业素质普遍较低的状况，各直属单位，各地广泛开展了培训工作，采取多渠道、多层次、多形式的培训方式，提高财会人员的专业理论水平和业务能力，部财务司还根据水利财会队伍的现状，制定了"八五"期间培训计划，确定了重点培训网点，着手组织编写《水利工程管理单位财会》、《水利工程管理单位会计》等配套培训教材。

把财会制度建设作为加强行业管理，加强财会基础工作的重要内容来抓。1990年组织起草编写的财会制度有《水利工程管理单位会计制度》、《区乡水管站财务管理办法》、《区乡水管站会计制度》、《农村电力企业财务管理办法》、《农村电力企业会计制度》、《水利基本建设财务管理办法》、《水利基本建设项目竣工决算报告编制规程》、《特大防汛经费使用管理办法》、《水费收支财务管理办法》、《直属水利事业单位预算会计制度》以及《水利事业单位财务管理办法》等。这些办法和制度，有的已经颁发执行，有的已提交财政等有关部门做最后审定，有的正在进一步修改中，各地水利部门也结合本地的具体情况制定和完善了一些财会制度。

为了满足行业财务管理工作的需要，已初步建立起了水利系统会计报表制度，并进行了水利事业财务报表汇总系统软件开发。

水利系统继续广泛开展了会计工作达标升级活动，财务司根据水利行业特点制订了会计工作达标升级实施细则，拟订了直属单位会计工作达标升级实施规划，开展了授予等级证书的准备工作。各直属单位相继成立了会计工作达标升级考评委员会或领导小组，对部分基本具备条件的单位逐级进行了考评及检查验收复核工作。各地水利部门在各地财政部门统一部署和指导下，并参照部制订的实施细则，认真抓了本地区的会计达标升级工作，不少单位会计工作已经达标、有的达到三级或二级。

制定了水利系统会计证管理办法，并对部直属单位不具备发证条件的财会人员组织了资格考试。

此外，还加强了财务监督，认真抓了财务、物价、税收大检查和治理“三乱”工作。国有资产管理工作也按照上级和主管部门的要求作了安排。

回顾一年来的水利财务工作，主要经验和体会是：领导重视是做好财务工作的关键。健全财会机构，充实财会人员，提高业务素质，是做好财务工作的基础。坚持改革，勇于开拓是在新形势下做好财务工作的根本。积极主动加强横向联系，协调好各方面的关系，争取有关部门的理解和支持，是在新形势下做好财务工作的基本要求。应该看到，财务工作与水利事业的发展和深化水利改革的要求还不太适应，主要表现在有的单位领导对财务工作还不够重视，一些单位财会机构还不健全，财务部门的职能作用还没有得到充分发挥，对有关经济政策研究尚不够深入，行业管理还不够完善，财会人员的素质还有待提高。这些都有待于在今后工作中进一步改进和解决。

（史瑞和　朱卫东）

主要财务指标完成情况

（一）水利资金投入情况（不含群众投劳）　　单位：万元

项目	预算(计划)数		实际支出(完成)数	
	合计	其中:直属、直供	合计	其中:直属、直供
合计	1368104	196392	1255016	192706
1. 基本建设投资	549206	171512	530913	167743
2. 水利事业费	223945	24880	209677	24962
3. 小型农田水利水土保持补助费	308559		271259	
4. 其他资金	286394		243167	
(1)发展粮食生产专项基金	65197		52192	
(2)土地开发基金	49112		39629	
(3)扶贫资金	9157		5844	
(4)其他(各级财政机动财力、贷款等)	162928		145502	

（二）经营收支情况

水利系统除国家财政投入外，还积极利用本身优势，积极开展多种经营，努力创收，增加自身活力，减轻国家负担。

1. 部属单位

（1）事业单位。部直属事业单位，包括勘测设计、科研、教育及其他事业单位，全体共组织收入 43737.3 万元，比上年增加 81.35%。事业单位创收增加，一方面抵顶了部分预算支出，另一方面增加了经费包干结余资金，增强了自身的活力。据财务决算资料统计，金额预算水利事业单位和部属高等院校利用创收抵顶预算支出达 2678.1 万元。科研、勘测设计及差额预算单位和自收自支事业单位也利用创收弥补了部分事业费不足，增强自我维持能力。

（2）企业。到 1990 年底止，水利部直属企业有丹江口管理局、三门峡管理局、中国水利实业开发总公司、中国灌排技术开发公司、中国利源水利电力工程公司和北京江峡技术经济开发公司等 6 个。其中中国水利实业开发总公司和中国灌排技术开发公司是预算外管理。1990 年 6 户企业共实现销售（经营）收入 30820.4 万元，其中发电收入 30223 万元。实现利润 2447.3 万元，企业留利 734.2 万元，上交财政各种税金 7622.3 万元。

丹江口、三门峡水电站主要经济指标

项　目	丹江口水电站			三门峡水电站		
	1990年	与 1989 年比较（±）		1990年	与 1989 年比较（±）	
发电量（亿 kW·h）	48.22	−3.49	−7%	10.14	−1.95	−19%
售电量（亿 kW·h）	47.89	−3.51	−7%	10.01	−1.82	−18%
售电单位价格（元/1000 kW·h）	32.08	+2.78	+8.6%	36.10	+3.10	+8.6%
售电单位税金（元/1000 kW·h）	11.27	+0.10	+0.9%	10.70	0	0
售电单位成本（元/1000 kW·h）	13.73	+2.27	+16.5%	37.20	+10.0	+27%
售电单位利润（元/1000 kW·h）	6.61	+0.91	+13.8%	−12.0	−6.90	−57%
资金利润率*（%）	9.48	−1.43		−0.05	−1.30	
资金利税率*（%）	2.63	−1.38		−2.11	−1.15	

* 资金＝固定资产原值平均余额＋定额流动资金平均余额

2. 地方水利工程管理单位　地方水利工程管理单位（国家管理的工程 9394 个）经营总收入（毛收入）378611.1 万元。其中：①供排水收入 158562.9 万元，按现行水费标准应收 2146626 万元，按测算成本应收 3364480 万元，按现行标准实收率 73.87%，按测算标准实收率 47.13%，现行标准为测算标准的 63.8%；②供电收入 51620.4 万元；③水产收入 23329.5 万元；④其他多种经营收入 145098.3 万元。

1990 年财政补贴 6378.6 万元。由于水管单位没有提足折旧基金和大修理基金（应提 20 亿元左右，实际只提了 2 亿元）帐面反映盈余 37290.9 万元，实际上仍是亏损的。

（史瑞和　朱卫东）

重要财务制度

财务会计制度是规范水利资金运动，处理水利经济关系的依据。1990 年，水利部门在财会制度建设方面成绩显著，主要财会制度有：

（一）水利部《关于建立以丰补歉风险基金的通知》

经国家批准，我部直属企业已先后实行了承包经营责任制。为保证企业实行承包后，其企业留利水平和职工所得不至因水电站来水丰枯和利润变化大而高低悬殊，尽量减少承包风险，现根据水力发电企业的生产特点和近两年企业留利状况，经部研究决定从 1989 年起，丹江口、三门峡、潘家口水利枢纽管理局均应建立以丰补歉风险基金。具体要求如下：

1. 企业留利水平比上年增长超过 15%时，从超过 15%的增长留利中拿出 40%作为以丰补歉风险基金。

2. 风险基金仍是企业留利的组成部分，但动用时须报经我部批准。

3. 风险基金应在专用基金科目中设二级科目单独核算。

4. 企业工资基金的分配，也应比照上述原则建立以丰补歉风险基金，使职工生活有一个稳定的增长。

（1990 年 2 月 14 日）

（二）国务院办公厅关于贯彻执行《水利工程水费核订、计收和管理办法》的通知

我国是个水资源紧缺的国家，必须厉行节约用水。多年来，用水浪费现象普遍存在，其重要原因之一，是由于水费标准过低。为了巩固现有水利工程，发挥水利工程的效益；促进节约用水，国务院于 1985 年 7 月发布了《水利工程水费核订、计收和管理办法》（国发［1985］94 号）。几年来，多数省、自治区、直辖市进行了水费制度的初步改革，但有些地方并未全面贯彻执行。根据党中央、国务院领导同志的指示精神，现就有关问题通知如下：

1. 各省、自治区、直辖市人民政府要认真贯彻执行国务院国发［1985］94 号文件，按照文件规定的原则，抓紧修订和颁发本省（区、市）水利工程水费的具体标准，并认真组织贯彻实施。

2. 改进水费的计收办法，逐步改变目前以货币计收农业水费的单一方式。收取农业水费可以采取以实物计价，货币结算或计收实物的做法。水费由水利工程管理单位催交收取，可委托财、粮部门代收。

3. 用水户和用水单位都必须按各地核订的水费标准和规定日期交付水费。逾期不交水费，水利工程管理单位有权限制供水，直至停止供水。水利工程管理单位要切实负起责任，主动为用水户和用水单位做好服务工作。

4. 水费收入由水利部门商请财政部门核定抵作

供水成本和事业费拨款的，视为预算收入，免交能源交通重点建设基金和国家预算调节基金。

水费收入是水利工程管理单位的主要经费来源。水利工程管理单位要加强财务管理，收好、管好、用好水费，要确保用于供水工程的管理、维修和更新改造。任何单位和部门不得截留或挪用水费。

（1990 年 3 月 1 日）

（三）水利部、财政部、国家物价局关于颁发《河道采砂收费管理办法》的通知

为加强河道的整治和管理，合理采挖河道砂石，依据《中华人民共和国河道管理条例》第四十条规定，现制定《河道采砂收费管理办法》，予以颁发。请各地水利部门和财政、物价部门结合本地实际情况执行。执行中有什么问题，请随时反映。

（1990 年 6 月 20 日）

附：

河道采砂收费管理办法

第一条 为加强河道的整治和管理，合理采挖河道砂石，依据《中华人民共和国河道管理条例》第四十条规定制定本办法。

第二条 本办法所称河道采砂是指在河道管理范围内的采挖砂、石，取土和淘金（包括淘取其他金属及非金属）。

第三条 河道采砂必须服从河道整治规划。河道采砂实行许可证制度，按河道管理权限实行管理。河道采砂许可证由省级水利部门与同级财政部门统一印制，由所在河道主管部门或由其授权的河道管理单位负责发放。

第四条 采砂单位或个人必须提出河道采砂申请书，说明采砂范围和作业方式，报经所在河道主管部门审批，在领取河道采砂许可证后方可开采。从事淘金和营业性采砂取土的，在获准许可后，还应按当地工商、物价、税务部门的有关规定办理。

第五条 河道采砂必须交纳河道采砂管理费。

第六条 河道采砂管理费的计收：

（一）由发放河道采砂许可证的单位计收采砂管理费。

（二）河道采砂管理费的收费标准由各省、自治区、直辖市水利部门报同级物价、财政部门核定。收费单位应按规定向当地物价部门申领收费许可证，并使用财政部门统一印制的收费票据。

第七条 河道采砂管理费用于河道与堤防工程的维修、工程设施的更新改造及管理单位的管理费。结合资金可以连年结转，继续使用，其它任何部门不得截留或挪用。

第八条 河道主管单位要加强财务及收费管理，建立健全财务制度，收好、管好、用好河道采砂管理费。河道采砂管理费按预算外资金管理，专款专用，专户存储。各级财政、物价和水利部门要负责监督检查各项财务制度的执行情况和资金使用效果。

第九条 违反本办法第三、四、五条规定的，按《河道管理条例》第四十四条规定办理。

第十条 河道管理、监理人员在河道采砂收费管理中，滥用职权，徇私舞弊、收受贿赂的，按《河道管理条例》第四十八条规定办理。

第十一条 各省、自治区、直辖市水利部门可以根据本办法的规定，结合实际情况，商同级财政、物价部门制定本地区河道采砂收费管理实施细则。

第十二条 本办法由水利部负责解释。

第十三条 本办法自公布之日起施行。

（四）水利部关于发布《水利工程基本建设项目竣工决算报告编制规程（SL19-90）》的通知

为了适应经济体制改革和加强行业管理的需要，提高水利工程基本建设项目竣工决算报告的编制质量，我部组织有关专家修订了《水利工程基本建设项目竣工决算报告编制规程（SL19-90）》。经审查，批准为中华人民共和国水利水电行业标准，现予发布，从 1991 年起施行。施行中如有问题，请及时函告我部。

本《规程》由水利部财务司负责解释，水利电力出版社出版。

附：《水利工程基本建设项目竣工决算报告编制规程（SL19-90）》

（1990 年 12 月 31 日）

附：

《水利工程基本建设项目竣工决算报告编制规程（SL19-90）》

第一章 总 则

第 1.01 条 为了适应基本建设投资管理体制改革的需要，加强水利基本建设财务管理，考核水利投资经济效益，检查竣工项目设计概（预）算和计划执行情况，正确核定新增固定资产价值，积累技术经济资料，根据国家有关制度和规定，结合水利系统的实际

情况，重新修订《水利工程基本建设竣工决算报告编制规程》(以下简称《规程》)。

第1.02条　本《规程》适用于列入国家基本建设计划的新建、改建、扩建、续建和加固的水利（包括水利系统所兴建的水电、火电及送变电工程，下同）基本建设项目。凡此范围内的项目，不论投资来源，不论投资主体，不论建设规模大小，工程竣工后都必须按本《规程》编制竣工决算报告。

第1.03条　竣工决算报告由建设单位负责编制，是建设单位向管理单位移交财产的依据。建设单位应从项目筹建开始就要明确专人负责，做好有关资料的搜集、整理、分析工作，保证此项工作的顺利完成。

第1.04条　竣工决算报告的编制必须保证质量。在全部工程竣工验收前要认真做好各项财产、物资以及债权债物的清理工作，做到工完帐清，并做好竣工年度财务决算编制工作，为编制竣工决算报告打好基础。

第1.05条　基本建设项目完建后，由建设单位组织工程技术、计划、统计、财务和物资等有关人员组成专门班子共同完成编制工作。在完成前，有关人员不得调离原岗位。施工单位向建设单位办理交工验收时，应同时为编制竣工决算报告提供必要的技术经济资料。

第1.06条　竣工决算报告是工程项目竣工验收的重要文件。基本建设项目完建后，在竣工验收之前，应该及时办理竣工决算，大中型项目必须在6个月内，小型项目必须在3个月内编制完毕上报。如大型项目在6个月内编制完成有困难，报经主管部门批准后可适当延长，但延长期限不得超过3个月。

第1.07条　竣工决算报告是重要的经济档案，是竣工验收报告的重要组成部分，必须注意保密，妥善保管，永久保存。

第二章　编制依据

第2.01条　水利基本建设项目竣工决算报告，应根据项目的建设规模和投资额，按大、中、小型项目分别编制。

1. 水库工程：库容在1亿m^3及以上的建设项目为大型项目；库容在1亿m^3以下，1000万m^3及以上的建设项目为中型项目；库容在1000万m^3以下的为小型项目。

2. 水电站工程：装机容量在25万kW及以上的建设项目为大型项目；装机容量在25万kW以下，2.5万kW及以上的建设项目为中型项目；装机容量在2.5万kW以下的建设项目为小型项目（以上划分也适用于水利系统兴建的火力发电项目）。

3. 送变电工程：电压等级在33万伏及以上的建设项目为大型项目；电压等级在22万伏和11万伏并且线路长度在100 km及以上的建设项目为中型项目；电压等级在11万伏并且线路长度在100 km以下的建设项目为小型项目。

4. 灌溉工程：受益面积在50万亩及以上的建设项目为大型项目；受益面积在50万亩以下，5万亩及以上的建设项目为中型项目；受益面积在5万亩以下的建设项目为小型项目。

5. 除上述项目以外的各类水利基本建设项目总投资在1亿元及以上的建设项目为大型项目；总投资在1亿元以下，3000万元及以上的建设项目为中型项目；3000万元以下的建设项目为小型项目。

第2.02条　竣工决算报告的编制依据为：

1. 经项目主管部门批准的设计文件、工程概（预）算和修正概算；

2. 经上级计划部门下达的历年基本建设投资计划；

3. 经上级财务主管部门批准的历年年度基本建设财务决算报告；

4. 招投标合同（协议）及有关文件和投资包干协议及有关文件；

5. 历年有关的财务、物资、劳动工资、统计等文件资料；

6. 工程质量检验、鉴定有关的文件资料等。

第2.03条　凡建设项目按国家规定具备竣工验收条件后，如尚有零星未完工程和费用，可以预计纳入竣工决算，并列出未完工程明细表，同时进行预提帐务处理。但对预计未完工作量应严加控制，不得超过总概（预）算的3%（火电工程项目不超过总概（预）算的5%）。

第2.04条　竣工决算报告在编制过程中如遇特殊问题应及时向主管部门报告，对一些重大原则问题应在竣工验收时提交竣工验收委员会讨论决定。

第三章　编报内容

第3.01条　建设项目的竣工决算报告包括建设工程前期费和从筹建到竣工验收的全部费用，即建筑工程费、安装工程费、设备费、其他费用和预备费。

第3.02条　竣工决算报告由以下四部分组成：

1. 竣工决算报告的封面及目录。

2. 竣工工程的平面示意图及主体工程照片。

3. 竣工决算报告说明书。

4. 全套竣工决算报告表格。

第3.03条　竣工决算报告说明书，是总括反映竣工工程建设成果，全面考核分析工程投资与造价的书面文件，是竣工决算报告的重要组成部分，其主要内容包括：

1. 工程概况：包括工程一般情况、建设沿革、设计效益、主体建筑物特征及主要设备的特性、工程质量等；

2. 概（预）算与工程计划执行情况；包括概（预）算批复及调整情况、概（预）算执行情况、工程计划执行情况、主要实物工程量完成、变动情况及原因；

3. 投资来源：包括投资主体、投资性质及投资构成分析；

4. 投资使用和基建支出情况；

5. 工程效益：包括因工程建设发生的直接效益和可预见的间接效益；

6. 投资包干和招标投标的执行情况及分析；

7. 包干结余资金分配情况；

8. 工程费用分配情况和投资分摊情况；

9. 交付使用财产情况；

10. 移民及库区淹没处理情况；

11. 财务管理情况；

12. 存在主要问题及处理意见；

13. 其他有关说明。

第 3.04 条 竣工决算报告表格共分四部分，全部表格共二十种，第一部分竣工工程概况表为专用表，由建设单位根据工程的不同性质和特点选用，其余部分各表为通用表。各表名称如下：

一、竣工工程概况表

1. 竣建水 0101 表 水库竣工工程概况表；
2. 竣建水 0102 表 水库、渠道竣工工程概况表；
3. 竣建水 0103 表 机电排灌站竣工工程概况表；
4. 竣建水 0104 表 河道治理竣工工程概况表；
5. 竣建水 0105 表 堤防竣工工程概况表；
6. 竣建水 0106 表 分蓄洪竣工工程概况表；
7. 竣建水 0107 表 水电站竣工工程概况表；
8. 竣建水 0108 表 小火电站竣工工程概况表；
9. 竣建水 0109 表 送电竣工工程概况表；
10. 竣建水 0110 表 变电竣工工程概况表。

二、竣工工程决算表

1. 竣建水 0201 表 竣工工程决算一览表；
2. 竣建水 0202 表 预计未完工程明细表；
3. 竣建水 0203 表 其他费用明细表；

三、移交资产、投资及工程表

1. 竣建水 0301 表 移交管理单位使用的财产总表；
2. 竣建水 0302 表 移交管理单位使用的财产一览表；
3. 竣建水 0303 表 移交其他单位固定资产、投资及转出工程明细表；

四、竣工工程财务决算表

1. 竣建水 0401 表 竣工工程财务决算表；
2. 竣建水 0402 表 历年转出投资明细表；
3. 竣建水 0403 表 历年应核销投资明细表；
4. 竣建水 0404 表 历年应核销其他支出明细表。

第四章 编制要求

第 4.01 条 水利基本建设项目均应按本《规程》规定的格式、内容编制竣工决算报告，不得随意减少应编报的表格和内容。

第 4.02 条 竣工决算报告是建设项目重要的经济档案，表格中所填列的数据必须与有关部门分析核实，如实填列。

第 4.03 条 建设单位和其项目主管部门如认为有必要，可在不改变本《规程》规定的格式、内容的前提下适当增加编制的内容。

第 4.04 条 水利基本建设中发生的本《规程》未包含项目，如房建、防病改水、人畜饮水、水土保持、湖泊治理等，由建设单位依据有关制度、规定及上级部门要求自行设计工程概况表。工程概况表一般应包括工程的主要特征、工程效益、工程主要建设情况、投资、造价、工料消耗情况、主要工程量、迁移赔偿、移交管理单位财产总值和工程质量鉴定等。

第 4.05 条 水利系统兴建的基本建设项目，按审批权限，凡投资不超过批准概算并符合历年所批准的财务决算数据的竣工决算报告，由项目主管部门（流域机构、省、自治区、直辖市水利（水电）厅（局），地（市）、县水利（水电）局等）进行审核；对投资超过概算或对批准的以前年度财务决算数据有调整的大型项目，送水利部财务司审核；中小型项目由项目主管单位（同前）进行审核，经竣工验收机构验收签证后生效。

第 4.06 条 经项目竣工验收机构验收签证后的竣工决算报告，方可做为财产移交、投资核销、财务处理、合同终止并结束建设事宜的依据。

第 4.07 条 水利基本建设项目竣工决算报告，凡属大中型项目的，除报送主管部门外，必须在验收签证后 1 个月内报水利部备案，同时抄报财务司、计划司、建设开发司、水管司、农电司及有关业务司（局）和水规院各一份。

第五章 附 则

第 5.01 条 本《规程》自发布之日起施行。凡以前年度竣工而未编制竣工决算报告的项目和今后新竣工的项目，一律按本《规程》的规定编制竣工决算报告。原水利电力部(87)财基字第170号颁发的《水利电力工程基本建设竣工决算编制办法》中有关水利部分停止执行。

第5.02条　各流域机构、各省、自治区、直辖市水利(水电)厅(局)、各计划单列市水利(水电)局可根据本《规程》制定实施细则，并报水利部备案。

综　合　计　划

1990年是“七五”计划的最后一年，水利建设进一步贯彻治理整顿和深化改革的方针，水利基本建设投资增加幅度较大，资金来源结构发生明显变化，投资结构得到了进一步改善，各项建设取得较大成就，基本完成了“七五”水利建设计划，为工农业生产的发展、国民经济的稳定创造了条件。

水利是国民经济的基础产业

1989年国务院颁布的《国务院关于当前产业政策要点的决定》，明确了水利中的“大江大河治理、水资源开发工程及节水工程、水土保持及农田水利工程”以及“水电工程”都作为基本建设重点支持的产业。这个决定使水利事业的发展从国家产业政策上得到了保障。在此基础上，水利部制定了贯彻国务院重点产业政策的实施办法，这些政策为制定、调整与执行水利计划提供了依据。

随着国民经济的发展，全社会对水利的认识进一步提高，我们抓紧这个有利时机，在编制水利十年规划和“八五”计划纲要时，强调水利是农业的命脉，也是整个国民经济的命脉；强调水利对保障社会安定，发展工农业生产和改善城乡环境的重大作用；强调水利是社会和经济发展的基础产业。在整个国民经济和社会发展计划和规划中水利必须得到重点倾斜。

党中央国务院对水利工作十分重视，中共中央在“关于制定国民经济和社会发展十年规划和‘八五’计划的建议”中明确指出：“水利是基础设施的重要组成部分，不仅关系到农业，而且关系到工业建设和人民生活，中央和地方都要充分重视和认真抓好”。七届人大四次会议通过的“十年规划和第八个五年计划纲要”把“水利建设”与农业、能源等重要行业建设并列起来，指出“要把水利作为国民经济的基础产业、放在重要战略地位。努力提高抗御洪水灾害的能力，防治水土流失，巩固和改善现有水利设施，增加农田浇灌面积”。党中央国务院的决策为我们水利建设指明了方向，提出了要求，对水利事业的发展将产生巨大的影响。

水利十年规划和“八五”计划纲要编制情况

1990年2月起，我们根据国家计委的要求，集中一批力量，编制完成了水利十年规划和“八五”计划纲要。“水利十年规划和‘八五’计划纲要”全面分析了当前水利形势，提出了水利发展目标、任务和设想，同时提出了为实现这些目标所必须争取的改革措施，并对水利基础工作、科技工作、队伍建设、社会主义精神文明建设等方面在“八五”及十年规划期间的发展进行了全面论述。今后水利发展的指导思想是，水利要为国民经济和社会发展提供全面服务，适应国民经济持续、稳定、协调发展的要求；增加水利投入，办成几件大事；除害与兴利相结合，综合利用水资源；深化改革，以法治水；科技兴利；走自力更生、艰苦创业、大家办水利的路子。

目标和任务是：①加强大江大河大湖的治理，有计划地建设一批防洪、蓄水、引水的大中型项目。②努力扩大灌溉面积，发展农田灌排，改造中低产田。“八五”期间计划净增灌溉面积3000万亩左右，“九五”净增灌溉面积5000万亩。③抓紧进行南水北调工程的建设，缓解北方水资源紧缺状况。同时要逐步解决北方和沿海主要城市供水水源，基本解决人畜饮水困难，积极改善乡镇农村的供水条件。开发滩涂和牧区。④认真抓好防汛抗旱工作，加强通讯，测报，抢救设施的现代化建设。⑤防治水土流失和保护水源，“八五”“九五”各增加治理水土流失面积10万km^2。十年内增加坡改梯面积2000万亩。⑥积极巩固改造现有工程设施加强管理维修，加速更新改造，提高管理水平。⑦深化水利改革，努力促进建立一个有活力的水利经济机制。⑧充分发挥中国水电优势，结合江河开发治理积极建设综合利用枢纽中的大中型水电站及发展农村水电，到“九五”末共增加装机1500万kW，“八五”期间建立初级电气化县200个，“九五”期间300个。⑨大力推进水利系统的经济体制改革，搞活水利经济运行机制，进一步发展水利综合经营。⑩加强基础工作和队伍建设，使科技水平、人员素质、前期工作、水文测验与水利总体发展相协调，使水利职工队伍的生活待遇达到其他基础产业部门的水平。

今后10年，水利建设将以南水北调、小浪底、三峡等三项重点工程为核心，相应积极组织一批防洪、蓄水、引水重点工程项目建设，以加强水利基础产业和基础设施。

“七五”水利基本建设的执行情况

“七五”期间，水利事业经历了一个从低潮到逐步兴旺发展的不平凡历程。从二月份开始，我们就逐年进行了“七五”水利基本建设计划执行的总结工作，全面回顾总结了“七五”水利基本建设的成就、经验、教训和存在问题，并提出了进一步深化水利基本建设计划管理改革的设想。

(一)“七五”全国水利基本建设完成情况

“七五”期间，各级政府重视水利，水利部门认真贯彻了治理整顿、深化改革的方针，千方百计多渠道、多层次增加水利投入。5年累计完成基建投资165亿元，是“六五”时期的1.8倍。建成投产大中型项目11个，22项部分建成投产，新增固定资产111亿元。

1. 江河治理　完成了珠江北江大堤、淮北大堤、辽河堤防加固。基本完成了长江荆江大堤、武汉、九江等堤防整修加固，还重点安排了黄河下游治理，鄱阳湖、洞庭湖治理等工程建设。

2. 水库建设　建成了察尔森、碧流河、白盆珠、升钟等8座大型水库、完成了18座重点病险库的除险加固工程。

3. 农业灌排　重点安排了淠史杭、河套灌区、都江堰等三大灌区的部分改造工程。基本完成了黑茨河以及三江平原的七虎林河、浓江鸭绿河、七星河等排涝工程。东雷抽黄一期工程，固海扬水工程全部建成投产。尊村抽黄灌溉、铁山水库灌区、景泰川电灌工程等一批大型灌区发挥了部分效益。

4. 城市工业和生活供水　完成了引黄济青、引碧入连一期工程，引黄济秦应急工程和北京西水东调工程，缓解了青岛、大连、秦皇岛、北京等城市的用水紧张状况。

“七五”期间基本建设投资和其他水利资金配套使用，使中国水利的基础设施得到了巩固和发展。截止到1990年底，全国有效灌溉面积达7.2亿亩，其中“七五”期间净增800万亩，扭转了“六五”和“七五”初期灌溉面积逐年下降的趋势；除涝面积达2.9亿亩，其中“七五”净增830万亩；改良盐碱化面积达0.75亿亩，占盐碱耕地比重的67%，其中“七五”净增700万亩；初步治理水土流失面积达7.95亿亩，占总流失面积的39.6%，其中“七五”治理9870万亩；各类水库总库容达4660亿m^3，其中“七五”增加105亿m^3；堤防总长达225770 km，保护耕地47423万亩，其中“七五”增加堤防4.7万km；解决人畜饮水1.33亿人；0.79亿头畜，均占缺水总数的62%，其中“七五”解决4810万人和3296头畜的饮水问题。小水电装机达1318万kW，其中“七五”增加366万kW。

通过5年的建设，水利基本建设投入产生了巨大的社会效益和经济效益，主要表现继续维持和巩固大江河控制常遇洪水能力(大体相当于10～20年一遇洪水)。重点河段在遭遇特大洪水时，可采取临时紧急措施，保证重点地区的安全，将灾情控制在一定范围内；为保证农业的持续稳定增长创造了一定条件；对北方和沿海城市工业供水起到了重要作用；为城乡生活和工农业生产提供了大量廉价能源；缺水农村、牧区和水质恶劣地区的供水得到一定改善。

(二)部属“七五”水利基本建设计划的执行情况

“七五”期间，国家实际安排水利部直属水利基建投资54亿元，占原计划的74%，比“六五”实际安排的22.7亿增加了138%，具体安排如下：

(1)大江大河大湖治理29亿元左右。①黄河重点进行了河南、山东黄河下游治理，通过大堤加高，河道整治等工程，把原有1983年设防标准提高到防御1995年的设防标准，加快了故县水库工程的建设，目前已完成总工程量的90%，预计到1992年全部竣工，具有防洪、灌溉、发电和供水等综合效益。进行了中游水土保持治沟骨干工程试点建设，治理面积2061 km^2，减少了大量淤积黄河下游的粗颗粒泥沙。同时还改建了三门峡水利枢纽，治理了三门峡库区和小北干流等。②长江，以1980年中下游防洪部署方案为依据，重点进行了荆江大堤加固，下荆江河控，洪湖防洪一期工程，武汉堤防，洞庭湖防洪工程，同马无为大堤加固，鄱阳湖治理等工程建设，经过连续治理，使原有防洪标准有了一定提高。③淮河，加固了淮河中上游干流堤防和进行了沿淮行蓄洪区安全建设，淮干上游河段已达到防御 1954 年型洪水的标准，复建板桥水库，完成了新沂河工程，续建茨淮新河，并完成了主体工程，处理了一批边界矛盾工程。④海河，治理了永定河重点河段及漳卫河，并进行了行蓄洪区安全建设。⑤松辽河，复建了察尔森水库，补助兴建观音阁水库，支持地方整治了辽河干流堤防。⑥太湖，续建了杭嘉湖南排工程，支持地方建设上海防汛墙，无锡犊山口闸等工程。⑦珠江，完成了北江大堤工程，达到百年一遇的防洪标准。进行了磨刀门口门治理，围垦面积 8 万亩。上述防洪工程的建设，取得了巨大的社会效益和经济效益，为社会安定，国民经济的发展提供了保证。

(2)支持地方进行全国 43 座重点病险水库的除险加固工程，“七五”期间共安排补助投资 4.5 亿多元。截至 1990 年底，已有 40 座病险水库动工加固。其中新立城、陆浑、长冈、花溪、高州、官厅、陡河、羊毛湾、参窝、黄材、岗南、许家崖、陡山、石头口门、牟山、王瑶、北庙、宿鸭湖等 18 座水库已完成除险加固工程。预计到 1991 年底将又完成 7 座，其余争取 1993 年前全部除险竣工。

(3)安排农田灌溉及农业开发项目投资 4.5 亿元，重点进行了安徽淠史杭、陈村、内蒙古河套、四川武引、都江堰、海南松涛、陕西东雷抽黄、江西赣抚平原等大型灌区建设。工程全部完成后，将改善和新增有效灌溉面积 2200 多万亩。同时进行了三江平原治理，黄淮海平原骨干河道治理，为这些地区的商品粮基地建设创造了基本条件。另外还支持地方进行了一批重点中小型灌区配套建设。

(4)支持地方进行 25 座重点城市防洪骨干工程的建设，“七五”期间共安排城市防洪投资 1.7 亿元，先后安排了北京、天津、上海、武汉、齐齐哈尔、哈尔滨、沈阳、长春、南京、九江、南昌、安庆、广州、南宁、梧州、济南、芜湖等 17 座城市的防洪工程，目前北京、广州、哈尔滨等一批城市防洪标准已经达到百年一遇以上。此外，盘锦、开封、郑州、淮南、蚌埠、沙市等六市的防洪体系与大江大河干流防洪工程相结合，也达到一定标准。

(5) 积极帮助老、少、山、边、穷地区进行水利基础设施建设。5 年中共安排扶贫资金 7.1 亿元，其中 5 亿元用于补助建成了 109 个农村初级电气化县。另外安排 2.1 亿元投资用于补助新疆黑孜，贵州杨湾桥、红阳、利民等水库，陕甘宁盐环定扬黄、西藏“三三五七”，三峡地区人畜饮水等 28 项水利工程建设。为西藏、新疆、贵州、宁夏、广西、青海、云南、江西、湖南、四川等省区的老、少、山、边、穷地区尽快脱贫致富创造条件。

(6) 安排投资进行水电、供水为主的综合利用工程建设。1990 年落实基建贷款 3000 万元，拨改贷 150 万元，拨款 6700 万元。

(7) 安排前期工作经费 1.7 亿元。编制和修订了七大江河及南水北调东线、中线的规划，进行了三峡、小浪底、万家寨、飞来峡、引黄入津、引黄入淀等重大项目的前期工作，为今后水利建设的发展准备了必要的条件。

(8) 加强了水文、科研、教育等基础设施建设，特别注意改善水利水保、修防、水文、地质勘探、工管站（所、段）等第一线的职工生产和生活条件，共计安排投资 5 亿多元，为稳定水利队伍起到了一定作用。

投资方向调节税出台的准备工作

为了贯彻国家产业政策，控制投资规模，引导投资方向，调整投资结构，加强重点建设，促进国民经济持续、稳定、协调发展，国家决定从 1991 年起征收投资方向调节税。投资方向调节税依据国家产业政策及经济合理规模等国家宏观调控的需要，对国家重点支持和鼓励发展的以及符合经济合理规模要求的产业和产品项目实行零税和低税，对一般产业和产品项目实行中税；对长线产品和国家限制发展以及不符合经济合理规模的产业产品项目实行高税。在中华人民共和国境内进行固定资产投资的单位和个人，都是投资方向调节税的纳税义务人。

投资方向调节税的开征，对水利建设影响较大，稍有疏忽，水利建设的一些项目就有可能成为征税对象，使本来就不足的水利投资更加减少。为此，我们充分利用方向税出台前征求意见的机会，做深入仔细的工作，把水利建设的项目划分、性质、作用向有关部门讲清楚，得到理解，使方向税税目表中有关水利建设的部分几乎全部为零税率。目前，国务院正式公布的固定资产投资方向调节税税目表中把“江河治理（包括防洪工程、拦河闸坝、蓄洪滞洪、水库、堤防、分洪区、河道整治、险库加固和防汛通讯设施），灌排工程（蓄水、引水、提水、输水配水、节水、排水和泄洪工程），农田水利、水土保持、中低产田改造、滩涂开发、开垦荒地”；“……水利技术服务站，水产养殖（占用农田除外），……水利技术推广，气象、水文设施建设、调水、供水工程”；“……大中小水电站工程”全部为零税率。

1990年水利基建计划执行情况

（一）全国水利基本建设完成情况

1990年，全国水利投资48.72亿元，比1989年增加13.17亿元，增长37%。完成土方33625万m^3，完成石方2662万m^3，完成混凝土437万m^3。

从资金来源看，国家投资为27.83亿元，占总计的57%；国内贷款2.05亿元，占4%；利用外资2.21亿元，约占5%；自筹投资13.51亿元，占28%；其他投资3.12亿元，占6%。国家投资比重下降，国内贷款、利用外资、自筹投资和其他投资比重上升。

从流域分布看，长江流域完成投资14.75亿元，占30%；黄河流域完成投资8.86亿元，占18%；海、滦河流域完成投资4.05亿元，占8%；淮河流域完成投资3.92亿元，占8%；辽河流域完成投资3.01亿元，占6%；珠江流域完成投资4.66亿元，占10%；松花江流域完成投资2.25亿元，占5%；其他流域完成投资7.22亿元，占15%。

从用途看，生产性建设完成投资44.33亿元，占总计的91%；非生产性建设完成投资4.39亿元，占9%，其中：住宅建设完成投资1.58亿元，占3%。

从构成看，建筑安装工程完成投资36.47亿元，占总计的75%；设备、工器具购置投资4.15亿元，占8%；其他费用8.10亿元，占17%。

从事业种类看，水库工程完成投资13.52亿元，占总计的28%；灌溉工程完成投资10.59亿元，占22%；防洪工程完成投资10.20亿元，占21%；除涝工程完成投资2.14亿元，占4%；供水工程完成投资3.56亿元，占7%；水电及其他工程完成投资8.71亿元，占18%。

1990年全国水利基本建设新增水库库容29.64亿m^3、有效灌溉面积181.75万亩、发电装机16.43万kW、除涝面积93.31万亩、排灌装机9.95万kW。改善灌溉面积306万亩、改善除涝面积313万亩。此外，提高了部分河道的防洪标准，解决了部分城镇用水困难。

全国水利基本建设新增固定资产33.32亿元，固定资产交付使用率为68%。

全部建成投产的大中型项目两项：内蒙古察尔森水库、黑龙江桃山水库。有16个大中型项目部分投产。

3. 房建面积

全国水利基本建设房屋施工面积155万m^2，竣工面积80万m^2，竣工率为52%。住宅建设施工面积87万m^2，竣工面积45万m^2。

（二）部属水利基本建设投资的完成情况

1990年国家共安排水利部基建总规模165022万元，比1989年增加41%。其中预算内拨款102022万元，拨改贷20800万元，财政专项30500万元，投资方向调节税3900万元，另安排了银行贷款3000万元，自筹指标4800万元。这是近几年来所没有过的大好形势，1990年一年用于水利基建的预算内投资，占整个“七五”计划的30%。

水利部在安排1990年部属水利基建计划时坚决贯彻“控制总量、调整结构、突出重点、提高效益”的方针，根据部直属直供及补助地方项目的实际情况，重点突出，兼顾一般，精打细算，力争节约，注重效益。因此，部属基建投资安排首先确保大江大河治理，全国重点病险库除险加固和发展农业灌排骨干工程的建设投资，同时加强前期工作和水文、通讯、教育、科研等基础设施建设，严禁“楼堂馆所”项目，适当压缩非生产性项目。坚持中央投资办中央的事情，地方的事情由地方办的原则。凡主要为地方服务和对发展地方经济有促进作用的建设项目，都要由地方安排。对老、少、山、边贫困地区给予适当补助扶持。

根据上述基本原则，水利部合理安排并全面完成了年度计划：①大江大河治理及其他防洪工程完成投资7.3亿元，主要进行了黄河下游治理、荆江大堤加固、淮河干流堤防加固、三江平原治理等项工程建设，基本完成了察尔森水库、茨淮新河、漳卫河尾工等项工程，使江河的防洪能力有了进一步提高。②重点病险库除险加固完成投资1.4亿元，除险加固工程27项。其中全国重点病危险库工程21项。到今年年底预计完成重点险库除险18座，预计其余将在1992年底全部完成。③灌溉工程完成投资8500万元，用于四川武引、都江堰、内蒙古河套灌区、陕西东雷抽黄等大型灌区的配套建设，同时集中力量保证了淠史杭、陈村等灌区的配套投资，使这些项目在部里已经销号。④重点城市防洪工程投资5100万元，补助上海、武汉、南京、南昌、九江、芜湖、梧州、南宁、长春、沈阳、哈尔滨等11座城市的防洪工程。⑤行蓄洪区安全建设及防汛通讯完成投资4000万元，进行了长江荆江、洞庭湖、黄河北金堤、海河、永定河、宁晋泊大陆泽、恩县洼、淮河淮干、黄墩湖等行（分）滞洪区的安全建设，补助全国重点险库的通讯建设、防汛应急通讯设施建设。⑥扶贫投资7040万元，安排扶贫项目18项。补助江西军民水库，湖南双泉水库，小排吾水库，广西五里峡水库，四川三峡地区人畜饮水，贵州杨湾桥水库，芝勇水库，利民水库，江阳水库，猛坑水库，云南引荞，蒿枝坝水库，引洱入滨，西藏三三五七等，青海黑石山，新疆黑孜、玉龙喀什河渠首及盐环定杨黄工程建设，为这些老少边穷地区的脱穷致富创造一定的条件。⑦水土保持完成3200万元，其中长江上游地区水土保持安排1500万元，黄河中游水保1500万元，密云上游水保200万元。⑧加强了水文、教育、科研等基础设施建设。水文完成投资2300万元，比1989年增加92%；安排教育投资3200万元，重点确保了华北水院迁校等工程建设。科研完成基建投资2000万元不仅增加了职工住宅、科研用房的投资，还安排了一批科研试验项目的经费。⑨加强前期工作，安排了前期工作经费7500万元，占预算内投资的5%。⑩综合利用水利工程投资8000万元（其中预算内安排5000，建贷3000万元），逐步实行有偿使用，为水利行业的自有循环创造一定的基础，同时开创了水利工程利用贷款，增加投入的新路子。⑪机关及企事业单位小基建投资5200万元，主要用于部机关、物资局、水利电力出版社、中国水利报社、规划院等单位的职工住宅建设和必要的办公设备、车辆购置。⑫水政执法试点补助经费、水资源监测保护、喷灌试验、水利机械施工试验等类项目完成投资1000万元。⑬100个电气化县建设完成1亿元。

黄淮海平原跨省水利骨干工程建设

黄淮海平原跨省水利骨干工程，是利用国家农业开发建设资金实施的解决黄淮海平原农业开发区内省际边界矛盾的工程。黄淮海平原跨省水利骨干工程自1988年开始实施，到1990年已实施3年。主要工程有黑茨河治理工程和黄河滩区水利建设工程。

（一）黑茨河治理工程

黑茨河为跨豫鲁两省的边界河道，河道全长192 km，流域面积3007 km²，流域内总耕地面积308万亩(其中河南180万亩，安徽128万亩)。治理前流域内防洪标准只有5年一遇，排涝能力只有3年一遇的30%～60%。

本工程自1988年底开始治理。治理标准为：防洪20年一遇，排涝3年一遇，干流治理长度为中下游153 km河段。工程总投资为15709万元，由国家补助10455万元，其余由地方负责解决。

1990年由农业开发治理内安排投资3000万元(其中安徽省2700万元，河南省300万元)，地方配套800万元(其中安徽300万元，河南500万元)。到1990年底，黑茨河治理工程已完成了安徽省境内干流河道扩挖，并兴建了相应建筑物，河南省境内已修建了丁村节制闸和桥梁等建筑物工程。两省大部工程已完工，所余部分，将在1992年汛前完成，保证1991年上下游通畅排水。

（二）黄河下游滩区水利建设

黄河下游滩区水利建设是滩区治理的一项重要工程，集中在孟津至河口的4240 km² 滩地面积上，70%的工程建设集中在东坝头至陶城埠之间的宽滩河道上。属豫、鲁两省范围。共涉及40个县、市，现有村庄2117个，人口146万人，耕地328万亩。

黄河下游滩区是黄河下游防洪体系的一部分，汛期起行洪、滞洪作用，滩区经常受淹，洪、涝、旱、碱、沙五害俱全。群众口粮多年不能解决。滩区水利建设主要是兴建一批灵活机动的水利灌排工程，并引洪淤滩，对沙、荒、低洼、盐碱地进行改造。

1988年滩区水利建设开始进行，3年建设规模为：新增灌溉面积56万亩，排除涝水面积16.6万亩，引洪淤滩9万亩。主要工程措施包括：①改造、修复、新建小型引水闸；②修建活动式扬水站；③引水渠等配套完善；④修复、新打机井；⑤修建提排站，简易倒虹吸排除涝水；⑥引洪淤滩，改良土壤；⑦必要的生产道河与掺泅。工程总投资8000万元，中央由农业开发资金中补助4000万元。

1990年共安排滩区水利建设资金2000万元，其中中央农业发展资金1000万元。至1990年底，滩区水利建设完成新增灌溉面积72万亩，新增排水能力88 m³/s，年增产粮食达2000万kg。

（顾茂华）

防　汛

汛　期　洪　水

1990年汛期，大江大河水情比较平稳，除6月上旬珠江流域的西江、7月上旬长江中下游出现超警戒水位的洪水外，其他江河没有发生较大洪水。受局部暴雨影响，部分中小河流发生了较大洪水。现分述如下：

（一）珠江流域及浙闽沿海诸河

珠江干流西江6月上旬出现超警戒水位的洪水，6月3日梧州站洪峰水位17.19 m，超过警戒水位2.19 m，洪峰流量23200 m^3/s。闽江6月中旬出现超警戒水位的洪水，6月14日十里庵站洪峰水位65.12 m，超过警戒水位1.12 m，洪峰流量8800 m^3/s。受登陆台风和热带风暴影响，8月上旬至9月上旬福建、浙江沿海中小江河出现了超警戒水位或保证水位的较大洪水。

6月中旬至9月上旬，第4、第5、第6、第9、第12、第15、第17、第18号等8个台风在浙江、福建、广东省登陆，其中第9、第12、第15号造成的暴雨洪水较大。

7月31日5时30分在广东省海丰县遮浪登陆的第9号台风，使粤东、闽南普降大到暴雨。7月29日至8月3日降雨量一般300至400 mm，较大的有广东省的普宁县白沙溪756 mm，潮阳县红场683 mm，福建的永春县村内535 mm，安溪县466 mm；广东省的韩江、福建省的九龙江、晋江等发生较大洪水，水位超警戒水位0.65至2.59 m。其中晋江泉州大桥站8月1日16时最高水位8.14 m，超过保证水位0.44 m，为1961年以来的最高水位；九龙江西溪中山桥7月31日22时出现最高水位12.59 m，超过保证水位0.59 m。

8月20日11时，第12号台风在福建省福清县高山镇登陆，强度有所减弱，台风中心经安溪县、金门岛回至海上；8月21日晨在惠安县东部再度登陆，经莆田、仙游、同安及厦门后，于8月22日上午9时，移至北纬24.4度，东经118.4度；8月22日中午12时在晋江县第三次登陆。受第12号台风影响，福建全省，浙江省温州、台州以及广东汕头、梅州、潮州等地普降大到暴雨，局部地区降特大暴雨。8月19日至23日，福建省有39个县降雨量超过200 mm，其中诏安县亚湖水库452 mm，安溪县村冈水库472 mm、九仙山541 mm，宁德县虎澄557 mm，金涵水库443 mm；浙江省临海323 mm，乐清385 mm，文成324 mm；广东省汕头市河峰水库518 mm，梅州市潭山458 mm。福建省沿海的岱江、晋江和九龙江的洪峰水位超过保证水位；广东省的梅江，浙江省的飞云江、敖江、瓯江、灵江及温州、台州平原河网区水位超过警戒水位。浙江省飞云江文成县峃口站8月20日18时洪峰水位37.48 m，为1950年有资料以来的最大值，相应流量12000 m^3/s，比调查的1912年洪水最大流量多1100 m^3/s。沿海潮位普遍超过警戒潮位。

8月31日10时30分，第15号台风在浙江椒江市附近登陆，近中心最大风力12级以上，是近34年来最强的一次。浙江、安徽、上海和江苏等省市降暴雨和大暴雨，浙江省部分地区降特大暴雨，位于暴雨中心的天目山马峰庵站两日降雨量达624 mm，其中24 h降雨量572.5 mm，创浙江省历年实测24 h降雨量最高纪录。浙江省的灵江、浦阳江、东苕溪、西苕溪等出现超保证水位的洪水。其中灵江临海站9月1日5时最高水位10.75 m，超过保证水位3.75 m，为1963年以来最大值；浦阳江诸暨站9月1日7时洪峰水位为14.32 m，超过保证水位0.32 m，最大流量1090 m^3/s，为1977年以来的最大洪水。浙赣铁路路基因水浸泡，曾中断运行。

（二）长江流域

长江干流洪水不大，仅在7月上旬，中游监利至鄱阳湖湖口段出现了一次中等洪水，汉口站7月7日洪峰水位26.63 m，超过警戒水位0.33 m，洪峰流量59300 m；监利、螺山、九江、湖口等站超过警戒水位0.58至1.38 m。受局部暴雨影响，湖南洞庭湖水系的沅水、资水，支流嘉陵江、汉江的上游发生较大洪水。

6月6日至8日、11日至16日，湖南省连降两场范围广、强度大的暴雨，其中11日至16日降雨量超过200 mm的范围达3.4万km^2，暴雨中心沅江浦市，最大1 h降雨93 mm，24 h降雨318 mm，3 d降雨439 mm，均超过当地历史最高记录。洞庭湖湘、资、沅、澧等四水，鄱阳湖水系部分河流及清江出现超警戒水位的洪水。资水桃江站6月15日6时洪峰水位42.53 m，洪峰流量9810 m^3/s，为1941年有资料以来的第四位；沅江桃源站6月15日洪峰水位43.28 m，超警戒水位0.78 m，实测最大流量20600 m^3/s，溆浦、沅陵、新化等县城一度进水；湖北清江长阳站6月20日洪峰流量10700 m^3/s，为1950年有资料以来的第六位；江西省信江梅港站6月15日2时洪峰水位26.37 m，超过警戒水位0.67 m。

7月5日至6日陕南川东北的大暴雨降雨量一般为100至200 mm，其中陕西省略阳240 mm。嘉陵江、汉江上游及其支流洪水暴涨，嘉陵江略阳站7月6日16时洪峰流量5700 m^3/s，超保证流量3000 m^3/s，略阳县城中心水深3 m；四川广元新店子站7月6日18时洪峰水位500.81 m，比1981年特大洪水水位498.05 m高2.76m，比调查的1857年洪水位高0.01 m，相应流量2900 m^3/s，为1951年有水文资料以来的第一位。广元市有48个城镇、120多条街道被淹，水深1～2 m；苍溪县老城大部被淹，阆中县城淹了9条街。汉江勉县武侯站7月6日16时洪峰水位560.07 m，超过保证水位1.67 m，相应流量6090 m^3/s，为1935年有实测资料以来的最大值；汉中站7月6日21时洪峰水位508.32 m，超过保证水位1.02 m，相应流量8620 m^3/s，为1971年有实测资料以来的最大值。

8 月下旬末，受第十五号台风影响，长江下游降暴雨到大暴雨，一般降雨量都在 100 mm 以上。上海市超过 50 mm 的有 9 个区，虹口区为 131 mm；江苏苏南沿海、兴化以南地区降雨量超过 100 mm 的有 32 个县，超过 200 mm 有无锡、吴江、海安等县市。水阳江宣城站 9 月 1 日 21 时出现洪峰水位 17.86 m，超过保证水位 0.86 m，最大流量 5020 m^3/s；太湖地区内河水位上涨 0.6 至 0.7 m，超过了警戒水位；太湖平均水位 3.48 m，接近警戒水位。

(三) 淮河流域

淮河干流 7 月中下旬出现一次中小洪水。8 月上中旬沂、沭河水系出现两次较大洪水。

7 月 17 日至 19 日，淮南山区和洪泽湖周围地区降大到暴雨，其中，河南省光山县泼河水库降雨 262 mm，安徽省泗县降雨 334 mm、灵壁 289 mm，江苏省泗洪、泗阳、洪泽三县日雨量超过 200 mm。沂沭河及淮河上游支流出现较大洪水。沂河临沂站 7 月 22 日洪峰水位 61.59 m，流量 950 m^3/s。石梁河水库 7 月 17 日 18 时最大入库流量 1150 m^3/s，7 月 21 日 8 时最高库水位 22.28 m。骆马湖杨河滩 7 月 21 日 8 时最高水位 23.04 m，超汛限 0.54 m。淮河支流潢河潢川站 7 月 20 日 8 时洪峰水位 40.08 m，超过保证水位 1.08 m，相应流量 1650 m^3/s。干流王家坝站 7 月 21 日 23 时洪峰水位 27.49 m，超过警戒水位 0.99 m，相应流量 2360 m^3/s。

8 月 2 日至 6 日，受第九号台风影响，沂沭河水系普降暴雨，上游雨量一般为 120 至 160 mm，下游雨量一般为 200 至 280 mm，暴雨中心在江苏省新沂县阿湖水库，降雨量达 395 mm。沂、沭河洪水猛涨。沂河临沂站 8 月 3 日 21 时洪峰水位 62.96 m，最大流量 3950 m^3/s；堪上站 8 月 4 日 11 时洪峰水位 34.31 m，最大流量 3750 m^3/s。8 月 5 日，沂河、中运河、房亭河进入骆马湖的最大流量达 4700 m^3/s，骆马湖出口嶂山闸最大泄流 3130 m^3/s，8 月 7 日骆马湖出现最高湖水位 23.33 m。8 月 6 日 15 时，新沭河沭阳站最高水位 10.58 m，比保证水位仅低 0.18 m，最大流量 4840 m^3/s，均为 1950 年有资料以来的第二位。

(四) 黄河流域

黄河干流汛期洪水不大，花园口站超过 3000 m^3/s的洪水仅有两次，以 7 月 10 日的 4250 m^3/s 为大。受局部暴雨影响，渭河、大汶河等支流出现了较大洪水。

7 月 5 日至 6 日，渭河流域降大到暴雨，雨量一般为 30 至 60 mm，渭河出现了一次较大洪水。7 月 7 日咸阳站洪峰水位 386.43 m，相应流量 4540 m^3/s。

7 月 25 日 8 时至 14 时，陕西北部吴旗县普降暴雨，雨量一般在 60 mm 左右。暴雨使北洛河上游发生较大洪水，吴旗水文站 7 月 25 日 18 时出现洪峰流量 2330 m^3/s，为该站 1980 年有资料以来的最大洪水。

大汶河流域汛期暴雨频繁，六七两月平均降雨量达 510 mm，比常年偏多七至八成，致使大汶河多次涨水，临汶站 6 至 8 月共出现 5 次较大洪峰，以 7 月 22 日的一次最大，洪峰水位为 89.50 m，实测最大流量 3780 m^3/s，为 1954 年有资料以来的第三位。东平湖老湖 8 月 18 日涨至 43.72 m，为东平湖建库以来最高蓄洪水位。

(五) 海河流域

除徒骇、马颊河洪水较大外，其他水系洪水都不大。

7～8 月，徒骇、马颊河水系降水偏多，降雨量一般为 420～570 mm，位于该水系下游的东营市两月平均降雨达 579 mm。特别是 7 月份降雨次数多，强度大，7 月 6 日至 24 日鲁北东部地区 18 d 累计降雨量达 400～500 mm，惠民地区阳信县 7 月 23 日 7 h30 min 全县平均降雨 198 mm。由于降雨集中，强度大，加上河道淤积，徒骇、马颊河中下游各主要控制站一般都接近或超过原设计排涝水位。徒骇河下游滨县堡集闸 7 月 23 日出现了 1971 年有资料以来的最高洪水位 7.11 m。

(六) 辽河、松花江流域

辽河、松花江干流汛期洪水较小，洪峰水位都未超过警戒水位。嫩江支流、绰尔河、洮儿河，上游的西辽河乌力吉木仁河、西拉木伦河发生了较大洪水。

7 月 5 日至 6 日，嫩江支流洮儿河一带降暴雨，洮儿河上中游索伦至镇西之间平均降雨 70 mm。洮儿河镇西站 7 月 6 日出现洪峰水位 216.28 m，超过警戒水位 0.28 m，洪峰流量 1250 m^3/s，为 1958 年有资料以来的第二位大洪水。洮儿河支流蛟流河上的群昌水库 7 月 4 日 19 时最大入库流量 1895 m^3/s，库水位达 245.54 m，超过汛限水位 4.14 m。

7 月 14 日至 17 日，西辽河上游、嫩江支流洮儿河、绰尔河一带降大到暴雨，局部地区大暴雨。降雨量一般为 40 至 80 mm，局部地区 100 mm 以上。西辽河上游、嫩江支流洮儿河、绰尔河、雅鲁河上游发生了大洪水。西辽河上游乌尔吉木伦河福山地站 7 月 17 日洪峰流量 1230 m^3/s，为 1966 年有资料以来的最大洪水；西拉木伦河台河口站 7 月 18 日 11 时洪峰流量 1080 m^3/s，为 1951 年有资料以来的第二位大洪水。绰尔河两家子站 7 月 18 日 21 时洪峰流量 3190 m^3/s，为 1949 年有实测资料以来的最大值；洮儿河务本站 7 月 15 日 10 时洪峰流量 964 m^3/s，为该站 1959 年有实测资料以来的最大值。由于洮儿河支流蛟流河洪水在吉林省洮南市境内漫堤，使创业水库(中型)最高水位超过校核水位 0.68 m，经全力抢救，未失事。绰尔河、洮儿河两支流洪峰抵达嫩江干流时，7 月 27 日 8 时嫩江干流大安县大来站出现洪峰流量 4050 m^3/s，为中等偏大洪水。

（黄朝忠）

洪 涝 灾 情

1990 年全国（缺台湾省）洪涝受灾面积 17706 万亩，成灾面积 8407 万亩，死亡 3535 人，倒塌房屋 134 万间，冲坏堤防 1 万多处、长 14000 多 km，损坏渡槽、闸坝、涵站、小水电站等设施 1 万多座，有 26 座小型水库垮坝，直接经济损失 239 亿元。与 1989 年相比，受灾面积增加 4%，成灾面积减少 5%；倒塌房屋和死亡人数，分别增加 15%和 9%。福建、湖南、浙江、四川等省灾情较重。

台风登陆频繁，危害严重，是 1990 年洪涝灾害的显著特点。全年在我国登陆的台风共 9 个，是近 10 多年来最多的年份之一。9 次台风袭击，使我国东南沿海 8 省、市受灾严重。据统计，受灾面积 5162 万亩，倒塌房屋 35.73 万间，死亡 784 人，直接经济损失 102 亿元，分别占全国总数的 29%、27%、22%和 42%。特别是 7 月末至 9 月上旬，在不到 40 d 的时间里就有 9、12、15、17、18 号台风连续登陆，其中 12 号台风在福建 3 次登陆，迂回时间长达 48 h。危害较大的是 9、15 号台风。9 号台风使福建、广东两省水利工程破坏严重，冲坏堤防 5344 处、长 448 km，损坏渡槽 42 座、闸坝 23261 座、小水电站 129 座，通讯线路倒杆 1241 根，长 272 km。特别是山区用于农田灌溉引水的水陂，被毁坏 70%。15 号台风由于风力强，范围大(影响半径 300 km)，降雨强度大（最大的一 d 降雨量 624 mm)，使浙江、江苏两省人民生命财产遭受较大损失，受灾面积达 2665 万亩，倒塌房屋 11 万间，分别占全年 9 次登陆台风总损失的 52%、31%。

降雨较集中，局部地区重复受灾，是 1990 年洪涝灾害的又一特点。6 月上中旬，湖南中北部连续降了两场暴雨，使全省 82 个县市，6 个国营农场近 2000 万亩农田受灾，倒塌房屋 7.8 万间，死亡 297 人，7 座小型水库垮坝，直接经济损失 23 亿元。溆浦、沅陵、新化等县城进水。6～7 月份，东北嫩江支流洮儿河流域先后出现 5 次降雨过程，致使部分河段堤防决口，群昌、创业、明星等中型水库出现险情，吉林、内蒙古两省区 800 多万亩农田受灾，倒塌房屋 6 万多间，死亡 100 人，冲毁小型水库 3 座，直接经济损失 10 亿多元。8 月上中旬，鲁南、苏北连降两场暴雨，局部地区降雨频率达 20 年一遇，沂、沭河连续发生两次洪水，尽管由于洪水预报准确、调度合理及水库拦洪削峰，没有造成河道堤防失事成灾，但由于河道水位高，两岸农田积水难以排除，内涝较为严重，两省受灾面积均在 2000 万亩以上。8 月中旬至 9 月上旬，四川省成都一带连续遭受 4 次暴雨洪水的袭击，灾情严重。

此外，暴雨引起山溪小河山洪、泥石流爆发，也使人员伤亡惨重。如四川省益门煤矿，“5·31”泥石流灾害一次就死亡 33 人。四川、云南两省死亡的 707 人中，大都是因暴雨诱发的山地灾害造成的。

（黄 静）

防 汛 工 作

1990 年防汛工作坚持以防为主，常备不懈，立足于来大水，抗大洪，在进一步健全完善防汛工作责任制、加强工程和非工程措施建设、组织防汛抢险队伍并不断提高其战斗力、坚持深入开展河道清障等方面做了大量工作，取得了一定成效。发生洪涝灾害的地区，减轻了损失；没有出现洪水的地区，为今后抗御洪水打下了基础。主要做法是：

(1) 加强领导。李鹏总理、田纪云副总理、陈俊生国务委员汛期分别视察了黄河下游、淮河的防汛工作。国务院领导同志和国务院有关部门的负责同志就地研究解决了视察中发现的主要问题。国家防汛总指挥部分别在田纪云副总理和陈俊生国务委员主持下，召开了两次会议，就防汛工作存在的问题进行了研究，并对进一步落实防汛办事机构编制、增加防汛车辆和物资、加强蓄滞洪区安全建设等提出了解决办法。各省、自治区、直辖市的防汛指挥部成员都进行了充实调整。大部分地区的行政首长防汛负责制都得到认真贯彻落实。如安徽省省领导实行了防汛分工负责制，由傅锡寿省长、汪涉云副省长全面负责，其他几位副省长分别对长江、淮河的重要堤防负责，汛前和汛中，分管领导多次到现场了解情况，解决问题。傅锡寿省长了解到地、市、县防汛办事机构仍处于“汛前凑班子，汛后散摊子”的状态时，立即找来省编委负责同志，解决防汛办事机构的编制问题。福建省福州、龙岩等地、市的专员、市长与县长签定了防洪责任状，把防汛工作纳入地方政府年终政绩考核内容。发生洪水的地方，各级领导都亲临第一线组织指挥抗洪抢险和救灾。如在抗御台风灾害中，福建省陈光毅书记，王兆国省长等多次顶风冒雨到受灾最重的地区察看灾情，慰问群众和解放军，组织抗灾。陈光毅书记曾因淋雨、泡水和劳累过度生病被强制送进医院治疗，但第二天又带病离开医院继续指挥抗灾工作。闽侯县委书记、县长张学梅在抗御18号台风中，带病组织群众安全转移，清除路障，安置灾民，连续战斗三昼夜。福鼎县白露树村支部书记一家有三人被山体滑坡掩埋，他顾不上挖掘亲人的遗体，坚持带领全村人抗灾。陕西省略阳县七月初因嘉陵江上游发生超保证流量的特大洪水，由于县委、县政府汛前立足于来大水做了充分准备，接到预报后及时组织人员安全撤离，虽然县城水深3～6 m，却无一人伤亡。

(2) 增加投入。为了补助大江大河的应急渡汛工程，财政部汛前预拨特大防汛经费5000多万元，比往年增加2000多万元。湖南、江苏、湖北、安徽等省增加了防汛经费。其中湖南增加了1000万元，江苏增加了900万元，湖北增加了790万元，安徽增加了745万元。江西省1975年以来，省、地（市）、县共同投资，并发动群众投劳，加固病险水库，到1990年底，全省共投资2.26亿元，先后加固处理了大中型病险水库145座，占病险水库总数的91%，只有13座尚待继续安排。湖南省桃源县1984年以来采取做粘土墙，翻修涵管、劈裂灌浆、塑膜防渗、开挖溢洪道、护坡固脚等多种工程措施，处理加固了217座病险水库，39 km防洪大堤和170 km险渠。河南省1988年至1990年安排小(一)型水库除险加固工程116座，完成投资1246万元，其中国家只补助517万元。浙江省临海市人民政府专门制订了海塘加固工程三年实施计划和沿海海塘、江堤建设自筹资金的有关政策，发动工商企事业单位和群众集资加固海塘。

(3) 深入进行汛前检查。5月，国家防汛总指挥部成员分三组，分别由田纪云副总理、陈俊生国务委员、杨振怀部长带队，先后检查了黄河、淮河、长江的防汛工作，就地解决了一些存在的问题。组织进行这样规模的防汛检查，是建国以来的第一次。河南省各级防汛指挥部对堤防工程进行徒步拉网式检查，共查出各种隐患上千处。珠江水利委员会主任周甘霖受国家防总委托，率领检查组到广西壮族自治区检查城市及大型水库的防洪渡汛工作，发现一些部门和单位麻痹侥幸思想严重，全区有半数以上县的防汛机构名不符实，部分水库以管理人员责任制代替行政首长负责制，部分河道旧障未除，新障又增等问题，引起了自治区党委的重视，并得到逐步解决。

(4) 各部门大力支持。国家计委、物资部、商业部、全国控办和中国石化总公司大力支持国家防汛办公室落实防汛抢险物资，安排了6万t汽（柴）油、1万m^3木材、7千t钢材、372辆吉普车的供应指标。商业部负责储备了抢险草袋250万条、铅丝8170 t。在有关部门支持下，国家防汛办公室沿大江大河储备了救生橡皮船2550只，救生衣7066件，救生圈5870个，编织袋100万条。邮电部、商业部、能源部、交通部、公安部、国家气象局、国家民航局就做好今年的防汛工作，先后发了通知，要求本部门、本系统在传递防汛信息、储备管理防汛物资、加强汛期天气预报、保证防汛抢险人员和物资的优先运送等方面，提供优质服务。北京市长途电信管理局及所属各基层单位的领导，主动到国家防汛办公室，帮助解决防汛通信中存在的困难。中国人民解放军对参加各地的防汛抗洪抢险工作，做了周密的部署。济南军区、天津市警备区、浙江省预备役司令部等和地方共同进行了防汛抗洪抢险救灾演习。汛期全军共出动9万余人、车辆4千余台次、飞机386架次、船只280余艘投入抗洪抢险，抢救群众7万余人，抢运物资9840余t，抢运土石方235万m^3，加固堤坝17万多m，堵决口7次，为保卫国家财产和人民生命安全做出了重大贡献。

(5) 加强蓄滞洪区的安全设施和防汛通讯设施建设。自1989年以来，水利部每年安排2000多万元，用于荆江分洪区、洞庭湖、蒙洼、北金堤、永定河泛区、恩县洼、宁晋泊大陆泽等蓄滞洪区安全建设。在荆江分洪区离堤5 km外的锅底地已建安全楼78栋，安全层5万m^2；在永定河泛区已建安全台8万m^2，安全楼5400 m^2。湖北省对荆江分洪区的安全建设很重视，每年从财政拿出300万元用于安全建设。到1990年底，在长江、黄河、淮河、海河流域的重点蓄滞洪区内实施的安全台、围村堰、安全楼、撤退路、桥等安全建设，已解决了260万人的安全；尚未解决的，已部署了安全撤退方案。湖南省政府组织5700多人到蓄滞洪区逐户落实救生措施并挂牌登记；安徽省城西湖蓄洪区制作卡片逐户登记落实救生措施；洞庭湖、荆江分洪区、东平湖、北金堤、城西湖、寿县、宁晋泊大陆泽等制定了防洪安全须知，印发区内群众。湖北、河南、河北等省还制定了蓄滞洪区管理办法，加强管理。为了进一步搞好蓄滞洪区安全建设，有关省、流域机构已经编制了蓄滞洪区安全建设规划。国家防汛总指挥部办公室和有关省、市今年在荆江、洪湖、杜家台、蒙洼、永定河泛区、洞庭湖民垸等蓄滞洪区建设了警报系统；对54座大型和重点病险库建设防汛报汛通讯设施进行了重点补助，有34座已经完成，这些水库上游都建立了测汛报汛通讯系统。

(6) 继续开展河道清障。海河流域山西省大同市五套班子领导一齐上，层层动员、全社会动员，在很短的时间内清除了口泉河、十里河的各种障碍。珠江流域广西壮族自治区南宁、梧州市，长江流域江西省南昌市、水阳江水阳镇河段，黄河流域乌兰木伦河段，松辽流域齐齐哈尔市等地的河道清障也有了进展。南宁市糖纸厂向邕江排煤灰的问题已基本解决，沿江堆积的废弃粗石渣已基本上清除。梧州市烤胶厂附近西江上的河障已清除三分之二。南昌电厂已建两个排灰场，解决向赣江排灰问题。华能精煤公司已清除了1989年下半年以来弃置在乌兰木伦河段的28万m^3废弃物。齐齐哈尔市横跨嫩江的滨州铁路避溢桥、齐富公路通过嫩江滩地的滩桥等已在兴建，1991年竣工后即可解决铁路和公路的阻水问题。江苏、安徽交界的水阳江水阳镇河段的清障取得了突破性进展，主要障碍之一和拆除难度最大的供销社大楼已于12月25日拆除。

(7) 建立防汛抢险机动队伍，进行防汛演习和技术培训。长江水利委员会成立了由各部门负责人和主要技术骨干组成的技术抢险队，共32人。黄河水利委员会在黄河下游建立4支机动抢险队，每队40人左右，配备各种车辆30辆、推土机4台、挖掘机2台，已经历1988年和1990年防汛抢险的考验，发挥了生力军和突击队的作用。海河水利委员会的快速抢险队去年7月在漳河陈村段，成功地应用土工织物抢险，得到各级领导和当地群众的好评。部分省（市、区）在建立以民兵为骨干的群众防汛抢险队伍，组织防汛演习和防汛抢险技术培训上做了大量工作。去年，陕西省渭南地区举办了有主管防汛工作的专员、县长、各级防汛办主任以及黄河、渭河修防段长等70多名领导干部参加的防汛知识培训班。浙江省预备役司令部组织预备役师工兵营应急分队进行了橡皮舟水上编队、抢救被洪水围困的群众、水下爆破分洪等项目的演习。广州市组织3000人在北江大堤进行防汛抢险演习，检验各种方案实施的可靠程度。河南省抓了机动抢险队的技术培训，培训骨干600余人。天津市警备区与天津市防汛指挥部在永定河分洪区联合组织了由驻津部队、预备役部队，地方各有关部门近千人参加的军民协同，转移群众，分洪抢险的综合演习。海河水利委员会和河北省水利厅在固安县永定河上进行了土工织物防汛抢险演习。国家防汛总指挥部办公室6月底在副总指挥杨振怀部长主持下进行了防汛模拟演习。

(8) 广大干部、群众和人民解放军指战员同洪涝灾害进行了顽强的斗争。福建、浙江省军民分别连续抗击了6次和5次台风（或热带风暴）的袭击。在全国各地都有为防汛抗洪无私奉献的好干部、好群众。在抗洪抢险中英勇献身的湖北省宜昌县物价局副局长、共产党员文伏一，在河道清障中牺牲的山东省无棣县基干民兵王云龄就是其中的杰出代表。水利部门的广大职工汛期坚守岗位，尽职尽责，运用各种防洪工程和非工程措施，有效地抵御了洪涝灾害。在8月上旬沂沭河连续发生的两次较大洪水中，淮河水利委员会沂沭泗管理局与江苏、山东两省密切配合，及时认真分析雨情水情，精心调度，做到了预报准确迅速，调度合理，减少了洪灾损失。浙江省水利职工充分发挥水库的拦洪削峰作用，东部的22座大中型水库在第12、15、17和18号等四次台风暴雨中，拦蓄洪水14亿m^3，占坝址以上洪水总量的52%，削减洪峰流量三分之二以上，使水库下游的800万亩农作物、人民群众和企事业单位受灾程度大大减轻，使苍南、奉化、新昌等县城及一大批乡镇企业、学校免受损失。四川、陕西两省水文总站职工，去年7月在迎战嘉陵江、汉江上游的洪水中，在极其艰苦的条件下，克服困难，精心作业，及时准确地作出水文预报，为省地县各级防汛指挥部决策提供了重要依据，得到当地防汛部门和领导的好评。国家防汛总指挥部对在1990年防汛抗洪中成绩突出的60个先进单位、29位先进个人进行了表彰。

(9) 认真总结经验。2月17日至19日，国家防汛总指挥部办公室在哈尔滨召开全国25个城市防洪经验交流会，总结交流了一些城市加强防洪建设的经验，对城市防洪提出了切实执行好防汛责任制；抓紧做好防洪规划；广开渠道，多方集资，加快防洪建设的具体要求。10月至11月，国家防汛总指挥部办公室分别对今年发生洪水的沂河、沭河、大汶河，以及多次遭受台风袭击的福建、浙江等省进行了汛后检查，总结防汛抗洪的经验教训，并对水毁防洪工程的修复做了安排。11月25日至28日又在浙江省临海市召开全国防御台风工作会议，总结交流防御台风的经验，研究提出防御台风的措施与具体责任要求：加强领导，进一步完善指挥系统，建立健全规章制度；制订防台风抗灾预案；加强防潮防洪工程建设和管理；加强防汛防台风通讯设施的建设和管理；开展科学研究，采用先进技术，增强防台风减灾能力；发扬自力更生精神，提高抗灾自救能力。12月11日至15日在郑州召开全国防汛系统计算机运用工作交流会，交流总结在防汛工作中推广运用计算机，提高工作效率和防洪效益的经验，对二三年内，省级以上防汛指挥部办公室和流域机构防汛办公室的计算机应用工作提出了如下要求：建立气象卫星云图接收处理系统；采取联机的方式从水文部门获取有关防汛的信息；建立大江大河、大中型水库的工情数据库；已经有一定基础的单位可以建立微机网络和屏幕显示系统，并着手建立防汛辅助决策系统。

（黄朝忠）

抗旱、农田水利建设、水土保持

继续贯彻国务院《决定》精神 大力开展农田水利基本建设

——水利部召开全国农田水利基本建设会议

1990年，是国务院做出《关于大力开展农田水利基本建设的决定》的第二年。为了进一步贯彻《决定》精神，经国务院批准的全国农田水利基本建设会议于1990年8月在北京召开。会议号召继续发扬艰苦奋斗、自力更生精神，扎扎实实富有成效地把农田水利基本建设坚持下去。

这次会议请来了各省、自治区、直辖市和计划单列市政府分管水利的领导同志，国务院有关部委的负责同志，各省、自治区、直辖市的水利厅（局）长和流域机构的负责同志。这次会议是水利部近12年来第一次召开这样规模的重要会议。

会议开始，田纪云副总理做了重要讲话。水利部侯捷副部长做了《深入贯彻国务院〈决定〉精神，继续大力开展农田水利基本建设》的报告。水利部杨振怀部长为大会做了总结。

1989年，国务院做出了《决定》，特别是党的十三届五中全会把农业提到了一个关系到政治、经济、社会稳定、国家安危以及调整经济结构的关键地位，号召全党全国动员起来，集中力量办好农业，水利的"命脉"作用和农田水利基本建设得到了进一步重视和加强，做为一项长期任务纳入了各地农村中心工作。广大干部、群众艰苦奋斗，在全国范围内开展了规模较大的农田水利基本建设。由于各级领导重视，各部门的有力支持，主攻方向比较明确，投入有明显增加，工作扎实，注重实效。可以说是近10年来规模最大、效益最显著的一年。1989年，全国共投入水利劳动积累工42亿个，完成土石方48亿m^3，分别较前三年平均数增加40%和26%。可恢复、改善、新增灌溉面积7100万亩，改善、新增除涝面积1400万亩，改造盐碱渍害低产田1000万亩，治理水土流失面积15000km^2。此外，还解决了710万人、440万头牲畜的饮水困难。这都为夺取1990年的农业丰收提供了重要的物质条件。

1990年的水利发展势头是好的，但面临的形势仍是严峻的。就以农田水利方面来说，现有水利工程设施老化，大批机井、泵站设备超龄服役，灌溉面积衰减，到现在还没有恢复到1980年的水平，巩固水利取得的成果已是燃眉之急；水土保持边治理边破坏，水土流失的状况在继续恶化；管理工作长期以来一直是水利工作的一个薄弱环节等等，这些都需要尽快解决。

1990年6月，江泽民总书记在14省农村工作座谈会上曾提出："我国11亿人口8亿多在农村。农村稳定了，农民安居乐业了，也就从根本上保证了我们国家和社会全局的稳定。农业是国民经济的基础。90年代，我们要实现国民生产总值再翻一番的第二步战略目标，必须继续搞好农村的改革，继续加强农业这个基础"。农田水利基本建设正是加强农业这个基础的一项基础事业。从当前情况来看，水利做为基础产业还很脆弱。全国主要江河洪水威胁仍是我国的心腹之患，有些江河防御洪水能力下降，北方地区和部分沿海城市缺水严重，巩固和发展的任务都是十分艰巨的。因此，今后水利建设任务总的要求是大江大河治理与农田水利基本建设两手抓。

要进一步贯彻落实国务院的《决定》，必须按照"巩固改造，适当发展，加强管理，注重效益"这一农田水利基本建设总方针，因地制宜定出今后五至十年的水利规划和分年实施计划。把工作重点放在现有工程的巩固、配套、更新、改造上，提高工程效益和农田抗灾能力，改造中低产田，适当发展搞些新的工程。水土保持要坚持以防为主、保护治理两手抓，小流域治理要把防护性治理与开发性治理结合起来，加快脱贫致富的步伐。

1990年9月1日，李鹏、宋平、田纪云、陈俊生等中央领导同志接见了会议代表，并进行了座谈。水利部杨振怀部长汇报了会议情况以后，李鹏总理说：建国以来，水利建设成绩很大。40年来，我国农业所以发展很快，水利起了很大作用。要让农业再上一个台阶，必须抓好水利建设。中华民族的发展历史，从某种意义上讲，也是同水旱灾害作斗争的历史。我们要发扬中华民族艰苦奋斗的优良传统，把农民组织起来，扎扎实实地开展农田水利基本建设，努力建设旱涝保收高产稳产农田。要从战略高度认识水利的地位和作用，要把水利做为国民经济的基础设施和基础产业，并在"八五"计划安排中加以体现。宋平同志在讲话中说：各级领导要把水利建设放在重要地位，要把水利做为基础产业来抓。进行农田水利基本建设要靠自身的力量，靠劳动积累，靠各行各业的大力支援。只要各级领导重视，组织群众，把农田水利作为一件大事来抓，农业的发展就大有希望。

（董其林）

农田水利基本建设规模和效果好于往年

全国农田水利基本建设会议以后，各地认真贯彻落实会议精神，在全国范围内掀起了兴修农田水利热潮。工作上有突破，有特色，有发展，农田水利基本建设形势很好。特别是在江泽民总书记、李鹏总理等党和国家领导人亲自参加北京市农田水利工地劳动后，进一步推动了农田水利基本建设的蓬勃发展。在党中央、国务院的号召下，中央58个部委办局2000多名干部（其中副部级以上干部84人）参加了冬修水利劳动；各省、自治区、直辖市的党政军领导也都纷纷参加了水利劳动。进一步激起了全国各地兴修水利的积极性，掀起了冬修水利热潮。截止1990年12月底的统计：全国日最高上工劳力已达9200多万人，累计投入水利劳动积累工38亿工日，累计完成土石方50亿m^3，分别比去年同期增加33%、16.6%、21%，预计可新增、恢复、改善灌溉面积4800万亩，新增除涝面积900万亩，改造盐碱、渍害低产田1100万亩，治理水土流失面积13000 km^2，同时解决500万人、290万头牲畜的饮水困难。

从冬修农田水利、水土保持等各项指标完成情况看，无论建设规模和实际效果，都呈现出比往年更好的势头。其特点可概括以下几点：

1. 领导重视，部署早，行动快　全国农田水利基本建设会议一结束，各地即开会进行动员部署。不少省在召开动员会之前，认真地进行各项准备，狠抓了农田水利基本建设的组织、计划、资金、劳力和物料的落实工作，因之，各地都较往年提前了半个月开始行动。

2. 健全指挥机构，开展多种形式的劳动竞赛　全国已有28个省、自治区、直辖市成立了由政府负责同志挂帅、有关部门参加的农田水利基本建设指挥机构；有24个省、自治区、直辖市分别开展了夺杯竞赛活动；有的省还进一步开展了达标晋级和初级水利化县试点，有力地促进了农田水利基本建设的开展。

3. 搞好规划，明确主攻方向　1991年是实施"八五"计划的第一年，各地都很重视制订农田水利基本建设"八五"规划和冬春实施计划，结合本地情况确定主攻方向。辽宁省在前几届"大禹杯"竞赛的基础上，提出以配套为中心、建管结合的农田水利基本建设计划；北京市根据水资源紧缺的特点，明确提出冬修水利重点是大力开发高标准节水型工程；河南省政府正式颁了《规划纲要》，要求各级领导一年接一年，一届接一届地干下去；上海市制定出以调整水系为基础，以改造中低产田为重点的治理规划；浙江省为使规划更具有权威性和连续性，规定未经县人大通过或县政府批准的县水利规划，上级不予批准。

4. 增加投入　全国除投入水利劳动积累工数量比上一年度同期有较大幅度增加外，各省、地、县、乡和群众自筹资金也有明显增加，比上一年度同期增加22.4%。

5. 认真落实和完善有关政策　各地在进一步贯彻近几年来形成的一套较符合实际的政策的基础上，又不断进行了深化和完善。北京、河南等十几个省、自治区、直辖市进一步完善多层次、多渠道集资政策，积极建立农村水利建设发展基金。全国大多数省、自治区、直辖市政府制订了农村水利劳动积累工使用办法或规定。江西、上海、福建、安徽、湖北、广东、山西等省市重新颁发了按成本计收水费的规定和办法，北京、江西、浙江等一些地区对占用水工程的补偿、水工程折旧等分别作出了规定。在加强基层水利队伍建设和科技推广体系方面，许多地方也有新的进展。

总之，今年的农田水利基本建设与往年比，不仅投入人力、资金、物力增多，机械化程度有所提高，而且组织得好，质量有所提高，形势喜人。这一工作存在的主要问题：一是各级财政较紧，对计划配套的建筑物落实仍有一定困难。二是物资供应，特别是施工用油紧张。三是部分地区发展不平衡，有的地方行动缓慢。

为了发展已经形成的大好形势，抓住时机，巩固和扩大战果，进一步搞好1991年的春修水利工作，水利部发出了《关于进一步搞好农田水利基本建设的通知》，要求各地采取切实有效的措施，认真抓好工程安全、质量和效益，并抓好新建工程的管理工作；各地要立足春旱冬抗，早部署，早准备，结合兴修水利，开源节流，统筹安排，为1991年夏粮丰收创造条件。

（董其林）

1990年抗旱工作

1990年上半年我国大部地区降水比较丰沛、适时，干旱范围小、程度轻，为夏粮和早稻高产丰收创造了有利条件。南方伏旱发生早、范围较广，部分地区伏秋连旱，旱情严重，对农业生产和人民生活影响较大。北方少数省份有伏旱，但危害范围不大。秋播季节局部地区旱情较重，给适时秋播增加了困难。全国受旱面积 27262 万亩，成灾 11708 万亩，比上年 44037 万亩和 22893 万亩减少 16755 万亩和 11185 万亩。

春季，十年九春旱的北方地区风调雨顺，但东北三省、山东、华北北部和新疆等地，由于上年干旱重，地面蓄水少，土壤底墒不足，前春干旱明显，水田春插缺水和旱地春播缺墒面积达 1.3 亿亩。由于各地对上年干旱给农业生产带来影响的严重性认识充分、抗旱工作动手早、组织得力，抗旱效果显著。加上旱区大部春雨偏多，大秋作物播种和生产形势普遍良好，为秋粮丰收奠定良好基础。

5～6 月份中国西部大部地区降雨偏少，陕、甘、宁、青发生干旱。宁夏回族自治区南部山区小麦因旱造成减产；陕西省受旱时间长、旱情重，受旱面积 1416 万亩，榆林地区有 350 万亩洋芋、糜子、谷子、荞麦等中晚秋作物不能适时播种，已种的有 21.9 万亩干枯死苗，7～8 月上半月该省旱情持续，因旱成灾 574 万亩，秋粮少收 3.5 亿 kg；河南省伏旱面积也达 1407 万亩，成灾 595 万亩。

南方地区 1990 年梅雨期结束早，雨量偏少，7 月初出梅后至 7 月 30 日江淮、江南大部、华南东部降雨量一般不足 15 mm，且出现大范围的持续高温天气，日最高气温大于或等于 35℃持续 20 来天，蒸发量大，田间耗水多，近一个月又没有登陆台风带来的降雨，旱情迅速发展。至 7 月底全国伏旱面积达 11743 万亩，其中南方苏、浙、皖、闽、赣、鄂、湘、川、贵 9 省(自治区)9256 万亩，占全国受旱面积 79%，受 9 号登陆台风减弱成低气压的影响，8 月初南方部分受旱省有不同程度降雨，旱情稍有缓和。之后，南方地区大部继续受西太平洋副热带高压和青藏高原大陆高压控制，登陆的 12 号、15 号台风和 17 号热带风暴只影响东部沿海省份，未向内地深入，因而没有带来大范围降雨，8 月份江南西部、西南地区东部、华南中部和西部降雨偏少 6～9 成，又出现日最高气温大于 35℃的持续高温天气，旱情日趋严重，9 月初南方皖、赣、鄂、湘、粤、桂、川、贵、云等省区受旱面积还有 14824 万亩。以湘、鄂、桂和川东地区伏旱连旱，旱情严重。减产三成以上的成灾面积都超过 1000 万亩。四省区因旱减少粮食产量 60 亿 kg。川东地区受旱面积 3976 万亩，成灾 1920 万亩，绝收 477 万亩，损失粮食产量 17.5 亿 kg，经济损失约 10 亿元。长期干旱，水源紧缺，川东、南 9 地市发生饮水困难的就有 1295.4 万人，1301 万头牲畜。有些地方人畜被迫饮用污水，造成疾病流行，甚至死亡。这不仅影响了当年生产和人民生活，还使水利工程少蓄 10 亿 m^3 水，冬水田也蓄不上水，给第二年稻田春插用水造成困难。湖南省 7 月 1 日至 9 月 20 日全省平均降雨 183.6 mm，比历年同期平均偏少 41.7%，以湘南、湘中的零陵、邵阳、衡阳、娄底等地市为重，受旱面积 3000 万亩、成灾 1840 万亩、绝收 380 万亩，减收粮食 28.8 亿 kg。湖北省伏秋旱 60 余天，大部地区降雨量比常年同期少 50%～70%。全省有小（一）型水库 145 处，小（二）型水库 1182 处干涸或半干涸，48.6 万口塘坝见底，重旱 2500 万亩，成灾 1135 万亩，绝收 147 万亩。损失粮食产量 12 亿 kg。广西继 1988、1989 年连续发生干旱后 1990 年 8 月初至 10 月上旬又遇伏秋连旱，江河流量大减，西江、红水河、柳江、郁江等主要江河 9 月份出现低于或接近有记录以来同期最低水位，给抗旱灌溉用水增加困难，全区近 40%的粮食作物因旱减产，因旱共减收粮食 7 亿 kg，占秋粮总产的 12%。

10 月份秋播期间冬麦生产区鲁西、南，豫北、东，冀南、苏北、皖北月雨量不足 10 mm，影响冬小麦适时播种，河南省播种时缺墒面积达 5490 万亩，有 2800 万亩造墒播种，种下的有 1500 万亩缺苗断垄。山东省造墒播种的近 3000 万亩。河北省有 1700 万亩农田播种困难。安徽省有 795 万亩农田播种困难，526 万亩出苗不好。

年初各地积极贯彻国务院《关于大力开展农田水利基本建设的决定》精神，普遍开展了以抗旱为中心的冬春农田水利建设，春旱冬抗，取得很大成绩。从中央到地方各级领导对抗旱工作抓得很紧，2 月中旬全国政协钱正英副主席到受旱的广西视察旱情和水利工作。2 月至 3 月水利部侯捷副部长率工作组先后到上年遭受严重干旱的山东、辽宁、内蒙古等省区调查了解旱情和抗旱春耕情况。还邀请了黑龙江、吉林、辽宁三省水利部门负责同志在沈阳市座谈抗旱问题研究抗旱措施，对五省区的抗旱工作起了一定的促进作用。据统计受旱省区以省政府名义召开的全省性的抗旱会或抗旱电话会议就有 27 个，组织抗旱工作组 114 个分别到基层调查旱情和协助地方解决抗旱中存在的问题。受旱省、地、县、乡各级干部采取层层包干的形式落实责任制，积极发动和组织群众投入抗旱。伏秋抗旱期间受旱省区投入抗旱劳力就达 6683 万人。

为了有力地组织抗旱，各地充分利用各种水利设施采取蓄、引、提、调等措施，扩大抗旱水源。同时坚持计划用水、节约用水、科学管水、团结抗旱等原则，尽力减少旱灾带来的损失和提高抗旱效益。仅苏、浙、皖、赣、豫、鄂、湘、新 8 省区用于抗旱的引提水量就达 1263 亿 m^3，投入抗旱的机电设备柴油机 81 万台、791 万马力，电动机 63 万台、685 万 kW。湖北省利用水库、塘坝放水，沿江涵闸引水，水泵、水车提

1990 年农田受旱和成灾面积 单位：万亩

地区	受旱面积	成灾	其中：绝收
全国总计	27262	11708	2255
北京	120	63	5
河北	335	80	7
山西	800	268	43
内蒙古	550	142	12
辽宁	650	261	51
吉林	79	55	6
黑龙江	1307	100	—
江苏	676	190	25
浙江	891	281	40
安徽	1540	554	115
福建	256	31	—
江西	1172	410	74
山东	504	330	40
河南	1407	595	50
湖北	2500	1135	147
湖南	3000	1840	380
广东	1138	471	71
海南	73	18	2
广西	1800	1144	316
四川	3976	1920	477
贵州	1414	682	198
云南	374	43	13
西藏	6	2	—
陕西	1416	574	80
甘肃	720	308	52
青海	116	35	7
宁夏	242	96	20
新疆	200	80	24

水，共解决抗旱水量112亿 m^3，抗旱面积1792万亩。湖南省协调矛盾，合理调度，解决跨地市的大中型水库灌区的灌溉与发电之间，灌区上下游用水问题，减轻了旱灾损失，并积极修建大量抗旱工程和充分发挥现有水利工程效益，挽救受旱粮田面积 1497 万亩，减少粮食损失达 19.6 亿 kg。抗旱期间浙江省为了解决上海市居民饮水的水质问题和缓和用水供需矛盾，克服困难，开太浦闸放水支援上海抗旱。各受旱省区在组织抗旱灌溉的同时，认真抓好节水灌溉措施和服务体系的建设。新疆加强渠道防渗，努力提高灌区渠系水的利用系数，积极改进灌水技术，较大规模地推广膜上灌水技术，使全区“膜上灌”面积达到了 50 万亩，取得明显的节水效果。陕西省加强了管水服务体系，许多村有水利组长和管水员，一些村组还组织了浇地专业队，各地并开展了水费廉政建设工作，制止了乱加价乱收费现象，调动了群众浇地和节约用水的积极性。

为支持各地的抗旱，1990 年中央财政共给 21 个省区解决特大抗旱经费 10120 万元，农机、石化、商业、物资、电力等部门，还安排了抗旱用油、用电和物资。空军司令部和民航总局为 8 个受旱省区安排飞机进行人工催化降雨作业 131 架次，起了不同的增雨效果。

（赵宝玉）

全国八片水土保持重点治理工作取得显著成效

全国八片水土保持重点治理区从 1983 年开始重点治理以来，取得了引人注目的成绩。7 年多共完成综合治理面积 18800 多 km^2，占八片水土流失面积的 31%，占第一期项目区治理任务的 64%，平均年治理进度为 4.4%；兴修梯田、坝地、小片水地等基本农田 242 万亩，营造水土保持林 1855 万亩，种草 514 万亩，还修建了一大批蓄水保土工程。这 7 年，新增治理面积为 1982 年前 30 多年总治理面积的 130%，年治理进度为 1982 年前平均年进度的 6 倍多。

7 年多来，重点治理区发生了重大的变化，一大批已验收和接近验收的小流域，由于形成了水土保持综合体系，明显地发挥多功能效应，蓄水保土、防风固沙、缓洪防冲、保护农田村镇、土地利用结构和作物结构趋于合理、荒沟变良田，增加了可利用的国土面积。这些效应具体表现在：一是水土流失恶化的状况得到基本控制，生态环境由恶性循环逐步向良性循环转化。八片重点治理区的植被率由 1982 年前的 10.8%提高到现在的 26.8%。黄河流域的无定河、皇甫川、三川河和定西县四大片，经过连续的综合治理，平均每年减沙率达 50%以上。内蒙古列为国家重点治理区的六旗（县）植被率由 1982 年的 21.5%提高到现在的 41.6%；生态环境的改善，为飞禽走兽提供了栖

息场所，恢复了生态平衡。二是农、林、牧、副、渔业生产得到了较大发展，土地生产力和劳动生产率都提高了一大步。现在八片重点治理区内，每人平均有基本农田 1.1 亩、水土保持林 4.34 亩、人均新增经济果木 0.24 亩。内蒙古自治区已验收的 21 条小流域重点治理区中，人均有 2 亩基本农田，每人平均生产粮食由治理前的 260 kg 提高到 570 kg；定西县 7 年新修基本农田 28.75 万亩，粮食年产量稳定在 1 亿 kg 以上。三是环境容量增强了，人民生活水平有较大提高。八片重点治理区，人均纯收入由治理前 1982 年的 142 元增加到 1989 年的 313 元，贫困户和贫困人口分别由 69.22 万户、397 万人减少到 41.78 万户、189.1 万人，脱贫率分别为 39.6%和 52.4%。地处黄土高原的内蒙古准格尔旗德胜西乡，1989 年人均收入仅 170 多元，人均产粮 100 kg，农民只好外迁求生，1988 年还迁出 99 人。而属于该乡的黑毛兔沟重点小流域，经过几年的重点治理，人均达到基本农田 1.6 亩，水保林 29.4 亩，经济林 0.6 亩，人均产粮达 674 kg，人均收入达 713 元，流域内人口不仅没有外迁的，还迁入 12 人。现在全流域 36 户中，70%的农户有风力发电机和电视机，与未治理的地区农户相比截然不同。此外，重点治理区内由于植被的恢复和农作物产量的提高，“三料”困扰局面已得到基本解决。还修了不少作业道路，特别是沟壑多的地区，筑坝为路，坝路合一，解决了群众行路难的问题，群众十分满意。

为了检查和总结交流重点治理工作情况和经验，并研究进一步加速八片重点治理的对策和措施，于 1990 年 9 月 5 日至 9 日在内蒙古哲里木盟召开了重点治理区第七次会议，水利部侯捷副部长参加了会议并做了总结讲话，内蒙古自治区人民政府阿拉坦敖其尔副主席参加了会议并讲了话，参加会议的还有各有关省水利（水保）厅负责人，有关地、盟水利水保局局长及各重点县（旗）人民政府主管县（旗）长。与会代表参观了奈曼、库伦两旗的重点治理，听取了有关地、县负责同志的典型发言，并进行了认真的讨论，通过总结交流，大家一致认为：1990 年的重点治理工作，各地紧紧围绕第一期重点治理项目十年基本完成的宏伟目标，做了大量的卓有成效的工作。原来搞得好的县，更上一层楼，搞得较差的县，也迎头赶了上来，可以说重点治理出现了你追我赶，争创优质工程，争交优秀答卷的新局面。通过这一年的治理，各地又积累了不少新经验，这对加速治理步伐，巩固提高治理成果，促进重点治理在开拓中不断前进是十分宝贵的。具体表现在：

(1) 领导重视。一年来，各级领导真抓实干，措施具体得力，而不是停留在一般号召上，针对存在的问题采取过硬的措施，收到了良好的效果。山西省三川河流域已形成全党全民抓重点治理的局面，吕梁地委、行署要求各县、乡一把手要亲自抓，层层鉴定目标责任状。县、乡主要领导包重点、包工程，确定“书记山、县长沟”，地区财政在十分紧张的情况下，仍拿出 10 万元用于奖励先进。水土保持任务重的江西省兴国县委、县政府提出了“不抓水土保持工作的干部就是失职”，把治理水土流失作为考核干部政绩的重要内容。河北省尚义县从县委书记到村支书，从县长到村委主任，从主管局长到包工程的技术员，层层实行行政管理承包责任制，把治理面积、措施、标准、质量、完工时间等全部列入承包范围，然后按阶段进行检查评比，年底排出名次，奖惩兑现。

(2) 集中连片。治理规模，治理水平有很大提高，已进入了小集中大连片的阶段，不少小流域已形成层层设防、全方位治理的水土保持综合体系。特别是一批将进入验收的小流域，由于综合治理，群体防护，整体效益显著。不仅促进治理区农、林、牧、副、渔业生产的发展，而且下游平原群众的生产生活因上游的水土流失得到初步治理也得到了很大改善。

(3) 重点流域重点治理。各地都集中人力、物力、财力，全力以赴主攻第一期达标的重点小流域，取得了较好的效果。

(4) 健全体系。基层水土保持服务体系日趋健全和完善，在重点治理中发挥了很好的作用。

(5) 以点带面。重点治理起了示范作用，带动了面上治理的开展。八片治理区的重点小流域已成为当地改善生态环境、改变生产条件、脱贫致富的样板。

（项五章）

长江上游水土保持重点防治工作走上科学化轨道

1990 年长江上游水土保持重点防治区工作，在 1989 年扎实起步的基础上，又迈进一大步。根据长江上游水土保持委员会的要求 经国务院批准，国家计委、国家农业综合开发领导小组积极支持，1990 年又增加了长江上游水土保持重点治理经费，据此调整了重点治理开展面和计划任务。有关 6 省（自治区）开展重点治理县由 61 个扩大到 78 个，重点小流域由 169 条扩大到 795 条。

10 月 25 日至 27 日在北京召开了长江上游水土保持委员会第三次会议。主任委员、四川省张皓若省长和副主任委员、水利部钮茂生副部长主持了会议，各位委员和部分国务院有关部、委负责同志、长江上游6省水利（水电）厅长和水保局（办）负责同志参加了会议。会议总结交流了一年来组织开展水土保持工作的经验，研究了今后进一步推动重点防治工作的措施，审议了《长江上游水土保持重点防治区总体规划报告》、《长江上游重点防治区水土保持工作检查评比和奖励办法》，讨论了《建立长江上游重点防治区泥石流、滑坡预警系统的报告》。

4月12至16日长江上游水土保持委员会办公室在甘肃武都召开了长江上游水土保持重点防治区第二次工作会议，参加会议的有云南、贵州、四川、湖北、甘肃、陕西6省水利(水电)厅和重点防治区的地、州、市水利、水保部门的负责同志，61个重点县的主管县长，以及国家有关部委的同志。水利部副部长侯捷、甘肃省副省长路明也参加了会议。会议主要是总结一年来的工作，落实1990年防治任务。要求进一步加强管理，完善规章制度，开展科学化防治。

重点治理区全面完成了各项防治任务。到1990年底，全年完成治理面积6000 km^2，其中坡改梯68万亩，营造水土保林318万亩（包括经济林果81万亩)，种草40万亩，封禁治理230万亩，保土耕作250万亩，还修建山塘3400口、水池46000个，共投工日1.44亿个，完成土石方量1亿 m^3，超额完成了年度计划治理任务。

在综合治理中以坡改梯为重点兴修基本农田，改善农业生产条件,解决人多地少地区的粮食紧缺问题。各项治理措施质量按高标准严格要求，四川省要求有石料的地方都要修石坎梯田，缺乏硬石的地方才修土坎梯田。屏山县完成的坡改梯7800亩中就有石坎梯田4140亩，其中2880亩是高标准的条石梯田。平昌、武胜、丰都、广安、西充等县也修了较多的条石梯田。各地在种植水土保持林草中注意提高林草整地质量，使成活率和保存率都有了提高。云南楚雄州采取陡坡挖大坑、缓坡开壕沟，施足底肥，营养钵育苗等方法营造水保林，做到造一片、活一片、成林一片。

重点治理在一些地方已经开始显示效益。1990年四川三峡库区气候干旱，但由于大面积坡改梯，梯田发挥了增产效果，总产量反而增加，获得了较好的收成。四川省开县长沙镇回龙村列入重点治理区后，干部群众干劲倍增，全村的坡耕地都改造成梯田梯地，还修建果树梯田250亩，种植用材林400多亩，灌木林100亩，种草250亩，并完善了水利水保蓄排工程，现在这个村粮食年产达70多万kg，平均亩产400 kg，柑桔年产50万kg，农业总产值135万元，人平均收入670元，开始走上富裕之路。

各级水土保持部门热情为群众治理服务，开展技术指导和技术服务，努力推广先进技术，使防治工作制度化、规范化、科学化。两年来先后编制了重点防治区总体规划、各省重点治理区规划、各重点县规划、795条小流域实施规划等4级规划；制定了《长江上游水土保持重点防治区工作暂行规定》、《长江上游重点防治区计划统计表》、《长江上游水土保持工作检查评比和奖励办法》，编写出建立泥石流滑坡预警系统的初步方案，以及发布了一系列地方法规、技术规定和乡规民约，这些规章制度加强了科学化管理，成为各级开展防治工作的重要依据，保证了重点防治区工作的顺利发展。

（徐传早）

全国盐碱渍害低产田改造取得显著成绩

中国疆域辽阔，地形复杂，季风气候显著，江河湖泊众多，历史上洪涝、盐碱、渍害等自然灾害严重影响着农业生产和国民经济的发展。建国以来，党和政府领导人民群众大力开展水利建设，对这些自然灾害展开顽强的斗争，从江河防洪到治理内涝，发展到现在以农田排水措施为主，结合农业措施进行盐碱、渍害低产田改造，取得了巨大成就，特别是近几年来，盐碱、渍害低产田改造工作更有很大进展。全国各地结合农田水利基本建设，坚持把农田水利工作做到土壤中去的方向，紧紧围绕粮食增产，依靠政策，依靠科技，依靠投入，组织多学科联合攻关，综合治理，取得显著效果。据统计，全国盐碱低产田11308万亩，初步治理7325万亩，占65%。

东北松辽平原，盐碱低产田1834万亩，初步治理925万亩。如吉林省西部是松辽平原中发展农业生产潜力最大的地区，有盐碱低产田358万亩，亩产很低，当地干部群众多年来总结出“盐随水来，盐随水走”的规律，在兴修骨干排水工程的前提下，利用地表、地下水采取高渠灌水、深沟排水，泡田洗碱，反复冲淡等措施种稻洗碱发展水田，使土壤不断脱盐，水稻亩产由250 kg提高到350 kg以上。

黄、淮、海平原，黄河中游、沿海滨海及西北内陆地区有盐碱低产田9474万亩，初步治理6400万亩。如天津市由于绝大部分为冲积平原和滨海平原，地势低洼，排水不畅，地下水位高，地下水矿化度大，春季少雨，蒸发强烈，全市有盐碱低产田352万亩，当地干部群众，从60年代开始，以静海县为代表创造了“深渠河网”治理盐碱洼地的工程措施，在盐碱地改良技术方面迈进了一步，随后又进一步采取增设竖井，使深沟与浅井结合调控地下水位，初步治理302万亩，粮食亩产增加 100 kg 左右。江苏省有盐碱低产田 1098 万亩。当地干部群众在开发水源，建设健全灌排系统的基础上，坚持工程标准，水旱分开布局，采用冲洗、蓄淡、种稻、加强灌排管理以及结合农、林、化等措施，长期进行综合治理，初步改良 935 万亩，粮食亩产增加 100～200 kg。青海省地处西北腹地，自然地理条件复杂，干旱、盐碱是威胁农业生产的自然灾害，建国以来，随着灌溉事业发展，农业生产条件得到不断改善，但由于灌溉不合理，管理不善，降水少，蒸发强烈等主客观原因，次生盐碱问题日趋严重，全省现有盐碱低产田 28 万亩，部分地区已开始采取竖井排灌、明沟暗管排水，压洗盐、渠系防渗结合农林等措施进行改良，初步治理 14 万亩，尽管起步较晚，但已初见成效，亩产增加 100 kg 左右。

我国南方地区有渍害低产田 11537 万亩，初步治理 3558 万亩，占 31%。其中，长江中下游沿江滨湖平原、钱塘江沿岸平原、南部沿江平原、四川盆地及沿江地区，包括，上海、江苏、浙江、福建、安徽、江西、湖北、湖南、广西、广东、四川的平原、滨海一带，这些地区，河网纵横、湖泊多，在沿江滨湖及低洼区，外河水位与圩（垸）内田面相差不多，甚至高于田面，排水不畅，加之土质粘重，降雨较多，形成长期地下水位高，土壤渍害影响农业生产，现有渍害低产田 6183 万亩。多年来，通过在修建骨干排水工程设施的基础上，兴修大量田间明沟、暗管、鼠道等排水工程，形成地下排渍系统进行渍害田改造。现已初步治理 2534 万亩，效果明显。如湖北省沿江平原有渍害低产田 1060 万亩，许多地方，已形成沼泽型和潜育型水稻土，只能种一季水稻，亩产 300 kg 左右，通过上述措施治理了 467 万亩，单季稻亩产 400 kg，比治理前亩产增加 100 多 kg，而且开始改稻麦两茬。上海市滨海渍害田 395 万亩，通过上述措施初步治理了 363 万亩，亩产增加 100 kg 以上。

山丘冲垄田及其他地区，包括江苏、浙江、福建、安徽、江西、湖北、湖南、广西、广东、云南、贵州、四川等山丘区的冲垄谷地或山间中小盆地内，三面临岗或四周环山，雨季易涝，雨后地下水位长期较高形成渍害，现有渍害低产田 5354 万亩。当地干部群众采用一垄三沟等措施进行治理，有的还在田间增设暗管排水提高降渍标准，改善土壤理化条件，提高农业产量，现已治理 1024 万亩，效果很好。如广东省山丘冲垄田 476 万亩，已初步治理 133 万亩；湖南省山丘冲垄田 955 万亩，已初步治理 70 万亩；湖北省山丘冲垄田 536 万亩，已初步治理 152 万亩；四川省山丘冲垄田 1744 万亩，已初步治理 206 万亩；江西省山丘冲垄田 596 万亩，已初步治理 79 万亩。这些地区，治理前后，亩产增加 150 kg 以上。

上述以农田排水技术为主的盐碱、渍害低产田改造，每亩投资一般在 100～200 元，是一项潜力大，效益好的农业增产措施。

（陈学仁）

开展大型灌区工程老化、损坏调查的情况

为了进一步贯彻国务院《关于大力开展农田水利基本建设的决定》，落实全国农田水利基本建设会议精神，1990 年 4 月份，水利部农村水利水土保持司委托武汉水利电力学院，湖北省、湖南省水利（水电）厅共同调查研究，提出“灌区工程老化、损坏分级和调查评价方法”。承担这一任务的课题组，在时间紧，任务重的情况下，进行了卓有成效的工作，利用半年的时间，先后对湖北省的漳河水库、徐家河水库、黑花区水库灌区，湖南省的黄村、黄石水库灌区，陕西省的泾惠渠、洛惠渠灌区进行了实地调查，在此基础上制订了“全国大型灌区工程及渠道老化、损坏状况调查表册”。结合当前中国灌区工程的现状，在广泛搜集研究国内外有关资料的基础上，采用了系统工程的分析方法，对大量的调查资料采用“倒序研究法”，并用层次分析法建立了单个工程和整个灌区工程综合评价、排序的分析模型。研究确定了评价方法中的各项技术指标，建立了评价指标体系，编制了电子计算机程序。

1990 年 10 月 29 日至 11 月 2 日，农水司在湖北省孝感市召开了《灌区工程老化、损坏分级和调查评价方法》（以下简称《方法》）评审会。会议邀请了有关科研单位、大专院校、流域机构和有关省厅（局）、大型灌区的教授、专家共 43 人。与会代表本着认真负责和科学民主的精神，对《方法》进行了热烈的讨论和评审。一致认为，该《方法》的研究紧密结合灌区的实际情况，采取科研、教学、生产管理单位相结合的形式，在典型调查的基础上，利用系统工程中的层次分析法对工程老化进行评价、分级，其理论严谨，功能较全，方法简便，计算手段先进，具有较高的应用价值。评委认为，这是一项开拓性的工作，在国内尚属首次探索，也是一项紧迫的任务，应抓紧组织实施，尽快拿出成果，为中央和地方各级领导部门决策提供可靠的依据。

1990 年 12 月 5 日，水利部侯捷副部长，徐乾清副总工程师及计划司、农水司、水管司、建设司、科教司、水科院、水电规划总院、水电情报所等单位的

领导、专家听取了课题组的汇报。与会同志对《方法》进行了讨论和评审，认为该《方法》考虑了我国灌区工程因设计、施工、管理、人为破坏及自然老化损坏状况，采取分级评价的方法是可行的，这对摸清当前灌区工程现状，研究解决的对策很有现实意义。

徐乾清副总工指出，即将开展的灌区工程老化、损坏调查是一项重要的基础工作，一定要以实事求是的科学态度，查清灌区工程现状和存在的问题，算清效益帐，让领导和群众都知道，从而增强全民和各级领导部门对工程老化失修、效益衰减的危机感和紧迫感。

侯捷副部长指出，从全国来看，工程老化失修，效益衰减的趋势仍未得到根本的扭转，危机依然存在。这次调查要组织好各个部门，分工负责，密切配合，采取得力措施，保质保量地完成调查任务。要像搞人口普查那样，摸清底子；像体检那样，诊断清问题。在此基础上，按照巩固、改造、续建、配套和加强管理，注重效益的原则做出规划。列入各级水利计划。由中央、地方、群众共同集资，分级与分批地进行灌区配套和更新改造。

（农水司灌溉处）

人畜饮水和乡镇供水工作

我国农村人畜饮水困难问题，是关系到当地人民切身利益，关系到农业发展、脱贫致富、提高人口素质、促进“四化”建设的大问题。加速解决人畜饮水困难问题，对加强农业基础、促进农村经济发展，实现亿万农民安居乐业，稳定农村、稳定社会有着重要意义。党中央、国务院领导非常关注。1990年是我国执行国民经济第七个五年计划最后一年，各级水利部门积极响应党的十三届六中全会要求，做到全心全意为人民服务、密切联系群众，深入基层，扎扎实实地为群众办好事、办实事号召，进一步贯彻1984年国务院批转原水利电力部“关于加速解决农村人畜饮水问题的报告”，以及1985年在郑州召开的第二次全国农村人畜饮水工作会议精神，把农村人畜饮水、乡镇供水工作做为农村水利工作的一项重要任务，深入缺水地区、氟病区与当地广大干部、群众一起查水源、修工程、培训人员，完成了1990年任务。据统计，1990年全国共解决了901万人、648.5万头牲畜饮水困难，其中使120万人吃上了符合国家饮用标准的低氟水，取得明显经济效益和社会效益。

（1）经济效益显著。缺水地区人们为了生存，每天要花费大量的壮劳力到几公里甚至十几公里或垂直距离100 m以上的水源地翻山越岭挑水、背水，劳动强度很大，严重影响着群众对生产的投劳，致使当地长期处于生产落后、生活贫困的局面。修建了人畜饮水工程，吃水困难问题解决了，不仅使农民从繁重的挑水劳动中解放出来，而且有力地促进了农村经济的发展，农民收入增加，经济效益显著。

（2）减少疾病，增强人民体质。缺水地区特别是氟病区过去群众长期饮用脏水、污染水、高氟水，肠道传染病、肝病、氟骨病等发病率很高，给人民精神和身体上造成极大痛苦，有的农村青年由于身体素质差而不能参军。饮水问题解决了，当地干部、群众减少了疾病，身体素质也提高了，人们的精神面貌也发生了显著变化。河南省巩县东西村供水工程建成后，据卫生防疫部门统计，人们吃上了安全卫生水后，群众肠道发病率下降了87%，蛔虫病减少82.6%，群众赞扬说：“昔日病魔缠身，人人愁眉苦脸，今日送走瘟神，个个笑逐颜开”。

（3）解放生产力，推动脱贫致富。随着吃水问题的解决，许多地区利用多余水源发展庭院经济和发展农田灌溉，农业、副业得到发展，加快了脱贫致富。河北省井陉县吴家窑乡白土坡村有100户人家，402口人，耕地503亩，过去要往返3 km挑水，是个有名的贫困村，1988年人均收入仅200元，1989年在国家帮助下，打成一眼深井，引水入村，结束了“吃水贵如油”的历史，同时利用井水发展农田灌溉面积250亩，1990年粮食获得大丰收，人均收入翻了一番。

（4）依靠科学技术，取得可喜成果。一年来各级水利部门在不断总结经验基础上，依靠科学技术，因地制宜地推广应用一批新技术、新材料，推动了人畜饮水、防氟改水工作开展。如浙江、四川、吉林、广西等省、区推广了屋顶接水工程，并通过试验在过滤、排污、沉淀、消毒、储存等技术设施方面进一步得到完善，保证了水质的安全卫生。黑龙江省采用地下无取暖井房供水，既节约能源又降低了供水成本。河北省采用石灰、贝壳、粘土降氟，甘肃省红土窖蓄水降氟以及陕西省推广“以塑代钢”白色聚氯乙烯管等方面都取得可喜成果。

（5）加强了团结，促进了社会稳定。过去缺水，村之间、村民之间、甚至兄弟之间经常发生争水纠纷，严重影响生产和社会安定。吃水问题解决后，人们摆脱了缺水的困扰，杜绝了争水纠纷，广大群众衷心感谢党和政府，为他们解决了祖祖辈辈盼望解决的一件大事，从而密切了党群、干群关系，加强了团结，保证了社会稳定。

随着我国农村经济的发展，生产、生活水平的不断提高，对供水的要求也大大增加，供水不足阻碍着当地经济发展、人民生活、社会、生态环境的改善。根据国务院批准的水利部“三定”方案，明确各级水行政主管部门“归口管理乡镇供水”职责，各级水利部门利用40年来已建的大批蓄、引、提水利工程为可靠水流和自上而下比较健全的组织机构和有一支技术强、经验丰富的专业队伍，并根据各地经济条件，因地制宜地开展了乡镇供水工程建设。据不完全统计，截止1990年底，由水利部门建设管理的乡镇供水工程共解决了3000多万人的乡镇人口生活用水和一批乡镇企业生产用水，对改善人民生活、改善农村生态环境、繁荣乡镇经济、进而带动整个农村经济发展起了不可替代的作用，同时也增强了基层水利服务系统自身经济活力、效益十分显著。

（陈凤淑）

水 力 发 电

水利系统水电建设概况

一、水利系统管理的发电装机容量已达1630万kW

1990年是“七五”期间水利部门水电发展最快的一年，据统计由水利系统管理建设的大、中、小水电及配套的火电站已达60084处，发电总装机容量为1630.69万kW。其中：大型水电站两处装机容量为115万kW（丹江口90万kW、三门峡25万kW）；中型水电站17处，装机容量为79.78万kW；小型水电站58096处，装机容量为1318.03万kW；小水电网内配套的火电站1969处，装机容量为117.88万kW。水利系统管理的水电装机容量已占全国水电装机容量的41.96%，比1989年的41.06%略有增加。

1990年水利系统管理的水（火）电装机年发电量已达510.26亿kW·h。其中：大型水电站58.36亿kW·h（丹江口48.22亿kW·h、三门峡10.14亿kW·h）；中型水电站25.28亿kW·h（其中发电量最多的是湖南双牌水电站为5.2338亿kW·h）；小型水电站为392.83亿kW·h；配套小火电为33.79亿kW·h。水利系统管理的水电年发电量占全国水电年发电量的37.69%。

现将1990年全国水电和水利系统管理的电力装机容量及年发电量列表如下。

序号	项目	指标
一、	全国水电总装机容量(万kW)	3605
1.	全国大中型水电站装机容量(万kW)	2287
2.	全国小型水电站的装机容量(万kW)	1318
3.	当年新增水电装机容量(万kW)	90.0
4.	水利系统管理的水电装机容量(万kW)	1512.81
5.	水利系统管理的水电装机容量占全国水电总容量(%)	41.96
6.	水利系统当年新增水电装机容量(万kW)	79.10
二、	全国水电年发电量(亿kW·h)	1264
1.	全国大中型水电站的年发电量(亿kW·h)	871.17
2.	全国小型水电站的年发电量(亿kW·h)	392.83
3.	当年新增水电年发电量(亿kW·h)	80.0
4.	水利系统管理的水电年发电量(亿kW·h)	476.45
5.	水利系统管理的水电年发电量占全国水电年发电量(%)	37.69
6.	水利系统当年新增年发电量(亿kW·h)	39.02

“七五”期末小水电装机容量达到1318.03万kW，比“六五”期末的952.1万kW，增加365.93万kW，增长38.4%；发电量达到392.83万kW·h，比“六五”期末增加151.49万kW·h，增长62.8%，可见，管理工作的加强，发电量的增长速度加快。

二、水利部门供电区内的供电能力在改善中提高

截至1990年底全国水利系统中小水电装机中已有1184.49万kW并入县地以上电网及联入省以上电网，约占全国中、小水电的84.7%，其余为乡、镇独立小电网自发、自供。由中小水电供电的县已有1593个县（市），其中主要由小水电供的县达759个县（市），约占全国县数的31.4%；主要靠小水电供电的乡

（镇）约占全国乡（镇）的46%。

随着中小水电的发展，小水电供电区的配套输变电设施不断调整和扩建，已拥有高压线8.07万km、10 kV以下配电线路199.9万km、110 kV变电容量457万kVA、35 kV变电容量1118万kVA、10 kV配电变压器3039.35万kVA。上述设施使大多县、地已基本形成具有一定供电能力的网架结构。

三、小水电供电区内已有109个县实现农村水电初级电气化

1985年以来全国建设以小水电供电为主的100个农村水电初级电气化试点县，经过五年来有关部门的共同努力下，到1990年底已有109个县达到水利电力部规定的验收标准，从而圆满完成了国务院交给的100个农村电气化试点任务。对此，李鹏总理亲笔提词："一百个农村电气化试点县圆满成功，可歌可庆。发扬自力更生、艰苦奋斗精神，为实现全国农村电气化而奋斗"。

四、中型水电站建设有了新的起步

近年来，随着山区经济和农村水电的发展以及办电能力的加强，各地建设中型水电站的积极性很高，发展很快，出现了"以小水电为基础，中型水电为骨干，区域联网"的可喜局面。当前，由于农村水电电源结构的最大缺点是径流电站比重大，丰水期电力有余，枯水期电力不足，为此，在建设中型水电时要优先建设具有综合利用能力、调节性能强的骨干电站，以调整电源结构。

自1989年5月水利部在北京召开第一次全国农村水电工作会议提出"搞好流域开发，积极发展中型水电"的任务以来，逐步搜集和汇总整理了水利系统建设管理的中型水电站的"八五"计划和十年规划，并着手加紧中型水电站的前期工作，以加速新建工程的立项与兴建，在建工程的施工管理工作取得了一定成果，为水利部门进一步有计划有步骤地开发利用中型水电站创造有利条件。

1990年水利系统建设管理的续建中型水电站工程项目共27处86台装机容量为104.11万kW，大多是1987年、1988年兴建的工程，截至1990年投产17处51台装机容量79.78万kW（其中1990年投产5处9台装机容量8.48万kW）。这些续建工程分布在黑龙江、浙江、福建、湖北、湖南、广东、广西、四川、贵州、云南、青海、新疆等省（自治区），其中以四川、湖南、湖北省续建项目较多。在续建的中型水电项目中，大多有水库调节，库容最大的是克孜尔（3.0亿m^3）、三江口（2.21亿m^3）、西沟（1.74亿m^3）；设计水头100 m以上的水电站占总项目的三分之一，其中：水头最高的是广西的天湖电站，设计水头1074 m，是中国目前正在施工的水头最高的水电站。设计水头20 m以下的低水头电站占总数的近一半，正在施工的南津渡、马回、渭沱等三个电站的水轮发电机组是引进奥地利贯流式灯泡机组；装机容量较大的电站有：昭平（6.3万kW）、三江口（6.25万kW）、南津渡（6.0万kW）、腊庄（6.0万kW）。

到1990年底水利系统建设管理的已建成投产运行的中型水电站装机容量79.78万kW，年发电量35.2634亿kW·h，平均年设备利用小时3167 h，利用小时最高的是草坡电站（7494 h）、欧阳海电站（5465 h）、遥田电站（5357 h）。

五、科学技术在发展中提高

中小水电建设的发展，促进了科学技术水平的提高，在1989年提出的科技成就内容的基础上，补充以下新的项目：

（1）广西壮族自治区全州县天湖水电站，是中国目前正在施工的水头最高的一座水电站，电站设计水头1074 m，设计总装机规模为6万kW（4×1.5万kW），多年平均发电量为1.85亿kW·h，分二期开发建设，第一期工程装机3万kW（2×1.5万kW），1989年动工以来，进展较快，可望1992年投产发电。该工程有以下显著特点：一是由于水头高、落差大，水力资源能得到充分利用，每立方水发电2.37 kW·h。通过此电站的建设，可总结探索建设高水头电站的经验；二是无淹没搬迁，占用耕地极少；三是调节性能好，枯水期（当年11月到次年3月）发电量占全年发电量的76%以上，它是桂林地区电网的骨干电站，电站建成后将对缓解桂林地区枯水期电力紧缺的状况，促进十年规划的实现，振兴经济，搞好扶贫，将起重大的作用。关键设备是高水头水轮发电机组和压力钢管，为选择制造厂家，几乎考察了全国各地有名的相关工厂，最后选定重庆水轮机厂制造并安装水轮发电机组；由江西省九江船用机械厂和海军4806厂生产压力钢管（16锰溶钢板，材质超设计要求），并选定了中国有色工业总公司第十一建设承建公司压力钢管安装工程。

（2）吉林省安图县三〇一水电站拦河坝工程，为聚乙烯塑料薄膜心墙防渗堆石坝。该工程采用聚乙烯塑料薄膜心墙防渗材料，是属于水工防渗新技术的应用，具有利于施工、加快工程进度、节省投资等优点。按目前收集到的国内外资料，三〇一水电站大坝采用聚乙烯薄膜用于堆石坝心墙防渗，尚属首次。该电站为综合式开发，设计水头27 m，装机9000 kW（3×

3000 kW)，设计年发电量 3535 万 kW.h，年设备利用小时为 3928 h。电站枢纽由拦河坝、泄洪洞、溢洪道、引水系统、发电厂房、升压站及开关站组成。拦河坝总长 651.27 m、顶宽 8 m，最大坝高 31.3 m，迎水坡 1∶1.5，背水坡 1∶1.47。两岸副坝均为聚乙烯薄膜心墙防渗，右岸副坝为砂壳坝，左岸副坝为堆石坝。该工程始建于 1985 年 5 月，1989 年 7 月第一台机组发电，1989 年 11 月三台机组按原计划提前半年并网全运行，1990 年 3 月通过吉林省水利厅组织的竣工验收，并被评为优质工程，验收当年即达到设计能力。三〇一水电站下闸蓄水运行以来，经受过校核洪水位(630.7 m)的考验，大坝运行正常，坝后基本无渗漏现象，符合设计要求。

六、运行管理工作的成就

近年来，中小水电的运行管理工作有所加强，特别在 1989 年全国农村水电工作会议上着重强调“加强管理，提高效益”以后，除大力发展装机、完善电网外，还进一步加强了对已建电站及电网的管理工作，特别在电源上加强水源配套，增强调蓄能力；在电网上完善网架结构，扩大联网；在用电上重视调整负荷结构，提高管理水平。在各级水利部门的努力下，取得了一定的成绩。

（朱永兴）

农村水电电网的建设与管理

一、发展概况

1990 年，农村水电电网又有较大发展。全国农村水电供电区投产 10 kV 及以上高压输配电线路 28313.2 km。其中，110 kV 线路 1411.7 km，35 kV 线路 3383.7 km，10 kV 线路 23517.8 km；投产 110 kV 变电站 20 处，54.44 万 kVA；投产 35 kV 变电站 180 处，90.13 万 kVA。该年度全国用于农村水电电网建设的投资 7.53 亿元。截止 1990 年底，全国农村水电电网拥有 10 kV 及以上高压线路 69.81 万 km，拥有 35 kV 及以上变电站 3159 处、1574.38 万 kVA。1990 年，农村水电供电区用电量 450.81 亿 kW·h，比 1989 年增长 6.5%。全国及各地区农村水电电网输变电设施拥有量如下表。

农村水电电网输变电设施拥有量(1990 年)

地区	高压线路 合计 (km)	高压线路 110 kV及以上 (km)	高压线路 35 kV (km)	高压线路 6 kV～10 kV (km)	低压线路 (km)	变电站(万 kVA) 合计 处	台	容量
	1	2	3	4	5	6	7	8
全国总计	**698093.22**	**9812.73**	**70927.97**	**617352.52**	**1382237.96**	**3159**	**4824**	**1574.38**
华北地区	**6802.83**	**8.20**	**817.19**	**5977.44**	**5036.73**	**17**	**27**	**5.13**
北京市	87.94	0.00	17.13	70.81	37.13	0	0	0.00
天津市	0.00	0.00	0.00	0.00	0.00	0	0	0.00
河北省	1047.57	8.20	132.79	906.58	1328.20	0	0	0.00
山西省	2513.02	0.00	248.17	2264.85	1597.09	7	11	2.01
内蒙古	3154.30	0.00	419.10	2735.20	2074.31	10	16	3.12
东北地区	**8540.25**	**12.50**	**991.36**	**7536.39**	**6879.26**	**44**	**68**	**14.36**
辽宁省	1870.19	0.00	76.42	1793.77	2076.90	3	7	1.10
吉林省	5170.36	0.00	563.84	4606.52	4175.26	31	50	12.02
黑龙江省	1499.70	12.50	351.10	1136.10	627.10	10	11	1.24
华东地区	**142430.87**	**1929.36**	**13012.87**	**127488.64**	**197652.40**	**638**	**966**	**380.20**
上海市	0.00	0.00	0.00	0.00	0.00	0	0	0.00
江苏省	204.40	6.00	54.00	144.40	338.00	8	8	0.47

续表

地区	高压线路 合计 (km)	110 kV及以上 (km)	35 kV (km)	6 kV～10 kV (km)	低压线路 (km)	变电站（万kVA）合计 处	台	容量
	1	2	3	4	5	6	7	8
浙江省	20532.87	98.08	1516.89	18917.90	26298.77	73	101	39.68
安徽省	6344.53	0.00	485.20	5859.33	19278.10	22	35	6.34
福建省	60628.70	1445.30	6400.40	52783.00	65111.00	328	498	257.88
江西省	53885.27	379.98	4397.68	49107.61	86172.83	207	324	75.83
山东省	835.10	0.00	158.70	676.40	453.70	0	0	0.00
中南地区	**238891.02**	**4194.01**	**27187.85**	**207509.10**	**504059.29**	**1244**	**1818**	**631.28**
河南省	9064.20	0.00	1079.20	7985.00	18664.90	54	87	27.79
湖北省	48742.96	1364.90	4920.73	42457.33	151910.57	181	247	101.18
湖南省	59096.70	771.10	5905.90	52419.70	118593.60	267	377	103.65
广东省	49747.69	1242.27	5305.62	43199.80	112256.17	243	381	191.95
广西	63033.00	788.00	9171.00	53074.00	88671.00	445	660	190.86
海南省	9206.47	27.80	805.40	8373.27	13963.05	54	66	15.85
西南地区	**239218.00**	**1931.05**	**20475.91**	**216811.04**	**610123.26**	**857**	**1421**	**415.02**
四川省	113680.00	899.00	9324.00	103457.00	422315.00	359	585	202.36
贵州省	39135.96	223.66	2215.05	36697.25	53485.90	116	162	43.79
云南省	83457.50	707.39	8438.12	74311.99	133383.86	377	666	163.82
西藏	2944.54	101.00	498.74	2344.80	938.50	5	8	5.05
西北地区	**62210.26**	**1737.55**	**8442.79**	**25029.91**	**58487.02**	**359**	**524**	**128.34**
陕西省	6330.25	0.00	591.20	5739.05	15377.58	29	42	14.59
甘肃省	11937.80	0.00	1869.44	10104.36	8442.51	58	88	13.93
青海省	3325.88	0.00	492.88	2833.00	1687.34	20	33	7.73
宁夏	230.20	0.00	0.00	230.20	160.80	1	2	0.20
新疆	40350.12	1737.55	5489.27	33123.30	32818.79	251	359	91.89

地区	变电站（万kVA）110 kV及以上 处	台	容量	35 kV 处	台	容量	容量合计	配电变压器（万kVA）35/0.4 kV 台	容量	6—10/0.4 kV 台	容量
	9	10	11	12	13	14	15	16	17	18	19
全国总计	**205**	**274**	**456.69**	**2954**	**4550**	**1117.64**	**3039.35**	**1078**	**82.40**	**418634**	**2956.95**
华北地区	**0**	**0**	**0.00**	**17**	**37**	**5.13**	**16.72**	**15**	**0.12**	**3234**	**16.60**
北京市	0	0	0.00	0	0	0.00	0.23	0	0.00	37	0.23
天津市	0	0	0.00	0	0	0.00	0.00	0	0.00	0	0.00

续表

地 区	变 电 站 （万 kVA）						配电变压器（万 kVA）				
	110 kV 及以上			35 kV			容量合计	35/0.4 kV		6—10/0.4 kV	
	处	台	容 量	处	台	容 量		台	容 量	台	容 量
	9	10	11	12	13	14	15	16	17	18	19
河 北 省	0	0	0.00	0	0	0.00	1.79	11	0.09	312	1.70
山 西 省	0	0	0.00	7	11	2.01	5.59	0	0.00	1054	5.59
内 蒙 古	0	0	0.00	10	16	3.12	9.11	4	0.03	1831	9.08
东北地区	**0**	**0**	**0.00**	**44**	**68**	**14.36**	**37.21**	**1**	**0.20**	**4365**	**37.01**
辽 宁 省	0	0	0.00	3	7	1.10	9.61	0	0.00	946	9.61
吉 林 省	0	0	0.00	31	50	12.02	24.17	1	0.20	3085	23.97
黑龙江省	0	0	0.00	10	11	1.24	3.43	0	0.00	534	3.43
华东地区	**46**	**56**	**116.98**	**592**	**910**	**263.22**	**662.15**	**138**	**11.18**	**84019**	**650.97**
上 海 市	0	0	0.00	0	0	0.00	0.00	0	0.00	0	0.00
江 苏 省	0	0	0.00	8	8	0.47	0.27	0	0.00	16	0.27
浙 江 省	2	3	8.30	71	98	31.38	88.88	20	2.00	10657	86.88
安 徽 省	0	0	0.00	22	35	6.34	18.44	17	0.09	3092	18.35
福 建 省	39	46	102.78	289	452	155.10	336.98	87	9.00	35622	327.98
江 西 省	5	7	5.90	202	317	69.93	214.99	14	0.09	34312	214.90
山 东 省	0	0	0.00	0	0	0.00	2.59	0	0.00	320	2.59
中南地区	**103**	**144**	**229.79**	**1141**	**1674**	**401.49**	**1104.98**	**461**	**36.76**	**142122**	**1068.22**
河 南 省	0	0	0.00	54	87	27.79	54.30	7	0.03	6672	54.27
湖 北 省	22	33	55.40	159	214	45.78	162.77	80	6.59	19296	156.18
湖 南 省	13	18	24.78	254	359	78.87	251.56	85	4.29	32319	247.27
广 东 省	43	61	90.86	200	320	101.09	292.06	156	17.40	36056	274.66
广 西	25	32	58.75	420	628	132.11	299.45	129	8.12	41278	291.33
海 南 省	0	0	0.00	54	66	15.85	44.84	4	0.33	6501	44.51
西南地区	**35**	**48**	**76.96**	**822**	**1373**	**338.06**	**993.74**	**362**	**33.20**	**148739**	**960.54**
四 川 省	13	17	35.85	346	568	166.51	494.94	231	18.28	81656	476.66
贵 州 省	6	7	9.00	110	155	34.79	112.09	6	0.22	18284	111.87
云 南 省	13	21	30.19	364	645	133.63	386.44	125	14.70	48775	371.74
西 藏	3	3	1.92	2	5	3.13	0.27	0	0.00	24	0.27
西北地区	**21**	**26**	**32.96**	**338**	**498**	**95.38**	**224.55**	**101**	**0.94**	**35955**	**223.61**
陕 西 省	1	2	5.15	28	40	9.44	19.09	1	0.00	3220	19.09
甘 肃 省	0	0	0.00	58	88	13.93	42.10	45	0.25	7309	41.85
青 海 省	0	0	0.00	20	33	7.73	14.89	0	0.00	1444	14.89
宁 夏	0	0	0.00	1	2	0.20	0.75	0	0.00	195	0.75
新 疆	20	24	27.81	231	335	64.08	147.72	55	0.69	23787	147.03

二、主要工作

1990年，农村水电电网的工作重点有以下几个方面：

(1) 加强了电网整改。各省、地、县水利（水电）部门都十分重视电网整改工作，分别结合本地实际，完成了"八五"期间高压电网整改规划工作，并已开始逐步实施。1990年，国家也相应地安排了部分农村水电电网技术改造贷款，对技术改造的重点项目给予支持。

(2) 支持骨干联网工程建设。联网运行是电力发展的必然规律。张春园副部长在全国农村水电暨第二批农村水电初级电气化县工作会议上指出，"随着农村水电的发展，凡有条件的地方应积极提倡县与县联网，建立地区性电网。"随着农村水电事业的进一步发展，建设和完善跨县电网已成为关键。各省都非常重视地区电网建设，以各种方式支持联网工程，加快地区电网建设。

(3) 抓紧跨县区域电网的规划工作。根据农村水电司的部署，一些地区组织力量完成了地区电网规划。广西壮族自治区水电厅对这项工作抓得早、抓得细，统一安排，统一审查。湖南省也较好地完成了几个地区的电网规划。下一步将对已完成的规划进行审查和汇总。今后地区电网建设年度计划和资金安排将以规划为依据，避免盲目发展。

(4)加强降损节能工作。据测算，全国农村水电电网线损率平均在15%左右，离国家规定11%的水平差距较大。降损节能工作是电网管理工作的一项长期任务。为了贯彻国家节约能源的方针政策，加强和改进农村水电电网的电能损耗管理工作，1991年6月，水利系统在湖北宜昌市专门召开了全国农村水电节能工作会议。会上交流了各地开展降损节能工作的经验，并讨论了由农村水电司组织起草的"水利（水电）系统地方电力网电能损耗管理办法"和"水利（水电）系统地方电力企业节能升定级办法"（征求意见稿）。农村水电电网的线损率，要力争在"八五"期间达到国家规定的水平。

(5) 加强调度自动化管理工作。调度自动化是电力系统安全生产、可靠运行以及进行负荷控制、实现经济调度的重要手段。由于微机的发展，几年来一些地方与科研单位合作，搞起了微机数据采集和监控系统，加强了监控手段，取得了明显的经济效益。据不完全统计，农村水电电网内，有30多个县投入了这样的系统。但就目前搞起的微机调度自动化系统而言，还存在一些问题，如：①功能不统一；②重复开发，产品不定型，造价较高；③运行人员不熟悉微机系统，实用程度不高。以上情况表明，统一制定农村水电电网调度自动化规范，对调度自动化系统的功能以及实用化考核指标做出具体规定，非常必要，目前这项工作正在进行。

(6) 继续开展优秀电网评比工作。从1987年起，在农村水电供电地区开展了优秀电网评比活动，一直延续至今。开展优秀电网的评比是加强电网全面管理的一项具体措施。评比条件提出了全网综合网损率在11%以下；网内输变电设施完好率在95%以上，35 kV以上设施完好率应为100%；全年连续安全运行，无重大事故等具体要求。1990年10月，经部统一评定，授予湖南省湘西自治州电力公司等44个地、县电网1989年度全国小水电优秀电网称号，并颁发了奖状。

（王树田）

第一批农村水电初级电气化试点县的效果与经验

在李鹏总理亲自领导和关怀下，经国务院批准在全国积极发展小水电，建设100个中国式农村电气化试点县后，得到国家有关部门的大力支持，经过各级领导、试点县广大干部和群众的共同努力，从1984年规划，1985年正式开始实施至1990年6月底已有109个县，经省、自治区人民政府（或计委）组织验收，达到了初级农村电气化县的标准，已超额完成国务院下达的农村电气化试点县建设任务。

一、试点效果

分布在20个省、自治区的109个农村电气化试点县，计有总人口3039万和耕地3152万亩，其中95%的县属于老、少、山、边、穷地区（其中：重点扶贫县39个，少数民族县34个，老革命根据地26个，边境县9个，牧区县2个），具有较为广泛的地区代表性。109个县在短短的5年中共计投入农村电气化建设资金41亿元，主要由地方自筹和银行贷款，其中由国家投入的（拨改贷）扶持资金只有5亿元，占总投资的12.19%，不仅减轻了国家办电的经济负担，而且充分调动了地方和群众办电的积极性。109个农村电气化试点县（市）的建设取得了显著的成效，概括起来，就是五个增长、四个增强，三个改善，一个推动。现分述如下。

（一）五个增长

1. 电力增长。发电装机由140.6万kW增加到244.6万kW，净增104万kW，尚有在建电站73万

kW（近两年可投入运行）；发电量由35.7亿kW·h增到79.4亿kW·h，增长1.22倍；35 kV以上供电线路达1.39万km，增长1.05倍；变电容量达787万kVA，增长5.1倍；用电量达72.9亿kW·h，增长1.86倍；人均年用电量达240 kW·h，高于全国其他县人均用电量203 kW·h的18%。

2. 产值增长。工农业总产值由117.9亿元增到268.8亿元，增长1.28倍；工业产值由43.1亿元增到167.9亿元，增长2.89倍；乡镇企业产值由12.4亿元增长到90.8亿元，增长6.32倍。

3. 粮食增长。粮食产量由136.4亿kg，增到147.3亿kg，净增10.9亿kg；在全国粮食增长徘徊的状况下，这些试点县的粮食增长了8%，还有许多县成为吨粮县，显示出电气化对粮食稳定生产的作用。

4. 财政收入增长。随着工农业生产的发展，经济的繁荣，县、乡财政收入1989年达到21.0亿元，增长2.7倍，大体与工业增长速度同步。许多县摆脱了贫困面貌，由财政补贴县变成财政富裕县。

5. 人均收入增长。电气化建设使农民得到了实惠。人均纯收入由203.8元增到620.4元，增长了3.04倍。

（二）四个增强

1. 增强脱贫致富的后劲。能源是基础设施，电气化为工农业生产提供了稳定、可靠、价廉的电能。据其中39个贫困县统计，人口计1011万，工农业总产值由34.4亿元增到71亿元，翻了一番；工业产值由10.1亿元增到39.2亿元，接近翻两番；乡村企业产值增长近9倍；特别是人均纯收入由181元增到479元，接近于全国农村人均纯收入。据四川省统计，同是贫困县，电气化试点县比非试点县人均纯收入增长速度超过一倍，消除了返贫现象。贫困县的同志说："发展小水电扶贫，才算真正扶在根本上"。

2. 增强了精神文明建设的物质基础。电气化使地处偏僻山区的233.5万农户，约1000万农民结束了油灯照明的历史，使96%的农户用上了电，加速了文化馆、电影院、电视的普及，这些县电视覆盖率达85%以上，吉林省长白县、四川省石棉县有电视的家庭占51%，通过电视、广播，了解国家大事，掌握信息，开阔视野，更新观念，缩小了城乡差别，为提高农民文化素质创造了条件。

3. 增强了农村稳定的条件。电气化使98%的粮食加工使用电力，农业生产的排灌、脱粒、烘干、灭虫、育秧等也开始普及用电，解放了大量农村劳动力，同时，又促进了乡村企业的发展，使202.7万农村劳力得到了安置，约占这些县农村总劳力的20%，为农村社会、经济稳定做出了贡献。

4. 增强了电力企业自我发展能力。电气化对电力企业不仅在电力规模、供电质量等提出了高要求，而且对经济效益也有高标准。据统计：109个县中电力企业的主要设备完好率均超过95%以上；对农村的供电保证率（包括拉闸限电因素在内）超过90%以上，有的已达99%；综合网损率从18.01%下降到11.33%；年产值从1.94亿元提高到7.56亿元；年利税总额从0.61亿元提高到2.52亿元，"以电养电"资金平均每县每年达151万元，对电力企业自我滚动、自我发展奠定了物质基础。

（三）三个改善

1. 改善了政府和群众的关系。这些电气化试点县，大多数属于偏僻山区，长期以来，农村处于无电或少电状态，群众说"政府嫌贫爱富"。有些有电的地方又处于电网末端，经常无计划拉闸停电，群众说："拉掉了经济效益、拉掉了国家政策、拉掉了政府威信、拉掉了安定团结"。电气化建设，鼓励自办电源，用电权控制在自己手里，居民用电保证率达85%以上，大多数县达到95%以上，比非试点县的停三开四供电状况，有天壤之别。群众高兴地说"电气化体现了党和政府对山区人民的关怀"。

2. 改善了农村产业结构。这些试点县过去都是属于以农业为主体的产业结构、封闭型农业经济，工业基础十分薄弱，工业产值占工农业总产值的比重为36.5%。农村电气化建设，为工农业生产提供了丰富的电力，使工业及乡村企业迅猛发展，县乡产业结构发生了根本性变化，由自给、半自给自然经济向商品经济转变，工业产值的比重已上升到62.3%，有半数以上的县，乡村企业的产值已超过传统农业产值，乡村企业的利润增长又增加了农业的投入，实现了"以电兴工，以工补农"的大好形势。

3. 改善了生态环境。利用小水电丰水期电能发展电炊，搞"以电代柴"是农村电气化建设的又一创举。将过去传统用烧木柴来制茶、烤烟、农产品烘干等等都改用电代替，这样，即减少了砍柴劳力，又清洁卫生、并大大减少了对森林的砍伐，保护了生态环境，一举数得。据初步统计，这些县有141.9万农户（约占总户数的20%）利用丰水电能烧水做饭，每年可节约木材220万m^3。广西岑溪县森林覆盖率由38%提高到51%，四川汶川县森林覆盖率由11.2%提高到40%。

（四）一个推动

农村电气化试点县的建设推动了全国小水电的发展。在1983年至1990年间，全国小水电装机以每年60～70万kW的速度增长，截止到1990年底，全国小水电装机达1318万kW；目前的在建规模达400万

kW，今后几年将有更大的发展。

二、试点经验

电气化试点县的工作取得了很大成绩，也积累了丰富经验。概括起来是：

（一）领导的重视和群众的支持是建设农村电气化的动力

发展农村水电，实现农村电气化，涉及千家万户，各行各业，仅有水利部门一家积极是不够的，必须有各级领导的重视和各行各业及广大群众的支持，特别是县、乡基层领导的重视尤为重要。只有当各级领导认识到发展农村水电，建设农村电气化是关系到全县经济振兴，脱贫致富的关键，才能激发出极大的积极性。第一批农村电气化试点县的建设，从中央到省、地（市）、县级领导都给予了高度重视，各计划、电力、财政、银行、税务、物价、物资、工交等部门都给予了大力支持。很多省、自治区，成立了以主要领导挂帅的领导小组、办公室，组织协调各方面力量，支持电气化建设。各县、乡政府也都成立了由主要领导亲自挂帅的建设领导小组和强有力的工作班子，将电气化作为振兴本地区经济，脱贫致富的突破口，为人民办实事的头等大事来抓。

（二）依靠地方和群众，自力更生，多方集资，是解决办电资金的有效途径

电气化能在较短的时间内完成，主要是依靠地方和群众的力量，发扬自力更生、艰苦奋斗精神。已验收的 109 个电气化县建设累计 5 年投资 41 亿元，其中国家拨改贷每年 1 亿元，5 年共 5 亿元，只占总投资的 12.2%；地方自筹 24 亿元，占总投资的 58.5%；群众投工、投劳、集资自筹 12 亿元，占总投资的 29.3%。实践证明，国家在资金上适当扶持小水电，即可调动地方大量资金，例如四川省洪雅县 5 年累计投入农村电气化建设资金 5042 万元，其中国家拨改贷 320 万元，占 6.3%；银行贷款及电力债券 2155 万元，占 42.8%；地方自筹（包括以电养电）2567 万元，占 50.9%。

（三）执行“自建、自管、自用”的方针，实行“以电养电”等政策是保证小水电蓬勃发展的核心

李鹏总理亲自主持制定的农村水电电气化要实行“自建、自管、自用”的“三自”方针和“以电养电”及地方自定电价的政策；“小水电要有自己的供电区”，实行发供用电统一的农村水电管理体制；大网对小网采取扶持让利等一系列方针政策，为小水电发展增强了活力，极大地调动了地方和群众办电的积极性，是完全符合我国当前实际情况，是十分正确的，不但指导和保证农村电气化试点工作的顺利完成，而且极大地推动了中国农村水电事业的蓬勃发展。

（四）科学规划，坚持电源、电网、用电负荷同步发展，是加快速度，提高效益的重要措施

多年来，各县的小水电建设没有完整的规划，在电源方面存在径流电站多、调节能力差、保证出力低；在电网上则是随电源建设及负荷发展，用走一步看一步的方法逐渐扩充而成，结果形成布局不合理、效益难以发挥；用电负荷与电源不配套、盲目性大。在电气化建设中，首先抓了规划，各县都根据本地经济和社会发展，进行了电力需求预测，通过电力电量平衡及经济计算，结合本地江河综合治理和开发规划，进行梯级开发，调整了电源及电网结构，又根据电源的供给能力进行了负荷结构的调整，使整个规划建立在可靠的基础上，实现发供用电同步发展，并将现有水电站、电网的技术改造和技术进步纳入电气化规划中去，使电气化建设取得速度快，效益好的效果。为今后发展小水电，实现农村电气化提供了一条重要经验。

（五）强化管理，搞活企业，是巩固成果形成自我改造、自我发展能力的关键

管好电站及电网，是巩固电气化成果，发挥农村水电效益的重要环节，实践证明，管理工作的好坏，关系到农村水电“以电养电”、还贷能力、职工福利、设备更新等一系列重大问题，关系到农村水电的生存与发展问题。农村水电电气化工作坚持了发供并重，建管并重，讲究效益，服务农村的方针。在电源上加强水源配套，增加调蓄能力，在电网上完善网架结构，扩大联网，在用电上重视调整负荷结构，利用季节性电能，开展“三电”工作，提高科学调度水平，降低消耗。面向农村、服务农村，不断提高供电质量。据统计，电气化县试点期间电站并网装机占总装机的比重由 63%发展到 91%，发电设备年平均利用小时数由 2529 h 提高到 3246 h。

农村电气化试点县实践表明，国务院关于在水力资源丰富的地区，依靠地方和群众的力量，积极开发当地水力资源，建设中国式农村电气化县的决定是正确的，试点是成功的。这是山区特别是民族地区、贫困地区，发扬自力更生、艰苦奋斗精神，迅速摆脱贫困，经济走上持续、稳定、协调发展的一个有效途径；它既是山区物质文明建设、又是一项重要的精神文明建设，可以同时收到两个文明建设双丰收的显著效果；它是一个投资省、见效快，易于调动地方和广大群众积极性，自力更生迅速改变山区落后面貌的深受山区群众、地方各级政府拥护的好办法，对增强民族团结、巩固和稳定边疆有着重要作用。试点的成功，走出了一条中国式农村电气化的道路，其政治和经济意义十分深远。

（李 荧）

第一批已验收的109个初级农村电气化县名单

四川省：	汶川县 彭县 都江堰市 北川县 大邑县 芦山县 宝兴县 天全县 荥经县 洪雅县 峨边彝族自治县 甘洛县 石棉县 盐边县 峨嵋山市
福建省：	屏南县 建瓯县 光泽县 闽清县 尤溪县 沙县 德化县 永春县 永安县 连城县 南靖县
湖南省：	酃县 郴县 兰山县 慈利县 溆浦县 黔阳县 麻阳苗族自治县 芷江侗族自治县 新晃侗族自治县 绥宁县 城步苗族自治县
浙江省：	新昌县 嵊县 天台县 仙居县 缙云县 武义县 泰顺县 云和县 景宁畲族自治县 龙泉县 庆元县
广东省：	大埔县 蕉岭县 平远县 新丰县 龙门县 仁化县 曲江县 阳山县 乳源瑶族自治县 封开县
广西壮族自治区：	灌阳县 恭城县 钟山县 贺县 昭平县 金秀瑶族自治县 岑溪县 大新县 龙州县
云南省：	陆良县 泸西县 澄江县 华宁县 中甸县 凤庆县 潞西县 畹町市 元江哈尼族、彝族、傣族自治县
江西省：	婺源县 德兴县 宜黄县 靖安县 奉新县 宜丰县 大余县 全南县 井冈山市
湖北省：	兴山县 通城县 远安县 保康县 罗田县 长阳土家族自治县 建始县
贵州省：	赤水县 玉屏侗族自治县 镇远县 镇宁布依族、苗族自治县
吉林省：	安图县 抚松县 长白朝鲜族自治县
新疆维吾尔自治区：	阜康县 博乐市
山西省：	平顺县
内蒙古自治区：	克什克腾旗
辽宁省：	桓仁满族自治县
黑龙江省：	逊克县
安徽省：	霍山县
陕西省：	永寿县
甘肃省：	临原市
青海省：	同仁县

（李 荧）

农村水电站的生产运行管理

一、规模

建国以来，中国的农村水电事业有了很大的发展。到1990年底，水利系统农村水电站（25000 kW以下）共计58096处，装机容量1318.03万kW，占全国水电装机容量的37%；年发电量392.83亿kW·h。与国家电网相配合，农村水电已经担负起全国1/3县的供电任务，成为中国实现农村电气化的一支不可忽视的重要力量。

二、特点

从生产运行角度看，农村水电站有以下主要特点：

(1) 主要由各级水利部门管理，也有一部分由其他部门管理。由于水利和水电存在着密切联系，多年来各级水利部门治水办电相结合，兴建了大批农村水电站，其中不少农村水电站是综合利用水利枢纽的一部分。为了搞好农村水电站的管理，各级水利部门逐步建立健全了农村水电站生产管理机构，培养了农村水电职工队伍和技术力量，水利部门农村水电生产体系也在逐步健全，水利部门已经具备了肩负起农村水电行业管理职能的能力。另一方面，多年来，农村水电一直强调“自建、自管、自用”，大多数农村水电站靠地方政府和地方水利部门集资和群众集资投劳，利用当地的技术力量、施工力量和材料设备建成，也有一部分农村水电站由其他部门或群众及个人投资兴建，电站建成后的生产运行管理机构及人员由地方政府和投资主体决定，这样使得农村水电站运行管理体制不太统一，隶属关系也比较复杂。有些部门并不具备管好电站的机构和技术力量，需要行业管理部门帮助加强管理。另外，由于政策不统一，农村水电站的属性各不相同，有的是企业单位，也有许多是事业单位。

(2) 农村水电站径流电站比例大，丰枯出力相差悬殊。农村水电发展初期，对解决水电丰枯矛盾未给予充分重视，片面追求装机容量。地方也限于财力、物力，优先开发工程量和投资都较小的径流式电站。近年来，随着工业、商业负荷比重逐步增大，农村水电系统中丰枯矛盾的更加突出，各地已经重视开发有调蓄能力的骨干电站。

(3) 农村水电站多并入纯水电或水电比重较大的电网中。丰枯出力相差悬殊是网内电源的共同特点，即农村水电站之间在运行上缺少互补性，但农村水电站和以火电为主的国家大电网可以互供余缺、互相支持。

(4) 职工技术素质低，不少设备陈旧老化，生产运行的安全、可靠性和经济效益极需提高。农村水电站的职工大多数是电站建成后留下来的民工，很多人没有接受过系统的技术培训。另外，据不完全统计，全国约有4万台机组存在着设计不合理、选型不恰当，制造质量差、汽蚀、泥沙磨损破坏严重、年久失修等程度不同的技术缺陷，有缺陷的机组占全部机组台数的一半。水电部杭州农村电气化研究所最近利用超声波测流仪对广东、湖南和浙江部分农村水电站的机组效率进行了测量，发现绝大多数机组的效率都在60%～80%之间，个别县里自制的机组，综合效率还不到60%，远远低于当前国际、国内的先进水平，造成了水能资源的很大浪费。

三、农村水电站生产管理措施

水利部农村水电司成立以来，根据“三定”方案，为了切实加强对农村水电站的行业管理，成立了电站生产处，负责农村水电站的生产运行管理。针对农村水电站生产管理现状，我司开展了不少工作。

(1) 强化行业管理，建立农村水电生产管理体系。目前，农村水电站的多头管理以及生产管理体系的不完善，造成了各级部门职责不清，行业管理部门职能薄弱，农村水电站的生产运行管理制度还很不健全，不少水电站特别是单机500 kW以下的乡镇电站，甚至处于放任自流状态，因此，我们一方面强调强化各级水利部门对农村水电站的管理，充实加强农村水电站生产管理机构，提高生产管理队伍的素质；另一方面，我司采取措施，健全水利部门农村水电站生产管理体系。1990年，我们支持农村水电装机容量较大的福建、湖南、湖北、广西、江西、贵州等6省区成立农村水电试验研究中心，今后还要陆续支持其他一些条件成熟的省区开展这项工作，还准备成立全国性的农村水电设备质量检测中心。1990年，我们还下力气健全完善农村水电站生产管理制度。为贯彻国务院颁发的《全民所有制工业交通企业设备管理条例》，我们配合部内其他司局制定了《水利部设备管理规定（试行）》，还编制了《农村水电设备评级办法》，其他一些生产运行规章条例也在酝酿中。这些规定和条例为搞好农村水电站人员和设备的管理打下了基础。

(2) 开展水电企业升级、评优工作，带动企业管理全面进步。1990年，经过水利部认真考评，水利部门水电行业评出了2个国家二级企业、23个优秀电网、44个先进电力公司、79个优秀电站。企业上等级、评优工作是一项综合工作，我们通过上等升级、评优秀，促进农村水电企业的经营管理、技术进步和安全生产。

(3) 提倡联网，合理运行，提高供电可靠性。农村水电网中水电比重大，丰枯矛盾突出。为了从生产运行角度缓解丰枯矛盾，农村水电行业一直提倡联网，包括与国家电网联网运行。联网后按协议调剂余缺，对联网各方都有好处。联网运行应按照“团结治网，互利互惠”的原则，签订联网协议并严格执行。另外，我们大力提倡农村水电站优化运行。通过优化运行，充分利用水力资源和水库库容，合理调节水资源在时间和空间上分配，既从总体上增加了电站的发电量，也提高了系统的枯期出力，提高了水电网的供电可靠性。近几年，我们一直委托杭州农村电气化研究所开展农村水电站的优化运行（包括厂内经济运行）培训工作，在全国范围内培训技术骨干，同时，还逐渐把优化运行作为电站评优、上等升级的一项考核指标。

(4) 加强小火电和乡镇水电站的管理。截止1990年底，农村水电网中的配套小火电有近2000处，总装机容量118万kW。它们对缓解农村水电网内丰枯矛盾起了一定作用。目前，小火电存在两个问题，一是发电成本很高，二是管理不善。由于配套小火电主要是为了解决枯水期电力不足，大部分小火电站一年只运行三四个月，因此年利用小时数比较低。由于大部分时间设备和人员都在闲置，因此小火电成本较高，人员管理也比较困难。农村水电生产管理中的另一突出问题是乡镇水电站的管理。乡镇水电站装机总规模已经很大，约占农村水电总装机容量的40%。但是乡镇水电站一般规模比较小，技术力量薄弱，特别是管理规章制度不健全，现有的制度执行也不严格，因此造成了管理混乱，设备失修报废现象严重，每年报废的机组多达十几万千瓦。目前小火电和乡镇水电站的生产管理既是农村水电管理工作中的难点，也是我们当前生产管理工作的重点。当前我们准备在调查研究的基础上，尽快完善小火电站和乡镇水电站管理办法，使这些电站的生产管理工作有章可循。同时要总结推广各地的先进经验，切实搞好小火电和乡镇水电站的管理。

(5) 重视技术培训和技术进步。电力生产技术性很强，对生产管理人员的技术素质要求较高。农村水电站多处偏僻山区，信息闭塞，教育落后，人材缺乏。近几年，各地痛感技术力量薄弱，为改善这种状况，本着自力更生的精神，加强对现有职工的技术培训。农村水电司也先后举办各类培训班，收到了较好效果，受到基层生产单位的欢迎。职业技术培训将作为一项长期任务坚持下去。

农村水电生产管理总得来说还比较薄弱，这与农村水电在我国日益重要的地位不相称。管理是效益之本，随着农村水电的发展，生产管理工作将占有越来越重要的地位。

（韩 东）

勘 测 规 划

1990年水利前期工作完成情况

水利规划和水利工程项目设计，是水利建设必不可少的前期工作。多年来，水利水电规划、勘测、设计单位，作了大量的水利规划、勘测、设计与科研工作，完成并提出了一批流域规划，区域水利规划和水利专业规划，以及各类水利工程可行性研究、初步设计报告。使水利前期有了一定的规划、设计储备，也为编制我国社会经济发展规划，制定水利基建计划，提供了选择和决策的依据，为水利建设事业作出了贡献。

一、1990年水利前期计划执行情况

全年进行的项目共103项，计划完成27项，实际完成22项。其中：全年规划项目51项，计划完成15项，实际完成13项；可行性研究项目36项，计划完成8项，实际完成7项；初步设计项目16项，计划完成4项，实际完成2项。主要完成的项目有：黄河大柳树灌区规划，黄河黑山峡河段开发规划（初稿），黄河农业综合开发区规划，秃尾河、窟野河、孤山川治理规划，永定新河近期治理规划，沁河水量平衡规划，黄浦江综合治理规划。可行性研究主要有彭水（长溪坝址）水利枢纽，构皮滩枢纽，合川枢纽，白石窑枢纽，大清河独流减河治理和奎濉河治理设计任务书。初步设计完成的主要有长江松滋段江堤加高加固和三门峡扩机工程。

1990年通过审查的前期项目：主要有长江流域综合利用规划要点报告，闽江流域综合开发规划，抚河流域规划；可行性研究主要有紫坪铺水利枢纽，大藤峡枢纽，西泉眼枢纽，两江枢纽，鱼洞枢纽，陡岭子枢纽和古洞口枢纽；初步设计主要有桃林口水利枢纽，引青（龙河）入秦（皇岛）工程，鱼塘水库等。

全年完成前期工作量8460万元，比1989年的4880万元，增长73.36%；年全员劳动产值达9155元比1989年7397元增长23.77%。全年完成规划设计765550工日，完成钻探45478标米，平洞2910标米，竖井745标米，坑槽34796标立方米，地质用工151727工日，物探73158标准点，测量1448标准平方公里，完成设计图纸6851自然张。各项完成比1989年均有增长。

二、改进水利前期计划的几点设想

1. 提高管理水平　根据我国社会经济发展对水利的要求，和水利建设的目标和任务，制订前期工作计划，超前安排水利前期工作任务和重点项目，及时补充修订水利规划，增加水利工程项目设计储备。加强水利建设前期计划的管理；根据新情况和新的要求及时进行调整，加强年度计划的检查，保证重点任务按期完成。增加管理人员，提高管理能力。

2. 深化改革，引进竞争机制　水利规划设计单位进行改革，完善技术经济责任制，贯彻按项目管理。另一种型式，也可对设计项目实行招标，或议标，改变由部下达任务和经费的管理体制。通过这两种模式，明确了责任，调动了积极性，因此加快了进度，保证了前期质量，提高了经济效益。

3. 推行集资和有偿使用前期经费　集资搞水利前期工作，是可行的。从1989年以来，水电站前期工作，已有12个项目实行中央与地方集资，每年约集资800万元。水利系统目前尚属起步阶段。1991年开始已有大型工程项目实行集资。关于设计前期费有偿使用问题，自水利部水规［1989］39号文正式下达以来，水利工程项目已逐渐列项施工。如何及时回收可行性研究和初步设计的前期经费，要制定办法，采取措施，将回收的前期费，解决迫切需要的前期工作项目，以加速资金周转，增加设计项目储备。

4. 按基建程序办事　应按各阶段设计编制规程的要求提出设计报告。对于中型水库建设条件简单者，

可行性和初设经主管部门批准后，可合并进行。

5. 水利前期工作的总体规划 根据国民经济发展的要求，提出水利前期工作的总体规划，然后组织各勘测设计单位具体进行前期工作，在前期工作中发现问题，逐渐调整总体规划，克服当前总体规划与前期工作不配套的现象。

（徐填海）

科技管理工作

科技管理，是水利水电建设管理工作的重要组成部分之一。近些年来，特别是在“七五”期间，水利水电规划设计总院在上级有关部门的领导与支持下，在科技管理方面做了大量的工作，取得了上级有关部门（计委、部）和各科研承担单位经过核查与认可的显著成绩。

整个工作除日常的技术行政管理外，主要有以下三大部分：

一、前期科研的规划、管理工作和科技成果的奖励工作

这项工作是行业性科技管理工作，大致可分三项：

（1）制订中、长期水利水电科研规划，依此规划、组织与指导今后的科研项目。

（2）制订近期的科研计划，主要抓一些水利水电建设中带有普遍性的技术难题列项进行研究。其特点是研究时间短（1～3年）、推广应用快、投资少，并照顾中、小型水利水电建设的需要。承担单位涉及直属设计院（科研所）、省设计院（水科所）、部属水科院、所和有关高等院校等，基本上是一个项目一家承担。

“七五”期间列项进行研究共100多项，并已取得一批高水平的研究成果，如自溃坝研究、高压喷射地下成墙研究、水利分摊系数研究、空腹坝温度应力研究、小水电经济分析研究等，经专家鉴定均达到国内领先水平，有的已达国际先进或领先水平，并在实际应用中取得了很好的经济和社会效益。

(3)科技项目的推广与科技进步成果的奖励工作，如新技术推广与交流会议、科技工作座谈与交流会议、总院级年度科技进步奖评选、组织部级、国家级科技进步奖报奖等。

二、部级重点科研项目管理工作

这类项目属中、大型性质，主要针对水利水电建设中的一些重大技术问题进行研究，其涉及面广，通常要组织几个专业联合攻关。其特点是研究时间较短（2～3年或稍长），要结合工程实践进行研究，成果应用对象明确，投资较大，重点为大、中型水利水电工程服务。

目前总院管辖的有8个项目，其中的“碾压混凝土筑坝技术研究”已结合贵州普定工程进行，“堆石坝新型防渗结构研究”已结合浙江舍网工程进行，“氧化镁微膨胀混凝土研究”其阶段成果已在多项工程中得到应用，并在继续结合工程进行研究中。

这类成果应用的前景可观，已经或正在为我国大力推广建设的碾压混凝土坝、面板堆石坝两种新坝型做出令人鼓舞的贡献，并将为混凝土防裂提供新的可靠的理论依据和工程措施。

三、国家重点攻关科研项目管理工作

“七五”期间，总院承担了两个课题（17-2：高混凝土坝技术研究；17-3：高坝坝基技术研究）的管理工作和一个专题（17-1-1：混凝土面板堆石坝研究）的研究、管理工作，两个课题下辖11个专题，加上“17-1-1”共12个专题。

这类项目属大型或特大型项目，主要针对全国水利水电建设中的重大关键问题进行研究，研究面涉及到勘测、设计、施工、观测、设备仪器研制等各个方面。其特点是面广深度大、投资也大，对成果要求水平高、成套或成系统，主要结合大型或特大型工程进行研究并为其服务。由于这些特点，决定了必须选择全国水电系统的优秀科研力量组织“国家队”进行联合攻关。因此这项工作也就成了总院“七五”期间科研管理的主要工作，并集中科研管理力量精心筹划、严密组织、立法定规、全力以赴。

到1991年3月止，“七五”攻关管理工作胜利结束。12个专题共出分项成果200多项，经部级技术鉴定，各个专题分别达到国际领先、总体国际先进部分国际领先水平；经国家验收两个课题（17-2，17-3）均达到总体国际先进、部分国际领先水平。

这些成果的应用，改变了一些特大工程如二滩、李家峡工程的设计面貌，也部分地改变了一些大型工程如东风、铜街子工程的施工面貌。其中形成的两套筑坝技术（高混凝土坝筑坝技术和碾压混凝土筑坝技术），为今后高坝建设的迅速发展提供了技术基础。

成果产生的直接经济效益达5亿多元，是攻关科研投资（约1200万元）的40多倍；其间接的经济效益（如提前发电）则要比直接经济效益高出4～5倍；而其更大的潜在效益则是因成果应用而产生的设计与施工技术的完善与更新。

这些成绩的出现，引起了上级有关领导的重视与

赞许，认为水利水电规划总院在科研管理上是有较高水平的。

17-1-1（混凝土面板堆石坝研究）专题，1989 年 9 月国家计委、科委、财政部已向总院授予过优秀成果集体荣誉证书；经国家验收后的 17-2（高混凝土坝技术研究）课题，因其直接和间接的经济效益都相当可观已由部作为优秀大成果向上述两委一部推荐报奖。

目前我院又接受了“八五”攻关两个课题的管理工作，大量的组织筹划工作正在进行。

总院在科技管理方面的经验、体会归纳起来有三条：一是依靠上级主管部门的领导和支持；二是院领导、各有关职能处室的高度重视，并组织与形成了一个强有力的领导和工作班子，制定了切实可行的管理办法，采用上下贯通、及时检查与交流的工作方法，以及研究进度控制、成果质量把关的具体做法，并具体体现在“勤快、灵活、开拓、负责”八个字上；三是各专题承担单位的通力合作、目标一致。这些办法在“七五”期间发挥了重大作用，并将在“八五”期间的科研管理工作中得到充实与完善，以发挥其更大的作用。

（卢立生）

勘测设计队伍

一、队伍建设情况

（1）直属勘测设计院的人数如表 1 所示。

（2）直属勘测设计院的专业技术干部的专业结构如表 2 所示。

表 1　代部管直属勘测设计院职工人数统计表

（1990 年底）

单　位	职工总数	工　人（包括学徒）	工程技术人员	管理人员	服务人员	其他人员
北京院	967	132	471	192	152	20
华东院	2081	796	1018	240	6	21
上海院	437	48	339	25	20	5
西北院	3101	950	1054	630	300	167
中南院	2660	560	1226	378	451	45
成都院	3237	927	1316	455	372	167
贵阳院	1301	293	545	193	202	68
昆明院	2166	567	893	356	258	92
总　计	15950	4273	6862	2469	1761	585

表 2　代部管直属勘测设计院系统专业技术干部的专业结构表（1990 年底）

专业／分类	合计	工程技术	教育	经济	财会	统计	翻译	医疗卫生	图书档案	新闻出版
总　计	8916	7499	181	269	423	112	65	233	114	20
高级职务	1446	1415	10	4	2		4	9	1	1
中级职务	3142	2674	67	87	101	21	44	104	36	8
初级职务	4008	3130	95	176	302	89	16	116	74	10
未评聘人员	320	280	9	2	18	2	1	4	3	1

（3）直属勘测设计院职工队伍培训情况如表 3 所示。

表 3　代部管直属勘测设计院系统职工培训统计表（1990 年底）

类型	职工人数	合计		岗位培训					高等教育					中等教育					文化基础教育			
		学习	毕业	资格培训		技术等级培训		适应性培训	学习	毕业	其中：全科		专业证书结业	学习	毕业	其中：全科		其中：专业证书结业	高中		初中以下	
				学习	结业	学习	结业				学习	毕业				学习	毕业		学习	毕业	学习	毕业
	1	2	3	4	5	6	7	8	9	10	11	12	13	14	15	16	17	18	19	20	21	22
合计	15950	5316	4672	420	372	317	249	3694	669	179	377	137	101	212	73	87	34	19	4	4	0	0
干部	9612	4361	3962	304	269	0	0	3441	591	145	338	115	95	25	12	17	4	7	0	0	0	0
工人	6338	955	710	116	103	317	249	253	78	34	39	22	6	187	61	70	30	12	4	4	0	0

二、工资福利情况

1990 年在贯彻国务院国发（1989）82 号文调整国家机关、事业单位工作人员工资的工作中，由于各级领导重视，精心组织实施，此项工作进展顺利并于 10 月底结束。

(1)根据国务院明传电报精神于1990年春节前将第一步普调一级工资补发到职工手中，八个直属设计院1989年9月30日在册人数15790人，普调一级月增资125538.15元，人均月增资7.95元。

(2) 解决工资突出矛盾和机动指标的使用，第二步工作于6月份开始。再升一级的人数为12648人，占列入调资范围人数的80%，月增资为107777.25元，人均月增资为8.52元。但由于工资制度原遗留问题和新矛盾相互交错，在工资方面仍存在许多不合理情况，有关上级部门应充分给予重视，并应采取积极措施逐步加以解决。

（李永泉）

大江大河流域综合规划

一、1990年七大江河流域综合规划

(1) 国务院正式批准《长江流域综合利用规划简要报告(1990年修订)》。这是自80年代，全面进行七大江河流域综合规划修订工作，由国务院批准的第一部大江大河流域综合规划报告。1990年5月29日至6月5日，全国水资源与水土保持工作领导小组主持召开《长江流域综合利用规划要点报告(1988年修订)》审查会，对《长江流域综合利用规划要点报告纲要(1988年修订)》进行了审查。会议由国务委员陈俊生主持，参加会议的除领导小组成员外，还邀请了国务院有关部门，流域内有关省、自治区、直辖市的代表，以及部分全国政协委员和社会知名专家、学者共300余人。会议基本肯定了该项规划报告，也提出了一些意见和建议。会后立即成立修改小组，对上述《要点报告纲要》作了修改，修改后的纲要定名为《长江流域综合利用规划简要报告(1990年修订)》，修改后的《要点报告》相应定名为《长江流域综合利用规划报告(1990年修订)》。修改后的《规划简要报告》经全国水资源与水土保持工作领导小组一致同意并以全水(1990) 3号文《关于审批〈长江流域综合利用规划简要报告〉的请示》，呈报国务院审批。国务院以国发[1990]56号文向各有关省、自治区、直辖市人民政府，国务院有关部门批发了《国务院批转全国水资源与水土保持工作领导小组关于长江流域综合利用规划简要报告审查意见的通知》。通知中说："国务院同意全国水资源与水土保持工作领导小组关于《长江流域综合利用规划简要报告》的审查意见，现转发你们，请贯彻执行。"并指出："依照《中华人民共和国水法》的规定，这次原则批准的《长江流域综合利用规划简要报告》，是今后长江流域综合开发、利用、保护水资源和防治水害活动的基本依据。"

经批准的该项规划，根据国家经济建设的战略部署，从流域的实际情况出发，全面考虑国民经济有关部门的要求。近期以2000年国民经济生产总值比1980年翻两番为目标，远景以2030年及以远为目标，对长江干流和主要支流开发基本方案进行了必要的修改补充。《规划简要报告》的内容概述了流域社会经济发展及自然条件变化的现状，水旱灾害治理和存在问题；分析预测了流域经济发展的趋势和布局设想；提出了包括12个专业方面的综合利用规划、干流治理开发规划方案和主要支流规划意见；对综合规划方案和主要综合利用工程进行了经济效益和环境影响初步评价；推荐了一批近期治理开发工程项目。

另外，江西省在80年代，根据本省社会经济发展对开发利用和保护水资源，防治水害的要求，同时配合长江流域综合规划修订工作，对鄱阳湖水系赣、抚、信、饶、修等五河流域进行了全面规划，并分别提出了规划报告。其中《江西省赣江流域规划报告》，经国务院同意，已由国家计划委员会以计国土［1990］1452号文批复，"原则同意《赣江流域规划报告》审查委员会的审查意见。""同意将其作为指导赣江流域治理、开发和保护水资源的基本依据。"这项规划报告是经水利部会同国务院有关部、委和江西省人民政府共同组成的审查委员会审查后，由水利部呈报国务院审批的。

(2) 为了对珠江水利委员会1986年提出的《珠江流域综合利用规划报告》和1989年编写的《珠江流域综合利用规划纲要》进行初步审查，水利部聘请有关部门和流域四个主要省(自治区)的领导与专家，组成了审查委员会，于1989年2～3月间，组织了部分委员到流域重点地区、重点河段进行考察，广泛听取各方意见。1989年10月31日～11月4日，审查委员会在京召开会议，对上述规划报告和规划纲要进行了审查。审查委员会认为：珠委在总结近40年经验教训的基础上，根据珠江流域的现状和社会经济发展的要求，经全面分析研究提出的两个报告，指导思想明确，基础资料充实，规划方案经过反复比较和协调，取得基本一致的意见，符合珠江流域的实际，合理可行，达到原国家建委下达的《规划任务书》的要求，原则同意该项《规划报告》和《规划纲要》。水利部同意审查委员会的意见，并以水规［1990］33号文将上述《规划纲要》和审查委员会意见报请国务院审批。

(3) 水利部会同国务院有关部、委及东北四省(自治区) 成立了松辽流域规划审查委员会，于1990年7月召开了第一次会议，对松辽水利委员会1987年提出的《修订辽河流域规划报告》进行了初步讨论。

松辽水利委员会将根据讨论意见，进行适当的修改补充，并据以重编《规划纲要》。

(4) 1990年12月水利部在京召开了“淮河流域规划与治理座谈会”，邀请流域内的河南、山东、安徽及江苏等主要省的专家参加，征询大家对淮河水利委员会1990年提出的《淮河流域修订规划报告》(初稿)及《淮河流域修订规划纲要》(初稿)的意见。淮委将进一步修改补充《规划纲要》，还将增补淮河干流上中游防洪、临淮岗工程、淮洪新河工程及沂沭泗洪水东调南下工程等4项专题附件。

(5) 黄河水利委员会完成了《黄河治理开发规划报告(1990年修订)》。现根据水利部意见，编写《黄河治理开发规划纲要》，尽快报请审批。

另外，黄河水利委员会正式报请审批的规划报告有:《黄河入海流路规划》(1989年)，及以水土保持为重点的《窟野河、秃尾河、孤山川流域综合治理规划要点》(1989年)。

(6) 海河水利委员会1986年编制的《海河流域补充规划(草案)》已于1989年通过水利部初步审查，现正进一步编制《北京市供水水源补充规划》，待水利部审查后，一并上报国务院审批。

二、《水规划管理条例》的编制

为在开发利用水资源和防治水害的各项活动中确立水规划的法律地位及作用，切实贯彻“全面规划、统筹兼顾、综合利用、讲求效益”的原则，发挥水资源的多种功能，使水规划的管理工作有章可循，促进水规划工作的制度化、规范化。水利部以水政[1990]47号文向国务院呈报了《水规划管理条例》(送审稿)，请予审定。该《条例》由水利水电规划设计总院负责编制，在反复征求各省、自治区、直辖市以及国务院有关部门意见的基础上，由水政司归口，共同修改定稿，并经部务会议讨论审核。《条例》所称的水规划，是指《水法》中所规定的按流域或者区域进行的综合规划和开发治理中涉及的防洪、治涝、灌溉、排水、航运、城市和工业供水、水力发电、竹木流放、渔业、水资源保护、水土保持、水文测验、地下水普查勘探和动态监测等专业规划。《条例》包括总则、规划管理分类、规划的制定、规划的实施、附则共5章32条。规划管理的核心是规划的批准权限，这在《水法》中已有明确规定，即各类水规划批准权属国务院或各级地方人民政府。《条例》以此为基本依据，对水规划作了管理上的分类，并就规划任务、编制、审批和实施等作了具体规定。

《条例》规定，各类规划经批准后生效，批准机关应予以发布。为了确保各项水工程建设切实按照已生效的规划进行，《条例》中规定：在报请批准工程项目建设书或设计任务书(可行性研究)的同时，必须附具《规划同意书》。《规划同意书》应由相当的水行政主管部门根据已批准的规划签署。

《条例》对经批准的规划中所列非近期内所能开发建设的重大骨干工程的枢纽地区和库区划定“工程规划保留区”作了相应的规定。此外，《条例》还对规划实施的监督检查和对违反或有碍于规划实施的活动的处置，作了原则规定。

三、有关技术规范的编制

(1) 着手修订《水利经济计算规范(SD139-85)》。1985年由原水利电力部颁发试行的《水利经济计算规范》(SD139-85)，对推动我国水利经济计算，统一计算方法和评价准则，起着重要作用，积累了经验，也提出了一些新的问题。在这期间，国家计划委员会颁发了《建设项目经济评价方法与参数》。为了适应水利建设的新情况，并与《方法与参数》相协调。从1990年开始，由水利水电规划设计总院主持，开始着手修订该项《规范》，并于1990年12月召开了该《规范》第一次修订工作会议。会议决定，修改后的规范定名为《水利建设项目经济评价规范》，由《规范》正文、条文说明和附录三部分组成。计划于1992年完成《规范》报批稿。

(2) 正在编制《江河流域环境影响评价规范》。为使流域规划中的环境影响评价工作有章可循，水利水电规划设计总院于1989年约请河北省水利水电勘测设计院，负责编制《江河流域规划环境影响评价规范》。经过两年的工作，已完成了《规范》征求意见稿。计划于1991年11月完成《规范》送审稿，1992年提出报批稿。

四、系统分析方法在各类水规划中的应用

主要研究方面和成果有：

(1) 结合三峡水利枢纽工程规划，进行三峡水电站装机容量优选及三峡周围五大区水电站群的补偿调节研究；采用多准则决策方法研究三峡枢纽水位参数的优选；按照多目标规划理论探索三峡水利枢纽总体综合评价的途径。

(2) 进行了黄河上游梯级水电站、梯级水库的补偿调节研究。

(3) 探索建立了黄河三门峡、陆浑、故县三水库联合防洪优化调度模型，及进行汉江中下游防洪调度研究。

(4) 继续研究北京市供水系统和引滦工程多库供水系统的优化调度。

(5) 研究了灌区（如湖北引丹灌区）及平原除涝系统（如湖南益阳平原）的优化调度模型和调度方法。

(6) 探索应用流域模拟模型进行流域综合规划方案的研究（如江西抚河），及灌区农林牧综合治理总体布局的研究。

另外，1990年元月经国家计划委员会和财政部批准，与美国合作，开始进行“黄河流域水资源经济模型研究”。这项研究涉及面广，预计1992年提出最终成果。

（胡训润）

全国农业综合开发区水利规划

有计划、有重点、有步骤地在我国建立具有相当规模而且增产效益显著的农业综合开发区，是中央稳定全国大局、深化改革，实现2000年及21世纪农业发展战略目标的重要决策。1989年1月水利部部署了全国农业重点开发区的水利规划工作。同年四月份提出了规划意见，为国家农业重点开发建设，提供了依据。为进一步配合“八五”、“九五”全国农业综合开发区的建设，水利部于1989年11月重新部署，继续深入进行规划工作，制定了统一的工作大纲和具体要求。水利水电规划设计总院和水利部计划司在各省、自治区、直辖市水利（水电）厅（局）、流域机构工作的基础上，经过综合汇总，将于1991年3月完成《全国农业综合开发区水利规划》报告。

一、全国农田水利发展策略及规划指标

1. 提高农田抗御洪灾的能力　我国有近5亿亩农田易受洪水灾害，如遇一般洪水，现有防洪体系基本上能保障这些农田的正常生产。80年代全国粮食从3000亿kg增加到4000亿kg，是在大江大河基本没有发生特大洪水的条件下实现的。如发生超标准洪水，特别是发生较大洪水，多缺乏可靠对策，对农业生产威胁很大，可能造成较大损失。因此，我国受洪水威胁的地区，特别是大江大河两岸平原、湖泊周边，以及沿海平原，都应重视农田的外部防洪建设，尽可能提高抗御洪水的能力。

2. 改造现有灌排地区中低产田　狠抓灌排工程配套，加强管理，控制合理灌排，使灌排与农业措施密切结合，改造现有7.8亿亩灌排面积中有约一半的中低产田。充分发挥现有灌排地区的增产作用，是当前发展农业最现实的重要途径。

重视灌区节水工程，按节水、节能要求，改造自流、提水灌区、井灌区约4亿亩，其中新增低压输水灌区3000万亩，喷、浇灌面积计划达到2000～3000万亩。

大力治理盐碱地：全国盐碱地主要分布在黄淮海平原、黄河中游和西北内陆河流域，大部分在灌区内，目前已初步改良7000万亩，十年内计划再改造3000万亩。

改造渍害、易涝低产田，南方有几千万亩渍害低产田，北方的易涝地区主要在东北平原及黄淮海平原。从治理情况看，只要结合灌排设施配套，并配合农业措施，效果都很好，全国现有灌排面积内，在十年内将有5000万亩易涝渍害面积得到治理。

3. 积极发展灌排面积　中国农业稳定发展主要依靠灌溉农业，在积极改造现有灌区的同时，要控制灌区耕地面积减少，并在有水土资源条件的地方，积极建设新的灌溉工程，扩大灌溉农田的比重。到2000年全国有效灌溉面积将达到8.0亿亩，其中东北、黄淮海、长江三片总净增面积为6400万亩，占全国净增面积73%。低洼易涝地区在发展灌溉面积的同时，重视排水措施，在一些降雨量能满足农业需要，而不需灌溉的低洼易涝地区，如东北三江平原要发展排水面积，到2000年总面积达到1亿亩。

到2000年全国灌排面积将达到9亿亩，全国平均水利化程度为60%。

4. 加强“雨养农业”地区的农田基本建设　全国现有耕地有一半没有灌溉设施，其中梯田1亿亩，坡耕地约4亿亩，这部分耕地因引水困难，而主要依靠科学利用降水，蓄水保墒，并结合农业措施，发展农业生产。行之有效的办法是筑梯田、打坝地，搞好水土保持；利用有限的水源发展穴灌；对耕地深翻改良，形成海绵地，增强土壤蓄水和保墒性能等。

5. 为新增耕地准备水利条件　为了补偿城镇、工业、交通等占用耕地，和经济发展的需要，全国在2000年计划开垦荒地2000万亩，主要集中在黑龙江及新疆两省、自治区，分别为565万亩和300万亩。开发滩涂1000万亩，其中辽宁、山东、江苏共计740万亩。为实现上述目标，这些地区均必须进行相应农田水利建设，如三江平原防洪排水工程，新疆的水源工程，滩涂开发的淡水供应，防洪、排水、防潮等工程。

此外计划发展饲草、饲料基地灌溉面积1000万亩，需要发展机井，扩大引洪淤灌等水利设施。

二、重点农业综合开发区治理规划

重点农业综合开发区总的开发治理指标为：

规划选定了全国57个重点农业综合开发区，涉及到各省、自治区、直辖市979个县，占全国总县数的

35%。其中，东北片100个县，1987年人均耕地5.4亩，人均粮食858 kg；黄淮海片306个县，1987年人均耕地1.8亩，人均粮食491 kg；长江片262个县，1987年人均耕地1.2亩，人均粮食503 kg；华南片88个县，1987年人均耕地1.1亩，人均粮食354 kg；西南片101个县，1987年人均耕地1.3亩，人均粮食310 kg；西北片122个县，1987年人均耕地2.9亩，人均粮食423 kg。

2000年，全国57个重点农业综合开发区总开发治理面积4.09亿亩，占重点开发区总耕地的一半。

预计到2000年，在4.09亿亩开发治理面积中，通过农林水综合治理可增产粮食515亿kg，占全国增产粮食的55%，平均开发治理面积每亩增产126 kg；预计到2000年，4.09亿亩的开发治理面积中，可增加棉花产量1725万担。

2000年重点开发区4.09亿亩中，主要集中在东北、黄淮海、长江片三片，分别为0.99亿亩、1.33亿亩和0.98亿亩，分别占全国重点农业综合开发区治理面积的24%、33%和24%，三片重点开发区开发治理共需水利项目投资395亿元，占全国重点开发区总投资的72%，平均治理面积每亩投资120元。预计三片重点开发区内治理面积到2000年可增产粮食分别为119亿kg、142亿kg和144亿kg，分别占全国开发治理面积总增产粮食515亿kg的23%、28%及28%，平均每亩增产123 kg；全国重点开发区增产棉花主要集中在黄淮海平原，占全国棉花增产量的一半。

(1) 需要巩固和扩大改造的老商品粮产地，主要集中在平原区，如三江平原、嫩江平原、长江三角洲、长江中下游平原、成都平原、江淮平原、淮北平原、河套灌区、珠江三角洲等。总开发治理面积2.3亿亩，占全国的56%；总投资244亿元，占全国44%；总增加粮食产量297亿kg，占全国重点开发区总增产的58%。

(2) 具有发展前途的新商品粮产地主要分布在丘陵盆地区，如湘南丘陵、赣中丘陵盆地、鄂北岗地、南阳盆地、金衢盆地、闽西北地区、辽河中下游、关中渭北旱原、河西走廊等。总开发治理面积0.70亿亩，占全国治理面积的17%；总投资106亿元，占全国治理面积总投资的19%；总增产粮食93亿kg，占全国治理面积增加量的18%，增加商品粮占全国增加量的30%。

(3) 河北南部平原，山东、河南沿黄平原，以及南疆地区为商品棉生产基地。开发治理面积0.57亿亩，占全国的14%，总投资67亿元，占全国12%，增产商品棉为全国的一半。

(4) 粤西、桂中、滇中、滇西南等6个重点区为甘蔗糖料生产基地；松嫩平原、河套灌区及新疆伊犁河共5个重点区为甜菜糖料基地。

三、农田灌溉与排水发展指标

2000年，57个重点区4.09亿亩治理面积中，改善灌溉面积2.1亿亩，改善涝渍碱面积1.0亿亩，治理涝渍碱面积0.7亿亩，扣去重复量，实际共开发治理2.9亿亩，现有灌区内的大部分中低产田可以得到治理改造，少量高产田可以得到进一步巩固。

在57个重点开发区4.09亿亩面积中，2000年新发展灌溉面积0.79亿亩，新发展排涝面积0.5亿亩，扣去重复量，实际新发展灌排面积1.0亿亩，连同发展0.1亿亩梯田面积，共计为1.1亿亩。

全国农业综合开发区水利规划已在国家农业综合开发中起到了作用，在与农业、林业等有关部门规划的综合协调后，其成果将为指导我国今后10年农业综合开发起到重要作用。

（曾肇京　杨继平）

南水北调工程的前期工作全面进展

南水北调的总体设想包括西线、中线、东线和引江济淮各项调水工程，在水利部长江水利委员会编制的《长江流域综合利用规划简要报告》上，南水北调作为长江流域水资源综合开发利用的一项重要内容进行了方向性的全面概述。1990年9月，国务院同意并批转了全国水资源与水土保持工作领导小组对《长江流域综合利用规划简要报告》的审查意见。南水北调各项工程的规划有了一个重要的依据。

南水北调东线工程的前期工作在1990年取得了重要进展。根据国家计委1988年《关于南水北调东线第一期工程设计任务书审查情况的报告》提出的要求，由水利部南水北调规划办公室主持，淮河水利委员会、海河水利委员会和天津勘测设计院参加，共同编制了《南水北调东线工程修订规划报告》、《南水北调东线工程修订规划简要报告》，1990年5月完成。该报告是对1977年水利电力部、交通部、农林部和第一机械工业部向国务院联合上报的《南水北调近期工程规划报告》的修订补充。自1977年以来，全国的经济形势发生了很大的变化，对水资源开发利用提出了新的要求，南水北调及其它水资源开发利用措施的规划和研究也取得了许多新的成果。1990年5月提出的《修订规划报告》，对南水北调东线工程的必要性、迫切性与可能性作了进一步论证，认为华北缺水已成定局，这项工程的建设已刻不容缓，第一期工程应立即起步。修订后的南水北调东线工程近期规划方案以2020年为规划水平年；供水范围包括北京、天津两市的生活与工业补水，河北黑龙港运东地区、鲁北地区、南四湖及骆马湖地区、江苏淮河下游平原部分地区，以及安徽蚌埠闸以下淮河平原部分地区的城市、工农业补水和现有供水条件的改善，另外还考虑了山东胶东部分重要城市的补水；调水工程的设计规模为抽长江水能力1000 m^3/s，穿黄河送水能力400 m^3/s，到京津的送水能力180 m^3/s；多年平均抽长江水量为191.5亿m^3，过黄河水量为80.1亿m^3；全线多年平均净增供水量为143.3亿m^3，其中黄河以北64.7亿m^3；主体工程的主要工程量土石方为7.76亿m^3，新增和扩建泵站35处，新增装机容量92.18万kW，静态总投资111.67亿元（1988年价格）；全线平均年增加1m^3水的投资为0.81元，每立方米水的静态成本为7.8分，送到天津的单方水投资为1.36元，单方水静态成本为11.7分。《修订规划报告》还对南水北调东线第一期工程修订方案提出了规划意见，根据国家计委对原第一期工程方案的审查意见，把供水范围从黄河以南扩展到京津冀地区，并把供水目标确定为在2000年以前基本缓解京津冀的水资源危机和解决输水沿线严重缺水地区的补水要求。

在征求了各有关省市和部门对南水北调东线工程修订规划的意见之后，水利部南水北调规划办公室主持编制了《南水北调东线第一期工程修订设计任务书》，1990年11月完成。第一期工程的修订方案考虑了南水北调东线工程便于分期实施的优点，先按较小规模把调水工程全线打通，用较少的投资先解决最迫切的缺水问题，以后再根据社会经济发展对供水的要求，逐步扩大调水规模。南水北调东线第一期工程调水规模为抽江600 m^3/s，穿黄200 m^3/s，到京津100 m^3/s；多年平均抽江水量为88.5亿m^3，调过黄河28.7亿m^3，到京津13.7亿m^3；多年平均净增供水量68.8亿m^3，其中黄河以北24.2亿m^3。主体工程的主要工程量为土石方2.8亿m^3，新增和扩建泵站22处，新增装机容量36.7万kW，静态总投资57.85亿元（1990年价格）。第一期工程的主要效益包括：为沿线城镇居民提供生活用水，解决冀、鲁、苏三省部分高氟水地区580万人的饮用水源，为京、津及沿线中小城市提供工业用水22.5亿m^3，改善和发展灌溉面积2474万亩，补充航运用水，改善京杭运河济宁至扬州段的通航条件；对华北地区由于严重缺水和过量超采地下水而造成的环境问题起一定的改善作用，提高淮河流域低洼地区的除涝能力。

南水北调中线工程的前期工作在1987年提出《南水北调中线规划报告》的基础上，水利部长江水利委员会根据各方面的意见进行了修订补充。1990年开始着重研究汉江丹江口水利枢纽后期完建工程及调水方案的可行性研究，预计1991年可提出初步成果。另外，结合“七五”国家重点科技攻关“三峡工程综合利用效益研究，水利部长江水利委员会与水利水电科学研究院水资源研究所共同进行了《三峡工程与中线南水北调工程的相互影响分析》，1990年11月提出了报告。报告对南水北调中线工程远景从长江干流引水问题作了初步的探讨，考虑2050年的要求，提出在完成东线工程和中线引汉工程远景规模的基础上，中线从长江干流引水工程的规模为年调水量200亿m^3。

南水北调西线工程的超前期工作，按照国家计委下达的任务，水利部黄河水利委员会勘测规划设计院1990年完成了《雅砻江调水规划研究报告》的分项规划与研究成果，报告文件预计在1991年完成。参加这项工作的单位除水利部黄河水利委员会外，还有地矿部、国家地震局、中国科学院冰川冻土研究所、国家计委国土研究所、水利部长江水利委员会以及有关各省的部分单位。1990年10月，国家计委批准了《南水北调西线工程超前期工作任务书》。

（陈春槐）

堤防、蓄滞洪区与河道整治

一、堤防工程

(1)松花江干流堤防，全长1300余km，分属黑龙江和吉林省管辖。

黑龙江省境内堤防长1231 km，保护着865万亩耕地，124万人（以上数据均不含已单独防护的哈尔滨市）。

吉林省境内堤防长70.05 km，保护349万亩耕地，8万余人。

该工程的可行性研究报告，已由黑龙江、吉林两省分别编制，并报水利部审查。

(2) 长江中游界牌河段堤防。界牌河段位于城陵矶以下20 km，河道全长38 km。左岸主要为湖北省洪湖市所辖长江干堤，堤长28.0 km，是洪湖蓄洪区围堤的组成部分，保护蓄洪区内140万亩耕地，94万人；右岸为湖南省临湘县临江大垸，堤长34 km，保护该垸24.7万亩耕地，12万人。

该河段涉及航运和防洪问题，水利、交通有关部门共同编制可行性研究报告，经两部先后组织审查，并将审查意见报国家计委。

二、蓄滞洪区工程

洪湖分蓄洪区二期工程。该工程是处理长江中游城陵矶地区超额洪水，遇1954年型洪水承担分蓄洪160亿m^3的大型蓄滞洪区。其围堤总长334.51 km，其中长江干堤226.85 km，东荆河堤42.84 km，主隔堤64.82 km。第一期工程自1972年开工，现已基本建成，主要完建项目有：主隔堤及其配套涵、闸、桥工程，高潭口排水泵站，长64.82 km的洪排河。第二期工程初步设计已编制完成并报送水利部审查，其主要工程项目有：围堤加高加固，安全建设，分洪口门，工程管理等。

（王中礼）

水利水电建设技术标准的发展及现状

水利水电技术标准，是水利水电建设规划、勘测、设计、施工和组织现代化生产的重要手段，是保证工程建设质量、组织工程验收的主要技术依据。随着水利水电建设的发展和经济体制改革的不断深化，越来越显示出技术标准在搞好宏观决策、加强基本建设全过程管理等方面的重要作用。

新中国成立初期，我国水利水电建设主要是套用或借鉴苏联等国外技术标准，随着水利水电建设事业的发展，1953年至1955年期间，当时的燃料工业部及后来的电力工业部、水利部先后颁发了一部分试行的专业规程或规范。1958年以后，我国先后建成了新安江、三门峡、柘溪等一批大中型水利水电工程，为进一步制定符合我国国情的技术标准创造了条件。1960年开始，原水利电力部先后开办了一批水利水电建设的有关专业规程规范研究班，制定了一批规程规范草案，虽然有些规范后来未正式颁发执行，但实际上起到了规程规范的作用。

十年动乱期间，由于极“左”路线的干扰破坏，已颁发的技术标准不能贯彻执行，而技术标准的编制、修订工作处于停滞状态。水利水电技术标准编制和修订工作全面系统地开展，是在1978年党的十一届三中全会以后。1979年7月31日，国务院发布了《中华人民共和国标准化管理条例》，强调执行标准化是国家的一项重要技术经济政策，各类工程建设应当统一技术要求，制定技术标准并认真贯彻执行。据此，当时的水利电力部水利水电建设总局和现在的水利水电规划设计总院，全面组织开展了对规划、勘测、设计方面的技术标准的编制和修订工作。

为了使技术标准的编制、修订工作走上正规，在清理已经颁发和在编的技术标准的基础上，于1988年4月制定了《水利水电勘测设计技术标准体系》，该

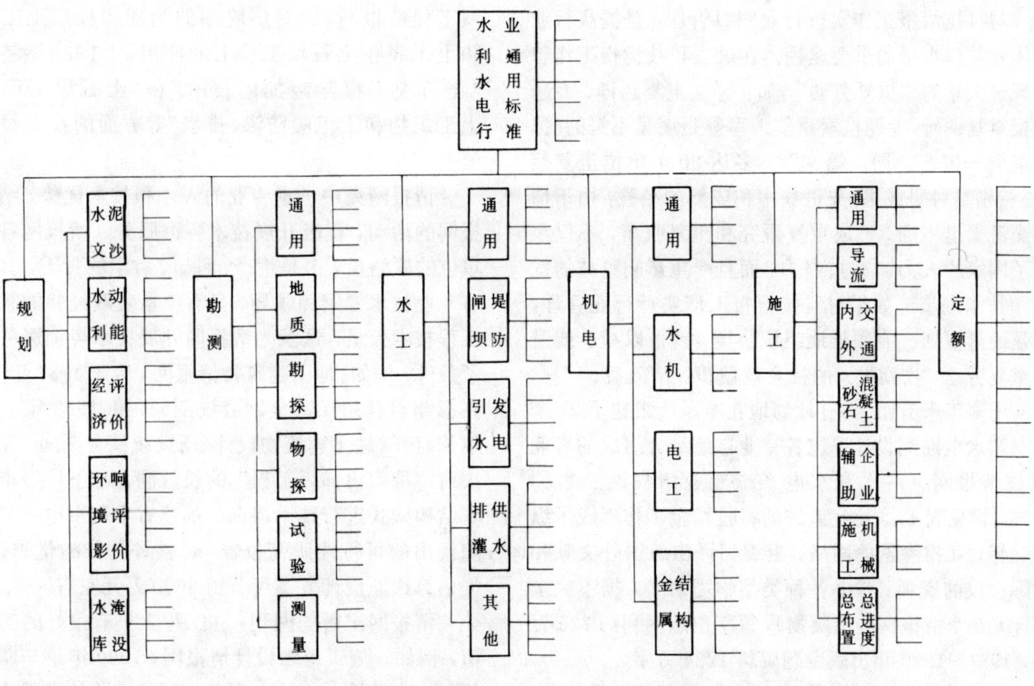

水利水电勘测设计技术标准体系框图

体系已于1988年9月9日经能源部、水利部批复，原则同意按此体系进行水利水电勘测设计技术标准的编制、修订工作。为了加强水利水电勘测设计行业管理的技术立法，水利水电规划设计总院正在组织有关勘测设计单位抓紧进行工作，力争于“八五”期间基本完成《水利水电勘测设计技术标准体系》这项艰巨的技术立法任务。

现将水利水电勘测设计技术标准体系框图介绍如上页框图。

框图中的技术标准分为：水利水电行业通用、规划、勘测、水工、机电、施工及定额7个部分。各部分的具体技术标准体系表从略。

（张余祥）

科技情报行业管理

全国水利水电勘测设计系统，从水规总院到部属流域（委）院和省、自治区、直辖市属设计院。大多数单位均设有科技情报机构。根据原水利电力部确定总院对全国水利水电建设的前期工作进行行业管理的要求，我院分别于1984、1988年颁布了《水利水电前期工作专业情报网工作条例》和《水利水电勘测设计科技情报工作管理暂行办法》，把本系统的科技情报工作纳入有组织、有计划的行业管理的轨道。

对科技情报工作实行行业归口管理，是提高行业整体效益和水平的重要途径。在过去科技情报工作曾出现过大量的“重复劳动”，如：译文重复翻译、专题情报重复调研、专题检索重复编写等是屡见不鲜的。据了解同一内容、同一篇文章，多达20个单位重复翻译。特别是科研成果、先进技术和成熟的经验，由于情报交流渠道不通，造成重复研究和重复收集，不仅浪费了国家的人力、物力、财力，而且严重影响科技的发展和技术进步。如果对科技情报工作实行行业管理，加强统筹规划、有领导地组织协调，就可以减少或避免重复劳动，收到更大的社会效益和经济效益。

十多年来有组织、有计划地在本系统组建了21个以水利水电勘测设计单位各专业自愿结合组成的专业科技情报网（占水利水电系统专业情报网总数的50%，详见表1）。使我系统的科技情报工作形成了纵横交错，互相渗透的网络；组织翻译出版国外文献和国际会议的资料；举办各种类型学习班等，据不完全统计（18个情报网的出版物），每年出版网刊约725万字，1987～1990年出版专题资料1284万字。

为了进一步沟通各设计院生产、科研等情报信息，总院于1988年组建了有部流域（委）院、直属院和省、自治区、直辖市属设计院情报部门参加的“水利水电勘测设计情报工作协作组”。通过几年的实践表明，对各单位的科技情报工作起到了协调作用，并于1988、1990年由协作组组织翻译出版苏联《水工建设》和英国《水力发电》两种期刊，避免了译文的重复劳动。为了沟通情报信息，于1988年出版了《水利水电勘测设计情报动态》，对及时沟通水利水电勘测设计系统信息发挥了很大的作用。

专业科技情报网是各专业同行之间，各单位自愿结合组成的有计划开展情报工作的协作组织。情报网经过十多年的实践，进一步发展成跨部门的全国性的科技情报网络。其主要任务是：组织网内的科技力量，广泛搜集和及时传递本专业国内外科技情报信息；组织开展科技情报专题调研；组织先进技术和情报工作经验交流，以及技术咨询服务。

情报网的活动计划，紧密结合规划、勘测、设计、科研所提出的课题，既结合普遍遇到的问题，又针对当前工程设计中碰到的主要问题。例如：在水文科技情报网成立初期，环绕推广应用暴雨等值线图，计算可能最大暴雨和推算最大设计洪水，曾按不同地区、不同雨型组织召开了经验交流会。又如：混凝土坝情报网，在1988年制订了“碾压混凝土坝”、“高坝泄洪与消能”、“混凝土坝维护与加固”等专题的学术经验交流会，这对于促进、推广碾压混凝土筑坝技术、推动今后高坝建设起到了应有的作用。再如：土石坝工程情报网，针对病险库的治理和推广土工织物和土工膜在土石坝工程上的应用，于1988年制定了“土石坝工程除险加固技术”和“土石坝工程采用土工织物和土工膜防渗、排水”等方面的技术经验交流会。

情报网集中了本专业的人才和技术优势，结合情报网的活动，积极开展技术咨询服务。情报网各网员单位的联络员，多是生产、科研、教学的骨干，其中既有专业技术专家和领导，又有丰富实践经验的教授和工程技术人员，这就为情报网开展技术咨询服务创造了条件，例如：地下建筑物情报网，曾于1987年11月在福州召开第三次全网会议期间，和1989年7月在福州召开《地下建筑物设计手册》统稿会期间，先后两次对“穆阳溪梯级工程”的长隧洞、地下厂房布置及其结构型式进行技术咨询。福建省水利水电勘测设计院提出的可行性研究报告，已被评为省的优秀设计，据估算比原设计方案可节约3000万元左右。

情报网出版的网刊，在工程上具有很好的实用价值，例如：施工组织设计情报网，1990年第一期刊登的《南水北调（东线）穿黄探洞预灌浆技术措施》一文的经验，辽宁省富尔江引水工程8600 km长的隧洞，在施工组织设计中，对一条 300 m 宽的断层破碎带的处理，是经过详细调研后，而采用了该篇文章介绍的预灌浆方法。采用第一洞线方案，可比第二洞线节省 100 多万元投资。

表1 水利水电勘测设计专业情报网表

序号	情报网名称	建网时间	网员单位数	网长单位	网刊名称
1	水文水资源科技情报网	1977.4	205	水利部长江水利委员会水文局	水文科技情报
2	水能技术经济情报网	1980.10	118	中南勘测设计院	水能技术经济、水能技术经济动态
3	水利水电测量技术情报网	1982.9	120	天津勘测设计院	水利水电测量
4	水利水电钻探情报网	1983	51	水利部松辽水利委员会勘探公司	水利水电钻探
5	水利电力物探情报网	1976.10	58	水利部黄河水利委员会物探大队	工程物探
6	水利水电工程地质情报网	1982.12	120	水利部长江水利委员会勘测总队	工程地质
7	水利水电混凝土坝情报网	1976.10	65	成都勘测设计院	混凝土坝技术
8	水利水电土石坝工程情报网	1983.12	93	北京勘测设计院	土石坝工程
9	水利水电地下建筑物情报网	1981.2	78	成都勘测设计院	地下工程技术
10	水利水电泄水工程与高速水流情报网	1977.2	72	水利部松辽水利委员会科研所	泄水工程与高速水流
11	水利水电施工组织设计情报网	1984.3	62	水利部松辽水利委员会东北勘测设计院	施工组织设计
12	水力机械设计情报网	1979	100	中南勘测设计院	水力机械
13	水利水电金属结构设计情报网	1979	89	中南勘测设计院	金属结构
14	水电电气设计技术情报网	1981.4	53	华东勘测设计院	水电电气设计
15	水电站电工二次设计情报网	1983	34	水利部长江水利委员会机电处	水电电工二次设计通讯
16	水电通信技术情报网	1983	38	水利部松辽水利委员会	水电通信技术
17	水利水电暖通与空调情报网	1978.6	37	华东勘测设计院	水电暖通空调技术、水电暖通空调动态
18	水电机电安装技术情报网	1978.1	102	能源部地质勘探机电研究所	水电站机电技术
19	水利水电勘测设计标准化情报网	1989.9	50	北京勘测设计院	水利水电勘测设计标准化
20	水库经济情报网	1988.12	35	水规总院规划处	水库经济动态
21	水利水电环保情报网	1991.6	84	中南勘测设计院	水利水电环保动态

情报网是紧紧围绕工程的规划勘测设计实际开展活动的。衡量一个情报网活动效果主要看是否取得了社会效益和经济效益。为此总院于 1984 年颁发了《水利水电勘测设计专业科技情报网评比条件和奖励暂行办法》，每三年评比一次优秀情报网、网刊，对参加情报网活动并作出显著成绩的单位或个人给予表彰和奖励。曾于 1986、1991 年进行了两次评比工作，1991 年评出优秀情报网：一等 5 个，二等 9 个；优秀网刊：一等 4 个，二等 6 个；情报网活动积极分子 126 人（名单略）。

随着进一步深入改革开放，对勘测设计单位情报工作的行业归口管理，还有许多工作需要探索，诸如：各设计院正在开始建立各专业、专题的数据库，如何作好统一规划、协调分工，以避免或减少重复劳动，达到减少人力、财力、物力的浪费。

（谢授麟）

工 程 物 探

1990年是工程物探成果喜获丰收的一年，新技术、新方法、新仪器的研究与应用，使工程物探增添了新的活力，发挥出更大作用。

一、科技攻关方面

（1）“七五”攻关项目17-3-1“勘测新技术研究”专题的物探子题成果1990年8月分别通过鉴定。现分述如下：

1）长江勘测技术研究所完成的“钻孔综合利用研究”，利用CCD摄象器件、图象处理技术、钻井声场研究等当前科学技术的最新成果及计算机技术，继研制成功ZCD-50型ϕ50 mm钻孔彩色电视系统后，又研制成功XSC-1型小口径全波列数字声波测井仪、3000系列综合测井仪数据采集系统和开展了钻孔电视图象处理的研究。

XSC-1型小口径全波列数字声波测井仪采用长源距，一发双收井下声系，地面微机控制，数据自动采集并存盘，深度控制，连续自动测量。应用开发的处理软件可对全波列进行频谱分析、衰减分析、计算地层的弹性参数和绘制声测井各种曲线图。

3000系列综合测井仪数据采集系统是在保留了原测井仪模拟记录的同时，经过数据采集器应用便携式微机对测井资料进行数据采集、处理、综合分析和解释。数据由测井深度信号控制连续自动采集，采样间隔由软件控制，在1～9 cm范围内任选。3000系列综合测井仪数据采集系统的研制成功为利用现有设备开展数字测井，提高水文、工程测井质量创造了条件。

钻孔电视图像处理，将图像处理技术应用于钻孔地质分析，丰富了钻孔地质资料内容。

“钻孔综合利用研究”成果形成的数字化多参数的钻孔综合测试仪器系统，先后在八盘峡、葛洲坝水电站，铜陵长江大桥，樟河水库，王甫洲水利枢纽等工程中应用，取得了较好的效果，解决了工程勘察中的一些疑难问题。

2）由北京、成都勘测设计院，松辽委东北勘测设计院和长江水利委员会物探队等单位共同完成的“浅层反射波法及数据处理研究”，已达到推广应用阶段。

在野外工作方法研究方面，在最佳窗口法的基础上研究并应用等偏移距法、CDP水平叠加以及CDP水平叠加与互换反射测深法相结合的浅层地震反射法，在实际工作中获得了4 m～280 m的反射地震资料；同时还仿制了震源枪。

在数据采集与处理研究方面，研制成功ES磁盘采集接口，实现了应用便携式微机在现扬数据采集与适时处理系统一体化。

现在开展浅层反射的野外工作方法、数据采集和数据处理一整套方法已经形成，并在四川紫坪铺水库、吉林松山引水洞线等工程中应用，缩短了工期、降低了造价、提高了勘测成果质量，有效地解决了探测覆盖层厚度、基岩风化层厚度和地质分层等任务。

3）由贵阳勘测设计院完成的“微伽重力仪探测岩溶技术的研究”，通过大量野外实测工作，掌握了微伽重力仪的特性。并根据探测对象是埋在地下的浅小构造及岩溶洞穴其在地表产生的重力异常微弱的实际，总结摸索出一套适于野外和室内工作的技术方法。在贵州东风、猫跳河四级水电站和贵阳市南郊公园白龙洞等岩溶探测的生产和试验中发挥了较好作用。此项研究填补了国内空白，为水电工程岩溶探测增加了一种新的手段。

（2）长江水利委员会物探队承担的“层析成象在船闸区的开发应用”是“七五”攻关项目16-4-5-1三峡工程船闸高边坡施工工程地质特性研究中的一个小题，1990年10月通过鉴定。

应用计算机层析成象技术这一研究成果，对长江三峡三斗坪坝址、乌江构皮滩坝址平洞、断层等的地震CT、电磁CT资料成象结果均取得与地质情况基本吻合的效果。

这项成果是国内率先在生产实际中应用地震CT取得的成果之一，实际应用中具有创造性。电磁CT的研究也取得良好的地质效果。

二、物探技术发展方面

（1）地下管线不清，常给城建施工和经济建设造成重大危害。为了解决这一难题，黄河水利委员会设计院物探大队从探测地下管线的地球物理前提出发，应用管线探测仪、地质雷达等仪器在河南郑州、焦作、新乡和湖北丹江口等地开展了地下管线探测研究，取得了良好效果。目前探测的地下管线包括各种性质的电力电信电缆、各种金属管道及不同管径、埋深的水泥、陶瓷管线。定位误差小于±10 cm，测深范围1～6 m（与地下土壤条件有关），深度误差在5%～10%。

（2）贵阳勘测设计院、长江水利委员会物探队、黄河水利委员会设计院物探大队先后与中国地质大学（武汉）协作，将探地雷达引入工程勘察。

在广西天生桥水电站、河南郑州黄河大堤和湖北长江三峡三斗坪工地的试验结果表明：探地雷达在工程地质勘测领域具有广泛应用前景，可在各种岩石和土层中探测洞穴、裂隙和断裂等地质现象进行超前预报和指导隧洞洞壁衬砌。

三、全面质量管理方面

随着勘察设计单位推行全面质量管理工作的深入开展，物探质量管理小组工作取得显著成绩。

1990 年 5 月在由建设部主持召开的有 41 个勘察系统所属勘察设计单位的 145 个优秀 QC 小组申报参加的，“1990 年度国家工程建设（勘察设计）优秀 QC 小组成果发布会”上，松辽水利委员会东北勘测设计院“浅层反射波法 QC 小组”、贵阳勘测设计院“微重力攻关 QC 小组”，被评为国家工程建设优秀 QC 小组。东北勘测设计院“浅层反射波法 QC 小组”还获得全国优秀 QC 小组三等奖。

（马春祥）

测 量 进 展

(1) 1990 年 1 月，在浙江省杭州市召开了由华东勘测设计院测量队完成的“利用 UMK 低空摄影研究”的鉴定会。华东勘测设计院测量队，在没有正规航摄仪的情况下，利用 UMK 摄影经纬仪镜头进行大比例尺(1：1000～1：2000)的低空摄影试验，经过几年的努力初步得出了一些有用的经验，达到了国内先进技术水平。但是，采用此法进行低空摄影时，像片旁向重叠、像片倾斜角和旋偏角还不大理想，最好用航摄仪和直升飞机进行低空摄影较为理想，可获得更好的成果。

(2) 1990 年 4 月，在湖南长沙市召开了由中南勘测设计院测量队完成的“电磁波测距三角高程代替三四等水准测量研究”的鉴定会。中南勘测设计院测量队在收集有关资料和按照单向、对向以及隔点设站所组成的不同高程路线多次试验的基础上，从理论上研究了红外测距三角高程所能达到的预期精度，确定了它和相应等级水准测量的精度关系，提出了作业细则和限差，得出了“电磁波测距三角高程，当天顶距误差 $m_a \leqslant \pm 1\overset{''}{.}5$ 时，边长在 40～1100 m 和 20～2500 m；或者当天顶距误差 $m_a \leqslant \pm 2\overset{''}{.}0$ 时，边长在 40～500 m 和 20～1500 m 的情况下，可以分别代替三四等水准测量”的结论，研究成果达到了国内先进水平，对水利水电工程测量规范的修订提供了很有价值的参考资料。

(3)1990 年 11 月，黄委勘测规划设计院测绘总队测制的“黄河小浪底 1：1000 比例尺地形图”和松辽委勘测公司测绘的“第一汽车制造厂汽车试验场高速环形跑道测量”，被国家测绘局评为部级优秀测绘产品。

(4) 松辽委勘测公司测量队在中苏联合开发黑龙江和额尔古纳河段的工作中，和苏方测量队共同进行了“1985 国家高程基准”和“1977 年波罗的海高程系”的连测，同时还为规划工作的需要而做了一些测量工作。

(5) 1990 年，海河水利委员会结束了海河流域二三等水准测量的外业测量工作，并在下半年开始进行水准网的平差工作。淮河水利委员会组织进行了淮河流域二三等水准测量的外业观测工作。

（赵元昌）

计算机在水利水电工程地质工作中的应用

自从 1987 年水利水电勘测设计计算机应用第一次工作会议以来，在各级领导的支持关怀以及勘测事业工程技术人员的共同努力下，计算机在勘测各专业的应用有了较大进展。各直属院、流域机构设计院不同程度的增加设备；有些院调整了机构，以利计算机应用工作的开展；引进和开发了部分软件。目前各勘测专业在计算机应用的广度和深度上不尽相同(物探、测量相对来说应用广泛)，工程地质专业方面的应用与其他专业比较，相对来说起步较晚，与当前提高勘测质量、缩短勘测周期的要求还不相适应。为了贯彻第二次工作会议精神，使计算机在工程地质勘测中得到推广应用，逐步形成生产力，各直属院、流域机构设计院以 CAD 的开发应用为重点，拟定了“八五”期间的开发计划。近年来，在工程地质专业方面，计算机应用的发展有以下两个特点：

(1) PC-1500 袖珍机的引进为计算机的应用起到推动作用，该机价格性能比高、适合野外现场作业，工程地质绝大多数的常规计算和较大的专业单项计算、一些小型曲线图等均能完成。因此在基层单位、野外现场、室内资料整理得到了广泛应用，工程地质人员努力开发了为数不少的应用程序。新疆水电勘测设计院和天津勘测设计院为推广普及 PC-1500 机起到重要作用，两院合编的《水利水电 PC-1500 程序集》(88 版) 在勘测方面有土工试验资料整理软件包及测量专业软件包。今后，会在工程地质人员支持下补充、完善工程地质方面的软件内容。

(2) 为提高生产力，保证勘测成果质量，各直属院、流域机构设计院、部分省院的勘测单位，首先在微机上开发、引进有关工程地质勘测资料整理和图件绘制软件。北京勘测设计院、天津勘测设计院、黄河水利委员会设计院、云南省水利水电勘测设计院采用Auto CAD，山东省水利勘测设计院用Fortrau语言编制绘制基岩钻孔柱状图和剖面图软件。除此，东北勘测设计院、中南勘测设计院、广西电力局勘测设计院也先后引进开发有关软件。这些院已基本或完全代替手工绘制钻孔柱状图和剖面图，累积绘图均超过千张以上，提高工效4～6倍，减轻地质人员的繁琐劳动。

除上述特点外，大量的勘测试验资料的采集、整理、绘图多由计算机完成，如岩石、土工、渗流、材料、化学的试验资料采集、整理节约了人力、物力，提高了数据的准确性。西北勘测设计院大型滑坡及其碎石流流速计算中，对碎石流运动建立了流体动力学计算模型，已应用于甘肃沙勒山滑坡和龙羊峡七号地段滑坡分析，取得较好效果。黄委会勘测设计院开展了《小浪底地质资料数据库》和《黄河土工资料数据库》建库工作。中南勘测设计院、采用块体稳定分析程序进行地下洞室和开挖边坡的稳定分析和地质资料的分析。

今后，准备组织开展以"地质CAD"为开发重点，从工程地质勘测实际出发形成实用的系统程序，提高工程地质勘测应用水平。在设备分配，资金补助方面对工程地质专业的计算机应用，希望各院领导给予优惠安排。

（郁绮霞）

水利水电勘测设计系统计算机应用工作

1990年底，水利水电勘测设计系统召开计算机应用第二次工作会议，总结"七五"成绩，交流经验，表彰先进，部署"八五"规划，修订健全规章制度，为进一步加速计算机应用的步伐，提出到本世纪末，在计算机应用的深度和广度上达到发达国家80年代初期水平的奋斗目标。

"七五"期间，水利水电勘测设计系统的计算机应用工作发展很快，成绩很大。总的情况是：在勘测设计中电算的覆盖面逐步扩大，已成为工程设计中不可缺少的重要手段，设计人员离开计算机已难以工作，通过计算机的应用使设计方案更加优化，设计成果的质量显著提高。因此，各级领导、广大工程技术人员对计算机作为生产力的观点，对计算机应用的意义和作用在认识上有了很大的提高，从而使全行业内初步形成了计算机应用的生产能力。具体表现是：硬件环境有了较大的改善；分析计算软件已基本上配套；CAD的开发和应用初见成效；数据库开发具有一定规模；信息管理的试点有所进展；人员素质和管理水平不断提高；计算机应用效益更加显著。实践表明：计算机技术在勘测设计中的广泛应用，是提高设计质量、缩短设计周期、降低工程造价、加快建设进度的重要手段，更是推动技术进步、增强竞争实力的重要战略措施。

从硬件环境的改善状况看："七五"初期，全行业只有PDP、VAX中小型机近10台；微机百余台；PC－1500袖珍机也仅数百台。几年来，虽水利水电行业资金短缺，但各院仍发扬自力更生、艰苦创业的精神，硬件装备还有一定增长。目前全行业有VAX等中小型机30台；Apollo与Intergraph CAD工作站近50台；微机700余台（其中CAD工作站近百台）；PC-1500袖珍机近万台。特别应该提到的是：1985年之前，不少省属设计院还没有或只有少量低档微机，而现在却大多配置了286、386等高档微机，其中如广西、广东、辽宁、黑龙江、新疆、山西等院还配置了VAX机或Apollo CAD工作站，使硬件设备有了一定的改善。

"七五"期间，各专业软件的开发和应用取得了比较突出的成绩，覆盖面不断扩大，应用软件基本配套，已基本满足勘测设计各专业的需要。据不完全统计，目前全系统拥有的应用软件共分六类近千个，并已直接用于生产，取得明显效益。其中有一批具有较高实用价值的成果。例如：

(1) 水利水电工程设计分析计算软件包：软件包共有13个子系统，130多个应用程序，5个数据库，共约160万条语句，规模较大，包括VAX机及微机两个版本。13个子系统是：重力坝、拱坝、土石坝、厂房及闸门、引水道、结构分析、水能计算、工程水力学、工程概预算及施工计划、设计规程规范数据库、水文资料及大中型工程资料数据库、工程图纸及图书资料管理、软件包管理等。是一个比较完整、功能较全、适应性较强、使用方便的分析计算软件包，它的推广应用，将使水利水电规划设计的分析计算工作达到一个新的水平。

(2) 水利水电工程PC-1500程序集：它包括17个软件包（按专业分）166个程序，这些程序都是按有关规程规范的要求和设计的常用算法编制的，理论正确并经过几年来工程实践的考验，可适用于中小工程的绝大部分常规计算，同时也可用于大型工程的可行性及初步设计。目前已在全国各省、市、地区、县级水利水电设计单位推广应用，受到广泛欢迎。

(3) 各直属院、省院多年来结合生产需要，研制了一批地质、测量、规划、水工、施工、机电、概(预)算等专业的分析计算程序。

计算机辅助设计(CAD)是1987年从国外引进的,当时全系统共有18套以APOLLO为主机的CAD工作站,1989年长办,黄委又引进了INTERGRAPH CAD系统。与此同时,AUTO CAD在水利水电系统逐步推广,使CAD技术的开发和应用在全行业较普遍地开展起来了。在短短几年里,经过消化、吸收和二次开发,使全行业的CAD取得了初步成效,已开发出一批可喜的CAD成果。例如:

(1)拱坝CAD系统,是中南院在APOLLO工作站上开发的。它依据我国现行的拱坝设计规范要求,模拟拱坝的设计过程,采用人机交互方式进行设计,这个系统具有体形设计、应力分析、稳定分析、体形优化、细部构造设计及绘制工程图纸的功能。并已先后用于东江的复核、广东花山、鱼跳、广西爽岛、湖南石磨潭等拱坝的设计,都取得了满意的成果。

(2)厂房CAD系统,东北院在APOLLO CAD工作站、天津勘测设计院在微机CAD上开发了两个不同版本。它们都模拟了水工专业在初设阶段对厂房布置的设计流程,把方案布置、分析计算与绘制设计图融于一体,采用人机交互方式进行设计,并绘制厂房的平面布置图和剖面图。在此基础上,现在逐步实现技施阶段的厂房结构设计。

与上述两CAD软件配合的而且已在系统内推广应用的水机厂房布置CAD系统,是华东勘测设计院在APOLLO机上,西北勘测设计院在微机上开发的。它能根据给定的单机容量、台数、运行水头等参数,完成水轮机选型,运行特性曲线绘制和调速器等主要设备的选择,进而拟定厂房尺寸及绘制主厂房横剖面及平面图。实际上,厂房CAD系统边开发、边应用、边维护,不仅解决了工程设计的需要,而且软件本身也不断增加新的功能。

(3)除上述外,一些单位还开发了不少CAD软件,如水能规划CAD、重力坝、土石坝、及其它水工建筑物的CAD系统及测量地形图、钻孔柱状图、地质剖面图、电气一次、二次、闸门、启闭机、吊车梁、皮带机图等绘图软件。有些省院还开展了河道及渠系布置CAD等的软件开发和应用。同时结构分析计算的大型程序如SAP5 ADAP ADINA FINAL等都配置了前后处理功能。

数据库系统自1987年开始由华东勘测设计院牵头在VAX/RDB·FMS·CDD上着手建立《水利水电工程勘测设计专用数据库》,已完成了系统分析及总体设计报告,并根据目前实际情况,本着“先易后难,逐个解决”的方针,在极为庞大和复杂的6个子系统的近百个子库中,陆续建立起规程规范数据库,国内外水利水电工程特性资料库等12个子库。

信息管理(MIS)。“七五”初期,各单位在计划、财务、人事、图书档案等业务部门,对部分业务采用单机进行管理。随着计算机硬件功能的提高及网络系统的推广应用,近两三年来,信息管理已由单机向网络系统发展。水利水电规划设计总院做了多机连网的尝试,目前联网及软件开发已基本完成。西北勘测设计院采用3+网联网方式,建立了6个职能处室为子系统的信息管理系统。

“七五”期间,计算机管理水平和软件开发人员素质均有提高。硬件及系统维护人员精心维护设备,全行业设备利用率及完好率较高,未发生重大事故。如西北勘测设计院从1986~1989四年间,VAX机累计运行1.1万h,CPU8000 h,接待长期用户170个,用户数据占磁盘空间达765MB以上。机器利用率一直保持在较高水平上。华东勘测设计院VAX系统人员在VAX上应用DBMS、RDB等系统软件开发大型数据库。中南勘测设计院在Apollo机安装后不到三四个月就首先配上了汉字并与微机联机,以充分发挥Apollo机和微机的不同功能。最近不少院又在中小型机与微机上推广功能更强的ORACLE数据库和Micro Station绘图软件。

几年来,各院建立了各类人员的岗位责任制,各类工序的管理办法,软件产品质量的考核办法,设备维护制度等,特别在推行TQC之后,这些规章制度更加充实完善。

由于软件开发人员素质的提高,采用软件工程的方法开发软件。如中南勘测设计院开发的拱坝CAD系统,天津勘测设计院开发的厂房CAD系统,都在开发过程中经过了系统分析、系统设计、模块编制、软件测试、维护各阶段。每个阶段要求明确、任务具体、思想清晰,各阶段的工作均以前一阶段的工作成果为依据,又为下一阶段的工作提供前题。因此所开发的软件质量好、实用性强、充分满足用户的需要,具有商品化的特点。同时,为CAD软件开发提供了一个良好的范例,对推动全行业的计算机应用工作起了积极作用。

充分利用现代计算机系统的功能,使工程设计人员摆脱繁琐、重复的计算与绘图工作,加快了设计速度,缩短了设计周期,解决了手工设计难以解决的困难,从而提高了设计水平与设计质量,降低了工程造价,经济效益和社会效益十分明显。

根据广西院的统计,用微机CAD设计建筑图,可提高工效10~15倍,而且直观,容易修改利于多方案比较;用微机设计钢筋混凝土框架,从输入数据到进行结构分析计算及绘制1号图只需2 h，而过去在得到分析计算的前提下，仅手工制图、描图就要7个工日；用电气二次接线CAD软件包设计接线图，可提高工效10～15倍，如建立了标准图形库后更可提高工效20～30倍。此外如设计施工总进度图用CAD可提高工效30～40倍。近年来，广西院利用CAD系统为岩滩、长洲、洛水水电站等30个工程共绘制各类图纸2200多张，在长洲水电站可行性研究中用CAD做了25个方案，绘制图纸30多张，最后选定了最优方案。"七五"期间，他们为计算机投入了350万元，产生了1023万元的效益。CAD在广西院已形成一定的生产力，为增强院的竞争力作出了贡献。

西北勘测设计院在李家峡电站设计中，对坝体型式进行优化，经过120多种方案比较，包括综合考虑枢纽布置、坝体稳定、坝体应力、地形地质、施工运行诸因素，将原选定的拱形重力坝改为双曲拱坝，减少混凝土70万m^3，减少石方开挖13.万m^3，节约投资1亿元。对宝珠寺工程，采用计算机进行多方案比较，并进行综合考虑，从而使设计方案更为合理，比"五定"时节省投资1.24亿元。

成都勘测设计院采用计算机对二滩、铜街子、太平驿电站进行多方案比较，同时考虑其它综合因素后，使设计方案更加合理，从而使覆盖层开挖减少43万m^3，岩石明挖减少150万m^3，洞挖减少92万m^3，混凝土减少173万m^3，喷混凝土8.4万m^3，钢筋4.6万t，钢材1.77万t，帷幕灌浆4万m^2，固结灌浆37万m，共节约投资5.45亿元，占三个工程总造价98.4亿元的5.5%。

中南勘测设计院用自己开发的拱坝CAD系统对东江拱坝进行设计复核，经多方案体型设计比较和优化，混凝土量由90万m^3降为67万m^3，可减少投资3450万元。1989～1990年该院设计的井岗冲、三板溪、鱼跳拱坝，经CAD系统体型优化后，工程量分别减少6%、4%、15%，节约人民币共计1895万元。拱坝CAD系统先后经过井岗冲等7个工程设计的应用和对东江等5个已建工程的复核，证明该系统可提高工效数10倍。利用该系统进行体型优化，一般可节约坝体方量5%～30%（其中近期大型工程可节约5%～10%）。

"七五"期间，我们在计算机应用工作中的基本经验是：

(1) 领导重视是关键。虽然没有一个领导在口头上说不重视计算机应用的，但是要真正做到一、二把手关心、支持、解决实际问题，给予实质性的支持，才能称得上领导重视。如天津勘测设计院的计算机应用领导小组是第一把手亲自抓的，主管院长亲自组织有关处室，制定计划、筹措资金、配备人员、拟定实施办法等。不论在计算机应用的学术讨论会上，还是CAD系统分析的现场，都能看到他们的身影，计算机厂家、软件研究单位也都留着他们的足迹。几年来，除了1986年水电部给了一台Apollo工作站外，他们真是"节衣缩食"自筹资金200多万元，添置Apollo工作站4台，微机50多台。他们已组成80多人的软件开发队伍。在困难的条件下，他们先在袖珍机上进行开发应用，把《PC-1500程序集》推向全国，现在又集中精力抓分析计算程序和微机CAD。一年多时间，就推出"厂房CAD系统"，并且得到了不少单位的赏识。在微机上开发的"重力坝CAD系统"正在紧锣密鼓地进行，1992年就可以拿出成果。Apollo机上开发的一些勘测、机电CAD软件正向全行业内推广，枢纽布置CAD软件正在研制，院内应用计算机正处于热气腾腾的状态。天津勘测设计院的领导把计算机应用，真正看成是提高设计质量、设计水平和生产能力、提高院在国内外的竞争实力地位的战略措施，并有很强的紧迫感和危机感。他们认为：那种搞软件影响产值、奖金、"吃亏"的思想和"等""靠"的状态，以致牺牲目前利益的短视行为，最终是要吃"大亏"的。

计算机应用是一项探索、开拓、创新的工作，不仅需要有良好的硬件环境，而且需要高质量的应用软件，才能出现巨大的创造力，因而，更需要有相当数量的财力支持。要想在应用上有效益，就必需先"投入"，这就取决于各级领导者对这项新技术的认识程度，给予实质性而不是口头上的支持，是计算机应用这一事业成败的关键。

(2) 政策、措施对头是保证。"七五"期间，中央提出了以改造传统产业为主，并制定了一系列方针和扶植政策，以推动计算机的应用工作。为此，编制了"七五"规划并提出了奋斗目标，并为实现规划目标制定了相应的措施。几年来，水利水电勘测设计单位认真贯彻中央及部关于计算机应用工作的精神，加强对计算机应用工作的领导，把计算机应用工作真正放到战略高度来对待，制定行之有效的措施，切切实实地抓这项工作，取得了较好的效果。广西勘测设计院的领导对计算机应用采取积极扶植政策：没有电算成果，总工有权不予验收；没有计算机应用成果的科室，不能评为先进科室；个人晋级、评奖也都要考虑计算机应用方面的成果等。中南勘测设计院领导把拱坝CAD系统，作为一项重点工作来抓。中南勘测设计院的"拱坝CAD系统"，由17个人组成的一个开发小组，历时4年，投资近百万元。如果没有院各级领导加强组织管理，并采取相应措施是完不成的。他们将该系统列为院科技攻关项目和创优产品，挑选得力人员参加，由原东江设总及两个专总牵头，院长、总工经常过问，研制组由院直管，拨专项开发费，开发人员的奖励与成果直接挂钩。正是由于领导者给予了实质性的支持，使这个涉及三个处的不同专业组成的研制组，在4年时间里一直保持旺盛的斗志，兢兢业业，一丝不苟，攻克一道道难关，终于出色地完成了这一任务。

(3)人员的积极性是基础。计算机应用的深度、广度和水平很大程度取决于应用人员的素质，特别是他们的主观能动性发挥的高低。如何为他们创造一个良好的环境，在工作上给予支持和鼓励，并采取各种扶植政策，把他们的聪明才智充分调动起来，以形成强大的生产力。几年来，不少单位采取了如下措施：①调整了计算机的专业建制，成立了相应的机构，明确了职责；②加强了电算处（室）的领导班子，充实扩大了队伍；③采取派出去、请进来、举办各类学习班，以提高应用人员的水平和素质；④大力组织应用软件开发，在开发应用实战中熟练技术，积累经验，提高水平；⑤在开发中实行边开发边应用，既提高了软件质量，又密切了计算机人员与专业人员的关系，调动各方积极性；⑥最为人们所关注的计算机人员的待遇，已被有关领导注意。一部分院已把计算机人员作为生产人员，开发应用人员的奖金已达到生产人员的平均水平，甚至更高一些。有的院明确的规定，用计算机完成的工作量的比例给予奖励，如用CAD完成工程图纸，每标准张图奖励1～2工日；对CAD和MIS的开发推广应用做出成绩的科室、个人每年进行一次评比奖励，其开发成果可申请院科技开发奖，并择优报送上级参加部门奖励。对于没有应用CAD、MIS或虽用但未达到指标的不能参加优秀设计评选等。这些措施都大大的提高了人们的积极性。

“七五”期间，在充分肯定计算机应用工作中所取得成绩的同时，还必须清醒地看到所存在的问题和差距。主要有：

(1)首要的仍然是认识问题。有一部分人，特别是有些领导，对计算机应用在战略上的重要性认识不足。他们感觉不到形势的压力，缺乏紧迫感。甚至在某种程度上由于工程建设的紧缩、掩盖了技术水平落后的矛盾；地域的堡垒阻挡了外部的冲击，一定程度上保护了落后；短期的意识，梗塞了长远的利益。致使计算机应用工作长期裹足不前，甚至又有落后的可能。

(2)资金来源不畅通。几年来，全行业的硬件环境虽有所改善，但远未达到形成生产力的势头。一个技术人员近2000人的院其CAD工作站只有3～4台，平均600人一台，这不仅不能和国外比，即使和国内火电相比也属“第三世界”。目前添置设备，除各单位自筹资金外，没有任何渠道。

软件开发要付出大量艰苦的创造性的劳动，是属于密集型高科技产品，更是需要投资。国际上的经验告诉我们，80年代以来，软件投资几乎要占总投资（计算机能形成生产力的全部投资）的80%。如中南勘测设计院开发的“拱坝CAD系统（目前只能用于初设）就用了近60个人年，耗资近百万元，而且在研制的前3年，纯属于投入而无产出。目前软件开发资金只有总院每年拨给的几十万元，也只能给个别重点项目一些补助，从全系统而言，再也没有固定的其它资金渠道。

由于计算机硬件发展迅速，“七五”初期及“七五”前购置的机器、设备也日趋陈旧，需不断进行维修，但维修费用无固定渠道。为生产而消耗的各类介质，纸张也是一事一议，每次都需专门申报审批。

(3)人员素质不高，急需培养。计算机应用技术的发展，使得软件开发的技术要求越来越高，而且技术更新也十分迅速。例如开发一个CAD系统，既要求开发人员具有专业知识，同时还要有较广泛的计算机知识。如计算技术、图形学以及计算机系统的应用技术，还要精通外语。这种“多专业”人员的素质决定软件开发的优质高效。但目前在全行业中，这类人员为数很少，软件开发需要长期工作实践，从工作中得到培养和锻练。因此，保持队伍长期和有计划的培养，造就一批软件开发人才和计算机应用人才，这是当前急需解决的问题之一。

(4) 有关政策及管理问题不落实从而影响了部分计算机应用工作人员、管理人员工作积极性的充分发挥。

总之，对认识、资金、人才及有关政策及管理问题是当前计算机应用工作中存在的4大矛盾，急待于解决。

国家计委、建设部在1991年颁发的《促进工程设计技术进步若干问题的规定》中明确指出：“工程设计是把先进技术转化为生产力的纽带，是整个工程建设的“灵魂”。没有现代化的设计，就不可能有现代化的建设。为此要求各设计单位大力运用电算技术，提高装备水平。并把设计单位的装备和软件水平作为划分设计资格等级的主要条件之一”。对勘测设计系统，部亦提出了“继续扩充设备，重视软件配套，壮大CAD开发力量，提高人员素质，加强CAD开发环境建设”的要求。为此，“八五”期间，我们总的目标是：在完善、提高、应用、效益等方面，有一个更加明显的飞跃。

进一步扩充设备，完善、提高硬件环境，满足计委及建设部对设计院的装备要求。

甲级设计院按全院人数平均30人一台微机，按全院工程技术人员平均20～30人一台CAD工作站(其中微机CAD工作站与高档图形CAD工作站的比例为5∶1，微机CAD工作站中以32位机为主)。并配接功能强的绘图仪、数字化仪、网络设备等。这个要求原则上以所缺设备总数的20%配置。

完善、提高“七五”期间已开发的工程设计分析计算软件包。使各专业的计算机应用在设计中的覆盖率达70%～80%以上。进一步充实、完善各专业已开发的CAD软件，扩大使用范围，继续开发和完善枢纽布置、重力坝、拱坝、土石坝、厂房、引水道、地下结构、闸门等CAD系统，使勘测设计各主要专业的CAD应用软件配套齐全。到“八五”末期达到具备用CAD完成勘测设计全过程的能力，在工程设计中应用CAD的比重达到30%以上。

充实、完善工程设计专用数据库，并着手建立图形库，在“八五”期间，应完成各专业典型图库的建立，并将工程设计专用数据库、图形库的成果，用于工程设计及信息管理中并逐步加以扩大。

初步建成水利水电勘测设计信息管理系统，争取到“八五”末期，直属院和部分省院都建立多机联网的信息管理系统，其他各院在单机运行的基础上，进行多机联网的试点，并着手进行总院与各直属院之间计算机联网研究和试点。要有计划的开展工程设计专家系统研究和开发，以探索在水利水电工程设计中专家系统的应用。

大力开展技术培训，进一步加强技术交流，提高开发、应用、管理人员及各级领导人员的素质和水平。

院领导及40岁以上技术人员要有50%以上经过计算机知识培训，40岁以下技术人员要有80%以上能使用计算机，有30%能编程。管理人员的计算机知识普及率要达到80%以上，其中有50%的管理人员能用MIS解决本单位的问题。

为实现“八五”规划，把全行业的计算机应用水平，提高到发达国家80年代初期水平，必需抓好下面几项具体工作。

(1) 加强领导，健全机构，统一规划，充分发挥现有设备的作用，并进一步扩充、更新计算机系统。

1) 领导是关键，各单位都要有一位院长分管计算机的应用工作。要把计算机领导小组和计算机处(室)的组织健全起来，充分发挥归口管理的作用。明确职责范围，给予开展工作的必要经费，要做到实实在在的支持它。

2) 各单位要按照“八五”规划，结合本单位的实际情况，由主要领导挂帅，编制好本单位的计算机应用规划，对计算机应用工作中的主要问题：如机构设置、人员配备、资金来源、机房建设、设备选型、软件引进、开发应用、人员培训等都要有一个较长期的规划、近期的安排以及实现这些规划所采取的行之有效的措施，使规划切切实实地落实下来。在编制规划时，要有全局观点，考虑总体效益，全面推广计算机的应用。

3) 管好、用好现有设备，制定和完善各项管理制度，提高计算机的利用率。特别要保障计算机系统的安全运行。防止水、火、雷击等对计算机设备的破坏。对计算机病毒要采取“预防为主，治疗为辅”的方针，严格执行公安部有关规定，防止病毒的感染及传播。

4) 在充分发挥现有设备效益的同时，要不断扩充和增加新的设备。在购买新设备时，既要考虑到本单位的资金和技术力量，同时要考虑计算机及其应用的发展状况，在选型上要尽可能保持与全行业的一致，以利有效引用兄弟单位的成果和经验，避免孤军作战，难以发挥实效。

(2) 在争取国家支持的同时，各单位都要自力更生，保证必要资金的投入。

计算机硬件的更新换代非常迅速，“七五”期间，国家计委、原水电站为直属院添置了一批设备，使计算机应用环境有了明显改善，但与火电相比，仍有相当差距，而省院未得到支持，差距更大。能源部、水利部成立之后，计算机应用仍无固定资金渠道，特别是目前在建工程项目不多，设计低收费的状况下，扩充、更新设备都要由设计院自己承担，显然是办不到的。由于计算机更新发展没有固定的经费来源，已成为严重影响应用水平提高的重要障碍。因此在争取国家支持的同时，各单位都要自力更生，增加计算机应用的投入，在自有的资金和前期费、设计费中提出一定份额，用于扩充设备、软件开发应用、维修及购置消耗品。各单位计算机固定资产折旧费，要由院财务列支，不能由电算处（室）承担。此外，电算处（室）的指令性任务和横向收入，要全部用于本单位计算机的扩充、更新和发展软件。总院继续从科技进步费中拨出一部分作为软件开发费，以资助各直属院及个别省院重点项目。各单位要逐步建立计算机应用开发基金，支持软件引进、开发和推广、应用。要重视投资效益、讲求实效，使有限的资金发挥更大作用。

(3) 加强对计算机应用人员的培养，调动各方面的积极性，建立一支稳定的高水平的计算机应用队伍。

计算机应用是一项高技术应用技术，需要大批素质高、知识面广的人才。由于原有应用领域的不断深化，新的应用领域又在不断的开拓，现有人员无论从数量上还是质量上都赶不上需要。因此，大力加强对在职人员的培训，把专业技术与计算机应用技术紧密结合起来，培养一大批复合型人才，才能使计算机在各个专业的应用向纵深发展。为了有利于计算机的推广应用，还要有计划地对各级领导及有关人员，进行普及计算机知识的教育，对管理干部也要进行计算机基础知识的教育。各单位要认真分析本单位现有人员的情况，制定切实可行的培训计划，分期分批地加以实现。国家人事部和全国软件人员水平考试委员会已正式发出文件，从今年起将软件人员水平考试与专业技术职称改革试点结合起来，实行以考代评。各单位要重视这一工作，力争用5～10年时间，形成一支各类人员配套的计算机应用专业队伍。要特别注意保持计算机应用人员的稳定，要采取一切必要措施，调动起他们的积极性。国家计委、建设部在1990年颁发的《规定》中已明确指出“设计单位从事计算机工作和软件开发人员，其奖金分配应不低于设计人员，对开发和应用有贡献的人员要给予重奖”。为此，要求各单位都要制定相应的规定和措施，明确应用软件开发与设计成果一样都属于生产成果，其待遇应不得低于设计人员，不能把计算机应用人员作为管理人员或后勤人员来对待。在生产上具有重要作用的优秀软件，应给予奖励，同时在评奖和职称、职务晋升时给予优先考虑，对于做计算机管理工作有成绩的人员也应给予适当评价和表彰。抓好技术上的培养提高、待遇上的公平合理这两个环节，就有可能在不长的时间内建立起一支稳定的高水平的计算机应用队伍。

(4)加强软件管理，提高软件质量和水平。为了尽早形成水利水电勘测设计的软件体系，并在勘测设计中发挥更大的作用，各级领导要充分认识软件在计算机应用中的重要作用，软件产业的形成和发展对我国国民经济的重要意义。因此，加强对软件的管理十分必要，应该列入议事日程。各单位对软件项目的开发要参照执行国家和部制定的有关规定，以保证软件开发的质量和水平。最近国家有关部门将颁发“计算机软件保护条例”，对计算机应用人员的成果给予保护，权利将得到尊重，应严格执行。

今后，还将把通过工程实践检验的软件纳入设计规范，并制定相应的规定，用立法形式保证计算机的推广应用。

（班效侯　陈际明）

全面质量管理工作

国家计委1986年发出通知，要求全国勘察设计单位推行全面质量管理。水利水电勘测设计系统从1986年后相继起步，开始推行全面质量管理。各单位先后成立了全面质量管理领导小组，并设置了专职常设机构全面质量管理办公室。由普及全面质量管理的教育入手，提高各级人员特别是领导对推行全面质量管理的认识，在此基础上推行目标管理，工序管理，建立质量保证体系、开展质量管理小组活动等。各单位经过二三年的试点和强化推行，使得全面质量管理水平在1990以前达到了达标验收标准的要求，长江水利委员会因机构等原因起步较晚，但经全委上下的共同努力于1991年也达到了验收要求。水利水电规划总院受能源部、水利部委托对部属14个设计单位进行了达标验收。达标验收的时间见下表：

表1　达标验收时间表

序号	单位	达标时间
1	成都勘测设计院	1988·9
2	中南勘测设计院	1989·10
3	东北勘测设计院	1989·12
4	黄委规划勘测设计院	1990·1
5	天津勘测设计院	1990·3
6	华东勘测设计院	1990·5
7	上海勘测设计院	1990·5
8	贵阳勘测设计院	1990·6
9	珠委勘测设计院	1990·6
10	北京勘测设计院	1990·8
11	西北勘测设计院	1990·8
12	昆明勘测设计院	1990·8
13	淮委勘测设计院	1990·11
14	长江水利委员会	1991·6

部属14个勘测设计单位通过推行全面质量管理，在勘测设计全过程的质量、水平、效益等有较明显提高，主要表现在以下几点：

(1) 单位领导班子质量意识明显增强，能够运用全面质量管理的理论、手段、方法抓本单位的各项工作，全员的质量意识明显提高。

(2) 质量保证体系逐步建立和完善，各项基础工作明显加强，技术标准和管理标准不断完善。各项工作逐步走向制度化、程序化、标准化。

(3) 质量管理小组活动广泛开展，并取得了较大的经济效益和社会效益，有些小组获得国家和省部级奖励。

(4) 目标管理的推行，使各单位的目标完成情况逐年有所提高。

(5) 近几年通过推行全面质量管理，许多勘测设计单位做出了一些质量优、水平高、效益好的勘测设计获奖成果，设计院的信誉不断提高。

几年来各单位推行全面质量管理工作虽然取得了一些成绩，但都意识到我们的管理水平还是不高的，只有不断提高管理水平才能使我们的队伍在竞争中立于不败之地。要巩固、深化全面质量管理还要做大量深入细致的工作，各设计院的下一个目标是巩固已取得的成绩，注重实效不断深化全面质量管理工作，努力争取达到省、部、国家级质量管理标准。

(陈承斌)

大型水利工程的设计审查

一、大型水利工程设计审查工作的概况

1990年由水利水电规划总院审查的大型水利工程项目共计37项，其中规划报告2项，可行性研究报告19项，初步设计16项，项目名称及主要工程指标见表1。

表1　　完成审查项目一览表

序号	设计阶段	项目名称	库容(亿 m^3)	装机(MW)	投资(亿元)
1	规划	新疆三条国际河流及塔河规划要点报告	国内流域:13.7万 km^2		
2	规划	四川都江堰灌区总体规划及二期改造	总体设计流量:600 m^3/s		
3	可研	哈尔滨西泉眼水库	4.78	1.8	1.0
4	可研	吉林两江水利枢纽	2.0	60.0	1.8
5	可研	辽宁东风水库	1.26		0.9
6	可研	引青济秦工程	设计流量:6 m^3/s		
7	可研	黄河万家寨水利枢纽	9.0	1020	20.45
8	可研	引黄入晋工程	设计流量:20 m^3/s		
9	可研	黑山峡河段开发论证	流域面积:25.19万 km^2		
10	可研	新疆南疆粮棉基地灌区工程	低改180万亩，开荒120万亩		
11	可研	四川紫坪铺水库	10.82	680	23.87
12	可研	云南渔洞水库	3.64		3.7
13	可研	贵州马岭水利枢纽	1.31	39	1.36
14	可研	湖北陡岭子水利枢纽	4.46	60	1.9
15	可研	湖北古洞口水利枢纽	1.44	57	1.95
16	可研	广西大藤峡水利枢纽	37.1	1200	41
17	可研	广西左江水利枢纽	7.5	72	1.99
18	可研	广西京南水利枢纽	2.52	69	1.98
19	可研	安徽港口湾水利枢纽	9.58	60	3.73
20	可研	福建山仔水利枢纽	1.63	45	1.56
21	可研	引黄入卫工程	设计流量:80 m^3/s		
22	初设	哈尔滨西泉眼水库	4.78	1.8	1.0
23	初设	河北桃林口水利枢纽	8.6	20	9.85
24	初设	内蒙古乱井滩灌区	面积:18万亩		
25	初设	引青济秦工程	设计流量:6 m^3/s		
26	初设	新疆塔河阿拉尔段整治			

续表

序号	设计阶段	项目名称	库 容（亿 m^3）	装 机（MW）	投 资（亿元）
27	初 设	中苏结合霍尔果斯河段护岸			
28	初 设	贵州渔塘水库	0.503	1.3	0.73
29	初 设	湖北清泉沟泵站	Q= 78 m^3/s	15	0.7
30	初 设	湖北杜家台分洪闸			
31	初 设	丹江口自备电厂一期工程		扩:20	0.3
32	初 设	三门峡扩机工程		扩:75	0.88
33	初 设	黄河小浪底专题论证			
34	初 设	广东东深供水工程			
35	初 设	安徽嶂山闸			
36	初 设	福建山仔水库枢纽	1.63	45	1.56
37	初 设	福州防洪堤二期工程	防洪标准提高至 100 年一遇		

二、重点工程设计工作的进展情况

(1) 新疆自治区额尔齐斯河、伊犁河、阿克苏河三条国际河流及塔里木河流域规划要点报告由新疆自治区流域规划委员会及水利厅编报，水利部在京主持了审查，原则同意该要点报告，要求根据审查意见，做好补充工作，于 1991 年提出修改流域规划要点报告，同时应着手进行近期工程项目的前期工作，并为对外谈判做好资料准备工作。

(2) 四川都江堰灌区总体规划及二期改造配套工程规划报告，由四川省水利电力厅编报，水利水电规划总院于 1990 年 7 月进行了审查，水利部已批复原则同意该两项报告，指出都江堰是一个多目标大型系统工程，用水调度复杂，应认真总结经验，加强灌区行政和水资源管理，增加灌区自我改善能力。关于在飞沙堰顶建闸的方案，要求专项上报审批。现在人民渠和东风渠的改造配套工程设计工作，省设计院正着手进行。

(3) 四川紫坪铺水库可行性研究报告由四川省水电厅编报，水规院于 1990 年 7 月进行了审查，基本同意该可行性研究报告，已提出意见报水利部。该工程效益较好，宜早日实施，但估算投资较高，水利部尚未批定。省设计院已根据审查中提出的意见，安排下一步工作。

(4) 黄河万家寨水利枢纽及引黄入晋工程设计任务书由天津设计院编制上报，水规总院根据水利部要求于 1989 年 11 月组织了技术审查以后，提出审查意见由水利部报国家计委。由于该工程涉及山西及内蒙古两省区，国家计委及水利部将就资金分担、权益分配、管理办法等进行协调工作。国际咨询公司已组织专家进行实地查勘，准备进行评估。天津院正对技术审查中提出的意见补充研究，着手进行下阶段初步设计工作，并积极配合国际咨询公司的评估工作。

(5) 广西大藤峡水利枢纽可行性研究报告由东北勘测设计院编报，总院于 1990 年 9 月进行了审查，基本同意该可行性研究报告。但由于水库淹没损失较大，对于水库防洪库容的设置，广西、广东两省意见不一致，要求珠委和东北勘测设计院进一步作研究工作。

(6) 河北省桃林口水库初步设计由河北省水利厅编报，水规院于 1990 年 11 月底进行了审查，基本同意该初步设计。该工程系开发滦河主要支流青龙河，用于发展灌溉及城市工业供水，作为滦河水量西调入津后对河北省的补偿。河北省要求尽快开工，拟即着手进行施工准备工作。尚待水利部正式批复。

三、重点病危水库加固设计工作的进展情况

1986 年原水利电力部确定的全国重点危险水库 43 座，加固设计工作于 1990 年底以前均已基本完成，个别项目尚有遗留问题，需补充进行工作。其中有 4 座水库由部直属院设计，其余均由各省设计院担任。加固设计由水规总院审查的有 11 座，流域机构审查的有 21 座，其余 11 座由各所在省省水利（电）厅（局）审查。

水库加固设计主要是提高水库大坝抗洪、防渗以及抗震等的能力，确保水库安全。设计中普遍采用了一些新技术，如勘察手段采用电测法和同位素示踪等方法，坝基和坝体防渗采用高压喷射灌浆和劈裂灌浆、倒挂井等方法，土工织物作为防渗和反滤材料也得到广泛的应用。

迄 1990 年底 43 座重点险库已完成加固的 18 座，其余 25 座尚未完成。各省已着手进行其它病险水库的加固设计工作。

（王祖华）

工 程 建 设

概 述

当前，水利作为基础产业在国民经济中的作用正日益被社会认识。1990年国家对水利的基建投资比1989年增加了37%，为全国基建总投资的29%。本年基本建设共完成48.72亿元，土方3.32亿m^3，石方0.27亿m^3，混凝土437.05万m^3。在建项目1987个，本年新开工项目799个。建设的重点是大江大河治理、重点病险库的除险加固和发展农业的灌排骨干工程。共安排了大中型项目53项，其中防洪工程10项、水库工程14项、病险库处理4项、灌溉工程25项，大部分为续建项目。至1990年末投产项目652个，其中大中型项目全部建成投产的有两项，为内蒙古察尔森水库和黑龙江桃山水库；部分投产的有16项，包括淮河干流堤防加固、茨淮新河工程、牛头山水库及灌区、巢湖治理、花凉亭灌区、龙门滩电站、大段水电站、苏泗庄引黄灌区、赵口引黄灌区、渠村引黄灌区、人民渠七期、玉溪河引水、武都引水、升钟水库灌区、景泰川电灌工程、观音岩电站等。从而增加了水库库容29.64亿m^3、有效灌溉面积182万亩、除涝面积93万亩、发电装机16.43万kW、排灌装机9.95万kW。

1990年在建的大中型工程项目中，故县水库为国家重点工程；黄河下游治理、荆江大堤加固、同马和无为大堤加固、淮河干流堤防加固、洞庭湖防蓄洪工程、察尔森水库复建工程、岳城水库加固、板桥水库复建等8项为部属重点工程；克孜尔水库、册田水库加固、观音阁水库、引大入秦、盐环定扬黄、武都引水、河套灌区等7项为行业管理重点工程（即地方重点项目）。

1990年基建改革进一步深化，针对基建管理出现的新情况、新问题，各级水利基建部门提出了一些解决办法，健全了有关法规制度。如对水利工程实行分级管理，明确各级水利部门的管理范围和责任，加强了重点项目的管理。水利部于本年6月召开了重点项目建设单位座谈会，确定了16个部属和行业重点项目，要求建立定期汇报和检查制度。为改进当前建设单位力量薄弱，且系临时组建，素质及管理水平较低的状况，水利部正在研究建设单位管理办法，对其职责、组织机构等方面，作出具体的规定。此外，针对几年来招标投标工作中出现的施工单位资质审查不严、标价过低、个别还有弄虚作假、行贿受贿等问题，对水利建筑市场进行了整顿，健全了招投标管理机构，规范了招投标行为。

为提高基建管理水平，进一步改革建设管理体制，水利部拟实行建设监理制，于1990年11月颁行了《水利工程建设监理规定（试行）》和《水利工程建设监理单位管理办法（试行）》，规定凡是大中型水利工程，除受政府监理外，还应受被委托的社会监理单位监理。要求各地在试点的基础上逐步推行，并委托华北水利水电学院代办了第一期监理工程师培训班。

几年来，随着改革深化，各地水利施工企业在完善内部经营机制等方面，也有很大进展。一部分施工企业整体素质有了较大的提高，1990年有两个单位（北京水利局基础处理总队和天津水利局振津管道公司）被评为国家二级企业；还有五个单位被评为水利部部级先进企业。此外黑龙江省和江苏省的一大批水利施工单位立足水利，面向社会，搞活经营，有了自我积累、自我改造、自我发展的能力。但是也有些施工单位由于任务不足、负担过重，设备陈旧，无力更新，仍难摆脱困境。对此各地水利主管部门加强了宏观调控。

为进一步提高基建工程质量，水利部于年初发出《关于加强水利基本建设工程质量管理工作的通知》，对基建主管、监督、建设、设计、施工等部门，提出了具体要求，并要求各地对本地区在建工程质量进行自检。9～10月份水利部组织了7个流域的质量检查组，对全国除新疆、青海、西藏三省区外的27个省区进行检查。包括各地的工程质量情况、质量管理机构、规章制度和自检情况等，并对在建的54个工程进行重点抽查。检查表明：多数省区的质量情况是好的，抽查的54项工程中，质量较好和符合设计、规范要求的占87%。少数工程存在一些问题。比较突出的有两项，一是山西漳泽水库，招标时忽视队伍资质，选用了系统外施工队伍。由于不谙水利特点，致使大坝塌坑造成险情和隧洞混凝土质量低劣。另一个是江西大段水电站，由于承包单位转包给民工队伍，管理混乱，技术水平低，致使砌石坝架空塌方。总的看来，部属和省属工程质量一般较好，而地县属工程问题较多，故中小型工程质量管理应作为今后检查重点。

1990年在基建管理和深化改革中取得了一定成绩，但一些深层次问题，尚待研究。如投资包干责任制、投标招标制有待完善，施工企业的任务不足，效益低、负担重等问题，解决的难度仍然很大。

在　建　工　程

一、防洪工程

1990年大中型重点防洪工程共10项，包括黄河下游治理，荆江大堤加固，洞庭湖防蓄洪工程，鄱阳湖治理，同马、无为大堤加固，淮河干流堤防加固，茨淮新河，辽河干流堤防整治工程，上海防汛墙加固。加上一般项目，共计投资10.2亿元，占水利基建投资的21%。其中有半数属于长江流域，争取“八五”期间达到40～50年一遇的防洪标准。黄河已完成第三次堤防培修工程；辽河基本恢复了原来防洪标准；珠江大堤虽已加高，但基础问题较多，仍达不到百年一遇标准；淮河流域的豫皖两省防洪工程已完成过半，江苏尚待开展。总的来说，各大江河防洪标准与国民经济发展要求相比，都还偏低。特别是长江、黄河，都应在根治上下功夫。黄河小浪底工程已进行筹建、长江三峡工程已进入国家审定阶段。

1. 黄河下游防洪工程

“七五”期间，黄河下游治理累计完成投资52072万元，土方11934万m^3，石方148万m^3，其中1990年完成投资15906.91万元，土方2369万m^3，石方38万m^3。在“七五”期间共新修、整修坝垛1800道，护岸73段，闸涵30座，放淤固堤达标堤段91.6 km。1990年，对黄河东坝头以下堤防未达1983年设防标准的127 km临黄大堤加修子埝和前后戗，经干容重测定质量合格。放淤固堤达标段12.4 km，消除了原阳、长垣、洛口、齐河等10处险工、险闸，并进行了若干滩区建设和非工程措施，治理成效是显著的。但河道淤积尚未控制，高村以上宽河道的河势仍游荡不定，防洪标准仍只能达60～70年一遇。如小浪底水库建成，黄河下游防洪标准将提高到千年一遇，故其前期工作正加紧进行，计划1991年开始施工前准备工作。

2. 荆江大堤加固

荆江大堤从江陵至监利全长182.35 km，为长江中游防洪形势最为严峻之处。中华人民共和国成立后，历经加固，大致分为5个阶段，如下表：

	年　代	主要工程	工　程　标　准	完　成　工　程		
				坊(万m^3)	石方(万m^3)	投资(万元)
Ⅰ	1950～1954	加高培厚	沙市44.49 m水位超高1m	1099	35.66	887.47
Ⅱ	1955～1968	整险加固	沙市44.67 m超高1m	1950	168	3473.71
Ⅲ	1969～1974	三度一填①	沙市45.0 m超高1m	2111	153	4190.35
Ⅳ	1975～1983	一期加固	沙市45.0 m超高2m	3716	234	1161.83
Ⅴ	1984～1992②	二期加固	同上	4327.37	200	30500
	1984～1989			3127.29	85.89	14850

注　①三度一填，指堤防在高度、宽度、坡度和填塘等均达到设计标准。

②第五阶段尚在进行，本栏数字是计划值。

1990年是二期加固的第6年，主要工程为三大部分：①大堤加高培厚，堤顶超出频率10%的设计洪水位2 m，顶宽8～12 m，内外平台宽30～50 m，临河坡1∶3，背河坡1∶3～1∶5。②填塘固基。③沙市、郝穴、监利三大河湾的护岸保滩。至1990年年末，已完成计划投资3000万元，土方457万m^3，石方12万m^3。累计完成投资1.799亿元，土方3601万m^3，石方98万m^3，分别为计划的59%、53.6%、49%。

现在堤身土方还差50万m^3，预计1991年可以完成，但固基吹填量则相差较多，原因是投资不足，原有挖泥船5条，年生产能力可达1000万m^3，而历年最多只完成400万m^3/年，费用已占总投资40%以上，使进口大型挖泥船常常窝工。此外，60年代兴建的跨堤5座涵闸，涉及近230万亩农田灌溉用水，亦待改建。

荆江大堤经两期全面加固后，防洪能力已大为加强，但其标准仍只是6～10年一遇。沙市安全泄量仅60000～65000 m^3/s，加上荆江分洪和其他临时措施，也只勉强防御80000 m^3/s，相当于40年一遇标准。再大洪水尚无可靠的对策。而近800年中，出现大于80000 m^3/s洪水，达8次之多。此尚只就水位而言，由于堤身填土干容重偏小（1.38～1.47），密实度不高，隐患未全根除，在大水年份出险处、次数，尚未能随工程进展有明显减少，故荆江防洪形势仍然严峻。

在荆江大堤加固的同时，荆江分洪工程北闸于1988年11月至1990年5月间进行了加固。由于原混凝土出现了大量裂缝，因此将闸底板加厚了0.5 m，闸墩加高0.7 m，闸门加高41.4 cm，并加长了下游导流堤，更新了启闭设备。加固按沙市水位45.0 m时，分洪量为7700～8000 m^3/s设计。工程已于1990年5月验收。

3. 同马、无为大堤加固

同马、无为大堤位于安徽省长江左堤。同马大堤在安庆市境内，上接湖北省黄广大堤（黄梅县），下抵怀宁县，全长175.5 km，保护两省六县四个农场。无为大堤在巢湖地区，上起无为县，下抵和县，全长124 km，保护七县二市。两堤保障着740万人和700万亩农田的安全。它们原为断续堤圩增建而成，坐落在冲积层上，存在着堤身卑陡，堤基松软，堤后多塘，堤前弯险等病害。建国以来历经加培，1983年列入水利部直供项目，开始系统加固，标准为防御1954年型洪水，堤顶按湖口洪水位22.5 m高程的相应水位超高1.5 m设计。计划投资：同马大堤7084万元，无为大堤7500万元。至1989年，同马、无为大堤分别完成计划投资的75.8%和62.5%。

1990年主要工程为：①大堤加高培厚，外坡1∶3，内坡1∶3～1∶5，并设30 m宽平台。②填塘固基，堤后平台及其以下按双层地基承压水防渗透破坏设计填塘压重及减压井，采用人工及机械充填。③外坡及岸滩抛石护岸，砌石护坡。此外还进行了堤身灌浆和穿堤涵闸改建等。

堤防土方工程主要靠民办公助，利用冬春农闲时动员10多万群众完成，农民投入和国家投资的比例约为3∶1。近年来，已尽可能采用组织专业队伍常年机械化施工，如冲填塘坑和利用冲抓设备开挖斗门等。

1990年，同马大堤已有50 km达标，占总长的28.66%。完成土方422万m^3、石方9万m^3，投资1273万元。累计完成土方2652万m^3、石方89万m^3，投资6643万元，分别为计划的100%、44.7%及93.8%。无为大堤已有100 km达标，占总长的80.65%。完成土方140万m^3，石方13万m^3，投资1007万元。累计完成土方1368万m^3，石方44万m^3，投资5696万元，分别为计划的61.7%、61.1%及75.9%。预计1995年可全部完成。当前除了投资不足问题外，工程仍未全摆脱被动局面。因右岸多山丘，江中多洲，河势不定，崩岸严重。如1989年底六合圩段特大窝崩，塌方约60万m^3，窝头深入堤脚9 m，不得不退建新堤。此外，堤基下卧砂层深达100 m，表土弱透水层仅2～5 m造成承压水，处理复杂。

4. 洞庭湖防蓄洪工程

1990年为洞庭湖防蓄洪工程实施的第5年（计划8年完成）。本年建成达标堤段107.8 km（累计291.6 km）。部分达标堤段573.32 km（累计1445.64 km）。完成大堤土方4714万m^3(包括冲填)，累计1.7235亿m^3，为设计的94.5%；护坡石方29万m^3，累计143万m^3，为设计的33.5%；混凝土块护坡2.7万m^3，累计7.97万m^3，为设计的38.56%；投资5500万元，累计2.02亿元，为计划投资的33.67%。

当前问题是群众用工过多，占生产用工30%以上，最重的湖西区每年要投入1/3劳力干70 d以上，严重地影响农业生产，已有部分农户外迁。此外，现施工的仅为重点堤垸和蓄洪堤垸的堤防和安全设施，洪道整治尚有部分未开工或无设计，如汛期水大将影响行洪及群众的生产和安全。

5. 淮河干流河道整治及堤防加固工程

淮干工程1990年在安徽安排单项工程8项，在河南安排4类11项，仍以扩大行洪道和整治堤闸为主。主要工程在安徽省是：

(1) 涡东圈堤加固。该堤由涡河左堤和淮河左堤组成，除险加固堤段167.3 km，从1985年开工，至1990年完成。至此淮北大堤加固（包括涡东、涡西圈堤）计划全部完成。

(2) 城西湖闸加固。

(3) 庄台扩建、加固和闸站建设等。

以上工程共完成投资2253.5万元（累计1.98亿元，为计划的74.9%），土方276万m^3，石方3万m^3，混凝土1.29万m^3。

在河南省，干流堤防加固已基本完成，1990年着重圩区治理，主要工程是：

(1) 童园、建湾、黄郢三处行洪圩堤铲除工程，1990年先铲除童园。

(2) 史灌河险工护岸，已完工。

(3) 堤台分开工程及提排站、排涝站建设等。

以上工程共完成投资1433万元（累计5455万元为计划的77.9%），土方254万m^3，石方2万m^3。

除豫皖外，还有江苏及淮河水利委员会组织完成的清障、通讯等项目。1990年共完成投资4154万元。

自1983年开工累计完成投资2.68亿元，土方7570万m^3，石方91万m^3，混凝土8.91万m^3，分别为计划的76.6%、68%、91%、75.5%。

按1983年规划估算，约需总投资8.5亿元，超原计划较多（原计划3.5亿元），使许多项目，无投资渠道。此外，淮河干流整治工程重点是扩大行洪通道，但由于移民迁移安置难度较大，因此拖延了工期。且随着上中游的整治逐渐完成，下游防洪问题日益突出。

二、水库工程

1990年水库工程投资1352亿元，占水利基建总投资的28%。其中大中型重点水库14项，包括察尔森、故县、板桥、观音阁、桃山、牛头山、南一、大段、西北口、天堂山、黑龙滩、石头河、小干沟、克孜尔等，均是续建。由于经过多年建设，本年硕果累累，建成或已通过蓄水验收的水库有察尔森、故县、板桥、桃山、牛头山、西北口、石头河等，部分配套工程也日臻完善并发挥了效益。这些工程在技术上亦多有创新。如观音阁水库采用碾压混凝土坝；西北口水库采用面板堆石坝；小干沟电站采用混凝土面板砂砾石坝；天堂山水库采用双曲拱坝；牛头山水库采用了混凝土深防渗墙。这些工程对于发展中国建坝技术，均具有一定促进作用。

1. 故县水库工程

1990年故县水库已进入最后建设阶段。主要工程是大坝及厂房的混凝土浇筑，帷幕、固结、接缝、回填灌浆，以及F_5断层处理等。本年共完成混凝土浇筑11.2万m^3，土石方10万m^3，投资7955万元。累计完成混凝土158万m^3，为总工程量的91.75%；土石方除尾水渠清理外已基本完成。帷幕、接缝、灌浆分别完成总量的81%及73.2%。金属结构安装完成69.5%。总投资完成5.1365亿元，为概算的82.6%。

至年末，工程的面貌是：在21个坝段中，0～10#坝段和19#坝段甲块浇到坝顶（高程553 m），其余坝段分别达到525～545 m高程。电站主副厂房及开关站土建基本完工，3#机组已开始安装。

从6月份起，开始了工程预验及签证。工作表明：工程质量合格；外观面貌达到了下闸蓄水要求；库区493 m高程以下移民清库工作已经完成；后期施工计划安排和渡汛措施基本落实。故于1991年2月7日起进行了蓄水阶段验收，并于2月10日导流隧洞下闸蓄水，当库水位上升到473.2 m高程时，洛河水将通过坝体深孔下泄，计划在1991年汛前完成隧洞封堵和其他相应的土建、安装工程，以及493～530 m高程库区的移民和清理，汛后发电，1992年底竣工。

故县水库工程的“五定”原概算为4.7164亿元，因工期延长、物价上涨、设计变更和部分工程量调整等原因，1990年概算调整为6.2176亿元(不包括水库移民费)。

2. 板桥水库工程

1990年板桥水库工程重点是混凝土坝与土坝联结的南北裹头填筑及溢流坝的浇筑。至年底，溢流坝面已浇筑到顶（104 m高程），闸墩浇到110～118.47 m高程（设计120 m）。南北土坝分别达到105～120 m及116.5 m。厂房机组基础混凝土已浇筑完毕。共完成土石方开挖5.8万m^3，土石方填筑47.68万m^3，混凝土浇筑7.37万m^3，金属结构安装48.9 t，灌浆3014 m。完成投资3200万元，累计投资11450万元，为总投资的86.74%。

1991年1月27～30日，进行蓄水前阶段验收，质量合格，并于3月17日破上游围堰过流，大坝全线挡水，计划年底竣工。

板桥水库复建工程由于招标时片面选取最低标中标，造成失误，使标价一增再增，工期、质量均受到影响，造成较多后遗症，是一值得深刻汲取的教训。

3. 克孜尔（黑孜）水库工程

克孜尔水库原计划于1989年9月截流，由于右坝肩地质问题处理，推迟了一年。1990年的主要工程为处理主副坝的右坝肩地质问题、截流及大坝填筑等。主坝右坝肩在1987年6月开挖后发现坡面产状混乱，经洞探查明山体为倾倒体。1989年确定进行防护处理。在倾倒体上游凿洞浇筑了混凝土截渗墙，并沿坡面浇筑了贴坡混凝土，外填粘土斜墙与心墙联接。以防库水浸入倾倒体内，在倾倒体内部进行了固结和帷幕灌浆并设了排水廊道。副坝右坝肩有F_2断层通过，1986年开挖后发现系三条断层，在80～100 m范围内形成了破碎带。1989年确定对其作深孔固结灌浆和帷幕灌浆，并加大心墙断面。至1990年8月前，两坝肩处理均已达到截流要求高程，主坝除合龙段260 m外，余590 m已全断面填至1142.0 m高程，右坝肩填至1130.0 m高程（坝顶为1154.6 m高程），并完成了截流准备工作，故于1990年9月，进行了阶段验收。由于截流的推迟，1989年所作护底被淘刷，导流洞前引渠被淤积，均补作了处理，并于9月2日10时正式截流，当时渭干河流量108 m^3/s，龙口宽度35 m，流速3.8 m/s。13时开始分流，19时40分合龙，落差为3.86 m，22时断流。曾发生最大流速为7.15 m/s，截流戗体主要用15～18 t自卸车58部双向立堵进占，抛投料物6897 m^3，平均抛投强度811.5 m^3/h，最高974 m^3/h。截流后主要工程是抢筑河床段坝体，在1991年汛前填至1137.2 m高程以上，以拦蓄汛期百年一遇洪水，并于年末发电，计划1992年竣工。

1990年完成土方189万m^3、石方34.5万m^3、混凝土2.6万m^3，投资4460.68万元。累计完成土方771万m^3、石方377万m^3、混凝土18.16万m^3、投资19140万元，分别为计划的90%、112.6%、70.9%及65.6%。

4. 观音阁水库工程

1990 年 5 月 10 日，观音阁水库主体工程开工，水利部部长杨振怀、辽宁省省长李长春参加了典礼。6 月开始了大坝混凝土浇筑。该坝为中国第一个大型碾压混凝土坝。由于施工期间当地气温高，6 月中旬由水利部组织了有关单位对其温控问题，进行了研究。认为坝基为灰岩和灰页岩互层，热膨胀系数低，基础约束作用较强；原设计混凝土配比高，混凝土入仓温度高，使基础温差偏大，超出中国及美日等国规范规定，难于防止裂缝的产生。为此，提出了多项温控措施。为满足固结灌浆要求，还建议浇筑厚度不能薄于 2.5 m。

根据水利部领导的意见，大坝断面偏肥，地质参数取值偏低。辽宁省水电设计院为此提出了大坝断面修改设计报告，对 1～27# 挡水坝段上游贴角坡由 1∶0.2减为 1∶0.1，下游坡由1∶0.75减为 1∶0.70。溢流坝段因布置影响，仅将上游贴角由1∶0.2减为 1∶0.1。岸边重力坝则将下游坡内移，基本三角形顶点降低 0.5 m。因此可以节约混凝土量约 12 万 m^3。

至 1990 年累计完成投资 34737 万元，为总投资的 37%；浇筑混凝土 16.2 万 m^3，为设计量的 7.2%。

5. 察尔森水库工程

1990 年是察尔森水库复建最后的一年。本年主要工程是剩余坝体填筑、上下游护坡和电站 3#、4# 机组安装及主副厂房建设。

电站装机 12800 kW（4×3200 kW）。引水道由隧洞经调压井，接三条压力管道，1#、2# 机组合用一条压力管道，3#、4# 机组各用一条。在复建前，已完成引水隧洞、调压井、厂房基坑开挖及部分混凝土浇筑。1#、2# 机组已续建发电，机型为 HL123-LJ-140 型，系原订货，设计水头较高，效率较低。故 3#、4# 机组改用 HL240-LJ-180 型。由于机型改变，机组压力管中心线与蜗壳中心线错位。为了尽可能利用已成工程，在设计上采用了压力管在空间扭转进厂与蜗壳连接，虽增加了施工难度，却节省了投资，缩短了工期。3#、4# 机组从 7 月份开始安装，12 月中完成了启动验收前的各项试验工作，于 12 月 26 日一次启动并网成功，和已正常运行一年的 1#、2# 机组一并验收交付生产。大坝自 1989 年 9 月开始蓄水，1990 年 12 月 23 日库水位蓄至 364.0 m 高程，接近正常高水位（365.4 m）。并经汛期洪水考验，运行正常。

本年完成投资 3853 万元，土石方 48 万 m^3，混凝土 7400 m^3。分别累计为 2.816 亿元、877 万 m^3、12.39 万 m^3。复建工程基本完成，计划于 1991 年进行竣工验收。

加 固 工 程

病险库除险加固工程

1990 年重点病险库加固工程又有石头口门、宿鸭湖、羊毛湾、许家崖、陡河等 9 座水库完工。至此全国 43 座重点病险库中已完成加固的 18 座，正在施工的 22 座，共完成投资 8.14 亿元，为计划的 70%。仅白浪河、龙山、彰武三座尚未开工。

这些水库在施工组织和施工技术水平上均有提高。如许家崖水库（山东费县）加固工程施工期比设计工期提前一年，且质量优良。淮委为之召开了现场会，推广其除险加固经验。此外在病险探查中，采用了电测及同位素法；在土石坝防渗中采用了劈裂灌浆和高压喷射灌浆技术；在土坡防护中采用了土工织物新材料等；在混凝土裂缝处理中采用了化学灌浆，使病险库处理技术逐渐由经验走向科学。

1. 羊毛湾水库加固工程

羊毛湾水库位于陕西乾县渭河支流漆水河中游。1958 年开工，1962 年停建，1966 年复工，1969 年蓄水，1973 年 5 月建成。总库容 1.07 亿 m^3（除险加固后为 1.2 亿 m^3）。设计灌溉面积 32.4 万亩，有效灌溉面积 24 万亩，是一座以灌溉为主，兼顾防洪、养殖等效益的综合利用水库。枢纽由均质土坝（坝高 47.6 m）、输水洞（D=2.5 m）、泄水洞（D=2.5 m）、溢洪道四部分组成。建成十余年来，发挥了巨大效益，但因设计和施工等原因，病险情况不断出现，主要有：①土坝多次出现裂缝、塌坑，渗漏严重；②两条隧洞放水塔闸室体型不好，放水时水流紊乱，震动强烈；③溢洪道不能满足规范标准（200 年一遇洪水下泄流量 3500 m^3/s）；④供电系统为农用电网，干扰多，保证率低。但水库地位重要，一旦失事将影响陇海铁路、西宝公路、宝鸡峡干渠及 250 万亩农田灌溉等。故被列为全国 43 座重点病险库之一。

该水库除险加固工程从 1985 年 9 月开始，至 1989 年 11 月底，完成了大坝裂缝的回填和灌浆处理；改建了泄水洞及输水洞的闸室、闸门和启闭设备；溢洪道改建了进口、堰面、鼻坎、护坦和侧墙；增架了专用 10 kV 输电线；增建了大坝监测设施等。共完成投资 664 万元，已交付运行。经过 200 余天的高水位考验，运行情况良好。1990 年 11 月 6～8 日由陕西省水利水保厅组织了竣工验收，认为设计合理，质量优良。加固后水库抬高了运用水位，每年可多蓄水 2000 万 m^3，提高了灌溉保证率并可增灌地 7 万亩，增产粮 1400 万 kg。

2. 宿鸭湖水库加固工程

宿鸭湖水库位于河南省汝南县汝河干流上，是以防洪、灌溉为主，兼及发电、养殖等综合利用大型平原水库枢纽。始建于1958年，原设计标准偏低，只达300年一遇。1975年8月，上游板桥水库溃决，宿鸭湖水库水位距堤顶仅0.34 m，超过原校核水位0.93 m，幸无大风浪，经抢险侥幸过关。但出现大坝滑坡及坝后渗水、泄洪闸消能工冲损等，被列为43座重点病险库之一。1985年经批准除险加固，将校核洪水位提高为千年一遇，加高大坝，使库容由9.82亿 m^3 增至16.13亿 m^3。总概算9100万元，其中一期主体工程概算4667.8万元。包括：①土坝（长3724.5 m，高5～8 m）加高1.2～3.0 m，培厚6～8 m。混凝土防浪墙20650 m，高1.4 m。及坝顶路面34000 m。②夏屯闸新老闸加固。③坝后导渗沟整治工程24.2 km等。二期工程为库区迁安和汝河裁湾工程，概算为4432.2万元。则由驻马店地区包干实施。

一期主体工程于1986年开工，1990年10月完成。共完成土方298万 m^3，石方27万 m^3，混凝土4.9万 m^3，投资5198万元。1990年12月经河南省水利厅组织验收合格。施工中，经历了1987、1989年洪水考验，证明工程质量较好，已发挥了社会效益。

3. 岳城水库加高工程

岳城水库加高工程原计划于1990年竣工，由于设计变更、外界干扰，以及部分工程难度较大等原因，经水利部批准，工期延至1991年6月30日。

至1990年末，主副坝填筑包括砂砾料290万 m^3 及粘土料35.3万 m^3 已全部完成。坝顶已达设计高程159.15 m。但坝顶工程因施工力量不足，防浪墙只浇筑混凝土底座部分工程，其中主坝1100 m、副坝500 m（总长2580 m）。坝面护坡只完成13.2万 m^3，为总量的70%。

泄洪洞接长已于1990年11月全部完成。

溢洪道已完成进口改建和堰顶加高等工程，防冲墙面板桩头已凿除完毕，海漫混凝土已部分浇筑。

整个工程的土石方已基本完成，但混凝土只完成计划量的70%(8.5万 m^3)，投资完成86.2%(9980万元)。按调整后工期完建的难度，仍然较大。工程概算还需再次调整。

4. 册田水库加固工程

册田水库位于山西大同县桑乾河上，是一座以防洪、拦沙、灌溉为主，兼及发电的水利枢纽。总库容5.8亿 m^3，主副坝为均质土坝，主坝高41.5 m，始建于1958年。1960年拦洪后曾出现坝基渗漏、坝坡塌坑、坝体裂缝等问题，经多次灌浆处理，迄未能根治。至80年代，水库淤积达2.3亿 m^3。1986～1988年修建了临时泄洪槽，但水库防洪标准仍只达300年一遇。因水库地处官厅水库上游，关系北京安危，故仍属险库。又由于大同二电厂及大同市供水要求紧迫，于是由水利和能源系统各投资3500万元进行除险加固，扩建非常溢洪道和加固大坝，计划工期为3年。

主要工程包括：①非常溢洪道扩建为6孔泄洪闸，总泄量4140 m^3/s，使水库防洪标准提高到2000年一遇。②大坝培厚和坝基防渗处理，包括帷幕灌浆和混凝土防渗墙等。

本工程由山西省水利厅组织施工。原计划1988年开工，后延至1989年。同年10月，大同阳高发生6.1级地震，造成一定影响，后经过努力，1990年工程均超计划完成。1990年完成投资2827万元，土石方28.3万 m^3，混凝土3.86万 m^3。累计完成投资4304万元，土石方58万 m^3，混凝土3.92万 m^3，分别为计划的65.2%、59.7%、54.9%。

至1990年末，泄洪闸7个闸墩均浇到964 m设计高程，泄槽底板已浇筑了75%。大坝坝坡培厚已从922 m填至945 m高程，坝基防渗墙已完成47个槽段（为总量的82.5%），连续成墙270.4 m。右岸帷幕灌浆全部完成。工程质量经过检查，混凝土和防渗墙合格率均为100%，坝坡培厚合格率为97%。计划在1991年6月15日具备下闸蓄水条件，即在开工推迟一年的情况下，总工期不变，故任务仍很艰巨。

灌 排 工 程

1990年灌排工程总投资12.73亿元，占水利基建总投资的26.14%。其中大中型重点工程25项，主要包括三大类型：一是大型农业基地的水利基建，如三江平原治理、河套灌区、杭嘉湖南排工程、淠史杭灌区、巢湖治理、黑龙港治理等。其特点是规模大，技术复杂，需多年赓续建设。二是老少边地区建设，如盐环定供水工程、引大入秦工程、东雷抽黄灌溉工程、景泰电灌二期工程、禹门口提水灌溉、尊村提水灌溉等。其特点是工程难度大，投资多，但社会效益高。三是配套或扩建工程，如陈村、花凉亭、陆浑、铁山、升钟等水库灌区，人民渠引水，东风渠六期，黑龙滩、玉溪河引水，赵口引黄灌区，渠村引黄，引丹灌区，驷马山引水工程等。它们或有老灌区依托、或者水库水闸已经建成，或者有历史传统，故其特点是工期短、投资省、见效快。此外，根据地方经济的发展，也新建了一些大型工程，如武都引水工程、由于规模浩大，故计划分三期完成，第一期又分为5段，将大工程转化为短省快的单项工程，从而提高投资效果。

1. 盐环定扬黄工程

1990年中，盐环定扬黄工程中陕甘宁三省区共用部分的11个泵站和7条干渠均已开工。其中1～4号泵站基本建成。1号泵站已具备试水条件。5～8号泵站已完成水工土建主体工程，其中7～8号泵站还完成了金属结构和压力管道工程。1干渠的混凝土砌护和渠系建筑物已全部完成并具备了过水条件。2、3、4、6干渠土石方已完成，5、7干渠土石方分别完成70%及42%。110 kV线路于1991年元月基本完成，220 kV变电所及线路的土建基本完成。本年共完成土方110万m^3、石方22万m^3、混凝土3万m^3，投资4277.4万元。累计完成土方149万m^3、石方34.3万m^3、混凝土5.06万m^3，投资8096万元，分别为计划的28.4%、38.5%、41.3%及47.93%。工程计划1993年建成，当前问题仍然是投资不足，如本年计划为3500万元，实际完成了122.2%。1991年计划投资5000万元，将为建设的高峰和关键。

2. 武都引水工程

武都引水工程自1988年9月复工，经过两年三个月的建设，一期一段工程于1990年基本建成，总干渠通水，石龙嘴电站第一台机组发电。该工程曾被邓小平同志称为第二个都江堰。地方政府及群众极为关切。工程曾两次下马，1988年一期工程复工，规模很大，为了分段建设，分段受益，干支斗农同步建设的原则，又将第一期工程分为五段：第一段包括总干渠0～8.854 km、进水枢纽及石龙嘴电站；第二段包括总干渠8.854～21.73 km及江绵分干渠30.4 km；第三段包括总干渠21.73～42.06 km及红岩水库、红岩分干渠66 km等，第四、五段为涪梓干渠的上下段。

第一段进水枢纽为开敞式钢筋混凝土拦河闸5孔和冲沙闸2孔。孔宽均为10 m，闸门高5.8 m。按百年一遇洪水设计，过流量7940 m^3/s。左岸进水闸，引水110 m^3/s经元宝山隧洞接总干渠。总干渠长42.064 km，第一段至石龙嘴电站。该电站设计水头21 m，流量108 m^3/s，装机容量1.76万kW，年发电量1.18亿kW·h。本段建成后可增灌农田5000亩。

工程投资来源是民办公助。根据“谁受益、谁负担”的原则，受益区农民每年每亩负担1～2元，开工两年来，绵阳市自筹资金1700余万元，保证了工程的进行。

主体工程由四川省水利建设工程公司中标承建。一期一段工程质量较好，混凝土离差系数在0.04～0.06之间，保证率95%～99%。渠道填方均按土坝辗压标准控制，用13.5 t振动辗压实，干容重合格率在90%以上。本段工程累计完成投资7900万元，土石方267万m^3，混凝土17万m^3。

当前主要问题是资金困难。如一期工程建设总工期为8年，总投资为4.85亿元，平均年投资应为6000万元左右，而1988、1989、1990年实际投资分别为2000万、1800万及4000万元。以致原计划1990年开始的第二段工程，延至1991年才能开工。

3. 引大入秦工程

1990年引大入秦工程进入全面施工，主要分为四个部分：

(1) 总干渠　全长86.95 km，包括引水枢纽、33座隧洞、9座渡槽及52座渠道建筑物，已于1990年7月完成。33座隧洞中已开工的有29座，本年完成10.48 km。至1990年底，累计掘进隧洞总长为31 km，占隧洞总长的41%。有7条已经贯通，总长1832.44 m。盘道岭隧洞施工比较顺利，8月份进尺已突破500 m，至年底，已掘进12.386 km，加上发包前的0.946 km，已完成总长的84.8%。国际二标中的30A及39号隧洞，长15480 m，由意大利CMC公司和华水联营体中标承建，开挖用美制双护盾全断面掘进机（$D=5.53$ m），并用预制钢筋混凝土管片一次衬砌成洞。这种掘进机，适用于硬岩，月进尺可达675 m，在中国还是首次应用。国际一标包括6～8号、22～26号7座隧洞，由铁道十五局、二十局和中国大千技术出口公司中标，进展较慢，质量较差，现仅完成3830.9 m，为总量的19.8%。国内一标包括1、4、5号隧洞开挖及渠首工程，由水电四局和甘肃水电二局联合承包，已完成隧洞457 m，为总长的15.06%。并完成了部分导流明渠开挖及围堰工程。国内二标包括10～18号及20号等10条隧洞，由甘肃地区水利局承建，其中10号洞已打通。国内三标包括29号隧洞及渡槽工程，亦由地方承建。

(2) 干渠　在总干渠末端永登县的香炉山分水闸后分为东一干渠和东二干渠。东一干渠系在原庄浪河东干渠基础上扩建，引水14 m^3/s，全长49.6 km，包括明渠39 km及隧洞、渡槽等各两座，渠道建筑物134座。分为5组在国内公开招标，已全面动工。并完成了部分隧洞（为总长的21.2%）和渠道衬砌。东二干渠系新建，引水18 m^3/s，长54.12 km，其中明渠20.16 km，并有隧洞29座，渡槽18座。渡槽以跨庄浪河石咀子处最大，长2.03 km，支墩高达43 m，单跨40 m。此外还有泵站6座，其他建筑物79座，分为4组已招标完毕。

(3) 支渠　共45条，长675 km，年内完成了省内招标工作。

(4) 田间配套工程　由指挥部兰州分部负责。

引大入秦工程在1990年共完成投资12429万元，土方121.2万m^3，石方54.4万m^3，混凝土7.3万

m^3。累计完成投资37963万元，土方625.33万m^3、石方194.5万m^3、混凝土19万m^3，分别为计划值的35.6%、81.58%、48.7%及33.9%。

4. 河套灌区

1990年为河套灌区配套工程建设，共6项工程，超额完成投资3832万元，土方410万m^3，石方3万m^3，混凝土1.58万m^3。累计完成投资2.54亿元，土方1.4亿m^3、石方100万m^3、混凝土32万m^3，分别为计划的19.8%、41.6%、28.8%及7%。工程面貌是：总排沟扩建工程已于1990年10月17日开工；红圪卜扬水站6套机组基本安装完毕，正进行冬季供暖工程；总干渠防护治理，已预制混凝土桩692 m^3；三排干沟扩建已完成建筑物377座，防塌工程5.96 km；八排干沟扩建完成建筑物417座和70%的土方工程；西山咀110 kV变电站已基本建成。

相应的田间配套工程累计完成36.8万亩，已开挖斗农毛渠1.3万条，各类建筑3000座和若干农业工程，已初步发挥了效益。如配套区内渠道渗漏减少，缩短了轮水期，节约了用水，减少了投工量，扩大了灌溉面积。另据八排干域统计，虽支斗沟仅部分建成，排水排盐量已有所增加。此外总干渠电站跌水消能工加固工程于4月份竣工后，保证了灌区700万亩农田适时灌溉，并减少了岁修费。

原计划工期5年，现进度已拖后，主要原因是国内投资不足，而世行贷款则需工程完成后才能拨付；此外，旧灌区改造涉及多少年来的传统，难度较新建工程有过之无不及。

（赵之蔺　王效和）

专题一　水利建设开发工作

为逐步壮大水利产业，搞活水利经济，水利部组建后，积极推动流域、区域水资源的综合开发利用。自1988年起，按流域先后成立了东北、华北、淮河、黄河、珠江、汉江、太湖水利水电开发公司等一批经济实体。这些公司都具有经济法人资格，除汉江水利水电开发公司隶属丹江口水利枢纽管理局外，其他公司均由相应的流域机构领导。此外，各地区也涌现出一批不同类型的水利经济实体。这些经济实体的建立为适应水利建设深化改革，推动水利基础产业的发展，奠定了组织基础。

为了探索水利建设良性循环的路子，调动社会办水利的积极性，近年来，水利部对集资办电，联合治水等建设方式做了若干有益的尝试。主要如黄河万家寨水利枢纽及引黄入晋工程，经水利部与山西省和内蒙古自治区人民政府充分协商，于1990年底三方签订了《关于联合建设万家寨水利枢纽和引黄入晋引水工程的意向书》，商定集资兴建枢纽工程，按投资分担比例分享电量和收益分配等。黄河小浪底、汉江王甫洲以及广东省的飞来峡和福建省的棉花滩等水利枢纽，也正在研究集资方案，争取早日立项建设。此外，为了充分利用已建三门峡和丹江口水利枢纽的弃水，增加发电效益和提供防汛自备电源，增强两枢纽管理局的企业活力，已经确定在三门峡水利枢纽增建一台7.5万kW机组，由水利部和河南省集资建设；在丹江口水利枢纽增建两台2万kW机组，由水利部和丹江口水利枢纽管理局共同投资建设。

至于供水工程的开发，则首先在沿海经济较发达省分进行试点，自1988年起，所做工程如下表。

供水工程集资兴建采取“新水新价”、“谁建、谁管、谁有”的政策。目前，城乡工业及生活缺水问题严重，这个问题不解决将制约城乡工农业的发展，影响人民生活和社会安定。水利部将继续深入一步研究开发机制、模式和有关的政策，使供水工程的开发能得到普遍而有效的发展。

工程名称	所在省县	工程规模	投资方式及金额(万元)		水　价 (元/m^3)	施工年限 (年)	备　注
			建行贷款	部拨改贷			
东张水库供水	福建福清	3万 t/d		170	0.15～0.25		工业用水价
镇北水库供水	广东惠来	3万 t/d	500	200	0.6	1.5	包括老管网改造
后龙河水库供水	山东荣成		200		0.4	0.5	
乳山热电厂供水	山东乳山		150				

对于小水电建设则以豫西卢氏、洛宁、灵宝、栾川等地区为试点，由水利部组织黄河水利委员会及河南省有关单位集资兴建豫西电网，已签订了《豫西四县小水电联网意向书》，初步确定了联网方案、资金筹措、管理体制等原则，并已委托黄河水利委员会勘测设计院进行可行性研究。

（丰济康）

专题二 中小型水利施工专用机械研制开发

党的十一届三中全会以来，随着农村经济责任制的落实，已不能完全依靠大量农村劳力进行中小型水利工程施工，应寻求机械施工的路子，加速研制和采用适合中国国情的各类水利施工机械，是水利建设继续发展的保证条件之一。

1986年11月，经原水利电力部批准，设立了“中小型水利施工专用机械开发基金”，由部内有关司局组成基金管理委员会，原基建司水利处负责日常工作(后交由水利部建设开发司管理)，曾先后制订了开发规划、基金管理办法，组织了重点区域的机械调研，召开了有关的小型机械化座谈会，开发了一批适应性较强的水利施工专用机械，并在黑龙江、河北、山西、内蒙古、河南、山东、安徽、江苏、上海、福建等省、市、自治区发挥了作用。

一、开发方针

中国幅员辽阔，不同地域的水利工程施工，对施工机具的要求亦各不相同。因此，宜以“全面规划，突出重点，注重效益，加强管理”作为中小型水利施工机械开发方针。同时，充分发挥中央和地方的两个积极性，实现专业设计院（所）同地方群众设计力量相结合，中央补助同地方集资相结合。在充分调查我国水利工程施工机具需求情况的基础上，进行统一规划，以沼泽、海涂开发，河道、渠道清淤，现有工程的除险加固，发展节水型灌溉为重点，实现中小型水利施工机械开发基金的滚动使用，开拓一条科研、设计、制造、经营、还贷一体化的机械研制开发的路子。经过1987～1990年4年的努力，中小型水利施工专用机械开发基金资助研制开发了挖掘机、清淤机、推土机、铲运机、高喷机、制管机、开沟铺管机、作埂机、开沟机9大类机种43个产品。其中部分项目填补了国内空白。为中国水利工程施工提供了经济实用的施工机具。

二、广泛调查研究，促进技术交流

为了解和掌握不同地区和各类水利工程对施工机械的需求情况，中小型水利施工专用机械开发基金组织了海河尾闾清淤清障施工机械调研，农田水利施工机械（田间工程机械）调研，引黄灌区清淤机械调研，三江沼泽地开发施工机械调研，以及长江三角洲河道淤积情况调研等。曾在浙江省湖州召开了长江三角洲清淤机械化座谈会，黑龙江省佳木斯市召开了三江平原治理施工机械化座谈会，江苏省南通市海门召开了农田水利施工机械化座谈会。为了加强全国范围内的中小型水利施工专用机械开发信息的交流，在长春机械研究所建立了水利施工专用机械信息中心。四年来，信息中心共刊印了水利施工机械信息52期，编辑制作了有关机械研制开发和使用情况的录相片，编印了“国内外水利施工机械汇编”。亦曾同德国、加拿大等国的制造厂家进行了技术交流，还邀请了美国农水专家霍肯斯先生来华考察，从而促进了同外国同行间的技术合作与交流。

三、找准研制开发突破口

四年来，中小型水利施工专用机械开发基金根据不同地区的实际情况有针对性地开展工作，主要以下述几方面作为研制开发施工机械的突破口：

1. 用机械化手段对现有工程进行更新改造。诸如：河道、渠道清淤清障；江河堤防、水库大坝防渗加固等。

2. 提高已有渠道的有效利用系数，研制渠道衬砌机械。

3. 研制高效能的开沟铺管机械，以适应节水型灌溉的需要，满足日益发展的暗灌、暗排、暗降的“三暗”工程的需要。

4. 黑龙江省、内蒙古自治区河套、山西省雁北和新疆维吾尔自治区等地广人稀的商品粮基地的水利工程，积极推行以机械化施工为主的技术政策，在现有设备的基础之上，抓好设备配套。

5. 积极研制海涂、沼泽地、流沙和冻土等特殊地域的水利施工专用机械。

6. 地下工程、粉尘毒害较大的施工作业和高边坡开挖防护施工机械的研制。

四、注重效益，实现“基金”项目滚动开发

中小型水利施工专用机械开发基金建立以来，在选项、评估、立项上，尤其注重研制开发的产品的社会、经济两方面的效益。不搞1958年那样的“大跃进”，也不搞1978年那样的“洋冒进”，改变以往机械开发研制经费的无偿拨款为有偿使用。“基金”曾先后支持南方清淤公司、水电二局、水电十一局等单位推广应用水利工程机械化施工技术，效益明显。用款单位在规定的宽限期后将所借款项归还“基金”，“基金”又用这些资金进一步开发研制新的施工机械，推广应用新的技术。从而使中小型水利施工专用机械开发基金部分地实现了滚动开发利用。

五、筹资、设计、制造、试验、经营、还贷一体化尝试

为加强对中小型水利施工专用机械开发基金项目的管理，根据水利部中小型水利施工专用机械开发基金管理办法，严格控制了项目申请、立项评议、合同管理、成果鉴定程序，取得了分别以设计、制造、用户为承包单位开发研制水利施工专用机械的经验。为进一步开拓基金项目管理的路子，在LWY-60/15拉挖式长臂液压挖掘机项目开发中，以水利部长春机械研究所为主承包单位，负责筹资、设计，并协同制造厂进行产品生产，结合水利工程进行工业性试验。成果鉴定后，利用产品进行经营性生产，并在生产过程中完善改进设计，用生产经营中创造的直接经济效益归还全部贷款。"基金"管理部门旨在加强合同管理，严格控制设计、制造质量及合同工期。一体化工作正在尝试中。

（许红波）

城 市 供 水

中国华北城市供用水概况

一、华北和胶东地区城市建制和城市人口

到1987年底，华北和胶东地区共有52个建制市。除了北京和天津两个直辖市外，河北省有石家庄、唐山、邯郸、保定、张家口、承德、秦皇岛、邢台、沧州、廊坊、衡水、泊头、涿州、任丘、南宫、定州、辛集和沙河等18个市；山西省有太原、大同、阳泉、长治、榆次、临汾、侯马、运城、晋城和忻州等10个市；河南省有安阳、新乡、焦作、鹤壁和濮阳等5个市；山东省有济南、青岛、淄博、烟台、潍坊、德州、东营、滨州、聊城、临清、日照、威海、青州、龙口、胶州、诸城和莱阳等17个市。

1987年52个城市市区的总人口为4774万人，占全国城市市区总人口的18.2%，其中非农业人口为2551万人，占全国城市市区非农业人口的19.7%见表1。12个有代表性的城市市区非农业人口为1815万人，占52个城市的71.1%，见表2。

表1　1987年华北和胶东地区城市建制和城市市区人口

地区	城市数（个）	市区总人口			市区非农业人口			非农业人口占总人口(%)
		人数（万人）	占全国（%）	占合计（%）	人数（万人）	占全国（%）	占合计（%）	
北京市	1	670.16	2.55	14.04	546.69	4.21	21.43	81.58
天津市	1	554.37	2.11	11.61	431.95	3.33	16.93	77.92
河北省	18	1106.97	4.22	23.19	543.71	4.22	21.51	49.57
山西省	10	665.88	2.54	13.95	356.42	2.75	13.97	53.53
河南省	5	224.51	0.86	4.70	145.27	1.12	5.69	64.71
山东省	17	1552.06	5.92	32.51	522.39	4.03	20.47	33.66
合计	52	4773.95	18.20	100	2551.43	19.66	100	53.44
全国	382	26230.92	100		12976.33	100		49.47

二、工业用水节水现状

华北地区是我国经济发展的重要地区之一，北京、天津两大城市具有相当雄厚的工业基础，对华北地区经济增长和社会发展都起着举足轻重的作用。1987年京津唐地区城市市区工业总产值占华北地区

的 42.3%，工业取水量占 35.6%(表 3)。

表 2　1987 年 12 个城市市区非农业人口

单位:万人

城市名	非农业人口	城市名	非农业人口	城市名	非农业人口
北京市	546.69	天津市	431.95	石家庄市	98.69
唐山市	97.97	秦皇岛市	33.33	沧州市	21.89
太原市	147.97	大同市	73.98	济南市	125.73
青岛市	119.91	淄博市	80.12	安阳市	37.17
合计					1815.40

注　北京市城区和近郊区(不包括门头沟和房山区)的非农业人口为 511.1 万人。

表 3　1987 年华北地区城市工业总产值、工业取水量比重

名称	城市数(个)	市区工业总产值(亿元)		工业取水量(亿 m³/年)	
		地区	比重(%)	地区	比重(%)
京津唐地区	5	601.18	42.30	15.00	35.60
山西能源基地	9	169.47	11.90	5.80	13.80
燕太地区	15	252.72	17.80	11.20	26.60
陡骇地区	5	35.53	2.50	1.10	2.60
黑龙港地区	5	26.82	1.90	1.00	2.40
胶东地区	10	337.00	23.70	8.00	19.00
合计	49	1422.72	100	42.10	100

表 4　1987 年华北地区城市工业用水节水情况

地区名称	工业总产值(亿元)	工业用水量(亿 m³)	工业取水量(亿 m³)	重复利用量(亿 m³)	重复利用率(%)	万元产值用水量(m³)	万元产值取水量(m³)
京津唐地区	601.18	74.70	15.00	59.70	79.90	1243	250
山西能源基地	169.47	39.20	5.80	33.40	85.20	2316	342
燕太地区	252.72	30.40	11.20	19.20	63.20	1203	443
陡骇地区	35.53	2.30	1.10	1.20	52.50	647	310
黑龙港地区	26.82	2.90	1.00	1.90	65.50	1094	373
胶东地区	337.00	36.10	8.00	28.10	77.80	1072	237
合计	1422.72	185.60	42.10	143.50	77.3	1305	296

山西能源基地由于有得天独厚的煤炭资源，已成为全国能源重化工基地之一，1987 年城市市区工业总产值已达到 169.47 亿元，工业取水量占华北地区的 13.8%（表 3)，工业增长速度很快。

胶东地区近年来轻重工业的迅速发展，使胶东地区缺水情况日趋严重，1987 年城市市区工业总产值占华北地区的 23%工业取水量占 19%（表 3)。

上述地区近十年来虽从技术、经济各方面采取了节水措施，但因工业的迅速发展，工业用水的需求量不断增长，而本地区水资源严重缺乏，致使几大城市相继出现用水危机，解决缺水问题已成为当务之急。

三、一些重点城市历年工业用水节水情况

北京是我国首都，是全国经济文化发展中心。北京工业在解放后才建成冶金、电力、化工、机械、纺织、轻工等工业基础，随着工业的发展工业用水急剧增长，出现水资源紧张状况。因此在 1978 年后，对一些用水较多的工厂逐步采取了一些节水措施。市区工业产值从 1979 年的 199.74 亿元增加到 1987 年的 327.73 亿元，年平均增长 6.4%，而市区工业取水量逐年下降，从 1979 年的 11.94 亿 m³ 下降到 8.27 亿 m³，年平均递减 4.5%；工业万元产值取水量由 598 m³ 下降到 252 m³，年平均递减 10.2%（表 5，图 1)，节约用水取得显著成效。

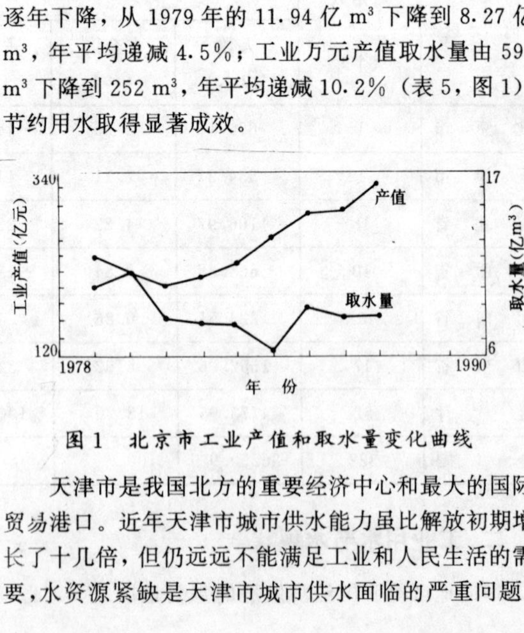

图 1　北京市工业产值和取水量变化曲线

天津市是我国北方的重要经济中心和最大的国际贸易港口。近年天津市城市供水能力虽比解放初期增长了十几倍，但仍远远不能满足工业和人民生活的需要，水资源紧缺是天津市城市供水面临的严重问题。

表 5　北京市 1979～1987 年工业用水节水情况

年　份	用水量（亿 m^3）	取水量（亿 m^3）	工业产值（亿元）	重复利用率（%）	万元产值取水量（m^3）
1979		11.94	199.74		598
1980		11.21	219.36		511
1981		8.24	202.78		406
1982		7.93	214.09		370
1983		7.85	234.09		335
1984		6.43	263.74		244
1985	35.04	8.83	291.64	74.8	303
1986	35.97	8.31	295.83	76.9	281
1987	36.92	8.27	327.73	77.6	252
年平均增长（%）		−4.5	6.40		−10.2

注　1985、1986、1987 年取水量数据摘自北京市节水办统计资料，工业产值采用中国城市统计年鉴数据。

表 6　天津市 1979～1987 年工业用水节水情况

年　份	用水量（亿 m^3）	取水量（亿 m^3）	工业产值（亿元）	重复利用率（%）	万元产值取水量（m^3）
1979		5.43	170.84		318
1980		5.53	189.28		292
1981		4.74	194.60		244
1982		3.86	206.75		187
1983		4.12	223.67		184
1984	15.46	4.22	245.42	72.7	172
1985	17.67	4.77	285.80	73.0	167
1986	18.08	4.90	300.40	72.9	163
1987	19.20	5.28	327.83	72.5	161
年平均增长（%）		−0.3	8.50		−8.2

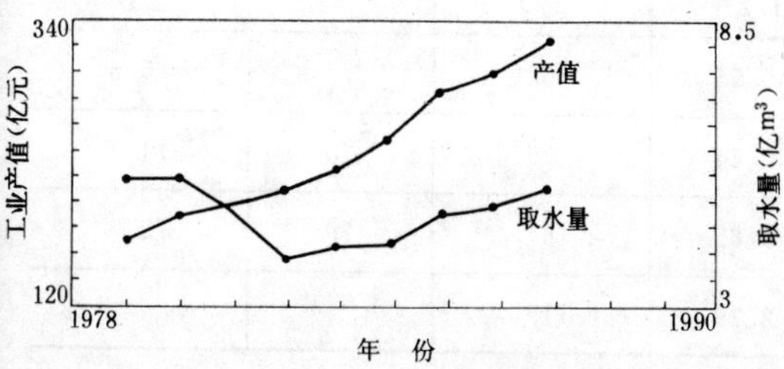

图 2　天津市工业产值和取水量变化曲线

从 1983 年引滦入津工程完成后，地表水供水能力增加到 151.5 万 m^3/d，虽对供水紧张状况有所缓和，但仍不能赶上城市工业和生活需水量的增长速度，地表水严重不足，地下水过量超采，使天津市长期处于严重的水资源危机中。

表 7　太原市 1980～1987 年工业用水节水情况

年　份	用水量（亿 m^3）	重复用水量（亿 m^3）	取水量（亿 m^3）	工业产值（亿元）	万元取水量（m^3）	重复利用率（%）
1980	13.20	10.96	2.44	37.72	647	81.5
1981	12.54	10.31	2.23	36.27	614	82.3
1982	12.44	10.18	2.27	41.20	550	81.7
1983	12.84	10.73	2.11	49.38	428	83.5
1984	12.41	10.45	1.97	54.19	363	84.2
1985	13.23	11.16	2.07	59.75	346	84.4
1986	13.29	11.25	2.04	64.06	318	84.7
1987	14.46	12.38	2.08	70.11	297	85.6
年平均递增（%）	1.30	2.00	−2.30	9.30	−10.5	0.7

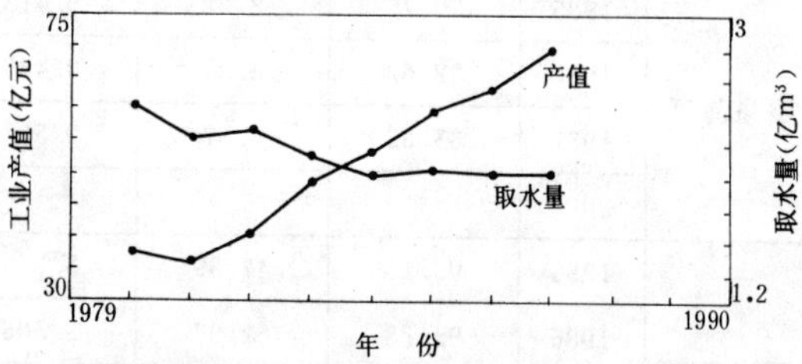

图 3　太原市工业产值和取水量变化曲线

表 8　淄博市 1984～1987 年工业用水节水情况

年　份	用水量（亿 m^3）	取水量（亿 m^3）	工业产值（亿元）	重复利用率（%）	万元产值取水量（m^3）
1984	12.69	1.37	38.08	89.2	359
1985	16.67	1.71	49.01	89.7	350
1986	19.89	1.78	51.78	91.0	345
1987	22.86	1.89	66.86	91.8	313
年平均递增（%）	21.70	11.30	20.60		−4.5

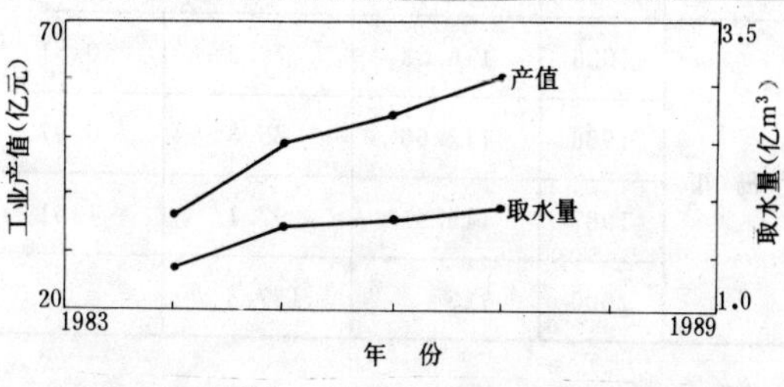

图 4　淄博市工业产值和取水量变化曲线

表9　　**十二个重点城市工业用水现状与规划数据汇总**

城市名称	年份	非农业人口（万人）	工业总产值（亿元）	城市总取水量（亿 t/年）	工业取水量（亿 t/年）	万元产值取水量（t）	重复利用率（%）	重复利用率（不包括电）（%）
北京市	1985	488.08	〈226.7〉	13.11	8.277	365	75.9	73.0
	1986	499.67	〈235.5〉	12.74	7.691	327	78.8	54.0
	1987	511.10	〈260.1〉	12.76	7.687	296	78.8	76.5
	2000							
天津市	1985	455.69	285.6	6.01	4.586	160.6	73.0	64.7
	1986	447.05	300.25	6.35	4.658	155.2	72.9	65.4
	1987	454.68	325.32	6.90	4.931	151.5	72.5	65.2
	2000	380			7.5	90		
唐山市	1985	93.84	31.46	1.29	1.028	326.9	80.3	36.9
	1986	95.86	33.69	1.40	1.111	318.4	81.6	49.5
	1987	97.98	34.87	1.48	1.158	332	86.5	58.6
	2000	120	110		5.5	466		
秦皇岛市	1985	30.75	8.22	0.413	0.248	301	64	39.6
	1986	32.62	8.84	0.483	0.246	274.9	65	41
	1987	33.33	10.67	0.503	0.245	238.4	67	45
	2000							
石家庄市	1985	93.18	47.59	3.370	2.445	514	70.6	40.0
	1986	95.85	52.07	3.506	2.630	505	69.6	43.0
	1987	98.68	58.31	3.321	2.442	418.9	72.1	47
	2000		141.47		2.9	205		
太原市	1985	〈139.06〉	59.75	2.067	1.823	345.9	84.4	76.0
	1986	〈143.98〉	64.07	2.036	1.783	317.9	84.7	76.4
	1987	〈147.97〉	70.11	2.083	1.799	297	85.6	78.6
	2000		194.0		3.9	201		
大同市	1985	〈70.4〉	24.09	0.945	0.715	297	89.1	58.1
	1986	〈72.39〉	25.94	0.982	0.721	278	92	60.4
	1987	〈73.98〉	30.6	1.01	0.741	242	94.3	67
	2000	109	67		1.27	190		
青岛市	1985	116.23	79.3	0.81	0.55	69	77	75.6
	1986	117.66	85.3	0.97	0.64	75	75	74
	1987	119.91	97.1	1.01	0.65	67	79	72.7
	2000	125	197.8		2.29	115		

续表

城市名称	年份	非农业人口(万人)	工业总产值(亿元)	城市总取水量(亿t/年)	工业取水量(亿t/年)	万元产值取水量(t)	重复利用率(%)	重复利用率(不包括电)(%)
济南市	1985	128	60.25	2.334	1.688	280	51	(48.5)
	1986	130	66.43	2.462	1.719	259	56	(54.8)
	1987	140	78.03	2.382	1.639	210	65.1	(57.8)
	2000							
淄博市	1985	83	49.73	2.046	1.608	324	89.0	78
	1986	78	53.09	2.302	1.795	338	88.9	78
	1987	83	61.37	2.579	1.894	308	89	78.3
	2000	118	287.3		6.03	210		
沧州市	1985	21.09	6.83	0.318	0.216	318	79	79
	1986	24.29	7.66	0.322	0.217	270	82	82
	1987	26.10	9.16	0.331	0.221	241	84	84
	2000	25	38		1.15	300		
安阳市	1985	38.5	19.31	1.245	0.773	400	(58.3)	42.3
	1986	36.2	21.36	1.30	0.793	371	(62.6)	46.6
	1987	37.17	24.02	1.303	0.759	316	(71)	55
	2000	50.63	73.03	1.849	1.460	200		

说　明：

1. 本表由中国城镇供水协会组织十二个重点城市提供数据；
2. 带〈〉数据摘自国家统计局数据；
3. 带（）数据为推算数据；
4. 沧州市工业行业中没有电力工业；
5. 安阳市工业产值中不包括电厂；
6. 唐山市 2000 年规划工业取水量包括矿井水。

四、城市生活用水基本情况

1. 概况

(1) 城市市区生活用水量。1987 年 52 个城市市区生活用水量（不包括用水户计量装置以前城市管网的损失，下同。据建设部 1987 年《城市建设统计年报》50 个城市的数据统计，其损失率约为 7%）为 16 亿 m^3。根据收集到的资料粗略统计，1984～1987 年城市市区生活用水量见表 10，12 个有代表性的城市 1979～1987 年城市市区生活用水量见表 11。

表 10　1984～1987 年城市市区生活用水量　单位：万 m^3

序号	建制市数	年份 1987	1986	1985	1984	备注
Ⅰ	52	160032				
Ⅱ	48	159259	151383			不含沙河、莱阳、诸城、胶州
Ⅲ	40	155403	148975	140206		同Ⅱ外，不含涿州、任丘、南宫、定州、辛集、青州、龙口、东营
Ⅳ	38	153727	147515	138281	131704	同Ⅲ外，不含濮阳、日照

表 11 **12 个城市市区生活用水量** 单位:万 m^3

城市名	年份								
	1987	1986	1985	1984	1983	1982	1981	1980	1979
北京市	44958	44287	42886	40176	39078	37701	38392	35038	32207
天津市	22175	19426	18140	15649	14038	12801	11869	11591	10396
石家庄市	8787	8760	9251	9808	8950	9370	9089	8680	6617
唐山市	4918	4786	4654	4522	3840	3654	3157	2592	2318
秦皇岛市	2493	2367	1651	1368	1075	1044	2376	1011	920
沧州市	1092	1044	1020	1117	1332	1152	1051	924	909
太原市	5946	6003	6096	7161	6558	6891	7629	5913	
大同市	2698	2609	2304	3280					
济南市	7084	7431	6463	5961	5787	5651	6676	6336	
青岛市	3646	3292	2609	2030	1829	1472			
淄博市	6849	5066	4379	3843	3774	3836	3463	3278	2822
安阳市	3767	4383	4630	2973	3778	4903			
合计	114413	109454	104083	97888					
合计*	111715	106845	101779	94608	90039	88475			
合计#	104302	99170	94540	89605	84432	82100	83702	75363	

注 ①合计 * 为不含大同的 11 个城市合计；合计 # 为不含大同、安阳和青岛的 9 个城市合计。

②唐山市 1985、1986 两年的用水量是根据 1984 年和 1987 年的数据插入的。

③天津市的用水量采用建设部《城市建设统计年报》的数据，1985 年以前因无市政系统外的用水量数据，系按 1986～1987 年的比例折算。

1987 年与 1984 年相比，建制市由 38 个增加到 52 个，城市市区生活用水量增长了 21.5%，年平均递增 6.71%；市区非农业人口由 2235.3 万增加到 2551.4 万，增长了 14.1%，年平均递增 4.5%；1984 年已建市的 38 个城市市区生活用水量增长了 16.7%，年平均递增 5.29%。1987 年这 38 个城市市区生活用水量占 52 个城市的 96.1%。3 年中增加的 14 个建制市均是小城市，除东营、任丘、濮阳三个油田城市外，生活用水量都不大。

1987 年 12 个有代表性的城市市区生活用水量占 52 个城市的 71.5%。12 个城市市区生活用水量 1987 年比 1984 年增长 16.9%，年平均递增 5.34%；不含大同的 11 个城市市区生活用水量 1987 年比 1982 年增长 26.3%，年平均递增 4.78%；不含大同、安阳、青岛的 9 个城市市区生活用水量 1987 年比 1980 年增长 38.4%，年平均递增 4.75%。

(2) 城市市区人均生活用水量。据建设部 1987 年统计，在 52 个城市中，自来水的普及率低于 90%的有 23 个；低于 80%的有 15 个；还有 6 个低于 50%。对于自来水未广泛普及的城市来说，以用水人口来计算人均生活用水量，不能反映整个城市居民生活用水的水平。因此，人均生活用水量是以市区城市人口计算的。由于城市人口的统计方法很不一致，所以采用非农业人口来近似地代替城市人口。

1987年52个城市市区人均生活用水量为 172 L/d。1984～1987 年城市市区人均生活用水量见表 12，年平均递增 1.76%～2.43%。12 个有代表性的城市 1979～1987 年城市市区人均生活用水量见表 13，年平均递增 1.88%～2.85%。人均生活用水量的年平均递增率比生活用水量年平均递增率 4.75%～6.71%小得多，说明城市生活用水量的增长主要是由城市人口增加所致。如以人均生活用水量的数量计算，年平均递增 3～4 L/d，12 个城市年平均递增 3.1～4.7 L/d。

近年来，石家庄、沧州、太原、大同、安阳等城市市区生活用水量处于徘徊状态，人均生活用水量有所下降，这与当地水资源紧缺和大力节约用水有关。

表 12　**1984～1987年城市市区人均生活用水量**　单位:L/d

序　号	建制市数	年份 1987	1986	1985	1984	备　注
Ⅰ	52	172				
Ⅱ	48	173	170			不含沙河、莱阳、诸城、胶州
Ⅲ	40	174	172	166		同Ⅱ外，不含涿州、任丘、南宫、定州、辛集、青州、龙口、东营
Ⅳ	38	173	172	165	161	同Ⅲ外，不含濮阳、日照

表 13　**12个城市市区人均生活用水量**　单位:L/d

城市名	年份 1987	1986	1985	1984	1983	1982	1981	1980	1979
北京市	225	232	230	221	219	217	226	211	200
天津市	141	125	118	104	97	90	85	85	78
石家庄市	244	250	272	298	281	304	308	304	240
唐山市	138	137	136	135	117	113	100	86	81
秦皇岛市	205	202	147	128	108	108	258	115	106
沧州市	137	141	142	160	195	173	156	142	141
太原市	110	114	120	145	137	148	169	134	
大同市	100	99	90	131					
济南市	154	171	153	147	147	149	181	177	
青岛市	83	77	62	49	45	37			
淄博市	234	184	150	138	153	164	152	150	134
安阳市	278	331	351	234	308	407			
平均	173	171	165	159					
平均*	176	174	168	161	158	159			
平均#	180	178	172	168	163	163	170	158	

注　①平均＊为不含大同的11个城市的平均值；平均＃为不含大同、安阳和青岛的9个城市的平均值。
②唐山市1985、1986两年的数据是根据插入水量计算的。

2. *城市生活用水的构成*　城市生活用水按用途可分为居民住宅用水和公建市政用水两大类。11个城市市区公建市政用水量在城市生活用水量中的比例见表14。11个城市的生活用水量约占52个城市的65%。表中的平均值表明11个城市市区公建市政用水量在城市生活用水量中的比例约为55%～60%，1982、1983年缺北京市的数据，这个比例低于45%；1985～1987年缺天津等市的数据，这个比例大于60%。

北京是我国的首都，全国的政治文化中心，中央及国家机关、军事单位、科研机构、大专院校、宾馆饭店很多。而且又是一个著名的历史名胜、风景旅游城市，旅游业相当发达，公建市政用水量占城市生活用水量的比例高达70%以上。1985年到1987年期间，由于公建市政用水量稳定在3.3～3.4亿m^3，而居民住宅用水量逐步上升，这个比例呈下降趋势。海滨旅游城市青岛、秦皇岛由于公建市政用水量的增长快于居民住宅用水量，1987年公建市政用水量占城市生活用水量的比例高于1984年。省会城市石家庄、太原和工业城市大同、淄博、沧州则相反，这个比例1987年都低于1984年。除淄博是由于居民住宅用水量增长较快外，都是由于公建市政用水量下降所致。

表 14 **11 个城市市区公建市政用水量的比例(%)**

城市名	年份								
	1987	1986	1985	1984	1983	1982	1981	1980	1979
北京市	75.3	76.4	77.6	72.2			69.0		
天津市				42.2	41.5	37.5	29.1		
石家庄市	42.6	40.7	41.9	51.9	49.5	44.5	44.4	42.0	41.6
唐山市				32.3	34.2	36.0	34.7	35.2	31.5
秦皇岛市	65.1	64.1	46.9	41.8	43.1	48.6	76.2	44.4	49.6
承德市				57.2	47.5	29.7	29.2	28.5	26.3
沧州市	40.2	39.9	40.0	57.5	57.6	52.8	52.1	51.5	54.2
太原市	41.5	44.7	43.9	52.2	48.4	51.5	55.4	44.9	
大同市	27.1	31.7	33.9	40.0					
青岛市	58.5	59.3	58.7	56.4	53.4	50.8			
淄博市	25.2	30.0	33.1	33.2	35.6	32.8	31.3	32.7	35.0
平均	61.1	63.1	63.8	57.2	44.3	41.7	55.0	40.4	38.6

3. 居民住宅用水 10 个城市 1979～1987 年城市市区人均居民住宅用水量见表 15。华北和胶东地区城市人均居民住宅用水量总的来说是比较低的。除石家庄和淄博市外，人均居民住宅用水量为 35～82 L/d。

究其原因首先是许多城市居民住宅的给排水设施不完善，一些老城市的旧住宅大多没有给排水设施。据 1985 年 28 个城市的统计，使用公共水站的用水人口为 154.24 万，占非农业人口的 7.58%。北京市城市规划设计研究院和河北省城乡规划设计研究院分别对北京市和河北省 12 个城市的居民住宅用水进行了典型调查，结果见表 16。从公共水站取水的人均居民住宅用水量为室内给排水设施完善、有沐浴设备的 40%～50%。北京市不少平房只在院子里有一个公共水龙头，有室内水龙头的住户较少，人均居民住宅用水量与从公共水站取水的差不多。1987 年北京市的平房、无表平房、公共水站和农业户的用水量就占了城市居民住宅用水量的 44.4%，见表 17，所以北京市人均居民住宅用水量只有 56 L/d。其他城市也有类似情况。

表 15 **10 个城市市区人均居民住宅用水量** 单位:L/d

城市名	年份								
	1987	1986	1985	1984	1983	1982	1981	1980	1979
北京市	56	55	52	61			70		
天津市				60	56	56	61		
石家庄市	140	149	158	143	142	169	171	176	140
唐山市				91	77	72	65	56	56
秦皇岛市	72	73	78	74	61	56	62	64	53
沧州市	82	85	85	68	83	82	75	69	64
太原市	64	63	67	69	70	72	75	74	
大同市	73	67	59	78					
青岛市	35	31	25	21	21	18			
淄博市	175	129	100	92	99	110	105	101	87

表 16　北京市和河北省 12 个城市人均居民住宅用水典型调查结果　　单位:L/d

用水设备状况	北京市	河北省
室内给排水设施完善,有热水供应和浴盆	245～332	230
室内给排水设施完善,有沐浴设备 *	106～115	140～165
室内给排水设施完善,无沐浴设备 *	70～110	130～145
室内有给排水设施,公用厕所		75～90
公共水站	44～54	78

注　表中有 * 者,北京市是指有无自备加热淋浴器。

表 17　1987 年北京市居民住宅用水量情况

项　　目	用水量(万 m^3)	所占比例(%)
户表楼房	5482.01	49.37
无户表楼房	687.48	6.19
平　　房	4697.89	42.31
无表平房	1.57	0.01
公共水站	9.43	0.09
农业户	224.98	2.03
合　　计	11103.36	100

其次是不少城市的居民没有全部用上自来水。据 1987 年统计，北京市城市自来水的普及率为 87.5%；太原市为 89.8%；济南市为 97%；保定市为 84.6%；秦皇岛市为 73.8%；大同市为 70%；新乡市为 85.9%。

青岛市因水资源紧缺，供需矛盾突出，市政府每年根据当年的水情限定每人每月用水量不得超过 0.5～1.5 m^3，所以人均居民住宅用水量更低。

为了了解居民住宅用水中各类用水的情况，河北省城乡规划设计研究院 1985 年 7 月在本省 12 个城市选择了 60 个不同给排水设施水平的居民户，经过合理化用水教育后，对其用水情况进行了一个月的量测，并与现状用水典型调查结果进行比较，见表 18。在室内有给排水设施，独用厕所、厨房，有沐浴设备的住宅中，冲洗厕所用水量最大，占了近 1/3；加上洗澡用水量，占了一半。在有集中热水供应的住宅中，洗澡用水量比无集中热水供应的多了近两倍。表 19 是国外资料中介绍的几个国家人均居民住宅用水的组成情况。其冲洗厕所用水量占 16%～41%；加上洗澡用水量占 36%～78%。冲洗厕所用水量我国和英国、日本差不多，美国比我国高了近 80%，挪威只有我国一半。洗澡用水量美国和我国有集中热水供应的相同。我国饮食用水量低于日本，但比欧美国家高 1.8～4.6 倍，这可能与生活方式和生活习惯有关。

表 18　河北省 12 个城市人均居民住宅用水典型量测结果　　单位:L/d

用水类别	公共水栓	有给水龙头，无排水设施	有给排水设施，厕所公用	有给排水设施，独用厕所、厨房，无沐浴设备	有给排水设施，独用厕所、厨房，有沐浴设备	有给排水设施厕所厨房浴室并有集中热水供应	%
饮用	3	3	3	3	3	3	2.2
烹调	12.5	12.5	25	25	25	25	18.1
洗漱	12.5	17.5	17.5	17.5	12.5	12.5	9.1
洗涤衣物	7	7	17.5	17.5	17.5	17.5	12.7
居室擦洗			6	6	6	6	4.3
冲洗厕所				45	45	45	32.6
洗澡					25	70	18.1
杂用		4	4	4	4	13	2.9
测试日合计			73	118	138	192	100
测试日合计 *	35	44	63	108	128		92.8
平均日用水			90	145	165	230	119.6
平均日用水 *	78	53	75	130	140		101.4

注　①%栏为室内有给排水设施，独用厕所、厨房，有沐浴设备栏的百分比。

②平均日用水为 12 个城市同类型给排水设施水平典型调查的人均日用水量的平均值。

③有 * 者为无洗衣机居民户的用水量，相应的洗涤衣物栏的用水量减 10。

表 19　英、美、挪威、日本每人每日居民住宅用水量组成

用　途	英国某地		英国威尔士		美　国		挪　威		日　本	
	用水量(L)	比例(%)	用水量(L)	比例(%)	用水量(L)	比例(%)	用水量(L)	比例(%)	用水量(L)	比例(%)
冲洗厕所	40	23.8	55	31.5	80	41	23	17.7	40	16
洗　澡	35	20.8	55	31.5	68～72	37	31	23.8	50	20
洗　衣	13	7.7	15	8.5	8	4	19	14.6	60	24
洗　碗	11	6.5	15	8.5	11	6	15	11.5		
饮食用	8	4.8	5	2.9	10	5	6	4.6	45	18
洗车浇园	14	9.5	10	5.8	6	3	6	4.6	18	7
清　扫					7.5	4				
其　他	2								37	15
损　失	45	26.8	20	11.3						
合　计	168	100	175	100	195	100	130	100	250	100

注　①资料来源：

英国某地——摘自英国 Thames Water Authority；

英国威尔士——摘自《城市用水的节水研究》；中国城市规划设计研究院；1987.10；

美国——《Environmental Protection》, Second Edition, EMIL T. CHANLETT, 1979；

挪威——《Water Consumption and Water Demand in Norway》；

日本——摘自《北京城市用水的节水研究》，北京市城市规划设计研究院；1986.12；

②各国的各项用水统计口径可能不一致。如日本的洗涤用水 60 L，本表列在洗衣栏内。

4. 公建市政用水　公建市政用水包括商业、财贸、服务业、文娱场所、机关团体、部队、学校、科研、医疗卫生、基建、园林绿化、公厕、喷洒道路等用水。北京、淄博、石家庄、大同四市公建市政用水情况见表 20、表 21、表 22 和表 23。

在四个市的公建市政用水量中，机关团体、部队、学校、医疗卫生等单位的用水量占 25.2%～69.7%；商业、财贸服务业、文娱等单位的用水量占 16%～40%；基建、园林绿化、公厕、喷洒道路等用水量占 9.4%～34.9%。四个市的各项公建市政用水的比例相差很大，这与城市的自然条件、城市性质和历史发展等因素有密切关系。由于没有统一的分项用水统计规定，同一项用水，各市的统计范围不尽相同，只能作一个大致的比较。

北京市的公建市政用水量中，部队、机关团体、大专院校和商店的用水量都在 12%以上，四项合计约占 53%；科研、医疗卫生、食品加工和市建工程的用水量都在 5%以上，四项合计约占 27%；加上大型旅馆和旅馆招待所，十项合计约占 88%。石家庄和大同市这几项用水合计也都在 85%左右。在公建市政用水中这几项是节水的重点项目。

北京市 1984 年抽样调查了 600 个公共建筑用水单位，其中 219 个单位用水情况比较可靠。这 219 个单位中有机关 44 个；科研 20 个；中专 7 个；大专院校 19 个；饭店 9 个；服务修理业 8 个；百货、日杂 17 个；副食、菜市场、冷库 33 个；医院 15 个；文化事业 9 个；影剧院 14 个；体育设施、文化中心 6 个；中小幼 18 个（不含中专）。这些单位的用水量占 1984 年市区公共建筑用水量的 15.3%。空调冷却用水的重复利用率为 53.1%，其补充水量占这些单位用水量的 14.3%，厕所用水量占 29.6%，淋浴用水量占 9.73%，这三部分用水量约占 54%，是城市公共建筑用水的节水重点。

5. 城市生活用水的售水价格和成本　表 24 是 1988 年 51 个城市的售水价格和成本。居民住宅用水每立方米水价一般为 0.10～0.20 元，最高达 0.30 元；公共建筑用水每立方米水价一般为 0.10～0.30 元，最高达 0.45 元。公共建筑用水水价一般高于居民住宅用水，商业、服务业用水水价一般高于机关、团体、学校用水。但石家庄、淄博、潍坊、青州、焦作、鹤壁等城市公共建筑用水水价与居民住宅用水一样。大城市的水价都比较低，居民住宅用水每立方米水价，天津、石家庄、济南只有 0.08 元；太原、大同 0.10 元；邯郸 0.11 元；北京、唐山、淄博 0.12 元；青岛

表 20　北京市 1984～1987 年公建市政各项用水情况　　单位：万 m^3

项　目	1987	1986	1985	1984	%
商　店	4248.26	4633.59	4251.93	2450.9	12.55
食品加工	1858.31	1862.26	2105.97	1842.8	5.49
大型旅馆	1315.23	970.60	914.22	1098.9	3.89
旅馆招待所	1481.21	1058.59	923.87	829.1	4.38
饮　食	378.95	327.96	350.19	348.8	1.12
服务修理业	284.78	263.73	307.78	251.2	0.84
影剧院	78.33	79.27	83.39	90.6	0.23
文娱场所	315.28	463.76	417.92	311.5	0.93
浴　池	283.05	249.73	260.40	269.4	0.84
机关团体	4238.42	4568.79	4457.10	3694.8	12.52
部　队	5222.03	5560.68	5465.02	2966.3	15.42
外事机构	263.35	225.77	238.20	241.3	0.78

续表

项　目	1987	1986	1985	1984	%
大专院校	4221.68	4472.76	4469.68	4149.9	12.47
中小幼	1123.59	1139.39	1151.07	1019.7	3.32
科　研	2675.98	2777.45	2999.98	4459.8	7.90
医疗卫生	2353.67	2394.65	2252.68	2251.2	6.95
文化事业	204.13	215.50	222.07	283.2	0.60
市建工程	2242.26	1884.58	1674.37	1501.3	6.62
市政管理	670.08	345.88	368.43	459.4	1.98
市政单位	395.80	349.04	361.28	502.2	1.17
合　计	33854.39	33843.98	33275.55	29022.3	100

注　①表中%栏是 1987 年数据的百分比。

②市建工程是指城市基本建设施工用水；市政管理是指公园、绿化、厕所、环卫、喷洒道路等用水；市政单位是指电信、邮电、广播电视、房管、环卫等事业单位用水。

表 21　淄博市 1979～1987 年公建市政各项用水情况　　单位：万 m^3

年份	合　计	财贸服务	机关团体	市政工程	绿　化	喷洒道路	公　厕
1987	1728.57	690.63	434.79	322.14	125.74	11.35	143.92
1986	1517.75	618.50	437.38	228.58	106.27	9.22	117.80
1985	1450.22	559.90	452.17	218.92	98.51	8.42	112.30
1984	1277.69	481.95	410.75	177.24	74.89	6.87	125.99
1983	1342.21	488.29	375.75	215.50	94.41	8.05	160.21
1982	1258.50	460.63	356.65	179.47	92.18	9.68	159.89
1981	1083.64	424.84	325.46	142.28	78.12	4.59	108.35
1980	1072.63	409.26	303.77	150.59	93.40	3.61	112.00
1979	988.02	387.53	283.32	128.35	67.38	2.64	118.80
%	100	39.95	25.15	18.64	7.27	0.66	8.33

注　表中%栏是 1987 年数据的百分比。

表 22　石家庄市 1984 年公建市政各项用水情况

项　目	用水量（万 m^3）	所占比例（%）	项　目	用水量（万 m^3）	所占比例（%）
商店银行	258.81	5.08	企事业单位	824.78	16.20
旅　馆	366.50	7.20	部　队	565.22	11.10
澡　堂	40.45	0.79	学　校	495.68	9.74
饭　店	59.29	1.16	医　院	257.47	5.06
影剧院	64.64	1.27	其他团体	18.34	0.36

续表

项　目	用水量（万 m^3）	所占比例（%）	项　目	用水量（万 m^3）	所占比例（%）
理发店	3.27	0.06	交　通	334.04	6.56
修理及其他	15.53	0.31	园林绿化	126.84	2.49
政府机关	1642.70	32.27	喷洒道路	17.64	0.35
合　计				5091.2	100

表 23 大同市 1987 年公建市政各项用水情况

项 目	用水量（万 m³）	所占比例（%）	项 目	用水量（万 m³）	所占比例（%）
商 店	53.2	4.06	学 校	82.3	6.27
旅 馆	115.5	8.80	医 院	186.7	14.23
澡 堂	5.2	0.40	汽车站	11.2	0.85
饭 店	25.2	1.92	建筑工程	27.5	2.10
影剧院	10.9	0.80	城市绿化	39.6	3.02
政府机关	225.1	17.16	喷洒道路	7.6	0.58
企事业单位	347.2	26.46	消 防	6.0	0.46
部 队	67.6	5.15	其 他	101.2	7.71
合 计				1312	100

表 24 1988 年 51 个城市生活用水售水价格和成本

城市名	售水价格 （元/m³）					成 本（元/1000m³）
	居民	机关团体学校	商 业服务业	水站	市政环卫	
北京市	0.12	0.25	0.25	0.12	0.22	174.74
天津市	0.08	0.08	0.18	0.08	0.08	234.00
石家庄市	0.08	0.08	0.08	0.05	0.05	69.70
邯郸市	0.11	0.11	0.16	0.11	0.11	124.85
邢台市	0.10	0.10	0.13	0.10	0.10	95.80
保定市	0.13	0.16	0.16			110.26
张家口市	0.13	0.25	0.30	0.13	0.25	180.16
承德市	0.15	0.20	0.25	0.15	0.20	159.01
唐山市	0.12	0.12	0.20	0.07		141.00
秦皇岛市	0.14	0.16	0.16	0.16	0.16	168.71
沧州市	0.11	0.15	0.15	0.11		209.72
廊坊市	0.10	0.20	0.25			
泊头市	0.20	0.35				205.00
衡水市	0.11	0.15	0.15		0.15	105.90
定州市	0.30					450.00
辛集市	0.10	0.20	0.20			195.00
南宫市	0.25	0.25	0.27		0.25	190.42
任丘市	0.25	0.45	0.45		0.45	325.00
涿州市	0.30	0.25	0.25	0.10	0.30	202.40
沙河市	0.14	0.14	0.14		0.14	192.00
太原市	0.10	0.16	0.20	0.10	0.07	155.98

续表

城市名	售水价格 （元/m³）					成 本（元/1000m³）
	居民	机关团体学校	商 业服务业	水站	市政环卫	
大同市	0.10	0.24	0.30	0.10	0.07	133.84
阳泉市	0.10	0.16	0.33	0.10	0.07	278.25
长治市	0.20	0.33	0.33	0.20	0.33	410.42
晋城市	0.20	0.33	0.42	0.20	0.33	235.00
忻州市	0.15	0.30	0.30	0.30	0.20	118.68
榆次市	0.14	0.25	0.30	0.14	0.10	181.64
临汾市	0.19	0.30				278.00
侯马市	0.16	0.20	0.20	0.16	0.25	181.00
运城市	0.14	0.16	0.16		0.09	143.61
济南市	0.08	0.08	0.18	0.08	0.13	100.23
青岛市	0.13	0.13	0.20	0.13	0.13	208.47
淄博市	0.12	0.12	0.12	0.12	0.12	111.01
东营市	0.20		0.30			302.00
烟台市	0.10	0.20	0.35	0.10	0.20	257.31
潍坊市	0.13	0.13	0.13	0.13		299.00
德州市	0.14	0.14	0.30	0.14	0.30	192.41
聊城市	0.20	0.20	0.20	0.20	0.20	153.00
日照市	0.16	0.20	0.22	0.20	0.25	174.28
临清市	0.20	0.20	0.20		0.20	178.00
滨州市	0.18		0.18			149.95
青州市	0.20	0.20	0.20	0.20	0.20	185.00
威海市	0.10	0.28	0.38	0.06		365.00
龙口市	0.15	0.40	0.40	0.15	0.40	362.00
胶州市	0.15	0.15	0.15	0.15		360.00
诸城市	0.24		0.30			239.00
焦作市	0.08	0.08	0.08	0.08	0.08	104.03
鹤壁市	0.18	0.18	0.18	0.18	0.18	123.03
新乡市	0.09	0.20	0.20		0.20	156.43
安阳市	0.09	0.09	0.09	0.06	0.09	75.65
濮阳市	0.22	0.22	0.22	0.22		196.00

0.13 元。公共建筑用水每立方米水价一般为 0.08～0.20 元，北京、大同为 0.24～0.30 元。一些小城市如泊头、任丘、涿州、南宫、诸城、晋城等城市的水价较高，居民住宅用水每立方米水价为 0.20～0.30 元，公共建筑用水水价为 0.25～0.45 元。这种现象是由历史

和社会原因造成的。以水价最低的天津和石家庄市为例，天津市1949年初每立方米自来水水价为0.22元，1949年下半年降为0.105元，1950年调到0.187元，1952年降到0.176元，1956年9月又降到0.08元，一直保持至今。石家庄市每立方米自来水水价1958年从0.25元降至0.13元，1966年又降至0.08元，也一直至今不变。一些小城市由于城市自来水设施起步较晚，水价一般定得较高。水价高些对于节约用水有促进作用。

城市自来水每千立方米成本一般为120～240元，最高达450元；北京市从密云水库长距离引水的水源九厂一期工程成本初步测算高达每千立方米695元。

1988年石家庄、沧州、定州、辛集、长治、青岛、潍坊、东营、龙口、胶州等城市的自来水企业还亏本。

（水资源司）

水　利　管　理

依法治水　加强河道管理

《水法》和《河道管理条例》明确了水行政主管部门对河道实施全面管理的职能，确立了对河道实施全面管理的地位。开始改变以往水利部门对河道只管工程不管保护河道的局面。

一、加强河道采砂的管理

河道采挖砂石、取土、淘金等活动关系到河势变化和行洪安全。因此河道采砂管理是河道管理的重要方面。《水法》第二十四条和《河道管理条例》第二十五条都明确规定在河道管理范围内采砂、取土和淘金必须报河道主管机关批准。1990年2月24日水利部以水管（1990）3号文下达了“关于加强河道采砂管理的通知”，提出了依法加强河道采砂管理的具体要求。

但是一些地方，在河道内违章采砂，甚至聚众在河道、堤防的重要部位和险工险段挖河砂，造成塌堤、塌岸、塌桥，致使防洪工程遭受不同程度破坏的事件仍然时有发生。为确保防汛安全，针对江苏新沂河许口险工段违章采砂，造成河床变异，危及石护工程和堤防安全的事例，1990年6月7日国家防汛总指挥部以国汛（1990）10号文向各地发出了“关于禁止在河道内违章采砂确保防洪安全的紧急通知”，强调必须依法采挖河道砂石。

根据《条例》第四十条的规定，1990年6月20日，由水利部、财政部和国家物价局联合颁发了“河道采砂收费管理办法”。要点是：河道采砂必须服从河道整治规划；河道采砂实行许可证制度；河道采砂许可证由所在河道主管部门或由其授权的河道管理单位负责发放；河道采砂必须缴纳河道采砂管理费。上述二部一局的“办法”颁布以后，各地根据具体情况，制订相应的实施细则或办法，有些省、市对以前制订的办法作了修改。目前，河北省、河南省、四川省、黑龙江省、安徽省、陕西省、湖南省、湖北省、新疆维吾尔自治区、辽宁省以及北京市都已颁布了实施办法，上述这些办法颁布以后，各地水利部门进一步加强了河道采砂管理工作，对保护河道起到了积极作用。

二、进一步开展水利工程管理范围和保护范围划界工作

为了保护工程安全、维护正常运用，充分发挥效益和保护河道发挥其综合功能，《水法》和《河道管理条例》都明确规定要划定河道及水利工程的管理范围和保护范围。这项工作在80年代初，根据原水利电力部颁布的有关规定，曾在各地水利系统开展。今年，结合国家土地管理部门关于地籍管理工作的开展，水利工程及河道的管护范围划定工作又有了新的进展。为了加强这项工作，按照水利部1989年发出的通知要求，许多省、自治区、直辖市水利（水电）厅（局）和流域机构成立了以厅（局）领导为首的划界工作领导小组，有的省还请当地土地管理部门的领导同志担任划界领导小组的领导成员，与土地管理部门共同协作，普遍对水利工程管护范围内土地进行了调查统计，清理查找了有关的文件凭证，结合具体情况，依靠地方政府制定了有关的政策规定、办法等。有些地方已经进行了权属的申报登记，其中部分土地已领取了国有土地使用证。

陕西省水利水土保持厅对土地划界工作认识高，工作扎实。至1990年底，全省申报河道土地总面积330多万亩，其中河床占地289万亩，堤防及护岸工程占地8.7万亩，护堤地6.9万亩，治河新增土地25万多亩，生产生活用地0.74万亩，已有28个县（区）

的河道管理部门领到了县（区）政府颁发的国有土地使用证，领证面积达 105 万亩。各类水利工程共申报土地面积 255.7 km^2，已领取土地证 1407 份。他们认为：加强领导，制定政策，是做好工作的保证；广泛宣传，提高认识，是搞好工作的基础；搞好试点，完善政策，是做好工作的前提；组织专业队伍，协调各方力量，是做好工作的关键。

这项工作既关系到水利工程安全运行、效益发挥，同时又与国家地籍管理政策和当地群众利益密切相关，情况复杂，政策性强，工作难度大。目前各地工作发展也不平衡，因此，还有大量的工作需要去做，在充分研究好解决办法的基础上，依靠各级政府的领导和支持，配合国家地籍管理工作的开展，把水利工程管护范围划界工作做好，为今后水利的更大发展创造基础条件。

三、制订配套法规，依法治河

为贯彻《河道管理条例》，各地结合本地区的具体情况制订相应的配套法规。当前大部分省、自治区和直辖市都在制订省一级的“河道管理实施办法”或“细则”。陕西省已经由省人民政府批准，正式颁布了“省河道管理办法”。部分省、地、县已由地方规定实施了河道堤防维护费的征收，取得了很好的效果，大多省份已进行了测算，并着手制订办法。此外，各地还根据需要制订了其他有关的法规规章，如上海市政府批准颁布了“关于新划市区排水河道清障和管理的暂行规定”等。

（俞衍升）

水利工程经营管理改革

随着全国经济体制改革的深入开展，水利工程经营体制改革也在逐步深化。回顾一年来主要改革措施有以下几个方面。

一、事业单位企业化管理的探索

近几年来，国家规定，一般水利工程管理单位为事业单位企业化管理，但是如何搞企业化管理并不明确。为了探索适合中国国情的水利管理的路子，水利部颁布了《综合利用水利工程经营管理考核指标》，目的是把企业化管理落到实处，按照企业的管理方式、办法、手段等管理水利工程管理单位。考核指标的主要内容分四个大类：生产管理；工程目标实现程度；管护范围内水土资源的利用；经营效果。每一类中又分若干个指标，共计 23 个指标。这些指标比较全面地反映了水利工程管理单位的经营管理水平。而这些指标全部用数值来表达，使管理工作从定性管理迈向定量管理。通过几年来的考核，真正促进了管理工作。首先促进了管理单位提高经营管理水平，从粗放经营逐步实现集约经营，同时促进了病险库的处理，健全了各项管理设施，如观测设施。通过考核这些工作的好坏，促进了对观测工作的重视，不少观测设施被破坏的水库，抓紧把设备完善起来，并按规定进行观测。由于有了考核指标，还使水管单位实行承包有了考核的依据，促进了承包责任制的落实。

二、水库管理上等级工作积极开展

在对全国大中型水库考核的基础上，开展了水库管理上等级的工作。1990 年部里正式颁发了《国家级大中型水库工程管理单位等级标准》（试行）及评审办法，目的是通过评优上等级促进水利管理工作科学化，规范化，制度化。经过一系列的考评工作，1990 年一共有 24 个水库工程管理单位申请评为部一级管理单位。水管司组织人员对报来的材料进行了认真的审查，最后经部领导批准确定 19 座大、中型水库为“部一级管理单位”，这些水库考核指标全部达到标准，同时对内部的档案管理、计量、统计、质量，各项规章制度，岗位责任制都有明确的规定，形成了正规的制度。

三、扩大试行承包经营责任制

1989 年水管司组织全国 17 座大型水库试行承包经营管理。承包的办法是由上级主管部门与水库的主要负责人代表全体职工签订承包合同，主要内容是双包双挂一奖罚，双包是包工程维修（含岁修、大修理及更新改造），包财务盈（结）余；双挂是实行工资总额与防洪安全、效益和财务盈（结）余挂钩；一奖罚是按《综合利用水利工程经营管理考核指标》进行全面考核，根据考核结果定奖罚。这个办法调动了水库管理单位的积极性，增强了活力，管理单位普遍反映效果很好。1990 年水利部又以水管（1990）6 号文部署，要求各省扩大试点，请每省选择一两座有条件的水库管理单位，进一步做好试点。各省基本上按要求选择了扩大试点的单位。有的省，如湖北省要求在全省，所有有条件的水库普遍按此法试点。

为了推动水库的承包经营管理责任制，水利管理司在 1990 年 5 月份在山东省泰安市召开了部分省的水库承包经营座谈会，13 个省的代表在会上就如何完善试点办法和进一步扩大试点发表了很好的意见，同时就深化水利工程经营管理机制改革进行了座谈。会后湖北、内蒙古、山东等省、区对此项工作进行了专门布置，进一步扩大了试点。

从试行承包经营责任制的实践来看，比较好地解决了所有权和经营权分离的问题，进一步调动了管理单位和全体职工的积极性，促进了管理工作，提高了经济效益和社会效益。过去主管部门对水管单位管的过多过细，统得过死，水管单位缺乏生机活力。而管理单位只管“看库、守坝”，经济上“等、靠、要”，长期以来养成了一种依赖思想。实行承包经营以后，明确了管理单位的责、权、利：所有权还是全民的，由政府主管部门代表，经营权是水管单位的，由局（处）长作为全体职工的代表。水管单位有了自主管理，自主经营的意识，成为独立核算的相对独立的商品生产者。水管单位的主观能动性大大提高，经济效益大大提高，以新的面貌出现在社会上。辽宁大伙房水库经过承包经营，1990 年全面超额完成了工程管理、多种经营等各项经济指标，全年实现产值 3284 万元，其中水费收入 1864 万元，多种经营产值 1420 万元。经济上富裕了，精神文明也搞上去了，被辽宁省授予“文明单位”，“省级花园式单位”，同时被水利部评为部一级水利管理单位。其他，如清河、陡河水库等试点单位也和大伙房水库一样，管理工作出现了新局面。

为了研究河道管理单位的经营管理改革，部水利管理司于 1990 年 12 月在湖北石首市召开了河道管理单位经营管理改革座谈会。会上交流了各地开展河道管理改革的情况，着重研究了加强经营管理和试行经营管理责任制的问题。确定 1991 年在河道经营管理方面重点抓两条。一是收费办法的出台，各省采砂收费办法要在 1991 年内出台；各省河道堤防维护费计收办法要争取在一两年内出台。同时要研究制定河道管理单位，承包经营的办法。

通过水库管理单位两年的试点，初步摸索出了改革经营管理机制的路子。但是要从根本上改善水利管理状况，还要做很多努力，还有很多困难要克服。因此，应进一步总结经验，完善承包经营办法，真正搞活水利管理单位，进一步发挥水利工程的效益。

（孙春生）

大坝安全监测

建国 40 年来，全国现有各类水库 82700 余座，其中大型水库 353 座（包括水电站水库 54 座），中型水库 2428 座，小型水库 79000 余座，绝大部分是土石坝。这些工程在防洪、灌溉、发电、城市供水和养殖等方面都发挥了巨大作用。由于历史的原因，不少工程防洪标准低，施工质量差，管理不善，存在各种隐患。为发挥工程的效益，确保安全运行，加强大坝安全监测工作就具有更重要的意义。目前，大型水库安装观测设施较全的只占总数的 30%；仅有基本观测设施的占 30%；基本观测设施不全的占 30%；没有观测设施或已有观测设施全部破坏的占 10%。

根据上述情况，如何加快埋设大坝观测设施，通过观测及其资料分析，以判断大坝在运行中的安全度，是水库管理者当务之急。从过去的实例也可以充分证明、大坝安全监测对确保工程安全渡汛和除险加固、节约资金都能起到重大作用。如湖北省丹江口水利枢纽左岸土石坝，通过观测和资料分析，发现测压管水位变化异常，经挖探证明坝体填土存在软弱夹层，局部含水量高达 40%，为确保工程安全运行，采取了浇筑混凝土防渗墙的防渗措施。工程完成后不久，1983 年 10 月丹江口大坝上游发生了秋季大洪水，库水位曾达 160.07 m，保证了水库安全渡汛。湖北省温峡口水库，建坝时没有做地质勘探工作，建成蓄水后，坝基漏水严重，补设了测压管，观测到水位异常，又补做地质勘探工作后，得知大坝建在断层上。在讨论加固方案时，有人提出废弃此坝，在下游附近地质较好处另建新坝，但需投资达亿元。后来补设了大量的观测设施和试验工作，经过观测资料分析论证，可通过灌浆进行加固处理，约需资金仅 2500 万元，节约了大量资金。实践证明，只要有完备的监测系统，进行持久的观测和认真地分析资料，即使设计、施工存在某些问题，也可能被发现而得到补救，既节约了资金，又可避免重大事故发生。

一、成绩和经验

为了总结交流经验，进一步推动大坝安全监测工作，水利部水利管理司于 1989 年 11 月 30 日至 12 月 4 日在湖南省岳阳市召开了大坝安全监测工作座谈会。回顾 1979 年在浙江省杭州市召开的土石坝观测会议以来，十年中各地在大坝安全监测方面，做了大量工作，取得了可喜的成果，主要成绩和经验有以下几个方面：

（1）大中型水库观测设施得到进一步完善。浙江省 14 座大型水库均安装了观测设施，79 座中型水库中有观测设施的 73 座，占 92%。河北、河南、湖南、四川等省，观测设施的安装也比较好。黑龙江省水利厅与哈尔滨工业大学联合研制了测压管遥测仪，已在 6 座大中型水库应用，收到了较好效果，其他省的观测工作也取得了不同程度的进展。水利部直属工程丹江口、三门峡、潘家口也正在积极加强、完善原有观测系统。

（2）改革观测工作体制，推行巡回观测。从 1986

年开始试点，到1989年底试点单位已发展到8个，即湖北黄冈、随州、襄樊，湖南桃源、岳阳、常德，辽宁大连和山东烟台，都取得了很好的效果。他们的具体做法是：集中具有观测经验的技术人员，配备较精密的观测仪器和备有专用的观测车，按各水库大坝规定的时间和测次，有管理单位配合，巡回定期地进行观测，并对观测资料进行分析，发现问题，及时研究，采取措施，以保证大坝安全运行。如湖北省黄冈地区，为加强大坝安全监测工作的领导，除成立了巡回观测组以外，还建立"大坝安全信息检测技术服务中心"，对巡回观测组织协调、督促、调查和技术协助；对大坝安全监测中心的资料组织整编、分析和研究；负责对观测技术人员的培训和经验交流。在中心统一布置下，有计划有步骤地开展了大坝监测巡回工作，对各水库的安全做到心中有数。湖南省桃源县组建了大坝安全监测小分队。这样做法的好处是：①处理问题及时，哪里出现了临时问题，都可以及时赶到现场，进行观测，及时处理；②保证观测资料的准确性和连续性，由于小分队人员的专业技术水平比较高，又相对稳定，因此取得的观测资料精度高，数据齐全；③以小带大，以难带易，由于小分队承担了各水库较难的大坝沉陷、位移和浸润线观测，因而带动了各水库观测小组承担了渗流量、水位和雨量观测。

（3）完善大坝的观测设施。已除险加固的重点险库，为安全临测需要，补充和完善了原来观测设施。如河南省灵宝县窄口水库，大坝高77 m，施工中填筑质量差，心墙裂缝多，坝坡稳定安全系数偏低，两岸坝基岩石破碎及坝基断层漏水，原观测设施布置较少，难以较好地监测大坝的运行状态。为此，对大坝观测设备进行增补和完善，初步形成了大坝安全监测系统，为已建高土石坝的安全观测仪器的增补，积累了可贵的经验。陕西省乾县羊毛湾水库，大坝存在坝基渗漏问题，经过增补观测设备，并通过观测资料分析论证，认为可以正常运用，增加蓄水量达1800万m^3，充分发挥了工程效益。

（4）新建大坝埋设了较齐全的观测设备。80年代以来，新建大型水库土石坝，埋设的观测仪器设备比较齐全，可以全面监测大坝安全运行。如湖南省岳阳县铁山水库于1982年建成和四川省南部县升钟水库于1984年蓄水，土石坝埋设了坝面位移标点、固结管、水平位移测斜管、坝体、坝基和坝端的测压管、渗压计、孔隙水压力计、双管式孔隙水压力仪、土压力盒及渗流量等观测项目，可全面监控大坝安全性态。

（5）编制了土石坝观测仪器系列型谱。中国在较长时期内，一直没有系列化的观测仪器可供工程选用。有关单位为解决工程上的使用问题，参照国外有关仪器，仿制或自行研制。由于缺乏标准化，规格不统一，再加上研制工艺水平较低，难以提高仪器质量，经过多年来努力，一批主要仪器的研制及工艺技术水平取得进展，并投入运用，为中国土石坝的原型观测提供了一些基本的手段。在此基础上，了解国外观测仪器和观测技术水平，分析国内外观测仪器的现状，对国内各类观测仪器加以总结归纳，并适当参考国外有关资料，制定了符合中国实际情况的土石坝监测仪器系列型谱，统一了规格。型谱的颁布在于指导观测仪器的研制、生产，并供工程上选用，使中国土石坝观测仪器向标准化的方向进一步发展。

（6）编写了《土石坝安全监测技术要点》。《混凝土大坝安全监测技术规范》已由能源部、水利部共同颁发，以作为混凝土坝的安全监测依据。为加强土石坝安全监测技术工作，准备编写《土石坝安全监测技术规范》，在该规范未编写以前，水利部水利管理司组织大坝安全监测中心等单位编写了《土石坝安全监测技术要点》。

（7）采用先进技术对观测资料进行整编分析。观测资料的整编分析采用计算机，建立数学模型，分析大坝运行状态和安全度。如水利部松辽水利委员会和大连工学院研制了《土石坝观测资料整编通用软件包》，适用于各种坝型、基础、不同坝长以及不同测点与断面的土石坝。软件包配有PC-1500袖珍计算机与长城0520C-H微型电子计算机的通用程序，可分散采集观测数据，集中整编，进行数据处理、存贮、分析和预报。河南省陆浑水库也编制了通用软件，在河南省6座大型水库大坝上应用，效果较好。长江水利委员会对葛洲坝二江泄水闸工程用决定性模型，根据环境原因量预测施工期和蓄水初期运行过程中效应量的变化，利用这种模型预报观测值，判断大坝安全度。

（8）引进国外大坝监测新技术。丹江口大坝安全监测系统是中国首次从法国引进较为完整的监测系统。观测仪器布设在混凝土坝的27号和31号两个坝段上，共50只，包括垂线仪、水管式倾斜仪、基岩变位计、温度计、扬压力计和上下游水位计等。数据采集的方式是将这50只仪器的传感器接入两个设立的从站，然后由从站接入设立的主站。主站配有阿波罗电脑和激光打印机，并将丹江口混凝土坝原观测资料统计分析编出"CONDOR"软件，存入阿波罗电脑，对所采集的大坝性态数据进行统计分析，提出评估依据。它的主要优点是以大型数据库方式，保存各种观测数据，在同一数据中，并以年度为库文件名，每年产生一个数据库，直观方便。这将为中国大坝安全监测系统开拓一个新的局面，推动这一工作向现代化发展。

（9）成立水利大坝安全监测中心。国内外的实践表明，大坝安全管理除水利系统行业管理外，还需要在技术方面加强指导，以利于监测大坝的安全运用。为此，水利部成立了水利大坝安全监测中心，以指导全国水利大坝安全技术管理。各省、自治区、直辖市可根据需要，借助科研、设计或大专院校等单位成立分中心，以加强本地区的大坝安全监测技术管理，如湖北省已成立了分中心，并开展了工作。

二、存在的问题和已开展的几项工作

（1）存在的问题。近年来，大坝安全监测工作虽然取得了很大成绩，但与先进国家相比还有较大差距，且未能满足当前大坝安全监测工作的需要，在监测工作中还有很多问题，亟待解决。主要是：①安全监测设施不够完善，大型水库40%的观测设施亟待补设、完善，大部分中型水库还没有观测设施；②已有观测设施的大中型水库，经过二三十年来，有的已经老化、失效，也需要改造、补充；③很多水库的观测资料没有及时整编分析，未能起到监控的作用，观测数据的搜集和处理基本上是手工操作，费工费时，工作量大，一时难以完成；④在观测仪器系列上，中国仍有一些仪器缺口，如国外普遍应用的钢弦式位移计等仪器，目前国内处于空白状态，整个土石坝仪器的工艺水平还需要不断提高，智能化二次仪表，数据自动采集与处理、自动报警等仪器，还需要进一步开发和完善。

（2）大坝安全监测座谈会后开展的主要工作：①颁发《土石坝安全监测技术要点》，着手制定《土石坝安全监测技术规范》。1990年3月由水利部水利管理司邀请熟悉安全监测工作的同志对《土石坝安全监测技术要点》进一步讨论修改，定稿后于4月颁发全国执行。随即组织编写《土石坝安全监测技术规范》。②召开大坝观测资料整编计算机应用软件研讨会。为了进一步开展观测资料整编分析工作，水利管理司于1990年11月中旬在河南省平顶山市召开了大坝观测资料整编计算机应用软件研讨会。会议交流了经验，并演示了10套软件，讨论了现有软件的特点和存在问题，并研究了今后微机应用工作，对促进计算机对大坝观测资料进行存储、整编和分析，起到了推动作用。③召开大坝观测资料分析优秀成果表彰会。根据水利部1989年大坝安全监测工作座谈会安排意见，为表彰先进，交流经验，推动观测资料分析工作进一步开展，于1990年，水利管理司通知各有关单位报送大坝观测资料分析优秀成果，今年1月水利管理司组织专家在北京进行成果评审，5月在湖北省黄冈召开了大坝观测资料分析优秀成果表彰会，进一步促进了观测资料分析工作的开展。④加强技术培训，提高观测人员技术水平。根据大坝安全工作座谈会的要求，各级水利管理部门可采取多层次多渠道进行技术培训。水利管理司请水利部工程管理培训中心于1990年举办了三期观测培训班，并为各地提供电化教材，培训各地辅导教师，以尽快提高观测人员技术水平，满足当前观测工作的需要。

（牛运光）

水库除险加固

建国以来，我国现有各类水库82700座，其中大型水库353座（含水电站54座），中型水库2428座，小型水库79000余座。这些水库在防洪、灌溉、发电、城市生活和工业供水等方面发挥了很大作用。在防洪方面，仅分布在中国七大江河上的245座大型水库，控制流域面积就约为150万km^2，约占总流域面积的34%，对控制洪水起到了显著作用；在兴利方面，全国水库灌溉面积已达2.4亿亩，发电装机3200万kW，每年提供城市工业和生活用水约100多亿m^3。但在大跃进年代和十年动乱期间兴建的一些水库，大都是“三边”工程，造成工程遗留的尾工大，防洪标准低，隐患多，险情严重，没有发挥应有的效益。

1975年河南省特大洪水，板桥水库失事后，引起了各级领导的重视。近十几年来，险库处理有了很大进展，据统计，到1985年，全国已完成65座大型水库和大量中小型水库的除险加固。但由于历史上遗留的问题较多，水库加固任务仍然十分繁重，截至1985年，全国还约有占水库总数1/4的险库需加固处理。1986年水利部确定了影响全国重要城镇、工矿企业及重要交通干线、军事设施的43座重点危险水库。几年来，在地方各级政府及水利部门的积极努力下，截至1990年底，已累计完成除险加固水库18座，它们是：新立城、陆浑、长冈、花溪、高州、官厅、陡河、羊毛湾、薄窝、黄材、岗南、许家崖、陡山、石头口门、牟山、王瑶、北庙、宿鸭湖，其中1990年完成的9座水库有：许家崖、黄材、岗南、薄窝、陡山、石头口门、牟山、王瑶、宿鸭湖。目前这些水库已投入正常运用。当前，各地水利部门正在加抓进行未完工程的除险加固工作，预计1991年底，将有岳城、册田、红山、龙凤山、鸭河口、龙颈、乌拉泊等7座水库可基本完成除险加固任务。全国43座重点危险水库加固总投资为12.02亿元。截至1990年底，已完成投资8.14亿元，占加固总投资的68%，按水利部提出的在1992年底以前全部完成43座重点险库加固的要求，任务仍很艰巨，需地方各级水利部门继续抓紧工作。特别是目前还没有进行除险加固的山东省白浪河、尼山水库，河南省的彰武水库应尽快安排加固工程。还有进度慢的山东省岸堤、田庄水库；辽宁省的柴河水库；河南省的小南海水库；山西省的汾河水库；湖北省的漳河、温峡口水库；陕西省的石砭峪水库；甘肃省的巴家咀水库；内蒙古自治区的昆都仑水库。这些地区水库需增加投入，抓紧安排加固工程，以按部要求于1992年底以前基本完成加固任务。

为了推动全国重点危险水库的除险加固工作，水利部于1990年1月26日以水管［1990］30号文“关于进行第二批全国重点危险水库项目鉴定工作的通知”，请各省、自治区、直辖市、计划单列市各水利部门立即组织重点险库的安全鉴定并编制项目鉴定书报部审查。目前水利部正在进行全国第二批重点危险水库立项审查的准备工作，预计1991年内完成立项审查。全国第二批重点危险水库力争在“八五”期间完成加固任务。

（肖国义）

水库渔业综述

一、基本情况

建国40余年来，全国相继兴建了大量的水利工程设施，改变了水资源的时空分布，扩大了内陆水域的面积，为发展水库养殖业提供了必要的物质基础。水库渔业是水利工程综合效益的一个重要部分，利用水库的水产资源发展渔业生产是水利部门的三大行业任务之一。全国现有各类型水库8万余座，总库容4400亿m^3，可养鱼水面3000万亩，占全国淡水可养鱼水面的40%左右，是池塘养殖面积的1.5倍，较湖泊可养殖水面多200万亩。目前，水库渔业的生产水平比较低，水库渔业的产量仅占淡水养殖总产的8%左右，因此，水库的鱼产潜力很大，从发展的观点来看，水库渔业将会成为我国淡水渔业的后勤和希望所在。

水库渔业自划归水利部门经营管理以来，各级水利部门的领导对发展水库渔业重要性的认识不断提高，水库渔业在水行业中的地位逐步提高，管理体制和服务体系日益完善。随着渔业生产责任制的深化改革和网箱养鱼、施肥养鱼等新技术的普遍推广，各级水利部门的领导和职工逐渐认识到水库渔业的立体化深度开发是提高水库鱼产力的一条有效途径。十年来，水库渔业一直保持较快的发展速度。1990年全国水库已养水面2123万亩；渔产量35.98万t，比上年递增6.14%；平均单产17kg/亩。

二、行业政策及法规建设

最近几年，各地反映比较强烈的问题是经营管理体制不完善，水库渔政秩序混乱、农林特产税的征收等，由于这些问题没有得到很好解决，在一定程度上影响了水库渔业的持续、稳定、协调发展。为了能制定出适合水库渔业发展的政策，部水利管理司组织各级水利部门对本地区的水库渔业现状进行了广泛、深入的调查研究，并对各地的调查报告作细致的分析和总结，实事求是地向有关部门和领导反映了调查的结果。

为了发挥各流域机构对水库渔业行业管理的作用，发挥流域机构水产专业技术干部的特长，协助部里做好协调和服务工作，1990年3月21日至25日在安徽省蚌埠市召开了1990年度水库渔业行业管理工作协调会。会议总结、交流了1989年水库渔业行业管理工作的情况，研究、制定了1990年的工作计划；同时，商定了各流域机构管理、协调的范围。

松辽委协调：辽宁省、吉林省、黑龙江省、内蒙古自治区以及察尔森水库；

海委协调：北京、天津、河北以及潘家口水库、岳城水库；

黄委协调：山西、陕西、甘肃、宁夏、青海、新疆维吾尔自治区以及故县水库、三门峡水库；

淮委协调：河南省、安徽省、山东省；

长委协调：云南省、贵州省、四川省、西藏自治区、湖南省、湖北省、江西省以及丹江口水库；

太湖局协调：江苏省、浙江省以及上海市；

珠委协调：广东省、广西壮族自治区、福建省、海南省。

水库渔业行业标准化建设已走上正轨，制定了标准化建设的计划。1990年组织有关专家编写了《水库渔业设施配套规范》、《水库施肥养鱼技术规程》和《水库拦库湾养鱼技术规程》等征求意见稿。

三、科技和成果推广

科学技术就是生产力。水库渔业的科技和成果推广工作越来越为各级水利部门所重视，在深度和广度上有较大的突破。全国各地先后取得了库湾培育鱼种、小水库和库湾精养、网箱养鱼、流水养鱼、电拦和电赶、北方地区水库网箱鱼种冰下越冬、深水网箱和网箱鲚、疏目拖网捕捞、水库群渔业以及综合生态养鱼等一批具有推广意义的科技成果。各地在移植、驯化水库养殖新对象等方面，因地制宜地研究鳜、高白鲑、红鳟、池沼分鱼、银鱼、香鱼、鳙、鲴、鲂、美国鮰、加州鲈以及虾、蟹、螺等的养殖生物学特性和技术措施。

为了使水库渔业的科研走在生产的前列，组织编制了“水库渔业科技中长期发展规划”，明确了今后一段时期内水库渔业科技工作的重点为：①渔用饲料的开发研究；②养殖新品种的开发、移植和推广；③水库水域的渔业营养等级分类标准的研究；④水库底层鱼捕捞技术的研究；⑤水库群渔业的机制和理论探讨；⑥水利工程对渔业环境影响的研究；⑦水库施肥和网箱养鱼对水库水质影响的研究。

施肥养鱼技术是提高中、小型水库单产的一条有效的技术措施，全国不少地方取得了成功的经验。为了更好地总结、交流经验，并推动这项技术的普及；1990 年 6 月 12 日至 15 日在湖南省临澧县召开了全国水库施肥养鱼技术讨论会。来自全国 23 个省、区、市的 86 位代表参加了会议，会议收到有关施肥养鱼的论文和总结报告 32 篇。

《水利渔业》是水利系统拥有的唯一的水产专业技术性杂志，自创刊发行以来，为加快水库渔业的发展发挥了积极作用。最近两年，由于各种原因，杂志的发行量明显下降。为了保证杂志的质量，扩大发行量；1990 年 9 月 14 日至 15 日在山西省太原市召开了《水利渔业》杂志编委会第六次会议。这次会议还产生了第六届编委会，修改了编委会工作条例。

水库渔业研究所承担的国家“七五”攻关专题“水库渔业高产养鱼技术的研究”经过 5 年的工作，基本完成了计划内容，1990 年底通过了农业部的验收。吉林省水产研究所承担的水利部水利技术开发项目“沸石在渔业上的应用”于 1990 年 12 月 25 日通过了技术成果鉴定，鉴定专家一致认为该项成果在生产上有较大的推广价值。

1990 年，网箱养鱼、施肥养鱼和池沼分鱼移植等新技术推广速度仍然较快，规模不断扩大。网箱养鱼面积达 6 万亩左右；施肥养鱼面积近百万亩；池沼分鱼已在东北、华北、西北和华东等十余个省、市、区移植成功，产量有较大幅度的增加。

四、国际合作

中国的水库渔业已引起国外同行的关注，水库渔业的国际合作已经起步，先后同联合国粮农组织、国际发展研究中心、亚洲水产学会建立了联系。

联合国粮农组织援助水库渔业研究所的“水库渔业开发”技术合作项目，援助额为 16.3 万美元。在中外专家的密切合作和主管部门的直接领导下，项目执行情况良好，得到联合国粮农组驻京办事处负责人的好评。通过该项目的执行，水库渔业研究所引进了一批先进的仪器设备，聘请了外国专家来所咨询和讲学，还派专家于 1990 年 5 月份对泰国、新加坡、斯里兰卡和印度等 4 国的渔业进行了为期三周的考察。

中国水利学会承办了国际发展研究中心组织的第二届亚洲地区水库渔业专题讨论会，这是中国首次承办有关水库渔业的国际性会议。会议于 1990 年 10 月 15 日至 19 日在浙江省杭州市召开，来自泰国、孟加拉国、菲律宾、新加坡、尼泊尔、斯里兰卡、印度、马来西亚、中非及中国等 10 个国家的 36 位水产专家、学者、教授参加了会议。会议的主题是“水库渔业的开发和管理”，27 位代表宣读了 28 篇论文。会议期间，代表们饶有兴趣地参观了湖州市郊红旗水库和风车口水库综合生态渔业及杭州市青山水库“赶、拦、刺、张”联合渔法作业的现场。

五、教育和培训

水库渔业起步晚，水利系统拥有的水产专业技术力量薄弱，据不完全统计，水利系统仅有 2000 名左右的水产专业技术人员，这远不能适应水库渔业发展的需要。最近几年，各级水利部门均在抓专业技术队伍的建设，水产专业人员的培养和培训也是重要的一部分。水利部先后委托华中农业大学水产系和四川水产学校代培水产专业本科和专科学生。1990 年分别有 40 名毕业生分配到水利系统，从事水库渔业的管理、科研、推广和生产等工作。在职干部和工人的培训连续抓了十年，1990 年有 52 名学员参加了部办培训班的学习。

六、其他建设

水库渔业服务体系建设已被各级水利部门提上议事日程，各地根据自己的实际需要和经济承受能力，相继兴建了一批服务型项目，有的已在生产中发挥了较大的作用。水利部自 1987 至 1990 年共为水库渔业安排了 690 万元的基建投资，其中 1990 年安排了 125 万元，兴建了山东省长清县节粮饲料厂、新疆自治区水产局水产良种场、江苏省溧阳县沙河水库水产良种基地等三个服务型项目。

总之，水库渔业方兴未艾，大有作为，只要领导重视，统一规划，完善设施，科学养鱼，加强渔政和经营管理，水库渔业将一定会为繁荣经济、活跃市场、促进水利经济的良性循环、稳定水利队伍，发挥更大的作用。

（徐学华）

综 合 经 营

水利综合经营

1990年水利综合经营工作的一个显著特点是，各级领导对综合经营的认识普遍提高并深化，行业管理以提高管理水平和经济效益为重点，政策落实，措施得力，使综合经营经受了市场疲软的冲击，克服了原材料、资金不足等各种困难，取得了健康、稳步发展。

一、明确综合经营发展方向

1990年3月10～14日，水利部在浙江省杭州市召开了全国水利综合经营工作座谈会。这次会议的目的是贯彻落实中央治理整顿、深化改革的方针，研究水利综合经营发展方向及工作重点、交流经验，制定政策，共渡(市场疲软的)难关。

钮茂生副部长在会上作报告，针对水利综合经营面临的挑战和存在的问题，提出要“稳定思想，稳定机构，稳定政策，稳定队伍”，“提高认识，坚定地走有中国特色的发展水利事业的社会主义道路”，“要努力实践，为国分忧，创造财富，为民造福，改善生活”。在行业管理上则提出：①实行分类指导。第一类关、停、并、转；第二类巩固提高；第三类发展壮大。②产品质量分类、分级管理。企业升级，产品上档要做为一项重要任务抓好。③充实完善管理服务体系。④提高经济效益。他还强调，在综合经营的组织领导上要加强，党、政领导要支持，厅、局长一把手要亲自抓，主管厅、局长要集中主要精力抓。

会议期间，代表们交流了近两年综合经营工作的经验，陕西省水保厅综经办主任王振武介绍了加强行业管理稳步发展综合经营的体会。一个较贫困落后的地区，在市场疲软、原材料涨价的形势下，由于“领导重视、任务落实、制定政策、做好服务”，全省水利综合经营总收入超2亿元，并且连续两年总收入、利税总额增长速度超过30%，使与会者受到极大鼓舞和启发。

这次会议的召开，坚定了水利系统综合经营行业管理工作者的信心，明确了综合经营的主攻方向，第一次将水利综合经营企业上等级和提高效益问题列入议程，专题研究，并且成为全年工作的重点。

自此，水利综合经营行业管理逐步走上正轨，以抓管理、上等级，全面提高质量为契机，以提高经济效益为中心，上品种、上质量、上规模、上水平，为综合经营企业的巩固、发展明确了方向。

二、抓重点、抓落实，促进综合经营发展

1. *用好现有政策，争取优惠政策* 1990年水利综合经营免税期已到，为解决基层水利综合经营起步晚、条件差、困难多、负担重、步履艰难的实际困难，部财务司、综合经营管理办公室、水管司、实业开发总公司与国家税务局组成联合调查组，赴陕西、河南、山东等20多个单位，进行了近一个月的考察，争取国家税务部门、财政部门，给予水利综合经营继续免税的优惠政策。

各地水利部门在争取地方政府支持方面也做了大量工作。甘肃省政府发文，对水利综合经营给予优惠政策；江西省政府批文，要求各地把水利综合经营纳入本地区农业整体发展规划；一些省市延长了水利综合经营免税期，有关物资、材料供应渠道得到疏通。

在用好现有政策方面，各级水利财务部门，积极争取在水管单位推行“以收抵支，财务包干”的财务管理办法。湖北、四川、安徽、福建等省，均取得了明显效果。水利部门的很多水管单位均实行了上述办法，对供水、发电、综合经营实行统一核算，经核准抵支的收入，按规定免交“两金”，包干结余全部纳入预算内管理，全部留水管单位，缓解了综合经营发展中税赋过重、资金困难的问题，促进了水管单位综合经营的发展。

2. *典型引路，召开地县水利综合经营工作座谈会* 我国各地情况千差万别，如何进一步推动基层水利综合经营的发展，水利部坚持了典型引路的作法。1990年7月5～9日，在广东省东莞市召开了部分地(市)、县水利(水电)局长参加的水利综合经营工作座谈会。代表们参观了东莞市和宝安县水电局综合经营的主要项目，通过座谈交流扩大了视野，开拓了思路。代表一致认为，这次会议是水利职工脱贫致富的研讨会，是综合经营上新台阶的促进会。

3. *深化认识，加强领导* 1990年各级领导对水利综合经营的认识逐步深化。杨振怀部长在8月召开的全国农田水利基本建设会议上指出，水利是基础产业，而且是必须超前重点发展的战略产业，并且提出

了"提高经营管理水平，逐步建立以流域为单元的综合经济滚动开发机制，发挥水资源综合利用效益，建立具有活力的水利经济实体"的水利发展指导思想。

1990年8月30日，钮茂生副部长在农田水利会议期间主持召开了由各省(市)厅(局)主要负责人参加的综合经营座谈会，通报了各省综合经营开展情况。人劳司司长万里，就综合经营情况和企业上等级情况进行了专题汇报。钮副部长在会上强调，各省厅领导要过问和抓好综合经营工作，将其做为贯彻落实农田水利会议精神，办好经济实体，增强水利实力的重要内容，为其巩固和健康发展创造条件。要强化企业管理意识，强化企业管理，进一步抓好省、部两级企业上等级工作。

从省到地、县水利厅局的主要负责人已开始重视水利综合经营，并亲自抓了这项工作。1990年全国绝大多数省(市)水利厅(局)均由厅长或副厅长主持召开了不同形式、规模的综合经营工作会议，水利综合经营被列为水利经济改革的重要内容、专题来研究。如福建省水利厅副厅长黄心炎在省水利工程综合经营工作会议上对省水利综合经营提出了5点要求；黑龙江省水利厅王才厅长在省水利计划工作会议上做了关于综合经营的专题讲话；广东省水利厅关宗枝厅长在全省综合经营会议上提出了"总结九〇、设想八五、大抓九一"的口号。各地布置任务，落实措施，交流经验，表彰先进，制定"八五"计划和十年发展规划，及时分析有利条件和不利因素，抓住时机，充分发挥各自优势，巩固了综合经营的发展。

三、水利综合经营行业管理一年来取得的主要成绩

1. *综合经营行业管理逐步走向系统化、科学化、规范化* 1990年各地水利综合经营主管部门在加强管理，研究制定有关方针政策方面做了大量卓有成效的工作。

(1)不少省(如山西、福建)对综合经营工作实行了计划管理，年初有工作计划，下达任务有指标，年终有考核评比。

(2)各种规章制度相继出台，如《综合经营管理暂行办法实施细则》(湖北、安徽)，《水利综合经营发展基金管理办法》，《水利综合经营周转金使用办法》(陕西、浙江)、《水利行业企业管理基础工作标准》(浙江)，《水利综合经营资金投放和回收规定》(陕西)等等，使综合经营管理工作有章可循，有法可依。

(3)水利综合经营管理考核办法、奖励办法、统计评比办法等成为检查日常工作的标准，使综合经营行业管理人员责任明确，并调动了管理机构人员的积极性。1990年水利综合经营基本情况统计年报水平普遍提高，全国28个单位被评为统计优秀单位，6人被评为先进个人。

2. *综合经营各级管理人员素质得到提高* 1990年各地举办了不同类型的培训班，如统计人员培训班(辽宁)，质量管理班(江西)，综合经营企业领导岗位人员培训班(黑龙江)，综合经营研讨班(珠委)，厂长、经理研讨班(部综经办、水利企协)等等。

3. *促进了经济实体的发展，增强了水利经济实力* 水利综合经营是水利企业的重要组成部分，水利综合经营的发展，增强了水利经济的实力。如江苏省武进县竹园装饰用品厂始终坚持"为了水利办实体，办好实体促水利"的发展方针，1980年建厂时只有3名职工，一无资金、二无设备、三无技术、四无人才。1990年全厂已有职工223名，完成工业产值850万元，实现销售利润172万元，集体经济力量有了很大增长，房屋建筑面积达4000 m^2，固定资产总值148.3万元，自有流动资金162.3万元，积累各项专用基金147.28万元。多年来他们从实现利润中拿出65万元投资于全村农田水利建设和发展农机事业，促进了水利事业的进一步发展。

1990年江苏武进县竹园装饰用品厂与武进县装璜灯具厂、衡水市皮鞋材料厂、肇源县啤酒厂等一批综合经营骨干企业被批准为"部级先进企业"，谱写了水利综合经营发展史上的新篇章。

1990年水利综合经营总收入超3亿元的同时，利税总额超3000万元的省达9个，分别为：江苏、广东、湖南、北京、山东、湖北、河南、浙江、四川，而产值越亿的县(市)则增加到10个，分别为：苏州、无锡、常州、镇江、扬州、南通、盐城、怀阴、江门市及北京通县。水利综合经营的发展，增加了水利的实力，为水利事业的深化改革注入了生机与活力。

4. *各项经济成果* 1990年全国水利综合经营总收入突破90亿元，实现利税总额8亿多元，实现了稳步增长。从事综合经营工作的职工达70多万人，当年安置家属近2万人，综合经营的发展为稳定职工队伍，做出了贡献。同时综合经营为社会提供了粮食5.5万t，果品4.2万t，木材103万 m^3，肉2万t，蛋1.5万t，鱼20万t，虾0.6万t，增加了社会财富。

四、综合经营工作中存在的主要问题

1990年水利综合经营虽然取得了稳步发展，但也还存在如下一些问题。

(1)认识问题。现在说的认识问题，不是要不要搞综合经营的问题，而是把综合经营工作放在什么地位，起什么作用，怎样搞，如何搞快、搞好的问题。由

于对这些问题认识不一，管理的深度不同，方法不同，措施不同，致使综合经营在全国发展不平衡，在一个省、地(市)、县内发展亦不平衡。

(2)制定发展规划问题。虽然水利综合经营目前已形成一批骨干企业，初步建立了一些松散的联合体或企业集团，但与水利是基础产业的要求还很不适应，要制定出与基础产业相适应的发展规划，及时做好产业的结构调整，产品调整，以适应水利发展的需要。

(3)1990 年综合经营整体上虽然没有出现滑坡，但利税总额基本与去年持平，说明综合经营生产水平已处于一种停滞状态，要使综合经营提高经济效益，跃上一个新台阶，则是需要着重研究的问题。

(4)建立发展基金问题。综合经营是水利基础产业的组成部分，产业要讲投入和产出。综合经营发展 10 年，至今没有稳定的资金投入，只要产出，不讲投入，已不适应综合经营事业的发展，仅仅靠一点点周转金也是无法维持的，因此尽快建立水利综合经营发展基金，成为当前迫切需要解决的问题。

（吴秀荣）

水利企业管理

加强水利企业的行业管理是水利部门的一项新工作。长期以来，由于水利事业单位占主导地位，水利部一直没有企业行业管理部门，企业经营管理薄弱，竞争意识差。

随着体制改革的深入，尤其是近两年水利作为基础产业列入国民经济发展计划，水利企业管理受到各级主管部门的重视。部领导从抓综合经营行业管理入手，引申到全系统的企业管理，扩延到实行企业化管理的水利管理单位，使企业管理从内容到形式，逐步深化，打破了传统观念，开创了企业管理的新局面。

一、建立企业管理机构，系统内开展“上等级”工作

1. 建立企业管理机构　1990 年 3 月 30 日，钮茂生副部长主持召开了部综合经营领导小组扩大会议。综经办主任朱登铨根据全国水利企业发展状况及存在问题，提出了关于加强水利企业行业管理的问题，综合经营管理办公室草拟了《水利行业企业抓管理、上等级工作安排意见》，并提交会议讨论。经过认真地讨论，大家一致认为，贯彻国务院加强企业管理的决定，成立水利企业管理机构，开展水利企业上等级工作，切实加强对水利企业的领导是非常必要的。会议决定成立部企业管理领导小组，并明确其办事机构为水利部企业管理办公室，即水利部综合经营管理办公室。

会议之后以部水人劳[1990]53 号文发出了《关于成立水利部企业管理领导小组的通知》及水企[1990]1 号文《关于在水利行业企业中开展上等级工作安排的通知》。

2. 贯彻全国企业工作会议精神，落实水利企业上等级工作　1990 年 6 月 27～30 日，部企业管理办公室在四川省都江堰召开了水利企业管理座谈会，会上传达了国务院企业管理指导委员会在青岛召开的“全国企业管理工作座谈会”的精神，并具体研究部署了在治理整顿中加强水利企业管理，搞好企业上等级工作。

3. 企业管理领导小组会做出多项重大决定　1990 年部企业管理领导小组成立以后，全年先后召开了四次会议，讨论研究了企业管理的有关问题。如审定颁发了水利水电施工、水利电力企业、水利机电设备制造行业等三个部级先进企业标准；批准了水利部国家级企业、部级先进企业、部级管理单位审定办法；部署了水利管理单位上等级工作；制定了部级先进企业和部级管理单位的鼓励政策；讨论了企业税收问题、建立发展基金问题等等。一系列重大问题的决定使全系统企业管理工作不断加强，上等级工作不断深化，并成为推动水利管理、生产、基建各项工作的动力。

二、企业管理取得的主要成果

1990 年全国水利系统共有企业 6 万多个，已初步形成水利发供电、水利施工、水利运输、水利机械(修造)、水利建筑材料、水利渔业、城镇和乡镇供水等主要行业体系。

抓管理、上等级工作，促进了企业的发展，促进了骨干企业的形成。1990 年部系统共审定批准 8 个国家二级企业、59 个部级先进企业、19 个部一级管理单位。这些企业产值利润、物质消耗、劳动生产率等各项经济技术指标，代表了水利企业各行业的先进水平，有的还达到了国内、国际先进水平。这些骨干企业的形成，代表了水利事业的实力，为水利事业的发展增添了活力。

1990 年，水利系统国家二级企业和部级先进企业的成批涌现，是水利深化改革的重要成果，是水利企业管理工作取得的突破性进展，它谱写了水利企业管理史上的新篇章。

1990 年水利部批准的国家二级企业(8 个)、部级先进企业(59 个)和部一级管理单位(19 个)名单见附件。

（吴秀荣）

附：

水利部国家二级企业名单

广东省东江——深圳供水工程管理局
黄河水利委员会三门峡水利枢纽管理局
天津市振津管道工程公司
北京市水利工程基础处理总队
福建省泉州市山美水电站
四川省都江堰市电力公司
郑州水工机械厂
江苏省武进液压启闭机厂

部级先进企业名单

凉山彝族自治州西昌电力公司
犍为县电厂
四川省雅安地区电力公司
江西省宜丰县小水电公司
吉水县螺滩水电管理委员会
奉新县水电公司
长白朝鲜族自治县宝泉发电厂
安图县白河水力发电厂
博爱县青天河水库电站
甘肃省张掖市龙渠水电站
临夏回族自治州供电公司
焦岭县电力公司多宝二级电站
新昌县棣山水电站
武义县麻阳水力发电厂
缙云县电力公司
黔阳县螺丝塘水力发电站
湘西土家族苗族自治州电力公司
龙山县水电公司三元电站
湖南省芷江春阳滩水电站
宜昌县沙坪水电总站
建始县水电公司
五峰土家族自治县洞河水电站
丹江口水利枢纽管理局水电公司
新疆水力发电设备安装公司
山东省第二水利工程局
梨树县水利建筑公司
常熟市水利工程公司
北京市水利机械施工处
丹江口水利枢纽管理局铁合金厂
丹江口水利枢纽管理局铝厂
三门峡水工机械厂
广东省水利水电机械厂
鹤山县厨房设备厂
国营江阴水泥厂
国营江阴液压泵厂
国营江阴节流装置厂
无锡县第三特种电机厂
国营无锡县湖山水泥厂
国营无锡冶金机械厂
国营武进县水泵厂
泰县水利机械厂
吴江齿轮厂
国营吴江县水利电力设备厂
常熟市第四无线电厂
武进县竹园装饰用品厂
武进县装璜灯具厂
河南省水利机械厂
河南省西峡县水电设备厂
湖北省水利厅鄂城水泥厂
湖北省崇阳县变压器厂
襄阳县水利局水泥厂
四川省内江变压器厂
温江变压器厂
山东省水利机械厂
萍乡市电线厂
大连市旅顺耐腐蚀泵厂
河北省枣强县工程工具厂
衡水市皮鞋材料厂
肇源县啤酒厂

部一级管理单位名单

辽宁省大伙房水库管理局
辽宁省清河水库管理局
甘南县音河水库管理处
北京市密云水库管理处
唐山市陡河水库管理处
秦皇岛市石河水库管理处
山西省汾河水库管理局
江苏省溧阳县沙河水库管理处
安吉县赋石水库管理局
来安县屯仓水库管理所
福建省泉州市山美水库管理处
荣城市后龙河水库管理所
龙口市王屋水库管理局
河南省白龟山水库灌溉工程管理局
湖北省荆州地区漳水水库管理处

湖北省漳河工程管理局
湖南省欧阳海灌区水利水电工程管理局
四川省长葫灌区管理局
汉中地区石门水库管理局

水 利 渔 业

在各级水利部门支持和全系统水产职工的努力下，全国水利渔业经受了物价波动、市场疲软的严峻考验，在1990年内持续地保持着稳定健康的发展。综观一年来水利渔业活动，主要表现在以下三个方面。

一、水利渔业养殖技术不断发展，一批科技成果通过鉴定验收

水利渔业跨越水利、水产两大行业，肩负着保护和开发水产资源的双重使命。随着水利系统养殖水域的不断扩大，养殖品种的不断增加，养殖技术也有了新的进展。

(1)在养殖水域上，1990年全国水库养鱼总产达到35.9万t，平均单产17 kg，比1989年分别增长6%左右。1990年水库养鱼水面虽仍保持在2100多万亩水平，但利用水利系统管护范围内其它中小水域，例如：灌溉发电渠道、闸坝上下游、结瓜塘库和故旧河道等发展水产养殖，却有了较大的发展。安徽省繁昌县峨溪河河道长15 km，养鱼水面2000亩，下游有水闸控制。河段水质良好，饵源丰富，水流平缓，自然条件有利于渔业发展。由于以往投放不足，管理不善，年产成鱼徘徊在3～4万kg。1989年改由县水利局统一经营后，开展了以渔为主的综合开发，当年捕鱼7万kg，亩产35 kg，成鱼纯利5.12万元。1990年计划投放40万尾大规格鱼种，捕捞成鱼10万kg，并进一步理顺体制、完善承包责任制和加强渔政管理，使其成为全县水利系统一个新的渔业生产基地。福建省水利系统利用现有垦区滩涂水域，发展对虾养殖。1990年养虾面积20870亩，年产2170 t，平均亩产104 kg，盈利率86%。

(2)在养殖品种和养殖技术上，除继续抓好鲢鳙等当家鱼以外，进一步关注和加强了优质价高的经济鱼类开发。丹江口水利枢纽管理局利用丹江口水库丰富的水面资源，在库湾设置38只网箱，面积1148 km，采取高密度投饵养殖鲤鱼，经242天饲养，总产成鱼197259 kg，亩产达11.47万kg，饵料系数2.38，产值100多万元，可获纯利30万元以上。1990年12月，网箱养鱼通过现场验收和专家评审，单产创国内先进水平。

罗非鱼是近年来福建省重点推广的优良淡水养殖品种。由于罗非鱼属热带鱼类，难以越冬生长，从而增大了养殖成本，遏制了经济效益。1989年，福建省水利部门在厦门市坑内水库和泉州市乌潭水库，进行了不沉箱的罗非鱼自然越冬保种试验成功。其中坑内水库17.68万尾(2～4 cm)，乌潭水库7000尾(100～150 g)，成活率分别为97%和91.4%，为进一步开拓罗非鱼养殖事业探索出新路。

甘肃省利用水利工程管理范围内的自然泉水养殖虹鳟，经济受益明显。永登县水电局和永昌县水电局分设两个虹鳟鱼场，几年来累计生产成鱼200余t，历年最高亩产达1.5万kg。1990年计划产鱼5万kg，产值45万元，利润20万元，大量鱼产品安排在元旦、春节期间供应市场。

鳗鱼肉质鲜美，营养丰富，深受国内外消费者喜爱，属高档创汇鱼产品。浙江省水利、水产部门协作，近两年开展中小型水库网箱养鳗试验。通过在临安县里畈水库(小一型)和嵊县前岩水库(中型)试养，平均单产22.52 kg/m²，最高箱净单产34.56 kg/m²，平均每吨鳗鱼利润6000元。浙江省水利厅和淳安县水电局协作，在新安江水库设置网箱养殖黑仔鳗，1988～1989年分别获取313和1204 kg，成活率都在80%以上，饵料系数2.15～2.65。1990年省厅全面进行技术总结和组织鉴定，并拟在全省范围内因库制宜地推广。

辽宁省宽甸县公鱼产量年达2585 t，占世界公鱼年产量的13%，位居我国各县之首，历年来为国内公鱼养殖基地。近几年来，该县公鱼已分别在国内17个省、自治区89座水库移植，出口创汇100多万美元。

网箱养鳜是湖北省浮桥河水库承担的“七五”科技攻关项目。水库从1981年开始试养，至今已积累了丰富经验，1989年实产1700 kg鲜活鳜鱼，每公斤创利12元左右，为出口创汇开拓了新途径。1990年湖北省委书记关广富同志亲自听取了汇报，并指示要进一步巩固发展，促使商品化。

(3)一批高质量的水利渔业科技成果通过验收或鉴定。由中国水利实业开发总公司组织承担的“七五”国家科技攻关项目“水库养鱼高产技术的研究”，1991年1月20日通过农业部专家组验收。该专题包括两项子专题。一是“水库养鱼高产技术研究”，包括鲴亚科鱼类、鲭、青鱼人工增殖技术，库湾养鱼高产技术，网箱养殖草鱼，水库养殖鱼类种群结构模式，放养鱼类饵料蛋白源及配方，放养底层鱼类对水质富营养化影响及双排式脉冲电拦鱼栅研究等分项课题。第一承担单位是水库渔业研究所，参加单位有水生生物研究所、华中农业大学水产系、南京水利科学研究院等单

位。二是"大型水库库湾渔业综合开发研究"，承担单位是重庆市水产研究所。验收组认为，该项研究内容丰富，资料齐全，数据可靠，在研究难度较大的情况下完成了攻关任务。技术上有创新，推广应用前景广阔，总体研究达到了国内同类工作的先进水平，其中"电拦鱼、导鱼设施"和"猪粪发酵饲料研究"两项成果具有先导意义。专题提供的24篇论文，既有较高的学术价值，又可起到指导发展水库渔业生产的作用。专题的组织管理合理，中央和地方的主管部门给予了很大关心和支持，由于多方通力合作，保证了攻关任务完成，并为今后类似工作提供了经验。

经水利部水利技术开发基金资助，由黄海水产研究所承担的"水库鱼类资源评估方法的研究"，经过3年的努力，完成了专用仪器(YER-90水库鱼类资源评估仪)的研制和应用。使用单位认为，该仪器适用于水库鱼类资源定量评估；各养殖阶段的定量监测；"赶、拦、刺、张"联合作业监测及产量预报；灾害损失评估等重要用途。1990年11月，部水利基金办公室委请青岛海洋大学组织并通过鉴定。专家们认为，该项课题首次在我国水库鱼类资源评估中应用成功，能比较正确地估算当年资源量和可捕量，填补了我国空白，属国内领先水平。

经水利部水利技术开发基金资助，由浙江省水利综合经营开发公司承担的《集约式养鱼箱体材料与人工配合饲料的研究》课题，于1990年12月由浙江省水利厅组织专家通讯评审并通过鉴定。专家们认为，该项渔用化纤材料网片表面喷涂聚酯树脂涂层，可提高耐腐蚀性能，对防止老化有效，增加了网片光洁度和结节牢度，提高了箱体材料强度，延长了使用寿命，属国内首创；以牧草为主要饲料饲养草鱼的模式，完成了预计生产指标；涂层网片成本不高，实用性强，且利于箱体内鱼类生长，有积极的生产应用价值。

由水利部水利技术开发基金资助，珠江水产研究所承担、广东省肇庆市鼎湖区水产局协作的《在水库利用网箱养殖加州鲈鱼的研究》，经过3年试验，共获取商品鱼18360 kg，产值36.7万元，盈利12.48万元。1990年鱼种平均成活率为31.1%，成鱼存活率为81.4%，经济效益良好，1990年11月由水利部水利管理司组织专家进行现场验收。

二、加强领导，开展资源普查和综合治理

随着水利渔业的发展，进一步引起各级水利部门的重视，1990年在加强水利渔业的宏观管理、渔业资源普查以及强化渔政建设上，做了大量的工作。

(1)河南省大中小型水库2600余座，养鱼水面142万亩，具有发展渔业的良好条件。近10年来，全省水库鱼产量从1980年的3624 t增加到1989年的7800 t，增长一倍多。由于近年饲料猛涨，资金不足，鱼货销路不畅，承包责任制不尽完善，水库渔业面临困境。河南省水利厅对此采取了一系列措施来保证水库渔业的持续稳定发展。一是加强领导，省厅成立了水库渔业协调领导小组，在厅领导亲自挂帅下，吸收计划、生产、财务、物资、农水、水保、移民和科技等部门参加，集中协调研究解决水库渔业中存在的实际问题；二是保证对水库渔业的投入，在全省水利资金不丰的情况下，仍然确保水库渔业基建投资维持在全省水利投资2.64%的比例上，对逐步增置水库渔业配套发挥了重要作用；三是健全体制，大型水库管理单位参与水库渔业经营，实现"鱼水一家"，共夺丰产；四是把中小型水库作为突破点，采取施肥、投饵等精养半精养措施，提高库鱼产量。1990年，全省水库渔业迈入一个新阶段。

(2)为了因库制宜、综合开发丹江口水库90万亩养鱼水面，建立一个配套合理、产销畅通、并能持续发展的渔业生产体系，丹江口水库水产工作领导小组决定，从1989年6月开始，由长江水利委员会牵头，水库渔业研究所和华中农业大学水产系参加，共同开展水库渔业规划编制工作。通过深入调查，反复论证，对丹江口水库渔业生产政策、体制、近期和远期生产指标，渔业投入和发展对策等，提出了明确要求。1990年11月，邀请了有关专家评议并通过《规划》审查。类似这样大型水库全面进行渔业生产规划，在国内尚属首次。

(3)山东省大中小型水库5000余座，可养鱼水面100余万亩，其中大中型水库182座，养鱼水面70万亩，大中型水库渔业产量在全省水库渔产中有着举足轻重的作用。过去，由于对水库自然环境及渔业资源缺乏系统调查，对鱼产力不高的原因不够具体了解。为了科学、合理地开发利用现有水库渔业资源，山东省水利厅于1984～1989年间，对全省163座大中型水库进行了全面的渔业资源调查(其余19座因天旱干涸未予调查)。调查中要求对逐个大中型水库写出专项调查报告，并请各有关地、市据此制订发展水库渔业的规划报告。调查经费由省厅提供，专业培训由省厅统一组织，省厅每年并组织一次总结检查会议。通过调查，明确了当前水库渔业生产的制约因素：一是鱼池不足，排灌系统不完整、鱼池渗漏严重、设施配套水平不高；二是水面利用保证率低，近几年大中型水库实际养鱼水面还不足50万亩；三是部分水库水质污染；四是水产技术力量短缺(现有水产技术干部只24名)；五是全省无统一管理的渔政机构，渔业生产秩序混乱，难以保证正常生产。调查资料还表明，全省大中型水库鱼产力初步测算可达12950 t，比目前年均实际产量(5000 t/年)高出

一倍以上，大有潜力可挖。1990年全省对此进行总结并将有关资料编印成册，分发交流。

(4)四川省西充县地处川中偏北，全县中小型水库54座，养鱼水面5213亩。从1986年起，全县在中小水库中推广精养方式养鱼，经过3年努力，成鱼平均亩产从15.4 kg上升到1988年的71.5 kg。进入1989年以后，由于饲料、肥料、鱼种价格相继猛涨，加上农业特产税开征，养鱼成本增加一倍多，经济效益下降，使成鱼产量、产值、利润等三项指标面临全面滑坡的危险。为了摆脱困境，全县进一步理顺改善水库群生产体系，决定以429亩养鱼水面的红岩水库为核心，联合邻近的15座水库形成小水库群协作生产。水库群体内各库独立核算、自负盈亏。在渔业生产上由水库群渔业协会统一规划，统一协调经销，统一组织渔需资金、肥料、饲料和鱼种，帮助成鱼销售并推广新品种新技术。要求核心水库充分利用现有鱼池生产小规格鱼种，利用网箱养殖鲢、鳙、鲤、鲫、鲂和草鱼的大规格鱼种，以适应水库群渔业需要；购进先进适用的捕捞工具，为群体内水库捕捞；生产渔用饲料，以提供群体内水库需用。其他水库要求按质按量投放鱼种，因地制宜种植渔用饲料，安置拦鱼设施，加强经营管理。水库群体内各库相互依存，密切协作，形成一个相互促进的有机整体，从而使水库渔业在1990年较好地保持持续稳定的增长。

(5)湖南省岳阳县铁山水库，养鱼水面4.4万亩，1983年建库初期年产鲜鱼50多万kg，平均亩产12.5 kg。1984年后，水库渔业归属区乡经营，库群关系不顺，1987年总产只有5万kg。1988年，水库管理局在岳阳市、县的支持下，与区乡联营，区、乡自愿入股，统一经营管理，按股分红，水库鱼量开始回升，预计至1990年底水库可产成鱼40万kg。至1990年11月止，库区有5个乡、410农户入股28.6万元，群众可获利12万元。

三、积极开展学术活动，组织学术交流

1990年，中国水利学会调整充实了水利渔业专业委员会领导力量，全国有12个省、自治区和1个计划单列市水利学会组建了水利渔业专业委员会或类似学术组织。各级水利渔业专业委员会相继开展学术活动，有力地促进了全国水利渔业生产科技的蓬勃发展。1990年的重要活动有：

(1)为了总结交流经验，因地制宜地推广水库施肥养鱼技术，1990年6月12～15日，由中国水利学会水利渔业专业委员会与水利部水利管理司，联合在湖南省临澧县召开了全国水库施肥养鱼技术讨论会。会议宣读了32篇论文(报告、总结)，并组织参观了当地水库施肥养鱼现场。

会议认为，水库施肥养鱼是开发水利渔业的一条有效途径，特别适用于以灌溉为主的中小水库、大型水库库汊、灌溉发电渠系和塘堰。目前已遍布全国大部分省、自治区、直辖市，并取得较为丰富的经验。各地水库施肥养鱼肥料系数一般在1.5～2.5，即1.5～2.5 kg，化肥可增产1 kg鲜鱼，经济效益显著。会议要求今后应加强各种浮游植物繁殖生长对氮磷钾的需要量，施肥水库投饲鱼类的搭配比例，施肥方法，以及肥料系数的计算方法等问题进行深入研究，争取将肥料系数控制在1.0～1.5之间，大面积单产达到50～100 kg/亩。

(2)第二届亚洲地区水库渔业专题讨论会于1990年10月15～19日在我国浙江省杭州市举行。这次会议由加拿大国际发展中心(IDRC)组织，中国水利学会在部有关司局和浙江省水利厅的大力支持下承办了全部会务活动。参加会议的有印度、泰国、菲律宾、新加坡、尼泊尔、孟加拉、马来西亚、斯里兰卡及我国的水库渔业专家、学者共40人。中国水利学会常务理事、水利部副部长王守强致书面开幕词，浙江省水利厅厅长陈绍沂代表省人民政府致欢迎词。与会代表提交和宣读了29篇论文，并参观了浙江省青山水库和湖州市郊小水库群生态渔业现场。

东南亚国家水库渔业研究的特点是科技投入大，在大学和研究所拥有一批学术水平较高的科研人员。研究项目较为专一，且着重于一两项专业性内容进行调查分析和论证。由于研究范围不大，易于深入，资料、数据都较为完整。总的看来，东南亚国家的水库渔业以天然增殖为主，论文侧重于水库自然环境调查，水库水体理化因子和鱼类资源变动，以及捕捞技术和天然鱼产力估算数学模式等。我国水库渔业的特点是以人工投放粗养方式为主，养殖与增殖相结合，粗养与精养相结合，科研紧密促进生产，科研成果以生产技术性总结为主。会议组织者、IDRC的代表西尔瓦博士认为，中国水库渔业生产水平和生产技术已走在世界前列。

(3)中国水利学会水利渔业专业委员会从1989年开始，选收了近10年来的水利渔业学术论文(报告、总结)60篇，于1990年编辑出版了《水利渔业学术论文集》(内部发行)。论文集包括大水面增养殖、资源保护及增殖、水库渔业增产措施、鱼类移植驯化、网箱养鱼、捕捞技术等方面科技、科研成果，基本上反映了当前水利渔业的科技水平和发展动向，对进一步推动水利渔业和淡水养殖事业发展，均具有一定的指导意义。论文集共发行2400余册，受到专业读者的好评。

(贲舒瑞)

沙　棘

沙棘的资源建设重点在于搞好水土保持，减少泥沙流失，涵养水分，1990年在1989年的基础上又有新的进展。资源建设面积不断扩大，1990年新增加沙棘林面积约100万亩，总面积达到1500万亩，加工利用逐步深入，科学研究广泛进行，国际交流逐步开展，进一步推动了沙棘事业的发展。1990年沙棘的工作要点如下。

一、宣传国际沙棘学术交流会议精神，积极组织国际沙棘资源相互考察

为了宣传我国沙棘开发利用取得的成就，提高我国沙棘资源开发的知名度，并积极开展国际交流，学习国外经验，经国家科委和水利部批准，由全国水资源与水土保持工作领导小组沙棘协调办公室、中国水土保持学会沙棘专业委员会、水利部黄河水利委员会和陕西省科委联合，于1989年10月19～23日在西安召开了第一届国际沙棘学术交流会。出席会议的有苏联、芬兰、匈牙利和中国四个国家的70多位专家学者(其中外国代表10人)。水利部副部长、大会组织委员会主席钮茂生致开幕词，陕西省人民政府副省长潘蓓蕾致欢迎词，北京林业大学教授、大会学术委员会主席高志义作了闭幕讲话。

这次会议共收到国内外论文和题录153篇(条)，收入大会论文集的有85篇，涉及生物学、遗传学、生态学、生理学、生物化学等学科，以及育种、栽培、环境保护、水土保持、病虫害防治、饮料食品、日用化学、医药学等众多领域。其中21篇在大会上宣读，42篇在分组会上交流。

会议充分体现了“交流学术、增进友谊、推动合作，让沙棘这一珍贵植物资源更好地造福于人类”的主题，搭起了国际沙棘学术交流的桥梁。

在大会上宣传了我国沙棘研究和开发利用的成果，扩大了我国沙棘在国际上的影响，引起了国外学者的极大兴趣。国外代表看了我国沙棘录相片和部分产品展览后，有的反映“中国学者在沙棘的研究和利用方面工作非常出色，取得的成就使我们感到惊奇。”全体与会的国外代表和国内部分代表共20位专家学者联名发出在中国北京成立“国际沙棘研究开发中心”的倡议书。苏联代表要求第二次国际沙棘学术交流会在苏召开。

在开展国际沙棘学术活动中，1990年11月接待了苏联高尔基农学院沙棘考察团来陕西考察，接待了南朝鲜、日本等国的贸易洽谈，并着手组织联系我国组团赴苏塔吉克共和国的考察访问。根据会议代表倡议，已向水利部领导提出筹建“国际沙棘研究开发中心”的建议。

为了及时沟通国内信息，又便于各级领导和业务部门了解我国沙棘开发利用现状，全国水资源与水土保持工作领导小组沙棘协调办公室刊印了《沙棘开发》动态，摘要介绍沙棘开发利用进展和存在问题，以促进沙棘事业的发展。同时把原发行的《沙棘》刊物增加了英文目录，以供国外参考。

二、辽宁省建平县营造大面积沙棘林，为全国树立新典型

沙棘资源建设其主要目的是搞好水土保持。我国人工种植沙棘林其水土保持效益是明显的，但如何以科学方法定量说明其效果，亟需开展大面积实地试验。辽宁省建平县进行了营造大面积沙棘水土保持效益试验并于1990年通过了鉴定。该县从60年代开始大面积发展沙棘林，截止到1989年人工营造沙棘林达80多万亩，其中结合小流域治理营造沙棘水保林54.7万亩，创造了国内外以县为单位，大面积人工营造沙棘水保林的最高纪录。该项研究工作利用科学方法，对沙棘在干旱、半干旱地区水土保持中的作用进行论证，系统地总结大面积营造沙棘水保林从育苗、整地、造林、管护到推广等一整套行之有效的技术措施，并观测其效果。

该项研究定性定量地论述了沙棘对土壤改良、调节小气候、涵养净化水源、促进和保护其他动、植物生长发育，以及显著减流减沙等生态效益、经济效益及社会效益。据测定2～3年的沙棘林即可发挥水土保持作用，4～5年的沙棘林可减流减沙达80%～100%，营造沙棘林较多的南川小流域内地下水有所上升，人畜吃水难的问题得到改善，群众也增加了收入。

该项研究从整体上较全面地揭示了沙棘的奥秘，从理论和实践上阐明了沙棘确是我国一种集生态、经济、社会效益于一体，具有较高综合效益的珍贵植物资源，是干旱、半干旱地区水保林的优良树种，是各种树种中造林和改善生态环境，促进生态群落进化的先锋树种，也是解决燃料缺乏的优良薪柴。

专家们认为这种对沙棘进行系统工程的研究，在国内外尚属首创，处于国际领先地位。对于我国北方干旱、半干旱地区的水土保持，国土绿化，生态建设及对贫困地区的经济建设和脱贫致富，都具有十分重要的指导意义。甘肃省的镇原县武沟乡、内蒙古的准格尔砒砂岩地区，都是通过人工营造沙棘来改善当地的恶劣环境并取得较好效果的，应继续推广。

三、总结推广沙棘的药用研究成果

沙棘全身都是宝，除具有良好的生态效益外，还含有丰富的微量元素，可以利用其有效成份治疗与预防疾病，对人身健康具有良好作用。为了深入研究、总结沙棘的医疗效果，1990年3月由卫生部科技司主持召开了部分医学专家讨论会，总结沙棘在医疗方面的效应。专家们认为沙棘的医疗效应已引起我国医药界的重视。通过试验证明，有以下一些结果：

(1)沙棘总黄酮对心血管系统，有加强心功能、抗心肌缺血、抗心律失常、抗高血脂症等作用，对冠心病、心绞痛的疗效达92%。

(2)沙棘提取物，经体内与体外动物实验证明，有抗黄曲霉素B_1与阻断亚硝胺的致癌作用，有抑制肉瘤、黑色素瘤、白血病、胃癌的作用，并有抗微核突变的作用。

(3)沙棘提取物有消除动物体内的自由基作用，具有一定的抗衰老作用及抗肿瘤作用。

(4)沙棘提取物对动物的非特异性免疫与特异性免疫均有增强作用，能提高免疫能力。

(5)沙棘油对钴^{60}及X射线引起的皮炎，对巴豆油、二甲苯、棉球引起的急慢性炎症，具有明显的抗炎消肿、促进组织再生、促使溃疡愈合的作用。

专家们建议，由于沙棘是一种很有前途的药物资源，要按照新药审批的办法，进行毒理、药理、药化、制剂、临床的研究，并应在1991年的科研计划中重点安排。

四、为总结“七五”工作和安排“八五”规划，召开了全国沙棘工作会议

为了总结“七五”期间沙棘开发利用情况和安排“八五”期间计划，并表彰先进，由水利部主持于1990年12月在河南省郑州市召开了全国沙棘开发利用工作会议，共有代表80余人。水利部副部长钮茂生在大会上作了《为国分忧，为民造福，大力发展沙棘事业》的报告。报告中指出在“七五”期间沙棘的开发利用取得了令人可喜的成绩，主要表现有：

(1)沙棘资源建设稳步发展，取得了明显的生态效益。我国沙棘面积由1985年的1000万亩增加到1500万亩左右，“七五”期间每年平均增加100多万亩。增加了覆盖，保持了水土，改善了生态环境。其特点是由自然向必然过渡，从山区发展到平原并波及沿海，由点到面，由荒山荒地绿化到道路、村庄和城市绿化。

(2)加工利用种类繁多，重点日益突出。“七五”期间，各类沙棘加工厂由68处发展到150多处，总产量由6万t增长为15万t。全国已有50多种沙棘产品获部、省级和国家优质奖。沙棘产品正朝着质量高档化、包装精美化及产品多样化、系列化、营养化、保健化方向发展，不仅开拓了国内市场，也打开了国际市场。其中沙棘油的开发利用显得日益突出和重要。

(3)经营销售市场日趋扩大，沙棘的知名度不断提高。西安市、太原市、大同市、兰州市、天水市和北京市的一些旅游网点均出售沙棘产品；中美合资天津天友食品有限公司专门生产了“博桑”沙棘饮料，均受到消费者的欢迎。

(4)科研日趋完善，成果不断涌现。山西、陕西、甘肃等省沙棘办公室组织有关单位研制成功的科研成果立即转化为生产力，收到较好的经济效益；沙棘良种的选育已全面铺开；大面积营造人工沙棘林经验逐步推广；医药、保健用品的研究已初见成效。陕西用复方沙(棘)油栓治疗妇女病；青海将沙棘用于高原人早衰及防治措施的研究；四川用沙棘总黄酮治疗冠心病、心绞痛；山西、甘肃、上海、南京、北京等地以沙棘为原料治疗胃及十二指肠溃疡、褥疮等都有效果。

会上表扬了在“七五”期间为沙棘开发利用做出贡献的44个先进集体和63名先进个人，并研究通过了“八五”期间沙棘开发利用的规划。

（冯奎五）

队　伍　建　设

加强思想政治工作，建设“四有”水利职工队伍

1990年，在以江泽民同志为核心的党中央领导下，中国政治、经济形势有了进一步好转，治理整顿取得了比较明显的成效，思想政治战线出现了新的转机。在这一年里，水利行业各级党组织认真贯彻党中央关于加强思想政治工作的指示，进一步端正了对新时期思想政治工作地位和作用的认识，加强了对水利行业思想政治工作的指导，加强了政工机构和政工队

伍建设，抓紧了职工的思想教育和思想政治工作理论研究工作。在加强和改进水利系统思想政治工作方面迈出了可喜的一步，促进了社会和经济的稳定。

一、加强了对水利行业思想政治工作的指导

地方党委领导与行业指导结合，共同做好思想政治工作，是我们党的优良传统，也是加强水利行业思想政治工作的重要途径。为加强对行业思想政治工作的指导，部于1988年11月18日成立了思想政治工作指导委员会。钮茂生任主任，李昌凡、李启凡、万里同志担任副主任。负责对水利行业精神文明建设和思想政治工作进行协调指导。1989年9月20日，部作出了《关于加强水利系统思想政治工作的决定》，从提高对思想政治工作重要性的认识，加强对思想政治工作的领导，建立健全思想政治工作机构，完善思想政治工作制度，加强政工队伍建设等8个方面提出了要求。1989年10月20日至23日，部在黄委召开了水电职工思想政治工作研究会1989年流域学组会。这是1989年春夏之交的动乱后水利部召开的第一次思想政治会议，钮茂生同志到会并讲了话，强调各级领导要充分认识加强水利系统思想政治工作的重要性，克服"一手硬，一手软"，把思想政治工作切实列入各级领导班子的议事日程，要有具体的措施。部思想政治工作指导委员会副主任、办公厅主任李昌凡，办公厅副主任周保志也参加会议，并且讲了话。1990年3月6日至8日，部又在北京召开了部分省、自治区、直辖市、计划单列市水利政工座谈会，会上，李昌凡、周保志同志就如何加强行业思想政治工作问题讲了话，提出要结合水利系统实际，抓好形势教育，基本国情与基本路线教育，加强马列主义基础理论教育和革命传统教育，认真搞好政工机构和政工队伍建设，加强各级研究会建设。在此期间，各单位也注意同行业特点和实际出发，积极协同配合地方党委抓好本系统的思想政治工作。一些流域和水利(水电)厅(局)也先后召开了政工会议，传达中央和部里的有关指示精神，并注意把中央的指示具体化、行业化，提出本系统思想政治工作的具体方针、政策、目标和规划。

二、加强了干部、职工的马列主义基础理论和系统的思想教育

根据《中共中央关于加强宣传、思想政治工作的通知》精神，在水利系统认真组织了以坚持四项基本原则，反对资产阶级自由化为中心内容的政治形势教育，以治理整顿、深化改革为中心内容的经济形势教育，逐步解决了职工中一些深层次的思想问题，理顺了职工的思想情绪。从上半年开始，各单位采取集中轮训的办法，组织干部学习了中央宣传部组织编写的《马克思主义哲学纲要》。下半年后，又集中组织干部学习《关于社会主义若干问题学习纲要》(试用本)。同时，在职工中采取以脱产轮训为主要形式的"基本国情与基本路线"教育。为组织好这一教育，部于1990年7月25日至27日在黑龙江省水利厅召开了"双基"教育座谈会。周保志同志参加会议并讲了话，要求各单位要按照中宣部的通知精神，把"双基"教育作为一项根本性的建设任务抓紧抓好。要加强对教育的领导，经常检查这项教育的落实和进展情况。

在进行基础理论和系统思想教育的同时，各单位还注意抓好带行业特点的思想教育、水利精神和职业道德教育，鼓舞和激励广大职工热爱水利、热爱本职。1990年6月28日，部下发了《关于给长期从事水利工作的职工颁发荣誉证书和证章的通知》，决定给从事水利工作30年(县以上)、25年(县以下)的职工颁发荣誉证书和证章。同时，又在水利系统广泛开展了学习先进活动。继1989年5月27日部和水电工会表彰了水利系统60个先进单位、52个先进集体和306名水利系统劳动模范后，部党组又于1990年5月5日作出了《关于开展向雷锋式的好青年学习的决定》。同年12月15日，又作出了《关于开展向周景文同志学习的决定》。这些活动的开展，对于鼓舞和激励广大职工为水利事业奋斗起了一定的作用。

三、理顺和完善政工机构

各单位根据部里的要求，逐步恢复和健全了思想政治工作部门。黄委、海委、淮委、珠委、太湖局相继成立了政治思想工作办公室或处。海委还对所属二级单位政工机构进行了调整和充实。黄委山东河务局根据点多、线长、职工队伍分散的状况，在各地(市)河务局设立了政工科，在县河务局设立了政工股，形成了适合本局特点的政工网络。天津市水利局党委明确提出，凡设党委(总支)的中层单位要设立党委(总支)办公室，配备3至4名党务干部，人员较少或带有职能性质的单位可不设机构，但要配备1至2名专职党务干部。

四、加强政工队伍建设

各单位根据《中共中央关于加强宣传、思想政治工作的通知》中关于"专职政工干部原则上按企业职工总数的1%配备"的要求，抽调了一批有理论基础、业务水平较高、热爱政治工作的同志充实到政工部门来。吉林省水利厅在厅直属单位恢复了政工机构，充实了政工干部。陕西省水利水保厅针对所属单位政工机构设

置不一，工作职责不清，队伍配备不齐的状况，分别采取了“加强、调整、提高”的措施，对厅所属单位党委宣传行政思想政治工作机构进行了调整充实。同时，还为下属局和基层队配备了政工干部和宣传政工员。

为提高现有政工队伍的素质，部里提出了在两、三年内，对所有现职政工干部轮训一遍。并于1990年4月21日至6月20日，在河海大学举办了一期政工干部培训班，为各单位培训政工骨干53名。各单位在部培训班后，抓紧了政工干部的在职培养和训练。新疆水利厅通过自培、委培、函授等形式集训政工干部。贵州水电厅采取以会代训的形式，对基层政工干部进行集训。广州市水电局专门为新上岗的政工干部举办了学习班，组织学习基础理论和政工专业知识。

为稳定政工队伍，调动政工干部的积极性，部于1990年4月即着手进行政工专业职务评定的调查摸底工作。同年8月14日成立了部思想政治工作人员专业职务评定工作领导小组。钮茂生任组长，万里、李昌凡任副组长。1990年11月1日至3日部召开了水利部直属单位政工专业职务评定会议。李昌凡、万里、周保志同志参加会议。传达学习了中央办公厅、国务院办公厅批转下发的《企业思想政治工作人员专业职务试行条例》，研究部署了部直属单位政工专业职务评定工作。

五、各级职工思想政治工作研究会建设进一步加强

在实践的基础上把思想政治工作的实际活动与思想政治工作的理论研究适当分开，既有利于思想政治工作的加强和改进，又有利于思想政治工作理论体系的形成和发展。

1990年2月，根据国家机关机构改革的现状，经水电职工思想政治工作研究会会长、副会长协商，决定将水电政研会分开，分别成立中国水利职工思想政治工作研究会和中国电力职工思想政治工作研究会。部思想政治工作指导委员会于1990年4月12日发出了《关于筹建水利职工思想政治工作研究会有关问题的通知》，并着手进行成立研究会的筹备工作。

各流域，各省、自治区、直辖市、计划单列市水利(水电)厅(局)根据部里要求，加强了对各级研究会的组织领导，广泛开展研究活动。其中，海委职工思想政治工作研究会被中国职工思想政治工作研究会评为先进研究会工作奖。

与此同时，水电研究会流域学组积极开展活动，继1989年学组会后，又在1990年10月5日至8日，在太湖局召开了1990年度流域学组会。李昌凡、周保志参加会议。李昌凡同志在会上讲了话，强调要精心组织“双基”教育和社会主义教育，加强对行业思想政治工作的领导。要求各单位要进一步健全政工机构，加强政工队伍建设，尽快适应新形势的要求。

六、加强了思想政治工作自身的宣传和信息交流

部思想政治工作指导委员会编发的《政工简讯》到年底已出版13期。同时，加强了对《水利电力政工研究》的指导，开办了《水利电力政工研究》(水利版)。并同《中国水利报》创办了“思想政治工作园地”。为了提高水利政工通讯队伍的素质，部于1990年10月9日至19日在上海市水利局举办了一期政工通讯员集训班，集训通讯员51名。

（董国良）

行 业 管 理

为履行水利部“三定”方案明确的“对全国水利队伍建设进行行业管理”的职责，水利部于1990年6月27日至30日在四川省都江堰召开了全国水利人事劳资工作会议。这是新的水利部组建以来首次研究队伍建设行业管理问题的会议。会议的中心任务是，贯彻治理整顿、深化改革和维护稳定的方针，总结交流水利职工队伍建设及人事劳资工作的情况和经验，加强水利人事劳资工作的行业联系和行业管理，稳定职工队伍，提高队伍素质，促进水利事业的进一步改革和发展。各省、自治区、直辖市水利(水电)厅(局)、计划单列市水利(水电)局和流域机构的人事、劳资处长100余人参加了会议。水利部副部长侯捷同志到会做了重要讲话，部人事劳动司司长万里同志做了工作报告，朱登铨副司长做总结报告。会议提出了加强水利队伍建设的十项任务，对加强行业联系和行业管理提出了“联系、指导、服务”的方针，并围绕这一方针制定了几项具体措施，即建立行业联系的必要制度；沟通行业统计的正常渠道；逐步在水利行业内部实行干部交流；继续做好行业内部大中专毕业生分配；加速制订和认真执行水利行业岗位规范和工人技术等级标准；加强调查研究；各级都要加强行业联系和行业管理。

会议结束后，各省、自治区、直辖市及计划单列市水利(水电)厅(局)都相继召开会议，传达全国水利人事劳资工作会议精神，结合各地实际，以加强行业管理和提高职工生活待遇为中心，制定贯彻落实会议精神的具体措施。根据全国水利人事劳资工作会议提出的任务，各单位广泛开展调查研究，积极探索解决水利职工生活待遇低的问题的有效途径，着手研究解决

队伍建设中长期存在的计划外用工多、临时工多、队伍素质差的问题。一些未落实《区、乡水利水土保持站编制定员标准》及录用人员劳动指标的省、区，在学习了兄弟厅、局的经验之后，积极行动起来，抓紧向有关部门汇报情况，反映问题。在水利部的帮助和有关部门的支持下，新疆、内蒙古等地落实了部分区乡水利员的劳动指标，使这项工作有了较大进步。为加强行业联系，许多省、自治区、直辖市的水利(水电)厅(局)的人事劳资部门还拟定了泛会制度，以大区划片，定期开会交流研讨水利行业队伍建设的情况和问题，水利行业队伍建设行业联系和行业管理工作已经打开局面。

（高 峰）

机 构 编 制

一、机构编制变动情况

(1)国办发(1990)57号《国务院办公厅关于国务院三峡工程审查委员会组成人员的通知》决定，国务院三峡工程审查委员会办公室设在水利部(不另增加编制)，负责审查委员会的日常工作。办公室主任杨振怀，副主任陆佑楣、张春园(常务)。根据工作需要，由国务院三峡工程审查委员会办公室聘请若干专家为顾问。

(2)人事部人中编函(1990)28号《关于黄河水利委员会和长江水利委员会机关机构设置和人员编制问题的批复》同意黄河水利委员会机关设办公室、河务局(防汛办公室)、水政水资源局、农村水利水土保持局、水利水电局、人事劳动局、计划财务局、科教外事局；同意长江水利委员会机关设办公室、江务局(防汛办公室)、水政水资源局、农村水利水土保持局、人事劳动局、计划财务局、科教外事局。

(3)人事部人中编函(1990)49号《关于国家防汛总指挥部办公室事业编制的批复》核批国家防汛总指挥部办公室事业编制60人。

(4)水利部水人劳(1990)141号《关于成立水利部信息中心的通知》决定正式成立水利部信息中心。中心主任杨德晔，副主任卢九渊(兼)、谢邦泽。

(5)水利部水办(1990)6号、水办(1990)19号、水办(1990)20号、水办(1990)21号、水办(1990)22号分别批准了珠江水利委员会、淮河水利委员会、海河水利委员会、松辽水利委员会和太湖流域管理局的"三定"方案。

二、机构编制管理情况

为贯彻国发(1990)14号《国务院关于进一步加强机构编制管理的通知》精神，在1989年制定的"部直属单位机构编制管理的几项规定"的基础上，草拟了《水利部关于加强机关、事业单位机构编制管理的暂行规定》。在实施机构编制管理中，对已下达"三定"方案的流域机构，其二级机构应保持相对稳定，一般不予调整。对未进行"三定"的单位，其二级机构一般也不增设。部机关严格执行"三定"方案确定的编制数，尽管任务繁重，人员紧张，也要严格控制进入机关的人员，一般也不要满编。部直属事业单位，由于国家编委尚未核定事业编制，由水利部下达了部分单位的编制控制数。部对事业单位、企业单位实行劳动计划管理，凡满编或超编(部下达的编制控制数)的单位，一般不予下达新增劳动指标。

（高 峰）

队 伍 现 状

一、水利部直属单位职工人数(见表1)

二、地方水利系统全民所有制单位职工人数(见表2)

表1 水利部直属全民所有制单位职工人数

	单位个数	年末人数(人)					
		合计	其中女性	固定职工	合同制职工	临时职工	计划外用工
总计	397	101920	30725	90766	7349	1002	2803
企业	42	22105	7817	18517	2736	35	817
事业	353	79312	22780	71747	4612	967	1986
机关	2	503	128	502	1		

注 截至1990年12月31日。

表2 地方水利系统全民所有制单位职工人数

	单位个数	年末人数(人)					
		合计	其中女性	固定职工	合同制职工	临时职工	计划外用工
总计	52176	1278055	265707	781657	244953	84667	166778
企业	44598	757379	133379	432837	161235	58695	104612
事业	4783	407087	11958	247676	75657	24019	59735
机关	2795	113589	20370	101144	8061	1953	2431

注 截至1990年12月31日。

水利部机构图

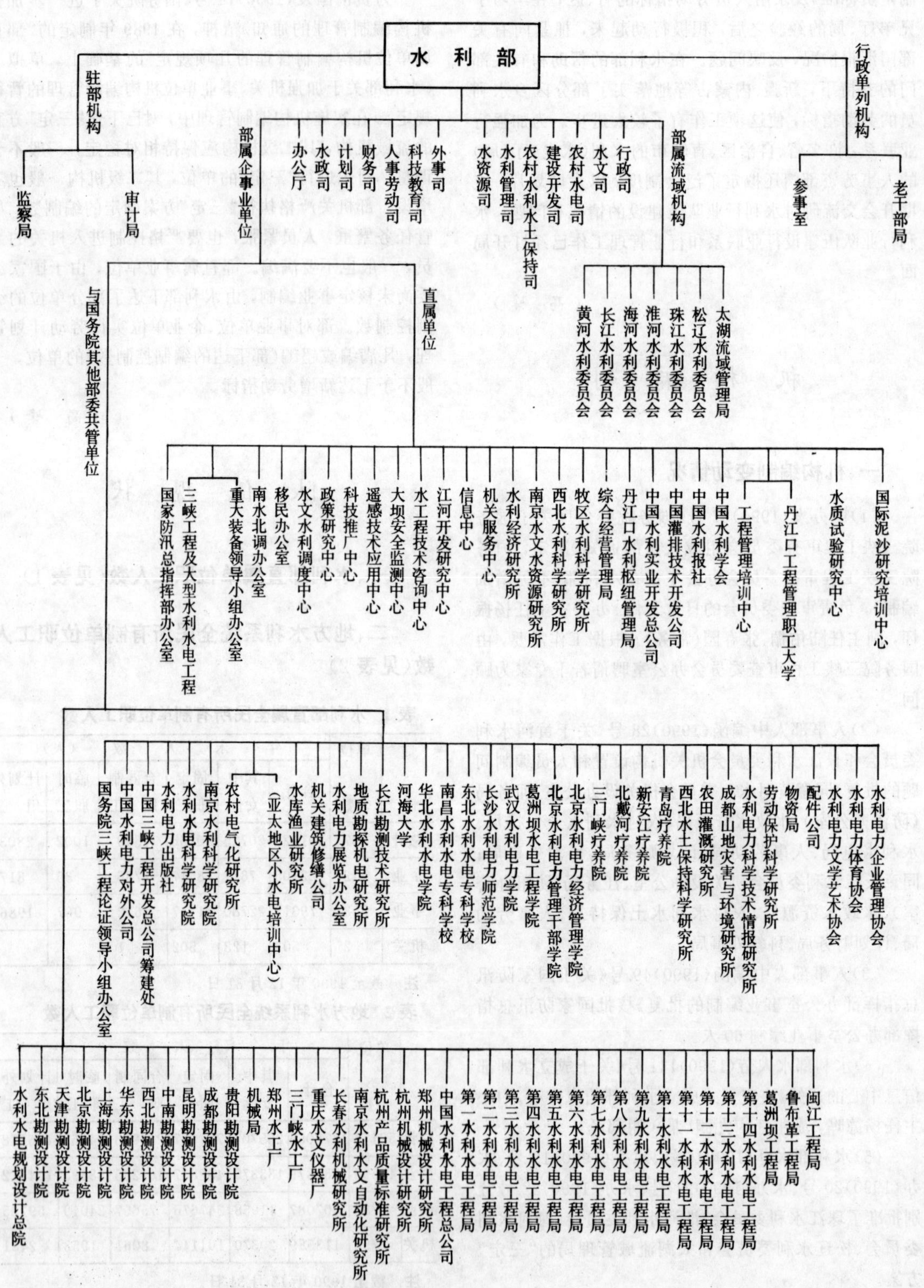
水利部
驻部机构
监察局
审计局
行政单列机构
参事室
老干部局
外事司
科技教育司
人事劳动司
财务司
计划司
水政司
办公厅
部属企事业单位
水资源司
水利管理司
农村水利水土保持司
建设开发司
农村水电司
水文司
行政司
部属流域机构
太湖流域管理局
松辽水利委员会
珠江水利委员会
淮河水利委员会
海河水利委员会
长江水利委员会
黄河水利委员会
与国务院其他部委共管单位
直属单位
国际泥沙研究培训中心
水质试验研究中心
丹江口工程管理职工大学
工程管理培训中心
中国水利学会
中国水利报社
中国灌排技术开发公司
中国水利实业开发总公司
丹江口水利枢纽管理局
综合经营管理局
牧区水利科学研究所
西北水利科学研究所
南京水文水资源研究所
水利经济研究所
机关服务中心
信息中心
江河开发研究中心
水工程技术咨询中心
大坝安全监测中心
遥感技术应用中心
科技推广中心
政策研究中心
水文水利调度中心
移民办公室
南水北调办公室
重大装备领导小组办公室
三峡工程及大型水利水电工程
国家防汛总指挥部办公室
水利电力企业管理协会
水利电力体育协会
水利电力文学艺术协会
配件公司
物资局
劳动保护科学研究所
水利电力科学技术情报研究所
成都山地灾害与环境研究所
西北水土保持科学研究所
农田灌溉研究所
青岛疗养院
新安江疗养院
北戴河疗养院
三门峡疗养院
北京水利电力经济管理学院
北京水利电力管理干部学院
葛洲坝水电工程学院
武汉水利电力学院
长沙水利电力师范学院
东北水利水电专科学校
南昌水利水电专科学校
华北水利水电学院
河海大学
长江勘测技术研究所
地质勘探机电研究所
水利电力展览办公室
机关建筑修缮公司
水库渔业研究所
（亚太地区小水电培训中心）
农村电气化研究所
南京水利科学研究院
水利水电科学研究院
水利电力出版社
中国水利电力对外公司
中国三峡工程开发总公司筹建处
国务院三峡工程论证领导小组办公室
闽江工程局
鲁布革工程局
葛洲坝工程局
第十四水利水电工程局
第十三水利水电工程局
第十二水利水电工程局
第十一水利水电工程局
第十水利水电工程局
第九水利水电工程局
第八水利水电工程局
第七水利水电工程局
第六水利水电工程局
第五水利水电工程局
第四水利水电工程局
第三水利水电工程局
第二水利水电工程局
第一水利水电工程局
中国水利水电工程总公司
郑州机械设计研究所
杭州机械设计研究所
杭州产品质量标准研究所
南京水利水文自动化研究所
长春水利机械研究所
重庆水文仪器厂
三门峡水工厂
郑州水工厂
机械局
贵阳勘测设计院
成都勘测设计院
昆明勘测设计院
中南勘测设计院
西北勘测设计院
华东勘测设计院
上海勘测设计院
北京勘测设计院
天津勘测设计院
东北勘测设计院
水利水电规划设计总院

三、水利部直属单位干部队伍情况（见表 3、表 4）

表 3　　水利部直属单位干部队伍情况

	总数			文化程度						政治情况				年龄				
	计	其中 女	其中 少数民族	高等院校 毕业者	高等院校 相当者	中专技校 毕业者	中专技校 相当者	高中	初中以下	共产党	共青团	民主党派	无党派	30岁以下	31—40岁	41—50岁	51—60岁	61岁以上
总　计	32759	9392	565	17634	227	2983	110	2859	3946	11902	6644	400	13313	9636	8822	5594	8436	271
部机关	447	116	14	366	7	29	1	22	22	307	40	4	96	111	111	67	122	36
部事业单位	29430	8351	519	15816	209	7344	103	2526	3432	10181	5944	394	12911	8641	8108	4767	7703	211
部企业单位	2882	925	32	1452	11	610	6	311	492	1414	660	2	806	884	603	760	611	24

注　此数字截止到 1990 年底。

表 4　　1990 年部直属单位干部增、减情况

	增加									减少										
	总数 计	总数 其中聘用	国家统分人员 高等学校毕业生	国家统分人员 中专毕业生	国家统分人员 军转干	从社会上录聘人员 国家不包 大学生	从社会上录聘人员 国家不包 中专生	从社会上录聘人员 职高毕业	其他	从全民所有制单位聘干	总数 计	总数 其中解聘	离休	退休	不带工资上学	自动离、辞职	开除	死亡	转当工人	其他
总　计	1040	152	617	71	34	124	14	2	50	128	929	19	176	577	21	19	3	65	56	12
一、京内单位	104	38	53		12			1	1	37	103		26	65		7		3	2	
部机关	11	2	3		6					2	25		11	13				1		
事业单位	84	31	48		4			1		31	49		11	34		2		2		
企业单位	9	5	2		2				1	4	29		4	18		5			2	
二、京外单位	936	114	564	71	22	124	14	1	49	91	826	19	150	512	21	12	3	62	54	12
事业单位	813	97	491	38	22	124	14	1	49	74	796	19	141	498	21	12	2	56	54	12
企业单位	123	17	73	33						17	30		9	14			1	6		

注　①增加“其他”项包括：停薪留职复职、落实政策、复职等人员；

②减少“其他”项包括：自费留学、停薪留职、被公安局拘留人员。

表 5　　水利部直属单位专业技术干部专业结构情况分析表

分类＼专业	合计	工程技术	科学研究	教育	经济	财会	统计	翻译	医疗卫生	新闻出版	图书档案	其他
总　计	28156	1448	3793	3182	1743	1904	287	219	1507	434	580	26
高级职务	3518	1928	719	595	37	38	5	29	46	59	9	3
中级职务	8898	4317	1650	1092	377	382	30	132	512	140	154	12
初级职务	14654	7279	1302	1674	1284	1355	236	44	874	218	379	9
未评聘人员	1586	907	122	221	45	129	16	14	75	17	38	2

注　其他专业指农业技术。

（高　峰）

重要任免事项

一、中央、国务院任免

(1) 1989年12月，中共中央中委［1989］214号文批准成立水利部党组，杨振怀同志任党组书记、侯捷同志任党组副书记。中共水利部党组的主要任务是：负责在水利工作中实现党的方针、政策，团结干部和群众，完成党和国家交给的任务、领导流域机构党组的工作，指导部机关党委、工会和群众团体的工作。

(2) 1989年12月，中央组织部组任字［1989］70号文任命钮茂生、张春园、王守强同志为水利部党组成员。

(3) 1990年11月，中共中央中委［1990］233号文通知，钮茂生同志调任中央国家机关党工委副书记，免去水利部副部长。中央组织部组任字［1990］123号文免去钮茂生同志的中共水利部党组成员。

(4) 1990年11月，国务院国任字［1990］132号文任命严克强同志为水利部副部长。

(5) 1990年12月，国务院国任字［1990］159号文任命亢崇仁、庄景林、陈先德、仝琳琅、黄自强为黄河水利委员会副主任（正局级）。

(6) 1990年12月，国务院国任字［1990］160号文任命魏廷琤为长江水利委员会主任（副部级），潘天达、季昌化、黎安田、张修真为长江水利委员会副主任（正局级）。

二、水利部党组任免

(1) 经中央组织部组建字［1990］12号文件同意，部党组决定在长委、黄委、海委、淮委、珠委、太湖局设立党组，松辽委仍实行党委领导下的委主任负责制。流域机构设立党组、是流域机构领导体制的重大变化。

(2)1990年12月，部党组水党字[1990]35号文决定设立中共水利部长江水利委员会党组，由魏廷琤、潘天达、季昌化、黎安田、张修真、王家柱同志组成，魏廷琤同志任书记、潘天达、季昌化同志任副书记。

(3) 1990年12月，部党组水党［1990］33号文决定中共水利部海河水利委员会党组由张泽鸿、李连生、张挺、丁贤举、康文龙、姚勤农同志组成，张泽鸿同志任党组书记、李连生同志任党组副书记。

(4) 1990年12月，部党组水党［1990］32号文决定设立中共水利部淮河水利委员会党组，由袁国林、杨民钦、黄国峰、赵武京同志组成，袁国林同志任党组书记。

(5) 1990年10月、部党组水党［1990］27号文决定设立中共水利部珠江水利委员会党组，由周甘霖、丁树清、孔宪志、薛建枫、梁康同志组成，周甘霖同志任党组书记。

(6) 1990年11月，部党组水党［1990］30号文决定成立中共水利部太湖流域管理局党组，由王同生、草士杰、黄宣伟、钱振球同志组成，王同生同志任党组书记。

(7) 1991年1月，部党组水党［1991］11号文决定成立中共水利部黄河水利委员会党组，由亢崇仁、庄景林、陈先德、仝琳琅、黄自强同志组成，亢崇仁同志任党组书记。

(8) 1990年7月，水人劳［1990］80号文成立水利部技术委员会，由杨振怀任主任、张春园、严克强、何璟、徐乾清任副主任，严克强兼秘书长、郑泽民任副秘书长。聘任水利行业的34位专家为委员。

水利部技术委员会是技术参谋性质的非常设机构、主要任务是：组织水利专家进行重大水利技术决策研究和决策咨询、协助部领导解决重大水利技术问题。

（杨春锦）

领导班子建设

(1) 根据中共中央中发［1989］9号文件和1990年2月全国各省、自治区、直辖市党委组织部长会议精神，对部直属单位处以上领导干部进行了全面考核。考核工作按干部管理权限组织进行。部组织考核了22个部直属单位领导班子和120多名部管干部。考核结果证明，绝大多数部管干部在各自的岗位上积极宣传贯彻党的路线、方针、政策，坚持四项基本原则，坚持改革开放方针，联系群众，廉洁奉公，勇于开拓，奋发进取。部直属系统干部队伍的素质是好的，政治上是坚强的，在1989年春夏之交的政治风波中经受了考验，没有发生大的问题，在改革开放中，也经受住了发展商品经济的考验，没有发生严重违法乱纪和以权谋私的问题。

(2) 调整充实了9个直属单位的领导班子，共任免干部53人次，其中任命49人次，免职4人(均为到龄免职)，批准10名司局级干部退（离）休。

(3) 为了加强部直属单位领导班子的思想作风建设，10月份在河海大学举办了领导干部研讨班，30名局、处级干部参加了学习。

（杨春锦）

职 称 评 聘

(1) 评审组织。部共成立了高级职务评审委员会10个，中级职务评审委员会2个。各系列高级职务评审委员会组成人员如下表1所示。

部直属单位经部批准成立的高级职务评审委员会25个，中级职务评审委员会54个。经部批准成立的高、中级职务评审委员会如表2所示。

表1　水利部各系列高级专业技术职务评审委员会组成名单

名称	系列	人数	主任	副主任	委员	批准文号	评审权限
高级职务评委会	工程	9	何璟	徐乾清	朱云祥、朱承中、杨德晔、郑泽民、赵传绍、赵珂经、柯礼聃	水人劳[1988]86号	负责部机关及直属单位工程系列享受教授同等待遇的高级工程师的评选及直属单位高级工程师任职资格的评审
	出版	9	史梦熊	唐仲南 贺至刚	张培基、黄晞、陈叔康、程忠智、柯国英、金炎	水人劳[1988]61号	负责部机关及直属单位出版系列高级职务任职资格的评审
	档案 图书资料	7	李昌凡	白世民	李绪曾、张仪琴、张昆远、蔡明昌、刘家桐	水人劳[1989]94号	负责部机关及直属单位档案、图书资料系列高、中级职务任职资格的评审
	统计	7	陆孝平	赵广和	王淑筠、诸葛培城、张燕生、屠荷芳、任光照	水人劳[1989]95号	负责部机关及直属单位统计系列高、中级职务任职资格的评审
	会计	9	魏炳才	孙大鹏 陈美章	王硕豪、袁奕思、刘波、周作桃、张敏康、许孟荣	水人劳[1989]96号	负责部机关及直属单位会计系列高、中级职务任职资格的评审
	卫生	11	张在鹏	祝志新 贾化成	高善宝、邵继舜、孙绍民、牛秀贞、陈友荣、陈萍、魏国强、林学文	水人劳[1989]97号	负责部机关及直属单位卫生系列高级职务任职资格的评审
	经济	9	朱登铨	屠荷芳	姚国祥、张时中、刘波、徐佩菊、李文治、罗秋平、张晶还	水人劳[1989]98号	负责部机关及直属单位经济系列高、中级职务任职资格的评审
	翻译	9	赵传绍	崔伯勋	张泽桢、朱蕴培、傅玉兰、李绍虞、王清友、张文正、杨定源	水人劳[1989]99号	负责部机关及直属单位翻译系列高、中级职务任职资格的评审
	新闻	7	杨秀伟	唐汝明	孟新、丁小川、刘浪、贾木琪、陈月娥	水人劳[1989]109号	负责部机关及直属单位新闻系列高、中级职务任职资格的评审
	工程 (部机关)	13	朱云祥	赵人骥 邓尚诗	赵广和、曹松润、李生田、刘春蓁、焦得生、俞克礼、黄文宪、杨守法、郑贤、任光照	水人劳[1989]117号	负责部机关及机关事业单位高、中级工程技术职务任职资格的评审

表2 水利部直属单位经部批准成立的高、中级专业技术职务评审委员会统计表

单位	高级职务评审委员会			中级职务评审委员会			备注
	系列名称	原批准文号	后批准文号	系列名称	原批准文号	后批准文号	
长江水利委员会	工程	(87)水电职改字第19号	水人劳[1990]51号	会计	(87)职改办字第51号	人劳干[1989]138号	
				翻译	(87)职改办字第53号	人劳干[1989]138号	
				经济	(87)职改办字第54号	人劳干[1989]138号	含统计
				卫生		人劳干[1989]138号	
				新闻		人劳干[1989]138号	含出版
黄河水利委员会	工程	(87)水电职改字第29号	水人劳[1989]193号	会计	(87)职改办字第70号		
				经济	(87)职改办字第72号		
				出版	(87)职改办字第72号		
				档案	(87)职改办字第72号		
海河水利委员会	工程	(87)水电职改字第21号		会计	(87)职改办字第77号		
	工程		水人劳[1989]6号（天津院）	卫生		人劳干[1988]46号	
	工程		水人劳[1989]15号（引滦局）	经济		人劳干[1988]20号	
	工程		水人劳[1989]128号（漳卫南局）				
淮河水利委员会	工程	(87)水电职改字第20号		出版		人劳干[1988]23号	
	工程		水人劳[1989]38号（沂沭泗局）	会计	(88)职改办字第124号		
				经济	(88)职改办字第124号		
珠江水利委员会	工程	(87)水电职改字第13号	水人劳[1989]146号	会计		人劳干[1989]125号	含审计
				经济		人劳干[1989]125号	
				统计		人劳干[1989]125号	
				翻译		人劳干[1989]125号	
松辽水利委员会	工程	(87)水电职改字第18号	水人劳[1988]82号	档案		人劳干[1988]35号	
				图书资料		人劳干[1988]35号	
				经济		人劳干[1988]45号	
				会计		人劳干[1988]45号	
太湖流域管理局	工程		水人劳[1989]49号	工程	(87)职改办字第40号		
水利水电科学研究院	工程	(87)水电职改字第2号	人劳干[1989]53号（调整）	图书资料		人劳干[1989]1号	
				档案		人劳干[1989]1号	

续表

单位	高级职务评审委员会			中级职务评审委员会			备注
	系列名称	原批准文号	后批准文号	系列名称	原批准文号	后批准文号	
水利水电科学研究院				会计		人劳干[1989]2号	
				经济		人劳干[1989]2号	
				翻译		人劳干[1989]6号	
南京水利科学研究院	工程	(86)水电职改字第8号					
南京水文水资源研究所	工程		水人劳[1989]209号				
牧区水利科学研究所				工程		人劳干[1989]115号	
西北水利科学研究所	工程		水人劳[1988]90号				
水库渔业研究所				工程	(88)职改办字118号		
农村电气化研究所				工程	(86)农电水字第31号		
地质勘探机电研究所							
河海大学	科研	(87)水电职改字第6号		图书资料	(87)水电职改字第6号		
	工程	(87)水电职改字第6号		档案	(87)水电职改字第6号		
	实验技术	(87)水电职改字第6号		出版	(87)水电职改字第6号		
华北水利水电学院	工程		水人劳[1989]103号	工程	(87)职改办字第41号		
				图书资料		人劳干[1989]56号	
				档案		人劳干[1989]56号	
				会计		人劳干[1989]56号	
				经济		人劳干[1989]56号	
				统计		人劳干[1989]56号	
				卫生		人劳干[1989]56号	
南昌水利水电专科学校							

续表

单位	高级职务评审委员会			中级职务评审委员会			备注
	系列名称	原批准文号	后批准文号	系列名称	原批准文号	后批准文号	
中国水利报社	新闻	(87)水电职改字第34号	人劳干[1989]140号(调整)				
水利电力出版社	出版	(87)水电职改字第24号	水人劳[1988]61号(调整)	出版	(87)职改办字第45号	人劳干[1988]14号(调整)	
部机关	工程	(87)水电职改字第40号	水人劳[1989]117号				
丹江口水利枢纽管理局	工程	(88)水电职改字第9号	人劳干[1991]3号(调整)	经济	人劳干[1988]42号	人劳干[1989]87号	
				会计	人劳干[1988]42号	人劳干[1989]87号	
				统计	人劳干[1988]42号	人劳干[1989]87号	
				卫生	(88)职改办字第87号		
中国水利电力对外公司	工程	水人劳[1989]31号	水人劳[1989]190号(调整)	会计	(87)职改办字第52号		
				翻译	(87)职改办字第34号		
				工程	(87)职改办字第34号		
中国水利实业开发总公司				工程	(88)职改办字第6号		
三峡工程开发总公司筹建处	工程	(88)水电职改字第6号	人劳干[1989]63号(调整)	经济	(88)职改办字第126号		
				会计	(88)职改办字第126号		
中国灌排技术开发公司				工程		人劳干[1990]49号	
机关修缮公司							

(2) 按照人事部人职发［1989］4号文件《关于对专业技术职务评审聘任工作进行复查的通知》要求，部以水人劳［1990］28号文件对复查工作做了部署，各单位按要求对首次评聘的专业技术职务进行了认真的全面复查。从复查结果看，我部专业技术职务评聘工作严格执行了国家政策规定，没有发现弄虚作假，不按国家政策规定办事，任意扩大评聘范围，降低评聘质量的问题。

(3) 按照我部《关于逐步完善专业技术职务评审聘任制度中有关问题的原则意见》，各单位普遍进行了正常补缺的评聘工作。全年共评审通过高级职务任职资格605人(其中正高级职务49人)，中级职务815人，初级职务656人。1990年度部直属单位专业技术职务评聘情况如表3所示。

(4) 部10个高级职务评审委员会进行了评审工作，共评审通过高级职务任职资格166人，中级职务任职资格66人。1988、1990两年部各评审委员会评审情况如表4。

表 3　　1990 年水利部属企、事业单位专业技术职务评聘情况年度统计报表

（数字截至时间：1990 年 12 月 31 日）

名称＼项目	全部评聘情况		行政领导兼职不占指标人数	本年度职务空额情况			本年度评聘情况		指标使用情况	
	获得资格人数	聘任人数		合计	退（离）休	其他	获得资格人数	补缺聘任人数	核定指标数	缺（超）额
正高级职务（含享受教授待遇的高工）	419	325	73	31	21	10	49	42	323	22
副高级职务（含高级工程师）	3364	2865	405	203	90	92	556	403	2758	245
中级职务	9417	8818	441	407	155	168	815	640	8628	518
初级职务	14800	14554	2	32	23	9	656	400	0	0

补充资料：①专业技术干部总数：28407 人；

②1985 年以后毕业的研究生被评聘中、高级职务的情况：中级 406 人，高级 12 人。

表 4　　1988、1990 年度水利部各系列评委会评审情况统计表

序号	系列	1988 年度									1990 年度								
		申报数			通过数			未通过数			申报数			通过数			未通过数		
		初级	中级	高级	初级	中级	高级	初级	中级	高级	初级	中级	高级	初级	中级	高级	初级	中级	高级
1	工程			61			47						102			87			15
2	统计		5	3		4	3		1			8	6		6	6		2	
3	会计		5	24		4	18		1	6		9	36		5	22		4	14
4	经济		5	12		4	11		1	1		10	17		7	14		3	3
5	出版		6	4		5	3		1	1		5	16		4	10		1	6
6	档案图书		20	3		12	3		8			10	8		6	8		4	
7	新闻	2	12	2	2	5	2		7		1	7	2	1	7	2			
8	翻译		3	1		3				1	1	3	6	1	2	6		1	
9	卫生			22			13			9		35	13		29	11		6	2
	合计	2	56	132	2	37	100		19	18	2	87	206	2	66	166		21	40

注　工程系列含享受教授、研究员同等待遇的高级工程师。

（彭克家）

专　家　管　理

进行了第四批有突出贡献的科学、技术、管理专家的选拔推荐工作，共推荐 4 名专家报人事部待批。

前三批已批准有突出贡献的科学、技术、管理专家 19 名，其中，第一批（1984 年）经国家科委批准 4 名，第二批（1986 年）经国家科委批准 5 名，第三批（1988 年度）经人事部批准 10 名。前三批 19 名专家名单如表 5。

进行了全国设计大师、全国勘察大师的选拔推荐工作。经我部推荐，建设部审批，三名水利专家被授予“全国设计大师”称号、一名水利专家被授予“全国勘察大师”称号。除国家表彰外，我部对以上四名专家各奖励人民币 1000 元。4 名专家的名单如表 6。

党中央决定给部分贡献卓著的专家、学者发放政府特殊津贴。津贴数额为每人每月 100 元人民币。经我部推荐，人事部审核，报中央、国务院批准，我部 8 名高级专家享受特殊津贴，名单如表 7。

表 5 水利部属系统八四、八六、八八年度突出贡献专家名单

序号	单位	姓名	性别	出生年月	工作时间	党派	技术职务	行政职务	文化程度	专业	批准时间	奖励形式
1	南京水利科学研究院	窦国仁	男	1932.11	1956.7	中共	高级工程师*	院长	博士	水力学	1984.9	晋升二级工资
2	水利水电科学研究院	陈厚群	男	1932.5	1958.2	中共	高级工程师*	室主任	大学	水工抗震	1984.9	晋升二级工资
3	水利水电科学研究院	朱伯芳	男	1928.10	1951.9		高级工程师*		大学	水工结构	1984.9	晋升二级工资
4	河海大学	卓家寿	男	1938.7	1960.8	中共	教授	系副主任	大学	工程力学	1984.9	晋升三级工资
5	南京水利科学研究院	须清华	男	1934.10	1958.8	中共	高级工程师*	副院长	大学	水道与港口	1986.12	晋升三级工资
6	水利水电科学研究院	韩其为	男	1933.11	1950.10		高级工程师*		大学	治河	1986.12	晋升三级工资
7	河海大学	徐友仁	男	1938.11	1961.8	中共	教授	室主任	大学	物理	1986.12	晋升二级工资
8	黄河水利委员会	彭德钊	男	1934.11	1953.8		高级工程师*	副总工程师	大专	水工	1986.12	晋升二级工资
9	长江水利委员会	魏廷琤	男	1926.1	1948.11	中共	高级工程师*	主任	大学	水利	1986.12	晋升二级工资
10	机关	何璟	女	1934.12	1956.9	中共	高级工程师*	总工程师	大学	河川	1989.6	晋升二级工资
11	长江水利委员会	王家柱	男	1939.8	1963.2	中共	高级工程师*	总工程师	大学	水工设计	1989.6	晋升二级工资
12	河海大学	孙忠祖	男	1938.10	1960.9	中共	教授	机械学院院长	大学	港口航道	1989.6	晋升二级工资
13	松辽水利委员会	陈明致	男	1929.11	1950.7	中共	高级工程师*	主任	大学	土木	1989.6	晋升二级工资
14	水利水电科学研究院	单鹰	男	1933.2	1954.8	中共	高级工程师	室主任	大学	水力机械	1989.6	晋升二级工资
15	黄河水利委员会	赵业安	男	1935.11	1960.9	中共	高级工程师*	主任工程师	大学	泥沙	1989.6	晋升二级工资
16	海河水利委员会	潘金漾	男	1935.9	1955.2	中共	高级工程师	主任工程师	大学	施工机械	1989.6	晋升二级工资
17	水利水电科学研究院	贺伟程	男	1933.11	1957.8		高级工程师	室主任	大学	河川	1989.6	晋升二级工资
18	南京水文水资源研究所	张世法	男	1934.10	1953.9	中共	高级工程师	室主任	研究生	水文	1989.6	晋升二级工资
19	南京水利科学研究院	沈珠江	男	1933.1	1953.9		高级工程师		研究生	水工	1989.6	晋升二级工资

注 *为享受教授、研究员有关待遇的高级工程师。

表 6　全国勘察设计大师名单（水利行业）

序号	单位	姓名	性别	出生年月	工作时间	党派	技术职务	行政职务	文化程度	专业	批准时间	奖励形式	备注
1	江苏省水利厅	周君亮	男	1925.2	1949.6	中共	高级工程师		大学	水工设计	1990.8	国家表彰，入《名人录》，颁发奖牌，奖励1000元	设计大师
2	天津勘测设计院	曹楚生	男	1926.6	1949.4	中共	高级工程师 *		大学	土木	1990.8	国家表彰，入《名人录》，颁发奖牌，奖励1000元	设计大师
3	长江水利委员会	曹乐安	男	1915.11	1949.10	九三学社	高级工程师 *		大学	水工	1990.8	国家表彰，入《名人录》，颁发奖牌，奖励1000元	设计大师
4	长江水利委员会	陈德基	男	1935.2	1953.8	中共	高级工程师	勘测总队总工	大专	工程地质	1990.8	国家表彰，入《名人录》，颁发奖牌，奖励1000元	勘察大师

注　* 为享受教授、研究员同等待遇的高级工程师。

表 7　给予特殊津贴的部分高级知识分子名单

序号	部门	单位	姓名	性别	出生年月	政治面貌	专业技术职务（职称）	行政职务	工改前级别（1－4级）	是否学部委员	哪个学科领域的专家
1	水利部	部机关	张含英	男	1900年5月	中共党员	高级工程师 *	原副部长	相当一级		水利专家
2	水利部	河海大学	严　恺	男	1912年8月	中共党员	教授	中国水利学会理事长	一级	是	水利专家
3	水利部	河海大学	徐芝纶	男	1911年6月		教授		一级	是	力学专家
4	水利部	水利水电科学研究院	林秉南	男	1920年	中共党员	高级工程师 *	政协委员原院长	三级		水力学专家
5	水利部	水利水电科学研究院	汪闻韶	男	1919年3月		高级工程师 *		三级	是	土力学专家
6	水利部	长江流域规划办公室	李镇南	男	1910年1月	中共党员	高级工程师 *		一级		水利专家
7	水利部	水利水电科学研究院	谢家泽	男	1911年10月		高级工程师 *		一级		水文专家
8	水利部	河海大学	刘光文	男	1910年6月	九三学社	教授		一级		水文专家

注　* 为享受教授、研究员同等待遇的高级工程师。

（彭克家）

毕 业 生 分 配

1990年部属高等学校和研究生培养单位共有各类毕业生2076人，其中研究生175人，本科生1264人，专科生637人，全部由国家统一分配了工作。

我部毕业生分配工作贯彻执行了国家规定的“统筹安排、合理使用、加强重点、面向基层”和“学以致用、人尽其才、优生优分”的分配原则，坚持了“以直属单位为主，面向全行业，面向基层第一线”的分配方向。1989、1990两年部属高校毕业生分配情况如下表。

1989、1990年部属高校毕业生分配情况汇总表

分配去向 \ 毕业生层次		合计	研究生	本科生	专科生
合计	1989年	1795	215	1187	393
	1990年	2076	175	1264	637
部直属单位	1989年	204	81	122	1
	1990年	230	75	141	14
水利(水电)行业	1989年	1004	41	731	232
	1990年	1212	33	712	467
其他单位	1989年	587	93	334	160
	1990年	634	67	411	156

1990年部属单位共接收毕业生558人，其中研究生88人(博士生5人)，本科生377人，专科生61人，中专生32人。558人中，部属高校毕业生230人，教委及其他部委所属高校毕业生328人。

（杨春锦）

工 资 福 利

(1) 根据国务院国发［1989］82号文件“关于调整机关、事业单位工作人员工资实施方案的通知”精神，结合水利部直属事业单位的实际情况，在每个职工普调一级的基础上，制定了“解决部分工作人员工资突出问题的实施意见”。经过这次调资，部直属事业单位职工人均增资13.80元，从而使职工的工资水平有了较大提高，广大职工反映较好。

(2)为贯彻国务院国发［1989］83号文件精神，结合我部所属企业的实际情况，3月29日以水人劳［1990］33号文下发了“关于1989年企业工资工作和离退休人员待遇问题安排意见的通知”。按照此文精神，部属企业的职工人均增资15元。此次调资，较好地体现了按劳分配原则，调动了企业职工的积极性。同时，对离退休人员生活问题进行了适当解决，人均增加生活补贴15元。

(3)根据国家有关规定，将原执行国家机关、事业单位结构工资标准的中国水利电力对外公司、中国水利实业开发公司、中国灌排技术开发公司等单位职工的工资改为企业工资标准。套改企业工资标准后，每个职工平均增资2.9元。后来，在贯彻国发［1989］83号文和按北京市劳动局京劳资发91号文件升级中，上述三公司、水电印刷厂、机关建筑修缮公司以及三峡工程开发总公司(筹)等单位的职工，每人升了两级企业工资。这样，使上述单位的职工人均增资达近30元，职工的工资水平有了大幅度提高。

(4) 丹江口和三门峡水利枢纽管理局实行工资总额与实现利税第一轮挂钩结束。从1988年挂钩3年来，加强了企业经营管理，调动了广大职工的积极性，提高了企业的经济效益。现在，三门峡水利枢纽管理局和丹江口水利枢纽管理局水力发电厂已被命名为“国家二级企业”。

1988年挂钩时，两企业的利税基数为5365万元，工资总额基数为1600万元。到1990年第一轮挂钩结束，利税基数已达11613.9万元，比1988年增长116%，平均每年递增47%；工资总额基数达2700万元，比1988年增长68.75%，平均每年递增30%。

实行工资总额与经济效益挂钩，是深化企业改革、增强企业活力、提高劳动生产率和经济效益的有效途径。

(5)对直属企业及实行企业化管理的事业单位、公司继续实行离退休费用统筹。参加统筹的单位有丹江口水利枢纽管理局、黄河水利委员会、长江水利委员会、海河水利委员会、中国水利电力对外公司、中国水利实业开发总公司、中国三峡工程开发总公司(筹)、水利电力出版社、水电印刷厂、机关建筑修缮公司和中国灌排技术开发公司等。截至1990年底，参加统筹的离退休职工有5308人，占上述单位全部职工人数的18.8%。

为搞好离退休费用统筹工作，使水利系统的统筹工作逐步走向制度化和规范化，部离退休金统筹办公室在广泛听取各单位意见的基础上，制订了《水利部直属单位离退休费用统筹管理办法》和《水利部直属单位统筹基金财务管理及会计核算办法》，并经部领导批准，已颁发执行。

（侯京民）

工人技师评聘及标准制订

水利部直属各单位首批技师考评工作，已基本结束，现此项工作已转入正常化，地方水利单位的技师评聘工作正逐步展开。为加强工人技师评聘工作的行业管理，促进全行业技师聘任工作的顺利开展，解决各单位在考评技师时，缺乏统一标准和培训考核资料等实际问题，部根据原劳动人事部《关于实行技师聘任制的暂行规定》及原水利电力部、劳动人事部联合颁发的《水利电力行业技师聘任制的实施意见》精神，结合水利行业的实际，组织黄河水利委员会、长江水利委员会、松辽水利委员会、丹江口水利枢纽管理局、河海大学和湖北省水利厅、湖南省水电厅、四川省水电厅、辽宁省水电厅、黑龙江省水利厅等10个单位编写制定《水利行业工人技师标准》。1990年12月部人事劳动司在贵州省召开了“制定水利行业工人技师标准研讨会”，会议经过认真的研究讨论，解决了以下几个问题：

(1) 明确了编写工种范围及分类。即在《水利电力行业实行技师聘任制的实施意见》所列的14个专业125个工种范围内，先选出以水利水电为主体的52个工种，作为列入编制标准的第一批工种，并根据水利行业的特点，将52个工种按专业分为五类。第一类，水利水电施工类（共32个工种）；第二类水力发电类（共计8个工种）；第三类电力线路运行与检修类（共计8个工种）；第四类水利工程管理类（共计3个工种）；第五类水文勘测类（1个工种）。

(2) 确定了编写内容。即标准中，每个工种应包括技师的任职通则、应知和应会，并统一了“标准”中使用的专业用语。

(3) 提出了编写要求。向各参编单位规定了理论考试复习提纲的基本范围和基本内容。确定了标准编写的格式和文字要求。

(4) 进行了编写分工、划分了各单位承担的具体工种。

按照部的编写计划，此标准的初稿，将于1991年6月底以前完成。

（邓少波）

清理整顿公司

全国清理整顿公司领导小组于1991年12月批复了水利部所属公司撤并留方案。原则批准我部原112个公司中保留77个，撤销27个，合并8个，并同意创立合并中国三峡经济开发公司。

1991年1月17日，部在京召开了清理整顿公司工作总结会议，张春园副部长到会并讲话，原水利部副部长李伯宁、陈赓仪、黄友若也出席了会议。

清理整顿公司是治理整顿的重要内容。两年多来，部清理整顿公司领导小组做了大量深入细致的工作，部属各级各类公司撤并总数达31.25%，达到了全国清理整顿公司领导小组的要求。现部直接管理的公司有3个，即中国灌排技术开发公司、中国水利实业开发总公司、中国水利电力对外公司；将3个公司即中国三峡经济技术开发公司和中国利源水利电力工程公司、利能水利电力发展公司创立合并为中国三峡经济开发公司，合并后的公司由部直接管理。

张春园副部长在讲话中指出，撤并公司是为了适应改革需要，使有限的人力、财力、物力投入到经济建设中去，使公司办得更好。要增加水利事业自身的活力，促进水利建设的良性循环，必须要建立水利部门自己的经济实体。他要求水利系统的各级公司要加强企业管理，进一步调动广大职工积极性，逐步建立自我发展，自我约束的机制，使公司的管理工作和经济效益迈上一个新台阶。至此，从1988年10月开始的清理整顿公司工作宣布结束。

（邓少波）

江河治理与开发

Regulation and Development of Rivers

长　江　流　域

长江流域规划工作

一、《长江流域综合利用规划简要报告》简介

“长江流域综合利用规划”的补充修订工作，自1983年根据国家计委下达的任务书开始进行。按照中央规定的“统一规划、全面发展、适当分工，分期进行”的原则，在国务院各有关部门、流域内各省市的通力协作下，进行了广泛而细致的调查研究；根据30多年来积累的大量基本资料和治理开发长江的经验教训，在深入分析国民经济发展趋势的基础上，提出了长江流域规划的初步意见。仅从1987年以来，先后在国家计委、水电部、水利部的主持下经过了五次讨论，六次修改，最后于1988年第四季度，由长江水利委员会完成了长江流域综合利用规划，报请审批。

1990年5月29日至6月5日，由全国水资源与水土保持领导小组主持，在北京召开了《长江流域综合利用规划要点报告（1988年修订）》审查会。为了广泛听取有关部门、地方以及社会各方面的意见。参加会议的除领导小组成员外，还邀请了国务院有关部门、解放军总后勤部、流域内各省、直辖市和计划单列市、科研、高校和新闻等单位的领导和代表、部分全国政协委员和社会知名专家、学者，共300多人。受田纪云副总理委托，由国务委员陈俊生主持了会议，会议广泛听取了与会代表和专家们意见后，原则同意这个报告，并要求进一步修改。

为此，在领导小组的领导下，由水利部牵头，组织国家计委、农业部、林业部、能源部、交通部、卫生部、环保局、土地局和长江水利委员会的同志，组成修改小组进行修改。

1990年7月18日，由国务委员陈俊生主持召开了全国水资源与水土保持工作领导小组第3次会议，听取了修改小组对《要点报告》修改的汇报，经过审议一致同意修改后的报告，并决定定名为《长江流域综合利用规划简要报告（1990年修订）》，上报国务院审批。

国务院于1990年9月21日正式批准，批示明确指出：“依照《中华人民共和国水法》的规定，这次原则批准的《长江流域综合利用规划简要报告》，是今后长江流域综合开发、利用、保护水资源和防治水害活动的基本依据”。要“处理好上下游、左右岸、防洪、灌溉、水电、水运等方面的关系，专业和支流规划要服从全流域综合利用规划”。并且指出“长江干流及其主要支流是南水北调，解决中国北方水资源严重短缺的主要水源，要继续做好不同时期水资源的供需计划安排”。

通知指出：“水利部和长江水利委员会作为国务院的水行政主管部门及其派出机构，要切实履行《水法》和国务院赋予的职责，加强全流域水资源的统一管理和保护，充分发挥宏观管理和监督作用。

经批准的《长江流域综合利用规划简要报告》根据国民经济发展的要求，结合流域自然特点，社会经济条件，水资源开发利用现状，提出了长江流域规划要解决的主要问题及总体方案有六个主要方面：①继续提高长江干支流防洪能力，消除洪水灾害。长远目标是最大限度地消除洪水灾害；近期目标是荆江河段以加高加固堤防，配合分蓄洪措施，从能防御40年一遇的洪水，提高到防御100年一遇的洪水。其他河段防御1954年洪水。主要支流防御20～50年一遇的洪水。②大力开发水能资源，促进水资源的综合利用；规划远景累计开发水电装机容量1.17亿kW。近期开发水电装机容量5564万kW，投产3313万kW，比1985年增加2340万kW。③充分开发利用长江水系水运的潜在优势。近期整治、疏浚结合水利工程改善长江干流及31条支流的通航条件。④继续发展灌溉事业，加强水土保持。规划灌溉面积近期增加3000万亩，达到2.6亿亩，远景达到3亿亩，使85%以上的耕地得到灌溉。水土流失面积的48%将得到初步治理，流失区林草覆盖率增加25%。⑤南水北调实现跨流域引水。规划有东、中、西及引江济淮线。东线从江苏长江干流引水，中线从汉江引水，西线从通天河、雅砻江、大渡河引水，引江济淮线从安徽长江干流引水。近期先开始实施东线、中线和引江济淮线。⑥搞好水资源保护、城市和工矿企业供水和沿江城镇的布局，发展水产业和旅游业。

《长江流域综合利用规划简要报告》在分析了长江流域概况和长江流域经济发展趋势的基础上，论述了

长江流域综合利用规划的方针任务，考虑两个不同的水平年，近期以2000年国民经济生产总值比1980年翻两番为目标，远景以2030年及以远为目标，提出综合利用长江水资源的要求，并作了13个专业规划，这就是：水资源开发利用、防洪规划、治涝规划、水力发电规划、航运规划、灌溉规划、水土保持规划、南水北调、水产、沿江城镇布局、城市供水规划、水资源保护与环境影响评价、旅游等。

干流治理开发规划主要研究了金沙江河段综合利用水利枢纽开发规划；宜宾至宜昌河段以防洪、发电和航运为主要任务的水利枢纽开发规划；干流中下游以防洪、航运与岸线利用为目标的河道整治规划。

主要支流规划在本阶段重点研究了19条支流或水系的治理开发意见，这就是：金沙江左岸主要支流规划意见；雅砻江开发规划意见；金沙江右岸主要支流规划意见；岷江流域治理开发规划意见；沱江治理开发规划意见；赤水河开发规划意见；嘉陵江流域治理开发规划意见；乌江开发规划；清江开发规划；洞庭湖水系治理开发规划意见；汉江治理开发规划；鄱阳湖水系治理开发规划意见；华阳河流域规划意见；皖河、菜子湖流域规划意见；青弋江、水阳江流域治理开发规划；巢湖流域治理开发规划意见；滁河治理规划意见；太湖流域综合利用规划；黄浦江治理规划意见等。

长江流域综合利用规划是一项庞大而复杂的系统工程，是长江水利委员会职工和所有参加的广大人员，经过30多年的艰苦努力，集体奋斗的智慧结晶。它充分体现了坚持社会主义方向，从我国实际出发，遵循科学法则，实事求是，按照长江特性，走自己的道路的基本精神。这对于今后长江流域综合开发利用，将发挥深远影响并产生巨大的物质力量。

二、乌江流域规划

《乌江干流规划报告》曾于1988年和1989年先后荣获水电部规划设计管理局科技进步一等奖及水利部科技进步一等奖。

1990年，在《乌江干流规划报告》的基础上，长委规划处于1990年5月又提出《乌江流域综合利用规划报告》(征求意见稿，上下册，共30万余字，以及附图一册，共26张)，并于1990年8月在贵阳市召开的乌江流域综合利用规划工作座谈会上征求意见，共51个单位的80余人出席了会议。

三十余年来，长委会和有关单位为治理开发乌江做了大量水文、勘测、设计工作，《乌江干流规划报告》已经国家审定。在此基础上有必要进一步对全流域水资源综合利用各方面以及主要支流规划进行全面安排，编制全流域的综合利用规划报告。长委会在贵州、四川等省市有关单位的配合下，经过多年的努力提出了《乌江流域综合利用规划报告》(征求意见稿)。贵阳座谈会会议纪要中写道：《报告》基本资料翔实，内容比较全面，开发任务与方针符合实际，方案的总体布局体现了水资源综合利用原则，基本符合江河流域规划阶段的要求，另需要补充以下几个方面：

①必须充分重视解决流域内的城镇生活，工业供水和农村人畜用水以及灌溉问题；②近年来流域内环境污染发展较快，应提出恰当的环境影响评价及制定切实可行的水资源保护规划，加强对环境污染的防治和生态建设，实行农业生态建设与自然环境保护；③随着乌江中下游航运业的迅速发展，应参照上级审定的“乌江航运规划专题报告”，修改航道等级和航道水位衔接等内容；④乌江流域水土流失比较严重，报告中应纳入流域内各省水土保持的治理规划；⑤乌江干流规划已经国家审定，支流的规划必须与干流规划相协调，处理好干支流的关系。

该报告的局部修改补充工作正在进行。

三、赣江流域规划

根据国务院(81)国办韩字11号文批复精神，1982年4月江西省政府组织有关单位并请长委会派员参加成立了赣江流域规划委员会，全面开展了赣江流域的规划工作。经过四年多的努力于1986年6月编制完成了《赣江流域规划报告》和36件附件、748张附图。1986年10月10日至12日在南昌市召开了赣委会扩大会议，对《规划报告》进行了首次审议。经审议认为《规划报告》及其附件、附图，成果质量良好，符合国家计委以计土(1982)549号文批准的《赣江流域规划(修改补充)任务书》的要求。1987年2月，江西省政府召开省长办公会议，听取了关于《规划报告》的汇报，原则上同意该《规划报告》，并决定委托江西省山江湖开发治理学术委员会和江西省政府决策咨询委员会召开会议，进行评审。江西省山江湖开发治理学术委员会1987年3月召开了第五次(扩大)会议，会议对《规划报告》的核心部分——赣江干、支流梯级开发规划方案进行了重点评议。江西省政府决策咨询委员会在以上两次会议的基础上，对《规划报告》进行了评审，建议省政府尽快审定，并上报国家计委和国务院审批。江西省计划委员会于1988年以赣计(1988)国土字第3号文“关于呈报《赣江流域规划报告》的报告”上报国家计划委员会。国家计划委员会于1989年1月30日以计办国土(1989)36号文商请水利部组织审查《赣江流域规划报告》。经水利部研究，审查工作拟分两阶段进行。第一阶段由水利水电规划设计总院组织预审，第二阶段再由水利部组织审查委员会审查后上报国务院。1989年9月水利水电规划设计总院受水利部委托，会同江西省计委有关部门，在南昌共同主持召开了《赣江流域规划报告》预审会议。预审意见认为《规划报告》基本达到了规划阶段的深度和《规划任务书》的要求，提出的规划方案基本合理可行，可作为决策的依据，应及早审定，有计划地逐步实施。水利部听取了预审情况的汇报，邀请了国家有关部、委和江西省的领导、有关专家组成审查委员会，于1989年12月在北京召开了审查会。经过了认真的审查讨论，与会审查委员和代表原则同意《赣江流域规划报告》预查意见，现已上报全国水资源与水土保持工作领导小组审议后，报国务院审批。

应江西省的要求，长委承担了赣江流域规划的部分规划工作，主要是干流开发方案研究，干支流关系的初步分析，赣江开发与长江、鄱阳湖关系的初步分析，赣奥远河规划意见等四个方面的工作，在江西省赣江流域规划委员会的大力支持下，在江西省水利、电力、交通、地质及有关地区的积极配合协作下，已于1986年提出四份专题研究报告。

1990年5月，长江水利委员会规划、枢纽、施工、水文、环保、勘测等部门40余人，对赣江峡江坝址再次进行了综合查勘，并开展了可行性研究工作。经查勘认为峡江水利枢纽集发电、防洪、航运、灌溉等效益于一体，综合指标相对较好，是继万安水利枢纽之后的又一较佳开发对象。

工程的可行性研究正在继续进行。

四、汉江流域综合利用规划

1990年我委开展了汉江流域综合利用规划修订补充工作。本年度规划工作的重点是丹江口以下干流河段的规划和流域社会经济基本资料的调查统计。

4月份，为了便于有关领导和部门了解汉江，探讨汉江治理开发的方案，按已有资料编写了《汉江流域规划和开发现状及近期治理开发的初步研究报告》。在对干流河段进行全面查勘的基础上，开展了新集、碾盘山两梯级规划阶段的勘探工作。年底，完成了《汉江干流丹江口至襄樊河段的规划意见》报告，提出了该河段二级和三级开发的三个方案，并推荐王甫洲(88 m)—新集(78 m)二级开发为代表方案。在河道河势控制规划研究中，完成了汉江中下游水沙特性和河道演变分析，提出了沙洋河段和襄樊河段河势控制规划。

为了给流域规划准备可靠的基本资料，汉江流域四个省的有关部门已对有关地、市、县的基本情况进行了调查和资料收集，已编制完成了有13个部分组成、约2万余数据的基本统计资料。

五、农业综合开发区水利规划

根据水利部（1989）35号文件和能源部规划总院通知的精神，我委在1990年开始进行2000年长江流域农业开发区水利规划。该工作分两阶段进行。第一阶段分片分区规划：首先由各省（市）水利厅（局）提出了分区规划。1990年1月规划总院在北京主持召开了协调会，并以（1990）水规综字第2号函发“全国农业综合开发区水利规划第一次协调工作会议纪要”，将长江流域及相邻流域部分划分为2个一级区，15个二级区，即西南片下辖6个二级区，长江片下辖9个二级区。第二阶段由各省进行二级区的农业水利规划。1990年4月在汉口由长委会和太湖局主持了长江流域农业开发区水利规划汇总会。这次会议主要是对西南片，长江片的15个二级区，26个重点区的水利规划进行交流。会上就农业开发区水利工程的规模、投资的政策及范围、粮食价格对农业发展的影响、2000年水利发展目标农业经济效益计算方法等共性问题进行了讨论研究，并汇总协调了农业水利规划。5月初长委完成了长江片、西南片农业开发区水利规划报告初稿。1990年5月由规划总院在北京召开了全国农业开发区水利规划汇总会。根据北京汇总会的意见，又对长江片、西南片报告进行补充和修改。于1990年10月编写完成《长江片农业开发区水利规划报告》和《西南片农业开发区水利规划报告》，约4万字，并已铅印成册，已于1991年元月14日以(1991)长规字第22号文上报水规总院。

六、南水北调中线工程

中共中央关于制定国民经济和社会发展十年规划和第八个五年计划的建议中指出：……抓紧进行南水北调工程的建设，缓解北方水资源紧缺的矛盾。

为了加快南水北调中线工程的前期工作，国家计委和水利部于1990年8～9月，派员到现场调查研究，并和有关省市对关键性问题进行协调、取得成效。水利部以水计（1990）184号文通知长委会，要求“抓紧完成丹江口水利枢纽后期完建工程及调水方案的可行性研究和设计任务书工作”。长委根据国家计委、水利部的指示，各专业组织了大批力量，在有关省市的紧密配合下，开展了勘测、设计、科研工作。主要进行了丹江口水库后期完建工程库区淹没实物指标普查及大坝加高设计；引汉总干渠沿线挖压拆迁调查；补充收集1988年国民经济发展资料；复核2000水平年的需水量，并对引汉水量及工程量进行了分析研究；开展了穿黄工程规划、勘测工作，进一步研究对汉江中下游的关系。

12月，长委邀请了北京市、河北省、河南省、湖北省有关部门代表分别进行了南水北调中线工程成果协调会。到会专家认为南水北调中线工程是缓解华北水资源紧缺，促进国民经济发展的战略措施。汉江水源丰富，水质好，按丹江口水库后期规模，年平均可引水约150亿m^3，过黄河约100亿m^3。该工程总干渠布置在太行山前和京广铁路以西，有利地形可自流供应华北京、津、冀、豫平原和沿线重要城镇水源。从丹江口水库新开干渠输水，便于实行集中统一管理调配，有效地防止水质被污染。同时将来三峡工程建成后，中线工程还可引用长江干流的丰富水源补充。

在多年勘测、设计和科研基础上编写了“丹江口水利枢纽提高蓄水位专题研究报告”、“丹江口水利枢纽后期规模引水补充方案规划”、“丹江口水库后期完建工程库区淹没实物指标普查报告”；按国家计委和水利部要求提出的“南水北调中线工程可行性研究报告设计任务书”汇报稿，水利部和国家计委已分别听取了汇报，认为供国家决策的关键问题还需抓紧进行补充工作。此项工作正在进行。

长江流域水利枢纽建设

一、国务院召开三峡工程论证汇报会并决定成立国务院三峡工程审查委员会

《长江三峡水利枢纽可行性研究报告》概括了从1986年6月至1989年3月，历时两年8个月来14个专家组的可行性论证成果，以翔实可靠的论据，科学地分析了兴建三峡工程的必要性，技术可行性和经济合理性。

1990年7月6日至14日，国务院在北京召开了三峡工程论证汇报会，李鹏总理、国务院有关部门负责人出席了会议，并邀请了各民主党派、全国工商联的负责人以及部分无党派爱国人士参加。

会议听取了三峡论证领导小组关于根据论证成果由长江流域规划办公室重新编制的《长江三峡水利枢纽可行性研究报告》的主要内容的汇报。会上有76名专家、教授、学者和各方面人士发言或书面发言。大多数同志赞成可行性报告，也有些同志提出不同的意见或这样那样的疑问。会议指出，参加三峡工程可行性论证的专家中大多数是全国各行各业具有很高水平的专家，论证的整体科学技术水平是较高的。李鹏总理在会上作了重要讲话，对参加论证工作的专家表示衷心的慰问和感谢。江泽民等党和国家领导人会见了与会专家。

重新提出的三峡工程可行性报告总的结论是：三峡工程对四化建设是必要的，技术是可行的，经济上是合理的，建比不建好，早建比晚建有利。

重新论证推荐的三峡工程建设方案，在1984年批准方案和1985年、1986年国家计委、科委组织的三峡水位论证成果的基础上，对正常蓄水位150 m、160 m、170 m、180 m，以及两级开发和“一级开发、分期建设”等三种类型共6个方案进行全面的经济和技术论证，最后推荐采用“一级开发，一次建成，分期蓄水，连续移民”的建设方案。大坝坝顶高程185 m，初期运行水位为156 m，最终正常蓄水位为175 m，移民不间断进行，20年移完。

大坝坝址位于湖北宜昌三斗坪，距下游已建成的葛洲坝水利枢纽约40 km，坝址控制流域面积100万km^2，多年平均迳流量4510亿m^3。总库容393亿m^3，其中防洪库容221.5亿m^3。水电站装机总容量1768万kW，年发电量840亿kW·h。水库回水可改善川江航道约600 km。工程总投资以1986年末价格水平计算，包括输变电投资在内的静态投资为361.1亿元，其中枢纽工程投资187.7亿元，水库移民投资110.6亿元，向华东、华中、川东供电的输变电投资62.8亿元。枢纽工程总工期18年，其中准备3年，从主体工程开工到第一批机组发电的工期为9年，连续移民至第20年完成。

三峡水利枢纽建成后其防洪效益为：如果遇到1931、1935、1954年洪水，可以不启用现有43万人口、54万亩良田的荆江分洪区。如果遇到百年以上到千年一遇，或者类似1870年洪水，配合荆江分洪等措施，可以保障荆江大堤的安全，使几十万人口免遭毁灭性灾害。对于洞庭湖区、洪湖地区，遇一般洪水年不分洪，如果遇到1931、1935、1954年洪水，可以大量减少分洪所造成的巨大淹没损失。可以提高武汉地区防洪和调度运行的可靠性灵活性。它的兴建还可为松滋口、藕池口等四口建闸创造条件，控制入洞庭湖的水量，减轻干流洪水对洞庭湖地区的威胁，减少入洞庭湖的泥沙淤积，从长远观点看，可以部分代替洞庭湖的功能。

三峡水电站装机总容量1768万kW，年发电量840亿kW·h，主要供应华中、华东地区，并部分送电川东，每年可代替4000万～5000万t原煤，相当于10座大亚湾核电站或7座240万kW的火电厂，一个年产四五千万吨原煤的煤矿和两条800 km的运煤铁路。水电是清洁能源，它与同容量的火电厂相比，每年可以少排放1亿多t二氧化碳、200万t二氧化硫、1万t一氧化碳、37万t氮氧化合物以及大量废渣废水，

减轻对环境的污染。华中、华东地区工农业生产发达，但多年来由于能源不足，制约了经济的发展，而这两个地区煤炭资源都很少，分别仅占全国的3.6%和3.2%，近年来由于煤炭供应不足，大批火电机组被迫停止运行，影响了工业的发展。华东地区原来就已很少的水能资源，现已开发殆尽，华中地区还剩余的水能资源70%集中在三峡河段。经专家组研究认为三峡水电站是多电源比选的最佳选择。

三峡水库蓄水后，可改善川江航道570～650 km，重庆以下的132处滩险，将深埋水下，万吨级船队可从上海直达重庆，山城重庆将成为具有重大战略意义的内陆港口。枢纽下游的长江中游河段，由于水库调节，在枯水季节增加下泄流量，较天然状态提高了航道水深，使中游航道得到一定程度的改善，长江才能成为名符其实的“黄金水道”，这对于促进西南地区的经济发展，将是一项关键性措施。

三峡工程还为发展水产养殖、旅游事业和南水北调创造有利条件，是一项具有巨大综合效益的水利枢纽。会议认为，现已具备条件将可行性研究报告提请国务院三峡工程审查委员会审查。审查后，将报请党中央、国务院审议；在党中央、国务院审议后，再报请全国人民代表大会审定。

李鹏总理在汇报会上宣布了国务院三峡工程审查委员会组成人员名单。审查委员会由国务院有关部、委的负责人共24人组成。国务委员兼国家计划委员会主任邹家华任主任，王丙乾、宋健、陈俊生三人任副主任。

审查委员会已开展审查工作，采用“分专题、分阶段”的方式进行，将三峡工程可行性研究报告划分为10个专题，由审查委员会有关成员分别主持，组织专家进行预审，提出预审意见，再由三峡工程审查委员会集中审查，提出审查意见报国务院。目前，10个专题专家组正在抓紧时间进行预审。

二、清江隔河岩水利枢纽

长江水利委员会负责设计和质量监理的清江隔河岩水利枢纽于1987年1月开工，当年底截流。1988年全面展开主体建筑物基础开挖。1989年完成土石方开挖210万m^3，土石方填筑68万m^3，混凝土浇筑22万m^3。

1990年是主体工程施工全面展开的一年，已全面完成当年的建设计划。全年共完成土石方开挖60.15万m^3为年计划的100.3%；完成混凝土浇筑60.23万m^3，为年计划的100.4%，创全国同类工程的最高水平。

工程面貌已发生可喜的变化。至1990年底，大坝河床坝段已平均达到97.4 m高程，13和18两个坝段已提前上升到1991年汛前105 m渡汛高程，摆脱了前几年汛期不能施工的局面；发电厂厂房已形成大浇筑局面；坝基底层帷幕灌浆施工已全面铺开；国内最大的人工砂石系统已投产；工程的主要形象进度达到了1993年发电直线控制工程要求。

混凝土浇筑质量经工程施工单位质检处检验，认为合格率为100%，优良率达91%以上。

年初，长委会领导到现场召开办公会议。会后，长委规划设计部门组织大批人员深入现场。常驻现场的设计、科研人员由1989年的80人增加到150多人，及时研究解决施工中的技术问题，施工供图做到了提前2～3个月。质量监理人员不分昼夜，无论寒冬酷暑，坚持与工人跟班作业，严把质量关。全年完成图纸550张。

长委设计、监理、科研人员在狠抓工程质量的前提下，努力为工程建设服务，不断优化设计，降低造价，缩短工期，取得了成效。

1990年4月30日至7月20日，隔河岩工程共经历了7次洪水袭击，有3次大坝基坑过水。6月20日最大洪峰流量达10700m^3/s，相当于10年一遇洪水，是工程开工以来最大流量。上游碾压混凝土围堰和下游土石混凝土面板过水围堰运行正常，厂房基坑照常施工。7次洪水均未造成大的损失。

清江隔河岩工程一、二号机组第一次设计联络会1990年1月在加拿大结束。300MW水轮发电机组第二次设计联络会也已在加拿大结束。这次设计联络会为保证1993年7月隔河岩第一台机组发电提供设计图纸和预埋件提供了保证。第三次设计联络会10月29日至11月17日在宜昌市举行。根据中、加合同规定这是机组投产前的最后一次设计联络会，有关问题取得了一致意见。

著名水利专家张光斗教授关注隔河岩工程，再次叮嘱隔河岩工程建设要高度重视质量问题。

三、万安水利枢纽

万安水利枢纽是赣江梯级开发的第一个工程，具有发电、防洪、航运及灌溉等综合利用效益。由长江水利委员会负责勘测设计。

1984年11月，一期围堰合龙，主体工程正式施工。

1990年万安工程进展迅速。2月底，二期工程上游碾压混凝土围堰浇筑至顶高程84.00 m。该碾压混凝土围堰高23 m，总工程总量5.24万m^3，系过水围堰，将承担挡水发电任务。该围堰施工有两个特点。一是用皮带机运送碾压混凝土；二是用低质原材料（粉煤灰、砂石骨料天然质量差）每立方米混凝土中胶凝材料（水泥和粉煤灰）只需用 160 kg。3 月下旬，二期工程下游钢筋笼防护土石过水围堰全部竣工。1 号机组施工全面展开，土建工程于 2 月下旬完成，3 月份开始机电安装施工。

4 月，赣江出现第一次洪峰，二期碾压混凝土过水围堰经受了考验。

5 月上旬，1 号机转轮安全顺利入坑。

5 月中旬，在万安工程建设现场办公会上长委副总工程师郑允中就有关设计问题作了发言，对解决当前存在的航道碍航问题提出了初步方案，经会议讨论原则通过。

6 月 30 日，万安水电站直径 12 m、重 572 t 的一号发电机转子吊装成功。

8 月下旬，110 kV 全封闭电器现场工频耐压试验顺利通过。

7 月 6 日，李鹏总理喜闻万安水电站 1 号机组即将发电时，挥笔题词“开发赣江，为革命老区人民造福”。

10 月 11 日，李鹏总理视察万安工地。

10 月 16 日，水利部侯捷副部长视察万安工地及灌渠。

11 月 16 日，首台机组并网发电。

长委的设计人员精心设计。为了提前一年发电，优化导流布置方案，在主泓靠右的情况下，打破常规，将分期围堰先左岸改为先右岸，解决左岸施工通航后，电站提前兴建，提前一年发电，可增发电 3 亿 kW·h。

施工过程中，设计人员又不断优化设计方案，改变一期上游围堰设计，合理缩小护坦、左导墙、左岸溢流坝断面尺寸；河床风化带处理经过反复精确计算，减少 10 m 深挖量 1 万多 m^3 和回填混凝土方量；开关站的 22 万 V 六氟化硫封闭式电器原系进口，后改由国产，这几项节省了大量投资。

万安工程的建成，对于江西省的经济振兴、促进老区人民脱贫致富有深远的意义。

1990 年 3 月 16 日至 4 月 25 日江西省审计局受国家审计署委托对万安工程项目决策、计划执行、资金来源及使用、材料购置和使用、各种取费标准、设计漏项及变更、施工质量进行了审计，根据“评价标准”及万安工程情况，审计评价意见是：长江水利委员会作为设计单位信誉等级评为 A 级。

四、长江葛洲坝水利枢纽

葛洲坝水利枢纽工程，于 1988 年底基本建成，大江工程初验工作于 1989 年 10 月 18 日结束。

1989 年 7 月 5 日，葛洲坝工程大江电厂通过验收，正式移交电厂管理运行。葛洲坝工程自 1981 年第一台机组并网发电到 1988 年底累计发电 597 kW·h，总产值近 40 亿元。

1990 年，葛洲坝工程主要进行二期工程尾工施工及设计配合工作，以及一期工程定期检查准备工作，并继续完成葛洲坝丛书的编写工作。各单位所做的具体工作如下：

由水电部驻葛洲坝代表处主持，长委枢纽处、葛洲坝工程设代处、长科院共同承担的葛洲坝一号船闸原型观测于 1990 年 2 月初顺利完成，为国家最后竣工验收和大江通航提供了可靠的依据。

3 月 10 日，葛洲坝大江航道、船闸枯水期试运行顺利完成。小流量试航成功，特别是一号船闸的应用成功，标志着我国设计大型船闸的技术有了新的发展。

长委规划部门 1990 年已完成“葛洲坝调整汛期运用水位报告”、“葛洲坝抽水蓄能电站规划报告”、“葛洲坝调峰专题研究报告”。

枢纽设计部门为迎接葛洲坝一期工程安全检查，对二江泄水闸，二三号船闸以及二江电厂等主要建筑物的抗滑稳定进行了复核工作，还进行了 500 kV 开关站加固设计的总结。

机电部门除计算机监控工作继续 CAE 配合外，完成了葛双间隔的 500 kV 电抗器和大江电厂的电气制动工作。

库区规划设计处完成了葛洲坝库区移民遗留问题的处理工作。除此之外，由该处经过数年收集、整理编辑的《葛洲坝工程文物考古成果汇编》一书已于 1990 年由武汉大学出版社发排印刷。该书汇集了葛洲坝工程区域内的考古发掘报告，简讯和论文等文稿 38 篇，其中包括利用这些考古资料探讨该区域历史水文、地震、新构造运动的研究成果等，还收录了一定数量的地面文物照片和地下出土文物图片与画图等珍贵历史资料，全书约 50 万字。

五、长江三峡水利枢纽

1990 年长委有关部门围绕着三峡工程做了以下工作：编写了三峡工程可行性研究专题报告第一分册《综合说明书》。为向国务院汇报，编写了《重新编写三峡工程可行性报告和有关工作建议的报告》以及汇报图纸。为回答社会上对三峡工程的疑问，编写了《三峡工程问题问答》。按 1990 年价格，已完成三峡工程投资概算，以及筹资方案和财务评价。规划部门已完成 8 项三峡工程前期科研项目；9 项三峡工程“七五”攻关项目。根据三峡工程开发公司的安排，编写了《三峡工程“八五”计划和十年规划》。三峡工程初步设计有关专题研究工作正在抓紧进行。机电部门已完成正常蓄水位175 m方案机电专题第六分册的报告，为三峡工程可行性报告审查做了大量的配合工作。“七五”攻关4个子项、7个课题和12项三峡前期科研研究工作，除受客观条件限制外，均可完成。“八五”攻关课题的主项已完成了5个论证报告。枢纽部门已完成三峡可行性研究专题报告第五分册（枢纽布置和水工建筑物设计）的编写工作，并对两类船闸布置方案比较选择专题开展了部分工作。三峡工程前期科研工作正继续进行，“七五”攻关项目已全部完成。其中三峡工程枢纽总体布置优化子题成果已在武汉通过专家评审，其中大都达到国内领先水平，有的达到国际先进水平。枢纽布置、泄水泄洪布置及压力钢管布置等优化及坝体应力分析的科技攻关项目成果已在设计中应用，升船机及超大型金属结构科研的联系配合在继续进行，并为“八五”攻关及深孔、电站钢管等项目作联系准备。长委施工部门完成的“七五”国家重点科技攻关项目“三峡工程坝体混凝土快速施工技术研究”专题和“三峡工程三期碾压混凝土围堰高强度施工技术研究”专题，以及和长科院、勘测总队等单位共同完成的“三峡二期深水围堰施工技术研究”、“三峡永久船闸高边坡施工技术研究”等项目经部专家组评审通过，认为成果“从整体上具有国内领先水平，部分成果达到国际先进水平。”这些成果对于解决三峡工程中的重大技术关键问题有很大的实用价值。该部门设计的国内最大的5万t水厂船于1990年5月18日向武汉市供水，受到好评，该项成果将用于三峡工程施工供水。

除此之外，还有如下研究成果。1990年4月2日，中国三峡工程开发总公司在沙市召开的国家重点科研项目评审会上，对长委会荆实站在长江中下游城陵矶至大通河床勘测研究作出如下评价：“数据可靠，成果质量优良，可作为三峡工程下游河道冲刷计算和河床演变分析研究的依据。”

4月26日，长委水文局从事的“七五”攻关项目《三峡水库来水来沙条件研究》通过专家评审。该项专题在国内首次应用了灰色系统理论对河流泥沙进行研究分析，专家评审此研究工作达到了新水平。

根据由国务院主持召开的北京三峡工程论证汇报会议的要求，长委长科院11月5日正式破土动工兴建1/150三峡坝区正态泥沙模型，该模型是目前国内外最大的枢纽泥沙模型，定于1991年上半年完成率定验证，并提出试验成果。另外，由长科院主持的“七五”国家重点科技攻关项目《三峡工程二期深水高土石围堰施工技术研究》年底在武汉通过专家组鉴定，评审专家组认为本攻关专题的研究成果具有国内领先水平，部分项目已达到国际先进水平。由长科院河流研究室主持的《三峡工程变动回水区铜锣峡河段泥沙模型试验研究综合报告》已完成。此工作被国家计委、国家科委、财政部共同授予“七五”国家重点科技攻关项目集体荣誉奖。

六、清江高坝洲水利枢纽

高坝洲水利枢纽是开发清江的最下一个梯级，位于隔河岩下游50 km枝城市境内，规划装机容量为24万kW，年平均发电量9亿kW·h，4年第一台机组开始发电，6年全部建成。为隔河岩枢纽的反调节水库。它与隔河岩枢纽同期投入运行，对提高电力系统调峰能力与改善清江下游航运条件具有明显效益。

早在60年代中期，长委在编制《清江流域规划报告》时，就曾提出过长滩和高坝洲两个比较坝址，并进行了初步的地质勘探。1989年2月26日，长委编制的《清江高坝洲枢纽可行性研究报告》在宜昌通过能源部与湖北省联合审查。

1989年9月，湖北省清江开发公司委托长委长江水资源保护科学研究所进行高坝洲水利枢纽的环境影响评价。经过一年多的努力，先后完成了《环评工作大纲》和《报告书》。1990年6月，《环评工作大纲》及《报告书》已由国家环保局委托湖北省环保局组织审查通过。

七、清江水布垭水利枢纽

清江水布垭水利枢纽前期准备进点勘察，于1988年12月中旬圆满完成任务。参加勘察的勘测、水文、科研、规划设计和计财等专业人员通过实地勘察和民主讨论，一致意见是：水布垭坝址优于半峡坝址；进点公路采取北线方案，并将未来的工程对外交通与勘探道路结合规划，让水布垭工地与汉川公路上巴东县境内长岭乡相接；水布垭河段的水文资料观测必需在1989元月起开始；地质勘探务必于1989年一季度进点实施，对于隔河岩以上的水位变动段和水布垭库区内的淹没情况需进一步调查。

水布垭水利枢纽进点公路已于1990年7月2日全线开工。这条公路全长21.4 km，其中扩建8 km，新建13.4 km，原则上按国家四级公路标准要求施工，已于11月初全线验收通车。这条公路建成后，将对加快水布垭坝址的勘探工作起着重要作用。

水布垭坝址是清江干流三级开发方案中的最上游的一个坝址，下距隔河岩91 km，规划装机容量149.1万kw，年发电量41.8 kW·h。

9月长委以长计字第507号文向部报送《水布垭水利枢纽勘测设计项目任务书》。

八、乌江彭水水利枢纽(长溪坝址)

1990年4月和6月，我委在重庆、贵阳及成都分别向重庆市、黔江地区、贵州省及四川省计委、计经委和地区政府等有关单位汇报《乌江彭水水利枢纽(长溪坝址)可行性研究报告》主要内容，并征求意见。

1990年9月提出《乌江彭水水利枢纽长溪坝址地下热水成因及其对工程影响的研究》。10月19日至22日，长委邀请国内有关地质专家进行评审。评审结果认为"该成果在国内同类研究中处领先水平。"

1990年10月提出《乌江彭水水利枢纽环境影响报告书》送审。

九、嘉陵江亭子口水利枢纽

亭子口水利枢纽为嘉陵江开发的控制性枢纽，可行性研究前期工作已于1990年4月正式开始。

长委组织水文、地质、规划设计、施工、库区、科研等单位30多名技术人员赴现场，对亭子口、李家嘴、苍溪3个坝址长25 km的河段进行查勘。经反复比较，以发挥枢纽效益和尽可能减少淹没损失相结合的原则，较倾向李家嘴坝址，并做了以下工作：

勘测队伍已进点李家嘴坝址，开展了地质勘探工作，完成钻探进尺1500 m，坑槽进尺800 m^3，测量完成16.8个标准km^2，物探4133个标准点。水文部门与四川省水文总站签订合同进行嘉陵江水量平衡比例分析，提出了初步的不同频率的设计洪水资料。规划、设计、施工部门除了对砾石制砂的可能性作了初步研究外，还分别收集了规划、设计资料，收集和调查了对外交通、水泥来源、施工用电及公路修筑、建房等地区的单价资料，并进行了李家嘴坝址水工布置方案研究。库区部门收集了库区1/10000地形图及库尾城镇、交通线路的资料，对库区淹没的情况进行了实地了解。环保部门现场查勘、收集了资料，编制了《嘉陵江亭子口水利枢纽环评工作大纲》(初稿)。水土部门进行了库区水土保持规划设计方案研究。科研部门进行了嘉陵江亭子口水利枢纽李家嘴坝址室内岩石物理力学性质试验工作。

十、长江中下游干流河道整治

由长委牵头，长航管理局和湘、鄂两省水电(利)厅参加、三家共同完成的《界牌河段防洪护堤航运综合治理工程可行性研究报告》于1989年9月报交通部、水利部后，1990年2、6、12月由交通部、水利部和国际咨询公司分别进行了审查。根据审查意见，继续进行了一些修改补充工作，已完成"长江中游界牌河段防洪护堤航运综合治理工程环境影响评价工作大纲"(征求意见稿)。

1990年初长委开始进行"长江中下游干流河道治理规划"的准备工作。本规划在《长流规报告》有关中下游河道整治规划的基础上，遵循其规划原则的指导思想，对原规划作了进一步深刻化和具体化。1990年初同时开始起草编制《规划任务书》，并经多次讨论、征求意见和补充修改，已于1990年12月定稿。1990年2月完成《任务书》的印制工作，并上报水利部等有关上级部门，与此同时，长委规划处和长科院河流室开展了一些资料收集整理及部分河段的河流分析工作，提出部分阶段成果。

上荆江河势控制工作1990年主要开展河工模型试验方案研究工作。在1989年完成的公安、郝穴治理方案阶段成果的基础上，1990年着重研究沙市河段盐卡、观音寺段，突起洲汊道的治理，本年经放水试验，取得了初步成果。

此外，为审查江苏提出的"长江干流江苏段节点控制应急工程可行性研究报告"，长委1990年还组织了对该江段重点节点的查勘，对该可行性研究报告提出审查意见后报部审批。

十一、荆江分洪北闸加固工程

新中国第一座大型分洪闸——荆江分洪进洪闸(简称北闸)于1952年建成，共有54孔，长1054 m，分洪流量8000 m^3/s。位于湖北公安县境内长江与虎渡河交汇处附近，曾于1954年3次开闸分洪，对于江汉平原、洞庭湖平原的防洪渡汛发挥了显著作用。30多年来工程年久失修，闸体混凝土出现大量裂缝，严重危及闸体安全；启闭设备亦陈旧，不能适应分洪要求；加上国家要求防汛设防水位提高0.5 m。所以必须对该闸进行加高加固处理。

1987年，长委会完成了《荆江分洪北闸加高加固初步设计报告》，同年11月，水利部批准了设计报告，并指令长委会以设计为主体对工程进行总承包。加固工程主要是在老混凝土上浇筑薄层混凝土。如何保证新老混凝土的可靠结合且防止新浇混凝土裂缝是加固施工的关键问题。

工程于1988年11月正式开工，1990年5月基本完成，工程质量、工程进度满足了初设文件要求，工程概算没有突破且有节余。1990年5月底召开了工程竣工验收会议，与会代表一致评定：工程设计合理，具有一定的先进水平。土建施工、金属结构的制造和安装及机电安装的施工质量符合设计要求，工程建设是成功的，同意交付管理单位运用。

长江防汛

一、长江的水情和灾情

1. 水情　1990年长江流域汛期5～9月的平均降雨量为714 mm，属于正常偏少年景，其总的特点是降雨日数偏多，降雨总量偏少，大范围的暴雨较少出现，自6月中旬至7月初，长江中上游几个地区持续出现中—大，局部大—暴雨的降雨过程。洞庭湖水系的大范围、长历时的降雨，给湖南部分地区带来严重洪灾，使长江中下游各站的水位出现年最高值。

汛期5～10月的径流总量5962亿 m^3，较常年偏少一成，整个汛期的江湖水位变化平缓，仅7月上旬长江干流的监利、汉口、九江等站水位一度超过警戒水位，形成了宜昌、四水的遭遇洪水。

水库防洪调度。在6月中旬的暴雨过程中，各类水利工程特别是大、中型水库有效地发挥了拦洪蓄水，调洪削峰作用，为中下游的丹江口、柘溪、凤滩、水府庙、黄材、柘林等大型水库有效地减轻了各尾闾地区的洪水灾害。

2. 灾情　1990年长江流域的各支流洪水，使各支流尾闾地区受灾较重。如湖南省沅江支流溆浦地区，江西省修水、潦河地区，陕西省的嘉陵江、汉江上游地区，安徽省的青弋江、水阳江地区。

1990年长江整体上为平水偏低年份，但局部山丘区暴雨成灾损失较大。另全年的风暴潮对沿海地区的危害严重，如上海、江苏、浙江等省市，多次受到袭击。

7月份后，持续高温少雨天气，秋水旱严重，长江流域各省受旱面积广，均受到不同程度的灾害，个别地区出现人畜饮水困难的严重局面。

二、长江防汛工作

1. 汛前准备　开展了汛前防汛大检查。1990年初，分成四个组分别对川、湘、鄂、赣、徽等省江河堤防重点险工、重要城市、病险水库、河道清障，重点分蓄洪区安全建设情况，以及丹江口水库的汛前准备措施等进行检查；1990年5月6日至11日在安徽省安庆市组织召开了长江中下游防汛总指挥长会议，部署了1990年长江中下游的防汛任务；进行了汛期急需的水情、工情资料以及通讯、交通的准备工作，拟定了汉江丹江口水库1990年调度方案。进行了重点河段的清障。设障严重的湖南省长沙市、江西省南昌市、安徽水阳江河段的清障工作取得了较大进展。

汛期对湖南省的沅水溆浦地区、江西的修水、潦河地区进行洪灾调查；组织了科技人员赴现场土工织物护岸设计与施工，为土工织物在实践中的推广与使用创造了有利条件；配合水利部开展了水利工程质量监督，重点调查了云、贵、川、湘、鄂、赣六省的监督及检测组织和重点水利工程的质量控制情况。

2. 防汛基础工作研究　1990年进行了长江荆江河段和汉江中下游部分控制站水文基本资料分析；基本完成了长江36个测站水文特征值系列延长工作和54个分蓄洪民垸、29座库容5亿立方米以上水库的防讯资料汇编；配合规划部门进行了长江中游较大洪水防御措施的研究，提出了阶段性报告；配合科学院开展了荆江、洞庭湖地区防洪数学模型的研究工作；配合北京大学开展了荆江地区分洪交叉水流数学模型的研究工作；配合长委离退科技工作者协会开展了荆江地区分洪口门爆破措施可行性研究爆破设计工作；配合绘图科编绘，印制1∶50万长江中下游防洪形势图；编写出版了防汛抢险知识一书，并组织中下游各省市开展防汛抢险知识竞赛；与《人民长江》杂志合作编辑出版了《土工织物布在防汛抢险中的应用》一书。

3. 分蓄洪区安全建设　编写印制了“长江中下游蓄滞洪区”介绍，同时摄制了荆江分洪区安全建设明片集和录像片，上报国家防办；审批了荆江分洪区、洞庭湖分蓄洪堤垸、杜家台分洪区1990年安全建设计划，及荆江分洪黄水套升船机初步设计说明报告；配合长委离退科技工作者协会开展了分蓄洪区躲水楼结构形式的分析比较研究工作；参与了荆江分洪区警报系统的试验研究工作，提出了试验报告；进行了荆江分洪区移民房更新改造的调查研究工作，提出了分析报告；审查了新堤安全区围堤、上百里洲洲头、刘巷安全区围堤方案，提出了审查意见。

4. 城市防洪　配合水利部规划总院审查了成都市排水总出口可行性研究、武汉市区堤防未达标工程初步设计报告。初审了芜湖市、九江市、岳阳市城市防洪规划，提出了初审意见供地方修正参考。

5. 工程管理　配合规划设计总院审查黄广大堤加固设计可行性研究报告、黄石江堤加固设计可行性研究报告、洪湖分蓄洪工程初步设计报告。组织审查了汉江上游平川地区防洪工程初步设计报告，安徽省同马大堤加固设计及修改概算的报告；组织检查了湖北、湖南、江西三省水利工程施工质量及管理情况，进行了荆江大堤沙市城市禁脚范围房屋拆迁问题的调查；进行了调弦口三孔闸稳定验算，提出了安全渡汛措施。

6. 病险水库整治工作　由防汛办牵头组织长委

有关同志参与湖北省白莲河、明山、云台山、巩河、王英、高关、黑屋湾、孟桥川、武汉市阮基寺、四川省黑龙潭等水库加固设计审查；参与湖北省漳河、危水、三道河、大同诸水库大坝安全鉴定；调查研究提出了1990年长江流域病险水库渡汛应急工程安排的建议，供国家防办决策参考；调查湖南省1990年6月洪水中7座小型水库垮坝失事的情况，提出了分析报告；向国家防办上报与长江防洪关系密切的大型水库及病险水库渡汛方案。

另外，在河道管理方面也做了一定的工作。

参与安徽省同马大堤六合圩大崩窝险工抢护方案的研究并督促实施；参与下荆江荆江门岸崩险工塑护试验的规划设计并参加现场施工；检查、督促青弋江、水阳镇清障工作；审查了下荆江石首向家洲崩岸险工抢护工程设计、汉江河口龙王庙险工抛石护岸工程设计，沿江万县、武汉、铜陵、芜湖等跨江大桥规划设计报告。

长江上游水土保持

1989年12月，长江上游水土保持委员会第二次会议在昆明举行。会议起草了《关于长江上游水土保持重点防治区一年来工作情况和今后意见的报告》，上报国务院和全国水资源与水土保持工作领导小组。与会领导和专家们认为长江上游水土保持工作开展一年来已经取得一定成绩。

长江水土保持局2月19日召集治理片六省一市的水保干部，按检查验收办法，对四片重点治理进行定点实查和财务检查。

4月中旬，在甘肃武都召开长江上游水土保持重点防治区第二次工作会议，总结交流了1989年以来防治工作实施情况和经验。首批治理的61个县169条小流域已完成年治理计划的96.4%。主要项目中：坡改梯工程完成91%，经济果木、营造水土保持林均超过预定指标。一年来的实绩表明：加强领导，建立各级水土保持机构等，前期工作是扎实的；完成了各项规划工作，形成了规划体系，具有科学性、计划性；建立了各项规章制度，实施科学化、规范化、制度化的管理；全面开展了以小流域为单元的综合治理。各防治区出现了三个高潮：①广泛宣传水土保持工作的深远意义，依靠政策威力充分调动群众积极性的高潮；②水土保持工作列入政府议事日程，各级干部带头苦干抓点，落实任务指标、协调各部门专业技术力量加强指导的高潮；③群众大战"农闲"季节，齐心协力地形成治山治水土的集体投劳高潮。

长江上游水土保持委员会办公室抽查结果也表明：这些地区已基本做好集中连片治理、规模治理、综合治理，治理质量较好。有的地区当年改土造田，当年受益；群众看到了水土保持治理的前景，纷纷提出增加年度任务、加快治理步伐的要求。水土保持经费做到专款专用。

武都工作会议落实了1990年治理6127 km^2的任务。

国务院和全国水土保持领导小组决定，1990年起再增设重点防治费，开始实施第二期工程规划。第二期工程小流域面积约2万km^2，除在已开展的61个县外，还在4大片中增补万县市、巫溪、达县、宣汉、垫江、南部、开江、金阳、永善、绥江、金沙、黔西县、凤县、神农架区、重庆市江北区、南岸区、沙坪坝区、九龙坡区，总计13县5区。1990年已开始进行规划工作和实施。

10月下旬，在北京召开的长江上游水土保持委员会第三次会议上，与会者认为，经过一年来的努力，长江上游水土保持重点防治区依法办事、依法管护收到了效果：破坏大于治理的局面开始扭转，新的水土流失开始得到控制；上游水土保持工作开始走上制度化、科学化、规范化。这次会议原则通过了《长江上游水土保持重点防治区总体规划报告》。

据11月下旬金沙江下游及毕节地区水土保持工作现场经验交流会提供的材料，由于领导带头苦干、措施得力、政策兑现，上述地区水土保持治理面积完成得很好。以贵州毕节地区为例，专家们实地考察后认为已找到了一条符合毕节地区小流域综合治理的好路子——"五子"登科，即：在山顶上营造速生林木和封山育林（山顶戴帽子）；山腰上营造经济果木林增加农民经济收入（山腰系带子）；山坡地上广种草皮和绿肥（山坡铺毯子）；在坡耕地上经坡改梯后形成稳产高产区（大田种谷子）；利用空坪隙地发展庭院经济，大搞多种经营（山下抓票子）。

1990年长江上游水土重点防治区的任务已全面完成，工作卓有成效，管理水平又提高了一步，并积累了许多新鲜经验。截至1990年12月底统计已完成治理面积6000多km^2，为年计划任务的98.9%。

1990年的防治工作有以下特点和新经验：

（1）各地坚持抓集中连片，适度规模治理，注重质量，形成了点向面扩散，面向点靠拢的局面；

（2）以小流域为单元的综合治理已具雏形；

（3）治理由季节性向常年性发展；

（4）用政策调动和保护群众治理的积极性的具体办法进一步落实；

（5）推行竞争机制取得成效。

长江水资源保护

国务院水资源与水土保持工作领导小组对长流规进行了审查。长江水资源保护局承担了长流规中“水资源保护与环境影响评价篇”，长流规要点补充中水保局承担的工作已完成。

为了进一步补充1985年完成的“长江干流水资源保持规划”，1990年制定了进一步开展长江干流水资源保护规划工作大纲，上报水利部水资源司，并派人收集长江干流江段的有关资料，为进一步规划作准备。

南水北调规划工作。西线规划，进一步修改了“雅砻江调水对雅砻江干流影响”的报告；中线规划，对所要承担的“水质保护规划”的初步研究内容提出了工作计划并派人到调水沿线开展调研和资料收集工作；编制了调水对丹江口下游水质影响的工作大纲并完成了报告初稿。对丹江口水利枢纽兴建前后降雨量和径流量变化进行了初步分析，完成了送审稿。

流域规划工作。在完成“乌江流域规划报告”、“乌江干流水资源保护与环境影响评价篇”的基础上，1990年进一步补充收集资料，编制了“乌江流域水资源保护与环境影响评价规划报告”初稿；参加了长江流域中下游河道整治规划的查勘，并完成了任务书中水资源保护规划的编写工作；配合长委会库区处完成了隔河岩水库渔业初步规划报告。

可行性研究项目。完成了三峡水利枢纽对生态环境影响的报告书及有关专题的补充修改和附图的补绘任务；完成了彭水水利枢纽水质、水生生物、库区移民环境容量、土地利用、人群健康、库区汞污染等专题的研究报告，此报告已在贵阳、成都召开的专题成果鉴定会上由专家审查通过，现已着手环评报告书的编印工作；完成了葛洲坝抽水蓄能电站环境影响评价工作，及规划选址阶段环境影响评价和预可行性阶段环境影响评价工作，提交了报告；完成了赣江万安水电站、赣江峡江水利枢纽、亭子口水利枢纽，长江中游界牌河段防洪护堤航远综合治理工程；水阳江港口湾水利枢纽，消水涔天河水利枢纽等环境影响评价大纲的编制或编制的准备工作，有的大纲已审查通过。

至1990年底止，共完成四项“七五”攻关项目，并先后通过鉴定。各鉴定委员会专家认为“三峡水库调度对库区及中、下游生态环境影响的研究”、“三峡水利枢纽水温预测”、“三峡工程开发性移民与三峡地区发展关系研究”三个专题，达到国际先进水平；“三峡库区秭归县移民环境容量研究”专题研究成果达到国内领先水平；另外，已完成“水样保存方法实验研究”、“全国水质评价通用程序”和“水生生物采样器调查报告”，并上报有关部门；完成了1986年长江流域水质评价报告书，编制了水质趋势的非参数检验程序；长江水质动态控制模型电子计算机程序研究成果已通过部级鉴定；采用QVAL——Ⅱ综合水质模型，完成了黄龙潭水库上游堵河干、支流不同水期的水环境容量研究计算报告，并通过了专家鉴定。

1977～1983年长江流域水质数据资料已全部入库；1986～1989年长江流域水质资料已交厂刊印。

工　程　勘　察

1990年长委勘测总队分别对22个项目进行工程勘察。除继续完成隔河岩、万安枢纽和深圳机场施工阶段的工作，完成三峡、构皮滩、彭水、水布垭、王甫洲等枢纽和黄腊石滑坡治理可行性研究以及湖北黄石、铜陵大桥等工程施工图阶段的勘察外，新增项目有：南水北调工程，水源工程丹江口大坝加高，嘉陵江亭子口、赣江峡江可行性研究及汉江孤山、新集、碾盘山、兴隆等枢纽规划阶段的勘察工作，以及长江淞滋大堤、南线大堤加固初步设计的勘察。其中汉江1/万航网成图、黄腊石滑坡、铜陵大桥、深圳机场四项为1990年优质项目。黄腊石滑坡勘察成果被评审为国内领先水平。

长江勘测技术研究所承担的国家“七五”重点科技攻关项目已全面完成，大部分子专题成果已通过评审，绝大多数达国内领先、国际先进水平。其中包括：16－2－1“长江三峡工程坝区及外围地壳稳定性研究”完成了专题研究报告，提交了4个子题成果报告；16－2－2“长江三峡坝区高边坡和建基岩体工程地质问题研究”，提交了一个专题成果报告；17－3－1“勘测新技术研究”，提交了4个子专题成果报告，专题报告已完成待评。此外承担的17－3－2－6“钻孔渗流计的研制”、16－4－5－8“三峡船闸高边坡渗流场的研究”等子专题，也都按期提交成果并通过鉴定，达到国内领先水平。三峡前期科研“工程变形监测网优化及自动化系统”已研究完成。研制成功的ZCP－50型钻孔彩色电视录像系统已出中间性试验产品。

“大坝垂直位移自动化观测系统”获国家1990年科技进步三等奖。

水　文　工　作

水文测验和河道观测工作1990年为三峡科研、葛洲坝、万安、隔河岩和丹江口水库进行水文测验和长江水道地形、护岸测量，完成了各种比例尺水道地形观测 595.34 km²，固断和水文断面 1093 流线流态 76.14 线 km。进行了河床质、流态、潮流界点的观测及容重试验等工作，完成土钻 125 m。水质监测，增加了 11 个重点江段的监测，至此，已全部控制长江干流 22 个重点江段的水质情况。9 个中心分析室参加全国质控考核，优良等级达 75%。1990 年南实站分析室被评为全国水质监测全优分析室，丹实站和宜勘队分析室为全国优良分析室。

水文计算和水文气象预报工作。进行了三峡论证、初设、可行性报告中有关水文部分内容的编写、丹江口洪水基本资料及报告的复核、南水北调工程滔河以上查勘及中线工作计划和小流域设计洪水、抽水蓄能电站计算等工作。完成了乌江长溪坝址梯级水库防洪计算，长流规报告审查，嘉陵江亭子口的查勘设计洪水计算，主持修订设计洪水规范。根据水雨情况变化，为防汛和国民经济建设及时提供了短、中、长期水文气象预报，发布水情公报，完成了防汛指挥部门的“参谋”任务。对水文气象情报自动化处理设备进行了改进和研制，设计开发的“长江巫山以上河系洪水联机作业预报系统”已通过现场鉴定。该系统比手工作业预报提高工效五倍以上。

水文科研工作：长江水文数据库试点研究工作已通过鉴定，达到国内先进水平；汉江中下游洪水警报系统可行性研究；荆江水文自动测报系统和大宁河无人值守水文站试运行；在极细沙粒分析方法离心仪试验、长江口多因素整编方法研究、潮流特性分析等方面也有了新进展。在桥测专题研究野外试验，水文年鉴刊印及服务管理办法调查、《水文国标》出版校对和《流量国际》的统稿等方面也做了大量工作。另外，承担的“七·五”重点攻关科研项目“三峡工程关键技术研究”和“华北水资源开发”项目中共 17 个子课题的完成，不仅为三峡工程论证提供了可靠依据，而且使长江水文泥沙，河道观测及水文测报自动化技术水平达到新阶段，经评审或鉴定全部达到国内领先水平，其中多数达到国际先进水平。

完成了 1989 年五本年鉴的水文资料汇编；《各类型水位仪比测成果汇编》的初稿。

科 研 工 作

长委会负责水利水电综合性科研工作的机构——长江科学院，1990 年主要围绕长江干支流治理开发的规划设计进行科学试验研究。

去年，长科院为三峡、葛洲坝、隔河岩、万安等水利枢纽和长流规、长江中下游干流河道整治，开展了水土、水工、河流、岩基、材料、振动、仪器等方面的科研试验工作。

“七·五”期间，长科院共承担国家重点攻关项目 68 项，到 1990 年 12 月 31 日共完成且已鉴定的项目 58 项。余下的 10 项中，有 5 项在 1991 年 2 月 21 日前鉴定完毕；另 5 项根据主管部门的意见延续到 1991 年底完成。“七·五”攻关项目经专家鉴定属国际领先水平的项目占成果总数的 6%；达到国际先进水平的项目占成果总数的 24%；属国内领先水平的项目占成果总数的 56%；达到国内先进水平的项目占成果总数的 14%。其中“磷渣水泥研究”，“长江公路桥址地震参数研究”已审查上报申请国家科技进步奖；“低熟料磷渣水泥及工艺方法”已获得专利。全年纵向项目 158 项，已完成 70 多项，其余的跨年度。

1990 年，长科院先后与美国、苏联、日本、加拿大等 10 个国家 62 人次的学者进行学术交流，特别是和意大利合作试验研究成功了大型固结仪、地质力学模型、监测资料准备等项科研项目。

1990 年共提交科研成果报告 302 份，参加国际学术会议提交论文 7 篇，在国内各类刊物上发表论文 68 篇。

全面质量管理（TQC）

长委 1989 年底相继建立了委、处、科三级全面质量管理机构，制定了委推行 TQC 的总体计划。

1990 年开始组织实施。首先根据“始于教育、终于教育”的方针，从 1 月到 3 月，分层次、分期、分批地开展 TQC 知识培训和教育。培训后再由二级单位组织本单位科以上干部和全体职工进行普及 TQC 教育和测验，为推行 TQC 奠定了思想基础。4 月至 10 月除继续抓好深化质量教育，开展 TQC 知识竞赛外，重点推行目标管理，建立和健全质量保证体系，开展工序管理和 QC 小组活动等。7 月到 8 月，为了使长委 TQC 工作健康推进，先后对二级单位进行了中间检查，并由全质办和部分二级单位先后召开了工序管理、QC 小组活动和目标管理等研讨会。10 月至 12 月，遵照国家计委颁布推行 TQC 工作基本标志和能源、水利两部推行 TQC 达标验收细则，结合长委情况制定了生产部门和管理职能部门 TQC 达标自检验收标准。各二级单位认真对 TQC 工作进行了总结、自评、打分。由委领导组成的 3 个预验收检查组对委属二级单位进行预验收，并组成检查团按基本标志和细则进行检查评分。经自检预验收合格。呈请总院验收组来长委进行中间检查。

其他工作

库区规划设计处主持研究的“丹江口水库渔业资源调查及其开发利用研究”成果获部级科技进步三等奖。

至1989年底，陆水枢纽工程局试验电厂整整运行了20年，已累计发电20.67亿kW·h，电量、调峰、调相三项效益累计为11839万元。

构皮滩水利枢纽继1988年向部报送了该枢纽可行性研究报告之后，1990年主要进行了有关可行性研究报告的审查准备工作，并按部水规总院的要求，作了大量的方案研究和专题研究，9月已完成并向总院报送《乌江构皮滩水利枢纽可行性研究补充报告》。

《嘉陵江合川水利枢纽可行性研究报告》已于1990年2月完成上报水利部有关部门。

汉江王甫洲电站工程前期施工图设计已于1989年开始。前期施工图设计项目主要包括：供水、供风、施工供电设施、施工场地平整，以及进场施工道路和跨越排水干渠的桥梁工程。1990年长委枢纽部门已完成泄水闸、厂房、船闸、土坝各建筑物修改设计工作，提出相应计算书及图纸，并完成各建筑物水工、土工岩基等项试验任务书及配套工作。另外，两次完成各建筑物的简化设计，两度降低工程投资，设计报告及图纸已上报水利部。机电部门完成王甫洲自备防汛电厂的初设、技施设计工作。施工部门完成了四个方案的概算编制，用于进行方案比较，对降低施工导流标准的导流工程量作了调整和估算。

荆江分洪区南线大堤的加固工作已开始，1990年南线大堤的钻探工作已开始，完成进尺30.9 m，封孔回填309 m。

《松滋江堤加高加固工程阶段性报告》1990年8月编制完成，并以长规字第202号文报水利部。

调弦口堤段加固工程。“关于调弦口三孔控制闸稳定分析报告”已于6月份报国家防汛总指挥。调弦口堤段的测量工作已完成1.85个标准km^2，大堤完成土钻74标准m。

（长江水利委员会宣传处对外宣传科）

黄河流域

李鹏总理、田纪云副总理视察黄河

1990年6月12～13日，李鹏总理在国务委员李贵鲜、河南省委书记侯宗宾、省长程维高、水利部部长杨振怀、商业部部长胡平、机械电子工业部部长何光远、农业部副部长王连铮、国务院政策研究室副主任杨雍哲等陪同下，视察了黄河北金堤滞洪区及濮阳渠村分洪闸、封丘曹岗、开封柳园口、中牟赵口、郑州花园口等堤防险工及其他防洪工程设施，检查了黄河防汛准备工作。6月13日下午，李鹏总理在郑州中州宾馆听取了水利部黄河水利委员会第一副主任亢崇仁、副主任陈先德关于当前黄河防汛工作和小浪底工程的汇报，并作了重要讲话。他说，黄河是中华民族的摇篮，是祖国文明的象征。但黄河多次改道、多次决口，使两岸人民的生命财产遭受巨大损失。历代封建王朝一直到国民党政府都没有也不可能治理好黄河。解放40年来，党和人民政府十分重视治黄工作，投入了大量人力、物力，积累了一整套的治黄经验，使黄河40年岁岁安澜。黄河水利委员会成立以来，培养了一大批治黄干部，为此做了大量的工作。李鹏总理指出，今年要切实做好黄河中下游防汛的准备工作，立足于防大汛，要从最坏的情况着手，把可能发生的灾害损失减少到最低限度。各地要共同努力，确保安全渡汛，在夏粮丰收的基础上，争取秋粮丰收，使全国社会、经济形势得到进一步巩固。汇报会后，李鹏总理欣然为黄河水利委员会题词：“根治黄河水害，开发黄河水利水电资源，为中国人民造福”。

1990年5月25日～28日，田纪云副总理和国务院副秘书长李昌安，带领国务院生产委员会、财政部、公安部、铁道部、物资部、石油天然气总公司、总参作战部、能源部、水利部等10个部、委的负责同志，检查了黄河防汛准备情况。检查组先后察看了郑州、中牟、开封、封丘、长垣、濮阳、东明、梁山、东平、济南、齐河等地、市、县黄河险工险段的防洪工程设施，以及东平湖、北金堤、齐河北展和封丘大功等分滞洪区。在郑州和济南分别听取了黄河防汛总指挥、河南省省长程维高，副省长宋照肃，黄河防汛副总指挥、山东省副省长王乐泉，黄河防总办公室主任亢崇仁等同志的汇报。在濮阳市还听取了濮阳市及中原油田负责人关于北金堤滞洪区和油田建设的汇报。在郑州汇报会上，田纪云副总理作了重要讲话。他在讲话中首先强调了保证江河防洪安全的重要意义，接着对1990年的黄河防汛，提出了四点要求。他希望各级领导干部和广大共产党员，要振奋精神，克服困难，竭尽全力，千方百计夺取大江大河防洪斗争的胜利。

（王明海 赵永凯）

黄河流域水文、泥沙及河道冲淤简况

1990年黄河流域水文泥沙的主要特点是：兰州以上地区降水量偏少，兰州至河口镇区间和泾河、渭河、大汶河水系降水量偏多；径流量除泾河、北洛河、大汶河偏丰外，其他地区均偏枯；沙量除北洛河洑头站接近常年外，其他地区比常年偏小。

1. 降雨　根据99个代表站资料统计，年降水量兰州以上地区比多年均值偏小15%，伊洛河、沁河水系接近多年均值，河口镇至龙门区间及三门峡至花园口区间稍高于多年均值，兰州至河口镇区间和泾渭河水系比多年均值偏大15%左右，大汶河水系则比多年均值偏大51%，年降水量达1144 mm。本年汛期降水特点是，西部偏小，东部偏多，汛期降水量较为集中。兰州至河口镇区间、泾渭河及大汶河水系，汛期降水量约占年降水量的70%～80%。7月下旬大汶河地区普降暴雨，使得该水系出现了20年来的最大洪水。

本年度黄河水量偏枯，干流各站均未出现较大洪水。7月8日潼关站出现4430 m^3/s的洪峰，7月9日花园口站洪峰流量为4440 m^3/s，是全年最大值。大汶河水系6至8月连续出现5次暴雨洪水，其中临汶站7月22日洪峰流量达3820 m^3/s，为该水系1970年以来的最大洪水。

2. 年径流量　黄河上游唐乃亥站（作为龙羊峡水库进库站）年径流量169亿 m^3，较多年均值偏小21%。由于龙羊峡水库入库水量偏小，水库发挥年际调节作用，全年多泄水36亿 m^3，占年入库水量的21%。刘家峡水库年入库水量为273.4亿 m^3，年出库水量为270.6亿 m^3，年进出水量基本平衡。兰州站年径流量为315亿 m^3，比多年均值偏小5%。头道拐站年径流量为204亿 m^3，比多年均值偏小18%。龙门站年径流量为245亿 m^3，比多年均值偏小24%。三门峡水库入库水量338亿 m^3，出库水量325亿 m^3，分别比多年均值偏小21%和20%。花园口站年径流量为365亿 m^3，比多年均值偏小22%。通过利津站的入海水量为264亿 m^3，比多年均值偏小37%（见表1）。

3. 泥沙　本年度沙量除北洛河洑头站接近多年均值外，其他各站分别比常年偏小21%～97%（见表1）。年内沙量分布情况是，干流站除贵德、循化两站主要集中在7、8月份外，其余各站均集中在7～9月，大多占全年输沙量的60%～80%。主要支流沙量亦多集中在7～9月，其中无定河白家川站占82%，泾河张家山站占88%，北洛河洑头站占97%。

4. 三门峡库区及下游河道冲淤情况　本测验年度（1989.11～1990.10）三门峡库区断面法实测结果为：非汛期潼关以上冲刷0.306亿 m^3，潼关以下淤积1.716亿 m^3；汛期潼关以上淤积1.063亿 m^3，潼关以下冲刷0.974亿 m^3；全库区年总淤积量为1.499亿 m^3。下游小浪底至利津区间河段有冲有淤，总淤积量断面法测验结果为0.112亿 m^3，与1989年度淤积量相同。淤积量最大区段在花园口至高村之间。但从输沙本法测量结果看，下游河道各区段均为淤积，全河段淤积量达1.62亿t，与断面法所测相比，差别甚大，其中原因有待进一步研究。

表1　1990年黄河干流主要站径流、泥沙特征值统计表

站名	径流（亿 m^3）			泥沙（亿t）		
	汛期径流量	实测年径流量	年径流量与多年平均值比较（%）	汛期输沙量	年输沙量	年输沙量与多年平均值比较（%）
唐乃亥	85.1	169	−21	0.037	0.060	−54
循化	73.2	224	−5	0.067	0.093	−77
兰州	111	315	−5	0.168	0.223	−58
头道拐	70.6	204	−18	0.249	0.598	−59
吴堡	74.9	220	−23	1.35	2.05	−65
龙门	91.7	245	−24	3.63	4.57	−54
三门峡	134	325	−20	6.66	7.23	−42
小浪底	136	335	−18	6.80	7.19	−44
花园口	148	365	−22	5.19	6.61	−46
高村	131	333	−25	3.51	5.33	−53
洛口	133	290	−34	3.36	4.88	−53
利津	130	264	−37	3.51	4.69	−55

（王明海 赵永凯）

黄河防洪工程建设

1990年水利部共安排下游防洪工程计划投资15907万元，任务比往年增加近一倍。重点对防御1983年设防标准不足的127 km临黄堤段加修子埝；修筑大堤前后戗，放淤固堤，消除了原阳大三里、长垣大小苏庄、济南洛口、高青逯台及齐河荆龙口、阴河等7处险点；完成了河南三刘砦、山东小豆腐窝、“七五”3座险闸的改建任务；加快了郑州铁桥至高村宽河道治理；险工加高改建；加强了非工程建设，改善了职工生产生活设施。全年共完成投资15906.91万元，全年累计完成土方2369.24万m^3，石方37.83万m^3，混凝土方5078m^3，年度内累计用工376.53万工日（见表2）。

下游水利事业基建，除优先安排续建项目外，重点解决了河南、山东两河务局修防处段的建房和危房改建加固及水文系统洛阳、东营勘测队的基地建设、固守站集中点建设等工程。

三门峡水利枢纽改建共完成投资770万元，其中溢流坝底孔改建完成投资474.19万元。

1990年三门峡库区治理的重点是防洪排涝、塌岸治理和加固完善现有工程。陕西省三门峡库区管理局年内完成避水楼500座，疏竣复堤3.5km，加固渭河大堤路壑11条，改造丁坝3座，新建、续建丁坝3座、雁翅坝2座；山西省完成了芮城礼教续建工程坝垛4座，护岸504 m，完成平陆茅津防冲护基工程208 m、后地防风浪坝1297 m；河南完成杨家湾试验网坝110 m，因初次试验经验不足，汛期110 m网坝全部被冲毁。完成东古驿、七里两处护岸工程和后川300 m护基工程。黄河小北干流治理共完成投资300万元，完成土方1.95万m^3，石方1.23万m^3。陕西主要用于续建榆林护村工程，山西主要用于清涧湾工程加高和偿还1989年清涧湾工程决口堵复欠款。

“七五”期间黄河下游防洪工程完成概况：

“七五”期间，下游治理累计完成投资52072.06万元，主要进行以堤防工程为主的防洪工程建设。5年来，围绕堤防加培、加固，河道整治，险工、涵闸、虹吸改建，通讯设施改造，滩区水利建设，分（滞）洪区等项目做了大量工作，总计完成土方11934.08万m^3，石方148.16万m^3，新修加高改建险工1400多段坝，放淤固堤够标准堤段达91.62 km，新建引黄涵闸7座，改建23座，改建虹吸7处，河道整治（包括防浪河工程）共完成330段坝，修筑滩区避水台面积近1000万m^2，修建防汛公路40条，计236.21 km。

表2　黄河防洪工程建设完成情况表

项　目	投资（万元）	土方（万m^3）	石方（万m^3）	混凝土（m^3）	用工（万工日）
下游防洪工程建设	15906.91	2369.24	37.83	5078	376.53
下游水利事业基建	1478.66	/	/	/	1.20
三门峡水利枢纽改建	770.00	/	0.40	930	/
三门峡库区治理	800.00	41.62	7.98	2798	35.27
黄河小北干流治理	292.50	1.95	1.23	/	2.26
总计	19248.07	2412.81	47.44	8806	415.26

（王明海　赵永凯）

小浪底工程前期工作

1990年主要进行小浪底工程招标设计和施工前期准备工作，并根据工作需要，成立了小浪底工程筹建办公室，集中了30多人，于9月1日在洛阳正式办公。

年内共完成投资2080.37万元，主要用于土建部分详细设计和施工前期勘测设计工作。专项科研试验到年底已提交上游围堰防渗高压施喷试验，在三门峡进行了小浪底调峰模拟试验，防洪建筑高边坡稳定性研究等24项研究报告，经审查能够满足要求。土建部分详细设计工作，国内外咨询专家提出了12项优化补充和修改设计的意见，经设计部门的努力，按时完成详细设计图纸600余张，已经加拿大CYTV公司及世界银行特别咨询专家评审通过。施工前期工程勘测设计工作的有关同志参加了会议。会议确定了以大农业安置为主进行移民规划的原则，并对小浪底移民工作进行了布置。1990年2月、5月、10月，世界银行代表团三次访问郑州，落实工程进度和移民工作进展及小浪底工程招标设计实施情况，检查第一次特别咨询专家会议准备情况，世行代表对中方的工作表示满意。

（王明海　赵永凯）

黄河防汛与防凌

1. 防汛　1990年黄河防汛工作，在国家防总和晋、陕、豫、鲁四省各级党委、政府的领导下，沿黄广大军民和治黄职工按照防汛工作正规化、规范化的要求，准备工作动手早、行动快、工作扎实，特别是李鹏总理、田纪云副总理率领17个部委的领导同志相继视察黄河，检查防汛工作，极大地鼓舞了沿黄干群和治黄职工的士气，各级立足于早来水、来大水、抗大洪、抢大险，层层落实，团结奋斗，夺取了黄河防汛工作的新胜利。

汛期流域内大部分地区降雨偏少，强度不大，分布不均，全河未形成大的洪水。除下游大汶河来水18亿m^3较历年同期偏多77%外，其他干支流均偏少。花园口站来水150亿m^3，来沙5亿t，分别较历年同期偏少46%和50.1%，居历年同期倒数第6位和第9位，属枯水枯沙年。汛期干支流几个主要站出现洪峰的情况是，渭河华县站7月7日24时洪峰流量为3300 m^3/s，龙门站8月29日3.5时洪峰流量为3200 m^3/s，大汶河临汶站7月22日洪峰流量为3820 m^3/s（为1970年以来最大值），花园口站7月10日4时洪峰流量为4250 m^3/s，列历年同期倒数第5位。

1990年黄河下游河道河势变化不大，工程着溜情况较好，水流归顺，与1989年相比，整个河势是向好处发展。只有个别河段河势出现上提下挫，如李桥河势上提，工程上首坐弯；郭集河势下挫，汛前工程下首坐弯，汛后河势上提至22坝，苏阁河势下挫，出现脱河趋势。由于部分河段河势变化，加上新修工程较多，根石不深，所以还有不少工程出险。黄河小平干流因河床淤积严重，流势散乱多变，横河、斜河不断出现。据统计，7～10月全河共有142处工程、447坝（段）出现险情748次，其中河南出险554次，山东出险149次，由于抢护及时，未造成严重险情。抢险用去主要料物累计石料7.94万m^3，软料300.79 kg，铅丝74.28 t，抢险用工6.04万工日。

汛期下游大汶河洪水进入东平湖水库老湖后，由于退水渠道被多年黄河倒灌泥沙淤积而退水不畅，库水位迅猛上涨，8月18日库水位升至43.72 m，超过42.5 m的警戒水位，是1959年建库以来老湖运用的最高水位。东平湖防汛指挥部及东平县自7月25日起，派出干部231人，职工77人，群众防汛队伍4300余人上堤防守，至9月3日，库水位降至警戒水位以下。由于高水位持续时间长，湖堤共发现渗水段15处，长5251 m，管漏两处，大的直径约13 cm，有两处涵洞漏水，大清河险工出险5处。8月2日，济南军区某部接到东平湖实施爆破任务后，舟桥部队、工兵营立即赶赴现场，经过11 d紧张作业，用炸药15.46 t，炸出长711 m，宽10～36 m，深1～1.5 m的退水渠道，使东平湖退水量明显增大，缓解了险情。

1990年黄河防汛工作得到了各级党委、政府的高度重视。李鹏总理、田纪云副总理汛期先后视察了黄河防汛工作，并作了重要指示，体现了党中央、国务院对黄河防汛工作的重视和关心。沿黄各级党委、政府都非常重视防汛工作。河南省委书记侯宗宾和代省长李长春到任后，首先听取黄河防总办公室的汇报，并亲自到沿黄察看，帮助解决一些问题。山东省委书记姜春云在检查黄河防汛工作时讲，黄河防汛，唯此为大，一定要确保安全。在省委常委会上，确定王乐泉副省长为省防指常务副指挥，各级政府都要确定一位主要领导任各级防指常务副指挥，专抓防汛工作。

汛前沿黄各地组建了230.9万人的群众防汛队伍，其中一线防汛队伍110.9万人，二线队伍81.2万人，三线队伍38.9万人。登记落实群众贮备的主要防汛料物有：软料2.65亿kg，草捆77万个，木桩101.5万根，草麻袋158.6万条。各级治黄部门在气象、水情预报、测报、通讯、物资供应、后勤等方面做了大量工作。

2. 防凌　1989至1990年度黄河凌汛期，上游宁蒙河段12月29日开始封河，3月20日全部开通，下游河段元月24日从山东西河口以下南防洪堤14 km处开始封河，至2月3日，封河最上首到达河南省封丘县禅房工程34坝，断续封河59段，总长320 km，2月6日开始分段融冰解冻，至2月13日全河开通，整个凌汛期未发生大的险情、灾情。

1989年10月，西北电网领导小组第四次会议在银川召开，黄委和黄河防总派人参加讨论了刘家峡水库泄流方案。11月2日，国家计委在北京召开水利、能源两部协商会，会议遵照国家防总1989年1号通知的精神和国家计委领导同志的指示，结合1989年黄河上游来水偏丰的特殊情况，从保证防凌安全又争取多发电的统筹兼顾观点出发，经过认真讨论，共同商定了凌期刘家峡、三门峡水库泄流意见，还明确了凌汛期刘家峡水库承担三门峡水库补偿调节的任务。本年度黄河防总办公室自1989年11月1日开始行使对刘家峡凌汛期水量调度的职权，逐旬、逐月下达刘家峡水库下泄流量的指令，由黄河上中游水量调度委员会办公室负责组织实施。

本年度内蒙古河段凌情特点是：封河晚，开河早，冰层薄，流凌时间长。其中磴口至龙口河段200 km间断未封，这是历史罕见的现象。由于河道流量大，冰面高，未封河段产生大量冰花和天桥电站高水位运行等问题，伊盟准格尔旗马栅乡河段产生严重冰塞，水位猛涨 2 m，致使几个村庄受灾，淹地 3000 亩。开河期，伊盟达旗四村乡、包钢水源地解放滩乡等处发生卡冰结坝现象，经内蒙古防凌指挥部及时组织防守，并请调空军出动飞机轰炸冰塞，没有形成大的凌汛灾害。

凌汛期黄河下游的气温特点是：前期暖，中期冷，后期升温快。冰情特点是：封河时间晚，封冻发展速度快，开河历时短。为确保凌汛安全，黄河防汛总指挥部办公室于 1989 年 11 月 5 日发出了“关于做好 1989～1990 年度黄河凌汛工作的通知”，山东省防汛指挥部动员全体治黄职工全力以赴投入防凌斗争，春节期间也坚守岗位，严阵以待，并且对沿黄第一线群众防凌队伍进行整顿，共组织基干班 11000 个、166000 人，抢险队 307 个、15600 人，预备队 230000 人。组织黄河职工冰凌爆破队 29 个、1172 人，储备了 120 t 炸药、10 万个雷管。为探索爆破冰凌的新途径，还进行了复合爆冰的试验研究工作。

本年度凌汛期加强了对三门峡水库的调度运用。下游封河前，运用三门峡水库蓄水 3.8 亿 m^3，用以增补下游封河前的小流量过程，使封河流量大于 400 m^3/s，避免了小流量封河的不利局面。封河后，再次运用三门峡水库蓄水，并自 1990 年元月 25 日起控制三门峡下泄流量为 300 m^3/s，全河开通后，2 月 14 日三门峡水库防凌最高蓄水高程 320.33 m，相应蓄水 7.7 亿 m^3，减少了河槽蓄水，为下游河段冰凌就地融冰解冻、顺利开河创造了极有利的条件。

（王明海　赵永凯）

黄河流域水土保持与农田基本建设

1990 年，黄河中上游 7 省（区）认真贯彻落实国务院《关于大力开展农田水利基本建设的决定》和全国农田水利会议精神，按照水利水保一起上，水地“四田”两手抓的指导思想，在水土流失地区开展了大规模的农田基本建设和小流域综合治理。据统计，全年共完成初步治理面积 9360.39 km^2，其中新修“四田”304.9 万亩，造林 767.4 万亩，种草 331.8 万亩，当年治理进度为 2.16%（其中四大片重点治理区为 4.58%，试点小流域 11%）。截至 1990 年底，黄河中上游地区累计保存初步治理面积为 13 万 km^2，占应治理面积的 30%，其中基本农田为总措施面积的三分之一。

1990 年的治理建设大致与 1989 年持平，但治理措施上进一步向“四田”倾斜，质量、效益明显提高，方向更加明确，管理更加深化，水土保持工作形势是近些年来最好的一年。

80 年代初期，黄河中上游每年新增“四田”100 万亩左右，近几年由于认识不断转变和稳定增加粮食生产的需要，这一地区兴起了基本农田建设热潮。1990 年新修“四田”突破 300 万亩大关，在 1989 年完成 253.88 万亩的基础上净增 51.02 万亩，提高了 20.1%。其中陕西省新修“四田”超年任务的 70%，创近十年最高纪录，陕北榆林地区人均修地达 1.2 分。山西省 1990 年新修梯田 56.42 万亩，超过 1989 年 40.9%，过去偏重林草，“四田”建设不突出的状况有了根本扭转。青海省各地普遍比往年早动工 10～15 d，共完成基本农田建设 11.25 万亩，超过计划 7%。宁夏自治区政府提出在水保治理中要把旱作“三田”作为主攻方向，1990 年完成旱作“三田”24.1 万亩，超计划 3.4%。内蒙古、甘肃、河南三省区基本农田建设也都有新的进展。

1990 年，无定河、皇甫川、三川河、定西县四大重点治理区共完成初步治理面积 1656.47 km^2，超年计划的 58.5%。其中基本农田完成 39.23 万亩，比 1989 年增加了 9.73 万亩，超年计划的 82%。造林种草分别为 145.81 万亩和 63.43 万亩，初步治理程度达到 47.7%，比这一地区面上治理程度高 17.7%。到年底，已有 12 条小流域提前实现了基本治理，进行了省、部级鉴定验收。其中无定河 2 条，皇甫川 9 条，定西县 1 条。另有 38 条小流域验收准备工作已基本就绪，基本分布是：无定河 21 条，三川河 12 条，皇甫川 2 条，定西县 3 条。

1990 年黄河中上游水土保持工作在强化检查监督职能方面有了新的进展。大部分省（区）的监督执法体系正在建立和完善，地方性的法规、制度陆续产生，一批执法试点县已经确定。除晋、陕、蒙接壤地区 10 县（旗、市）为执法试点外，在黄河流域范围内，陕西省还将黄陵、潼关、耀县、彬县、临潼 5 县，山西省将河津、乡宁、灵石、柳林等 7 县（区）作为执法试点县。甘、晋、陕、蒙四省（区）都对监督人员进行了业务培训，颁发了证书，在试点和重点预防范围内展开了实质性的监督执法活动，查处了一些违法案件，使水土保持预防监督工作有了一个较好的开端。

1990 年水土保持科研工作在深化改革中进一步走向生产领域，取得了一批有价值的科技成果。陕西省榆林市由于实行“户包治理”和全面推行了“一封二障三栽种”的技术措施，治理步伐大大加快，至 1990 年底，300 万亩荒沙区全部得到固定和半固定，验收林草覆盖度达37.1%。沙棘资源建设在黄土高原治理上取得突破性成功，1990年黄河中上游种植沙棘面积仍保持在80万亩以上，其中伊克昭盟的多沙粗沙区有18.48万亩。为了集中投资，突出治理成效，黄委沙棘资源建设与开发利用领导小组办公室将原来的五六个试验示范点压缩为两个示范区，一处在地处黄土丘陵沟壑区的甘肃省镇原县，一处在内蒙古伊克昭盟的础砂岩地区。为探索以小流域为单元的综合治理，在更大范围上的应用效果，1990年在黄土高原确定了甘肃泾川县和陕西长武县两个以县为单元的水保综合治理试点县，计划经过短期治理使治理程度达到70%以上，获得较明显的生态、经济效益。

（王明海　赵永凯）

黄河水政建设与水资源保护

1990年黄河水政建设在政策研究上有了较大进展。全河在1989年聘请的12名政策研究员的基础上，又增聘了5名。年内共下达了23个政研课题，至年底已有5个课题完成。同时，加强了水法规建设，年内提出了“黄河水法规体系总体规划方案”（初稿），《河南黄河河道管理办法》、《山东黄河河道管理办法》已经报审，《黄河河道管理办法》已向沿黄9省（区）和有关部门征求意见，《黄河取水许可管理办法》、《黄河取水登记规则》、《黄河水资源保护办法》等项规定正在征求有关方面意见。《黄河下游浮桥建设管理办法》已经水利部颁发实施。

为配合水法实施两周年宣传活动，拍摄了一部电视专题片——《水法在黄河》，印发了《水法宣传周宣传提纲》和其他宣传材料、宣传画，组织编印了《水利法规选编》、《水政监察手册》等书籍。

1990年黄河水政机构进一步健全和充实，黄委设立水政水资源局，下属各单位基本上都建立了相应机构，共建立了12个水政监察处，15个水政监察所（科）。1990年9月，在黄河水利学校举办了全河50余人参加的水政监察人员学习班。

调查处理了部分水事纠纷和违法（章）案件。1990年国函26号文下发后，建立了小北干流水事纠纷协调领导小组，进行了测图，与晋陕两省就实施方案交换了意见。全河上半年发生水事案件370起，共查处241起，其中河道案件46起，水工程被毁案件191起，水资源方面案件2起，水保案件2起，依法对违法违纪人员进行了处理，其中判刑10人，拘留29人，行政处分51人，经济处罚13.8万余元。

在黄河水资源保护方面，1990年完成了《黄河干流水资源保护条例》（送审稿）的编写工作，《江河流域水资源保护规划编制规范》初稿也已完成。组织有关人员到沿黄省区调查了“黄河流域水资源保护规划”的实施情况和存在的问题，提出了报告，推动了沿黄省区及流域内部分大中城市附近河段水资源保护规划的实施。加强了对汜水河、蟒河、天然文岩渠等支流入黄口的排污监督，对有关水污染事件进行了跟踪调查。对基层监测站的仪器设备进行了充实，实施了新颁布的“水质分析方法”，提高了分析化验能力和质量。黄委所属的43个水质断面的常规水质监测工作按要求完成了任务，及时向上级报送了24个国控断面的水质监测资料。为研究黄河水中悬移质物质的污染现状，对石灰务、花园口两断面进行了悬移质监测。

（王明海　赵永凯）

黄河流域水资源开发利用

1. 下游引黄灌溉　1990年由于豫鲁两省沿黄地区降雨较多，旱情较轻，与1989年相比，全年引水引沙有所减少。据初步统计，两省全年引水约100亿m^3，比1989年减少35%，其中汛期引水24亿m^3，比1989年同期减少55%，全年引沙约1亿t，汛期引沙约占40%。两省抗旱灌溉面积达2976万亩、7664万亩次，其中河南为549万亩、1664万亩次，山东为2427万亩、6000万亩次。

在1990年全国表彰的100个先进灌区中，河南省的人民胜利渠灌区，山东省的陈垓灌区、位山灌区榜上有名。人民胜利渠灌区1990年灌溉引水3.7亿m^3，抗旱灌溉面积85万亩，其中抗旱补源面积约25万亩，全年粮食平均亩产726.5 kg，棉花亩产82.5 kg。山东省潘庄灌区，1990年引水约10亿m^3，抗旱灌溉面积330万亩、近1000万亩次，小麦亩产达366 kg。1990年灌区内的8个县（市）均成为国务院表彰的夏粮总产、单产达标单位。

河南省认真总结前几年引黄工作发展缓慢的经验教训，积极向山东省学习，改变传统的灌溉模式，走自流灌溉与引黄补源相结合、大力发展补源灌溉的道路，取得了可喜的成绩，在1989年增加补源面积100万亩的基础上，1990年又增加补源面积37万亩，使许多昔日水源奇缺、靠天吃饭的县、乡用上了黄河水。1990年河南省在财政十分困难的情况下，仍增加了对引黄的投入，共拨引黄专项经费3670万元，用于工程配套和发展补源灌溉。

目前，黄河下游引黄灌区灌溉水利用系数约0.5左右，如果通过采取措施将利用系数提高0.1，据测算每年可节水18亿m^3，扩大灌溉面积约500万亩。1990年山东省采取深沟远引、提水灌溉、管道灌溉等节水灌溉方式，取得了明显的节水效果。陈垓灌区采用低压管道灌溉后，节水率达30%，泥沙入田率达100%。

为了缓解山东、河南两省沿黄地区5～6月份枯水季节农业用水紧张的矛盾，三门峡水库于3月17日开始分阶段蓄水，至4月19日蓄水完成，共计蓄水13.90亿m^3，缓解了下游工农业用水的供需矛盾。

2. 黄河干流发电 1990年黄河干流水量偏枯，由于充分发挥了水库的调节作用，做到了精心调度，干流7座水电站发电量达170.323亿kW·h，龙羊峡水库入库水量较多年平均来水量偏小21%，但由于水库发挥了年际调节作用，水电厂发电552032.74万kW·h，比1989年多发电13.53万kW·h，同时为保证沿黄春灌需要，1～5月，龙羊峡水库下泄水量96.3亿m^3，比同期上游来水量多泄47.7亿m^3。

3. 豫西电网建设 豫西电网建设是水利部建设以水电为主的发、供、用三位一体的地区电网试点工程。水利部于1990年10月将豫西电网建设项目交由黄委实施。黄河水利水电开发总公司于10月29日至31日，邀请河南省水利厅、洛阳市、三门峡市、洛宁县、卢氏县、灵宝县和栾川县有关负责同志就如何尽快实现豫西四县联网的建设管理等问题进行了充分讨论，就电网规模、联网方案、资金筹措、管理体制、电价原则等问题签署了"豫西四县小水电联网意向书"。年内编制完成了"豫西电网规划大纲"。

4. 引黄济青 1990年是引黄济青工程历史上的转折点，即由大规模建设转向了全面管理。为了吸取以往水利工程重建轻管的教训，引黄济青管理局于5月份召开了第一次管理工作会议，明确提出要把工作重点放在管理上，向管理要效益。9月份该局又在平度召开了管理工作现场会，会议提出了"3～5年达到全国一流管理水平工程"的奋斗目标。

1990年引黄济青工程共引黄河水5.5亿m^3，送入棘洪滩水库1.65亿m^3，满足了青岛市的用水要求，同时为工程沿线地区提供了良好的水源。全年共浇地约150万亩次，增产粮食5000万kg。

5. 故县水利枢纽建设 故县水利枢纽工程位于黄河支流洛河中游的洛宁县境内，距洛阳市165 km，距灵宝县城92 km。水库控制流域面积5370 km^2，占黄河三门峡至花园口区间流域面积的13%。水库坝址处多年平均径流量12.6亿m^3，含沙量为5.26 kg/m^3。

故县水库是一座以防洪为主，兼有灌溉、发电、供水等综合效益的大型水利枢纽工程，是黄河下游防洪工程体系配套项目之一。枢纽大坝为混凝土实体重力坝，坝顶长315 m，坝高121 m，装有3台发电机组，总容量6万千瓦。水库总库容为11.75亿m^3，回水长度约30公里，淹没土地15500亩，库区移民15600人。

故县水库工程于50年代末期开始修建，分别于1958年、1970年、1973年和1978年4次上马，但由于资金不落实，前三次均相继"下马"。1978年由水电十一工程局承担工程施工任务，1980年10月7日截流，1981年5月14日开始浇筑坝体混凝土，按1983年"五定"审查规定，1989年拦洪发电，1990年扫尾。但由于资金不足等原因，不能如期完成。1989年工程列入国家重点建设项目，决定1991年拦洪发电，1992年全面竣工。

按照水利部水计(1989)91号文关于改变故县水库工程建设单位的通知精神，水利部决定改变故县水库工程原来的施工单位兼工程建设单位的管理体制，由黄河水利委员会担任建设单位，水电十一工程局仍为工程的施工单位。从1990年元月1日起，黄委正式接管故县工程的建设，与此同时，黄委明确黄河水利水电开发总公司代表黄委行使建设单位职责。按照黄委与水电十一局签订的承包协议规定，黄委按月进行工程阶段结算，并向故县工地派驻了质量监督站，进行施工质量监督，工程面貌迅速得到改观。

故县水利枢纽工程自开工以来，共完成投资51365万元，土方276.5万m^3，石方108.1万m^3，混凝土158.1万m^3，金属结构5090 t，固结灌浆67386 m，帷幕灌浆24322 m，接缝灌浆67576 km^2。1990年施工重点是确保1991年实现拦洪发电。截至年底，主体混凝土浇筑，已有12坝段浇至553 m高程。电站厂房工程已完成主副厂房的主体建筑及主厂房封顶工作，副厂房建筑装修工作基本完成，厂房桥吊安装完毕，已投入运行。2、3号机组混凝土浇至发电机屋楼板453.98 m高程，升压变电站的混凝土构架和钢构架已完成。1990年全年完成工程价款结算7955元，完成混凝土11万m^3，金属结构安装905 t，帷幕灌浆5291 m，固结灌浆1826 m，接缝灌浆22579 km^2，按时完成了工程投资计划和进度计划。

（王明海 赵永凯）

黄河流域规划、设计、科研

黄河治理开发规划修订工作，1990年提交了总报告。

黄河水资源经济模型研究取得较大进展。该项目系中国利用世界银行贷款项目，旨在利用系统工程的方法，有计划地吸收国外水资源规划的最新科学方法，建立黄河流域水资源利用经济模型。1990年7月，和美国水资源公司草签了该项目咨询服务合同，10月正式签订合同。项目还聘请了一个国内专家组，制定了工作计划，编写了工作大纲。年内中美专家合作按期完成了项目起始报告，已提交国家有关部门和世界银行审查。

继续进行南水北调西线工程超前期工作。1990年编写了雅砻江调水研究报告初稿以及"雅砻江调水区工程地质查勘"等7个专题报告。1990年11月，国家计委国土司和水利部南水北调办公室在京召开了"雅砻江调水影响和效益"评议会。黄委勘测规划设计院接着在京召开了"雅砻江调水区工程地质查勘报告"的专家评审会，与会专家认为"工作和产品（报告）的质量是高的"，"是一份十分有价值的报告"。

大柳树灌区规划，年内先后向水利部和水电规划总院作了汇报，并邀请宁夏、内蒙古、陕西等省区对"黄河大柳树灌区规划研究报告"进行了讨论。1990年4～5月，规划组人员克服路途艰险、生活不便等诸多困难，首次穿越腾格里沙漠，完成了对灌区民勤引水线路的查勘。《大柳树灌区规划报告》和简要报告及补充报告已相继完成。

1990年还完成了"窟野河、秃尾河、孤山川集中拦泥规划报告"及"简要报告"、"黄河片、西北片农业开发区水利规划报告"、"沁河水资源规划报告"等一批规划项目。

《黄河流域地图集》经过科技人员10余年的努力，于1990年4月由中国地图出版社出版问世。这本地图集集黄河历史、自然地理概况、水沙特性、水土保持、防洪及工农业引黄工程之大成，融科学性、实用性于一体，反映了黄河治理开发的巨大成就和丰硕成果。全书共汇集地图92幅，文字说明26万字，彩照百余幅，是我国第一部大型综合性流域地图集。

1990年黄委设计院在推进技术进步，深化全面质量管理，创优上等方面做了不少工作。1990年初，水电规划总院组织人员对黄委设计院的全面质量管理工作（TQC）进行验收，合格达标。1990年全院共有79个QC小组参加活动，从中评出院级优秀QC小组24个，经济效益达260万元。"钻探采取软弱夹层岩芯QC小组"和"地形检验QC小组"分别获得部级优秀QC小组二、三等奖，"遥感QC小组"和"雅砻江调水方案优选QC小组"获省级优秀QC小组。

1990年集中力量进行了小浪底工程的详细设计及施工规划和筹建期13项工程的勘测设计工作。

1990年治黄科技工作围绕"科技兴水，实现治黄现代化"这一宗旨，加强了基础研究和宏观研究，补充修订了"八五治黄科技攻关规划"，重点抓了黄河防洪决策支持系统、大型水库调水调沙及减轻下游河道淤积的研究、防洪工程的新结构、新材料、新技术、新工艺的试验研究以及下游河道演变数学模型、水资源保护等项目的攻关和研究。全年共有26项科技成果获得水利部、黄委的科学技术进步奖。获水利部科学技术进步奖的有6项，其中"黄河中游泥沙对重金属迁移转化影响的研究"获二等奖，"黄河下游防洪工程体系优化调度研究"、"陇东黄土高原沟壑区立地条件类型划分和适地树试验研究"等获三等奖。

（王明海　赵永凯）

黄河水文测验

黄河上以近代科学技术为基础的水文观测始于1919年，到1949年解放前夕，全河共建立了33处水文站。当时测验设备简陋，观测项目很少，不少站时测时停，作辍不时。新中国成立后，对原有测站进行了调整，规划增设了一大批站点，截至1990年，全流域共有水文站458处，水位站58处，雨量站2376处。其中属黄委管辖的水文站140处，水位站35处，雨量站782处。形成了一个比较完整的水文站网体系，基本上控制了黄河干支流降水量、径流量、输沙率及冰情的变化。

黄河水少沙多，河道冲淤变化剧烈，许多在其他河流上行之有效的先进仪器、测算方法，在黄河上往往不适用。目前，黄河上流量测验大多用测船、缆道吊箱和缆道测船。泥沙分析由最初的滴定法发展为比重计，进而发展到光电颗分仪。其他诸如同位素、定位仪、浑水测深仪等先进的测验方法和仪器，在黄河水文测验中正逐步得到应用。目前水文测验项目主要有：水位、流量、含沙量、输沙率、泥沙颗分、降水量、蒸发量、水温、冰凌、河道比降等。

黄河上现有报汛站540处，其中水文站161处，水位站39处，雨量站293处，滩区水位点47处。已开展的预报项目有长期径流预报、冰情预报和洪水预报。为了加快水情传递速度，在三门峡至花园口区间17个重点报汛雨量站、唐乃亥以上重点报汛站、吴堡至龙门区间干流和重要支流把口站配备了专用电台，有些特别重要的报汛站实现了有线通讯和无线通讯双保险。自1986年起，电子计算机在水情工作中得到了初步应用，经过近几年的努力，现已建成《黄河流域实时水情信息自动接收处理系统》和《黄河中下游实时洪水联机预报系统》。

1990年黄河水文系统围绕测验设施的更新改造

方面做了很多工作。全年新增船只5条、微机2台、直拨电话3部，还安装了卫星云图接收设备，提高了测报大洪水的能力。在吴堡至龙门区间，增设报汛电台20余部，设立临时汛期水位站3处，花园口水文站准备了备用测船和桥上测流吊车。据统计，1990年汛期，在6000多次流量测验中，单次测验合格率为97.4%；10500多个单沙测验，合格率为97.2%；700多次断面测沙，合格率为97.6%；水位流量过程平均控制幅度为97.0%；报汛平均差错率为1.47%。各次测报指标均达到了规定标准。

（王明海　赵永凯）

黄河水利委员会机构设置

1989年3月国家人事部请示国务院领导同意，明确黄委为副部级机构。1989年6月3日，水利部以水人劳(1989)110号文转发了人事部关于黄委级别问题的批复。1990年水利部水人劳（1990）100号文又转发了人事部关于黄委机关机构设置和人员编制问题的批复，同时批准了黄委所属二级机构的设置。

国家人事部批准的黄委机关机构设置为8个副局级机构，机关编制为500人。水利部批准的黄委所属二级机构设置为9个局级单位，9个副局级单位，13个处级单位。

黄委机构升格后，所属单位在名称、规格方面有部分发生变化。黄劳［1990］58号文，对黄河下游河南、山东两河务局所属的修防处、段的名称和规格问题进行了明确，主要是将原来的修防处、段均改称河务局，在地、市河务局前面分别冠以地（市）、县（区、市）名称。地、市级河务局仍为原正县级规格，县（区、市）级河务局在原来正科级基础上升半格而为副县级。

1990年10月6日，黄人劳［1990］1号文对黄委机关局、办所属处室的设置做了明确。机关内设8局21个处室（见表3）。

表3　黄委机关机构设置情况表

部　别	处　、室
办　公　室	秘书处、新闻宣传处、保卫(公安)处、思想政治工作指导委员会办公室(代管)
河务局(防汛办)	综合处、河道处
水政水资源局	水政处、水资源处、法规处(政研室)
农村水利水土保持局	水保处、农水处
水利水电局	基建处、工程管理处
人事劳动局	干部处、劳动工资处、老干部处
计划财务局	计划处、财务处、物资处
科教外事局	科技外事处、教育处

（王明海　赵永凯）

珠　江　流　域

珠江流域的治理与开发

1990年珠江流域的治理开发工作，遵循国家治理整顿、深化改革的方针，按照“巩固改造，适当发展”的指导原则，加强治理开发的宏观决策，制订发展的长远规划，努力实施以法治水，转变职能，面向社会，全面服务；注重现有工程的除险加固，续建配套，强化管理，扩大效益。同时，根据实际需要和可能，多方集资，增加投入，安排新建工程项目，提高抗灾和灌溉、供水、发电、通航等综合开发能力，整个流域的治理开发事业取得新的进展，为流域农业丰收和工业、城乡人民生活用水提供了保证。

1990年珠江流域的治理开发工作主要有以下的几个方面：

一、编制“八五”计划和十年规划

根据中央关于国民经济持续、稳定、协调发展的方针和《中共中央关于制定国民经济和社会发展十年规划和“八五”计划的建议》精神以及水利部的要求，由珠江水利委员会会同珠江流域（片）的云南、贵州、广西、广东、海南、福建六省（自治区）和广州、深圳两个计划单列市，以《水法》为依据，以《珠江流域综合利用规划》为基础，结合珠江流域（片）各省（自治区）、单列市的经济发展计划和国家、地方的财力物力，按照“量力而行，保证重点，稳步发展，注重效益”的原则，制订了《珠江流域（片）水利建设“八五”计划及十年规划》，提出了90年代珠江流域（片）治理开发的战略部署和建设依据。

《珠江流域（片）水利建设“八五”计划及十年规划》提出的主要发展目标是：

①提高主要河流和重要城市的防洪能力，重点保障西、北江中下游、珠江三角洲、韩江三角洲以及广州、南宁、梧州、柳州、潮州、汕头等城市的防洪安全。广州地区达到防御1915年型洪水（本世纪珠江流域发生过的最大洪水）。西、北江中下游、郁江中下游、南盘江坝子地区、珠江和韩江三角洲及其他城市，达到防御10～50年一遇洪水标准。

②巩固和改造现有灌区，抓好重点农业综合开发区的水利建设，“八五”期间增加灌溉面积189万亩，增加和垦复农田100万亩。

③巩固和改造现有工程设施，加固病险水库，“八五”期间加固病险大型水库12座，中型水库2座，小型水库7座。2000年前完成流域（片）全部病险水库的除险加固。

④开发水电，“八五”期间增加大中型水力发电装机136.74 kW，年发电量30亿kW·h，缓和华南电力供应的紧张状况。

⑤结合兴建综合性水利工程，改善和提高通航标准，开发郁江、柳江、红水河航运，为云南、贵州两省逐步打通出海水道创造条件。

⑥发展沿海及缺水城镇、企业的供水，每年增加供水5.4亿m^3，“八五”期间解决农村859.7万人和大牲畜饮用水，基本上解决流域部分地区人畜饮用水困难。

⑦防治水土流失和保护水源，“八五”计划治理水土流失面积1.17万km^2，初步控制流域内贵州、广西重点地区的水土流失。对重点河段和重要城市水质污染进行初步治理。

⑧推动重点的河流（段）水资源的综合开发，计划以北江、柳江、桂江、贺江、九龙江为全流域综合治理开发试点，综合开发水电、灌溉、供水、水产养殖、旅游等，推行投资有偿使用，为逐步建立水利水电开发基金和组织河流（段）开发集团，进行滚动开发创造条件。

⑨扶持边远贫困地区的经济发展。通过支持贫困地区的中、小型水利建设，治理水土流失，解决人、畜饮水困难，促进贫困地区脱贫致富。

依据上述目标，拟在“八五”期间安排大、中型项目37项，包括水库、水电站、城市供水、围垦和其他治理开发工程。

为实现规划目标，拟定包括提高全流域对水利是国民经济发展的基础产业的认识；依法治水管水；协调流域内各省（自治区）、各有关部门的关系，兼顾远近期利益；多渠道多层次筹集资金，推行水利投资有偿使用；实行“自建、自管、自用”的原则，以水养水，以电养电；做好建设前期工作；加强水利队伍建设；倡导科技兴水等政策措施。

对“八五”计划和十年规划安排的项目，有重点地开展了建设前期准备工作。在完成《珠江流域综合利用规划报告》呈报国务院审批的基础上，进一步开展了柳江、北江干流规划的补充，编制了珠江口伶仃洋规划大纲，开展了珠江出海口口门治导线规划；对规划中的西江、北江、郁江、柳江中下游和韩江防洪具有重大调蓄作用的大型综合利用重点枢纽，开展了建设前期工作。其中，西江干流红水河上的龙滩水利枢纽、北江干流上的飞来峡水利枢纽，正进行初步设计；西江干流上的长洲水利枢纽，已完成了可行性研究，进入初设；西江干流黔江上的大藤峡水利枢纽、西江支流右江上的百色水利枢纽、西江支流柳江上游的榕江水利枢纽、韩江上游的棉花滩水利枢纽，都开展了可行性研究。此外，流域内各省（自治区）对规划的一批中、小型工程，也积极地、有重点地开展了可行性研究或初步设计工作，为争取在“八五”和十年规划期间兴建准备条件。

二、适当安排各项工程建设

1990年在着重对流域已有工程分期分批进行加固、配套的同时，新的治理开发工程也有适当发展。全年珠江流域水利基本建设投资（不包括能源、航运、环保等部门的投资）共4.66亿元，完成土方745万m^3，石方182万m^3，混凝土34.65万m^3。此外，流域内的各省（自治区）通过地方各级自筹、引进外资等多种方式筹集资金，增加对水利的投入，一批大、中、小型水利水电和航运工程在建、续建和新建，新增了灌溉、除涝、供水、发电、航运等效益。

①农田水利建设有较大的发展。全流域认真贯彻国务院《关于大力开展农田基本建设的决定》，各级领导重视，带头参加水利劳动。中央、地方、群众各方集资，增加投入。掀起了多年来未有过的、以改善农业生产条件和增强农业发展后劲为目标的大规模的兴修水利热潮，并取得显著成效。仅流域内的广东、广西、贵州三省（自治区）统计，1990年水利基本建设共完成投资19.08亿元，投入水利劳动积累工5.68亿个工日，最高日上工1413.93万人，完成土石方3.24亿m^3，维修渠道5.99万km，新增灌溉面积60.45万亩，恢复和改善灌溉面积924.6万亩，除涝、机

电排灌设施及效益亦有所增加，对保证1990年全流域农业丰收发挥了重要作用。

②重点防洪堤继续进行整修加固。其中防卫广州、佛山、清远地区的63 km长的北江大堤，在经过3次大规模全面整治加固、基本上达到100年一遇防御标准的基础上，决定从1990年起，用10年左右的时间进一步完善防洪安全体系。为此广东省人大通过决议，从1990年起，向北江大堤受益范围内的广州、佛山、清远三市征收北江大堤防护费(年征款约2500万元)，用于大堤防洪体系的建设及附属工程设施的管理维修，大堤开始按高标准建设。防卫广西壮族自治区首府南宁市的邕江南宁防洪堤以及西江梧州防洪堤，按防御20年一遇洪水标准整修，总投资预算分别为3664万元和4620万元，至1990年底累计完成投资分别为972万元和345万元，其中1990年分别完成118万元和150万元。

③一批水库、水电站续建、新建。1990年珠江流域在建的主要水库、水电站，有天堂山水库和岩滩、天生桥二级、鲁布革、关脚、桂平、昭平、都平等大、中型水电站。

其中，天堂山水库位于珠江三角洲增江广东龙门县境内，水库库容2.59亿m^3，有效灌溉面积15万亩，发电装机1.95万kW。工程计划总投资2.5亿元，1978年开工，后停建，1989年复工，1990年度完成投资4487万元，完成土方14万m^3，石方12万m^3，混凝土7.17万m^3。累计完成投资1.05亿元，土方112万m^3，石方100万m^3，混凝土9.66万m^3。水库大坝基础开挖全部完工，大坝混凝土浇筑已完成工程量的50%，引水隧洞尚差130 m可全线开通，电站厂房完成水下混凝土浇筑，全部工程预计1992年基本完工，1993年收尾。

西江干流红水河上的岩滩、天生桥二级两个大型水电站，继续进行大规模的紧张施工。其中岩滩水电站混凝土浇筑突破60万m^3的年工作量，坝体全线升高35～40 m，1号机组埋设件已开始安装。自1985年开工至1990年底，整个工程的混凝土浇筑已完成总量的75%，土石方开挖完成95%以上，投资完成10.93亿元，保持提前1年发电的建设势头，而且质量高，投资省，消耗低，为国内大型水电站建设提供了许多宝贵经验。

位于西江干流南盘江支流黄泥河的云南罗平县和贵州兴义县交界处的鲁布革水电站，1990年完成第三台发电机组安装，并开展了第四台发电机组安装。已发电的3台发电机组发电功率共45 kW，累计发电量为37亿多kW·h，产值约78亿元，利税26亿元，成为云南电网中的骨干电站。

位于西江支流北盘江支流打帮河的贵州关岭布依族苗族自治县境内的关脚电站，发电装机4.8万kW，计划投资4892万元，1987年动工，至1990年底已完成拦河闸坝、引水渠及隧洞、厂房主体及升压站、沉沙池、压力前池、管道土建等项目施工，累计完成土石方61万m^3，混凝土浇筑4.17万m^3，3号机组及两台主变压器基本就位，预计1991年可蓄水发电。

位于西江支流贺江广东封开县境内的都平电站，发电装机3万kW，计划投资1.38亿元，1989年开工，1990年完成投资2857万元，完成土方16万m^3，石方7万m^3，混凝土5.55万m^3。累计完成投资4466万元，土方30万m^3，石方11万m^3，混凝土5.57万m^3，计划1992年发电。

与此同时，西江支流桂江装机6.3万kW的昭平水电站，西江支流郁江装机4.65万kW的桂平航运梯级电站等，都在紧张施工中。此外，1990年珠江流域还有一批小水库、小水电站在建或建成，至1990年底，全流域有23个县达到初级电气化标准，占全国电气化县的21%。

④珠江河口进一步治理开发。对珠江河口岸线和河口水域加强了总体规划，在加强前期工作的基础上，继续对珠江最大的出海口磨刀门重点进行整治。磨刀门整治工程的主要措施是按照规划的治导线筑堤，束水归槽，理顺流向，冲深河道，减少河口区的泥沙淤积，并结合整治围垦开发河口滩涂资源，开发土地20万亩。整个治理开发工程计划总投资2.48亿元，第一期工程1985年开工，1989年基本完成，围成土地8.47万亩。第二期工程1989年下半年开工，修筑洪湾南和鹤洲南两片治导堤，围垦滩涂11万多亩。1990年完成投资650万元，洪湾南、鹤洲南治导堤抛石至水面+0.5 m，与第一期工程已完成的洪湾北、洪湾西、鹤洲北以及三灶湾治导堤相对应或衔接，逐渐形成磨刀门整体的治导格局。

⑤城乡供水有新的发展。随着城市和工业的发展，新的工业开发区和居民点的兴建，流域各地都致力于开发新的水源，扩大现有供水工程能力，并努力解决石灰岩山区和滨海地区缺水问题。其中从东江引水供深圳、香港的东深供水工程边供水边进行了第三期扩建。第三期扩建计划投资16.5亿元，其中以预付水费方式从香港引进外资11亿元。1990年有8个单项工程开工，完成投资1.13亿元，其中利用外资4463万元。完成土方90万m^3，石方7万m^3，混凝土1.08万m^3。第三期工程扩建后供水能力将增加到17.43亿m^3/年，向香港供水可由5亿m^3/年增至11亿m^3/年，向深圳供水可由1亿m^3/年增至5亿m^3/年，大大缓解两地缺水的矛盾。由西江磨刀门引水

对澳门供水工程，1990 年向澳门平均日供水 8～10 万 m^3，成为澳门用水的主要水源。

⑥西江航运进一步开发。西江广州至南宁 1000 t 级航运干线，在完成广州至贵县第一期工程后，按计划开展了贵县至南宁第二期工程建设。整条干线中最重要的桂平航运枢纽船闸，经过两年多时间试航顺利通过国家验收，工程总体质量优良。该船闸为大型人字门液压启闭式船闸，包括长 2195.99 m 的上、下引航道，高 25 m、宽13.7 m、重 214 t 的钢结构下人字门和上人字门，先进的长廊道分散输水系统，闸室底下充水，消能格栅和消力池等，船队通过十分平稳。两年多的试航期间，开闸 1 万多次，过船 13 万多艘，通过货物 700 多万 t，客船 3600 多艘，旅客 42 万多人次，一直运行正常，从未发生过断航，为国内罕见。这一大型航运枢纽船闸的建成和安全运行，以及西江 1000 吨级航道第二期工程的展开，将进一步开发西江的航运能力，发挥西江航运的优势，为西江经济走廊的开发建设作出重要的贡献。

三、开展水政执法工作

针对珠江流域仍然存在的水资源管理薄弱，任意设置河障，侵占河道；污染水源，水土流失日趋严重；破坏水利设施，偷盗水利器材屡禁不止；工程管理不善，病险库增多，效益衰减等问题，流域（片）各省（自治区）开展了以水利法规、水利执法和水利管理三个体系为中心的水利法制建设，努力从多龙治水向水资源的统一管理过渡，着重抓了以下几个环节：

一是建立健全水政水资源管理机构，加强水行政管理，宣传和贯彻《水法》，行使《水法》予以的水行政管理的职能。1990 年流域内各省（自治区）建立各级水政水资源机构的情况，贵州为 100%，广东为 91%，广西为 65%，云南为 18%。

二是制定和颁布一系列的地方水利法规，重点是取水许可证制度，水资源费征收办法，河道管理条例。其中贵州省全面完成了取水许可证的申请与登记，通过取水许可证制度的实施，以法律的、行政的、经济的手段，促进水资源的统一管理，促进全社会和工农业生产节约用水，保护和强化水资源的有效利用。

三是组建水利执法队伍，上岗执法。为此在流域内开展了水利执法体系建设试点。水利部和珠江水利委员会在珠江流域（片）选择了贵州省的贵阳市乌当区、遵义市，云南省的江川县、开远市，广西壮族自治区的柳州市、武宣县、藤县，广东省的广州市白云区、从化县、四会县、海康县，作为全国建立水利执法体系建设的试点单位，经过试点取得经验，将水利执法体系建设推向全流域。

通过上述工作，1990 年珠江流域的水政执法工作取得了显著的成效。特别是各试点单位，组建了水政机构和水政监察队伍，配备了车辆等必要装备，着装上岗执法，依法治水、管水和用水，强化了水资源的统一管理、开发、利用和保护。南宁、梧州、藤县、四会、从化、开远等市、县将河道清障纳入法规，依法执行清障任务，较好地制止了随意侵占河道、设置河障等现象，河道管理得到加强；贵州各地和柳州市等实行取水许可证制度后，初步改变了水资源管理的混乱状况，加强了节约用水和合理用水。建立水利执法体系的各试点单位，水事纠纷和水事案件减少，水利秩序明显好转。武宣县、藤县建立水利执法体系后，破坏水利设施，偷盗水利器材、物产等水事案件的发案率下降了 60%，水利工程的效益得到了提高和基本保证。

四、加强水资源的保护

1990 年珠江流域的水资源保护工作取得了显著的成绩。为加强珠江流域的水资源保护，国家早在 1983 年成立了珠江流域水资源保护办公室，实行水利电力部和城乡环境保护部双重领导、以水利电力部为主的领导体制，隶属珠江水利委员会。主要负责贯彻执行国家环境保护的方针、政策和法规；牵头组织水系干流所经省、市、自治区的环境保护部门，制订水系干流的水体环境保护长远规划及年度计划；协助环境保护主管部门审批工程对水系环境影响评价报告书；会同各级环境保护部门监督对水体的污染和生态破坏；协调水系干流水体环境监测；开展水系水体环境保护科研工作等。1987 年水利电力部和国家环境保护局再次重申对流域水资源保护机构实行双重领导，强化职能。1990 年将处级建制的珠江水资源保护办公室升格为副厅级的珠江水资源保护局，进一步加强对珠江水资源保护工作的协调和领导。

在珠江流域水资源保护工作中，首先加强了客观的决策指导。1987 年水利电力部和国家环境保护局下达《珠江水系水资源保护规划任务书》，由珠江水资源保护办公室会同流域内各省（自治区）、市，于 1989 年 8 月提出“规划报告初稿”，10 月提出“送审稿”，11 月通过国家审查。《珠江水系水资源保护规划报告》作为《珠江流域综合利用规划报告》的一个重要组成部分，是指导流域内各省（自治区）、市开展水资源保护和水污染防治的基本依据，也是流域经济和社会建设发展不可缺少的内容。

《珠江水系水资源保护规划报告》基于珠江流域经济迅速发展，水资源的供、需量和城镇污染猛烈增加的实际情况，以 2000 年为规划水平年，依照珠江流域综合利用规划的指导思想和规划布局，遵循“预防为主、防治结合、综合治理”的水污染防治工作方针和“按流域、区域综合防治水污染”的技术政策，详细地分析了流域水资源和水污染特征，找出了主要的水环境问题，预测了2000年水资源供需状态和河流水质，确定了水体功能分区及相应的保护目标，提出了治理和保护方案，并做了经济可行性分析。《报告》将珠江水系干流和一级支流划分成119个功能河段，归为三类功能水域，提出水质保护目标。一类为河流源头多功能上等水域，水质上佳，水质保护目标为一级；二类为生活饮用、渔业、娱乐直接用水等多用途多功能水域，水质优良，水质保护目标为二级；三类为工业、农业、水电、航运用水的一般功能水域，水质尚好，水质保护目标为三级。规划根据不同的水质保护目标，采取工程和非工程措施。工程规划按照“谁污染、谁治理，谁开发、谁保护”的原则，从减少污染负荷和增加水环境容量两种途径进行安排，规划西、北、东江超负荷河段和珠江三角洲所有河段的工厂企业，2000年达到工业循环用水率60%，减少用水1795万t/d；工业废水处理率90%，处理工业废水1077万t/d。城市生活污染源按二级处理，结合水利工程建设，以漓江补水工程和思贤滘水利枢纽工程为重点环境水利工程，利用水利工程增加河道枯水流量，以达到增加水环境容量改善水环境的目的。非工程措施包括强化水资源保护机构职能；加强水资源保护的立法和执法；加强污染的管理，推行水环境质量目标管理责任制；完善水质监测站网，加强水质监测工作；重视宣传教育，加强水资源保护的科学研究等。

根据《珠江水系水资源保护规划》，1990年进一步编制了《珠江流域水资源保护“八五”计划和十年规划》，针对珠江流域沿江城镇河段污染严重，有机污染突出，生活水源和水产资源受到威胁，工业布局不合理加重水域污染，植被破坏，水土流失，沿海和石灰岩地区缺水等问题，从工业污染废水处理、城市污水处理、利用水利工程调剂河流流量改善水环境三个方面，提出了规划方案。

在规划的基础上，有组织有计划地开展了各项水资源保护工作：

①流域和流域内各级水资源保护和环境保护部门分工协作，对珠江干流、河口和重点水域定期进行水质监测，整编和出版年度水质评价报告，及时反映流域水质现状及变化趋势，为各地对珠江水资源的开发、利用、保护和管理作出决策提供了水质信息和依据。

②对流域内的建设项目进行环境影响评价。其中由具有甲级环境影响评价资格的珠江水资源保护局所进行的环评项目主要有：北江飞来峡水利枢纽工程、珠江磨刀门治理开发工程、珠江蕉门围垦工程、北江孟洲坝水电站工程、北江流域规划工程、大亚湾工业区西部供水工程、珠江口深圳市福永围海取淡工程、广州港合利围东洛围工程、珠江水泥厂以及机械、造纸等一批工企业建设工程。对水环境的保护逐渐成为流域工程建设中一个不能缺少的环节。

③开展水资源保护的专题科学研究。进行了国家“七五”环保科技攻关项目《广州河段面污染源调查及预测》、《珠江三角洲水质生物监测方法研究》、《河流污染事故水质预测方法研究》等一系列的课题研究，并取得较好的研究成果，推动了生产建设。

④治理水土流失，保护水源。1990年流域各省（自治区）都开展了水土保持小流域综合治理试点。其中珠江水利委员会在珠江流域的上、中、下游选取了各种水土流失类型的小流域进行治理试验。主要有上游的云南曲靖市西山乡和贵州水城县俄脚河，中下游的广西灵山县桥笪、马山县乔利，广东罗定县革塘、惠东县乌塘、饶平县九村等7个小流域，总面积274.88 km^2，其中水土流失面积133.15 km^2。通过国家、地方和群众自筹集资152.18万元，投劳39.2万个；完成治理土方27.91万 m^3，石方7638 m^3；造林2.34万亩，种草700亩，封山育林10.2万亩；修筑谷坊、拦沙坝74座，排洪沟1660 m，改造低产田200亩，坡改梯2973亩，种果2492亩，挖鱼塘238亩。治理水土流失面积21 km^2。

通过上述生物、工程、农业的综合治理，减少了水土流失，增加了水源涵养，保护了农田，使小流域面貌初步发生了变化，当地生产和生活水平有了改善和提高。俄脚河小流域一年中修筑土石谷坊9座，开挖疏通河沟2.5 km，修建河堤714 m，挖排洪沟3条共1.4 km，造林4700亩，改良梯田1066亩，经受了几次暴雨山洪袭击，洪水、泥沙基本得到控制。革塘小流域治理后比治理前森林覆盖率从17.2%上升到40%；粮食总产从211.97万kg上升到325.9万kg，人均口粮从218.5kg上升到390 kg；人均收入从272元上升到642元。其他小流域经治理后生产、生活水平都有不同程度的提高，普遍取得较好的生态、经济和社会效益。

五、积极防灾抗灾

1990年珠江流域未发生流域性的大洪水，但上游地区仍受到局部性洪水的侵袭，中下游地区则遭受干旱和暴潮灾害。

6月中、下旬，西江上游的南、北盘江地区普降暴雨，南盘江流域的曲靖、陆良、宜良几个坝子暴雨引发山洪，淹没农田9.7万亩，成灾2.95万亩，房屋倒塌数十间。北盘江流域连续大暴雨，110万亩农田遭受洪涝灾害，成灾41.3万亩，损失约3200万元。其中盘县县城水淹深0.5 m，淹田3万亩，通讯中断。6月15日和24日，六枝特区马脑箐和盘县水塘区分别发生滑坡和泥石流，冲毁11万V输电铁塔，煤矿井和洗煤厂被迫停产。7、8月份，西江中下游的广西、广东地区则普遍高温少雨，降雨量比正常年份减少五成以上。其中广西有1.9794万处库、塘干涸，4756条河断流，受旱农作物1626万亩，成灾992万亩，失收88万亩，140万人和87万头大牲畜发生饮水困难。广东受旱农作物1192万亩，成灾126万亩，失收8.7万亩。此外，4月9日至11日，广东江门、中山、河源等5市16个县（区）遭受龙卷风和暴雨侵击，毁坏公路218 km，桥梁86座，水库7宗，水陂1193座，毁坏房屋1.1万间，倒塌1482间，受灾农作物95万亩，受灾人口61万人，死25人，伤422人，水利工程损失1000万元。

流域内各级人民政府和水利三防部门，积极组织群众和专业队伍进行防灾抗灾。云南曲靖、陆良等受灾地区组织12.8万人抗洪涝，加固堤防险段，避免了垮堤；贵州各级领导和水利三防部门负责人到受灾地区现场办公，组织群众抗灾，挽救农田80万亩，挽回损失540万元。广州市立足于防大水，落实了指挥机构、抢险队伍和抢险路线，组织了3000人上北江大堤进行防汛演习，确保北江大堤安全，并把整治市区内的驷马涌、沙河涌作为1990年市政府为群众办的11件实事之一，使广州市顺利渡过汛期。而对中下游严重的干旱，广西出动703.94万人，抗旱机械6.78万台，其他抗旱工具124万件，挽救受旱农作物700万亩；广东出动450万人，抗旱机械7.2万台，其他抗旱工具162万件，投入抗灾工程费1.17亿元和大批物资，进行了人工降雨，挽救农作物262万亩。由于抗灾工作得力，两广都在大旱之年获得农业丰收。

六、珠江水利委员会的主要工作

珠江水利委员会（简称珠委）是国家水利部在珠江流域的派出机构，1979年8月13日由国务院批准成立，同年10月1日在广州正式挂牌办公。主要职能是对珠江流域进行“统一规划，综合开发，加强管理”。1990年5月4日，水利部根据国务院批准的“三定”方案，进一步明确对珠委的主要职能为：代部履行水行政主管部门的职能。按部授权并协同地方执行水法，协助部负责流域内跨省市河流及国际界河的治理与防洪安全，组织实施珠江流域水资源的综合开发、利用和保护，协调流域内省际及行业间的水事矛盾，协调跨省河流管理机构的设置。受部委托负责海南省、韩江流域、云南、广西国际河流的有关水事。

根据上述主要职能，设置了办公室（含外事办）、水政水资源处、防汛抗旱办公室（含工程管理）、计划财务处、人事教育处、规划技术处、农村水利水土保持处、水利水电建设管理处、行政处、政治工作处、监察室、审计室12个机关处室；设立水资源保护局、勘测设计院、科学研究所、水文局、科技情报所、西江局、离退休职工管理办公室、物资供应站、综合经营管理办公室、职工后勤服务部10个委属事业单位；此外还设有珠江水利水电开发公司、珠江实业发展总公司两个委属企业单位。1990年底全委有职工1256人，其中固定职工1111人，专业技术干部791人（高级112人，中级355人，初级324人），已形成一支专业较齐全的水利专业队伍，具有国家甲级勘察、设计和环境影响评价证书，能承担流域内外相应的工程勘测、规划、设计、科研和建设任务。

珠委成立以来，编制完成了珠江流域治理开发的总体规划《珠江流域综合利用规划报告》，为珠江流域的治理开发提供了基本的依据；在规划的基础上，开展了飞来峡、长洲、百色、榕江等大型水利枢纽的可行性研究或初步设计，为加快珠江流域的治理开发准备条件；建成了可满足珠海、澳门本世纪末城市用水需要的“西江～珠海、澳门”供水工程；整治磨刀门、蕉门、横门、虎门等珠江出海口门，造地10多万亩，并从中摸索出一条横向联合、治理与开发相结合，实现水利资金良性循环的路子；进行了大量勘测、水文、科研等基础工作。在遥感技术的应用、海岸带和海涂资源综合调查、数学模型计算、环境影响评价等领域有多项科技成果获得部（省）级的奖励。

1990年，珠委积极贯彻实施水利部批准的“三定”方案，转变职能，加强宏观管理，编制了流域水利建设五年计划和十年规划；加强同流域内各省（自治区）的联系和协调，在韩江棉花滩、北江飞来峡、西江大藤峡等关键性水利枢纽的建设问题上，同福建、广东、广西、东北勘测设计院等有关省份和部门研究协调，推动了这些项目的前期工作；开展流域防汛检查，促进了南宁、梧州等地的河道清障；受水利部的委托，对广东、广西、海南的水利基本建设工程进行质量检查，加强了水利基建工程质量监督工作；与有关单位合作，继续开展了西江长洲、右江百色和柳江榕江水利枢纽的建设前期工作，并协助地方完成了一些小型供水、小水电站的规划设计；基本完成了磨刀门洪湾南、鹤洲南、虎门威远围等珠江口门整治开发的技施设计；配合规设完成了“长洲枢纽可行性研究水工模型试验”、“珠江三角洲河网区水环境容量及水质规划研究”、“澳门附近水域物理模型试验”等科研课题；进行了珠江口水文资源测验，对珠江八大口门水质开展了定期监测；设计院推行全面质量管理通过了部级达标验收，逐步深化管理，促进了生产，提高了效益。

（王治远）

海 河 流 域

海河流域治理与开发

1990年是我国全面深化改革、治理整顿初见成效的一年，也是“七五”最后一年。海河水利委员会在水利部的领导下和流域内各级水利部门的支持下，通过全体职工的努力，在工程建设、防洪、供水、发电、规划、设计、管理和队伍建设等方面做了大量的工作，并取得了一定的成绩。

一、水利基本建设进展顺利

1990年纳入基建计划的水利基本建设共18项，其中水库除险加固工程8项，河道整治工程5项，其他如南水北调东线穿黄工程、水土保持工程、水文和水政建设等5项。

1. 水库工程　流域内水库工程1990年纳入基建计划共8项，其中7项是水库除险加固，它们是岳城、册田、黄壁庄、南海（中型）、怀柔、漳泽和临城水库，1项是潘家口水库移民迁建工程。

岳城水库除险加固工程，在施工指挥部和施工单位、设计单位的共同努力下，克服了种种困难和干扰，按照国家防办要求，在汛前主、副坝均已填筑到设计高程、泄洪洞进水塔接高及洞身接长的混凝土底部工程也全面完成，保证了水库安全度汛。溢洪道改建工程完成了导流墩加固、部分海漫、柔性板、防冲墙面板及左堤的混凝土浇筑。完成主、副坝土石方填筑60.0万m^3，其中砂砾料填筑34.6万m^3，壤土填筑27.4万m^3。混凝土浇筑1.58万m^3。累计完成土石方填筑349.0万m^3，混凝土浇筑7.93万m^3。至年底，除险加固工程共完成投资3049.0万元，累计完成9980万元。岳城水库除险加固工程原计划1990年底完工，但由于开工时间推迟、设计变更、工程量增大、施工干扰等原因，经部批准，将工期调整到1991年完工。

册田水库除险加固工程，除在汛前完成地震后四项应急处理工程外，非常溢洪道的泄槽段已完成全部工程量的80%，控制段的边墩和5个中墩已浇筑到964.0 m高程，接近完成。帷幕灌浆完成2000 m^2。引渠段完成了全部工程。左副坝粘土斜墙、石渣坝体填筑等工程均已完工。至年底，完成投资1525.0万元，累计共完成投资2425.0万元。

其他由国家和地方共同集资的水库除险加固工程，岗南水库已通过正式验收，非常运用洪水标准达到5000年一遇。黄壁庄水库完成3号副坝后排水沟、减压井、压坡平台、坝顶道路翻修等工程，土方31.71万m^3，石方1.99万m^3，混凝土0.57万m^3，完成投资735.3万元，其中国家投资270万元。怀柔水库完成东溢洪道扩建、大坝压坡工程，完成部分坝顶路面、坡脚反滤等工程，总计完成土方140.0万m^3，石方4.3万m^3，混凝土2.13万m^3，完成投资1400万元，其中国家投资400万元。漳泽水库完成主要项目有大坝加高培厚、泄洪洞工程和其他工程，总计完成土方52.25万m^3，石方1.84万m^3，混凝土0.25万m^3。完成投资1050万元，其中国家投资50万元。南海水库完成主要项目有大坝加高、溢洪道建闸护砌、输水洞加固、洞身接长等，总计完成土方29.67万m^3，占总工程量的39.3%。完成投资800万元，其中国家投资300万元。临城水库主要安排溢洪道工程和坝体、坝基防渗等项目，完成投资565万元，其中国家投资200万元。至年底，以上水库共完成投资4550.3万元，其中国家投资1220万元，地方投资3330.3万元。

2. 河道整治工程　1990年河道整治工程纳入基本建设计划的共有5项工程。它们是漳卫河治理尾工、永定新河疏浚、永定河卢沟桥至梁各庄干流整治、北运河屈家店节制闸改造和蓄滞洪区安全建设等。漳卫河治理尾工500万元，至此漳卫河治理尾工总投资2400万元，已全部完成。永定新河疏浚与加固工程915万元，完成清淤土方294万m^3，累计完成3715万元。永定河干流整治工程350万元，主要用于左堤及险工加固，完成挖填土方128.6万m^3，浆砌石0.28万m^3，干砌石0.07万m^3。屈家店北运河节制闸是永定河洪水泄至北运河入海河的门户，是1932年修建的老闸，裂缝、老化非常严重，除给管理运用带来极大困难外，还直接威胁着天津市区的安全。因此，需要拆除重建。总投资517万元，1990年完成175万元，完成旧闸的拆除验收和70根闸基混凝土桩的灌注任务，计划1991年改建完工。蓄滞洪区安全建设完成国家投资250万元。

至年底，5项工程共完成投资4075万元，其中国家投资2190万元。

3. 其他工程　南水北调东线穿黄工程是今年新开工项目，海委是建设单位，10月份正式组建了穿黄工程指挥部。

南水北调东线穿黄工程是实现南水北调东线输水的关键性工程，近期穿黄隧洞定在穿黄试验探洞的基础上，进、出口按200 m^3/s 规模扩挖，中间平洞部分暂按50 m^3/s 规模扩挖，总投资2980万元。至年底，完成投资305万元，除用于开班及办公生活设施建设外，完成洞口石方明挖0.5万 m^3。

此外，有密云水库上游水土保持200万元，水土保持、水政建设50万元、水文基建补助129.5万元。

二、完成了流域供水和发电任务

海委漳卫南运河管理局的岳城水库，执行上级有关指示精神，先后两次向下游开闸放水，总计4.92亿 m^3，其中向民有渠、漳南渠供水0.947亿 m^3，向河道泄水3.975亿 m^3。据卫河临清站统计，汛期共下泄水量7.982亿 m^3，经四女寺枢纽调节后，向南运河供水4.2亿 m^3，向漳卫新河供水2.0亿 m^3，还有部分水量经辛集闸下泄入海。这些水量缓解了卫运河两岸和德州、沧州地区农业和城市生活用水的紧张局面。入海水量对漳卫新河河口淤积也起到了一定的冲刷作用。

海委引滦管理局的潘家口、大黑汀两水库按照上级批准的供水计划，全年供水10.27亿 m^3，其中向天津市供水4.85亿 m^3，向河北省滦河下游供水4.28亿 m^3，向唐山市供水1.14亿 m^3。同时还为“亚运”期间提供2.0亿 m^3 的发电水量。在全面完成供水任务的同进，全局总发电量为2.35亿 kW·h，完成上级下达发电计划的124%。其中潘家口水电厂发电2.01亿 kW·h，大黑汀水电厂发电0.34亿 kW·h。在国庆和亚运会期间，潘家口电厂还担负了发电和事故备用任务，全厂作了统筹安排，合理调配力量，机组安全运行40天，发电3300万 kW·h，为提高电网供电质量和保证国庆、“亚运”用电作出了贡献。

为使水利工程管理走向良性循环的轨道，根据国务院《水利工程水费核订计收和管理办法》编制了《引滦工程（分水闸以上）水费计收和供水管理办法》和《岳城水库水费标准和计收办法》，报部待批。

三、加强工程管理，搞好流域防洪

1. 对阻水作物和违章建筑进行清障和清淤　漳卫南运河管理局贯彻运用《水法》和《河道管理条例》，在各地政府部门的大力支持下，对自1985年清障以来所遗留下来的“钉子”、难点进行清理，共清除违章房屋150间，滩地砖窑7座，高渠3条，清理树障615亩、4900棵，苇田约100亩。另外还清除水泥预制件厂1个，违章院墙50余 m 等。为了推动清障工作顺利进展，还首次进行了“无障河段达标验收”工作，经过验收，卫运河、漳卫新河夏津、平原、乐陵、南皮、盐山等5段达到了无障河段标准。海河下游局对海河河口和独流减河河口进行了清淤和拖淤，共完成清、拖淤土方76.4万 m^3，同时配合天津市水利局完成永定新河清淤任务。

2. 度汛和防汛岁修工程按时完成　海委共安排工程158项，其中度汛工程35项，防汛岁修工程123项。其中漳卫南管理局完成投资627万元，完成土方42.38万 m^3，石方1.32万 m^3，混凝土60 m^3，焦砖0.29万 m^3。海河下游管理局完成投资179.2万元，但其中由市政府筹资的62.5万元至年底仍未落实。

3. 蓄滞洪区安全建设走向正轨　1990年国家补助250万元用于永定河泛区、恩县洼、滏阳河中游洼淀的安全救生建设，其中河北省永定河泛区修建救生台34个，5.0万 m^2，滏阳河中游洼淀修建防洪房1.04万 m^2。

4. 防汛检查　海委会同国家防总、水利部及流域有关省市对永定河、大清河、子牙河、滦河、漳卫南运河等河系的主要水库、河道洼淀进行汛前检查，对委属防洪工程也进行了多次自检、联查。进入汛期后即投入临战状态，密切注意雨情、水情、工情的变化。7月1日晨，岳城水库以500 m^3/s 流量向漳河下游放水，由于漳河是一条游荡性河道，至今未按规划统一治理，河道坡度大，险工多，再加上工程部分失修，放水至2日，漳河右堤陈村等险工险情恶化，到6日，在陈村2～3号丁坝之间，形成钻裆冲刷，致使堤防坍塌230 m，其中部分大堤坍塌了2/3。在此情况下，一方面将险情及时上报国家防总，同时立即由海委副主任带队奔赴现场，与漳卫南运河管理局和沿河有关政府领导共同指挥抢险，使险情得到了控制。此次除险引起田纪云副总理的极大关注，同时也使海委在防汛决策、指挥、抢险技术和通讯设施等方面得到了实战考验。

5. 水文情报是防汛的耳目　1990年，海委又布设了报汛雨、水情站442处，其中雨量站143处，水文站202处，水库站81处、水位站16处。汛期共收雨、水情报2.6万份，由计算机和人工两套译报办法，出各类水情报表和水情简报120多期。岳城水库水情自动测报网二期工程正式启用，运行情况良好。信息传递速度快、测报数字基本准确，使海河流域雨、水情测报工作朝现代化方向又迈进了一步。

6. 通讯系统进一步完善　1990年又新开通海委至天津电力局1.5GG微波通讯线路，增加了海委至引滦管理局交换机的自动接口，完成了永定河泛区及小清河分洪区、岳城至海委至漳卫南管理局的计算机远程数据通讯网络系统，同时对原800 MHz通讯干线由汛期24 h开机改为全年24 h开机运用。

7. 水闸管理走向标准化　海委漳卫南运河管理局修改制定了《水闸工程管理标准》报部后，部水管司对水闸标准化管理的做法及每年检查验收给予充分肯定，并在《水利管理》简报上摘要刊登了《管理标准》，在国内产生一定影响。广州市水利局、沂沭泗工程管理局等单位均来吸取经验。

四、开展水源开发及江河治理的前期工作

继续完成"海河流域综合规划"工作，对海河流域规划中有关章节进行了编写修改工作，同时对北京供水问题继续进行方案比较。

组织完成"屈家店北运河节制闸改建工程初步设计"、"屈家店北运河节制闸1990年度汛工程措施报告"、"蓟运河治理工程设计任务书"、"永定新河治理可行性研究报告"、"永定河泛区治理可行性研究报告"、"永定河泛区左堤初步设计"等编制工作，同时受规划总院委托对上述设计进行了审查或预审工作，其中屈家店北运河节制闸改建工程在上报水利部批准后，已投入施工。为了解决漳河统一规划治理，开始对漳河治理可行性研究前的现场查勘工作。

调水工程规划设计工作，完成了对《引黄入淀工程设计任务书》评估时提出的10个专题的补充论证工作，在5月底专家组初步评估后，海委组织天津院、黄委会、河北、河南等有关单位按专家评估组的初步意见完成了补充文件的编制工作。同时完成了引黄入卫（小运河线）的工程规划及报告的编制、引黄济津（滨海线）的线路查勘和部分规划、南水北调东线位山至临清段输水线路的规划及报告的编制工作。

五、加强对水政、水资源保护、水工保持的管理

在水政建设上，海委机关和漳卫南运河管理局相继组建了水政处并充实了力量，对《水法》的贯彻落实和担负部授权的水政职能提供了组织保证。为贯彻国务院[1989]42号文件，促进漳河分水方案的实施，积极进行"漳河水政水资源管理处"的筹建工作。积极开展水利执法试点工作，在漳卫南运河管理局的德州处、邯郸处，河北省的石家庄地区、雄县，山西省的太原市、大同市，天津市的武清县进行了全国第二批水利执法的试点工作，初步发挥了水利执法的威力。漳卫南运河管理局共依法处理侵堤取土、偷树等案件548起，拘留15人，为国家挽回经济损失7.24万元，有力地打击了破坏水工程的不法分子，推动了依法治水工作的开展。在水事工作方面，先后调查了芦台、汉沽农场与天津市的水事矛盾，河北省拟在南运河、大清河等地建闸引起的水库矛盾，并对山东省拟在卫运河上建南屯闸引水工程，河南省林县红旗渠改造工程等进行了调研。

在水资源保护上，海委水资源保护局完成了1989年流域水质年鉴资料的汇总、审稿和刊印。根据流域地下水的开发利用程度，浅层地下水受到污染的具体情况，将地下水资料也列入了这次整编范围，使流域的水质年鉴资料更加完整系统。作为国家引滦水资源保护领导小组办公室的办事机构，海委水资源保护局继续开展了滦河上游的水资源保护工作。根据国家环保局对引滦水资源保护条例的修改意见，与河北省、天津市交换了意见并召开了引滦水质监测网工作会议。根据水利部的要求，海委水质监测中心与河北省、水利部水质试验研究中心共同对白洋淀的水质进行了一次调查，并在汛前、汛后对影响白洋淀水体、水质评价的pH值等进行了24 h连续观测，基本查清了pH值的变化原因。此外，水资源保护研究所参加了国家甲级环评证书的考核，并获得了国家环保局颁发的《全国建设项目环境影响评价甲级证书》。

在水土保持工作中，编写了《水土保持国家标准（海河流域部分）》、《全国水土保持规划纲要（海河流域部分）》，颁发了《海河流域水土保持小流域综合治理试点财务管理办法》等。密云水库上游水土保持重点治理区，已完成治理面积243 km^2，超额5.7%完成全年计划。对永定河上游重点治理县的治理计划进行了审查，并组织水利专家对永定河上游水土保持重点进行了全面考察。

六、天津勘测设计院确保在建工程，全面完成生产任务

天津勘测设计院全年承担规划设计项目共33项，其中规划项目10项，可行性研究9项、初步设计4项，在建工程项目5项，其他项目5项。全年完成实物工程量：规划设计99720工日，完成设计图纸1469自然张，工程测量159.31标准km^2，物探5000标准点，钻探3889标准米，塘槽3403标准m^3，地质工作

21750 工日。按计划提交成果报告 11 份。全年完成产值 1730 万元，比 1989 年增长了 8.0%，产品合格率达 100%。天津勘测设计院承担的在建项目，如板桥、潘家口、岳城、册田等工程仍处于紧张施工阶段，设计人员驻守现场，和建设单位、施工单位一起抢时间、赶进度、研究问题、解决问题。科学试验除完成一些主要课题外，还进行了评选优秀科研成果活动，共 79 项论文及成果参加评奖，获奖项目 26 项，其中获国家级 2 等奖 1 项，部级 2、3、4 等奖 3 项。在完成计划内任务的同时，还积极承担了横向生产任务，扩大业务范围，在全院职工的共同努力下，承揽横向任务共 61 项，合同金额达 366 万元。还与中国机械进出口总公司，中国机电进出口总公司以及一些水机、水工制造厂建立了横向联系，在国外项目投标中进行了合作，扩大了信息网络，为今后发展打下了基础。

在继续保持和发挥现有技术优势的基础上，又把重点放在积极开展计算机技术的开发利用上。为了提高计算机应用水平，全年购置计算机及外围设备 42 套，并做好计算机的人员培训。目前工程技术人员使用微机计算和绘图率已达 40%以上。

七、其他管理工作

1. 计划财务管理　全年共完成基建投资 11141.5 万元，比 1989 年增长了 21%，其中大基建 18 项，水库除险加固项目占有很大比重。全年事业费预算安排 2001 万元，其中机构经费 665 万元，防汛岁修费 1200 万元，规划补助费 80 万元，水土保持费 46 万元，水文专项费 10 万元。另外移民补助费 592 万元，天津勘测设计院生产经费 1516 万元。在财务管理上，着重抓了委机关经济合同的管理，全年共审核各种经济合同 95 件，已履行合同 61 件。为了加强基建投资计划管理，制定了《关于加强水利基建投资计划管理办法（讨论稿）》并向全委系统及流域各省、市厅局征求了意见。

2. 物资管理　在防汛抢险物资供应上，千方百计予以保证。全年共完成水泥 34050 t，钢材 3528 t，木材 4600 m^3，油毡 1487 卷，玻璃 1618 m^2 的供应。特别是国家防总今年向海委拨发油料 1500 t，使多年防汛用油的紧张状况得到缓解。

3. 科技管理　完成了大清河三洼联合调度运用的二维调洪研究、国家科委攻关项目第 57 项《华北地区水资源供需现状、发展趋势和战略研究》中决策模型的建立和有关子课题的研究并写出决策分析报告、岳城水库溃坝洪水演进的研究并通过国家防总验收、海河河口拖淤试验和纳潮冲淤试验的协调工作。在外事交往中，完成了与罗马尼亚进行技术交流的论文准备工作。另外，还先后接待了日本、匈牙利、罗马尼亚及亚洲开发银行等技术经济代表团。

4. 人事管理　进一步发挥青年技术人员的作用，在通讯、计算机、水质监测、计划财务、审计、水文预报、秘书档案等工作中，让青年人挑起重担，解决了 1983 年大学本科毕业生的中级职称聘任问题，同时按政策，聘任了 33 位同志担任中、低级职称职务，调动了青年同志工作和提高业务水平的积极性。为了提高中层干部的素质，还对委机关的中层干部进行了考核、聘任工作。在工资调查和职称聘任过程中，增加了透明度、及时向群众讲明有关政策，因此得以使上述工作顺利进行。

5. 业务管理　4 月 1 日是海委成立 10 周年纪念日。在庆祝活动中，倡导广大职工建立“团结、求实、严谨、高效”的委风意识，并广泛开展了“知我海委、爱我海委、兴我海委”的活动，同时编写了全面反映海委成立 10 年来的工作成就的《创业 10 年》一书，全国政协副主席钱正英题词：“巩固和发展根治海河的成绩，为海河流域人民更好地服务”。水利部部长杨振怀题词是“海委十年　成绩显著　节水引江　前程似锦”，海委历届主任和现任主任曹瑞峰、董一林、卢九渊和张泽鸿等同志也都题了词。通过委庆的一系列活动，振奋了职工精神、增强了大家的凝聚力。

为了更好地对流域内各省、市开展水利服务工作，12 月召开了海河流域水利厅（局）长会议，水利部侯捷副部长到会作了重要讲话，会议围绕如何作好流域水利工作交换意见，提出了建议，加强了流域机构与省、市部门的相互了解、友情和支持。

（俞大昌）

海河流域重点工程简介

引滦水利工程

海河流域京津唐地区包括北京市、天津市和河北省唐山、秦皇岛等地市，总面积 5.5 万 km^2，1987 年总人口 2985 万人，其中 50% 为城镇人口。本区既是我国的政治、文化中心，也是华北经济核心地区和我国城镇人口密集地区之一。由于经济建设的迅速发展和华北地区连续干旱，70 年代起的京津唐三市水源危机，引起国家有关部门的重视，1973 年原水利电力部在 1956 年北京勘测设计院编制的《海河流域规划》的基础上，经进一步研究，确定并提出了加快进行引滦工程和京津唐供水报告。其内容包括修建滦河潘家口、大黑汀两座水库，穿过滦河分水岭，实现引滦入还乡河、引还乡河入陡河及引水济津等工程。这一意见立即得到国务院的批准和支持。1973年以后，大黑汀、潘家口两水库相继动工。1983年引滦入津通水，1985年引滦入唐竣工，共历时12年。其间组织了100多个勘测、设计、施工和安装单位共同会战，在极其艰苦的条件下，建成了我国规模最大、功能齐全的跨流域调水工程和供水系统。

引滦水利工程建成至1990年底，已向天津、唐山地区供水129.17亿 m^3，其中向天津市供水38.35亿 m^3，基本解决了天津市用水紧张状况，结束了天津人民喝咸水的历史，促进了天津工业的发展。向河北省唐山地区和滦河下游地区供水90.82亿 m^3。解决了唐山市区用水水源，保证了滦河下游农田灌溉。同期还为京津唐电网供电16.9亿kW·h。引滦工程建成后，密云水库不再向天津、河北供水，相对增加了北京市的供水水源，对缓解北京市用水紧张状况，也发挥了显著的效益。

潘家口水库和引滦入津工程分别获得国家优秀设计金奖和优质工程金奖，为工程设计和建设积累了丰富的经验。现对引滦水利工程中的各项工程做一简单介绍。

一、潘家口水利枢纽

潘家口水利枢纽位于河北省迁西县洒河村滦河干流上，控制面积33700 km^2，占滦河流域面积的75%。

滦河水量在华北河流中是比较丰沛的，多年平均径流量为46.16亿 m^3，枢纽以上年径流量为24.50亿 m^3，年均流量77.8 m^3/s。枢纽地处燕山山脉中部的迎风面，洪水具有峰高量大、涨落迅速的特点，洪峰流量量大实属惊人，洪峰均值为3150 m^3/s，但Cv极大，达1.42，故10000年一遇洪峰达59200 m^3/s，可能最大洪峰为63000 m^3/s，其最大校核洪峰在已建及在建水库中，仅次于丹江口及葛洲坝工程。

潘家口水利枢纽主要包括两部分：一部分由上游主坝、溢洪道和泄水建筑物以及右岸坝后河床混合式抽水蓄能电站组成。另一部分由下游闸及河床式水电站组成。当坝上游形成潘家口水库并作为混合式抽水蓄能电站的上池，而由下游闸所形成的有效库容1000万 m^3，则为混合式抽水蓄能电站的下池。

潘家口水库总库容29.3亿 m^3，保证率75%，年供水量为19.5亿 m^3。它是引滦水利工程的关键性工程，主要为天津市、唐山市的城市生活和工农业用水提供可靠的优质水源，同时兼顾防洪、发电、灌溉等综合利用。

潘家口水库主坝为混凝土宽缝重力坝，坝顶高程230.5 m(大沽高程，下同)，最大坝高107.5 m，坝顶总长1039.11m，总库容29.3亿 m^3，其中兴利库容19.5亿 m^3，调洪库容9.7亿 m^3。设计洪水位(P=0.1%)224.5 m，下泄流量33600 m^3/s，保坝水位(P=0.01%)230.1 m，下泄流量56200 m^3/s。最高蓄水位224.7 m，正常蓄水位222.0 m。主坝共分56个坝段，在河床中部为20个溢流坝段，长363 m，设18孔溢流堰，堰顶高程210.0 m，堰顶设有15 m×15 m弧形闸门，最大泄洪能力53100 m^3/s，最大单宽流量达208 m^3/s，最大流速31.0 m/s，采用宽尾墩挑流消能。中部还有2个泄洪底孔坝段，长36 m，共设4个泄洪底孔，底孔进口底坝高程160.0 m，孔口尺寸为4 m×6 m（宽×高)，设4扇弧形工作闸门、最大泄洪能力3100 m^3/s，最大单宽流量775 m^3/s，采用挑流消能。在河床右岸为4个电站坝段，长86 m，坝后设有厂房，厂房内装有一台常规机组，单机容量15万kW，3台可逆式抽水蓄能机组，单机容量9万kW，总装机42万kW。此常规与蓄能结合的大型坝后混合式抽水蓄能电站，在国内还是第一座。水电站进口高程：常规166.0 m，蓄能170.0 m。压力钢管直径：常规7.5 m，蓄能5.6 m。装机高程：常规134.5 m，蓄能130.0 m。当厂房平面尺寸128 m×26.2 m(长×宽)，常规机组已于1981年并网发电。其余30个非溢流坝段，长554.11 m。

潘家口水库还有两座副坝，即西城峪和脖子梁副坝，两座副坝均为土坝，坝顶高程232.5 m，总长375 m，最大坝高22.5 m。

潘家口水库工程于1975年10月动工，1979年12月下旬蓄水，1984年主体工程全部完成。共完成土石方开挖424.0万 m^3，土石方填筑184.0万 m^3，浆砌石11.1万 m^3，混凝土与钢筋混凝土280.0万 m^3，各类灌浆19.4万 m^2。迁移人口3.07万人，淹没耕地3.34万亩、房屋1.91万间。总投资6.8亿元。

潘家口水利枢纽的另一组成部分是抽水蓄能电站下池，它是由潘家口水库主坝与下游6.0 km的挡水建筑物之间所形成的，总库容3168万 m^3，有效库容1000万 m^3。下池最高蓄水位144.50 m。

下池挡水建筑物由拦河坝、泄洪闸及河床式电站所组成，总长1098 m，其中泄洪闸位于河床中部，长286.2 m，共20孔。它是下池调节的主要手段，也是在电站未形成前向下游供水的主要通道。堰型为实用型堰，堰顶高程143.7 m，设12×10.5 m^2(宽×高)闸门。拦河坝全长为811.8 m，其中溢流坝位于河床右岸，为梯形堰，堰顶高程145.0 m，长399.0 m。非溢流拦河坝，坝顶高程151.5 m，长412.8 m，最大坝高28.8 m。河床式电站位于河床左岸，为二台贯流式机组，装机容量2×5000万kW，枢纽上下电站总装机

43.0万kW。目前，潘家口水库3台抽水蓄能机组已安装完毕，下池工程正在紧张施工。

二、大黑汀水利枢纽

大黑汀水利枢纽工程位于潘家口水库下游30 km的滦河干流上，它承接上游来水，抬高水位进行反调节。与上游潘家口水库联合运用，共同承担向天津市、唐山市及滦河下游的供水任务。潘家口与大黑汀水库的区间流域面积为1400 km^2。

大黑汀水利枢纽由拦河坝、溢洪道、泄洪底孔、放水洞以及电厂所组成。

大黑汀水库大坝为混凝土宽缝重力坝，坝顶高程138.8 m（黄海高程，下同），最大坝高52.8 m，总库容4.73亿m^3，其中兴利库容2.07亿m^3，调洪库容1.52亿m^3，正常蓄水位133.0，保坝（可能最大洪水）洪水位138.5 m，最大泄量67500 m^3/s。坝顶长度1354.5 m，其中河床中部为溢流坝段，长532.4 m，共28孔。堰顶高程121.5 m，为实用型堰，堰顶上设15 m×12.1 m（宽×高）弧形闸门，最大泄量60750 m^3/s。采用逆坡式消力池消能。在溢流坝右侧为泄洪底孔段。长88.6 m，共有8个泄洪底孔。进口高程为105.0 m，孔口尺寸为5 m×10 m（宽×高），设有平板钢闸门，最大泄量6750万m^3/s，亦采用逆坡式消力池消能。大坝右岸还建有渠首电站和放水洞，它们是引滦干渠的取水口。大黑汀水库电厂总装机2.16万kW，其中河床式电厂装机为1台8800 kW，渠首电厂装机为4台3200 kW。

大黑汀水库还有副坝1座，总长120 m，最大坝高17.0 m，为土坝。

大黑汀水利枢纽于1973年10月开工，1983年基本建成投入使用。共完成土石方300万m^3，混凝土及钢筋混凝土135.7万m^3，应迁移人口1.31万人，淹没耕地1.16万亩，总投资2.4亿元。

三、引滦分水闸

引滦分水闸坐落在大黑汀渠首电站及放水洞下游500 m处，分水闸以下分为引滦入津和引滦入唐两条干渠。引滦入津闸为3孔，设计流量60 m^3/s；引滦入唐闸为3孔，设计流量80 m^3/s，闸墩上设机架桥和启闭机室，将两闸联为一体。分水闸由微机控制测流和分水量，工程于1982年5月动工，翌年9月建成。

四、引滦入津工程及引滦入唐工程

引滦入津及引滦入唐工程是引滦水利枢纽工程的重要组成部分，是一个包括跨流域调水输水、蓄水、净水和配水等综合性水资源开发利用和城市供水的系统工程群体。

引滦入津工程是把滦河水从引滦分水闸引出，穿过滦、海河流域分水岭，向西入黎河、注入于桥水库调蓄（于桥水库总库容15.95亿m^3），出库后向南经州河跨蓟运河进入输水明渠，经潮白新河泵站加压穿越潮白新河，一部分水经明渠输至尔王庄平原水库调蓄，大部分水经尔王庄泵站、大张庄泵站加压提升后，输入新引河上溯至北运河输入海河干流或经暗涵直接送到市内水厂。全长234 km，设计流量60 m^3/s。全线共有隧洞、泵站、水库、明渠、暗管、暗涵、倒虹、桥、闸、水厂、变电站、通讯网等工程115项。共完成土方2730万m^3，石方140万m^3，混凝土及钢筋混凝土80万m^3，安装各种设备3000余台件、建筑房屋7.0万m^2。工程于1982年5月全线开工，1983年9月11日正式通水，历时一年零四个月，比原计划提前两年完成。工程质量达到国家优良标准，为此工程荣获优质工程金质奖。

引滦入唐工程是把滦河水从引滦分水闸引出，经渡槽跨越横河，穿过分水岭南流经淤泥河入还乡河的邱庄水库（邱庄水库总库容2.04亿m^3），经水库调蓄后，穿山越岭蜿蜒数十里注入位于唐山市东北的陡河水库（陡河水库总库容3.50亿m^3），一部分供陡河电厂用水，一部分送入唐山市区水厂。引滦入唐工程全长52 km，引滦入还设计流量80 m^3/s，引还入陡设计流量40 m^3/s。全线经过7条隧洞、6条埋管、16段明渠、2座渡槽及水电站、桥、涵等工程150多项。共完成土方1371万m^3，石方218万m^3，混凝土及钢筋混凝土54万m^3。工程于1978年冬开工，1981年缓建，1982年复工，1985年建成通水。

（俞大昌）

海　河　闸

海河闸位于天津市塘沽区新港右侧，海河尾闾入海口处。该闸由原水电部北京勘测设计院设计，天津市城建局道桥公司施工。工程于1958年7月1日开工，1958年12月28日完工。它的主要作用是泄水、防潮、蓄淡，这是由海河目前功能所决定的。在1965年开始大规模治理海河以前，海河流域的北运河、永定河、大清河、子牙河以及漳卫南运河等五大水系均汇于天津海河，并经此闸排泄入海。根治海河工程完工后，海河只承泄部分大清河、北运河洪水，其余河流均经各自的分洪道直接入海。由于海河流经天津市区，因此海河亦成为市区的主要排泄河道。所以海河闸的主要作用之一就是泄水入海。海河闸的主要作用之二是挡潮，防止涨潮时潮水涌入海河，淤塞河道，咸化两岸。海河闸的主要作用之三是蓄淡，将海河上游淡水和引滦水蓄贮在海河闸上游，供天津市工农业及城市生活用水，同时也可以发展内河航运。

海河闸共八孔，每孔净宽 8.0 m，高 11.0 m，为开启式双扇平板闸门。闸底高程为－6.0 m（大沽标高，下同），闸顶高程 5.0 m，设计闸上水位 2.60 m，闸下水位 2.30 m，设计流量 1200 m^3/s。在闸室上游侧设有宽 6.0 m 的交通桥联接两岸交通。自建闸以来，该闸超标准运用多次，工程没出现多大问题，其中最大过闸流量为 2040 m^3/s，发生在 1959 年 8 月 19 日，此时闸上水位 2.06 m，闸下水位 1.90 m。

目前工程存在的主要问题是：由于 1976 年唐山地震影响，闸室沉陷严重。据震后观测，闸体向上游位移 21.6 mm，向下沉陷 778 mm，造成底板略向上游倾斜，东西两侧闸楼止水损坏，地下室漏水；交通桥 T 型梁混凝土碳化严重，梁端多次出现破碎和裂缝。

该闸由海委下游管理局海河闸管所管理，共有职工 37 人，其中行政人员 5 人，技术人员 3 人。

（俞大昌）

岳　城　水　库

岳城水库位于京广铁路以西约 12 km 的河北省磁县岳城镇，是海河流域南系漳河干流上的一个控制性工程，控制面积 18100 km^2，占漳河山区面积的 99.4%，现有总库容 10.9 亿 m^3，是一座以防洪、灌溉为主，兼顾发电的大型水库。

岳城水库由大坝、泄洪洞、溢洪道、电站和引水闸组成。

岳城水库大坝由主坝、大副坝、1、2 号小副坝组成，其中主坝长 3570 m，最大坝高 53.0 m，大副坝长 1400 m，最大坝高 30.0 m，1、2 号小副坝总长 700 m，最大坝高 10.0 m。岳城水库大坝为均质壤土辗压式土坝，它坐落在软弱的第四纪、第三纪地层上。该坝于 1959 年 10 月开工兴建，次年完成临时拦洪断面及坝下埋管，以后逐年建设坝基防渗体、压坡填筑、加高培厚、并增厚上游铺盖层，于 1965 年底土坝全部建成，坝顶高程 157.0 m。

泄洪洞进水塔顶高程 155.5 m，内设 9 孔闸门。右边孔为发电引水孔，其余 8 孔为泄洪洞泄水孔。左边孔孔口尺寸为 4.5 m×5.0 m（宽×高）工作门为平板闸门。中间 7 孔为 4.5 m×4.5 m，工作门为弧形闸门。洞底进口高程均为 109.0 m。泄洪洞洞身为坝下埋管、明流、门洞型。8 孔泄洪洞最大泄量为 3500 m^3/s。坝下埋管的基础为第四纪胶结不良砾岩，泄洪洞出口设一、二级消力池。

溢洪道位于主、副坝之间，为长陡槽开敞式溢洪道。进口总宽度 131.5 m，共 9 孔，每孔净宽 12.0 m，每 3 孔一联。堰顶高程 143.0 m，工作门为弧形闸门，门高 10.0 m，在进口上游侧设有交通桥。进口堰以下为泄槽、镇墩、一、二、三级消力池和海漫等，设计流量 8530 m^3/s。溢洪道全部坐落在第三纪砂和粘土上，为我国最大的软基溢洪道之一。

水电站为坝后式。坝下埋管内装压力钢管式引水，压力钢管直径 5.0 m。装机容量为 1 台 17000 kW。发电水头 13～36 m，最大发电流量 56～80 m^3/s，设计年发电量 5460 万 kW·h。

引水闸设在泄洪洞下游消力池两侧，左侧向河北省民有渠供水，右侧向河南省漳南渠供水。两侧引水闸规模相同。底高程 107.0 m，引水流量 100 m^3/s，设计灌溉面积 200 万亩，有效灌溉面积约 300 万亩。

岳城水库的运用方式为 3 年一遇限泄 500 m^3/s，为下游河道提供排涝容量，3～30 年一遇限泄 1500 m^3/s，30～50 年一遇限泄 3000 m^3/s，大于 50 年一遇洪水不限泄。汛限水位 131.0 m。

岳城水库自建库以来，在防洪、供水、灌溉、发电等方面都发挥了显著作用。如 1963 年海河南系大水，水库共拦蓄洪水 6.59 亿 m^3，占漳河洪水总量 18.8 亿 m^3的 35%，最大洪峰由 7450 m^3/s 减为 3500 m^3/s，削减洪峰 53%。据建库 20 多年的统计，向河北、河南、山东、天津共提供用水 186.2 亿 m^3，平均每年提供约 10 亿 m^3。特别是 1982 年还向天津市提供了 2.0 亿 m^3的工业用水，与引黄一起共同解决了天津市的缺水问题。目前灌溉面积已经超过其设计灌溉面积，1976 年实灌面积最高达到 364 万亩。河北省民有渠 1976 年实灌面积达 258 万亩，河南省漳南渠 1977 年实灌面积达 107 万亩。

但是由于水文（洪水）成果的加大和运用方式由二级控制改为三级控制运用等原因，水库的防洪标准只能达到 300 年一遇，成为水利部管辖的重点病险水库。由于水库溃决后对下游河北、河南、山东等 20 余市县和京广、津浦铁路将会造成严重的威胁，因此岳城水库被列为首批全国 43 座病险水库之首，急需采取措施提高防洪标准。

1983 年 9 月天津勘测设计院曾提出岳城水库提高防洪标准初步设计文件报审，共提出三个方案。①副坝改线方案。将现有的大副坝的大部分和 1、2 号小副坝拆除，跨香水河另建一道新坝，可增加库容 0.86 亿 m^3，于新副坝左侧设非常溢洪道。可将设计防洪标准从 300 年提高到 500 年一遇洪水，非常洪水运用标准可以达到10000年一遇，达到部颁标准要求。②第二溢洪道方案。位于主坝右坝头增设第二溢洪道，进口高程143.0 m，设8扇11.5 m×12 m（宽×高）弧形闸门，最大泄量6900 m^3/s。设计防洪标准可提高到1000年一遇，超标准时采取爆破2号小副坝措施。③大坝加高方案。将坝顶高程从现在的157.0 m加高到159.0 m，当库水位为156.1 m时，溢洪道限泄8530 m^3/s，加上泄洪洞泄量，可将设计防洪标准提高到500年一遇，超标准时采取爆破2号小副坝措施。

1983年10月原水电部规划设计总院对初步设计进行审查，由于河北、河南省对1、2方案意见不一致，迁村移民问题也较难解决。1983年11月原水电部以（83）水电水规字第43号文批复，确定采用大坝加高方案，并提出在可能条件下，争取多加高一些，使能防御1000年一遇洪水，但按等级规范的安全超高可以降低，这样可减少扒2号小副坝的机会。大坝加高可采用全断面压坡。根据以上批复意见，天津勘测设计院对大坝加高方案进行了补充设计和水工模型试验，采用提高库水位，溢洪道敞泄的措施。根据设计，当库水位为157.4 m时，溢洪道泄量可达11000 m^3/s，加上泄洪洞下泄3500 m^3/s，总泄量14500 m^3/s，水库防洪标准可以提高到1000年一遇。坝顶加高2.5 m达159.5 m，总库容增加以12.2亿m^3。1986年12月，原水电部以（86）水电水规字第64号文批准了天津勘测设计院提出的“岳城水库提高防洪标准补充初步设计”并列入1987年基建计划。1987年6月海委作为建设单位，采用招标形式组织施工，并确定同年9月15日为开工日期。经过一年多的施工实践，至1989年底，岳城水库提高防洪标准工程，批准调整概算投资为9980万元。

岳城水库提高防洪标准工程，其主要项目有：

1. 大坝加高　大坝坝顶高程由157.0 m加高2.5 m达到159.5 m高程，坝顶宽8.0 m，采用下游砂砾料贴压填筑，坝轴线向下游平行移动13.0 m。上游采用粘土斜墙防渗，坝顶设混凝土路面，上游设防浪墙1.2 m，同时增加0.6 m高的防浪墙底座。

2. 增设3号小副坝　大坝加高后，原2号小副坝左侧山头高程不够，因此需要增设3号小副坝，坝长280 m，最大坝高6.0 m，为均质土坝。

3. 溢洪道改建　①进口交通桥由闸室上游侧移至下游侧，与新坝轴线一致。桥面高程159.5 m，原交通桥处的闸墩加高至158.0 m高程。②边墩与土坝之间设置一道挡水刺墙。刺墙采用倒“T”型钢筋混凝土结构，墙高9.5 m，一端与工作桥边墩联接，另一端伸入土坝内形成一条封闭挡水线。③由于溢洪道改建后泄量由8530 m^3/s提高到11000 m^3/s，因此下游消能设施需要加强。由于1、2、3级消力池位置已定，故只有采取加高消力池堰、坝顶高程的办法，来加深消力池深度。为满足消能要求，二级堰需加高2.0 m，三级坝需加高1.0 m。为防止掺气水流及涌浪外溢，消力池边墙也需相应加高。一级池边墙需加高3.1 m，二级池需加高3.0 m，三级池需加高1.5 m。④海漫加固。原海漫为浆砌石和混凝土砌护，厚0.7 m。溢洪道泄量增加后，为防止冲刷，在浆砌石及混凝土砌块上浇筑0.5 m厚的钢筋混凝土。为使水流扩散均匀，在原导流墩的基础上，增设3个新导流墩。⑤增设垂直防冲墙。因该溢洪道坐落在软基上，为防止溯源冲刷，在海漫末端增设垂直防冲墙一道。墙深15 m，墙底高程85.0 m，采用冲击钻造孔成工字型，然后浇筑成一道工字型的钢筋混凝土防冲墙。防冲墙下游设置防冲槽，防冲槽采用钢筋混凝土柔性板型式。⑥左堤防护。在现有浆砌石护坡上增设一层厚0.3 m钢筋混凝土，堤顶设反弧式防浪墙，墙高1.1 m。⑦其他处理，如镇墩凹凸不平处理，进口右翼墙裂缝处理、泄槽面板处理及面板混凝土剥蚀处理等。

4. 泄洪洞进水塔改建　①原泄洪洞进水塔顶高程为155.5 m，按现有框架型式加高4.0 m，达到159.5 m，并对进水塔进行加固，设在顶部的启闭机室，电梯井、工作室等均需拆除重建。②右边孔孔口尺寸改建。将右边孔现有尺寸4.5×5.0 m^2（宽×高）改为4.5×4.5 m^2，于门槽后顶部加一压坡。③交通桥抬高4.0 m，同时接长一孔桥梁。

5. 泄洪洞洞身接长　由于泄洪洞段坝下游采用砂砾料填筑，按边坡要求，泄洪洞洞身需要按原断面接长19.5 m。泄洪洞出口仍需设坝下交通桥一座。

岳城水库提高防洪标准工作，经过3年多的紧张施工，大部分主体工程已经完工。全部工程完成要到1991年10月份左右。那时，岳城水库将以全新的面貌，矗立在漳河之上，造福于海河人民。

（俞大昌）

松花江、辽河流域

松辽流域水资源综合利用规划

1984年4月1日，国家计委以计土[1984]156号文，下达了“关于请组织编制松花江、辽河流域水资源综合开发利用规划的通知”。1985年，国家计委又下达了以计土[1985]128号文批准的松花江辽河流域水资源综合开发利用规划任务书。

为贯彻落实国家计委批准的“任务书”，原水电部于1985年9月在哈尔滨市召开了“松辽流域规划协调会”，正式成立了有中央各部、东北4省、自治区代表参加的松辽流域规划协调小组，协调小组办公室设在松辽水利委员会。

规划总的指导思想是：从松花江、辽河流域的自然特点与社会经济的实际情况出发，两流域内有关省区和有关部门团结协作，按照统筹兼顾和讲求经济效益的原则，采取各种措施，综合开发利用两流域水资源，为在本世纪末实现工农业总产值翻两番服务。

根据史志记载：1683年（清康熙二十二年）和1906年（清光绪三十二年）都曾提出开凿松辽运河的设想。民国初期，伟大革命先行者孙中山先生在他的《建国方略》中已提出修建松辽运河的战略设想，对松辽运河的伟大意义和路线均作了精辟论述。

中华人民共和国成立后，从1955年春进行辽河流域规划时就开始研究开发松辽运河，在大量基础工作和规划研究工作基础上，于1959年10月，由东北协作区主持，各省领导参加的松辽运河座谈会，全面讨论了规划基本成果，并共同确认：①输水线路为西干东支方案；②调水量65亿m^3，其中灌溉用水40亿m^3，可发展灌溉面积1000万亩；③一致认为早日建成松辽运河，对促进工农业及交通运输有很大意义。

国家计委计土［1984］156号文，要求将松花江、辽河两流域作为一个整体来研究水资源综合开发利用，解决两流域，特别是辽河中下游的严重缺水问题。从1985年开始，水利部松辽水利委员会在辽宁、吉林、黑龙江和内蒙古4省、自治区的大力协助下，正式进行松辽流域水资源综合开发利用及其北水南调的规划工作，到1990年末，规划工作的大部基本结束。整个规划工作中，原来将1980年作为规划基准年，1990年和2000年作为规划水平年，2030年为远景展望年。但现在已到了原来预测的1990年水平年。为此，水利部要求比较1990年的实际发展指标与原预测指标的差别情况，进而对规划报告进行必要的补充修改。水利部松辽水利委员会1990年又对上述工作进行补充，规划报告拟于1991年年底上报国家审查。

（松辽水利委员会）

松辽流域重点工程建设

太子河观音阁水库

太子河干流上游的观音阁水库，是辽宁省中部经济区防洪和供水的基础性工程，控制流域面积2795 km^2，总库容21.68亿m^3，调节水量9.47亿m^3，是以城市、工业用水和防洪为主的大型综合利用水利工程。水库建成后效益显著，其下游参窝水库和支流汤河水库联合运用，可增加供水量11.73亿m^3，使本溪、辽阳两城市的防洪标准提高到500年一遇洪水，辽阳下游太子河两岸的农田可提高到50年一遇的防洪标准。

水库大坝为混凝土重力坝，最大坝高82 m，坝顶全长1040 m，设12个溢流孔，每孔净宽12 m。工程于1987年由国家正式批准兴建。并由中国科学技术委员会与日本国际协力事业团商定，将水库工程正式列入中日合作技术项目，并确定采用日本RCD工法进行施工，经中日两国政府商定使用日本政府对中国第二次贷款余额进行水库建设。

1989年10月国家批准将观音阁水库工程列入1989年基本建设新开工大、中型项目，辽宁省将工程列为“七五”期间省重点工程之一。工程的土石方量为120.46万m^3，混凝土量196.81万m^3，工程原总概算9.7亿元。主体工程于1990年5月10日正式开工，水利部部长杨振怀，辽宁省省委书记全树仁、省长李长春等领导同志出席了开工典礼。日本国众议员、前建设省大臣木部佳昭，日本驻沈阳总领事高桥迪也出席了开工典礼。截止1990年末累计完成投资3.4737亿元。施工前期的准备工程，对内对外交通、物资转运、混凝土拌和生产系统和临建设施均已大部完成并交付使用。1990年进行了溪田（本溪到田师付）线铁路改线工程和各项前期工程的收尾，并开始对主体6～29号坝段进行基础开挖和混凝土浇筑，共浇筑混凝土15万 m^3，同时对15～29号坝段进行坝基固结灌浆，完成钻孔15.194 km，灌注水泥2787 t。

洮儿河察尔森水库

洮儿河干流上游的察尔森水库，是国家“七五”重点工程项目，由水利部松辽水利委员会负责组织施工建设。水库集水面积7780 km^2，总库容13.65亿 m^3，拦河坝最大坝高39.7 m，坝顶全长1712 m，岸坡溢洪道溢流净宽36 m，输水隧洞长392 m，水电站装机4台，单机3.2 MW，总容量12.8 MW。水库工程自1987年5月1日正式复工修建以来，在水利部和地方政府的大力协助下，经过两年多的建设，1988年大坝截流，比设计原定工期提高了一年，1989年7月拦洪蓄水，同年第一台机组发电。水库建成后，将使洮儿河下游河道的防洪标准提高到50年一遇，可基本上解决两岸的洪涝灾害，并可向下游灌区供水5亿 m^3，为农牧业的生产发展提供可靠的水源。大坝提前截流后，1989年恰遇春旱，由水库放水800万 m^3，缓解了下游3个水田灌区的旱情。

1990年水库复工建设进入第四个年头，主体工程的拦河土坝、溢洪道、输水洞和电站已基本完工，12月底通过了电站的单项工程验收，四台机组全部投入运行。预计1991年工程可以全部竣工。截止1990年底，总计完成工程量317.69万 m^3，其中土石方量290.07万 m^3，混凝土方量27.62万 m^3，完成投资11850万元。

1990年汛期恰逢洮儿河流域洪水，支流蛟流河洪水较大，由于察尔森水库拦蓄洪水未曾泄流察尔森水库蓄水达10亿 m^3，与蛟流河洪水错峰，减小了下游乌兰浩特市100年一遇洪水时的洪峰流量，减轻了下游的灾害保证了乌兰浩特市的安全，春灌期水库为下游提供水量1.3亿 m^3；全年水库电站发电500万kW·h。本年度已向库区投放鱼苗25万kg。

三江平原的开发与治理

三江平原是国家基本建设项目，近期以防洪治涝为重点。截止1990年末，已完成10条河流中的别拉洪河、安帮河、蜿蜒河和浓江鸭绿河上游地区的治理，修建了同抚大堤。七星河的治理工程正在进行中，累计共完成投资21.110万元，1990年度投资2120万元，主要用于开挖七星河干河开挖工程。

按照三江河平原治理规划，要求骨干工程与配套工程同步、建设和受益同步的治理原则，1990年度由国家财政、水利部及省市地县自筹资金共计投资22295万元，新增除涝面积792万亩，其中达到3年一遇标准为100万亩；改造涝区面积172万亩；开荒85万亩，开荒中发展水田65万亩；改造低产田408万亩，其中改造水田面积158万亩。

松辽流域组织兴办投资改革开发的工程

根据水利部杨振怀部长在全国农田水利基本建设会议上的讲话精神：“调整产业结构和投资结构……促进按流域建立江河综合开发实体，按流域进行综合开发水电、灌溉、城乡供水、水运、水产、水土保持和水利旅游等，实行自我积累、滚动发动。”松辽流域于1990年开始了兴建水电站和城市供水工程，作为深化水利投资体制改革的试点。黑龙江省黑河市西沟水电站是一座中型电站，正在进行建设，装机36 MW，总投资10386万元。是一个集资建设的工程。1987～1990年末已累计完成投资9388万元，主体工程基本建成。1990年作为水电开发项目，松辽水利委员会按有偿使用资金核定投资2000万元，1990年已投入1000万元。预计1991年10月可以发电，到1994年本息可以还清。吉林省四平市从东辽河二龙山水库的引水工程，设计日引水量10.8万 m^3，包括渠首、泵站、输水隧洞和输水管道等工程，总投资8814万元，由地方自筹资金进行建设。1986年开工以来，到1989年末已完成投资1090万元。1990年作为流域开发项目，由流域机构核定投资1500万元，其中有偿投资500万元，1990年已投入300万元。预计1993年建成投产，到1997年本、息可以还清。

（松辽水利委员会）

松辽流域防洪与防汛

1. 辽河干流堤防整修工程　自从辽宁省人民代表大会六届第18次常委会议于1986年1月作出了“治理辽河的决定”以来，辽河干流堤防整修工程得到了国家的批准。在“七五”期间，辽宁省对辽河干流自福德店开始到辽河口两岸堤防进行了多项整修工程，完成了很大的工程量。5年来，共完成投资33733万元，计整修加固了长700 km的大堤，完成土方工程量11826万 m^3（包括干流大堤、支流回水堤和河滩清障土方量），仅大堤整修加固即达1亿 m^3 土方；整治河道百余处；改建穿堤建筑物94处；清除套堤36万 m^3，营造护堤林近5万亩，并修建了河道堤防管理站和防汛器材仓库近100处，累计投工367万工日，车工66156台日。到1990年末，辽河干流的河道改造和大堤整修加固工程基本竣工，使河道的过水能力又恢复到 5000 m^3/s，与上游水库相配合，可达到 20 年一遇的防洪标准。

2. 吉林省境内东、西辽河堤防加固工程　为了提高河道的防洪能力，1990 年开始进行东、西辽河堤防整修加固工程。东辽河自南崴子灌区的小山渠首开始，下游到平齐铁路三江口铁桥；西辽河由白市起，到白沙桥，两者合计堤防总长 273.9 km，工程总投资 2995 万元。1990 年投资 1000 万元，其中国家投资 450 万元，完成土方 316 万 m^3，石方 2 万 m^3，混凝土 3345 m^3，计整修堤防险工 12 处、涵洞 12 座、桥梁 1 座，修建堤防管理所 6 处，营造堤防防护林 10720 亩。

3. 松花江干流护岸工程　1990 年对松花江干流下游江段进行三处护岸工程，即佳木斯郊区四合护岸工程长 470 m、汤原县东江护岸工程长 1150 m 和依兰县舒乐护岸工程长 750 m，总长 2370 m，总投资 640 万元，其中国家投资 400 万元。合计完成土石方 77688 m^3，混凝土量 3502 m^3。

4. 嫩江下游右岸吉林省境内堤段整修工程　嫩江下游右岸吉林省境内堤防，位于大来市和前郭县境内，计划整修加固堤长 132.44 km，工程总投资 2999.75 万元。1990 年投资 1636 万元，其中国家补助投资 1000 万元，完成工程量 480 万 m^3，其中土方 477.7 万 m^3，混凝土量 25307 m^3，修建模袋护坡 154376 m^2，整修穿堤建筑物 6 座，并建造堤防管理所 4 处。

5. 防汛和河道管理工作　从 5 月初开始，水利部松辽委派出王永荣、严克强副主任和王庆华副总工程师会同辽、吉、黑和内蒙古水利水电厅（局）的负责同志对东北地区主要河流松花江和辽河及其主要支流第二松花江、嫩江和东西辽河的堤防险工，柴河、参窝、红山、孟家段、龙凤山等 17 座重点和病险水库，沈阳、长春和盘锦等重点城市的防洪情况及防汛的准备进行了汛前检查。此外，并对白山、丰满两电站的渡汛措施和汛期调度进行了检查和了解，历时1个月。

7 月中下旬，嫩江下游西侧支流洮儿河、绰尔河上游连降暴雨，出现洪水。洮儿河支流蛟流河多处堤防溃决，群昌、创业和明星三座中型水库库水位接近或超过设计洪水位。绰尔河下游防洪堤高程不足，有的护岸丁坝被冲垮，造成一定的损失。另外一些中、小型水库库水位也很高，汛情紧张。国家防办富曾慈副总工程师、吉林省水利厅李森厅长和松辽委防汛办公室的同志均及时到达防汛现场，协助防洪抢险。汛后水利拨专款 145 万元，用于水毁工程恢复，松辽委派员到绰尔河等河流进行了汛后调查。

5 月初，松辽委严克强副主任到老哈河水事纠纷地点的朝阳市和赤峰市进行实地了解和调查，并要求两岸的辽宁省和内蒙古自治区的有关市、县要执行水法，团结治水。

6 月中旬，松辽委陈明致主任会同辽宁省水电厅周文智厅长、吉林省水利厅赵鸿儒副厅长就辽、吉两省东辽河界河的“鲁家大山、王二莫”两处水事纠纷按照《水法》和《河道管理条例》等有关条款进行协商，对纠纷处理办法取得了一致意见。

东北水利经济研究会于 10 月 6～8 日在长春召开了第二届理事扩大会暨第三次学术讨论会，选举了第二届理事会的理事长、副理事长、理事和秘书长，并进行了学术交流。

松辽水利委员会于 9 月 22 日～26 日在沈阳召开了松辽流域第二次河道管理经验交流会，参加会议的有水利部水管司、东北 4 省（区）水利（电力）厅（局）和 4 个计划单列市水利局的领导和代表共 160 余人。会议期间，组织参观了辽河干流铁岭、新民、辽中和盘山县等坝段，对河道管理先进单位给予表彰与奖励。

（松辽水利委员会）

松辽流域农田水利

1. 水土保持工作　2 月 16 日，水利部农水司在哈尔滨市召开了“水利部流域机构小流域治理工作汇报会议”，推动了小流域的治理工作。1990 年度东北区水土保持试点小流域共进行 9 条，有 3 条进行了验收。1990 年度国家对试点小流域补助 45 万元，完成治理面积 19.79 km^2。

全国重点治理区——柳河上游水土保持工作取得好成绩，9 月 5～9 日在通辽市召开了全国八片重点治理区工作会议，水利部侯捷副部长主持会议并做了总结，会议期间实地察看了治理现场。会上辽宁省提出要创全国一流的治理水平，并提出了具体标准。内蒙古自治区在通辽市同时召开了水土保持工作会议。并组织对柳河流域 8 条小流域进行了验收，其中 6 条通过验收。1990 年度柳河水土保持国家补助 275 万元，完成治理面积 160.94 km^2，土石方 536.44 万 m^3，主要工程措施水平梯田 36228 亩，造林 104623 亩，种草 46095 亩，淤地坝 17 处，修谷场 4383 座，小塘坝 25 座。

2. 农村水利　3 月下旬，水利部松辽委在长春召开了“东北 4 省(区)农业开发区水利规划汇总会议”，并在此基础上，提出了“东北农业开发区水利规划。”

3 月 22 日～4 月 9 日，松辽委陈明致主任对三江平原农业发展基金的使用情况进行了调查，并向黑龙江省戴谟安副省长汇报和交换了对三江平原农业开发的意见与建议。

10月11日，水利部侯捷副部长在长春召开了"贯彻全国农田水利基本建设工作会议精神座谈会"，会议主要研究在农业丰收之后如何进行农田水利基本建设的问题。

为推广科技兴水，东北地区被列为全国首批水利科技推广试点县的有黑龙江省的绥化市、依兰县、齐齐哈尔市郊区、哈尔滨市郊区，吉林省的磐石县、梨树县、德惠县，辽宁省的彰武县、建平县、大洼县、新民县、大连市的甘井子区以及内蒙古自治区的通辽市。

1990 年东北地区新增有效灌溉面积 389.92 万亩，新增治涝面积 265.14 万亩。

3. 东北地区水利科技活动　东北地区水利科技协作组织是由辽、吉、黑和内蒙古自治区水利（电）厅（局）、黑龙江省国营农场总局、哈尔滨、长春、沈阳、大连市水利局及水利部松辽水利委员会等 10 个成员单位组成，自 1977 年开展科技协作活动以来，已经历 14 个年头，对沟通水利科技信息、交流和推广水利新技术、新工艺和经验，切磋研究提高水利科技水平等方面，起到了协作的中枢作用和科技进步的推动作用。前后共召开过十一届年会，本年度 10 月份在长春召开了第十二届年会。

吉林省星星哨灌区　　赵小瑞摄

1990 年 5 月 28～31 日，协作组的科研组在哈尔滨召开了"土工合成材料在水利工程上的应用"研究会，具体讨论了进行编制"东北地区土工织物应用设计与施工技术规划"和"东北地区土工织物应用的测试方法"等问题。

东北地区的水利水电勘测设计单位已普遍推行全面质量管理，为了更好的沟通信息、交流经验，协作组的勘测设计组于 1990 年 7 月 24～26 日有 30 多个设计单位的代表在长春召开了推行 TQC 经验座谈会。

9 月 10～13 日水土保持组与农牧水利组在黑龙江省农场总局九三管理局召开了"坡耕地利用研讨会"，对东北地区坡耕地水土流失现状和治理措施进行了探讨，并提出了治理措施的建议。

10 月中旬，水文水资源组在佳木斯市召开了"排水膜数观测及分析研究"经验交流会，会议交流的主要内容是：排水膜数观测与研究以及平原水资源的分析计算方法。

（松辽水利委员会）

松辽流域水资源保护和水产

1. 水资源保护　1月6日，松辽水系保护领导小组在哈尔滨市召开了"预防松花江冰封枯水期水质恶化紧急协调会"，领导小组正、副组长均参加了会议并讲了话。由于第二松花江丰满水电站大坝进行检修，水库库容量只有 8 亿 m³，水量很少。为此要求白山、丰满电站联合运用，采取有效措施，确保吉林市以下第二松花江两岸和哈尔滨市的人民生活用水安全。会议确定采取四项措施：控制污水排放，有条件的可进行冬储夏排；一切污染处理设施全部运行，污水达标然后排放；要求各大企业将停产检修时间尽量安排在冰封枯水期进行；要求东北电管局大力支持，使白山、丰满两电站冬季满发，加大放流，以保证环境用水的要求。同时哈尔滨水厂在必要时可投放活性炭，进行深度净化处理。由于采取一系列措施，解决了第二松花江吉林以下江段和松干哈尔滨江段人民的用水安全。

12 月中旬，在长春又召开了松辽水系保护领导小组第三次扩大会议。为了控制污染，保护水资源，确定在松辽流域内逐步推行全流域污染排放总量控制，加强规划指导，重点保护饮用水的水源，包括地下水源。

为进行松花江沿岸甲基汞中毒的综合防治工作，1990 年度又对江水、水生生物（鱼、虾）及底质进行采样分析。

松辽水资源保护局已组织完成了《松花江水资源保护规划》和《辽河水资源保护规划》，目前正组织逐步实施规划。同时 1990 年度完成了"七五"攻关课题"长春市南湖富营养化研究"，并通过了国家鉴定。

2. 水产　1988 年水利部确定在吉林省舒兰县沙河子水库建立水产良种基地，基地建筑面积为 1363 m²的产卵孵化厂房一幢、培育池 305 亩，投资共计 179 万元，生产能力为年产良种鱼苗 3 亿尾，乌仔头3000万尾，大规格秋片鱼种300万尾。1988年10月开工，1990年3月全部完工，并于1990年进行试生产，效果较好。水产良种基地采用了"工业化鱼苗繁殖技术"和"流水培育技术"，实现了鱼种繁殖、培育的工厂化、集约化。

（松辽水利委员会）

松辽流域水政工作

水政工作尚属初创阶段，目前主要是思想建设和组织建设。截止1990年底，松辽流域内水政监察网已基本形成。黑龙江省和辽宁省的所有市、县均已建立了水政机构，并配备了水政监察人员；吉林省的建制已达97%，内蒙古东三盟一市各级水政机构建立已达85.7%。在建立机构的同时，水政机构和水政监察人员随即发挥了作用，1990年辽宁省即查处违反水法规章案件739件；黑龙江省已有30多个县实行了取水许可制度；吉林省已有7个市县实行了水资源统一管理，实施取水许可制度，吉林省政府常务会议还确定在省内11个大型水库、35个重点市县成立水利公安派出所。

水利部松辽委水政机构成立以后，立即开展了《水法》和其他有关法律、法规的学习，加强自身建设，同时积极进行各种形式的《水法》宣传活动；对东北地区主要河流（包括国际界河）的取水限额指标进行了测算，提出了"松辽委管辖河段取水管理限额的意见"。与此同时，还积极参与了流域内省际界河老哈河、拉林河等水事纠纷的调查和处理工作。

（松辽水利委员会）

东北地区国际界河的开发规划与治理

松辽流域所辖东北地区水域有大小国际界河10条和大小湖泊3个，总流域面积达95.87万km^2(包括松花江流域面积55.68万km^2)。这是松辽流域区别于其他流域机构的主要特点之一，现仅就黑龙江、鸭绿江、图们江等主要界河的开发规划与治理简述如下：

1. 黑龙江界河的规划工作　根据中苏两国政府1986年10月23日《关于组建中苏指导编制额尔古纳河和黑龙江界河段水资源综合利用规划委员会》的协定，中苏两国专家继50年代的《黑龙江上游综合利用规划》报告的基础上，1986年开始共同进行编制额尔古纳河和黑龙江界河段的水资源综合利用规划工作，在水利部和《中方指导编制额尔古纳河和黑龙江界河段水资源综合利用规划委员会》的指导下，中方的规划工作由水利部松辽水利委员会牵头负责进行。经近4年来中苏专家的共同工作和协商会谈，1987年完成《中苏额尔古纳河和黑龙江界河段水资源综合利用规划任务书》、《共同勘测和调查工作大纲》、《黑龙江界河段联合查勘和关于第一期工程设想的报告》。1989年1月中苏规划委员会举行了第三次会议、商定了"采用漠河水利枢纽加连崟反调节水库，正常蓄水位分别为400 m和298 m作为黑龙江上游段设计和建设的第一期；太平沟水利枢纽作为黑龙江中游段的第一期工程。"1989年11月18～23日，中苏双方在长春举行了工作会议，对黑龙江界河段的开发方案，中国方面推荐六级开发方案，苏联方面建议七级开发方案，对此将于以后编制规划的过程中予以商定。目前中苏专家正在开展发电、防洪灌溉、航运、渔业、供水、环保和水库等各专业规划工作。

2. 鸭绿江、图们江护岸工程　鸭绿江、图们江位于东北地区东部，均为国际界河，在我国一侧的流域面积分别为32466万km^2和22861万km^2。自60年代开始，中朝两国共同合作开发建设云峰、渭源、太平湾水电站和在已建水丰水电站中、朝各自扩建一座电站，中方为长甸水电站。鸭绿江干流包括已建水丰电站目前已建有4座水电站，总装机1880 MW，我国拥有装机940 MW。除水电开发外，为了防止江道冲刷变化，80年代以来，在鸭绿江和图们江我国一侧，陆续修建了一些防冲护岸工程。

根据1987年以来的统计，在鸭绿江中方一侧共修建护岸工程6处，计辽宁省丹东市境内厦子沟护岸工程，计划修建干砌块石长1890 m，盘头护岸坝79座长1395 m。1989年始建，到1990年末完成干砌块石长1000 m，盘头坝长750 m。

在吉林省境内有5处集安套堤工程，新筑堤长750 m，临江大栗子防护工程包括滩地砌石700 m、外堤干砌1000 m和排水沟砌石170 m，上述两项工程分别于1988年和1989年开始施工，到1990年末已全部竣工，国家投资分别为27万元和31万元。1987年开始的临江路堤工程长2460m，国家投资15万元，1990年末已全部竣工。吉林临江境内的望江楼防冲堤和长白县境内的下崴子顺水坝工程，长度分别为2065 m和550 m，1990年均只完成了长度100 m的工程量。

图们江中方一侧的护岸工程均在吉林省境内，共有8处。图们市境内两处，白龙堤防长2700 m，1988年始建，1990年国家投资27.8万元，已全部建成，石建护岸工程长1100 m,1990年国家投资15万元,完成修建长度600 m。浑春市境内两处,敬信堤防长4271 m,1990年国家投资30万元,已全部建成;另一处防川护岸工程长3888 m,1987年开始修建,1990年国家投资53万元,建成长度1820 m。龙井市境内两处,三合江城堤防上段长1465 m,1990年国家投资33.9万元,已全部建成;开山屯护岸工程长784 m,1990年只修建浆砌石护岸长300 m。和龙县境内两处,广信堤防长1400 m,1988年开始修建,1990年国家投资29万元,已全部建成,化护岸加固工程长2650 m,总投资109.8万元,1990年仅修建长度100 m。

(松辽水利委员会)

淮 河 流 域

1990年治淮基建实施情况

1990年水利部下达治淮投资23391万元,其中直供项目(中央财政拨款)10884万元,中央补助地方项目的中央投资部分9507万元,国土开发基金(耕地占用税)3000万元。经过4省的共同努力,投资计划全面完成,且非基建资金渠道的国土基金项目——黑茨河治理工程,不仅完成了当年投资计划,而且超额完成了上年结转经费149万元,全年基建实施的形势很好。据统计全年完成的实物工程量有:土方4377万 m^3,石方109万 m^3,混凝土18.62万 m^3。全年新增:防洪保护面积52万亩,除涝面积76万亩,灌溉面积30万亩,排灌装机5700 kW。预计1990年全流域粮食产量可达6860多万t,比1989年增产200多万t。

表1 一九九O年治淮投资计划执行情况表

项目性质	投资来源	计划投资(万元)	完成投资(万元)	其中4省完成投资 河南(万元)	安徽(万元)	江苏(万元)	山东(万元)	淮委(万元)	完成实物工程量 土方(万 m^3)	石方(万 m^3)	混凝土(m^3)	装机(kW)
合计		23391	23431.6	3769	6791.1	1500.65	6838.92	4531.93	4377	109.05	186162	5700
基建项目	基建拨款	20391	20282.6	3169	4242.10	1500.65	6838.92	4531.93	3299	108	169422	
直属直供工程	基建项目	10884	10929.6	1441	3637.10	395.65	923.92	4531.93	1072	30	114511	5700
中央补助地方工程	基建项目	9507	9353	1728	605	1105	5915		2227	78	54911	
国土开发基金项目	耕地占用税	3000	3149	600	2549				1078	1.05	16740	

注 1.淮委完成投资中包括沂沭泗管理局及板桥水库在内。
2.国土开发基金完成投资中包括上年结转经费。

现将工程实施情况分述如下。

(一)淮河干流河道整治及堤防加固工程

该项目属直供项目,开工于1983年,至1989年止,累计完成投资22333.5万元,1990年批准开工的新建续建单项工程有:①河南省上游的大港口、陈族湾堤台分开工程,赵家沟、阎庄排涝闸站工程,童元圩堤铲除及迁安工程,计划投资1433万元,完成投资1433万元,完成土方284万 m^3,石方2万 m^3,混凝土2863 m^3。除童元圩堤铲除及迁安工程,因开工较迟,工作量较大,需要续建外,其他单项工程,均基本完成,可以受益。②安徽省中游的涡东堤圈加固、庄台建设、城西湖闸加固、管家沟排涝站、微波通讯和清障工程,计划投资2200.5万元,完成投资2253.1万元。完成土方267万 m^3,石方3万 m^3,混凝土12956 m^3。除庄台工程因规模较大和城西湖闸加固工程因开工较晚,尚待续建外,经过几年实施的涡东堤圈及管家沟排涝站等工程,已基本完成,可以发挥工程效益。③安排江苏省投资10万元,用于淮干清障。④淮委掌握的456.5万元,主要用于淮干河工模型试验、设备购制。微波通讯及治淮陈列馆工程,治淮陈列馆于治淮40年纪念活动中启用，收到良好的效果。

铲除淮干童元、黄郢、建湾三行洪圩堤立项上马，是1990年淮干扩大行洪通道的一大突破，尽管扩大行洪通道是治淮“六五”、“七五”期间的重点，但多年来由于两省认识难以统一，进展一直缓慢。这几年来，通过反复协调，安徽省的唐垛湖、姜家湖退建及沈咀段、蒋咀段两圩堤铲除及迁安等工程于1987～1989年实施竣工，效果显著。河南省童元、黄郢、建湾三个行洪圩堤铲除及迁安的技术研究工作，经过反复协商，取得良好进展，可行性报告于1990年8月由河南省水利厅报淮委，同年10月由淮委(90)计基字62号文批复，批准总概算6680万元，其中中央投资5000万元，省配合投资1680万元。为保证工程尽快开工，先批童元单项设计，并于同年11月下达1990年年度计划800万元，12月份由河南省固始县组织实施，年底对童元的安置区石碑堰和小河湾，作了一期治理工程，动员了数万民工和十几个建筑队伍，短短一个月就完成土方167万m^3，建房17106 m^2，预计1991年汛前，将首先铲除童元圩堤。1992～1993年将陆续完成黄郢、建湾两圩堤的铲除工作，使上段扩大淮干行洪通道的任务得以实现。安徽邱家湖退建工程，虽问题较多，但经过艰苦的协调之后，其工程规划，投资规划、实施意见于1990年12月在淮委主持召开的一次由省地县领导参加的会议上取得了一致认识，因此，很快批复了邱家湖退建工程的设计文件，批准概算6600万元，并于1990年春节前，淮委与安徽省水利厅、安徽省水利厅阜阳行署水利局，以及行署水利局与颍上县水利局同时分层签订了投资包干协议，使邱家湖退建工程进入到实施阶段。1990年河南省三个行洪圩堤铲除的开工，安徽省邱家湖退建工程进入到实施阶段，是治淮重点项目——淮干扩大行洪通道继唐垛湖、姜家湖退建之后的又一大突破。

(二) 茨淮新河工程

茨淮新河是为了解决颖河、汾泉河、黑茨河、西肥河洪水出路，并为减轻正阳关至怀远淮干洪威胁的一项以防洪为主兼有除涝、灌溉、航运等综合效益的大型人工河道，总概算54420万元(调整后)，到1990年底止共完成投资51370万元，1990年计划投资1300万元，主要用于大河土方及面上处理灌溉工程。计完成土方109万m^3，砌石1000 m^3，混凝土5330 m^3。大河工程已按设计断面全面竣工，并经初验交付管理单位使用，除4座枢纽尚有部分尾工有待继续处理外，大河本身已能分泄设计洪水2000 m^3/s的流量，达到设计分洪效益。处理灌溉及配套工程：维修老站38座，新建15座，桥梁56座，使除涝、灌溉效益逐年得到提高。

(三) 板桥水库复建工程

板桥水库“75．8”大水溃坝后，1986年12月开始复建，总投资13200万元，到1990年底止，累计完成投资11450万元，累计完成土方373万m^3，石方29万m^3，混凝土34.27万m^3。1990年投资3200万元，主要用于南北裹头返土及沙壳回填，南北刺墙、溢流坝混凝土浇筑。105 m高程以下的混凝土坝进行了中间验收，南北导墙全部达到设计高程。水电站已经开工，基础土方开挖完毕，混凝土工程陆续进行。

(四) 南四湖渔湖民庄台

1984年批准兴建南四湖渔湖民庄台工程，计划投资7850万元，建筑湖内庄台30个，到1990年止，完成投资5844万元，完成吹填庄台28个，累计完成庄台面积264万m^2。1990年度安排投资500万元，主要用于11个庄台续建及建房工程，当年完成庄台土方159万m^3。所剩两座未筑庄台预计1991年可以全面完成。

(五) 沂沭泗洪水东调南下应急工程

沂沭泗洪水东调南下工程系为解决鲁南及苏北洪水出路的治淮骨干工程，70年代实施，1980年国家经济调整期间而停缓建，“七五”期间列为治淮重点项目，但因两省在实施步骤上认识难以统一，未能及早复工。然而，沂河、沭河及韩庄运河险段众多，难以抗御一般洪水。因此在“东调南下”工程正式复工之前，必须对一些影响较大的险工段作为应急工程处理，近数年来每年安排投资500～1000万元。1990年度安排应急工程投资641万元，其中江苏211万元，山东395万元，沂沭泗管理局35万元，主要用于沂沭河堤防培修和护砌，韩庄运河、伊运河的部分涵闸加固工程。

(六) 险闸加固工程

1990年列入加固的险闸有嶂山闸、城西湖进洪闸及万福闸，前两闸为新批准的部直供项目，万福闸为中央一次性补助的江苏省地方项目，该项目1988年开工，1990年续建。

1. 嶂山闸　该闸为骆马湖入新沂河的排洪控制工程，又是骆马湖的周边工农业用水的控制工程，工程存在下述两大严重问题，一是由于闸身混凝土质量不好，引起混凝土严重碳化和钢筋锈蚀，钢筋网闸门水泥面板开裂等质量上的隐患；二是闸址位于9度烈度地震区，而原设计未按地震设防。考虑到该闸在防洪、灌溉、航运上的重要性，水利部水规(1990)77号批准嶂山闸加固，总投资1538万元。1990年安排投资288万元，用于施工前的准备工作。

2. 城西湖闸加固工程　城西湖进洪闸是淮河干流正阳关以上城西湖最大蓄洪区的进洪闸。它的主要作用是出现超标准洪水时正阳关以上所有的行洪区用完之后，为控制正阳关以下河道泄量的最后一个蓄洪区（城西湖）的进洪闸。设计流量6000 m^3/s，1971年兴建1972年建成，近20年未曾使用。经验算该闸存在的问题是：①结构设计安全系数偏小；②粘土铺盖未按设计要求做足而且质量也欠佳；③闸门是拆用临淮岗水库工程的旧门，时间长锈蚀严重，且部分材料强度不符合设计要求，必须更换。为确保城西湖进洪安全，1990年7月水利部水规（1990）15号文批准对该闸进行加固，批准概算1531万元，同年10月淮委、安徽省水利厅作为主管部门与大安行署城西湖加固工程指挥部（建设单位），签订了投资包干协议后正式开工。1990年投资365万元，主要用于施工准备，三通一平，并浇筑了灌柱桩100根，计完成土方5.9万 m^3，石方4300 m^3，混凝土2400 m^3。

3. 万福闸加固工程　万福闸加固工程为江苏省地方工程，总概算1023万元，经淮委1986年同意一次性补助400万元分4年投资，每年100万元，至1990年止累计安排完毕。该闸地方集资623万元，其中省基建165万元，省防汛保安经费150万元，收取过桥费308万元，年内共完成42孔闸室加固，上游64座闸墩接长，公路桥及工作桥加固，闸门制作及安装等。

表2　**1990年险闸加固投资情况表**

险闸名称	投资性质	批准文号	批准投资（万元）	至1990年止完成投资（万元）	其中1990年完成投资（万元）	说明
嶂山闸	部直供项目	部水规(90)77号	1538	288	288	施工前准备工作
城西湖闸	部直供项目	部水规(90)15号	1531	365	365	施工前准备工作
万福闸	一次性补助项目		400	400	100	中央补助投资完毕

（七）水库除险加固工程

1990年除险加固水库项目，续建的有宿鸭湖及许家崖，新开工的有太和、峡山、田庄、黄冈等，它们均属中央补助地方项目，国家投资主要用于主体工程，地方主要负责库区处理及配套。

（1）宿鸭湖系河南省一座平原地区大型水库，"75·8"大水受到较大的破坏，标准较低，大坝及溢洪道均未达到设计要求，必须加高加固，提高设计标准，设计文件经水利部（85）规字29号文批准，核定概算9100万元，中央补助投资6600万元，地方配合投资2500万元。至1989年止，完成中央投资5023万元，地方投资1900万元。1990年安排中央投资1577万元，全部安排完毕，1990年度的投资主要用于大坝土方及护坡工程，计完成当年土方31万 m^3，石方13万 m^3，混凝土5400万 m^3。主体工程（大坝泄洪闸）已经结束并通过验收，库区庄台及避水楼建设已完成75%，可安置人口44000人。

（2）许家崖水库系第一次、第二次治淮会议确定的需要加固的重点水库之一。该坝过去施工质量很差，沙壳松散沉陷，粘土心墙断裂，特别是大坝位于地震活动区而未按地震设防。为策安全，淮委以（88）总字52号文批准加固，概算1631万元（其中中央补助1105万元，地方自筹526万元）。1988、1989两年累计完成投资585万元（其中中央投资485万元，地方投资100万元）。所剩投资1046万元，1990年安排完毕（其中中央补助投资620万元，地方配合投资426万元），主要用于坝顶路面1200 m，防浪墙1200 m，上下游坝坡整修，坝后排水体150 m，及电站放水洞进水口等工程。当年完成土方22万 m^3，砌石11万 m^3，混凝土5814 m^3。工程基本结束，可以验收。工程质量甚佳，淮委于1990年5月在水库召开了全流域施工质量现场会。

（3）太和水库为淄博市所管辖的大型水库，其加固工程1989年划为淮委管理，该工程经（89）鲁水勘字第13号文批复，需加固的项目有①护坡翻修、坝脚排水体设置、副坝坝基断层灌浆、坝顶路面、防浪墙等；②溢洪道开挖、右岸进口护砌及溢洪闸；③输水洞衬砌；④库区处理及防汛公路等。批准概算4235万元，其中中央补助投资1355万元，地方自筹2880万元。至1989年止完成中央投资100万元，地方投资2770万元。1990年中央投资500万元，地方投资98万元，主要用于溢洪道工程。

（4）峡山水库亦为山东潍坊市所管辖的大型水库，其水库加固基建投资，1989年由水利部拨归淮委管理，该水库大坝标准太低，仅能防御百年一遇的标准，为全国43座病险库之一，其主要问题是主坝不满足抗震要求，溢洪道开挖断面太小不满足泄洪要求，部分副坝未做，没有封闭，已做副坝大都未做护坡及防浪墙，直接影响水库蓄洪。根据山东鲁水勘字第52号文的批复该工程总概算为6279万元，近期按3181万元组织实施。其中中央补助986万元，地方自筹2195万元。1989年完成投资833万元，其中中央补助投资200万元，地方投资633万元。1990年中央补助投资计划500万元，地方自筹400万元，主要用于土坝及溢洪道工程，当年完成土方 30 万 m^3，石方 20 万 m^3，混凝土 5000 m^3。

(5)田庄水库系山东省沂沅县 1958 年大跃进期间兴建的中型水库，并为 1960 年蓄水使用，后经 1966 年及 1975 年两次加高培厚，基本达到百年一遇的设计标准，但由于 1958 年大跃进时缺乏充分的地质勘探资料，设计上先天不足，施工时又未严把质量关，导致隐患累累，表现在坝基渗漏，大坝Ⅱ Ⅲ期心墙质量很差，主坝上游坝壳及地基砂层抗震安全度不足，溢洪道闸基岩破碎且有断层，并缺少消能防冲设施，因而被迫降低水位运用，列为全国重点病险库之一，1990 年经淮委勘字第 32 号文批准加固。审定投资 1619 万元，投资比例尚未商定，为有利工作，1990 年安排中央投资 200 万元，主要用于施工前的准备工作以及主体工程开工，计完成土方 5 万 m^3，石方 9 万 m^3，混凝土 260 m^3。

(6) 黄冈水库为青岛市管理的中型水库，该水库主要是溢洪道不能正常运行，需要重新兴建。经青水计字(1990)27 号文批准加固，核定经费 342 万元，其中中央补助投资 150 万元，地方自筹 192 万元。1990 年经水利部安排补助投资 50 万元，用于施工前的准备工作。

表 3　1990 年续建新建病险库实施情况表

水库名称	批准文号	概算(万元)	中央(万元)	地方(万元)	至 1990 上完成投资(万元)	中央(万元)	地方(万元)	1990 年完成投资(万元)	完成工程量		
									土方(万 m^3)	石方(万 m^3)	混凝土(m^3)
宿鸭湖	水利部 857 水规字 29 号	9100	6600	2500	6600	6600		1577	31	13	5405
许家崖	(86)总字 52	1631	1105	526	1631	1105	526	620	22	11	5814
太　和	(89)鲁水勘 13 号	4273	1355	2918	3568	700	2868	500	4	18	1325
峡　山	(88)鲁水勘 52 号	3181	986	2195	1733	700	1033	500	30	20	5000
田　庄	(90)淮委勘字 32 号	1619	400	1219	200	200		200	5	9	260
黄　冈	青水计(90)27 号	342	150	192	242	50	192	50			

(八) *黑茨河治理工程*

地跨豫皖两省利用耕地占用税进行治理的黑茨河工程，系黄淮海开发项目，经水利部 1988 年 11 月水计字 (1988) 136 号文批准列入治淮项目，批准概算 15709 万元，其中中央国土开发基金 10455 万元(安徽 9455 万元，河南省 1000 万元)，地方配合投资 5254 万元(安徽 1200 万元，河南 4045 万元)。项目批准后，于同年 12 月下达了 1988 年中央投资计划 3000 万元，由于计划下达太迟，当年未能组织实施，通过 1989 年上半年紧张准备，于 6 月中旬正式动工，8 月份水利部再下达 1989 年计划 2500 万元，因而当时实施的计划为 1988、1989 两年投资计划之和即 5500 万元。开工的项目有安徽的河段 15 km、建筑物 6 座及其相应的挖压拆迁赔偿工程；河南省干流上施工的有丁村闸及十座桥梁。为满足施工需要，1990 年 6 月水利部再下达 1990 年计划 3000 万元，先后三次水利部共下达投资计划 8500 万元 (其中安徽省 7900 万元，河南省 600 万元)，两省配合投资 1550 万元 (其中安徽省 300 万元，河南省 1250 万元)。至 1990 年年底止，除省界上下 10 km 未动工外，干流其它河段均已全面开工，下游安徽段开工河道 73.3 km，已基本竣工 40 km，正在施工段的河道 33.3 km，已由具有丰富经验的施工队伍 (淮阴水利机械总队、茨淮新河机械施工公司及黑龙江省国营农场总局水利工程局) 紧张施工，形势很好。上游河南段已分别由受益区的太康、淮阳、鹿邑、郸城 4 县组织 180 多台铲运机分段包干施工。建筑物开工的安徽段 23 处，竣工 16 处，河南段开工 13 处，竣工 13 处。到 1990 年底计完成投资 7638 万元 (其中安徽省 5788 万元，河南省 1850 万元)，完成土方 1634 万 m^3，砌石 13131 m^3，混凝土 22243 m^3。由于两省的努力，一年半时间完成了 3 年计划的 76%，得到了部领导的赞扬。

(九) *梁济运河工程*

梁济运河是南四湖北部地区的骨干排水河道，全长 87.8 km，排水区耕地面积 346 万亩，多年来由于河床淤积，排涝能力很低，仅三年一遇的有 20%，严重地影响了该地区的经济发展，经水利部批准 1988 年开始治理，批准总投资 11200 万元，其中中央投资 6000 万元，地方投资 5000 万元，工程土方 2300 万 m^3。1988～1989 两年安排投资 1200 万元，完成了第一期上段 45.7 km 挖河筑堤任务。1990 年安排投资 5200 万元，其中中央投资 4000 万元，地方投资

1200万元，完成了下段42.1 km的铲老堤筑新堤及拆站迁站和上下段建筑物工程，自开工至1990年止累计完成投资7700万元，占投资计划的68.8%，完成了土方1416万 m^3，占总土方任务的61.6%，建成排灌站39座，涵洞38处。

（十）徐洪河工程

徐洪河系一多渠道投资的水利项目，1990年由国家农业综合开发办领导小组批准兴建，批准概算12000万元，由徐州市包干使用。资金多渠道汇集，以黄淮海开发配套资金为主，投资7000万元（国土办2000万元，省1750万元，市县3250万元)，水利部基建1750万元，省地方基建1750万元，市县自筹1500万元。主体工程计划1992年汛前建成使用。该工程需挖干河26 km，疏浚房亭河67 km，兴建闸、站、涵、桥等配套建筑物70余座，土方3348万 m^3。工程自1990年3月开始全面开工，包括徐洪河干河土方，房亭河疏浚及大庙、学集两处翻水站，为争取工程按计划完成，徐州市动员了三县民工10万人，2万台机械会战徐洪河，一个冬春共完成土方1211万 m^3，石方1万 m^3，混凝土16225 m^3。大庙、学集两站基本完工。为1991年机组安装创造了良好条件。

（十一）沙河南堤除险加固工程

表4 **黑茨河投资及完成情况表**

部门	总概算（万元）	投资计划（万元）				完成投资（万元）			1989、1990两年完成工程量				其中1990年完成情况			
		1988年	1989年	1990年	合计	1989年	1990年	合计	土方（万 m^3）	石方（万 m^3）	混凝土（m^3）	建筑物（座）	土方（万 m^3）	石方（万 m^3）	混凝土（m^3）	建筑物（座）
水利部补助	10455	3000	2500	3000	8500	2939.76	148.76	6088.52								
地方自筹	5224	0	200	1350	1550	200	1350	1550								
安徽省	10655	3000	2200	3000	8200	2939.76	2848.76	5788.52	1422.2	11831	10189	14	876.26	9500	8710	11
水利部补助	9455	3000	2200	2700	7900	2939.76	2548.76	5488.52								
地方自筹	1200	0	0	300	300	0	300	300								
河南省	5054		500	1350	1850	200	1650	1850	212.12	1300	12054	13	202.13	1000	8030	1
水利部补助	1000		300	300	600	0	600	600								
地方自筹	4054		200	1050	1250	200	1050	1250								
总计	15709	3000	2700	4350	10050	3139.76	4498.76	7638.52	1634.32	13131	22243	27	1078.39	10500	16740	12

沙河南堤系颖河上游沙河南岸保护区的防洪堤，它保护着河南周口、漯河及安徽省阜阳等地区市所属的1000万亩耕地，800万人口的安全，关系重大，而沙河主流弯曲，堤防土质很差，险工段近38 m处，为确保保护区的防洪安全，经淮委1986年批准进行加固，批准工程概算2228万元，其中中央补助1572万元，地方配合656万元，至1989年止，完成中央补助投资900万元，地方投资656万元，主要险段，特别是像老门潭历史上有名的险段得到了加固。1990年部安排投资300万元，完成了5处险工及险闸的加固，土方26万 m^3，护砌混凝土2118 m^3。

（十二）边界水利工程

(1) 1990年安排边界水利工程投资180万元，其中安徽省66万元，用于解决豫皖两省矛盾的流鞍河(30万元)及南干渠(36万元)工程，完成了退水渠、电灌站设备更新及机耕桥生产桥等。江苏省100万元，用于白马河堤防加固及护砌。山东省14万元，用于引龙河整修土方工程。边界水利工程共完成土方188万 m^3。

(2)1990年邱苍分洪道投资19.9万元，其中14.9万元用于江苏省的邱苍分洪道尾工，5万元用于沂沭泗局购制管理房屋。

（十三）淠史杭工程

按照安徽省与水利部的协商意见，水利部补助安徽淠史杭工程投资5355万元，用于淠史杭的六条干渠的配套，至1990年止部补助投资全部安排完毕。安徽省1989年引进外资进展很快，预计1991年可望全面完成6条干渠的配套任务.将可改善灌溉面积384.7万亩，新增灌溉面积94.4万亩，效益十分显著。

（十四）东淝河船闸工程

为沟通东淝河与淮河航道，由水利部淮委与安徽省交通厅共同兴建东淝河船闸，船闸规模100 t级，概算1377万元，安徽省交通厅投资3/4即1032万元，水利部投资1/4即345万元，根据淮委与交通部门商定，该闸建成收益后，水利部，交通厅两家按投资比例进行效益分成，因此该项目为治淮第一个有偿投资的项目，将从中取得有益的经验。工程于 1990 年 3 月开工，至年底已完成土方 19.4 万 m^3，砌石 5900 m^3，混凝土 14000 m^3。完成投资 859 万元，其中水利部投资 100 万元，安徽省交通厅投资 759 万元。

（十五）其他零星项目

计有零星项目 6 个，投资 250 万元，它们是滞洪区安全建设 58 万元；水资源保护费 25 万元；沂沭泗管理所段建房 100 万元；山东滴灌试验 40 万元；水政执法车辆 20 万元；计划管理自动化经费 7 万元。

（十六）淮委小基建

为改善职工住宿条件，1990 年经部安排淮委小基建投资 193 万元，其中淮委 138 万元，用于东大院 11 号 12 号宿舍楼，工程 9 月份竣工交付使用，沂沭泗管理局 55 万元，亦用于宿舍建设。

（十七）前期工程费

1990 年部安排治淮前期工作经费 272 万元，包括治淮前期费 225 万元，南水北调前期费 47 万元。在治淮前期项目中共安排 21 个项目，其中规划 7 项，可行性研究 3 项，初设 3 项，其他 8 项。

规划项目。基本完成了《淮河流域修订规划》及《南四湖综合利用规划》、《洪汝河下游治理规划》、《奎濉河治理规划》、《淮河上游水资源利用规划》、《邳苍郯新地区排水规划》、《农业开发区水利规划》及正在进行中的《引江济淮规划》。

可行性研究项目。完成了临淮岗洪水控制工程的环评报告，提出了《涡河近期防洪工程建设任务书》成果，沂沭泗洪水东调南下近期治理工程的设计工作正在进行。

设计项目。完成了蒙洼老官苍排灌站及东风湖退水闸设计，安排了大官庄枢纽的初设。

其他项目。淮河流域水准网改造工作，按计划继续进行；沂沭泗洪水东调南下泥砂模型试验委托黄委水科所负责，由于设计方案变更的原因进展较慢；淮河设计洪水分析及淮浜至蚌埠河段防洪优选教学模型正在进行。

（胡志道）

1990 年淮河流域农田水利兴修情况

1990 年冬季，淮河流域 4 省 182 个县认真贯彻执行国务院《关于大力开展农田水利基本建设的决定》，紧密围绕防洪保安，挖潜增源，改造低产田，建设吨粮田的要求，层层落实，认真规划，促进了农田水利建设更加广泛，深入扎实地进行，出现了全民动员，大办水利的生动局面，取得了显著成效。据 1990 年 12 月底统计，全流域累计投劳 9.01 亿工日，完成各类土石方 11.2 亿 m^3，开工水利工程 45 万处，完工 40 多万处，新增灌溉面积 236.7 万亩，改善和恢复灌溉面积 1300 万亩，增加旱涝保收田 180 万亩。治理水土流失面积 788.3 km^2，解决 66 万人的吃水困难。其农田水利建设的主要特点和做法如下。

（一）起步早、行动快，规模大

早在去年 8 月份各省就相继召开了农田水利建设会议，安排布置了去冬今春水利建设的任务和要求。9 月份掀起了大打秋修水利穿插战的热潮，10 月份各地重点工程相继开工、主要劳力及时地转入了农田水利建设，上工时间普遍比往年提前 10～20 天。到 11 月 25 日，全流域上阵劳力即达 1984 万人，比去年同期增加 610 万人。冬修期间，各地都可以看到一片红旗招展，大办水利建设的感人场面，声势规模甚为浩大。据初步统计，全流域出现跨县战场 78 处，跨乡战场 5850 处，联村战场 29520 处，基本形成了县县有战场，乡乡有会战，村村有项目，户户有任务，人人有活干的可喜局面。

（二）领导重视，群众热情高

各级政府为了更快更好地推动各地农田水利基本建设，多次召开会议，制定整体计划和分步实施计划、并将任务纳入本届政府的任期目标。部分省地市还规定把水利建设好坏作为考核各级领导干部政绩的一项重要内容。此外，各省地市乡分别成立了农田水利建设指挥部，党政主要领导亲自挂帅，包片抓点，既密切了干群关系又鼓舞了群众的斗志。

（三）工程标准高，质量好

各级政府吸取过去重速度、轻质量，效益低下的教训，采取严谨的科学态度，应用先进的机械装备，精心设计施工并组织科技人员，工程技术人员到施工现场加强技术指导，重点工程项目，都由专业队和技术人员共同承包。县、乡普遍建立了质量监督体系，制定了质量管理细则和验收制度。

（四）全社会办水利的新局面已经形成

为了切实加强基础实施和基础产业的建设，各地组织了多方力量齐心协力搞水利，迈出了社会大水利的新步伐。一些受益区内的工矿企业，机关单位，城镇居民，积极投劳集资，农业、石油、物资、财政等部门主动提供服务，适时安排水利兴修所需的能源和物资等，交通部门组织调集车辆为民工安全到达工地提供可靠保证。报社、电台、电视台等新闻机构也密切配合冬修工作，加强宣传报道。

（五）自力更生办水利的新步伐已经迈出

各地在保证用足用好规定的每个劳力每年所需投入劳日的同时，为了加快建筑物配套建设进度，采取多渠道，多层次，多种方式筹集资金。全流域已有近百个县和部分区乡初步建立起水利发展基金，大部分地方继续按亩或按人口集资，少则2～3元，多达5～8元。据统计去冬全流域各行各业共筹集水利建设资金7.97亿元。

去冬的农田水利基本建设成绩显著，但也存在一些问题：①由于资金物资不足，土方工程完成和建筑物配套跟不上，影响了工程效益的发挥；②部分地区忽视长远利益，有的项目单打一，不能兼顾灌溉和排涝，未能把挖潜和增源同时开展；③个别地方工程进展较慢，只落实上级分配的重点工程任务，自己该干的工程不能完成。

因此，在以后的农田水利建设中，对以上存在的问题，各级领导必须引以重视并认真加以解决。

1990年治淮投资计划实施情况见表5。

表5　1990年治淮投资计划实施情况表

项目名称	性质	总概算（万元）	至1989年止累计完成投资（万元）	1990年计划投资（万元）	1990年完成投资（万元）	1990年完成工程量 土方 万(m³)	石方 万(m³)	混凝土 (m³)	说明
全流域总计（Ⅰ＋Ⅱ＋Ⅲ）				23391	23431.6	4377	109.05	186162	
治淮基建合计（Ⅰ＋Ⅱ）				20391	20282.6	3298.9	108.5	169422	
Ⅰ.部直属直供项目	基建拨款			10884	10929.6	1072	30	114511	
一.淮河干流堤坊加固		35000	22333.5	4100	4152.6	532	6	19934	
1. 河南省				1433	1433	254	2	2863	
2. 安徽省				2000.5	2253.1	278	3	12956	包括城西湖进洪闸加固
3. 江苏省				10	10				
4. 淮委				456.5	456.5	1		4115	
二.茨淮新河		54420	50070	1300	1300	109	1	5330	
三.板桥水库		13200	8250	3200	3200	43	16	83317	
四.南四湖庄台		7850	5344	500	500	159		33	
五.东调南下应急工程				641	641	36	5	4187	
1. 江苏省				211.25	211.25	1	2		
2. 山东省				394.82	394.82	29	3	3366	
3. 沂沭泗局				34.93	34.93	6		821	
六.嶂山闸加固		1538		288	284				施工前准备工作
七.边界水利工程				200	195	189	1	1710	
1. 邱苍分洪道				19.9	14.9	1		500	其中5万元用于商品房购制
2. 边界水利工程				180.1	180.1	188	1	1210	包括安徽省的流安河、南干渠及江苏省的白马河工程
八.其他零星项目				190	190	4	1		
1. 滞洪区安全建设				58	58	4	1		河南3万元、安徽5万元、江苏50万元

续表

项 目 名 称	性质	总概算（万元）	至1989年止累计完成投资（万元）	1990年计划投资（万元）	1990年完成投资（万元）	1990年完成工程量 土方 万(m^3)	石方 万(m^3)	混凝土 (m^3)	说 明
2. 水资源保护费				25	25				河南5万元、安徽4万元、江苏4万元、山东5万元、淮委7万元
3. 沂沭泗新段建房				100	100				
4. 计划管理自动化经费				7	7				
九、淮委小基建				193	193				
淮委				138	138				
沂沭泗局				55	55				
十、前期工作经费				272	274				完成中有地方2万元
Ⅱ、水利部补助地方项目	补助投资国家拨款			9507	9353	2226.9	78.49	54911	
一、徐洪河治理		总12000 部1750		1000	1000	1211	1	16225	
二、梁济运河治理		总11200 部6000	2500	4000	4000	879	6	6264	
三、沙河南堤加固		总2228 部1572	总1562 部900	300	146	26		2118	
四、宿鸭湖水库加固		总9100 部6600	总6923 部5023	1577	1577	31	13	5405	
五、许家崖水库加固		总1631 部1105	总585 部485	620	620	22	11	5814	
六、太和水库加固		总4235 部1355	总2980 部100	500	500	4	18	1325	
七、峡山水库加固		总3181 部986	总833 部200	500	500	30	20	5000	
八、田庄水库加固		1619		200	200	5	9	260	
九、黄同水库加固		总342 部150		50	50				施工前准备
十、万福闸加固		总1023 部400	部300	100	100				

续表

项目名称	性质	总概算（万元）	至1989年止累计完成投资（万元）	1990年计划投资（万元）	1990年完成投资（万元）	1990年完成工程量			说明
						土方万 m^3	石方万 m^3	混凝土（m^3）	
十一、东淝河船闸		总 1371 部 345		100	100	18.9	0.49	12500	与交通部门合资兴建，属有偿投资项目
十二、淠史杭配套		5355	3974	500	500				与安徽省外资项目
十三、其他				60	60				包括山东滴灌试验，省际水政车补助经费
Ⅲ、黑茨河治理工程	耕地占用税	总 15709 部 10455		3000	3149	1078	1.05	16740	

（姚孝友 吴国柱）

淮河流域三条河的治理

自1989年10月国务院《关于大力开展农田水利基本建设的决定》发布以来，淮河流域的河南、安徽、江苏、山东4省领导都以实际行动积极响应。地跨4省的黑茨河、徐洪河、梁济运河的治理就可以说明农田水利的发展情况。这三条河都位于原有农田水利条件困难，排涝标准很低，灌溉水源缺乏的地区。都是十几年来地方政府多次想治理而下不了决心的地区。在国务院决定的指导下，4省都坚定了信心，要把三条河的洪、涝、旱的问题治理好。现把三条河的治理情况分述如下。

一、黑茨河的治理

黑茨河原为沙颍河下游左岸一大支流，1980年茨淮新河通水后，改在茨河铺入茨淮新河，归属茨淮新河水系。黑茨河发源于河南省周口地区太康县境内，跨越河南省周口和安徽省阜阳两地区，全长192 km，河南省境内长107 km，安徽省境内长85 km。流域面积3007 km^2，河南省境内1751 km^2，安徽省境内1256 km^2。流域内总人口196万人，河南省境内106万人，安徽省境内90万人。

本流域历史上曾遭受黄河洪水侵袭，大部分干支流被淤塞破坏，又常受颍河洪水顶托，排水出路严重不足，干流在50年代曾进行了低标准的治理。治理前，黑茨河干流排涝能力只有三年一遇的30%～60%，防洪标准一般仅五年一遇。

黑茨河治理规划标准为：河道按三年一遇除涝标准疏浚，按二十年一遇防洪标准筑堤；对已有建筑物进行改建、扩建，为防止洪水倒灌，设置了沟口防洪涵闸。建筑物按五年一遇除涝标准设计，二十年一遇防洪流量校核。

黑茨河干流治理长度为153 km（河南省田河口以上30.9 km河道治理工程已完成）。改建、扩建桥梁40座，兴建沟口防洪涵闸81座，改建、重建节制闸二座，新建节制闸一座，干流治理共计土方3708万 m^3，混凝土6.7万 m^3，挖压土地2万亩，干流总投资14771万元。

跨省支流按五年一遇除涝标准治理，需疏浚长度115 km，土方340万 m^3，桥梁配套62座，涵闸1座，共计投资938万元。

黑茨河工程总投资15709万元，其中河南省5054万元，安徽省10655万元（包括跨省支流）。经水利部水计[1988]136号文批复，工程投资由国家和地方共同负担。国家将由中央耕地占用税适当补助。经协商中央补助安徽省9455万元，河南省1000万元。

黑茨河干流治理工程完成后，结合面上配套治理，可使除涝标准由目前不足三年提高到三年一遇，设计年可减淹面积75万亩。防洪标准可由五年一遇提高到10～20年一遇，还有部分灌溉效益。保证了这一地区群众生活的安定，消除了省际水利矛盾，社会效益明显。

黑茨河工程自1989年6月正式开工，至1990年底累计完成7180万元（河南1544万元，安徽5636万元)。已完成土方1634万m^3，完成建筑物27座，安徽已竣工干流河道38.4 km。

自水利部、淮委至省地县逐级签定工程协议和投资包干协议后，责任分明，奖罚有则。施工管理和财务制度都是完备的。

为加快工程进度，减轻群众负担，土方工程使用了机械化施工，打破省界招标承包，降低了工程成本。对地下水位以下的淤泥，则由阜阳行署动员上万民工进行抢挖，顺利地完成了任务。工程预计在1992年汛前可以完成通水。

二、徐洪河的续建

徐洪河位于江苏省北部，是一条贯通洪泽湖、骆马湖和微山湖三大湖泊，串通淮河和沂沭泗两大水系的重要人工河道。徐洪河规划全长187 km，其中干河长120 km，利用房亭河67 km，至荆山桥与不牢河相接，1976年江苏省批准兴建。至1979年已实施四期工程，完成干河土方5000万m^3，开通河道93 km，至1980年停缓建。已开通河道效益显著，它给睢宁县大部分农田排涝打开出路，农作物灌溉开辟了新水源。开河前1976年睢宁粮食总产仅2.9亿kg，到1987年全县粮食总产已达6.83亿kg，为徐洪河的继续建设提供了有力的例证。

续建徐洪河的主要作用在于从洪泽湖直接引水灌溉。徐洪河干河是南水北调工程输水路线之一，按规划兴建泰山洼、沙集、土山等三座梯级抽水站向北送水，输水量220～175 m^3/s。近期工程按送水30～20 m^3/s的规模实施。本工程需挖干河26 km，疏浚房亭河67 km，兴建沙集枢纽、废黄河北挡洪闸、刘集穿房地涵、房亭河上的单集、大庙二枢纽（包括节制闸、抽水站、工路桥）、废黄河二个分洪道上的分洪及挡洪闸、桥梁等工程。

近期工程完成后，可以从洪泽湖直接取水30 m^3/s为150万亩农田提供抗旱灌溉水源。年增产粮食可达2亿kg以上，并可以把黄墩湖地区30万亩洼涝地区的排水能力从目前不足三年一遇提高到五年一遇，增加五级航道148 km，又可为徐州市供水提供水源，效益是显著的。

本工程还需做土方3350万m^3，混凝土11万m^3，浆砌石7万m^3，干砌石2万m^3，工程总投资2.02亿元。其中干河1.24亿元，房亭河0.57亿元，废黄河分洪0.21万元。

此项目已经国家农业综合开发办领导小组(90)国家综字第3号文、水利部水计（1990）67号文批复同意，要求工程总投资控制在1.2亿元以内。由黄淮海开发配套资金出资7000万元（其中国土办出资2000万元，省出资1750万元，市县出资3250万元)，水利部基建出资1750万元，省地方基建出资1750万元，市县自筹1500万元。

计划主体工程二年建成，三年扫尾，于1992年汛期前建成使用。

徐洪河工程自1990年3月开工，冬天全面展开，本年主要工程为大庙、单集两个抽水站，干河土方，房亭河疏浚，刘集地涵及一些恢复工程。徐州市动员铜山、邳县、睢宁40万民工、2万台机械（主要是手扶拖拉机，用于虹吸）上工地。共完成土方1211万m^3，石方近1万m^3，本年实际完成投资4681万元。两个抽水站土建已基本完成。在废黄河工地则大量使用水力挖塘机开挖河道，预计至1991年底可以全线打通。

三、梁济运河的治理

梁济运河是南四湖湖西地区一条主要排水河道，是京杭大运河的一段，也是南水北调南四湖至东平湖的输水干线。北起黄河岸边的梁山县路，南到济宁入南阳湖，长88 km。流域面积3306 km^2，耕地346万亩，人口270万人。

1958年修建东平湖时，为解决东平湖以西各河道和湖东洼地及新湖区的排水出路，开挖了梁济运河，但标准很低，工程又未全部完成，致使梁济运河成为淮河流域内防洪排涝标准最低的一条河道。目前主河槽泄量仅110 m^3/s，仅相当于三年一遇除涝流量的20%。防洪安全泄量只有400 m^3/s，仅相当于二十年一遇防洪流量的20%。因而流域内年平均受涝面积70万亩，1964年三日降雨152 mm，受涝面积就达217万亩。

规划主要工程包括，开挖河道、退建加高堤防。工程完成后防洪能力可扩大到1260 m^3/s，除涝能力可加大到309 m^3/s，流域内不仅105万亩的灌溉条件得到了改善，同时102万亩耕地的排水能力也得到提高，年均可减少受涝面积23万亩。工程共需做土方2332万m^3，迁建或加固涵洞55座，修建排灌站104座。

工程计划业经水利部水规（1988）23号文、水计(1989)100号文批准投资1.12亿元，其中水利部补助6200万元，为引黄补湖，以后省又增加投资1000万元。

梁济运河工程已进行三期。1988～1989年为第一期，动员民工11万人，治理引黄济湖的上段46 km；1989～1990年为第二期，施工梁济运河下段42 km的一侧退堤，以机械化施工为主，上工的铲运机550部；1990～1991年为第三期，施工下段的河槽扩挖工程，任务分给11个县，上游3个县仍用铲运机施工，使用大孔井排水。下游8个县组织39条吸扬式挖泥船施工。至1990年底，累计完成投资7700万元，完成土方1416万m^3，建成排涝站39座，涵洞28座，预计工程将在1991年汛前基本完成。

四、三条河治理的基本特点

处4省的黑茨河、徐洪河、梁济运河的地理位置、社会经济条件都各不相同。但是在大力开展农田水利基本建设的行动中，也有不少共同的特点。例如：

(1) 这三条河从开始立项到具体实施，都是在中央、省、地主要领导的直接关怀下，确定了建设的决心，解决了种种问题，才得以实现的。

黑茨河的建设牵涉到河南、安徽两省，是在国家农业综合开发办领导小组和水利部的关怀下，经过多次反复研究决定的。

为了梁济运河的顺利开挖，山东省政府把原属菏泽地区的梁山县改属济宁市领导。

为了徐洪河的顺利复建，江苏省政府和水利厅也对淮阴、徐州市做了大量的协调工作。

在具体建设实施时，省、地领导从规划原则到经费筹集、物资供应、劳动力安排，都做了大量工作，是工程顺利进展的主要保证。

(2) 这三条河的具体条件很不相同，但是在治理规划上都充分考虑了综合利用的目标。黑茨河以防洪排涝为主，结合蓄水灌溉的需要；徐洪河以引水灌溉为主，也结合了排涝、通航的要求；梁济运河集黄河蓄洪、退水、排涝、引黄济湖等多种功能于一身。徐洪河和梁济运河都是规划中南水北调的输水干线，治理河道也为南水北调的实施准备了条件。

(3) 三条河都是投资超过亿元的重点工程。如何筹集这一笔资金，也是各级领导必须解决的问题，这三条河的资金筹集都体现了谁受益、谁负担，投资主体多元化、资金来源多元化的精神。所使用的资金包括：国家基本建设投资、地方基本建设投资、国家黄淮海开发资金、地方黄淮海开发资金、地方自筹资金以及群众积资投劳等。把这些资金集中起来，统一使用，进行水利建设，是各省共同的发展趋势。

(4) 三条河的施工方法，既依靠广泛发动群众，又因地制宜的使用机械化设备。安徽黑茨河的施工是公开招标用铲运机施工的，但当遇到淤泥难挖时又靠发动群众，人力挑抬来突击完成任务。梁济运河、徐洪河主要靠发动群众使用农村的架子车，手扶拖拉机上工运土，实现半机械化施工。徐洪河大量使用了水力挖塘机挖土。梁济运河下段使用了550台铲运机和43条吸扬式挖泥船同时施工。山东省还在国家投资不足的条件下，创造了群众集资补助机械化施工的多种经验。

以这三条河为代表，可以看到淮河流域农田水利建设的蓝图，正在怎样逐步变为现实。

（谭福甲）

板桥水库复建工程

一、基本情况

板桥水库位于淮河支流汝河上游，在河南省驻马店以西45 km的泌阳县板桥乡境内，控制流域面积768 km^2，多年平均年径流量2.8亿m^3。

板桥水库始建于1952年，后因基础沉陷坝体产生纵向裂缝，于1956年进行了加固扩建。水库以防洪为主，历年来拦蓄洪水，一般削峰80%以上，并在灌溉、发电等方面取得了显著效益。

1975年8月5日受3号台风影响在汝河上游降特大暴雨，板桥水库附近暴雨中心的林庄三日降雨量达1631.1 mm，进库洪峰流量13000 m^3/s，三日洪量6.4亿m^3。由于水库防洪标准低、泄水建筑物规模偏小，于8月8日凌晨一点半漫坝失事，河槽及大坝全部冲溃，冲刷至基岩后又回淤稀泥（溃坝长度约360 m）。其他建筑物也遭严重破坏，并对下游造成了严重灾害。

1975年10月水利电力部决定由水电部十一工程局设计院（天津设计院前身）承担复建工程的勘测设计工作，1976年4月批准了设计任务书，随即进行扩大初设工作。1977年6月水利电力部以（77）水电规字第47号文批准《板桥水库复建工程扩大初设》，1978年进行技施设计。

复建工程于1978年三季度开工，后因国家缩短基建战线，于1981年1月停工缓建。在建期间由河南省水利第一工程总队及水电部第三工程局完成了复建工程三通一平，临建房屋，砂石及拌和系统，导流明渠部分开挖及导流明渠桥的边墩，下部排架，及其基础混凝土浇筑，北台地大坝下游砂壳部分填筑等工作。

1986年4月国家计委以计农（86）513号文批准复建后的板桥水库，保坝泄水（最大可能泄水）Q_{max}＝20000 m^3/s，三日泄量10亿m^3，总库容6.6亿m^3，设计灌溉面积45万亩，电站装机容量3200 kW，水库年平均综合效益为3990万元。

根据水利电力部要求，板桥水库复建工程要进行招标施工。并确定淮委任建设单位，主持招标工作。经评标预审组和评标委员会认真评议，确定由水电部长江葛洲坝工程局中标（报价55573444元），1986年10月招、投标双方正式签定《合同文件》。1986年11月施工单位开始进场施工。

二、水利和动能

1. 兴利调节 1980年进行了库区淤积测量，核定淤积量1500万m^3，重新计算库容曲线，并在此基础上进行兴利调节计算，毛灌溉定额采用240 m^3/亩，死水位101.04 m，兴利水位汛期为110.0 m，汛后为111.5 m，灌溉保证率为75%，工业用水保证率为85.4%，水库调节系数53.4%，水量利用系数81.5%。

表 1 水库特性指标

水库水位			水库容积		
名称	单位	数量	名称	单位	数量
死水位	m	101.04	总库容（保坝水位）	亿 m^3	6.6
兴利水位	m	汛期 110.0 汛后 111.5	兴利库容	亿 m^3	汛期 1.82 汛后 2.36
设计水位	m	117.5	防洪库容	亿 m^3	4.57
保坝水位	m	119.35	死库容	亿 m^3	0.2
			水库调节性能		多年调节

2. 水能计算 多年平均水头12.5 m，电站装机容量3200 kW（800×4），最大引水流量为34.4 m^3/s，年发电量381万kW·h，年利用1190 h。

3. 泄水调节 汛期起调水位为110.0 m，泄水建筑物有溢流坝（8个溢流表孔，每孔净宽14 m，堰顶高程104.0 m，一个泄流底孔6 m×6 m，底坝高程93.0 m。

采取三级挖泄：	入库流量	泄流
P=5%	6440m^3/s	100m^3/s
P=2%	8320m^3/s	500m^3/s
P=1%	9770m^3/s	2000m^3/s

溢流坝最大泄量：Q_{max}=15000 m^3/s。

三、工程设计简况

1. 工程等级，枢纽布置及建筑物组成 本工程相应于保坝水位119.35 m的总库容为6.6亿m^3、灌溉45万亩，属Ⅱ等工程，挡水建筑物及输水洞系统按2级建筑物设计，其他建筑物按3级设计。地震基本烈度为6度，不进行抗震计算。

枢纽布置：

(1) 河床缺口段的混凝土溢流坝，全长150 m，坝顶高程120 m（黄海高程），最大坝高50.5 m，共有8个14 m×14 m表孔和1个6 m×6 m底孔。

(2) 两岸土坝，包括左、右岸副坝在内共长3470 m，大部利用残留坝体由下游培厚加高，坝顶高程120 m，比垮坝前加高3.66 m。坝型采用宽心墙砂壳及均质土坝，北裹头处最大坝高48.0 m。

(3) 连接混凝土溢流坝与两岸土坝的混凝土重力式刺墙130 m（两岸各长65 m），插入土坝心墙各15 m，最大坝高48.0 m。为供应驻马店市工业用水，在北刺墙1号坝段设供水口（采用双层进水口）坝体内埋入两条直径1.0 m钢管引至坝外，引水流量1.5 m^3/s，枢纽拦河坝轴线总长3720 m。

(4) 原输水洞出口新建发电引水钢筋混凝土岔管一条，直径3.2 m、长60.4 m，再以四条直径为2.0 m支管接入厂房。新建发电厂房内安装四台800 kW水轮发电机组。

(5) 灌溉引水系统新建总干渠长586.4 m，最大引水流量40.3 m^3/s，末端接南北分水闸各一座，单孔闸宽5.0 m。通过跨汝河新建渡槽一座向北岸分水，渡槽全长375.0 m，共25跨，采用排架箱式结构，上部盖板作为交通桥面，沟通汝河两岸。

复建工程主体工程量为：土石方开挖180.8万m^3，土石方填筑249.4万m^3，混凝土浇筑32.47万m^3，钢筋构件2260 t，灌浆工程8424 m、金属结构安装1338 t。

2. 河床混凝土溢流坝 由8个表孔坝段及1个底孔坝段组成，其中表1号、表8号和底孔坝段宽为16 m，其余均为17 m，总长150 m。坝顶高程120 m，最大坝高50.5 m，最大坝底宽52.2 m。

溢流坝表孔堰顶高程104.0 m，孔净宽14.0 m，闸墩厚3 m；设14 m×14 m（宽×高）弧形工作门和14 m×8 m平板检修门，分别由2×50 t固定式启闭机和坝顶2×50 t门机启闭，底孔堰顶高程93.0 m，孔口净宽6.0 m，墩厚4 m，设6 m×6 m弧门和6.0 m×7.34 m平板检修门，启闭机容量和方式同表孔。表孔及底孔均采用戽流消能。

溢流坝坝型为斜缝实体重力坝，在高程93.0 m设并缝廊道，断面为2.0 m×2.5 m。距坝基3～5 m设断面为3.0 m×4.2 m的灌浆廊道，坝底中部设断面1.2 m×2.2 m坝基辅助排水廊道以消减坝基扬压力。基础处理结合坝基的岩石地质情况布置了固结灌浆和帷幕灌浆孔，还有扬压力观测孔和基础排水孔。

混凝土溢流坝下游设导墙，南北导墙各分9段，总长150 m，顶高程99.0 m。

3. 土坝 复建加高后的坝顶高程为120.0 m，北岸及南岸主坝均为壤土心墙坝，即将被洪水冲刷后残留的原壤土坝体进行削坡处理后用壤土心墙接高，上下游坝壳采用砾质粗砂。考虑0.2 m沉陷超高，实际采用坝顶高程为120.2 m，防浪墙顶高程为121.5 m，坝顶宽8 m，上游坡加高部分为1∶2.5，接残留坝坡1∶2.6，1∶3.0采用干砌块石护坡。下游坡为1∶2.5，1∶3.5用50 cm草皮护坡，下游坝址设碎石坡排水。

与混凝土坝连接的土坝采用宽心墙，上下游坡均为1∶1。上游裹头在土质心墙外用堆石代替砾质粗砂，使裹头坡陡至1∶2。

北岸副坝长218 m，南岸副坝长751.7 m，秣马沟副坝长132 m，均为壤土均质坝，最大坝高4.5 m。

原溢洪道已经堵闭，南岸原溢洪道改用均质土坝堵闭，坝长320 m，最大坝高6.6 m。

4. 输水建筑物及厂房

(1) 保留原有的进水塔并进行改建，原引水隧洞洞身长53.66 m、直径3.2 m，进口底高程92.99 m，经实地检测能满足强度及抗裂要求，予以保留，并新建引水岔管及支管。出口段保留原弧门闸孔。

(2) 新建水电站位于输水洞左侧原有电站厂房地段。新建厂房引水系统、主副厂房、开关站及其他附属建筑物。电站引水系统包括主岔管，引水主管，支岔管及厂内压力钢管等，总长136.7 m，设计内水压力为30 m水柱高。

主厂房大致平行于坝轴线，长38.9 m、宽13.6 m、最大高度18.7 m、总建筑面积529.31 m²。南端为安装间，北面为主机室，装有4台ZD560—LH—120型水轮发电机组，水轮机安装高程93.7 m，单机容量800 kW。副厂房位于主厂房北侧，总建筑面积297.96 m²。

5. 灌溉渠首建筑物　有新建的南北干渠渠首闸、改建的总干渠节制闸。电站尾水通过总干渠，经由渠首闸及过汝河渡槽分别进入南、北干渠。有关灌溉基本数据见表2。

表2　灌溉基本数据表

项目 / 干渠	灌溉亩数(万亩)		灌溉流量(m^3/s)			
	自流	提水	设计	加大	设计	加大
南干渠	22	2.5	20.6	23.7	96.3	96.6
北干渠	19	1.5	13.9	16.6	96.3	96.6
总　计	41	4	34.5	40.3		

过汝河渡槽：渡槽开始于北干渠闸首后，采用封闭式结构，断面尺寸为5.5 m×2.37 m（宽×高），全长375 m，渡槽架设在26排桩柱排架上（每孔跨度15 m），排架柱采用钢筋混凝土管柱桩，以冲击钻造孔，直径1.1 m，桩底支立于基岩上，管柱上部接钢筋混凝土梁系。渡槽上面盖板作为过河交通桥面用，按汽—10级荷载设计，以履带—50及汽37.5 t校核。

四、施工情况

板桥水库复建工程，经国家计委批准复建后，水利电力部指示由淮委作建设单位，并要求通过招投标择优选施工单位，1986年初淮委委托水利电力部天津水利勘测设计院，编制招标文件。当时邀请水利系统五个单位来投标，通过评算委员会评选推荐，淮委征求水利电力部意见后确定葛洲坝工程局承包施工，于1986年11月底进场开工，1987年12月26日上游围堰胜利合龙，实现了截流、导流明渠通水。1988年3月正式开始河底混凝土溢流坝坝基开挖，8月7日开始浇筑南岸刺墙第一仓混凝土，1989年4月15日混凝土溢流坝坝基全部覆盖。自开工后两岸主副坝工程也在进行，目前南、北副坝和南主坝已达设计高程120 m，北岸主坝已达117 m高程，1990年12月10日，导流明渠封堵实现了第二次截流，汝河的水将通过混凝土溢流坝坝段底孔过流。现在各部位的施工正在进行中，截止1990年底完成各部位形象。投资和主要工程量如下。

(1) 溢流坝南刺墙达到设计高程（120.0 m），溢流坝堰顶达104 m高程。底孔闸墩达到110 m高程，北刺墙达到100.5～106.7 m高程，南、北导墙达到设计高程（99.0 m）。.

(2) 南裹头心墙达到100 m高程，北裹头心墙达到96.7 m高程。

(3) 南、北副坝完成。

(4) 北主坝达110～117 m高程，南主坝大部分达到120 m高程。

(5) 电站及引水管基础部分完成。

五、复建工程截至1990年底完成的投资，主要工程量，工材使用情况

复建工程自开工到1990年底累计完成投资11450万元。土石方工程完成394.68万m^3。混凝土工程36.64万m^3。金属结构1599.9 t（见表3)。

表3　完成投资及主要工程量统计表

项　目	单位	设计数量	自开工到1990年底累计完成	④/③(%)
①	②	③	④	⑤
(一)总投资	万元	132000	11450	86.74
(二)土石方工程	万m^3	548.84	394.68	71.91
(三)混凝土工程	万m^3	37.72	34.64	91.83
(四)金属结构	t	2904.5	1599.9	55.08
(五)材料				
水泥	t	89900	75354	83.82
钢材	t	7922.1	5911.4	74.62
木材	m^3	27900	2919	10.46

注　设计数量为概算数，完成量为结算数。

1. 导流工程的施工（导流明渠、上下游围堰）导流明渠在汝河左岸，全长952 m，底宽40 m，渠底

高程 94 m。渠身段从地下挖一般 1～2 m，最深 5 m。两侧筑堤，渠底，边坡均用 0.3～0.4 m，现浇混凝土板保护，进口段设铅丝笼块石衔接。出口段设有跌水式消力池，最大挖深 12.5 m。地质情况复杂，自地面往下有粉砂层、壤土层、淤泥层、中粗砂层、砂砾石层、底板就坐在砂砾石层上，开挖范围 60 m×60 m，周围布置 11 个深井泵抽排地下水。由于基坑渗水量很大，还设 4 个集水坑用水泵明排。采取集中优势兵力打歼灭战的办法，昼夜三班连续作战，终于按设计要求完成土方开挖和混凝土的浇筑任务。目前导流工程已完成使命，已于 1990 年 12 月 10 日封堵明渠。

上下游围堰：上游围堰，全长 805 m，顶高程 107 m，顶宽 8 m，最大坝高 17.5 m，工程量 34 万 m^3。下游围堰，全长 348 m，顶高程 97 m，顶宽 8 m，工程量 5 万 m^3。土料分别取自库区刘庄、东土料场，主要以 4 m^3 电铲和挖掘机装奔驰车运至工作面。推土机平土，汽胎碾分层碾压。由于土料天然含水量较为适中，施工进行顺利，保证了基坑开挖和混凝土浇筑的进度。

2. 基坑清淤和开挖

(1) 清淤。基坑淤泥，是 1975 年 8 月溃坝时，原河床段土坝被冲毁至基岩，其范围是沿坝轴线方向，宽约 250 m、长 650 m、深约 15 m，多次大小洪水后，带来的推移质回淤所形成。需清除淤泥量为 80 万 m^3，上面的砂层 30 万 m^3，设计开挖边坡为 1∶10，开挖要求时间紧、任务大施工条件困难。清淤前做了多次研究和试验，最后决定先用推土机剥除砂层，直至不陷推土机为止，再用索铲挖槽，配以泥浆泵抽排泥浆，索铲挖的淤泥，由 3 m^3 的装载机，装 17 t 奔驰车运至弃土场。沟内的明水用水泵排除，使淤泥脱水固结。4 m^3运铲和 1.5 m^3 的挖掘机直接下基坑开挖，装 17 t 奔驰车运至弃土场。施工过程中也出现过少量坍方现象，因及时调整开挖程序，没造成大的返工浪费。实践证明，在板桥水库用水(泥浆泵)陆(挖掘机)联合做战的方法来清淤泥是成功的。

(2)混凝土坝基。基岩开挖量 5 万 m^3。施工程序，去掉土砂层后，由高向低，由南向北，先爆除风化岩层，直到基岩较新鲜完整为止，淤泥下面的岩石一般都坚硬完整无裂隙。

3. 混凝土坝施工　混凝土坝包括混凝土溢流坝段(8 个表孔和一个底孔)、南北刺墙和南北导墙。溢坝段最大坝高 50.5 m，混凝土方量为 30 万 m^3。料场距坝址 10 km 处的林庄，该料场储量丰富，天然级配良子。水泥由驻马店转运站用散装水泥专用汽车运至拌合楼储水泥罐。用索铲、装载机、挖掘机和汽车等机械来完成骨料的开采和运输。拌合楼规模 3×1.5 m^3，混凝土熟料由 8～12 t 的红岩车运到仓面倒入 3 m^3 的卧罐，垂直运输。溢流坝上游布置一台高架门机和一台普通门机，下游布置一台普通门机，还有三台履带吊车。整个浇筑系统机械化程度很高，施工进度也比较快。自 1988 年 8 月开始浇筑以来，至 1990 年底完成总混凝土方量的 91%，最高月强度达 3.4 万 m^3。

4. 土坝施工　土坝工程包括南北主坝、溢流坝两侧、南北裹头、南北副坝及秣马沟副坝。全长 3470 m，北裹头最大坝高 48 m，除副坝是均质坝外，主坝和裹头均为砂壳心墙坝。总工程量 239 万 m^3。土坝施工战线长、工程量大、施工进度受气候影响较大，所以土坝施工贯穿复建工程的全过程。土料料场有库区料场，北岗料场及东土料场。砂取自陈庄料场，土料开采用 4 m^3 电铲。土料上坝后，用推土机平料，汽胎碾碾压。土坝施工中的主要问题是粘土心墙的土料含水量偏高，料场又没进行降低含水量的工作，碾压后形成橡皮土，造成多次返工。另外南北裹头的施工工序复杂，特别是北裹头施工困难更大，其基岩面高程一般为 72 m，最低处 69 m，基岩面有裂隙水渗出，与老坝基接头处有厚 10 m (高程 75 m～85 m) 砂砾石层，渗水严重，粘土回填施工困难很大。为了在比较干燥的环境下施工，岩面采用混凝土压面，侧面挖沟排水，然后分投回填粘和砂，按设计要求压实。虽然增加部分混凝土工程量，但可保证裹头的施工质量和进度。

5. 工程质量保证体系　工程质量检测采用三级检查方法，在自检基础上，由河南省水利科学研究所进行水工部分的复检工作，淮委技协站进行金属结构和机电安装的复检工作，经过鉴定，工程质量满足设计要求。

6. 1990 年是关键的一年　在整个施工过程中，1990 年是最关键的一年，在关键的 8 月份成功地组织了大干 100 天，顺利完成了施工任务，为 1991 年基本竣工打下了基础。

1990 年施工计划必须完成下列任务：混凝土溢流坝面的浇筑，安装底孔闸门，闸墩浇筑到 116 m 高程；完成了跨汝河渡槽的混凝土施工；进水口的改造；南北裹头回填必须达到高程 107 m，使各单位工程具备水下工程阶段验收条件。为此我们抓了以下几件事：①组织编制好年度施工计划，年度投资计划，甲乙方进行了充分讨论、协商，使计划既要保证进度，又要切实可行。②为保证计划的落实，我们深入现场，排除干扰，协调矛盾，定期召开生产协调会，为顺利施工创造良好的外部条件。③重视施工质量，大讲“百年大计、质量第一”，使全体职工树立质量意识，层层把好质量关，做好安全生产工作。④8 月份为达到年底封堵导流明渠的目标，提出大干 100 天的号召，并设立了形象进度奖，完成任务奖，指挥工作奖等，充分调动积极性。

在施工处、建管局等单位全体同志的共同努力下，1990 年 10 月份进行水下工程阶段验收，取得全优工程称号。1990 年 12 月 10 日导流明渠如期封堵，使用溢流坝底孔和表孔进行导流，为1991年抗御百年大水创造了条件。

六、结尾

(1) 板桥水库复建工程，是水利系统第一家招投标工程，中标单位葛洲坝工程局因报价偏低，施工过程中一再追加投资，直至全部概算，但实际上还是给国家节省了资金，除政策允许调整外，没有突破1985年编制的工程概算，工程也能按设计工期完成。

(2) 我们认为板桥施工处应是个经济实体，项目经理要有财务、人事大权，后方基地必须给予大力支持。另外施工中根据施工总进度计划和生产的实际情况，要及时调整人力和机械设备，施工进度才有保证。

(3) 水利工程施工，一定要有一个良好的施工环境。几年来，河南省驻马站地区沁阳县的工程建设能顺利进行，是与各级政府的大力支持分不开的。

(4) 为了保证工程质量，我们特邀请河南水利科学研究所承担板桥水库复建工程的质量检测工作，水下工程阶段验收评为优质工程。

(5) 建设单位要全面掌握工程情况，用好资金，抓好质量，促进生产。把各项服务工作做在前面，要敢抓、敢管，敢于对工程施工中出现的问题提出处理意见。

（全树法　韩绍荣）

太　湖　流　域

太湖流域治理的新阶段

一、流域治理的发展概况

太湖流域面积3.65万km^2，仅占全国3.8%。由于具有得天独厚的水资源和交通条件，使其中3万km^2的水乡平原自唐宋以来，一直是中国的经济繁华区，太湖周围的鱼米之乡被誉为江南富庶地区的代表。近代以来，由于工业经济的发展，更凭借着以上海港为中心的对外交通的条件，使太湖流域成为中国南方的经济中心。在解放前形成了富甲全国的江浙财团产业区。解放以后，虽然在二三十年时间内，我国的经济建设重心内迁，但太湖流域以其内在的巨大潜力，以较高的速度发展经济，在全国仍处于领先的地位。目前，太湖流域以全国13%的产值和17%的财政收入，雄居各经济区之首。

发达的经济需基于发达的水利建设。对于太湖流域的防洪、排涝、供水灌溉和开发利用，历代都予以重大的关注。影响巨大的古代水利工程有江南运河、頔塘人工运河、南北湖和练湖分蓄洪工程等。至于历经唐宋元明而逐步完善的网状浦塘水系，更是对大面积的高产良田起旱涝保收的作用。太湖的水利条件，是历代劳动人民辛勤劳动的结果。但是天然的水利条件和古代遗留下来的水利设施，并不能适应目前生产发展的需要。其最突出的问题是土地的不断开发与水利设施不相适应的矛盾。历史上被作为蓄水的洼地，由于人口的发展，大部被开发利用，从而引起防洪排水设施不足。这种矛盾发展到本世纪50年代末，使问题更加突出，以至有必要进行太湖流域规划，着重解决防洪排涝问题，以保护农田和城镇的安全。六七十年代失控的围垦开发达到了历史上的高潮，十几年内，围垦湖泊和河道达500km^2，从而引起了地区之间的尖锐矛盾。1983年秋末的一场降雨，其频率不过5年一遇，而太湖水位高达4.45 m，为50年内的第二位，沿湖大中城市到10月末还在受淹防汛。

规划论证的结果，认为关键问题是流域性跨地区的骨干排水河道远远不足，原来分散的小河网"渗透式"排水，只能承受较低频率的降雨，流域洪涝灾害常有发生，低洼地区抵御洪涝能力，目前仅能达到3～5年一遇的水平。同时由于太湖平原地势十分平坦，地面坡降达$1/10^5$，一旦发生洪涝灾害，淹没范围很大。从1983～1989年的7年间，并无高频率的降雨，由于泄水不畅，接连有5年发生大面积的洪涝灾。

以防洪除涝为主的太湖流域综合治理可行性研究报告（后简编为太湖流域综合治理总体规划方案）提出了10项骨干工程，就其性质而言，绝大部分都是扩大或新辟河道，形成排洪骨架，而获得显著的防洪效益。这十大工程为：①沟通太湖和黄浦江的太浦河；②沟通太湖和长江的望虞河；③沟通杭嘉湖平原向杭州湾排水的南排工程；④为保证太湖能安全蓄水的环湖大堤工程；⑤为浙西山区山洪安全入湖的东西苕溪防洪工程；⑥为湖西平原防洪和流域引水的湖西引排工程；⑦为常锡澄地区防洪和流域引水的武澄锡引排工程；⑧为杭嘉湖平原东排入黄浦江的红旗塘工程；

⑨扩大淀泖区入黄浦江的拦路港工程；⑩疏通杭嘉湖平原入太浦河的北排工程。上述工程按1954年洪水作为流域洪水的设计标准；按1971年枯水作为流域供水（包括农业、居民、工业、环境用水）设计标准。国家计委于1987年批复同意了《太湖流域综合治理总体规划方案》，要求国家和地方集资逐步完成上述骨干工程。同时明确望虞河、太浦河和南排工程为三项最紧迫工程，要求抓紧实施。流域的治理工程，实际从50年代起在进行大规模的农田水利工程的同时，就开始了流域骨干工程的建设。上述10项骨干工程，其中有6项已不同程度完成了部分工程量。①望虞河开挖，鹅真荡至长江边37.6 km，达到底宽30～50 m，高程－1.0 m；②太浦河从太湖东岸至黄浦江上游的泖河全线进行了开挖，其中太湖至平望14.34 km已经开挖完成，平望至马斜湖26.23 km，已挖至0 m高程；③环太湖大堤已有1/5口门做了控制建筑物，大堤土方已完成80％以上；④湖西引排工程四条南北向干渠已初具规模，尚需拓浚，谏壁泵站已建成；⑤东西苕溪防洪工程已兴建导流工程45 km（导流渠底高程尚不足）；⑥红旗塘浙江境内已完成（占80％）。

从1977年杭嘉湖平原南排工程正式列入国家计划开始建设，现已完成3条干河中的一条——长山河。

由于上述骨干工程已完成的部分情况大都不配套（河道不通或控制建筑物未修），因此，除南排工程外，其它工程不能很好发挥作用。

二、目前的重大步骤

根据国家计委对总体规划方案的批复，骨干工程经费需由国家和地方共同负担，分项落实。在国家第八个五年计划期间，太湖流域的骨干工程建设有三项重大步骤：

（一）南台头排涝工程

南台头工程以充分利用现有海盐塘河道为原则，沟通嘉兴至海盐的排水干河，全长61.7 km。其中海盐至沈荡为一条干河，长14.6 km。沈荡以北分为两支，东支经嘉兴至三店塘，长32.8 km；西支接长水塘，长14.3 km。干河底宽45～30 m。东支底宽15～10 m；西支底宽15 m。同时由于在南台头建闸排水，加大河道流速，为了保证海盐县城武原镇的通航，需扩大吕仲塘、盐平塘南段、古荡河，作为河道航运的补偿。在南台头干河出海处，建一座净宽为36 m的排涝闸。两岸河港建小型节制闸20座，以维持内河水位保证排涝时航行安全。工程建成后，遇1954年型洪水，主汛期5～7月份可排杭嘉湖地区涝水5.8亿m^3，影响面积可达50～60万亩。在海盐塘和其周围河道原有基础上，为尽早发挥排涝效益，工程分二期进行，第一期先建设干河出海段3.2 km和排涝闸，同时拓浚盐平塘南段和海盐塘最南端（海盐西市河）。工程完成后即可发挥1/2的排涝作用。第二期再完成全部工程。整个工程投资19800万元，其中第一期7300万元，国家地方投资按6∶4分担。南台头工程在水利与航运问题上处理得比较妥善。天然情况在南台头附近有两条主要航线。第一条甪平申线，年运量达1000万t，主要是向上海运送建材；第二条为嘉盐线，是沟通嘉兴与海盐的主要水上运输线。在南台头建闸以后，当开闸排水时，闸上游10 km范围内水位降落，流速加大，航行不能保证安全。在设计中，根据航运部门要求，采取三项措施，以确保航行安全。①挖深闸前河道，同时将闸门局部开启，进行限泄：以控制闸前水位，降低流速；②在河道交叉处，局部扩大，以降低航线交会处流速；③局部航线改道，绕开大流速区。这些措施较好地解决了水利与航运的矛盾。

（二）望虞河工程

已列入国家“八五”计划建设项目，总投资60600万元。望虞河和太浦河是太湖的两条主要排洪和供水河道。若先开一条河，地方之间会产生一些矛盾，因此安排望虞河和太浦河同步协调兴建。根据协调集资结果，国家和地方按57％和43％的比例分担。

望虞河位于江苏省苏州市的吴县和常熟市境内，南起太湖边望亭镇沙墩口，北达常熟市虞山北的耿泾口，全长60.8 km。望虞河有两项主要任务：一是排洪，遇1954年型设计洪水，5～7月份排泄太湖洪水23.1亿m^3，常遇洪水时，可排泄部分太湖洪水；二是引水，在太湖和下游地区缺水时，从长江引水入太湖。遇94％保证率的枯水年，4～10月份最大引水量28亿m^3；平常年份枯水期根据调度需要引水。同时，望虞河还有地区排涝和增加通航能力的效益。望虞河曾于1958～1959年进行过开挖，此段37.6 km，已挖至底宽30.50 m，高程－1.0 m。长江边建有望虞闸，共15孔，总宽64 m（14×4 m＋1×8 m），闸底高－1.0 m。

望虞河设计底宽，南段自沙墩口至鹅真荡长23.2 km，宽80 m；北段自鹅真荡至耿泾口长37.6 km，宽90 m。河底考虑引排需要，设计成平底，高程－3.0 m。河道断面为斜坡式，并在集镇段和局部河段筑块石护坡。在通过居民区时，为减少拆迁，改为浆砌石直立岸墙。

望虞河口需扩建新闸，净宽42 m（7×6），底高－2.5 m。并设180 m^3/s抽水站一座，可以双向抽水，引排两用。为了尽量减少建设占地，新闸和抽水站紧靠老闸布置。同时对老闸进行整修加固，联成一体。

望虞河在汛期泄洪时，控制水位较高，为避免淹没两岸，所有与望虞河交叉的河道除西岸三条主要航道外都设有控制建筑物。江南大运河在望亭与望虞河相交，为便于航运，望虞河与江南运河采用立交方式，上部为运河，下部为望虞河泄洪涵洞。涵洞尺寸为9孔6 m×8.5 m（高×宽）的箱涵，净过水面积459 m^2。

望虞河与横向河道交叉处，需建船闸16座，套闸18座，防洪闸35座。河道上有跨河桥梁24座。望虞河工程排泄洪涝水量占全流域骨干工程总排水量的20%，引水量占流域总引水量的27.8%。工程总投资6.06亿元（1989年水平），年效益0.74亿元（1986年调查）。

本工程计有土方5169万 m^3，大部分（约70%）为水下挖泥；石方41.2万 m^3，主要作为护岸用；混凝土25万m3；永久占地7436万亩（原已挖河道部分未计）。

（三）太浦河工程

已列入国家"八五"计划建设项目。经与三省市多次协商，决定与望虞河同步协调进行建设。其建设投资与望虞河一并考虑，以国家和地方按57%和43%比例分担。

太浦河位于太湖以东的苏、浙、沪三省市交界处。西起江苏省吴江县的横塥乡，东至上海市青浦县练塘乡，与泖河相接（拦路港的下段），中间穿过浙江省嘉善县丁栅乡，太浦河全长57.14 km，其中江苏省境内40.37 km，浙江境内1.53 km，上海境内15.24 km。1958年江苏省开始开挖太浦河的时候，现在的青浦县属于江苏省所辖，因此在上段40 km和下段15 km的河段内全面进行了施工，初具河形。同时在太湖边建成29孔的太浦闸（29 m×4 m）。1978年江苏省在上段又进行续建，其中平望以西的12 km已按规划标准挖足，达到底宽150 m，底高程0.0m。而东段由于已划归上海市所辖，未进行续建。

太浦河的主要作用是泄洪和供水。遇1954年型设计洪水，5～7月份可宣泄太湖洪水22.5亿 m^3，同时可以排出杭嘉湖平原涝水11.6亿 m^3。在遇到1971年型供水设计年时，在4～10月需水期，可以利用太浦河向黄浦江上游供水，增加黄浦江上游来量20亿 m^3 以上。与此同时，可以利用太浦河作为长湖申线和杭申乙线航道的一部分，改善航运条件。

由于杭嘉湖平原入太浦河的涝水占太浦河泄水总量的34%，因此河道设计采用变断面。太浦闸至平望东，长13.95 km，底宽150 m，底高－1.5～1.83 m；平望东至出口长40.83 km，底高程从－1.83 km下降到－4.7 m（其中首部2.17 km以1/1000比降将河底从－1.83 m下降到－4.0 m）。河道两岸全线用块石护砌。

太浦河出口汇入西泖河，现断面不足，需和太浦河相配合，相应拓浚。

在太浦河上拟建桥梁15座。

太浦闸需进行整修加固。为了保证向上海市供水，在太浦闸两旁设抽水站300 m^3/s，以便在太湖低水位时向太浦河抽水。抽水站工作水头仅1 m，需采用超低扬程大流量的机型，以节省投资。

太浦河两岸考虑排水和供水的相互关系，确定北岸所有支河口门，全部实行控制；其中江南运河和太浦河交叉处，由于航运要求，是否建闸控制，尚待论证确定。南岸汾湖以东建闸控制。两岸建筑物计有船闸6座，套闸39座，节制闸13座。

工程土方5140万 m^3（80%为机浚土方），石方45万 m^3，混凝土22万 m^3，总投资4.58亿元（1989年水平）。工程年效益0.72亿元（1986年调查）。永久占地4849亩（未计已开河占地）。

三、流域治理的展望

目前规划的流域10大骨干工程，带有流域性防洪和供水影响的有5项，即望虞河、太浦河、环湖大堤、南排工程和湖西引排工程。而完成望虞河、太浦河和南排工程是一个主要战役，可以起稳定防洪大局和改善供水条件的作用。环湖大堤的土方已大部完成，建筑物大部未做，可以逐步完成。湖西引排工程已初具规模，需要逐步增建泵站及拓浚河道，可以首先结合常州市的供水和水运，先增建德胜港泵站及套闸。这5项流域性工程逐步实施以后，对流域防洪保安、经济发展和改善水环境有重大影响，是流域内重要的基础设施。在这一基础上再陆续完成其它5项工程，为太湖流域奠定一个良好的水利基础。

从长远来看，在灾害性洪水灾害解除以后，太湖流域最大的水利问题是水资源保护问题。从70年代以来，江河的水质和湖泊富营养化水平，下降了1/2～1个等级。除西部山区河流和太湖中心部分目前尚保持地表水2级水平外，其余都已下降到3级（尚清洁）及其以下。而黄浦江中、下段干支流和江南运河的大部都已下降到4～6级。流域内约70%～80%居民饮水水源水质不符合取水标准。由于各方面采取水质保护和污水治理措施，近一二年内江河湖泊水质基本稳定，但仍有下降，从全流域来看还未见有好转现象。因此从现在开始的相当长时间内保护水资源，防治水污染，改善水环境，是流域治理工作一个尖锐的问题。这项工作必须实行工程和非工程管理工作并重的方针才能奏效。初步认为有以下工作需要考虑：①正确处理好污水排长江和从长江引水对流域水环境的影响；②积极开展法治，制订流域地方性法规，控制区域性污染物对水体的污染；③建设大规模污水处理工程；④开展有针对性的水环境科学研究，利用工程调度、生物生态等措施净化水质。

太湖流域径流大部汇纳于长江口而入海，同时本身又是一个独立的水系，可以在排洪和供水方面依托于长江而单独进行治理，并不与长江干流和其它支流区发生密切的联系。因此可以沾长江之利而不与长江泄洪发生矛盾，这是太湖流域主要的外部水利条件。事实已经证明，太湖流域的防洪，只要流域本身有能力排出，而长江干流不会受到影响；同时流域从长江口引水，引水量也只占长江径流的1%左右，且集中在汛期，也不会影响长江干流的水文条件。处理好流域与长江的关系是今后流域治理的重要课题。

（黄宣伟）

太湖流域及浙闽地区的水利执法体系建设试点

1990年5月，水利部选定我局管区的青浦县、绍兴市河网地区、兰溪市和晋江县4个单位为全国第二批水利执法体系建设试点单位。试点工作从7月份开始，历时半年，经我局和试点单位所在省（市）水利厅（局）联合组成的试点验收领导小组验收，全部合格。

一、试点单位的基本情况

青浦县地处太湖下游、黄浦江上游，境内河湖密布，水资源丰富，是太湖流域低洼地区之一。全县总面积678 km²（其中水面积占1/5），辖21个乡（镇），人口46万人，耕地面积49万亩，是上海的商品粮、淡水鱼和蔬菜生产基地。

绍兴市河网地区（属绍兴县和越城区的辖区）位于钱塘江下游和会稽山之间，辖53个乡（镇），人口87万人，总面积678 km²（其中水面积占15.4%）。境内工农业发达，是绍兴市的精华所在。

兰溪市位于浙江金衢盆地北部边缘，是个以丘陵为主，又有较大河谷平原的市。全市总面积1313 km²，耕地45万亩，人口63万人，辖58个区、乡、镇，是浙江省主要的商品粮、棉、油基地县（市）之一。

晋江县在福建省东南沿海，是个人多地少、土地贫瘠、水资源奇缺的沿海丘陵县。全县总面积661 km²，人口92万人，耕地39万亩，75%的供水和100%的供电需靠外域引进。1990年，全县工农业总产值18.07亿元，其中农业总产值2.07亿元，年人均收入突破千元，达1012元。

建国以来，各单位修建了大量的水利工程，为促进国民经济的发展和改善人民生活，发挥了巨大作用。但是，长期以来，由于存在着“重建轻管”的倾向，对水利工程管理不善；《水法》颁布后，由于贯彻水法不力，水利设施被人为破坏的现象时有发生，使水利工程效益不能正常发挥。因此，必须更新观念，加强水利法制建设，把各项水事活动纳入法制轨道。

二、水利执法体系建设试点工作情况

1．成立试点领导小组、制订工作方案　水利部确定4个试点单位后，立即受到所在县（市）政府领导的重视和支持。各单位分别成立了以主管县（市）长为组长的试点工作领导小组。小组成员包括政府的公安、司法、工管、农业、交通和水利局等有关部门，下设办公室，由水利局长兼任办公室主任，负责日常工作。此外，各单位还相应成立了乡级领导小组。仅青浦县一个单位，县、乡两级领导小组成员就有223人，从而有效地加强了试点工作的领导。

同时，各单位为使试点工作有目标、有计划、有步骤地进行，都结合各自的实际制订了试点工作方案，分别以政府正式文件通知发至乡（镇）政府和政府各部门。通知要求加强领导，抓紧组织实施，切实抓出成效来。各单位的试点工作方案大致包括：单位基本情况，指导思想，工作内容和步骤，自查和总结验收等内容。

2．积极开展水法宣传　各单位把7月份定为水法宣传月，动用了各种宣传工具，如黑板报、广播站、电视台、幻灯片、宣传画、大标语等，针对不同的对象，进行多层次、多渠道、多形式的宣传活动，使水法和水利执法宣传家喻户晓，人人皆知。青浦县放电影幻灯片历时一个月，受教育的达10万人次；《实施水法、依法治水》为题的14万份公开信分送到各家各户；组织本系统团员青年参加水法知识竞赛，荣获《中国水利》杂志社颁发的“水法知识竞赛组织奖”。绍兴市河网地区组织水利干部和中小学生上街进行水法宣传、咨询100多次；出动宣传车、船105台次；主管市、县、区长发表电视讲话，水电局长答记者问。兰溪市召开不同层次水法宣传广播会163次；书写永久性大标语582幅；印发宣传材料1.2万份。晋江县编写“五大讲、四知道”水法宣传提纲（五大讲指：讲40年水利建设成就；讲水电建设进入新时期；讲水电面临新问题；讲水利法制建设的重要性；讲水利执法队伍的性质、任务和职责。四知道指：使全社会知道有水法；知道有水利执法队伍；知道县府有规范性文件；知道公民的权利和义务）；出动两部宣传车跑遍14个乡镇304个行政村和水库管理站；录制28盒有关水法和规范性文件录音带进行全县广播。不仅如此，各单位还结合典型案例开现场会进一步宣传水法，使干部职工更新观念、转变职能，带动群众学法、守法；使一些违法者知错必改，收到较好效果。

3．组建水利执法队伍　组建水利执法队伍，是贯彻实施水法、维护水事正常秩序的组织保证。各单位十分重视水政监察员的素质，坚持选拔办事公道、作风正派、热爱水利执法工作、具有初中以上文化程度、从事水利工作三年以上、有一定的政策水平和业务能力的同志，经过培训、考核，任命上岗。在办培训班时，普遍采取集中一周时间，聘请司法部门有经验的同志讲课、结业考试的做法。培训课内容普遍开设民法、刑法、治安管理条例、行政诉讼法和水法等。经过严格选拔，各单位按任命权限和程序，任命上岗了一批专职、兼职水政监察员（包括助理水政监察员），其中青浦县53名、兰溪市41名、绍兴市河网地区33名、晋江县46名。此外，各单位还在各乡、村聘任了一大批水政联络员，使水利执法队伍形成网络。其中，晋江县全县聘任水政联络员390名，连同水政监察员，共有436名的水利执法队伍。此外，为适应《行政诉讼法》的实施，绍兴市还专门成立了以市水电局长任主任的绍兴市水事行政复议委员会。

4. 制订与水法相配套的规范性文件　依据水法，结合本单位的实际，制订地方规范性文件，使水利执法有法可依和可操作性，是试点工作的重要内容。然而，这项工作涉及各部门的权益问题，工作难度大，往往需和各有关部门进行多次协调，有时甚至需政府领导亲自出面协调。例如绍兴市为使《绍兴市河道管理暂行办法》出台，积极主动与有关局、委、办协调，征求意见，前后经过10次修改才出台。其间，各单位还对以往颁布的规范性文件进行清理，对照水法逐字、逐句审查，从而使地方规范性文件更趋完善。各单位在普遍清理已有文件的基础上，制订颁发了一批符合本地区实际的地方法规：青浦县颁发了《青浦县河道（湖泊）管理暂行办法》等4个文件；绍兴市河网地区颁发了《绍兴市河道管理暂行办法》等9个文件；兰溪市颁发了《兰溪市关于水资源统一管理实行取水许可制度的暂行规定》等5个文件；晋江县颁发了《关于保护水利工程设施的通知》等5个文件。此外，各单位还帮助乡、村制订了一大批《乡规民约》，把各项水事活动纳入法制的轨道。这些地方法规的制订和颁布，进一步完善了水法规体系。

5. 狠抓突破口推动全面水利执法工作　水利执法是试点工作的核心内容，选准执法突破口是水利执法的中心环节。但是，水利执法的政策性很强，涉及到各行各业、千家万户，必须选出问题严重，有代表性的典型案例为执法突破口，才能把水利执法工作引向深入。经过调查分析，各单位针对自己的实际，选择了各自的执法突坡口：青浦县选毁堤取土；绍兴市河网地区选填河建房；兰溪市选河道采砂；晋江县选划界清障。各单位在对突破口进行严肃执法的基础上，不失时机地在全县范围内开展水利执法，大规模地查处各类水事违法案件，使试点工作取得了突破性的进展。例如，晋江县在陈埭镇乌边港清障这个突破口上狠下工夫，首先对河道进行测量划界，接着开展水利法宣传，使党员干部带头拆除河岸违章建筑物。然而，河岸边也确有一些小厂超过期限非不拆除。在水电局长和乡镇长到场指挥、水政监察员和公安干警密切配合下，一支100多人组成的水利执法大军强行拆除了一大批违章建筑物。通过对陈埭镇乌边港的清障处理，在全县引起了强烈反响，推动了水利执法体系建设的全面开展。仙石村群众主动拆除排水渠河障35处，计325 m²。又如，兰溪市在狠抓突破口执法的同时，调处了5起较大的水事纠纷。其中，殿口村与上唐村因整治河道发生权益纠纷，双方聚集500多人对峙，事态一触即发。水政、公安干警闻讯立即赶赴现场，进行全力劝阻；接着组织双方党员干部学习水法，以历史为依据，进行划界调处，双方签订协议，从而使长达20年的水事边界纠纷得到了妥善处理。

在整个试点工作期间，各单位在狠抓突破口水利执法的同时，以点带面，在全县（市）范围内全面开展了水利执法工作。由于水利执法突破口选得准，收到了抓一户教育一个村，抓一个点教育一大片的效果，使试点工作进行得很顺利。在整个试点工作期间，青浦县共查处各类水事案件22件，划界、定权面积339292 m³；绍兴市河网地区共清除河障6600 m²，处理历史遗留案件300多起，完成取水许可登记1610户（总取水量1.5亿m³）；兰溪市调处较大水事纠纷5起，完成城市取水许可登记及乡村取水登记880处，完成河道采砂登记69户，清除河障52800 m²；晋江县查处各类水事案件118件，清除河障89处3750 m²，依法划定河渠管理面积76472 m²，保护范围764720 m²，经调查、核定取水许可登记增加水费收入64万元。

此外，在水利执法过程中，各单位十分注意与公安、土管等部门加强协作，严格执行政策、按执法程序办事，体现了教育为主，处罚为辅；既坚持原则，又尊重历史；主动改正从宽，强制执行从严。为了巩固执法成果，各单位把依法治水、管水列为干部政绩考核内容，把敢于执法与农田水利经费补助挂起钩来。同时，各单位还十分重视执法队伍政治业务素质的培养和提高，教育他们廉洁奉公，依法办案，使水利执法队伍一开始就在群众心目中树立起一个良好的“水利卫士”形象。

三、基本经验和存在问题

1. 基本经验

（1）各级政府的支持和高度重视是水利执法体系建设试点工作顺利开展的基本保证。试点工作过程中，凡是重要的问题，政府领导都亲自过问，主持讨论、拍板解决。青浦县政府从全县行政编制中调剂20名干部充实水利执法队伍，绍兴市、县、区政府、人大领导亲自视察、宣传、指导试点工作；兰溪市府领导主动出面帮助水利部门协调、理顺与林业部门的关系，晋江县领导主动帮助解决清障后的土地指标等。

(2) 在任命水政监察员的基础上，在乡村聘任一大批水政联络员，依靠群众的力量治水、管水，使水利执法人员形成网络；在制订地方规范性文件的同时，帮助乡村制订《乡规民约》，是群众自我管理、自我约束的好方法；把依法治水、管水列为干部政绩考核内容，把维护水利设施安全与农田水利经费补助挂起钩来，不仅有效地巩固了水利执法成果，也是深化水政工作的具体措施。

(3) 流域机构经常和管区试点单位联系，指导试点工作，及时掌握试点工作进展情况，推动了试点工作的进程。去年11月，我局针对各单位试点工作进程，及时在兰溪市召开了江、浙、闽、沪四省（市）水利执法体系建设试点工作座谈会，通过座谈，交流经验，保证了试点工作的完成。

2. 存在问题

(1) 水政经费来源无正常渠道，除个别单位外，水政监察员着装问题未解决，“水利卫士”形象不突出，严重影响执法效果。执法时，往往需要公安部门配合。

(2) 由于部省有关水法配套规章尚未及时跟上，各单位先行制订的地方法规的某些条文缺乏法律依据。随着水利法制建设的深入和《水行诉讼法》的实施，这个问题将会日益突出。

(3) 这次试点工作限在半年内完成，由于时间短，试点工作只能有重点地开展。同时，诸如取水许可登记等大量的有关“三个体系”的建设工作有待于进一步开展。

第二批水利执法体系建设试点工作虽已告一段落，今后的水利执法任务还相当繁重，工作量还很大，作为流域机构的太湖流域管理局，除了继续对这些试点单位进行跟踪外，还应与管区内的江、浙、闽、沪三省一市的水行政主管部门密切配合，按照水利部的要求，把以本区水利执法体系建设为中心的水利法制建设搞得更好。

（秦明琦）

地　方　水　利

Local Water Resources

北　京　市

奋进中的北京水利

1990年是"七五"计划的最后一年。北京市水利局在市委、市政府领导下，坚持党的基本路线，以迎亚运为动力，积极带领广大群众，奋力开拓，艰苦奋斗，全面完成了年初提出的"振奋精神鼓干劲，深化改革重稳定，加强管理求效益，依靠科技增后劲"的各项目标任务，为"八五"计划和十年规划的实施打下良好基础。

1990年北京全年降雨量为644 mm，比上年多172 mm，是近10年来降雨量最多的一年。地下水位比往年回升较多，水库蓄水也是近10年来最多的一年，密云水库蓄水量为21.80亿m^3，官厅水库蓄水量为4.21亿m^3，分别比上年多3.22亿和1.28亿m^3。汛期有几次比较大的降雨过程，一些河道相继出现短历时洪峰流量，经多方调蓄，全市各级河道出境水量仅为3.94亿m^3，河道出境水量也是历史上最少的一年。

一、认真搞好防汛，确保首都安全

1990年的防汛工作，不仅要确保水库、河道和各行各业安全渡汛，而且要做到所有亚运场馆不淹不泡，为亚运会的顺利召开提供防洪安全保证。为此：①认真贯彻"反对麻痹、突出重点，安全第一、预防为主，防重于抢、有备无患，责任到人、督促检查"的方针；②打破常规，6月1日提前上汛，下汛推迟到10月10日，历时130天；③组织4次全市性的防汛检查，重点解决防汛的薄弱环节、工程隐患和渡汛措施；④进一步完善行政首长负责的防汛岗位责任制，制定水利工程汛期控制运用计划，实行防洪优化调度；⑤加快怀柔水库提高防洪标准工程建设，完成永定河卢沟桥以下左右堤加固工程，进一步提高抗御洪水的能力；⑥完成城乡结合部的水衙沟、大羊坊沟和莲花河、凉水河上段的整治工程，进一步提高城近郊区的排水能力；⑦加快危漏房的修缮步伐，落实山区险村险户的防护措施，确保人民群众生命财产安全。

二、积极开源节流，缓解水资源危机

针对北京地区水资源严重紧缺，北京市水利局积极争取有关部门的关心和支持，在国家统一规划指导下，组织力量完成了南水北调（中线）工程北京段的规划工作；进一步勘查、修改拒马河引水工程方案和初步设计，并为缓解官厅水库水源危机，动员各方面力量，全力以赴提前完成了东水西调工程。

官厅、密云两大水库计划供水指标为9.8亿m^3，由于在供水管理中严格执行计划供水，狠抓节约用水，加强科学调度，充分利用河道基流和雨洪径流，实际动用两大水库水量为8.14亿m^3，节省了水库指标水1.66亿m^3。京密引水渠为配合市政工程施工，再次实行冬季输水，保证了全市工农业生产和城市生活用水的需要。

三、掀起大搞农田水利基本建设新高潮

1990年12月初，在京郊农田水利基本建设高潮中，江泽民总书记、李鹏总理等中央党政军领导同志到昌平县辛店河工地参加水利工程劳动，并发表重要讲话，给全市广大农民和水利职工极大鼓舞，在中央领导同志的带动下，先后又有56个部委80多名副部级以上的领导和近600名司局长到京郊水利工地参加劳动。在此之前，市委书记李锡铭、市长陈希同先后带领市委、市政府、顾委、人大、政协、纪检等6套班子领导以及30多个委办局负责同志参加农田水利基本建设劳动，京郊农村出现了全党全民大搞农田水利基本建设的前所未有的大好局面。

1990年，全市农田水利基本建设的月高峰人数达45.28万人，是上年的1.2倍；累计投工4341万个，是上年的1.9倍；机械台班24.3万个，是上年的4倍；完成土石方7287万m^3，是上年的1.7倍。经过广大群众的努力，全年完成节水工程面积51万亩，改善灌溉面积90万亩，改善除涝面积208万亩，治理中小河道7条，平整土地、改善沙荒地、河滩地16万亩，治理水土流失面积176 km^2，进一步改善了水利基础条件，为京郊农业持续增产丰收做出了贡献。

四、圆满完成三项重大活动，提高水利基础产业的地位和作用的共识

一是东水西调工程，全局上下发扬当年修建密云水库的艰苦奋斗精神，吃住在工地，日夜奋战，团结拼搏，使原来要两年才能完成的工程只用了7个月就

基本完工，并于“七一”前夕举行通水典礼，谱写了水利建设史上的一曲凯歌。二是中日合资筹建的北京九龙游乐园，历时5年的建设，克服重重困难，终于8月2日竣工开业，为首都增添一个新的旅游景点，又谱写了一曲在改革开放中坚持自力更生精神的凯歌。三是9月1日密云水库建成30周年，大力宣传、弘扬了当年修建水库时的党的领导、依靠群众，自力更生、艰苦创业，实事求是、尊重科学，团结协作、无私奉献的精神，促进了全市水利系统的两个文明建设。这三项重大活动，都得到了中央和市领导的亲切关怀和指导，不仅在水利系统引起重大反响，同时提高了社会各界对水利基础产业的地位和作用的共识。

北京东水西调工程2号泵站 谢连山 摄

五、加强水政建设，促进依法治水

年初，按照市人大和市政府的部署和要求，在全市开展了《水法》和《北京市水利工程保护管理条例》的执法大检查，历时半年，编印了《水法规汇编手册》1.5万册，印发水法规布告6000份，下发宣传标语2.2万条，各区县和市属水管单位还通过多种形式进行宣传教育活动，增强了群众依法治水的认识；完成了朝阳区、大兴县两个水利执法体系的试点工作，经水利部验收合格；加强和完善了执法组织机构，全市14个区县和市属8个水管单位都建立了水政监察机构，配备了一定数量的水政监察干部，装备了水政监察车辆，一些区县还建立了乡、村级的群众性水利执法组织，初步形成了市、区县、乡三级水政监察网络，促进水政监察工作的深入开展。

由于深入宣传教育、认真严格执法，全市偷盗、毁坏水利工程设施的现象比往年大大减少，发案率比上年下降了39%，还查处了一批老大难案件，使依法治水取得较好成效。

六、迎亚运，做好水利各项服务

汛前完成了亚运村排水出口和西坝河、南长河的治理任务，提高排洪能力，美化了环境。为保证海子水库水上运动比赛要求的水面和高程，积极采取打井等措施，短期停止了海子水库的农业供水。河道管理部门与城市河湖沿岸的722个工厂、机关、学校、农贸市场和乡镇企业等单位签订了门前三包责任书，还积极组织干部、群众3800多人次，打捞、清运河湖漂浮物2200多m^3、果筐2800多个，清理垃圾草皮9000 m^2，认真搞好河湖保洁。市水利部门还向河湖水系输送清水1450万m^3，使城近郊区的200多km的河道，既保持了一定水位，又有一个整洁、优美的水环境，为亚运会增光添彩。

七、水利科技取得可喜成果

年初，市水利局提出了依靠科技进步，振兴水利事业的目标，全局上下加强了对科技工作的领导，增加了科技投入，明确了工作方向，改革某些旧的模式，探索新路子，取得了可喜成果。全市共开展了87项试验研究示范推广工作，其中列入部、市计划课题有16项，年内已完成35项，其余为跨年度项目，已有12个项目通过验收鉴定；有17项成果获奖，其中8项获部、市级科技进步奖，“农田灌溉综合节水万亩示范工程”获市科技进步一等奖，科技成果应用推广有38项，据不完全统计获经济效益4300多万元。另外，积极开展国际科技合作，全年列入部、市的国际科技合作项目共5项，全部按期完成了合作研究任务。同时，还与十几个国家60多位专家进行了科技交流，派出30多名科技干部出国考察、进修或承担工程建设任务。

十三陵水库中的“水下龙宫”——九龙游乐园

谢连山 摄

八、全市水利系统生产经济保持持续稳定发展的好势头

1990 年全市水利系统完成生产经营总产值 5.1 亿元，完成纯收入 6700 万元，都是 1980 年总产值和纯收入的 10 倍，其中局属单位完成总产值 2.35 亿元，纯收入 3520 万元，分别比上年增长 15%和 10%。全局还上缴国家税金 1418 万元。在努力挖潜、抓好现有经营项目的同时，又开发了一批新项目，并及时投入生产，取得较好效益。

1990 年全市水利系统完成商品蛋 350 万 kg、鲜鱼 98 万 kg、果品 115 万 kg，商品蛋和果品分别是 1980 年的 9 倍和 10 倍，为丰富首都市场作出了努力。

（蒋维藩）

不断发展的通县水利

通县位于北京市东南郊 20 km 处，是潮白、永定两河的冲积、洪积平原。流经县境的主要河流有北运河（温榆河）、潮白河，总干长 120 km，防洪堤172.6 km。有中、小河流 8 条，总长 110 km。通县地处市郊各河下游，故有“九河下梢”之称。全县属大陆性季风气候，冬春干旱多风，夏秋雨量集中，易形成春旱秋涝。全县总面积为 907 km²，有 16 个乡（镇）、1 个国营农场。耕地面积 89.5 万亩，其中有效灌溉面积 84.8 万亩。

建国以来，国家向水利投资 1.2 亿元。全县有大型灌区 2 个、拦河闸 13 座、扬水站 835 处、机井 8375 眼，防渗渠道及地下管道 1050.7 km，喷溉面积 3.5 万亩，节水工程占粮食作物面积的 30%；排灌骨干沟渠 180 条，总长 745 km，桥、闸、涵等各类建筑物 5000 余座，全县基本形成了大地成方，沟渠成网，旱可浇，涝可排，沟渠合一的排灌系统。

1990 年通县水利局在县委、县政府的领导下，认真贯彻执行党的深化改革、治理整顿方针，积极开展“一业为主、综合经营”，努力加强水利管理，大搞农田水利基本建设，坚持全面为农业生产和国民经济发展服务。全局上下团结一心，奋力拚搏，全面完成了各项经济计划指标。广大干部职工以实际行动为全县国民经济发展做出了应有的贡献。

一、大搞农田水利基本建设，增强农业发展后劲

1990 年通县农田水利基本建设，以节水为中心、以三大基地建设为重点、强化管理，注重效益。节水抗旱与防洪防涝并重，完善田间配套工程。在全县范围内大力开展了农田水利基本建设，做到了全县有重点、乡乡有工程、村村有任务。由于各级领导重视，群众积极性高，水利职工全力以赴，水利建设任务不仅完成得多，工程质量也比以往高。一年来，全县集中力量疏挖治理小中河、凤港河排洪河道 21.6 km，改造整修干支沟 150 条，长 536 km，新建防渗渠道 194.8 km，地下管道 53.9 km，安装喷灌设施 66 套，新打机井 265 眼，更新机井 180 眼，修洗旧井 195 眼，新建改建闸、桥建筑物 281 座。共完成土石方 662 万 m³，总用工 393.3 万工，其中水利建设积累工 362 万；共改善灌溉面积 25.5 万亩，除涝面积 62 万亩。上述工程任务的完成，大大改善了全县农业生产条件，增强了农业发展后劲，为我县粮食生产再上新阶梯奠定了物质基础。

二、强化水利管理，促进农业高产丰收

1990 年水利管理工作，坚持专群结合、建管并重，并把重点放在乡村的群管工程上。在实际工作中，充分发挥了水政管理部门、河道管理所和各乡（镇）水管站的作用，大力宣传贯彻“一法两例”，坚持堤路树综合治理，加强日常的维修养护，使管理工作逐步做到了经常化、制度化、规范化。并加强了基层水管组织的组建工作，在抓乡级水管站建设的基础上，村级设水管员的工作提前一年全部建齐，大村 2 人，小村 1 人，计 474 人。村级水管组织的建立，不仅进一步巩固与完善井站、闸桥、堤防各类水利工程管理责任制，而且对减少水利设施的损坏、丢失也发挥了重要作用。县管的大型灌区、河道，乡（镇）管的桥闸建筑物都完成了建卡立档，做到“三有”；每个乡（镇）水管站还绘制了农田水利现状图、规划图、实施图，各种情况一目了然；为进一步加强对水资源的管理，除做好农田节水工程的典型调查总结外，还对乡（镇）企事业的自备井和生产用水情况进行了调查摸底，为制定管理措施掌握了第一手材料。

由于坚持建管并重，加强水利管理，使全县水利工程的完好率和利用率分别达到 95%以上，保证了抗旱、防汛任务的完成。1990 年，遇到历史上罕见的伏旱和秋旱，给 46 万亩夏播玉米和 58 万亩小麦出全苗造成严重威胁，由于充分发挥水利工程设施的效能，组织群众昼夜抢灌，保证了粮食增产和瓜菜大丰收。全县粮食总产达 5.2 亿 kg，单产 762.2kg，比 1989 年分别增长了 10%，全县连续 9 年获得了农业大丰收。

三、坚持依法治水，保证各项水利工程设施良好运行

为了加强水利工程管理，减少丢失、毁坏现象的

发生，全县建立了以104名着装监察员为骨干、478名村级执法人员为基础的县、乡、村三级执法网络。各级执法组织积极开展“一法两例”宣传周、宣传月活动，努力提高全民水法规意识。采用出动宣传车、设宣传站、咨询站、书写张贴标语、印发宣传材料、利用广播播放水法条文等形式，广泛深入地进行宣传教育工作。并举办了各类培训班201期，培训人员1.3万余人次。同年，在市、县领导和有关乡镇政府的支持配合下，通县水利局主要领导带领执法人员，坚持上门耐心细致做工作，实事求是地解决设障户的问题，较顺利地清除了历史上遗留的北运河右堤杨堤至石槽段18家75间1399 m²的违章建筑，解决了几年来想解决而未能解决的问题。由于各级领导重视、各级管理组织通力协作，齐抓共管，一年来没有出现新的违章建筑。

四、积极开展综合经营，走“以水养水”的良性循环之路

1990年水利综合经营工作，在国家治理整顿的大气候下，在局党委的领导和有关部门的密切配合下，两个公司和各基层单位继续贯彻了“主攻民用化工产品，控制汽车生产，调整水工建筑，放手其他”的指导思想，狠抓企业管理、全面落实和完善经济承包责任制，努力搞好上下、内外协调，不断在降低成本、提高产品质量上下功夫，积极寻求市场，打通销售渠道，并采取有偿销售和主动搞好售后服务的办法促进销售，收到了较好的效果。城关水管站坚持“干”字当头，后来居上，依靠水工建筑创利60万元。实现了一年脱贫、二年连续翻番的目标。侉店水管站坚持把主要精力放在民用化工产品上，新增气雾剂品种三个，创收72万元。水利工程公司在基础力量薄弱、市场竞争激烈的情况下，努力加强职工队伍管理，并根据各队生产水平，开展层层承包，1990年在时间要求紧、施工难度大的情况下，胜利地完成了市东水西调二号泵站、东关大桥重建等项工程，取得了明显的社会效益和经济效益，受到市、县工程指挥部的好评和嘉奖。其中东关大桥工程获市全优工程奖。

在整个经济工作中，坚持以重点项目和骨干企业为龙头，带动全面，并在管理中引入竞争机制，克服了资金不足、市场疲软等严重困扰，较好地完成了各项经济计划指标。1990年全县水利系统28个单位完成综合经营产值1.2亿元，利润1200万元，比上年分别增长了20.7%和15.1%。局属各单位全部实现经费自给，并拿出240万元支援了乡（镇）级农田水利建设。

（卢国瑞　连　振）

天　津　市

搞好水利工作，为国民经济发展服好务

1990年，天津市坚持水利工作为国民经济发展服务的方针，确保安全输水，做好防汛抗旱工作，大搞农田水利基本建设，加强对现有水利工程的改造和配套，有力地保证了天津市工农业的发展。

一、安全供水和引滦工程完善配套工作

由于1989年天津地区出现百年少有的伏旱，各水库、河道汛末蓄水总量仅为3.4亿m³，相当于1988年汛末蓄水总量的26.1%。伏旱造成天津市1990年春季自备水源的匮缺。潘家口水库1989年也比往年减少蓄水47.2%，引滦水源总量有限，导致1990年春季调水形势严峻。因此，1990年在输水管理工作中，实行分段负责制，并做好护水工作。全年给城市供水6.4亿m³(其中供商品菜田0.6亿m³)，为农业适时供水1.2亿m³。虽然供水水源紧张，但城市人民没有水荒之感，保证了社会稳定，经济发展。

在做好输水工作的同时，加强对引滦输水线的完善配套工作。完成濠河修建跌水坝4道，输水明渠护砌4724 m(双侧)，州河护砌780 m等7项工程，共完成投资1469.11万元。

二、防汛和防洪工程建设工作

防汛工作坚持“安全第一、预防为主、防重于抢、有备无患”的方针，立足于防大汛、排大涝、抗大洪，认真准备，实行军民联防，共同防汛。天津市警备区组织了50万民兵抢险队伍，分段包堤落实责任制。并且多次进行军民联防实战演习，提高了群众的防洪意识，锻炼了指战员的实战能力。物资、商业、供销、建材等部门积极储备防汛物资，做到了未雨绸缪，有备

无患。

1990年天津市共投入资金2923.8万元用于防汛工程建设，完成土石方426万m^3。①永定新河清淤工作继续进行，全年完成清淤土方260.9万m^3，使桩号18+000以上河段恢复了原设计行洪断面，18+000至26+000段打通一条泄洪通道，使永定新河的泄洪能力由原380 m^3/s，提高到680 m^3/s。②海河干流进行险工段护岸工程，浆砌块石18800 m^3，完成土方14.3万m^3，工程总长度5964 m。③1990年还进行了分滞洪区安全建设。永定河泛区建成安全台2.8万m^2，安全房2832 m^2。④还进行了中亭堤、蓟运河、子牙新河险工堤段的重点维修加固，使各河防洪能力均得到不同程度的改善和加强。1990年汛末，依据气象及水情，抓住时机适时蓄水9.68亿m^3。

三、农田水利基本建设工作

1989年冬至1990年春，天津市农田水利基本建设完成土石方6138万m^3。1990年冬，农田水利基本建设进一步发展，累计投入劳动积累工1569.7万工日，在完成市政府下达的一冬一春3000万m^3任务的基础上，超额完成507万m^3。实现了两季土方任务一季完的好成绩。

一年来新建和维修配套建筑物3000多项，更新改造国营扬水站11座，新打配套机井533眼，改造中低产田30万亩，新增有效灌溉面积12.36万亩，恢复改善灌溉面积93.76万亩，新增除涝面积12万亩，改良盐碱地11万亩，治理山区水土流失4 km^2，解决了蓟县山区36个村1.18万人的饮水困难问题。

四、水利科研工作

1990年全面完成了"七五"期间水利科技攻关及重点项目。其中天津市水利科研所承担的"于桥水库湖流特性研究"课题和水文总站承担的"于桥水库氮磷营养元素输入输出定量化及水文水质预测研究"课题，经专家鉴定认为研究成果在国内居于领先地位，部分成果尚属国际首创。"浅层地下水开发利用研究"课题也通过了市级鉴定。

以节水为中心的"七五"攻关低压管道灌溉新技术也通过了部级验收，并得到及时推广，应用于农业生产。建成武清县下伍旗万亩、高村3.23万亩示范井灌区。宝坻县高家庄3万亩节水节能示范井灌区建设也获得成功。三个井灌区的验收合格，为中国的北方井灌区实行节水、节能技术改造探索出一条新途径。在全市盐碱地改造、降低地下水位中，积极推广风力节能技术，为建设天津市节水灌溉农业提供了科学依据。

在水利工程管理中，努力应用现代化科学技术。引滦三大泵站计算机控制得到进一步巩固和完善；九王庄节制闸闸门自动控制通过鉴定；水利设计和水文测报也在逐步扩大计算机应用范围。

五、水法宣传和水利执法工作

1990年初，市政府主持召开了水利工作会议，依据《水法》，结合天津市水利面临的新形势，从宏观上再度明确了战略对策和任务，各行各业形成团结治水兴水的共识。各区、县政府都进一步明确了各自的水行政主管部门，并相继成立了水政监察机构，完善了水政管理体系。

在全市范围内广泛深入地开展了《水法》宣传和水利执法大检查，使《水法》广为人知。5月份市政府开会进行布置，各区县政府非常重视，区县主要领导同志亲自带领人员深入实地检查，解决水事违法案件。经过两个多月的自查后，市水利局水政部门又组织力量分三片对区县自检情况进行普遍检查。通过检查，解决了一些实际问题，加强了郊县依法治水，依法解决水事纠纷的意识。

一年来，天津市水利执法队伍建设取得突破性进展，全市已有近800名水政监察人员上岗执法。水政队伍建设不断加强，大部分执法人员经过了初级培训，人员素质不断提高。

1990年天津市水法宣传活动也是声势浩大，很有影响。《水法》宣传周期间市领导和市水利局领导，分别在电视台发表讲话。14位区、县水利局长到街头参加《水法》宣传和咨询。全市印发水法宣传材料30000余册，刷写醒目宣传标语4000余条。宣传形式多种多样，覆盖面大，提高了广大群众对《水法》的进一步认识。

1990年，天津市水政部门与公安部门密切配合，严打破坏水利设施的违法活动，处理违法水事案件357起，追回经济损失42.7万元，维护了水利工程设施安全。武清县被水利部列为全国第二批贯彻《水法》试点县之一，并通过验收。现在在全市初步形成了市、区县、乡镇三级水利执法网络。

六、水利工程建设和管理工作

1990年水利固定资产投资41个建设项目，除两个项目部分结转，其余39个建设项目全部完成，共完成投资9769万元，为年计划的99.7%。为确保工程质量，建立了市水利基建工程质量监督中心和检测中心站，对重点工程还建立了项目质量监督站。为保证重点工程，调整了投资方向，加速了重点工程建设。引滦明渠护砌增加投资600万元，提高了引滦输水率。由天津市水利局承建的为大港油田、大无缝钢管厂、军粮城电厂等五家企业输水的引滦入港工程，完成投资额4027.4万元，累计完成7979万元，北干管铺设完成40 km，占总量的90%，南平管铺设完成8 km，占总量的32%，为确保1991年正式通水打下了基础。

加强水利工程管理是天津市1990年水利工作中的主要内容。通过抓管理提高效益，做到供水、防汛保安全。为此，着重抓了以下几项工作：①水利部门召开水利工程管理座谈会，贯彻水利部颁布的有关条例。健全水利工程管理职能机构，从基础工作抓起。各工程管理单位逐步建立健全工程观测、技术档案，并着手历史资料整理和分析，为管理工作走向正规化、规范化奠定了基础。同时专门组织一套班子，完成了水费成本核算，提出了水费改革草案，为水利由福利型供水向有偿供水转化做好了准备。②注重基础建设和前期工作。完成了《城市防洪规划提要》，并经市政府常务会议审议通过。配合国家南水北调工程规划组织力量进行了天津市境内有关工程规划。③为确保安全供水，水利部门经过调查研究，向市政府提交了《关于引滦工程亟待解决的问题和解决意见的报告》，市领导做了批示，得到有关部门的重视。

1990年，天津市水利局对改革水利运行机制、发挥群众多渠道集资投劳发展水利事业和承包经营等进行了总结和探索，加强了计划、财务管理，建立了审计网络，提高了经济效益，保证了各项任务完成。坚持一主多副、综合开发的路子，从强化内部机能入手，整顿挖潜，发挥自身优势，有效地防止了综合经营工作出现滑坡。全年实现利税764.15万元，纯收入660.41万元，比1985年增长9.5%。“双增双节”取得可喜收获，完成了节约经费5%的指标。在建筑市场疲软的情况下，两个工程公司均完成了年度生产计划。其中振津管道工程公司还晋升为国家二级企业。于桥水库发电厂实现安全发电1640万kW·h，超额完成年度发电计划。水利部门领导坚持为群众办实事，重点为一线职工服务的方针，调动了广大干部、职工的积极性，使天津市胜利地完成了全年的各项水利工作。

（刘长让　高敬田）

武清县1990年水利工作

一、坚持防汛抗旱两手抓

落实防汛工作责任制，对主要行洪河道堤防反复进行了检查，国营扬水站普遍搞了预防性试验，特别是对淤积严重的防潮闸启闭运用问题制定了相应方案，保证了防潮闸的安全和沥水下泄。对主要闸站搞了机电设备维修、更新及土建工程，年内完成渡汛岁修投资17.3万元。组织扬村镇、东蒲洼、陈嘴等乡参加了天津市防汛办公室组织的以永定河分洪口门爆破抢险为主要内容的军地协同演习，进一步检验和提高了各级领导的指挥应变能力。在洪泛区、滞洪区安全建设中，1990年共建成安全房4904 m^2，安装了46部报警机，形成了以县为轴心的三级无线通讯网。全年调蓄水1.5亿 m^3，为夺取全县农业丰收创造了条件。

二、农田水利基本建设

以开发自备水源、中低产田改造、吨粮田建设和开发性生产为重点，开挖清淤二级河道1条、长13.2 km；干渠41条、长96.1 km；支渠122条、长153.6 km；斗渠7273条；改造中低产田5.85万亩；建成吨粮田5.93万亩；开发荒弃地1.36万亩；改造菜田0.81万亩；改造果园0.37万亩；新建桥、闸、涵173座；扬水站（点）36座；新建防渗渠道125条，长66.3 km；打配机井191眼。全年共完成水利义务工480万个，投入农田水利建设资金1230.8万元，其中国家补贴521.05万元，县、乡、村自筹658.78万元，累计完成土方1112.8万 m^3。全年新增除涝面积3万亩，增加蓄水能力100万 m^3，新增灌溉面积5万亩，改善和恢复灌溉面积25万亩。荣获天津市第二届农田水利建设“大禹杯”竞赛第三名，市政府和市农委两次在武清召开农田基本建设现场会。

三、一批重点基建工程按时竣工生效

王三庄引滦供水泵站在1989年冬完成地面以下工程的基础上，1990年汛前完成了主体工程，共完成投资391.8万元，汛后又相继完成了投资为144.5万元的小谋屯泵站机电设备更新改造工程和71.69万元的王庆坨线河排水工程。

四、水利执法体系建设试点通过天津市水利局和海河水利委员会验收

1990年，武清县被水利部确定为全国第二批水利执法体系建设试点县，按照县政府批转的试点方案，全县范围内广泛开展了《水法》宣传咨询活动，组建了水政监察队伍，开展了业务培训，查处了一批水事违法案件。在抓紧清理原有地方性水利法规的基础上，依据《水法》和市政府颁布的有关地方性水法规，制定了7个地方性配套水法规，为依法治水、依法管水提供了依据。

五、水利科技工作取得显著成绩

以节水灌溉试验研究、推广节水灌溉新技术为重点，相继完成了三项科研课题，建成了高村节水示范井灌区，完成了河西务机井测试改造，大黄堡大口径混凝土管道输水工程。其中，井灌区节水灌溉试验研究成果被市科委评定为1990年度重大科技成果二等奖。水利灌溉试验在1990年进行了冬小麦和夏玉米灌溉制度的研究，取得突破性进展，小麦最高单产507.7 kg，平均单产459 kg，夏玉米最高单产614 kg，平均单产557.5 kg，实现了亩产吨粮田，为全县推广小麦、玉米灌溉新技术起到了示范作用。

六、一主多副、综合经营保持了稳定发展的势头

在巩固老项目，有计划地上新项目的基础上，1990年突出了抓管理、抓改造、抓挖潜、抓增收节支，使多种经营纯收入达120万元，超额完成预定计划指标。

（王 华）

河 北 省

巩固中提高 发展中突破

1990年，河北省水利厅认真贯彻党的十三届六中全会精神，转变工作作风，改进工作方法，紧紧围绕省政府确定的国民经济发展目标，特别是农业发展目标，圆满完成了全年水利工作任务，有些工作取得了突破性进展，在巩固中提高，在发展中突破，是1990年河北省水利工作最显著的特点。

一、防汛抗旱

防汛工作认真贯彻了安全第一、以防为主的方针，落实以行政首长负责制为中心的各种防汛责任制，抢修了黄壁庄水库副坝铺盖裂缝等渡汛工程，完成了东武仕水库水情自动测报系统和永定河泛区预警系统，新增各种无线通讯设施500多台。防汛期间灵活调度，取得了保安全、多蓄水的好成绩。汛末蓄水70亿 m^3，是蓄水量最多的年份之一，为工农业生产储备了水源。针对全年降雨偏多，但局部又发生干旱的情况，开展了抗旱工作。6月份中南部地区出现伏旱，由于及时开展了夏浇，减轻了灾害。10月份，中南部降雨只相当于常年的1/6，给种麦造成较大困难，沧州、衡水以南地市坚持抗旱播种，全省造墒1700万亩，较好地完成了种麦任务。

二、农田水利基本建设

通过继续认真贯彻国务院《关于大力开展农田水利基本建设的决定》，加强组织领导，充分发动群众，认真搞好规划，组织评比竞赛等措施，全省农田水利基本建设的规模、速度、质量和效益都取得了近10年来最好成绩。全省完成各类小型水利工程9.2万项，打井5.2万眼，配套4.7万眼，修病坏井4.2万眼。修建固定式防渗工程992万m，比上一年多80%。共投入劳动积累工2.54亿个，完成土石方3.3亿 m^3，分别比上一年多17%和12%。增加灌溉面积150万亩，改善380万亩，分别比上一年多3%和8%。增加恢复除涝面积345万亩，比上一年多4万亩。改造中低产田247万亩，比上一年多1.2倍。

黄壁庄水库副坝铺盖出现裂缝，解放军全力以赴进行抢修 李光辉 摄

1990年继续贯彻落实省人大《关于加速解决山区人畜饮水问题的决议》，解决了山区796个村、36万人、6.8万头大牲畜的饮水困难。1990年通过继续推动生物措施和工程措施相结合的小流域综合治理和经济沟建设，完成水土保持治理面积1200 km^2。被列为国家水土保持重点的永定河上游重点治理区和潮白河

兴修水利使小麦获得大面积丰收　李光辉 摄

上游重点治理区分别完成治理面积 300 km^2 和 185 km^2。农村水电工作也大进展，小水电发电量达到 2.5 亿 kW·h，比上一年增长 25%，超额完成全年计划 2.0kW·h。此外，扶持移民发展生产工作，完成小型水利工程 92 处，改土造田 1900 亩，修路 291 km，输电线路 214 km，新建校舍和维修房屋 3061 m^2，库湾网箱养鱼 1664 亩。结合农田水利基本建设，山区还修建了一些其他小型水利工程。所有这些，都为改善山区群众生产和生活条件，发展经济、脱贫致富发挥了作用。

三、行业管理

贯彻《水法》向纵深发展，先后由省政府、省人大颁布了《河北省水费计收管理规定》和《河北省水利工程管理条例》。有 14 个地市、128 个县建立了水政水资源管理机构；石家庄地区和雄县被列为全国水利执法试点，抚宁等 10 个县确定为省试点。水利工程管理进一步加强，特别是省属工程出现新的起色，石津灌区被评为全国先进灌区，黄壁庄水库管理处在改变面貌上做了很大努力，取得了初步效果。

四、基础工作

在收集资料、分析研究的基础上，完成了河北省水利发展 10 年规划和“八五”计划（初稿）；桃林口水库工程设计任务书获得国家批准，初步设计通过审查，开工准备工作正在抓紧进行。引江中线工程，配合水利部长江水利委员会开展了勘察线路等前期工作。这些工作在过去多年努力的基础上，1990 年取得了新的突破，水利建设迎来了自五六十年代高潮之后的又一个新时期。另外，水利科研项目完成 28 项，其中 13 项获省级科技进步奖，有的已推广应用，效益明显。

取得以上成绩，采取的主要做法是：

1. 转变作风，提高工作效率和质量　年初，厅务会研究制定了《关于“热心办、马上办、办得好”竞赛活动的实施办法》，工作中认真贯彻落实。3 月下旬，邢崇智同志交办涞水县宋各庄灌渠渡槽工程吊装事项后，水利厅抓得紧，行动快，办得实，受到了邢书记“水利厅办事作风好”的表扬。近年来，认真贯彻执行党的民族政策和扶贫政策，把支持少数民族地区和贫困地区的经济发展作为增强民族团结、稳定大局的大事来抓，结合业务工作办实事，受到当地政府和广大人民群众的欢迎，同时获得了国家民委的表彰和省扶贫领导小组的奖励。在办理人大代表建议、政协委员提案工作中，办得及时、准确，满意率高，经评比荣获省政府办公厅颁发的“优秀单位”称号。水利统计和财务工作帐目清楚，数字准确、报表及时，荣获水利部一等奖和“优胜单位”称号。帮县蹲点工作由于深入扎实，注意给群众办实事，受到当地党委、政府和群众的好评，并在省直单位帮县蹲点经验交流会上作了典型发言。

2. 抓典型、带全面、促进工作的进展　在农田水利基本建设中，全省开展了第一届“海河杯”评比竞赛活动，共评出受省政府表彰的一等先进县 8 个，二等先进县 12 个（受省农田水利基本建设指挥部表彰的 10 个）；先进乡 100 个。出现了比、学、赶、超的可喜局面。井灌区的农业节水工作，自 1987 年在全省连续抓了 20 个节水示范乡后，1990 年又重点抓了泊头、盐山、雄县、大城，大名等县（市）的示范区，在示范乡和示范区的带动下，全省农业节水灌溉工程发展的速度和控制面积都是最多的一年。通过建立水利执法体系试点，摸索到了一些经验，为进一步全面铺开奠定了基础。

3. 围绕水利的突出问题，做好文章　为缓解水资源危机，给工农业生产搞好供水服务，在多年努力的基础上，1990 年桃林口水库工程被正式批准。这项工程的兴建，对唐秦地区的经济发展将产生积极的影响。12 月上旬，程维高代省长带领省政府有关部门的负责同志到水利厅现场办公，在听取了郑德明同志汇报的水利工作“八五”计划和 1991 年安排及采取的措施后，程代省长给予了充分肯定，并作了重要指示。

4. 干部下基层调查研究，解决问题　对黄壁庄水库副坝铺盖裂缝的处理，临城水库的除险加固，解决水库移民生产和生活困难等重点难题，都组织有关人员，反复深入基层，研究对策，或领导干部亲临指挥，组织奋战，或组织现场办公，协调关系，研究办法，提出解决意见，因而收到了较好的效果。春秋的农田水利基本建设，夏季的防汛等，也适时组织检查组分赴各地，检查、督促、指导，发现问题及时解决，并推动面上工作顺利健康地开展。

5. 做好思想政治工作，充分发挥其保证作用　按照省委的安排部署，首先进行了以党的六中全会《决定》和省委《措施》为中心内容的思想教育，结合学习中央、省委文件，学习了《哲学纲要》和《社会主义若干问题学习纲要》，对党员干部进行了党的性质和宗旨的教育，马克思主义和群众观点，群众路线的教育，艰苦奋斗和革命传统教育，形势教育和任务教育，使广大党员和干部职工的认识水平和思想觉悟有了较大提高。二是年初制定了勤政、廉政方面的九项规章，并做到了及时督促、检查、落实。三是抓思想动态，召开厅直单位思想政治工作汇报会，分析研究，提出做好政治思想工作的措施。四是廉政建设有新进展，除建立了必要的规章制度，增强了监督和制约机制外，主要抓住群众反映强烈的一些突出问题，清理超标准住房和对职称评定中的弄虚作假问题进行处理，及时查处违纪案件，推进廉政建设。思想政治工作为调动和发挥广大干部职工的积极性、顺利完成水利工作任务，充分发挥了保证作用。

（张树生　陈曦亮）

卢龙县治水效益大

位于河北省东北部的卢龙县，历史上十年九旱，粮食产量长期低而不稳。针对这种情况，长期以来，历届县委、县政府都把改善农业生产条件，治水兴农作为奋斗目标，坚持不懈地大搞农田水利基本建设，一张蓝图，几任目标，奏响了接力治水、兴县富民的三步曲，取得了物质文明、精神文明建设的双丰收。

(1) 历史地完成了全县水利工程的大型骨架建设任务，为全县实现水利化奠定了坚实基础。

60年代末到70年代初，以县委书记孟英同志为首的县委一班人，带领全县人民苦干6个冬春，建成了121座小型水库，人称“群星落地”，总蓄水能力4000多万 m^3；70年代后期，县委书记李连壁同志领导全县干部群众利用3个春秋，拦腰斩断青龙河，筑坝引水开挖了一条纵贯全县南北67.5 km，输水10 m^3/s 的引青主干渠和8条分干渠，被誉为“银河下凡”；近年来，以张树仁，何进先为代表的县委、县政府一班人，又把农田水利基本建设推向了更高档次。全县共投资2588万元，投工1008万个，完成各类工程2356处，总工程量1128万 m^3。仅一年时间就完成了引青灌区总体规划中因财力紧张、工程难度大，多年来想搞而没有搞成的人称“旱海游龙”的四百户、燕河、花台、陈官屯四条分干工程。四条分干分布在县东南和东北浅山丘陵区，全长67 km，设计总流量8.1 m^3/s，使8个乡镇、100个村7万亩耕地受益。总工程量204.8万 m^3，各种建筑物447座，其中渡槽96座，超过百米以上的66座，最长的砌石拱渡槽——染庄渡槽长2172 m、高8 m；最高砌石拱渡槽——上荆子渡槽高12.1 m，长500 m。四百户分干沿渠乡村，全面实施支斗渠配套工程，共修建防渗斗渠23条，总长4.3万 m，当年施工，当年受益，使1990年播种的5550亩小麦，全部浇上了封冻水，1700亩果树实现了自流灌溉。至此，县委、县政府历史地完成了全县水利工程大型骨架建设任务，使引青灌区12条分干渠辐射了全县26个乡镇中的25个乡镇，为“八五”期间实现全县水利化奠定了基础。

(2) 开创了以水利为先导，综合开发山区经济的新格局，为建设立体生态农业创造了有利条件。

随着水利建设的步步深入，卢龙县把“一渠百库”作为振兴卢龙山区经济的重要资源优势之一，制定并实施了“一渠百库”分层开发的战略规划。在实施中，坚持了以治水为中心的山水林田路综合治理，实现了开发高速度、高标准、高效益。几年来，全县在引青干渠上侧和百库上游等丘陵坡地栽种果树8万亩；开发“围山转”工程栽种杂果2万亩；开发荒滩、荒山、栽植薪炭林6.02万亩；在渠旁库下建设以种植稻、麦为主的高效益农田14万亩。在引青干渠上侧建成4.38万亩经济林带，在青龙河左侧沿岸建成了1.76万亩的水土保持防护林带。目前，两条林带犹如两条绿色长龙婉延百余里，纵贯全县南北，起到了护岸、护渠、保护农田的功效，展现了可观的经济效益、生态效益和社会效益。

(3) 拓出了山区人民脱贫致富的新门路，探索了利用农村剩余劳力的有效途径，为今后山区开发积累了经验。

在现阶段，卢龙县商品经济还不很发达，大批农村劳动力一时还转移不到二、三产业，全县17.9万劳力，有40%的剩余劳动时间。农田水利基本建设和山区资源的开发吸纳了大量农村剩余劳力和剩余劳动时间，使农民劳动由过去单纯的春种秋收转向粮、林、果、牧、渔和农副产品加工上来，既解决了开发资金的不足，又增加了农民和集体的收入。1990年，全县粮食产量在连续四年获得丰收的基础上，总产达到2.36亿 kg，单产418.6 kg，均创历史最好水平；果品产量达2000万 kg，比开发前的1986年增长108%；猪、牛、羊存栏分别达到19.68万头、2.15万头和7.2万只；以白薯为主要原料的农副产品加工业迅速发展，形成了“小规模、大群体”村村户户搞加工的新格局。全县农村人均收入由1986年的445.4元增加到700元。

(4) 熔铸了“吃苦、务实、团结、奉献”的革命精神，为新时期搞好精神文明建设注入了新的生机和活力。

在水利建设中，涌现出一批真心实意为群众着想，带头实干的好干部和吃苦在前、勇于奉献的优秀党员，造就了一个个具有巨大凝聚力、坚强战斗力和创造力的英雄群体，熔铸了“吃苦、务实、团结、奉献”的革命精神。在工程建设中，群策群力、攻克了一道道难关，战胜了一次次塌方、冒顶。沿渠乡镇的干部群众，不分你村我村，不讲是否受益，体现了团结协作精神。为了工程，全县有3.3万多名干部、职工、学生、离退休老干部主动为工程捐款达21万多元；为了工程，沿渠群众投入了数以万计的资金和劳动积累工；为了工程，有的献出自己家建房的石料，有的主动卖掉淀粉买来工程所需的钢钎铁锤。当隧洞出现塌方时，素不相识的群众闻讯赶来，自发地排起了人墙，用自己的血肉之躯挡住滚下的碎石和沙土，掩护着遇险的民工，谱写了一曲无私奉献的颂歌。这种“吃苦、务实、团结、奉献”的精神，得到了秦皇岛市委、市政府的肯定。1990年6月29日，做出了《关于开展向四百户分干渠建设者学习活动的决定》，四百户分干精神在全市引起强烈反响，有力的促进了秦皇岛市农田水利建设。

（陈曦亮）

山　　西　　省

1990年水利建设情况

1990年山西水利工作坚持“巩固改造、适当发展、建管并重、注重效益”的发展方针，确立了水利是国民经济的基础设施和基础产业，严格执行《水法》，以法治水，加强了防汛抗旱和水资源的统一管理，加快了病险水库的除险加固和现有水利工程设施的整修配套、更新改造。兴建了新的水源工程，坚持不懈大搞农田水利基本建设，强化水利经营管理，讲求经济效益，使水利、水保、水电、水产等各项工作取得了显著成绩。

1.水地面积和效益稳步提高　1990年全省充分发挥了现有水利工程的灌溉效益，突出节水扩浇，全年新增水地面积36.68万亩，与正常淘汰水地面积11.31万亩相抵，净增水地面积25.37万亩，比1989年增加10.37万亩，超计划1.5倍，使全省有效灌溉面积恢复到1707万亩。全年实浇面积1451万亩，浇地亩次达到4214万亩，平均亩浇3水，全省水地粮田播种面积1262.2万亩，占总粮田面积4936.2万亩的25.6%；水地粮田总产达到53.99亿kg，占粮食总产量96.9亿kg的55.7%；水地粮田平均亩产427.7 kg，比粮田平均亩产196 kg增产231.7 kg。

2.水利基本建设　全省水利、水电、水产基体建设共安排计划投资16221万元，66个施工项目。其中中央投资3420万元，能源投资923万元，省计委投资10970万元，地市自筹808万元。全年共完成投资14957万元，占年计划的92.2%，略低于去年水平。新增控制灌溉面积0.38万亩，改善面积67.1万亩，新增发电装机1.75万kW。按初步设计，竣工投产的项目有24项，当年竣工验收的工程有19项。

山西省最大的水库——汾河水库　　高健民 摄

3.万家寨引黄工程建设　国务院物价局正式批准从吨煤中收取1元水资源补偿费，作为引黄建设的专项资金，每年可收取2亿多元。7月19日山西省人大常委会第17次会议通过了《关于兴建万家寨引黄工程的决议》。9月20日国家计委、水利部、能源部、山西、内蒙古、中国国际工程咨询公司、能源投资公司联合召开会议，由邹家华主持确定了万家寨水利枢纽由水利部牵头，水利部、山西、内蒙古3家联合建设引黄入晋引水工程，由山西负责兴建，并列入国家“八五”建设计划。10月25日国家计委、国际工程咨询公司派专家组到万家寨进行评估前现场查勘工作。12月

28日水利部、山西、内蒙古在北京就联合建设万家寨水利枢纽和引黄入晋引水工程签定了意向书。

4.水土保持建设　1990年水土流失治理开始以小流域为单元的综合治理，由点到面逐步连片，向全方位大面积集中治理发展。全省新增初步治理面积312.4万亩，除去当年减少的面积，净增228.2万亩，超年计划14.1%，旱涝保收的坝滩地达到了省委省政府要求的400万亩面积的任务。新增基本农田68万亩，比1989年的50万亩增加18万亩，比“七五”期间年均递增率提高了47%。水土保持开始转入以基本农田为中心，生物、工程、耕作措施协调发展，综合治理的轨道。户包治理小流域从1981年河曲县小五村农民苗混瞒包治新尧沟以来，全省已发展小流域承包户37万多户，承包治理和管护面积2146万亩。全省重点流域治理进展顺利。汾河水库上游、三川河流域、永定河上游、西山建设流域、无息贷款机修等初步治理面积达到77.9万亩，均完成年度计划。

5.小水电建设　小水电生产实现了“三突破”。总装机突破10万kW，达到10.4万kW；发电量突破2亿kW·h，达到2.3亿kW·h；设备利用小时突破2000 h，达到2228 h。实现了“七五”期间水电指标稳步递增，总装机容量年均递增4368 kW；发电量年均递增4130万kW·h；设备利用小时年均递增303 h。平顺县经过7年建设，通过了全国农村电气化试点县验收，全县建成大小水电站20座，98.1%的山庄窝铺通了电，1002户农家用上了电炊具，人均年用电量达到351.5 kW·h。

6.水产建设　渔业生产积极采取了稳定面积，挖掘内涵，注重科技，主攻单产，增加投入，理顺流通，加强服务等有效措施，1990年又获高产，成鱼产量达到1022.8万kg，超额完成“七五”计划指标，比“六五”期末增长2.6倍，使大中城市均吃到鲜鱼，池塘养鱼综合增产技术被列入农业部“丰收计划”，部、省两级项目面积达8447亩，占全省池塘面积的17.78%，鱼产量达275万kg，占全省池塘产量的35.4%。列入计划的5.68亩网箱，亩新增产量2.04万kg，超过计划104%，降低成本13.4%。

7.水法规和执法体系建设　在狠抓宣传贯彻《水法》的同时，加快了配套法规和各种规章制度的建设，完善了执法机构，配备了执法人员，严格以法治水。11月16日省七届人大常委会第19次会议通过了《山西省水工程管理条例》，并于1991年1月1日起施行。1月19日省七届人大常委第14次会议批准通过了《大同市河道管理条例》，并正式公布施行。7月19日省七届人大常委会第17次会议批准通过了《大同市水资源管理办法》，并正式公布施行。制定了《关于河保偏地区水土流失补偿费、治理费征收、管理和使用办法》，颁发了水土保持检查证，建立健全了审批工程手续。7月中旬经省编委批准，省水利厅正式成立水政处，积极开展了水利执法工作。太原和大同市被列入全国第二批水利执法试点，有计划、有步骤地开展了执法工作。忻州、吕梁、大同3个地市和河曲、保德、偏关、平鲁、古交、中阳等县市区组建了水保监督检查机构，并相应配备了执法人员，严肃查处破坏水土的违法事件。全省已建立水利公安机构29个，有27个领到了省公安厅颁发的合格证。与此同时，以法治水逐步取得实效。1990年严格执行了《山西省水利工程水费标准和管理办法》，以成本计收水费。全省199个独立核算的水管单位。全部实施了新水费标准，全年收入水费6468万元，比1989年多收2974万元，水保监督执法抓住河曲、保德、偏关3县破坏水土严重的厂矿进行严肃处理，共查处违法案件48起，收缴水土流失补偿费和治理费7.7万元，处理废弃渣8200 t。全省水利公安干警在2月至8月间开展的严厉打击盗窃破坏输电、水利、通信和广播设施的专项斗争中，查破各类盗窃破坏水利设施的案件184起，挽回经济损失16万余元，打击违法犯罪分子377人。

8.水资源开发与管理向纵深发展　1990年水资源开发与管理进一步走向科学化、法制化，对外合作交流和科研工作得到加强。4月由国家科委批准的“山西水资源研究管理中心”在太原成立。省水资委和省科委共同承担了联合国开发计划署援助的“UNDP华北水资源管理项目山西子项目”的实施。世界银行/联合国开发计划署RAS/86/160代表于2月18日在大同和太原就世界银行对山西水资源项目投资，进行了可行性探讨。与此同时，水资源研究完成了“七五”国家重点科技攻关项目第57项《华北地区及山西能源基地水资源研究》中的“山西能源基地水资源供需现状发展趋势和战略研究”。完成了《山西省1989年用水统计及历年（1985～1989年）用水统计综合分析》、《节水型水价体系研究》等8项研究课题。

对水资源的开发利用实行全面统一管理，严格控制随意开采和超采地下水，取水开始使用取水许可证。7月份对晋祠泉域不合理开采水资源进行了调整和处理，对平泉村自流井、太化水厂开化泵站1号井，以及牛家口海航煤矿进行封闭，针对采煤严重影响水资源的问题，各地进行了调查，全省60%的地（市）县提交了报告。同时，全省工业企业70%以上完成了水平衡测试工作。

9.防汛抗旱工作　1990年全省平均降雨量525 mm，比历年平均值多7 mm。2～5月降雨154 mm，是1989年同期的2.3倍，也是建国以来同期

太原南郊区晋祠灌区稻田水足苗旺　高健民 摄

降雨最多的一年。4月中旬南部地区小麦连续2次遭受霜冻袭击，最低气温下降到4～6℃，正在拔节、孕穗阶段的小麦严重受冻。汛期全省降雨偏少，6～9月全省平均降水334 mm，比历年同期值均少43 mm。吕梁山区、太行山区的局部地区发生一些暴雨洪灾外，最大的洪灾是7月11日吕梁地区的文水、方山、离石、交城、岚县、晋中地区的东山一带遭受冰雹暴雨及山洪袭击。汛期，全省受灾乡镇416个，村庄2889个，灾情主要集中在边山峪口，受灾农田432.36万亩，冲毁粮食139.6万kg。针对山西旱涝交错，病险水库多，汛期局部易遭暴雨洪灾的特点，各级部门立足于防大汛、抗大旱，狠抓了河道清障，全力以赴组织抢险，有效减轻了洪涝灾害损失，保障了社会经济的稳定和人民生活的安定。

(1) 建立机构。把以行政首长负责制为核心的各项防汛责任制纳入了各级政府工作的议事日程，入汛前后，许多县乡政府正处换届阶段，在班子尚未稳定之前，首先确定负责防汛工作的领导，到6月上旬全省各级防汛抗旱指挥部和铁路、公路、电力、邮电、城建、煤炭等部门的防汛指挥机构均已建立健全，确定了防汛重点，建立了岗位责任制。

(2) 狠抓清障除险。保障了河道行洪安全。在大同市口泉河和十里河的清障中，国家防汛总指挥部、省防汛指挥部和大同市5大班子领导106人上阵，参加清障人员1.5万人次，不到2个月全部完成20.8万m^3的清障任务，拆除违章建筑49间，矿区和地方财政集资166.1万元，完成工程量1.5万m^3，治理两河2457 m的8个险段。到7月下旬统计，全省清障投入推土机、挖掘机1407台，各种运输车4519辆，清障劳力13.71万人，共完成清障河段378处，311 km，清障土石方315万m^3，拆除违章建筑119间，阻水工程25处。

(3) 全力组织抢险，确保渡汛安全。正在进行除险加固施工的漳泽水库，7月下旬由于泄洪洞下游消力池的深挖方发生了危及大坝安全的坝基管涌坝体沉陷和裂缝的重大险情。各级领导极为重视，副省长郭裕怀、省水利厅长郝永和、副厅长姜凯、李建国立即赶赴现场组织抢险，水利专家刘锡田、许四复和国家防汛总指挥部牛运光、水利部规划院马维敏深入现场，参加抢险。驻晋部队的400多名指战员昼夜投入抢险，用草麻袋装砂800余m^3，在管涌出口压重，并在大坝0+710至0+795处钻孔高喷灌浆130 m，使管涌得到控制，坝体沉陷裂缝已基本稳定，保证大坝安全渡汛。

(4) 加强防汛基础设施建设。城建、铁路、交通、煤炭、电力、邮电、粮食等部门加强了防汛基础设施建设和抢险应紧措施。城建部门突出抓了薄弱环节和隐患工程，铁路部门狠抓了"汛期安全行车措施"的落实，避免了6起重大洪灾事故的发生。粮食部门保证了全省1634个储粮库点，40多亿kg粮油的储存安全。

由于汛期降雨少，持续高温，运城地区气温最高时达39℃。运城、临汾、晋城的大部分地区、晋中、长治、太原的部分丘陵旱地及吕梁南部山区普遍发生伏旱，全省受旱面积达800多万亩，部分棉花和复播作物受旱影响较大。

元月22日省防汛抗旱指挥部就向全省各地发出了做好防旱抗旱工作的通知。在夏季伏旱和春季中南部小麦发生大面积霜冻灾害时期，各级政府及时组织水管单位和当地群众开展了抗冻、抗旱灌溉。省先后下拨抗旱款660万元，抗旱汽油500 t，柴油2000 t，电力部门及时供电，全年农灌用电75239万kW·h。在超额完成冬浇面积的基础上，全省完成春浇面积1149万亩，其中小麦592万亩，夏浇面积1108万亩，保证了粮棉油的全面丰收。1990年全省又新发展5个抗旱服务队，连同原有的已达15个。

10.农田水利基本建设　1990年农田水利基本建设取得10年来最好成绩。全省上马劳力最高时达到635万人，占到农村总劳力的73.7%；总投工3.5亿个，是1989年的1.4倍；完成土石方8.5亿m^3，是1989年的1.7倍，兴建和整修各类工段16万多处。今年农田水利基本建设的主要特点是：①各级领导亲自上阵，蹲点包片，解决了农田水利基本建设中存在的实际问题；②因地制宜，抓重点、抓规划、抓工程建设。确保了农田水利基本建设工程的质量和效益；③资金投入和劳动积累工明显高于往年。据统计，仅10月份，全省地县乡村户5级集资6498万元，比1989年同期翻了一番。阳泉市5级集资1436万元，农业人均近20元。左云县在农建中拿出了近300万元资金。

（高建民）

闻喜县增加水利投入，同时注重效益

闻喜县位于山西省南部，地处涑水河上游。全县共有20个乡镇，341个行政村，33.49万人。其中农业人口29.31万人，占全县总人口的87.5%，农村劳动力14.1万人，占全县农业人口的48.26%。土地面积1166.9平方公里，耕地面积79.36万亩，其中水地22.03万亩，占耕地面积的28%。境内分布有中条山、稷王山、紫金山，涑水河纵贯全县。有2600多条沟壑、3600多个磨盘岭，全县水资源人均占有量275 m³，土壤脊薄（土壤有机质含量平均在1%以下）水土流失严重（水土流失面积达115万亩，占总面积的86.3%）。

建国以来，闻喜县大搞农田水利建设，积极改善农业生产条件，取得明显成效。全县建成中型水库1座，小型水库4座，万亩灌区1处，万亩井片2处，水井1480眼，配套机井1387眼，小站100处，小水115处，饮水工程446处，共有水利设施2051处。

1990年，闻喜县以建设节水型农业生态县为目标，坚持挖潜与开发，节水与保水，长远规划与近期利益相结合，在全县范围内开展了大规模的农田水利基本建设，夺取了运城地区"禹王杯"竞赛的第一名，创出"五个超历史"。一是建设规模超历史。全县先后铺开6处万亩工程。即：万亩白水滩盐碱地治理工程、万亩小流域治理工程、万亩管灌工程、万亩渠道防渗工程、10万亩平田整地工程、10万亩硬软埂梯田连片治理工程。在农田水利基本建设中，出现了80年代以来少有的几千人大会战的场面。二是投入超历史。全县投入农田水利基本建设的劳力达10.9万人，占总劳力的77.3%，投劳动积累工787.8万个，劳均55.7个，是历史最高年的2.8倍；自筹资金986万元，劳均69.9元，是历史最高年的2.5倍。三是工程质量标准超历史。从渠道防渗，井灌配套到梯田硬埂，小流域治理，质量标准都是历史上没有过的。多次获省、地领导和有关专家的好评。省内外20多个兄弟县、市也派人前来参观学习。四是水利科技推广超历史。在全区第一个建立了县、乡、村三级水利科技推广体系，县政府成立水利科技领导组，水利局成立县水利技术推广服务中心站，全县20个乡镇设立18个水利科技推广站。114个行政村已建立水利科技推广服务组，并把全县所有水利建设项目全部纳入科技推广示范县建设的内容，实施了节水丰产新技术试验工程，并被水利部正式确定为全国水利科技推广示范县。五是工程效益超历史。新增水地5500亩，是年度计划的4.2倍，改善水地59000亩，是计划的3.9倍；全年浇地面积达23.1万亩，创历史最高记录。因此，在遇到冻、雹、旱等自然灾害的情况下，全县粮食总产仍达13109.7万kg，比历史最高年增长2.95%，棉花增长42.6%。

闻喜县的主要做法是：

1.科学规划，注重效益　因地制宜地制定了县乡村3级农田水利基本建设整体规划，绘制了各乡、村农建实施图。全县分成三大农建区，一是在涑水河平川以及丘陵前沿井灌地区，以井为单元，以村为规模，采取机井测试改造，渠道防渗、小畦灌溉，井房建设，田面平整5项工程相结合的办法，"小型大规模"的进行井灌区的改造挖潜，实现"机、井、渠、畦、田、路、林"7配套。二是在丘陵沟壑地区以大搞小流域治理和基本农田建设为主，全面改造63万亩中低产田，实现沟道治理川台北，磨盘岭治理枣树化，通过专业户、专业队、积累工、大会战等，把小流域治理和四田建设、发展经济林和基地建设统一起来。三是在山区以小泉小水为主攻方向，大力发展自流灌溉，大搞渠道防渗及区系配套工程。

2.强化领导，奖优罚劣　县里把农田水利基本建设作为一项硬指标，列入县、乡、村三级干部任期目标中。层层签订责任状，并把农田水利基本建设政绩作为提拔、考核和使用干部的主要依据。去年在县、乡干部换届时，把做出突出成绩的36名乡镇干部和8名水利干部提拔重用。全年进行了5次由县5套班子领导参加的农建大检查，对工程进度、质量标准和投入等分项打分，综合排队，奖惩兑现。

3.坚持标准化建设，规范化管理　凡列入农田水利基本建设的工程项目，一律由水利部门实地勘测，按规划精心设计，万元以上的工程都要有设计任务书和图纸，由局所属股站设计。万元以下的工程都要有规划草图和工程预算说明书。由所在乡镇水管站负责设计，严格按照水利部门制定的规范实施。明确工程施工质量标准，除按照国家部颁工程标准规范外，井灌地区全县统一制定了井台、出水池、防渗渠道及井房的标准和渠道防渗的施工和机井测改的技术要求。山区水保地区提出全县流域治理，硬软埂标准，四田建设的技术要求。同时强调了砌筑构件技术要求高，必须专业队施工。建成了上峪口、南阳、南郭等一批水利建设和管理的示范工程。

4.加强培训，提高素质　为了适应农建点多、面广、量大、技术性强的特点，县里始终把培训提高水利科技人员素质作为关键措施来抓，先后进行抓理论培训，提高技术人员的理论水平；抓工程质量好坏典型，现场解剖对比，强化质量意识；开展了技术比武，采取走出去，请进来的办法，学习先进经验；抓示范工程，树立标准化、规范化的观念；抓学术论文交流，提高业务水平。据统计，1990年接受各种培训的技术人员达500余人次。

5.强化服务机制，实行全方位服务 以县、乡水利技术人员为主体，常年下乡包工程，开展"包工程、比质量"优质服务竞赛。县物质、石油、农机、电力等有关部门对农建物质优先供给，保证需要。县农田水利基本建设指挥部协调农行、建行与施工单位的关系，及时解决了全县20个乡镇打井配套，渠道防渗、管灌等工程急需资金，共发放农建贷款360万元，保证了各重点工程的顺利实施。

6.健全落实三项制度，保证农田水利基本建设投入 一是落实和健全劳动积累工制度，把劳动力投放作为全县农田水利基本建设的主体，层层加以落实。二是建立乡、村两级水利建设发展基金制度，成立了水利基金会，严格管理、调拨和使用，并受同级人大和村民代表监督。逐步形成了比较完整的多层次，多渠道集资机制。三是抓"科技兴水"水利推广制度建设。凡今后乡、村水利项目一律采用节水性工程，新建防渗渠道一律采用U形渠断面或低压管道，新建水浇地田面小畦5～10畦标准。

（闻喜县水利局）

内 蒙 古 自 治 区

百尺竿头更进一步

纵观1990年，内蒙古自治区的水利建设事业，在1989年取得突破性进展的基础上，百尺竿头，又进一步。

一年来，全区各地认真采取有力措施，继续贯彻落实国务院《关于大力开展农田水利基本建设的决定》，充分调动了广大干部群众狠抓水利、促农兴牧的积极性，各地扎扎实实地开展了规模更大的农田草牧场水利基本建设，取得了显著成绩。据年底统计，全区开工的项目8.65万处，完成8.34万处；共投入劳动积累工1.08亿工日，比上年增加2.5倍；完成土石方3.13亿m^3，创历史最高水平；新打配套机电井2.25万眼，完成计划任务的112%，新打筒井1.43万眼，比上年多打1.3万眼；新增农田保灌面积169.8万亩，兴建以水利为基础的家庭畜群草库伦9580多处，新增饲草料灌溉面积12.39万亩，完成计划任务的127.7%；水土保持治理面积459.14万亩，完成计划任务的137.8%，其中兴修水平梯田40.3万亩，沟坝地10.7万亩，营造水保林252.3万亩，种草155.9万亩。同时，还解决了14.6万人、33.1万头（只）牲畜的饮水和4.77万人的防氟改水；全区秋冬春汇地1860.8万亩，全年实灌面积达到1976.2万亩。在大搞群众性的农田草牧场水利建设的同时，全区水利基本建设又有新的发展，全年共开工20项基建工程，完成总投资7018.6万元，比上年增加近1倍。黄河河套灌区世界银行贷款项目，红山水库除险加固工程进展顺利，已完成全部工程量的50%；东部农业开发区的基建项目正在紧张施工，自治区基建重点工程台河口枢纽的西拉木伦河闸主体工程已基本竣工，新开河闸已动工兴建。由于设计、施工单位加强了管理，工程质量进一步提高，部分工程当年已经发挥了不同程度的效益。各地十分重视抗旱防汛工作，把兴修水利同防治水害，特别是渡汛保安相结合，一手抓抗旱，一手抓防汛。各级党委、政府认真落实防汛领导责任制，提早做好抗洪抢险准备，对重点江河的堤防、河道险工险段和险库进行整修加固；动员社会各界各行各业参加防汛抗洪，一年中防灾救灾工作取得了实效，虽然东部地区在汛期出现了历史特大洪水，但没有造成大的危害和损失。水利建设确实为全区的农牧业丰收奠定了坚实的基础。全区粮食总产达到了97.3亿kg，比历史最高水平的1988年增长31.8%，比上年增长43.5%，创造了历史上从来没有过的丰收纪录和增产幅度。畜牧业生产也喜获丰收，大小牲畜存栏数达到3731.4万头（只）。

回顾一年来的工作，研究分析全区水利事业出现的新形势，主要有以下特点：

1.各级领导重视 从自治区到盟市、旗县的各级领导，在加强农牧业基础建设中，尤为重视水利建设。把兴修水利作为农村、牧区工作的一个突出重点，在全区形成了一个兴水利促农牧业的"大气候"。为了推动全区水利建设的发展，自治区人民政府决定在全区开展农田水利建设"金龙杯"竞赛活动，成立了由分管副主席挂帅，有关部门主要负责人参加的竞赛领导小组和办公室，制定了竞赛实施方案，评比奖励细则和以奖代补的具体办法，并以自治区政府文件的形式下发，激励了各级政府和广大农牧民大搞水利建设的积极性。大部分盟市、旗县建立了农田草牧场水利建设的指挥机构和服务体系，确定了各级领导的分工责任制。哲盟、赤峰市，乌盟、伊盟部分旗县实行“五大班子”领导干部包乡镇，乡镇干部包村，村干部包户、包项目的分工责任制；有的盟市逐级签定责任状，作为干部政绩考核的重要内容。另外，还抽调大批干部到基层蹲点，加强组织领导和技术指导，带头参加劳动，这对广大群众是一个巨大的鼓舞。为此，今年全区水利工作无论是建设规模和工程进度，还是工程质量与实际效益，都是近10年来最好的一年，促进了水利事业的新发展。

2.广大干部群众兴办水利的积极性普遍高涨　近几年，我区连续大面积遭受旱灾，尤其是去年的灾情在部分地区相当严重，加之现有水利工程设施老化失修，效益衰减，抗旱抗灾的能力降低，农牧业生产低而不稳；广大干部群众深刻地认识到农牧业的稳定发展“受制于水，得益于水”；兴修水利，治理水害，改善生产条件，是进一步发展生产的必然要求。加之中央和自治区制定的一系列加强水利建设的政策和措施，顺乎民意，深得人心，极大地调动了干部群众大办水利的积极性和主动性。在地方财政困难的情况下，盟市、旗县财政仍积极筹措资金，并通过多层次、多渠道筹资集资增加水利投入，今年各盟市、旗县多方筹集的水利资金达6644万元，比去年增加近1倍。全区农村牧区群众自筹的水利资金约计2亿元，人均集资14.7元，占上年农牧区人均收入的2.7%，从根本上改变了水利投入资金靠国家的被动局面。另外，群众为水利建设积极出工投劳，全区投入的劳动积累工达1.08亿个工日，人均投工23个，突破了自治区规定的标准。1990年全区大部分地区基本上风调雨顺，但各地并没有因此掉以轻心，依然坚持兴修水利，充分说明大搞水利，抓水促农兴牧，已成为千百万干部群众的自觉行动。

3.因地制宜，注重实效　各地在兴办水利中，都坚持以效益为中心，以增产为目的，因地制宜地提出了主攻方向和目标。近几年为了发展灌溉面积，大部分地区从当地水资源的实际情况出发，以发展井灌为重点。由于打井开发地下水具有投资少，见效快，当年受益，便于群众自筹资金兴办，也便于群众管理。所以，全年完成的169.8万亩的保灌面积，主要是新增的井灌面积。牧区大力兴建以水利为基础的家庭草库伦，集资投劳之多，建设速度之快，规模之大，效益之高是牧区水利建设前所未有的。水土保持治理地区，坚持以“稳定速度，提高质量，坚决保护，狠抓效益”的治理方针，在继续开展小流域治理的同时，狠抓“基本田”建设，为发展山丘区粮食生产服务。1990年完成水平梯田、沟坝地、小片水浇地37万多亩，是近10年完成“三田”面积最多的一年。由于坚持因地制宜，注重实效，改变了生产条件，促进了农牧业生产的发展，群众投资投劳兴办水利得到实惠，从而进一步激发了群众大搞水利建设的积极性。

4.科技兴水，加快建设步伐　经过在部分地区试验、示范和推广先进节水技术措施，节水灌溉在内蒙古已经起步。目前，全区井灌防渗渠道长度达5870 km，灌溉面积100多万亩，地面软管输水灌溉面积30多万亩；各地还试验推广了先进的灌水技术和灌溉制度；进行了机电井测试改造，取得了节水、节能、节地、增产的效益。在灌溉工程配套中引进了“一字板闸”，降低工程造价1/3左右；打井用混凝土管代替钢管、铸铁管，每米造价由130元降到不足40元；引进“U”型渠道衬砌机，每天可衬砌渠道400 m，加快了防渗渠道的建设速度，提高了灌溉效益。

5.开展水利建设评比活动，推动水利建设　自治区人民政府决定，从1990年开始在全区以旗县为单位，开展“金龙杯”水利建设竞赛活动。表彰先进，帮促后进，推动全区水利建设，取得了很大成效。各地对竞赛活动非常重视，加强组织领导，广泛发动群众参赛夺“杯”。在全区形成了促建设抓管理，争先创优的竞赛热潮。有的盟市还从本地区的实际出发，为配合自治区级的竞赛，开展了多种形式的评比活动，如哲盟、赤峰市、巴盟、包头市分别在乡镇、苏木开展了“辽河杯”、“玉龙杯”、“金鱼杯”、“大禹杯”的活动。在各盟、市初评初查和推荐的基础上，由自治区“金龙杯”水利建设竞赛办公室派出考评工作组实地检查评比，最后报自治区人民政府批准，1990年荣获流动“金龙杯”一等奖的有5个旗县（市），二等奖10个旗县（市），鼓励奖14个旗县（市）。自治区人民政府又专门召开了全区电视电话会议，表彰了这些先进旗县，为竞赛活动继续深入开展，造成了更大的声势。

6.各行各业密切配合协同作战　在1990年水利建设中，各级计划、财政、农行、物资、电力、石油等部门，同水利部门密切配合，协同作战，对水利建设给予有力支持。有些旗县组织农、牧、林、水、农机部门，以水利为先导，对农田草牧场建设进行综合治理，从整体上增强农牧业抗旱抗灾能力，改善生产条件，进而达到稳产高产。自治区农行对水利建设贷款实行倾斜，全年下达农贷计划2.5亿元，主要支持农牧小型水利和农机购置，用于水利建设的额度占一半以上。各级物资部门积极支援水利建设所需的“三大材”、电力、石油部门采取措施，增加供电与供油量，有力地促进了水利建设的广泛开展和效益的充分发挥。

总的看，全区水利形势很好，但也面临一些问题和困难：①现有工程设施老化失修，效益衰减的危机依然没有从根本上解除。重发展轻巩固的倾向在一些地区严重存在，特别是防洪工程多年没有增加投资兴建，现有堤防的抗洪标准低，河道险工险段和险库除险加固进度缓慢，许多应设防的地段没有堤防，一旦失事，将会造成经济建设和人民群众生命财产的严重损失，事关大局，令人担忧。②农田草牧场水利建设发展不平衡，个别旗县仍然没有把水利摆到农牧业基础建设的中心和重点，群众发动不深入，任务未落到实处，存在着“等”、“靠”、“要”的思想。③资金短缺又不能及时到位和“三大材”供应不足的问题比较突出，影响水利建设进度和当年效益的发挥。④各地的规划、设计前期工作不能适应工作的需要，指导建设不力。

以上问题，已引起各级政府及水利部门的高度重视，正在按照分级负责的原则，采取有力措施，认真加以解决，以便促进水利建设事业的巩固和发展。

（柴建华　王云峰）

草原办水利　振兴畜牧业

鄂托克前旗位于内蒙古自治区西南部的鄂尔多斯草原，是毛乌素沙漠腹地的纯牧业旗。全旗总人口6.3万，其中蒙古族2.1万。总面积为1.25万 km^2，其中可利用草场面积0.65万 km^2，沙漠面积为0.46 km^2。该地区属干旱荒漠草原，多年平均年降水量为291 mm，年蒸发量为2515 mm。地表水缺乏，地下水较丰富，自然特点为风大沙多，干旱少雨，自然灾害较为频繁，农牧生产条件十分脆弱，经济发展非常缓慢。

党的十一届三中全会以后，旗委、政府认真总结了历史的经验教训，坚持从本地的实际出发，组织动员全旗各族人民把“攻水治沙建草原”做为振兴经济的突破口。特别是1987年，自治区在鄂托克前旗召开“全区家庭草库伦水利建设工作会议”以后，旗委、政府认真贯彻执行了国务院《关于大力开展农田水利基本建设的决定》和自治区人民政府《关于广泛动员群众大办水利，进一步加强农牧业基础建设的决定》，动员广大农牧民群众积极掀起了大规模的“以水为中心”的农田草牧场基本建设热潮。1990年度，全旗用于农田草牧场水利建设的投资达414.66万元，其中农牧民自筹资金286.36万元，占总投资的69.1%，农牧民人均投资46.19万元，占上年人均收入的14.7%。投入劳动力1.32万人，占全旗整半劳力的75%，投工37.74万个，劳均21.4个工日。完成土石方74.53万 m^3。新打各种井2117眼，其中机电井1415眼（配套1658眼），新建、扩建扬水站各一座，新建以水为中心的五配套家庭草库伦1086处，新增保灌面积1.76万亩。改造低产田2.1万亩。通过节水和挖潜配套等措施扩大灌溉面积1.125万亩，改善和解决了2440人和8.5万头（只）牲畜的饮水条件。完成水土流失治理面积1.65万亩。到1990年底，全旗各类水井已达到26745眼，是1980年的36.6倍，其中机电井8548眼，五配套家庭草库伦达到10058处，小（一）型水库一座，扬水站两座。全旗有效灌溉面积为12.08万亩，保灌面积为10.9万亩，水土流失治理面积达到165.5万亩。

水利建设的发展，使全旗的农牧业生产和国民经济得到了有力的促进和迅猛的发展。具体来讲，一是抗御自然灾害的能力明显增强，全旗6.04万人，58.5万头（只）牲畜喝到了足量的水；粮料和饲草基本自给。1990年全旗产粮料1313.7万kg，干草4500万kg，青贮2500万kg，分别比1988年增产65.3%，25.4%，57.4%；二是牲畜头数稳定发展，农牧业产值达到4505万元，分别比1988年增长9.9%和96%；三是地方财政收入、农牧民人均收入明显提高，1990年全旗财政收入达到747.4万元，农牧民人均收入达到344元，分别比1988年提高53.1%和22%；四是生态环境有了一定的改善，全旗植被覆盖由1988年的34%提高到1990年的40%，沙化面积得到了有效的控制。

在党和政府的热情关心和支持下，经过全旗各族人民的共同努力，水利建设取得了可喜的成绩，使农牧业生产条件有了较大的改善，扭转了过去那种靠天养畜，靠天耕作的被动局面，走上了建设养畜，发展灌溉农业的道路，1989年鄂托克前旗被水利部评为全国水利建设先进县，1990年通过考评荣获1990年度自治区水利建设“金龙杯”竞赛一等奖。

回顾鄂托克前旗近年来兴修水利的历程，他们主要作法是：

（1）政策正确。鄂托克前旗自然条件恶劣，日益加剧的畜草矛盾，严重地制约着畜牧业生产的发展，针对这种状况，1981年旗党委和政府从本地的实际出发，响亮地提出“改水治沙建设草原”的口号，并作为生产方针确定下来。这一决策，合乎社会发展规律和自然规律，顺应民心，与当前的生产形势相适应，因而极大地调动了广大农牧民兴修水利，建设家园的积极性，形成了全旗上下齐动员，大力开展“以水为中心”的农田草牧场基本建设的热潮。

（2）领导带头实干，群众积极响应。这里的干部以身作则，以典型引路，抓点带面，很快形成了水利建设的高潮，这里有会打机井，亲自做示范的旗长；有会搞打井革新兼水利服务站长的苏木长；有带领群众地从雪里扫砂石料的苏木领导；有50多岁的苏木干部亲自当钻工带领一个井队，3个月打井65眼；有腊月廿八停机，正月初二又开钻的打井队，干部群众心往一处想，劲往一处使，靠脚踏实地的实干精神，为改变家乡的落后面貌添砖加瓦。

（3）群众拥护。群众是水利建设的直接实践者和受益者，他们深受无水之苦，也饱偿有水之甜，一但认准了的路是非走下去不可的。每年下达的水利建设任务都提前或超额完成。如1987年下达的打机电井任务仅有746眼，可是到同年3月15日竟超打了640眼，另外，还有相当多的牧民拿上自筹款要求尽快给他们打井，牧民原准备盖新房的不盖了，买摩托车、买电视机的也不买了，有的甚至把准备过年吃的肉也卖了，千方百计拿出钱来打井发展灌溉，如：牧民哈木给，1983年还是个贫困户，家里有45只羊，每年需要买草买料，人均收入100元，后来他不惜花3000元资金用于水利和草库伦建设，发展灌溉饲草料地30亩。1987年牲畜增到110头（只），草料年年有余，人均收入提高660元。过去学大寨是“推着群众干”，现在变成了“群众争着干”。牧民们迫切要求兴修水利、改变生产条件的心理已变成了一股强大的时代动力。

（4）靠科学技术。鄂托克前旗的塑料管井的成井和打井机具，是旗水利局和苏木井队，反复试验，多次技术改进而形成的鄂前旗式的新井型和打机具。旧式打井机具需要汽车、拖拉机搬运，改进后的打井机具只有125kg，一辆小毛驴车就可以拉走。旧式打井机具打成旧式塑料管井，加上机泵配套需耗资3500～5000元，而新式的只需1000～1500元。因新型井具有投资少，效益大，成井容易等优点，深受广大牧民的欢迎，得到迅速推广。他们还学习外地经验，进行节水节能灌溉试验，如“低压塑料管道及塑膜输配水灌溉技术”，“低产田改造”等项目，都取得很好的社会、经济、生态效益。

（5）强化管理。①旗委、政府将水利建设列入国民经济计划，纳入后一任期目标责任制、实行计划管理和目标管理、制定了奖惩制度，并作为考核各级干部政绩的重要指标，增强了各级党政干部的责任感和使命感。②认真贯彻执行了“水法”，以法治水。旗人民政府成立了水政水资源管理机构，苏木、乡、镇成立了水管站，先后颁发了“关于敖镇地区水资源管理办法”，“封闭旱地，发展水利的具体措施”，“关于发展水利，恢复集体水利的决定”等规章制度。加强了水利的宏观调控和微观管理，逐步走上依法治水轨道。③坚持建管并举的原则，制定了严格的水利建设检查、验收，向管理要质量要效益。

为切实强化管理，还制定了“苏木、乡、镇实现初级水利达标与验收规划”，从质量管理和目标上做了明确的规定，使水利建设逐步走向标准化。

（6）靠组织措施。水利兴建，关键在领导。旗党委、政府领导都十分重视水利建设，将水利建设摆到了党政领导工作的重要议事日程，旗委、政府每年召开书记办公会、旗长办公会、全旗农村牧区工作会、农牧业生产资料协调会，都专题研究和具体部署落实水利建设工作。建立健全组织机构。1981年由主管旗长任组长，农、牧、林、水、科委、财政、农机、社企各局组成的“兴草兴牧协调领导小组”为兴建以水为中心的五配套畜群草库伦，进行技术、资金、人力的三协调，使各有关部门分工协作，为牧民服务。旗、苏木、嘎查三级层层建立了农田草牧场水利建设指挥部，各级主要领导亲自挂帅，分管领导具体督战，指挥全旗水利建设的组织，协调和领导工作。旗六套班子分片包干，各科局包苏木抓点、全旗各行各业各部门密切配合，各负其责，协同作战，形成了全民齐动员，全社会办水利的局面。

（7）多层次，多渠道集资。资金是水利建设的重要条件，鄂托克前旗克服了过去的“等靠要”思想，教育广大干部群众发扬自力更生、艰苦创业精神，本着国家、集体、个人三集资的原则，旗、苏木、嘎查、户四级办水利。组织多层次多渠道集资的办法筹资，为水利建设的顺利开展提供了必要的物质条件。

今后鄂托克前旗决心继续深化改革，依法治水，深入持久地开展农田草牧场的水利建设，为彻底改变落后的生产条件，振兴牧区经济作出更大的贡献。

（石庆有）

辽　宁　省

依法治水管水　以水养水

1990年，辽宁省的水利工作从贯彻《水法》，加强水政建设和水资源统一管理入手，不断深化水利改革，坚持走以法治水、管水，以水养水的道路，使水利法制建设取得了较大进展，推动了各项水利工作的开展。与此同时，在水利建设上，以农田基本建设、辽河整治和观音阁水库建设为重点，大力开展水土保持，科技兴水改造中低产田和科技兴水等工作，都取得了显著成绩。

一、贯彻《水法》取得新进展

1990年1月，辽宁人大七届十三次常委会审议通过了《辽宁省大伙房水库水源保护暂行条例》，并于1990年4月开始实施。这是该省颁布的第一个有关城市供水水源管理的地方法规。它标志着该省供水水源管理已步入以法管理的轨道。1990年，在水费改革上也取得了突破性的进展。2月，省政府下发了《关于调整水利工程水费标准的通知》，对部分水利工程供水的水费标准做了较大幅度的提高。其中，农业供水由原来的每立方米0.8分提高到1.6分；工业供水中的消耗水和预留水由原来的每立方米3分提高到12分；对工业和自来水厂等在农田灌区内提取地下水的，每立方米由1.5分提高到4.5分；城市公用事业自来水厂用水每立方米由1.5分提高到4.5分。水费标准调整以后，全省国营水利管理单位年水费收入将由过去的5000万元增加到1.3亿元。为了加强河道采砂收费管理，根据水利部、财政部、国家物价局颁发的《河道采砂收费管理办法》，结合辽宁省的实际情况，于今年3月由省水电厅、财政厅、物价局联合发布了《辽宁省实施〈河道采砂收费管理办法〉细则》，统一了全省河道采砂的收费标准，对河道采砂实施了许可证的管理制度，推进了以法治河、管河的工作进程。

1990年，辽宁省水利执法体系建设工作又有新的进展。在水利部第一批试点工作的基础上，全省又在一个市、23个县（区）开展了建立执法体系扩大试点工作。扩大试点工作取得了显著成效，共清理地方规范性文件68件，新制定64件，其中35件已经地方人大或政府批准施行；选拔了1200多人组成水政监察队伍，经培训已全部上岗到位；普遍启用了水政监察和水行政处罚专用章，采用了统一的执法文书。扩大试点期间，共查处各类水事案件900多起，索赔经济损失50多万元，罚款7万多元。水利执法体系的建立给全省水利事业带来了新的生机和活力：在社会上，水行政主管部门的地位开始确立。在水利部门内部，促进了工作职能的转变，推动了各项水利工作的开展。

二、农田水利基本建设再掀高潮

1990年是辽宁省开展农田基本建设“大禹杯”竞赛的第三年。全省投入人工1.91亿个工日，平均每个农业劳力投工31个。市级以下资金投入5.24亿元，相当于“六五”期间国家投资总额的2倍，其中乡村与农民投入占68.1%，完成土石方5.13亿m^3。新修和加固河道堤防4000 km，清淤、扩建排涝干支沟1.4万条；挖土井、方塘1.89万处，打机电井1.79万眼，建提水站228处，修配套建筑物1.77万座，扩大和改善灌溉面积393万亩；新修农业水平梯田51万亩，果树梯田97万亩，维修梯田145万亩，初步治理水土流失面积367万亩，改良土壤406万亩，开垦荒地36万亩。这些工程多数当年见效，改善了农业生产条件，增强了农业抗灾能力。1990年的农建工作有以下几个特点：①由单纯防御型治理，转向治理与开发并重，除害与兴利结合；②突出骨干工程，改变过去零打碎敲的治理方法，转向以整体效益为核心，实行集中连片的综合治理；③季节性施工转向常年性建设；④出现靠科技启动，向高层次发展的新势头，施工机械化程度大为提高；⑤党政主要领导亲自挂帅，各行各业协作，城乡共建、军民共建。

三、辽河整治工程胜利竣工

辽河干流整治工程是建国以来辽宁省规模最大的治河工程。1986年春开工，1990年底竣工。在5年的时间里，共投入人工1765万工日，畜力车28万个台班，各类机械128万台班，整修加固堤防近1000 km，完成土方1亿m^3，改建、穿堤工程209处，修建治河工程87处，营造护堤林14万亩，清除、废除了全部民套堤、动迁河滩地房屋近2万间，砍伐阻水林木近4万亩，扩建两座阻水出路桥，总投资4亿多元。这项工程的胜利竣工，使辽河干流的防洪能力达到20～30

年一遇的标准，保护了560万亩耕地，800多万人口，保护了铁路和沈北煤矿、辽河油田以及中部地区的铁岭、沈阳、盘锦等大中城市，为辽宁省的重工业基地、商品粮基地、能源基地筑起了防洪屏障。

辽河干流整治工程规模宏大，施工艰难，加上资金紧张，原材料不足。在这种情况下，能够按照设计要求，保质保量地完成任务，除各级领导的高度重视以外，还有以下几点经验：①多渠道投入，解决工程建设所需资金；②依靠科学技术，采用了新的施工方法；③坚持建管并重，为加强河道管理打好基础；④争取多方支持，各部门紧密配合，协同作战。辽河干流整治工程不仅是辽宁省"七五"期间水利建设的重大成就，也是全省经济建设的重大成就之一。对于稳定和促进我省国民经济建设和社会发展，具有重要的战略意义。

四、以技术推广为重点的科技进步年活动收到明显效果

1990年是辽宁省的科技进步年。结合水利行业的实际，辽宁省水电厅制定了《科技进步年科技实施方案》，确定了以节水为主题，以科技推广为重点，大力开展"科技兴水"活动，提出了在全省范围内推广水稻旱种、浅湿灌溉、整地灌水、管道灌溉、渠道防渗，内陆苏达盐碱地打井种稻、木耳微喷、低压大流量滴头、荒山种草和装配式面板坝等10项科技新成果。到年底，这10项水利科技成果的推广都取得了明显的效益。据初步统计，共节水11.02亿m^3，节地300亩，节电1.35亿kW·h，节煤8000 t，增加收入1.116亿元。其中水稻旱种完成15万亩，节水6200万m^3，增加收入1500万元；浅湿灌溉430万亩，节水7亿m^3；旱耙地灌溉437万亩，节水近3亿m^3；管道灌溉3.6万亩，节水416万m^3，省地300亩；渠道防渗45 km，改造后的渠道有效利用系数达到0.9以上，节水760万m^3；内陆苏达盐碱地打井种稻10万亩，增加收入1000万元；木耳微喷完成400 m^3，增收1.6万元；低压大流量滴头完成200个；荒山种草5万亩，节煤8000 t；装配式面板坝完成8座，创效益20万元。在科技进步年活动中，全省普遍对水利科技人员进行了培训。参加培训的人员达3800多人次，使水利科技人员的业务素质和技术水平有了一定的提高。在全省水利科技进步评奖活动中，有11项成果获奖。另外，关门山水库混凝土面板堆石坝的技术研究分别获得水利部科技进步二等奖和国家科技进步二等奖。

五、水土保持事业稳步发展

根据辽宁省政府加强东西部生态建设的总体部署，在1990年的水土保持工作中坚持了以预防为主，加强监督管护的方针。首先从整顿管护机构和队伍入手，重点是抓好乡（镇）水土保持管护网络建设。全省设立了基层管护人员4500多人。在此基础上，在全省开展了小流域达标创优竞赛活动。对1989年以前竣工的20 km^2以上的小流域进行了认真的检查评比。评出达标小流域56条，其中46条被评为优秀小流域。"凌源县水土保持小流域综合治理"技术成果，经省级鉴定，已达到国内同类项目的先进水平。这项活动的开展，为全省小流域综合治理向标准化、规范化、制度化方向迈出了重要的一步。在治理水土流失上，继续坚持以小流域为单元的综合治理，突出了治理的完整性、综合性和科学性。全年共完成综合治理面积355万亩，其中造水土保持林144万亩，新修农业水平梯田51万亩，果树梯田97万亩，超额完成了年度计划。

六、观音阁水库工程正式开工

观音阁水库是辽宁省中部经济区防洪和供水的基础性工程。坝址位于太子河干流上，距本溪市40 km。控制流域面积2795 km^2，总库容21.68亿m^3，调节水量9.47亿m^3，是以城市、工业供水和防洪为主的大型综合利用水利工程。该工程采用引进的日本碾压混凝土筑坝技术，并使用日本政府贷款进行了工程建设。1986年国家和辽宁省已将观音阁水库列入"七五"期间重点工程预备项目。同年下半年开始进行施工准备工作，并进行前期工程施工，完成了大量的前期工程，创造了"三通一平"的充分条件，为水库工程的正式开工奠定了基础。1990年5月10日，观音阁水库主体工程开工典礼在本溪县举行。这标志着该工程正式开工。一年来，在省委、省政府的正确领导下，在各有关部门的大力支持下，工程建设者们克服了重重困难，完成了左岸1～19号坝段的坝基开挖和断层处理，进行了1.2万m的固结灌浆，回填混凝土3.6万m^3，浇注坝体混凝土12万m^3。打胜了观音阁水库建设的第一个战役，为1991年大量浇筑左岸坝体和汛后导流创造了有利条件。

（邵质彬）

辽阳水利迈出新步伐

辽阳市位于辽宁省中部，东邻本溪市，南靠鞍山市，西与辽中县、台安县隔河相望，北至沈阳市苏家屯区，有耕地面积230余万亩。境内东部为山区，西部为平原，面积各半。平原区为全省商品粮基地之一。

建国以后，在党和人民政府的领导下，全市人民

艰苦奋斗，先后修建大型水库2座，小型水库7座，电力排水站113座，大小灌区6处，井灌区19处，开发水田90万亩，修建河道堤防692 km，治理水土流失面积195万亩。这些工程在防洪、治涝、发展农田灌溉，控制水土流失中发挥了巨大作用，为全市经济发展做出了积极贡献。

"七五"期间，辽阳市在各项水利工作中埋头苦干，争创一流工作水平。中低产田改造、人畜饮水和防病改水工程建设等四项工作取得优异成绩。辽阳市水利局在1989、1990两年连续被评为市政府系统"公仆杯"竞赛优胜单位。

一、改造中低产田成果显著

为贯彻落实省委、省政府关于改造中部地区低产田的战略部署，辽阳市从1982年开始，对辽阳、灯塔两县沿河地区进行了全面规划，计划开发水田面积27万亩。从1984年起逐步实施，到1988年，5年时间共打电井1234眼，新架设高低压线路453 km，安装变压器1202台，增加容量588万kVA，安装电动机1234台，总装机4.11万kW，每小时提取地下水量28.45万m^3。修干支渠2005条，全长为716.55 km，平整土地30.26万亩，动用土方175万m^3，用人工78万个，开发水田面积31.28万亩。建成19处井灌区，平均单井灌溉效益面积254亩。总计投资3548万元。

改造中低产田打井种稻，带来了明显的经济效益。5年时间，为全市提供水稻5.5亿kg，与旱田产量比较，增产粮食1.1亿kg，增加产值1.1亿元。平均每亩水田比旱田增收100元。改造中低产田，不仅改变了粮食低产面貌，同时也为农村发展造纸、酿酒、草编等工副业提供了大量的原料，促进了工副业的发展。

二、人畜饮水和防病改水工程建设跨入国内先进行列

多年来，人畜饮水困难和吃高氟水问题一直困扰着一部分地区群众的正常生活。"七五"期间，这项工作列入辽阳市的重要工作议程，人畜饮水和防病改水工程建设有了较大的发展。共打人畜饮水井82眼，解决了7.6万人和7156头牲畜吃水难问题；打防氟改水井36眼，解决了36个自然屯1.6万人吃氟毒水问题。两项井共计118眼，占建国后历年累计打井总数254眼的46.4%。这些工程的建设，不仅保证了氟病区群众的身体健康，使山区严重缺水的状况得到明显改善，而且为山区人民摆脱贫困创造了条件。

农村人畜饮水工程建成后，推动了庭院经济的迅速发展。据不完全统计，到1990年底，全市利用人畜饮水井的剩余水量发展蔬菜大棚面积达18万m^2，年经济收入886万元，灌溉园田面积17.5万m^2，年经济收入341万元。合计每年可增加经济收入122.7万元。辽阳县小屯镇，仅发展庭院经济这一项，年收入就达到300多万元，相当于全镇农业总收入的25%。有的乡镇，还开办了皮革厂、印花厂、汽水厂。农村饮水工程建设，为群众脱贫致富展示了广阔美好的前景。

三、水利执法体系建设取得较大进展

为了贯彻《中华人民共和国水法》，水利部确定辽阳市为全国首批水利执法体系建设试点单位。辽阳市各级水利部门把这项工作列入重要工作日程，遵照依法治水、依法管水的原则，由市政府颁发了《辽阳市水资源管理暂行办法》和《辽阳市河道资源收费实施细则》等一系列水事规范性文件，为全市依法治水、管水创造了条件。在此基础上，组建了市、县两级水政机构；建立了市、县、乡三级水政监察队伍，全市137名水政监察员已全部定岗到位。

为建立一支过得硬的水政监察队伍，辽阳市狠抓队伍的建设，建立了一套完整的管理责任制。①市县两级分别建立水政监察员管理档案；②对水政监察员实行政绩考核制，考核结果作为奖惩的主要依据。③确定监察员的任期目标，每人每年至少独立参与查处一起水事违法案件；④培训水政监察员实行制度化，各县区每年对水政监察员至少培训一次；⑤建立水行政处罚档案，每处罚一桩案子，立一册档案。⑥成立复议与应诉机构，市水利局成立了行政复议小组和应诉办公室，由水政科具体协调和综合一组一办的工作。辽阳市水利执法体系建设推动了全市水利执法工作的开展。仅在1990年，全市就查处有代表性的水事违法案件16起，罚款2万元，索赔经济损失4万元，收缴占河费20余万元。1990年，辽阳市水利执法体系建设试点工作通过了水利部的验收，试点经验获得有关部门的肯定和高度评价。主管水政工作的水利部副部长钮茂生到辽阳视察时认为，辽阳市的水政建设工作很有特色，很有说服力，在全国名列前茅。

四、水资源管理工作创省内一流水平

在贯彻《水法》的过程中，辽阳市狠抓水资源的统一管理，取得很大成绩。一是抓水资源管理基础工作，实施取水许可制度。为保证水资源得到合理开发利用，全市投资11万元，打地下水长期观测孔3个，指定专人定期观测，数据存入档案。并组织力量多方搜集整理水文、气象、地质等有关资料，会同有关部门共同完成了"辽阳市水资源保护规划"、"地表水及地下水水质评价"、"地下水开发利用规划"、"地下水管理模型技术研究报告"、"首山漏斗区调查与评价"、

"汤河水库城市供水经济效益分析"等技术成果。独立完成了全市水资源量分布、水源工程分布、水资源开发利用分区的普查任务，绘制了图表。在此基础上，推行了取水许可制度。对境内的自备水源井，全部补发了取水许可证。同时对新建、改建、扩建的用水工程，实施严格的审批手续，办理了取水许可证。二是搞好地下水降落漏斗的治理，为农村群众排忧解难。辽阳县首山漏斗区面积达 320 km^2（鞍山钢铁公司水源地），地下水位从 1944 年开始，平均每年以 0.23 m 的速度下降，给当地的人民生活带来很大困难。为搞好漏斗区的防治，辽阳市采取了行政措施，规定在漏斗区内除人畜饮水外，一律不准打井取水；充分利用漏斗区的沟、洼、河、泡蓄水，进行人工回灌；扩大水田面积，加大回渗补给量。通过采取这些措施，从长期观测结果分析，漏斗区的范围和地下水位已处于稳定状态。为解决漏斗区群众的吃水困难，近几年，辽阳市从水资源费中拿出 61 万元，安排水源工程建设，解决了 1.6 万人、1088 头牲畜的饮水困难，受到各级政府和群众的好评。三是实行计划管理，促进节约用水。从 1989 年开始，全市用水纳入了计划轨道，并初步开展了"水表进户"、"计量收费"、"节奖超罚"活动，并有效地利用征收水资源费这个经济杠杆，促进节约用水。自 1988 年到 1990 年末，全市共征收水资源费 1300 万元。

"七五"期间，辽阳市水利建设取得优异成绩，是与深入贯彻执行《水法》，深化水利改革分不开的。在工程建设上坚持了市、县、乡、村多层次、多渠道集资的做法，为多方合作发展水利事业开辟了新途径。在资金使用上，引入竞争机制，实行"以奖代补"的奖励办法，既调动了县、乡政府和群众的积极性，又使国家投资发挥了应有的效益。辽阳市水利局系统还开展了"公仆杯"竞赛活动，调动干部的积极性，鼓励干部为基层、为群众多办实事，也推动了各项水利工作的开展。

（刘德成）

吉 林 省

发展农村经济，"水利年"取得显著成效

1990 年是吉林省发展农村经济水利年。"水利年"的提出，是在全党更加重视农业、重视水利的新形势下，省委、省政府通过总结 10 年来水利工作的经验教训，在肯定成就的同时，吸取 1985 年、1986 年连续大涝和 1989 年大旱的教训（"两涝、一旱"共减产粮食 100 亿 kg，直接经济损失 97 亿元），进一步认识到水利的重要地位和作用，看到了水利的现状与粮食生产再登新台阶的要求很不适应，必须采取有力措施加强水利建设而作出的重大决策。1989 年 10 月，在省政府召开的全省水利建设座谈会上，讨论了把 1990 年定为"发展农村经济水利年"的设想。会后，经省政府常务会议和省委常委会议研究确定，把 1990 年定为"吉林省发展农村经济水利年"，于 1990 年 1 月 17 日召开的全省农村工作会议上正式宣布。要求通过"水利年"活动，使广大干部、群众和有关部门，提高对水利重要性的认识，增强水利是改善农业基本条件的意识，造成全民大办水利的声势，做到在政策上有倾斜，投入上有增加，为水利创造一个宽松的环境，以推动水利建设的发展。2 月 13 日，省政府召开有关厅局会议，确定了"水利年"要办好的十件大事：①提高全社会对水利重要性的认识；②抓好农业综合开发"531"工程（松辽平原区、前扶区、西部旱区、洮儿河灌区、长白山区等 5 个农业开发区；整治开发 3000 万亩耕地；到本世纪末，粮食年产量增加 100 亿 kg）的水利规划；③抓好嫩江、洮儿河、东辽河的治理，确保防汛安全；④新增水田 5.3 万 ha，保持水田面积稳定增长；⑤深入开展"天池杯"竞赛，农田水利建设的投工量、完成的工程量和建设成效好于 1989 年；⑥立足全年抗灾夺丰收，抓好抗旱除涝，解除 66.66 万 ha 耕地的严重干旱；新增、改善易涝耕地 13.3 万 ha；⑦治理水土流失面积 13.3 万 ha；⑧小水电建设装机容量和发电量达历史最好水平；⑨山区防病改水和人畜饮水有新发展；⑩水利综合经营总产值和利税突破历史最好水平。

一、注重宣传

为了把"水利年"活动开展得扎扎实实，省、地、县各级都制定了活动方案和宣传计划，大张旗鼓进行宣传。办两次全省统一的"水利年"宣传周活动，有

100多位地、市、县党政领导同志发表水利广播、电视讲话，撰写水利文章。有3500多名水利职工走上街头，深入农村，开展水利宣传和咨询服务，出动宣传车200多台次，张贴宣传标语12万多幅。省水利厅专门召开“水利年”新闻发布会，邀请中央和省的新闻单位进行采访。《吉林日报》一年内共发表有关水利文章近百篇，吉林电视台全年播放有关水利新闻200多条。通过广泛深入宣传，广大干部和群众的水利意识明显增强。认识到水利不兴，农业不稳；水利不仅是农业的命脉，也是国民经济发展的重要因素；水利工作不仅要为社会服务，也要强化自身。特别是把水利提高到基础产业地位，更使各级领导在认识上有新的飞跃，进一步增强了水利建设的责任感和迫切感，在全省范围内形成了全党抓水利，全民办水利的好形势。

全国水利先进县盘石县在开展生动活泼的《水法》宣传 孙国桢 摄

二、健全制度

在“水利年”活动中，大力建立健全水利基金制和完善农田水利建设劳动积累工制度，多渠道增加水利资金投入，调动农民投劳水利的积极性。几年来，吉林省一直把建立水利基金制作为水利改革的一项内容，采取多种措施，拓宽资金渠道，扩大资金来源。通过1990年“水利年”工作的推动，全省已有10多个市、县建立起水利基金制。吉林市政府还制定了《关于农田水利基本建设集资投劳若干规定》，使水利基金的筹集、提取比例、管理使用办法等都作到有章可循。辽源市东丰县县政府规定：每年从县财政机动财力中提取20%；从乡、镇财政超收部分中提取10%；从乡、村企业中按工资总额税前列支提取2%；从各项水利收费的县、乡留成中提取10%；每公顷旱田筹资7.5元。每公顷水田筹资30万元，作为全县农村水利建设基金。共筹集资金857.9万元，为国家给该县水利投资的6.8倍。延边朝鲜自治州珲春市县，发动城镇工矿企业支援农民办水利，仅几家大企业就集资285.5万元。1990年吉林省省级财政在较困难的情况下，增加水利投资1970万元；地、县、乡三级多渠道集资4442万元，其中县（市）机动财力投资3194万元；农民群众自筹水利资金2.1亿元。有28个县（市）的自筹水利建设资金都在400万元以上。在1990年内，农村水利建设劳动积累工制度在全省普遍建立了起来，基本上做到了县、乡、村都有用工台帐和工票。投入农田水利建设的积累工，较往年有明显增加。按省政府的规定，农村每个劳动力每年应投入农田水利基本建设的劳动积累工为10～20个，1990年全省农村均投工达21个。

三、继续开展“天池杯”竞赛

吉林省从1988年开始对农田水利投资体制进行改革，实行“以奖代补”取得成功。在此基础上，省政府决定从1989年起，在全省范围内开展农村水利“天池杯”竞赛活动，并把“天池杯”竞赛的成绩和干部的政绩考核结合起来，使各级干部更加重视水利工作。1990年又对竞赛条件作了进一步完善和补充。将竞赛评比方案定为6条、13项、39个评分点。水利工作中的一些难点——用行政手段不易做好的事情，也补入竞赛内容。如水费计收、建立水利基金制、劳动积累工的规范化以及水利管理中的某些收费等。使“天池杯”竞赛不仅促进了农田水利建设任务的完成，而且推动了水利工作的全面发展。县城以下建制镇的水资源管理权属问题，过去一直不好解决。1990年一年便解决了13个镇的管理权属问题。水费计收纳入竞赛内容后，全省共收水费3069万元，占应收额的84%，比上年增加300多万元。水资源费共收380万元，比往年多20%。在“天池杯”竞赛中，多数县也开展了不同形式的竞赛夺杯活动，提出“以小杯夺大杯”的口号，使“天池杯”竞赛在全省范围内始终保持你追我赶的气势和大干水利的局面。年终评定，有10个县（市）获一等奖，各发给奖杯、奖状和以奖代补资金20万元；16个县（市）获二等奖，各发给奖状和以奖代补资金10万元。

四、加强领导

1990年，吉林省委、省人民政府特别加强了对水利工作的领导。省委主要领导同志都多次检查水利工作。11月7日，省委常委直接听取省水利厅厅长李森关于全省水利工作情况的汇报。3月至10月间，省委农村政策研究室和省水利厅，对全省水利工作中的一

全国水利先进县吉林省梨树县出动10万多人，大搞清淤治涝为重点的农田水利基本建设

孙国桢　摄

些重大政策性问题，联合进行调查研究，在总结过去工作的基础上，拟订出有关水利政策30条。在同有关部门协商后，向省政府常务会议和省委常委会作了汇报，并在11月中旬召开的全省农田水利基本建设会议上进行了讨论。12月26日，经省委、省政府最后修改通过了《关于加强水利建设若干问题的决定》，共9章30条。“决定”的制定，是“水利年”取得的又一重大成果。省人大、省政府一直关心《水法》的实施。1990年6月2日到13日，由省人大主持，省政府法制局和省水利厅参加，到8个地区和部分县、市，检查了《水法》的执行情况，对进一步贯彻《水法》是一次有力的推动。在重视水利法制和强化水利政策领导的同时，还特别加强了对农田水利基本建设的具体领导。副省长吴亦侠、张岳歧分别于9月15日、10月22日，先后主持召开全省农田水利基本建设电话会议，部署水利建设当前工作。11月中旬，省委、省政府召开的全省农田水利基本建设会议上，省委书记何竹康，省长王忠禹都参加了会议，并作长篇重要讲话。何竹康在讲话中要求全党进一步统一对水利重要性的认识。强调指出：水利不仅是个重大的经济问题，也是关系大局的政治问题；要求进一步解放思想，高瞻远瞩，以对人民和子孙后代负责的态度，搞好水利规划，并积极实施。王忠禹就今后10年的水利战略规划以及关于增加水利投资、完善劳动积累工制度、深化水利改革、加强水利建设领导和扶持水利单位开展多种经营等问题，讲了意见。这次会议是10年来规模最大、规格最高的一次水利建设会议，影响很大。在秋冬农田水利建设高潮到来之初，11月3日，省委、省顾委、省人大、省政府、省纪委、省政协、省军区的主要领导同志，到公主岭市南崴子乡同农民一起参加农田水利建设劳动，并和群众座谈。为加强对农田水利建设的领导，各市、地、县、乡都成立了由有关部门领导人参加的农田水利建设指挥机构。不少县都实行县、乡(镇)、村主要领导包重点工程的责任制。还根据农村联产承包后的现状，对规模较大的工程，组织有关乡、村，统一施工，记工还工，逐年找平，团结治水。吉林市磐石县县委书记王玉文，在该县治理驿马河工程中，亲自挂帅，施工44天，在现场直接指挥了32天。由于领导重视水利，各项水利工作完成的都较好，在全省“天池杯”竞赛中获最高分。

吉林省根据一年一熟的农业、气候特点，1990年共组织了4个大的农田水利基本建设战役，每个战役都有明确的主攻目标。春耕前第一个战役以抗旱播种为中心；播种后第二个战役以防洪除涝为中心；挂锄后第三个战役和秋收后第四个战役皆以水利工程配套和“四田”建设为重点。全年水利建设共完成综合工程量2.4亿m^3，为1989年的1.5倍，也是10年来完成工程量最多的一年；投入劳动积累工1.07亿工日，为1989年的1.55倍。新增水田面积6.4万ha，超过原计划的20%；新增和改善治涝面积16万ha，超过计划2.7万ha；治理水土流失面积14万ha，突破了13.3万ha的计划指标；小水电装机容量达到15.2万kW，年发电量5.12亿kW·h，均为历史最高水平；水利综合经营总产值和利税，均突破2亿元和2500万元的计划。省政府年初提出的在“水利年”要办的十件大事，都全部完成，实现了水田面积稳定增长和“五个突破”的奋斗目标。

（吉林省水利厅史志办公室）

吉林市农田水利建设大发展

1990年，吉林市的农田水利建设，在市委、市政府的直接领导下，在吉林省发展农村经济水利年活动中，认真贯彻落实国务院关于大力开展农田水利基本建设的决定，取得了很大发展。规模之大、范围之广、标准之高、效益之好都是多年来没有过的。一年来，全市累计出人工1660.57万个工日，最高日出工人数达到29万人，占农村劳力的30.4%。共投入水利建设资金9493.92万元，其中地方自筹和群众集资7726.27万元。超年初计划的61.4%，占总投资的81.38%；共完成农田水利基本建设工程22018项，完成综合工程量3367.64万m^3，相当于省下达计划指标的170.1%。

吉林市位于长白山与松嫩平原过渡地带，面积27721.25 km^2，山区丘陵区占80.4%，平原为19.6%；总人口412.54万人，其中，耕地面积382.2万ha，农业一年一熟，年雨量600～800 mm。解放前，水旱灾害频繁，丰富的水资源得不到充分利用。解放后，全市人民在党的领导下，进行了长期不懈的水利建设，到80年代初，建成各类水利工程18910处。虽然这些水利工程从总体上看还是低标准的，但在防洪治涝、保持水土、尤其在农田灌溉等方面，收到较好效益。进入80年代，全市粮食产量连续跨上30亿kg和35亿kg两个台阶，于是一度产生了满足于水利建设既已取得的成就，“命脉”意识淡漠了，忽视了原有工程标准低、质量差、不配套、多数中小河流没有治理及工程老化年久失修等问题。1985年、1986年两年水灾，1989年又遇上水旱双重灾害，粮食减产3亿多kg，仅蛟河、舒兰两县就被洪水冲掉农田6000 ha。在总结经验教训的同时，进行了反思，认识到：过去重视水利，得益于水，近些年忽视水利，受害于水；水利兴则农业兴，水利衰则农业衰。1990年4月，召开全市水利工作座谈会，统一对水利的认识，并研究加强水利建设的措施。市人大开会审议了市政府关于当前农村形势和加强农田水利基本建设的报告，并作了《关于大力加强农田水利基本建设的决定》。8月中旬，市政府在磐石县召开了全市水利建设现场会，总结去秋以来的农田水利建设经验，部署和发动秋冬农田水利建设，并在检查春天签订的“天池杯”竞赛责任状的基础上，又落实了县、乡（镇）、村领导包重点工程责任制。10月末，又组织各县主管农业的书记、县长和水利局长，对全市农田水利建设进行了7天检查评比，总结经验找差距，使水利建设高潮一浪高过一浪。

在发动群众兴修水利的同时，根据吉林市的实际情况，市人民政府还制定了《关于农田水利基本建设集资投劳若干规定》，主要包括以下四个方面的内容：①建立农田水利基本建设合作基金制度。规定各乡镇人民政府每年向辖区内农村劳力收缴2～4元的农田水利基本建设合作基金；对从事第一产业的高收入户和从事第二、三产业的个体工商户，每户收缴30～50元，或按纳税的一定比例收缴。②建立各级财政农田水利基本建设发展基金制度。明确资金来源包括：市县财政用于农田水利基本建设的拨款；农业发展基金中50%以上的资金；市县财政自筹基建资金指标的5%～10%；农田水利基本建设工程直接和间接受益区以资代劳资金；农田水利基本建设贷款（包括周转金）及其他应用于农田水利基本建设的资金。③建立地方和集体的补农基金制度：乡镇财政包干超收留成的20%～25%；农村合作社当年公共积累的30%～50%；乡村企业税前利润10%中的40%；受益区内企事业单位合理负担部分的资金。④建立农田水利基本建设劳动积累工制度：每年男劳力20个工日，女劳力10个工日，乡镇企业职工10个工日。受益区有机动车辆的农户和单位，每年每台车出积累车工3～5台班。

在农田水利基本建设中，为避免盲目施工、打乱仗和保证工程质量，采取因地制宜，统一规划，多层次、多形式组织施工。实行季节突击与专业队常年施工相结合，分散施工与协作建设相结合，对较小工程，由村社组织，承包到户，定期检查；较小的沟川开发治理，采取包给一户或几户的方式；较大工程，凡跨村的由乡、镇组织实施，跨乡、镇的由县组织实施，跨县工程由市统一组织实施。在施工中，各有关部门搞好服务和配合：计划、财政、银行、物资、石油、电力、农业、林业、农机等部门，都密切配合水利部门，协同作战。社会各个方面齐动员，参加农田水利建设。10月，秋冬农田水利基本建设会战开始后，市级的几大班子领导同志，带领2000多名机关干部到郊区水利工地参加义务劳动。各县（市、区）乡（镇）领导带领机关干部吃住在工地。机关、团体、部队、学校、企事业单位，有人出人，有钱出钱，有物出物，全党抓水利，全民办水利，各行各业支援水利。据不完全统计，全市社会各阶层支援水利建设出动人工150万个工日，机械台班8000个，筹集资金1727万元，所完成的工程量达429万m^3。

（朱云庆）

黑　龙　江　省

1990年黑龙江省水利建设成效显著

1990年我省投入水利建设总资金4.29亿元（其中基本建设2.17亿），群众自筹1.65亿元。是建国以来投资最多的一年。其中农田水利投资1.52亿元，用于灌溉工程0.42亿元、治涝工程0.31亿元、机电井建设0.17亿元、水土保持0.09亿元、小水电0.03亿元，防洪0.05亿元、小水库0.09亿元、其他0.36亿元。完成工程量2.65亿m^3，是历史上最多的一年，超额完成了年初制定的计划。并安排了七星河续建、大力加湖闸等一批基本建设项目，取得了很好的经济效益和社会效益。

抗春旱、保春种、保春灌为农业丰收奠定胜利基础。和历年相比1990年的抗春旱工作有三个突出特点：一是动手早、行动快。从1989年秋收开始，我们就向全省发出通知，要求各地春旱秋抗，抓紧时间搞好水田秋翻地。当年11月5日省政府转发了我们关于抗春旱的报告；国务院向有关部委通报了我省将发生严重春旱的信息；水利部、财政部对我省抗春旱非常重视，并在经费上给予大力支持。二是领导重视，亲自指挥。抗旱期间，邵奇惠、王海彦、戴谟安等省委、省政府领导同志，对全省的抗旱工作都做了重要部署，并亲临春耕生产第一线，指挥抗旱斗争。三是措施实，效果好。全省抗旱期间，新建各类补水井2.5万眼，抢修各类机电井站3.5万处、抗旱设备7000多套，新增抗旱水桶44万多个。全省的水种面积达到1700万亩，解决水田渴水面积200万亩，缓解水田渴水面积400万亩。当年全省获得了农业大丰收，水利战线的广大职工做出了很大贡献，受到省政府的通报表彰。

一、三江平原水利建设又获新进展

经过“七五”期间国家重点投资建设，三江平原综合治理又获新进展。1990年三江平原水利基本建设共投资1720万元，安排七星河续建、大力加湖闸、嘟噜河堤防以及普阳总干开挖等4个建设项目。其中：七星河完成解放桥以下9.14 km主河道开挖、二道岗滞洪区（库容0.7亿m^3）一座、新建堤防32 km；大力加湖闸完成基坑开挖并浇筑部分混凝土；嘟噜河堤防全部建成，共完成土石方340万m^3，混凝土2000 m^3。这些项目建成后，共改善低湿地120万亩，可新开垦土地约100万亩，为七星河流域的农业综合开发创造了较好的水利条件。

二、全省水田面积已达1300万亩

1990年水田灌溉面积继续保持大发展的势头，发展的重点从松花江、绥化两个热点地区，转向齐齐哈尔和佳木斯两个地区。在严重渴水的情况下，为了防止水田灌溉面积滑坡，全省新打水田灌溉井2万眼，新打抗旱补水井2.5万眼，抢修各类机电井站3.5万多处，还大力推广了小水田井、组合井等先进技术。今年全省推广水田节水灌溉新技术面积达到500多万亩。由于全省上下的共同努力，各有关部门的密切配合，今年新增水田灌溉面积超过了省政府下达的100万亩的指标，达到了120万亩，全省水田灌溉总面积达到1300万亩，水稻总产量达45亿kg。水田灌溉面积的发展对全省粮食总产量的增加发挥了重要作用。

三、逊克县成为全国第一批初级农村电气化县

逊克县地处小兴安岭北麓，水电资源丰富，是国务院批准的全国第一批百个初级农村电气化试点县之一。1983年以来，在国家及省的支持下，全县干部群众艰苦奋斗，建成了总装机4800 kW、设计年发电量1310万kW·h的库尔滨水电站，新建35千伏输电线路51 km、10千伏线路68.5 km；改造输电线路172 km，新建35千伏1000千伏安变电所一处，更换815千伏安配电变压器，安装补偿电容器720千法。在库尔滨水电站下游建设的白石水电站也即将完成。目前，全县用电量达到1112.3万kW·h，年人均用电量达到150 kW·h，户均年生活用电量达到583 kW·h，这些指标比1983年都增长50%以上，超过了国家规定的初级电气化县的标准。现在全县通电面已达到98%，用电保证率达到85%以上，经过水利部验收，被正式批准为国家初级农村电气化县。

四、农田水利建设“黑龙杯”竞赛喜获新成果

1990年是开展农田水利建设“黑龙杯”竞赛活动的第二年，在省委、省政府的领导下，各地认真贯彻全国农田水利基本建设会议精神，竞赛活动开展得更加广泛深入，成效更加显著。全省投入农田水利基本建设的劳动积累工7370万个，比去年增加1000多万个；完成土方工程总量2.5亿m^3，比去年增多0.5亿m^3；多层次、多渠道集资1.5亿元，比去年多0.2亿元；全省新增水田124万亩，新增除涝面积200万亩，完成水土保持治理面积150万亩，整修加固堤防1800 km。经验收、评比，佳木斯、甘南等16个行署、市、县、农场获金杯奖，牡丹江、望奎县等34个行署、市、县、农场获银杯奖。这50个获奖单位在1990年12月召开的全省农村工作会议上受到省政府的表彰奖励。

（王云辉）

佳木斯市水利事业概况

佳木斯市辖7县（汤原、依兰、宝清、桦川、桦南、饶河、抚远）、2市（富锦、同江）、1区（郊区），其中富锦市为计划单列市。

1990年，全市各级政府和广大农民群众继续贯彻市委、市政府提出的“以防洪除涝为中心，以改造低产田为重点，实行旱涝兼治”的水利建设方针，大力投入，修建和完善水利设施，全市农田水利建设得到较快发展。全市共完成水利建设土方工程量4987万m^3，比上年增长34%；修建各种水利建筑物工程983座，打水田井3953眼，建灌溉泵站331处；新增水田实灌面积31.98万亩，比上年增长115.2%，使全市水田总面积达到195.36万亩；新增除涝面积39.72万亩，改善除涝面积85万亩，全市除涝总面积已达到425.15万亩；新增水土流失治理面积15.51万亩，总治理面积已达到214.07万亩；新增江河堤防8.7 km，整修达标堤防44.5 km，全市江河堤防总长度达到1598.9 km，其中达到20年一遇标准的897.73 km。全市现有大、中、小型水库28座，万亩以上灌区40处，30万亩以上涝区11处。全市的水利综合经营在市场疲软和资金紧缺的困难情况下，充分发挥资源、施设和行业的优势，取得了较好的经济效益，完成产值3050万元，实现利税320万元，分别比上年增长13.2%和12.1%。水政建设和水资源管理工作有了新的进展，在各县（市）区全部实行水资源统一管理的前提下，有6个县施行了取水许可证制度，办证3550户；在汤原县进行水利执法试点后，立即在全市铺开，有135人上岗，共查处水事案件50多起，纠正违法案件280起，处理水事纠纷11起，挽回经济损失约3.3万元。“五费”收缴工作进行得顺利，回收井站周转金118.7万元，超过计划3%；征收水费413.66万元，超过计划20%；征收涝区维护费18.8万元，超过计划56.7%；征收堤防维护费20.5万元；回收综合经营周转金8.3万元，百分之百完成计划。在水利科技成果推广应用上取得了显著效益。全市推广应用了水稻旱育稀植条件下浅水灌溉节水新技术、涵闸保温基础设计新技术、桩基抗冻拔设计新技术、水田小井和组合井新技术、农用量水表、人力钻井等13项新技术，经济效益约5000万元。同时举办“科普之冬”培训班20期，以水法、水政、水资源管理、新技术的推广和应用以及农田水利等为主要内容，轮训2000多人次，提高了水利技术人员的业务水平。

1990年继续参加全省的农田水利建设“黑龙杯”竞赛活动，并把全市的整个水利工作纳入竞赛之中。各级党政领导亲自挂帅，五大班子齐上阵，各行各业都支援，形成了空前规模的农田水利建设大会战，以效益为中心，以集资、配套、规划、管理为重点，县有重点工程，乡有战场，村有项目，户有任务。通过竞赛，使全市的农田水利建设跃上了新台阶，完成的各项指标都大大超过计划指标。通过竞赛，充分调动了广大农民群众大搞农田水利建设的积极性，体现出群众投入为主体的方针，全面贯彻了劳动积累制度，多渠道、多层次筹集资金。全市投入劳动积累工1348万工日，平均每个劳力投工41.5工日，集资6450万元，平均每个劳力集资153.6元。在竞赛中突出重点，把改造低产田同农民种水田的积极性结合起来，采取积极措施大力发展水田。签订责任状促使领导抓水田，实行优惠政策鼓励农民种水田，抓好抗旱工作千方百计保水田，多方筹集资金自力更生上水田。依兰县在1989年新增水田5万亩的基础上，又自力更生，倾囊投入，通过集团承包、“双保”合同制、建立水稻示范村等办法以及有效的工程措施，大力发展水田，新增水田实灌面积10.2万亩，一举实现了他们制定的粮食总产3亿kg、农业总产值3亿元、人均收入600元的“336”丰收工程的宏伟目标。全市的“黑龙杯”竞赛成果比上一年更突出：市级及三个县（市）获金杯奖，5个县（市）区获银杯奖，全市有81个水利基层单位被授予省、市、县级文明单位。

为了保护农民对农田水利建设投入的积极性，全市还重点抓了三年规划的制定。抽出300多名水利工程技术人员，吸收林业、交通等有关部门的专业人员

组成县、乡两级规划设计队伍和市、县两级技术审查审批队伍，坚持效益第一、量力适度的原则，编制出切实可行的规划，并分别经县（市）区人大讨论后，由各地政府以文件形式下发，使其法律化，以保证实施的连续性。

1989年完成的黑龙江同抚堤防工程，今年进行了年度验收，并为最后总验收做好了准备工作。该堤防工程原设计中有、但因资金不足而未进行施工的沙段草皮护坡工程，今年同江市自力更生组织人力完成了。

全市农田水利建设在规划、投入、参与等方面的运行机制，今年进一步得到调整和改善。在劳务和资金投入上，各地都通过人大制定出法规，用法律形式确定下来，为今后的农田水利建设奠定了可靠的投入基础；在规划方面，各地都根据本地实际情况，制定出长期规划，从而保证今后的农田水利建设不再打乱仗，盲目乱干，避免劳民伤财，挫伤群众大搞农田水利建设的积极性；在参与方面，已经不是过去单纯由水利业务部门管、由少数施工队伍干的事了，而形成了社会各方面协调配合，全民大搞农田水利建设的新局面。

（佳木斯市水利局）

上 海 市

治理整顿深化改革上海市水利取得新进展

1990年，上海市水利局进一步贯彻“治理整顿、深化改革”的方针，深入贯彻《水法》，更新观念，转变职能，积极做好各项工作，为振兴上海，开发浦东，促进经济和社会发展全面服务，取得了新的进展：水政工作，完成了市县两级水政机构的组建，《水法上海市实施办法》正在抓紧制订即将颁布，并在一个县开展了水政工作试点，正在由点到面，逐步走上依法治水的轨道；防汛抗台工作，由于加强了第一线江海堤防的除险加固，现有排水设施配套和维修管理、河道清障等工程措施以及行政首长负责制等非工程措施，在遭受三次台风影响下，全市除部分马路、居民住房浸水和少量农田短时间积水外，全市没有出现大面积受淹和重大损失的情况；城市水利建设，开始把水利纳入城市基础设施建设的重要内容，市区防汛墙（苏州河闸桥）工程进度加快，浦东开发区水利建设开始进行前期准备工作；农村水利建设，全面完成了河道疏浚任务，还清了历年淤积土方的“宿债”，基本实现了河道常年疏浚机械化，并开始进行以整治乡村水系为重点的农村基础设施建设规划的实施；滩涂围垦，目前全市最大的一块面积共9.5万亩的滩涂——崇明东滩开始圈围，这次围垦是近十多年来规模最大的。全年全市水利工程（包括滩涂围垦）建设总投资2.7亿元。上海水利工作正在发挥越来越重要的作用。

（1）水政工作得到加强。年内全面完成了市县两级水政机构的组建，市水利局水政处和九县一区的水政股（所）已全部建立；抓紧了水法配套法规的制订工作，《水法上海市实施办法》、《上海市水费核订、计收和管理办法》，经与规划、环保、土地、交通、港务、水产、地矿、公用、市政等部门多次磋商，在原则问题上已基本一致，列入了市政府1991年度立法计划；开展了第三次水法宣传活动，利用报刊、广播、电视等多种形式重点宣传水资源统一管理的重要性和必要性，汇编了《上海市各区、县水行政机构和水利治安派出所查处案例选编》，进行以案说法，收到较好效果；并加强了水政执法工作，全年共受理各类利用河道岸线建设项目115件，处理水利治安案件255件，水事违法事件56起，依法维护了河道、滩涂和水利工程设施的完好和安全。

（2）防汛抗台三战告捷。汛前，认真落实了各项防范措施，完成第一线海塘除险加固工程18处、市区防汛墙加高加固21 km，培修圩堤338 km；同时，新建圩区水闸61座、排涝泵站30台套、内河护坡34.5 km；维修机房1212座、泵站312座（472台套）、水泵3956台；新划市区河道清障36条段，并制订了《关于新划市区排水河道清障和管理的暂行规定》；还普遍开展汛前防汛大检查，防微杜渐；进一步健全了防汛行政主要领导负责制和各级岗位责任制，加强了现有防汛设施的管理。因而在遭受5号、12号、15号台风影响，特别是15号台风影响上海期间，市区黄浦公园水位12次超过或持平警戒水位，市郊先后遭受高潮、龙卷风、冰雹袭击的情况下，使损失减少到最低限度，基本保障了全市安全渡汛。

（3）水利纳入城市基础设施建设的重要内容。①为适应上海作为全国经济中心和对外开放城市，加快城市基础设施建设的需要，按“千年一遇”标准加高加固市区防汛墙及苏州河闸桥工程，被列为市政府重大工程项目之一。上海市长江口开发整治局认真制订施工计划，积极筹措资金，实行投资包干，加强质量监督，从而加快了施工进度，提高了工程质量。全年完成投资1.135亿元，占年度计划投资1.235亿的91.9%，竣工21 km，另有18.615 km在建，竣工长度比1989年增加1倍，工程质量也有所提高。年内已竣工验收的74项、总长13052 m防汛墙工程中，优良工程有18项，占24%；长度为3818.9 m，占29%；优良工程总造价为1224.1万元，占41%，其余均为合格工程。位于市区外滩苏州河黄浦江汇合口的苏州河闸桥工程，自1989年3月正式开工至1990年底，已累计完成8350万元投资的工程量，包括闸墩基础桩、闸墩沉井和闸底板的预制浮运和沉放、钢架桥的预制浮运和安装等工程任务，至1991年4月可全面竣工。②1990年7月，中共中央作出关于开发、开放浦东的重大决策后，上海市规划部门在短时间内提出了两条环线、5个小区的规划轮廓。为使这个规划轮廓更合理完善，市水利局领导和规划室干部深入实地查勘，听取了川沙县政府和有关方面的意见，先后两次向市政府和浦东开发办公室提出了浦东新区水利建设规划意见：沿黄浦江40 km防汛墙和沿长江口29 km海塘分别按“千年一遇”标准和历史最高潮位加12级台风的标准加高加固，以保障防洪安全；采取向黄浦江、长江口双向引排和自排、抽排相结合的办法，开挖疏拓骨干河道，沿长江口增建泵闸，提高城市排水能力；同时，通过兴建合流污水工程，改善黄浦江水源水质，并采取南引大治河水，在长江口开辟水源，以改善浦东新区饮用水质和水环境。现在原则上已被市政府和规划部门采纳，并决定第一期工程在外高桥地区分别按100t级航道标准开挖疏拓曹家沟、赵家沟、嫩江河及其沿长江口岸增建三座泵闸。10月中旬开始进行前期准备工作，已完成了项目建议书，将列入1991年度计划，组织实施。

（4）还清疏河“宿债”，开展以整治乡村水系为重点的农村基础设施建设。年内继续开展以疏浚河道、改造中低产田为重点的农田水利基本建设，共疏浚河道5851条段，2847 km，土方1884万m^3，其中县级河道25条段，78.32 km，土方398万m^3，乡村河道5626条段，2768 km，土方1486万m^3。至此，经过近5年的努力，全郊区历年淤积的7600万m^3土方河道疏浚任务已全部完成，并基本实现了河道常年疏浚机械化。同时，为发展商品粮生产，制订了松江浦南青浦西部30万亩低洼地、金山10万亩半低地（地面高程在3.2～3.5 m之间）、南汇奉贤沿海夹塘地区30多万亩盐渍地的3年治理规划，并开始组织实施。市、县和乡村共集资3430万元，共培修江浉圩堤300余km，兴建水闸60余座、捞涝泵站30台套等工程。在面上地区兴建电力灌溉站123座，更新改造310座，发展地下渠道1038 km，埋设塑料暗管11800亩；菜区兴建固定喷灌站29座、半固定喷灌站49座，控制面积5032亩，半固定改为全固定喷灌站30座，控制面积1980亩。并从1990年春起，九县一区在试点的基础上，全面制订以整治乡村水系为重点的农村基础设施建设规划，从1990年冬起农村水利建设重点转入乡村河、田、路、林、宅、厂综合治理。乡村水系整治为重点的农村基础设施建设，计划用5～10年时间完成。今后年度农村水利建设计划，将严格按规划进行安排。

（5）滩涂围垦有新的发展。年内在崇明、南汇、川沙沿海滩涂种青促淤18000亩，并围垦8500亩，做到当年工程，当年竣工，当年收益。同时，在制订规划的基础上，9.5万亩面积的崇明东滩，列入市政府的重大工程项目，崇明东滩之一——团结沙2.4万亩滩涂，1990年冬起已开始围垦，并完成了13 km围堤工程以及30多km的主干道定线测量、水闸定位放样和清障、输电线、通讯线等工程前期准备工作。

1990年，上海水利工作成效显著，这主要是：

（1）更新观念，转变职能。全市水利系统，把深入贯彻《水法》，加强水政工作，发挥水行政主管部门的职能作用，作为市县水利部门的首要任务。为此，市、县水利局在建立健全水政机构的基础上，在全市范围内联系实际深入宣传《水法》的同时，针对干部职工中存在“重工程建设、轻水政管理”的思想，组织学习《水法》，克服思想障碍，把加强水政工作作为水利深化改革的重要内容，明确水利部门水政管理和水行业管理的双重职能，明确加强对全市水资源的统一管理，搞好开发利用和保护，发挥水资源的综合效益，作为水利工作的出发点和归宿点。

（2）多渠道多层次集资。市区防汛墙加高加固工程，市政府和水利部优先安排投资，共落实6936万元；沿线企事业单位在资金紧缺的情况下统筹安排，首先解决防汛墙工程所需投资，如上海造船工业公司在行业亏损的情况下，仍千方百计克服困难，年内安排了400万元，保证了船厂所在地段12.3 km长的防汛墙加高加固工程所需资金。农田水利基本建设，国家通过农田水利事业费、粮食专项资金、农业发展资金三个渠道共投入2403万元，加上海塘除险工程、航道护坡工程等1700余万元，占总投资的40%左右；县财政投入，乡村"以工补农"资金投入分别占20%和40%。同时，落实水利劳动积累工制度，从原来每个农村劳动力全年负担8个工日增加到10个工日，并实行直接投劳与"以资代劳"相结合，全年共收取"以资代劳"款2800余万元。

(3) 积极推进水利现代化。为适应把上海建设成为开放型的、现代化的国际大城市的需要，适应农村大量劳动力向工副业和第三产业转移的形势，大力加强水利现代化建设。由上海市水利工程设计研究院与水利电力部上海勘测设计院联合设计，并征得荷兰水利专家技术咨询的城市防洪工程——苏州河闸桥工程，采取闸桥结合的形式，闸孔宽60 m，钢桥主跨内悬挂式17扇钢闸门平时卧放在箱梁内，运行时放下挡潮，闸底板预制钢筋混凝土空箱结构浮运到施工现场沉放，闸墩用钢管桩及钢沉井基础，主桥为弯曲变宽度的三跨连续梁全焊接钢结构等，均为国内外所罕见。1991年4月工程竣工后，不仅挡潮闸可保障市区苏州河两岸50余km沿线企事业单位和居民住房的防汛安全，四车道桥梁将缓解外白渡桥及外滩地段交通紧张的状况；同时，也为举世瞩目的上海外滩增添了一处供国内外游人观赏的景点。

(4) 各级政府加强对水利工作的领导。市政府把水利工作列入了重要议程，作为城乡基础设施建设的重要内容，积极发挥水利部门作为水行政主管部门的职能作用，不仅在农村水利建设中，在浦东开发区水利建设、城乡结合部水利综合治理、滩涂围垦中也都明确由水利部门牵头，提出意见，组织实施。同时，在市区防汛墙加高加固工程建设中，朱镕基市长曾到现场视察，对工程进度和质量作了重要指示，还带领千名干部到奉贤县泰青港工地劳动。在市委、市府倡导下，全市有6万余名干部参加了水利工地劳动。在冬春水利建设的每个阶段，分管副市长庄晓天和市农委领导还多次与水利部门的干部一起进行督促检查，组织开展了评比活动，全市共评出了松江、青浦、崇明等三个县为农村水利建设先进县，32个乡镇(农场)为先进集体。

(周元福)

青浦县水利概况

1990年，青浦县水利工作的重点，一是贯彻《水法》，加强水利法制建设，开展水利执法试点工作，自上而下地建立水利执法体系，查处水事违法案件30余起，保障水工程设施的安全；二是按规划对青西14万亩低洼地进行重点改造，培修防洪圩堤144 km，整治河网疏浚河道205条段，共完成土方131万 m^3，同时新建、改建泵闸30座，全面提高了防洪挡潮除涝能力；三是完善青浦腹地控制区的续建配套，建成控制区水闸4座，疏浚河道278条段，完成土方86万 m^3，继续开挖控制区内排水骨干河道油墩港3.3 km，完成土方60.5万 m^3；四是加强农田排灌设施的管理，开展文明电灌站建设，提高服务质量，经过严格考核，有336座电灌站达标，占总数的45.71%，同时建立和健全了圩堤、泵闸管理队伍和岗位责任制，保证防汛安全，为农副工业生产和人民生活提供良好的水环境。全县当年共投入水利资金2579万元(其中市投资1594万元、县财政投入235万元，乡村自筹750万元)。投入劳力129万工日，完成土方354万 m^3，石方7.3万 m^3，混凝土3.4万 m^3。随着水利事业的发展，进一步提高了抗灾能力，有力地促进了农业生产。1990年全县粮食总产2.53亿kg，比1989年增长2.4%，单季晚稻亩产达466 kg，超历史水平。

该县位于上海西部，地处太湖下游，地势低洼，全县吴淞标高3.2m以下的低洼地有30.4万亩，占耕地面积的62%，洪涝威胁和渍害严重。为此，40年来坚持不懈地开展了以改造低洼地为重点的农田水利基本建设。共投入水利资金1.7亿多元，完成土石方1.2亿万 m^3，修筑防洪圩堤880多km，建成低洼圩区136个，疏浚市、县、乡各级河道1959条段、1474 km，完成土方4047万 m^3。建成中小型水闸534座，排涝泵站273座，装机容量1.58万kW，电灌站786座，配套机泵971台套，装机总容量1.2万kW。全县98%的耕地实现了灌排电气化。防洪除涝能力也有了很大提高。但是，由于上游围湖造田，开河筑堤，洪水归槽，汛期来水集中，使水位抬高。1989年，泖甸最高水位达3.77 m，超过1954年最高水位13 cm，加上现有圩区的工程设施老化，暴露出许多问题：防洪标准偏低，圩堤顶高仅3.8～4.0 m，宽仅1.0～2.0 m，难以抵御洪潮高水位的侵袭；除涝能力不强，全县尚有46%的圩区除涝标准未达到日排雨量176 mm的要求；乡村河道虽不断疏浚，仍有部分河道严重淤浅，影响排涝；排灌机泵设备老化、效率衰减。在971台固定机泵中，有388台已运行20年以上，277台运行了25年以上，超期服役；300余座一字门水闸损坏严重。同时，随乡镇工业和养殖业的发展，全市仅有的一盆清水——淀山湖水质也开始受到污染；毁坏圩堤、泵闸等水利设施的事件屡有发生。上述问题，引起县乡政府的重视，决心通过建设、法律、科技、管理等多种手段，振兴水利，加快低洼地的治理，为农村经济和社会发展全面服务。

一、加强水政建设

在 1989 年建立县水政管理所的基础上，1990 年该县被水利部列为全国第二批水利执法体系建设试点单位，县乡两级成立了水利执法试点领导小组，加强水利法制建设的领导。运用广播、电视、标语、幻灯等多种形式，在全县范围内广泛深入宣传《水法》，仅举办讲座就有 400 余次。根据《水法》和《河道管理条例》，制订颁布了《青浦县关于保护水利工程设施安全的若干规定》、《青浦县河道（湖泊）管理暂行办法》等 4 个规范性文件，使水法基本精神得到全面落实。通过选拔、培训、发证，建立了一支 53 名专、兼职水政监察员队伍。与此同时，抓住毁堤取土，查处违法案件 30 余起，打击破坏水利设施的违法行为，有效地制止了违法活动。为了加强河道管理，对全县 22 条市县级骨干河道和淀山湖等湖泊进行了调查，还完成了 74 座县管中小型水闸的划界定权发证工作。经过半年多的努力，该县已建立起较为完整的水利执法体系，完成了试点任务。经太湖局和市水利局按部颁标准检查合格，通过验收。

二、加速低洼地改造

青浦县西部地区 7 个乡共有 14 万亩连片低洼地，处于太湖和杭嘉湖地区过境洪水要冲，每到汛期外河水位高涨，险情不断，令人担忧。为此，在县政府的直接领导下，制订了治理规划，1990 年起组织实施。在资金上，市、县给予重点支持，当年共投资 1234.7 万元（其中市、县投资 764 万元，乡村自筹 470.7 万元），共培修圩堤 144 km，圩堤全部达到堤顶高4.5 m、顶宽 3.5 m 的标准；疏浚乡村河道 205 条段、102.5 km，并对田间沟系进行全面疏理，共完成土方 184.23 万 m^3。同时，改建、新建圩区配套泵闸 30 座，兴建河道护坡 28 km。1990 年完成总工程量的 1/3 左右，为今后两年全面完成洼地治理工程打下了基础。对青浦东部地区青松大控制工程主要是进行续建配套完善，共培修圩堤 36 km，兴建大控制线配套水闸 4 座、疏浚河道 278 条段、完成土方 86 万 m^3，开挖贯通大控制区南北的骨干河道——油墩江续建施工，并兴建护坡 16.8 km。并在搞好圩区配套的基础上，采取土洋结合的办法治理农田渍害，埋设塑料暗管（硼泥管）400 亩，通过打鼠洞开暗沟 3500 亩。洼改治渍工程做到当年施工当年收效。1990 年 15 号台风正面袭击青浦，泖甸水位高达 3.64 m（与 1954 年当时历史最高水位持平），全县基本上保证了安全。

三、加强工程管理，充分发挥工程效益

为加强农田水利工程管理，在全县电力灌溉系统中开展了以优质服务为主要内容的文明电灌站建设活动。通过确定标准、严考核、表彰先进，带动全面。通过这一活动，推动了工程管理工作，做到工程维修养护管理制度化、经常化。1990 年共维修圩区套闸50 座、单闸 25 座、灌渠 529 km，维修块石护岸 15 km，青松大控制区内有 10 座 4 m 套闸完成钢闸门的喷锌养护，一座水闸进行了彻底的更新，还全面清理了田沟沟系。并加强圩区管理，对圩区泵闸工程进行统一调度运行，控制（预降）内河水位，堤防植树绿化近万株，提高了抗灾能力。六七月间，上海地区持续高温，农田干旱，水质恶化，该县水利排灌系统干部职工坚守岗位，充分发挥电灌威力，提水抗旱，并利用水闸从淀山湖引进 20 万 m^3 水量缓解了旱情，改善了水质。

四、开展了以整治乡村水系为重点的农田水利基本建设

促进农业稳产高产，为实现农村现代化打好基础，1990 年春开始着手制订以整治乡村水系为重点的河、路、田、林、宅、厂综合治理的农村基础设施规划。到年底，全县 20 个乡（镇），除个别外，都已基本完成规划初稿。全县还以小蒸乡为试点，在浦江两岸按高标准、高质量培修圩堤 8.9 km，为全县培修圩堤树立了榜样。在面上，结合该县特点，重点进行了培圩、疏河及田间工程配套的水利建设。至 1991 年春，共完成土方362 万 m^3，其中修圩 152 km，疏河 264 条段，土方 119.5 万 m^3。

1990 年，青浦县被评为市农田水利基本建设先进县。

（周元福　孙　敏　朱国良）

江　苏　省

江苏水利建设取得可喜成绩

1990年，江苏省水利工作在省委、省政府的正确领导下，取得了较好的成效，为农业和国民经济的发展作出了新贡献。

一、水利建设工程进展较快，效益显著

省委、省政府根据党的十三届五中全会精神和国务院《决定》，把水利作为发展生产力的一件大事来抓。自1989年冬到1990年春，先后四次专门召开会议部署落实，检查督促水利工作。不少地方党政主要领导亲自抓水利，“四套”班子齐上阵，出现了全党重视农业、大搞水利的热潮。1990年度，该省水利建设，无论是规模、速度，还是质量、效益，都是近几年最好的一年。

农田水利建设扎扎实实，富有成效。围绕提高农业综合生产力，农田水利与防汛岁修工程紧密结合，与农业增产措施紧密结合，与综合开发紧密结合效益显著。冬春期间，全省最高上工人数达668万人，累计投工3.8亿工日，完成土石方8.1亿 m^3，新开、疏浚骨干河道24条，开挖、疏浚沟渠72万多条，加修圩堤4600多km，增加灌溉面积105万亩，改造低产田159万亩，发展旱改水60多万亩，建设旱涝保收田153万亩，解决了10万多人、5万多头牲畜的饮水困难。为改善生产条件打下基础。

水利基本建设进展较快，增强了抗灾能力。1990年，国家和省下达水利基建投资7943万元，以防洪保安，除险加固，续建配套为重点，安排39项工程按计划完成。马汊河分洪道二期工程，经3年施工，已全面完成；太湖犊山口控制工程完成了年度计划，总沭河、句容河除险加固、邳苍分洪道排涝、白马河治理、小塔山分洪道续建，以及淮涟干渠，如泰河、中干河、头溪河、北环河等工程的土方都按期完成；万福闸、扬州闸、王港闸、运棉河闸、小洋口闸等建筑物的加固也都按计划实施；长江南京、镇扬河段整治，1990年由受益工矿企业集资2735万元，当年新建和加固护岸工程3 km，巩固节点，稳定河势。

防汛工程冬春季大干，收到了投资效果。根据省政府的决定，把防汛急办工程经费纳入水利建设年度计划，做到防汛工程冬春干，与基本建设、农田水利工程，统一安排实施。全年防汛岁修、急办工程、水毁项目，以及小水库除险共544项，经费3500万元，由于精心组织，精心施工，抢在汛前完成，在抗灾中发挥了作用。

该省水利建设在近两年取得可喜成绩的基础上，1990年冬至1991年春，又掀起了新的热潮。其特点是：苏北改善灌排上工程，苏中三沟配套上水平，苏南一步到位上台阶。徐州市的徐洪河工程，是沟通“三湖”，连接“三河”，解决水资源紧缺，扩大旱改水，振兴徐州经济的重点农业综合开发项目。市委、市政府领导坐镇指挥，组织40万民工，大干40天，开挖土方1200万 m^3，当年工程，当年见效。连云港的小塔山分洪道、扬州的靖盐河、南澄子河、常州的扁担河、镇江的太平河、南通的如海河等水利基建工程，都如期开工，及时完成土方任务。为农业和国民经济的发展创造条件。

二、水利工程充分发挥效益，确保了渡汛安全

1990年，该省是一个多灾之年。洪、涝、旱、风、暴、潮六灾并袭，从长江两岸到淮北平原，全省11个市都受到程度不同的灾害，并且有的地方重复遭灾。特别是7、8月间北涝南旱和15号台风袭击，以及17、18号台风的外围影响，全省秋粮、棉花生产区大面积受灾。灾害之重，范围之广，是多年来少有的。全省仅15号台风和苏北两次雨涝就有2300万亩水稻、棉花受涝，1000万亩中稻，628万亩棉花倒伏。在严重的自然灾害面前，全省水利工程，经受了考验。当7月中旬到8月中旬，淮北地区发生三次大面积暴雨，淮沂洪水并涨的情况下，经科学调度，严密防守，确保了入江水道、新沂河、新沭河大堤的安全。水利工程充分发挥效益，将灾害所造成的损失减少到最低限度。另一方面，针对淮北地区持续4年干旱的状况，不失时机地开机翻水，补湖补库。多级翻水总量达120亿 m^3，为扩大旱改水提供了水源。淮北水稻比上年增加56.76万亩，达到1175.22万亩，实现了全省扩大旱改水的计划。

三、坚持改革开放方针，各项工作有新起色

一年来，围绕健全投入机制，搞活水利经济，促进良性循环的要求，努力把水利改革引向深入。

1. 社会办水利的新格局开始形成　1990年度，全省用于兴修水利的经费，除国家和省安排的基本建设、农水补助、黄淮海开发、粮食专项资金、商品粮基地经费等1.47亿元外，市、县财政和乡村筹集水利资金3.31亿元，是国家和省投资额的2.25倍。长江南京、镇江河段整治，由沿线受益工矿企业集资建设，累计集资已达10922万元，为国家计委核定总数的75%。新建和加固抛石护岸工程76 km。为深化水利改革，省人民政府以劳政发（1990）138号文件，批转了省计经委、省财政厅、省水利厅《关于水利建设和管理实行分级负责的意见》，使分级建设，分级管理走上制度化的轨道。

2. 水费收缴和水利综合经营稳步发展　1990年实收水费8000多万元，3年跨了三大步。水利综合经营在市场疲软、资金短缺、材料价格上浮的情况下，全年总产值达13亿元，较上年增长6%。开展了产品创优、企业升级工作，先后评出1个部优产品和4个省优产品。水利系统的武进县液压启闭机厂被评为国家二级企业，江阴水泥厂被评为省级先进企业；武进竹园装饰用品厂等13个企业被评为水利部先进企业。水利渔业继续发展，1990年鱼产量已达1100万kg，较上年增产10%左右，丰富了市场，增加了收入。

3. 水政工作明显进展，水资源统一管理开始起步　全省11个市、52个县成立了水政水资源机构。《江苏省水资源管理条例》、《江苏省〈河道管理条例〉实施细则》、《开展取水许可工作的有关规定》等地方法规的送审稿，已报省政府审议。水利执法体系建设，已在29个县推开。充分发挥水利派出所作用，全年查处各类水事案件1812起，挽回经济损失470万元。水资源管理工作，开展了农村用水调查，对淮河干流、南水北调沿线排污口实施监测。

4. 基层水利服务体系建设有了新进展　历经4年的农田水利普查建档，已于1990年全面结束。定权发证在南通、淮阴、徐州、盐城、扬州5市逐步展开。根据水利部的要求，各地把乡水利站建设作为一件大事来抓，不少领导同志亲自调查研究，制订规划，落实措施，认真办实事，调动了基层的积极性。

5. 积极开拓国际市场，扩大对外经济技术合作　全年完成工作量1561万元。水利系统目前在国外人员91名，机械170台套。索马里费诺力水渠加固工程已完成交付使用。尼泊尔那拉扬尼工程完成土石方35.6万 m^3。厄瓜多尔3座水电站安装，已完成两座。援塞内加尔比河第一期技术合作工程，安全运行，赢得了国际信誉。

四、依靠“科技兴水”，推广应用科研成果取得新成效

紧密围绕发展经济，促进增产，提高效益，巩固基础的目标，大力开展“科技兴水”工作，取得新成效。全省水利系统科技成果获省政府奖励的有4项，获省厅奖励的有12项。皂河抽水站荣获国家金质设计奖，省水利厅高级工程师周君亮同志荣获全国设计大师称号。

1. 大力推广增产、节水、省工的先进适用技术　塑料暗渠灌溉技术，已在丰、沛、铜山、邳县的25个乡镇推广，共铺设塑料暗渠960 km，使12万亩缺水农田得到及时灌溉，渠系利用率达95%以上，可节水40%。“计量灌溉，按方收费”技术，已在宿迁、淮安等地推广290万亩，节水率为15%。继续进行泵站技术改造，全省累计改造泵站13900座，47.7万kW，年节电5200万kW·h，提高装置效率10%～15%，增加和改善灌溉面积1030万亩。

2. 积极采用新技术，大力推广装配式建筑物　该省农田水利建筑物，向预制装配方向发展，逐步做到设计标准化，产品系列化，生产工厂化，施工机械化。积极推广一字型板圩口闸，悬阁式、横拉式、滑移式圩口闸、落井消能涵洞、闸门带泵以及联合建筑物，做到闸站结合，闸泵结合，闸桥结合，闸站桥三位一体，提高了整体效益。扬州、盐城、苏州、常州等市因地制宜地加以推广，效果显著。

3. 微机技术的应用有了新进展　在防汛中，对气象、雨情、水情、防汛部署，以及抗灾动态等信息，均已大部分使用微机和现代化通讯设备收集、传递，并从单项资料管理，转向系统开发利用。水文系统抓好软件开发，在资料整编，水资源评价，建立水质模型，开展水情预报等方面发挥了作用，为建立数据库和信息系统奠定了基础。

4. 开展培训，提高素质，增强了“科技兴水”的后劲　全年培训各类人员5000多人次，重点抓了基层水利人员的岗位培训、工人技术等级培训，以及处级干部培训。加强基地建设，盐城、扬州、淮阴等市均设立了水利培训中心。江苏水利工程专科学校全年大、中专毕业生511人，完成较大科研项目7项。

（王　铭）

在改革中前进的东台市水利

江苏省东台市地处苏中沿海地区，东临黄海，西处里下河腹部。在水利区划上以通榆河为界，分为堤西里下河圩区，堤东沿海垦区两个自然区。全市总人口116万人，土地总面积2308 km^2，耕地面积163万亩。历史上，冬春多干旱，夏季多雨涝，台风年年有，海潮常袭击，为旱、涝、潮、风等自然灾害频繁发生地带。建国以来，东台市人民在党和政府的领导下，大力兴修水利，发展生产。累计投放劳力3.5亿个工日，投资1.08亿元，完成土方8.3亿 m^3。先后修筑海堤161 km，圩堤1100 km；开挖干河15条，大中沟1814条；沿海兴建中型挡潮排涝闸5座，通榆河东岸兴建中型电力翻水站3座；农田水利实现河网化、条田化，沟、河、林、路、渠纵横交错，闸、站、桥、涵、渡星罗棋布。初步形成挡潮、防洪、排涝、灌溉、降渍5套工程体系，从根本上改变了历史上易涝易旱的状况，成为全国重要的商品粮和优质棉生产基地。1989年，该市荣获江苏省首届水利建设“大禹杯”。被省政府授予水利建设先进县称号。

1990年，东台市进一步掀起水利建设热潮，围绕全市“八五”期间水利建设“333”工程目标，即：建设30万亩吨粮田，改造30万亩中低产田，开发3万亩滩涂。层层开展农田水利建设“大禹杯”和“土方工程保夺旗”竞赛活动，水利建设、管理、综合经营一起抓，水利工作取得近10多年来的最好成绩。全年，完成土方3006万 m^3，比上年净增50%。新开大中沟152条，疏浚大中沟295条，配套中沟以上建筑物244座；新开和疏浚小沟39393条，配套小沟级建筑物1260座；修筑渠道406 km，修筑圩堤124.7 km。为全市经济发展创造了良好的基础条件。当年，东台市遭受15号台风和暴雨袭击，造成解放以来所罕见的灾情，农业生产和社会经济仍实现稳步发展。全市粮食总产61.25万t，棉花总产70万担，油料总产2600万kg，粮油生产被评为全国粮油先进市，市财政收入首次跨入亿元县行列，农村人均收入达到763元。东台市1990年水利建设的基本做法是：

(1) 强化统的功能，切实抓好水利建设的组织领导。去冬今春，东台市委、市政府把水利作为超前发展的基础产业加以重点安排，从充实市乡两级水利建设指挥力量，建立健全组织管理机制入手，强化统的功能，狠抓水利投入和施工的组织管理。在水利投入上，实行市乡劳动积累工统一筹收，按工程任务分级包干使用，村组办工程实行种责任田，挖义务方；水利配套工程投资实行国补资金、本市投资、乡村自筹经费列入专户储存，以签定专项资金及工程项目跟踪反馈管理合同的形式统一安排。在工程施工中，实行分级组织、分级管理，各乡镇根据施工实际采用领导承包组织施工，招标承包施工等多种形式，组织社会各方力量大打水利建设总体战。保证了水利建设的深入开展。

(2) 以质量、效益为中心，实行水系达标建设一步到位。在水利建设中，东台市坚持把质量、效益作为工程施工考核的唯一标准，广泛开展农田水系达标竞赛和检查评比，从秋播起，全市近15万人投入田间条排沟开挖整治和中沟疏浚工程建设。按照挖足标准，配套完善，一步到位的要求，全面规划，综合治理农田水系。实行沟、圩、路、林、田统一放样，闸、站、桥、涵、渡槽标准化配套。市在五烈乡大寨圩区先行试点，各乡镇按市统一部署，结合农田建设狠抓吨粮田、中低产田和宜农荒地的水系建设，并兼顾平田整地、修路、灭螺等工程。全市建设吨粮田6.3万亩，改造中低产田7.5万亩，开发沿海滩涂3万亩。

(3) 依法治水，加强水利工程管理。1990年，东台市作为全国水利执法体系建设先行县之一，在水利法制建设上迈出了新的一步。市成立了水利执法和水行政管理专门机构，并在市乡两级任命了39名水政监察员。根据水法精神，市水利部门重新修改完善了《东台市水利工程管理办法》，并按照依法持证管理工程的要求，组织完成了全市水利工程定权发证工作，建立了市、乡、村三级专业管理与群众管理相结合的水利工程管理队伍和工程管理责任制，使水行政管理、水利工程管理开始走上法制轨道。

(4) 依靠科技兴水，积极推广运用新技术、新工艺。在农田水利土方工程施工中，东台市大力推广运用机械化施工技术，早在1988年，市办水利工程就全部实现水力冲挖施工，并在部分乡镇逐步推广使用，从根本上改变了传统的人力挑抬治水方式的一统局面。农田水利配套建筑物施工中，东台市开展“推新创优”活动，广泛推广应用新技术、新工艺、新材料：涵闸工程采用土工布代替砂石反滤层，桥梁施工推广预制空心桩，泵站建设普遍实行预制装配落井安装，现场组装建站，小沟级配套中推广运用预制空心板，三铰拱桥、异形管等装配式结构。推出一批投资省，效益好的配套建筑物工程。其中，一座桩基泵站被盐城市评为优质工程，上卧门节制闸等5个项目评为优良工程。

(5) 深化改革，建立良性循环的运行机制。1990年，东台市狠抓以水利综合经营和水费收缴为主要内容的综合改革，着手建立健全水利良性循环的运行机制，取得突破性进展。一是水利综合经营在宏观调控的困境中求得新发展。全市水利系统，利用人才、技术、设备、水土资源等优势，在为全社会服务的同时，开展具有水利产业特色的设计、建筑、施工、运输、农业生产、水产养殖、产品加工、物资销售等经营服务，取得显著社会经济效益。市直水利单位，全年实现产值2860万元，创利110.1万元，人均利润达1500多元。乡级水管站年产值582万元，创利46.7万元，基本实现管理人员经费自给有余。二是水费收缴工作走上规范化管理轨道。制订颁布了《东台市水费核定、计收、使用、管理实施细则》，以及《水费收交奖励办法》。建立了市水费管理所，并聘用乡村两级专职、兼职水费收管人员。首次在全市实行水费全额征收，当年水费入库率达95%，为水利工程运行、管理提供了良好的物质条件。

（张有根 许其宽）

浙 江 省

坚持自力更生 依靠群众办水利

1990年，浙江省水利工作，从水利是国民经济基础产业的战略思想出发，进一步贯彻《水法》，加强宏观管理；深化改革，完善水利自我发展机制；坚持自力更生，依靠群众办水利，在治理整顿中，取得了显著成绩。

一、水利法制建设得到加强

1990年继续深入贯彻《水法》。在水法实施二周年之际组织水法宣传，省、市（地）、县（市）各级运用电视、广播、报刊、宣传车（船）和在入城道口、乡镇墙头、水利单位等处设置标语牌等形式，广泛开展宣传活动，其规模、效果都胜过上年。全省市（地）级已建立水政水资源管理机构9个，县（市、区）级管理机构69个，占应建数的87%。为加强宏观执法，水利厅成立了以厅长为组长的水利执法领导小组。开展了水利执法体系建设，全国第一批水利执法试点县鄞县已通过验收，第二批试点县（绍兴、兰溪）及省试点县共14个，试点工作进展顺利。《浙江省实施〈中华人民共和国水法〉办法》，已经省人大常委会第19次会议审议，将在1991年1月召开的第20次会议审议通过和颁发实施。

开展依法治水管水的基础工作。在全省开展取水登记和取水许可试点；进行姚江、曹娥江、上塘河等流域规划；进行水利工程管理范围和保护范围的划定；组织各级防汛机构制订防御洪水方案等，为进一步加强用水管理、河道管理、工程管理提供了必要的条件。

1990年在水利厅统一组织下，根据水法调处了上虞与余姚、诸暨与浦江、永康与缙云、建德与兰溪等市（县）边界水利纠纷，解决或缓解了水事矛盾，促进了有关项目建设和流域管理。

二、防汛抗旱争得主动

1990年浙江灾害频繁。6月下旬，5号台风袭击浙东南沿海，温州、台州、宁波等地百万亩农田受淹；入夏以后，全省出现建国以来少有的高温晴热天气，持续时间50天以上，受旱面积近1000万亩；接着从8月19日至9月8日的20天中，连续遭受4次台风或热带风暴侵袭。8月19日，12号台风在闽浙边境登陆，其后部云团带来大暴雨，平均雨量200～300 mm，温州、台州、丽水等地大批海塘被冲毁，飞云江出现特大洪水；8月31日，15号强台风在椒江市沿海一带登陆，风力12级以上，狂风暴雨席卷台州、宁波、绍兴、杭州等10个市（地）、51个县（市），日雨量150～300 mm。浦阳江、东西苕溪、灵江发大洪水，曹娥江下游超过50年一遇频率。萧绍、温黄、姚江平原发生严重涝灾，浦阳江浙赣铁路路基被山洪淹没，停车约10 h。直接经济损失达16亿元；9月3日～5日，温州、台州、宁波南部等地，又有17号热带风暴的严重影响，普遍降雨100～300 mm，再度暴雨成灾；9月8日，18号台风在福建晋江登陆，温州、台州以及宁波、丽水一部分地区又降暴雨，雨量普遍在200 mm以上，超过300 mm的有文成、平阳、苍南等县。文成水头、黄岩陀头、临海大田等地，前次洪水未退，下次洪水又来，水稻、桔树大面积淹损，20多万人家园被洪水围浸六七天，甚至十多天。

在严重的自然灾害面前，全省人民在各级党委和政府的领导下，在驻浙部队的大力支助下，发扬艰苦奋斗精神，同大自然进行了英勇顽强的斗争，取得了抗御水旱灾害斗争的胜利，把灾害减少到最低限度。但是由于洪旱肆虐，全省仍然遭到巨大损失，成灾农田683万亩，其中绝收71万亩，倒坍房屋9万多间，损失堤防2790多km，渠道2270多km，死亡320人。台洪灾害直接经济损失达39亿多元。

灾害发生后，党中央、国务院多次来电，指示该省的抗灾工作并慰问浙江人民。省委、省政府李泽民、沈祖伦、许行贯等领导亲自指挥全省抗灾斗争，各级党政领导及时进入岗位，部署本地防汛工作，深入重点地区抗灾。各级气象、水文、防汛机构工作人员，夜以继日连续作战。驻浙部队和武警总队派出大批官兵和抢险救灾机械工具、物资器材，营救灾民，抢救保护国家和人民财产，得到广大群众的称赞。

在防洪抗旱斗争中，各级政府和水利部门正确控制运用水利工程，使水利工程设施发挥了巨大作用。6月下旬到8月中旬，全省大部分地区连日晴热干旱，农田需水量急剧增加，在此期间，全省水库、堰渠、机电泵站等共提供90亿m^3水量，保障了我省大部分农作物及企事业单位和城乡居民的用水。在连续四次台风暴雨中，沿海地区的22座大中型水库，拦住了14亿m^3洪水，占入库洪水总量的52%；同时，经过水库调节削减了这些山区的洪峰流量67%～83%；解除了苍南、奉化、新昌等县城的洪灾，减轻了水库下游大片农田和嵊县、诸暨、余姚、黄岩、东阳等城镇的洪涝灾害。

三、农田水利建设成绩显著

全省秋收冬种基本结束以后，省委、省政府及时提出，要把农村工作重点不失时机地转入到大搞农田水利基本建设上来。贯彻全国农田水利基本建设会议精神以后，各级党政领导高度重视，把水利作为国民经济基础产业的大事来抓，切实加强领导，调动了广大干部群众兴修水利的积极性，水利出现了前所未有的大好形势。该省冬修水利在建设规模、行动的广度、深度、群众投资投劳的数量以及政策措施上，都有新的突破，农田水利基本建设踏上了一个新的台阶。

据年底统计：全省平均出勤人数388万人，最高出勤人数463万人，分别比上年同期增加83%和63%。100%的乡、90%以上的村投入水利建设。累计投入1.68亿工，完成土石方1.51亿m^3，分别比上年增加51%和41%。增加恢复和改善灌溉面积222万亩，新增排涝面积92万亩，改造中低产田34万亩。开工各类水利工程10万多处，已完成7.2万处。各级筹集水利建设资金4.4亿元，其中70%以上是县以下和群众自筹的。在冬修水利中，全省涌现出一批自力更生治水县和一大批依靠群众，自力更生治水办电的带头人。

省政府确定12月为“全省冬修水利月”。在此期间，许多县（市）做到了领导、劳力、资金、物资、技术“五到位”，集中力量打歼灭战，实现了县县有重点，乡乡有项目，村村有工程，户户有任务的要求。水利月期间，全省共投工1.13亿工，完成土石方1.03亿m^3，完成全年任务60%以上。通过“水利月”活动，调动了广大干部群众兴修水利的积极性；水利基础产业的思想更加深入人心；各行各业支援水利和大批先进人物的涌现，展示了社会主义精神风貌；领导带领群众大干，干部参加水利劳动，密切了党群关系、干群关系。水利月活动产生了深远的影响。

四、基本建设完成计划任务

1990年全省水利水电基本建设计划投资7635万元，实际完成8422万元，占计划的110%。其中国家预算内投资5735万元，完成5412万元，占计划的94.4%。

省重点工程临海牛头山水利枢纽工程最后一个配套项目——大田港闸正式投入运行，至此，库容3亿m^3的牛头山水库、装机6000 kW的水库电站和椒北渠道已全部投入使用。苍南桥墩水库基本完成工程扫尾。临安青山水库保坝工程、淳安枫树岭电站和钱塘江海塘一期加固工程都按计划要求完成了任务。杭嘉湖南排工程继续进行施工，但进度缓慢。东阳南江水库扩建工程、上虞东进闸、余姚谢家路闸和湖州旄儿港一期拓浚工程、浦江通济桥渠道加固工程年内已动工建设。

用农业发展基金补助费兴建的大型农田水利项目乌溪江引水工程，由于坚持依靠群众，自力更生，各行各业大力支援，工程进度大大加快，全部工程可提前一年完成。列入国家农业综合开发的杭嘉湖圩区整治工程，第一批建设22万亩、25片，年内已全面开工，并完成5片，预计1991年上半年全部完成。

1990年秦山核电厂海堤工程获国家优质工程银质奖。

“七五”期间，全省建成大中型水库9座，增加库容5.7亿m^3；建设标准海塘114 km，加固了西险大塘，提高了沿海地区和杭州市的防洪能力。

五、农村水电建设达到新水平

全年新增水电站32处，装机容量3.9万kW。天台龙溪、泰顺双涧溪、新昌门溪、文成靛青山等骨干电站年内建成投产。全省小水电装机累计达到72万kW。1990年小水电发电量超过历史最高水平，突破20亿kW·h大关。全省第一个实现农村电气化的新昌县，小水电发电量超过1亿kW·h。

第二批农村初级电气化县的前期工作已普遍展开。年内省物价局等四单位发出了调整小水电电价的通知，电费改革取得了进展。

该省各级水利水电部门近几年加强了小水电的管理，1987年省水利厅颁发了加强小水电的若干规定，制定了对各电站进行以八项技术经济指标为考核内容的管理办法，对电站实行目标管理和行业管理，小水电管理水平逐年提高。小水电利用小时已从1986年的1820 h提高到1990年的2860 h；发电设备的完好率达到了95%以上；各项主要技术经济指标超过全国平均水平。

六、围垦开荒取得新进展

1990年，围垦海涂1万亩，开发低丘红壤6.3万亩，其他造田造地0.8万亩，合计完成8.1万亩。绍兴县根据曹娥江口治理规划要求，从1989年以来，抓住海涂淤涨的有利时机，采用水力挖泥筑坝新方法，既节约了劳力，又提高了工效，相继完成了“八九丘”、“九〇丘”围涂工程。在此基础上，1990年又开拓了“九一丘”围涂工程，到年底已完成土石方160万m^3，整个工程预计1991年完成，完成后将增加土地1.6万亩，并进一步推进曹娥江口江道整治和降低河口段水位，减轻沿海两岸大片田地洪涝威胁。

“七五”期间，全省共完成围垦海涂12.9万亩。5年中，在历年建成的围区垦区田地上，收获的主要农产品计有：粮食167.8万t，棉花7.2万t，油料9.3万t，黄麻13.3万t，糖蔗28.6万t。这一时期土地的开发利用，已从单一搞农业、盐业，逐步转到“因地制宜，综合开发”的轨道，商品性生产迅速发展。如瓜果生产达到139.1万t，淡水鱼10.7万t，对虾2.7万t，茶叶8.8万t，蚕茧4.9万t，分别比“六五”期间增长3.2倍、6.1倍、7.9倍、3.9倍和5.1倍。

七、存在的主要问题

该省控制性骨干工程修得少，浙东海塘和主要江河堤防御潮防洪能力普遍偏低，杭嘉湖、萧绍宁、温黄临等平原，以及嵊县、兰溪等10多个县（市）所在城镇洪涝的威胁相当严重，金衢及一部分山区和沿海十多个市（县）缺水易旱。

现有水利设施年久失修，效益衰减。水利工程良性循环机制未建立，缺少自我维护发展能力，许多工程单位不能维持简单再生产。

长期以来水法规欠缺，水资源和水域失管，水土流失，河道设障，水资源污染相当普遍，仍未得到有效制止。

水利队伍工作条件、生活条件差，部分职工思想不稳定，与日益繁重的水利任务形成强烈反差。

（赵　愚）

松阳县水利概况

松阳县位于浙江省西南部，地处瓯江上游。境内四面环山，中部为松古平原，南有山区丘陵夹小块河谷盆地，松荫溪贯流全境。全县总面积1407.4 km^2，耕地面积16.93万亩。总人口22.41万人，其中农业人口20.41万人。

全县以农业经济为主，是丽水地区主要产粮区，素有“处州吃粮靠松阳”之称。新中国成立以后，在党和人民政府的领导下，全县人民发扬自力更生、艰苦创业的精神大兴水利，修建了许多蓄、引、提、防洪等各类水利工程。特别是近几年来，在全县范围内开展了小型大规模的农田水利基本建设，取得了很大的成绩，卓有成效地改变了松阳水利落后面貌。

1990年是县委、县府提出“前三年打基础，后三年变面貌，再三年实现初级水利化”的水利建设目标中“变面貌”的第一年，是农田水利建设最富有成效的一年。其特点：一是行动面广、气势大。全县计划新建续建各类水利重点工程224处，实际开工352处。27个乡（镇），400个行政村，乡乡有重点、村村有工程、户户有任务。二是坚持自力更生修水利。全年累计投入水利劳动积累工303.1万工，全县9.7万农村劳动力，劳均投工31.2工。一个工农业总产值仅17900万元，人均收入486元的穷县，全年累计投入水利建设资金351.2万元，其中乡村群众集资200.8万元。三是水利效益显著，当年建设，当年受益。全县增加灌溉面积11000亩，改善灌溉面积12000亩，增加旱涝保收面积12000亩，排涝改造低产田9000亩，具备建设吨粮田20000亩的水利条件，扩大防洪保护农田11000亩，增加防洪保护人口10000人，缓解了一些地方人畜饮水困难。人均各种效益指标都创全省之首，为松阳县跨入全国粮食生产先进县行列作出了贡献。

一、切实加强领导，集中精力抓治水

为了实现水利“变面貌”的奋斗目标，新一届县委、县府领导班子一上任就确定：今后三年不建一幢楼堂馆所、不建新街，财政收入除人头费开支外，每年拿出1/4投入水利建设。决心一届跟一届、一任接一任地把有益当前，造福后代的水利大业办好。

首先切实加强领导。县长亲自挂帅，成立农田水利基本建设领导小组。冬春修期间，各级党政主要领导亲自抓水利，实行行政首长负责制，做到：发动组织群众亲自抓；重要工程拍板定案亲自抓；落实水利政策，协调各方治水亲自抓。二是认真制订水利规划。对照抗御水旱灾害暴露出来的问题和农业上新台阶、国民经济发展的要求，在大量调查研究的基础上，经过县、区、乡（镇）、村几上几下的反复讨论，制订了松阳县三年水利规划和当年实施计划。规划总的体现了：由单功能分割型工程向多功能综合型工程转变；由偏重于短期受益的低标准型向规范化、标准化方向发展；由蓄、引、提工程向灌、排洪、排涝、改造四合一的网络化工程转变；由修建型向建管结合发展。三是把水利建设列入县、乡、镇、村干部任期目标责任制考核内容。实行定领导、定任务、定效益、定质量标准、定完成时间的“五定”责任制。对26处重点水利工程，由县与有关区、乡、镇签订协议书。同时，县政府还相继出台了与劳动积累工制度相配套的6个规范性文件。切实把群众自力更生、艰苦奋斗办水利的积极性充分调动起来。

12月份是松阳县“冬修水利突击月”，从县主要领导到区、乡（镇）干部，都集中精力抓水利。县五套班子领导召开联席会议，专题研究水利问题；县委常委分头进驻联系乡镇，指导水利建设；书记、县长多次在县重点水利工地——水南畈工程现场解决“肠梗阻”问题，当场拍板，落实资金、物资、劳力。县水电局发挥了“特别能战斗”的作用，从局领导到一般干部，白天和群众一道测量、施工，晚上设计、计算，还要做发动群众工作。夜以继日，辛勤劳动，加强技术指导，全心全意做好服务。在设计、施工、工程质量监督等环节上，严格把关，保证了农田水利建设顺利进行。

二、坚持依靠群众，自力更生办水利

松阳县是个贫困的革命老区县，工业基础差，财力薄弱，1990年全县财政收入仅2055万元。为了打好水利翻身仗，全县人民咬紧牙关，勒紧裤带，走的是一条自力更生、艰苦创业的治水之路。

其一是充分发挥松阳农村劳动力资源丰富的优势，建立完善劳动积累工制度。1990年计划劳均积累工25工，实际劳均投入水利劳动积累工31.2工。落实劳动积累工，除了实行常规的按受益田亩数和按受益人口比例合理负担的原则外，各地根据不同的情况，采用不同的办法。如：用村级经济分配制约促进投劳；把灌溉供水与投劳任务挂钩；实行“奖超罚短”促进及时投工；采用预交押金避免欠工等，都收到很好的效果。许多村还把水利劳动积累工用乡规民约形成制度。如：上河村的“水利日”，东坞水库灌区为期三天的“水利节”，西屏镇的“水利突击周”等群众性的水利活动，既促进了水利投劳，又提高了全民办水利的意识。

其次是采取“挤、补、贷”的方法，集资办水利。一是“挤”。除了从县财政、企事业单位挤外，大量的还从乡村集体经济和老百姓口袋里挤。1990年，县财政通过压缩基建投资、压缩单位行政事业费和使用农发基金等，增加水利投资65万元，从乡（镇）和农民手中挤出156万元。二是“补”。以开发经济补水，以电补水。全年用“补”的办法增加水利投资48万元。三是“贷”。贷款是松阳人民超前投入水利的好办法。全年群众贷款达53万元。贷款中许多乡、村干部起到了带头作用。梅村干部二次冒风险用房子抵押贷款11000元；交塘乡政府四位干部用工资担保，为四个村贷款12000元；一些穷村的党支部书记、村委主任用毛猪、农副产品作抵押，为集体贷款等事例，在松阳屡见不鲜。

第三是精打细算节省资金。在水利资金管理使用上：一是县、乡、村设立三级水利专户，统一保管，全部集资款按来源汇入到位后，统筹使用；二是按照“先动工后补助”的原则安排资金，对投劳好、集资多、效益高的优先安排；三是“以奖代补”。在补助资金中列支12%为工程奖。同时还评出治水先进集体和个人，在全县大会上表彰。各地还有些诸如：能用劳动积累工完成的工程，一律不准用钱承包；以实物代替现金补偿青苗损失；投入资金与效益挂钩等省钱的办法，都很有效果。

三、各行各业支援水利建设

1990年冬春修水利期间，全县日平均2万人，水利突击月中，每天3.2万人上工地。水利任务重的乡村，人均投劳50多工，亩均集资100多元。丁山头村6个生产队各有一处水库扩建工程，其中4队16户联名向地委书记写决心书，表示再穷再苦也要建好水库。坳后村60多名群众，带着铺盖、干粮，翻山越岭10多km，在水利工地安营扎寨一个多月，不建好工程决不回家。革命老区根下村150多村民，在老支书的带领下，到山脚下背水泥和担沙石料，每天往返30多km。

广大农民群众艰苦创业的精神，引起了全社会的反响。县机关干部把冬修水利期间的每个星期六作为水利义务劳动日，累计15000人次投入水利义务劳动。广大民兵、青年、妇女、师生踊跃参战，多次在水利工地最困难的地段突击劳动。安徽接新兵部队的官兵也为松阳人民艰苦创业精神所感动，多次向县委请战，在临行前还带领全体新兵到水利工地与家乡父老并肩劳动，决心把家乡人民艰苦创业的精神带到部队，发扬光大。全县各有关部门尽心尽力，做好服务工作，支援水利建设。宣传部门利用广播电视、报刊杂志、文艺演出等形式，为兴修水利大造舆论，推动了水利建设。

松阳人民艰苦创业，改天换地的英雄气概，引起了省、地领导的重视。10月份原省长沈祖伦专程来松阳视察水利，对松阳人民自力更生治水精神大为赞赏，并在后来召开的全省农村工作会议上重点介绍了松阳自力更生修水利的经验。

由于坚持自力更生，治水成绩显著，松阳县夺得了1989年“全国水利建设先进县”和1989、1990连续两年“全省水利建设先进县”称号，并获得“浙江省自力更生治水扶持县”的荣誉。

（郑光毅）

安　徽　省

干群团结奋斗　水利建设成效显著

1990年，安徽省水利工作在省委、省政府的正确领导下，坚持贯彻“巩固改造，适当发展，加强管理，注重效益”的工作方针，基本实现了年度工作计划和奋斗目标。

一年来，通过全省水利系统广大职工及各级干部群众的团结奋斗，水利工作取得明显进步。主要表现在：农田水利基本建设成效显著，是近10年来最好的一年；水利法规建设和执法工作得到加强，水政水资源工作有突破性进展，省政府颁发了《关于“八五”期间大力开展农田水利基本建设的决定》、《安徽省水利工程水费收交、使用和管理办法》，省财政厅、水利厅和物价局联合发布了《河道采砂管理办法》等；夺取防汛抗旱的胜利，为当年农业丰收和国民经济稳步发展做出了新的贡献。

全省新增、恢复灌溉面积113万亩，改善灌溉面积618万亩；新增除涝面积29.4万亩，改善除涝面积348.4万亩；建设旱涝保收农田78万亩，改造中低产田104万亩；治理水土流失面积276 km^2；解决25万人的饮水困难；新增小水电装机5000 kW，年发电量达2.5亿kW·h。全省水利工管单位综合经营产值达9000万元，较上年增长13%。1990年全省粮食产量创历史最高水平，棉花、油料等经济作物均较上年有较大发展，水利基础设施发挥了重要作用。

一、围绕发展农业，实现社会和经济稳定，搞好水利建设和防汛抗旱

1990年全省始终把发展农业，稳定经济，保障社会安定，摆在水利工作的首位。

(1) 千方百计加快省重点工程建设，努力完成基建计划。水利基本建设以防洪、除涝及灌区配套工程为重点，全年安排水利基建投资2.369亿元、工程60项，到年底完成全部投资的98%。当年计划完成的淮河干流几项重点防洪工程，多数已竣工验收。长江同马大堤顺合段加固工程已竣工，望江六合圩窝崩堤防退建工程已于1990年5月竣工；长江涵闸加固全部完成年度计划，长江抛石护岸已完成年度计划的90%以上；无为大堤加固土方工程已通过验收。淠史杭～巢湖外资项目中的骨干工程，巢湖治理的牛屯河分洪道土方开挖及主河道建筑物等工程，已全部完成；凤凰颈大型电力排灌站，六台机泵已通过单机启动验收；淠史杭灌区支渠、分支渠配套共安排208条，已完成132条，完成配套面积280万亩，占年度计划的70%；斗农渠配套250万亩，占年度计划的50%左右。

(2) 1990年度的水利兴修继续以防洪保安全和挖掘现有工程潜力为主，大力开展江河堤防及水库、涵闸除险加固，搞好灌溉、除涝工程的续建配套，更新改造等。要求淮北地区水利先行，把除害与兴利、兴利与开发性农业结合起来；丘陵地区主要是发展灌溉，提高抗旱能力；沿江圩区开展圩堤达标活动，搞好圩区内部治理；山丘区以防止水土流失、改善生态环境为重点，建设小型水利，发展小水电。各级党政主要领导亲自上阵，切实把水利作为基础产业来抓，充分调动广大干群治水积极性，出现了讲科学、重质量、求效益的可喜局面。到年底，全省完成土石方5.22亿m^3，占计划任务的130.5%，累计投工达6.1亿个，占计划的109.5%。全省最高出工劳力达1273万人，16个地市全部超额完成土石方计划任务，各项集资达2.47亿元。铺开各类工程达31.86万处，已竣工30.39万处，这些工程的建设，使全省的水利面貌得到明显

改善，为1991年的农业生产和经济发展打下良好的物质基础。

(3) 夺取防汛抗旱工作的胜利。1990年，全省虽然没有出现大面积的持续降雨，淮河、长江及其主要支流、大中型水库也没有出现高水位和重大险情，但是局部突发性洪涝灾害多次发生。防汛工作继续贯彻“安全第一，以防为主”，“防重于抢”的方针，根据制度化、规范化的要求，首先抓好汛前检查，落实在建工程和险工险段的渡汛措施。其次，建立健全各级防汛组织机构，省、地、市、县大都成立常设办事机构，初步改变了过去长期以来“汛前凑班子，汛后散摊子”的状况。第三，建立防汛办公会议制度，提高了决策的科学性，使防汛经费、物资器材的管理得到加强。共安排特大及正常防汛经费2230万元，重点用于长江、淮河干流及其他重点工程的除险加固以及部分水毁工程的修复。其中安排除险加固工程152项、经费1847万元，年底完成134项、经费1360多万元。第四，根据《水法》及《河道管理条例》，坚持不懈地抓好河道清障工作。在国务院和国家防总的关心帮助下，基本完成了水阳江水阳镇河段的清障任务。淮河清障工作，由于各级领导重视，清除复发和新栽阻水生物8000余亩。通过省、地、县各级党政负责同志努力，目前茨淮新河的违章垦种问题基本得到解决。

1990年入汛后，除大别山区、沿淮淮北外，淮河以南大部分地区降雨较常年偏少三至五成，加上七八月持续晴热高温，出现严重干旱，部分地区受旱程度接近或超过建国后的大旱年份。全省先后有2400多万亩农作物受旱，有106万人和近20万头牲畜饮水困难。面对旱情，各级党政领导，及时组织广大群众投入抗旱，水利部门认真做好淠史杭、驷马山等大型灌区的用水调度，充分利用已建水利设施提水翻水，开动电动机15.8万台、86.3万kW，柴油机6.6万台，51.8万kW。总提水量达30亿m^3。使1200多万亩的农田得到浇灌，保证了人畜和城乡工矿企业的用水，为农业丰收做出了贡献。

(4) 进一步提高水利工程管理水平。在建立健全并认真实行各种管理责任制的同时，注重技术管理。在全省范围内推广了白蚁防治技术。制定了《安徽省大中型水库管理单位等级标准及评审办法（试行）》（初稿）及《茨淮新河控制运用暂行办法》等。组织力量对长江崩岸情况进行了全面查勘，并结合测图作了河势演变分析，提出处理意见。全年全省共安排长江、淮河修防系统、淠史杭、驷马山灌区及大中型水库、内河等岁修经费1303万元，共完成1253万元，完成土石方160多万m^3。其中安排除险加固工程41项、经费495万元，已完成38项、经费480多万元。

二、深化水利改革，建立新的机构

全省水利改革，紧紧围绕着职能转变，加强水行政管理和行业管理，通过加强法规建设，提高宏观调控能力。认真贯彻水利为社会，社会办水利，谁受益谁负担，以及分级负责的原则，执行《水法》，加强水政建设和水资源的统一管理，努力探索水利经济良性循环的路子，取得新进步。

(1) 认真贯彻《水法》，切实承担起水行政主管部门的责任。各地继续深入学习、贯彻《水法》，更新观念，转变职能，加强水行政管理和行业管理。把建立水政水资源管理机构作为工作重点，全省有10个地市，39个县（市）、区成立了水政水资源管理机构。泗县和宣州市被水利部列入全国第二批水利执法体系建设试点县（市），通过近一年来的努力，目前省水利厅已对泗县、宣州市的水利执法试点工作进行了验收。加强水利公安保卫工作，进一步落实安全保卫责任制，水利治安形势稳定，水事案件明显减少。水资源管理工作开始起步，省政府已决定将省水土保持委员会改为水土保持水资源管理委员会。砀山、泗县、蒙城等县，开始实施取水许可制度，征收水资源费，促进了计划用水和节约用水。地方法规建设取得一定成绩，省水利厅先后代省政府草拟了《安徽省实施〈水法〉办法》、《安徽省实施〈河道管理条例〉办法》及最近出台的《安徽省人民政府关于“八五”期间大力开展农田水利基本建设的决定》、《安徽省水利工程水费收交、使用和管理办法》、《河道采砂管理办法》等。还指导帮助各地制定一些规范性文件。

(2) 水费改革进入新的阶段。1990年底，省政府的第19号令发布施行《安徽省水利工程水费收交、使用和管理办法》，这是我省水利事业发展中的一件大事，是强化水利基础产业的一项重要措施，将促使全省水费工作逐步走上制度化、正常化的轨道，进一步增强水管单位的经济活力。

(3) 继续推行投资改革，加强资金管理。在水利基本建设项目中，除少数单项工程外，1990年在全系统内普遍推行基建投资包干。部直及省重点项目包干面达81%，其中部直治淮工程全部实行了投资包干。农水经费的安排，继续实行“三挂钩”政策，开展了“以奖代补”评比竞赛活动，1990年度共评出21个水利建设先进县（市），发放“以奖代补”资金近200万元；还对部分农水经费按项目进行管理。如上年度建设旱涝保收示范片17个，集中重点农水经费300万元，实行水土保持小流域重点片治理“合同制”等，提高了投资效益。

(4)农民已成为农田水利基本建设投入的主体。据初步统计，到1990年底，全省共集资2.47亿元，其中群众集资1.87亿元。各地认真执行省政府规定，1990年每个农村劳力用于农田水利建设的积累工已达27.5个。凤台、阜阳、固镇等30多个县市建立了农村水利建设基金，每亩集资3～5元，用于建筑物配套。

三、推广先进技术，抓好前期和基础工作，增强水利后劲

(1) 依靠科技进步，振兴水利事业。根据“科技兴水”的战略思想，组织制订安徽今后10年水利科技发展规划和“八五”水利科研项目计划。同时面向生产，大力推广先进适用技术。在淮北地区推广了中低产田水利综合治理技术。1990年共安排26个国营泵站更新改造项目，装机152台套、1.2万kW。

1990年省水利厅共评出厅水利科技进步奖13项，获省级科技进步奖3项，申报部级科技进步奖3项。

(2) 努力做好各项基础和前期工作。勘测、设计工作，一方面加强行业管理，提高设计质量，一方面积极开拓国际市场，增强自身经济和技术实力。水文工作，面向社会，为防汛抗旱和国民经济发展提供了资料，并完成了全省江、河、湖、库等地面水的监测化验任务，特别是开展了对淮河水质污染的动态监测、对取得的大量资料进行了分析整编。1990年，省水利厅编制了《安徽省水利发展10年规划和“八五”计划》(初稿)，集中力量做好利用世界银行贷款的“淮北加强灌溉农业项目”的前期工作，同时狠抓了区乡水利规划及分年实施计划，各县一般选择一二个乡进行试点。全年有8个地市相继成立了质量监督站，组建了省水利工程质量检测中心大型机电泵站检测站。

(安徽省水利厅办公室)

凤台县水利建设概览

凤台县地处淮河中游，全县总面积1100 km²，耕地面积86万亩。全县总人口59.6万，其中农业人口53.2万，是安徽省农业大县之一。建国前，凤台是有名的“水口袋”、“老灾窝”，洪、涝、渍、旱灾害频繁，群众生产、生活水平极其低下。解放后，全县人民坚持不懈地开展了大规模的水利建设，取得了令人瞩目的成就。特别是1973年以来，凤台县在认真总结治水历史经验的基础上，确立了“全面规划，分类指导，综合治理，讲究实效”的方针，制定出农田水利基本建设总体规划，经过十几年的艰苦奋斗，全县防洪、排涝和灌溉等水利基础设施已初具规模。水利事业的发展带动了农业生产的稳定高产，振兴了农村经济。

现在，全县共修建生产圩72处180 km，疏浚自然河道4条150多km，开挖人工河道2条55 km，整修开挖引水大中小沟2137条4272 km，已把淮河、北淝河、港河、架河、茨淮新河5河沟通，建成可以“南水北调，北水南引，能排能灌”的水利网络。修建干支渠2300条4800多km，建成机电排灌站718座，总装机容量4.05万kW，修建桥、涵、闸471处，筑行洪区庄台26万m²，架设农用输电线路713 km，全县村村通电、通车。目前全县耕地面积已全部受到防洪工程的保护；有效灌溉面积发展到73.12万亩，占总耕地面积的85%；3～5年一遇的除涝面积33.28万亩，占原易涝面积的93.5%；建成旱涝保收农田57.22万亩，农民人均1.08亩。水利条件的改善，提高了抗御自然灾害的能力。从1978年到1985年，实现了工、农业总产值、粮食总产量三个翻番。从1986年开始，农业生产连续5年实现稳产高产。1990年，全县农业生产又上新台阶，水稻面积达60万亩，粮食总产量达4.43亿kg，比1985年增长51.7%，被国务院命名为“全国粮食生产先进县”。从1987年开始连续4年被评为省水利兴修先进县，1988年被评为“全国水利建设先进县”。农民纯收入也由1985年的248元增加1990年的552元。

十几年来，凤台县水利建设取得显著成效。他们的主要做法是：

(1) 重规划。水利建设是个系统工程，必须从当地实际出发，统筹全局，全面规划。70年代，他们提出了岗湾结合，旱涝兼治，以建设高产稳产农田为目标，山、水、田、林、路综合治理的主攻方向，制定了全县5类地区和“四网一方园田化”的治理规划。并在实施中不断修改、完善、提高，促进了水利事业健康稳步地向前发展。

(2) 干实事。水旱灾害的多发性、交替性、连续性是这个县的基本特点。县委、县政府和各级领导在实践中认识到凤台穷在水患，富在水利，必须树立长期作战的思想，发动群众自力更生，扎扎实实地干。十几年来县里和基层班子换了几届，但水利建设仍是“接力赛”，历届县长一道令，一届接着一届干，按总体规划稳步实施，看准一个搞成一个，治水给群众带来了看得见、摸得着的实惠。

(3) 解难题。农村实行改革以后，水利建设遇到一些新的问题。一是统与分的问题。现阶段农业生产活动要求有统有分，统分结合，而农田水利建设是统的重要内容，必不可少。他们对农村实行联产承包责任制后一些沟渠路林遭受的不同程度破坏，及时组织

大搞还沟、还渠、还路、还林的“四还”工程，仅用一个冬春时间即全面恢复起来。在实际工作中，他们看到“大包干”后，只要善于引导，搞好组织，落实政策，群众协作起来兴水利的劲头比过去更高，效果更好。二是增加投入问题。水利建设，积极争取国家支持是必要的，但他们并没有两眼向上，等、靠、要，而是发扬自力更生精神，充分依靠和组织群众搞资金和劳务投入。自1980年以来，全县共投入建设资金近5000万元，其中有一半是群众自筹。三是合理负担政策与协作问题。对农田水利基本建设直接受益的群众，他们采取“按亩摊方，按方集资，按劳出工，多劳多得”的办法组织施工。对工程规模较大，靠直接受益地区群众一时干不起来的，由县、区、乡政府组织其他地区群众协作，以工换工，实行“推磨转圈，分批治理，当年见效，自搞配套”。全县一批较大的圩堤、沟河、座台的建设都是采取这种办法，这种作法在水利上是必不可少的，与政策不矛盾，群众是赞同的。

(4) 抓管理。水利工程，建是基础，管是关键。他们的主要办法是以用促管，以管保用。首先完善工程管理责任制。县设置专管堤防和排灌工程的职能机构，各区分设水利管理站，乡配备水利员，水利设施的每段、每站都确定了专人管理，沟、渠、路、林、建筑物管理统筹结合，明确职责，奖罚兑现。对电灌站实行经济体制改革，承包到人，在搞好排灌服务的基础上，利用设备和技术优势，发展多种经营，大搞种养业和工副业。其次采取多种形式，搞好水费征收。再次是加强管理工作的制度化和规范化建设，大力宣传《水法》和《河道管理条例》，建立水政水资源管理机构，制定和完善了地方法规和制度，县政府颁发了《灌区管理条例》、《堤防涵闸管理办法》、《水利机电设备管理暂行办法》、《关于加强水利工程管理的十条规定》等，同时把打击破坏水利设施的不法活动列入专项斗争内容，对加强水利工程管理起到了积极作用。

(5) 上台阶。进入90年代，凤台县水利面临的形势是尽快适应国民经济发展的需要，上台阶、上新水平。县委、县政府作出了《关于把全县农田水利建设推向新阶段的决定》、《关于建设园田化的决定》，颁发了《凤台县水利建设基金筹集和管理试行办法》。在以往的经验和基础上，提出了“治水与管理，改土造田，开发性农业、水产、航运、造林、乡村道路、村庄规划、农电建设、乡镇企业和供水等结合”，以充分发挥水利基础产业的作用。

(汪绪武)

福 建 省

抗风防汛 改革整顿 加强基础 成效显著

1990年，是“七五”计划的最后一年，是进一步治理整顿、深化改革的一年；也是福建省战胜百年罕见自然灾害，取得胜利的一年；是建设巩固的供水供电两个工程体系取得重大进展，两个文明建设成效显著的一年。

今年5—9月，该省连续遭受7次台风暴雨袭击，其密度、强度、广度都是近百年来所罕见的，使全省的经济建设和人民生命财产遭受直接经济损失达41.1亿元。面对百日大灾，全省8万水利职工与3000万人民一道奋起抗灾，把抗风救灾、抢救水毁工程当成水利工作的首要任务，坚决贯彻“防、抗、抢、避、救”的方针，抗抢结合，蓄泄兼筹，措施有力，调度得当，取得了一次又一次胜利，保证了小（一）型以上水利工程和重要城镇安澜渡汛，受到国家防总的通报表彰。

抗灾实践表明，几年来他们狠抓保坝加固，加强水利管理，大大提高抗灾能力；连续5年开展农田水利基本建设，发挥了巨大效益；大力建设巩固的水利工程体系和地方电力体系，必须持之以恒；治理整顿、深化水利改革成效显著，应当继续努力；我们这支队伍经得起考验，能打胜仗。

与此同时，水利的基础产业地位进一步加强，依法治水有了良好开端，水利水电建设和管理全面完成年度目标和任务。新增有效灌溉面积15.5万亩，使全省有效灌溉面积达1400.5万亩；改善灌溉面积86万亩，修复水毁面积100万亩，恢复灌溉387万亩，发展节水型灌溉3.8万亩，解决51.4万人的饮水困难，围垦浅海滩涂1.56万亩，垦区建设面积1万亩。新增地方水电装机6.5万kW，全省地方电力装机达127万kW，全年发电量46亿kW·h，新建高低压线路5000 km，全省农户用电面达94%，完成第一批农村电气化11个试点县的建设，实现11个乡级海岛的供电目标。

九龙江北溪引水工程船闸 曾鼎文 摄

一、抗灾减灾，安澜渡汛

该省水旱灾害频繁，每年都有数次台风正面登陆，水利工程以小型为主，今年又面临水口电站围堰渡汛的关键时期。汛前就组织7355人次，检查了6161处工程，发现问题及时采取措施，制定大中型水库的调度运行计划，补充修订防汛通讯管理制度，培训专职防汛人员，建立防汛无线电通讯网络。

在抗灾斗争中，注重四个配合，即防汛与气象、水文、工管的配合协调，加强五情综合，即风情、雨情、水情、工情、潮情的综合分析，及时下达有关水位、水量的调控蓄泄指令，统筹安排，确保重点，减轻损失。这些都使“以防为主，防重于抢”方针落到实处。

今年继续抓好水利工程安全管理，完成大中型水利工程除险加固46座，小(二)型水库保坝80座，堤防加高培厚总长70 km，还处理了一批水利工程的险工隐患，清除了一批河障，增加水库蓄水1178万m^3。提高了大部分工程安全标准。

1989—1990年冬春修水利规模大、投工投资多、速度快、效益好，是5年来冬春修水利最好的年份。全省累计投劳5618万工日，高峰上场劳力达111.65万人，新增恢复和改善灌溉面积316万亩，完成防洪工程、水利基建、水毁工程修复和险库险堤的除险加固，总投资2.4亿元。大灾之年农业仍然全面增产，是与5年来坚持不懈开展农田水利基本建设分不开的。

二、坚持改革，提高效益

水利工程管理单位继续实行双重承包责任制和推行水库经营管理考核指标，使经营管理水平和经济效益有了明显提高。地方电力生产提前一个月完成全年发电任务，年电量达46亿kW·h，相当于建国初全国的发电量。水利综合经营加强行业管理与政策指导，沟通供销与信息网络，取得较好成效，全省水利工程管理单位综合经营总收入达8000万元，实现税利900万元，电力企业利用季节性电能炼渣等，也取得较好效益。

推行以物计价，货币结算或计收实物的办法，实现水费保值。省政府2月份新的水费文件出台后，各地政府相应制定新的水费文件，实行委托粮食部门收水费粮的办法。开展“水费宣传日”活动，在全国首开先例。悬挂标语1万多幅，出宣传栏8261版(期)，召开各种形式的宣讲会、座谈会1600多场(次)。认真抓好灌溉面积、水费标准、水费数量、交费日期的“四落实”，全省计收水费达到3600万元，比1989年增收17%。

改革资金管理，增加投入，突出重点，加强管理，小水电、围垦、科技等投入有所增加，重点扶持水利基础建设，进一步强化资金分级管理体制，对资金投向与补助标准实行项目追踪管理与动态控制。同时对1989年水利资金安排使用情况，抽查了5个地(市)、11个县，以及52个拨款10万元以上的工程，总金额达3796万元，占34%。

集资办水电，尤其是农田水利基本建设，走“集体投资，农民投劳，国家补助”的路子。省级投入1300万元，地县财政投入8846万元，乡村及群众投入13366万元。龙门滩引水工程跨流域开发水资源，采取省地县合股，开发性安置移民，推广碾压混凝土及掘进机凿洞新技术，一级水库电站装机 1.8 万 kW，已发电投产。据初步统计，1990 年各种渠道资金投入 1.25 亿元。

三、依法治水，强化管理

清理整顿，强化基建管理。归口管理水利水电系统招投标工作，建立健全工程质量监督体系，对施工单位资质审查、工程编标、合同条款等作了规定，为全省 26 家省、地、县水电施工企业进行了资质等级复查、发证工作，评定一级企业 1 家、二级 2 家，三级 14 家、四级 7 家。

从制度建设入手，加强行业管理。水利资金分配和物资供应实行“两公开一监督”制度，取得明显成效。颁发了《福建省水利水电厅基本建设工程质量监督实施细则（试行）》和《福建省水利水电厅基本建设工程质量检测实施细则（试行）》。以整顿农村电价为重点，进行农村供电价格及有关收费大检查，坚决刹住农村电价失控、哄抬电价，价外加价，扰乱电价的混乱状况。同时，抓电网技术改造，抓安全用电，降低线损率（全省平均降率 13%），降低农村电价，开展优质服务活动，全省大部分县供电状况明显好转，有效地减轻了农民负担。

依法治水，强化水政水资源管理。全省各地由同级政府行文明确水行政主管部门。成立水政水资源研究会。同时，河道管理实施办法、沿海滩涂开发利用管理办法、取水许可实施细则、地方电力网建设资金征收办法等都已草拟或送审。经水利部批准，晋江县为全国第二批水利执法试点县，在 1991 年初验收，为全省铺开扩大试点积累经验。同时开展重点水利执法大检查，编制了福、厦、泉、漳、宁德、莆田 6 个地（市）和福清县的水长期供求计划。水利工程定权划界 266 处。

四、推进两个工程体系建设，加强水利基础产业地位

集中力量，保证重点水利基建工程进度。水利基建 13 项，其中长乐莲柄港改造、南安笋塔水库干渠配套、长汀陂下水库渠道配套、福州防洪堤一期加固工程等 4 个项目先后建成，浦城高坊水库等 3 个工程提前封孔蓄水，部分已发挥效益。

加快灭旱改水，扩大灌溉面积。灌区配套 8 项，其中重点灭旱 2 项已按计划全部完成。还建成地下管灌 3.46 万亩，喷灌 0.33 万亩，解决缺水地区人饮 51.4 万人，超过计划 28%。

初级水利化县实施办法经省政府批准颁布实施，进行第一批水利化县规划，加紧做好有关准备工作。

组织编制发展地方水电建设的规划，即地方中、小水电 10 年发展规划、第二批农村电气化县规划、地方电源和电网技术改造规划，筛选“八五”技改的 40 个项目，这三项重要规划，明确提出了今后 10 年地方电力发展的装机、电网建设、人均用电量、用电普及面、农村电气化、经营管理水平等 6 项指标，为“八五”期间省水电建设勾绘蓝图。

水电建设又取得新进展，骨干工程如连城县山峰电站、南三电站、长汀县坪埔电站、政和县九层际电站后两台和玉山电站 3 号机已投产，今年新增装机达 6.5 万 kW，超过年计划的 8%。全省农户用电普及面达到 94%以上，大大超过全国农户平均普及面的水平。

今年是第一批电气化县建设的最后一年，光泽等 10 个县，分别提前 1—5 年达标验收，沙县自力更生达标，成为第十一个电气化县。6 年来，10 个电气化县的建设投资达 5.2 亿元，中央、省、地仅补助 9851 万元，银行贷款 20244 万元，其余都靠地方集资兴办。

五、依靠科技兴水，增强发展后劲

积极开展水利科技工作，建立科学技术进步奖励基金会和科学技术成果评审委员会，有 5 项优秀工程勘察、设计项目获得省建委评奖，组织科技成果报省科委、水利部评奖，还有 130 项报厅科技进步委员会评奖。还安排 20 项科技进步和科技推广项目，其中旅游开发区湄洲岛地下水库攻关项目已动工兴建，东溪和柳塘水库水情自动测报系统已安装完毕。

有效地开展对外技术经济合作，完成赤儿毕科莫水电站大修和第三期技术合作任务，与菲律宾草签合资建设水泥电杆厂协议。

加快技术改造步伐，有计划地开展企业上等级活动。东圳、山美等重点灌区经调查核实，提出了技术改造方案，并逐步实施。电力企业改造电网，降低了线损，稳定了电价，对提高企业的经济效益起良好作用。地方电力企业今年有 18 个晋升省级先进企业，占全省总数的 6.4%，山美水电站晋升为国家二级企业，是水利部系统的 8 个二级企业之一，也是唯一的地方电力企业。

努力做好前期工作，讨论与编制了省水利水电“八五”计划要点和十年设想。提交了全省重点旱片调查成果。完成一批水利水电、围垦项目的前期工作，抓紧对连江山仔水利枢纽工程、福州闽江下游防洪堤二期加固工程、泉州晋江下游防洪堤加固一期工程、福清过桥山和莆田后海围垦工程进行评估审查和立项。山美灌区配套建设列入农业综合开发项目。

进一步健全基层水利服务体系。全省已建乡镇水利水电工作站872个，上岗工人1408人，到岗干部574人；解决乡镇工作站人员工资365万元，占75%，投保73万元；实行“四水”统管的工作站已从1989年不足100个扩大到486个。灌区和村级管水队伍的管理有一定的加强。厅属技术服务事业单位开展技术服务、施工监督、业务总结和工程咨询也有新的进展。

六、坚持精神文明建设，提高水利队伍素质

省水利厅在省直机关中率先实施目标管理岗位责任制。年初将目标任务分解到处（室），月有月报，半年有小结，年终认真考核。改变机关作风，提高工作效率。

加强思想政治工作，开展生动活泼的教育活动。一手抓干部教育，举办“马克思主义哲学基本理论学习轮训班”，厅属单位230名副科级以上干部分5期培训；一手抓社会主义和爱国主义教育，借亚运会之风，在全系统开展“迎亚运、迎国庆、爱中华、做贡献”系列活动，高潮迭起，持续二个多月，职工广泛参与，反响很大。

水利教育和以岗位培训为重点的职工教育稳步发展，组织编写《小水电》和《水利管理》两套中级工培训教材，举办了各类培训班49期，有2416人参加了学习，无论是学习人数、培训专业门类都是近几年来最多的一年。

深入基层搞调查，密切党群关系办实事。党组制定了“关于改进工作作风，密切党群关系的决定”，组织干部下基层，厅级干部人均达100天，处级干部人均50天。完成10个调查研究课题，其中“福建农村能源研究”、“沿海水资源综合评价及开发利用展望”、“节水灌溉调查”等对领导决策有一定价值。10件实事已基本完成，为45万人解决饮水困难，海岛通电基本实现，还为部队排忧解难，供水送电，获省委、省军区表彰。挂钩扶贫县和10个农业开发试验乡，一批水利、水电、围垦工程投产或动工兴建。

尽管我们在1990年取得新的成绩，但是仍要清醒地看到面临的形势十分严峻：水旱灾害频繁而抗御灾害能力较低，三大江洪水威胁仍是心腹之患，县城防洪存在问题较多；沿海水资源已成为对外开放、社会经济发展的制约因素；现有水利设施缺乏更新改造的资金和途径，维修养护巩固工程效益仍是严重问题；开发利用中小水能资源依然受到资金短缺的制约；水利行业清贫，相当一部分水利管理单位只能维持简单再生产，职工队伍素质亟待提高。为了解决这些问题，在“八五”期间及今后7年，需要深化水利改革，进一步确立水利的基础产业地位，确立水政水资源的统一管理，确立江河流域综合开发规划的地位，需要实行倾斜政策，增加投入，确立良性的、具有活力的水利经济运行机制；需要进一步加强队伍建设，提高职工素质。

（蔡健民　刘按梨）

漳浦县大力开展农田水利基本建设

漳浦县位于福建省东南沿海的丘陵地带。总土地面积1981 km²（297.15万亩），耕地面积51.42万亩（水田面积30.87万亩），现有总人口73.5万人（农业人口65万人）。地势背山面海，海岸线总长322 km，可供养殖浅海滩涂面积19.2万亩。鹿溪、南溪、佛县溪、赤湖溪、浯江溪、杜浔溪横贯全境，水能理论蕴藏量3.6万kW（可开发利用的3万kW）。属亚热带海洋气候，年降雨量1524.7 mm。由于降水径流时空分布不均匀，初夏梅雨集中，易洪易涝，7—8月间气温高，降雨少，夏、秋又有台风、大潮影响，旱涝交错，灾害频繁。

一、依靠群众大办水利

建国后，漳浦县人民在党和人民政府的领导下，艰苦奋斗，自力更生，大办水利。至1989年9月底，全县总投劳1.03亿工日，总投资6888.5万元，完成总土石方9755.9万m³，兴建蓄水工程4849处〔其中中型水库7座、小（一）型水库17座、小（二）型水库63座〕、引水工程327处（其中大型桥闸3座、中小型水闸182座、万亩以上引水渠道1处）、水井2000眼（其中机电井207眼）和机电排灌站2012台1.3万kW，年利用总水量3.2亿m³，有效灌溉面积由1949年8.5万亩发展到41.8万亩，占耕地总面积81.3%。已开垦滩涂面积6万亩（其中养殖对虾面积4.3万亩）。利用水力资源已开发小水电装机容量61台8111 kW。

但全县分布在丘陵高坡和沿海半岛上的易旱农田面积还有9万多亩、六大溪流未治理的洪涝面积还有6万多亩、未改造的低产田面积还有3万多亩。

二、旱涝兼治稳步发展

漳浦县委、县政府从实际出发，认真贯彻执行国务院国发〔1989〕73号《关于大力开展农田水利基本建设的决定》。1989年秋冬起，继续大力开展农田水利

基本建设。县和20个乡（镇）政府，成立农田水利基本建设指挥部，由一位副县长和副乡（镇）长分管水利工作，建立行政领导负责制。各乡（镇）和284个村，因地制宜，采取旱、洪、涝兼治和蓄、引、提结合的治理措施，以效益为中心，做好分年实施的水利规划。县政府以浦政（1990）025号文，重新颁发《漳浦县水利劳动积累工使用管理暂行规定》，规定每个农村劳力每年应投入水利劳动积累工20个工日。地方、集体和农民增加水利投资，多层次、多渠道集资办水利。绥安、盘陀、沙西等水利重点乡（镇）都建立水利建设发展基金。各有关部门坚持主动为水利建设服务，1989年秋冬，先后拨出水泥4840 t、钢材430 t、柴油490 t、原粮65万kg，支持各乡（镇）兴建一批当季受益的小型水利工程。1989年连续第三年干旱，年降雨量1140 mm，比正常年减少25.2%，但现有各类水利工程发挥灌溉效益，天旱地不旱，全县粮食总产量2.56亿kg，比1988年增产粮食3476万kg，单产、总产均超历史最高水平，受到国务院表彰。县水利电力局荣获省政府1989年粮食丰收与支农先进单位，得到水利开发项目奖励。广大农村干部和农民群众，尝到兴修水利旱年保丰收的甜头，更自觉地坚持常年兴修水利。1990年遭受第6、9、12号台风和暴雨的袭击，通过抗洪斗争，确保中型和小（一）、（二）型水库安度汛期。灾后，大干7、8、9月，投资159万元（其中省、市补助22万元），投劳26.9万工日，完成土石方34.4万m^3，修复各类水毁小型工程855处，当年恢复灌溉面积7.5万亩。县防汛抗旱指挥部在台风、暴雨袭击期间，大力组织和发动广大干部、群众，积极投入抗洪抢险斗争，使灾情降至最低限度，确保人民生命财产安全，荣获1990年全省抗洪抢险先进集体，受到省委、省政府的奖励。

据1989年10月至1990年9月统计：1990年度全县投劳222.4万工日（其中投工8万工日），比1989年度增加20%；投资（不含劳动积累）586万元（其中国家补助144万元、地方财政投入105万元），比1989年度增加7.2%；完成土石方176.4万m^3（其中石方8.9万m^3），比1989年度增加32.2%；兴建各类水利工程712处，新增灌溉面积1.3万亩、改善灌溉面积5.4万亩、防洪治涝面积2.5万亩。同时，动工兴建澎水电站（龙头水库总库容1020万m^3，设计装机容量6000 kW）。在多灾的情况下，1990年全县粮食总产量达2.66亿kg，比历史最高的1989年增产1004.9万kg，增产3.9%。

三、建管并重巩固成果

在大力开展农田水利基本建设中，各地坚持建管并重，以兴修水利的劲头，加强水利管理。1990年3月，县向各乡（镇）水利水电工作站增配水利员38名，进一步健全基层管理服务体系，抓好"两个现有"（现有工程和现有耕地）。全县工程设施完好率达80%—90%以上；1990年有效灌溉面积扩大到43.1万亩，占耕地总面积83.8%，其中保灌面积30.7万亩，占有效灌溉面积71.2%。

在确保工程安全、效益的前提下，县管水利水电围垦工程12个管理单位，推行双重承包责任制，积极开展综合经营。县政府以浦政（1990）综030号文，颁发《漳浦县水利工程水费核订、计收和管理办法的补充通知》，促使1990年全县水费收入比1989年增加68.9%。据统计：县管和小（一）型水利工程，1990年总收入418.97万元（水费154.4万元、电费163.6万元、多种经营100.97万元），完成县政府浦政（1990）综004号文下达的目标管理责任制指标149.2%，比1989年增收75.6%，全年继续向县水利电力局上缴以丰补歉基金10万元。1990年5月开始，还整顿农村用电管理，每千瓦时电价下降0.15—0.3元，在1990年第4季度，使全县12.9万个用电户农民减轻负担130万多元。县水利电力局又获1990年全省水利水电工作先进单位，受到省政府奖励。

为建立稳固的水利体系，进一步增强抗灾能力，促进农业稳定增长和国民经济持续发展，漳浦县委、县政府以党的十三届七中全会精神为指针，深化水利改革，进一步加强水利基础产业和经营管理，按省政府闽政〔1990〕综129号文提出的"六条标准"，制订"八五"期间水利规划，集中人力、物力、财力，再坚持奋斗三五年时间，实现初级水利化县。

（陈章兴）

江 西 省

大办农业 大办水利

江西省1990年度的水利工作，是在党中央、国务院和省委、省政府进一步加强农业这个国民经济的基础，加强水利的基础地位，全党动员，全民动手，大办农业，大办水利的形势下展开的。一年来，江西省根据本省的实际情况，重点抓了病险水库的除险加固和防洪工程建设，各类灌区的维修配套和机电排灌设施的更新改造，水土流失的预防监督和以小流域为单元的综合治理，农村小水电站和区域电网建设，以及易涝渍害中低产田的改造和人畜饮水工程的建设等，取得了显著的成效。总的来看，1990年的江西水利建设是继1989年出现新的转机以后，在巩固中发展，在开拓中前进的一年。

（1）农田水利基本建设创农村实行家庭联产承包责任制以来最好成绩。1990年的江西农田水利基本建设，呈现出几个明显的特色：一是动手早，开展时间长；二是规模和声势大；三是新建工程和配套工程多。据年底统计，1990年全省农田水利基本建设共开工各类水利工程97210座（处），完工85691座（处）；累计投工26932万个，比上年增加6600万个；累计完成土石方18757万m^3，占计划的125%，比上年增加2722万m^3；最高上工劳力达到672万人，约占全省农村实有劳动力的50%，比上年增加142万人；新增有效灌溉面积23.2万亩，旱涝保收面积29.04万亩，恢复和改善灌溉面积105万亩，除涝面积13.85万亩、改造易涝渍害中低产田108万亩，治理水土流失面积213.68万亩，解决饮水困难41.83万人、23.73万头牲畜，各项效益均比上年有了较大的增长。各地普遍反映，1990年的农田水利基本建设，群众发动面之广，工程规模之大，施工进度之快，质量和效益之好，各级领导对水利的重视程度和真抓实干的作风，都是近10多年来所罕见的。

（2）小水电和农电管理体制逐步得到理顺，各地各级办电的积极性进一步提高。1990年全省新增小水电（含配套小火电）装机3.84万kW，是江西省近10多年来新增小水电装机最多的一年。累计地方电力总装机达到69万kW，年发电量达到17亿kW·h。在积极办电的同时，小水电和农电管理工作得到进一步加强。1990年全省小水电和农电被评上省级先进企业的有4个，累计达到13个，其中有4个被评为部级先进企业。农村电气化试点建设继第一批提前一年超额两个县（市）完成国务院下达任务之后，第二批试点县（市）建设规划全面展开，区域性电网建设已列入小水电和农电发展的重要议事日程。

（3）水土保持工作新的局面正在逐步形成。随着"预防为主，防治结合"方针的贯彻落实，水土保持工作的重点已开始转移到预防为主上来，预防监督工作迈出了新的步伐。到1990年底止，全省已有18个县（市）人大或政府下发了有关防治水土流失，收取水土流失防治费的规定和办法，江西主要水土流失区的赣州地区15个重点县全面开展了水土保持预防监督工作，其中龙南、兴国等县的水土保持执法已走上正轨。水土保持综合治理在前两年由防护性治理转到开发性治理以后，取得新的进展。1990年，全省综合治理的小流域累计已达到223条，一批有水土保持特色的开发基地逐渐形成，取得了较好的社会效益、生态效益和经济效益。

（4）防汛抗旱斗争取得全面胜利。虽然从全省总的情况来看，1990年基本上是风调雨顺，但是，局部性的洪涝干旱灾害还是多次发生。上半年是三次洪涝，时间都发生在6月份。第一次集中在修水流域，时间仅两天，万家埠和永修站洪峰水位均超过警戒线。第二次集中在宜春、上饶、九江和吉安、抚州两地区北部。这次降雨强度大，范围广，时间长达一个星期，江河湖库水位猛涨，信、饶两河水位相继超过警戒线，5座大型和36座中型水库超过汛期限制水位，被迫开闸泄洪。第三次集中在昌江流域，昌江渡峰坑站洪峰水位超过警戒线2.13 m，为该河建国以来第五大洪水。7月4日开始，全省又出现持续高温少雨天气，时间长达一个月，有56个县（市）连续20天基本无雨，旱情迅速扩大和蔓延，到7月30日全省受旱面积高达1231万亩。由于正确的防汛指挥调度和抗旱抢种，抗旱保苗，全省汛期没有一座万亩以上圩堤和小（二）型以上水库出事故，这是多年来所没有的；二季晚稻通过抗旱抢种，完成了计划种植面积，并保证了中后期的灌溉用水，为夺取全年农业超历史的丰收提供了防洪安全和水源保障。

(5) 水利改革进一步深化。《水法》的宣传贯彻进一步深入，全省89%的县（市、区）明确了水电局为水行政主管部门，92%的地、市（县、区）建立了水政机构，水利执法体系基本形成，水行政管理职能得到加强。水费改革进一步推开，1990年全省国营水利工程管理单位征收水费（含水费粮折款）达到3984万元，比上年增加1150万元。水利综合经营进一步发展，总收入达到1.9亿元，比上年增长11.8%，国营工程管理单位日常管理经费自给率达到75%左右。基层水利水保服务体系进一步完善，全省已批准设立乡（镇）水利（水保）站1144个，占应建站的81%，招收录用水利（水保）员4353人，占定编数的85%左右。

(6) 水利规划、设计、科研、教育等前期和基础工作取得新的进展。全省赣江、抚河、信江、饶河、修河5大河流域规划基本完成，“八五”和2000年水利发展规划提出初稿，一批大中型水利水电项目的勘测设计工作正在进行中。科研成果获省科技进步三等奖二个，水利部科技进步四等奖二个。职工培训950人次，技术咨询进一步活跃，成人和中等专业教育工作得到进一步加强。这些，为“八五”江西水利的进一步发展，打下了良好的基础。

1990年的江西水利建设之所以能够在巩固中发展，在开拓中前进，其原因是多方面的，主要有以下三条。

(1)各级党政进一步加强了对水利工作的领导。继1989年国务院作出《关于大力开展农田水利基本建设的决定》之后，1990年中央领导同志又相继对水利工作作出了一系列重要指示，从国民经济发展的战略高度，阐明了水利的基础产业地位和作用，提高了全党全民对水利重要性的认识。省委、省政府对水利工作非常重视，多次召开会议，研究和听取水利工作情况的汇报。新换届的省委第一次常委会的第一个议题，研究的就是水利工作，作出的第一个决定，就是《关于全党动员全民动手大力开展农田水利基本建设的决定》。在省委、省政府的有力推动下，地、县两级也都把水利工作列入自己的重要议事日程，有布置，有检查，有落实，不仅分管领导，主要领导也都亲自抓水利。在组织上层层建立农田水利基本建设指挥机构，制度上建立健全了各级干部的水利责任制，在作风上也一改过去那种浮在上面，一般号召的领导方法，而是沉下去，真抓实干。据统计，在1990年度水利冬修高潮期间，全省80%的县、90%的乡领导都在水利工地上，既当指挥员，又当战斗员，深受群众的好评，有力地促进了全省农田水利基本建设的蓬勃开展。

(2) 水利投入进一步增加。投入是水利建设的重要保证。1990年，除了中央对江西的水利投入继续有较大的增加外，省政府在财政困难，连续几年增加水利投入的基础上，年初决定，从每百斤棉花收购款中拿出8元，总计700—800万元，用于发展棉田水利建设；下半年又决定从省级预备费中拿出400万元，并增拨平价钢材4000 t，高标号水泥10000 t，用于水利建设。在省政府的带动下，各地、市、县也都纷纷挤出资金和平价材料，用于增加水利投入。据不完全统计，1990年全省各级用于水利的资金投入达到2.7亿元，比上年增加7000多万元，其中乡村集体和群众自筹投入水利的资金达到1.4亿元，比上年翻了一番；每个农村劳力平均用于水利的劳动积累工接近20个，比上年增加4～5个。由于资金和劳动投入的增加，各地一些效益显著，但由于工程量较大，想了多年而不敢搞的水利项目，1990年也都搞起来了，改变了过去水利建设只是修修补补，小打小闹的局面，在工程规模上有了新的突破。据不完全统计，1990年农田水利基本建设高潮中，全省万人以上的会战工地就有107处，新建的小（一）型、小（二）型水库有152座。这种情况也是江西省多年来所没有的。

(3) 各部门密切配合，协同作战。水利工作，涉及到许多方面，不是单靠水利部门一家所能办得好的。1990年的江西水利工作，特别是防汛抗旱和水利冬修期间，在各级党和政府的统一领导下，从计划、财政、物资、银行、交通、电力、邮电、卫生、商业、粮食、民政、宣传，到农业、林业、气象、农垦、乡镇企业等有关部门；从各级党政到人大、政协、解放军、武警、公安；从一般群众到广大民兵，相互支援，有人出人，有钱出钱，有物出物，想水利之所想，急水利之所急，真正出现了全党动员，全民动手，大办水利的热潮。特别是1990年农村中广泛深入开展的党的基本路线教育，对促进农田水利基本建设的广泛开展，起了重要的作用。

1990年江西水利工作存在的主要问题：①水利管理工作，包括已建水利工程的管理，水利资金的使用管理，水利水电基本建设的行业管理，以及水资源的统一管理等都比较薄弱。具体表现在管理队伍的素质比较差，管理机构和规章制度不健全，管理水平比较低，经济效益不高。②改革开放跟不上形势发展的步伐，特别是在对内对外的开放方面，整个江西目前还几乎是个空白。③贯彻落实《水法》，更新观念，转变职能工作方面进展缓慢，省、地、县各级水利部门的主要精力还都是放在一些具体事务上，对一些大的方针、政策，水利发展战略等重大问题，调查研究得很不够。④水利前期工作，主要是勘测设计工作，还比较落后，适应不了90年代水利发展的需要。⑤思想政治工作还不够有力，没有形成经常化、制度化，形式也不够活泼多样。上述问题已经引起了江西各级水利部门的注意和重视，相信在1991年及其以后能够逐步得到解决，使江西的水利事业步入健康发展的轨道。

（傅国儒）

增强“命脉”意识 重振大干雄风

都昌县地处鄱阳湖北岸，全县60.2万人，辖30个乡（镇）。总面积2669.5 km^2，其中，耕地面积57.8万亩，是一个粮棉兼作的农业大县。

建国以来，在党和政府的领导下，全县人民经过长期艰苦不懈的努力，建成各类蓄水工程11077座，蓄水量2.3亿 m^3；圩堤88座，堤线长90.5 km；电力、机械排灌总装机达到18506.6 kW；建小水电站18座；治理水土流失面积39.73 km^2，初步形成了兴利与除害相结合的水利工程网络。全县有效灌溉面积43.6万亩，其中旱涝保收面积31.03万亩，分别占现有耕地面积的75.4%和53.7%，为全县农业和国民经济的发展创造了良好的水利条件。

50年代和70年代，都昌县曾一度是江西水利建设的先进县。农村实行家庭联产承包经营责任制以后，由于对水利的重要性认识不足，领导和组织不力，投入减少，农田水利建设曾一度处于低潮。工程老化失修，破坏盗窃严重，效益衰减，仅1986～1988年统计，全县有效灌溉面积就以每年近万亩的速度递减，出现了“遇洪难抗，遇旱难灌、遇涝难排”的严重危机。1988年以后，都昌县委、县政府认真贯彻落实中央、国务院以及省委、省政府关于大力加强农田水利基本建设的决定，重整旗鼓，恢复干劲，自力更生，艰苦奋斗，组织和发动群众，再一次掀起了声势浩大的农田水利基本建设热潮。特别是1990年的农田水利基本建设，无论是工程质量，还是投入、管理、效益等方面都有了新的突破，使全县的水利建设跨上了一个新的台阶，再度被评为江西省水利建设先进县。一年来，对大小37处长达16.2 km的圩堤进行了除险加固；对22座病险水库进行了处理；清淤、拓宽、延伸渠道750多km，新建改造电灌站102座，装机3177.5 kW；新建小(二)型水库13座。全县总计开工各类水利工程898座，完成土石方417万 m^3，新增有效灌溉面积4400亩，新增旱涝保收面积5300亩，改善灌溉面积3万多亩，改造中低产田2万多亩，水保综合治理2.09万亩。水利面貌的大改变，打破了本县农业的徘徊局面，尽管1990年遇到了持续86天的大旱，农业生产仍然获得了大丰收。油菜籽总产量18892 t，比历史最高年增长141.2%，成为全国夏油生产先进县；棉花总产达8万担，比1989年增长2万担；粮食总产达2.4亿kg，创历史最高水平。

一、增强“命脉”意识，形成大办水利的大气候

水利是农业的命脉。由于多年的水利失修，水利效益日益衰退，粮食生产增长幅度下降，棉花生产出现了较大滑坡。严峻的现实提醒人们，要保证农业的持续发展，必须增强“命脉”意识。因此，县委、县政府明确提出把1990年定为“水利翻身年”，实行“六家领导挂帅，五级班子上阵”，采取“县抓主战场，区抓跨乡工程，乡乡有重点，村村定项目，县区干部包工程，乡村干部包地段”的办法，并把水利目标管理列为考察干部的重要依据之一，做到层层有人管，事事有人抓。各行各业想水利之所想，帮水利之所需，在省棉田改造专项资金未下拨之前，财政、农行、建行想方设法，筹集了150万元资金，计委及物资部门千方百计串换97 t工程急需的线材；农机、石油等部门以优惠价供应200t柴油用于工程排水；供电部门合理调节，保证了试机和抗旱的需要；公安部门也积极派出得力干警维持冬修大会战秩序，保证了水利建设的顺利进行。

大办水利，不仅要有领导的决心，而且要把领导的决心变为广大群众的具体实践。全县一方面结合党的基本路线教育，宣讲社会主义制度的优越性和大办水利的重要性、紧迫性，深化群众的认识；另一方面，通过各种形式大造舆论，使广大群众增强“命脉”意识，充分认识到“修堤如修仓，担土如担粮”，踊跃参加水利会战。全县农田水利建设高潮期间上工劳力达到20万人，万人以上会战水利工地有7个，千人以上39个。

二、用足用活政策，调动群众大办水利的积极性

劳动积累工政策，是依靠群众大办水利的源泉。根据中央和省有关精神，全县规定滨湖地区每个劳力不得少于30个水利积累工，山区每个劳力不得少于20个积累工，并以乡（镇）为单位将劳力登记造册，实行乡建档、村建帐、户建册，把任务分解到村，核定到户，落实到人。许多地方还本着“谁受益，谁负担”的原则，采取“土钱挂钩”的办法，以工折土，按土作价，有劳出工，无劳出钱，把劳动积累工政策落到了实处。全县总投工640万个，平均每个劳力达30个，充分体现了90年代的农民为建好“命脉”工程的无私奉献精神。

用活政策的另一方面是采取对水利经费实行“以奖代补”的办法，这样，在全县掀起了“赛进度，赛质量、赛效益”的热潮，创评出10项优质工程，16个优胜单位，百个先进集体，千名水利标兵。

三、加强“统”的功能，形成大办水利的合力

在动员和组织千家万户大搞农田水利基本建设中，我们始终加强“统”的功能，实行“三统一”：①统一规划部署。一年来，共通过审查批准的项目365个。②统一组织实施。先搞跨区、跨乡、跨村，后搞本乡、本村、本组工程。一年来，本着“推磨转圈，记帐还工，先后受益”的原则，组织跨区、跨乡战场9个，跨村战场460个。③统一服务。全县实行一条龙，战前勘测设计，战中现场指导，战后统一验收。1990年，为了抢在大旱前搞好棉区机站建设，全县实行订购设备、设计标准、安装调试，签订合同，验收质量的统一办法，同时，还成立了16人的技术服务小组，零配件随身带，哪有故障哪里排，确保了站站按期出水。

四、坚持建管并重，充分发挥水利工程的综合效益

大办水利的目的，在于充分发挥工程效益。一年来，全县坚持一手抓建设，一手抓管理。为了确保工程质量落到实处，实行了包冬修、包防汛、包抗旱、保效益的“三包一保”行政首长负责制，把每项具体工程落实到每个干部。在施工中，实行“三员”把关，即县配技术员，乡配施工员，村配监督员，共同把质量要求落实到每个施工环节，确保建一座成一座。同时，实行工程效益与工程投入“三挂钩”，即防汛资金与防汛砂石挂钩，60%的水利包干资金与冬修挂钩，40%与工程效益和管理挂钩。1990年新建改造的102座电灌站，在大旱的当年全部投入了正常运行。与此同时，健全了水利管理队伍，全县30个乡（镇）都建立了水利管理站，所有的小（一）型以上水库、千亩以上圩堤都建立了管理所，本着专管、兼管、群管相结合的原则，配备管理人员1021名。这支队伍大力开展以水养水活动，取得了显著的成效。1990年，全县征收水费56.14万元，相当于前3年的总和，水利综合经营产值381.2万元，比上年增长60%。

在水政建设方面，自1990年都昌县被列为全国第二批水利执法体系建设试点县以来，进行了广泛深入的《水法》宣传，并开展了以渠道清障为突破口，以定权划界、查处水事案件为重点的水利执法活动，使毁渠开荒、违章建筑的歪风得到了制止，盗窃破坏水利工程设施的犯罪得到了制裁。任命了水政监察员50名，选配了水政水管联络员331名，基本形成了执法网络。全县清障5661处，查处影响较大的水事案件59起，同时，还制订了与《水法》配套的《都昌县水资源与水利工程管理暂行规定》等5个地方规范性文件，使水利工作逐步走上了法治的轨道。

（江达禹）

山　东　省

加强水利建设　强化基础设施

1990年山东省水利工作，紧紧围绕稳定经济、稳定政治、稳定大局，认真贯彻执行国务院《关于大力开展农田水利基本建设的决定》和省委、省政府关于抗旱治水、防汛抗洪的指示、命令，把水利作为强化农业基础的大事来抓，取得了较好的经济效益和社会效益。为此，山东省委书记姜春云、省长赵志浩致信全省水利战线广大干部职工，高度赞扬了他们的无私奉献精神。赵志浩省长还在《中国水利报》上撰文，再次肯定山东省战胜旱涝灾害，农业获得大丰收，水利是立了大功的。可以说，1990年是山东水利史上取得重大进展的一年，主要体现了以下几个方面。

一、有效灌溉面积全面增加

1990年全省有效灌溉面积净增162万亩。青岛、东营、潍坊、泰安、德州、临沂、菏泽7市、地各净增10万亩以上；济南、枣庄、济宁、威海、聊城、淄博、烟台、日照、惠民9市、地净增也在5万亩以上。从灌区类别上看，库灌、河灌、井灌和引黄灌溉面积都有增加。全年，山东省共安排了76项水利基本建设工程，并紧紧围绕抗旱防汛这个中心，开展了大规模的农田水利基本建设。全省共完成水利建设土石方9.4亿m^3，完成工日6.8亿个，分别比1989年多1.8亿m^3和1.1亿个工日。农田水利建设与往年比较具有新的特点：一是结合农村社会主义教育工作，抓落实。

全省冬季农田水利建设普遍开工早、进度快、质量高。最高出勤劳力1285人，比1989年同期多3万人。二是发挥集体优势进行机械化施工。机械化施工由往年临时突击开始纳入正常轨道，全省最多曾出动各种机械6万多台，完成土石方1.64亿m^3，占全省完成土石方量的24%。三是集中连片治理，形成规模效益。全省举办跨县工程41处，跨乡工程2089处，联村工程10931处，统一组织劳力、调度资金物资等，规模效益显著。

二、积极防汛搞好蓄水

山东省1990年遇到了1916年有记载以来第二个多雨年，全省年平均降雨910 mm，其中汛期降雨655 mm，仅次于1964年和1971年，有20多个县降雨超过了1000 mm。大汛期间，全省范围内降大到暴雨达6次之多。沂、沭、汶、泗等河流出现了近20多年来最大的洪水。为了切实搞好防汛工作，全省各地汛前就对这一工作进行了充分准备，先后堵复河道缺口2750多处，加固小水库913座，疏挖河沟405条，清除河障6000多处，并对148座大、中型水库，259条大中型河道进行了检查维修。汛期省委常委专门开会研究防汛工作，省委、省政府、省人大主要领导亲赴防汛第一线，各级都落实了防汛责任制和领导干部包库、包河责任制，加强联系，科学调度。在抗洪救灾的最紧张阶段，全省有数万名干部、解放军指战员以及百万名群众奋战在抗洪排涝第一线。为了确保水库安全，汛末针对水库蓄水较多的情况，山东省防汛指挥部又及时召开了全省水库保安全会议，并组织了26个工作组奔赴全省16个市、地，对全省大中型水库和主要河道普遍进行了检查，发现问题及时采取措施。由于防汛工作抓得紧，抓得好，虽然1990年全省范围内多次降大到暴雨，但洪涝灾害造成的损失比历史上降雨相近的1962年却减少了1300多万亩。

在抓好防汛的同时，全省各地积极拦蓄地表水，并卓有成效地开展了地下水回灌补源工作，使地表蓄水大幅度增加，地下水位也有了明显回升。到汛末全省共拦蓄地表水100多亿m^3，创历史最高水平。地下水位平均回升了2 m多，全省地下水漏斗面积也减少了6750多km^2。

三、抗旱治水成绩显著

1990年山东省虽然为丰水年，但还是涝中有旱，受旱面积达2800万亩。全省有560万人、35万台(部)机械投入抗旱斗争，共提取地下水70多亿m^3，引黄河水73.7亿m^3；春（秋）田造墒4100万亩；春（冬）灌小麦6121万亩。引黄济青工程运行一年，经受了送水、冬季冰凌和汛期的考验，共引用黄河水4亿m^3，除完成向青岛供水外，还为沿途100万亩农田和高氟区70万人吃水提供了水源。在抗旱治水中，各地紧紧瞄准5～7年基本缓解山东水资源紧缺矛盾的目标，一是采取蓄、挖、截、引、调等多种方式兴建水源工程，抓好节水工程，推广节水技术。通过喷、滴灌和兴修低压管道，以及渠道衬砌等工程，年节约农业用水达20多亿m^3。工业、企业通过水平衡测试、技术改造、增设节水设施等措施使水的重复利用率达64%；二是一些抗旱治水的战略骨干工程也开始起步，"引黄济济"、"引黄济淄"、"引黄济潍"、"引黄济湖"等引黄供水工程规划先后完成，有的已付诸实施。青岛、威海、烟台、潍坊、枣庄、龙口、莱芜、莒南、临沭、菏泽、济宁、即墨市（县）为解决城市、工业供水也都兴修了许多工程。全年水利工程向城市、工业供水13.2亿m^3。

四、全面完成水利基建计划

1990年山东省水利基本建设工程，进一步加强了施工计划管理，继续推行招标投标和投资保干制，建立健全了质量检查、监督体系，并广泛开展了评比表彰施工优质工程和先进施工企业的活动。全年共安排基建工程76项，总投资13449万元。到年底，除个别项目因计划下达较晚，影响了工程进度外，其余工程都按质按量地完成了投资计划。其中，规模较大的梁济运河治理二期工程，共安排投资5200万元，整个二期工程动员了梁山、曲阜等11个县、市的600多台施工机械，全部实行了机械化施工，进度快、质量高，是山东水利建设史上大规模机械施工的一次成功的尝试。

中德合作山东粮援项目的"三沂"项目和新实施的"平费蒙"项目，都严格按计划完成了任务。治理小流域82处，解决了20.5万人的吃水困难，发展灌溉面积7.5万亩。世行贷款项目年内完成了项目区建设计划，通过了世行的总评估，并进行了一系列项目实施的准备工作。

五、水政建设迈出新的步伐

1990年山东省水政工作，以宣传贯彻《水法》和《山东省水资源管理条例》为先导，以建立水利执法体系为重点，狠抓水行政立法和执法工作。一是开展了自上而下的水法知识竞赛，以及城乡书写固定标语为主要形式的水法宣传工作。山东省水利厅与山东电视台联合举办了水法知识竞赛，全省水利系统上下层层选拔，共举办竞赛206场，参赛人员达7700多人，既培训了骨干，又教育了群众。水利系统书写固定标语

20.7万条，印发宣传材料35.6万份，出黑板报、宣传栏2.24万期，出动宣传车2254辆次，受教育干部群众达300多万人次。二是以水利执法试点带动全省执法工作。两批18个水法试点县、市，共设置各类水政监察员836人，查出水事违法案件984起，罚款、赔偿损失101.2万元，调解处理水事纠纷818件，挽回经济损失166万元，修复水利工程459处。三是全面建立水政机构，培训人员，开展水行政立法工作。1990年全省16个市、地124个应建机构的县（市、区），全部建立了水政机构，经各级编委批准编制为502人。举办水政培训班280期，培训人员19487人次。草拟水规范性文件416件，已经各级人大、政府颁布199件。《山东省水资源管理条例》颁布一年，至1990年底，全省水资源实行统一管理的县、市已达83个。先后发放取水许可证115万份。

六、水文、勘测设计工作做出新贡献

山东省水文工作，1990年汛期处理水情电报44000余份，提供全省雨情简报、图表70余期，大中型水库河道水情53期，天气预报、台风动向64次，洪水作业预报253次，为山东战胜洪涝灾害，夺取农业大丰收做出了贡献。面对野外大暴雨、洪水的恶劣环境，水文工作者不畏艰难，坚守岗位，克服了经费、人员、设施不足等困难，维修加固测报设施72项，收集了4000余站年的水文、水资源资料。山东省各级水文站，坚持“稳定、调整、充实、提高”的水文站网管理原则，在全国水文系统率先推行水文站队结合改革试点，到1990年末，全省已有11处水文站队实行了结合。

水利勘测设计工作，继续完善技术承包责任制，强化推行全面质量管理，全年共完成规划项目330项，设计项目340项，完成工程地质勘测9.7万标准m、水文地质勘测4.4万标准m、工程测量459标准km^2，物探6.9万标准点。山东省水利勘测设计院，紧紧围绕水利勘测设计的中心工作，在质量效益上作文章。全年创厅、省（部）级科技进步奖、优秀勘测设计奖，以及优秀软件奖、优秀QC小组奖18项。该院承担的引黄济青入库泵站厂房，首次采用标准化预制构件设计，开创了水利工程标准设计的先例，节省了建设资金，提高了工效，受到省内外专家的好评。

七、科技教育工作得到全面加强

水利科技工作认真贯彻国务院、省委、省政府关于依靠科技进步振兴农业和实施科技兴水的决定，加强科技管理和科研成果推广工作。编制了“八五”水利科技规划和“八五”水利科技推广规划，认真组织了水利科研和成果鉴定工作。全年完成国家科委、水利部、省科委以及山东省水利厅科研项目53项，其中有52项成果获部、省、厅级科技进步奖。水利教育工作，以多出人才、快出人才为宗旨，加强学校内部管理，面向社会培训人才、全年共完成包括大、中专、技工学校在内的招生948人，分配毕业学生813人，举办各种培训班21期，培训包括高级研究人员在内的学员900余人次。

（王显勇 宫崇楠）

促进水利事业全面发展

诸城市属低山丘陵区，总面积2183 km^2，耕地面积161万亩，人口103万人。

建国以来，全市已投资2.9亿元，投工3.6亿个，建成大中型水库6座，小型水库96座，塘坝1205座，拦河闸坝173座，总拦蓄能力2.54亿m^3；打机井1.1万眼，年提引地下水1亿多m^3；建固定扬水站589处；修建各级固定渠道14180条，5344 km，其中防渗渠1543条，1039 km；有效灌溉面积达113.7万亩，占总耕地面积的71%。在防洪除涝、农田灌溉、改善生产生活条件、促进全市工农业生产和国民经济的发展中发挥了重大作用。

1990年，我们认真贯彻了国务院《关于大力开展农田水利基本建设的决定》，结合我市实际，提出了以效益为中心，以强化管理服务功能为重点，以转轨变型、深化改革为主要内容，以促进诸城经济持续稳定发展为目的的指导思想，共发动25万人上阵，投工2393万个，投资3623万元，完成各类工程6000项，扩大灌溉面积3.48万亩，治理水土流失面积25.8 km^2，解决0.25万人的缺水问题。

由于坚持了“硬件”、“软件”一起抓，促进了全市水利事业和国民经济的持续稳定发展。1990年粮田面积在继续调减的情况下，粮食总产仍稳定增长，总产达7.51亿kg，亩产763 kg，比1989年分别增长12.5%和14.3%，创历史最高水平；工农业总产值22.7亿元，比1989年增长11.3%；农民人均收入820元，比1989年增加67元。

1990年诸城市水利工作，主要抓了以下几个方面的工作。

（1）抓更新观念，促转变职能。在寻找工农业发展的突破口中，一步一步的加深了对水利建设重要地位和作用的认识。一是诸城水资源贫乏，二是需水量大，三是水源分布不均，四是城区工业和生活用水量猛增。基于这一现实情况，他们认识到，水利不仅是基础产业，而且需超前发展。一年来，在抓好农田水利建设和管理的同时，加强了宏观调控和行业管理，逐步把水利为农业服务扩大到为国民经济为社会服务上来，由单纯产业、技术管理转到行业管理和依法管理的轨道上来。

（2）抓宏观控制，促水利建设。合理调配水资源，积极解决工农业用水矛盾。在用水次序上，坚持首先保证城乡人民生活用水，兼顾农业和工业用水的原则。在调配水资源方面，兴建了跨流域调水工程，将涓河的水引入三里庄水库，以满足城市供水的急需。在农业用水方面，提出了“库水上山、河水浇川、平原井灌”的指导思想。一是在水库和灌区兴建扬水站，引水上山上岭；二是对全市21条主要河流全面考察，制定了梯级开发综合利用规划，建闸蓄水，引河浇川；三是在灌区内打井，发展平原井灌。同时狠抓渠道防渗和以管代渠为重点的节水措施落实，有效地促进了计划用水和节约用水。另外，结合修建、加固工程并进行了绿化和道路建设。

（3）抓投入体制改革，促进全社会办水利。水利投入关系到水利事业的巩固与发展。经过实践探索逐步形成了5条投入渠道，发挥了三个功能的多元化水利投入新体制。5条投入渠道是争取国家投一点，地方财政拿一点，经济部门扶持一点，乡镇企业凑一点，群众集一点。发挥了三个功能：一是发挥市、乡、村行政组织服务功能，二是发挥市场的导向功能，三是发挥制度的保证功能。同时明确规定了积累用工制度。1990年筹集农业发展基金和奖励基金850万元，27个乡镇建立了农民合作基金会。在投工方面，市制定了“工换工、轮流治理、轮流受益”的政策，还规定每个劳动力每年拿出30至50个工日作为农田水利建设的积累工。在投资方面，坚持自力更生、依靠劳动积累为主。由于妥善处理了受益和负担政策，农民群众踊跃投工投资，形成了全民大办水利的局面。

（4）抓水政建设，促进水的行业管理。自1989年11月省厅确定该市为全省第二批建立水利执法试点单位后，市委、市政府、市人大非常重视。市政府成立了以市长为组长、两名副市长为副组长、11个有关部门主要负责人参加的试点工作领导小组。在试点过程中，他们把以《水法》为核心内容的执法宣传贯串于试点的全过程，采取多种形式，实行三个结合（本市实际、典型案例、法规配套），狠抓了三个层次（系统内部、各级领导干部、广大群众）的宣传。

1）建立水利执法体系。按照主管与兼管、专职与兼职相结合的原则，市里建立了水政科，乡镇成立了水政水资源办公室，水管单位成立了水政渔政办公室，经过层层选拔、培训、考核，由市政府公布任命了第一批78名水政监察员。

2）根据《水法》、《条例》规定，结合该市实际进行调查研究，清理、修订和制定了一批水规范性文件。目前市政府已公布实施了12件。在工程建设和管理方面有《水工程管理和保护的暂行规定》、《关于划定水利工程管理保护范围的意见》等6件；在水资源管理方面有《水资源管理的暂行规定》、《关于贯彻实施“山东省水资源管理条例”的意见》2件；在水利执法方面有《违犯水法规行政处罚暂行规定》、《水事违法案件调查处理暂行办法》等4件。这些文件为实施水行业管理和水利执法，提供了具体的行为规范。

3）建立健全了水管理体系。按照“谁建设、谁所有、谁管理”的原则，分别建立了管理机构，将全市12244项水利工程按照市、乡镇、村三级管理体制分别落实到728个库、所、站、段、组，选拔培训了水管人员1921人，其中专业管理人员580人，村级水管员1341人，并层层落实了管理责任制。

（张延琛）

河 南 省

河南水利事业在改革中奋进

1990年，河南省委、省政府带领广大干部群众，高举“团结奋进，振兴河南”的旗帜，把水利作为振兴河南经济的一项重要基础工作来抓，层层实行目标管理，认真制订发展规划，不断完善投入竞争机制，加强法制建设，强化管理工作，特别是开展农田水利基本建设“红旗渠精神杯”竞赛活动，充分调动了各方面的积极性，掀起了以建设旱涝保收田为中心的农田水利基本建设热潮。一年来，不论在防汛抗旱、农田水利、基建工程、工程管理、综合经营、科技兴水等方面都取得了较大进展。

河南省商水县自力更生整治骨干河道，提高抗洪除涝能力，建设旱涝保收农田　　河南省水利厅供稿

一、积极进行水库河道除险加固，加强防汛工作，确保防洪安全

防洪工程建设改变了过去单靠国家投资的办法，变为省、市、县和受益群众集资联办，发挥了各方面积极性，加快了防洪除涝工程建设的步伐。完成了宿鸭湖、南谷洞、纸坊3座大中型水库及关岗、庙街等23座小水库的除险加固，达到了设计安全标准。完成了马家河、石槽河、小温河的治理及大洪河堤防加固。同时，板桥水库复建及鸭河口、南海、白墙、宝泉水库除险加固；淮河干流及沙河堤防加固、黑茨河、吴公渠及严陵河治理都完成了年度计划；还完成了主要河道的险工整治；清除各种阻水障1.3万亩。在积极搞好工程建设的同时，还十分重视防汛工作的基础建设和"软件"工程。1990年，省政府下发了两个有关文件，即豫政〔1990〕25号《关于印发〈河南省行、滞洪区若干问题规定(试行)〉的通知》和豫政〔1990〕53号《关于加强水利工程管理的通知》在各地进行了落实。工程管理单位和各级防汛指挥办事机构进一步得到加强，继续实行行政首长防汛责任制。防汛通讯设施进一步完善，基本建成了无线电通讯网络，一些地方已经实现了遥测雨量，运用电子计算机预报洪水，昭平台等5座大型水库已建立防洪资料数据库，防汛工作开始走上制度化、规范化的轨道，做到了安全渡汛。

二、依靠群众，科学规划，农田水利基本建设取得突破性进展

1990年，河南开展了"红旗渠精神杯"竞赛活动，使"自力更生、艰苦创业、团结协作、无私奉献"的红旗渠精神得到发扬光大，出现了10万干部上前线，1440万治水大军战中原的可喜场面。农田水利建设坚持以发展灌溉面积和建设旱涝保收田为中心，以搞好现有工程的完善配套、更新改造为重点，坚持集中连片、山水田林路综合治理，取得了很大成绩，规模、质量、进度、实效都好于往年。一年来，全省完成水利劳动积累工6.32亿个，做土石方6.31亿m^3，新增有效灌溉面积181万亩，达到5325万亩；新增旱涝保收田248万亩，达到4007万亩。

打井、引黄的发展步伐加快。一年来，共打配机井3.4万眼，更新机井3.1万眼；完成13项续建和新建引黄灌溉工程，新增引黄干支渠控制面积31万亩，新增补源控制面积26万亩。

山区水土保持成效显著。各地本着"以蓄水保土为基础，以经济效益为中心，以治穷致富为目的"的指导思想，坚持集中联片、综合治理，一治几架山、几条小流域，形成规模效益。全省完成千亩以上的坡改梯90多片，治理10 km^2以上的小流域50余条。新增治理水土流失面积1475 km^2，达到28966 km^2，坡耕地改水平梯田48万亩，达到760万亩。

水利基本建设工程进展好于往年。基建工程由于狠抓了前期工作，简化审批手续，实行投资包干，严格建设程序，开展创优活动，加快了工程进度，保证了工程质量。全省共完成基建投资20448万元，13项工程通过竣工验收，3项已竣工待验收，还有10项工程都完成了年度计划。

与往年相比，农田水利基本建设有5个突出特点：

①领导带头，真抓实干。省委书记侯宗宾，省长李长春、省军区政委吴光贤带领省党、政、军的领导同志参加水利建设劳动。省、市地、县都成立了农田水利基本建设指挥部，各级领导像抓防汛一样，实行责任制，搞点、包片、包工程，参加劳动，解决问题。②科学规划，狠抓落实。各市地根据省水利发展规划纲要，修订了各自的规划，特别是及早搞好当年计划，不少县都组织几百人的规划队伍，进行“五定两落实”，即逐乡逐村定项目、定工程、插标定界、定资金、定投工；任务落实到组、户，使干部群众早知道。③落实政策，增加投入。落实市地、县、乡三级财政拿出本级财力5%～10%的规定，市、县两级财政共向水利投入1.5亿元；建立水利发展基金，新乡市根据国务院的有关规定，提取农村人均收入的1%～1.5%作为水利发展基金，把群众集资纳入了政策轨道，全省已有50多个县建立了水利发展基金，一年内群众投入水利资金近5亿元（包括部分以资抵工）。1990年全省投入水利劳动积累工6.32亿个，应出工的每个农村劳力平均21个，70%的县推行了“三账一册”管理办法，做到工程计划与用工计划结合，从而保证了劳动积累工用足用好。④集中连片治理，注重规模效益。1990年的农田水利建设，各地都做到了小工程、大规模，采取集中人力、物力、财力，组织联乡、联村协同作战的办法，进行大面积连片开发，山水田林路综合治理，形成规模效益。⑤完善竞争机制，开展两项活动。一项是以体现自力更生办水利为内容，以当年水利建设、管理、效益为主要条件的“红旗渠精神杯”竞赛活动，评出新乡、郑州、洛阳、开封、信阳等5个获杯市地；辉县、嵩县、中牟、尉氏、永城、息县等17个获杯和13个获牌县市，还评出50名在“杯赛”活动中有突出贡献的县领导。另一项是以工程体系、规模效益、整体功能和综合服务能力为内容，以效益、工程完好两大部分72项指标为条件的农田水利达标晋级活动。经验收，辉县、卫辉、获嘉、新乡、孟县、温县、新郑、长葛、通许、郾城、新乡市郊区等11个县市区达标，省里拿出540万元，对获奖杯、奖牌、达标的县、市、区分等级进行奖励补助。

三、强化服务体系，管理工作取得可喜成绩

1990年，水利服务体系建设的重点是：强化乡一级，完善村一级，狠抓群管队伍建设。全省已有2097个乡（镇）建立了水利站，达到“五有”（有办公室及办公用具；有简易水利水保测试设备；有工程图表及卡片档案；有岗位责任制；有财务制度）标准的乡站1521个，占总站数的72.5%；已有28942个行政村建立了水利服务站，达到“四有”（有办公地点及办公设备；有固定专业管理员；有各类水利工程卡片档案，有岗位责任制和合理报酬）标准的村站17206个，占总站数59.4%；井、站长、“五护员”（护渠、沟、路、树、建筑物）等群管人员80万人，初步形成一个以群管队伍为主体，专管与群管相结合的服务网络。

工程管理单位认真搞好“两个支柱、一把钥匙”，努力实现由行政管理型向管理经营服务型转变。全省有12个大型水库、50个中型水库管理单位实现了人员经费自给；白龟山、南湾、鲇鱼山三座大型水库还达到了维修经费自给。在灌区管理工作中，开展了“创先争优”活动，林县红旗渠、辉县石门灌区、固始县梅山灌区、人民胜利渠灌区荣获水利部授予的“先进单位”光荣称号，省内评出20个灌区为“先进管理单位”。

强化管理使工程效益得到充分发挥，1990年种麦期间，南阳、商丘等地严重干旱，最大受旱面积5490万亩，水利工程设施发挥了巨大作用，很短时间内就浇地3300万亩，保证了小麦适时播种。

四、水产业继续保持发展势头

1990年水产业狠抓低产塘改造，猛攻单产。一年孵化鱼苗35亿尾，改造低产鱼塘8.2万亩，发展网箱养鱼78亩，比上年增加35亩，平均亩产达到3万kg以上，其中，网箱养鲤鱼平均亩产达6.5万kg，最高亩产已达13.7万kg，赶上全国先进水平，全省水产品年产量首次突破10万吨。

五、水政、水资源工作有新进展

全省已有16个市地、58个县建立了水政机构；有16个市地、112个县（市、区），建立了水资源管理机构。各市地积极开展执法体系试点和取水许可制度试点工作。郾城县作为水利部执法体系第一批试点，已通过验收。郾城、汤阴、南召三县被部确定为取水许可制度试点县，目前正积极开展水资源开发利用调查等工作。为了进一步宣传贯彻《中华人民共和国水法》，河南省水利厅与司法厅联合发文，要求全省各地继续学习，大力宣传，广泛深入地贯彻执行《水法》。通过多种形式进行宣传，水利厅还举办了水法知识竞赛笔试，参赛人数达4800多人。

六、科技教育工作取得新成绩

全年计划组织科技课题60项，实际组织了76项，超额26.6%；除跨年度项目外，计划年底前提交20项初步成果，实际提交26项，超额30%，全省积极组织推广应用节水灌溉技术，共铺设各类输水管道300多

万 m，如新郑县大搞以节水工程为主要内容的农田水利基本建设，一冬铺设塑料硬管 86 万 m。全年对职工教育共开办各类培训班 41 期，培训职工 2051 人，使职工素质得到提高。

（韩琦荣　范志敏）

嵩县靠治山治水脱贫

嵩县地处豫西深山区，是河南省 9 个特贫县之一。全县 16 个乡镇，315 个行政村，48.6 万人，总面积 2981 km^2，耕地 51 万亩，90%以上为坡旱地。境内山高坡陡，沟壑纵横，水土流失面积 2174 km^2，占总面积的 72.9%。建国以后，特别是党的十一届三中全会以来，这个县从本县实际出发，明确了要改变山区贫穷面貌，发展农业经济是基础，治山改水，改变生产条件是关键的指导思想，制订了治山改水的长期规划，组织全县人民发扬自力更生精神，连年大干，累计完成坡耕地改造 18 万亩，治理水土流失面积 922 km^2，修建中小型水库 33 座，中小灌区 204 处，打机电眼 698 眼，建提灌站 56 处，有效灌溉面积达 11.1 万亩，近几年，全县突出以水土保持为中心，以坡耕地改水平梯田为重点，加快了农业生产条件的改变和农业经济的发展。

1990 年，他们坚持因地制宜，在规模治理和高标准、高质量上下功夫，完成小流域治理面积 92.2 km^2，其中坡改梯 42788 亩，造林整地 8750 亩，挖鱼鳞坑 6965 亩，闸沟造地 3073 亩；完成土石谷坊 3950 座，塘堰坝 8 座；打配机井 83 眼；开挖、整修、硬化渠道 177 条 18.7 万 m；新增改善有效灌溉面积 14665 亩，新增旱涝保收田 2785 亩；解决吃水困难 9821 人。进度、质量、效益均超过了往年。

在 1990 年水利建设中，嵩县着重抓好以下几项工作：

（1）早部署，早规划、早发动。县委、县政府及早动手，在元月份召开了全县水利建设动员大会，提出了因地制宜，统一规划，集中连片，综合治理的指导思想；举办了规划培训班，共培训规划技术人员 1763 人，并组织有领导、规划技术人员和群众代表参加的三结合规划队伍，对全县的水利建设进行了全面规划，制订出春、秋、冬三季大干的任务图表。图表中全面准确地显示出工程地点，规模，质量要求，开竣工时间，投资投工，组织措施，承包领导等内容。共规划重点战区 545 个，其中，春季 137 个，秋季 100 个，冬季 308 个。县级重点战区 33 个，乡级重点战区 54 个，村级 458 个。为实现这些规划任务，全县开展灵活多样的宣传发动工作，利用会议、标语、板报、广播、宣传车等形式，大张旗鼓地宣传国务院《关于加强农田水利基本建设的决定》精神，宣传农田水利建设对改变山区生产条件，改善生态环境的重要意义，使全县上下形成大干快上的浓厚气氛。1990 年的水利建设不仅进度快，而且效益高，新修的 4 万亩水平梯田中有 2.4 万亩及时种上了小麦，达到了当年治理当年见效的要求。

（2）坚持山水林田路综合治理。紧紧围绕小流域治理和坡改梯建设，注重集中连片，发挥规模效益，一治几个山头，一治一个流域。1990 年全县规划治理的 47 项重点工程规模都在 1500 亩以上，其中 2000—4000 亩的 8 项。面积达 4000 亩的纸坊乡太平沟战区，包括八岭八沟十六面坡。1990 年冬季组织 8000 多名劳力，会战近一个月，完成反坡梯田 2900 亩，林带 800 亩，鱼鳞坑 300 亩，在沟内垒砌石谷坊 250 座，新修公路 1.5 km。施工结束后，又及时进行生物措施配套，栽植板栗 1500 亩，苹果 200 亩，油松侧柏、刺槐混交林 2300 亩。

（3）重质量、求实效。全县制定了统一的质量检查验收标准，要求坡改梯工程必须做到纵横平整，留有水口和水路，深翻 1.5 尺。普遍实行组验户，村验组，乡验村的三级验收制度，制作了质量探测尺，印刷了质量合格证，一处质量达不到标准，不发合格证，整个工程不得下马，确保治一片，成一片，发挥效益一片。

（4）巩固治理成果，发挥工程效益。1990 年县乡投资 45 万元，使全县 16 个乡镇在原有基础上全部建起了水利服务站，实现一乡一站，达到“五有”（有办公室及办公用具；有简易水利水保测试设备；有工程图表及卡片档案；有岗位责任制；有财务制度）标准，有 12 个乡镇建起两层楼独家小院。315 个行政村 95%以上建起水利服务站，达到“四有”（即有办公地点及办公设备；有固定专业管理员；有各类水利工程卡片档案；有岗位责任制和合理报酬）标准。在此基础上，全面落实工程管理责任制，扎扎实实贯彻执行《水法》和《河道管理条例》，加强水政建设和水资源管理，初步走上了依法治水的轨道。水利工程设施人为破坏现象被有效禁止，自然破坏的也都得到及时修复。目前，全县 1840 项水利水保工程完好率在 90%以上。

（5）依靠群众，自力更生办水利。县委、县政府为解决全县水利建设资金不足问题，广泛动员群众，发扬红旗渠精神，自力更生，艰苦奋斗，集资投劳办水利。县财政在十分困难的情况下，拿出 107.3 万元用于水利建设，占县当年财力的 6.23%；乡、村集体投资 61.72 万元；农民群众集资 621.28 万元，人均达 13

元以上，是历年来集资最多一年。广大农民群众为了集资办水利，省吃俭用，表现出了很高的热情和奉献精神。劳动积累工是水利水保建设的重要环节，为用足用好劳动积累工，根据积累工与工程量挂钩的原则，将每个劳动力当年应承担的劳动积累工层层分解，由乡镇统一掌握。县、乡、村建有专账，村民组有工册，农户有工卡。在劳动积累工的使用上，主要采取"以工换工，以工折款，以款抵工，全乡统算"的办法，工完账清，清齐兑现。1990年全县投入水利建设劳动积累工达1321.3万个，劳力平均73个。投工最高的纸坊乡，劳力平均达87个。

(6) 实行领导干部承包工程责任制。县、乡领导亲临工程第一线抓施工，抓质量，一抓到底，与群众同吃同住，一道大干。县、乡领导都有自己的样板工程，这些样板工程的规模、质量、效益等都要求上图上表，公布于众，让群众监督，并严格检查验收。通过抓点、搞样板，推动全局，定期召开现场会，初期看发动看规模，中期看干劲看进度，后期看质量看效益。由于各级领导真抓实干，人民群众埋头苦干，1990年各项水利工程建设不仅动手早、规模大，而且标准高，效益好。

经过坚持不懈地综合治理，改善了农业生产条件，促进了农林牧渔全面发展，粮食产量、农业总产值和农民人均收入都比治理前提高了一倍多，90%以上的农民解决了温饱。

（郭大朴）

湖 北 省

湖北省水利概况

1990年，湖北水利工作认真贯彻党中央、国务院和水利部的一系列指示，按照治理整顿，深化改革，依法治水，加强管理，防洪保安，提高效益的要求，经过广大人民群众和水利职工的艰苦努力，取得了新的成绩，有效地保障了全省政治、经济、社会的稳定和发展。

一、深入贯彻水法，加强水利法制建设

全省各级水行政主管部门进一步更新观念，努力转变职能，着力于加强水行政管理和水行业管理，推进了依法治水，依法行政。水法的学习宣传进一步深入，提高了水法的知名度。水政水资源机构和水政监察队伍有了较大的发展，经省编委批准省水利厅正式设立了水政水资源处，全省16个地市州（包括神农架林区）已有14个设立了水政水资源科，72个县市已有64个设立了水政水资源股，共选拔任命水政监察员2150名。水利执法体系建设进展较快，第一批试点的江陵、天门、钟祥、公安、汉川等5个县市，通过验收，达到了规定的标准；在总结第一批试点经验的基础上，安排了第二批39个县市的扩大试点，进展比较顺利。取水许可制度逐步建立，已有36个县市完成了取水许可登记，其中宜城县发放了取水许可证。水法规的建设得到加强，报请省政府批准或与有关部门联合颁发了《湖北省水利工程水费核订计收和管理实施办法》、《湖北省水利基本建设投资计划管理试行办法》、《湖北省水利工程水费财务管理规定》、《湖北省水利工程管理单位以收抵支顶抵额度的规定》、《湖北省水费专用收据管理规定》、《湖北省水土保持管理服务机构工作条例实施细则》、《湖北省地方电力企业经营承包实施细则》、《湖北省乡镇水电管理站暂行条例》等10余个法规性文件。与此同时，严格执法，依法查处了一批水事违法案件，据荆州、孝感、宜昌、咸宁4个地区和武汉、襄樊、十堰3个市的统计，共查处各类水事案件775起，挽回经济损失20.94万元，判刑49人，拘留175人，行政处罚223人，有效地维护了水利治安秩序，保障了工程安全和正常运用。

二、狠抓防汛抗旱，保安全，夺丰收

1990年全省气候异常，汛情来得早。2月份，府河、沂河、汉北河都达到或超过设防水位。全省水库从1989年汛末到1990年汛前，一直高水位运行。2月库塘蓄水143.61亿 m^3，比上年同期多47.56亿 m^3，4月1日达到165.17亿 m^3，为有记录以来的第一位。长湖、洪湖、梁子湖、汈汊湖等主要湖泊，初春时的水位均比往年高。入汛以后，长江发生两次洪水，6月下旬监利、螺山两站分别超设防线1.70 m和1.22 m，其中监利站超警戒线0.22 m；7月下旬，沙市洪峰水位42.10 m，超过设防线0.10 m，监利站35.38 m，超警戒线1.38 m，汉口站26.63 m，超警戒线0.33 m。汉江于7月上旬也发生一次洪水，丹江口水库水位151.51 m，超汛限水位2.01 m，开6孔2堰泄洪，使

下游汉川站水位达到 29.73 m，超警戒线 0.73 m。从 7 月 5 日至 9 月上旬，省内大部分地区又晴热少雨，持续干旱，其中干旱程度鄂西南为 1959 年以来最严重的伏秋连旱，江汉平原及以东地区为 1978 年以来最严重的伏秋连旱。

由于上述水雨情况，导致隆冬防汛，初春排渍，春夏洪涝，伏秋连旱。全省受渍农田 1064 万亩，受旱农田 2929 万亩，其中严重受旱 1297 万亩。

为了战胜洪涝旱灾，全省人民在党和政府的领导下，从稳定压倒一切的基本指导思想出发，坚持防洪保安全，抗灾夺丰收。在防汛方面，按照立足于大，着手于早，着力于实，务求于胜的要求，不断强化措施，做到了准备充分，水量调度合理，防守工作严密。一是 1990 年度冬春的水利建设，完成堤防岁修加固土方 1340 万 m^3、石方 54 万 m^3，整修大中型涵闸 22 座，加固大中型水库 22 座，检修大中型泵站机组 400 台。同时，对长江、汉江及主要中型河流的 64 处崩岸险工和大中型水库的 28 处新险情，采取紧急措施进行了抢护整治。二是继续狠抓了河道清障和堤坝白蚁的防治，清除阻水圩垸 13 处，违章建筑 252 处，树障 16 处，占滩堆场 52 处，芦苇 4631 亩，封堵违章水井 136 口。采取诱杀、翻挖、灌浆等综合措施防治堤坝白蚁，使蚁害面由 49%下降到 29%。三是对全省的水文测报设施和报汛线路进行了全面检查和重点维修，保证了报汛工作的顺利进行。四是根据新的情况，修订完善了江河湖库的调度运用方案，并对分滞洪区加强了安全转移工程建设和管理。五是防汛物资器材作了比较充分的准备。六是坚持合理调度，严密防守。在 2、3 月份，针对水库高水运行、满库迎汛的情况，先后调度了 34 座大型水库溢洪或开闸泄水，确保了安全；全省排涝泵站坚持按规定的水位及时起排，先后开机 55 万 kW，累计排水 54.14 亿 m^3；7 月上旬，长江洪峰过境时，沿江地市县 11 万防汛大军日夜巡查防守，及时处理散浸、管涌等险情 92 处。通过上述工作，战胜了洪涝，保证了渡汛安全。在抗旱方面，充分发挥水利工程的作用，实行水源统一管理，计划分配，按照先急后缓、先远后近、先高后低的原则进行灌溉。大旱期间，先后有 3761 处水库开闸放水，424 处涵闸开启引水，1.09 万台泵站机组开机提水，抗旱总水量达 112 亿 m^3，保灌面积 1792 万亩。由于防汛抗旱工作抓得比较主动扎实，为夺取全年农业大丰收作出了贡献。

三、加强水利建设，增强抗灾能力

1990 年度，全省水利建设认真贯彻国务院《关于大力开展农田水利基本建设的决定》和省委、省政府的指示，按照“巩固改造、适当发展”的方针，坚持以提高经济效益为中心，以防洪保安和建设稳产高产农田为重点，加强领导，完善政策，依靠群众投劳集资，一手抓“小型大规模”的农村水利，一手抓重点工程建设，干出了农村实行联产承包责任制以来的最好成绩。全省维修、配套、续建、新建各类工程 20.8 万处，完成土石方 5.28 亿 m^3，完成劳动积累工日 4.85 亿个，农村劳平 28.6 个。通过 1990 年度的水利建设，进一步提高了堤防、水库的防洪能力，改善了农业生产条件。据各地上报统计，共新增蓄引提水能力 3.38 亿立方米，扩大灌溉面积 74.5 万亩，恢复和改善灌溉面积 482 万亩，新增除涝面积 49.25 万亩，恢复和改善除涝面积 390.1 万亩，改造渍害低产田 83 万亩，建设山区“当家地”23.25 万亩，治理水土流失面积 535.35 km^2，解决了 33.62 万人、23.62 万头大牲畜的饮水困难。与此同时，水利结合血防灭螺治理面积 20.1 万亩。

四、大力开发水力资源，逐步实现农村电气化

湖北省水力资源丰富。1990 年，按照省委、省政府关于加快农村水电建设的指示精神，依靠山区各级党委、政府的领导，调动人民群众办电的积极性，在资金、物资比较困难的情况下，新增装机 6.2 万 kW，累计达到 83 万 kW。在长时间干旱的情况下，全年发电量 21.7 亿 kW·h，占农村用电量的 57%。截至 1990 年底，全省已有 33 个县市装机超过 1 万 kW，12 个县市超过 2 万 kW；有 30 个县市主要靠小水电供电，23 个县市基本形成以小水电供电为主的地方电网，并建立了县为实体，建管统一，发供用统一的管理体制。经过 5 年的努力，通城、建始、兴山、长阳、保康、罗田、远安等 7 个县验收达标，进入全国第一批农村初级电气化县的行列。与此同时，基本完成了第二批 14 个初级电气化县的选点、规划、审查、培训等项工作。通过大力开展电站企业整顿和管理达标竞赛活动，有 5 个水电站、5 个县电网分别获部优秀电站、优秀县电网称号，有 3 个水电企业获部级先进企业称号。

五、积极扶持库区，加快脱贫步伐

鉴于库区生产条件差，群众生活困难，1990 年从资金中安排专项 450 万元，并认真落实农田水利建设优先和水费、电费返还政策，建立健全开发基金制度。按照规划，继续对大型水库库区进行开发扶贫、科技扶贫，使库区面貌发生了可喜变化。一年来，大型水库库区建设小型泵站 130 处、3100 kW；整修水库、塘

堰增加蓄水能力1760万m^3；改造低产田1.5万亩；结合水土保持发展用材林、经济林1.8万亩；兴办小型加工业106处。人平纯收入由1989年的273元增加到1990年的310元，净增37元。水利部门坚持开发扶贫，受到了各级党委、政府的肯定，省水利厅被评为全省支援山区 库区建设先进集体。

六、加强水利管理，建立服务体系

继续巩固和发展了专管与群众相结合的工程管理体制。在进一步完善国有工程管理单位经营承包责任制的同时，大力加强基层水利管理服务体系的建设，通过1990年的收尾，全省已建乡镇水利站1392个，占应建站的98.4%；配水利员6316名，占定编人数的91.3%。乡镇水利站对各类小型工程推行专人专户承包管理责任制，使全省基本形成国家、集体、群众三结合的水利管理网络。全省水库、泵站、堤防的管理达标工作深入开展。滗水水库、漳河水库被评为部一级管理单位；汉川、南套沟、排湖、玉湖、赤东湖等8座泵站被评为全省排灌先进集体，其中玉湖、汉川、赤东湖3座泵站受到水利部表彰。钟祥汉江修防总段等10个单位、洪湖长江修防总段等66个单位，分别获管理达标优秀合格单位和合格单位，1990年年度达标堤长1056 km，累计达标堤长1449 km。

在加强工程管理，确保安全，提高社会效益的同时，努力壮大水费和综合经营两个支柱，增强水利自身活力，减轻国家负担。1990年，全省县以上管理的水利工程管理、服务单位，有2/3实现了人员经费、一般维修费用自给或自给有余。

七、依靠科技进步发展水利事业

1990年，完成了“科技兴水指导纲要”和科技成果管理、鉴定和奖励等3个管理办法的草拟工作。“小型水电站经济分析研究成果”，经水利部、能源部组织鉴定，达到国家领先水平。公安闸口泵站1.6 m轴流泵节能措施的研究，获水利部科技进步三等奖。“鳜鱼网箱养殖技术”、“中型挖泥船长距离输泥技术”达到国内领先水平，“水文缆道微机测流控制仪”、“WHOS汉字操作系统”达到国内先进水平。加压式耙斗清污机、“湖北灾害性洪水述评与分析”获省科技进步二等奖，“湖北省改造渍害低产田规划”、“鄂东杨畈冲垅渍害低产田排水改造试验工程”获省科技进步三等奖。列入国家“八五”重点攻关项目的宜昌西北口水库钢筋混凝土面板堆石坝设计、施工均获成功。与此同时，围绕改善农业生产条件，大力推广暗管排水改造渍害低产田技术，年增加暗管排水面积1.5万亩，累计达到8万余亩，年增产粮食2400万kg。进行了泵站技术改造的试点，黄州市黄草湖泵站改造后，机组效率提高3.84%，每千吨米耗电下降0.75 kW·h。有20个县市建立了农田水利水保技术推广站。在抓好省水利学校和荆州、黄冈、宜昌等地区水利学校教学工作的同时，积极开展职工教育，省水利厅举办各类短训班18期，培训923人；举办高级工技术培训班7期，培训307人。

（程启竞　孟希冰）

大搞农田水利建设 切实增强农业后劲

湖北省襄樊市市辖8个县（市），4个县级区，总土地面积26567 km^2，总人口610万人，耕地803万亩，其中水田371万亩，旱地432万亩，是湖北省干旱缺水的地方。在党的十一届三中全会以来的路线、方针指引下，在省委、省政府开发鄂北岗地治理旱包子战略部署的鼓舞下，襄樊市自1985年冬以来，“恢复干劲，重振旗鼓”，农田水利基本建设一年比一年扎实。出现了十年来未有的好形势，从平原到岗地，从丘陵到山区，到处掀起了大搞农田水利基本建设的热潮。全市高峰期上劳力146万多人，占农业劳动力的64.4%；完成各类工程4.71万处，村平11.8处，组平1.78处；完成土石方10154万方，标工8914万个，全市劳平完成土石方44.8 m^3，完成积累工39.32个；新增蓄、引、提水能力1.5亿m^3，新增和改善灌溉面积50万亩，改造中低产田50万亩，植树造林和建设多种经营基地50万亩，四旁植树1705万株。同时，解决山区4万人和3万头牲畜的饮水困难。

1990年本市农田水利基本建设主要作法和体会有以下几点：

一、深化认识，揭露矛盾，切实把农田水利基本建设当作基础产业抓紧抓好。

建国四十多年来，本市农田水利基本建设取得了巨大成就，特别是近几年来，维修配套了一部分老工程，兴建了一批新项目，恢复改善和新增灌溉面积100多万亩，有力地促进了农业的发展。1989年在伏旱连秋旱的严峻情况下，由于水利设施及时为农业抗旱提供水源27.5亿m^3，创造了灾害之年农业丰收的奇迹。粮食总产达41.35亿kg，比上年增产3.45亿kg，创历史最高纪录；棉花回升幅度比预想的要好，总产达146万担，增产61.4万担；油料恢复历史最高水平，总产219万担，增产80.4万担。农业商品率上升，粮食收购12.5亿kg，比上年增长2.5亿多kg；棉花收购

35万担，比上年翻了一番；油料收购110万担，比上年增收70万担。但是，也必须看到，本市农田水利基本建设还远远没有过关，抗御大旱大涝的能力还很低。1988年旱灾全市700万亩秋作物稳产保收面积不到一半，1989年遇到水灾，阴雨低温及暴雨，又损失粮食2.5亿多kg，这表明本市的农业基础还比较脆弱，还不具备抗御特大灾害的基础条件，不少地方仍没有摆脱靠天吃饭的局面。一是水利建设不平衡。全市还有128万亩"旱包子"和50万亩水利死角，山区200多万亩耕地，85%不能灌溉，18万人和12万头牲畜的饮水仍处于极度困难之中；二是半数以上的工程未脱险、不配套，每年少蓄水5亿多方，因渠系不配套，尚有160万亩设计效益没有发挥出来；三是不少水利设施年久失修，设备老化，库堰变浅，渠道淤塞，涵闸毁坏，泵站破损，灌溉效益衰减25万亩。这些问题严重制约了农业的发展。

广大干部群众通过联系实际，总结抗灾夺丰收的经验教训，反思旱涝灾害的切肤之痛，进一步认识到水利对农业丰收的命脉作用，对经济发展的基础作用和对生态平衡的涵养功能，从而增强了兴修水利的光荣感、责任感和紧迫感。在秋收与秋播之间就打了一场治地改田和建设绿色企业为中心的小战役，全市投入劳力40多万人，改田7.5万亩，建设多种经营基地14万亩，完成土石方400多万方，拉开了冬季农田水利基本建设的序幕。秋播一结束，领导、劳力、机具及时转到水利建设上来，迅速掀起了冬季农田水利基本建设高潮。

二、因地制宜，突出重点，全方位地培植农业发展后劲

本县从群众要求最迫切，经济效益最显著的问题入手，因地制宜地明确主攻方向，集中力量解决要害问题。指导思想是：遵循"巩固改革，适当发展，加强管理，注重效益"的原则，以抗御大旱大涝，扩大保收面积为目标，以解决水利死角和配套、挖潜增效为重点，以自力更生、集资积劳为基点，坚持自力更生为主，小型大规模为主和当年受益为主，实行综合治理和开发，大力培植农业综合发展能力。主攻方向是抓好五个重点：

(1) 集中力量，主攻水利死角。全市现有"望天收"水田面积50多万亩，主要集中在襄阳、枣阳、随州、宜城结合部的丘岗地区。我们重点帮助这些地方改善生产条件，即大搞建水库蓄雨水，修大堰积闲水，建泵站提河水，扎挡坝拦流水，延渠道引客水，打机井抽地下水。以解决水源不足。计划大干三五个冬春，力争在"八五"期间基本消灭水利死角。

(2) 大力搞好维修、配套、挖潜，充分发挥现有工程效益。对水库除险保安，河堤险工险段加固处理做到优先安排，限期脱险。全市共完成整险加固大中小（一）型和小（二）型水库305处，完成汉江、唐白河堤防整险加固16 km，兴修护岸1000 m，整修护岸100m，完成堤防达标210 km，同时，兴修维修小河堤270处，长166 km。增强了水库堤防的防洪抗洪能力。对设施不配套的水利工程，按照设计要求，抓好渠道和建筑物配套建设，做到干、支、斗、农、毛五级渠道配套到田间。对失修老化工程，搞好维修更新，特别是对淤塞损坏的渠道，做到了老渠新开，实现底面、坡面、渠埂顶面"三面"见新。深度、宽度、坡度"三度"达标和渠、林、路、建筑物配套。全市共新修维修清淤渠道6107条，长10040 km，新修维修大小泵站1170处，新修维修各类水库317处，新修维修堰塘21556口，打井50眼，增加和改善灌溉面积25万亩。

(3) 下气力建设当家地，改造中低产田。山区把建设当家地作为农田水利基本建设的中心任务来抓。去冬南、保、谷三县，在有利于水土保持的前提下，集中力量开发山地，改造坡地、建设梯地、整治耕地，一年建设当家地17664亩，平整土地14048亩，计划苦干三五年，力争达到一人一亩当家田。人平当家地较多且耕地后备资源稀缺的地方，大搞修闸墙、捡石头、固河堤，垫河田，搞好当家地的巩固提高、丘陵地区致力于冲槽冷浸田的治理，开挖固定山脚沟，切断山浸，抬田升温。平原渍洼地区抓好土壤"暗沟"、田间"三沟"和区域大排水沟的配套建设，形成排明水、滤暗水，降低地下水的综合功能。鄂北岗地继续平整土地，扩大水田和水浇地。

(4) 综合开发山水资源，发展绿色企业。各地把水利、水产、水电有机结合起来，大搞水资源的综合开发利用。利用水库堰塘养殖水面发展渔业生产，利用山场资源发展绿色企业，利用水头跌差发展水电、加工业。还利用众多水利工程的优势，发展城镇供水、库区综合开发，办店办厂，有条件的发展航运、旅游。1990年冬结合改造和新建堰塘，全市建设精养鱼池461口，水面2184亩。依托荒山荒坡，兴建林、果、桑、药、黄花等多种经营基地31.34万亩，其中：清茶4.8万亩，油茶1.2万亩，柑园4.5万亩，桑园1.8万亩，果园2.8万亩，油桐1万亩，黄花500亩。同时植树造林30万亩。

(5) 抓好治理旱包子重点工程的施工。目前清泉沟泵站泵房的西园头进水墙和后墙均浇至155 m高程，东园头浇至154.4 m高程，进水墙最高浇至155 m，已完成砼33400 m³，占计划的93.3%，完成土

石方46万m^3，占计划的99.4%。石台寺泵站已完成土石方138万m^3，占计划的99.4%。引水暗涵长836 m已全部完工，四铺渡槽长6200 m，吊装全部完成。今年“七一”出水灌溉襄、枣7.5万亩农田。这两处工程全部完工后可新增和改善灌溉面积63万亩，使“三北”地区面貌焕然一新。

三、艰苦创业，向内使劲，多层次多渠道增加农田水利基本建设投人

(1) 各地发扬自力更生，艰苦奋斗精神，依靠自己的力量搞农田水利基本建设，并且把国家和地方财政投资用到最急需的地方和项目上，实行以奖代补，验收结帐，体现大搞大支持，小搞小支持，不搞不支持的基本原则，从而激发了各层次的积极性，出现了多层次多渠道全方位增加投入的新局面。今年在财政收入不景气的情况下，市政府仍拨出专款250万元用于农田水利基本建设，县（市）乡（镇）机动财力投入水利的比例不小于25%，水费、电费返还的水利设施维修资金，以及水利贷款和从乡（镇）企业利润及村组积累中挤出一部分资金用于农田水利基本建设等都有适当增加，农业综合开发资金和工业品以工代赈资金，也按配套资金落实到项目建设上。据统计，全市共计集资用于农田水利基本建设的资金约5000万元，其中村组和农民自筹部分占60%以上，充分发挥了农民投入的主体作用。

(2) 完善劳动积累制度。凡是户籍在农村的劳动力，除天灾人祸和无劳动能力适当减免外，每劳每年都承担30个农田水利基本建设积累工。因故不能投劳的，按当地劳动力价值，请工代劳或以资抵劳，从而促进了劳务投入的增加。不仅集中了种田务农的劳力上了工地，而且有许多进城的临工也回乡参加农田建设。

(3) 坚持自愿互利，等价交换的原则。各地在农田水利基本建设中按照受益范围，分级举办，谁受益，谁负担，不得无偿平调。例如南漳县对联乡、联村、联组、联户工程坚持“统一规划，分期实施，以工换工，轮流治理，逐年拉平，周期均衡”的办法，收到了很好的效果。

(4) 加强劳动积累工的使用和管理。一是确保专工专用，从不挪用积累工去修街道、机关、学校、医院等；二是以村为单位建档立卡，实行定工额核算管理，避免了“出工不出力”。保康县对农户出工所带工具实行按件计时、评工计分办法，如钢钎使用，磨损1kg记6分，铁锤用一天记1分，每10分记一个标工，抵一个积累工任务。避免了出人不出工具，提高了积累工的使用效果。

四、加强统一领导，发挥政治优势，保证农田水利基本建设顺利进行

各级党委和政府把农田水利基本建设作为考核领导实绩的重要标志，摆上了冬春农村工作的中心位置，集中力量组织大规模的建设高潮。

(1) 早规划早行动。对去冬今春的农田水利基本建设规划做到了及早定盘和分解，施工任务及早落实到村、组和农户，使县县有骨干，乡乡有工程，村村有项目，每个劳力有任务。秋播一结束，就迅速掀起了建设高潮。

(2) 建立了强有力的施工指挥系统。各级党政一把手亲自过问农田基本建设，分管领导具体抓。各级工程都建立了指挥专班，主要领导担任指挥长。全市共投入农田水利基本建设的乡（镇）以上领导干部一万二千多人，其中市、县（市）、区抽调党政干部两千多人。

(3) 各级领导恢复和发扬党的三大作风，以廉洁务实的形象深入工地，现场指挥，及时解决问题。1990年11月22日，市委、市政府在老河口市召开了全市农田水利基本建设现场会。原市委书记章治文、副书记伍荣显，副市长张振华等领导同志带领各县（市）区分管农业的书记，检查了六个县（市）36个农田水利基本建设现场，相互交流了农田水利基本建设开展情况和经验，及时解决了施工中存在的主要问题，进一步研究了施工措施。会后，市委副书记伍荣显同志又深入到各县（市）农田水利基本建设工地进行检查指导。

(4) 加强政治宣传鼓动工作，大力表彰先进，深入开展社会主义劳动竞赛。市委、市政府组织襄阳报社、襄樊电视台、襄樊广播电台深入全市施工现场，搞农田水利基本建设专题报道。通过电视、广播、会议、标语等多种形式，推广典型，大造声势，大造舆论，大力宣传好人好事，开展劳动创优竞赛活动，使广大干部群众焕发出饱满高昂的革命精神，显示出大干苦干、顽强拼搏的战斗风貌，形成了千军万马战山河，同心协力办水利的强大阵势。保康县25%的农户锁门上工地，吃住在工地。

(5) 各行各业大力支援农田水利基本建设。市委、市政府组织计划、财政、物质、供销、水利、农行、林业、银行、电力、石油等有关部门，各尽其责，协同作战，全方位地为农田水利基本建设提供优质服务。各行各业，以同农业、水利共兴衰的感情，有人出人，有钱出钱，有物出物，大力支持农田水利基本建设。全市组织水泥22900 t，钢材700 t，保证了工程的需要，并组织机关干部、城镇居民自带干粮到工地参加义务

劳动，真正形成全党全民办水利的热潮。

五、加强管理，建管并重，努力提高农田水利基本建设的综合效益

(1) 坚持高标准、严要求，确保工程质量。各地立足提高工程效益、生态效益和社会效益，在科学立项的前提下，把施工质量作为施工管理的中心环节和工程承包的关键指标，同领导干部、承包法人、技术人员、施工人员的责、权、利紧密挂钩，实行质量目标管理，充分发挥各级领导干部，工程技术人员的作用。搞好技术指导，分段检查，完工验收，达标发证，合格结帐等工作，确保所有工程质量达标。库、堰坝体建设做到了层土碾压，坝体坚实，库容整齐。设施配套。新开渠做到“三面”（底面、坡面、顶面）平，“三度”（深度、宽度、坡度）齐，渠路成荫。渠道清淤改变了过去“黄泥巴坡上耙，一场大雨回老家”的前清后垮现象，做到了老渠新开，“三面”见新，“三度”达标，林路配套，旧迹荡然无存，面貌焕然一新。改田造地做到了田平埂直，土厚质优。山区坡改梯做到“石墙坎，水平线，两尺土，三米宽”。多种经营基地建设做到了挖槽一米深，开口一米宽，沟位等高线，走向绕山转。无论山里山外，无论大小工程，都达到了高质量高标准，建一处，成一处，受益一处。

(2) 坚持边修边蓄边管，确保工程当年受益。各地在兴修水利中，针对库堰存水和渠道通水引水的特点，对需要整修和清淤的库堰，采取有水加埂，无水挖深，或转水修库堰的办法，杜绝了放水修堰修库和放水挖藕、捉鱼、起溏泥现象。丹江渠道和长渠等引水工程抓住清淤前的有利时机，引水蓄水2000多万m^3。同时，去冬各地水库、电站做到发电服从灌溉，小局服从大局，一般关闸蓄水比较早，尽量争取灌溉前多蓄水，把有限水用在今年灌溉的最关键时刻。据不完全统计，去冬今春在兴修水利中，由于坚持边修边蓄和加强灌溉管理，共节约用水增加积蓄1.5亿多m^3，可多灌溉面积30多万亩。全市现有蓄水22亿多m^3，扣除死水和有水无田，只能发电不能灌溉的5亿多m^3外，有效蓄水量还有17亿多m^3，可保收农田近400万亩。

在抓好在建工程施工质量和当年受益的同时，我们进一步强化了水利部门的职能，健全和完善了施工管理制度，工程管理使用制度，供水用水制度，加强了水资源和水利设施的法制管理，增强了全民依法用水意识，严厉打击了破坏水利设施、盗卖水利水电器材和制造水事纠纷的不法分子做到有法必依，违者必究，把水利、水电、水产的建设和管理逐步纳入到法制轨道。

去冬今春我市农田水利基本建设虽然取得了很大成绩，但是，在大好形势下，还存在着不平衡：一是土方工程完成的好，建筑物工程剩余尾工还大；二是有的工程标准不高，质量较差；三是少数地方动作不大，小打小闹，没有骨干项目；四是一部分重点工程，由于去冬经费拨的稍晚一点，前期准备工作未跟上，开工迟，进展比较缓慢。特别是省市安排的15处重点项目，计划土石方495万方，目前只完成317万方，占计划的75%，剩余任务十分艰巨。其次是新建小(二)型水库开工48处，完工33处，按现在进度算帐，大汛前还有一部分工程不能完工。这些工程不仅关系到明年的灌溉受益，而且关系到下游人民生命财产的安全。为了善始善终地完成今年的农田水利基本建设任务，为夺取今年农业丰收创造条件，一是对面上已动工尚未完工的小型农田水利工程要抓紧刹好尾；二是狠抓重点脱险受益项目施工。省、市安排的重点项目，未开工的要马上开工，新建小（二）型水库未开工的，不要再开工。要根据剩余工程量大小上足劳力，切实加强领导，千方百计满足这些工程资金和材料的需要，确保按设计要求尽快完成。脱险工程一定要确保大汛前完成，配套工程要赶在灌溉前完成，做到早脱险、早完工、早通水、早受益，不留尾巴、不搞“半拉子”工程、善始善终、精彩结束；三是抓好建设、管理、使用有机结合，努力提高水利、水电、水产建设的综合效益。

（郑德庆）

湖　南　省

湖南水利概况

一、农田水利基本建设取得突破性进展

湖南省在1990年是个多灾年，重灾年，6月份占全省面积一半以上的地方先后4次发生特大暴雨山洪。7月份以后，又连续两个多月高温干旱，受旱面积超过1963年，部分地区受灾程度是建国以来最严重的一年。从灾害的反思中，湖南省各级政府大大提高了对水利基础产业地位的认识。全国农建会议一结束，省政府就召开省长办公会，省长陈邦柱，副省长董志文、卓康宁强调全省党政领导都要求从战略高度来加强对水利基础产业的认识，要求省地县成立农建指挥部，省人大常委作出决定，人均劳动积累工山丘区要达到20个，湖区不少于30个，适当提高水费、小水电电价，实行以水养水、以电促水，各级财政努力增加水利投入。10月，省政府作出了《关于大力加强农田水利基本建设的决定》，并发出《关于提高水利工程水费计收标准的通知》。重视农建落到了实处。

1990年，全省共铺开各类水利工程61.32万处，比上年增加15%，竣工54.27万处，占开工数的89%，累计完成工日5.2亿个，完成土石方4.64亿m^3，分别比上年增长31%和37%，高潮时，每天上劳达954万人。共投入资金5.6亿元，其中各级财政1.96亿元，群众自筹3.6亿元。恢复改善灌溉面积458.3万亩，新增蓄引提水量3.87亿m^3，改善了44.3万人，24.2万头大牲畜的饮水条件。

在建设中，湖区各县市建立了领导干部包冬修、包管理、包防汛、包抗旱的一条龙承包责任制，山丘区普遍推行“联区工程县长抓，联乡工程区长抓，联村工程乡长抓，联组工程村长抓，联户工程组长抓”的工程建设责任制，8万多干部上到一线，办7767处冬修样板工程。

全省的共同特点是“小水利、大规模、高标准、群众性”。以加固堤防和水库续建配套为主，大搞小型塘坝、渠道建设。对现有工程除险加固，配套挖潜，有条件的地方适当兴建骨干工程。全省共建成混凝土标准塘51456口，护砌面积1240万m^3；建设标准渠7160公里，洞庭湖建设标准大堤693 km，此外还开展了标准水库和标准机埠建设，完成了1661处病险水库的除险加固，建成690座小型水库。

各地市根据自己的特点，选准主攻方向，呈现出异彩纷呈的景象。湘潭市90%乡镇建立水利发展基金，1990年投入水利基金2052万元。常德市的安乡县打堤防建设总体战；桃源县打除险加固、工程达标歼灭战；临澧、石门县打塘坝水库维修速决战和人畜饮水攻坚战。全市41%的劳力上阵。岳阳市临湘县新扩建小（二）型水库109座，为该县前40年总和的一半。岳阳摆开了“百库新建总体战、大堤达标攻坚战和电排更新改造大会战”三大主战场。全市完成工程处数、工程量和上劳人数居全省之首。

在农田水利建设中，全省各地涌现出许多可歌可泣的先进典型和英雄人物，文青成就是其中的一位。文青成，隆回县北山乡东鄄村看水员，1990年3月5日，在抢修油老冲水库中为救他人以身殉职，年仅17岁。他光荣献身后，中国水利报，湖南日报等新闻媒介纷纷发表了消息和长篇通汛，中共水利部党组、湖南省委省政府、湖南省水电厅等作出开展向文青成学习的决定，赞誉他为“雷锋式好青年”，湖南省政府追认他为革命烈士。国务院总理李鹏，全国政协副主席王任重、钱正英，水利部部长杨振怀，湖南省委书记熊清泉先后题词。李鹏总理的题词是：“‘为人在世要正直爱民，一心为公’。录文青成同志日记。”

二、战胜了严重的水旱灾害

1990年，湖南暴雨频繁。汛期（4—9月）平均降雨量831 mm，虽比历年同期均值927 mm偏少一成，但在时空和地域上分布极不均匀。2月全省平均雨量比历年同期均值偏多76%，洞庭湖出现了春季开机排渍的少有情况。湘江流域提前入汛，3月下旬其干流上游发生了超警戒水位的洪水。6月份大部分地区连续多次遭遇大洪水。湘南、湘西、湘中先后发生严重的大面积干旱，干旱时间长、范围广损失重。暴雨、洪水使全省14个地州市的88个县1400多万人受灾，溆浦、沅陵、辰溪、泸溪、安化、桃江、新化、涟源、娄底、宁乡等县市最为严重。洪灾受灾面积1734万亩，成灾697万亩，减产粮食10亿kg，水灾直接死亡人数339人，伤5800多人，倒塌房屋12.78万间。重灾区

水利基础设施遭到了毁灭性破坏。全省共毁坏各类水利工程 20.19 万处，垮小（一）型水库 1 座，小（二）型水库 6 座，水毁工程损失价值 3.37 亿元。全省受旱作物面积 3935 万亩，失收 820 万亩，767 万人发生饮水困难。零陵、邵阳连续两年干旱，旱情一年比一年严重。

水旱灾害发生以后，湖南省各级党和政府全面动员，投入紧张的抗灾斗争。江泽民总书记于 6 月 16 日凌晨打电话给省委书记熊清泉询问受灾情况，指示抗灾救灾工作，并向灾区人民表示慰问。李鹏总理委派民政部副部长张德江率团来湖南考察灾情，慰问灾民。李铁映、邹家华、罗干等领导同志先后来电，关心和慰问受灾情况，受灾群众。国务院有关部门及时调拨一批特大抗灾经费和物资，对湖南战胜灾害给予了很大鼓舞和支持。

湖南省委、省人大常委会、省政府、省军区等的主要领导同志先后纷纷赶赴灾区组织抗灾救灾。省长陈邦柱在公路中断的情况下，乘坐火车货车的机车头连夜赶往溆浦灾区指挥抗灾，与灾民一起挑沙，恢复水毁工程。省直各单位派出 84 个工作组协同地、县、组织抗灾工作，全省 16 万干部、783 万多群众战斗在抗灾前线。各级防汛指挥部门、水利部门和水利工程管理单位坚持昼夜值班制度，随时掌握灾情动态，进行河库联调，错开洪峰，降低水位的办法，减少了灾害损失。

三、依法治水，开创了水政水资源工作的新局面

1990 年，湖南各级水利部门和工程单位坚持以水法统揽全局的工作，加紧水利执法三大体系的建设。全省 14 个地市全部建立了水政水资源机构，99.1％的县市区组建了水政监察队伍，桃源和沅江市作为全省第一批水政监察试点县于年底通过了水利部组织的验收。据不完全统计，全省各级水政机构、河道监理机构共查处各类水事案件 640 余起，挽回直接经济损失 112 万元。

省水利水电厅水政处归口管理全省水利水法规配套、水利执法工作，编印了《水政水资源工作手册》，积极向全社会宣传水法。在全省水利系统干部职工中加强水法规知识教育工作。全年组织举办 7 期水政干部、水政监察员学习班，共 450 人。部分地市县自行举办同类学习班，一大批水政监察人员领取了结业证，持证上岗。

水利法规配套建设得到了加强，省厅起草了《关于调整水利工程水费标准的通知》、《河道采砂管理实施办法》，先后由省政府及有关部门联合发布实施。《洞庭湖蓄洪区安全与建设管理办法》、《湖南省河道管理实施办法》、《洞庭湖区堤垸防洪基金筹集使用和管理办法》已草拟完毕，报省有关部门审议。

全省第三个水法宣传周活动有声有色，效果良好。省水利厅厅长王明湘和省司法厅厅长同时在省电视台发表宣传讲话。常德市集中全市各县力量在市区组织水法宣传一条街，尔后流动到各县巡回宣传。全省各级充分利用报纸、电视、广播、墙板、碑等形式宣传水法及配套法规。同时水法列入年度“三湘普法杯”全省法律知识竞赛，参加人员 211 万人。

本年度全省处理了几起影响较大的水事案件，在社会上引起了很大震动。长沙港基建工程公司在湘江洪道设障，长沙市水电局依法作出了停建、罚款处理，该公司不服，诉诸法院，长沙市中级法院二审判决，维持市水电局行政处罚决定。此案在省会引起了较大反响，数家新闻单位纷纷予以报道。

1990 年，全省省地两级全部建立了水资源管理机构，大部分县也建立了机构，并开始取水登记和收费工作。

四、基本扭转了“重建轻管”的倾向，加深了对水利基础地位的认识

到 1990 年，湖南已建成水库 13000 多座，塘坝 210 多万处，电力排灌站 148 万 kW，水轮泵 3935 处 7122 台，各类水利工程蓄引提水量 317 亿 m^3。初步治理水土流失面积 1.4 万 km^2，占水土流失总面积的 24％。地方中小水火电总装机达 162 万 kW，其中今年新增 6.2 万 kW，已有 11 个县达到农村初级电气化标准、年发电量 49 亿 kW·h，洞庭湖区建成万亩以上堤垸 84 个，一线防洪大堤 3471 km，二线堤防1509 km。全省水利工程形成固定资产达 100 亿元。

水利是国民经济的基础产业。各地把水利工作的着重点转移到了管理上来，基本扭转了“重建轻管”的倾向。全省水利管理人员已达 10 万人。全省有效灌溉面积由 1949 年的 1798 万亩增加到 1990 年的 4000 多万亩，由于水利工程的抗洪抗旱作用，1990 年湖南尽管遭受严重的水旱灾害，粮食生产仍夺得了大丰收。水利自身经济效益同步增长，1990 年全省水利管理单位综合经营收入 5.63 亿元，比 1980 年翻了两番，盈利 7686 万元，比上年增长 16.3％，21 个县市突破千万元大关。韶山灌区、欧阳海灌区、白马水库灌区、青山水轮泵站、岩汪湖电排站、呆英岭电灌站 6 个单位被水利部授予 1990 年全国先进灌区和先进水轮泵站光荣称号。其中欧阳海灌区水利水电工程管理局荣获“部级先进管理单位”称号。南县育新电排站被全国总工会评为减轻国家负担和关心职工利益的典型。

为加快发展步伐，一些地市主管部门主动为基层单位在政策和产供销方面排忧解难。岳阳、衡阳、长沙、益阳、常德等地市政府转发了水利部和省水电厅有关文件，为水利综合经营开绿灯，提供保护性优惠政策，长沙市水电局与市财政、农行、物资部门联系，为基层水利单位组织1006万元资金，340吨钢材，给水利综合经营注入了新的活力。

1990年8月，湖南省政府办公厅发出通知，决定从1990年度起，调整水利工程水费标准。积极推行农业水费以物计收的办法，改收粮食，粮食部门按实收数量以当年省定议价粮收购指导价结算给水利水管单位。从1990年10月1日起，凡是由水利工程供水的工矿企业及受堤垸保护的单位也实行新的水费标准。农业自流供水每亩收稻谷9—13 kg，工业消耗水每m^3收费5.5—9分，水库养鱼按年总产值的3%至5%计收水费。有移民遗留问题的水库，另按水费标准的10%附加库区移民扶助费，以支持和帮助移民发展生产。

（皮颂乎 游建华）

弘扬创业精神 大兴水利建设

临湘县地处湖北，北靠长江中游，南接慕阜山脉，是一个山丘湖兼有的农业县。总面积1690 km^2，耕地面积45.3万亩，其中水田32.6万亩，旱地12.7万亩，辖21个乡镇、287个村，总人口44.3万，其中农业人口36万。近几年，特别是1989年秋、冬以来，全县进一步贯彻落实国务院关于《大力开展农田水利基本建设的决定》精神。动员全县人民，发扬自力更生、艰苦创业的优良传统，把农田水利基本建设作为振兴临湘经济的基础产业和战略产业来抓，展开了一场声势浩大的群众性水利秋冬修建设高潮。共计完成大小水利工程5973处，比上年度多1110处，占市下达计划的123.26%。其中：完成标准堤17处47.59 km，完成渍堤块石护坡6处4.65 km，新扩建小（二）型水库110座，相当于全县解放后40多年以来兴建小（二）型水库总数205座的一半以上，新建万方以上标准山塘870多口，新建标准渠道67条255.5 km，共计完成土石方678万m^3（人平完成18.82 m^3，劳平42.67 m^3）。共计投入劳动积累工518万个（人平投工14.3个，劳平32.4个）。通过一个秋、冬的努力，全县共计可增加蓄引提水量2350万m^3，可新增灌溉面积2.1万亩，恢复灌溉面积2.5万亩，改善灌溉面积3.6万亩，新增保收面积8.1万亩，新增除涝面积3.2万亩，改造低产田3.6万亩。为改变临湘县“北涝南旱”的水利局面打下了良好的基础，也为今后发展水利事业探出了一条新路。在其具体作法上，主要有以下三个方面的成功经验。

一、立足自力更生，拓宽投入渠道

临湘县农业长期面临着“北涝南旱”的严重威协。治理“北涝南旱”却又面临着投资、投劳的困难。为了给人民创一番事业，我们坚持把立足点放在自力更生上，不等不靠，自想办法，拓宽渠道，增加投入。

（1）增加集体投入。县财政在财力十分困难的情况下，通过压缩行政经费、增收节支等办法挤出160多万元投入到各地办水利。各乡镇为办好水利，严格控制各种费用，一致提出水利建设不搞好，不建办公楼，不添置办公设备，不购买小汽车，把有限的资金用到水利建设上。去年全县21个乡镇共计为水利建设自筹资金150多万元。县直各部门以水利建设大局为重，也积极捐赠资金170多万元，支援了水利建设。其中县经委、财委、农委、计委、建委无偿地拿出了21万元现金，投入到水利建设上。

（2）引导农民投入。农民的劳务投入是农田水利建设的投入主体。我们本着“谁受益，谁负担”的原则，规定每个农业劳力每年投入水利建设的积累工不得小于30个，水利建设任务大的，可略多一些。提取的办法是：各地按当年水利建设需要来确定劳动工日数，有劳农户必须投劳，无劳农户可以资代劳或以物代劳。积累工的管理使用，坚持“乡镇统筹，集中管理，分级使用，按需调剂”的原则，乡村统一设劳动积累工台帐，定期张榜公布，定期与农户结帐。为保证工日投入兑现，各地收取一定数额的保证金，年终视其投工情况找补兑现。这一劳资结合制度的实施，对农民自办水利起了较大的激励和约束作用，增强了自我积累、自我发展的能力。去年全县群众投劳518万个，劳平32.4个。乘风乡地处黄盖湖畔，全乡有8000多亩水田分布在沿湖十湖八十九汊，易涝易旱，水利问题突出。去年这个乡的群众积极投劳，男女老少上阵，共完成大小水利工程116处，其中新扩建小（二）型水库5座，新修万方以上山塘18口，新建机埠10处，加固内垸标准渍堤4.5 km，共投工18.5万个，劳平98个，完成土石方34.3万m^3，劳平81 m^3。新增蓄引提水量192万m^3，解决水利死角25处，扩大灌溉面积3930亩，新增保收面积4500亩。经过一个秋冬大干，一举解决了改革十年来未解决好的水利问题。

（3）扩大社会投入。全县干部职工、城镇居民，除特困户、五保户、一等以上残废军人外，都自愿将全年的肉价补贴捐献出来办水利。另外，还每人集资10

元钱，仅此两项，全县便筹集了资金101万元。全县农民除积极投劳外也按人均1元或亩均2元的标准筹集了110多万元资金。通过这些办法，全县共筹集水利建设资金712.5万元，较好地缓解了资金紧缺的矛盾，保证了各项工程施工的顺利进行。

二、坚持艰苦奋斗，党员干部带头

发扬艰苦奋斗的精神，激发群众劳动热情，是搞好水利建设的先决条件。去冬今春，我县水利建设工程量大，战线长，任务十分艰巨，为了如期如质地完成各地的水利建设任务，全县广大党员干部身先士卒，勇挑重担，积极发挥模范带头作用。

(1) 深入一线，组织指挥。去冬水利开工以来，从县级领导到机关、农村干部，坚持发扬艰苦深入的工作作风，纷纷到水利工程施工现场办公。县委、县政府建立了“三位一体”的分片包干责任制，即在人员上，由县、乡、部门组成包干小组；在工作上，承担防汛、抗旱、水利建设与管理任务；在职责上，负责组织协调、服务作用。同时，还对每个单项工程实行项目承包负责制。基本上做到了党员负责干部人人有项目，个个挑重担。全县29名县级领导、230多名乡镇和部、委、办负责人，都及时进入自己的责任区，开展组织领导工作。黄盖湖内垸渍堤建设是全县91年度水利建设的重点，负责工程指挥的两名正、副县长，从工程一开始，就吃住在湖区，边参加劳动，边组织指挥，没有特殊情况不回家。保证了工程质量，加快了工程进展。

(2) 以身示范，自办工程。为了发挥广大党员干部的模范带头作用，该县自上而下地开展了“创水利业绩，留百年政绩”活动，层层建立了党员干部“创水利业绩档案”，把水利建设情况作为党员干部年终考核与评优选模的重要内容，发动党员干部办好四项示范工程，即县级领导办“挂帅工程”、机关干部办“支农工程”、乡镇干部办“业绩工程”、党员骨干办“模范工程”。去冬今春，全县共有700多名党员干部参加了各种示范工程的创办，县委、县政府在五里烟冲村汤家组创办“支农工程”，有140多名机关干部自带干粮和工具，分期分批到工地参加了劳动。共投工660个，完成土石方1200多m^3，使这座小(二)型水库提前两个多月竣工。深受群众欢迎。

(3) 吃苦耐劳，带头奉献。全县党员干部在水利工程建设中，吃苦耐劳，带头奉献，重活苦活争着干，难工险工抢着上。文白乡友爱村有一座小(二)型水库建在820多m的高山峡谷上，筑坝运土要走600多m远的路，运水泥、沙石要爬118 m高的588级台阶，条件十分艰苦。这个村的7名村干部带领全村300多名男女劳力长期坚守在工地上。睡山洞，吃红薯南瓜，一连奋战了6个多月。群众感慨地说：“我们这座水库真是村里的党员干部用汗水拌泥土筑起来的”。

三、组织协调作战，超前服务到位

为了确保全县农田水利建设工作的顺利进行，县领导及时做好了多方面的协调工作：

(1) 抓协调服务。在上下关系协调上，制订了“分级把关，民主协商，互利互助，就地消化”的原则，及时解决水利建设上的各类矛盾纠纷。对田土纠纷实行按利分摊、以土换土、优劣平衡的处理办法，对投工差额，则实行定死基数、以工抵资、多退少补的办法；在时间安排上，步调一致，统一行动；在工程布点上，打破小圈子，不搞划地为牢，做到局部服从整体。并分别对象把矛盾处理在劳力上堤之前，杜绝了以往的扯皮现象。全县150多处跨界工程没有发生一起纠纷。在点面关系协调上，坚持“以点带面，以面促点”的原则，促进平衡发展。文白乡从去年8月15日至8月底半个月时间，开工27处，每天上劳力1500多人，形成了一个大闹农田水利建设的小气候。我们及时在该乡召开了有各乡镇党政主要负责人和水管站长参加的水利秋修现场会。在全县推广这个典型，促进了面上的工作。冬修进入高潮以后由县农田水利建设指挥部会同县政府考评办，及时做好情况通报，用面上的进度督促后进单位。在主次关系协调上，实行“分级负责、统筹兼顾”的办法，对县办重点工程，由县农田水利基本建设指挥部召开调度会，在全县范围内组织物资、资金和技术力量，集中优势兵力打好攻坚战；对乡、村重点工程，由乡镇主要领导负责组织召开协调会，在乡镇范围内调兵遣将，打好歼灭战。

(2) 抓技术服务。水利建设事关百年大计，过去的经验教训使人们认识到必须用战略眼光和科学方法对待水利建设，坚决避免重修滥建和质量低劣等现象发生，确保建一处、成一处、长期受益一处。因此，我们始终把技术跟踪服务放在重要的位置。在工程规划时，严格把好调查研究、效益测算、集体审议、领导拍板四道关，不搞一窝蜂、乱上阵。新建的110座小(二)型水库做到了布点合理、效益最佳、造价最低化。已经竣工的100座，经市、县逐处检查验收，全部达到设计标准。为了保证各项工程的施工质量，县水电局四名正副局长，一人带领一个技术包片小组，长期巡回检查在每一个工地上，发现问题，及时进行处理。

(3) 抓物资服务。去年，先后三次召开部门负责人会议，专题研究水利工程物资到位问题，决定在秋冬修阶段，全县的能源、物资和运输工具都服从县农田水利建设指挥部的统一调度，以保证“命脉工程”的需要。全县共投入砂、卵石、块石45.7万t；计划、物资、农机等部门优先调拨平价柴油202.5t、汽油30t、煤油3t、钢材350t、煤炭315t；国土部门为协助搞好水利工程建设用地300多亩的征收手续，现场办公，免除国土管理费、耕地占用费和国土开发费5万多元；林业部门为长江大堤8.5km防汛观测路的扫障工作，主动出面协助办理砍伐手续；银信部门优先解决水利建设低息贷款40万元，水利部门主动上门，与县水泥厂和水电设备修制厂联系，为水利工程解决水泥4000多t，涵管近5000m。物资投放总量是近十年来最多的一年。

（临湘县人民政府）

广　东　省

广东省水利水电工作综述

1990年是广东省水利水电工程建设和管理工作取得重大突破的一年。在各级党委和政府的领导下，全省认真贯彻落实中央和省关于大力开展农田水利基本建设的决定，切实加强对水利建设的领导，增加水利投入，采取有效措施解决水利发展的问题。通过调动广大基层干部和农民的积极性，为全省国民经济的发展提供了防洪安全与水源保证，促进了工农业生产的持续、稳定、协调地发展。

1990年，广东省各级领导和群众对水利的认识进一步提高，把水利作为基础产业，稳定和促进经济发展的大事来抓。各地按照“巩固改造，适当发展”的方针，坚持以内涵为主，抓好现有工程的除险加固和续建配套，在强化管理和扩大现有工程效益上下功夫，工作取得了新的进展。各地都积极集资投劳兴办水利，全省共筹措水利建设资金8.8亿元，比去年同期增长35%，特别对“老、少、山、边、穷”地区增加了水利投入，落实和不断完善劳动积累工制度。各地还根据抓资金的配套、项目落实，做到建一宗、成一宗、发挥效益一宗。其次是突出依法治水，一方面在抓好水法规配套和建立健全水政机构，搞好执法体系试点的同时，各地结合实际清理河障，处理各种水事纠纷，严历打击各种破坏水利水电设施的违法行为；另一方面积极实施广东省人民代表大会通过的几个议案，治理韩江、北江水土流失，促进全省开展水土保持工作，累计治理水土流失面积达787.53km²；全省按期并超额完成了解决人畜饮水困难19.27万人；新增小水电装机1.99万kW，累计发电24.8亿kW·h，全省装机容量已达184万kW；在全国第一批农村电气化试点中，广东省10个县率先达标。全省各地引进竞争机制继续开展“以奖代拨”工作，使水利工作向深层次发展，全省涌现出一大批水利水电工作先进单位。1990年由省政府通报表彰的有21个水利水电建设先进县（市）；由省水利电力厅通报表彰的先进单位共103个，先进个人共392人，对荣获先进称号的单位和个人均给予通报表彰、奖励。

一、农田水利基本建设取得了新的突破

1990年广东省各级党委和政府认真贯彻国务院《大力开展农田水利基本建设的决定》，全省各地结合改造中低产田，掀起大搞农田水利基本建设热潮。各地党政领导亲自办示范点，并以点带面。据统计，全省共办示范点3000多个，40000多名机关干部下工地，参加水利劳动。不少地方将水利建设搞得好坏纳入干部政绩考核的重要内容。同时，省政府先后组织6次工作组由省各部门主要负责人带队，分赴各市县检查水利工作情况，解决实际问题。全省各行各业，特别是计划、财政、物资、金融、供销、公安等部门鼎力支持，青年、妇女、民兵组织积极投身水利建设，使农田水利基本建设顺利开展。各地坚持多层次、多渠道、全方位集资投劳办水利，除省年度投资部分外，各地自筹8.8亿元（其中地财拨出2.01亿元，乡镇2.55亿元，群众自筹3.24亿元），比上年增加2.28亿元；全省完成水利劳动积累工8.9亿个，劳均完成17.4个。全省共完成土方19096.4万m³，石方1017.43万m³，混凝土56.26万m³，共培修江海堤围3818km，整治排灌系统73252km，新增灌溉面积12万亩，恢复和改善灌溉面积368.6万亩，治理洪涝面积282.83万亩，治理水土流失面积787.53km²。各地在水利工程施工中注意采取宜人则人，宜机则机，人机结合的办法，全省最高日出工人数达510万人，高峰期达2.5万多台机械上工地。各地农田水利建设突出重点，主攻方向明确，山、水、田、林、路综合治理，效益显著。特别是把农田水利建设与改造中低产田结合起来，对全省280万亩中低产田进行了田间排灌系统整治，整

治田亩比上年增加1.3倍，平均亩产增加50 kg，总增产1.4亿kg。

二、防汛抗旱斗争获得双丰收

1990年，广东省频遭台风暴雨袭击和严重干旱灾害，全省先后遭受3次台风袭击和2次台风的影响，以及多次暴雨洪水、冰雹、龙卷风的袭击，尤以粤东地区连续多次受灾，灾情严重，损失较大。一年来，全省农业受灾面积1020.3万亩，其中水稻614.1万亩，其他作物384.6万亩；水产养殖受灾面积21.6万亩。受灾人口829.2万人次，死亡188人，受伤1807人，倒塌房屋34258间，损坏房屋283449间，损毁公路3470 km，桥梁13691座，倒断输电线路3684 km，损坏船只2392艘；损坏山塘水库1533座，崩决渠道8616 km，堤围701 km，损坏电排站160座、水电站194座，直接经济损失达16.6亿元，其中水利工程2.5亿元。

1990年6月下旬至7月中旬，全省除粤东地区外，有16个市1192万亩的农作物受旱，其中肇庆、清远、韶关、江门、阳江、茂名等市受旱面积都超过100万亩。在抗旱斗争中，各地因地制宜，采取计划用水、节约用水；通过修复水毁工程，开挖渠道，打井挖塘，封江堵河，人工降雨等措施全力抗旱。全省出动抗旱人数最高达600万人次。解除或缓和受旱面积751.2万亩，其中水稻面积510.5万亩，其他作物240.7万亩。

每当灾情发生后，各级政府对抗灾救灾十分重视，组织力量，发动灾区人民实行生产自救、重建家园。1990年，全省各级政府和群众投入抗洪抗旱和水毁工程修复经费共1.17亿元，其中国家和省财政共安排1050万元，市、县财政安排1883万元，群众自筹资金和以工代款8794万元；钢材2900 t，水泥8000 t，油料5000 t。通过抗灾自救，把灾情减少到最低限度，夺取了农业丰收。

三、认真做好扶持水库移民生产工作

1987年，广东省第六届人民代表大会第五次会议通过《关于请扶持水库移民生产，摆脱贫困的问题》的第12号议案，交由省政府办理。从1987年开始到1990年，省农业银行每年安排贷款200万元，4年共800万元，省水利电力厅贴息300万元用于扶持水库移民发展生产，提高生活水平。四年来，经省和湛江市及各县的共同努力，顺利完成了800万元的贷款，新种果木9215亩，扶持已种果木33243亩，种植甘庶35006亩、蚕桑6500亩，累计受益人数达38300万人，按时超额完成了议案指标，取得了较好的社会和经济效益，调动了广大移民群众的生产积极性，提高了移民自身发展生产的能力，为今后脱贫致富打下了良好的基础。议案实施前的1986年，移民人平收入仅247元，议案实施后的1990年人平收入达548元，增长一倍多。

四、水利综合经营形势好

1990年，广东省水利综合经营在资金紧缺，市场疲软的窘境下，积极探求出路，向“科技型、工业型、外向型”的方向迈进。全年总产值逾9亿元，比上年增长24%，实现利润额超亿元。

广东省水利综合经营能够有效地遏止生产下滑势头，并保持持续稳步的发展，这除了其自身有良好的机制外，重要的一点是各级政府为水利综合经营的发展创造了一个较好的外部环境。同时各级水利部门的干部和职工变压力为动力，变守势为攻势，变困难为机遇，出现了东西南北搞纵向，水农工商搞横向，沿海侨乡搞外向，四面八方拓展的生动局面。

全省上下对实现90年代水利综合经营发展新的战略认识较为一致，工作思路更加清晰，由过去“要我搞”逐步转变为现在的“我要搞”。目前，全省水利部门拥有7家水泥厂，年产水泥52万t；还有十几个灰砂砖厂投产。鹤地水库成为全国最大的水库网箱养鱼基地之一；茂名、东莞、梅州市水利单位生产的名优水果进入了国际市场；恩平县塘州水电站开发的热镀锌工艺列入国家科委“星火计划”。

通过对产业、产品结构调整，水、农、工、商、游全面发展，“科技型、工业型、外向型”企业得到加强。全省水利综合经营已从种养业发展到加工业、建筑业、商业和旅游业等，共有2280个。各地水利工程单位把50万亩荒山荒坡和宜林地中的30万亩，开发改造成花果山、林果园，并将120万亩水面改造成养殖鱼虾基地，去年鲜鱼产量达33万t。同时积极发展外向型经济。去年，广东省各地，特别是侨乡和特区的水利单位，千方百计发展自己的优势吸引外资。据统计，各地水利单位“筑巢引凤”，共建了20多万m^2的“三来一补”厂房，吸引了大批外商前来投资办厂，为国家创汇1860万港元。

加强水利综合经营企业管理，推动科技进步，开展“三上三创一提高”活动。珠江三角洲和沿海特区的水利综合经营企业开始推广运用微电脑管理手段，进行质量、计量监控，并应用价值工程、量本利分析等方法使水利综合经营企业从传统管理向现代化管理发展。去年全省水利综合经营单位有5家被评为国家二级企业和省级先进企业。

广东省水利综合经营的发展，增强了自我维持、自我积累、自我发展的能力，促进了水利工程良性循环。到1990年底止，全省国家管理的水利工程单位日常管理费自给率达到68%。此外，水利综合经营的发展，还改善了水利管理单位职工生活，增强了凝聚力。据不完全统计，全省水利管理单位职工的人均收入去年比1985年提高一倍多。

五、东深供水三期扩建工程破土动工

经国家计委批准，中国目前最大的涉外供水项目，东江——深圳供水三期扩建工程，1990年4月28日在广东省东莞市举行了隆重的开工典礼。

为香港提供60%以上供水量和深圳市主要用水的东深供水工程，自1965年建成后，70年代和80年代曾两度进行扩建，但仍然满足不了人口增长和社会经济发展的用水需要。应香港政府和深圳市政府的要求，广东省政府决定在原有供水设施的基础上进行第三期沿线扩建，增加供水量。

第三期扩建取水于东莞市桥头镇东江畔，南延至深圳市的三岔河，全长83 km。建抽水站，扩大水渠，开挖隧洞，整个工程需要开挖土石方1264万 m^3，浇筑混凝土和浆砌石130万 m^3，总投资约17亿元。

1994年工程全面完成后，对香港年供水量将从现在的6.2亿 m^3 增加到11亿 m^3；对深圳市供水将由0.93亿 m^3 增加到4.93亿 m^3。第三期扩建工程的建成将为香港和深圳经济特区的进一步繁荣发展提供良好的水源保证，东深沿线城乡灌溉和工业、生活用水亦有较大改善。

（孙国惠）

搞好水利建设　强化农业基础

化州县位于广东省西南部，地处鉴江中下游，是个易旱易涝的地方。全县21个镇，总面积2354 km^2，耕地面积66.19万亩。近几年来，该县把农田水利建设作为加强农业的一项重要措施来抓，发动群众搞好水利建设，取得了显著成绩。目前，有水利设施的灌溉面积56.28万亩，占总耕地面积的85.02%，其中旱涝保收面积41.84万亩。去冬今春以来，该县深入贯彻国务院《关于大力开展农田水利基本建设的决定》，按照“巩固、安全、适当发展”的水利建设方针，制订出农田水利建设规划，动员全县人民大搞农田水利基本建设。从1990年度至1991年度，全县共完成土方510万 m^3，占计划的146.25%；完成石方5.11万 m^3，占计划184.47%；完成混凝土4.745万 m^3，占计划的245.93%；完成工程总造价4564.85万元，占计划172.5%。其中，清淤维修更新改造各级渠道7108条，总长6983 km，建设混凝土衬砌三面光防渗渠道430条，总长489.9 km，维修加固塘库蓄水工程684宗、陂坝引水工程440宗，培修江堤124.9 km，解决群众饮水困难1.13万人，建设乡镇供水工程29处，供水人口4.47万人，治理水土流失25.2 km^2，维修排洪闸9座，维修加固电排站3座，装机90 kW，新增灌溉面积4300亩，恢复和改善灌溉面积26.79万亩，改造中低产田12.59万亩。农业连续三年获全面丰收1988、1989、1990年三年连续被评为广东省水利建设先进县，1989年荣获“全国水利建设先进县”称号。

他们的主要做法和经验是：

一、加强领导，抓点带面

化州县为持续深入扎实地开展农田水利基本建设，把各项措施落到实处，认识到必须加强领导。①在组织机构上，从县、镇到管理区都成立了农田水利基本建设指挥机构，县委书记陈杰文任总指挥，县长李冠群、副县长李大安任副总指挥，下设办公室具体负责日常工作。②县、镇、管理区三级干部层层落实岗位责任制，任务落实到镇、管理区、自然村，由各级领导组织实施。实行分级包干，年终逐级组织检查考核，综合评分。县委、县政府把农田水利基本建设岗位责任制的完成情况作为各级领导政绩考核的一项重要内容和评奖结果。③领导亲自抓点，级级办点示范，以点带面，推动农田水利基本建设深入开展。据统计，1990年，全县各级领导办示范点216个，从县机关抽调下乡办点干部达2000多人次。县委书记陈杰文带领工作组到引鉴灌区和平定镇办点。重点抓引鉴灌区10万亩农田排灌系统的整治。并召开了引鉴灌区四个镇的镇委书记会议，研究部署灌区的整治工作。施工期间，三次组织有关部门和四个镇的领导现场办公，及时解决整治中出现的具体问题，促进了整治工作的平衡发展。平定镇地处山区，任务重，难度大。他深入该镇办点，同当地干部群众一起研究，一起规划，一起施工，一起劳动，高标准建成混凝土防渗渠道50多km，超额完成任务。县长李冠群深入中垌镇办点，带领干部群众高标准建成东京塘防渗渠道13 km。④及时总结经验，召开现场会，鼓励先进，鞭策后进，推动全县农田水利基本建设的全面开展。

二、发动群众，增加投入

开展农田水利基本建设，特别是搞防渗硬底化工程需要大量资金投入和劳动投入。为解决资金问题，该县坚持了国家、集体、个人一齐上，群众自筹为主，国家支持为辅的原则，开展多元化、多渠道集资，保证水利建设资金的投入。主要办法：①按照“谁受益谁负担，多受益多负担”的原则，把资金和土石方等按受益面积分摊到户，限期完成；对个别困难户，则用以工抵款的办法解决。②发动承包施工人员带资承包。笪桥镇笪桥管理区严车明，带资3.5万元承包施工笪桥、瑶埇两条防渗渠道工程，待甘蔗收割后支付承包款。中垌、丽岗等镇也采取这种办法，缓解了资金暂时不足的困难。③健全劳动积累工制度。现在全县各镇都建立了劳动积累工制度的帐、册，规定凡整治田间渠系都全部使用劳动积累工，每个农村劳动力不得少于20个工日，任务到户，不完成者以款抵工。由于发动工作深入细致，群众热情空前高涨。据统计，全县群众集资1157.8万元，平均每人集资12.2元。

三、综合治理，提高效益

化州县以国务院《关于大力开展农田水利基本建设的决定》为动力，从实际出发抓好水利配套挖潜，提高综合治理效益，采取“肥瓜壮藤”措施：①大搞渠道防渗。从1989年秋季开始，全县就开展了“以建设混凝土三面光防渗渠道为主攻方向，高标准整治排灌系统，提高农田水利灌溉效益”的农田基本建设，到1991年春，全县已修建防渗渠道215 km。经测算，这些渠道防渗后，水的利用率由68%提高到85%，节约用水达2120万 m^3，可增加灌溉面积6090亩，恢复改善灌溉面积13.8万亩，相当于修建了一座中型水库的效益。因此，去冬今春大搞渠道防渗，得到了广大农村干部群众的支持。各镇从主干渠、干渠到支渠、再到田间斗毛渠，级级建设防渗渠道，初步建成了一批全程放水到田基本上都是水泥混凝土防渗渠的10万亩灌区一个，万亩灌区一个，千亩以上的灌区53个。杨梅镇的滨江、官地等千亩以上连片改低区，经过一个冬春的奋战，从灌渠到排渠，从支渠到农渠等农田排灌渠系基本上实现了“四化”，即：渠道布局合理化，建造质量标准化，渠路配套规格化，构件衬砌硬底化。经各级农田水利技术专家考察，普遍认为是90年代农田水利建设的模式和今后的发展趋向。全县去冬今春建成的“三面光”硬底化防渗渠道是前五年建设总和的1.8倍。其中防渗超过50 km的镇有3个，超过5 km的管区有24个，超过10 km的改低区有6个，超过3 km以上的改低区有50多个。②连片整治，综合配套。在着重抓好渠道防渗工程的同时，抓了“路、桥、涵、闸配套”及土地平整和烂田治理，连片整治，不留死角。中垌镇连片改造10000亩，除机耕路、涵、闸配套齐全外，还平整了800亩高低不平的土地，治理了350亩几十年来治理不了的烂田，其标准之高，难度之大都是少有的。他们采取底层用10 cm的芒草，第二层用20 cm卵石、粗砂，第三层用30 cm片石，第四层用10 cm卵石、粗砂，然后铺上厚度为6 cm混凝土作明渠的治理办法，使地下水通过地下渠渗漏出来，降低该片土地的地下水位。据测量，暗渠排出的地下水流量达0.02 m^3/s，足可以灌溉160多亩“望天田”，实现了一举两得。

四、严格把关，保证质量

在农田水利基本建设中，化州县十分注意抓好工程质量，把好施工质量关，更好地发挥工程效益。①及早培训技术骨干，然后把他们分到各工地，负责技术指导、组织施工。②统一规格，统一标准，统一要求。做到先规划，后施工。③选好材料，凡是沙、石都须验收合格后才准使用。④专业队抵押承包，工程验收合格，兑现承包费。⑤建立干部、施工技术人员岗位责任制。⑥水利部门从领导到工程技术人员，深入施工工地巡回指导、检查、督促，及时解决技术问题。⑦办好示范点，组织现场参观学习。⑧制订各种工程保护公约，防止人畜践踏。⑨开展争先创优评比活动。县委、县政府专门作出了今年度农田基本建设评比奖励办法，开展三次检查评比活动。因此，各镇都能坚持高标准严要求，切实把好质量关，使工程达到了经济、实用、效益好。

（孙国惠）

广东省“七五”期间竣工投产的西枝江水利枢纽工程——白盆珠水库电站

西枝江是东江的第二大支流，仅次于新丰江。1987年12月由省建委在惠东县城召开西枝江水利枢纽工程竣工验收会议，参加会议的有水利电力部、省、地、县有关单位和工程指挥部，设计、施工、管理单位等27个单位80名代表。西枝江主流在紫金县，曲折西行至惠州市注入东江，主流全长176 km，流域面积4120 km^2，平均比降0.9‰，支流有安墩水、梁化河，淡水河等。西枝江水利枢纽又称白盆珠水库（见彩图），位于惠东县双金村附近的白盆珠峡谷入口处。流域内上游为高山区，中游为丘陵地，下游成河谷平原，海洋性气候，特征显著，气候湿润，雨量充沛，年平均雨量为1890 mm。汛期4～9月一般由台风雨形成。

流域内行政区划包括四县一市一镇，紫金县、宝安县一部分，惠阳、惠东县大部分和惠州市及平山镇，人口53万多人，其中农业人口占47.6万人，耕地89万亩，还有可垦荒地15万亩。作物主要为水稻，经济作物有花生、甘蔗等。由于水旱灾害频繁，粮食产量较低。

白盆珠水库控制流域面积 856 km²，水库总库容 12.2 亿 m³，正常高水位 75.0 m，主坝是混凝土空心重力坝，最大坝高 66.2 m，坝长 240 m，坝后电站装机容量 2.4 万 kW。

水库综合效益以防洪灌溉为主，结合发电，改善航运。

一是防洪效益，削减洪峰，降低平山、平潭和惠州市的洪水位，保护城镇安全，广汕公路和平潭机场等免受水患，农田受益面积 32 万亩。二是灌溉效益，水库调节后经发电尾水，可满足"西引"灌区 17.85 万亩。三是发电方面，水电站装机 2 台，装机容量 2.4 万 kW，年发电量 8200 万 kW·h，保证出力 6000 kW，装机利用小时 3400 h。四是航运方面，改善航道 157 km 的通航条件，由季节通航变为全年通航，柑水深由 0.4 m提高到 0.8 m，通航能力由 10 t 提高到 30 t，可满足货运量 20 万 t 的需要。

枢纽布置和主要建筑物有主坝、厂房、变电站、过坝运输码头，副坝（土坝）位于主坝枢纽左岸 5 km 处。

东江自建成白盆珠水库后，配合新丰江水库和枫树坝水库，对东江流域的防洪效益，起到明显的效果。

（曾 洪）

广西壮族自治区

广西水利工作概况

1990 年广西各地继续全面贯彻落实国务院《关于大力开展农田水利基本建设的决定》，在"巩固改造、适当发展、加强管理、注重效益"的方针指导下，切实加强领导，深化水利改革，明确主攻方向，努力增加投入，坚持依法治水，强化管理机制。全区水利事业有了新的发展。

一、全力抗旱，粮食生产获得好收成

继 1988、1989 年连续两年大旱之后，1990 年又遇到罕见的秋旱。全区 13 个地（市）、87 个县（市）都发生不同程度的旱情。8～10 月全区平均降雨量比历年同期偏少 4 成，其中 8 月份少 7.5 成，连续无雨天数达 23 d。恭城、蒙山、荔浦、玉林等县（市）月雨量不足 10 mm。南宁市月雨量只有 23 mm，是 70 年来同期最少的一年。由于长期高温少雨，全区有万条河溪断流，5.2 万座塘库干涸。主汛期水库不但未增加蓄水量，反而大幅度下降，水库有效蓄水量只有 22.7 亿 m³，只占有效库容 23.9%，许多大中型水库已基本放空。据统计，全区有 421 万人，274 万头牲畜饮水发生了困难；农作物受旱面积达 2204 万亩，占实种面积的 68.8%，其中成灾面积 1249.7 万亩，因旱少种 91.9 万亩，给下半年的农业生产带来了严重威胁。

在严重的干旱面前，各级党委和政府坚定抗旱夺丰收的信心，加强领导，广泛动员和组织干部群众，继续发扬 1989 年抗大旱的顽强拼搏精神，全力以赴投入抗旱。当八月初旱象刚露头时，区政府就发出了"关于做好防旱抗旱工作的通知"，多次召集有关部门研究抗旱工作；8 月 27 日区党委区政府又召开抗旱紧急电话会议，进一步部署抗旱工作。各级政府先后派出大批抗旱工作队深入旱区，组织和帮助群众抗旱。据统计，全区用于抗旱的经费达 9179.19 万元，比去年还多 4000 多万元，其中中央追加 500 万元，自治区财政 691 万元，各地历年结转 60 万元，地（市）、县财政 1242 万元，乡（镇）及群众自筹 6686 万元，是抗旱经费支出最多的一年；抗旱用柴油 2.2 万 t，汽油 1900 t；出动抗旱人数最高达 937 万人；投入机电泵 10.86 万台、79.85 万 kW。经过两个多月的抗旱斗争，挽救了受旱面积 696 万亩。

水利工程和水利战线的广大干部职工在大旱之年为夺取全年粮食丰收立了大功。仅旱魔肆虐的 8 月初至 10 月上旬，共提供灌溉用水 85.8 亿立方米，除灌区尾水部分有 273 万亩用水受影响外，其余的 1000 多万亩晚稻用水得以保证。由于水利工程全年提供农业灌溉用水 209.5 亿 m³ 的巨大作用和广大干部群众全力抗旱的显著成效，以及所采取的各种农业生产措施，1990 年全区粮食生产继 1989 年后又获得好收成，总产量达 140.2 亿 kg（比上年增产 10.1 亿 kg），创历史最高水平（136.8 亿 kg）。

二、水利投入和水费计收保持良好势头

几年来，频繁的旱涝灾害唤醒了全民对水利的重

要性的认识。水利作为基础产业也开始为人们所理解。1990年在资金比较困难的情况下，自治区财政对水利的投入仍继续保持2亿元。地（市）以下的财政投入有较大的增加，全年达到26566万元，比上年的13720万元多12846万元，其中地（市）财政1122万元，县级财政8950万元，乡（镇）村级投入2063万元，水利工程自有资金投入685万元，群众集资8487万元。

冬春水利建设以"全社会大办水利月"为标志，全区范围内掀起了新的高潮，上工人数最高达596万人，累计完成3.38亿劳动工日，比上年同期多0.69亿工日，其中劳动积累工3.33亿工日，比上年同期多0.65亿工日，平均每个农村劳动力完成19.47个工日，比去年同期多2.48个工日；投入自筹资金1.18亿元。完成新增灌溉面积8.99万亩，恢复灌溉面积53.51万亩，改善灌溉面积357.78万亩。

国营水利工程水费执行区政府桂政发〔1988〕150号文件，实行以稻谷和以议价粮价格折算为现金计收水费的办法，全年共收上水谷61163 t，比上年增收13200 t，以现金折算共完成收费3889.95万元，比上年增收244.95万元。集体工程水费收入也有突破性进展。从而为水利工程管理单位自我运行机制注入了新的活力。

经过几年的艰苦努力，全区的有效灌溉面积逐年大幅度下降的局面已经制止，并略有回升，1990年达到2263万亩。水利建设及管理工作是1983年以来最好的一年。

三、水政建设工作逐步引向深入

1990年各级水利部门继续深入学习、宣传贯彻《水法》。在《水法》颁布实施两周年之际，水电厅领导亲自部署全区的庆祝、宣传活动，组织编写《中华人民共和国水法》实施两周年宣传提纲，印发7000份到各地（市）县和有关部门广为张贴。自治区人大常委会主任甘苦、自治区人民政府副主席龙川带头学法、讲法，先后在广西日报上发表了《认真贯彻水法，坚持依法治水》和《认真贯彻水法，加强水资源统一管理》的文章。各地（市）县水行政主管部门抓住时机，充分利用地方报纸、电视、广播、标语、横额、墙（板）报、传单、宣传车、晚会等多种形式掀起宣传《水法》的热潮。全区城乡受教育的干部群众达1000万人以上。为了把水政建设工作引向深入，水电厅先后开办水法研讨班、水资源管理干部培训班，地（市）局长法规研讨班；组织干部职工参加全国水法知识竞赛；开展《广西珠江水系水资源保护规划》汇编出版工作和《广西重点地区水长期供求规划》拟订工作；制订了《广西壮族自治区水资源费征收管理办法》（送审稿）；编印《水法、河道管理条例、水土保持工作条例、广西水利工程管理条例》汇编材料5000册、《水利部一、二、三号令》6000册、《水资源管理文件资料汇编》1200份，一并分发各地学习贯彻；还编辑了《水利电力法规选编》交付排印。

与此同时，继续抓紧水政水资源机构建设。1990年底，13个地（市）水电局全部成立了水政水资源科（办公室）、87个县（市）已有68个县（市）水电局成立了水政水资源股（站），并积极开展业务工作。在此基础上，厅组织起草了《广西壮族自治区实施水法办法》（送审稿），于8月28日上报自治区人民政府。为使水资源管理尽快纳入法制轨道，自治区选定柳州市、武宣县、藤县作为全区实施取水许可制度和水利执法体系建设的试点，已取得一定的经验。经组织预验收，这三个市县的试点工作基本达到了水电厅制定的验收标准，存在的问题继续补课完善。他们的做法和经验对全区的水政建设工作起着积极的推动作用。

四、地方电力建设稳步发展

全区可供开发的中小型水力资源548.9万kW（不含红水河干流），其中中型的247.02万kW，小型的为301.88万kW，年发电量约为234.34亿kW·h。各地（市）县在中央和自治区支持下，至1990年末，累计地方中小水电装机100.35万kW（其中单机500 kW以上的69.43万kW），占全区水电总装机188.89万kW的53.1%（其中90年小水电新增装机6.99万kW）。1990年度发电量27.55亿kW·h，占全区水电量68.9亿kW·h的40%，创历史最好水平，发电设备年利用小时2903 h。（其中中型水电2处，装机9.7万kW，发电量3.63亿kW·h，小型水电90.65万kW，发电量23.92亿kW·h。）"七五"期间新增装机26万kW，扣除报废的5.49万kW，净增20.51万kW。1990年末共有配套中小火电装机14.47万kW，发电量3.25亿kW·h。全区地方小水电装机超过1万kW的县有33个；其中超过2万kW以上的有全州、灌阳、恭城、岑溪、藤县、昭平、贺县、容县、北流、大新10个县。

随着电站的建成投产，地方电网也同步发展。全区1990年末地方电网有高压线路63033 km，其中110 kV的788 km，35 kV的9171 km，6～10 kV的53074 km，低压线路88671 km；供电变压器容量190.86万kVA，其中110 kV变电站25处32台，容量58.75万kVA，35 kV变电站420处628台，容量132.11万kVA；配电变压器41407台，容量299.45万kVA。"七五"期间新增高压线路17075 km，供电变压器95.25万kVA，配电变压器98.15万kVA。

全区各地供电企业属各县水电管理的有68个县，其中以小水电供电为主的有43个县，占总县数的51.8%。各县均建成了以35kV为骨架的县电网，并有梧州、百色、玉林三个地区建成了以110kV为骨架的区域性电网。当前正在建设的钦州西部、桂林地区两个区域性电网。此外，南宁西部、柳州北部也在规划筹建区域性电网。

1990年全区地方电力发电量30.8亿kW·h，(不含各厂自备火电的发电量7.15亿kW·h)，比“六五”末的1985年增加8.63亿kW·h，增长38.9%，中小水电发电设备年利用小时2903h，比1985年增加330h。

1990年全区县及县以下总用电量为55.92亿kW·h(比1985年增加32.31亿kW·h，增长136.8%)。其中农村用电量17.85亿kW·h，县城用电量38.07亿kW·h。用电设备装机419.59万kW(比1985年增加225.29万kW，增长115.9%)。其中农村用电设备装机181.35万kW，县城用电设备装机238.24万kW。全区87个县已县县有电，98.37%的乡（镇）和84.6%的村通了电；76.8%的县城及农村家庭用上了电。

“七五”期间，全区地方电力建设共用投资90411万元，其中国家补助（含自治区补助）12846万元，自筹(含以电养电)资金35367万元，贷款(含拨贷)42198万元。

1990年全区电力（电业）公司的线损率为12%，比1985年的16%下降了4个百分点。

五、水利基建工作在整顿中前进

水利基建工作坚持质量第一，加强厅质量监督中心的职能作用，促进各项工作的开展。

(1) 1990年全区水利基建项目计划安排81项，计划总投资5708.64万元，其中自治区计划投资4878.64万元，中央计划投资830万元。实际完成4341.78万元。尽管计划下达较迟、设计工作跟不上，只完成计划76%，但全年完成的总投资还是近年来最多的一年。

(2) 认真组织并完成峻山、水车、板峡、青狮潭、六湖、大利等水库枢纽工程和大王滩溢洪道混凝土防渗墙、五福水库坝内导流管堵漏、峻山西左干等单项工程的竣工验收工作，验收合格率达百分之百。

(3) 强化水利基建工程质量和安全管理，实行分片负责、巡回检查制度。期间，配合水利部、珠委到重点工程进行检查。为进一步完善质量管理制度，制订了《广西水利和地方电力建设工程质量监督实施细则》、《广西“八五”期间水利水电工程建设质量工作规划》、《关于制订我区水利、地方电力建设优质工程奖创优计划的通知》。在安全管理方面，印发了《关于开展施工安全和渡汛准备工作检查的通知》和《关于对在建水利工程进行安全生产大检查的通知》，并切实加强检查指导，全区水利基建工程未发生重大安全质量事故。

(4) 加强水利基建管理，集中汇编了18个管理文件，定期召开各种会议，研讨工作，交流经验，建立健全管理监督制度，提高基建队伍素质和管理水平。

（潘靖海）

桂平县1990年水电建设和管理工作成效显著

地处桂东南、浔江横贯其中、人口138万的桂平县，1990年认真贯彻落实国务院《关于大力开展农田基本建设的决定》，全县广大干部群众和水电战线职工艰苦奋战，顽强拼搏，取得了比以往任何一年更好的成绩，完成或超额完成了上级下达的各项水电工作任务。特别是全党重视、全民上阵大搞农田水利建设，与旱魔展开不屈不挠的斗争，战胜历史罕见的秋旱，实现了农业增产丰收，全年粮食产粮达到4.65亿kg，比去年增产1.1亿kg，超过了历史最高水平，有史以来早造一造超额完成国家定购粮入库任务，加上秋粮，全年共交售国家定购粮达到5635万kg，由过去的全区欠产大户一跃成为全国粮食生产的先进县。并被自治区推荐为全国水利工作先进县。

一年来，他们的主要做法如下。

一、加强管理，充分发挥工程效益

(1) 狠抓工程管理，确保工程安全。小（二）型以上水库163座，严格执行汛期运行计划，全部安全渡汛。完成小（二）型水库除险加固任务9座，病险库下降率达7.9%；另完成131座的外业测量工作，为下一步的水文复核、加固设计和施工打下基础。

(2) 加强灌溉管理，尽量确保农田用水，为农业增产创造条件。过冬水量少又遇上大旱，水利部门采取适当放水、轮灌、调水、压水等科学用水的管理办法，全年提供农业用水1.72亿m^3，灌既面积50.8万亩，平均亩毛用水340 m^3，国营机电站开机51990h，用电252.52万kW·h，用油32.5t，提水量2154.6万m^3，灌溉面积6.5万亩，平均亩用水量331 m^3。

(3) 加强经营管理，讲究经济效益。14个国营水管所年经济总收入321.98万元，占任务138.7%，其中收上水费谷387万kg，折款232.21万元（每百公斤按60元计），总支出296.9万元。水产收入7.51万元，发电收入16.65万元，其他综合经营收入66.02万元，盈余34.01万元。除西山水库一个水管所因客观原因及离退休人员多，还不能自给外，其余13个水管所全部达到自给。

二、大力开展农田水利基本建设

(1) 按计划完成农水投资520.965万元，新增有效灌溉面积1.8万亩，恢复灌溉面积3.53万亩，改善灌溉面积17.24万亩，解决人畜饮水困难4650人/770头，县、乡（镇）和群众集资770万元用于水利建设，其中县财政215万元，乡（镇）和机关194万元，群众361万元。除安排一部分水利维修、配套、加固任务外，新建电灌站124处，装机129台/2468kW，新建机灌站290台/2896马力。

(2) 加快库区移民安置配套项目建设，完成达开水库、平合水库交通桥6座，涵洞2座，新修公路2 km多，架设生产、生活输电线路8.55 km，村公所、学校建房67间，解决人畜饮水困难8处，扶持库区养鱼1处，移民生活基地1处，新造5 t以下交通船3艘，完成投资79.5万元（其中库区建设基金9.7万元，群众自筹15万元），促进了库区生产的发展和移民生活的安定。

(3) 自力更生发展地方电力。在区、地两级没有投资补助的情况下，通过以电养电、能源开发、贷款及群众自筹等途径，筹集资金489.7万元，用于理端、木根、石咀等供电所的新建、扩建项目。为边远乡村群众新架设35 kV线路8.2 km，10 kV线路60 km，低压线路80 km，新增配电变压器128台3500 kV·A。还自筹资金25.5万元，对50、60年代兴建投产的西山电站、大跌水电站、蒙冲电站等进行技术改造和配套。

在出现特大秋旱的情况下，全县17座水电站装机8361 kW，全年的发电量仍达1983万kW·h，比上年增发1123kW·h。在全区电网电力紧缺的情况下，仍购入电量1.47亿多kW·h，比上年增购0.45kW·h，网损率降至11.78%，为支援抗旱斗争，促进工农业生产的发展和改善人民生活作出了较大贡献。县水电局被县评为“作出特殊贡献的单位”。

三、建立健全基层管水组织

经过近年的调整和充实，全县30个乡（镇）水利站已全部建立，并配备管理人员107人；412个村级管水组织和人员也全部建立和配备，生产队一级有管水员1～2人，全县共有基层管水人员8480人。形成了乡、村、队三级基层管水网络，较好地实施计划用水，科学用水。

四、坚持依法治水

《水法》颁布实施以来，全县范围内进行广泛的系统的学习、宣传活动，增强了干部群众的法制观念。同时，严肃查处水事案件。政法机关对盗窃破坏水利设施的蒋昆伦等一伙盗窃集团分子严厉打击、分别判处死刑和有期徒刑，震慑了坏人，教育了群众。之后，盗窃破坏水利设施的案件没有发生。

五、以抗旱为中心，进行水利建设大会战

1990年，桂平县降雨量只有1391 mm，比历年平均降雨减少328 mm，7～9月雨量特别少，出现了历史上罕见的秋旱，给农业生产造成严重的威胁。县委、县政府横下一条心，采取果断措施，全党动员，全民上阵，组织以抗旱为中心的水利建设大会战。一方面广泛发动群众抢建杉木山、独堆电灌站第一期工程，另一方面广泛发动群众，村自为战、户自为战，全县投入抗旱人数达40万人，开动机电泵4288台，动用各种抗旱工具21万多件，连续奋战2个月，抗旱抢插12万多亩，抗旱保苗29.57万亩，为夺取全年粮食增产创造了条件。

杉木山、独堆电灌站第一期工程时间紧、任务重，是一场硬仗。为此，专门成立了工程指挥部，由县委书记李纪恒任总指挥长、县长杨健灵任副指挥长，县委副书记吴培机任常务指挥长，下设一室、五处、二个分指挥部和七个工区，由四位副县长和部、委、办、局领导及有关乡（镇）书记、乡（镇）长具体负责。在抢建期间一声号令，农民群众、居民、机关干部、师生员工3.7万人汇集工地参加大会战，出动各种车辆300多台、拖拉机400多台、推土机、铲运机50多台，日夜奋战在10多km的工地上。以十多年没有见过的大干精神经过15天的苦战，胜利完成了第一期工程，及时灌溉了4万多亩农田。仅此工程，受益乡村增产粮食1300万kg。自治区主席成克杰专程为电灌站竣工通水剪了彩。

杉木山、独堆的精神鼓舞全县人民。县委、县政府利用秋前秋后的大好时机、一手抓抗旱工程、一手抓防洪，把农田水利建设作为冬春“六大战役”之首来抓。到12月底统计，上工人数达30.4万人，自筹资金596.9万元，完成工程2712处，投工1212.7万个，其中劳动积累工1198个，平均每个劳动力完成19.8个。取得了显著的成绩，受到区、地领导的表扬。

（潘靖海）

海　南　省

海南省水利概况

90年代的第一年，海南省各级政府和水利部门，进一步贯彻落实国务院《关于大力开展农田水利基本建设的决定》，坚持以“贯彻水法，加强管理，巩固改造，讲求效益”为重点，采取短期突击与长年施工相结合、重点项目与面上工程相结合，大搞农田水利基本建设，取得了显著成绩，出现了良好势头。1990年完成的工程量及效益都比往年好。完成土石方1703万m^3；完成一批病险库加固，以及灌区工程改造配套，增加灌溉面积2.5万亩，恢复灌溉面积21.25万亩，改善灌溉面积88万亩，整治排灌系统、改造低产田20.6万亩。水利条件的改善，有效地提高了抗御水旱灾的能力，促进了粮食生产的发展。1990年，全省粮食播种面积达841万亩，平均亩产201 kg，总产量169万t，比粮食大丰收的1989年分别增长3.8%、7.5%、11.9%，实现单产、总产双创历史最高纪录，19个市县全面增产。在实际工作中，主要抓了6个方面：

一、加强领导，完善政策

随着“水利是农业的命脉”意识的增强，各级领导切实把水利建设放在重要议事日程上，作为夺取粮食大丰收的关键性措施来抓，认真研究，具体部署，层层加强领导。冬修水利期间，省委省政府领导带头参加水利劳动，各市县四套班子311名领导深入第一线，抓点包片，指挥战斗。一是抓思想教育，提高干部群众兴修水利的自觉性；二是抓投工政策，调动群众办水利的积极性。各级政府都作出规定，每个农村劳动力每年负担水利积累工15～20个，不出的每个工日出资五元；劳动积累工由乡镇统一调配，集中施工；对于局部受益，一个乡镇或村庄又难以承担的工程，由市县或乡镇统筹安排，实行以工换工，轮流治理，逐年找平的办法。政策兑现，群情高涨，全省投入冬季农田水利建设的人数达81万名，占劳动力的52%，有一半县达70%，这是近10年来所没有的。全年完成水利工日2668万个，其中积累工1951万个，平均每个劳力投工12.3个，比1989年增长50%，投劳积累工达15～20个的有6个县。三是组织各行各业支援水利，有一部分县初步出现了水利为社会、社会办水利的可喜局面，有力地促进了水利事业的发展。

二、多渠道多层次集资，增加水利投入

水利工程具有投资大，建设周期长和面向社会、服务公益等特点，省和各市县都按照自力更生、“谁受益、谁负担”的原则，在引导群众投劳办水利的基础上，采取国家补一点，省里拿一点，市县拨一点，乡镇贴一点，群众筹一点的办法，解决水利工程改造配套资金。据统计，1990年全省计划投入水利的各项资金（含投劳折资）16766万元，其中国家投资1500万元，省安排3599万元，用于水利建设的农业发展基金3462万元，发展粮食生产专项资金165万元；商品粮基地资金320万元，工业品以工代赈320万元，市县拨款769万元，群众自筹现金779万元，投劳折资5853万元，这是近十年来水利投入最多的一年。由于有些专项资金下达计划太迟，拨款不及时，实际完成各项资金14009万元，占计划的83.6%。在资金投向方面，省根据工程现状，资金来源及其用途，重点解决三个问题：国家和省的投资，主要搞水库除险加固，解决农村饮水困难；专项资金主要用于灌区配套改造；市县、群众自筹及投劳积累，主要搞工程维修改造配套，以及人畜饮水工程。由于目标明确，重点突出，资金集中，许多工程基本做到当年施工，当年完成，当年见效。

三、狠抓工程加固配套、维修改造，改善水利条件

根据工程现状，从指导思想上，计划安排上，都以配套挖潜为重点，集中力量，在巩固发展现有工程效益上下功夫。经过一年的努力，取得显著成果：一是按设计要求完成水库除险加固工程56宗，其中中型水库6宗，小（一）型水库11宗，小（二）型水库39宗，既保证了工程安全，又提高了蓄水能力，当年多蓄水1.2亿m^3。二是大搞渠道维修改造，除对原有的2.5万多km大小渠道进行全面的维修清淤外，还新挖渠道86宗，长134 km，完成渠道防渗244 km，维修配套渠道桥涵闸8415座，大大改善了放水条件。三是抓好农业综合开发项目的水利设施建设，全省利用农业发展基金，集中安排效益大、见效快的灌区配套

与农田整治工程24项，采取综合治理，成片开发，坚持高标准，严把质量关，做到安排一片搞好一片，收效一片，效果很好。这些项目虽尚未全面按计划完成，但有的已开始发挥效益，至1991年3月底，扩大灌溉面积5.8万亩，占计划80.6%，恢复灌溉面积6.33万亩，占计划85.5%，改善灌溉面积16.9万亩，占计划101%，整治农田面积17.26万亩，占计划85%，为1991年早造粮食生产创造了有利条件。

四、加强施工管理，严把工程质量关

没有质量，就没有效益。在施工中，各级领导和广大技术人员严格把关，发现问题，及时处理，不留隐患，使各项工程的施工质量，普遍达到设计要求，有些工程实现了新的突破。水库除险加固工程的施工质量都很好，特别是琼山县岭北水库（中型）和高明水库〔小（一）型〕的干砌大块石护坡工程，全面做到石大、缝密、面平、坡顺、线条清楚、造型大方、工艺美观，标准质量都达到了高水平，受到各级领导和水利部门的高度评价和表扬。农业综合开发工程，一律实行标准化、规范化，精心设计，精心施工，全面做到标准高、质量好、造型美观、配套成龙。进行了群众性的渠道维修，各地不但清理主干渠，连支毛渠也全面清理；不仅整修正常通水渠道，而且一些失修多年的渠道也恢复了原貌，在搞好全面清淤堵漏补堤的同时，全省有一半左右的主干渠，从头到尾大动手术，彻底改造，除按要求整修渠道过水断面外，两边渠堤全面修路，高挖段开设平台，沿渠通行无阻，旧渠换新貌，大大改善了放水条件。有些前几年没有见过水的农田，今年见到了水。整修的渠道已在农业生产中发挥了效益。

五、抓好抗旱防汛救灾，减轻损失夺丰收

1990年是多灾年份之一，上半年受旱，下半年风洪潮害频繁。三四月份降雨偏少，各地出现不同程度的干旱，据4月28日统计，全省受旱面积达98万亩，其中早造水稻受旱42.5万亩，占早造插秧面积的16.3%。旱情较严重的东方、昌江、文昌、琼山、定安等县，早造受旱面积占实播面积30%以上。6月至11月遭受5次台风和热带风暴及洪潮水袭击，灾情严重，损失较大。据5次灾情统计，全省有87个村庄、6.93万人被洪水围困，死亡7人，受伤100人；倒塌房屋1040间，损坏房屋20341间；农作物受灾面积319万亩，成灾面积140.8万亩，其中晚造水稻受灾面积206.6万亩，成灾面积109.8万亩，失收面积15.3万亩；倒断橡胶树542.8万株，林木533.4万株。冲垮小塘坝79宗，损坏山塘水库80宗〔其中小（一）型以上水库37宗〕，冲坏江海堤防31处、长25.6 km，渠道3552处，长105.9 km，冲坏水陂及桥涵闸1136座。水产、交通、电力、通讯等设施也遭很大破坏。全省直接损失经济价值3.08亿元，其中水利1850万元。

1990年旱、风、洪、潮、灾害虽较严重，但由于各级政府和水利部门认真贯彻“安全第一，以防为主，防重于抢”的方针，全面实行防风防汛行政首长负责制，各市县四套班子主要领导，人人有岗位责任，抓点管片，各司其职，开展安全大检查，制订安全渡汛措施，及时消除不利因素；加强各种灾情观测预报，抓好江河、水库的灌溉与防洪调度，积极组织群众进行抗旱防洪抢险救灾，省拨款300万元，加上市县及群众自筹，按计划完成主要水毁工程修复，投入正常运用，充分发挥水利设施在抗旱防洪中的作用，把灾害造成的损失减少到最低限度，夺得了大灾之年粮食大丰收，全省粮食总产量超历史最高水平；糖蔗、油料作物也有较大的发展。

六、进一步贯彻水法，加强水政建设，实行依法治水

1990年省举办各种形式的水法学习班五期；7月份开展水法宣传月活动，组织摄制《海南四十年治水成效》电视片，并在电视台播出；在《海南日报》上开设贯彻实施水法两周年专刊，先后刊登水法宣传讲座文章10篇，省和海口市电台全文转播。各市县水电局都充分利用广播、电视、宣传车、标语、宣传品等形式广泛宣传水法。省市县的的水政水资源机构基本组建完毕，除海口市外，其他市县均设水政水资源科（股）；省水利局及13个市县水电局已被同级政府确定为水行政主管部门；省水资源领导小组成立，并开展工作。《海南省水资源管理办法》已经1990年7月14日省人民政府第33次常务会议通过，刘剑锋省长9月11日以政府令发布施行，为依法治水，实现水资源管理“五统一”（统一规划、统一调度、统一发放取水许可证、统一征收水资源费、统一管理水量水质）奠定了基础。水利执法体系试点工作进展顺利。乐东试点县成立水利执法体系领导小组，先后举办各种类型水法学习班164期，培训宣传骨干320人；利用宣传专栏、横额、标语、电影、广播等进行广泛宣传，做到家喻户晓，人人皆知；县政府任命水政监察员56人，配备水利公安员8人，发现问题，及时查处，一年间，全县共查处破坏水利设施或抗交水费等水事案件35起，逮捕犯罪分子3人，行政拘留16人，罚款1000元，基本上刹住了歪风邪气，开始走上以法治水，依法管水的法制轨道。

（符建文）

乐东县冬季农田水利建设成绩显著

乐东黎族自治县委和县政府，认真贯彻落实国务院《关于大力开展农田水利基本建设的决定》，放手发动群众，依靠群众，掀起大规模的冬季农田水利建设高潮，取得显著成绩。1990年11月下旬至1991年1月初，全县组织6万多人上水利工地(高潮时达8.3万人)，大搞渠道维修清淤、更新改造、防渗加固，奋战40天，维修和开挖大小渠道932条，总长2098 km，重点渠道防渗加固10.5 km，修建桥涵闸等建筑物438座，整修田间道路120 km；累计完成土方177 m^3，浆砌石5000 m^3，混凝土2250 m^3，投入劳动积累工270万个，平均每个劳动力投工24个；新增灌溉面积2000亩，恢复和改善灌溉面积8万余亩，整治农田4800亩，为1991年早造水稻大面积推广良种和扩大种植面积提供了水利条件。在严重春旱面前，冬修水利发挥了作用，全县按计划完成1991年早造播秧任务，各灌区供用水情况良好，大旱之年不见旱，水稻长势喜人，丰收在望。乐东县1990年冬季农田水利建设规模之大、投劳之多、进度之快、质量之高、效益之好，是近十几年来所未有的，被评为全省冬修水利第一名。该县冬修水利的主要特点是：

一、加强领导，书记上阵

为了打好冬季农田水利基本建设这一仗，县和乡镇层层成立指挥部，主要领导亲自挂帅，坐镇指挥。县四套班子领导成员，除3人外，其余21人全部下到乡镇，抓点包片，指挥战斗；乡镇领导全力以赴，分片负责；同时抽调各级干部1200多人，分赴各水利工地参加劳动。下工地的各级领导和干部，全面实行“四包一定”责任制（包发动群众、包地段、包任务、包质量，定时间），完成任务好的表彰，差的批评，并作为考核干部政绩的内容。县委书记、县长既亲自布置、组织和指挥行动，又深入乡镇和水利工地，检查督促，发现问题，及时解决，促进平衡发展。

二、依靠群众，完善政策

为了进一步完善水利劳动积累工制度，充分调动广大群众维修水利的积极性，县政府做出规定：凡是从事农业生产的劳动力，每人每年用于农田水利基本建设的劳动积累工要达到20个，离土不离乡的农业劳动力，每人负担10个工日；县机关和企事业单位的干部、工人，以及中学师生也应参加一定时间的水利义务劳动。因故不能完成积累工任务者以资代劳，每工日代劳金5元，一次上缴管理区；拒不出劳又抗缴代金的，收回承包田或营业执照。同时建立健全有关制度，做到户有记工册，村有有记工表，管区有记工卡，乡镇有清工帐，定期张榜公布，落实兑现。由于制度健全，政策兑现，群众拥护，行动迅速，几天内全县有70%的劳动力上水利工地，有些乡镇达80%，7000多社会力量也投入了战斗。全县平均每个劳力完成的积累工是全省之冠。在发动群众、依靠群众投劳搞土方工程的同时，县、乡、镇和受益区还自筹现金71.9万元，修建渠系建筑物。三平乡按受益面积筹集资金7.6万元，县水电局补助1万元，建成浅拉水陂，解决6个自然村1000亩“望天田”早造灌溉用水。

三、突出重点，讲求实效

县委和县政府根据全县水利设施老化，渠道不畅，放水困难等情况，确定冬季农田水利建设以维修改造渠道，提高输水能力为重点，结合整治重点田洋，为夺取1991年粮食丰收创造条件。全县上水利工地的劳动力，除对所有的蓄引提工程，能正常灌溉的1150多km，大小渠道进行全面彻底维修清淤外，还将多年失修的38 km干支渠进行修复，还回原貌，加上其他小渠道，共恢复灌溉面积2万余亩，同时配套了一批主要过水建筑物，大大改善了放水条件。大安水库西干渠长28 km，过去放水到下游要7天时间，现在仅用3天；南木引水渠长33 km，过水流量10 m^3/s，以往从渠首引到长茅水库要3天，现在只需27个h；长茅水库西干渠首至第四分渠，长24.1 km，过水流量5 m^3/s，往年要3天才能通水，现仅用1天。由于大搞维修，渠道完好，输水能力提高，1991年早造虽出现严重干旱，但各灌区放水情况良好，群众很满意，普遍反映说：“去冬水利维修的效益，是近十几年来最好的一年。”各乡镇在大搞渠道维修清淤的同时，结合整治田洋33个，面积48000亩，开挖和修理田间排灌渠系903 km，基本做到灌得上，排得出，降得下，挡得住，使这些农田1991年早造全部种上杂优水稻，其中进行水、田、林、路综合治理的新丰洋（6300亩），已成为全县杂优制种基地和大面积推广杂优良种示范基地。

四、坚持标准，严控质量

参加省农田水利基本建设现场会的县委、县政府主要领导，参观了兄弟县的样板工程后受到很大教育，决心采取措施，赶先进、超先进，高标准高质量地搞好水利渠道维修。为了达到这个要求，在全面行动之前，县政府分两批组织工程技术人员及乡镇委书记和乡镇长等80余人到万宁、琼山、屯昌县参观学习，扩大眼界，解放思想；从县到乡镇到管理单位，层层刻样板，搞标准段，现场培训农民技术员300多人；水利部门还抽调100名技术人员分赴各乡镇和重点灌区指导施工。县委书记带头把质量关，他手拿两把尺子（一把硬的、一把软的），走到那里都亲自量断面，不合要求的，坚决返工。在大搞渠道维修期间，县先后召开三次战地质量检查会，不断克服部分干部和群众存在的过得去的低标准思想，使全县的水利渠道维修质量基本达到一个标准。所维修清淤堵缺的渠道，全面做到底够宽，坡够顺，堤够高；对77条，长538 km的主要渠道，大动手术，彻底改造，除按要求整修过水断面外，两边渠堤从头到尾全面修路，高挖段修建2～2.5 m的平台连接，沿渠通行摩托车畅通无阻，渠貌焕然一新，许多渠道标准超过了原设计水平。渠道维修范围之广，气魄之大，标准之高，质量之好，是前所未有的，获得全省各市县参加冬修水利检查评比的代表高度赞扬。

（乐东黎族自治县人民政府）

四　川　省

四川水利概况

一、概况

1990年，四川省水利部门认真贯彻《中华人民共和国水法》，按照“转轨变型，全面服务”的方针，进一步深化水利改革，加快实行水利工程归口管理的步伐。重点抓了以下几个方面的工作：①强化水利行业管理；讲求水利的经济效益和社会效益，增加水利投入；②在抓紧水利基本建设的同时，充分发动和依靠群众，大力开展农田水利建设；③在建好管好工程的同时，努力加强水资源的宏观管理。从1989年10月到1990年9月底，全省共动工各类水利工程87.37万处，完工85.77万处，分别比上年增长63.7%和76%；累计投工7.6亿个，完成土石方4.97亿 m^3，分别比上年增加193%和123%；新增蓄引提水能力1.9亿 m^3，扩大有效灌溉面积81.12万亩，恢复和改善灌溉面积844.97万亩，改造渍害低产田572万亩，除涝面积46万亩；完成各类人畜饮水工程1806处。

二、水利基本建设

1990年，全省完成水利基本建设投资25128.5万元，占年计划的97.5%，比上年水利基本建设实际完成投资增长30.1%，其中，完成国家投资15088.9万元，占计划的100.9%，比上年实际完成国家投资增长6.7%，水利基本建设取得了较快的进展。武都引水工程总干渠道段8.7 km和石龙嘴电站于12月30日已如期通水发电；人民渠灌区的红岩支渠第二期扩建工程年前已按质按量完成；都江堰灌区第二期扩改建工程的人民渠六期，东风渠总干渠和四期工程扩改建重点项目进入紧张施工。中型水利工程建设进展顺利，1986～1990年期间建成10个中型水利工程，新增灌溉面积15.12万亩，新增库容11629万 m^3，新增发电装机4920 kW，配套万亩以上渠道312.9 km；1986～1990年期间整治加固了18个中型水利工程，恢复水库蓄水能力4898万 m^3，扩大灌溉面积5.59万亩，增加发电装机500 kW，提高了265.8 km渠道的安全标准和通水能力；1986～1990年期间，安排了8个项目的大型灌区整治工程，扩大灌溉面积4.4万亩，恢复蓄引水能力227931万 m^3，增加发电能力7640 kW；1986～1990年期间全省各类水利基建工程共完成投资82834万元，其中国家投资59461万元，新增灌溉面积75.93万亩，改善灌面66.79万亩，新增综合利用发电装机33755 kW，增加库容15.55亿 m^3。

1990年，各地继续按照国务院要求和贯彻全国农田水利基本建设会议精神，坚持“巩固改造，适当发展，加强管理，注重效益”的方针，农田水利基本建设的规模、进度、质量、效益是近十年来最好的。

1990年冬季农田水利建设，动员早、部署早、行动早，兴起冬修水利高潮，比上年提前一个多月。在工作中各地高度认识农田水利建设的地位和作用，设立“农田水利基本建设指挥部”，广泛动员各行各业全力支持农田水利建设。高峰期上阵劳力超过1000万人，比上年度多100多万人，到12月底，全省动工各类水利工程37.41万处，完工26.37万处，累计投工2.52亿个，完成土石方1.65亿 m^3，新增有效灌溉面积13.1万亩，改善和恢复灌面234.95万亩，除涝面积3.77万亩，改造渍害低产田148.6万亩，治理水土流失面积226.86万亩。1990年冬农田水利建设的重点是：抓水毁工程修复，抓中低产田土改造，抓长江中上游防护林和水土保持工程建设。在1990年度的农田水利建设中，涌现出了一批先进典型。彭县、双流、大足、江北、广安、什邡、宁南、米易等25个县(市)，分别被授予全省农田水利建设先进县、市的光荣称号，受到省人民政府表彰。

三、水利管理

1. 用水管理　为保证1990年水稻栽插用水，各地从1989年夏秋就狠抓蓄水保水，到1989年11月底，全省工程蓄水量达87.18亿m^3，超额5%完成汛末蓄水计划，从而保证了1990年全省4608.47万亩水稻的适时栽插与灌溉，对全省粮食总产创历史最高水平起了重要作用。其中都江堰灌区完成679万亩，超计划20000多亩。

1990年东旱西涝灾情突出，川东地区伏旱接秋旱，工程蓄水差；西部由于受暴雨洪水袭击，工程损毁严重，给蓄水带来很大困难。全省计划蓄水95亿m^3，到12月底蓄水达87.7亿多m^3，占汛末蓄水计划的92.3%，比计划任务仍差8.4亿多m^3，对1991年水稻栽插有影响，大春用水形势严峻。

2. 水利工程管理　1990年，全省狠抓水利工程管理工作，成绩显著。中央拨给四川省发展粮食生产水利专项资金2850万元，省地县配套资金1185.09万元，加上投劳折资2155.14万元，共投资6190.23万元，安排了20个地市州81个县的222项水利工程，计划新建渠道298.47 km，渠道防渗465.63 km，渠道整治199.46 km，整治渠系建筑物3725处，水库大坝安装观测设施42处，水库除险加固10座，扩建水库5座，建提灌站5处，到12月底，已完成计划任务的40%以上，其余工程在1991年大春用水前可基本完成投入使用。

1990年，全省用于人畜饮水工程建设总投资2881.6万元，安排13个地市州56个县3713个工程项目，已完成各类人畜饮水工程1806处，解决了37.44万人和44.03万头牲畜饮水问题，建成自来水站280处，使23.53万人吃上了清洁卫生的自来水。

1990年，全省大型灌区万亩以下渠系配套取得了较大进展，共24处121.8 km，多数工程在年前已完成任务，少数工程也在1991年元月全部完工投入春灌。

狠抓病害工程整治和水毁工程的修复。1990年共安排水毁工程修复和病险水库整治经费2800万元，计划修复水毁工程397处，整治病险水库26座，全省共动工整治小水库465座，年底前已完成50%左右的任务，整治病险水库200余处，累计1576处，确保了工程安全。

1990年，全省发展节水型灌溉工程是在搞好已成工程管理，巩固试点成果的基础上，因地制宜，量力而行，逐步扩大试点范围的。共安排投资250.5万元，计划新建喷灌工程20处，完善工程11处，发展小型流动机组90台（套），已完成21处，其余工程91年3月底前可全部完成，投入春灌。

加强工程管理，搞好防洪调度，开展工程观测工作。全省99座中型水库中，开展水位和雨量观测的占90%以上，开展坝面位移观测的达70%，坝体浸润线观测的达50%，还有部分工程开展了渗流量、坝基渗水压力等观测项目，为开展工程的调度运用打下了基础。

长葫灌区管理局获1989年度“部一级管理单位”。

3. 水利经营管理　1990年，四川水利管理部门继续深化水利改革，加强经营管理，提高水利工程综合经济效益。①理顺水利管理关系，狠抓水利工程归口管理。全省已有绵阳、自贡、遂宁、内江、万县、涪陵、达县、南充、雅安等地市先后开展了这项工作，并总结出了“分级管理，归口承包，人权统管，财政集中，归口缴纳管理费”的办法。②搞好区乡水利水保站建设，建立健全基层水利管理服务体系。全省累计建立水利水土保持站1610个，其中，区管站1063个，片站331个，流域站26个，乡站190个，占计划建站数的85%，基本达到了按工作任务设站的目的。有关部门颁发了《四川省区乡水利水保站工作条例实施细则》，为各地水管站开展工作提供了依据。③深化水费改革。在全省范围内全面推行都江堰灌区供水水费以实物计价、货币结算的办法，为贯彻执行国务院《水利工程水费核订、计收和管理办法》的文件精神，重新修订了《四川省水利工程水费计收和管理办法》。通过水费改革，水费收入得到增加，1990年水费可达1200万元，比上年略有增长。④水利综合经营稳步发展。25个水利综合改革试点单位1990年水利综合经营收入达2390.2万元，比开展试点工作前的1987年增长1.58倍，全省水管单位综合经营收入可达2.3亿元，总收入3.2亿元，水利系统的综合经营收入可达3.5亿元，水利工程单位和水利系统的综合经营收入都比上年度有较大增长。⑤进一步抓好25个水利综合改革试点单位的工作。1990年，试点单位总收入达2811.6万元，比上年度增长25.9%，比开展试点前的1987年增长1.4倍多，有两个单位被评为全国先进灌区，有10个单位被评为全省先进灌区。⑥积极开展经营管理“指标考核”的测算工作。印发《综合利用水利工程经营管理“指标考核”综合水平评分意见》(试行)，举办培训班，1990年全省大中型工程和25个综合改革试点单位都开展了“指标考核”的测算工作，经过对长葫水库的安全鉴定和经营管理的全面考核，向水利部申报了长葫水库为国家级工程。

四、防洪工作

1990年，四川各级防汛和水电部门，贯彻“安全第一，预防为主，有备无患”的方针，坚持各级政府行政首长负责防汛的制度，落实防洪抢险措施，基本上完成了全年的防汛任务。1989年12月就对冬春防汛岁修工作作了安排部署；4月召开了全省防汛工作会议，发出关于做好1990年防汛工作的通知，全面检查岁修加固和准备落实工作；对影响较大的岷江青城大桥河段防汛进行了可行性专题研究，完成了设计任务，审查了各中型水库防汛渡汛方案；加强法制宣传，完成了国家防汛总指挥部《防汛法》草案的修改任务；进行了12个城镇河段划“三线”工作，共划“三线”河段48处；及时安排防洪抢险物质的储备与供应，落实编织装9万余条，救生衣、救生圈近千件，防洪水泥达6200 t；认真抓好河道堤防岁修加固和救生高台建设，完成堤防岁修长度100余km，建救生高台8个；大力加强雨情、水情的测预报，准确及时传递汛情。共同努力夺得了防汛工作的胜利。

五、水利科技教育

1990年，全省水利科技教育工作贯彻“依靠科技振兴经济”的战略思想和“经济建设必须依靠科学技术，科学技术工作必须面向经济建设”的战略方针，取得新发展。全省共下达水利科研项目44项，其中新上30项，续上14项；进行技术鉴定（评审、验收）的科技成果15项，全年向部、省申报科技进步奖励项目10项，经评审有6个项目获奖。“沟稻垄杂拦雨保土耕作法研究”、“水稻需水量等值线图”等课题通过了技术鉴定；分别完成了“武都引水工程”、“升钟水库”等工程的年度质量检测任务；编制了全省水利科技发展“八五”计划和十年规划，完成了“科技兴农十年规划编制”的工作。“沟稻垄杂拦雨保土耕作法研究”、“丘陵灌区农业用水节水型成套技术措施及水稻旱作技术”等获得部、省科技进步奖。全省水利系统举办各种岗位培训班18期，共培训950人，完成了1990年普通高校委托班的组班协调工作。

六、水利建设前期工作

1990年，继续抓了大型水利工程的可行性研究和规划工作，紫坪铺水库的可行性研究已经能源部水利部水利水电规划总院审查通过，都江堰总体规划水利部已审查批复，安宁河流域规划和大桥水库可行性研究正抓紧进行，为全省“八五”期兴建紫坪铺、大桥水库和都江堰二期扩改建做了大量前期工作。全年共审批中小型水电项目可行性研究报告和设计任务书14项，装机规模35.38万kW，审批中型水利工程项目可行性研究报告和设计任务书4项，总库容1.57亿m^3，灌溉面积39万亩。全年共完成28个县（市）的农村电气化规划和审查工作，编制了《四川省地方电力“八五”计划和十年规划》、《全省综合农业开发区水利规划报告》、《全省综合农业开发区水利“八五”计划和十年规划》。对紫坪铺水库、云阳咸池水库、涪陵龙河石板水电站等11项工程进行了环境影响评审工作。四川省贯彻《水法》实施办法，经征求有关部门意见并进行修改后，已上报省人大常委会审查。

七、“八五”期水利工作

1.“八五”期四川省水利工作的指导思想 要从战略高度认识水利的作用，进一步深化水利改革，依靠科学技术进步，切实加强水利基础产业，更好地为国民经济持续、稳定、协调发展和人民生活改善的需要服务。在水利工作上，要贯彻“巩固改造，适当发展，加强管理，注重效益”的方针，本着因地制宜、量力而行、尽力而为的原则，把水利建设的重点放在人口集中、经济发达、水资源严重短缺的盆地特别是盆地丘陵区，努力解决农业、工业、人民生活用水等方面的需要；加快水利管理体制改革步伐，进一步推进水费改革，大力发展综合经营，巩固和发展水利工程效益，进一步扩大服务面。在地方电力工作上，要把增加发电量，扩大用电面，进一步解决县乡用电问题作为主要任务，在大力发展中小水电的同时，在有条件的地方，因地制宜地发展小火电，在发展电源、电网建设的同时，进一步落实地方为主、县为实体的地电管理体制，加快建设更多的地方电网和跨县的区域性电网。水产工作上，要从增加水产品的有效供给作为主要目标，积极推广渔业科技成果，加强经营管理，努力提高水产品单产和总产，以适应人民生活水平提高的需求。

2.“八五”期四川省水利工作的计划指标 五年新增蓄引提水能力4.09亿m^3，新增有效灌溉面积250万亩，到1995年全省有效灌溉面积累计达4450万亩，占全省耕地面积的47.6%，治理水土流失面积1.55万km^2，创1995年累计达2.52万km^2，占应治理面积的10.2%，解决203万人和261万头牲畜的饮水问题，到1995年累计解决饮水困难人数达1053万人，解决牲畜引水问题头数达1071万头，分别占应解决总数的70%和72%，改善岷江河段的防洪条件，提高部分河流的防洪标准，保护61个城镇、138.5万人和127.8

万亩耕地安全。5年地方电力新增电源装机80万kW，到1995年全省地方电站总装机容量达到290万kW，地方电力发电量年递增8.8%，到1995年发电量达到122亿kW·h。5年间，水产品产量年递增6.5%，到1995年全省水产品总产量达到33万t。

3. “八五”期四川省水利工作的主要任务　深入贯彻《水法》，切实承担起各级水行政主管部门的职责，加强水政建设；坚持不懈地大搞农田水利基本建设；大力加强水利管理；进一步加强防洪工作；切实搞好水土保持工作；大力加强地方电力建设和管理；加快发展水产商品生产；进一步加强前期工作和水产基础工作；加强科技教育工作。

（毛世全）

狠抓投入兴水利　提高质量增效益
——广安县农田水利基本建设情况调查

在深化农村经济改革、强化农业基础地位的过程中，四川省广安县进一步贯彻国务院《关于大力开展农田水利基本建设的决定》。切实按照“巩固改造，适当发展，加强管理，注重效益”的方针，坚持执行中央“三靠”政策，发扬自力更生精神，把以水利为中心的农田水利基本建设作为改善农业生产条件、增大农业投入的重要内容来抓，走出了一条增大水利建设投入、提高工程质量、发挥设施效益的新路子，有力地促进了农业生产的持续发展。全县一个冬春整治水利工程3250处（更新改造山平塘1846口，超过前几年改造总和的50%），超计划的6.38%，比上年同期增长35.82%；挖填土石方量1204.99万m^3，超计划的9.54%；比上年同期增长84.19%；总用工日3090.58万个，超计划的10.38%，比上年同期增长9.09%；完成总投资7049.04万元，超计划的11.89%，比上年同期增长23.38%；新增蓄水量295万m^3，超计划的3.91倍，比上年同期增长92.90%；恢复蓄水563万m^3，超年计划的60.86%，比上年同期增长45.13%；新增灌溉面积0.95万亩，超计划的58.33%，比上年同期增长2.15%；恢复灌溉面积3.6万亩，超计划的2.86%，比上年同期增长1.12%。当年粮食总产量46852万kg，比上年净增4819万kg，增长11.47%；农村经济总收入58433万元，比上年净增4647万元，增长8.64%。

一、树立增大水利投入的思想

水利，是农业生产的基本条件，是国民经济的基础产业和基本设施。在近几年广安县的农村经济发展，特别是农业增产中反映十分明显。1984年广安县粮食总产量达到43421万kg，是党的十一届三中全会以来，也是建国以来的最高年产量。这是农村第一步改革的丰硕成果。近5年来，粮食生产则出现了“两增三减”的徘徊局面。这个徘徊的特点是：粮食总产量的增减与水利设施的好坏密切相关。1985年全县出现严重伏旱，不仅粮食总产量比上年减少3370万kg，而且暴露了水利上的工程老化、水毁人毁等严重问题。1986年，广安县委、县政府组织力量对全县各类水利工程的现状、效益和潜力进行了普查，制定了整治、改造的规划。从1987年起，县委、县政府在全县范围内大搞“以统兴水，以水促农”，取得了突破性进展。两年来，共整治水利工程2819处，新增、恢复蓄水1088万m^3，新增和恢复灌溉面积8.18万亩。由于水利条件的逐步改善，工程效益的不断发挥，全县粮食总产量由下滑局面转向稳定增长。春、夏、伏三连旱特别严重的1988年，广安县粮食年总产量达到41957万kg，还比上年增长3.1%，比1985年增长4.76%。实践使县委、县政府认识到，没有水利保障的农业，不是完全的农业，更不是现代化农业。

水利建设的实质，是个投入问题。什么时期投入增大，水利建设就搞得好；什么时期投入减少，水利建设就搞得差。1985年县财政对农业（水利）的投入仅41万元，占当年财政总支出的1.51%，比1980年的267万元减少85.14%，占财政总支出的比例下降了18.49个百分点。这一时期，农村合作经济组织的公积金由1978年的228.89万元下降到1985年的92万元，年均递减12.21%；农户家庭分散经营的积极性虽然很高，但忙于当前生产，也无力顾及农田水利基本建设。据普查，全县6193处水利工程中，存在不同程度垮漏的有3675处，占59.34%。其中有63.14%的水库病险严重，20%的输引水渠不能通水，60%的塘堰带病运行，55.2%的机电提灌站不能正常工作，3.5万亩囤水田下降到1.95万亩；有效蓄水量由1.47亿m^3下降到1.3亿m^3，减少1.56%灌溉面积由高峰年的40万亩下降到34.1万亩，减少14.75%。1986年以来，随着国家财政政策的倾斜、农村土地“有偿使用”制度的推行、农户生产的发展，广安县投入农田水利基本建设的资金不断增加。1989年，省地拨款330万元，县财政匹配资金157.5万元，区乡财政投入97.3万元，生产队投入183.28万元，农户筹集现金1053万元，投劳折资3874万元。这一时期，除险加固水库40座，占病险水库的90%；更新改造山平塘（改土埂为石埂）3325口，占山平塘总数的61.46%；水利工程实际灌溉面积达到38.52万亩，比1985年扩大

4.42万亩。

1990年以来，增大水利投入的条件更加优越。一是国务院发布了《关于大力开展农田水利基本建设的决定》，形成了全党动手、全民动员抓水利建设的大气候；二是省地水行政主管部门对农田水利建设的投入不断增加，启动了农民兴修水利的积极性；三是县上建立了农发基金，为增大水利投入新辟了资金来源；四是农村围绕土地制度建设，实行“三改三建”，在收取的土地使用费中提取了一定比例的公积金，使农业社用于水利建设的积累资金由80余万元增加到200多万元，同时乡建立了合作基金会，集资额达1700余万元，为水利建设提供了资金来源；五是进一步完善了农业社的集体用工制度，劳平用于水利建设的劳动积累工日由20个增加到30个；六是农民合作兴水的积极性进一步高涨，人均年集资额达到4～6元。

基于上述需要与可能的分析，广安县委、县政府按照国家、集体、个人一齐上的方针，制定了以农户、农业社、乡村投入为主体，以资金、活劳动、技术、物资和管理投入相配套，以提高工程质量、发挥设施效益为中心，以建设高产稳产农田为目标的兴水战略，并采取与之相适应的措施，落实到了基层单位和工程项目，变成了乡村干部和农民群众的自觉行动。

二、明确增大水利投入的内容

水利是农村生产力的重要组成部分。水利工程是活劳动和物化劳动的结晶。因而，狠抓水利建设，就必须把多种因素组装起来，实行以科技为先导的配套投入，才能出成效。

（1）资金投入。采取多层次、多渠道集资的办法，全年投入水利建设的资金达1754.21万元。其中国家补助835.50万元，占47.63%；集体投入541.25万元，占30.85%；群众集资377.46万元，占21.52%。国家补助资金中，县财政匹配资金265.7万元，占31.8%。在集体投入中，水管单位投入资金30.3万元，占5.59%。在农民集资中，交稻谷107.74万公斤，折币75.49万元，占19.98%；投条石1.15万立方米，折币26.81万元，占7.1%。

（2）劳力投入。为了充分发挥农村劳动力资源充裕的优势，在农业社内部建立健全了集体用工（包括义务工、积累工、统筹生产用工）制度，增大了水利建设的活劳动投入。在全年水利建设总用工日3090.58万个中，当年劳动积累工日1524个，占49.31%；借用下年度的劳动积累工日520.34万个，占16.84%；统筹生产用工工日417.05万个，占13.49%；技工工日629.19万个，占20.36%。结算结果，全县有1.42万户超投劳动积累工日7.84万个；有1.43万户短投工日9.93万个。对超短投工日，均以统一规定的工价进行了找补。

（3）物资投入。县物资部门为水利、水保、中低户田土改造供应了钢材320吨，水泥1344吨，木材75立方米，炸药247吨，柴油40吨。同时，广安县岩石裸露，溪河密布，为农田水利建设提供了充裕的沙石资源。全年共采集河沙5376吨，条石69.91万立方米，用于水小利建设。

（4）技术投入。在去冬今春的农田水利基本建设高潮中，全县投入专业技术人员171名，其中水利71名，水保42名，中低产田土改造28名，果技8名，林业10名，蚕桑12名。采取划片定点的办法，落实了专业技术人员的服务项目和技术责任制。在此基础上，县上举办了各类施工技术培训班4次，参训人员达220余人次；区乡实行现场练兵，培训人员达2100余人次。县区乡共编写各类工程施工技术要点1870份，并发至各项目的施工班组及人员。对投资1万元以上的工程项目，由县或区的专业技术人员设计绘制了770张施工图和竣工图，并定期或不定期地进行施工指导。对投资5万元以上的工程项目，成立了工程指挥部，派了工程师或助理工程师担任技术负责人，负责技术指导，把好工程质量关，做好技术服务工作。

（5）管理投入。为了肯定和发挥管理在农田水利建设中的地位与作用，广安县委、县政府把管理作为软件技术纳入了增大水利投入的范围。县上对农田水利工程建设实行立项管理。具体内容是：按规划列项（必须有可行性论证报告），按项目投资（必须有工程设计、投资概算），按进度拨款（必须以完成的工程量为依据拨款，批准施工计划时拨20%，施工中拨50%，完工时拨30%），按验收结算（必须有竣工总结、竣工图纸，工程结算），按优劣奖惩（必须以规范规程和设计为依据，评出优劣工程单位，做到奖优惩劣）。每个工程项目，必须严格实行项目管理。具体内容是：1、落实负责人，实行“五定”责任制；2、加强技术质量管理，必须按设计图纸和技术要点施工，把好质量关；3、严密劳动定额和安全管理，推行按件计酬，不吃“大锅饭”，做到安全施工，不出事故；4、完善财务物资管理，做到定期公布帐目，民主公开。在140立项工程单位中，评为优秀工程单位的81个，占57.86%。

三、把握增大水利投入的重点

农田水利建设的根本任务，是充分合理地开发利用水资源，切实解决农村生产、生活用水问题。为此目的，在水利工程的配置上，必然是水利、水保、水电、水产结合，蓄水、引水、提水配套，形成布局合理、功能齐全、三效（生态、经济、社会效益）俱佳的水利工程网络。基于这个构想，广安县委、县政府从水利工程的现状出发，以发挥现有水利工程设施效益为中心，以改造、整治、维修、配套为重点，以扩大灌面、建设高产稳产农田为目标，采取“以统兴水、合作兴水”的方式，做到四季办水，常年不断。

(1) 投向塘埝更新改造和围水田的建设，以解决浅中丘陵区栽秧缺水的问题。全年用于这方面的资金665.83万元，占现金投入的37.91%；劳动积累工日821.83万个，占积累工的40.16%。更新改造山平塘1846口（全面完成全县5410口山平塘改土埂为石埂的任务）、囤水田1.53万亩，恢复和改善灌溉面积4.2万亩。

(2)投向水库枢纽工程除险加固和渠道防渗整治，以发挥现有工程效益。一年来，用于这方面的资金96.58万元，占现金投入的5.57%；劳动积累工日361.47万个，占积累工的17.68%。整治病险水库12座，防渗渠道135.4公里。

(3) 投向供水工程，以解决老旱区场镇和部分村社人畜饮水难的问题。用于这方面的资金276.83万元，占现金投入的15.73%；劳动积累工日58.71万个，占积累工的2.84%。建成了6处供水站，120口人工井，可供1.56万人、0.85万头牲畜饮水。

(4) 投向“水保工程”，以治理水土流失。用于这方面的资金136.4万元，占现金投入的7.75%；劳动积累工日264.26万个，占积累工的12.91%。治理水土流失面积96平方公里，其中成片坡改梯1.41万亩，经果林0.76万亩。

(5) 投向中低产田土改造，以建设高产稳产农田。用于这方面的资金415.7万元，占现金投入的23.66%；劳动积累工日232.38万个，占积累工行政的11.35%。全年改造中低产田土4.32万亩。

四、加强增大水利投入的领导

农田水利建设，具有投资大、花工多、季节性强、涉及面广的特点，单靠水行政主管部门去办是难以办好的，必须有强有力的指挥系统和有关部门的支持，才能确保此项工作的顺利开展。

(1) 加强了农田水利建设的班子建设。去年冬季，广安县委决定，充实和调整了“广安县农田水利基本建设指挥部”的领导成员，改过去县政府一家的领导担任为县委、县政府、县人大、县政协的有关领导担任。领导小组下设办公室，还充实了5名专职办事人员。各区乡按照换届选举的实际情况，相应调整了领导成员。12个区（镇）调整了21名领导成员，68个乡（镇）调整了97名领导成员。领导成员到位后，在资金的组织、物资的调运、劳力的调配、难题的解决等方面发挥了积极的作用。

(2) 落实了农田水利建设的目标管理。冬春修任务确定之后，按各区乡的不同情况，采取县分解到区、区分解到乡、乡分解到村社的办法，把全县的任务落实到基层和工程项目。在此基础上，县与区、区与乡、乡与村社层层签订了以任务、质量、时间、奖惩为主要内容的水利冬春修目标责任书，做到了社社有项目，社社有行动，社社有声势，社社有效果。

(3) 完善了农田水利建设的政策措施。为了加快农田水利建设的步伐，逐步改善农业生产条件，调动乡村干部和农民群众办小型水利的积极性，根据中央“巩固改造，适当发展，加强管理，注重效益”方针，广安县委在总结过去办水利经验教训的基础上，以县政府（1990）133号文件作出了《关于加快农村水利建设步伐的若干政策规定》：①对山平塘的的更新改造，继续实行“以奖代补”的政策。②对区乡干部抓水利建设工作，继续实行阶段奖和目标奖。③为了加快中型水库和小（一）型水库的斗、农、毛渠以及小（二）型水库渠道防渗整治的步伐，对区乡干部抓这项工作实行阶段奖和目标奖。④农业社的公积金主要用于农田水利建设。⑤各类水利工程均实行有偿供水制度。⑥对毁塘、废渠的单位或个人，要视其情节轻重，按农业税的3～5倍收取损失补偿费，并限期恢复原水利工程全貌。⑦农业社的劳动积累工，必须保证60%以上用于农田水利建设。每个农村劳动力每年必须完成积累工日30个以上。⑧各级各单位、各部门的领导和职工，每年必须在当地完成3～5个水利水保、改田改土、造林绿化等义务工。如完不成任务者，由当地政府或水行政主管部门按每个工日2元的标准向单位收取以资抵工款。⑨县农发基金每年必须满足国家和省、地水行政主管部门投入农田水利基本建设资金的配套资金。10、兴修农田水利应按受益范围分级举办。

(4) 搞好了农田水利建设的典型示范。对水利、水保、中低产田土改造等农田水利基本建设，县、区、乡各级党政领导分别搞了149个样板工程，其中县级9个，区级25个，乡级115个。各级分别组织村社干部和农民代表2.7万人次进行了参观，起到了以点带面的作用。去冬以来，县委、县政府、县人大、县政协的5名领导同志分别在广门乡的南峰山、浓洄镇的城北村、协兴镇的佛手山，护按乡的夫子湾，广福乡的河口段和护安乡、鞍山乡、井河乡等地搞好了9个样板，前去参观学习的人数，达1万余人次，并为省农田水利基本建设工作会议和地委县书会议提供了现场。

(5) 狠抓了农田水利建设的检查督促。去冬以来，县委、县政府根据农田水利建设的进展情况，实行了分段检查制度。立冬前，主要查工程项目、方案实施、劳力组织、资金筹措等情况；春节前，主要检查各类工程建设的进展情况，按工程量和定额标准拨付资金；春灌前，主要检查每项工程建设的扫尾情况，督促做好放水前的一切准备工作和竣工验收的准备。每次检查，分别由指挥部的领导、水行政主管部门的领导和专业技术干部组成，采取分项记分的办法，做好翔实记载，作为年终评选先进集体和干部政绩考核的依据。

（陈光华 王天达）

贵 州 省

蓬勃发展的贵州省水利事业

一、1990年贵州省水利工作概况

1990年是贵州省连续第六个干旱年。从6月下旬开始，全省降雨量偏少，省北部地区和乌江沿岸少4～8成，其余地区少2～3成，尤其是8月中旬到9月上旬，伏旱严重。全省87个县、市中有82个遭受不同程度干旱，农作物受灾面积达1486万亩，75%的山塘和42%的小型水库干涸，19%的人畜饮水困难。在大旱之年，水利设施发挥了巨大的作用，减少了灾害损失，全省粮食总产量虽未达到1984年大丰收的水平，却也比1989年增产1.8%。1990年6月份局部地区暴雨为害，盘县等26个县、市发生滑坡、泥石流、水淹等洪涝灾害，死亡171人，房屋倒塌19296间。石阡县黑山沟水库坝体发生管涌，经抢救脱险。全省已有5年未发生垮坝事故。

水利建设形势在1989年基础上进一步向好的方向发展。各级领导对粮食长期徘徊的现象进行了反思，从中体会到水利对发展农业，提高粮食产量的重要性，提高了认识，加强了领导，突破了仅由水利部门办水利的格局，不少地方提出了“全党动手，全民动员，几大班子一起抓，各行各业齐支援，大搞农田水利建设”的口号，从上到下有一股大办水利的劲头。1990年5月，省人民政府召开了水利建设先进县表彰大会，这在建国以来是第一次，省委、省政府主要领导都出席了会议，水利部侯捷副部长也从北京专程赶来参加会议并讲了话。盘县、遵义、镇远、金沙、平塘、石阡、乌当区、开阳、兴义、普安、贵定、瓮安、德江、毕节、平坝、绥阳、仁怀、岑巩、台江、麻江等20个县（区）被授予省水利建设先进县（区）的称号。9月，比往年约提早一个月召开了全省水利会议，布置冬春水利任务。省级财政在正常水利经费之外，增拨水利投资2600万元，地、县匹配资金5716万元，区乡自筹758万元，群众集资2988万元，共计增加1.206亿元用于冬春水利建设，加上农业综合开发区和以工代赈资金中用于水利的部分，水利建设投资超过去年水平。

水利建设的基本指导原则仍然是继续贯彻国务院《关于大力开展农田水利基本建设的决定》和省政府继续坚持“小型为主，配套改造为主，自力更生为主，管理为主”和“全面规划，综合治理，因地制宜，分类指导”的原则，以效益为中心，以恢复、巩固提高现有工程为重点。把主攻方向放在恢复、巩固、改造、配套现有水利工程和险病库治理，渠道防渗，提灌设备检修，山塘整修，改善人畜饮水条件，发展小水窖、水浇地，加强水土保持工作等对当年粮食增产影响最大，群众要求最为迫切而又有力量进行的水利建设上。同时，量力而行新建一些投资省、工期短、效益大、群众要求迫切的小型水利工程。在项目安排上，强调因地制宜，各有侧重，即使在一县一区之内，也应有不同的水利建设重点。这种“因地制宜，小型，多样，大规模”的做法，适合贵州省的山区特点，受到农民群众的积极支持。

二、水利建设项目

（1）水利基本建设共安排灌溉工程26项，地方电站26项。威宁县扬湾桥水库（改建）、毕节县利民水库（改建）、盘县木龙水库（扩建）、江口县地落水库（新建）、贞丰县白坟水库（新建）、松桃县架枧水库（改建）、平坝县羊昌河引水工程（改建）、三都县丰乐防洪工程（新建），以及铜仁县漾头水电站（新建）、正安县良坎水电站（扩建）、德江县火电厂（新建）、纳雍县火电厂（新建）、威宁县火电厂（新建）等13处工程建成投产。

（2）冬春农田水利建设比去年有进一步的发展，全省共开工各类水利工程6.6万处，最高日上工劳力达到307.6万人，共完成劳动积累工1.836亿个，为计划投工1.4亿个的130%，平均每个农村劳力投工15

个。比去年多4个。处理小（二）型险病库91座，整修山塘4180口，渠道防渗5882 km，检修提灌站6.5万kW，新增和修复农村小电站6500 kW，建成小水窖25025个，共完成土石方8925万m^3，新增灌溉面积17.05万亩，恢复改善灌溉面积37万亩，防洪排涝面积5.66万亩，合计灌溉效益59.7万亩。在冬春水利建设中，除了规模大、投入多以外，与去年相比，还显示出以下特点：一是准备早，动手早。在7～8月间，便作了规划、部署和安排，一般比去年提前半月到一月，个别地方在秋收前便已动工。二是工程质量普遍提高。全省各地、县普遍抓了区（乡）水利站和农村水利建设负责人的技术培训工作，层层建立质量监测制度，组织质量检查小组巡回检查。三是项目安排比较集中。各地都有计划地重点安排了一些小（二）型以上的骨干水利工程，遵义地区还规定流量小于0.1 m^3/s的渠道群众自筹解决。

(3) 旱地浇灌工程由试点逐步走向示范推广。全年新增旱地灌溉面积7.6万亩，累计达到20万亩。遵义、铜仁、毕节、黔西四县的灌溉试验站正式开展了旱地灌溉需水量试验工作。毕节县松林乡的1822亩水浇烟试验地，在连晴陡雨的恶劣气候下获得平均亩产154 kg和中上等烟占80%以上的好收成，比本县平均亩产高54 kg。

(4) 水利工程向城镇供水取得重大成效。全省有18座水库、4座提灌站、4处引水工程向23个县级以上城镇提供居民生活用水，占全省87个县城的26.4%，另有5座水库及2处引水工程正在铺设向7个县城供水的管道。在全省644个区镇和3537个乡镇中，由水利工程初步解决供水的有441个区镇和1091个乡镇，分别占总数的68%和31%。全年向工业供水1.34亿m^3，生活供水2.37亿m^3，占总供水量的6.9%。

(5) 长江上游水土保持重点治理区除原已列上的毕节、大方、威宁、赫章4个县已于1989年开始治理外，1990年经国务院批准，又增加金沙、黔西两县。6个县1990年共修建坡田改梯田工程6.82万亩，造林37.7万亩，封山育林23.6万亩，农业保土耕作28.8万亩，谷坊190座，防洪沟155 km，共治理水土流失面积694.4 km^2。加上其他地方，全省共完成治理水土流失面积1106 km^2。汇总编制了珠江上游水土保持规划，并在水城县开始实施俄脚河小流域治理试点。

三、加强水政建设，搞好水利管理

水政和水资源的统一管理工作取得了初步成效。毕节县、安顺市等地经政府批准，先后在水电局成立了水政水资源办公室，贵阳市成立了水资源管理委员会，其办公室设在市水电局。至此，全省水政水资源管理机构已组建完毕。继遵义市和贵阳市乌当区列为全国水利执法试点并经水利部验收合格后，省水利电力厅又明确了铜仁市，都匀市、安顺市、贵阳市花溪区以及瓮安、雷山、岑巩、安龙、遵义、仁怀、金沙、修文、平坝、盘县等共14个县市为建立水利执法体系试点单位，同时任命了300多名水政监察员。全省取水登记工作已基本结束，并按规定发放了取水许可证。

水利公安队伍建设逐步加强。省水利电力厅已建立公安处，地区水局已全部建立公安科，县水电局已建治安派出所10个，水电派出所3个，共有干警186人。另有县水电保卫股65个，保卫干部250人。1990年全省水利公安自破和协助当地公安机构共破案1071起。抓获破坏分子2645人，其中判刑318人（死刑7人，徒刑311人），挽回经济损失82万元。破坏水电设施案件已呈下降趋势。

全省已普遍实行了水费以粮计收。1990年水费粮入库大米1239万kg，比去年增加21万kg，并加强了对水利工程的管理和水费粮的使用管理。对团结水库等30个万亩灌区进行了全面调查。在工程维修、节水灌溉、综合经营等工作都完成了任务。

四、水电工程建设

地方电力建设着重抓了电网建设和电气化试点县的工作，本年共新建成小水电站9处，装机32台，装机容量为2.29万kW，其中单机500 kW以上2处，装机6台装机容量为1.65万kW。小火电增容1台3000 kW。新增高压线路1884 km，低压线路1556 km。截至年底，全省地方电力总装机容量已突破50万kW，达到52.17万kW（其中水电1511处，45.93万kW；火电6.24万kW）。单机500 kW以上电站达到84处，23.46万kW。拥有高压线路3.91万km。全省地方电力年发电量12.4亿kW·h。其中并入大电网运行的有30处，4.76万kW，上网电量1.78亿kW·h；并入地县电网运行的有144处18.75万kW，上网电量5.36亿kW·h。全省87个县市有82个县市建有小水电站，其中54个县市主要由地方电力供电。全省有77.04%的乡，62.7%的村、50.45%的农户不同程度地用上了电。

列为全国第一批电气化试点县的赤水、镇宁、镇远、玉屏等4县已经水利部验收合格，施秉、铜仁两县因资金问题需推迟到1991年完成。

五、贵州省水利“八五”计划和十年规划简介

前期工作方面已完成了制订“八五”计划和十年

水利规划的工作。经过反复讨论，已筛选出天柱鱼塘水库（续建）和乌江提灌工程、镇宁王二河水库、兴义中部灌区，松桃道塘水库、独山南部灌区等6项工程为“八五”重点水利项目。云、贵两省合建的响水电站（10万kW）的初步设计已审查通过。

科技工作已筛选出旱作灌溉增产试验等八项作为“八五”期科技攻关项目，低标号混凝土在渠道防渗上的应用、旱作物水窖灌溉、钢模钢脚手架的推广应用等五项作为年度科技成果推广项目。成立了水利科技领导小组和推广总站。

（贵州省水利水电厅）

盘县特区1990年农田水利建设概述

盘县特区位于贵州省西部，在乌蒙山区的西南端，珠江流域的源头，与云南省接壤，是一个高原山区。由于地势的间隙抬升和南北盘江支流的强烈切割，形成山峦重叠、谷岭相间、坡陡谷深、地面破碎的高原山地地貌特点。土地总面积4056 km^2，现有耕地63万亩，其中水田12.7万亩，占耕地总面积的20.16%。

境内居住着汉、彝、苗、布依等20多个民族，全区人口96.3万人，其中农业人口占89%。

全特区有集雨面积20 km^2以上的河流34条，河网密度为17.1 km/ km^2，水利资源丰富，但由于地形复杂，海拔相对高差较大，农田水利灌溉条件较差。

40多年来，全区共建成各类水利工程1828处，主要为蓄、引工程和防洪排涝工程，其中小（一）型骨干工程7处，小（二）型工程73处，总蓄水量2300万m^3，有效灌溉面积8万亩，占耕地面积12.3%。这些水利工程设施增强了抗御自然灾害的能力，但由于不少工程标准低，不配套，质量差，年久失修，管理不善，造成工程效益降低，旱涝灾害越来越重，成为制约全区农业生产发展的极大障碍。大力兴修水利，改善灌溉条件，已成为广大农民的殷切希望。

1988年以来，特区党委和政府就把农田水利建设摆在重要位置上，每年冬春集中人力、物力和财力大搞农田水利基本建设，而且一年比一年规模更大，投入更多，效益更好。1989年获得贵州省农田水利先进县一等奖。1990年又动工整修水利工程1180处，投入劳动积累工787.5万个，平均每个农村劳力投工23个，投入资金487.1万元，其中省级财政投入92.5万元，市级投入46.25万元，特区财政自筹150万元，区乡自筹98.75万元，农民筹集现金75.62万元，共完成渠道防渗106 km，整修山塘20口，处理险库1座，治理水土流失22.8 km^2，坡土改梯土2775亩，发展水浇地2340亩，防洪排涝1.06万亩，解决1.38万人畜饮水困难。

1990年水利工作的主要特点是：

（1）主攻方向明确。考虑到全区地多田少，很多工程不配套，森林覆盖率底，水土流失严重，低洼地方的良田好土容易被水冲沙压，一遇干旱，又往往造成人畜饮水困难的特点来安排项目。在沙页岩和产煤区以渠道防渗为主；水源紧缺的地方以建小水窖为主，麻窝地以打通落水洞排涝为主；水土流失的地方以水土保持、坡田改梯田为主；水毁地区以修整河堤恢复良田好土为主；烤烟区、蔬菜区以发展水浇地为主；推广旱地作物灌溉。按照这个指导思想，从优选择投资少、效益大的工程列项。这样一来，各级都有自己的重点，点面结合全面展开。

（2）加强领导，突出一个“早”字。即：早计划、早安排、早行动。各区（镇）、乡都成立了领导小组，并与特区政府签订责任状，制订出奖惩办法，把农田水利搞得好坏作为考核各级领导政绩的一个重要标准，特区党政把冬修水利纳入重要议事日程，经常听取汇报，研究解决具体问题。特区四大班子领导干部明确分工，对全特区17个区镇分片包干检查、督促、指导，定期交流情况，深入第一线，现场办公解决实际问题。形成大搞农田水利建设的高潮，并持久不衰。

（3）充分发动群众，自力更生办水利。做到乡乡有规划，村村有工程，组组有行动，户户有安排。许多小型工程的材料补助，都是群众自己集资动工或借款动工，甚至有的工程竣工验收后才付款。严格执行劳动积累工制度，将工作量按受益大小逐段落实到户。许多工程国家只补助少量物资，群众投劳占了大头，每个劳力前几年投工不到3个，而1989年达到21个，1990年达到23个，有的乡还超过50个，改变了过去“国家出钱，农民种田”的现象。为了保证工程质量，特区还制定了质量检测制度。建前规划设计；中途组织质量小组，分三个片区，到水利工地巡回检查、指导；最后逐项验收。

（4）各部门积极配合，协同作战。物资部门优先供给水利建设物资，保证满足需要；财政部门提前安排资金，并参加监督、管理。公安部门协助培训放炮员，武装部组织8万民兵投入水利建设。

大搞农田水利建设的决定得到了各级领导和广大群众的热烈拥护。羊场区委、区公所经过认真分析区情，确定以治河为主，从恢复水冲沙压良田好土开始，实行山、水、林、田、路综合治理，把大搞农田水利基本建设作为脱贫致富的重要途径。首先整砌羊昌河堤，在20多km的羊场河谷，万人挥锄扬铲，拌浆填石，区委书记任工程指挥长，奋战4个月，完成土石方9.4万m^3，投工26万个，恢复田土1200亩，保护面积3200亩，1990年3月完工，见到了效益。

小石桥防洪工程，治理河堤19.27 km，总投资需百多万元，国家只补助13万元，其余完全是当地农民集资投劳修筑，1990年11月下旬动工，经过两个多月奋战，于1991年1月底完工，共完成浆砌石3万多m^3，一条高2 m，厚80 cm，长19 km的河堤已伸延在小石桥的山川上，使两岸数千亩农田，1100户农户受益。

1990年，特区连续遭受洪灾和干旱，由于各类工程发挥了作用，粮食生产仍然获得了较好的收成，农业发展的后劲逐步得到增强。

（贵州省盘县水利局）

云 南 省

“七五”期间云南省水利成就显著

一、概况

1990年，云南省农田水利基本建设持续发展并取得突破性进展，建设2500万亩高产稳产农田的任务已开始实施，较好地完成了本年度主要生产建设指标。1990年，全省安排水利建设资金达6.62亿元，实际支出5.96亿元；全年新增有效灌溉面积60.12万亩（“三地水浇地”43.14万亩），净增51.47万亩，累计达到1581.32万亩，水利化程度达到37.3%；新增旱涝保收面积21万亩，累计达到998.12万亩；新增除涝面积10.90万亩，累计达到257.66万亩；新增水土流失治理面积940 km^2，累计达到13086 km^2，占流失面积45911 km^2的28.5%；新增中型水库3座、小（一）型水库7座、小（二）型水库92座，至年末，全省共有大中型水库123座，小型水库4327座。排灌机械保有量累计达到22942台、69.57万kW，比上年净增243台、1.45万kW；机电井累计达到2830眼，已配套2567眼；按有效灌溉面积划分的万亩以上灌区累计达到167处，有效灌溉面积411.49万亩；解决人畜饮水困难67.44万人、51.50万头牲畜，累计解决955.07万人，547.40万头。

水利工程年供水量104.73亿m^3，其中为农业供水95.28亿m^3、为工业供水7.03亿m^3、为城镇生活供水2.42亿m^3。

地方电力新增装机7.6万kW，累计装机112.2万kW；年发电量33.1亿kW·h。地方电网全年供电量45.9亿kW·h。

全省水利系统综合经营总产值12119.5万元，比上年增收241.5万元。其中国营水利工程管理单位产值2897万元，区乡集体和企事业单位产值9222.5万元。实现利税1809.5万元。

1990年，草拟了《云南省实施水法办法》、《云南省农村水利劳动积累条例》及《云南省水利工程供水收费标准和管理办法》等规章制度上报省人民政府，将陆续施行。完成了开远市和江川县水利执法试点工作，并通过了珠江水利委员会与省水利水电厅的验收．云南省水文系统水文测站职工正式执行野外地质勘探队工资制度和野外地质津贴，成为全国少数解决得较为彻底的省份。厅属省水利水电勘测设计院通过了TQC达标验收。云南省水利水电工程质量检测站通过了国家认证。省人民政府表彰了1990年度农田水利基本建设先进单位，受表彰的有地、州级先进单位5个，县级先进单位10个，获鼓励奖的先进单位16个。全省水利水电系统全年共培训各类人员1009人。应用遥感技术进行全省土壤侵蚀调查获省科技进步三等奖。

二、“七五”期间主要水利工作及完成计划指标

“七五”期间，云南省与全国一样，扭转了80年代初期曾一度忽视农田水利建设的局面，各级党委和政府加强了对农田水利建设的领导。“七五”期间，每年一次的全省水利会议，把大搞农田水利建设摆在突出地位。1986年和1987年两年的全省水利工作会议上，省委书记普朝柱、省长和志强同志分别作了重要讲话，进一部强调了云南农业是灌溉农业，要把水利建设作为强化农业基础，振兴城乡经济的大事抓紧抓好；1988年召开的全省水利会议，结合云南实际，又进一步强调提出全省水利工作要以“三地一区”水利建设为重点，搞好对现有水利设施的除险加固、配套挖潜工作，发展旱地作物节水灌溉；在此基础上，1989年的水利会议号召全省广大干部和群众要持之以恒、

大干十年，为提高云南省水利化程度而奋斗。1990年是执行国家“七五”计划的最后一年，也是传达贯彻落实省委省政府关于到1995年建成2500万亩高产稳产农田的第一年，进一步突出了水利命脉的作用和基础产业的地位。回顾“七五”期间的水利水电工作：①农田水利建设从低潮走向高潮。各级党委政府重视和切实加强农田水利建设，省、地、县、乡财政多渠道增加投入，广大群众集资投劳，冬季农田水利建设高潮一浪高过一浪，特别是近两年来，建设规模、投入劳力、资金筹集、工程质量、实际效益等都是近十年来未有的。②发展旱地水浇取得显著成效。本着因地制宜、实事求是的原则，把发展旱地水浇作为农田水利建设的一个重点，特别是1989年和1990年两年共安排专项经费约2.3亿元，占农水经费的34%，水浇地面积由1985年底的145.51万亩发展到1990年的238.71万亩，增加93.2万亩，其中1989、1990年两年累计增加84.78万亩。③水政建设和水资源统一管理工作逐步走上正轨。水法实施以来，各级水利水电部门切实履行水行政主管部门的职责，做好水法的宣传、贯彻和实施工作；建立水政水资源机构；在部分地区试行取水许可制度；建立水利公安队伍。④地方电力建设取得了突破性的进展。“七五”期间，地方电力建设本着大、中、小结合，国家、集体、企业共同办电的原则，坚持“自建、自管、自用”的方针，电源、电网同步发展，实行以电养电、财政扶持、银行贷款、群众集资投劳的办法，多渠道、多层次、多规模办电，超额完成了“七五”计划指标。⑤集中力量实施44项骨干水利工程，其中松华坝、渔洞、柴石滩、五里冲等为重点工程。这些骨干水利工程被列入1989至1993年本届政府任期目标后，省里集中了财力、物力、人力进行实施，经过近两年的奋战，在建工程31件，其中完工6件，其余工程均列入计划，陆续实施。⑥位于云南省的长江上游水土保持重点防治县治理工作取得了较好的成效。其治理方法、措施、管理等一整套体系，为云南省的水土保持工作起到了示范作用。

“七五”期间完成的主要水利建设指标：从1986年到1990年，全省投入水利建设资金16.3亿元，其中基建投资3.9亿元，农水费及其他事业费12.4亿元；农村水利建设累计投入劳动积累工6.8亿工日，完成土石方工程量5.73亿m^3；净增有效灌溉面积133.89万亩，旱涝保收面积62.81万亩，除涝面积22.33万亩，水土流失治理面积2889 km^2；累计解决了351.25万人、231.34万头牲畜的饮水困难；新增水库331座，机电排灌装机7.17万kW；增加地方电力装机44.1万kW，累计发电量132.6亿kW·h；水利工程供水累计502.85亿m^3；水利综合经营及水费总产值增加1亿元；增加按有效灌溉面积划分的万亩以上灌区13处。

三、冬春农田水利基本建设创十年来最好水平

1990年，省第五次党代会作出了用6年时间建成2500万亩不同层次、不同要求的高产稳产农田的决定，并由省委、省政府召开了全省农田水利基本建设会议具体安排落实。各地州市在认真实施本年度建设任务的同时，强调为“八五”期末建成2500万亩高产稳产农田做出良好开端，进一步提高认识、加强领导；全面规划、突出重点；坚持质量、注重效益。全省各地从上年9月开始，就先后组织力量投入了冬季农田水利基本建设。1990年，全省安排农田水利建设资金达5.06亿元，实际支出4.57亿元，均创历史最高水平；1989～1990年度冬季农田水利建设投入劳动积累工达3.14亿工日，每个农村劳力平均投工20个；完成土石方工程量2.4亿m^3。无论是建设规模、开工工程数量、投资投劳、实施工质量和效益都创造了近10年来的最好水平，实现了澄江会议提出的“三超两改一提高”的要求。1990年度的冬春农田水利建设，一是群众发动充分，动员面广，基本上做到了县乡有重点，村寨有工程，各户有任务；二是上阵人数和投入劳动工日多，全省最高日上阵人数达300万人，劳均投工20个；三是投入资金多，完成工程量多，效益显著；四是领导作风有较大转变，特别是干部参加劳动基本形成制度。

四、云南省农田水利基本建设会议

根据省党代会的部署和全国农田水利基本建设会议的精神，9月17日～22日，省委、省政府在昆明召开了云南省农田水利基本建设会议，会议的主要内容是以建设2500万亩高产稳产农田为主题，以农田水利建设为中心，进一步提高认识，统一思想，讨论措施，落实任务，组织行动。会议还通过对云南省40年来农田水利建设工作的回顾，提出了建设2500万亩高产稳产农田的必然性及所要做的工作和基本措施。

参加会议的有省地州市县各级政府分管农业的主要领导及其财政、农业、水电局长，省级有关单位，新闻单位，过去分管过农业的老同志等共600多人。省委常委、副省长保永康同志在大会上作了“坚决落实全省第五次党代会精神，为建成2500万亩高产稳产农田而奋斗”的主题报告，李树基副省长作了总结发言。

五、旱地水利建设持续稳定发展

云南省旱地水利建设包括旱粮水浇、烟地水浇和

蔗地水浇三项。从1989年开始，省人民政府明确了把发展旱地灌溉作为农田水利基本建设的一个重点工作，并取得了当年新增浇灌面积41.64万亩的显著成效。1990年，旱粮水浇地建设一方面是把资金重点投向潜力大、效益好的地区，省财政继续安排700万元专项经费下达在昭通、东川、曲靖、红河、文山、楚雄、大理、保山8个地州市和宁蒗县；另一方面是办好水浇地样板，逐步向集中、连片的节水型灌溉农业发展，如宣威县的榕城、板桥二镇和宜良县耿家营乡等都建成了万亩水浇地样板。烟区、蔗区水浇地建设，在调整种植结构、落实项目计划、下拨匹配资金等方面迈出了新的步伐，为搞好烟、蔗上山，保证质量、提高产量获取了一定经验。1990年新增“三地水浇地”灌溉面积43.14万亩，其中旱粮水浇地17.85万亩，烤烟水浇地21.21万亩，甘蔗水浇地4.10万亩。

六、以工代赈扶持贫困县搞水利

水利水电厅配合省计委，向中央争取工业品以工代赈资金扶助贫困县水利建设及解决人畜饮水困难，已完成1990～1992年3年的计划编制并上报省以工代赈办公室。1990年水利部分以工代赈总投资3804万元。其中，中低档工业品指标960万元，安排了20个县，1990年仍按搞试点制定的办法，比例不变，即省配套资金比例1∶1，由财政厅、水利水电厅及受援地（州）、县分别按4∶3∶2∶1的比例匹配，实际解决了22万人、14万头牲畜的饮水困难；工业品以工代赈2784万元，安排在滇东北、滇中两个片区的9个县，本年主要做好前期工作，并逐步实施部分工程；棉布以工代赈60万元，安排在富源县解决人畜饮水困难，完成了解决7万人、5万头牲畜的计划指标。

七、建立水政执法体系

加强水政建设和水资源统一管理是水行政主管部门的一项重要工作。1990年的水政工作主要是组建地县水政机构建全法规规章、做好执法体系建设试点、水法宣传、水资源管理及打击破坏水工程的活动等。年底，全省已批准建立水政水资源机构的有德宏、文山、临沧、丽江、保山、大理、昆明、东川等8个地州市和33个县，省、地、县三级水政机构共42个，实有人员100人。开远市、江川县被水利部列为全国第一批水利执法体系的试点单位，并通过了珠江水利委员会和省水利水电厅的验收。随着水政执法队伍的建设，水利公安也有所加强，全省已设水利公安派出所39个，昆明市还成立了水利公安分局，下设9个派出所；文山州水电局设置了公安科；另有两个县成立了水利公安股。全省水利公安干警超过了200人，水利公安队伍与当地公安部门紧密配合，成为保卫水利工程、打击破坏活动的重要力量。昆明市水利公安分局一年多来共查处盗窃、破坏水利设施案件131起，打击处理犯罪分子84人，追回赃物折价120万元，案件查破率80%以上。达到了加强水资源的统一管理和保护，促进水资源的综合开发利用，更好地为国民经济和人民生活服务的目的。省、州、县（市）制定了一些水法、规章和水政策，并提出了一些政策建议；省内部分地区已开始实行取水许可制度，征收水资源管理费。水政建设和水资源管理工作正走上正轨。

八、洪涝灾害严重

1990年，云南省入汛早、降水集中，洪涝、冰雹、滑坡、泥石流等多种灾害并发。从5月7日邱北县发生洪水、泥石流灾害开始，至10月3日南华段昆畹公路再次被洪水冲断，洪灾延续时间长达5个月。全省17个地州市和125个县市区都不同程度地遭受洪涝灾害，临沧、楚雄、曲靖、昭通等地州灾情较重。局部性洪灾更为突出，如凤庆县凤山、洛党、马街、勐佑4个乡镇遭特大暴雨袭击，24h降雨244.9 mm，造成直接经济损失达5667多万元；南华县境内的昆畹公路第二次被冲断，上千辆车被阻，滞留旅客1万多名；南盘江遭遇超过1985年水位的大洪水，水位猛涨而宣泄不畅，内涝农田6.5万亩，成灾2.7万亩。全省洪涝受灾面积567.16万亩，死亡452人，死大牲畜6351头，倒房27766间，损失粮食3.9亿斤；洪水冲毁河堤390 km、渠道6433 km，冲跨小（二）型水库14座、坝塘511座，冲坏渡槽225座、闸坝304座、泵站140座、小水电站77座、桥梁1787座；毁坏通讯线路178 km。在防汛抗洪斗争中，一是认真抓好汛前安全检查。三月下旬，省防办派出工作组到曲靖、陆良对南盘江重点河段和重点危险水库进行了汛前安全检查；保山地区在汛前组织了300多人检查了177件工程和危险河段。二是树立防大洪、抗大灾的思想，切实加强对抗洪抢险工作的领导。6月中旬，省政府召开了防洪紧急会议，对全省防洪工作做了具体安排部署，并及时组织工作组深入灾区抢险救灾。三是加强科学调度，及时调洪、削峰，减少洪灾损失。在抓好防洪救灾工作的同时，十分注意不失时机的抓好蓄水，1990年全省计划蓄水43亿m^3，实际完成蓄水44.87亿m^3，取得了历年蓄水位居第二的好成绩。

九、长江上游云南省水土保持重点防治县治理成效显著

长江上游云南省水土保持重点防治县，1989年起步实施的是昭通、彝良、巧家、元谋、姚安、牟定6县

(市)，1990 年又增加永善、绥江两县，共为 8 县(市)。重点县（市）治理工作自开展以来，配齐了水土保持工作人员，各级党委、政府始终把它视为为群众办实事、振兴当地经济的一件大事来抓，并把防治任务的好坏作为考核各级领导干部任期目标责任制的重要内容；同时，为保证治理工作的正常进行，按质按量完成任务，重点县（市）从开始就组织技术力量做好水土保持规划和汇总工作，对泥石流采取预警普查和详查工作，为水土保持工作提供科学依据；在上年起步工作的基础上，本年防治工作做到“四早”，即思想发动早、任务落实早、治理行动早和匹配资金安排早。特别是各重点县市普遍建立了预防监督体系，有效地防止了新的人为引起的水土流失，巩固了治理成果。至年底，8 个县市已完成防治面积 695.2 km^2，占国家下达计划的 103%、省下达的 101%。完成土石方工程量 746.16 万 m^3，群众总投工 1060 万个，国家补助经费 628 万元，省、地、县配套资金 335 万元。

十、玉溪、澄江建设高标准灌区配套体系

位于滇中腹地的玉溪市和澄江县，具有较好的水利基础条件，土地平整、土壤肥沃、气候适宜，遂使成为重要的产粮基地。但面对近几年来高而不稳的产粮状况，客观上要求改良土壤、提高单产，促进灌排一体化，建成高产稳产农田。澄江县从 1964 年开始，水利建设的重点开始转向灌区配套，开挖灌排沟渠，建设条田梯地；1987 年以后，开始了大规模的灌区节水改造和山地水利建设；到 1990 年底，在澄江、阳宗两个坝子共投资 520 万元，投劳 670 万工日，完成土石、混凝土方 54 万 m^3，干、支、斗、农、毛各级渠道和 173 件，各类建筑全部建成三面光，解决了 1.6 万亩农田的干旱、冷涝问题，使整个坝区原来各自独立的五件工程，三个灌区连成一体，初步形成了东西贯通、南北交汇、余缺调剂、旱涝保收的灌排体系，真正实现了调度有序、灌排自如的高标准灌区。灌区改造还使澄江坝区增加良田 1.07%，节约用水、节省维修劳力 87%。玉溪市把贯彻落实省五次党代会精神与自己的实际结合起来，提出了“在全市 21 万亩总耕地上，用 3 年左右的时间建成 17 万亩稳产高产农田”的奋斗目标。从 9 月开始，掀起了以治理州大河为龙头，山、水、田、林、路综合治理，冷涝中低产田改造为重点的农田水利基本建设高潮，全部工程按高标准、高质量，旱能灌、涝能排的要求建设。到 1990 年底已建成“三面光”护砌的河渠沟道 64 件、69.69 km，库塘配套维修 11 件，电力抽水站 2 件，人畜饮水工程 10 件，使整个坝子灌排沟渠纵横交错，灌区连网连片，初具形成了能排能灌、节水节地、增产增收的灌区配套体系。

十一、五里冲水库通过可行性终审

五里冲水库拟建在红河水系一级支流绿水河源头的盲谷上，是一座以农业灌溉为主，兼顾工业和城镇生活供水及渔业等综合效益的中型水库；是解决蒙自坝农业、工业及城镇生活供水的关键性工程。1969 年至 1972 年，省水利水电勘测设计院对蒙自坝区进行了水利查勘规划，并提出了修建水库的建议；在此基础上，1986 年又进一步做地质勘察工作；1988 年 2 月正式进行可行性研究，1989 年 8 月有关领导、专家进行了可行性审查；1990 年 4 月 22～25 日进行了可行性方案终审；5 月 24 日，云南省计划委员会以云计农（1990）347 号文批复了云南省水利水电厅云水规字（1990）第 30 号文《关于报送五里冲水库可行性方案研究终审意见的报告》。目前，该水库正在进行初步设计。

（云南省水利水电厅办公室）

澄江县农田水利建设取得新成效

澄江县是云南省粮食、烤烟主要产区之一。全县总面积 755 km^2，现有耕地 12.3 万亩，人口 13.08 万人。县境内有澄江、阳宗两个坝子和抚仙湖、阳宗海两个天然湖泊，水资源丰富，自然条件好。

1949 年前，澄江县基本没有水利设施，灌溉面积不到 2 万亩。中华人民共和国成立后，从 1956 年兴建梁王河水库开始，至 1986 年的 30 年间，澄江县历届县委和政府都十分重视农田水利建设，各级财政和广大群众共投入水利建设资金 4758.68 万元，投入劳动力 1363.81 万工日，分别在澄江、阳宗两个坝子的周围建成中型水库 2 座、小（一）型水库 8 座，在山区建成小（二）型水库及坝塘 82 座，水库、坝塘的兴利库容共 2858 万 m^3，并在抚仙湖、阳宗海湖周围建成抽水站 53 座、9155kW，全县水利工程有效灌溉面积 6.78 万亩，水利化程度达 53%，同时还解决了 96 个自然村、15600 人、6700 头大牲畜的饮水困难。从 1987 年起，澄江县把水利建设的重点转向现有工程灌区节水改造和山区旱地水利建设，在 1987～1989 年连续 3 个冬春的农田水利基本建设中，澄江和阳宗两个坝子的节水改造工程共投入资金 635 万元，投劳 68.3 万工日，完成土石、混凝土方工程量 54 万 m^3。经过 3 年大干水利，使澄江坝子原来各自独立的梁玉河、东大河、山冲河水库和梅玉、小村抽水站 5 件工程及梁王河、东大河、山冲河 3 个灌区连成一体，60 多 km 的干、支、

斗、农、毛各级渠道进行了三面光衬砌防渗，配套完善了173件水闸、桥、涵等渠系建筑物，坝区42000亩水田初步形成了东西贯通、南北交汇、余缺调剂，排灌自如的旱涝保收高产稳产农田，同时解决了1.6万亩农田的干旱、冷涝。灌区改造还使澄江坝区增加良田1.07%，节约用水27%，节省维修费力87%。在山区旱地水利建设上，从1986～1989年4个冬春，澄江县共投资774.73万元，投劳74.42万工日，建成小型水利工程105件、水池841个，铺设管道142.56 km，架设输电线路23.23 km，安装变压器51台、水泵74台，累计增加旱地节水灌溉面积4.6万亩。全县水利化程度从1985年的53%增加到1990年的65%，全县人畜饮水困难已基本得到解决。澄江县坚持把农田水利建设作为一项带根本性、长期性的任务来抓，在连续3年大干水利的基础上，1990年冬到1991年春，又再次掀起更大规模的农田水利建设高潮，继续开展了阳宗大河第二期工程、梁王河北干渠、东大河西低沟、山冲河北大沟等节水改造工程、防洪排涝河道的衬砌防渗及渠系建筑物配套，同时继续抓好旱地水浇地的建设。去冬今春，全县投入水利建设资金968.88万元，其中地方投入445.1万元，占县财政收入的30.3%，群众集资219.89万元，人均集资17.86元，占人均纯收入的2.5%；投入劳动积累工216.1万工日，劳均投工30.35个工日，完成土石、混凝土方工程量150.38万 m^3。新增灌溉面积2300亩（水田1200亩，水浇地1100亩），改善灌溉面积12100亩，除涝排浸4500亩，治理水土流失面积3000亩，解决了429人、310头大牲畜饮水困难。阳宗大河第二期防洪排涝工程治理，完成主河道三面光护砌3231 m（加上上年治理的第一期工程衬砌3412 m，共6643 m），支河道衬砌2528 m，开挖河堤土石方13.3万 m^3，支砌方2.77万 m^3，混凝土3000 m^3，钢筋混凝土150 m^3，配套桥、闸、渡槽18座，投入劳动积累工40万工日，全镇每个劳力投工50个工日，共计投入资金320万元，人均集资45元。梁王河北大沟13公里的盘山渠道，去冬今春三面光衬砌防渗8 km，配套桥、涵、闸、渡槽72座，投入资金110万元，其中群众集资46.5万元，投入劳动积累工7.75万工日。澄江县去冬今春的农田水利建设，从一开始就做到统一思想认识。统一选择施工队伍，统一质量标准，统一沙石料价格，统一指挥等5个统一。澄江县41年的水利建设，特别是近几年来大搞坝区节水改造和山区水利建设，使该县在“七五”期间的粮、烟、油产量分别增长11.5%、6.74%和23.7%，由于水利建设成效卓著，澄江县连续三年获得云南省水利建设的先进县一等奖；1988年还被评为全国101个水利建设先进县之一，并通过了农村电气化初级阶段的国家验收，成为第一批自学成才的初级农村电气化县之一。

（云南省水利水电厅办公室）

西　藏　自　治　区

重点开发西藏“一江两河”

西藏自治区总面积122.84万 km^2，辖7个地（市），74个县，30个镇，913个乡，7570个村，人口219.6万人，其中藏族209.6万人，占全区总人口95.4%，汉族8.1万人，其他少数民族1.84万人。

西藏平均海拔4000 m以上，素有世界第三极之称，亚洲一些著名的高山大河都起源于青藏高原，河水奔腾而下，分别注入太平洋水系61530 km^2，占西藏土地总面积的5%；印度洋水系527550 km^2，占43%；藏北内流水系585572 km^2，占47.7%；藏南内流水系53748 km^2，占4.3%。全自治区多年平均年水资源总量4482亿 km^3。水能蕴藏量在1万kW以上河流有356条，蕴藏总量达20055.93万kW，年发电量17569亿kW·h，占全国的29.7%，可开发水能资源5659.27万kW，年发电量3300.48亿kW·h，占全国的17.1%。有湖泊面积24183 km^2，占全国湖泊面积的30%。冰川积雪（我们称它为山巅固体水库），面积27676 km^2。地表水，地下水，冰川积雪储量非常丰富，西藏众多资源宝库中水资源是最丰富的。由于种种原因，目前开发利用不足2‰，西藏是一块富绕而美丽的高原。

一、1990年水利工作简况

1990年是西藏农牧业生产健康发展的一年，各级政府大抓了农田水利基本建设，据统计，用于水利方面的投资2167.11万元，其中自治区投资1234万元，共维修干支斗渠24906条、总长15791 km，新修干支斗渠 383 条、总长 404 km，维修水库水塘 4239 座、总库容 129.8 万 m^3，新修水库水塘 55 座、总库容 133 万 m^3，打机井 19 眼、总装机 550 kW，新修防洪堤 25.1 km，新建电力提灌站 3 处，装机920 kW，新建县级电站一座。装机 1600 kW，乡村电站 12 座，装机 320 kW，解决部分人畜饮水困难。全年劳动积累投入 890 万工日，平均每个农业劳动力投工达 14 个工日，江孜县达 40 个工日。完成土石方 615.94 万 m^3，改善和增加灌溉面积 13.87 万亩，其中增加保灌面积 5.9 万亩。由于水利设施的增强，全区粮食产量上了新台阶，总产达 55.5 万 t，比上年增长 4.2%，油菜籽总产达 1.5 万 t，比上年增长 3.4%农业总产值达 7.89 亿元，比上年增长 4.4%，各项指标创历史最好水平。以上水利设施主要是在“一江两河”地区建设的。

二、集中力量开发“一江两河”

“一江两河”主要指以拉萨为中心的雅鲁藏布江中游和拉萨河、年楚河河谷地带的 18 个县，重点发展粮食生产，大力发展农区畜牧业，使之成为商品经济比较发达的综合经济区。

“一江两河”18 县，辖 214 个乡，11 个镇，计 10.7 万户，76.42 万人，其中农业人口 69.54 万人。有耕地 151.47 万亩，占土地面积的 1.54%，有天然草场 7881 万亩，约占土地面积的 80%。该地区是西藏历史文化悠久，农业开发最早，人口最集中的地区，人口密度每平方公里 11.6 人，为自治区平均数的 6.7 倍，农业基础较好，现代工业正待起步，交通方便，能源开发潜力大，投资环境较好。由世界粮食计划署无偿援助的“三三五七”项目也位于拉萨河流域。

《西藏自治区经济社会发展战略设想》指出：坚持一个中心，两个基本点，从西藏实际出发发挥优势，依靠科学技术，注重效益，综合开发，重点突破，理顺关系，打好基础，发展有计划的社会主义商品经济，不断提高人民的物质文化生活水平的指导思想，根据自然环境，资源状况和经济发展条件，将西藏划为四个自然区，就是“重点发展中部，放开搞活西部，联合开发东部，藏北牧矿致富”。这是把西藏有限的人力、物力、财力使之充分发挥效益的最好战略部署，西藏一切经济建设都必须围绕这个部署来进行。

西藏实行“土地归户使用，自主经营，长期不变”和“牲畜归户，私有私养，自主经营，长期不变”等政策，激发了广大群众兴修水利的积极性。西藏基本属于灌溉型农业，但水利作为一项基础产业还没有引起普遍重视，以水为龙头的思想还没有普遍确立。生产条件落后，抗御自然灾害的能力十分脆弱。为此必须集中力量改变靠天种地，靠天养畜的困难境地，自治区决定开发“一江两河”必将为西藏经济发展打好基础和示范作用。

三、努力开发水能资源

西藏水能资源蕴藏量达 20055.93 万 kW，和平解放西藏后，在中国共产党领导下，全国人民的大力支援和西藏各族人民的艰苦奋斗，建设了一批小水电站，截止 1990 年底，总装机达 105447 kW，其中地（市）级电站装机 56200 kW，县乡电站装机 46225 kW，其他部门电站装机 3022 kW。1990 年新增电站 13 座，装机 1920 kW，目前在建县级电站 10 座，装机 13550 kW。

西藏现尚有 19 个无电县和 29 个缺电县，这 48 个县中，有水资源的县 39 个，无水资源的县 9 个，计划在“八五”期间集中物力财力给无电县建设一个县级骨干电站，无水资源地区利用太阳能、风能、地热资源等，采用新能源加快建设，到本世纪末，使电站在西藏星罗棋布，遍地开花，大放光明。

四、水利建设措施

(1) 宣传发动与正确引导相结合，提高干部群众对农田水利基本建设重要性进一步认识。兴修水利是全社会的事业，是振兴农牧业生产的基础事业，是关系到群众切身利益的大事，政策性强，基层工作量大，重点要统一县委、县府、县人大、县政协和各乡村干部的思想，然后深入广泛地向群众宣传水利基本建设的重要性和党的政策，正确引导群众树立以经济建设为中心的思想，讲明兴修水利对发展农牧业生产的重要性和深远意义，使群众从心底里认识到水利是农牧业生产的命脉，是提高农牧业生产、抗御自然灾害能力的基础，思想工作深入了，就能充分调动农牧民大搞农田水利基本建设的持久性。

(2) 尽快恢复水毁设施，充分发挥效益。恢复原有水利设施，是费省效宏的有效方法，要求全自治区因地制宜，把工作重点放在维修、扩宽、防渗、延伸、配套等工程上去。把长远利益与短期效益相结合，新建与维修相结合，克服重建设轻管理的思想，坚持国家、集体、个人一齐上，坚持自立更生为主，国家扶持为辅的原则，实行定项目、定规模、定领导、定任务、定时间、定标准和勤检查、勤指导、勤鼓励，一验收制度，保证建一处，成一处，管好一处，提高工程利用率和巩固率，效益比往年大有提高。

(3) 建管并举，统一使用和管理水利设施，对全县范围的水利设施，采取统一使用，分段管理，保证水利设施发挥更大效益。成立水管会，实行统一管理，统一使用，统一维修，保护水利设施和用水管理工作。

各主干渠、塘都设专人负责（兼管）搞好计划用水，坚决制止乱改水道乱扒取水口和乱堵水的现象，保证水利设施发挥最好的效益。

(4) 在大搞水利基本建设的同时，组织群众变冬闲为冬忙，进行秋翻冬灌，掺沙掺土，积肥造肥，逐步把跑水、跑土、跑肥田变为保水、保土、保肥田。如南木林县，1990年共造农家肥22.7万kg，平整土地224亩，改造低产田14785亩，秋翻面积占耕地面积90%以上，冬灌面积达40%以上。江孜县继续大搞农田水利基本建设，确保粮油总产在西藏第一个超亿斤的县，1990年比1989年增产粮食450万kg，年增长10%以上。

(5) 建立各级首长负责制，招标承包制。水利建设继续贯彻国务院《关于加强农田水利基本建设的决定》，把水利固定资产的增减作为考核各级领导任期目标，一级抓一级层层落实，亲自抓，早动手，早安排，抓实效。凡国家投资项目，都采用招标承包制，实行招标，择优选择施工队伍，保证了工程质量和工期，使工程按期发挥效益。对维修，岁修工程，充分发动群众，用劳动积累工解决，做到了领导，工程技术人员，群众满意，推动了水利事业发展。

根据社会和自然条件，中央决定在西藏暂不征收农牧业税，使农牧民休养生息，加快致富。为此，西藏地区征收水费的条件目前还不成熟。

（谢玉成）

拉孜县大搞农田水利基本建设

一、基本情况

拉孜县是西藏“一江两河”中部流域综合开发的18个县之一，也是自治区五个重点商品粮油基地县之一。位于念青唐古拉山南麓与喜马拉雅山北侧的雅鲁藏布江中游上段的河谷地。全县总面积4360 km^2。现有耕地11.5万亩，常年实播10.6万亩。有天然草场141万亩。县驻地海拔4010 m，年平均气温5.7℃。多年平均降水量289.7 mm。无霜期140 d左右。年日照时间3232 h。

全县有九乡两镇。105个村委会。全县总人口4.08万人。其中农牧业人口3.83万人。占93.8%。农村劳力2.13万人。年末牲畜存拦284695头（只）。年饲养量338395头（只）。

雅鲁藏布江由西向东流经拉孜县114 km。雅鲁藏布江最大支流多雄藏布江两江汇合在拉孜县流经34 km。还有萨迦河、芒嘎河、热莎河流经拉孜县汇合于雅鲁藏布江。国道318线和219线公路横跨我县属于重要交通要道。

1988年前农田水利设施情况。千亩以上灌溉水渠道23条，灌溉面积49940亩。千亩以下灌溉水渠682条，灌溉面积34972亩。小型水库两座，库容140万 m^3。水塘272座，灌溉面积8480亩。这些水利设施基本属于简易引水灌溉。没有一座像样的永久性配套设施，完全属于先天不足、后天失修的水利工程。每年投入大量的劳力和资金也无法满足农生生产用水要求。保灌率低达40%以下。严重地阻碍农业生产的发展。1987年一般干旱年份粮油总产仅有1481.5万公斤。像1983年大旱年份粮油总产只有951.5万公斤。这说明干旱是拉孜县农牧业生产的最大制约因素。

二、全党动员大搞农田水利基本建设

1987年五月新组建的县委县府一班人，重新分析探讨拉孜县农业生产现状。认为拉孜县农业生产不稳定的主要因素是干旱缺水。根据这一情况，县委县府确定发展农业生产的主攻方向，以水利为龙头，向“水”字开战。只有解决水的问题，粮油才能稳产高产，人民的生活才能得到改善。因此，县委县府组织县农牧局，县计委，由县长扎西亲自挂帅，两名副县长参加，成立拉孜县农田水利基本建设领导小组，深入到全县各区乡并征求自治区、地区有关专业技术人员和领导干部意见后，制定近几年农田水利基本建设规划。到1987年底正式向自治区政府报告，得到了上级政府的肯定。而且1988年2月自治区人民政府正式宣布拉孜县列入自治区商品粮基地县，并且从1988年开始自治区拿出一定的资金支持我县农田水利建设。为使用好这笔资金我们对每项工程分别成立工程指挥部，由一名副县长任指挥长，有关乡镇长和工程技术人员为副指挥长，各项专款单独立帐使用。

在农田水利基本建设年度施工计划安排上，加强施工管理。认真总结多年来水利建设的经验教训。改变过去那种吃“大锅饭”的做法，直接把建设项目承包给有关区乡，明确了各自的经济责任，调动了广大干群兴修水利的积极性。我们的具体做法是：①水利建设工程全部实行合同制。合同内容主要包括“三保、六定、一验收”即甲方（是工程指挥部）对乙方（乡镇）实行“三保”保证承包款（如民工补助、技工工资、运输机械工资）；保证必要的材料和设备（如水泥、钢材、木材等），保证必要的施工技术指导和监督（由水利技术人员担负）；乙方对工程实行“六定”即定领导、定承包施工人员、定质量、定任务、定效益、定时间；“一验收”是由县指挥部验收。对提前和按期完成的工程，验收质量合格者发给适当的工日补助奖

(以预算的工日为基础)。质量不合格者扣全部承包款，待修补后达到设计要求时再发给承包款。②实行合同制投资省，效益大，提高了工效，加快施工进度。过去我县水利建设的投资是撒胡椒面，致使该保的保不了。各乡镇报多少算多少。以各乡镇自己的为准，这就造成了大家都争项目，争资金的现象。结果是实际干的少，谁也管不了谁，既延缓了工程进度，又难发挥工程效益。我们实行施工合同制后，任务落实，责任明确，奖罚分明，使工效成倍提高。大大加快了施工进度。例如，1988年扩建配套拉孜水渠工程时我们实行了分段包工、按方计酬施工合同制，从县工程指挥部到乡镇村甚至到人头层层包工，效果十分明显。日出工人数达4000多人。原计划两个月的工程，结果20天左右全部完成，开挖土石方180100 m³，平均每人完成土石方2.6 m³，有的乡镇每人每天达到6 m³，这样既加快了工程进度，又增加了群众的收入。由于把工程质量和进度与干部群众的经济利益直接挂起钩来。增强他们对工程的责任感。绝大部分水利工程由县、乡、镇、村领导亲自抓。并动员本地能工巧匠积极配合。认真按设计要求施工，彻底改变那种“你喊你的，我干我的，口头上答应，行动上不照办”的状况。大家主动要求请水利技术员检查指导、鉴定、严格把关。发现问题及时解决，从而保证了工程质量。我们在这三年来坚持这样干下去，全县上下每年冬春大干农田水利的热潮到处涌现，许多工程各级党政领导亲自抓。每年建设的大型工程从速度到质量得到了地区、自治区的表彰和好评。

三年来兴建和扩修配套了五条干渠（其中三条是万亩以上灌渠），一座水库，在各条干渠上配套了永久性渠系建筑物204座（其中进水口5座，分水闸109座，渡槽36座，公路桥14座，涵洞5处，节制闸17处，农用桥18座）。完成土石方110多万m³。完成总投资335万元，其中自治区投资220万元，县里筹资35万元，农民劳务积累80万元。

三、狠抓命脉促进了农业生产大发展

1988年以来我们连续三年狠抓了水利这个命脉建设，大大地改善了拉孜县的农业生产条件。增强了抗御自然灾害的能力和扩大再生产能力。为农业持续稳定发展创造了条件。1987年前5条干渠总引水流量只有6 m³/s。现在扩大到21 m³/s。设计灌溉面积由原来的2.6万亩扩大到4.9万亩。可灌林草由原来2000亩扩大到2万亩。全县保灌面积由原来的4万亩扩大到6.6万亩。由于扩大保灌面积，提高了粮食的高产稳产，粮油总产由1987年的1481.5万kg到1988年增加到1740.5万kg。1989年增加到1981.5万kg，1990年增加到2190万kg，分别年递增率为17.5%，13.85%，10.52%。连续三年迈出三大步，得到自治区的表彰，全区水利先进县、全区农业先进县等称号。

总之，在近几年中，农田水利建设和农牧业生产上取得了一些成绩。我们的成绩是主要靠自治区有关部门的大力支持和全县人民艰苦奋斗。当然，离兄弟县和上级要求还差得很远。我们也存在不少问题和困难，我们的任务还很艰巨，在农田水利建设中还要做许多工作。县委、县府制定“八五”计划和十年规划时，也分析了拉孜县今后农田水利建设的重要性和必要性。拉孜县十年经济社会发展的指导思想是：以农牧业为基础，以科教为先导，以水利为龙头，以开发沿江农区为突破口，加快基础设施建设，放开搞活两镇，走农牧林副综合发展的路子，建成西部重点商品粮油基地。这个指导思想充分体现今后十年我县水利建设和基础设施建设尤为重要。我们决心在上级党政部门的直接领导和大力支持下。带领全县各族人民继续向“水”字开战。大搞农田水利基本建设常抓不懈。一届一届抓下去；为农牧业生产和国民经济的发展创造良好的条件。为造福子孙后代的事业做出更大贡献。

（拉孜县人民政府）

陕　西　省

陕西省水利概况

在胜利完成“七五”计划任务，即将进入“八五”的1990年，陕西省的水利工作出现了近10年来的最好局面。

一、依法治水管水有新进展

一是加强了水法规建设。省政府颁布了贯彻《晋陕蒙接壤地区水土保持规定》的配套法规——《陕西省开发建设神府榆地区水土保持实施办法》;省级有关部门还发布了《陕西省河道采砂收费办法》。二是加强了水利执法机构建设。地、市、县的水资源统一管理机构由上年的80个增加到了93个,有55个建立了水政管理机构。8个地(市)、30个县(市)和83个乡镇建立了水保监督机构,配备专兼职检查人员500名。成立了陕西省水利公安处,加强了对全省水利公安保卫工作的行业管理。到1990年,已在大型水库、灌区等基层单位建立了16个水利公安科或派出所,及21个保卫机构。全省水利公安保卫人员达到210名。三是加强了水政、水资源管理工作。省水资源与水土保持领导小组通过了有关部门对水资源管理的“分工意见”,奠定了理顺水资源管理关系的基础。到年底,全省有2/3的市、县实行了取水许可制度,1/3的市、县开征水资源费。省级水行政主管部门对神府煤田从窟野河取水方案进行了勘察论证,对桃曲坡水库向铜川市供水、冯家山水库向羊毛湾灌区调水方案进行了可行性论证和协调工作。在完成了灌区工程定权划界之后,河道国有土地划界任务也完成过半。

陕西省渭南市农村供水加压站　　陈恒基 摄

二、农田水利基本建设再掀新高潮

为贯彻全国农田水利基本建设会议精神,陕西省采取以下措施加强了对农田水利基本建设的领导:一是省委、省政府做出了建设“两个2000万亩”基本农田的决策,即今后10年内使全省有效灌溉面积由现在的1894万亩增加到2000万亩,无灌溉设施基本农田由现在的1400多万亩增加到2000万亩以上,把这作为陕西农业上台阶的关键性措施来抓。二是恢复了省农田水利基本建设指挥部,并建立常设办公机构。三是省政府决定在各地、市、县政府之间开展“水利振兴杯”竞赛,并把农田水利基本建设纳入了目标管理,作为对干部进行考核的重要内容。四是由主管省长召集有中央驻陕和省级各新闻单位负责人参加的“加强水利新闻宣传报导座谈会”,加强了对农田水利基本建设的宣传舆论工作。

这些措施进一步调动了广大干部群众的积极性。本年度全省用于农田水利基本建设的国家投资达到2.67亿元,农民群众自筹资金1.43亿元。冬季农田水利基本建设的大部分时间上劳在200万到300万人之间,高潮期全省最高日上劳达到427万人,占农村总劳动力的37%,共投入劳动积累工3.04亿工日。还出动推土机、铲运机、拖拉机等大、中型机械1万多台。全省有10万多名各级干部,走出机关,同广大群众一起打坝修地,治河造田。本年度全省新增灌溉面积43.26万亩,超过计划任务89%;治理水土流失面积4097 km², 超过目标任务31%;新修无灌溉设施基本农田109.56万亩,超过计划任务1倍多;整修、新修渠道45900多km,混凝土衬砌渠道2034 km,新打配套机井5171眼,测试改造机井4394眼,新修和恢复抽水站1350座,恢复和改善灌溉面积116万亩;新修江河堤防173 km。

整修之后的泾惠渠渠系　　梁长生 摄

1990年新开工的重点工程有:东雷抽黄续建工程和定边供水工程(盐环定扬黄工程的陕西专用部分)。这两项工程是使用世界银行贷款建设的陕西省农业综合开发项目的主要组成部分。东雷抽黄续建工程计划投资5亿多元,可灌溉关中东部渭北旱原126.5万亩耕地,并解决30万人的饮水困难和防氟改水问题。定边供水工程主要解决革命老区13万人的饮水问题,并灌溉6.9万亩土地。此外,经国家有关部门批准,渭北旱原农业综合开发项目从1990年起实施。榆林北部风沙滩区井灌工程、汉中盆地和浅山丘陵区农业综合开发、冯家山水库灌区挖潜配套等项目也都已开始实施。1990年度竣工投产的重点灌溉工程是潼关港口抽黄工程,设计灌溉面积9.8万亩。全国重点病险水库之一的羊毛湾水库除险加固工程,也于本年度通过了竣工验收,由原来500年一遇防洪标准提高到了2000

年一遇防洪标准。为解决灌溉工程老化问题，开展了泾惠渠、宝鸡峡、交口抽渭三大灌区更新改造。1990年已开工41个项目，共完成投资1097.75万元，经省级有关单位对已完成工程进行检查，认为对除险加固、保证正常灌溉起到了重要作用，并且恢复改善灌溉面积4.3万亩。改造工作受到了陕西省农业综合开发领导小组的表彰奖励。

三、加强了水利基础产业的建设

按照“以水养水，以水促电，以电养水，以水兴农”的指导思想，重点抓了五个方面。一是继续进行水费改革。省政府新颁布的《陕西省水利工程水费计收管理办法》，以供水成本为基础提高了各类水费的标准，并以实物计征，从而使水费保值，并可以利用水费粮的平议价差建立灌区“以丰补歉”基金。二是发展小水电。1990年陕西省小水电建设与管理获得了双丰收。新建成小水电站121处，新增装机容量2.5万kW，小水电年发电量达到4.96亿kW·h，均创历史最高水平。新投产的重点小水电站有：石头河水库坝后电站1、2号机组，装机容量11500 kW；永寿县石桥电站，装机容量7500 kW。永寿县也成为陕西省第一个初级农村电气化达标县。为了进一步发展小水电事业，加强了小水电建设的前期工作，本年度完成了引嘉入汉工程二郎坝电站初步设计、卧龙台二期电站设计任务书审批，陇县段家峡二级电站、镇安高峰电站初步设计，以及泾惠渠坝后电站的设计任务书。三是发展城乡供水。建成了西安市黑河引水一期一段工程、洛川县城供水工程，及一批乡镇和农村供水工程。农村供水和防氟改水受益人口共81.9万人。乡镇水管站与供水站“二位一体”，目前已有一批乡镇供水站的年收入超过5万元，成为水管站的经济实体。四是在河道管理上走“以堤护地，以地养堤，综合开发，自我发展”的路子，通过划定河道国有土地，已有28个县的河道管理部门取得了17万亩护堤地、治河新增土地使用权，通过对这些土地的开发利用以及砂石管理、综合经营，把河道管理单位办成自我维持、滚动发展的经济实体。五是进一步搞好水利综合经营。1990年综合经营产值达到了2.55亿元，实现利润2107万元。

四、抗旱与防汛夺得了新胜利

1990年陕西省的干旱和洪涝灾害都较严重。在冬春发生的干旱中，有1200万亩越冬作物受旱。5月初又出现旱情，至6月上旬全省有84个县降雨偏少，有2000多万亩夏播受到影响，关中400万亩玉米无法播种，榆林地区有560万亩秋粮出苗、生长困难。8月份又出现严重伏旱，全省有1347万亩秋田受旱。在抗旱斗争中，开动各类水利设施73825处，全年灌溉面积3567万多亩次。其中冬灌1024.9万亩；春灌518.9万亩，夏灌2024.01万亩，缓解了旱情，减少了灾害造成的损失，取得了较大的经济效益和社会效益。1990年全省水地粮食产量达到了66.8亿kg，占到全省粮食总产量的62.4%；万亩以上灌区平均粮食亩产首次突破了500 kg。

防汛工作认真贯彻了“安全第一，以防为主，防重于抢，有备无患”的方针，3月上旬在汉中召开了全省防汛工作会议，随后省、地、市、县各级领导带队，并抽调了2400多人，组成了349个检查组，对各地防汛工作的工程措施和非工程措施全面进行了检查。制定并审批了三门峡库区和6座大型和42座重点中型水库的安全渡汛方案，落实了各级领导的防汛责任制，以及主要江河的洪水分级指挥权属。组织了有29万人参加的2956个防汛抢险专业队，储备了必要的抢险物料。汛期全省共出现较大范围的局部暴雨11次。其中7月5日至7日的一场暴雨造成了严重损失。汉中地区和宝鸡市有17个县遭受洪水灾害，凤县、略阳、宁强、勉县、留坝等5个县日降水量100～133 mm，强度最大的宁强县阳平关日降水170 mm。嘉陵江、汉江汉中平川段及其支流玉带河、漾家河、沮水、褒河、胥水河、酉水河，渭河干流及其支流千河、黑河、石头河等12条江河的19个水文站出现超警戒流量洪水，其中有8个站出现超保证流量洪水。嘉陵江上游略阳段出现了8700 m^3/s的洪峰流量，汉江上游平川段的洪峰流量达到6090～10700 m^3/s。暴雨、洪水、冰雹、滑坡等灾害造成了较大损失，略阳县城被淹，宝成、陇海、阳安三条铁路交通中断，公路、农田和水利设施受到严重破坏。据统计，汛期全省受灾人口375万人，死亡178人、牲畜7127头，受灾农田757万亩，成灾440万亩，损失粮食1.54亿kg，以及大量的水利工程设施。在宝鸡、汉中地区遭受洪水灾害时，由于加强了防汛抢险工作，使灾害损失大为减少。在大汛到来时，水文、气象部门及时准确地预报了嘉陵江略阳段和汉江平川段7月上旬的大洪水，为略阳县城赢得了3.5 h的撤退时间，3万人和重要物资提前撤出，县城被淹后无一人死亡，整个灾害的损失也大为减少。这次洪水灾害程度相当于1981年洪水，但经济损失相当于1981年的60%，死亡人数相当于1981年的1/10。灾害发生后，省委书记张勃兴，省长白清才、副省长王双锡等先后深入灾区慰问和指导救灾。各有关地、市、县全力以赴开展了抗洪抢险救灾工作。人民解放军出动官兵1200多人，并组织了5.7万名民兵，营救出了被洪水围困的12000多名群众和大量财物。

五、加强行业廉政建设取得了成果

结合健全基层水利服务体系，继续加强了水费廉政建设工作。夏灌期间，各大中型灌区共派出900多名干部下到第一线，组织了1200多名段、斗行水人员和4960名水利村长，抓水费的核算和公布。全省大中型灌区的斗渠向村民小组公布率达到95%，村民组向用水户的公布率达到83%，增强了水费收交的透明度，受到群众的欢迎。据调查，省属五大灌区亩次水费普遍降低了1～2元，夏灌浇地461万亩，使群众减少水费支出600多万元；全省夏灌2024万亩，群众节省水费1500多万元。另外，还查处了42起在水费收交中的违法案件，其中30起已结案，挽回经济损失10.87万元。行业廉政建设为实施水费改革创造了有利条件。

（陈恒基）

榆林市水利概况

榆林市位于陕西省东北部边陲古长城沿线，北部是毛乌素沙漠，南部是黄土丘陵沟壑。在7053 km² 的总面积中，大体上是“七沙、二山、一分田”。榆林地处塞北干旱地区，年降水量仅400 mm，历史上又长期受到风沙和水土流失的严重危害，在新中国成立前的100多年里，形成了“沙进人退”的局面。新中国成立后，榆林人民在党和政府的领导下，为从根本上改变农业生产基本条件进行了不懈的努力，水利建设曾多次获得荣誉称号：1988和1989年连续获得陕西省水利战线“仪祉杯”，1990年获得陕西省人民政府颁发的“水利振兴杯”。

一、坚持不懈地开展治沙治山治水斗争

榆林人民根据当地的具体条件，把治理荒沙滩地、治理荒山沟壑和开展水利水土保持建设结合起来，大力发展“三田”（水浇地、坝地、水平梯田），卓有成效。到1990年底，共建成水库78座，总库容2.16亿 m³；修建灌溉渠道230条，抽水站198处，机井574眼；近年来，群众创造性地发展了多管井、“马槽井”（蓄水池塘）。灌溉面积由建国初期的3万亩增加到了39.8万亩，按全市现有26.9万农业人口平均，每人占有水浇地1.5亩。榆林市属于国家水土保持重点治理区的无定河流域，在水保工作中坚持“北治沙，南治山”种树种草与修建基本农田相结合，总共治理水土流失面积4015 km²，占到总流失面积的57%；造林保存面积达到335.5万亩，林木覆盖率达到了32%；种草保存面积达到121万亩。在工程措施上，兴修了1282座淤地坝，淤成坝地2.1万亩；兴修水平梯田15.6万亩，“三田”面积总计达到57.5万亩，占到总耕地85万亩的2/3，农业人口每人平均占有基本农田2.14亩，提高了抗御灾害的能力，改善了农业生产条件。

特别值得称道的是，榆林人民治理沙漠创造了奇迹，受到了中外人士的赞扬。他们的治理办法分“水治”和“植治”两种。“水治”就是引水拉沙、平沙造田，把累累沙丘改造成良田，其中有23000亩种上了水稻，亩产400～500 kg。“植治”就是种树、种草，固定沙丘，用这种办法最近5年治理荒沙270万亩。经过多年的努力，现在已经变“沙进人退”为“人进沙退”。

“林草打底水开路，修出好地穷变富”，榆林人民用这句话概括了多年来水利水保建设的效益。自然环境和农业生产条件的改善，提高了农业生产力，1990年粮食总产量创造了1.05亿 kg的历史最高记录，农业人口每人平均390 kg，其中滩川区的16个乡镇人均产粮达到550 kg，全市农民人均纯收入由1986年的56元增加到了375元。

二、1990年水利水保建设的新篇章

在国务院《关于大力开展农田水利基本建设的决定》推动下，1990年榆林市各级党政加强了对水利水保工作的领导，结合实际广泛宣传“水利兴，农业兴；水利衰，农业衰”的事实，广泛动员群众，共投入劳动积累工576.3万工日，平均每个农村劳动力投工71个工日；在冬季农田基建中，最高日上劳达到8万人，占到全市农村总劳力的80%；投入机械3.3万多辆（台），大牲畜1.07万头；多渠道筹集资金699万元，其中各级财政投资75万元，群众自筹624万元，占总投资的89%，农民人均投资22元。全年新修“三田”6.85万亩，超过上级下达任务的1倍。其中发展水浇地4.92万亩。在抓新建工程的同时，还恢复起旱水地1.52万亩，补修梯田2.1万亩。

1990年，榆林市迈出了开发风沙滩区井灌工程的新步伐。榆林北部风沙滩区地下水丰富，水质好，埋藏浅，易开采。当地群众在滩边地头挖截渗蓄水池塘，形似矩形槽，俗称“马槽井”，虽容易施工，但水量有限，难以抵御大旱。经过反复实践，近年来创造了两项新的开发利用地下水技术。一是挖自流引灌池塘。就是把“马槽井”挖在农田附近的沙湾里，再向沙地深处引出一条较长的截渗导水沟，扩大了水源，并利用沙湾与农田之间的地势落差，引水自流灌溉。这种“马槽井”一般挖深2 m左右，可形成1.5 m水深，最

小水面有1亩，一般5～10亩；导水沟渠长度500 m左右。5亩水面的“马槽井”一般需投资2万元，主要用于机械开挖费和导水沟的衬砌。每亩水面可控制灌溉面积30亩。二是打多管井。多管井一般由8～12个井管组成，深10～20 m，安装2寸塑料管，在中心位置用6寸管子与周围各井管连通，用离心泵抽水，每小时可出水200 m^3以上，每一组多管井可灌地百余亩。这种多管井是由该市小纪汗乡农民宋志华提出构想，经农机部门设计完善的。多管井投资小（一般需2000元）、占地少、施工容易、经久耐用。“马槽井”与多管井相结合，能够把滩里的、沙里的、浅层的、中层的地下水有效地开发利用起来。因此，市委、市政府决定大力进行开发。1990年初，陕西省政府在榆林召开现场办公会议，决定采取“国家投资办电，群众集资打井”的办法在榆林风沙滩区的6个县（市）发展井灌工程，第一期投资5000万元（其中国家投资一半），扩大灌溉面积22万亩，以便把滩区建成神府煤田的粮食、副食基地。项目确定后，榆林市宣布在统一规划前提下，打井、修地“谁投入、谁受益，归谁所有，允许继承”的政策。从此，出现了群众性的挖塘、打井、修地的新局面。一年功夫，仅榆林市就新挖“马槽井”423眼，发展水面1421亩，打多管井908眼，该市全年新增近5万亩水浇地，占到全省当年新增灌溉面积的1/9。

（陈恒基）

甘　肃　省

甘肃省1990年水利概况

1990年甘肃省水利工作，在中央和省地各级领导的大力支持和关怀下，主要抓了以下几方面的工作：

丘陵梯田化　王　威　摄

一、水利建设

一年来，甘肃省水利建设认真贯彻“巩固改造，适当发展，加强管理，注重效益”的方针，走以内涵求发展的道路，建设与管理，巩固改造与发展相结合，水利、水保一齐抓；坚持依法治水，科技兴水，自力更生艰苦奋斗的精神，水利建设，取得了稳定、协调发展的效果。全年水利投资3.6889亿元，地方群众自筹4078.6万元。新增有效灌溉面积18.8万亩，保证灌溉面积19.3万亩，分别超额9.7%和1.4%完成了全年计划。改善灌溉面积12.52万亩，超额1.4%完成了全年计划。解决了32.14万人和32.5万头牲畜的饮水问题，分别超额20.3%和35%完成了全年计划。治理水土流失面积3223.78 km^2，其中“三田”86.44万亩，年治理率2.54%。全省粮食总产68.66亿kg，比去年增长7.4%，再创历史新水平。其中水地总产34.52亿kg，占全省粮食总产的1/2以上，“三田”生产的粮食占全省旱地粮食产量的1/2。即全省75%的粮食产量是在水地和“三田”获得的。其中：水利基建投资2.7483亿元，完成新增有效灌溉面积11.43万亩，保证灌溉面积9.4万亩。灌地50万亩的省重点景泰川电力提灌二期工程，为实现省委、省政府确定的1990年总干渠全线通水的要求，在施工中坚持不断深化改革和实行目标管理责任制，建成总干11～13级泵站，安装水泵27台，电机30台，混凝土管2991 m，钢管989.7 t；建成渡槽13座，2184 m，开挖衬砌总干渠19.6 km；挖填土石方165.8万m^3，浇筑混凝土7.2万m^3，投入劳动工日172.8万个。并于10月15日提前16天实现了总干全线通水的要求。为搞好水利基建，先后颁发了《甘肃省水利水电基本建设工程施工招标投标工作管理办法》、《甘肃省水利基本建设工程质量管理暂行办法》、《甘肃省水利水电基本建设工程施工质量检验评定标准》、《甘肃省水利基本建设工程质量监督实施细则》、《甘肃省水利基本建设工程质量监督检测费管理暂行规定》等8个规定或办法。并对省质量监督中心站及下属15个质检站进行了调整和充实，全省水利基建工程监督体系基本形成。省质检中心站及平凉、张掖两个地区的质检站受到了水利部质检总站的表彰和奖励。

陇南“长治”工程，完成了长江水保局下达的各项任务：治理流失面积948.8 km²，占任务的102%。同时还完成了第二期工程流域规划和滑坡、泥石流预警系统布点的普查工作，提出了陇南地区滑坡、泥石流预警系统建站方案。另外，根据1989年全省水土保持预防监督工作会议安排，重点抓了西和、天祝两个试点县和重点预防范围内的开矿、修路、建厂等基本建设项目水土保持方案的审批、监督检查等，已初步建立了各项管理制度，为38个矿点发了《水土保持准许证》。

庄浪堡子沟综合治理 王威摄

二、水利管理

1. 推广节水灌溉技术 为了发展节水型农业，解决水资源供需矛盾，甘肃省在总结近两年推行节水灌溉试验的基础上，制定了1990～1993年节水灌溉和低压管道输水灌溉示范推广计划。一年来，在有关地县的重视和有关部门的密切配合下，全省共完成节水灌溉示范推广面积167.54万亩，为计划97.73万亩的1.71倍。总节水650.12万m³，亩均节水38.8 m³；总增产5668.5万kg，亩均增产33.8 kg。其中：自流灌区152.37万亩，亩均节水40.05 m³，总节水6101.6万m³；亩均增产35.44 kg，总增产5400万kg。提水灌区15.17万亩，亩均节水26.69 m³，总节水399.59万m³；亩均增产17.64 kg，总增产267.9万kg；亩均节能45.38 kW·h，总节能667.58万kW·h。河西地区百万亩节水灌溉试验，已被全国农业节水评估会选定为常规节水灌溉技术推广项目。

2. 开展了制止水利工程设施人为破坏斗争 从1988年下半年以来，一些地方的水利工程设施遭到人为破坏的情况十分严重。截至1989年底，共发生破坏、盗窃水利工程设施案件2280起，造成经济损失约434万元，影响灌溉面积28.2万亩。根据省政府的安排，1990年继续在全省开展制止水利工程人为破坏的专项斗争，共查处盗窃、破坏水利设施的案件1193起，占立案1543起的77%，收缴赔、罚款26.59万元，行政拘留316人，依法判刑202人，清理整顿废旧物资收购网点475个，取缔非法收购网点76个，基本上刹住了破坏水利设施的歪风。各地还结合开展制止人为破坏水利工程设施的斗争，普遍加强了对水利工程设施的管护工作，落实管理责任制，建立健全各项规章制度，加强治安力量和防范措施，对损坏的水利工程进行了修复，恢复灌溉面积15.5万亩，占影响灌溉面积的55%。

3. 综合经营 甘肃省水利综合经营从1979年起步到1990年底，已形成水、农、工、商、游全方位、多行业的经营体系。1990年在深化改革、治理整顿的形势下，通过加强经营管理和完善经济承包责任制，全省综合经营总产值达9116万元，为计划7200万元的1.26倍；净收入达1396.14万元，为计划1000万元的1.39倍；库塘养鱼产量达22.87万kg，为计划17万kg的1.34倍。水利综合经营，为水管单位逐步走上自我维持、自我发展的良性循环创造了条件。

4. 推行灌区经营承包和晋等升级制度 1990年，在全省大、中型灌区全面推行了承包经营责任制，有78处万亩以上灌区实行了招标和各种形式的承包经营。同时，运用大、中型灌区的经验，对有条件的1.9万多项乡村管理的小型水利工程实行了租赁、折价转让、个人或集体经营承包等责任制。在抓好承包经营的同时，还承担了水利部“灌区经营管理调查”的研究课题，并圆满地完成了调查工作。

灌区晋等升级是促进灌区管理的一项综合措施。1990年省水利厅对各地上报的74处要求晋级的万亩以上灌区，按照《甘肃省大、中型灌区晋等升级考核办法》规定的自流灌区的粮食产量、工程完好率、自给率、实灌率、渠系水利用率、灌溉净定额等6项和提水灌区的粮食产量、工程完好率和设备完好率、半自给率、实灌率、能源单耗、渠系水利用率、灌溉净定额、安全运行率等8项技术经济指标，进行了严格的审查和重点抽查，最后评定进入二等的灌区有11处，进入三等的灌区有63处。灌区晋等升级的开展，使水管工作初步走上了科学化、规范化的发展轨道。

三、城乡防汛

1990年甘肃省防汛工作，在认真贯彻“安全第一，预防为主”的方针下，汛前准备工作充分。3月份省防汛办公室发出《关于做好1990年防汛工作的通知》，并编制和审批了8座大中型水库的汛期控制运用计划和安全渡汛措施，安装和调试了各地（州）市防汛办公室和全省大、中型水库的防汛电台；对黄河干流沿岸的临夏州、兰州市、白银市进行了安全检查；储备钢材350 t，草袋、麻袋189万条，铅丝605 t，水泥5000 t，汽油、柴油各500 t；安排水毁防洪修复工程29项445万元，汛前全部完成了计划任务。

1990年防汛工作，继续推行了防汛岗位责任制和行政首长负责制，重点险工险段实行承包责任制，依靠社会力量，开展群防群治。据统计：全省共组建基层防汛抢险队伍2142个21.6万人，清除河道洪沟阻水障碍物130万 m^3，为1990年安全渡汛创造了良好条件。由于汛前准备工作充分，汛期值班、检查及时，全年各类水库均未发生垮坝事故，重大堤防未决口，城市未进水，减少灾害损失5800多万元。

四、水政建设

1. 调整组建水政水资源机构　为加强水资源管理，1990年5月，省政府决定我厅水政水资源处与省水资源委员会办公室合并办公，编制由5人扩大到9人。全省已有7个地区14个县、市成立了水政水资源机构，为贯彻《水法》、加强法制建设和水资源管理奠定了初步基础。

2. 制定水法规　依照甘肃省水法规体系建设规划，1990年制定的法规、办法有：《甘肃省〈水法〉实施办法》，已经省人大批准于7月2日颁布实施；以省水利厅名义发布的有《甘肃省水土保持综合治理防治工程管理办法》、《甘肃省‘三田’建设管理办法》、《水利水电基本建设施工招标投标工作管理办法》和《水利水电建设工程预算定额》等；已报请省政府待批的有《甘肃省水利工程设施管理保护条例》和《甘肃省河道管理办法》；正在起草的有《甘肃省取水许可制度实施办法》、《取水登记规则》和《水法规选编（第二集）》等规则或办法。

3. 进行水利执法试点　根据水利部水政司〔1989〕16号和〔1990〕1号通知精神，1990年，在武威市进行了水利执法试点。武威市委、市政府对水利部确定武威市为全国第二批水利执法试点单位十分重视，成立了由常务副市长任组长，水利、公安、司法、城建等14个单位组成的水利执法试点领导小组，组建了水政监察队伍，查处人为破坏水利案件29起，追回经济损失2.42万元。一批配套法规已经市政府批准执行。对5591处水利工程划定了保护范围，已有85家企事业单位及供水工程领取了取水许可证。

当前，甘肃省水利存在的主要问题是：现有水利工程尾工大，配套任务重，效益还不能充分发挥；主要江河防洪设施少，抗御洪水能力低，还有57座水库带病运行；水资源短缺，供需矛盾日益突出；综合开发还没有真正纳入水法轨道，浪费、污染、破坏水资源的现象还很严重，管理工作比较薄弱；多头分散的计划管理体制，使得水利建设难以进行有效的宏观指导和调控，加剧了资金不足的矛盾，造成一部分工程工期拖长，不能按期建成投产。另外，以法治水的观念，群众办水利的观念还没有牢固地树立起来，在一定程度上也是水利事业前进发展的重要制约因素。

（赵裕沛）

武威市建立水利执法体系

1990年5月份，武威市被水利部确定为建立全国水利执法体系第二批试点县市之后，市委、市政府、市人大、市政协十分重视，并积极组织开展试点工作。6月下旬市政府成立了以常务副市长为组长和有关部门参加的“武威市建立水利执法体系试点领导小组”，并下设办公室负责日常工作，首先拟定了《武威市建立水利执法体系试点实施方案》。围绕方案，在半年时间内通过开展大张旗鼓地宣传水法，制定与水法相配套的规范性文件、进行水工程划界、查处水事违法案件和调处水事纠纷、建立水政水资源管理机构和水利执法队伍、实施取水许可制度等项工作，顺利地完成了试点任务。

建立水利执法体系，旨在把转变职能、贯彻《水法》、加强水资源和水工程的统一管理和保护、正确行使水行政主管部门的权利、达到依法治水、促进全面服务，并作为加强水政工作的中心内容来抓，目的在于建立一支素质良好，为政清廉的水利执法队伍，以保障和监督《水法》及其配套法规的贯彻执行。

长期以来，武威市水利战线的职工进行了艰苦的努力，由于法制建设松弛，水利管理工作始终是个薄弱环节，各种水利工程设施不断遭受人为破坏、设障阻水、侵占用地、破坏和滥用水资源。盗窃防汛器材物资和造成水土流失等现象时有发生，这些已严重影响着水利效益的发挥和防汛安全。

在试点期间，武威市针对实际存在的问题，有组织、有计划、有步骤、有秩序、有的放矢地开展试点各项工作。一是抓好《水法》和《甘肃省实施水法办法》及规范性文件等法律法规的宣传教育工作，并贯穿于试点全过程。通过开展《水法》宣传月和常抓不懈的宣传，采取多层次、多渠道、多种形式大张旗鼓地进行宣传，在社会上造成了浩大的声势，达到了家喻户晓、人人皆知的效果，宣传覆盖面达98%以上，从而增强了水利执法的透明度，为加强水利法制建设奠定了社会基础。二是组建了水政水资源管理机构，选配了强有力的领导和精干的水政工作人员，协调了各方面的关系，实施水政管理。市建立了编制6人的水政水资源管理办公室，基层水利管理单位根据工作需要设立了7个水政股和5个水政组，乡镇设水政监察联络点38个，从上到下建立了关系协调、运行有力的水政机构。与其相配套的水利管理、水利公安，互相配合，分工负责，三位一体化，组成水利执法体系。全市选拔、培训、任命了主任监察员1名，副主任监察员4名，水政监察员71名，市政府给他们发放了标志和“水政监察证”，已上岗开展执法工作。三是整理制定了与《水法》和《甘肃省实施水法办法》相配套的6个规范性文件，包括水资源管理和保护、水资源费征收和使用、取水管理、水工程管理和保护、河道及洪道管理和保护、电力设施管理和保护暂行规定或暂行办法。四是对全市的水工程划定管理范围和保护范围5591处，划定管理面积20余万亩，划定保护面积3万多亩。建立了水工程管理档案，实行全民所有与集体所有综合管理。五是配合公、检、法部门严厉打击破坏水电设施的违法犯罪分子，判处死刑2名，拘留审查处理12名，在试点期间查处水事违法案件29起，调解水事纠纷25起，追回经济损失2.42万元，使水事违法案件发案率比上年度降低78%。六是理顺部门关系，市水行政主管部门对水资实行统一管理，尤其在城市水资源的管理和开发利用与保护上同城建部门明确了权限和职责，改变了过去“多龙”治水的局面。在全市范围内实施取水许可制度，发放取水许可申请书4000份，发放取水许可证85本。摸清了水资源开发利用现状，调整了水资源费征收和使用管理政策，比上年度多征收水资源费3万余元，为实现水资源管理的“五统一，一加强”目标，进行了建设性的工作。

武威市建立水利执法体系试点工作时间短，质量好，方法得当，措施得力，步骤稳妥，已初见成效，各项工作正在逐步完善，水利执法队伍正在成长壮大，将会在武威市的水利建设事业中发挥重要的作用。

（武威市水政水资源管理办公室）

青 海 省

加强水政建设 大搞农田水利

1990年，青海省水利工作继续贯彻《水法》，加强水政建设，突出增强农业后劲，搞好重点工程建设，狠抓质量、效益，较好地完成了各项工作任务。

1990年全省共完成水利投资14202.35万元，其中用于农田灌溉6811.52万元，水土保持722.04万元，小水电5297.94万元，人畜饮水684.52万元，草原灌溉及其他686.33万元。全年新增有效灌溉面积6.73万亩（其中荒变水4.98万亩，旱变水1.75万亩），扩大改善草原利用面积31.67万亩，解决了6.08万人、24.42万头（只）牲畜的饮水困难，治理水土流失面积151 km^2，兴修水平梯田11.25万亩，营造水保林9.66万亩，种草1.74万亩。建成水库2座，库容46万 m^3；涝池7座，库容6.23万 m^3；新建、改建农灌渠道36条，长120.78 km；供水管道66条，长372.21 km；抽水机站21座、27台、1993.2 kW；机电井3眼、80 kW。

1990年青海省水利工作主要抓了以下五个方面的工作：

一、大力开展农田水利基本建设

秋冬农田水利基本建设在10月下旬进入高潮，上工劳力最高达18.6万人，推土机146台，手扶拖拉机3449台，架子车36894辆，均高于1989年。农田水利基本建设有四个显著特点：一是领导重视。各级政府都把农田水利基本建设作为改善生产条件，增强农业后劲的重要措施来抓，形成了主要领导亲自抓，分管领导全力抓，五大班子齐心抓的局面。全省共有县（处）以上干部83人，其他干部1831人深入生产第一线，现场组织指导。二是群众发动的充分。各地采取多种形式宣传坡改梯、旱变水后粮食产量持续增长的典型事例，调动了群众的积极性，出现了干部群众同心干，男女老少齐出动的感人景象。三是动手早、进度快、质量好。秋冬农田基本建设比往年提前15天左右，10月就完成任务过半。兴修的梯田连片程度高，块大面宽，田平埂实，质量有新的提高。四是机关干部踊跃参加，密切了党群关系。

二、抓好重点工程建设

小干沟水电站基本上完成了年度施工任务，截至年底，累计完成投资10227.35万元，占总投资的88.5%。大坝枢纽已全部完工，引水系统基本上达到过水条件，厂房枢纽基本具备了试发电条件，110 kV送变电工程基本完成，生活设施已初具规模。至此，整个工程已基本建成。

2708项目经过5年实施，于3月通过了世界粮食计划署的终期检查。工程投入运行后，已经发挥较大的效益，项目区灌溉面积达8.37万亩。第二个世界粮援项目——乌兰3557项目，年底累计完成投资1502万元，占总投资的30.6%。赛西水库坝高已达14 m，红山咀水库完成部分清基，建成干、支渠26.68 km，斗、农渠配套12936亩，新开地8120亩，复平地2900亩，造林663.88亩，苗圃100亩，固沙650亩，整个工程按实施计划顺利进行。

黑石山水库年底累计完成投资2187.32万元，占总投资的87.5%。枢纽工程已完成工程量的86.2%，水库蓄水1000万 m^3，为德令哈地区13万亩土地的灌溉提供了水源保证。

贵德治黄造田工程仅用4个月时间就超额完成了年度施工任务。经过近4年的建设，河堤工程和五个灌区的渠系配套工程已基本完成，共修筑永久性黄河大堤20多km，修建主干渠33 km以上，新造和改造农田17000多亩，加上造林和开挖鱼池面积，使黄河滩地的利用面积达24000多亩，其中一半以上农田已经开始收益。

三、加强水利水电工程管理

为改变重建轻管的状况，主要抓了6项工作。第一，健全水利管理网络。截至年底，全省已建立各级水利管理机构281个，配备正式职工1527人。1987～1990年，共补助建设乡（镇）水利（水保）站经费618万元，建站213个，占应建数的90.6%，配备正式职工603人。第二，落实完善承包责任制。全省现有各类水利工程5327项（不含国营农牧场）中，落实各种形式责任制的有5023项，落实面为94.3%，比1989年提高了1.8%。第三，继续改造老化工程。安排改造老化工程32项，补助投资246.2万元，恢复灌溉面积16656亩。近4年累计补助投资1465.79万元，更新改造老化失修工程280项，增加保证灌溉面积32万亩。第四，抓水费征收。全省共征收水费376.62万元，比1989年净增145.27万元。第五，开展水利综合经营。全省水利综合经营完成产值600多万元，利润130余万元，同1989年相比，产值增长13.2%，利润增加8.3%。由于水费收入的增加和综合经营的开展，全省国营万亩灌区和乡（镇）水利（水保）站经费自给单位分别由1989年的26个、15个增加到33个、30个。第六，打击偷盗、破坏水利设施的违法犯罪活动，已成立的10个水利治安派出所在维护水利设施安全方面发挥了重要作用。

四、加强水政建设

在继续深入学习、宣传《水法》的基础上，全省水政工作突出了四个重点：一是加强地方水法规体系建设。《青海省河道管理实施办法》几经讨论修改，已上报省政府，并着手起草《青海省实施〈水法〉办法》、《青海省河道采砂收费管理办法实施细则》。二是抓好水利执法试点工作。湟中、大通两个水利执法试点县建立了水政水资源机构，正式任命了47名水政监察员上岗执法，开展了取水许可管理工作，并制定了相应的规章制度。三是加强地方水政水资源机构建设。截至年底，全省已有15个县（市）水利部门被当地政府明确的水行政主管部门，化隆、祁连、共和、格尔木等13个县（市）成立了水政水资源机构，占应建数的52%。四是培训水政工作骨干。9月举办了全省第一期水政干部培训班，大通、湟中县也举办了水政监察员培训班，提高了水利执法队伍的素质。

五、重视前期工作和基础工作

为改变水利前期工作跟不上，基础工作薄弱的状况，着重抓了四项工作：一是搞好较大项目的规划、论证。如讨论修改了大通河流域水利水电规划，开展了雪龙滩水电站的可行性研究，审定了温泉水库的设计方案，制定了第二批农村电气化县（市）的建设规划，加强了13个农业综合开发重点工程的前期工作等。二是提高勘测设计水平。省水电设计院推行全面质量管理，于11月底通过达标验收，成为全省建筑勘察行业验收合格的第一个甲级设计单位。三是在项目审批上严格把关。省水利厅拟定了《关于加强农田水利建设管理的试行意见》，明确了资金使用原则，对计划、项目、财务、运行管理等作了具体规定。四是加强水利科研和水文工作。省水利科学研究所承担的《混凝土渠道防渗抗冻胀试验研究》成果获省科学技术进步三等奖。省水文总站在都兰、青海湖等地区开展了1989年洪水调查，首次发布了湟水水资源公报，在西宁地区设立了9个酸雨观测站点，并着手建立唐古拉山无人值守水文站。

1990年青海水利工作虽然取得了较大的成绩，但还存在一些问题，主要表现在深化水利改革的步子迈得不大，前期工作和基础工作仍然比较薄弱，重建设轻管理的状况还未得到根本扭转。

（蒋曰亮 高新荣）

大搞农田水利建设 增强农业发展后劲

贵德县位于青海省东部，地处黄河上游的龙羊峡与李家峡之间，黄河横贯全县，平均海拔 2831 m，县内气候温和，土壤肥沃，水源丰富，林木茂盛，是全省商品粮生产基地县之一。

建国 40 多年来，贵德县始终把农田水利基本建设作为发展农业的重要基础工作来抓，取得了显著的成绩。全县共兴建主要渠道 125 条，提灌站 69 座，小(二)型水库 1 座，涝池 34 座，总库容 43.88 万 m^3，修建人畜饮水管道 78.3 km，解决了 35971 人、30343 头(只)牲畜的饮水问题，全县水浇地面积达 13.4 万亩，占耕地总面积的 83%，建成了以东河、西河、河北三大万亩灌区为主体的，自流灌溉与电力提灌相结合的农田灌溉网络。

近年来，贵德县更加重视农田水利基本建设，为增强农业后劲，夺取农业丰收作出了新成绩。主要抓了三个方面的工作：

(1)大规模开展治黄造田工程建设。从 1987 年起，贵德县利用龙羊峡水电站初步建成后下闸蓄水的有利时机，在黄河滩围河造田，并修建配套灌溉渠道。经过 4 年艰苦奋战，完成水利投资 2299.5 万元，投入劳动积累工 310 万工日，完成土石方 345.3 万 m^3，混凝土及钢筋混凝土 1.69 万 m^3，砌石 14.21 万 m^3，修筑河堤 19.8 km，衬砌渠道 51 km，兴建渠系建筑物 513 座，电力提灌站 3 座，开发黄河滩地总面积 2.47 万亩，其中农田 1.37 万亩，林地 0.73 万亩，鱼塘 0.11 万亩，其他 0.26 万亩。

(2) 搞好农业综合开发项目的水利建设。1989～1990 年，贵德县围绕 8 个农业综合开发项目兴修水利工程，保证了项目的顺利实施。两年完成投资 239.4 万元，投入劳动积累工 35 万工日，修建配套电灌站 6 座，新增耕地 9730 亩，改善 1500 亩。

(3) 狠抓小型水利工程建设。1989～1990 年，完成水利投资 307.1 万元，投入劳动积累工 12.9 万工日，维修渠道 8 条、25 km，电力提灌站 2 座，水库、涝池各 1 座；新建灌溉管道 6.8 km，电力提灌站 3 座，渠系建筑物 85 座。扩大农田灌溉面积 1600 亩，改善 5260 亩。新建人畜饮水管道 2 处，长 11.6 km，解决了 1598 人、4059 头（只）牲畜的饮水困难。

农田水利基本建设促进了贵德县农业的全面发展，带来了明显的经济效益。全县耕地面积由 1988 年的 13.49 万亩增加到 1990 年的 16.16 万亩，净增 2.57 万亩，增加 19%；人均耕地由 1.8 亩增加到 2.21 亩。1990 年全县农业总产值达 2978.5 万元，比上年增加 88.92 万元，增长 3.08%；农牧民人均收入 484.57 元，比上年增加 31.64 元，增长 6.98%；粮食总产达 4202.5 万 kg，比上年净增 5%，商品率达 28%，再创该县粮食产量的最高纪录，连续 3 年荣获青海省政府颁发的粮食“丰收杯”奖。

贵德县开展农田水利基本建设的主要做法是：

(1) 加强对农田水利基本建设的领导。县委、县政府主要领导亲自抓农田水利基本建设，并推行县区级干部项目负责制，从立项、实施到竣工验收实行全面负责。县水利部门经常抽调技术骨干深入农田水利建设现场，进行业务指导，帮助解决技术难题。工程实行包工期、包质量、包投资、包效益，并有专人负责工程材料、劳力、资金等组织协调工作，从而保证了农田水利基本建设的顺利进行。

(2) 努力增加对农田水利基本建设的投入。1989～1990 年全县自筹农田水利建设资金 643.5 万元，占两年水利总投资的 28.4%。在农田水利基本建设中积极推行劳动积累工制度，水利工程建设的土石方及大规模造田均由受益区群众投劳解决。近几年每个劳动力投入农田水利建设的劳动积累工每年平均为 26.7 个工日，1990 年全县投劳 9.1 万工日，平整梯田 3150 亩。贵德县还发动干部、职工参加农田水利基本建设，近几年每人每年参加劳动的天数都在 30 天以上。

(3) 强化水利管理。对各项水利工程实行层层承包，责任到人，规定各干渠由水管所管理，支渠、水库、涝池由乡镇水管站和受益村社联合管理，年底进行总结评比，按规定奖优罚劣。截至 1990 年，已实行管理责任制的水利工程达 280 项，占工程总数的 97.5%，工程完好率也逐年提高。乡镇水利水保站在加强水利管理工作中发挥了重要作用，河阴镇水利水保站荣获 1990 年度全省“玉龙杯”竞赛先进乡站称号。贵德县大力宣传“水法”，打击破坏水利设施的各种违法犯罪活动。制定并贯彻《贵德县水利工程水费核订、计收办法》，1990 年全县水费征收完成了计划任务，东河灌区水管所荣获 1990 年度全省“玉龙杯”竞赛水费征收先进单位称号。

（高新荣 蒋曰亮）

宁 夏 回 族 自 治 区

宁夏水利与“八五”期间水利目标

一、1990年工作回顾

1990年宁夏水利建设、水利管理和效益取得了好的成绩，是持续、稳定、协调发展的一年。

自治区“七五”期间重点建设项目陕甘宁盐环定扬黄工程进展顺利。全年完成投资4000万元，超额完成3500万元的投资计划。工程从1988年7月开工，已累计完成投资8600万元，占工程总概算1.69亿元的50.9%。累计完成土石方153万m³，混凝土4.82万m³，安装调试机泵36台（套），安装预应力混凝土管569节。1～4泵站和干渠基本建成，初步具备了试水能力；5～8泵站的主体厂房基本建成，并完成了部分干渠工程量。

河套灌区农业综合开发项目取得了令人满意的成果。从1989年6月国家批准立项实施到1990年底，投入劳动力1200万工日，完成土石方1670万m³，开挖支斗农渠沟9335 km，砌护支斗渠403 km，治理沟道208 km，建成各类建筑物11934座。累计完成综合开发面积56.55万亩，其中开荒18.53亩，改造中低产田38.02万亩。1989年度综合开发的26.7万亩，增产效益比未开发的高20%，当年增产粮食3229万kg，经济效益十分显著。

认真贯彻国务院《关于大力开展农田水利基本建设的决定》，开展了农村水利建设“六盘山”杯竞赛活动，群众性的农田水利基本建设搞得扎扎实实，更富有成效。共投入劳动积累工1870万工日，劳均16个工日，完成土石方7500万m³，清淤沟渠16万余条，新建配套建筑物9500余座，新增灌溉面积3万亩，改善灌溉面积35万亩。建设旱作“三田”27万亩，综合治理水土流失面积550 km²。新建人畜饮水工程11处，打窖4000眼，土圆井500眼，新建苦水淡化站2处，屋顶接水400处，解决了6.1万人，7.8万头羊畜的饮水问题，改善了农业生产条件，提高了抗灾能力。

进一步加强水利管理，充分发挥现有工程效益。完善了渠道管理处处长任期目标责任制，实行精神文明建设和物质文明建设双百分考核办法。小型水利工程普遍推行了承包管理责任制。强化水利调度，加强了工程改造和安全养护，合理灌溉，开展优质服务，取得了较好的效果。引黄灌区全年引水76.83亿m³，比去年少引水1.88亿m³，保证灌溉面积520万亩。山区水库防汛抗旱两手抓，适时关闸蓄水，全年蓄水7578万m³，比去年多蓄水3460万m³，库灌面积42.6万亩。机井、小高抽灌溉20.3万亩。水利灌溉的农田产量占全区粮食总产85%以上，水利为农业生产持续增长提供了有力保证。

水利改革各项措施逐步稳定完善。水利综合经营由水管单位扩展到全行业，各部门加强领导，综合经营有了新发展。1990年综合经营产值950万元，实现利润158万元，比去年增长8%，改善了职工福利，安置了部分待业青年。

依法治水工作逐步深入。在进一步广泛宣传、贯彻《水法》的同时，抓紧水政机构建设，全区有12个地市县建立了水政机构，配备了人员。按照水利部部署，在石咀山市开展水利执法试点工作。起草了《宁夏水法实施办法》、《宁夏取水许可制度实施管理暂行办法》、《宁夏水资源费征收管理暂行办法》等法规文件，送请区政府批准实施。在石咀山市、灵武县进行取水现状调查，为全面实行取水许可制度作准备。一年多全区清理拆除违章建筑一万多处，依法查处了多起重大水事违法案件，保护了水利设施，维护了合法权益。

科技兴水，为巩固、提高水利工程效益起到了示范作用。一年来，开展了中低产田改造，节水灌溉，小流域综合治理等方面的科研、示范推广13个项目。其中西吉县万亩井灌区低压管道输水．彭阳县赵木湾小流域综合治理试验，惠农县暗管排水示范区，以及贺兰、平罗、惠农县水利科技开发示范等项目，应用科技成果，在综合治理、经济效益等方面都取得了好成绩。

水利基础工作和前期工作有了新的进展。水文工作为防汛抗旱和固海新灌区地下水监控提供了有效服务，获得了三项区级科技进步奖。水利科研更紧密结合生产，完成了灌区低产田改造等科研项目，为第二期农业综合开发提供了前期资料。黄河沙坡头水利枢纽可行性论证工作，黄河大柳树水利枢纽论证和灌区规划工作，农业综合开发项目二期工程规划立项工作等都有了新进展，为今后水利发展提供了项目储备。

水利队伍政治、业务素质有了新的提高。加强了党的领导和思想政治工作，在党员中开展了党员重新登记工作和民主评议工作，在干部中开展社会主义理论教育，在广大职工中开展“双基”教育，进一步提高了党员和职工的政治素质。各单位开展优质服务活动，制订了有力措施，加强廉政建设，纠正行业不正之风。在全区开展“六盘山”杯竞赛，引入了学先进、赶先进的竞争机制，提高了水利队伍的整体素质，坚定了政治信念，增强了事业心，呈现出士气高涨、生气勃勃的势头。

二、水利面临形势估计

宁夏水利形势可以概括为一句话：形势很好，问题严峻，任务繁重，前景喜人。

形势好的表现是：

1. 水利基础坚实　宁夏水利条件好，引黄灌区历史悠久。解放40年来，水利建设取得了巨大成就。兴建了一大批水利工程，初步建成了防洪、灌溉、排水、水土保持、人畜饮水等水利水保工程体系，灌溉面积由解放初期192万亩，发展到570万亩，使200多万亩盐碱地和旱地变成了旱涝保收的良田。灌溉面积占耕地总面积的比例由18%增长到43%，灌溉农田的粮食产量占全区总产的比例由49%增长到85%，为农业持续稳定增长提供了有效的水利保证。党的十一届三中全会以来的80年代，是宁夏水利稳定发展、效益最好的10年。灌溉面积以每年十余万亩的速度递增，增加灌溉面积140万亩，增长36.8%；南部山区旱作“三田”新增120万亩，增长145%，治理水土流失面积3210 km^2，增长96.5%。全区农业生产条件有了明显的改善，粮食产量由1978年的10.6亿kg，增长到19.17 kg，增长80%，人均占有粮食由320 kg增加到410 kg，高于全国人均水平。水利为提高农业综合生产能力，粮食上新台阶发挥了显著的效益。

2. 现有水利基础设施的潜力大　引黄灌区300多万亩低产田，可以较少的投入，采取综合措施改造成高产田，200多万亩荒地可以综合开发为农田，形成新的增产能力；山区库灌区经配套后，还有扩灌能力；现有1900眼机井，进行节水、节能改造，可以扩大灌溉面积30%；已建成的230万亩旱作基本农田，仅占耕地的25%；已经治理的7000 km^{2}水土流失面积，仅占应治理的58%，其效益尚未充分发挥，大量的水土流失面积和坡耕地，综合治理开发潜力很大。

3. 开发的前景好　在建的盐环定工程，灌区农业综合开发项目，世界银行贷款扩灌项目，在近期内可增加灌溉面积70万亩，改善灌溉面积90万亩，形成新的生产能力。沙坡头水利枢纽可行性研究报告经水利部批准，将在“八五”后期建设。农业综合开发二期将持续进行。宁南山区六盘山引水工程水利部已经委托黄河水利委员会对泾河水资源分配统一规划；要继续打机井，开发利用地下水资源，同时要把现有坡耕地建成保水保土保肥的旱作基本农田。另外，黄河大柳树工程如在本世纪立项建设，将可以再建一个引黄灌区。

4. 领导重视水利　中央、国务院和各级党政领导进一步重视水利，加强水利，明确了水利是基础产业的地位。农业是国民经济的基础，水利是农业的命脉，这个颠扑不破的真理更加深入人心；国家、地方、集体和农户多层次、多渠道增加水利投入；《水法》的颁布实施，使水利建设进入了一个依法治水，综合开发利用和保护水资源的新阶段；科技兴水注入了新活力；各项水利政策进一步稳定和完善，一个新的群众性的兴修水利高潮正向前推进。

当前水利面临的问题也是十分严峻的：

1. 水资源危机日益突出　宁夏地处西北干旱地带，水资源总量10.5亿m^3，人均占有水量226 m^3，无论是水资源总量，还是人均占有量都是全国最少的。南部山区干旱与水土流失并存。引黄灌区国家分配的黄河水量40亿m^3。随着本世纪末灌区农业开发100万亩，改造中低产田250万亩目标的实现，以及国民经济日益发展，工业和人民生活用水与日俱增，水资源紧缺将成为社会经济发展的制约因素。

2. 现存水利设施不能满足第二步发展战略目标的需要　水利设施老化，长期带病满负荷运行，大批机井、泵站设备急待更新改造。水费没有到位，尚不能自我维持、自我更新改造。有些地方人为破坏仍没有得到有效制止。巩固提高水利建设成效的任务很艰巨，如措施不力，将会出现水利工程效益衰减，制约水利开发速度的情况。

3. 防洪问题是一大隐患　经自治区政府通过的黄河治理规划，至今没有实施。据初步统计，从1980年至今，沿黄河塌毁农田达5万亩之多。沿山防洪工程少，标准低，违章建筑多，滞洪能力逐年下降，威胁到重要城镇、工矿区和人民生命财产的安全。山区水库有效库容逐年减少，病险水库逐年增多，效益难以巩固，而且危及下游安全。

4. 水土保持，边治理，边破坏，水土流失的状况仍在持续　水资源污染日益严重，进一步加剧了水资源供需矛盾。

三、宁夏水利“八五”期间目标和十年发展设想

90年代是实现宁夏国民经济发展第二步战略目

标和改革开放的关键时期。水利工作要继续贯彻“巩固改造，适当发展，加强管理，注重效益”的方针。

“八五”期间目标：

加强现有水利工程管理，充分发挥效益，下决心解决工程老化问题，确保效益稳步增长。

充分利用水土资源，开发新增灌溉面积60万亩；综合治理，改造中低产田150万亩；

继续抓好水土保持综合治理，抓好10个重点治理区，完成2500 km^2 治理面积，建设“保水、保土、保肥”的三保田125万亩；

建成盐环定扬黄工程，开工建设黄河沙坡头水利枢纽，积极作好六盘山引水工程的前期工作，争取黄河大柳树水利枢纽国家立项建设；

基本解决人畜饮水问题，经营管理好已建的供水工程；

加强现有农村小水电建设和管理，完成泾源县农村初级电气化试点县的建设目标；

走科技兴水的路子，以节水、节能、节地为重点，大力推广现有水利科技成果。引黄灌区以提高渠系水的利用率为重点，减少输水损失10%。在南部山区井灌区建成低压输水管道灌区5万亩；

形成水法规体系、水利执法体系和水管理体系，走依法治水的轨道；

继续推进水费改革，分步到位，达到按供水成本收费，做到水费是供水工程的主要经济支柱；

大力发展综合经营，积极安置待业子女就业，改善职工福利，多渠道筹集资金改善住房条件。

（夏春夷）

农村水利创新路 农业生产迈大步

——中宁县农田水利建设述评

中宁县位于宁夏中部，地处河套地区，青铜峡水库上游，是具有悠久引黄灌溉历史的农业县。全县耕地16.6万亩，人口19.49万人。县境内有区管的跃进渠、七星渠两大干渠，有县管支渠6条，全年引水量6.12亿 m^3。由于受青铜峡水库的顶托和跃进渠的严重渗漏影响，地下水位不断上升，土地盐渍化程度加重，全县中低产田面积约占耕地面积的40%左右。针对这个实际情况，中宁县坚持大搞农田水利基本建设，年年创新路，年年有进步。1990年被评为全区农村水利建设“六盘山”杯竞赛第一名。1990年全县粮食总产达1.1亿kg，比1989年增长10.9%，创历史最高水平，夺得了连续第五个丰收年。农村人均纯收入638元，比1989年增加了51元。农村水利建设工作出现了四个明显变化：一是生产条件明显改善。全县共完成清淤各类沟道2059条，新开各类沟道435条，新开渠道633条，修建生产道路1637条，完成各类配套建筑物6264座。二是地下水位明显降低。过去秋不能机翻，春不能种夏的低洼地段变为稻旱轮作的旱涝保收田。三是地貌明显改观。中宁县抓住农业综合开发项目建设机遇，以项目建设为龙头，大力推进农田水利基本建设、完成各类配套建筑物2952座，移动土石方638万 m^3，新开荒地10253亩，建设园田2.14万亩，实现沟渠路田林村庄综合治理，按两档、一沟的布局形成机耕条田，把园田建设与农田保护区结合起来，形成“田成方，林成网，配套齐全，排灌畅通”；四是形成了新的综合生产能力。中宁县多方筹集资金139万元，兴办水利事业，延伸了北滩渠口工程，解决了4个乡镇、6万亩地的淌水难问题，缓解了七星渠流域的灌水矛盾，扩大淤澄和改造面积2万余亩，改善灌溉面积4万亩。为了使开发改造区域形成综合生产能力，筹资40万元为乡镇农机站配置农机具40（台）件，在新开发地区新植林网树木150万株，发动农业科技人员承包中低产田改造1万余亩，为农业生产增加了后劲。

中宁县坚持大搞农村水利建设的主要做法是：

(1) 抓基础，力求上等级、上水平。中宁县委、县政府对抓好农村水利建设的认识是明确的。他们认为：要使农业上台阶，必须首先使农田水利基本建设上等级、上水平。1989年中宁被评为全国水利建设先进县后，不满足于现状，不断向农田水利建设的深度和广度上迈进，把农田水利建设由单纯地挖沟排水变为清淤开沟、开发、改造、利用同步进行；在新开发区的治理措施上由单一的改土治水变为水田林路村综合治理；在效益上注重经济效益与社会效益、生态效益并重；在工作的指导方法上，坚持整体规划，连片治理，讲求经济效益，在集中开发地区，划分为18个小区，提出“乡乡开发改造千亩田，县上办好十件事”。并将农村水利建设作为乡村干部为农民办实事、好事的重要方面。作为考察干部政绩的一项内容。其次，狠抓质量，开展“争先创优，争杯夺魁”的创十佳工程，十佳技术员，十佳管护员活动。在工程质量上，建立健全了质量保证机制。县乡村建立了三级施工专业队，工程任务分级包干，工程实行领导、技术员、施工员三结合的目标管理责任制，严格检查监督。建筑物和土方工程按百分考核计分，经运行后评比验收。并评选出十佳优秀工程，十佳技术员和管护员，使工程质量不断提高。再次，狠抓管理，发挥现有工程的效益。全县配备了200名水利工程管护员，实行专人管护和群众管护相结合，县政府制订了《农村水利工程管护暂行规定》，使水利工程设施的管护纳入了法制轨道。

(2) 抓投入，坚持多条腿走路。中宁县坚持自力更生办水利，坚持农民是投入主体。①建立了农业发展基金制度。收取土地承包费每亩不少于5元，乡镇企业职工交纳支农金每人每月3元，乡镇企业用以工补农的资金每年提取10%～15%，以及集体原有积累、耕地占用税及农林特产税留成部分。这些资金主要用于荒滩荒地的开发补助、农田水利工程配套、中低产田改造及其它农水建设的补助。②对各类农业专项资金实行统一筹集、集中管理使用。农、林、畜牧、水利等部门的专项资金，在不改变资金用途的前提下，集中投向，进行农村水利建设及农业开发的配套建设。1989年以来，全县用于农村水利建设的资金215.9万元，占县财政收入20%，农口各部门筹资75万元，共计投入资金290.9万元，解决了农村水利中群众反映强烈，要求迫切的10件实事。③鼓励农户联户、个体投资办水利。实行谁投资，谁受益的投入原则，鼓励和组织农户自筹资金搞开发，办水利。去秋以来农户联户办水利的达270户，投入资金27万元，开发荒地5400亩。与此同时，县政府还对集体新开发的地实行承包规模经营，每亩收取50—120元的承包费。对撂荒地收取误耕费。④建立和健全劳动积累工制度。实行"工票"结算制，计划、帐目、结算、奖罚均公开，工完帐清，结算兑现。对投入的每个工日确定实实在在的物化含量，任务完成验收后才计发工票；不出工者，由乡镇统一规定交款数额，以资代劳、按工交款。从而出现了"家家户户出工，男女老少投劳，争着要工"的局面。去年全县共投入劳动积累工221.23万个，劳均38个、完成土石方773.36万m^3。目前，中宁县农村水利建设一个良好的投入格局正在形成。

(3) 抓效益，在开发改造上做文章。中宁县抓住农业开发项目建设的契机，大力推进水利设施建设，在开发改造上做文章。去年全县开发荒地5.5万亩，改造低洼地3.72万亩，在荒滩荒山的开发利用上，坚持以改土为主，林草先行，走节水农业的路子，推行小畦灌溉面积达85%以上，开发土地利用率在99%以上，当年开发，当年利用，当年见效，农民从开发中得到了实惠。

(4) 抓典型，注重总结提高。中宁县在农村水利建设中年年创新路，年年有进步，很重要的一条就是他们善于抓典型注重总结提高。去秋今春，他们总结推广了余丁乡永兴村艰苦创业的精神；黄羊村卵石滩上造良田的精神；石空镇太平村整体规划，连片综合治理，分年实施的办法；枣园乡童庄村水田林路同步进行，生物措施和工程措施并举，治理沟道的经验；高山寺村水利工程建设讲质量，上水平的做法都有力地带动和引导农村水利建设向纵深发展。

在总结的基础上，县政府做出了《关于坚持不懈地大搞农田水利建设的决定》，印发了《中宁县农村水利建设六盘山杯竞赛活动的试行办法》，和《中宁县乡镇水利管理试行办法》等一系列制度和办法。在农村水利建设领导上，中宁县委、人大、政府、政协的领导同志坚持"计划一块定，决心一起下，领导分头抓，劲往一处使"，县乡村干部发扬"与群众一条心，一股劲，一身汗，一身泥"的精神，总结推广了干部包村包队包沟包路的责任制，每个领导干部都有自己的样板工程，"包住一条沟，蹲定一个点，做好一个样板"，为农民群众做出了样子，有力地促进了农田水利建设的开展。

(宁夏水利厅)

新疆维吾尔自治区

建设水利造福人民

1990年，在自治区党委和自治区人民政府的正确领导下，水利工作认真贯彻了中央十三届四中、五中、六中全会和自治区党委三届十四次、十五次全委(扩大)会议精神，贯彻以稳定为中心的指导方针，深入开展加强民族团结、维护祖国统一的思想教育，围绕稳定做好服务工作，在维护和发展自治区政治、经济大局中做出了应有的贡献。坚持"建设水利，造福人民"的根本指导思想，认真搞好水利行业的治理整顿和深化改革，在各级党政的重视、支持下，齐心协力，艰苦奋斗，克服困难，勤奋工作，为实现自治区国民经济长期持续、稳定、协调发展的治理整顿总目标，夺取农牧业第13个丰收年做出了积极的努力，取得了较好的成绩。

(1) 以节水抗旱农田水利基本建设为中心，为夺取农牧业第13个丰收年做出了积极的贡献。1990年自治区粮食总产676.89万t，增长8.6%，棉花46.88万t，增长59.1%，甜菜224.37万t，增长126.8%，牲畜年末存栏数3496.4万头，增长1.4%。农牧业大幅度增产丰收，风调雨顺的气候条件固然是一个重要因素，但根本原因还在于全区上下、各行各业认真贯彻执行党的农村政策，重视农业、支持农业、发展农业的结果。水利工作也做出了很大努力，水利职工付出了辛勤的劳动。

水利工作立足抗大旱夺丰收，年初开始就全力以赴抓紧节水抗旱，计算水土平衡帐，把工程性增水和管理性节水的具体措施分别落实到地、县、乡。各地普遍在春灌前完成了一批防渗渠道、机井、农田配套等抗旱水利工程，及时发挥了效益。灌溉管理工作，深入细致地贯彻"计划用水，定额供水，量水到户，按方收费"的水管方针。推行沟畦灌等常规节水灌溉技术，示范推广了膜上灌溉50万亩。再加上春季降水和河道水情都好于往年，春季总引用水量达到160亿m^3，灌溉9400万亩次，春季局部干旱得到了有效控制。全年供水444.08亿m^3，其中农业供水439.47亿m^3，工业供水2.73亿m^3，城镇生活供水1.88亿m^3。实际灌溉面积5411万亩，灌溉定额870 m^3/亩。防汛抗洪工作，重点抓了基础设施和通讯设施建设，目前已有7条主要河流完成了河道防洪规划，建成河道堤防229.64 km，其中永久性堤防86 km，基本完成了一级防洪通讯网络的建设。防洪抗旱的胜利，为夺取农业丰收创造了基本的水利条件。

农田水利基本建设热潮持续高涨，并向纵深发展。各地普遍加强了领导，群众积极性很高，规模大，投入多，效益显著。全年累计投工6240万工日，完成土石方1.39亿m^3。新建各级灌排渠道1.18万km，其中防渗渠2986 km。平整土地431万亩，新建灌区建筑物39559座，新打配套机电井1500眼。标准灌区配套111万亩。新开荒地61.8万亩，改造低产田117万亩，新增灌溉面积83.6万亩，改善灌溉面积396万亩。组织开展了第一届"天山杯"农田水利基本建设竞赛评比活动，评选出一等奖：玛纳斯县、呼图壁县、温宿县、巴楚县、吉木乃县；二等奖：库尔勒市、莎车县、霍城县、于田县、精河县、焉耆县；三等奖：疏勒县、伊宁县、乌苏县、和田市、麦盖提县、阿克苏市、塔城市、哈密市、乌鲁木齐县、库车县、阿勒泰市、吐鲁番市、乌恰县。自治区领导为获奖县（市）颁奖、表彰。有力地促进了农田水利基本建设健康发展。

牧区水利在抓好几个重点工程建设的同时，着重制订了无水缺水草场的人畜饮水规划，陆续完成了哈密、克州、和田、博州、吐鲁番、昌吉、乌鲁木齐等7个地州市的规划报告。继续进行适合牧区特点的人畜饮水、灌溉示范工程建设，特别是在有条件的地方用坎儿井的工程形式解决牧区饮水和部分灌溉问题，取得可喜成果，深受牧民欢迎。

(2) 严格控制基建规模，集中力量保重点工程。水利水电基本建设施工120项，投产44项，完成投资额16504万元，新增固定资产9920万元。"七五"重点工程克孜尔水库9月2日截流胜利成功，水库主体建设进入施工高峰阶段。这是克孜尔水库自1985年开工以来，在中央和自治区的关怀支持下，广大建设者以高度的责任心，顶酷暑，冒严寒，解决一系列复杂的地质问题，克服重重困难，取得的重大成绩。1990年建成投产和基本完工的骨干工程项目还有额敏阿克苏水库、库尔勒孔雀河第三分水枢纽、吉木乃哈拉霍英水库、新源巩乃斯北干渠、和田玉龙喀什河渠首、和田四级电站、叶河东岸总干渠、岳普湖合理闸等8项，这些工程的建成，可新增控制有效灌溉面积5.1万亩，新增库容7000万m^3，改善灌溉面积164万亩，新增水电装机6400 kW。

(3) 重视和加强了前期规划工作。加强水利宏观控制和管理，把水利建设的速度、规模、措施、结构建立在实事求是和科学的规划基础上，这是保证水利建设健康发展的关键内容。对此，充分重视和加强了水利规划等前期工作。在各地农业开发规划的基础上，编制完成了《自治区农业综合开发区水利规划报告》，为国家和自治区安排90年代农业重点开发区的建设提供了决策依据；三条国际河流的流域规划要点报告、塔里木河轮廓规划报告通过了自治区和水利部的审查，为合理开发利用和保护流域水土资源、对外谈判都提供了科学、可靠的依据；按照自治区的总体要求，组织调查研究，提出了《新疆水利建设"八五"计划思路及十年规划设想》，为下一步编制"八五"计划做准备；引进世界银行贷款项目《塔里木农业灌溉排水及环境保护第一期工程》通过了世行专家的终评估，进入签约前准备阶段。世行贷款的《农村供水环境与卫生项目》也完成了可行性研究报告，通过了国内外专家的评审；还组织力量编制完成了机井、农村改水等专业规划的初稿。重点工程前期工作，主要围绕"八五"期间接替克孜尔水库工程的项目，进行踏勘、选点、方案比较和可行性分析研究，初步确定重点开展和田乌鲁瓦提水利枢纽的前期工作。

(4) 加强了水政建设及水资源管理。保障水法的贯彻实施，必须加强水政机构和水政监察、水利执法队伍的建设。经自治区批准，水利厅组建了水政水资源处，许多地县也成立了相应的水政机构，配备人员上岗工作。吐鲁番市、昌吉市、和硕县、博河管理处等30个单位按水利部和厅里的统一安排，进行了水利执法体系建设的试点，通过培训，正式发证上岗的水政监察员达到341人。积极进行配套水法规的起草报审工作。处理了一批水事违法案件和水事纠纷。加强水资源统一管理和保护，逐步理顺关系，经自治区批准，组建阿拉沟水管站、喀什噶尔河流域管理处和塔里木河流域管理局。

(5) 其他各项工作也都取得了显著成效。水电工作认真贯彻中央"自建、自管、自用"、"以电养电"等发展水电的方针政策，调动多层次、多渠道办电的积极性。加强电站、电网管理和技术改造，提高效益。小水电在建规模达6.8万kW，1990年投产容量9360 kW。水电年发电量13.5亿kW·h，比上年增长8%。

农村改水防病工作，截止到12月底，全区已竣工投产改水工程95项，深井手动泵400台，浅井手动泵1万台，完成国家投资2400万元，群众集资投劳1100万元。解决了75万农村人口和150万头牲畜的饮水问题。

水产工作，克服了市场疲软、饲料涨价等多方面的困难，稳定和完善多种形式的承包责任制，加强渔政管理和科技兴渔工作，继续保持了稳定增长的发展势头。全区水产品总产量达到23000 t，超过年度计划指标的4.5%，比上年增长12%。

科技兴水工作，重点抓了节水灌溉技术的推广应用，改造盐碱低产田、水土开发、水库除险加固、鱼种繁育等生产应用技术的研究推广。试制了梯形断面点播铺膜机，解决推广膜上灌溉的重点技术问题。应用XD—103复合柔毡新材料做水库库盘防渗处理，并在吉木萨尔县贡拜沟水库试用成功，对全疆许多漏库的处理都有一定的指导意义。

关心和重视教育工作，发展成人教育和在职人员的岗位培训，大力培养少数民族水利技术干部。全年水利系统招收各类大中专生580人，短期技术培训334人。

1990年水利工作存在的主要问题是：在贯彻水法，转变职能，加强水政建设方面，还待进一步努力。水政机构的编制、工作经费尚未解决，严格影响了工作的开展。管理工作薄弱是新疆水利工作长期存在的问题，目前比较突出的是农村小型水利工程和人畜饮水工程的维护、管理亟待进一步加强。水利投入严重不足，水利水电前期工作经费短缺，造成前期工作滞后，直接影响"八五"重点骨干工程建设的科学决策。农田水利基本建设总的趋势是好的，但也有少数县、乡对水利在发展农牧业生产中的基础地位认识不足，发动群众不力，效益不高。基层技术力量薄弱，缺少必要的仪器设备。

（维吾尔·米努甫）

哈密水利展新貌

哈密市位于新疆维吾尔自治区东部，是新疆通往内地的门户，素以盛产品质纯优的哈密瓜、大枣和大麦而享誉中外。全市总面积85047 km²，现有耕地20.5万亩，灌溉面积28.4万亩，总人口28.92万人，其中农业人口9万。哈密盆地是典型的内陆干旱气候区，夏季高温少雨，冬季寒冷干燥，春季冷暖多变。年平均降水量只有33.9 mm，年蒸发量高达3100 mm。年最高气温43.9℃，最低气温−32℃。昼夜温差大，光照时间长，特别有利于农作物的生长发育。"荒漠绿洲，灌溉农业"是其主要特征。

哈密市地表水年迳流4.7亿m³，20余条间歇性小河沟，来水主要靠天山山区降水及冰雪消融补给。地表水年际变化不大，但年内季节差异很大，春旱缺水是制约农牧业发展的重要因素。平原区地下水较为丰富，可开采量达5.75亿m³，目前年引用地表水1.1亿m³，开采地下水1.2亿m³。

哈密，历史上是古丝绸之路的要道，亦是屯垦驻兵的重镇。建国以后，针对干旱缺水的主要矛盾，在党和政府的领导下，哈密各族人民自力更生、艰苦奋斗，长期不懈地进行水利建设，取得巨大成就。全市兴建水库13座，总库容3160万m³，其中石城子水库坝高78 m，为新疆目前最高的水库大坝。修建各级灌排渠道1752 km，已防渗760 km，基本形成了完整的灌排渠系。各类机电井1023眼，配套完好井837眼。架设35 kV输电线路54.9 km，10 kV线路454.6 km。建成变电所3座，总容量10300 kVA。农村小水电站8座，装机814 kW。全市累计投入水利水电建设资金5200多万元，形成水利固定资产4420万元。

1990年，哈密水利工作认真贯彻治理整顿、深化改革的方针，在市委、市政府的领导下，强化水利的基础产业地位，紧紧围绕防洪抗旱，狠抓农田水利基本建设，加强农电及工程管理，发展水利综合经营事业，水利建设和管理逐步进入标准化、规范化、工程化的新阶段。这一年，全市投入农田水利基本建设30.75万劳动积累工天，最高日出工人数1.5万人，群众集资83.8万元，地方财力投入12.5万元，国家补助148.5万元。完成土石方25万m³，平整土地3.64万亩，建成防渗渠道15.4 km，配套机井33眼，架设农电线路 22.55 km，渠系建筑物 62 座，铺设人畜饮水管道 15 km，灌溉低压输水管道 9.68 km，改造坎儿井 7 条，4 座重点病险库完成加固任务摘帽脱险。开荒造田 6500 亩，改造低产田 8000 亩，新增灌溉面积 5000 亩，改善灌溉面积 2.3 万亩，解决了牧区 1500 人、3 万头牲畜的饮水难问题。在自治区农田水利建设“天山杯”竞赛中荣获三等奖。水利建设为农牧业生产创造了良好的发展条件，全市粮食总产达到 4751.85 万 kg，平均单产 250 kg，棉花总产 39.9 万 kg，牲畜年末存栏数达到 34.46 万头，农业总产值 4173 万元，农民人均收入达到 1094.84 元，登上了一个新的台阶。

哈密市南湖防病改水工程，是列入自治区基建计划的重点项目，解决南湖乡各族群众长期饮用高氟水的问题。工程计划总投资 155.8 万元，1990 年 9 月 18 日一期工程竣工通水。建成深井取水水厂，内设 500 m^3 调节池及附属房舍，铺设输水主干管道 18.7 km，配水管道 16.8 km，一座 100 m^3 降压调节池。整个供水系统分 16 个供水区，50 个供水点，总供水规模可到 9697 人，南湖乡各族群众从此有了清凉甘甜、完全符合饮用水标准的卫生水，结束了吃水难、水质差的历史。

（周小兵）

1990 年新疆生产建设兵团水利建设概况

1990 年新疆生产建设兵团积极响应国务院发出的大搞农田水利建设的号召，从 1989 年冬开始掀起了多年未有的声势浩大的农田水利基本建设高潮，取得了显著成效。1989 年 9 月份兵团召开了各师（局）长参加的紧急会议，动员布置了国务院的指示，号召在全兵团立即掀起一个冬春大搞农田水利建设高潮，变冬闲为冬忙。兵团决定拿出 1500 万元资金，各师（局）、团自筹 2386 万元，合计 3886 万元的资金投入到冬春水利建设中去。为加强领导，兵团和各农业师（局）都成立了以主要领导为总指挥，水利、计财、农业、物资、工交、宣传、工会等部门参加的农田水利建设指挥部。自 1989 年入冬开始至 1990 年 4 月共完成冬春水利建设投入 3318 万元，完成了水库加固工程 8 座，新打灌溉井 259 眼，配套机井 275 眼，渠道防渗 226 km，喷灌建设 4.8 万亩。除此之外还完成灌溉工程的维修折合投入 7516 万元，清淤渠道 20826 km，维修机井 1152 眼。维修建筑物 3940 座，完成总土方量 3805 万 m^3，总投入劳动工日 563 万个。

1990 年继冬春水利建设的高潮，全年又安排了水利建设各项资金 9530 万元（其中国家基建拨改贷 1380 万元，小型水利补助费 2015 万元，农业开发基金 1500 万元，外资 1175.5 万元，银行贷款 200 万元，中灌公司贴息贷款 350 万元，扭亏措施费 1070.5 万元，师、团自筹 1839 万元），到年底完成总投资 8098.45 万元，为计划的 85%。完成的主要工程有：新打井 132 眼，渠道防渗 433.6 km，水工建筑物 696 座，修建灌溉渠道 69 km，排水渠 434.6 km，新建喷灌工程 12870 亩，完成总土方量 3471 万 m^3，混凝土 20 万 m^3。

1990 年 8 月兵团召开了农田水利建设现场会，总结了 1989 年入冬以来大搞农田水利的经验，评选出农一、八、九 3 个农业师和 13 个农业团场为先进单位，并进行了表彰。同时提前布置了 1990 年冬季农田水利建设任务。

总结一年来的农田水利建设的经验，主要特点是：各级领导重视，群众发动起来了。这是多年来前所未有的。几年来，由于土地承包到户，干部和职工的关系是经济关系，让职工干活就得拿钱，没有钱什么也干不成。在国家投资少的情况下，农田水利建设处于冷冷清清的局面，漫长的冬季，工人闲着没事干，也没人去组织。中央的号召给大家送来了政策和自力更生的精神，干部、群众行动起来变成了强大的物资力量。形成了有人出人，有钱出钱，有物出物大搞农田水利的热潮。如农七师从师长到工人共捐现金 300 多万元投放于农田水利建设。全兵团 1990 年没有列入计划而完成的农田水利建设工程量就有 4945 万元，其中除有 195.7 万元为银行贷款外，其余多为农场劳务投入和农场集体、干部、职工个人的自筹，等于计划内完成投入的 61%。

（颜承渠）

台湾省

台湾水利事业概况

一、概况

(1)台湾省于1989年11月举行全省水利会议，根据全省经济发展及人口增长情况，研究水利事业的对策。会议提出了对今后水利发展的建议事项，较重要的有：

1）定期检查修正各水资源区的长期水量供需计划，注意地表水及地下水源的经济有效利用；

2）重要水源区域的水质保护及水库富营养化改善，应由环保部门督促用水单位尽快处理；

3）实行促进节约用水的策略及方案，加强水源调配措施；

4）加强水资源经济利用的研究；

5）加强对地下水的管理，地下水超抽地区，应考虑农业政策，调整耕作制度，重新分配水资源；

6）以流域为单元，统筹规划水灾防护事业，加速在各重要流域建立预报警报系统；

7）大型水利工程计划，应有移民安置措施。

(2）一年来，台湾省区域水资源规划工作继续进行，以2001年用水需要为目标，进行现状用水调查分析，收集有关重要经济资料，推估未来用水量，修正区域水资源规划报告。台湾省水资源统一规划委员会负责全省水资源利用和综合开发规划工作。该委员会为掌握各地区用水情况及蓄水设施的水源情况，根据各水资源区域的年度用水报告，汇编各地区的用水估计报告，供各区域水资源规划研究的参考。

根据水资源统一规划委员会1986年的统计资料，全省总用水量184亿m³，其中引用河川水量114亿m³，抽地下水41亿m³，水库供水29亿m³。根据目前用水量增长情况，按年平均增长率1.1%估计未来用水量，至1991年和2001年，年用水量分别将为192亿m³和208亿m³，平均每年增加1.6亿m³。

台湾省请荷兰台尔夫特水力学研究所合作研究制定台湾地区水资源经理纲领计划的工作正在进行。此项工作是从1984年开始的。其方法是以区域为整体，利用数学模型进行系统研究，建立经济合理的用水供需模型，作为未来水资源有效分配的标准。5年来，已完成南部区域的高屏溪流域的研究，继续进行北部、中部及东部三个区域的研究，然后制定全省水资源经理纲要计划。

台湾省的河川水和地下水的利用已经达到饱和状态，今后水源开发主要依赖水库建设。目前水库总库容为19.6亿m³，已不敷今后使用。配合区域水资源规划，正在进行新建水库的规划工作。在大型水库方面，南部区域高屏溪流域条件较优越的美浓水库的可行性计划已于1990年完成。此项工程将在本世纪内建成，为南部区域提供长期用水。北部区域，针对石门水库水源今后不能满足长期供水要求，从1990年开始，对淡水河流域上条件较好的坪林水库进行可行性计划研究，为期3年。该水库将解决台北、桃园两县的长期用水。中部区域，已完成国姓水库的可行性计划和建民水库的初步规划。另外，浊水溪的集集引水计划也已完成规划，该项计划供云林地区的近期用水需要。一些中型水库的规划工作也已经完成或正在进行中。

(3）台湾省针对稻米供应过剩情况，1984年制定了稻田转作6年计划，每年将一部分稻田改种旱作物，以维持产销平衡。当局对于实行稻田转作的农户给予一定补贴。此项计划已于1989年完成。1990年起开始实行新的稻田转作6年计划。1990年度（1989年7月至1990年6月）稻田转作计划总预算约2亿台元，稻米种植面积50万ha，生产量190万t，转作面积16万ha。

鉴于今后水源供应紧张，台湾省水利部门将稻田转作及发展旱作灌溉作为调整农业用水的重要措施，推广采用喷灌、低压管道灌溉等旱作灌溉技术。1990年召开了多次旱作灌溉技术讨论会。继续实施“旱作管路灌溉示范推广计划”，此项计划自1983年实行，至1989年完成管道灌溉面积1560ha，计农户3800多户。台湾省今后新发展的耕地大多是山坡地，适合发展旱作灌溉。预计1991年旱作灌溉面积将达到39万公顷(包括复种面积)，2000年达到78万公顷。

1990年台湾省农田水利设施更新改善的经费为8.3亿台元。此项经费是从1984年开始的，近两年经费逐有增加，1988年为3.5亿台元，1989年为6.8亿台元。农田水利设施更新改善以大型灌溉工程为主。1990年正在实施和研究更新改善的大型灌溉工程有：

乌山头水库取水设施，池上圳沉沙池，关山大圳进水口沉沙池，卑南上圳进水口，曹公圳进水口，浊干线进水口，能高大圳进水口。

在农田排水方面，1986年制定的区域排水6年计划继续实施中。该项计划将整修全省排水道1187 km，总投资58亿台元。至1989年6月已完成58.2%。1989年度完成排水路85 km，建筑物290座，改善遇雨经常淹水2日以上的地区6000 km^2。

台湾省灌溉排水费用征收是以农民向地方农田水利会缴纳会费的形式体现的。会费包括：①一般会费，大致按每公顷稻谷300～20 kg范围折成现金征收，用于灌区干支渠维修费用；②抽水费；③增加水量费用，依所需管理费用，按受益程度征收；④工程费；⑤水利小组费，用于斗门以下田间渠系维修。鉴于普遍反映地方农田水利会经费不足，并要求减轻农民负担，台湾省当局从1990年起，对农田水利会费中的一般会费和抽水费，补贴70%，农田水利会向农户征收其余的30%。工程费由当局全部补贴。

(4) 截止1990年3月底统计，台湾省水力发电总装机容量256.3万kW，约占电力总容量的15%。常规水电厂35座，装机容量156.3万kW；抽水蓄能电厂1座（明湖），装机容量100万kW。在常规水电站中，水库式10座，总容量124.8万kW；调节池式4座，总容量18.5万kW；径流式21座，总容量13万kW。1986年在台中地区后里圳建成一座示范小水电站，利用跌水落差，水头3.6 m，安装一台110 kW贯流式机组，年计划发电量62万kW·h。

1989年常规水电站总发电量67亿kW·h。明湖抽水蓄能电站发电量18亿kW·h，抽水蓄能22亿kW·h，综合效率80%。

施工中的水电站，明潭抽水蓄能电站（160万kW）至1990年3月，已完成工程量43%，预计1993年9月建成。还有大甲溪上的新天轮水电站（10.55万kW）和马鞍电站（13.55万kW）。

台湾省正在重新调查评估河川的水能资源。至1989年底，已完成24条主、次河流的水能普查，完成进度80%。据普查结果，该24条河流的理论水能资源1126.4万kW，技术上可行的常规水电站址尚有180处，可开发容量342.7万kW，抽水蓄能电站址14处，容量计1330万kW（不包括明湖电站容量）。

(5) 台湾省环保部门定期对21条主要河流和27条次要河流进行水质监测，以溶解氧、生化需氧量、悬浮固体和氨氮四项水质参数评估污染程序。据1988年调查资料，有14条主要河流和15条次要河流受到不同程度的污染。污染严重的4条河流是淡水河、北港溪、盐水溪和二仁溪。按河流长度计，主要河流的31.4%和次要河流的31.5%受到污染，主要河流的12.6%和次要河流的10.8%受到严重污染。

1988年对21座主要水库的污染调查，以富营养化程度为指标，水库水质清洁者6座，水质尚可者7座，水质较差应予注意者3座，水质受污染应立即防治者5座。

正在进行的水污染防治措施，主要有：①继续推动淡水河系整治计划，已完成二仁溪、基隆河的污染整治规划；②重要公民营事业水污染改善计划，对造成污染的公民营事业单位，逐个要求采取改善措施。

二、工程项目介绍

1. *牡丹水库（原名四重溪水库）*　台湾省14项重要建设计划中的水资源开发工程之一，已于1990年11月正式开工，供台湾南部地区的用水。水库位于南部屏东县四重溪上，集水面积69 km^2，水库有效库容2978.5万 km^2，年供水量3709万 m^3。主要工程项目包括：①土石坝高65 m，坝体方量224万 m^3；②溢洪道设计泄量3710 m^3/s；③钢筋混凝土泄洪隧洞，直径10 m，设计泄量1020 m^3/s；④取水口一座。下游配套有公共供水设施和灌溉系统。工程计划于1994年底完工，工程费78亿台元。

2. *乌山头水库取水口更新改造工程*　该水库已运行60年，土坝高56 m，库容1.43亿 m^3，承担台湾南部地区工农业用水。水库取水口输水钢管经放射性同位素和超声波检测，内壁腐蚀严重。改建后的取水口为倾斜式钢筋混凝土结构，长30 m，宽20 m，高31 m。圆形输水隧洞直径4.1 m，长502 m，设计输水流量68 m^3/s（最大89.8 m^3/s）。配置半地下水钢筋混凝土结构配水站。工程于1989年12月开工，计划1991年10月完工，工程费用约5亿台元。

3. *台北地区防洪后续计划*　该计划是台北地区防洪计划的第三期工程，1990年开始实施。淡水河流经台湾北部和台北市，流域面积2726 km^2，台风和水灾频繁。台北地区防洪计划以防御200年一遇的洪水为目标，工程包括堤防、分洪道、排水闸、河道整治等。初期工程于1985年完成，在台北市以南开辟二重疏洪道，长7.7 km，宽450 m，可分洪9200 m^3/s，削减台北市淡水河的洪水。第二期工程1988年完成，使台北市区及周围三重、芦洲地区达到防御标准（淡水河200年一遇洪峰流量23500 m^3/s，经分洪后通过台北桥下流量为14300 m^3/s。第三期工程包括堤防、河道整治等后续工程，计划1996年完成。

4. *大里溪整治计划*　大里溪水系流经台中市近郊，流域范围包括台中市和台中县，面积6000公顷，人口150万。1988年和1989年水灾和台风，均造成重大灾害。对大里溪的治理于1989年10月开工。工程包括：建堤防74 km，加固加高老堤防16 km，支流改道2处，2.5 km，下游河道整治13 km，并配合进行市区排水改善等。工程计划于1997年完工，工程费246.6亿台元。

5.高雄市中洲污水处理厂　处理高雄地区的城镇污水。设计最终容量为每日100万 m^3 的污水量（高峰时126.7万 m^3），分期进行建设。1987年完成第一期工程，达到日处理污水量40万 m^3。目前正在进行的第二期工程，使日处理污水量提高到50万 m^3。第三期工程将根据高雄市未来发展情况再建。

目前采用一级处理方法。工艺流程是：污水从地下25 m深处的城市污水管道流入处理厂的进水抽水站，被泵送至地面上的前处理设施，经拦污、沉沙等过程后流入沉淀池。污水中固体物质沉淀于池底，流出的水经氯接触池加氯杀菌后，水泵加压，由海洋放流管末段的扩散孔放流海中，借海中的稀释能力，完成最终处理。沉淀池底的污泥，经浓缩、厌氧消化、脱水后，掩埋处理。污水处理过程中排出的污水送回污水处理系统中再处理。污泥厌氧消化过程中产生的可燃性甲烷气，回收利用，充当蒸汽锅炉燃料。锅炉产生的水蒸气，注入消化槽中，加热污泥，使维持最适宜的消化温度。

（谈国良）

专　　论

Special Papers

专　　论

简述水利十年规划和"八五"计划

赵广和　李元江

1990年是中国第7个五年计划的最后一年，是实现国民经济发展"七五"计划目标的关键一年，也是贯彻党的十三届五中全会精神，制定国民经济和社会发展十年规划和"八五"计划，勾绘90年代宏伟的建设蓝图的一年。根据国务院部署和要求，水利部集中力量按照国民经济发展要求，对水利的现状及存在问题进行分析，研究制订水利发展规划和计划。1990年6月11日计划司以计规(1990)49号向国家计委报送了《水利"八五"计划和十年规划设想》(初稿)。后经多次修改，于1990年8月又提出了《水利"八五"计划和十年规划设想纲要》。

一、编制过程

1990年2月8日国务院召开各部委负责人会议，布置各部门制定"八五"计划和十年规划工作，提出了国家计委编写的《关于制定"八五"计划和十年规划设想工作的安排意见》，主要内容为：

1. 拟定"八五"计划和十年规划需要遵循的主要方针

(1) 充分体现治理整顿的要求，把实现党的十三届五中全会提出的治理整顿目标作为"八五"计划的第一任务。

(2) 按照到本世纪末实现国民生产总值第二个翻一番，人民生活达到小康水平的战略目标，规划"八五"以至整个90年代的经济发展。

(3) 实现国民经济的长期持续、协调、稳定发展，防止再次出现大的波折。

(4) 把提高经济效益放在首位，逐步实现由速度型向效益型、由物质投入主导型向科技进步主导型转变。

(5) 把发展与改革密切结合起来，按照计划经济与市场调节相结合的原则，逐步建立起既有活力又具有强有力宏观调控体系的新型的社会主义经济体制。

2. 经济发展中需要研究和解决的一些重大课题

(1)保证农业生产有一个新的突破，粮食产量"八五"期间上一个新的台阶，"九五"再上一个台阶。1995年粮食产量达到4500亿kg，人均产量375多kg；2000年粮食产量达到5000亿kg。同时，保证棉花稳定增产。

(2) 加强能源、交通和重要原材料工业的发展，同时大幅度降低能源和原材料消耗，改变企业停三开四的局面。

(3) 采取有效措施解决一些地区和城市水资源不足问题。

(4) 对加工工业进行有效改组，推进企业组织结构的合理调整。

(5) 建设一些大的项目，做到按照合理工期组织建设，并保证建成后能形成综合生产能力，尽快发挥作用。

(6) 解决企业折旧率低、吃老本、流动资金过于依赖银行的状况。

(7) 对已取得的科技成果予以推广，对一些关系重大的科技课题，集中必要的力量进行攻关。

(8) 正确安排积累与消费的关系，既保证国家重点建设的进行，保持经济发展的后劲，又要使人民生活得到切实改善。

3. 深化改革中面临的一些重要课题

如：企业改革、财政体制改革、金融体制改革、外贸、外汇体制改革、价格改革。

4. 测算"八五"计划的一些依据

(1) 经济增长率。"八五"以至"九五"期间，工业总产值平均每年增长速度按6%—7%，农业总产值平均每年增长速度按3.5%—4%，国民生产总值平均每年增长速度按5%—6%考虑。

(2)"八五"期间每年的全民所有制固定资产投资规模，按1990年计划水平测算。

(3) 考虑全国零售物价上涨幅度，研究农产品和基础产品的价格调整方案。

(4) 积极利用国外资金，进出口贸易要适当增长。

5. 工作方法和进度要求

(1) 从实际出发，首先把现状弄清楚，把发展的趋势议透，这样才能正确地提出计划的任务和有效的政策与措施。

(2) 先从基本轮廓议起，画出粗线条，然后经过几轮讨论，逐步充实和完善。

(3)"八五"计划和十年规划，要联系起来搞，由近及远与由远及近相结合。重点是拟定“八五”计划，十年规划搞一个大的轮廓和思路。

(4) 动员社会各方面的力量，集思广益，提高计划的民主化和科学化水平，广泛征求专家、学者的意见。

在工作进度上，1990年5月各部门、各地区提出“八五”计划和十年规划的基本思路和计划要点的建议，6、7月份由国家计委进行汇总和平衡，提出全国的计划要点。

水利部领导对编制“八五”计划和十年规划十分重视。2月10日，侯捷副部长主持召开了部务扩大会议，张春园副部长传达了国家计委关于“八五”计划和十年规划设想工作安排意见，以及国务院有关领导对规划设想的意见，并就水利部如何制定水利“八五”计划和十年规划设想进行了专门研究，作出了具体安排：

(1) 成立了由杨振怀部长、张春园副部长、何璟总工程师、徐乾清副总工程师、计划司赵广和副司长及水利水电规划设计总院朱承中副院长组成的水利部规划领导小组，同时也成立了规划编写工作组，由赵广和和曾肇京担任组长，成员有徐世钧、杨继孚、晏祖寿及黄永基等同志；此外，还聘请了姚榜义、刘善建、何孝俅、吴以鳌、陈志恺等同志为编写工作组的顾问；各司、局成立规划小组，负责专题规划编写。

(2) 具体分工：专业规划由部内业务司局负责；调水工程由南水北调办公室负责；三峡工程由三峡办公室和三峡总公司负责；全面分析研究，编写总报告由计划司负责。为了使规划集思广益，发扬民主、尊重科学，由中国水利学会负责组织专家对“八五”计划和十年规划进行研究评议。

(3) 时间要求：各司局专业规划3月20日前提出成果交编写工作组，编写工作组4月10日提出水利“八五”计划和十年规划初稿，部规划领导小组组织讨论，5月下旬报国家计委。

编写工作组于2月中旬拟出了关于编制水利“八五”计划和十年规划框架设想，2月下旬，张副部长召开会议，对草拟的“框架设想”进行了讨论。并研究确定了编写框架。

编写工作组在各有关司局及各省、自治区、直辖市提出的规划基础上，于3月20日完成了《水利“八五”计划和十年规划》(草稿)。通过各种形式广泛征求意见。又进行了补充修改，于4月10日提出了《水利“八五”计划和十年规划设想》(讨论稿)。5月底完成了《水利“八五”计划和十年规划》(初稿)，6月11日，计划司以计规(1990)49号文报送国家计委。8月底又向国家计委报送了《水利“八五”计划和十年规划设想纲要》。

编制水利“八五”计划和十年规划过程中，4月11日，杨振怀部长等部领导到国家计委，向国务委员兼国家计委主任邹家华汇报水利“八五”计划和十年规划设想，一些专家及计委有关司局的同志参加了会议，邹家华主任对设想讨论稿的大格局基本上是满意的。

4月17日，水利学会组织一些老专家、老领导对“设想讨论稿”进行了研究、讨论。会议由张春园副部长和何璟总工程师主持，参加会议的有：冯寅、崔宗培、孙辅世、李伟质、李鄂鼎、刘德润、姚榜义、郑泽民、张英、朱树人、朱承中、陈兴潮等同志。

5月5～14日，赵广和及徐世钧参加了由国家计委在西安召开的各省市区计委“关于农业‘八五’计划和十年规划座谈会”，并在会上介绍了水利发展规划。8月份在山东烟台农业部召开的《农业“八五”计划和十年规划》全国农业厅局长会议上，赵广和介绍了《水利“八五”计划和十年规划设想》。

二、水利十年规划和“八五”计划要点

(一) 指导思想

(1)水利要为国民经济和社会发展提供全面服务，适应国民经济持续、稳定、协调发展要求，为实现国民生产总值到本世纪末第二个翻番及人民生活达到小康水平的战略目标创造条件，并为下一世纪继续发展打下基础。

(2) 增加水利投入，争取在水利建设方面办成一些大事。加强大江大河大湖治理，缓解北方水资源矛盾，巩固和完善灌溉工程，努力扩大灌溉面积。

(3)除害与兴利相结合，综合利用水资源。重视防洪、灌溉、除涝、水电、供水、水运、水产等多目标开发建设和协调发展。同时要十分注意保护和改善生态环境。

(4) 深化改革，贯彻水法，依法治水，加强水政、水资源统一管理，把深化水利改革贯彻到水利工作的各个环节，改善水利经济运行机制，提高经营管理水平，逐步建立以流域为单位的滚动开发机制，发展具有活力的水利经济实体。

(5) 科技兴水。加强水利科研、教育工作以及水文、勘测设计等基础工作，不断提高水利干部职工科学技术和业务水平。

(6) 走自力更生、艰苦创业，大家办水利的道路。水利事业的发展，不仅关系到农业，而且关系到工业和人民生活，要坚持不懈地实行中央、地方和群众一起办水利的方针，并贯彻谁受益、谁负担的原则。

(二) 规划目标

(1) 巩固现有工程设施，加强管理维修，加速更新改造，完善水政建设，防止人为破坏，进一步扭转

工程设施效益下降的趋势，使现有工程设施和水域充分发挥作用。

(2) 加强大江大河大湖的治理，提高防洪能力，防止特大洪水打乱国家社会稳定和经济发展部署。重点提高黄河下游和长江中下游的防洪标准。

“八五”期间进一步巩固大江大河和重要湖泊现有防洪标准，适当提高部分重要河段、重要城市的防洪标准；在利用行蓄洪区情况下，再遇到建国40年发生过的大洪水，做到重要堤段不决口，减少损失。“九五”期间遇本世纪内发生过的最大洪水，力争有计划地分洪蓄洪，尽量缩小受灾范围。进行海堤加固和中小河流治理，减少风暴潮和山区洪水灾害损失。

(3) 扩大灌溉面积，发展农田灌排，改造中低产田，在积极巩固、改造已有灌溉排水设施的前提下，“八五”期间计划净增灌溉面积3000万亩左右，达到7.5亿亩，排涝面积增加2000万亩；“九五”净增灌溉面积5000万亩，达到8亿亩，排涝面积增加2000万亩；10年治理渍害田5000万亩，治理盐碱地3000万亩，为2000年粮食总产达5000亿kg提供重要条件。

(4) 缓解水资源紧缺状况。10年内逐步解决北方和沿海主要城市供水水源，基本解决人畜饮水困难，积极改善乡镇农村的供水条件，促进乡镇企业的发展，提高人民生活水平，并为开荒、滩涂开发及牧区提供必要的水源。

(5) 充分发挥我国水电优势，结合江河开发治理，积极建设综合利用的大中型水利枢纽，发展农村水电，10年内共增加装机1500万kW，连同现有1500万kW，本世纪末水利部门管理的水电站合计装机达到3000万kW。建设初级电气化县：“八五”期200个县，“九五”期300个县，连同“七五”已建成的100个县，本世纪末初级电气化县达到600个。

(6) 防治水土流失和保护水源。以预防、保护为主，“八五”、“九五”各增加治理水土流失面积10万km^2，初步治理面积达到75万km^2。主要城市的水库和河段的供水水源水质达到地面水标准。

(三) 总体布局

水利是农业的命脉，也是整个国民经济的命脉。水利建设的布局应服从国家整个经济的战略布局，根据国家计委编制的《全国国土总体规划纲要》，2000年前后，我国生产力布局以沿海、沿长江、沿黄河为主轴线，结合陇海、兰新、珠江、京广、浙赣——湘黔、哈大等二级轴线，构成我国国土开发和建设总体布局的基本框架。全国水利规划中的东线、中线南水北调工程形成我国两条供水、灌排兼有航运任务的南北大动脉，和湘桂、赣粤运河相互结合，与黄河、长江形成“井”字型态势，是今后水利重点开发的四条主要轴线，可以适应我国生产力布局的总体安排，对于开发西北、西南，为北方提供水源，促进北方经济发展和南北交流具有重要意义。

今后10年，水利建设将以南水北调跨流域调水工程、小浪底水利枢纽和三峡水利枢纽等三项重点工程为核心，相应积极兴建一批防洪、蓄水、引水重点工程建设，以加强水利基础产业和基础设施。

(四) 防洪及江河治理

防洪的核心问题是保障中国大江大河中下游广大平原地区的安全，为社会经济发展创造安全稳定的条件。

1. 长江

长江防洪重点在中下游。按1980年防洪座谈会要求，重点加高加固荆江大堤、同马、无为、黄广、松滋老城、南线、武汉、九江、安庆、南京、芜湖、上海等堤防，开发荆江河段和中下游重要节点的河势控制工程，进行荆江分洪区、洞庭湖、洪湖、武汉附近、华阳河、鄱阳湖等蓄滞洪区建设。经过10年建设，尚未达到上述要求，“八五”期间需继续努力实现。同时，要加强上游山丘区水土保持，河湖治理要结合血防灭螺。“八五”期间要抓紧进行三峡水利枢纽前期准备工作，争取建设立项。

主要支流在继续加固加高堤防的基础上，兴建港口湾、紫坪铺、江垭（或皂市）、大桥等控制性水利枢纽，进一步控制洪水并综合开发利用水资源。

太湖流域完成上海市防洪墙，开通太浦河、望虞河，续建南排工程，扩大太湖泄洪排涝能力。

2. 黄河

黄河防洪重点在下游。要加速中游水土保持，减少下泄泥沙；继续加高加固黄河下游大堤，整修险工，整治河道，重点整治郑州到高村间游荡性河道；整治河口，结合开发利用河口三角洲水土资源；进行滩区、东平湖、三门峡库区安全建设；完成故县水库和三门峡水库改建工程。“八五”期间开始兴建小浪底水利枢纽，2000年前基本建成，提高下游防洪标准和减淤效果。

3. 淮河

淮河中下游按防御1954年型洪水标准，培修加固淮北大堤、洪泽湖大堤等重点堤防；进行蚌埠、淮南重点城市防洪建设；清除河道行洪障碍，增大河道泄量；扩大上中游排洪通道；完成城西湖、邱家湖、蒙洼等退堤；中游开挖怀洪新河，下游兴建入海水道应急工程。加强行、蓄洪区安全建设和管理，完成复建板桥、石漫滩水库，开始兴建临淮岗控制工程。进行黑茨河、汾泉河、涡河、包浍河和奎濉河跨省支流治理。沂沭泗水系复建东调南下工程。加强全流域山丘区的水土保持。

4. 海河

2000年前恢复原达到的治理标准，确保北京、天津市等重要城市和工矿交通安全。重点治理各河尾闾，增加各入海水道的泄洪能力；进行永定河泛区、宁晋泊、大陆泽等洼淀整治和安全建设；完成岳城、册田、黄壁庄、王快、西大洋、小南海等险库处理，提高防洪安全标准；加强太行山、燕山和坝上地区水土保持。

5. 珠江

重点保障广州、南宁等重要城市和珠江三角洲地区的防洪安全。巩固完善北江大堤，进行西江重要河段整治和重点堤圩加固；整治三角洲河系及磨刀门、蕉门、横门、虎门等出海口门；修建飞来峡、百色、大藤峡等水利枢纽。

6. 辽河

重点是确保沈阳等重要城市、辽河中下游农业生产基地和石油基地的安全。整修加固干流和重要支流堤防，清除河道行洪障碍，提高泄洪能力；结合辽河三角洲开发，整治辽河尾闾，保证通畅泄水；完成观音阁水库，兴建白石水库；加强柳河、西辽河上游水土保持，扩建闹德海拦沙水库，减少辽河淤积。

7. 松花江

确保沿江重要城市、工矿区和重点粮食生产基地的安全。加高加固松花江、第二松花江、嫩江重点堤段，增加泄洪能力；清除河道行洪障碍，保持现有行洪能力；兴建嫩江干流尼尔基（布西）水库。

8. 中小河流治理

我国中小河流洪灾频繁，灾害损失占整个洪灾损失比重较大。计划2000年前，结合水土保持，进行小流域综合治理，加强管理，清除障碍，使洪灾频繁的中小河流能防御常遇洪水，重点保护沿岸城镇和农田安全，并进一步减轻河道淤积和山丘区山洪灾害。

9. 蓄滞洪区建设

长江、黄河、淮河、海河共有85处蓄滞洪区，区内有耕地约3000万亩，人口约1600万。“八五”期内，继续贯彻《关于蓄滞洪区安全与建设指导纲要》，做好蓄滞洪区安全建设规划，分期实施；加强管理，严格控制区内人口增长，不准再向区内迁入居民；健全通讯预警系统，根据不同情况，修建庄台、避水台、围村堰、安全楼、撤退道路和紧急救生措施，适时运用；制定并完善有关政策，调整产业结构，推行防洪基金和洪水保险制度，适应蓄滞洪区发展要求。确保使用机会较多的蓄滞洪区内人民生命的安全。

10. 危险水库加固

全国现有8.3万座大中小水库中，病险水库占1/4。按照分级管理分级负责的原则，分别轻重缓急，分期分批加固除险。“七五”期间已完成18座重点大中型除险加固任务，力争10年内全部完成尚未达到安全标准的大型危险水库加固。

11. 城市防洪

在有防洪任务的400多座城市中，80%的城市不能抗御50年一遇的洪水，65%的城市不能抗御20年一遇的洪水。1987年，原水利电力部与城市建设部、国家计委共同拟定25座重点城市的防洪工程，已有北京、哈尔滨等城市基本达到了设计防洪标准，另上海、九江、沙市、武汉、广州、梧州、长春、齐齐哈尔等城市防洪工程正在实施中。

2000年前，完成25座重点城市的近期防洪工程，并对其他一些重要城市防洪建设给予适当的支持，以保证有关地区经济建设的顺利进行。

（五）农田水利建设

到本世纪末，全国粮食总产量要求达到5000亿kg，任务非常艰巨，重点靠挖掘现有约10亿亩中低产田潜力，增强农田抗灾能力，努力提高亩产来实现。

1. 扩大灌溉面积

1980年以来，灌溉面积平均每年减少1000多万亩，今后10年内采取一切有效措施，力争把平均每年减少的灌溉面积压缩到400万亩左右。为了保证本世纪末全国灌溉面积达到8亿亩，10年内净增8000万亩，必须发展1.2亿亩灌溉面积。

2. 加强现有灌区的技术改造

重点进行现有灌区工程设施更新改造，节约用水和中低产田的技术改造，10年内在现有灌溉面积中按节水节能高产要求改造4亿亩：“八五”期间改造灌溉面积1.7亿亩；现有灌排机电设备更新改造3000万kW，达到先进机电设备节能要求；发展喷、微灌面积1000万亩，达到2000万亩；管道输水面积发展5000万亩，达到8000万亩。

3. 进行低洼易涝农田治理，改良盐碱地

全国易涝面积为3.6亿亩，未经治理和标准很低的尚有8000万亩，10年内计划治理4000万亩。“八五”期末，治理易涝面积3亿亩中，高于5年一遇标准的达到2亿亩。

全国盐碱地总面积1.1亿亩，目前已初步改良7000万亩，10年内计划改良3000万亩。

我国南方13个省区，共有渍害低产田1.09亿亩，已改造5200万亩，10年内计划再增加治理5000万亩，其中“八五”期间治理2000万亩。

4. 加强抗旱、水土保持、土壤蓄水等水利土壤改良建设

提高旱地雨养农业的生产能力，大力发展牧区水

利。

（六）城乡供水

到本世纪末，为基本满足国民生产总值翻番和改善城乡人民生活水平的要求，遇中等干旱年全国总需水量预计为6500亿m^3，目前全国供水能力约为5000亿m^3，需要增加1500亿m^3才能达到供需平衡。

1. 全面节水

大力推行计划用水、节约用水，依靠科学技术，建立节水型社会。

2. 合理开发当地水资源，兴建跨流域调水工程

华北水资源紧缺，当地水资源开发利用程度较高，需要补充水源，因此首先要抓紧兴建南水北调工程，同时积极组织研究其他跨流域调水工程，争取早日实施。如从长江向华北地区的调水程和"引拒济京"、"引黄入淀"、"位山引黄"，万家寨枢纽及"引黄入晋"等骨干工程都应在近期有计划的加以实施。

西北土地资源丰富，本世纪内需扩大对黄河上游水资源的利用，兴建黑山峡枢纽，开发大柳树灌区。加强重要河流的水资源统一管理，保护下游生态环境，如黑河、塔里木河等。

东北地区目前正修建太子河观音阁水库，2000年前重点安排尼尔基（布西）水利枢纽、哈达山水利枢纽和引松入长、松辽运河工程，辽宁省要积极研究东水西调。

"八五"期间西南地区，开工兴建四川紫坪铺、大桥水库，云南渔洞水库。"九五"期间兴建云南柴石滩水库，解决宜良平坝地区用水。

东南和沿海地区，重点兴建东江——深圳第三期引水工程、珠海磨刀门引水工程等，分别为香港、深圳、珠海、澳门等城市提供水源。同时要注意解决山东半岛、辽东半岛、雷州半岛水资源紧缺问题。

3. 认真解决缺水地区人畜饮水，发展乡镇供水

目前部分山区、草原、滨海和海岛还有6000万人口和4500万头牲畜饮水困难问题未获得解决，这与人民生活达到小康水平的目标要求和当地的经济发展极不适应。解决这部分人畜饮水水源，是水利建设中的一项重要任务，计划"八五"期间解决3000万人2500万头牲畜的饮水困难。

随着乡镇企业的发展，农村人民生活提高，对供水需求日益迫切。除因地制宜地增建新水源工程外，要充分利用现有水利设施，采取蓄、引、提综合措施，积极发展乡镇和农村供水。

（七）水电建设

根据水利办电的实际状况，水利部今后主要进行两方面的水电建设：一是按照江河治理和水资源综合开发利用的需要，安排大型综合利用水利工程的水电建设；二是根据中小河流综合治理和地方经济发展需要，进行中小水电及供电电网建设。

2000年前水利部门水电发展计划和设想是：

1. 大型综合利用水电站建设

十年规划总装机1450万kW，"八五"期间计划建设规模总装机716万kW，投产20万kW；"九五"投产280万kW。

2. 中型水电站建设

十年规划总装机1255万kW，"八五"投产200万kW，"九五"投产300万kW。

3. 小型水电站建设

"八五"期间发展300万kW，"九五"期间发展400万kW。

4. 电网建设

"八五"期间增设高压电力线路11万km，变配电容量1200万kVA。"九五"期间增设高压电力线路13万km，变配电容量1500万kVA。

以中型水电站为区域电网骨干，"八五"期间区域电网由目前的39个发展到79个，网内含县数从200个扩展到400多个县；"九五"期间对区域电网进一步完善、扩大和延伸，区域电网仍保持80个左右，联网县数扩大到500多个县，其中拥有50～100万kW的电网10个左右。

5. 电气化县建设

在继续巩固提高原有初级电气化县标准的同时，"八五"期间安排初级电气化县200个，"九五"期间安排初级电气化县300个。到2000年全国共建成初级电气化县600个，约占全国总县数的30%。

6. 现有中小型水电站及其电网更新改造

更新改造机组2万台，容量300万kW；

改造变压线路15万km，配电变压器1500万kVA。

改善调度通讯设备。

（八）保护水土资源，改善水环境

（1）水土保持必须继续贯彻"预防为主，治管结合、因地制宜、全面规划、综合防治、注重效益"的方针。以已开始治理的无定河、三川河、皇甫川、柳河、永定河上游、葛洲坝地区、江西兴国、甘肃定西、金沙江下游与毕节地区、陕南与陇南、嘉陵江中下游、川东鄂西的三峡库区以及密云库区共13片为重点，并增加安排珠江上游南北盘江和晋陕蒙三角带的窟野河、秃尾河、孤山川、延河、县川河等重点水土流失区，以小流域为单元进行综合治理，争取10年内重点治理地区完成初步治理面积6～7万km^2。在此基础上向面上扩散，发挥以点带面的外延作用。同时加强预防监督工作，防止造成新的水土流失区。计划今后10

年完成初步治理面积 20 万 km^2，2000 年全国水土保持初步治理面积达到 75 万 km^2。

(2) 保护水资源改善水环境应按照“以防为主，防治结合”的原则，切实加强水资源的统一保护管理，健全机构，完善法制。同时不断进行重点治理。2000 年以前，会同国家有关部门重点做好以下工作：

1) 基本解决饮用水源地污染和风景游览区水环境保护问题；

2) 城市和重点工业区要加速污水处理，使主要江河、湖泊、水库和重要输水渠道的水质逐步达到国家规定的标准；

3) 城市饮用水的地下水源水质达到国家规定的饮用水源水质标准；

4) 结合水源工程的兴建和节水，控制工矿区超采地下水，积极开展地下水回灌，有效地制止北方地下水水位继续下降，防止海水入侵。

(九) 水利渔业和水利综合经营

充分利用水利设施形成的水域，开展以水库养鱼为主的水产事业。“八五”期末达到利用水库水面 2250 万亩，年产 45 万 t 成鱼；“九五”期末利用水面 2400 万亩，年产 60～65 万 t 成鱼。

大力发展水利综合经营，完善管理体制，建立发展基金，制定配套政策，全面发展“水、农、工、商、游”。更好地发挥和改善职工生活，提供就业机会和稳定职工队伍的作用，活跃市场，不断增强水利经济的活力和实力。

(十) 民族地区水利建设，和水库移民工作

逐步改变民族地区经济相对落后的状况，是一项长期的政治和经济任务。要积极扶持老、少、边、穷地区水利水电事业开发，促进大农业及其他各业的协调发展。各级水利部门要有各自扶持的重点。

水库移民工作是水利水电事业发展的重要制约因素，必须妥善安排好库区移民。到本世纪末，使水库老移民的大多数达到或超过当地农村的人均收入水平，新建水库的移民要和水利建设同步安排，妥善处理。

(十一) 基础工作

1. 前期工作

为适应水利建设的需要，各级水利部门必须加强前期工作。

继续修订和完成黄河、珠江、淮河、海滦河、辽河、松花江和太湖流域规划，抓紧进行国际河流和重要中小流域规划。

编制地区水利规划，农业综合开发区水利规划，缺水地区及缺水城市水资源规划，重点地区水土保持规划，牧区水利规划，沿海滩涂开发规划，灌区技术改造规划，中小型水电电网规划，主要江河水源保护规划等。

抓紧进行三峡工程，小浪底水利枢纽、南水北调工程及计划兴建的大型工程可行性研究和勘测设计等前期工作。各省（市、区）及计划单列市水利部门也要各自选择其重点，抓紧进行前期工作。

2. 水文工作

水文工作是水利建设超前发展的一项重要基础工作。基本任务是为合理开发利用和管理水资源、防治水害、保护环境提供水文信息和水文服务，为解决社会经济发展中水的问题提供重要的工作依据。

(十二) 科技兴水

发挥科学技术是第一生产力的作用，走科技兴水的道路。增加科技投入，研究水利建设的重大问题，从宏观决策到关键技术措施，组织科技攻关，为发展水利提供科技保证。

(十三) 队伍建设

1) 加强教育培训，提高职工队伍素质；

2) 稳定职工队伍，并使之进一步发展壮大；

3) 加强干部队伍建设。

(十四) 投资估算

按照水利建设十年规划，初步框算十年内共需各类资金投入 2500 亿元。其中灌溉工程 1065 亿元；防洪工程 290 亿元；水保与人畜饮水工程 120 亿元；调水水源工程 230 亿元；水电建设 735 亿元；其他投资 60 亿元。以上投资中不包括水利行业事业费 300 亿元和群众集资、投劳。

水利建设资金来源，除已建立的国家预算内投资（包括中央基建和地方统筹资金），包干到地方的农田水利费、农业开发基金、粮食发展专项资金、以工代赈专项、银行贷款及地方自筹资金等渠道外，建议各级政府要增辟财源，实行对水利投入倾斜政策，国家在现有投资水平基础上保持一定增长率，增加水利投入，建设银行和农业银行要增加贷款数量，并积极创造条件利用外资。做到多方面的增加投入和多渠道、多层次的筹集资金，以适应工农业生产对水利建设的需要。

(十五) 深化水利改革

今后 10 年水利改革的基本方向和目标是：按照发展社会主义有计划的商品经济这个大方向，争取 5 年或稍长时间内，以加速水利经济体制改革和完善水利法制建设为重点，努力创造一个能以促进良性运行，富有活力的水利经济新体制和比较完备的水利法制，使水利更好地为国民经济持续、稳定、协调发展和人民生活的需要服务。

1) 加强水利法制建设，强化水资源管理；

2) 加强国有水利固定资产管理，增强水利水电企

事业单位，特别是大中型水利水电企事业单位的活力；

3）建立健全农村水利服务体系，并逐步形成水利经济实体；

4）深化水费、电费的改革；

5）完善水利产业内部结构，大力开拓和发展水电、供水、滩涂等产业；

6）继续改革水利投资计划体制；

7）建立流域、地区水利经济实体，推行滚动开发；

8）建立科学的决策体系和制度，加强水利政策法规的研究。

（十六）社会主义精神文明建设

坚定不移地贯彻物质文明建设和精神文明建设一起抓的方针，克服两个文明建设中"一手硬，一手软"的现象，坚持水利改革和建设发展的社会主义方向。各级党政领导要把精神文明建设列入重要议事日程，逐步增加对精神文明建设的投入，使之与物质文明建设方面投入的增长保持适当的比例，实现物质文明和精神文明双丰收。

编制水利十年规划和"八五"计划是一项非常复杂而又十分重要的工作，初稿虽已编写完，但这项工作还没有结束。1991年3月七届人大四次会议通过了《中华人民共和国国民经济与社会发展十年规划和第八个五年计划纲要》，因此，水利十年规划和"八五"计划设想，要按照党和国家确定的精神和要求，进行修改和补充。同时也要作深入细致的调查研究，努力使规划民主、科学，使规划尽量落在实处。我们要认真作好各项工作，加强水利基础产业的建设，在本世纪最后10年的关键时期，使我国的水利工作能为全国经济振兴和社会进步作出贡献，为21世纪经济发展打好基础。

中国水利经济体制改革问题

柯礼聃

水利经济体制改革对中国水利的发展有着十分重要的意义。10年来在全国农村和城市经济体制改革浪潮的推动下，水利部门进行水利经济体制改革的成就与经验，研究水利经济改革中的基本问题和今后改革方向，提出进一步实施改革的战略与措施，以期逐步摆脱旧的经济运行机制，把水利产业搞好、搞活、搞富。

一、水利产业在国民经济中的地位与十年来水利经济体制改革的成就

（1）随着我国经济的发展、人口增长、城市规模扩大，水利在国民经济中的地位越来越重要。国土整治开发、国民经济整体布局、生产力合理配置，水利是其中的重要因素。无论沿海外向型经济区的开发、能源、重化工基地的建设、城市规划的实施，以及解决粮食需要改造中低产田、建设商品粮基地、开发沿海滩涂、荒地和今后开发大西北等都必须水利先行。这说明，水利不仅是农业的命脉，而且是国民经济的命脉；不仅是基础产业，而是必需重点与超前发展的战略产业。它是以工程提供原水、电力等产品，以工程和非工程措施消除或减轻水的有害影响的独立的生产部门。

（2）新中国成立以来，水利建设的成就对社会经济发展产生了巨大的效益。根据各省、自治区、直辖市的初步统计，1949—1987年，中央及地方共投入水利资金1442亿元，水利工程运行管理费697亿元，资金总投入为2141亿元，群众投劳折资1116亿元，两者合计3257亿元。按静态分析计算，这个时期水利经济总效益以货币表现的价值量（按当年价格计算）经济效益为10773亿元，投入效益比为1：3.3。以实物量表现为，防洪工程减淹耕地11.8亿亩，估计共减免粮食损失1500亿kg，各类水利工程累计增产粮食18100亿kg，增产棉花136亿kg，增产油料146亿kg，水利系统管理的水电站累计发电3629亿kW·h，向城市提供水量1030亿m^3，人畜饮水工程节约农村劳力121亿工日。水利的效益已辐射到各行业、各部门以及千家万户。为全社会提供了防洪的保障和水源的保证。

（3）十年来，全国农村和城市经济体制改革的浪潮推动了国民经济的迅速发展和人民生活的提高，全社会对水的需求和防洪安全提出了更高的要求。在新的形势下，水利部门在80年代初提出"转轨变型、全面服务"、以及"加强经营管理，讲求经济效益"的方针，并得到认真的贯彻。水利由过去为农业服务，扩大到为国民经济与社会发展服务，由过去偏重追求上项目，不注重投入产出，不注重经济核算转到以提高经济效益为中心的轨道上来，这是水利发展战略的重大转变。同时，水利行业与水利工程的经营管理也发生了积极性的改变：一是明确了必须首先管理好全国上千亿元的水利固定资产，改变粗放经营，走以内涵为主、集约经营的道路；二是屏弃"吃大锅水"的思想观念，探索如何加强经营管理的路子；三是推行水费改革，开展综合经营，实行经营承包责任制，逐步提高财务收益。国家管理的水利工程的水费收入由改革前1980年的2.22亿元增加到1989年的12.7亿元，增长了4.5倍，多种经营的产值由2.3亿元增加到7.34亿元，产值和纯收入均增长了2倍多。

(4) 在微观经济方面，随着开放搞活多种承包责任制以及多种经营的开展，水利企事业扩大了自主权，竞争观念和开拓精神有所增强，财务收益和自身的活力有了提高。北京市水利部门根据自己的特点和市政府给予的优惠政策，10年水利总产值达13亿多元，1989年人均年产值1.86万元，获纯利3亿元，比改革前翻了三番。广东湛江市以“一业为主，多种服务”，转变机关职能，建立经济实体，使1989年水利总产值和人均产值分别比改革前的1978年增长10倍和8.35倍。全国水利系统的设计、施工、管理、科研、水文、勘测、制造等企事业单位，按照各自的特点，采取综合承包、专业承包或单项承包，以上交利润基数与效益挂钩等多种形式，实行承包，对搞活经营管理，进行了有益的探索，涌现出许多改革卓有成效的典型。

(5)在投资体制方面，已由过去国家投入、农民投劳开始改变为多渠道、多层次集资、引用外资以及采取农民劳动积累工等多种投入机制。随着国家经济体制改革，逐渐增辟水利资金的渠道，如农村电气化试点、大型水利水电工程移民基金、银行贷款、地区开发专项基金、从征收耕田占用税建立农业（包括水利）开发基金、以粮棉布及低档工业品等用以代赈方式扶植贫困地区水利建设、水利劳动积累工等。“七五”期间，全国水利建设完成投资281.2亿元，其中基建投资151.2亿元，农水费130亿元，基建投资中，国家预算内投资100.2亿元，国内贷款6.5亿元，利用外资3.71亿元，自筹投资33.3亿元，其他投资7.5亿元。

(6)在完善产业结构方面，积极发展水电、城镇供水、开发沿海滩涂，为水利经济增添了活力。10年内新增发电装机700多万kW，水利系统建设并管理的水电装机容量已达1400多万kW，相当于1965年全国电力工业的装机规模。全国有819个县（市）主要靠中小水电供电，各县形成了发供用电统一的电网，还形成39个跨县电网，是我国电力事业中一支重要力量，为农村脱贫致富两个文明建设作出了重大的贡献。水利部珠江水利委员会、广东、福建、浙江、江苏、上海等沿海省（市），结合水利工程建设与管理，大力开发滩涂，广东、广西、海南、湖北、湖南、吉林、陕西等省水利部门发挥自己的优势，在开发城镇供水产业中，探索了有益的经验。

(7) 建立区、乡水利（水保）站，加强了基层水管理和服务体系。截至1989年底，经批准设置的水利站达28900个，其中区站（流域站、片站）5800个，乡站23100个，定编总人数93600人，已配置80%，初步解决了多年来基层水利管理乏人的状况。

(8) 开展水利经济理论研究，为改革引路。1980年成立的中国水利经济研究会，组织广大水利工作者，开展对供水的商品属性的讨论，深入进行水费的调查和理论研究，为实行有偿供水，按成本计费，提供了理论依据；规划设计部门，制定有关水利（水电）经济计算规程，要求从前期工作开始加强经济核算；一些水利（水电）院校先后设立水利经济课程，培训专业人员，出版书籍与刊物，这些都为推进水利经济体制改革起到了启蒙教育和理论导向的作用。

(9) 1988年1月《中华人民共和国水法》的颁布，标志我国水利事业开始走上法制的轨道。同时，也为水利改革提供了法律的保证。国务院和各级地方人民政府先后明确了水利部门是水的行政主管部门，负责水资源的统一管理和保护。各级水政水资源机构的建立，以水法规、水利执法和水管理三个体系为中心的水利法制建设的加强，使水利事业进入了依法治水、管水的新阶段。

二、水利经济体制中的基本问题

(1) 十年来，水利经济体制改革取得一定的成就，并在某些方面取得显著效果。但是，中国的水利经济还面临许多问题，有些问题是深层次的，潜在着严重的危机。形成这种危机的因素是长时期积累下来的，有客观的和主观的各种因素。

(2) 由于河道淤积、湖泊围垦、蓄滞洪区安全与建设缺乏有效的管理，以及每年洪水的破坏、人为设障等原因，全国主要江河防御洪水能力达不到原设计标准，如果发生设计标准的典型年洪水，由于产业和人口的增加，造成的经济损失将大大增加；由于设计标准低、施工质量差、养护维修跟不上，全国8万多座大中小型水库约有1/3属于不同程度的病险水库，一旦失事，将造成严重的损失，甚至会造成城毁人亡的毁灭性灾害；由于工程失修，设备老化，缺乏更新和技术改造以及建设占地、自然灾害、人为破坏等因素，全国灌溉面积十年来停滞不前。在每年开展农田基本建设，新的灌溉设施逐年有所增加的情况下，1981—1988年全国灌溉面积的保有量净减1620万亩。“六五”期间，累计新增灌溉面积5213万亩，而同期减少的灌溉面积近6690万亩，增减相抵，净减1477万亩。现有水利工程设施效益衰减的局面，不仅关系到水利事业的自身前途，更主要的是影响着国民经济持续、稳定的发展。

(3) 这种危机还反映到行业贫困和队伍不稳定方面。目前，约有1/3的水管单位，难以维持正常开支，有的甚至发不出工资，有的依靠搞多种经营谋生；全行业职工工资低于全国平均的17%；水管单位又多位于穷山僻野，工作条件差，生活艰苦，有的“温饱”问题尚未解决。因此，水利队伍难以稳定，职工素质也相对较低。

（4）客观因素方面，一是水利基础地位，在一个时期内被忽视。“水利是农业的命脉”，农业升温，水利投资增加；农业降温，水利投资减少。1980年以来，国家对水利投入大幅度减少，水利基建投资占全国基建投资的比重由1980年以前平均6.8%，下降到2.3%。二是水的多功能特点，需要水利实行多目标开发，才能发挥水资源的综合效益，这与国家现行的投资分口管理体制极不适应，人为地使投资、建设、管理与效益分离，使一些效益高的综合利用水利项目不能优先上马，即使上马投产，水管单位也只负责管大坝、放水，不能享受水电、供水等财务收益，葛洲坝枢纽工程的现行不合理的管理体制，是很典型的。三是水利效益被无偿转移或占用，如由水利投资的水库电站至今仍由电力部门在经营管理；部分为城市供水的水库以及为农业供水的水源无偿地转供城市；全国每年约有上百万亩的有灌溉设施的耕地被各类建设所占用等。四是水利工程“先天不足，后天失调”，大批工程是在“大跃进”时期或“农业学大寨”期间以大搞群众运动方式修建的，不少工程由于不按客观规律办事，规划设计不周，施工质量低劣，配套设施很差，建成后又缺乏资金进行维修和更新改造，以致长期带病带残运行，既不能充分发挥效益，又增加了水管单位的管理风险。

（5）主观因素方面，一是长期以来对水利是基础产业缺乏统一的认识，从而缺乏明确的产权意识，因此没有把建成的水利工程设施所形成的水利固定资产作为最基本的经济要素，认真加以经营管理；对宏观经济战略缺乏系统的研究，不善于研究新情况、新问题，向国家提出新的政策建议，对国家已经给予的经济政策也没有用好用够。二是水利部门过去受“左”的思想影响，强调“先治坡、后治窝”，甚至是“只治坡、不治窝”，设计、施工没有很好为管理创造条件，往往连管理职工最基本的居住和生活条件也不具备；在国家政策允许的范围内，不为自己“开绿灯”，以致水利系统内职工生产、生活条件与农林气象部门相比，差距也在扩大。三是对水利效益被无偿转移或侵占，对经营管理水平低，经济管理人才奇缺，对职工福利待遇的改善等关系到全行业切身利益的大事，缺乏有力的措施，使队伍缺乏向心力和凝聚力。四是水利改革虽在一些领域内取得进展，对搞活水利经济进行了初步探索，但是，长期形成的传统观念和习惯势力难以在短期内改变，有些改革的思维，没有形成改革的措施，分散、局部的改革措施也尚未形成综合、配套的改革方案。因此，目前水利经济运行，尚未摆脱旧的机制。

三、进一步改革的方向与措施

（1）水是人类社会生活和生产活动都不能须臾离开的重要物质。水利必须超前发展，前人早已发出“毋临渴而掘井”的告诫；水利产业的基本生产要素水资源，具有时空分布的不均匀性、随机性和多功能性的特点，水利必须适应自然，兼顾各方面的需要，开展综合利用；中国水资源70%由洪水组成，开发利用水资源必须服从防洪的总体安排，实行兴利与除害相结合。这些方面使水利产业的投入产出方式，效益特点和运行机制与一般物质生产部门有所不同。研究今后改革的方向，必须考虑水利产业的这些特点。

（2）按照国家关于国民经济和社会发展十年规划和“八五”计划的总要求，本世纪末国民生产总值再翻一番，人民生活达到小康水平的战略目标，今后十年水利经济体制改革的方向是：按照发展社会主义有计划的商品经济这个大方向，水利改革与水利建设密切结合，在国家逐年增加投入的前提下，以加强水利固定资产经营管理为重点，创立能以促进良性运行、富有活力的水利经济新体制，使水利更好地为国民经济持续、稳定、协调发展和人民生活的需要服务。这就是要通过改革，摆脱旧的水利经济运行机制，进一步把水利搞好，把水利搞活，把水利搞富。按照上述目标应采取相应措施。

（3）树立商品经济观念和明确的产权意识，把水利固定资产作为水利产业最基本的经济要素，认真加以经营管理，逐步建立起以效益为中心的水利固定资产经营管理体系：

——贯彻“谁建、谁有、谁管”的原则，水利部门作为国有水利固定资产的产权代表分级管理所辖的水利固定资产并建立国有水利固定资产消长、效益的统计和考核制度；

——完善经营管理体制，区分社会公益性、有偿服务性和生产经营性等不同性质的水利固定资产，制定相应的经营管理措施，用好用足国家已经给予的各项政策和资金渠道；将固定资产更新改造列入更改计划，作为水利产业政策中保证重点支持的项目；

——坚持水费改革，实行新水新价、超用加价、水费保值等办法，争取做到水费是供水工程的主要经济支柱；

——在为国民经济全面服务的前提下，加强管理，保护行业利益，解决部分水利固定资产被无偿转移及其效益回归问题、坚决防止和纠止侵占、损害固定资产产权的行为；

——对农业集体经济组织所有的水利固定资产的经营管理，要发扬我国传统的基层水管理制度，建立、健全民主的、群众自治的水管理组织，由受益地区农民参与经营管理。

(4) 改革水利固定资产投资体制，分类型、多层次、多渠道集资投劳办水利：

——继续改革固定资产的投入结构，由国家、受益行业、地区、单位和群众参加投入，首先国家要增加水利投入在国民经济建设总投资中的比重，对多目标开发项目，由有关行业部门集资兴办，按股份制办法进行管理，建成后统一管理，统一核算，分享效益；改进投资的分口管理体制，促使综合效益大的多目标水利工程的上马；

——为从根本上扭转水利建设愈多，背的包袱愈大的状况；新增水利固定资产项目，必须建立经济评估和财务分析制度，明确工程运行管理、大修和资产折旧的途径，供水项目必须落实用户，否则计划主管部门不予审批；

——对有偿服务性项目投资原则上实行谁受益、谁负担，对生产经营性项目投资实行有偿投入、滚动发展，国家支持部分起动资金；中央对水利的投入则主要用于大江大河的治理以及带战略性的骨干工程建设；并继续扶植贫困地区的水利建设；

——充分利用各种资金渠道，争取引用外资，改进农田水利事业补助费等的使用方式，并使各种资金按项目综合配套，形成合理的投入结构，借鉴世界银行投资项目管理办法，充分发挥资金的效益并对投资效益进行有效监督。

(5) 完善水利产业结构，大力开拓和发展水电等“朝阳产业”，为水利经济注入新的活力。我国蕴藏世界上最丰富的水能资源，但开发不足其 8%；我国 11 亿人口，只有 2 亿多能够饮用符合卫生标准的洁净水。因此大力发展水电，开发城镇供水事业是最有广阔前途的水利“朝阳产业”；

——落实国家已规定的各项优惠政策，优先安排现有水库、灌渠的配套电站，积极推行流域综合开发，扶持龙头电站，使之滚动发展；

——继续发展农村水电电气化县，按照现存的两种水电管理体制，巩固和发展中小水电及其电网在全国水利和电力系统中的主要经济地位；

——发挥水利优势，在解决人畜饮水的地区和经济发达的地区，由地方和群众集资，积极兴办城镇自来水事业，企业经营，自负盈亏；

——沿海地区结合河口治理，开发滩涂；结合防汛抗洪，举办防洪保险业等。

计划安排上要对上述各项水利“朝阳”产业重点支持。

(6) 实行政事企分开，建立流域、地区的经济实体：

——以骨干工程和工程群为依托，建立流域的或区域的综合开发、利用水资源的经济实体，例如黄河以三门峡、故县、小浪底，长江以葛洲坝、丹江（争取兴建三峡）为依托，建立黄河、长江流域水资源综合开发集团；辽宁省以辽河、湖北省以清江、广东省以东江的水利、水电工程群为依托，建立地区内流域水利经济实体，作为试点，逐步在其他主要江河与区域内开展；

——各地对有条件的水管单位，建立水利经济实体，或联合若干相互联系的水管单位，建立水利经济群体（或集团、公司等），强化自主经营，独立核算，使水管单位逐步成为我国水利经济体系中具有自身造血功能的经济“细胞”，应把建立县乡级水利经济实体为重点，自下而上地形成健康的水利经济机体；

——在稳定家庭联产承包责任制，完善双层经营体制农村的改革中，以农村集体经济组织所有的小型农村水利、水电、水保工程设施为依托，建立村一级服务性经济实体，在县乡级水利部门的帮助和支持下，形成广大农村的水利服务体系。

(7) 深化水利企事业单位的改革，提高财务收益：

——继续坚持和完善承包经营责任制，进一步研究探索符合水利企事业单位实际需要的承包经营方式，对改革试点已经取得成功经验的承包经营方式，在总结完善的基础上逐步扩大试点范围，分类型、分层次推开，积极创造企业经营管理良好的外部环境，为深化企业改革提供条件，要主动争取财税、劳动、物价、审计、银行等部门的支持与帮助；必须兑现承包合同，并抓好承包期的衔接，充分调动企事业单位和广大职工的积极性；

——继续完善事业单位企业化管理的改革，如勘测设计方面，发挥技术优势，向两头（即工程咨询和工程总承包）延伸；在水文事业方面，逐步改革现行水文站体制，实行站队结合，开展有偿服务、技术咨询等；在水利施工方面，推行投标招标、施工监理和质量管理制度；在科研方面，通过改革科研管理机制，加强技术服务，扩大自主权等；

——建立、健全水利企业管理体系，在提高经济效益和财务收益的基础上，逐步解决水利职工待遇上的行业差距问题；

——进一步挖潜水利系统内的水土资源和技术、设备的潜力，全系统、全方位地开展综合经营，更好地发挥它在改善职工生活福利、提供就业机会和稳定队伍的作用。

(8) 建立和完善水利经济法规、规章和相应的政策体系，使各项改革工作有所遵循，使之有计划、有步骤地开展，并得到法律的保障。改革中涉及须由国家支持的重大政策性问题要专门请示国务院或提请有关部门研究解决。

(9)加强水利经济理论研究，指导改革。对改革中的重大课题，列入软科学的专题研究，组织广大水利、经济和管理工作者共同攻关，推进改革。要大力培训经济管理人才，通过大专院校和各种形式和层次的培训班，有计划地培养专业人才，提高在职干部的经济管理水平，努力提高队伍素质。

(10)加强组织领导，水利经济体制改革是中国水利产业的一场革命，也是国家经济体制改革的一部分。它关系到水利是否能更好地为国民经济发展全面服务和水利产业兴衰的大事。它与水利法制建设同是振兴与发展我国水利事业的重大"软件"工程。推进改革，必须加强组织领导。在调查研究的基础上，制定相应的规划和分阶段的实施计划；对各项具体改革措施，要进行分类研究、分类设计、分类指导，搞好综合的或单项的改革试点，取得经验，逐步推广；要对职工进行宣传教育，认识改革的必要性和艰巨性，并使改革成果与改变水利行业的贫困状况，改善职工的福利待遇密切结合，以得到广大职工的支持，使改革具有强大的生命力而发扬光大。

试论编制长江流域规划的基本经验

文伏波

《长江流域综合利用规划简要报告》(1990年修订)，经全国水资源与水土保持领导小组组织审查通过并报送国务院，于1990年9月经国务院批准转发有关单位和流域各省市执行。这是《中华人民共和国水法》颁布后第一部经过正式审查批准的大江大河流域规划。为合理利用长江水资源勾画出宏伟蓝图，为依法治理长江提供了依据。

长江流域规划报告(1990年修订)共4册：计《长江流域综合利用规划简要报告》一册；《长江流域综合利用规划要点报告》一册；《长江流域社会经济基本资料汇编》一册，合计约70多万字；《长江流域综合利用规划要点报告附图》一册，计图50幅。编制工作历时6载。笔者有幸参与编制，现不计浅陋，试谈几点基本经验，就教于领导、专家和共事同仁。

一、始终贯彻执行"统一规划，全面发展，适当分工，分期进行"的长江治理规划方针

这个方针是中共中央于1958年南宁会议上制定的。过去、现在需要遵循，将来修订流域规划，仍然要遵循。长江流域规划修订过程中，有人提出，不能按老框框办事，厌闻在原长江流域规划的基础上进行修订，强调破框框。事实是：水是人类生存、生产不可或缺的基础物资，长江流域的治理开发，涉及国民经济各个部门，涉及域内甚至域外各个地区的利害，只能用统一规划的原则，协调各方矛盾利害。例如，防洪规划。因为全流域的径流，都要汇入干流入海，各支流的洪水与干流的洪水有不可分割的关系，需要统一算清水帐，对超额洪水作出统一安排，使干、支流，上中下游合理分配防洪任务。从局部出发或以邻为壑是不能解决问题的。无论供水(灌溉、城市供水、农村供水)利用水(发电、航运、环境保护、水产、旅游等等)必须满足、照顾各行各业的需要，只有统一规划，全面发展，才能惠及各方，无有缺漏。有人批评长江流域规划是面面俱到，缺乏特色，我认为这恰恰是长江流域规划的特色之一。根据适当分工和分期进行的精神，《长江流域综合利用规划》明确了国家与地方的分工，突出了需要国家审批的项目、内容，对近期实施的主要项目和远景部署作出了安排。根据各部门、各地区、国家的需要，选择了一批近期工程项目。有人认为应按经济分析评价，对近期工程进行一个一个地排序，在流域规划阶段，这是很难作到的。一是各个工程在规划阶段前期工作深浅不一，不易对比。二是长江流域范围广大，各地区需要不一，不能单纯以经济效益高低来定项目。我们采取提供一批宏观经济评价比较合理的近期项目，供国家和地方按需要比较选择。

二、进一步查清长江水土资源情况，深化认识长江的特点

长江水利委员会和流域各省市水利机构，有关勘测设计系统，都十分重视基本资料的调查搜集。这是编制出切实可行的流域规划的前提。

(一)长江流域基本资料

1.长江的水文帐是清楚的

全流域到1985年止，共设置水文测站6729处，其中水文站965处，水位站517处，雨量站5247处。干流汉口等主要测站，已有上百年(汉口站有125年)的观测历史。对这些历年水文资料进行了系统整编；从1958年起实现了逐年水文资料整编汇刊；多次组织历史水文实地调查，对历史洪、枯水资料，通过对照分析，将几个主要特大水年，作出了定量分析。这些成果，都经过专家组的多次审查鉴定，长江的水文帐是清楚的。

对不同洪水来源的组成、特性，泥沙特性，河道

行洪通过能力等，都经过分析平衡。对中下游河床特性，崩岸险工，历史上逐步形成的干支堤防的数量、质量，防御能力，均调查落实。

2. 长江流域水能资源帐是清楚的

1977～1980年，组织了全流域水力资源普查。普查对象为水能蕴藏量在10000kW以上的1090条河流，并以10000kW以上的水电站为重点，逐个编制技术经济指标表，绘出地域分布图。这些水电站，有的已达到选坝阶段以上的前期工作深度，有的作了少量的勘测和规划设计工作，或者作了一般查勘。

普查结果，统计单站装机在500kW以上，可能开发的水电站有4469座，设计总装机容量为1.97亿kW。为搞好水电建设的战略布局创造了条件。

3. 完成了《长江流域水资源评价》和《长江水资源利用》两个调查研究报告

这两个报告是《1978～1985全国科学技术发展规划》重点科学技术研究项目中"水资源的综合评价和合理利用的研究"专题的组成部分。弄清了长江总水资源量，包括数量和质量两个方面，分析了水文要素的基本特征和时空分布规律，现状水资源利用情况（以1980年实际年为准），统计了全流域总供水量包括蓄水、引水、提水工程的供水量以及地下水开采。初步预测了2000、2030年不同保证率年水资源利用指标。这些调查统计计算分析资料是首次在全流域分区基础上进行的，多层次划区为四级，计11个二级区，56个三级区，209个四级区。为今后水资源利用研究奠定了分区基础。

4. 完成了长江流域社会经济基本资料汇编

这是长江流域规划编制任务书中提出的要求。汇编内容包括：行政区划，人口、土地面积，水旱灾情，血吸虫病，基本建设投资额（其中专门列出了水利、水运、水电、火电分项投资），工业、农业总产值及主要产品产量，山区、沿海人畜饮水困难程度，水库建设，灌溉工程及其效益，以及淡水鱼生产，除涝、治碱、水土流失及其治理等。统计年限多数自1949～1983年逐年填列。统计方式既按行政区划又按河流水系分别汇编，打破了单一按行政区划统计的格局。各方评价认为：汇编系统地反映了长江流域的基本资料，流域的经济发展水平，为流域规划以及各省（区、市）国土规划、区域规划提供了可靠的基础。

5. 对长江干支流近期开发的骨干工程及其外围地区进行了大量不同阶段的勘测工作

到1983年止，地形测量方面，1：50000～1：10000地形图覆盖整个流域。完成航空摄影面积1018100 km²，其他不同比例尺地形图548700 km²。地质勘探方面，共完成各种比例尺地质测绘43700 km²，钻探723800 m，硐（井）探60550 m。为流域规划选定的近期工程和远景布局提供了可行的地形、地质条件。

6. 编制了1986～2015年长江流域三大区水电开发方案

这是在原水利电力部编制《全国20年（1906～2015）电力发展纲要》指导下汇编的《全国30年水电开发方案》中的组成部分。内容包括华东、华中、西南三大区电网现状，需电水平预测，流域内能源资源的分析平衡，长江流域水电开发任务等。为流域规划的水力发电规划提供了指导方针和坚实基础。

7. 组织了全流域水土流失现状调查

全流域以省（区）为汇总单位，按18个省市统计了1985年水土流失面积和流失等级划分。初步摸清了水土流失现状，明确了重点水土流失区。为有步骤有阵地地推进重点流失区的治理，提供了基本依据。

（二）在进一步查清掌握第一性资料的基础上，经过认真分析研究，对长江流域水土资源的特点，取得了基本一致的共识：

1. 长江洪水威胁是中华民族的心腹大患

长江洪水范围分布甚广，而中下游平原水网地区有12.6万km²的精华地带，约7500万人口，9000万亩田受洪水威胁最为严重，历史上在中下游一带发生过的毁灭性洪水灾害，至今尚无妥善对策。其次是流经四川贫地的主要支流沿岸的阶地和沿河城市受到洪水威胁也相当严重。

2. 长江流域水力资源丰富，开发条件优越

全流域水能蕴藏量为2.65亿kW，占全国的40%，可能开发量为1.97亿kW，占全国的53.4%，主要富集于干支流的山谷河段，这些河段有许多地形地质条件优越，适于筑高坝建大水库的坝址，有利于控制调节水量，实现防洪、发电、航运、灌溉等水资源的综合利用。大力开发水电，可减少北煤南运，还可减少污染。

3. 长江水系的地理分布特点和巨大的水量，形成我国最优越的航运网

长江干流横贯我国东、中、西部，直通海外。通航支流上联云、贵、川，中游深入陕、鄂、湘、赣腹地，下游水网除域内水运十分发达外，通过京杭大运河，可南入杭州湾，北联淮河流域，直达京津。湘桂水系，赣粤水系，北南分流，分水岭低平，远景通过沟通分水岭等措施，以及南水北调工程，具备开辟南通两广、北达京津新的南北大运河的条件。

4. 长江水资源主要问题，不是水资源短缺，而是水资源时空分布不匀

必须兴建更多的蓄、引、提水工程，尤其是蓄水工

程，发展灌溉、供水事业，才能解决流域内人多地少，保证稳产、高产，以及城市、工业用水日益增长的需要。

5. 流域山地、丘陵地区旱灾威胁严重

流域内山地、丘陵面积占85%以上，有耕地2.54亿亩，占流域耕地面积的70%，由于水资源年内、年际分配不匀，缺少调节工程措施，旱灾成为山地、丘陵区的第一位自然灾害。

6. 防治水土流失是不少山丘地区维护生态环境、脱贫致富的关键措施

干支流上游不少山丘地区，人民生活贫困，缺粮、缺烧，导致陡坡开荒，滥樵滥伐，造成严重的水土流失，恶性循环，是这些地区脱贫致富的严重障碍，也影响中下游地区的长治久安。

7. 长江干流及其主要支流是南水北调，解决我国北方水资源严重短缺的主要水源

根据水资源调查评价，长江多年平均水资源总量为9616亿m^3，1980年全流域总用水量1353亿m^3，预测2000年流域内在出现枯水偏旱年时总用水量为2590亿m^3，实耗水量约1300亿m^3。长江出境入海水量仍有7360亿m^3。说明相当长时期内，长江有多余水可调往北方地区。从地形、地质等自然条件看，没有不可克服的障碍，有的引水线路，条件相当优越。

8. 长江流域是我国重要的经济发展地带，沿长江是我国生产力布局的主轴线之一

长江干流，尤其是中下游，水深江阔，河槽相对稳定，两岸城市林立，适宜布置大耗水量、大运量的产业，以充分利用沿江的水能、矿产资源和黄金水道的航运优势，以及国内外的资源。沿江两岸将不可阻挡地建成经济走廊，成为我国经济腾飞的地区。

此外，长江流域，河流湖泊众多，水域面积广阔，河湖水产捕捞，发展水产养殖条件十分优越。结合水利设施，改善生态环境，发展旅游事业等，也是长江流域得天独厚的特点。与水有关的血吸虫疫病威胁，工农业发展进一步引起的水体污染等，在流域规划中均需要结合综合治理开发，提出防治方案。

三、流域规划必须重点突出需要国家审批的内容

长江流域规划（1990年修订）报告内容包括：流域概况，流域经济发展趋势，流域综合利用规划，干流治理开发规划，主要支流治理开发规划，近期开发工程等。但重点突出了具有战略意义的国家目标。与干流开发有重要关系的支流以及涉及两省或两省以上的主要支流的治理开发任务与基本方案。

1. 防洪被列为治理开发长江的首要任务

因为全流域的径流都要汇入干流出海。各支流洪水和干流洪水有不可分割的关系，需要作出统一安排，才能合理解决最严重的长江中下游干流洪水和各支流尾闾等地区的洪水威胁。根据历史洪水调查，确认1870年，1860年发生的大洪水，距今不到140年，其过宜昌站的洪峰流量达10500 m^3/s，过枝城站达110000m^3/s，而荆江河段的安全泄量，包括干流及向洞庭湖分流在内，只有60000m^3/s左右，而上荆江沙市附近，能利用作为分蓄洪区的只有荆江分洪区和涴市扩大分洪区。开闸加扒口分洪后，可勉强防御枝城80000m^3/s的洪水。遇1870年洪水，将有30000m^3/s的超额洪水向两岸大堤溃口分泄，北溃横扫江汉平原，直捣武汉市，南溃顺地势居高临下节节击破各围垸，直趋洞庭湖区。南溃、北溃均将造成毁灭性灾害。因为洪水持续时间长，长江超额洪水不但峰高而且超额洪量也很大。1954年溃泄洪水量达1023亿m^3。经过40年不懈地加高加固堤防以及河道整治，再遇1954年洪水，仍有500～700亿的超额洪水需要分蓄。规划的综合防洪体系是：按照“蓄泄兼筹，以泄为主”的方针，大力加高加固堤防，扩大泄洪能力；在中下游的荆江区、城陵矶附近、武汉附近、湖口附近划定分蓄洪区，进行适当安全建设，能容纳500亿m^3左右的超额洪水；在干支流上游兴建有较大防洪库容的水库，拦蓄洪水。

各支流、各地区在承担本身防洪或分担了干流部分防洪任务后，可以按支流和地区的需要，相对独立地规划各支流的治理开发。

2. 三峡水利枢纽是长江治理开发的关键工程

通过流域规划研究和三峡专门论证，进一步明确肯定了三峡枢纽在长江流域规划的地位和作用。长江流域规划中最迫切需要解决的几个主要问题中有三个：大幅度提高中下游地区的防洪能力；开发优势的水能资源，为严重缺能、缺电的华中、华东地区提供电源；改善干流航运条件，尤其是消除川江天险，降低航运成本。而三峡枢纽以其优越的地理位置、地形地质条件，能一举满足上述三个规划目标。流域规划将三峡枢纽推荐为近期开发的主要工程。国务院批转的对长江流域规划审查意见中指出：当前荆江河段和洞庭湖地区防洪情势严峻，华东、华中地区及四川能源紧缺，川江航运急待改善，迫切要求早日兴建三峡工程。三峡工程规模宏大，是关系国家经济总体布局的重大项目，对三峡工程的重大技术、经济、社会问题，已经过多年专门论证，并提出了可行性研究报告。建议列为国家建设项目，在国家财力可能的条件下，尽早兴建。

3. 中下游干流河道及河口整治

自葛洲坝以下的中下游干流，全长1800km，落差不到40m，中间不再有拦河建筑物。河流平缓，水量丰稳。只要搞好河道整治，就可成为真正的黄金水道。河道整治是一项综合治理措施，采取护岸、堵汊、裁弯、固滩、局部疏浚等手段，以稳定河势，维持或扩大河道行洪能力，畅通航道，稳定岸线，维护港口水深，从而促进城市发展，有利于迅速建立沿江经济走廊。报告中对一些行洪险要河段，碍航河段，重要城市河段作出了河势规划。

4. 长江水系航运规划

干流航运是规划重点，宜昌以上除采用整治手段外，主要结合水利枢纽梯级开发，在枢纽上兴建通航建筑物，实现河道渠化。中下游则如上述主要靠河道整治。

干支流直达通航，是形成水运网的重要条件。长江上游、中游、下游各支流水系均根据各自的具体条件，因地制宜地提出了各支流的近期及远景可能作到的通航等级标准，规划了各自改善航运条件的措施意见。

开挖人工运河是长江航运规划的重要组成部分。近期规划了两沙运河，从沙市到沙洋，横穿沟通长江和汉江。江淮运河由裕溪口经巢湖至淮河，开辟江淮直达航线。扩建京杭运河苏北段。远景规划了湘桂运河，赣粤运河以沟通长江、珠江水系。

5. 商品粮棉油基地灌溉、除涝规划

长江流域平原面积有限，而最大的中下游平原的耕地，是由于历代人口增殖，迫于生计，围湖、占滩造田而逐步扩大种植面积的。这些地区已成为我国的精华地带，是全国的商品粮棉油基地。在解决防洪保障的前提下，必须综合解决排涝、防渍、灌溉、水网运输、水产养殖、防治血吸虫等问题，规划原则是将这些平原湖区的防洪规划与农业、航运、渔业与卫生事业结合，实施综合治理开发。采用拦湖建闸（包括建通航建筑物），控制江湖联系；结合航运，整理开挖排水、灌溉渠系；兴建电力排灌站，解决江水高于湖水的排涝排渍问题；结合养殖内湖留出恰当的水面积以蓄涝蓄渍等措施，较好地实现了综合利用。这些地区计有：江汉平原、洞庭湖区、鄱阳湖区、巢滁皖区、太湖区等。

此外，中上游丘陵地带分布的一些盆地，平坝。如四川腹地，南阳盆地，吉泰盆地，滇中高原，衡邵丘陵区，湘南地区等，面积集中，增产潜力大，主要是缺水干旱。规划安排兴建一系列大中小灌溉工程，有的还要跨流域（各支流之间）调水，以实现稳产高产。

6. 水土保持

近期重点是控制流域内水土流失最严重的地区和河流，选出金沙江下游及毕节地区、陇南地区，嘉陵江中下游，三峡库区及江西兴国县为治理的重点片，措施是搞好土地利用规划，加强植被建设，迅速增加林草覆盖，积极治理坡耕地，尽量改造成梯田，多途径解决农村生活能源，配合适当的水土保持工程措施，搞好中上游防护林体系建设。今后逐步推进的重点防治区，规划中列出了沱江流域，江南丘陵区，汉江中下游和大别山南麓。

7. 南水北调

经过水资源评价，长江有余水可调往北方缺水地区。南水北调是长江流域规划的重要战略组成部分。规划有四条线路：一为自下游江都提水引江的东线；二为自汉江丹江口水库自流引水济淮、济黄的中线；三为自通天河、雅砻江、大渡河引水入黄河上游的西线；此外，有自安徽裕溪口、凤凰颈自流结合抽水的引江济淮线。中线、东线、引江济淮线已有几十年的勘测规划等前期工作成果，中线调水后对汉江丹江口以下的影响，将采用修建下游梯化梯级、两沙运河等措施予以满足。西线正在进行超前期工作。

国务院在批文中指出：长江干流及其主要支流是南水北调，解决我国北方水资源严重短缺的主要水源，要继续作出不同时期水资源的供需计划安排。

8. 跨省支流的规划

跨省区的河流，一般历史上都存在有较深的水利矛盾，如湖北湖南的江湖矛盾，太湖排水出路涉及江苏、浙江、上海市的矛盾，青弋江、水阳江洪水治理涉及江苏、安徽的矛盾，滁河洪水分流引起江苏与安徽的矛盾等等。

这些河流、湖泊的总体规划只能由流域机构负责，从照顾各方合理要求出发，作出水资源综合利用规划，特别要深入调查研究，掌握矛盾的历史根源和现实原因，采用互让两利的方针，反复协商，骨干项目由国家举办的方式，才能收效。上述几条河流的总体规划，已商得有关省、市的认可，为解决积沉日久的水利矛盾，实现共同治理，共同受益创造了条件。

9. 安排一批有较大综合效益的近期工程

根据长江总体规划，选择一批国家或地方为主举办的最迫切的近期开发工程，包括干支流综合利用水利枢纽，以及防洪除涝、航运、灌溉与水土保持、南水北调、河道整治及岸线利用、水源保护与水产等项目。这些工程、项目都具有显著的社会效益、环境效益，大多数项目其自身经济效益也很显著，例如三峡、岷江的紫坪铺、嘉陵江的亭子口、合川、澧水的江垭、皂市，水阳江的港口湾水库等，都有较大的财务收益，可以实现良性循环，有利于积累资金，实施一条河流的滚动治理开发。

四、必须加强水行政主管部门的统一领导，必须加强大协作

《水法》颁布之前，国家计划委员会通知：请原水利电力部负责组织编制长江综合开发利用规划，并建议由长江水利委员会为长江流域规划的综合编制单位。规划应吸收有关省、市、自治区和国务院有关部门参加。

原水利电力部召开了大规模的协调会议，在任务书的基础上，将规划任务作了具体分工，具体规划项目有56大项，长江水利委员会除负责汇总编制工作外，承担其中干流规划等15个项目，其余41项分别由有关省市、国务院有关部委指定的厅局、勘测设计院负责。按照分工，国务院有关部委、有关省市、长江水利委员会分别召开协调会议20多次，层层落实任务。可以说，长江流域规划，是集中了数千人的精力，大协作的产物。

至于基本资料的调查、搜集，专项调研报告，更是广大专业工作者长年累月积累的成果。例如长江流域社会经济基本资料汇编，水资源调查、利用、评价等成果是由流域18个省市自治区有关单位参加，历时4—5年共同完成的。长江流域水能资源普查，是由流域内各省区水利、电力局主持，中央和省区有关勘测、规划、设计部门参加，历时4年才完成。主持和汇总单位，则付出了巨大的精力，进行组织协调。

五、流域规划需要不断总结经验，定期补充修订

长江流域规划（1990年修订）是在1959年完成的长江流域规划要点报告的基础上补充修订的。近30年来水利建设的一些经验教训，在修订报告中作了适当反映。

1. 克服以干支流梯级开发方案代替全流域的综合利用规划思想

梯级开发方案只是流域综合利用规划的一部分。有些河流，由于开发紧急，先作出梯级开发方案是可以的。但必须继续完成全流域的综合利用规划。有些支流的梯级开发方案，未考虑向相邻流域引水后的影响，有的支流梯级开发方案未考虑上中游缺水地区、城市需要引水的影响，都需要继续完成流域综合利用规划，对梯级开发方案作出必要的调整。

2. 克服急功近利的单目标开发思想，合理选择正常蓄水位与库容

60～70年代一度盛行的片面反对高坝大库，强调低水头发电，使规划中本属合理综合利用的一些工程，都较大幅度地降低正常蓄水位，也不预留后期加高的余地。致使有的河流被迫修订规划，降低了综合效益，有的工程，现在又提出加高，增加了工程的难度。

规划修订中，本着综合利用、经济效益、社会效益、环境效益统一协调原则，采用大、中、小型结合，干支流结合，高低水头结合等方式，合理选定工程规模。重视移民问题，对一些淹没过大的枢纽，则适当降低正常高水位，同时采取开发性移民方针，兴建移民工程，合理解决并提高移民的生产生活出路和水平。

3. 重视流域治理开发和环境保护的关系

近10年来提出了国土整治规划的新概念，流域规划是国土整治规划的重要组成部分。长江流域规划修订过程中，十分重视增强环境意识，注意水土和生物资源的利用与保护的关系。编制了水资源保护与环境影响评价的专门篇章。水土保持规划，水产规划本身就是环境规划，均占有较突出的位置。防洪规划，航运规划，水力发电规划则兼具经济规划、社会规划与环境规划于一体。长江流域规划的全面实施，总的说，有利于改善流域环境，保护和改善生产环境和生态环境。对某些大工程可能产生对环境的不利影响，在规划中，均作出环境影响评价，并提出了把影响减小到最小程度的措施。

结 束 语

长江流域规划已得到国务院的批准，正式成为开发利用长江水资源和防治水害活动的基本依据。

加强对规划实施的监督管理，在《水法》颁布不久的今天，制订必要的法规和政策，保证规划的实施，具有头等重要意义。各级水行政主管部门，广大水利工作者，在制订法规政策方面，有不可推卸的责任，尤其是流域机构，在监督流域规划的实施，工程建设和管理，协调水事矛盾等方面，担负的直接责任更多一些。我们一定要加强学习，深化水利是基础产业的认识，水利要为国民经济和社会发展提供全面服务的思想。随着流域的治理开发和社会经济的发展，今后长江流域规划还要定期补充修订。规划队伍要保持稳定，认真总结经验，继续不断地加强基础工作，开展各项专业规划研究，以期使今后的流域规划修订工作，具有更高的水平，真正作到社会效益、经济效益、环境效益协调一致，促进社会发展，使宝贵的长江水资源，永远为我国人民服务。

科 技 与 教 育

Science and Technology, Education

科　　技

五年来科技体制改革工作总结

水利科技体制改革工作，早在1985年3月《中共中央关于科学技术体制改革的决定》颁布之前，就已在水利水电科学研究院和南京水利科学研究院等进行改革试点。《决定》颁布之后，原水利电力部成立了水利电力科技体制改革领导小组，加强领导，制订规章制度，召开会议交流总结经验，推动了试点工作和全行业科技体制改革的开展。1988年国务院又颁布了《关于深化科技体制改革若干问题的决定》，当时，重新组建的水利部又及时召开了“水利部深化科技体制改革座谈会”，按照《决定》的精神，分析了改革的态势，肯定了前段改革的成绩，研究了改革过程中的困难和问题，坚定了继续深化改革的决心。为了进一步搞好治理整顿和深化改革，1990年9月国家科委发出《关于认真做好1985～1990年科技体制改革调查和总结工作的通知》，水利部即于10月底在陕西杨陵专门召开了水利科研管理工作研讨会，就水利科技体制改革五年来的成就和问题进行了研讨总结，征求了对今后改革的设想和建议，并结合已在进行的科研管理专题调研，编写了上报国家科委的水利科技体制改革五年总结。

这次总结认为，通过五年实践，充分说明科技体制改革对促进水利科技事业的发展，调动广大科技人员的积极性，促使科技更好地为水利生产建设服务，是十分必要的。水利科技体制改革已初见成效，进一步明确了科技面向经济建设的方针，调动了科研院所为经济建设服务的潜力，把解决水利生产建设的科学技术问题放在科研的首位，把主要科技力量投入水利生产建设主战场。在“七五”国家科技攻关计划中，承担完成了《三峡工程重大科技问题研究》，《黄淮海地区中低产田改造综合开发治理》，《华北地区和山西能源基地水资源开发利用》，《遥感技术在防洪、水土保持中的应用》，《高土石坝关键技术》等几十项水利行业的课题；部门也组织了数百项重点研究技术开发项目；并设立了水利水电科学基金、水利技术开发基金等，开展了多学科、多层次的水利科学试验研究和技术开发研究。五年来，水利科技成果获国家科技进步奖49项，其中特等奖1项；获部、省级奖276项，这些成果质量较高，有的达到国际先进水平。通过改革，水利科研院所打破了过去的“等、靠、要”的状态，由单纯科研型，逐步向科研经营型的运行机制转变，加强了科学管理，增强了经济观念，同时也促进了科技成果的转化。扩大了院所自主权，改变了拨款制度，促进了科研机构内部运行机制的转变，初步扭转了在经济收益分配上的平均主义。随着深化改革和对外开放政策的实施，进一步推动了国际科技合作与交流；通过利用世界银行农业科技贷款，不仅引进一部分国际先进水平的仪器设备，而且派出百余名科技人员出国进修或攻读学位，已学成回国的80余人在科研工作岗位上发挥了作用，多数成为学科带头人。

当前存在的一些问题，主要是国家的科技体制改革政策与措施，基本解决了科技“面向”经济建设方针的问题，但在经济建设要“依靠”科学技术方面，缺乏有效的政策措施，对生产建设部门是否“依靠”科学技术，还缺乏制约和压力，以致在实践中往往形成“一头热”。科技体制改革要求通过有偿服务来增加科研院所的收入，甚至要求实现自我良性循环，是难以做到的，特别是水利科研单位属社会公益类型，很难做到以市场为导向，以创收为动力，因此遇到一系列自身难以克服的困难与矛盾。而当前，对这类科研单位还没有相应的政策措施，致使为筹集科研经费，谋求自身的生存和发展，不得不把创收作为院所的首要任务层层下包。为了完成承包指标，只好派出科技骨干力量，千方百计联系、承揽“短、平、快”的横向试验任务，使科研课题在低水平上重复，而高质量、高水平，具有先导性、储备性的科研成果有所减少，严重影响科研后劲和事业发展，以及科研队伍的稳定。

总结中，针对水利的行业特点和存在的问题，提出了一些设想和建议。

（1）强化科技意识，完善科技法规，以协调、理顺科技与生产建设的关系。一方面生产建设的各级主管部门，包括计划和执行部门，都要改变传统观念，强化科技先导意识；另方面要制定一套体现“依靠”方针的具体政策和规章制度，对生产建设过程的主要环节加以法制性的指导和制约，以激励生产建设部门对科学技术的需求。对科研单位则可根据其理论水平、技术优势和试验研究能力，明确规定其参与生产建设某些环节的职责，以改变科技对生产建设的“从属”地位，发挥“先导”作用。

(2) 调整管理模式，区别对待。建议根据院所的行业特点、业务性质、自身功能等条件，区别对待，采取不同的管理制度，给予不同的扶持政策。目前科技体制改革的有关政策，基本上是针对工业生产产业的技术开发型大院大所，对于社会公益型的专业院所还必需另做研究和考虑，制定相应的政策。

(3) 增加科技投入，创造生存发展条件。几年来，国家用于科技的投入没有以高于财政收入的增长速度而增加。拨款制度的改革，对于技术开发型的工业院所，收到了一定的增强活力的效果，但从事基础研究和社会公益型的院所，仍然没有摆脱困境，建议对这类院所应给予一定的倾斜政策，使其事业经费收入，扣除物价上涨和社会开支加大等因素，能逐年有所增加，起码能维持一定水平。

(4) 增强科研后劲，保持技术优势。首先是加强科技人员的思想意识教育和职业品德教育，树立团结协作，为科研事业做奉献的精神；在院所事业发展规划中，要认真考虑纵深部署和长远发展目标；在人才储备方面，既要体现优化组合，也要强调承担培养后继人才的义务；至于科研手段落后、仪器设备老化失修等，目前只能由国家和部门在基建计划中予以考虑。

(5) 简政放权，加强宏观调控，完善院所内部管理。建议国家科委组织力量调研，总结肯定成熟的经验，研究制定我国的《科研院所法》，提出优化的管理模式，并以立法形式确定下来，以利贯彻落实。

(6) 加强技术推广，促进科技成果转化为生产力。水利科技成果的应用推广，目前仍是最薄弱的环节，应调动部门、行业和地方的积极因素，健全行业推广体系，多方集资，以促进成果转化，发挥规模效益。

(丁瑞麟)

开展科研管理专题调研

为了加强水利科研管理，促进科技体制的深化改革，水利部科教司于1990年5月组织水利科研管理专题调研组，对部属科研院所的管理模式、绩效考核评价、仪器设备管理、建立部级重点实验室的可行性、水利科研成果效益分析评价方法等五个方面分别进行了专题调查研究。调研组由水利水电科学研究院、南京水利科学研究院、长江科学院、西北水利科学研究所、黄委会水利科学研究所等的七位同志组成，承担全部调研任务。其中，管理模式调研专题由全组同志共同参加完成；其余四项专题则指定负责人，分别组织力量承担。调研组用了一个多月时间先后在南京、武汉、郑州、杨陵、北京等地调查了11个水利部属科研院所、3个兄弟部门科研所，以及个别省科研所的科技体制改革及科研管理情况和经验，分片召开了22个不同层次的座谈会，参加人数达270多人。同时，还进行了函调、搜集资料和必要的测算、验证。通过综合分析研究，调研组于1990年9、10月先后提出了五个专题的调研初步成果。

五项专题调研的主要内容概括如下：

1. 部属科研院所管理模式研究　本专题在对部内、外系统15个科研院所改革与管理经验调研的基础上，分析了部属科研院所管理模式优化的指导思想、水利科研的特点及院所管理运行机制的现状，提出了部属科研院所包括领导体制、组织机构、人才管理、科研业务管理、经济管理、后勤管理等内容的优化管理模式的意见和建议。

2. 部属科研院所绩效考核评价研究　正确地考核和评价科研院所的成绩和效益，是加强科研领域宏观管理，深化科技体制改革，推动科研院所改进经营管理，促进科技进步的重要措施之一。本专题针对部属科研院所的特点，研究提出了建立院所绩效考核评价指标体系和方法的指导思想和基本原则，并结合科技统计年报资料，选择建立了一套合理可行的考核评价指标体系和计算分析方法。同时，还编制了系统软件，对部分院所进行了试算。

3. 部属科研院所仪器设备管理调研　本专题在调查了解部内外系统17个科研单位仪器设备管理现状及经验的基础上，通过综合分析研究，提出了近年来水利科研院所仪器设备发展状况、提取仪器设备占用费的原则和计算方法，科研院所对提取仪器设备占用费可能承受的能力分析，以及仪器设备折旧年限、购置及使用原则等一些设想和建议。通过调研，提出了《部属科研单位仪器设备管理办法》(初稿)。

4. 建立部级重点实验室的可行性研究　本专题调查分析了部属科研院所及其主要实验室管理现状及技术装备水平，结合水利科技中长期发展规划的要求，并参考国家重点实验室建设的经验，论证了建立部级重点实验室的必要性和可行性。同时，进一步对部级实验室应具备的条件、组织原则、管理模式、经费及任务来源，以及申报审批程序等问题提出了设想和建议。

5. 水利科研成果效益分析评价方法的研究　对科研成果的效益给予准确的分析评价，不仅有利于调动科技人员的积极性，而且能公正地反映出成果的科技水平及经济、社会的价值、作用和意义，促使其转化为生产力。本专题在搜集、分析国内外研究现状资料的基础上，结合水利科研的特点，提出了适用于水利科研成果效益评价指标体系、定量计算方法和定性评议条款等。本专题研究难度较大，提出的初步研究成果是使水利科研成果效益评价由定性向定量转变的一次有意义的探索。

1990年10月，在陕西杨陵召开的水利科研管理研讨会上，对以上五项专题调研报告（初稿）进行了讨论，认为调研选题恰当，涉及了当前水利科研管理的一些主要问题。这些调研成果可进一步研究补充完善，使之在实际管理工作中得到应用。

（陈绍炯）

科技兴农和技术推广体系

根据全国科技工作会议精神，水利部于3月23日～27日在天津召开了全国水利科技工作座谈会。会议重点就如何贯彻落实国务院《关于依靠科技进步振兴农业，加强农业科技成果推广工作的决定》进行了研究讨论。会议认为“科技兴农，科技兴水”势在必行。要求各地水利部门切实加强领导，建立推广组织，着手制定近期计划和中长期规划，并纳入建设计划。同时，要解决好科技推广的经费投入，调动各方面的积极性，利用各种专项资金，支持水利技术推广工作。

在建立完善水利技术推广服务体系方面，于1990年6月成立了水利部科技兴农技术推广领导小组，张春园副部长任组长，由有关司局负责人参加，并由农水司负责办公室日常工作，办事机构设在水科院。经研究确定，在29个省、自治区、直辖市及13个计划单列市的共93个县，建立水利科技兴农技术推广示范县。第一批共有72个县已于年底落实下达经费360万元。力争三年内在全国逐步形成以县水利技术推广站为核心，乡（镇）为骨干，村为基础，干群结合的水利技术推广队伍，形成多层次、多元化的推广服务网络。为了加强水利科技成果推广工作的领导和管理，还成立了水利部科技推广中心，代部归口管理水利全行业的科技推广业务，包括推广计划的编制和监督实施，技术指导，宣传，培训等。该中心与科教司条件处合署办公，共设事业编制25人。至此，水利科技推广体系已具雏形。

为使“八五”水利科技推广工作建立在扎实、可靠的基础上，由科教司组织编制了“八五”水利科技推广规划和年度推广计划。近期推广的重点项目，包括坝工施工、管理新技术、农业灌溉节水丰产技术、渍涝盐碱中低产田改造技术、农村小水电、水土保持小流域综合治理技术等，力争在三五年内使先进技术的推广覆盖率达到50%以上。

1990年4月在北京召开了京、津、沪和冀、鲁、豫、苏、皖八省市科技兴农兴水规划工作会议，促进这些地区在规划的指导下，更好地抓紧科技兴农事业的发展。

（张　华）

水利部技术委员会成立

为加强水利决策研究和咨询工作，提高水利决策的科学化、民主化程度，保证水利决策和决策的执行符合人民的利益，根据十三届六中全会精神，水利部党组决定成立水利部技术委员会，并于1990年7月发出成立通知。

水利部技术委员会是技术参谋性质的非常设机构。其主要任务是：组织水利专家进行重大水利技术研究并进行决策咨询，协助部领导解决重大水利技术问题。委员会成员由全国水利系统有名望的专家组成。其日常工作由科教司负责办理。

技术委员会于11月在京召开了第一次全体会议。技术委员会主任杨振怀部长在会上作了讲话，着重分析当前水利形势，展望了90年代的水利事业。会议讨论了委员会的工作，并审议了《水利“八五”计划和十年规划设想纲要》，提出了一些修改意见和建议。

（丁瑞麟）

制订水利专项科技发展规划

为贯彻实施经国家科委审议通过的《中长期科技发展纲要》（十八·水利），完成《纲要》规定的重点科技研究任务，1989年由科教司组织有关司局和部属单位，分头起草了十个领域的专项科技发展规划。在1990年的几次讨论审议中，根据水利生产建设有关专业的实际需要和司局建议，又增列了四个领域的专项科技发展规划，并已由有关归口司局分头组织论证编拟，提出了初稿。至此，共有14项专项规划正在审议修改，预计1991年可以定稿刊印。这14项专项科技发展规划是：①防洪；②减灾；③水资源开发利用和保护管理；④农田水利；⑤水土保持；⑥水利管理；⑦小水电；⑧水利环境；⑨节水问题；⑩长江治理与水资源综合开发利用；⑪黄河治理与水资源综合开发利用；⑫水利应用基础研究；⑬水利科技信息系统与数据库；⑭水利发展战略等。其内容范围基本上覆盖了水利生产建设的各主要专业，包括各该专业的现状和背景，问题和差距，任务要求和目标，课题规划和具体项目安排等。这次的规划成果，将作为今后论证审议各类研究开发项目课题，编制年度计划的重要依据。

（陈 川）

牧区水利科研综合试验基地的建设

我国草地面积约占国土面积的40%，由于沙化退化严重，许多草场载畜量极低，严重影响了我国畜牧业的发展。为开发改良利用沙化退化草原提供技术示范，在草场灌溉、集约化半集约化经营等方面积累科研和生产成果，向各地牧区辐射和推广，水利部科教司于1989年12月14日批准由牧区水利科学研究所承担，建设一个牧区水利科研综合试验基地。

基地位于内蒙古自治区达拉特旗树林召乡，黄河南10 km处，西南10 km有罕台川自南向北流过进入黄河。总面积2000亩，基地处于库布齐沙漠和黄河南岸平原交接地带，为黄河、罕台川洪积、冲积平原，海拔高程1003～1007 m。基地地下水资源相当丰富，一般埋深60～80 m，多年平均降雨量为310 mm左右，年平均蒸发量为2160 mm。无霜期平均为184天，日照时数为3159.4 h，作物生长季节（4～9月）日照时数一般为1774.2 h。土地冻结时间长达5个月，最大冻层厚度162 cm。

达拉特旗境内有河流8条。黄河为北边过境河流。基地位于中部的罕台川流域内，全长77.4 km，多年平均径流量2485万m^3。平均流量0.69 m^3/s。记载最大洪峰2050 m^3/s。基地主要受罕台川下游的人工河段控制，该段的土堤防洪标准按10年一遇设计。

达拉特旗为半农半牧区，牧区以养羊为主，农区主要作物有小麦、玉米、葵花等。基地所在地原为一片待垦沙荒地。

根据当地自然社会特点和现状，基地开发治理规划的原则是：

(1) 以牧为主，牧、林、农、副、渔综合发展相互促进，建立一个以牧为主的多元经济统一体。

(2) 对水、土资源合理开发利用和养护相结合，防止土壤沙化、退化、盐碱化及水质恶化，提高土壤肥力，保证生态良性循环。

(3) 井、电、渠（含管道）、林、路、田、住宅、畜圈（舍）统一规划，相互结合。

(4) 选用经济实用的节水节能技术，种植、养殖技术，达到先进的技术经济指标。

(5) 发展集约化畜牧业生产，饲草料加工，实现草畜高效率转化。

基地预期达到的主要技术经济指标：

(1) 实现科学用水，合理灌溉，渠系的有效利用系数达0.95以上，比一般灌溉提高30%～40%。

(2) 经过灌溉及其它综合措施，使天然草场产草量提高3～5倍，即干草亩产量150 kg左右；人工种植优良牧草产量400～500 kg/亩，饲料产量达300～400 kg/亩。

(3) 实行养牧结合方式，实现3亩地养一只羊，比草地现有生产力水平提高10倍左右。

(4) 基地投入正常运转后，每亩产值由现在不到1.4元提高到200元，提高140倍，纯增50元以上。

（王桂银）

结构振动实验室正式对外开放

原水利电力部于1988年4月以（88）水电技字第39号文批准水利水电科学研究院建立面向全国的结构振动开放研究实验室。该实验室的任务以水利电力工程抗震试验研究为主，面向全国有关行业，争取国际开放，承担任务。为了适应和发展结构动力试验工作的需要，原水利电力部批准该实验室引进建置了大型模拟地震振动台，具有三向6个自由度宽频域振动的功能，能准确模拟地震时的实际复杂地面运动，研究工程结构中的结构地基相互作用，流固耦合等问题和大型设备的足尺试验。台面尺寸5 m×5 m，最大载重量20 t，工作频段0.1～120 Hz。就技术指标和功能特性来讲，目前这套振动台系统在国内外均属领先水平。除此之外，实验室还拥有法国PRODERA多点激振模态分析系统和强震观测、原型振动测试分析系统。

实验室建立运转3年来，已先后为各部门不同类型建筑结构和设备进行了一系列抗震试验研究，并为其提供了重要的科研成果。为加强实验室的学术领导和组织管理，充分发挥实验室的人才、设备优势，加速高层次人才的培养，促进国际交流与合作，推动我国抗震科学技术的发展，经水利水电科学研究院提出申请，由中国科学院审核，并会同能源部、水利部商议，于1990年3月31日经中国科学院院长办公会议通过，并于同年12月27日由一院两部联合发文[（90）科发计字1449号]，批准水利水电科学研究院结构振动实验室正式对外开放，将该实验室纳入中国科学院开放研究实验室管理系列。聘任陈厚群为实验室主任；批准学术委员会组成：顾问张光斗、黄文熙，主任潘家铮，副主任何璟、陈炳新。委员15人（名单从略）。

（陈绍炯）

科技基金管理

水利科研和技术开发的唯一经费渠道是国家计委每年下达的科技三项补助费用。为管好用好这项经费，自1984年实行了基金制和课题合同制的管理方式，在经费管理使用和课题征集方面，初步体现了面向全行业的竞争机制和择优支持资助的原则，成为计划管理、行业管理的主要手段。1990年继续执行了这种管理制度。

1. 水利水电科学基金　该项基金的资金来源原由水利和水电的科技三项费用中每年各拨50万元，计100万元，由基金会统一安排资助项目。1988年机构调整后，由于水电方面的资金未拨，1989年的资助项目至1990年11月第二届基金会第二次全会上才审议通过。由水利、能源部属科研院所和有关重点高校等22个单位申报的1989年项目共188项，申请资助的金额达415万元。经全会审议、投票，原则通过资助项目81项，资助金额85.5万元。会后已交基金会办公室与申报单位逐项安排落实。

2. 水利技术开发基金　第二届基金委员会于1990年经部核准组成，并于7月在京召开了第一、二届基金会联席会议。会议在总结经验的基础上，研究讨论了第二届基金会的工作，以及基金会章程和基金管理办法的修订等事宜。当时，由于国家"八五"科技攻关计划正在论证推荐，部的重点科技攻关计划也在酝酿筹划，考虑到技术开发基金与整个计划体系的衔接配合，部领导决定1990年暂缓安排资助项目。以往逐年安排资助的项目正陆续提交成果，基金会办公室准备分辑汇编，以广交流。

3. 黄河水沙变化研究基金　基金会于1990年12月在京召开了第三次扩大会议。各专题组共提交了中间性研究成果35项，在会上重点汇报交流了其中的24项。会议认为，经两年多来的努力，对上游干流和中游主要支流的基本情况已比较清楚，分析研究方法也有改进，为编写总结报告奠定了基础，但任务仍然十分艰巨。会议明确由综合总结报告编写组拟定编写大纲，并成立研究专题阶段报告的评审小组，分片逐题审议。要求各专题于1990年10月底提交最终报告和成果。会议确定5年专题研究的范围自刘家峡至黄河河口，并包括龙羊峡的调水调沙作用，重点是中游干支流水沙变化研究。要求综合总结报告要弄清现状，作出预测，为治理黄河宏观决策服务；各支流要有完整的报告，供支流发展建设决策使用；并要求汇集总结在基本概念和探索分析研究方法方面的进展。

（李生田）

水利水电标准化工作

1988年12月29日《中华人民共和国标准化法》的颁布实施，标志着我国标准化工作进入一崭新的历史时期，1990年4月国务院发布了《中华人民共和国标准化法实施条例》，进一步推动了《标准化法》的贯彻执行，1990年5月召开的"全国贯彻标准化法工作会议"明确了新时期标准化工作"以质量为中心，以标准、计量为基础"的指导方针，随后国家技术监督局又发布了《国家标准管理办法》、《行业标准管理办法》、《地方标准管理办法》及《企业标准管理办法》等配套规章，进一步推动了全国标准化工作。水利部和部标准化委员会按照法规的规定以及标准化工作指导方针积极把水利水电标准化工作纳入法制管理轨道，并为建立科学合理的水利水电技术标准体系开展了一系列工作。

1. 编制了《水利水电技术标准体系》　为建立一个符合国情，构成合理，水平先进，协调配套的《水利水电技术标准体系》，水利部能源部联合成立了《水利水电技术标准体系》编制组，以标准化法规及其方针政策为依据，在清理原水利电力部现行标准的基础上，合理确定拟编的技术标准，用最少的标准，力求把国务院为两部规定的水利水电"三定方案"所确定的业务范围覆盖起来。为此，根据原国家计委标准定额局及原国家标准局关于编制标准体系的有关规定，参考ISO、IEC以及苏联、日本等有关标准体系，编制组按照"共性提升"、"宜粗不宜细"、"同一性"及"按专业分类"等原则，将水利水电技术标准体系分成工程建设标准与产品标准两大部分，每个部分又分三个层次，即：基础标准、通用标准及专用标准。两个部分再按专业分类原则划分为7个类别。工程建设标准分：勘测设计、施工（含安装验收）、管理、经济评价与定额、水文水资源及环境、机电工程及试验方法等7类；产品标准分：土工试验仪器、大坝（含岩体）观测仪器、水文仪器、水工金属结构、施工机械、水力发电设备及排灌机械类等。通过两部有关专家自上而下和自下而上的反复审查修改，《水利水电技术标准体系》于1990年10月编制完成，整个体系各类标准列项共521项，其中工程建设标准312项，产品标准209项；已颁标准171项，在编标准92项，拟编标准258项，目前正报两部领导审批发布。

2. 依法清理整顿现行标准　根据国家技术监督局

标发［1990］279号文与建设部标字［1990］34号文的要求，计划用3年左右的时间，对现行国家标准、专业（部）标准、企业标准以及不符合1979年发布的《中华人民共和国标准化管理条例》规定的各司、局、委、院的标准、规定、条例等等，均应按《标准化法》及其配套规章的规定，清理整顿，把所有的现行标准调整到《标准化法》规定的国家标准、行业标准、地方标准等四级标准体系中来，并对国家标准与行业标准划分为强制性标准与推荐性标准。据此精神，水利部组织力量，在清理整顿的第一年里已对上述现行标准（含已颁与在编标准）进行了清理登记，并进行初步的划级定性工作，在此期间合并了原部标准37项，取消原部局标准5项。清理整顿的初步结果是：清理登记的各类工程建设标准共181项（含1990年编制计划的33项）其中国家标准23项（已颁10项，在编13项），行业标准158项（已颁的108项，在编50项）；清理登记的各类产品标准共56项，其中国家标准25项，行业标准31项。清理整顿工作正深入进行，计划明年全部完成。

3.制定水利水电标准化工作“八五”计划 根据国家关于编制“八五”国民经济和社会发展计划的总方针，按照水利部编制“八五”计划的总精神，围绕着促进水利水电建设与管理的技术进步，保证工程与产品质量，缩短工期，提高水利水电建设经济效益的这个中心，以实现两部编制的《水利水电技术标准体系》总目标，集中力量把水利部承担的国家标准和主管的主要行业标准编制好，并将整个标准化工作纳入法制管理的轨道。为此，“八五”将优先安排以下几类重点标准定额的制订、修订工作：

（1）优先安排与国家重点建设项目，如长江三峡水利枢纽工程、小浪底枢纽工程，以及南水北调工程等有关的、急需的标准。

（2）对促进水利水电工程与产品的技术进步有重要意义的基础标准与通用标准，如《水利水电工程制图》、《水利水电工程技术术语》、《岩土工程术语》、《农田水利技术术语》、《水土保持术语》、《水利水电工程等级划分标准》、《防洪设计标准》、《水工结构设计可靠度统一标准》、《水工建筑物荷载设计规范》、《水资源评价规范》、《水力发电厂机电设计规范》、《水轮发电机技术规范》、《农田水利工程设计规范》等。

（3）提高水利水电工程投资效益的重要定额，如《水利水电工程投资估算定额》、《水利水电工程设计概预算编制规程》、《水利水电工程施工定额》及《水利水电工程验收规程》等等；

（4）对保证水利水电工程质量的通用试验与检验方法，如土工试验方法、岩石试验方法、水工混凝土试验方法、水电站及泵站现场测试规程、灌溉试验方法、水文仪器检验方法、土工仪器检验方法、大坝（含岩体）仪器测定方法等等。

根据以上要求，部内各司、局、总院，应按体制改革“三定方案”确定的业务范围，在今年应制定出以实现《水利水电技术标准体系》为目标的“八五”标准化工作及年际标准化工作计划，进而形成水利部“八五”标准化工作计划。

近几年来，水利部的标准化工作以法律为准绳，围绕着制定标准、组织实施标准和对标准的实施进行监督这三大任务，为在“八五”计划完成《水利水电技术标准体系》这个总目标而努力工作，把水利水电标准化工作提高到一个新的水平而努力奋斗。

（黄林泉）

科技成果管理和奖励

1.科技成果的鉴定 自1989年5月《水利部科学技术成果鉴定管理办法》颁布以来，重大成果已通过水利部组织的鉴定19项，科技教育司组织的鉴定71项。这些项目的鉴定，均是先申请，提交整套文件资料，经过严格的审批手续后进行的，其中会议鉴定的型式居多；根据《办法》，通过专家的会审，实事求是地肯定了成果的技术水平、作用和效益，找出了存在的不足，为应用推广提供了依据。

水利科技成果的鉴定，同国家其他行业的科技成果鉴定一样，也存在一定问题，主要是有走过场，评价偏高，会议鉴定开支大等现象。为此国家科委成果司正在着手制定有关条例，使科技成果的鉴定走上科学化，法制化。水利部的《办法》也将随之修订。

2.科技成果的保密 国家科技保密办公室和国家保密局对科技成果的保密工作极为重视，颁布了《科技成果密级评价方法》，水利部于1990年3月举办了本方法的学习班，为部直属单位培养了30多名科技成果划密队伍。据此方法，首批划定了6项成果为秘密级技术出口成果。

3.科技成果的登记 1988～1990年水利部登记的重大科技成果171项，存档的科技成果404项。根据国家科委的要求，从1991年开始，科技成果的登记、统计工作要进行计算机管理，科教司已经购置了有关软件资料，逐步使水利科技成果的登记工作走上科学化，计算机化管理。

4.科技成果的奖励 1990年水利行业获国家科技进步奖成果为8项，其中二等奖2项，三等奖6项。这些成果对推动水利科技进步具有促进作用，并取得了巨大的经济效益和社会效益。如二等奖成果《关门山混凝土面板堆石坝施工技术研究》中采用的坝型，就具有投资少、工期短、施工简单、运行可靠等优点。关门山混凝土面板堆石坝是我国以现代施工技术建成的第一座面板坝。该工程施工技术研究，包括五个内容，即：①坝料开采微差挤压爆破技术；②垫层料斜坡碾压、固坡及临时渡汛防渗处理技术；③面板混凝土施工工艺；④LNS-870 防渗填料的研究与制造；⑤夹钢板橡胶止水带的研究与制造。此外国外面板坝大都建于温带及热带地区，关门山工程地处高寒山区，该项成果也为在寒冷地区修建面板坝打下了良好的基础。

由于该成果研究工作紧密结合工程实践，保证了关门山面板坝的顺利建成，比原混凝土拱坝方案节省水泥 18000 t，木材 4000 m^3，钢材 500 t，节约资金 840 万元。同时，由于采用了面板坝方案，使工期缩短一年，不仅节省了施工费用 100 万元以上，使本溪钢铁公司提前一年受益，增产钢板 10 万 t，增加产值 2 亿元，还可多发 400 万 kW·h 电，多灌田 1 万亩，减少洪水损失 500 万元。

国家科学技术进步奖评审委员会下设办公室、预核准小组和 26 个行业评审组，其中水利行业评审组挂靠水利部，办事机构设在科技教育司。国家科技进步奖评委会水利行业第二届评审组将于 1991 年开始工作。共聘有 18 名委员，任期 3 年，水利部总工程师何璟同志为组长，水利部科教司戴定忠副司长和农业部区划司张巧玲司长为副组长。何璟同志又是国家科技进步奖评审委员会委员。

国家科技进步奖评审委员会议评审特、一等奖项目采用播放录相和请主要完成人到会进行答辩，然后由主审评委发表意见，经评委认真评议，采用计算机辅助评分，最后以无记名投票的形式进行决选。核准二、三等奖项目的预核准小组，在国家评委会评审会议之前，对二、三等奖项目进行预核准工作，并向评委会作工作报告。遵照国家评委会要求，水利行业组评审前，每项成果送三位评委或专家评审，提出书面意见，评审时，行业组主审评委发表意见，经认真评议，采取计算机辅助评分，以无记名投票的形式进行表决，对特、一等奖项目进行推荐，对二、三等奖项目进行审定。

1990 年度水利部科技进步奖评审委员会办公室共授理申报成果 146 项，经评审获奖成果共 52 项，其中应用性成果一等奖 1 项、二等奖 6 项、三等奖 13 项、四等奖 19 项，论文、研究报告二等奖 3 项、三等奖 10 项。

水利部科技进步奖评审前，每项成果送二位以上的专家审查，其中一位是评委，根据评审标准，提出书面意见；评审时，主审评委发表意见并介绍专家书面意见，全体评委讨论评议，在计算机打分表上打分，然后输入，得出计算机评分，最后以无记名投票的形式进行决选。

（杨　刚）

专业研讨、培训和基本资料编辑

为总结交流经验，提高行业科技素质，并为领导决策提供参考，1990 年多次举办了各类专业研讨、经验交流，以及业务培训等活动。其中，效果较为理想的有：黄淮海平原节水增产示范区工作经验交流会，减灾工作座谈会，北方渍害田改造经验交流会，京津沪及黄淮海五省科技兴农规划座谈会，减轻荆江洞庭湖洪涝灾害对策研讨会，全国低扬程泵技术研讨会等。在业务培训方面，举办了科技成果管理研讨班，文豪机技术研讨班，为适应与苏联、东欧国家开展科技合作交流形势的需要，还首次举办了学制为 8 个月的俄语培训班，受到了参加单位的赞赏。在基本资料编辑方面，已完成《各国水概况》、《中国水利科学研究机构》、《低压管道输水灌溉技术》、《节水灌溉技术成果选编》、《科技兴农文件汇编》等的刊印出版，《小流域规划手册》已完稿付印，《中国水利》的校样统稿工作也已基本完成，并已开始《水利科技十年》和《国外水利科研机构》的组稿编审工作。

（丁瑞麟）

国家“七五”科技攻关项目

1990 年是执行国家“七五”科技攻关计划的最后一年。由水利部门主持或参加主持的项目，以及由水利部门所属单位承担的课题或专题，都已陆续提交了成果报告，并大部分通过了成果鉴定验收，为迎接 1991 年由国家逐项进行项目的验收，奠定了基础。

(1) 由水利部主持的第 57 项《华北地区及山西能源基地水资源研究》，是“六五”第 38 项研究项目的扩展和深化。研究内容包括：水资源数量和质量的评价，工农业节水和污水处理与回用，水资源系统分析和供需预测，以及解决缺水问题的战略措施等，是一项多学科、多部门的联合攻关。项目共列有 4 个课题，19 个专题，计由水利、地矿、农业、城建、高教、中科院等部门，和冀、晋、鲁、京、津等省市所属 80 个单位承担，共有 800 余名科技人员参加了研究。至 1990 年底，19 个专题都已提交了成果报告。

（2）水利部与能源部共同主持的第16项《长江三峡工程重大科学技术研究》。关于三峡的科研问题，在1984年成都“三峡工程科研工作会议”上就已制订了8个方面200多个课题的前期科研规划，并于1985年开始工作。1986年列为国家“七五”攻关第16项后，国家科委按照李鹏、宋健、钱正英等领导同志商定的原则，对1985年已进行的前期科研工作进行了复核、筛选，确定了7个课题，45个专题，围绕工程的泥沙与航运、地质与地震、水工建筑、施工技术、电力系统规划、生态环境、水文水情与防洪、三峡地区规划以及综合利用效益等问题开展研究。由于该第16项是针对一项特大型工程建设安排的多学科、综合、配套的攻关科研项目，在实施过程中又就专题分解为365个子题，由科研、高校、勘测、设计、施工等300多个单位，组织了3164名科技人员承担攻关任务的实施。至1990年底，各项课题专题执行结果均已达到攻关考核目标，并分别通过了成果鉴定和验收。

（3）在“七五”攻关第4项《区域综合治理》中，水利部承担的《黄淮海平原中低产地区综合治理》课题中的《灌排技术措施》专题研究，通过多处万亩试区的开发实施，已形成了具有中国特色的，适合我国国情的，从规划设计、管材管件研制、施工技术乃至运行管理的一整套低压管道输水灌溉技术体系。经部级鉴定认为该项研究达到国内先进水平，对提高水的有效利用率，提高灌溉水平具有重大意义。

（4）由水利部门所属单位参加承担的其他“七五”攻关项目，如：第6项中的《水库养鱼高产技术研究》；第17项中的《水利水电工程筑坝技术》；第21项中的《风能开发利用》；以及第73项《遥感技术开发》中的《资源与环境信息研究》等课题或专题，也都陆续完成了攻关任务，提交了成果，迎接鉴定验收。

（张 华 鲁学仁）

部重点研究开发项目

1.小浪底枢纽工程重点科研工作　鉴于小浪底工程的重要性和技术复杂性，根据杨部长指示，要像抓三峡科研攻关一样，抓好小浪底工程的科研工作。据此，1989年12月由何璟总工程师主持，专门召开了讨论会，归纳出五项重点科研项目，即：左岸洞群围岩稳定问题；进水塔前防沙防淤问题（包括风雨沟防淤堵）；孔板消能泄洪洞有关问题；水工建筑物和水轮机、闸门等抗磨蚀问题；洞群快速安全施工问题。会议责成黄委会设计院分别写出立项报告。1990年3月水利部科教司在京主持召开了小浪底枢纽科研工作第二次研讨会，对黄委会设计院提出的《小浪底水利枢纽多级孔板消能泄洪洞试验研究》和《小浪底水利枢纽进水塔防沙、防淤堵试验研究》两项报告进行了讨论，提出了意见和要求。会后，黄委会即抓紧落实任务，开展研究工作，争取两年内提出成果。

2.其他重点项目　长江支流渔子溪和大宁河两处无人值守水文站自动测报和信息传输技术试点，均已实施完成，其中渔子溪试点已通过验收。由水科院与河南省水利厅共同承担的人民胜利渠总干渠多微机分布式监控系统也已通过了鉴定验收，投入试运行。在三峡地区结合移民扶贫建立的柑桔喷微灌试点和海南省热带经济作物喷微灌试点等，共7处试点都已实施完成，通过了验收，并取得了节水增产的效益。

（张 华 高 波）

国际水利科技合作

1990年国际水利科技合作工作取得了新的进展，外向型科技事业已初步显示出活力。其中较为成功的项目有：

（1）由水科院组织牵头，包括黄委会、珠委会等单位参与的“孟加拉国防洪规划”项目，孟加拉国认为我们提出了最好的方案，表示要与中国进一步合作，委托我们承担该国的治河防洪任务。这为我国水利系统打开了与南亚开展经济协作的道路。

（2）中日合作海子水库灌溉示范区的开发计划调查工作已基本结束，除取得了良好的科研成果外，还为水科院提供了一辆汽车，一台计算机等物质条件。日方表示愿意继续合作下去。

（3）水科院承担的中国芬兰冰问题研究已正式列入国家级计划，下一步拟就黄河下游冰情预报进行合作。

（4）南科院与保加利亚船舶水力学研究中心开展了“近海工程波浪与建筑物相互作用的水力模型和数学模型研究”合作项目。该项目得到了国家自然科学基金的资助。

（5）南京水文研究所参加了由部水文司和美国地质调查局（USGS）共同负责的中美地表水水文学合作项目。

（蒋 超）

国际交流互访

根据我国政府与南斯拉夫科技合作议定书中第

12 项“水利科技情报和喀斯特地理研究”，应南斯拉夫切尔尼水资源研究所邀请，我国水利科技情报考察团于 4 月份赴南斯拉夫访问了有关水利科研和情报单位，广泛接触了从事科研、科技情报、工程管理、设计咨询和教学等方面的专家、学者。访问期间还参观考察了南罗合建的杰尔达泊—铁门航运水电枢纽、涅列特瓦河岩溶流域的几座梯级电站，了解了多瑙—蒂萨—多瑙水资源治理系统工程等。双方还商定，由三人组成的南斯拉夫水资源代表团应邀将于 1991 年 9 月访问我国。

另外，苏联国立水文研究所和苏联科学院水问题研究所两个代表团，先后于 4 月和 6 月相继来我国访问了水利部南京水文水资源研究所。双方就所际之间的交流和合作进行了商谈，并提出了今后长期合作和交流的计划。

在研究培训方面，国际泥沙研究培训中心按照地区计划举办了“亚洲地区水土流失及其控制培训班”和“河流水库泥沙观测研讨会”。同时，受联合国粮农组织委托，还举办了“亚洲地区小流域综合治理培训班”和专门为尼泊尔水土保持官员单独开办的培训班。这些活动都取得了一定成效，进一步提高了我国的国际声誉。

（丁瑞麟）

外　资　贷　款

1990 年主要是按照计划要求，继续执行世界银行二期农业科研贷款项目，同时，解决一期贷款的遗留问题和收尾工作。1990 年利用世行贷款共派出出国考察、培训人员 5 人次；参加国际会议 1 人次；所订购的仪器设备基本按期到货。

为了总结经验，肯定成绩，表彰先进，农业教育科研外资办公室以（1990）农教外资字第 21 号文发出通知，要求组织编写农业教育科研贷款项目留学人员学成回国业绩专集。水利部门已及时向各项目单位布置了这项任务。

为了完成一期项目的收尾工作和更好地执行二期项目，1990 年 11 月外资办在湖南长沙召开了二期项目单位的财会专业会议。这次会议的任务主要是清理、核对各单位的收支款项和财务管理，通报 1989 年度的审计工作情况及完成一期项目的结算工作情况，并布置 1990 年度的财务决算报表和审计工作。在此之前，国家审计署本着对国家负责和管好项目的精神，于 1990 年 5 月至 11 月，对一、二期项目的款项使用情况进行了审计。

为进一步争取外资贷款的支持，1990 年 11 月由科教司派人，就三期贷款的意向，与世界银行有关官员进行了商议。

（马济元）

低扬程泵技术的新进展

为满足我国南方平原湖区低扬程泵站的建设和旧泵站改造的需要，以及解决我国大型引调水工程用泵的要求，如正在筹建的南水北调东线工程、广东的东（江）－深（圳）供水工程及引黄济青工程等低扬程泵的急需。多年来，我国有关部门组织科研单位与高等院校进行了大量工作，取得不少成果，现简要分述如下。

1. 现状与问题　50 年代我国引进了苏联的轴流泵系列图纸，组织仿制以解决当时机电排灌低扬程泵站建设的要求。60 年代我国开始结合国情研究低扬程水力模型，70 年代为适应机电排灌低扬程泵站大发展的需要，并针对一些大型泵站的建设，先后研制了转轮直径为 1.6 m、2.0 m、2.8 m、3.1 m、4.0 m 及 4.5 m 的大型轴流泵机组。在总结科研与生产实践经验的基础上，原农业机械部组织了“轴流泵水力模型的试验研究”，80 年代初，在中国农业机械研究院集中试验，有 14 个轴流泵水力模型通过鉴定，其效率 $\eta=80\%\sim84.5\%$，汽蚀比转数 $C=900\sim1200$，是建国以来第一次取得的一批好模型，其中由甘肃工业大学研究的 $ZBM_{791-100}$ 水力模型，效率 $\eta=84.5\%$，成为当时国内优秀的水力模型。随后，华中理工大学与上海水泵厂共同研究的轴流泵水力模型 14ZM－70，其设计流量 362.7 L/s，扬程 7.67 m，转速 1450 r/min 效率达 85.5%，各项性能指标均达国家标准，在国内同比速的低扬程轴流泵水力模型中达到最好水平。

我国低扬程轴流泵水力模型及产品的研究与开发虽然取得很大成就，但与先进国家同类水力模型相比尚存在以下问题与差距：

（1）已鉴定的水力模型中，中低比转数水力模型设计点的扬程间隔较大（如 $n_s=700$ 与 $n_s=1000$ 之间）导致厂家与用户选不到合适档次的水力模型，尤其缺少高比速低扬程（$H\leqslant3$ m）、大流量的水力模型（如 $n_s=1200$、1500 等）及低比转数高效率的水力模型（如 $n_s=500$、600 等）。

（2）现有模型性能与国外先进水平比仍有不小差距，如：效率一般低 2%～5%；汽蚀比转数低 265～896；nD 值低 100～150（m・r/min）等，综合性能尚差；

(3) 泵段水力模型与各种流道的匹配水平差，装置效率一般为 60%～70%。

(4) 低扬程泵的结构单一，尚需发展立式、卧式及斜式轴流泵机组。

(5)目前的中小型低扬程泵产品多数仍是老产品，其规格少，工艺落后，质量差，性能低，耗能高，急需换代。

2. 低扬程泵水力模型的突破

泵段水力模型及其产品的突破。通过对现有低扬程泵水力模型和产品状况的分析，为保证新泵站建设与老泵站改造后达到行业标准规定装置效率 $\eta_{sy} \geqslant 50\%$ 的要求，水利部从 1988 年起组织水利水电科学研究院等单位对 $n_s = 1200$ 与 $n_s = 1500$ 水力模型进行研究开发，通过几年的努力，采用对势流流动进行有旋修正，控制汽蚀性能的强迫涡设计方法及轴流泵 CAD 辅助设计，经江苏机电排灌工程研究所 6‰的水泵通用试验台的试验，其模型性能（含能量与汽蚀）取得新的突破，主要性能指标如下表 1。

表 1 模 型 性 能 指 标

模型号	流量 Q (L/s)	扬程 H (m)	转速 n (r/min)	效率 η (%)	汽蚀比转数 C	比转数 n_s	研制单位
14ZM－120	349	3.55	1450	84.4	1100	1200	水科院
14ZM－150	350	2.75	1450	83.8	1062	1500	水科院

上述水力模型已于 1990 年先后通过部级鉴定，与会专家认为该两个水力模型效率高，高效区宽，汽蚀性能好，适于低扬程范围使用，与国内外相近比转数水力模型相比，达国内与国际先进水平。

为尽快地把科研成果转化为生产力，推动低扬程泵技术的科技进步，国家科委和水利部已将 $n_s = 1200$ 水力模型及其新产品列入 1990 年国家重点科技推广项目。现已批量生产的优质节能型低扬程中小轴流泵 ($n_s = 1200$) 有 8 个规格，即按弯管出口法兰通径分为：ϕ250 mm (10″)；ϕ350 mm (14″)；ϕ500 mm (20″)；ϕ600 mm (24″)；ϕ700 mm (28″)；ϕ800 mm (32″)；ϕ900 mm (36″)；ϕ1000 mm (40″)。这些产品每种规格均有两种转速，分别配套动力机。水泵的结构型式可按用户要求提供立式、卧式及斜式（15°与 45°）等四种产品。

3. 装置水力模型的突破　几十年来我国已建成各类中小型低扬程泵站几万座，大型轴流泵站 100 多座，采用已开发的泵段水力模型配置不同型式的进出水流道，即配以肘型、钟型进水，虹吸与直管出水，以及双向流道等，70 年代以来由武汉水利电力学院、河海大学、江苏农学院及中国农机研究院等单位的试验研究，其装置效率 $\eta_{sy} = 60\% \sim 70\%$。80 年代以来，水利水电科学研究院，以南水北调东线工程低扬程泵装置模型试验及江都排灌站第三泵站的技术改造试验，采用轴伸式与贯流式装置型式，经反复试验，低扬程泵的装置效率 $\eta_{sy} = 76\% \sim 83\%$，达到国内外同类装置的最先进水平，比过去立式装置效率提高了 6%～13%。据此，我们完全可以依靠自己的力量研制出第一流的大型低扬程泵站抽水装置，为我国南水北调东线泵站工程提供具有国际先进水平的抽水装置。

（黄林泉）

黄淮海平原的农业开发

1988 年，水利部属科研院所百余名科技人员响应中央号召，利用国家土地开发建设基金，在山东省的无棣县、邹平县，河北省雄县、大城县，河南省内黄县、杞县，江苏省淮安市、铜山县，安徽省宿县等 9 处进行了以水利为“龙头”的增产示范区的建设，总面积达 37.9 万亩，从而拉开了水利部“黄淮海”平原农业开发的帷幕。示范区的建设广泛注重科技投入和物质投入。所谓科技投入就是在示范区的建设中，积极组装配套和推广已有的科技成果，同时，结合工程建设开展必要的超前研究，为以后农业的深层开发积攒后劲；物质投入方面强调开发建设基金的配套使用，中央与地方资金的匹配比例不低于 1∶1，这样就有较充足的资金投入用于农业开发，保证示范区建设的顺利进行。两年多来，科技人员深入生产第一线，长期到基层蹲点，在省地县各级政府的密切配合下，示范区工程建设进展很快，至 1990 年，示范工程建设初具规模并已见成效。综观 9 处示范区的建设，有以下三个特点。第一是示范工程进展快、质量好，由于示范区建设非常注重科技投入，技术上充分体现了高、精、新的特点，在搞好规划的基础上，大胆创新，实现了施工一处、成功一处、发挥效益一处；其次，示范区经济、社会效益显著，由于示范区工程技术均是针对阻碍当地农业生产发展的制约因素而采用的，因此在很大程度上改善了当地的生产条件，粮食产量直线上升；第三是抓宣传、抓培训，推广辐射迅速，在示范区的建设过程中，科技人员边抓建设边抓宣传推广，举办正规培训班和在田间地头向农民宣传新技术、新工艺相结合，有效地促进了示范区的示范推广工作。

（李赞堂）

中国第一座大型泥石流动力学模拟实验室建成投产

泥石流是一种自然现象，常常对人类社会、经济活动和自然环境造成重大危害。近年来已引起有关国家的重视，已被联合国列为国际减轻自然灾害十年的内容之一。目前，国内外对泥石流的研究，在开展区域考察、定位观测和防治研究的基础上，已开始注意加强动力学综合实验研究，通过野外观测与室内实验相结合，使研究工作从定性研究向定量分析深化。但是，泥石流的动力特性与一般流体不同，其流体容重可高达 2 t/m³以上，其中土体含量可达 76%，颗粒分布由粘粒直至巨石漂砾，但却能在比降仅为 6%左右的沟道中流动自如，速度可达 15 m/s。要进行这种特殊流体的动力学实验，靠传统的水力学理论、方法、实验设备和技术是难以实现的。

为进一步开展中国的泥石流基础理论研究，揭示泥石流的物理、化学性质，建立预测预报模式和有效地防治泥石流灾害，中科院水利部成都山地灾害和环境研究所，在中科院的支持下，吸取了国内外关于泥石流动力学实验研究的经验，自 1985 年 10 月动工，修建了中国第一座大型泥石流动力学模拟实验室，至 1990 年 5 月通过了技术鉴定，并已投入运行。

该实验室由泥石流动力学实验装置、模型试验场和理化分析室三部分组成，综合性强，可以开展各类泥石流的动力学、静力学、物化性质和防治工程技术的综合实验研究。特别是实验装置部分，在设计构思上，针对国内和苏、美、日等国已有的实验装置采用泵和管路的封闭式物料输送系统，或非循环系统，难于进行高容重、大粒径泥石流连续循环试验的技术难关，采用链斗提升机和明槽的开放式物料输送方式，首次实现了泥石流整体连续提升循环试验，居于国际领先水平。在技术性能方面，实验流量可达 150 L/s，使实验流体接近于原型；实验流体容重最高可达 2.2 t/m³，最大粒径可达 100 mm；实验槽长 30 m，可自动变坡，坡度变化范围为 0～17%。这些技术指标都是国际上首次达到的。另外，在测试方法上，采用计算机图像解析法测量泥石流运动形态和运动要素，以及采用两向力传感器测量底面的运动剪切力或垂直压力等，也都居于国际先进水平。

该实验室在建设过程中，即已陆续开展了水石流起动试验、泥石流流动试验、泥石流模型试验和泥石流浮托力试验等。为摸索泥石流动力学实验方法取得了初步资料和经验，同时表明，利用该实验室的条件，可以开展各类泥石流动力学实验研究。

（丁瑞麟）

LXJ-4-450 土工离心模型试验机研制成功

LXJ-4-450 土工离心模型试验机系“七五”期间研制成功的，这使我国在这方面跨入了国际先进行列，其规模为亚洲第一，在世界上居第四位。

该机的研制工作，从设计、加工制造、直到安装调试均立足于国内。系由水利水电科学研究院主持进行；由航空航天部 511 研究所和水利水电科学研究院共同提出方案设计；离心机主机的设计和制造、安装分别由航空航天部 511 研究所和第一重型机械厂完成；电气拖动微机自动监控系统由能源部南京电力自动化设备厂、东南大学自控系和水利水电科学研究院共同完成；数据采集与监测系统由水利水电科学研究院完成；试验室土建工程的设计和施工分别由机械电子工业部工程设计院和第二水电工程局完成。

离心模型试验机的规模和技术指标为：

(1) 最大转动半径　5.03 m；
(2) 有效转动半径　4.0 m；
(3) 最大加速度　300 g；
(4) 最大转速　259 r/min；
(5) 有效负载　1.5 t；
(6) 有效荷载容量　450 g·t；
(7) 试验吊篮尺寸　1.5 m×1.0 m×1.5 m (L×B×H)；
(8) 达到额定加速度的时间　15～20 min；
(9) 持续运行时间　24 h；
(10)设计使用寿命　25000 h；
(11) 汇电环　电源滑环 14 个；信号滑环 100 个；
(12)液压旋转接头

油：P＝2000 kpa，Q＝40 L/min；
气：P＝2450 kpa，Q＝20 L/min；
水：Q＝192 L/min

(13)电机功率 700 kW；

(14)调速、稳速

调速范围：1∶10；
稳速精度：电压变化±5％
频率变化±1％
负载变化±20％时
稳速精度优于0.5％；
转速设定精度：0.5 r/min；
动态速降：小于1％，恢复时间小于0.5 s。

研究实践表明，其主机结构合理，运行平稳，采用对称臂、双吊篮、双摆动方式，具有较好的动平衡特性和较高的模型试验精度。电气拖动微机自动监控系统采用数字—模拟混合调速装置，调速、稳速精度高，且由4台微机组成的微机网络自动控制整个设备的运行流程，安全可靠。数据采集与监测系统采用数字信号传输方式，使滑环数目大大减少，提高了系统的抗干扰能力，能较准确地测得模型试验的有关数据。试验室土建工程总体布局合理，基础抗震性能好。利用该离心模型试验机，可模拟150～200 m高的建筑物。在精度略有降低的情况下，可进行200 m以上，甚至300 m高建筑物的模型试验。它基本上能满足我国今后一个相当长的时期内，水利水电工程建设发展的需要。

（王桂银）

教 育

加强思想政治工作 创造办学条件 实行科学管理 推动水利教育事业发展

一、加强部属高校党的建设和思想政治工作

1990年，部属高校坚决贯彻中央关于加强党的领导，加强思想政治工作，维护高校秩序稳定等一系列指示精神，初步改变了一手软、一手硬的局面，思想政治工作很有成效，总的情况是好的。即使在东欧政治局势发生剧变和4、5、6月份的敏感时期，部属高校的局势也是稳定的、平静的。广大师生对以江泽民同志为核心的党中央信任感不断加强，认为这个领导班子有水平，有能力，是办实事的。对国家采取的一系列治理整顿政策是拥护的，认为是必要的，有成效的。但是，学生和青年教师中一些深层次的思想问题还远未解决，不稳定因素继续存在。

部属高校在加强党的建设、加强思想政治工作、维护学校秩序方面做了大量工作。

(一) 维护学校秩序稳定工作

水利部于1990年4月在河海大学召开了部属高校党委书记会议。会议由部党组成员张春园副部长主持。会上重点分析了当前学生思想状况，进一步明确维护高校秩序稳定是压倒一切的任务。经过会议讨论，形成了《关于进一步维护高校秩序的几点意见》的文件，印发给部属高校贯彻执行。文件指出，目前部属高校绝大多数师生员工人心思定，不希望国家和社会再出现动乱。但是国内外都还存在一些不安定因素。因此，必须克服麻痹思想，保持高度警惕，做到有备无患，严加防范，并要求各校做好以下几项工作。

(1) 认真做好稳定大局的教育工作。要教育大家充分认识维护安定团结局面是全国各族人民的根本利益；维护学校稳定是每一位师生的责任和义务。

(2) 落实稳定学校工作责任制。学校党委要加强领导，在稳定学校秩序中起核心领导作用。各级党组织要发挥战斗堡垒作用。稳定工作实行校、系、年级、班以及处、室各级领导责任制，哪一级出问题，就由哪一级领导人负责，层层落实。

(3) 学校各级领导干部都要密切联系群众，做好工作。要深入到学生中去，和学生交朋友，开展谈心活动，倾听他们的意见，帮助他们解决实际问题。

(4)严格执行公安部门有关维护国家和社会稳定，维护校园正常秩序的规定。禁止在校园内张贴大、小字报，标语，传单；严禁非法串联和集会；严禁哄闹和非法游行；未经批准，不得擅自组织报告会、讲演会，沙龙等；不得擅自组织社团和各类政治组织；不得擅自印刷、出版各种刊物等等。

(5) 加强信息工作，掌握各种动向，把不安定因素解决在基层，解决在内部，解决在萌芽状态，制止

在校园之中。

(6) 建立和加强处置应急事件的领导小组，做好处理突发事件的工作方案。

此外，还有加强学校治安保卫工作；整顿校风校纪，严格管理；丰富课余生活，开展健康的文体和科技活动；抓好后勤服务工作，改善生活条件，办好伙食等等。

(二) 加强思想政治工作

1990年8月召开了部属高校学生思想政治工作汇报会，各校党委宣传部长参加。会议分析了当前学生思想状况，交流了思想政治工作经验。经过分析认为，学生深层次的思想问题主要有：部分学生对中央制止动乱、平息暴乱仍有消极情绪，对动乱的真相、性质、危害的认识持保留态度；部分学生对社会主义的信心不足，甚至不满，认为社会主义不如资本主义；一些学生欣赏西方的多党制、议会制、三权分立，怀疑中国政党制度的正确性，认为靠共产党自己的力量，缺乏制约能力，不能纠正腐败现象；对资产阶级自由化思潮认识模糊，或者不承认存在资产阶级自由化思潮，认为这只不过是一种言论自由，或者认为自由化也没有什么不好；部分学生政治上不求上进，对政治活动不感兴趣，道德素质差，损坏公物、浪费粮食严重，稍不如意就摔瓶子、砸玻璃，发泄情绪，考试作弊不以为耻，学习不认真，厌学之风依然存在；部分学生为人民服务观念淡薄，毕业分配不愿到基层去，到艰苦的地方去，向往大城市，向往收入高、轻松舒适的岗位。

针对上述这些思想状况，部属高校党政各级组织，做了大量的思想政治工作。

(1) 开设《形势和政策》、《五十天的回顾与思考》、《中国国情及社会主义》等课程，进行坚持四项基本原则、反对资产阶级自由化和国情教育。

(2) 举办业余党校，对共产党员和要求入党的积极分子进行党的基本知识教育。

(3) 成立马列主义学习小组，学习马列和毛泽东著作，增强用毛泽东思想观察和分析问题的能力。

(4) 组织学生社会实践。河海大学组织学生进行“百名劳模”调查活动，从劳模的成长过程，体会到青年知识分子的成长道路。南昌水利水电专科学校组织学生去井冈山等地进行社会调查，接受革命传统教育。

(5) 举办学生骨干培训班、青年团和学生会干部轮训班，培养学生骨干，成为教师和政工干部的助手，发挥学生自我教育作用。

(6) 开展多种形式的教育活动。如河海大学开展国防教育，举办军事知识和“我与国防”征文比赛；举办老校友张闻天同志生平、事业、思想研究学习班，进行马列主义和革命传统教育。华北水利水电学院开展“知国、爱国、报国”为主线的爱国主义教育，引导学生不仅要爱社会主义祖国，还要报效祖国。河海大学机械学院开展以纪念鸦片战争150周年为主线的“毋忘国耻，爱我中华”活动。

(7) 开展学雷锋、树新风活动。河海大学有数百人走上街头为群众做好事，有1000多人利用星期天到车站、公园义务劳动。南昌水利水电专科学校有100多人到车站、大街、工人文化馆义务劳动。河海大学机械学院学生长期为群众义务修理家用电器，得到群众好评。

(8) 加强校园文化建设，开展健康向上的文体活动。河海大学组织学生举办“校园之春”文化月活动。河海大学机械学院举办艺术节、文化周活动。华北水利水电学院校园文化活动很活跃，组织了大学生文艺团，在河北省大学生文艺汇演中获得好评；大学生篮球队在河北省高校篮球比赛中获得冠军。在各校广泛开展校园文化活动的基础上，为继承革命传统，发扬爱国主义精神，推动精神文明建设，水利部于“一二·九”期间，在河海大学举办了主题思想为“团结、爱国、健康、奋进”的部属院校（包括高校、中专和技工学校）首届文艺汇演，各校都作了认真的准备，演出取得很大成功。

通过上述一系列的工作和活动，学生中的正气逐渐上升，不同程度地解决了一些思想问题，教学秩序、工作秩序和生活秩序稳定，学习积极性有所提高，校纪校风有所改善。但是某些深层次的思想问题继续存在，今后思想政治工作的任务还很重。

(三) 部党组加强对高校的领导

(1) 部党组加强对部属高校的领导。为了加强对高校的领导，部党组决定由党组成员张春园副部长联系河海大学，党组成员王守强副部长联系南昌水利水电专科学校。

杨振怀部长，钮茂生、张春园副部长多次到华北水利水电学院检查工作。杨振怀部长在陪同李鹏总理视察黄河和河南期间，曾向李鹏总理汇报了华北水利水电学院迁郑州建校情况。应杨部长请求，李鹏总理为华北水利水电学院题写了校名，对师生员工鼓舞很大。

4月，张春园副部长在河海大学主持部属高校党委书记会议期间，带领与会同志到学生食堂用餐，到学生宿舍看望学生，与学生会干部座谈，听取学生的意见。他还深入到图书馆、教室了解教学和学习情况。

教师节期间，王守强副部长在参加张闻天同志铜像揭幕仪式后，向河海大学师生作报告，勉励师生向张闻天同志学习，为办好社会主义大学，为发展中国水利事业而奋斗。

（2）高校党委领导成员进行调整。南昌水利水电专科学校党委书记王济龙同志已到退休年龄。征得江西省委组织部同意，由省推荐任命了张乐天同志为党委书记，领导班子内部关系得到某些调整。

征得河北、江苏省委组织部同意，将河海大学副校长黄瑾同志调到华北水利水电学院任党委书记。黄瑾同志到任后，着重抓了党委自身建设，“软、浮、散、懒”局面有所克服，学院工作有明显变化。11 月下旬，河北省委召开高校党委自身建设经验交流会上，着重介绍了华北水利水电学院的经验。

二、改善部属院校办学条件，促进教育事业发展

（一）基建设备投资

1990 年部属院校和联合办学院校的基建设备投资 2990 万元，比 1989 年的 2390 万元增长 25.1%。投资的增加，改善了部属院校的办学条件，有力地支持水利教育事业的发展。1990 年基建设备投资分配和现有校舍建筑面积、教学科研设备固定资产价值见表 1。

表 1　　1990 年部属院校基建设备投资和校舍面积、教学科研设备固定资产价值表

学　　校	投资额（万元）	当年完成基建面积（m^2）	在建基建面积（m^2）	现有校舍建筑面积（m^2）	现有教学设备价值（万元）	备　注
河海大学	652	25302	15713	261152	3331.96	校本部
	293	1639	8000	47670	361	机械学院
华北水利水电学院				85135	1001	邯郸
	1660	29094	11772	40866		郑州
南昌水利水电专科学校	150	0	5347	45498	117	
华北水电学院北京研究生部	140	0	2090	14000	195	
黄河水利学校	59.50	6646	0	41687	700	部投资 25 万元
长江水利水电学校	91.50	1900	5680	34176	83.6	部投资 20 万元
江苏水利工程专科学校	36					委托培养
四川省水产学校	14					委托培养
合　　计	3096	64581	48602	570184	5789.56	部投资 2990 万元

1990 年投资重点是华北水利水电学院郑州新校址的建设。除共建成 40866 m^2 校舍外，供电工程、给水排水工程、道路工程等均已建成，初步具备了办学条件。330 名本科新生于 9 月在郑州新校址入学。

（二）招生、毕业生和在校学生

（1）招生。1990 年高校本、专科招生 2263 人，比 1989 年增加 196 人，增长率为 9.5%；中专招生 697 人，比 1989 年增加 101 人，增长率为 17%。1990 年招生情况见表 2。

表2　**1990年　招　生　情　况　表**

单位	研究生数			本、专科生数			留学生数	中专生数	合计
	小计	博士生	硕士生	小计	本科生	专科生			
河海大学 本部	103	9	94	1283	962	321	20		1406
河海大学 机械学院				242	148	94			242
华北水电学院	5		5	420	330	90			425
南昌水电专科学校				318		318			318
华北水电学院北京研究生部	7		7						7
水利水电科学研究院	3	1	2						3
南京水利科学研究院	4	2	2						4
长江水电科学研究院	1		1						1
黄河水利学校								504	504
长江水利水电学校								193	193
合　计	123	12	111	2263	1440	823	20	697	3103

(2)毕业生。1990年部属高校本、专科毕业生2031人，比1989年增加91人，增长率为4.7%。因为改变学制的原因，部属中专学校1990年无毕业生。1990年招生情况见表3。

表3　**1990年　毕　业　生　情　况　表**

单位	研究生数			本、专科生数			留学生数	中专生数	合计
	小计	博士生	硕士生	小计	本科生	专科生			
河海大学 本部	134	9	125	1144	929	275	2		1280
河海大学 机械学院				91	59	32			91
华北水电学院	7		7	552	439	113			559
南昌水电专科学校				244		244			244
华北水电学院北京研究生部	12		12						12
水利水电科学研究院	26	4	22						26
南京水利科学研究院	14	1	13						14
长江水电科学研究院	2		2						2
黄河水利学校								0	0
长江水电学校								0	0
合　计	195	14	181	2031	1427	664	2	0	2228

(3)在校生。1990年部属高校本专科在校生数为7907人，比1989年增加302人，增长率为4%。部属中专学校在校生2053人，比1989年增加653人，增长率为46.6%。1990年在校生情况见表4。

表4　　1990年在校生情况

单位		研究生数			本、专科生数			留学生数	中专生数	合计
		小计	博士生	硕士生	小计	本科生	专科生			
河海大学	本部	301	33	268	4503	3936	567	68		4872
	机械学院				930	521	409			930
华北水电学院		17		17	1534	1324	210			1551
南昌水电专科学校					940		940			940
华北水电学院北京研究生部		26		26						26
水利水电科学研究院		25	1	24						25
南京水利科学研究院		12	2	10						12
长江水电科学研究院		6		6						6
黄河水利学校									1421	1421
长江水利水电学校									632	632
合计		378	36	351	7907	5781	2126	68	2053	10415

（三）新增部属高校本科、研究生专业

经国家教委批准（或备案），河海大学新设会计学和通信工程等两个本科专业，可于1991年起招生培养。

国务院学位委员会第九次会议批准了第四批博士和硕士学位授权学科、专业名单以及博士生指导教师名单。其中，河海大学港口及航道工程专业有权授予博士学位；指导教师为席与耀教授。另外，批准河海大学夏颂佑教授为水工结构工程专业博士指导教师；水利水电科学研究院万兆惠、陈惠泉两位教授级高级工程师为水力学及河流动力学专业博士指导教师、陈厚群教授级高级工程师为水工结构工程专业博士指导教师；南京水利科学研究院魏汝龙教授级高级工程师为岩土工程专业博士指导教师。国务院学位委员会还批准华北水利水电学院水力发电工程专业有权授予硕士学位；河海大学近海工程专业和机电控制及自动化专业（试办）有权授予硕士学位。

（四）重点学科、重点实验室

经国家教委评定，河海大学水文水资源和岩土工程等两个学科为全国重点学科；水文水资源实验室为全国重点专业实验室，得到世界银行贷款支持。

三、研究普通高校水利类专业的专业目录调整和制订工作，制订有关教学文件

（一）普通高校水利类本科专业目录调整的研究

1990年4月下旬，水利部经过充分准备，在河海大学召开了本科专业目录调整和专业教学改革讨论会。23所高校的47位教授、专家参加讨论。

专家们认为，普通高教本科专业列置，应遵循以下原则。

适应今后相当长时期经济建设和社会发展的需要，不应以当前不稳定的短期社会需要列置专业。

工科本科专业的业务范围应以主干技术学科为依据，主干技术学科相同的专业应尽可能合并。同时考虑到部门管经济、管人才的现状，专业业务范围划分时，要兼顾用人部门的工作领域。由国家教委主持制订统一专业目录是必要的。但在统一的前提下，应有较大的灵活性，容许学校根据不同情况，培养不同专业方向或特色的人才。因此，采用宽口径、多方向，以增强适应性和灵活性是适宜的。

在专业目录分类中，应单独列出"水利类专业"。因为水利事业在我国国民经济中具有特别重要的地位。中国水资源总的来说是缺乏的，洪涝、干旱灾害频繁。水利不仅是农业的命脉，也是国民经济的命脉。无论工业、农业、生态、环境，均与水有密切关系，在长期兴修水利，治理水害的斗争中，形成了以"水"为中心的学科和工作领域。其学科成熟程度和技术全面、应用广泛的程度，不亚于诸如机械、电机等类专业，完全可以独立列出"水利类专业"。

水利类专业可以包括下列一些专业。

(1)水利水电建筑工程专业。其业务范围和主干学科包括现行的水利水电工程建筑和水利水电工程施工等两个专业。

(2)农田水利工程专业。以农田灌溉、排水工程的

勘测、规划、设计、施工、管理和农村水电、乡镇供水为主要业务范围。其学科内容和业务范围，是其它专业难于覆盖的。独立设置农田水利工程专业，有利于高级专门人才通向农村、通向基层，促进农业生产的发展，从而促进社会的稳定和经济的发展。

(3)水利水电动力工程专业。以水电站和大型排灌站主动力设备、辅助设备和自动控制系统的选择、布置、设计、安装和运行为主要业务范围。它与单纯水力机械制造有原则的区别。该专业以机为主，如果专业知识面适当向电的方向扩大，就可承担水电站和大型排灌站电气设计和运行方面的任务。

(4) 水文水资源和水环境专业。以陆地水文勘测、洪水预报与控制、水利水电工程规划、流域（或地区）水利规划、水资源利用与管理，以及水环境保护为主要业务范围。即将现行的陆地水文和水资源规划及利用等两个专业合并，并进行适当的改革与调整。

(5) 水土保持专业。以小流域水土资源保护、水土保持综合规划、水土流失治理和水土资源的开发利用为主要业务范围。该专业属于林科和水利学科的交叉学科，历史上划入林业专业类。根据国务院分工，水利部归口管理全国水土保持工作。为使人才培养与人才使用相统一，该专业以列入水利类专业为宜。

至于河流泥沙与治河工程专业、港口与航道工程专业的改革与调整方案，目前尚有较大的分歧意见，有待进一步研究。

上述关于水利类本科专业列置意见，水利部科技教育司已函告国家教委高等教育司，供修订统一本科专业目录时参考。

(二) 普通高校水利类专科专业研究

新中国成立以来，我国高等工程专科教育几经起落，但从未制订过全国统一的专业目录和有关教学文件。80年代初期开始，高等工程专科教育又一次兴起。以水利专科教育为例，1983年以前，全国只有一所水利专科学校，每年培养200人左右。到1990年，全国有独立设置的水利专科学校7所，许多本科院校也设置专科专业，培养专科学生。1990年全国高等学校共招收水利类新生4636人，其中专科新生1715人，占招生总数37%；毕业生总数4715人，其中专科1633人，占毕业生总数34.6%；在校学生总数17143人，其中专科5253人，占在校生总数30.6%。近几年来，高等工程专科的培养比例逐年增加，并有继续发展之势。高等工程专科教育的地位在整个高等教育中越来越重要。因此，国家教委决定制订高等工程专科专业目录和有关教学文件，组织编审出版专科教材，以促进专科教育发展，提高专科教育质量。

水利部于1990年5月在南昌水利水电专科学校召开高等工程专科水利水电类专业业务范围划分和制订专业目录讨论会。会议成果以纪要形式发到各水利专科学校和有关本科院校征求意见。1990年10月，水利部在扬州江苏水利工程专科学校再次开会讨论。综合各校意见和与会专家的讨论，认为高等工程专科专业业务范围划分要正确处理宽与窄、稳定性与灵活性、适应性与针对性，合理性与可行性，长远规划与近期需要的关系。专业列置要体现专科特色，要符合教学规律，为专科教育发展创造条件。

由于水利水电专科主要面向地县水利部门和中小型水利水电工程建设、管理单位，专业业务范围应以工作领域为主、兼顾技术学科来划分，实行宽窄并存，以宽为主的原则。

水利类专科专业暂列10个，专业名称和主要业务范围见表5。

表5　水利类专科专业名称和主要业务范围

序号	专业名称	主要业务范围
1	水资源与水文	地区性水资源与水环境调查、分析、评价及规划、利用、管理；水文勘测与资料整理、水文预报、水文水利计算等
2	水利水电工程	中小型灌、排和水电工程的勘测、规划、设计、施工、管理等
3	水利水电工程施工	大中型水利水电工程的施工技术、施工组织和施工管理等
4	水利工程运行与维护	水利工程的监测、维修、调度运用及其排险、加固，配套工程的一般设计和施工等
5	排灌站机电设备	大中型排灌站的电气设备、动力设备和辅助设备的运行、管理、检修、安装及设计等

续表

序号	专业名称	主　要　业　务　范　围
6	水电站动力设备	水电站动力设备、辅助设备、自动控制系统的运行、管理、安装、检修、测试、选型设计和水电站电气方面的运行、检修
7	水土保持	小流域水土资源保护、水土保持综合规划、水土流失治理和水土资源开发、利用与管理
8	水利经济管理	中小型水利工程各阶段的技术经济分析、方案选优及经营管理
9	水利工程经营管理	已建大中型水利水电工程的生产、计划、经济核算、经济效益分析、财务经营责任制和考评等经营管理工作；省、地、县水利部门的行政性经营管理工作
10	水利经济与财务管理	水利工程技术经济分析，基本建设、水管单位会计核算及财务管理

表5中，水利经济管理、水利工程经营管理和水利经济与财务管理等三个专业的业务范围划分，还有待于进一步讨论、研究。

（三）制订专科水利类各专业教学文件

在划分水利类专业业务范围、拟定专业目录的基础上，讨论、制订了水利类各专业的教学文件。它们是：

（1）普通高等学校水利类各专业业务基本要求；

（2）普通高等学校水利类各专业简介；

（3）普通高等学校水利类各专业参考性教学计划。

四、成立学术团体，开展教育研究

（一）组建全国水利职业技术教育学会

（1）筹建经过。1982年，原水利电力部教育司曾先后成立了中等专业学校水工、农水专业教学研究会、陆地水文专业教学研究会和水电站动力设备专业教学研究会。其任务是组织水利中等专业学校讨论修订专业教学计划和课程教学大纲，制订教材编审出版规划，组织开展教学经验交流等。这些教学研究会协助教育司做了大量工作。

1986年，原水利电力部教育司在上述专业教学研究会的基础上，改组成立了中等专业学校水利水电类专业教学研究会（同时成立的还有电力工程类专业教学研究会、热能动力类专业教学研究会等）。研究会下设专业研究组和课程研究组。其工作任务基本不变，但组织更加严密、完整，继续协助教育司做了很多工作。

1988年4月，水利电力部撤销，分别成立水利部和能源部，中等专业学校水利水电类专业教学研究会划归水利部领导，继续发挥作用。1988、1989两年内，讨论草拟了中等专业学校水利水电类专业教材选题和编审出版规划；组织了两次教材主编人研讨会，就如何编好教材，怎样当好主编进行了研讨；组织召开专业组和课程组会议30多次，交流教学经验、研究教学改革、落实教材编审任务、检查教材编审情况。这些工作，受到各水利中专学校的欢迎，并获得好评。

随着教育事业的发展，仅仅只有教学研究会这一组织已不能满足实际工作的需要。首先，只研究教学方面的问题，而对德育、学校各方的管理不进行研究是一个严重缺陷。其次，80年代以来，水利技工教育有较大发展，但一直未能组织起来开展研究活动。经与一部分学校协商，认为在中专教学研究会的基础上，调整组织机构，扩大研究范围，把全国水利中专学校和水利技工学校组织起来，开展教育、教学、德育、管理等各方面的研究是适宜的。水利部于1989年就开始筹建全国水利职业技术教育学会的工作，草拟学会章程，组建学会机构，协商推荐学会理事人选。同时，为了促进学会筹备工作，1989年就创办了《水利职业技术教育》季刊，创刊号于1989年9月出版。经过一年的筹备，1990年5月下旬，在长江水利水电学校召开了学会成立大会，修改通过了学会章程，选举产生了学会各级机构的组成人员，研究了学会今后的主要研究课题。

（2）学会各级机构和组成人员

学会理事会由各水利中专学校校长或副校长和有关人员组成共35人。

常务理事会由13人组成，他们是（按姓氏笔划为序）：

闫兰芝	水利部科教司学校处	副处长
陆义宗	长江水电学校	副校长
李小白	成都水力发电学校	副校长
李序量	陕西省水利学校	校　长
张文良	内蒙古水利学校	副校长
邵平江	黄河水利学校	副校长
吴光文	广西水电学校	副校长

周凤瑞	水利部科教司学校处	处　长
郑金全	福建水利电力学校	校　长
武韶英	水利部科教司	副司长
袁正中	山西省水利学校	校　长
陶国安	辽宁省水利学校	副校长
谭方正	北京水利水电学校	校　长

理事长：武韶英

副理事长：邵平江、吴光文　陆义宗　谭方正　问兰芝

秘书长　问兰芝（兼）

副秘书长　黄新　殷国瑶

顾问（按姓氏笔划为序）：

王秀成	长江水电学校	校长兼党委书记
张　猷	广西水电学校	原校长
杨俊杰	黄河水利学校	原校长
吴增栋	安徽水利电力学校	原副校长
周文哲	黄河水利学校	原校长

中等专业学校教学研究会

主　任：邵平江

副主任：陶国安　李小白

教学研究会下设水利工程建筑类、水文水资源类、水利经济与管理类、水利机电类、水利勘测类和水土保持等6个专业研究组。

学校管理研究会

主　任：陆义宗

副主任：袁正中　郑金全

学校管理研究会下设学校行政管理、学生管理、后勤管理、教学管理等4个研究组。

德育研究会

主　任：吴光文

副主任：张文良　李序量

德育研究会下设政治理论和道德品质两个教育研究组。

《水利职业教育》期刊编委会

主　任：周文哲

副主任：谭方正

主　编：谭方正

副主编：李　湘

（二）组建中国水利高等教育学会

（1）筹建经过。1985年1月，原水利电力部成立了"水利电力部高等教育研究会"。参加研究会的有部属15所普通高校、1所管理干部学院、4所与水利电力部联合办学的院校，共20所高校。研究会还办有会刊《水利电力高教研究》（季刊）和《高教信息》小报。

1988年4月，七届全国人大一次会议决定撤销水利电力部，成立水利部和能源部。经两部教育部门商定，水利电力部高教研究会由两部共管，继续开展活动。研究会在运转过程中，发现两部对教育工作的部署、工作侧重点不尽相同，要求也有差别。这给研究会正常活动带来一些困难。后经两部教育部门商量，决定水利电力部高等教育研究会到1989年10月结束工作，两部根据各自的情况和需要，分别成立高等教育研究组织。会刊《水利电力高教研究》出至第17期停刊。

水利高等教育究竟成立一个什么样的研究组织？经与部分院校商量，认为成立"中国水利高等教育学会"比较好。学会成员除水利部主管的院校、与能源部共管的院校、与原水利电力部联合办学的院校外，全国水利高等学校、设有水利水电类专业的院校均可作为团体会员参加学会。这主要考虑两个原因。首先，水利部是全国水行政主管部门，归口管理全国水资源的开发、利用。但对水利工作来说，是条块结合建设和管理的。大江大河大湖和重点水利工程由水利部管理和兴建，中小河流和中小工程，由地方管理和兴建。与此相对应，水利高级专门人才也是分别由中央和地方培养和使用的。但无论中央部委办的水利高校和专业，或者地方办的水利高校和专业，其教育研究的内容许多是相同的，有共性。例如水利高等教育发展战略研究、水利院校和专业布局研究、水利高级专门人才需求预测研究、专业结构和层次结构研究、水利类各专业培养目标、毕业生基本规格以及教学、科研、学校管理研究等，都有共性，有的还必须全国统一研究，才能取得较全面的成果。成立全国性学会，才能开展上述一些课题的研究。其次，水利部一向有一个开放性的传统。无论1979年成立的水利部还是1988年重建的水利部，在开展各种教育活动中，总是愿意和全国各水利院校和专业一起讨论、研究。诸如教学文件建设、教育改革讨论、教学经验交流、教材建设等等。水利部的教育部门认为，团结全国水利高教战线上的广大师生员工，共同发展水利高教事业，提高教育质量和办学效益，是自己份内的事。在成立水利高等教育研究组织的时候，应该发扬以往的好传统，把大家团结起来，共同开展研究活动，把水利高等教育事业办好。

确定成立中国水利高等教育学会以后，水利部科教司就开始草拟学会章程和成立中国水利高教学会筹备组，河海大学、武汉水利电力学院、华北水利水电学院、葛洲坝水电工程学院、北京水电经管学院、南昌水利水电专科学校和江苏水利工程专科学校等7所学校为筹备组成员。经学会筹备组讨论，提出了学会的组建方案，组织推荐理事人选等。经过近一年的筹备，于1990年12月中旬召开了学会成立大会。

为了尽早和全国水利高校及设有水利水电类专业的高等学校沟通联系，促进水利高等教育学会的筹备工作，推动教育改革的发展，在筹备学会的同时，于1990年3月以水利高等教育学会（筹）的名义，筹备出版《水利高等教育》期刊（季刊），1990年出版发行

了3期。

(2) 学会组建方案:

1) 会员。全国所有水利高等学校和设有水利水电类专业的院校均可以团体会员名义参加"中国水利高等教育学会"。填写团体会员登记表,并经学会常务理事会批准,即可成为团体会员。

2) 理事会。原则上办学历史较长,有稳定培养规模的学校,均可推荐一名理事参加理事会。在学会机构中担任重要职务的学校,可适当增加理事名额。对于新办水利专业,培养规模还不稳定的学校,暂不参加理事会。根据这一原则,确定47所高校推荐64名理事组成理事会。

3) 常务理事会。由理事长、6位副理事长、秘书长和其它10位常务理事共18人组成常务理事会。

4)研究会和会刊编审委员会。学会内成立10个研究会和会刊编审委员会。它们是学校管理研究会;思想政治教育研究会;教学管理研究会;科研管理研究会;计划管理研究会;师资管理研究会;实验室管理研究会;后勤管理研究会;基建管理研究会;体育、卫生研究会;会刊《水利高等教育》编审委员会。研究会和编审委员会各设主任1人,副主任1~3人。

(3) 学会各级机构及组成人员:

1) 理事会由64人组成(名单略)。

2) 常务理事会由18人组成,名单如下(按姓氏笔划为序):

王成西	华北水利水电学院	副院长	副教授
刘广惠	华北水利水电学院	基建处长	高 工
孙振天	陕西机械学院水电分院		教 授
汪仲友	葛洲坝水电工程学院	学工处长	副教授
陆述远	武汉水利电力学院	副院长	教 授
陈自强	华北水利水电学院	学生处长	高 工
陈梓林	长沙水利电力师范学院	体育教研室主任	讲 师
武韶英	水利部科技教育司	副司长	高 工
周凤瑞	水利部科技教育司	处 长	高 工
荣森祥	武汉水利电力学院	总务长	高 工
南新旭	北京水利电力经济管理学院	副院长	教 授
殷翔文	河海大学	人事处副处长	讲 师
窦以松	北京水利电力经济管理学院		教 授
雷克昌	南昌水利水电专科学校	校 长	副教授
解启庚	河海大学	副校长	教 授
廖显铨	水利部人事劳动司	副司长	工程师
潘安福	武汉水利电力学院	教务长	副教授
戴寿椿	河海大学	教务处长	副教授

名誉理事长:严克强 水利部 副部长 高工

理 事 长:武韶英

副理事长:南新旭(常务)、解启庚、陆述远、王成西、廖显铨、周凤瑞

秘 书 长:窦以松

副秘书长:

张智怀	河海大学高教研究所	副所长	副教授
陈德亮	武汉水利电力学院高教研究所	副所长	副教授
吴本陵	华北水利水电学院	教务处长	副教授

学校管理研究会(8人组成)

主 任:雷克昌

副主任:

王长远	河海大学	校办主任	副研究员
覃云家	武汉水利电力学院	院办副主任	工程师
郭永年	江苏水利工程专科学校	校长	副教授

思想政治教育研究会(8人组成)

主 任:汪仲友

副主任:

廖和湘	长沙水利电力师范学院	党委宣传部副部长	讲师
何开选	江苏水利工程专科学校	党委书记	讲师

教学管理研究会(12人组成)

主 任:戴寿椿

副主任:

颜国良	武汉水利电力学院	教务处长	副教授
李滨孙	南昌水利水电专科学校	教务处主任	副教授
朱文荣	西北农业大学	系主任	副教授

科研管理研究会(12人组成)

主 任:潘安福

副主任:

惠士博	清华大学	系副主任	教授
胡吉权	成都科技大学	系副主任	副教授

计划管理研究会(6人组成)

主 任:陈自强

副主任:

王时英	河海大学	学生处副处长	助理研究员
熊家宝	南昌水利水电专科学校	副校长	农艺师

师资管理研究会(10人组成)

主 任:殷翔文 河海大学

副主任:

董幼龙	华北水利水电学院	人事处副处长	讲师
贾先斌	北京农业工程大学	系副主任	副教授

实验室管理研究会(9人组成)

主 任:孙振天

副主任:

周 晶	大连理工大学	研究室副主任	副教授
吴安良	山东水利专科学校	副校长	副教授

后勤管理研究会(7人组成)

主 任:荣森祥

副主任:

杨涤尘	长沙水利电力师范学院	总支副书记	工程师

刘永昌　东北水利水电专科学校　总支书记

乌守恭　河海大学　总务处长　副研究员

基建管理研究会（8人组成）

主　任：刘广惠

副主任：周森晞　河海大学　基建处副处长　高工

聂国忠　南昌水利水电专科学校　基建办主任　高工

体育卫生管理研究会（10人组成）

主　任：陈梓林

副主任：马学民　葛洲坝水电工程学院　体育教研室副主任　讲师

温　毅　河海大学　校医院院长　主治医师

会刊《水利高等教育》编审委员会（9人组成）

主　任：南新旭

副主任：周凤瑞、张智怀

主　编：周凤瑞

副主编：窦以松

五、加强“专业证书”教育管理，印发《水利行业成人高等教育试行“专业证书”制度暂行管理办法（讨论稿）》

1988年以来，水利部根据国家教委和人事部文件精神，开始试办“专业证书”教学班，受到用人部门的欢迎。为了使成人高等教育“专业证书”制度试点工作健康开展，切实做到按需培养，确保教育质量，水利部科教司根据国家教委和人事部有关文件精神，拟订了《水利行业成人高等教育试行“专业证书”制度暂行管理办法（讨论稿）》[以下简称暂行管理办法（讨论稿）]并印发水利行业各单位讨论。在暂行管理办法正式颁发前，各单位可按“讨论稿”申报举办“专业证书”教育。

暂行管理办法（讨论稿）主要内容如下。

（一）性质和作用

成人高等教育“专业证书”制度，是用人单位根据工作需要，有计划选送已在技术岗位或专业管理岗位上工作的人员，通过“专业证书”班学习，使其达到所在岗位要求的大专层次专业知识水平的一种教育。

“专业证书”班毕业证书，不同于大学专科毕业证书，也不能代替岗位培训合格证书。获得“专业证书”教育毕业证书的人员，可在本行业、本专业的生产工作范围内，学用一致的岗位上，作为评定、聘任专业技术职务、管理职务和其它职务任职资格时，已具有大专层次知识水平的凭据。

（二）培养对象和入学办法

1.学员条件

(1) 坚持四项基本原则，热爱所在专业岗位工作。

(2) 确属工作需要而尚未达到所在专业岗位要求的大专水平的专业理论知识。

(3) 具有高中（含职业高中、中专、技校）文化程度（必须有毕业证书）。

(4) 具有5年以上所在岗位工龄；

(5)年龄在35岁以上。对在野外专业岗位和边远、穷困和少数民族地区的职工，年龄可放宽至30岁，工龄可放宽到3年以上。

2.入学办法

(1)本人填写报名表，向所在单位申请，经有人事任命权的人事和教育部门批准，将报名表报送有关学校。学校进行资格审查后进行文化考试、专业知识考查。

(2)考试科目为语文、政治、数学、专业基本知识。

(3) 由学校择优录取，并报招生计划审批单位审批。

(4)有具有大专以上学历证明或中级职称者，或参加全国成人高考未被录取，但成绩较好者，可免试入学。

（三）教学计划、大纲和教学形式

1.教学计划　教学计划的课程设置应不少于8门。一般包括基础课、专业基础课、专业课三类，分别占总学时数的25%～30%，35%～45%，30%～40%。专业实习和设计时间，文科不少于2周，理工科3～4周，并应组织答辩。

2.课程教学大纲　课程教学大纲包括课程的地位、任务、基本要求；本课程主要内容；本课程和相关课程的分工和关系；本课程主要教学环节的说明；主要内容课时分配等。

课程教学大纲是教师编写教材、讲课的依据，并借以检查教师教学和学生学习的质量。

3.教学形式及学时　可采用脱产、半脱产和函授等。全脱产学制为1年，总学时800～1000，每周22～26学时；半脱产学制为1.5年，总学时为1000～1200，每周占用工作日不少于4个半天；函授学制为2年，总学时为1500～1800，平时自学800～1000学时，每周占用工作日1天，集中教学600学时（包括考试），每学期脱产4周（不包括毕业实践时间）。

（四）举办“专业证书”班的审批办法

(1) 水利部内有关业务主管司局和部直属单位委托有关院校举办“专业证书”班，需向部科教司申报，由科教司会同人事劳动司审批。

(2)非水利部直属单位委托有关院校举办“专业证书”班，应征得有关省、自治区、直辖市水利厅（局）教育和人事部门同意，然后向水利部科教司申报，由科教司会同人事劳动司审批。

(3) 申报举办电视和函授教育“专业证书”班，须经水利部科教司报请国家教委审批。

暂行管理办法(讨论稿)中，还规定了收取学费的标准和举办成人中专“专业证书”教育等问题。

六、开展岗位培训，提高从业人员素质

水利部科技教育司于1990年3月转发了国家教委、劳动部、人事部、国家经济体制改革委员会和全国总工会等五会、部联合发出的《关于开展岗位培训若干问题的意见》一文。科教司在转发文件的通知中，要求各单位结合本地区、本单位的生产和工作岗位的需要，积极开展多种适应性培训。同时创造条件，选择一、二个水利专业主要关键岗位，进行上岗、转岗或晋升岗位资格培训试点。

五会、部的意见指出，为了不断推进和完善岗位培训工作，使之积极、健康、有效地发展，提出以下意见。

(一) 岗位培训的指导思想、目的要求

岗位培训是对从业人员按岗位需要，在一定政治、文化基础上进行的，以提高政治思想水平、工作能力和生产技能为目标的定向培训。它主要包括按照岗位规范要求取得上岗(在岗)、转岗、晋升等资格的培训和根据本岗位生产(工作)发展需要而进行的各种适应性培训。

岗位培训应从实际出发，面向生产，强调针对性、实用性，注重实效。要贯彻学用结合，按需施教，干什么学什么，缺什么补什么的原则。要注重能力培养，加强行为规范或职业道德教育。

(二) 岗位培训的实施

(1)适应本岗位工作需要的政治理论和职业道德、专业知识、实际技能是培训的内容。

工人技术等级培训应按岗位实际需要进行。

文化程度未达到岗位规范起点要求的人员，应先学习相应的文化知识。

(2)业务主管部门负责制定指导性培训计划、教学大纲，组织编写教材或讲义，为基层提供教学服务。

充分利用现有教育、文化、科学设施。各级各类成人学校要发挥多功能作用，积极承担岗位培训任务。

(三) 岗位培训的考核与发证

建立岗位培训的考核与发证制度，是保证培训质量的重要环节。要按行业分级建立、健全考核机构。各级考核机构要有权威性，要经过相应的主管部门审批。

国家行政机关干部、列入专业技术职务序列人员、国家规定的必须持证上岗的特种作业人员等分别按国家有关规定，由主管部门组织考核。

工人岗位培训的考核与发证，按劳动部有关规定由各级工人技术业务考核委员会进行。

岗位培训合格证书，是上岗任职的资格证明之一。

(四) 健全和完善相应的政策措施

(1)把开展岗位培训，提高从业人员素质的责任与机关、企事业单位负责人(企业承包人)的任期目标等结合起来，作为考核的重要内容之一。

(2) 逐步实行必须取得岗位培训考核合格证书才能上岗的制度。

岗位培训的考核成绩，列入本人档案，作为上岗、转岗、晋升的依据之一。

(3)建立岗位培训与用人政策、分配政策相结合的制度。

自1987年以来，水利部就开始制订水利行业岗位规范。经过3年的努力，已提出了水利行业185个岗位规范(草案)，目前正在审议中。

为了贯彻执行上述五会、部《关于开展岗位培训若干问题的意见》，水利部于1990年7月28日发文，要求长江水利委员会、黄河水利委员会和广东省水利电力厅组织开展水利行业岗位资格培训试点。即按照干部和工人岗位规范要求取得上岗、转岗、晋升资格的培训。可在《水利行业岗位规范目录》(待定稿)中，选择几个干部和工人《岗位规范》(待定稿)作为试点的依据。要求试点单位经过一年试点后，总结出一整套经验材料(包括试点计划、岗位规范、培训计划、大纲、教材、考核发证、持证上岗规章制度等)，以便总结推广，推动岗位资格培训工作。

七、制订部办短训班管理办法，试行继续教育登记制度

(一) 部办短训班管理办法

为了进一步提高部办短训班的培训质量和效益，直接有效地为水利事业服务，根据部教育培训领导小组的原则意见，科教司于1990年2月1日印发了《部办短训班暂行管理办法》。主要内容如下：

1.培训范围 以厅局级领导干部、三总师和部分处级业务技术负责人为主要对象。其它业务技术人员的培训由各单位自行组织。

具有重大和实用意义的新技术、新方法、新理论推广应用培训班，可由部组织协调，办班经费可由主办单位自筹、收费和部补助等方式解决。

2.培训经费标准和使用办法

(1) 厅局级领导干部和对行业建设具有重要意义的总工程师、总经济师、总会计师的业务技术培训，由部支付培训经费。按每人每月80～120元标准支付。

(2) 各单位的业务处长、高级工程师等技术负责人，确需由部有关司局组织培训的，可从部培训经费中按每人每月60～80元的标准补助，不足部分收费解

决。

(3) 由部组织协调的新理论、新方法、新技术推广应用培训班，一般采取收费、自筹等办法解决经费问题。确有必要的，可从部培训经费中按每人每月40～60元的标准补助。

(4) 由部支付或自筹、补助、收费等形式安排的培训经费的总和，原则上不超过每人每月120元的标准。

(5) 培训经费主要用在教材费，外聘教师的酬金，使用教室、设备等直接教学活动所需经费。

(二) 试行专业技术人员继续教育登记制度

为了建立和健全符合中国实际的继续教育体系，使对专业技术人员的培训纳入经常化、制度化、科学化轨道，人事部提出试行专业技术人员继续教育登记制度。水利部科教司于1990年5月转发给部直属单位试行。

人事部的文件认为专业技术人员继续教育登记（证书、手册）是系统掌握专业技术人员素质水平情况，加强专业技术人员队伍综合管理的一项重要内容。记录的基本内容是教育的形式、内容、时间（起止时间、学时）、考核（试）结果。连续脱产学习20学时或学习内容相连贯的20学时以上的继续教育内容开始记入。

八、成人学历教育逐步实现规范化

(一) 成人高等教育

成人高等教育包括职工大学、夜大学和函授教育，实行全国统一考试，分省、自治区、直辖市划定分数线，学校录取的办法，这办法已实行多年，成为一种制度。

(二) 大专起点本科师资班

为了培养成人教育所需的师资和管理人员，水利部于1990年开办了大专起点的本科师资班。招生对象为水利系统中大专毕业（不含专业证书和同等学历者）、有3年以上工龄的教师、5年以上工龄的教学行政管理人员和兼做职工教育工作的技术人员。

经国家教委批准，水利部等14个部委可以单独组织成人高教专科起点本科班（包括师资班）招生考试。考生报名和进入考场时要交验大专毕业证书。1990年批准单独招生的学校和专业分别为：

(1) 河海大学。设有农田水利工程、水港、管理工程、机械设计与制造、电子技术与计算机应用、水利水电工程建筑、思想政治教育与行政管理等7个专业。

(2) 华北水利水电学院。设有工业与民用建筑工程、农田水利工程、水文地质与工程地质等3个专业。

(3)北京水利电力函授学院。设有水利水电工程建筑、工业与民用建筑、工程机械等3个专业。

(三) 成人中等专业教育

(1)招生对象为35岁以下，初中毕业文化程度、两年以上工龄的水利系统职工。函授学习者不受年龄限制。经县团级以上单位介绍、推荐的水利系统职工子弟也可报考。毕业后自谋职业，国家不包分配。

(2) 参加1990年水利部组织的全国统一招生的除部属职工中专学校（职工中专班）以外，还有地方办的水利职工学校（职工中专班）。这些学校是长江水文职工中专、黄河职工中专、黄河水利学校职工中专班、丹江口水利职工中专、浙江省水利职工中专、四川水电职工中专、内蒙古水利学校职工中专班、松辽委水利职工中专和江西水利职工中专。

(3)制订成人中专教学计划。为了加强水利行业成人中等专业学校教学计划宏观管理和指导，保证培养规格和教学质量，提出制订教学计划的原则意见。

1)学制。工科脱产学习年限一般不少于2年半，业余学习不少于3年；文科脱产学习年限不少于2年，业余学习不少于2.5年。

2) 教学管理。学员已掌握的生产实践技能，经考核成绩合格者，可予免修。

专业不对口的学员，除完成理论学习任务外，需按所学专业进行实践技能训练。考核合格，方能颁发毕业证书。

在其它批准的成人中专学校、中专自学考试获得的单科结业证书，经学校审核认定确系教学质量有保证、水平相当的，可以承认，但总门数不得超教学计划中所列课程的1/3。

3) 学时控制。业余学习，每学年按45周计，每周按14学时安排；脱产学习，每学年按40周计，每周按26～30学时安排；总学时工科为2400～2700学时，文科为2200～2400学时。

实践教学时间不少于18周。

九、水利职工教育成果汇总

对部直属17个单位、全国28个省、自治区、直辖市水利厅（局）和部分地、市、县水利局1990年职工教育进行了统计。统计时，有的省、自治区、直辖市水利厅（局）只统计直属单位的职工教育，有的包括地、市、县的水利职工教育。

参加统计的部直属单位有17个，它们是：①长江水利委员会；②黄河水利委员会；③淮河水利委员会；④珠江水利委员会；⑤海河水利委员会；⑥松辽水利委员会；⑦丹江口水利枢纽管理局；⑧水利水电科学研究院；⑨南京水利科学研究院；⑩牧区水科所；⑪南京水文水资源研究所；⑫南京水利水文自动化研究所；⑬农村电气化研究所；⑭西北水利科学研究所；⑮水库渔业研究所；⑯中国水利电力对外公司；⑰水利电力出版社。

参加统计的省、自治区、直辖市水利厅(局)有28个，它们是：①北京市(全系统)；②天津市(直属单位)；③河北省(全系统)；④山西省(直属单位)；⑤内蒙古(直属单位)；⑥辽宁省(全系统)；⑦吉林省(直属单位)；⑧黑龙江省(全系统)；⑨上海市(直属单位)；⑩江苏省(直属单位)；⑪)浙江省(全系统)；⑫安徽省(直属单位)；⑬江西省(全系统)；⑭福建省(直属单位)；⑮山东省(全系统)；⑯河南省(全系统)；⑰湖北省(直属单位)；⑱湖南省(直属单位)；⑲广东省(全系统)；⑳广西(直属单位)；㉑四川省(全系统)；㉒贵州省(全系统)；㉓云南省(直属单位)；㉔陕西省(直属单位)；㉕甘肃省(全系统)；㉖青海省(直属单位)；㉗宁夏(直属单位)；㉘新疆(全系统)。海南省和西藏自治区无统计资料。

1990年水利部直属单位，省、自治区、直辖市水利厅(局)及部分地、市、县水利局职工教育成果汇总见表6。

1990年水利部直属单位职工教育成果汇总见表7。

1990年28省、自治区、直辖市水利厅(局)及部分地、市、县水利局职工教育成果汇总见表8。

表6　1990年水利部直属单位，省、自治区、直辖市水利厅(局)及部分地、市、县水利局职工教育成果汇总表

				合计	干部	工人
职工人数			1	682252	210154	472098
合计	在学		2	152231	40219	112012
	毕结业		3	128600	33097	95503
岗位培训	资格培训	在学	4	32985	9511	23474
		结业	5	29116	7551	21565
	技术等级培训	在学	6	24326	0	24326
		结业	7	19689	0	19689
	适应性培训		8	65753	18959	46794
高等教育	在学		9	14497	8428	6069
	毕结业		10	4533	2800	1733
	其中：全科	在学	11	8142	5027	3115
		毕业	12	2490	1588	902
	专业证书	结业	13	2001	1628	373
中专教育	在学		14	10294	2558	7736
	毕结业		15	4541	1601	2940
	其中：全科	在学	16	5754	1398	4356
		毕业	17	2696	857	1839
	专业证书	结业	18	731	404	327
文化基础教育	高中	在学	19	2795	500	2295
		毕业	20	1581	279	1302
	初中以下	在学	21	1581	263	1318
		毕业	22	1386	279	1107

表 7　1990 年水利部直属单位职工教育成果汇总表

<table>
<tr><th colspan="3"></th><th></th><th>合计</th><th>干部</th><th>工人</th></tr>
<tr><td colspan="3">职工人数</td><td>1</td><td>60823</td><td>27620</td><td>33203</td></tr>
<tr><td rowspan="2">合计</td><td colspan="2">在学</td><td>2</td><td>14757</td><td>5135</td><td>9622</td></tr>
<tr><td colspan="2">毕结业</td><td>3</td><td>11876</td><td>4331</td><td>7545</td></tr>
<tr><td rowspan="5">岗位培训</td><td rowspan="2">资格培训</td><td>在学</td><td>4</td><td>1979</td><td>622</td><td>1357</td></tr>
<tr><td>结业</td><td>5</td><td>1727</td><td>450</td><td>1277</td></tr>
<tr><td rowspan="2">技术等级培训</td><td>在学</td><td>6</td><td>2528</td><td>0</td><td>2528</td></tr>
<tr><td>结业</td><td>7</td><td>1610</td><td>0</td><td>1610</td></tr>
<tr><td colspan="2">适应性培训</td><td>8</td><td>7315</td><td>3250</td><td>4065</td></tr>
<tr><td rowspan="5">高等教育</td><td colspan="2">在学</td><td>9</td><td>2091</td><td>1057</td><td>1034</td></tr>
<tr><td colspan="2">毕结业</td><td>10</td><td>508</td><td>288</td><td>220</td></tr>
<tr><td rowspan="2">其中：全科</td><td>在学</td><td>11</td><td>1438</td><td>967</td><td>471</td></tr>
<tr><td>毕业</td><td>12</td><td>290</td><td>181</td><td>109</td></tr>
<tr><td colspan="2">专业证书结业</td><td>13</td><td>291</td><td>238</td><td>53</td></tr>
<tr><td rowspan="5">中专教育</td><td colspan="2">在学</td><td>14</td><td>644</td><td>169</td><td>475</td></tr>
<tr><td colspan="2">毕结业</td><td>15</td><td>318</td><td>72</td><td>246</td></tr>
<tr><td rowspan="2">其中：全科</td><td>在学</td><td>16</td><td>460</td><td>103</td><td>357</td></tr>
<tr><td>毕业</td><td>17</td><td>181</td><td>37</td><td>144</td></tr>
<tr><td colspan="2">专业证书结业</td><td>18</td><td>45</td><td>26</td><td>19</td></tr>
<tr><td rowspan="4">文化基础教育</td><td rowspan="2">高中</td><td>在学</td><td>19</td><td>175</td><td>33</td><td>142</td></tr>
<tr><td>毕业</td><td>20</td><td>85</td><td>29</td><td>56</td></tr>
<tr><td rowspan="2">初中以下</td><td>在学</td><td>21</td><td>21</td><td>4</td><td>21</td></tr>
<tr><td>毕业</td><td>22</td><td>22</td><td>4</td><td>18</td></tr>
</table>

表8　1990年28省、自治区、直辖市水利厅（局）及部分地、市、县水利局职工教育成果汇总表

<table>
<tr><th colspan="3"></th><th></th><th>合计</th><th>干部</th><th>工人</th></tr>
<tr><td colspan="3">职工人数</td><td>1</td><td>621429</td><td>182534</td><td>438895</td></tr>
<tr><td rowspan="2">合计</td><td colspan="2">在学</td><td>2</td><td>137474</td><td>35084</td><td>102390</td></tr>
<tr><td colspan="2">毕结业</td><td>3</td><td>116724</td><td>28766</td><td>87958</td></tr>
<tr><td rowspan="5">岗位培训</td><td rowspan="2">资格培训</td><td>在学</td><td>4</td><td>31006</td><td>8889</td><td>22117</td></tr>
<tr><td>结业</td><td>5</td><td>27389</td><td>7101</td><td>20288</td></tr>
<tr><td rowspan="2">技术等级培训</td><td>在学</td><td>6</td><td>21798</td><td>0</td><td>21798</td></tr>
<tr><td>结业</td><td>7</td><td>18079</td><td>0</td><td>18079</td></tr>
<tr><td colspan="2">适应性培训</td><td>8</td><td>58438</td><td>15709</td><td>42729</td></tr>
<tr><td rowspan="5">高等教育</td><td colspan="2">在学</td><td>9</td><td>12406</td><td>7371</td><td>5035</td></tr>
<tr><td colspan="2">毕结业</td><td>10</td><td>4025</td><td>2512</td><td>1513</td></tr>
<tr><td rowspan="2">其中：全科</td><td>在学</td><td>11</td><td>6704</td><td>4060</td><td>2644</td></tr>
<tr><td>毕业</td><td>12</td><td>2200</td><td>1407</td><td>793</td></tr>
<tr><td colspan="2">专业证书结业</td><td>13</td><td>1710</td><td>1390</td><td>320</td></tr>
<tr><td rowspan="5">中专教育</td><td colspan="2">在学</td><td>14</td><td>9650</td><td>2389</td><td>7261</td></tr>
<tr><td colspan="2">毕结业</td><td>15</td><td>4223</td><td>1529</td><td>2694</td></tr>
<tr><td rowspan="2">其中：全科</td><td>在学</td><td>16</td><td>5294</td><td>1295</td><td>3999</td></tr>
<tr><td>毕业</td><td>17</td><td>2515</td><td>820</td><td>1695</td></tr>
<tr><td colspan="2">专业证书结业</td><td>18</td><td>686</td><td>378</td><td>308</td></tr>
<tr><td rowspan="4">文化基础教育</td><td rowspan="2">高中</td><td>在学</td><td>19</td><td>2620</td><td>467</td><td>2153</td></tr>
<tr><td>毕业</td><td>20</td><td>1469</td><td>250</td><td>1246</td></tr>
<tr><td rowspan="2">初中以下</td><td>在学</td><td>21</td><td>1556</td><td>259</td><td>1279</td></tr>
<tr><td>毕业</td><td>22</td><td>1364</td><td>275</td><td>1089</td></tr>
</table>

十、开展教育外事工作，加强对外交流活动

(1) 1990年安排公派出国访问学者和攻读研究生学位共12人；选拔国家公派出国访问学者18人，其中3人为备选人员；选拔公派出国攻读研究生学位4人，其中2人为候补人员。

(2) 1990年部属高校聘请外国文教专家2人年。“七五”期间，计划聘请外国文教专家16人年，实际完成22.5人年。其中专家18.5人年，一般老师4人年。

(3) 为了借鉴国外江河多目标开发的案例和有关政策，结合贯彻水法，总结我国江河流域多目标开发的实际经验，深入研究水行业对水资源的规划、开发及对水工程运行管理等方面的投入产出等财务政策，探讨防洪、灌溉、发电、航运、给水、环保等部门之间在多目标开发中的经济关系，以获取最佳社会效益，经部科教司、外事司、世界银行经济发展学院（简称EDI）商定，4月2日至4月21日在河海大学举办江河多目标开发经济政策高级研讨班。

水利部成立了由15位专家组成的专家组，负责提出研讨内容和成果整理。

EDI聘请两位外国顾问和12位外国专家到班指导。

参加高级研讨班的学员51人，来自流域机构、高等学校、部分省市水利厅和有关部委。

高级研讨班的成果汇编成《江河·多目标·政策》一书，由河海大学出版社于1990年11月出版。

(4) 召开第二次农、林、水部门合作培训协调会议。1990年11月在杭州亚太地区小水电研究培训中心召开了第二次农、林、水部门合作培训协调会议。EDI和亚洲开发银行的官员及专家出席了会议。

会议总结交流了自第一次协调会议以来各成员单位开展合作培训的成效和途径；商定农、林、水部门合作培训下一个三年滚动计划；讨论审议举办第一期农、林、水部门黄、淮、海流域开发高级研讨班教学计划及准备工作；听取了使用外资援款基本情况介绍，商议了今后使用外资的原则、方法和国内配套资金的落实方案等。

（周凤瑞）

国际合作与交流

International Cooperation and Exchange

水利外事工作

基本情况综述

一、水利外事工作

1990年水利对外经济科技合作和交往有新的进展。水利部全年派出各种临时团组250个，共1100人次；另有1310人长期在国外承包工程或援外工程工地上工作。

杨振怀部长于12月率团访问了印度和巴基斯坦。钮茂生副部长于5月率团访问了朝鲜民主主义人民共和国，并与朝鲜国家气象水文局修订签署了“鸭绿江、图们江水文工作合作协定”。张春园副部长于5月率团赴苏联参加了中苏黑龙江规划委员会第四次会议。

二、国际经济合作

1990年国际经济合作取得新的发展，部里直接立项和主管的利用外资项目有一定突破。

两项部直接主管的使用世界银行贷款的项目于年初获得批准。

(1) 黄河小浪底水利枢纽工程技术咨询项目：使用世界银行技术合作信贷240万美元，主要内容是聘请国际咨询公司对工程设计进行审核和为土建工程国际招标编制标书，这两项工作都是今后利用世行贷款建设小浪底工程必须完成的前期工作。

(2) 黄河水资源经济模型研究项目：使用世界银行特别信贷100万美元，主要目标是组织中外专家开展黄河水资源经济模型研究，进行经济效益分析，提出水资源合理分配方案，为宏观决策提供科学依据。项目于1990年10月开始，执行期两年，计划于1992年9月完成。

另外一批项目正积极进行立项前的准备工作。水利贷款项目——苏鲁皖三省加强灌溉农业项目，自向世界银行提出申请贷款后，已做了大量准备工作，1990年9月世行派团来华进行了正式评估，计划1991年上半年进行项目谈判后送交世行执董会审批。其他已向世行提出申请贷款的项目也都有进展：新疆塔里木盆地灌溉项目1990年进行了正式评估；四川农业综合项目完成了大量准备工作，世行进行了初步评估。申请使用日本政府贷款的江苏通榆河水利工程项目，经过日方调查后已列入1991年度第三批日元贷款计划。

正在执行的一批利用外资的项目，工程都有不同程度的进展。利用日本贷款的辽宁观音阁水库于5月10日正式开工，水利部长杨振怀和日本国众议员、前建设大臣木部佳昭参加了开工典礼。

自1988年以来中国农林水部门与世界银行、联合国开发计划署等国际机构合作执行一项培训计划。1990年4月水利部和世行经济发展学院共同举办了“江河多目标开发经济政策高级研讨班”，世行官员和外国专家10余人参加了会议，我水利系统高级工程管理人员60余人参加了研讨班。11月由水利部和林业部负责筹备，在杭州召开了农林水部门第二次合作培训协调会，会议总结了前两年的工作，制定了今后三年的培训计划，并落实了部分培训所需资金。

三、国际科技合作

国际科技合作在本年度内有较大进展，在确立新的合作项目和水土保持领域对外合作交流等方面，取得了可喜的成绩。

(一) 签署协议确立的新项目

(1) 海南省北部水资源开发研究项目，与亚洲开发银行合作，1990年12月签署协议，将于1991年7月开始执行，计划16个月完成。主要内容是对海南省北部地区的供水、灌溉、水力发电、渔业、环境等问题进行研究，提出一份该地区水资源开发可行性研究报告。目标是满足该地区工农业和人民生活用水的长期需水要求，扩大水力发电能力和改造、扩建灌区，以提高农业生产。亚洲开发银行为此提供必要的技术援助，约合230万美元。

(2) 汉江中下游河段洪水预报警报计划调查，与日本国合作，1990年3月签署协议，由日本方面协助进行该地区设立洪水预报警报系统的可行性调查。

(3)广西壮族自治区钦州地区海河堤整治调查，与日本国合作，1990年2月签署协议，计划对改造钦州地区两个围（约4500公顷）进行调查。

(4) 辽宁省辽河三角洲农业资源综合开发计划调查，与日本国合作，1990年9月签署协议。

为上述2-4项合作项目，日本政府将资助日方技术专家来华和中国专家一起进行调查。

（二）签署政府部门间合作协议

（1）“中芬水利科技合作协议”，由水利部与芬兰国家水和环境局于1990年2月签署，期限5年，协议确定双方水利部门在冰工程、湖泊治理、泥沙研究、水资源开发、大坝安全等八个方面进行合作，具体合作项目将逐项确定。

（2）“中朝鸭绿江、图们江水文工作合作协定”，由水利部与朝鲜民主主义人民共和国气象水文局于1990年5月24日在平壤签订。

（三）完成的合作项目

（1）水库渔业研究所技术开发项目，由联合国粮农组织资助，水利部水库渔业研究所执行。

（2）长江三峡工程技术咨询服务项目，这是由中国政府出资聘请美国垦务局专家进行咨询的一个项目，于1984年8月开始，截至1990年已完成6个附件的40个专题的咨询，工作暂告一段落。

（四）正在执行的合作项目的进展

与欧洲经济共同体合作的北江洪水预报与调度项目，各项工作已基本完成，但在试运行时发现遥测设备不能适应北江地区的雷击现象，经商议将更换部分设备，于1991年重新检查安装。

中法黄河中游水土资源遥感遥测技术合作研究项目，从1989年起，截至1990年底，双方专家已完成对有关地区的调查工作，完成了SPOT卫星数据的收集、处理，并为地理信息系统建立了数字地形模型，法方组织了专门班子开发产流、汇流和产沙、输沙数字模型。

中意三峡工程第一期技术合作项目（包括二期围堰、大坝安全监测等专题），自1988年11月开始至1990年底已完成三峡二期围堰初步设计的咨询、固结仪安装调试、微震监测系统咨询等，整个工作预计1991年结束。

中日合作的北京海子水库农业水利开发（节水灌区）计划调查项目，主要工作已在1990年完成，日方先后两次派团来华会同中方技术人员对项目区的水利设施和技术、农业和社经状况等进行了调查研究，计划于1991年上半年提出项目最终报告。

与联合国粮农组织合作的中国西北半干旱地区灌溉新技术项目，经过三年努力，截至1990年底，新技术发展试验区已初具规模，主要建设任务已完成，区内70%（总面积为100公顷）的土地已具备耕作条件，试验种植的多种农作物在喷灌条件下，取得较好的效益，在原来荒芜的滩地上出现了一片新的绿洲，预计1991年可全部竣工。

联合国开发计划署资助的亚洲地区泥沙培训计划项目，系由设在中国的国际泥沙研究培训中心主持实施。1990年是执行计划的第一年，共举办了两期培训班：5月20日至6月19日在广州举办了亚洲地区土壤侵蚀及控制培训班，12个国家的17名科技人员参加了学习；11月国际泥沙中心派出人员会同泰国有关机构在泰国举办了“江河水库泥沙野外测验区域学术讨论会”。此外，国际泥沙中心还接受联合国粮农组织的委托，为尼泊尔技术人员举办了流域综合治理培训班。

这一年中国水土保持工作方面国际交流活跃，先后参加了联合国粮农组织主持的“亚洲湿热带地区水土保持网”和“扶持亚洲地区流域治理”两个区域项目，并成为其积极成员。水利部先后派出27人参加了这两个项目的10项活动，其中一个培训班由我方协助在广州举办，11名讲课教员中有中国6名，来自亚洲国家和巴西的17名科技人员参加了学习。通过这些活动扩大了水保工作与国际上的交流，特别是使一部分基层搞水保工作的同志能有机会直接在国际舞台上交流经验、实地考察，并结交了朋友，锻炼了自己。

中苏指导编制额尔古纳河和黑龙江界河段水资源综合利用规划委员会于5月在莫斯科召开了第四次会议。

全年派出各种专业考察团组20多个，出席各种国际会议、研讨会、培训班的团组40多个。在第14次国际灌溉排水大会上中国代表许志方教授被推选为国际灌溉排水委员会副主席（1990—1992）。中国水利学会还会同有关国际学术组织在华召开了“国际水资源管理水文基础学术讨论会”、“第七届亚太地区国际水力学学术会议”和“第二届亚洲地区水库渔业研讨会”，总计有150多名外国学者、专家和200多名中国专家出席了这三个会议。此外，受世界气象组织委托在北京组织召开了亚太地区泥沙测验研讨会和亚洲区协水文工作组会议。亚太地区小水电研究培训中心与巴西圣保罗州能源企业管理委员会在圣保罗市联合召开了国际中小型水电会议。

有关水利部门应国际机构聘请，派出沈伦章和吕晋润两名专家赴巴基斯坦进行水轮泵建设咨询、王连祥高级工程师赴泰国为国际减灾十年有关培训班讲课，以及一名工程师赴阿曼参加联合国志愿人员队伍工作。

（朱蕴培）

项目介绍

小浪底水利枢纽工程技术咨询项目

小浪底水利枢纽工程是中国“八五”期间的重点

工程，初步决定利用部分世界银行贷款，以缓解国内建设资金的紧张。

工程位于黄河干流，在河南洛阳以北 40 km 处，是黄河下游最后一级控制工程。坝址以上流域面积 694155 km^2，以防洪、防凌、减淤为主，兼顾供水、灌溉和发电。

鉴于小浪底工程的规模和难度，按照世界银行关于大型水电工程使用贷款的有关导则，在批准工程贷款前必须请国际咨询公司对工程设计进行复核。经有关部门批准，水利部申请了世界银行的技术合作信贷 240 万美元，主要用于聘请咨询公司和特别咨询专家组。经国际招标，水利部选聘了加拿大国际咨询公司和国际特别咨询专家组。咨询公司的主要任务是复核黄河水利委员会设计院的小浪底工程初步设计，向世行提出报告，并协助黄委会编写土建工程国际招标文件。特别咨询专家组有 7 位常务专家，7 位临时性专家。该组已先后召开过两次会议，对水工建筑物和厂房的布设、工程地质等提出了很多改进意见，经国内专家反复讨论研究，其中有些意见已决定采纳。

此外，截至 1990 年底，世界银行已先后 6 次派团赴黄委，开展进入正式项目周期前的准备工作。世行对工程设计的技术部分表示满意，希望在移民、环境评价等方面继续做好工作。

小浪底工程预计在 1993 年正式开工。

（孟志敏）

水库渔业研究所技术开发项目

本项目由联合国粮农组织援助，于 1989 年 9 月开始执行，1990 年 12 月结束。项目的主要目的是帮助中国政府提高水库渔业研究所的技术能力，并为中国水库渔业的进一步发展提出建议。粮农组织通过它的“技术合作计划”渠道，提供资金 16.3 万美元。

设在武汉的水库渔业研究所是专门从事水库渔业的研究单位，开发潜力很大。但该所组建时间不长，其科研手段、仪器装备都还比较落后。这一项目的主要成果是利用粮农组织援助的计算机设备，建立了“水库渔业数据库”。此外，项目聘请的国际专家通过对我国水库渔业发展的全面考察，提出了一个加强水库渔业研究所的三年计划草案。该计划内容包括对水库所科技人员的培训、仪器的添置、水库渔业数据库的开发利用、水库渔业技术的开发、水库渔业科研工作开展等方面。这一项目的完成，对刚刚起步的水库渔业研究所具有重要意义。粮农组织驻华代表表示，中国有 8 万座水库，水库渔业发展潜力很大，愿意在这个项目的基础上进一步加强与中国在这一领域的合作。

（刘志广）

国际水资源管理水文基础学术讨论会

这个会议于 1990 年 10 月 23 至 26 日由中国水利学会与国际水文科学协会联合在北京召开。这是国际水文科学协会于 1987 年在温哥华倡议在中国举行的第一个有关水文科学的学术会议，来自 22 个国家的 46 名外国学者和 50 名中国学者参加了这次会议。大会分六个专题作报告和讨论，即：地表水和地下水的运动及其互相转化，水质评价和污染管理，水文资料的收集、整编和数据库，水资源管理及专项工程决策支持和专家系统，在变化环境中的水文学和水资源学，水资源管理、规划和开发利用。大会共吸收论文 118 篇，论文集由国际水文科学协会在英国沃林福特和美国华盛顿公开发行。会议结束后还组织部分外宾分三路进行了科技考察。通过会议交流了水文水资源方面的经验和一些新的设想，结交了不少新朋友，外国学者对会议反映良好。澳大利亚一位学者还与中国有关单位商谈了今后的合作和培训建议。

（朱蕴培）

第七届亚太地区国际水力学学术讨论会

受国际水力学研究协会委托，中国水利学会于 11 月 13 至 16 日在北京组织召开此讨论会。来自 13 个国家和地区的 222 名代表参加了这次学术讨论会，其中国外代表 73 人，中国代表 149 人（包括台湾代表 13 人）。提交大会的论文共 208 篇，分 4 个专题进行报告和讨论，这些专题是：河流水力学，工业和工程水力学，环境水力学，海洋水力学及试验技术。会议对交流的学术论文还进行了最优论文评选活动，评出中国学者和日本学者的两篇优秀论文，并向作者颁发了奖牌和证书。学术讨论会结束后，国外代表分两路离京去长江三峡—葛洲坝地区和江苏江都排灌站—太湖水环境控制地区进行了学术参观。国外代表对会议的组织工作和学术水平反映良好。这个会议适当增加了中国代表，特别是中青年代表的比例，为更多的中青年水利科技人员提供了出席国际会议的机会。

会议期间，国际水力学研究协会亚洲太平洋地区分会召开了第八次执行会议，研究讨论了有关的组织工作。执行委员会主席劳森（澳大利亚）因病提出提前退任，执委会选举林秉南执委（中国）接任分会主席，报总会批准后任命。

（朱蕴培）

中朝关于鸭绿江和图们江水文工作合作协定

鸭绿江和图们江是中朝两国的界河。为了掌握水情和开发利用两江的水资源，中国水利电力部与朝鲜民主主义人民共和国气象水文局曾于1978年签署关于鸭绿江和图们江水文工作合作协定。该协定确定了双方交换一定水文测站的水情资料。十余年来，双方按照协定向对方提供了规定的资料，对两国开发利用水资源和防洪等工作起到了良好的作用。近几年来随着两国经济进一步发展，对水文工作提出了更高的要求，需要两国更广泛地开展合作和交流。经友好协商，于1990年5月24日由水利部副部长钮茂生和朝鲜气象水文局局长李建日在平壤签署了“中华人民共和国水利部和朝鲜民主主义人民共和国气象水文局关于鸭绿江和图们江水文工作合作协定”，有效期五年。新协定确定互相交换界河干流以及该流域本国一侧设置的水文测站的水文资料、水文情报和水文预报。

（朱蕴培）

中苏联合编制黑龙江水资源综合利用规划

中苏两国政府于1986年10月23日签署了《关于组建中苏指导编制额尔古纳河和黑龙江界河段水资源综合利用规划委员会的协定》。根据《协定》规定，双方共同组建了中苏指导编制额尔古纳河和黑龙江界河段水资源综合利用规划委员会，并各自确定了国内牵头设计单位。中方牵头设计单位为水利部松辽水利委员会。

1986～1990年期间，规划委员会共召开了四次会议。会议规定规划应当研究黑龙江的水力发电、防洪、灌溉、航运、渔业、工业和市政供水、以及水资源保护和旅游等方面的内容，其中主要任务是水力发电，防洪和市政供水。几年来，两国的有关设计部门和专家为规划做了大量的工作，并提出了有关第一期工程的建议。经审议，规划委员会正式推荐黑龙江上游的漠河水利枢纽加连崟反调节水库和中游的太平沟水利枢纽为第一期工程，并确定了还需要做的补充工作。目前，工作正在进行中，预计两国设计单位将于1992年提出共同的规划报告。

（张亚光）

黄河流域水资源经济模型研究项目

黄河是我国第二条大河，横贯九省（区），流域内人口近1亿，是西北、华北地区工农业生产和城乡生活用水的重要水源。随着国民经济的发展，用水需求急剧增加。如何以有限的水量，最大限度地满足各地区、各部门经济建设和人民生活用水的需要，已成为当前急需研究解决的问题之一。为此，水利部提出本研究项目，经政府于1990年1月正式批准利用世界银行特别信贷100万美元进行该项研究。同年7月，水利部选定美国水资源管理公司进行咨询合同的谈判，并于10月正式签订咨询服务合同。项目采用中外合作、共同研制的方式，受聘的美国专家将参加黄河流域水资源经济模型的开发、经济分析、人员培训等工作。项目执行期为二年，计划于1992年9月完成。

本项目将利用系统工程方法，通过研究，开发建立黄河流域水资源经济模型体系，进行全流域、多目标水资源综合利用经济效益分析，提出黄河水资源合理分配方案，为国家宏观决策提供科学依据。同时，通过中美双方合作，计划培养一批我国水资源研究方面的人才，学到国外水资源研究、规划方面的最新科学方法和经验，提高我国水资源规划工作水平。

项目已于1990年10月正式开始，执行单位为水利部黄河水利委员会。

（刘建民）

三部一行与世行经济发展学院合作培训网

为了不断提高干部素质和管理水平，以便更好地使用世界银行贷款和与国际机构合作，三部一行，即农业部、水利部、林业部和中国农业银行共同与世界银行经济发展学院于1988年成立了中国农口合作培训网。培训网成立后，三部一行与经济发展学院已联合组织多项活动，取得了良好效果。1990年水利部负责组织了两项活动。

1.4月1～21日在南京举办了“中国江河多目标开发经济政策高级研讨班”，此班的目标是：①学习和借鉴有关国家江河多目标开发的案例及相应政策，结合贯彻“中华人民共和国水法”，总结我国江河开发的实际经验；②研究水利行业对水资源规划、开发及对水工程管理方面的投入产出政策；③探讨防洪、灌溉、发电、航运、供水、环保等部门之间在多目标开发中的经济关系，以获取最佳的社会、经济和环保效益。世行官员及由世行聘请的澳、加、法、英和巴基斯坦专家等十余名外宾出席了会议，水利部系统和省水利厅等机构的总工程师、总经济师、总会计师一级干部60余人参加了研讨班。研讨班的汇编《江河·多目标·政策》一书得到各方好评，并将按要求提供给经济发展学院作为专业参考书。

2.11月15～19日与林业部共同负责组织召开了三部一行第二次合作培训协调会。参加会议的有三部一行及其所属院校的负责人，经贸部国际经济技术交流中心、财政部等单位的代表，共45人。世界银行、经济发展学院、联合国开发计划署、亚洲开发银行、国际培训基金会、联合国粮农组织的官员和专家9人也出席了会议。会议总结了前两年的工作，并研究制定了农林水部门1990－1992年三年合作培训滚动计划，主要内容是：①为联合国开发计划署和经济发展学院援助的黄淮海地区项目举办4期高中级管理人才培训班，编写了教材并选派8名教师出国进修；②农口合作培训网将举办8个高中级研讨班，编写教材和资料5～7册，以及聘请外国专家和选派人员出国考察等。会议还研究落实了部分国内外资金。

（朱　玮）

中日河工坝工会议

根据中日两国政府科学技术交流协议，水利电力部（现为水利部和能源部）与日本建设省于1985年开始举办中日河工坝工会议。会议基本上每年召开一次，轮流在中日两国举行，双方就共同关心的水文和水力学等基础学科、流域综合管理、洪水对策、水资源开发、河流环境、地下水管理、河流情报、法规制度及其他等方面提出论文进行交流，并考察两国的河川及水利工程设施。1990年10月16至24日在日本举行了第六次会议。这项活动自开展以来，已逐渐成为中日河工坝工技术交流的重要论坛，六年来中方共派出40多人次赴日参加会议和实地考察，250人次参加在中国国内举行的会议，共发表论文124篇。与会代表大多是长期在基层从事水利工作的技术骨干，过去由于工作条件及语言等限制与国外交流机会较少，通过中日河工坝工会议这种形式，特别是在国内举行时，可使更多的中国专家有直接参与国际学术交流的机会，受到水利工作者的欢迎。会议的交流也加深了中日两国水利技术人员的了解和友谊，为进一步加强中日水利技术交流和合作创造了条件。

（李承实）

艰苦创业　开拓进取
——中国水利电力对外公司成立十周年

一、概况

中国水利电力对外公司（简称中水电公司，英文缩写CWE）是在党的十一届三中全会以后，适应对外开放形势需要而成立的从事水利、电力对外承包、劳务和设备技术引进的专业公司，由原中国水利工程公司和中国成套设备出口公司电力分公司合并而成，以原中国水利工程公司成立日1980年6月26日作为公司成立时间。1985年1月1日起列为企业编制，实行独立核算，自负盈亏，自主经营，具有法人地位。

中水电公司隶属于水利、能源两部。原水利电力部副部长陈赓仪、李代耕、张季农、赵庆夫曾分别担任历届董事长。现设总经理1人，副总经理4人，总工程师、总会计师各1人，技术咨询若干人。根据“集中统一、讲求效率”的原则，实行总部和项目指挥部（队、组）两级核算，两级管理（少数驻外经理部也作为一级核算单位，即为三级管理；进口业务由总部集中管理）。

总部作为管理中心，主要职能是根据国际市场的具体情况，研究确定经营战略，进行宏观决策，制定中期规划和年度计划。组织市场调研，跟踪信息。组织项目编标、投标、谈判、签约以及资金筹措、调度和运用。确定项目实施方式并进行统一部署、协调，负责出国人员选审，任命项目领导班子。在设备供应、人员派遣等方面，提供服务。围绕以经济效益为中心，制定各项管理制度和分配办法，管理各驻外机构、项目指挥部（队、组）等。设置职能处（室）16个，有负责对外承包、劳务和进口业务的水利水电（一）（二）处，电力处，进口（一）（二）处及营业、计划、财务、物资、人事处、办公室等。总部试行各专业处、经理部的经费与完成合同额、营业额特别是完成营业收入和利润指标挂钩的管理办法，采取“一条龙”经营方式，即专业处既负责投标、编标、谈判、签约，也负责合同执行。设上海、北京两个分公司，负责为国外工程提供设备、大宗零配件、生活物资等采购、仓储、外运等工作。设服务公司为出、回国人员提供食宿、提货发运等服务。在水利电力系统，有长期合作单位近20个。中水电公司编制定员600人，现有各类专业职称人员359人，其中高级职称78人。

各驻外机构——经理部、代表（联络）处（组）——是中水电公司在各驻在国的代表机构，归口管理中水电公司在该国（地区）的业务。负责招揽项目，对各项目指挥部（队、组）进行领导（指导）、协调、督促、检查并提供服务，在力所能及的范围内，自营承包项目或开展多种经营。

项目指挥部（队、组）是总部领导下具体完成一个项目的一次性机构，是一级核算、管理单位。一般均设有项目经理，在总体上对合同的实施全面负责。根据“统一领导，合理分工，责权明确，精简高效”的原则，区别工程规模大小和不同的施工特点，设置精干的专业管理部门和施工组织。大型项目设副经理、总工程师、总会计师作为项目经理助手，下设工程技术，合同管理，财务物资等职能部门；规模较小的项目则由项目经理直接领导，统一管理，不设职能机构。各项目指挥部（队、组）的任务是全面完成各项经济技术指标，内部实行以完成合同为考核标准的岗位责任制，以定额为基础、以成本控制为核心的目标管理。根据国家、集体、个人三者利益兼顾的原则进行收益分配，要求个人所得同项目经济效益、同各自完成的任务挂钩。

二、经营范围

（1）承包国外水利、电力工程，境内外资工程；

（2）承担本行业对外经援项目；

（3）出口上述工程所需的设备、材料；

（4）派遣本行业工程、生产及有关的劳务人员；

（5）利用外方资源、资金和技术在境内开展经济技术合作；

（6）承担国外水利、电力工程的咨询、勘测和设计；

（7）经营本系统范围内及对外承包工程所需的设备进口业务；

（8）经营本系统各单位委托办理限额以下的技术引进业务。

三、业务状况

1.承包劳务

70年代，由于石油价格猛涨，一些产油国的经济迅速发展，国内大兴土木。西方承包公司把握住这个时机，在承包产油国项目中获取了大量利润。中水电公司创建时，已进入80年代，国际石油市场供过于求，油价不断下跌，石油输出国的外汇收入锐减；加之两伊战争，非洲严重的干旱等等，使得国际承包市场的成交额大幅度下降。各主要工程发包国和劳务进口国为维护本国利益，进一步颁布了限制外国公司和外籍劳务人员的规定，国际承包市场的竞争更加激烈。刚刚起步的中水电公司虽有较为雄厚的经援工作基础，但无国际承包的经验，同时资金短缺，人才不足，困难重重，步履维艰。

在党中央改革开放方针的指引下，中水电公司遵循开展国际经济合作关于“平等互利、讲求实效、形式多样、共同发展”的原则，依靠部的正确领导，在金融界的支持下，和兄弟单位通力合作，认真贯彻“守约、保质、薄利、重义”的经营原则，边干边学，探索前进。在继续承担经援项目的同时，积极开拓国际承包和劳务合作业务：从派遣成建制劳务起步，积累资金，学习国际承包的管理方法；继而分包外国总包商承揽的部分工程，作为经营国际承包的尝试。同时，在有经援项目的国家，利用原有基础，以低价中标，以总包商身份进入国际市场，提出“向管理要效益”，以提高劳动生产率为主要手段，争取保本微利。通过实践，在总结了正、反两方面的经验教训之后，进一步明确，要提高项目成功率，要提高经济效益，投标工作必须贯彻四项要求：①技术上可行。国内施工单位承建国外项目，至少要有两个以上同类型、相似规模工程的施工经验。②管理力量可能。③风险可以承受。④经济上有利可图，这是投标的出发点和归宿。在财务管理方面，注意把握投资方向，作好投资市场投资项目的抉择，减少投资的盲目性，并强化资金管理，制定项目占用流动资金限额，降低资金占用额，加速资金周转，使有限的资金发挥更好的效益。

承包项目的经营方式一般有四种：①联合经营型。由中水电公司和国内合作单位共同筹资，共同管理，共负盈亏，共担风险。施工人员由合作单位选派。②分包型。通常是将项目委托给一个施工单位实施，中水电公司负责总包管理，协助解决流动资金，收取管理费，合同余额交施工单位分包。③自营型。由中水电公司负责经营管理，所需施工人员通过合作单位聘请。④转包型。将项目转包给对外有法人地位，能自筹外汇资金的企业实施，中水电公司收取一定比例的费用作为投标、编标前期工作等的补偿。

经过10年奋力拚搏，中水电公司的经营规模从小到大，逐步发展，由单一的劳务输出到承担交钥匙工程的总承包，包括与外国公司联合承包，派出专家提供咨询、技术服务，承担勘测、设计、施工监理等在内的多种方式的经营。10年共签订对外承包、劳务、咨询等合同237个，合同额97349万美元，遍及30多个国家和地区。其中水利水电项目117个，合同额74600万美元，占合同总额的77%。

10年共派遣3万多人次出国，结汇2392万美元。1986年起开始缴纳各类税金，5年共交857万元人民币。在取得一定经济效益和社会效益的同时，水利电力系统已锻炼出一支热爱国际经济技术合作事业，有一定经营管理能力和较高施工技术的骨干队伍。中水电公司以其业务量在1988年已步入国际250家大公司行列，在国际上建立了较为广泛的联系网，同美国、德国、法国、日本、意大利、瑞士等国家的一些大公司建立了合作关系，接触了一些国家的政府官员和同行，沟通了与国际上一些金融组织的联系渠道，在国际上已有一定的知名度，曾荣获两项国际奖，相当一批项目建成之后得到业主或咨询的高度评价，有6个项目获优质工程证书。

2.经济援助项目

对外经济技术援助是一项严肃的政治任务，对于加强中国同第三世界国家的团结合作，增进中国人民同受援国人民之间的相互了解和友谊，推动中国对外关系的发展，为中国社会主义现代化建设创造和平稳定的国际环境具有重要的作用，是一项有深远意义的

历年签订对外合同情况

年份	签订合同数（个）			合同额（万美元）			分 布
	总数	其中		总 数	其中		
		水利水电合同	占总数（%）		水利水电合同	占总数（%）	国家数
1980	3			214			1
1981	8	4	50%	1123	1018	91%	5
1982	11	8	73%	4392	2321	53%	6
1983	19	10	53%	15157	14483	96%	11
1984	32	14	44%	6612	4560	69%	12
1985	38	16	42%	8008	5393	67%	14
1986	37	22	59%	10042	7757	77%	11
1987	37	13	35%	7189	3132	44%	14
1988	17	13	76%	31264	27629	87%	10
1989	18	10	56%	5711	4176	73%	11
1990	17	7	41%	7637	4131	54%	7
合计	237	117	49%	97349	74600	77%	

工作。多年来，水利电力系统遵循我国政府对外经济技术援助八项原则的指导方针，承担了国家交给的数十项援外工程，在国际上赢得了良好的信誉。

党的十一届三中全会以后，国家调整了援外布局和结构，在援外项目管理体制方面也进行了改革，由原实行的承建部负责制（项目按专业分工交各部委执行）改为内部招标承包制。

中水电公司10年来在22个国家继续承担经援项目56个，其中水利水电项目45个，占80%。规模较大，投资较多或技术较为复杂的项目有十几个（见表）。

3.设备进口和技术引进

中水电公司经办国内水利、电力系统的设备进口和技术引进业务。限额（500万美元）以下的项目可自主经营，对外签约。限额以上的大型项目，和经贸部所属公司（中国技术进出口总公司，中国仪器进出口总公司和中国机械进出口总公司等）以联营方式办理。对外合同由经贸部所属公司主签，中水电公司副签，项目单位在技术部分签字。进口方式因外汇来源不同分为国外贷款项目的国际公开招标和中央外汇的自由采购两种。在具体办理过程中——以国外贷款项目为例，

中国水利电力对外公司经援主要项目一览表（水利水电部分）

1980—1990

序	国别	项目情况				合作单位	备注
		名称	类别	主要内容	起止日期		
1	刚果	布昂扎水电站及输变电项目		总库容27万 m³，坝型为混凝土重力坝。溢流坝段长75.66 m，坝高11.5 m，为自由溢流。引水道为钢筋混凝土管，直径5 m，长225.6 m。压力钢管直径4.2 m，长407 m。电厂装有4台1.85万kW机组，输电线路总长240.2 km，其中110 kV约123.6 km，35 kV，90.1 km，10 kV约26.5 km，变电站110 kV和35 kV各3座，另有二座配电点。自1978年3月27日第一台机组投产以来，一直由我公司派人进行运行指导	考察设计 1970年4月～1975年 施工： 1975年6月24日～1979年7月4日	设计： 广东省水电厅勘测设计院 施工： 广东省水电厅 运行指导： 广东省电力局，江西省电力局	
2	尼日尔	特腊水库工程		总库容：2110万 m³，坝型为均质土坝，坝长1156.8 m。其中土坝长1077.3 m，混凝土坝长79.5 m，土坝最大坝高7 m，混凝土坝最大坝高12 m。排沙闸孔口尺寸6×3.5 m，装有一台弧形门	考察： 1975年9月～1976年6月 设计： 1977年8月～1978年3月 施工： 1978年11月2日～1980年9月1日	设计施工： 水电部第二工程局	

续表

序	国别	项目情况 名称	类别	主要内容	起止日期	合作单位	备注
3	马里	马尔卡拉水闸修复工程		水闸包括两部分：右岸拦河闸和左岸挡水坝，闸长816.56 m，土坝长1813 m，总长2629.56 m。水闸分14孔共装舌瓣型平板翻转门488扇，该工程始建于1934年，1947年完工。经过多年运用，在水闸的非主体部位出现不同程度损坏。损坏情况主要有：闸下河床冲刷；护坝底部淘洞；闸基伸缩缝漏水；闸体混凝土局部损坏，闸门漏水及闸门缓冲器损坏等，对此进行修复	考察： 1971年10月～1972年8月 1974年2月～9月 施工： 1979年2月1日～1980年5月5日	设计： 水电部第十三工程局勘测设计院 施工： 水电部十三工程局	
4	马里	引水总干渠清淤		引水口改建：设计流量150 m^3/s，边坡1∶1。旧渠堵坝：长310 m，顶宽3 m，边坡1∶2。干渠清淤：长8.35 km	考察： 1974年2月～1974年10月 设计： 1974年11月～1975年10月 施工： 1979年2月1日～1982年2月	设计施工： 水电部第十三工程局	
5	孟加拉	鲁普甘吉北水利工程设计		灌排两用抽水站1座，装机10台，总功率1550 kW，设计灌溉流量5.7 m^3/s，设计排涝流量14.8 m^3/s，防洪37 km^2，灌溉3万亩。 防洪堤18 km，干、支两级灌排渠道56 km，渠道建筑物（桥、涵、节制闸、跌水、渡槽等）175座，输电线路1.2 km，变电所装有2台1000 kV变压器	考察： 1976年12月～1978年2月 设计： 1978年6月～1981年10月	江苏省水利厅水利勘测设计院	
6	加纳	阿非费灌溉工程		总库容0.314亿 m^3，坝型均质土坝，最大坝高11 m，坝顶长度1586 m，溢洪道为开敞式混凝土堰，输水管直径1.8×1.3 m，长42 m，干渠长9 km，设计流量2.5 m^3/s，灌溉1.2万亩	考察： 1974年5月～1976年12月 设计： 1977年 施工： 1979年7月～1982年7月	设计： 湖北水利勘测设计院 施工： 湖北水利厅	
7	斯里兰卡	金河治理工程技术合作		防洪堤24.3 km，最大堤高9.25 m。排水渠24 km，最大排水量27.6 m^3/s。排水泵站10座，装机5035 kW。中型桥梁7座，小桥、人行桥25座，公路涵、人行涵20座，输电线路33 kV长12.8 km，11 kV长22 km，开关站及管理所各一座。 自1982年完工至1987年进行技术合作	考察： 1972年11月～1974年2月 设计： 1975年 施工： 1976年8月～1982年9月	设计： 湖南水电勘测设计院 施工、运行指导： 湖南水利厅	

续表

序	国别	项目情况				合作单位	备注
		名称	类别	主要内容	起止日期		
8	斯里兰卡	尼兰比水电站		总库容18.6万m^3，坝型为混凝土闸坝，最大坝高11.5 m，坝顶长77 m，溢流闸3孔孔口尺寸10×5 m，引水渠道长2.54 km，压力钢管直径1.3 m，长238 m，电厂装2台1600 kW机组	考察： 1980年2月～1981年1月 设计： 1982年 施工： 1986年4月～1988年6月	设计： 水电部中南勘测设计院 施工： 水电部第八工程局	
9	布隆迪	穆杰雷水电站		总库容7.4万m^3，最大坝高16 m，坝顶长度95 m，坝型为混凝土重力坝及土坝。溢洪道孔宽为6 m，装有2扇工作门。排沙闸为潜孔式，尺寸$\frac{5}{2.5}\times4$ m，装有2扇工作门。引水隧洞直径2.4 m，长2940 m。调压井直径4 m；高度48 m。压力管道直径1.3 m，长790 m。电厂装有4台2000 kW机组，向布琼布拉市架设一条35 kV，14 km长的线路，在布琼布拉市建一座变电所，安装1台35/6.8 kV 10000 kV容量变压器。 自1982年3月第一台机组投产到1985年，派出人员进行电站及输变电工程的运行指导	考察： 1972年7月～1974年5月 设计： 1974年5月～1974年10月 施工： 1977年11月16日～1982年10月	设计： 广西水电局设计院 施工： 广西电力局	1985年起由经贸部成套公司交给地方进行技术合作
10	索马里	费诺力水利枢纽工程及运行管理		首部枢纽： 拦河闸坝长58.8 m，闸孔尺寸12×7 m，装4扇弧形工作门。电厂装有2台奥地利转口的2300 kW机组，冲砂闸2孔，装2扇潜设式平板门。左岸3孔进水闸，右岸2孔进水闸，用于灌溉。其后设有一380×25 m的沉沙池，上下游引河长1682 m，底宽95 m，上游两岸堤总长22 km。 左岸灌溉干渠： 总长52 km，引用流量33.6 m^3/s，渠道上节制闸、退水闸、分水闸，桥、涵、堰等水工建筑物38座。 排水站：3座，总装机7台容量560 kW。 柴油发电厂：装有苏制3台柴油发电机，总装机容量1620 kW。 变电站：2座。 35 kV输电线路长55.6 km，11 kV线路40 km。通讯线路总长102 km。 1983年7月开始派专家对电站、线路、干渠等进行指导。1991年初由于索马里内战专家全部撤回	考察： 1978年3月～1979年4月 设计： 1979年6月 施工： 1979年8月～1983年3月	设计： 广东省水电设计院 施工： 广东省水电厅、长江流域规划办公室	1988年开始进行干渠加固，1989年7月完工。 由江苏省水利厅施工

续表

序	国别	项目情况				合作单位	备注
		名称	类别	主要内容	起止日期		
11	赤道几内亚	毕科莫水电站及输变电工程		总库容13万 m^3，坝型为混凝土坝，最大坝高12 m，坝顶长322.5 m。溢洪道为自由溢流，溢流堰长75 m，排沙闸为潜孔式，孔口尺寸3.5×4 m。明渠引水渠道长959 m，宽3.7 m，压力管道直径为2.3—2.38 m，总长548.6 m。电厂装有4台800 kW的机组，向巴塔市供电，电压等级35 kV，线路长14.5 km	考察：1973年7月～1975年10月 设计： 施工：1978年6月～1983年	设计：水电部华东水电勘测设计院 施工：福建省电力局	
12	喀麦隆	拉格都水电站		总库容：77亿 m^3。坝型：粘土心墙堆石坝。主坝最大坝高：40 m。坝顶长度297 m。坝顶宽10 m。东副坝：粘土心墙砂壳坝，最大坝高14 m，坝顶长689 m，坝顶宽8 m。西副坝：均质坝，最大坝高6.7 m，坝顶长1175 m，坝顶宽5.5 m。溢洪道：引渠长407.4 m，孔口尺寸12×15.12 m，2扇弧形工作门。泄洪洞：方圆形、无压洞，长374 m，断面7×10 m，1扇弧形工作门。进水口：压力墙式，4扇平板事故快降闸门。压力管：直径6 m，长50.29 m。主副厂房，开关站，东、西灌溉取水口，电厂装机4台，装机容量7.2万 kW。 自1982年12月28日第一台机组试运行后，开始根据两国协议进行电站运行指导，目前仍有9人在现场执行技术合作任务	考察设计：1973年～1977年8月 施工：1978年8月17日～1984年5月	设计：水电部昆明勘测设计院 施工：水电部第十四工程局 青铜峡、富春江电厂，广西电力局及其他单位	
13	突尼斯	麦热尔德——崩角水渠工程		渠道：长120 km，全断面混凝土衬砌，引水流量为16 m^3/s。扬水站：3座。装机15台，功率2070 kW。渡槽：10座，总长3.9 km。倒虹吸：2座，总长470 m。隧洞：2条，总长3191.77 m。调节闸：21座。其他水工建筑物418座	考察：1975年2月6日～1976年12月 设计：1977年5月审定扩大初步设计 施工：1979年8月15日～1984年6月	设计：河北省水利厅设计院 施工：河北省水利厅及有关单位	每年向突尼斯市和崩角地区供水约2亿 m^3；灌溉28.5万亩。

续表

序	国别	项目情况 名称	类别	主要内容	起止日期	合作单位	备注
14	尼泊尔	博克拉水利灌溉工程		枢纽：素混凝土滚水坝，坝高9.5 m，长80 m，冲沙闸为开敞式，每孔净宽6 m，装2扇弧形门，进水口为胸墙式，孔口尺寸2.5×2.1 m，装2扇平板门，沉沙池长40 m，底宽9 m。 渠道：干渠总长7691 m，支渠总长7467 m，斗渠总长为23174 m，渠道各种建筑物共649座。岗吾干渠460 m长，退水渠长678 m。 电站：装有3台500 kW机组。 在渠首和电站各建一条进场柏油公路，长分别为370 m和1600 m。从渠首到干渠末端架设8 km通讯线路	考察：1975年11月18日～1976年4月10日 设计：1976年5月～1977年6月 施工准备：1979年4月～1981年11月 施工：1981年11月20日～1985年底	设计：河南水利厅勘测设计院 施工：河南水利厅	
15	塞拉利昂	哥马水电站及输变电工程		总库容190万m³。坝型为重力坝和土坝，土坝长355.6 m，混凝土坝45.5 m。冲沙孔及进水口长12.5 m。最大坝高15 m。压力钢管直径：主管1.71—1.60 m，支管0.8 m，总长754 m。调压塔内径4 m，地面以上高25.6 m，电厂安装有4台1000 kW机组，从电站向凯内马市架设一回33 kV输电线路，长57.965 km。在凯内马、班古马、马诸各设一座变电站，11 kV出线6回。 自1986年6月29日第一台机组投产以来，派出专家进行运行指导	考察：1973年2月～1975年 施工准备：1980年～1983年 施工：1983年10月1日～1987年3月23日	设计： 电站：江西水电设计院 输变电：江西电力设计院 施工运行：江西省电力局	
16	埃塞俄比亚	哈利河灌溉工程设计		混凝土溢流坝，坝长69 m，坝高6 m，坝宽9 m。进水闸为胸墙式单孔闸，孔口尺寸1.4×1.0 m。装一台1.4—1.25平面门，冲沙闸装有一扇2.6×2.6 m的平板门。非溢流坝段为土石坝，左右岸共长106 m，坝顶宽为6 m。渠道：干渠一条长5.25 km。支渠6条，长15.15 km。设计流量2 m³/s，加大流量2.4 m³/s，灌溉1000 Ka。各种渠系建筑物122座。排水沟：干沟2条长2.85 km，支沟3条长4.82 km	考察：1984年11月～1986年7月 设计：1988年3月提交初设		
17	塞内加尔	比尼奥纳河(阿菲尼亚姆)水利工程		挡潮闸：5孔，每孔净宽10 m，闸长138.1 m，装有弧型闸门及闸上公路桥，桥面宽4.5 m。标准：汽—20。 斜坡式过船道1座，载重23 t。 引河：长1.5 km，底宽70 m。 挡潮堤：总长3.97 km，堤宽5 m。 截流坝：长135 m	考察：1974年5月～1976年4月 设计：1977年12月 施工：1984年11月～1988年4月	设计施工：江苏省水利厅	

一般经国内立项、国外落实贷款机构、采购（包括聘请国内、外咨询，编写招标文件，评标等)、合同谈判等阶段，中水电公司都参与工作，进行服务。执行合同阶段，中水电公司着重与技术关系紧密的商务事项，如组织安排联络会议，工厂检验，考核验收，出国人员选派和外国技术人员在华工作期间的管理等。

关于外汇来源。过去从西方国家进口均用中央外汇。1980年起，进口大型项目所需外汇转为国外贷款。水利电力系统进口项目从1987年开始用国外贷款，主要是世界银行、日本海外协力基金会和各国政府贷款，还有少量外国政府赠款。

从苏联东欧国家进口为易货贸易。合同谈判及成交金额确定方式等与西方国家进口基本相同。

中水电公司经外交部认可，可以对外签发邀请函电，及时办理国外有关人士来华手续。为做好进口服务，设有专职财务、物资部门，配合进口一、二处负责办理对外付汇和进口财务管理以及进口设备、材料的国内外运输、保险，为项目单位代办报关、提货和转运等工作。中水电公司拥有一支既懂水利电力技术又有外贸知识和进口工作经验的专业队伍，在长期的进口工作中，努力发挥了专业化程度较高、信息较广、经验较为丰富的优势，配合项目单位一起，择优选用价廉物美的设备以降低工程投资。本着“为用户着想，让用户放心”的宗旨，承办了本系统大型成套设备以及自动化通讯系统、科研测试仪器、计算机软件等总金额为20多亿美元的进口项目，促进了本系统的技术进步，进口的发电设备约占电力建设投产总容量的20%。经办了本系统对外咨询项目15个，取得了一定的成果。

4.合资企业

中水电公司根据经贸部提出的“一业为主，多种经营”的方针，开展横向业务联系，除在华能国际电力开发公司投资外，还开办了一些合资企业。同香港港华有限公司合营在香港成立了港源水利电力工程有限公司，港源公司与外商合作在西安开设了“万年饭店”，在北京开设了“东方明珠酒家”、“越秀饭店”，在上海开有香海纺织品发展有限公司；另外在大连开办了源实轻钢工程有限公司。这些合资企业取得了一定的经济效益，扩大了对外经济合作的领域。

为了回顾、总结中水电公司10年工作，展望国际市场发展前景，研究今后的经营战略方针，提出改善经营管理的措施，以促进经济效益的提高，1990年5月，中水电公司在北京召开了经营管理工作会议。

水利部副部长张春园、能源部副部长陆佑楣、经贸部部长助理乌兰木伦等到会作了重要指示。会议制订、修改了19个文件，包括驻外机构及项目管理，收益分配，资金成本控制，施工机械管理，队伍建设，审计实施细则等一系列重要的规章制度，为逐步实现决策、管理的科学化、民主化、制度化、程序化打下了基础。

与会领导首先肯定了中水电公司十年来经过艰苦开拓，在竞争激烈的国际市场占有了一席之地，取得了可喜的成绩。

张副部长说，今后一段时间，中水电公司在经营方针方面应以中小型项目为主，同时要加强对投标和项目实施的管理。要选择一流的队伍，要正确处理好国家、集体、个人三者关系，充分调动职工积极性，提高经济效益。

陆副部长特别强调了对外经营要发挥优势，扬长避短。要教育出国人员发扬艰苦奋斗的精神，发扬爱国主义精神。他在讲话中还指出，国外项目的承建单位要与中水电公司共担风险。对中水电公司在进口工作方面的成绩也给予了充分肯定。

经贸部部长助理乌兰木伦在讲话中对中水电公司今后开拓发展问题提了6点要求：①在广泛开拓市场的同时，要根据自身的特点，选择自己有优势的市场，重点突破，下大力气巩固。②一业为主，多种经营。③发挥专业优势。④进一步治理整顿，在用工制度、分配制度及个人待遇等方面深化改革。⑤要向自己独立经营项目方向发展。⑥切实抓好人才的培养。

中水电公司总经理在工作报告中回顾、总结了10年经营后说，水利电力系统在国外承建的项目，大多受到所在国政府好评，这些建设成果给所在国工农业生产和人民生活带来了益处，增强了人民之间的友谊，不仅树立了中水电公司的良好形象，而且扩大了社会主义中国的影响，为伟大的祖国争得了荣誉。他在肯定成绩的同时，指出了以往工作中的失误，当前存在的问题，并有针对性地提出了解决措施：①深入改革，理顺关系。②调整结构，合理布局。③强化管理，建立良好机制。④造就人才，提高企业素质。关于理顺关系，是指调整项目分配关系，改善中水电公司与承建单位之间的合作关系。他说，中水电公司是水利电力系统的对外窗口，目前，对外经济合作的广度和深度都有待于进一步的开拓发展。中水电公司愿意与更多的单位合作，提出“真诚合作，办事公开”，“双向选择，来去自由”，“互惠互利，信守合同”三项合作原则及今后合作方式的构想。

中水电公司成立10年，经过初期的开创阶段到80年代中期有了较大的发展，进入90年代，在过去几年工作的基础上，开始走上了健康发展的道路，但又遇到了许多特殊的困难，海湾危机不仅使中水电公司遭受了数千万美元的直接经济损失，而且被迫暂时退出了经营多年的中东市场。正在实施的几个大项目，由于业主支付拖期，严重影响了资金周转，有的项目所在国政局动荡，当地货币大幅度贬值，通货膨胀，工人罢工，使工程无法顺利进行。有的项目由于以往投标报价、合同谈判中有失误，内部管理存在问题未能及时解决以及客观困难等因素而造成重大亏损，中水电公司正面临着新的严峻挑战。

根据经贸部要求，中水电公司和其他数十家国际承包公司一样，要由窗口型转变为经营管理型加窗口型的实体企业。在新的形势、新的要求、新的困难面前，中水电公司正以新的姿态，以必胜的信心，科学的态度，审时度势，寻求新的机遇，并将继续团结一致，艰苦奋斗，为国际经济技术合作事业再作贡献！

（中国水利电力对外公司稿）

附：

中国水利电力对外公司水利、水电对外承包和劳务合作主要项目一览表（1981～1990）

序	国别	项目名称	类别	业主名称 总包	合同额 （万美元）	合同起止日期	国内合作单位	备注
1	伊拉克	摩苏尔水坝钢管制安	劳务	意大利西德柯斯莫德	534	1981.8至1986.12	三门峡水工机械厂等	1982.1实施
2	伊拉克	摩苏尔水坝土建工程	劳务	西德吉摩德	1022	1981.2至1986.12	水电三局、葛洲坝工程局	1982.1实施
3	伊拉克	混凝土管预制厂	劳务	西德迪伟达公司	100.00	1982.2至1985.3	水电二局	
4	伊拉克	摩苏尔坝灯泡机组水轮机安装 摩苏尔灯泡机组电气安装	分包 劳务	奥地利VOLT公司 奥地利ELIN公司	50.00 62.00	1983.6至1984.10 1984.1至1985.6	湖南水利厅	
5	伊拉克	阿布格里伯水利灌溉	劳务	科威特阿尔扎吉拉公司	250.00	1983.10至1987.10	浙江水利厅	
6	伊拉克	萨达姆水坝抽水蓄能机组	劳务	意大利建筑安装公司	115.00	1985.1至1986.12	水电九局	
7	伊拉克	夏米亚水闸	分包	灌溉部两河流域总机构	2955.00	1984.4.1至1986.10.31	湖北水利厅	
8	伊拉克	第比斯坝修复工程 第比斯水泵站运行	承包 劳务	灌溉部大坝总机构 灌溉部大坝总机构	32.00	1985.10至1987.3 1985.10.18至1986.10.18	湖北水利厅	
9	伊拉克	第比斯坝库内沉沙池 第比斯坝引水闸门前抽水泵 第比斯坝防爆层	承包 承包 承包	灌溉部大坝总公司 北方天然气瓦斯公司 灌溉部大坝总公司	262.00 22.00 70.00	1986.6.28至1987.3 1986.7 至1986.12	湖北水利厅	

续表

序	国别	项目名称	类别	业主名称 总包	合同额 (万美元)	合同起止日期	国内合作单位	备注
10	布隆迪	卡因集水电站土建及钢管闸门	承包	动力部	180.00	1982.3至1983.9	广西电力局	
11	布隆迪	布鲁里鲁蒙盖水电站土建	承包	公共工程动力矿业部	186.5	1985.2至1987.2	广西电力局	
12	斯里兰卡	马杜鲁欧亚水库闸门制安	承包	马哈威利工程局	105.79	1981.9.15至1983.8	郑州水工厂、水电部五局、长江水利委员会	长办
13	斯里兰卡	人民种植园小水电考察	技术服务	人民种植园发展局	1.20	1982.8至1985.5	湖南水利厅	
14	斯里兰卡	小水电站咨询设计	承包	斯里兰卡茶园	17.50	1983.6至1985.10	湖南水利厅设计院	
15	斯里兰卡	马哈韦利405－408灌溉工程	承包	马哈韦利总局	287.00	1986.2.15至1987.5.15	长办杨子江公司	
16	索马里	杜杜布莱分洪渠工程	承包	索马里农业部	570.00	1982.4至1985.9	水电部二局	
17	尼泊尔	五座小水电站技术咨询设计	技术服务	水利资源部小水电开发局	73.70	1982.10至1985.8 1987.1至1988.3	北京勘测设计院	两期
18	尼泊尔	逊沙里莫朗一期灌溉工程	承包	逊沙里莫朗灌溉局	1450.00	1983.3.15至1986.6	河南水利厅	
19	尼泊尔	库里卡尼二级电站钢管制安	承包	库里卡尼二级水电开发	206.00	1984.6.26至1986.10.15	水电部二局江南造船厂、郑州水工厂	
20	尼泊尔	纳里扬卡纸厂供水	承包	尼泊尔纸厂有限公司	146.00	1984.12至1985.10	河南水利厅	
21	尼泊尔	马相迪引水隧洞及厂房	承包	王国政府马相迪水电开发局	约合6000.00	1985.9至1989.5	水电部六局	合同价为92亿日元，由日本大成——中水电联营体承包
22	尼泊尔	马相迪水工钢结构安装	分包	马相迪水电开发局	152.42	1987.4至1989.2	长江葛洲坝工程局	
23	尼泊尔	贝格纳斯灌渠	承包	尼泊尔灌溉总局	142.88	1987.8.10至1989.5	河南水利厅	
24	尼泊尔	逊沙里莫朗二期	承包	逊沙里莫朗灌溉及排水开发局	2065.00	1988.10至1994.5.1	河南水利厅	

续表

序	国别	项目名称	类别	业主名称 总包	合同额 (万美元)	合同起止日期	国内合作单位	备注
25	尼泊尔	纳拉扬尼第三期灌溉	承包	纳拉扬尼区灌溉开发局	1429.00	1989.3.1至 1993.5.31	江苏水利厅	
26	刚果	英布鲁水电站勘测设计	承包	刚果动力矿业部	168.97	1983.7	天津勘测设计院完成初步设计报告	因刚方资金困难未建
27	卢旺达	吉希拉水电站土建	承包	公共工程部电力煤气总局	195.20	1983.11至 1985.11	广西电力局	
28	卢旺达	比温巴供水	承包	农牧森林部	178.00	1986.6至1988.4	广西电力局	
29	突尼斯	勒布纳水库	承包	装备部大型水利司	619.19	1984.4.2至 1986.10	河北水利厅	
30	突尼斯	斯伐克斯E河防洪工程	承包	装备部城市水利司	1465.17	1985.4.15至 1988.4.14	陕西水利厅	
31	突尼斯	大突尼斯R.G河排污	承包	装备部城市水利司	244.8	1987.3.23至 1989.3.23	陕西水电工程局	
32	突尼斯	安德鲁斯灌区	承包	农业部水利司	880.00	1987.4.1至 1989.4.1	陕西水电工程局	
33	突尼斯	埃尔穆鲁日排污工程	承包	装备部国家排水局	390.0	1987.7.1至 1989.7.1	陕西水电工程局	
34	突尼斯	凯洛湾灌区输水管道安装哈瓦海布管道工程	承包	突尼斯农业部	169.00	1989.10至 1991.10	陕西水电工程局	
35	突尼斯	八城市污水净化站	承包	突尼斯国家排水局	554.00	1990.6.26至 1992.8.26	陕西水电工程局	
36	突尼斯	塞日纳那—儒米纳管道运输安装	承包	突尼斯农业部水利司	681.00	1990.8.1至 1992.7.30	陕西水电工程局	
37	巴基斯坦	卡拉奇2A供水工程	承包	卡拉奇发展局	225.90	1984.6.8至 1985.12.8	抚顺建筑安装公司	
38	巴基斯坦	卡拉奇9D供水工程 卡拉奇9E供水工程	承包 承包	卡拉奇上下水道局 卡拉奇上下水道工程	106.24 112.18	1985.12.3至 1986.12.3 1985.12.3至 1986.12.3	抚顺建筑安装公司	
39	巴基斯坦	印度河左岸排水	承包	水电发展总局	794.50	1987.8.10至 1990.8.9	水电部十三局	

续表

序	国　别	项目名称	类别	业主名称 总包	合同额 (万美元)	合同起止日期	国内合作单位	备　注
40	巴基斯坦	贾米诺灌渠(一期)	承包	信德省灌溉局	1870.89	1989.1.12至 1991.12	水电部十三局	
41	巴基斯坦	贾米诺灌渠(二期)	承包	信德省灌溉局	2300.00	1990.11.15至 1993.11.14	安徽、湖北水利厅等	
42	阿尔及利亚	水利专家咨询	咨询	国家内务部	34.00	1984.6至1986.6	辽宁、河北水利厅等	
43	阿尔及利亚	布库尔丹水坝	承包	水利部大坝司	6617.50	1986.7.26至 1992.8	水电部二局	
44	阿尔及利亚	贝尼哈龙坝	承包	水利部大坝司	21841.50	1988.10.15至 1994.10.14	长江葛洲坝工程局	
45	马尔代夫	马累供排水工程	分包	马尔代夫卫生部	330.00	1985.4至1987.11	湖南水利厅等	总包为西德H＋W公司
46	喀麦隆	拉格都电站运行村1期 拉格都电站运行村2期等	承包	国家电力局	165.00	1986.6至1986.9	水电部十四局	
47	喀麦隆	巴斯德中心2期工程 农田水利技术服务	承包 承包	卫生部 贝努埃河上游整治委会	62.00 22.00	1986.10至1987.5 1986.4.10至1988.4.9	水电部十四局	
48	喀麦隆	打井494眼	承包	喀麦隆农业部	549.50	1991.3.4至 1993.1	甘肃地质矿产局	
49	布基纳法索	打井工程7项(867眼)	承包	水利部设计规划管理局等	611.47	1988.9至1990.4	北京水文地质公司	
50	孟加拉	河流考察	咨询	联合国开发署	13.88	1990.9至1991.3	水科院	
51	中非	姆巴利水坝	承包	能源部	2522	1988.10.13至 1991.1	水电部十四局	

水利外事大事记

2月9日　中国水利电力对外公司总经理朱敬德应邀赴尼泊尔出席公司承包的马相迪水电站竣工典礼。

3月6日　水利部部长杨振怀会见墨西哥驻华大使，双方就中墨两国在水利领域可能合作的课题和范围进行了商谈。

3月15日　水利部长杨振怀会见法中委员会主席德·维乐彬先生，双方就今后继续加强合作等问题交换了意见。

3月18日　巴西圣保罗州能源企业管理委员会

与中国亚太地区小水电研究培训中心联合举办的国际中小型水电会议在巴西圣保罗市召开。

4月2日 联合国开发计划署援助中国的“华北水资源研究”项目协议书签字仪式在北京举行。国务委员、国家科委主任宋健主持了签字仪式，杨振怀部长代表水利部出席了仪式。

4月4日 由水利部和世界银行经济发展学院合作举办的“中国江河多目标开发经济政策高级研讨班”在南京开班，水利部张春园副部长到会致词，来自水利系统各机构的总工程师、总经济师和总会计师一级的干部60余人参加了研讨班。

4月18日 中国灌溉排水国家委员会副主席、武汉水利电力学院教授许志方等三人赴巴西参加国际灌溉排水委员会第14次大会，在这次会议上许志方教授被推选为国际灌溉排水委员会副主席。

5月10日 观音阁水库大坝及电站工程开工典礼在辽宁本溪举行。水利部部长杨振怀、辽宁省委书记全树仁、省长李长春、日本国众议员、前建设省大臣木部佳昭先生为开工典礼剪彩，随后举行了奠基仪式。观音阁工程的部分投资系利用日本政府贷款。

5月10日～21日 中苏指导编制额尔古纳河和黑龙江界河段水资源综合利用规划委员会第四次会议在苏联莫斯科举行。以委员会中方主席、水利部副部长张春园为团长的中方代表团一行12人参加了会议。

5月11日～25日 应朝鲜民主主义人民共和国气象水文局的邀请，以水利部副部长钮茂生为团长的中国水利代表团对朝鲜进行了友好访问。访问期间钮茂生副部长和朝鲜气象水文局李建日局长分别代表中朝双方修订签署了“中华人民共和国水利部和朝鲜民主主义人民共和国气象水文局关于鸭绿江和图们江水文工作合作协定”。朝鲜政务院副总理郑浚基会见了中方代表团全体成员，并进行了亲切友好的谈话。

5月20日～6月19日 亚洲地区土壤侵蚀及控制培训班在广州举办，来自12个亚洲国家的17名专业人员参加了培训班。

5月28日 水利部副部长钮茂生会见并宴请了以日本国土厅水资源部部长苗村滋克先生为团长的日本水资源代表团，双方就中日两国水资源工作的今后交流和合作问题交换了意见。

6月8日 水利部长杨振怀会见世界银行中国局局长伯基，双方就利用世界银行贷款等问题交换了意见。

6月8日～16日 以苏联国家水文气象委员会副主席别列斯托夫为团长的苏联水文代表团与以中国水利部副部长王守强为团长的中国水文代表团，在北京就交换黑龙江流域水文情报进行了第五次会晤，并签署了会谈议定书。

7月11日～16日 中苏两国专家就中苏边境河流阿克苏河（苏境内为萨雷扎斯河）水资源综合利用问题，在北京举行了首次会晤。水利部副部长张春园于7月16日会见了苏方专家。

7月14日 水利部长杨振怀会见日本国土厅政务次官的场顺三一行，双方介绍了各自的基本情况，并希望扩大在水资源方面的合作。

7月16日 水利部副部长张春园会见了苏联水资源调配局局长伊万诺夫，双方进行了友好交谈。

8月6日 水利部长杨振怀会见了美国驻华大使李洁明，双方进行了友好交谈。

8月22日 中国援喀麦隆拉格都水电站溢洪道泄洪洞出口二期保护工程施工合同由中国驻喀使馆与喀方签定，该工程由中国水利电力对外公司承建。

9月10日～24日 受联合国粮农组织委托，水利部农村水利水土保持司在广州举办河流流域综合治理培训班，来自亚洲国家和巴西的17名专业人员参加了培训班。

9月24日 中国水利电力对外公司与联合国开发计划署签订“孟加拉国中小型河流清淤可行性考察”合同。公司将派出专家完成此项工作。

10月6日 由中国水利电力对外公司承建的阿尔及利亚贝尼哈龙水坝工程一号隧洞全面贯通。

10月8日 水利部长杨振怀会见斐济基础设施部部长托拉一行，双方就加强水利工程方面的合作问题交换了意见。

10月9日～17日 世界气象组织亚太地区泥沙测验研讨会在北京举行。

10月10日 中国水利电力对外公司与巴基斯坦信德省灌溉局签订贾米诺渠道二期工程承包合同，合同金额2300万美元，工期三年。

10月15日～19日 由中国水利学会与加拿大国际发展研究中心联合举办的第二届亚洲地区水库渔业研讨会在浙江杭州举行，来自亚洲9个国家的20名渔业专家和10余名中国专家参加了研讨会。

10月16日 第六次中日河工坝工会议在日本东京召开。

10月18日～22日 世界气象组织亚洲区协水文工作组会议在北京举行。

10月18日 以三峡工程建设总公司筹建处主任陈赓仪为团长、水利部总工程师何璟为副团长的中国水电工程考察团一行7人赴苏联进行考察。

10月23日～26日 由中国水利学会和国际水文科学协会共同主办的国际水资源管理水文基础学术讨论会在北京举行。全国政协副主席钱正英、水利部长杨振怀、中国科学院副院长孙鸿烈及有关部门的负责人出席了开幕式。百名中外学者参加了会议。

11月13日～16日 由中国水利学会和国际水力学研究协会联合主办的第七届亚太地区水力学会议在北京召开，水利部副部长张春园在开幕式上致词，中外学者220多人参加了会议。

11月15日～19日 第二次农林水部门合作培训协调会议在杭州举行，水利部副部长侯捷在闭幕式上致词，有关部门的负责人和国际机构代表共50余人参加了会议。

11月19日～20日 水利部长杨振怀和副部长王守强分别与孟加拉国水利部秘书（常务副部长）赛义德·萨密姆·阿桑就中孟防洪合作项目的有关问题进行了会谈。

11月29日～12月10日 受联合国粮农组织委托，国际泥沙研究培训中心为尼泊尔技术官员在广州举办了河流流域综合治理培训班。

12月5日 水利部长杨振怀会见突尼斯新任驻华大使沙拉赫·基巴利先生，双方进行了友好的会谈。

12月13日～20日 以苏联国家水利建设总公司董事会主席顾问马·格·鲁宾为团长的苏联代表团来华考察水利经济政策。在华期间，苏代表团与水利部政策研究中心交流了经验，考察了丹江口水利工程及一些灌溉系统，并就双方合作研究《提高水利整体效益和水利工程投资回收政策》问题签订了议定书。

12月12日～28日 由水利部长杨振怀率领的中国水利代表团一行六人，对印度和巴基斯坦进行了友好访问。访问期间印度总理钱德拉·谢卡尔和巴基斯坦总统伊沙克·汗亲切会见了杨振怀部长及代表团全体成员。

12月28日 中国人民银行代表中国政府与亚洲开发银行签署“海南省北部水资源开发研究项目”协议书。

（朱蕴培）

新闻宣传、情报、出版、学术团体与活动

News Publicity, Information, Publication, Academic Society and Activities

新　闻　宣　传

1990年全国水利新闻宣传工作概　况

1990年是水利新闻宣传工作取得丰硕成果的一年。4月在京召开的全国水利系统办公室主任工作会议明确新闻宣传以重点“加强水利在社会应有的地位和作用”的指导思想后，水利系统各单位领导重视，计划安排得当，措施得力，在报纸、广播、电视等各新闻媒介的大力配合下，先后开展了“两法”即水法和即将颁布的水土保持法；“两建”即100个农村电气化试点县的建设和农田水利基本建设；和“两水”即减灾十年活动中水旱灾害防治和节水型工农业、节水型社会等较大规模的新闻宣传活动。水利部组织邀请首都新闻单位的记者相继奔赴北京、天津、河北、河南、山东、四川、湖北、福建等省市考察采访了黄河中下游防汛与流域治理开发、节水型农业、农村电气化和水文工作。其间，一批影响大的水利佳作见诸报端和在广播电台、电视台播出。这些水事方面的新闻宣传成果，为确立水利的基础产业地位作了充分的舆论准备。

1990年水利新闻宣传工作成效显为突出的几个方面是：

一、回顾40年水利建设成就和存在的重大问题，充分阐述水利是基础产业，为确立水利在国民经济和社会发展中的地位作了大量宣传

1990年，党和国家领导同志多次听取水利部的汇报，专题研究中国水的问题，发表了许多重要讲话。6月10日，江泽民同志批示“在考虑‘八五’规划时，得认真研究一下水的问题。人无远虑，必有近忧。应该未雨绸缪。”7月19日，李鹏总理在听取水利部关于“八五”水利计划汇报时指出：“水利要作为基础产业在‘八五’计划安排中加以体现。这样水利的基础地位就提高了。”陈云同志6月6日在一封信中批示：“水的问题始终是一个大问题。要从战略高度来认识水的问题的严重性。各级领导部门，尤其是经济、科技领导部门，应该把计划用水、节约用水、治理污水和开发新水源放在不次于粮食、能源的重要位置上，并列入长远规划、五年计划和年度计划加以实施，以逐步扭转目前水资源危机的严重状况。”

党的十三届七中全会审议通过的《中共中央关于制定十年规划和“八五”计划的建议》明确指出，国民经济发展的重点是农业和关系国计民生的基础产业和基础设施。水利是国民经济的基础产业。《建议》要求“加强能源、交通、通信、重要原材料以及水利等基础工业与基础设施的建设”。

党中央和国务院对水利的高度重视，极大地鼓舞了水利战线130多万职工，同时，也引起新闻界的注目。中央电视台《观察与思考》组破例计划拿出三集的节目时间，拍摄大型电视专题片《大命脉》。此举得到水利部领导和广播电影电视部、中央电视台领导的重视和支持。4月，中央电视台导演童宁率领摄制组奔赴山东、江苏、安徽、湖北、河南、辽宁、天津等省市实地摄制，随后转入后期。7月正值伏秋大汛，《大命脉》在中央电视台黄金时间与观众见面。该片以现场纪实性手法，生动、形象、有说服力的表述了各级党政领导，水利工作者和人民群众对水利的认识，并且在正面宣传建国40多年来水利建设的巨大成就，客观表现水利面临着的一系列严峻问题的同时，向社会展现了90年代治水事业的前景。电视片播出后，在社会上和水利界引起较大反响，有的观众写信或打电话要求重播，有的索要电视片的复制带。8月20日，水利部办公厅根据部领导的指示发出《关于表彰电视系列片大命脉摄制组的通报》，《通报》希望全国水利系统的新闻宣传工作者学习《大命脉》摄制组团结协作，顽强拚搏的精神，为搞好水利新闻宣传工作做出新贡献。

《农业的命脉》（上、下篇）是中央人民广播电台记者王宴青采写的长篇广播通讯。节目播出后，在社会上反响十分强烈，1990年1月11日《人民日报》转载了这篇文章。该文作者从70年代末开始跑水利，十多年来先后发表了数百条水事消息报道。在《农业的命脉》中，作者以其饱满的热情和深透的思考，从历史到现状，令人信服地说明了“水利不兴，农业不稳”的道理。

一年来，中央级和各省级其他报纸、电台、电视台也相继发表、播出了许多水事力作，如发表在《吉林日

报》上的通讯《对吉林省水利建设的一点反思》；发表在《内蒙古日报》上的系列报道《水利是农业的命脉——内蒙古自治区水利对农业作用的调查与思考》；发表在《中国水利报》上的通讯《水利，浦东的血脉》；湖南人民广播电台播出的系列报道和评述《洪旱启示录》等，都从多角度、多侧面向社会提供了充分的水利新闻导向。

12 月 3 日，江泽民总书记、李鹏总理等党和国家领导人参加了京郊农田水利基本建设工地劳动。4 日至 8 日，中央和国家机关 58 个部委的两千余名干部也参加了兴修水利活动。这是 1958 年毛主席、周总理等老一辈革命家参加十三陵水库劳动以来又一次大规模的中央领导人集体参加水利工地劳动，将新闻宣传推向高潮，中央电视台、中央人民广播电台、新华社、人民日报等首都几十家新闻单位竞相作了充分报道。深入地宣传了“水利是国民经济的基础产业”，“水利兴，百业旺”。

二、多层次、多角度论水、谈水，公民的水意识进一步增强

1990 年水利系统各新闻宣传部门，中央和地方各新闻单位围绕江泽民、李鹏、陈云等领导同志有关水资源问题的指示精神，组织采写了一批反映我国水资源开发、利用、管理和保护等方面的文章和广播、电视作品，其中不乏有许多力作。据统计，年内发表于各报刊上有关水事方面的稿件约五千多篇，其中反映水资源方面的稿件约占 1/3。

1990 年春节前夕，水利部副部长钮茂生到人民日报社拜会高狄社长，双方对加强水资源问题的新闻报道取得共识。3 月 15 日，水利部、人民日报联合举办的《大家来谈水》专栏讨论，首先发表了国务委员陈俊生同志写的《关于发展节水农业问题》的文章，人民日报登出的征文启事说：“水已亮出了黄牌，现在是到大声疾呼，引起全社会重视的时候了”。

“大家来谈水”征文启事发出后，仅三个多月的时间，祖国四面八方、各行各业关心水的人们撰写的稿件纷至沓来，总计达两千多件，作者当中有国务委员、省长、市县长，大量的是科技工作者和各界群众。人民日报开办专栏 15 期，登载了 46 篇文章。发表的作品多是小题目、小角度，或谈体会，或讲经验和教训，有理有据，虚实结合，深入浅出的畅谈自已对水的认识。6 月 26 日，水利部、人民日报社联合召开“大家来谈水”座谈会，水利部部长杨振怀、国家科委科技发展司司长邓楠、北京师范大学教授沈坩卿等 11 位同志发言。作为本次征文讨论的结束篇，人民日报发表了座谈会纪要和编者按。编者按说，在各界人士的共同关心下，《大家来谈水》专栏收到了较好的效果，“谈水”的专栏虽然告一段落，但我国水的问题还将长期存在，欢迎大家继续通过报纸，为解决好这一关系子孙后代、国计民生的重要问题献计献策。

1990 年水资源问题宣传主要集中在这几个方面：一是突出了水资源问题在国民经济建设中的重要位置。这主要表现在几位省级领导同志对水的看法。程维高，这位刚一到任就到水利厅听取汇报，而且对水利常抓不懈的原河南省省长，在任职期间以他亲身感受为人民日报写了《强农固本，治水为先》的文章。文章开宗明义写道“在农业省份河南当省长，最大的困扰莫过于‘水’。”……“河南的农业要上去，在很大程度上取决于水利这个基础”。《身在水边也忧水》，这是人民日报为《海南省省长刘剑峰谈水》一文发的“编者的话”。“海南忧水，有点令人难以置信，忧从何来？”原来，人均达 4800m^3 水量（远高于全国人均 2700m^3 水平）的海南岛，降水在时空上极不均匀，特别是西部常年受旱，全省在水资源问题上存在明显的危机。刘剑峰在文章中写道：“我们已把水作为海南开发中打基础的一个重要内容来抓，大家已逐步建立起这么一个共识：海南的水问题必须从现在抓起，从中长期出发，避免供需矛盾尖锐化，避免走经济发展了，又被迫回过头来治水的路子”。二是突出了走节水型社会道路的认识。国务委员陈俊生在《关于发展节水农业问题》的文章中深刻地分析了中国水资源问题，“我国水资源紧缺，将是长期存在的一个难题。水资源如此珍贵，可以说滴水贵如油，但浪费又很惊人。据有关部门测算，如果水的有效利用率提高 10%，按农业用水 4500 亿 m^3 计算，一年就等于增加 450 亿 m^3 水，相当于兴建几十个、上百个大型水库。”那么，面对一方面缺水，另一方面又浪费水的相互矛盾的现象，我国又将采取哪些正确的决策呢？作者肖凤桐说《华北不宜再上高耗水工业》；作者任荣说《华北应利用微咸水与咸水》；作者李振龙说《循环利用是解决城市水荒的好办法》；作者吴国昌提出《华北水危机探源及对策》；作者段宝宗建议《我国也应有节水日》；作者王彭栋、董玉星建议《可设立“报漏奖”》等等，从多角度阐述了摆脱缺水危机的出路。“向节水型经济转变是解决问题的长期战略”，这是国家科委科技发展司司长邓楠在报纸上发出的呼吁。她认为，“要用最少的水量，保证经济稳步协调发展，具体要做到：①引导全体人民改变传统观念，树立长期的节水意识；②调整水价，建立用水审计系统；③调整产业结构，提高用水效率；④充分发挥科学技术在向节水型经济转变中的作用。国外的经验证明，向节水型经济转变，可谋求持久的全局的最大的投资有效性，获得全面的

经济、社会和生态效益。

三、既肯定成就，又指出问题，大江大河治理开发的宣传有新的突破

1990年全国水利系统各单位遵照《中共中央关于制定国民经济和社会发展十年规划和“八五”计划的建议》中有关“长江、黄河的水灾仍是中华民族的心腹之患。今后十年要加强大江大河大湖的治理，有计划地建设一批防洪、蓄水、引水的大中型项目，提高抗御自然灾害的能力”的指示，有计划、有步骤地组织开展宣传活动，取得明显成效。

长江、黄河的宣传是水利部新闻宣传主管部门抓的重点。5月末，由全国水资源与水土保持工作领导小组召开的《长江流域综合利用规划要点报告》审查会在北京召开。水利部邀请首都新闻单位的20多名记者与会采访报道。10月30日，张春园副部长在召见《人民日报海外版》记者时，就长江流域规划的意义、内容以及实施规划的步骤等进行了谈话，对向社会宣传长江流域的治理与开发产生了良好效果。4月18日，水利部在北京人民大会堂主持召开了《荆江大堤志》首发式。该书从分析荆江大堤在国民经济中的重要地位和荆江河道特性入手，深入地揭示这条长江命堤的“险”要和建国以来建设情况。全国政协主席李先念为该书题写了书名，全国政协副主席王任重为该书写了序言并参加了首发仪式。

水利部组成了两支新闻采访团分赴长江、黄河的中下游地区采访。7月，正值大汛季节，一支由新华社、光明日报、经济参考报、农民日报、中国科学报、中国水利报、求是杂志社、中国报道社等单位记者组成的采访团，冒着酷暑先后到重庆、屏山、寸滩、奉节、宜昌、沙市、汉口等水文站、水位站以及葛洲坝工程、三峡工程坝址考察采访。这是我国水文系统迄今所组织接待的规模最大的一次专业采访活动。

4月，水利部邀请人民日报、光明日报、经济参考、经济日报、瞭望周刊、北京周报、当代中国、中央电视台等首都新闻单位记者赴黄河考察采访。记者团乘汽车一路风尘，从河南省郑州市沿黄河左岸而下，经新乡、菏泽、东平等地到山东省济南市，又从黄河右岸返回郑州，行程700 km。

《黄河下游防洪体系功德无量》，农民日报记者李英杰采写的这篇头版头条报道讲出了采访归来记者的心里话，也是新闻界对建国40多年来黄河治理成就的褒奖。北京周报记者李荣霞以《黄河40年不决口》、《黄河水资源利用》、《黄河泥沙的减少和利用》三篇系列报道，通过该报用几十种文字发到二十多个国家。瞭望周刊记者李永增则从《居安思黄患之危》的角度，深入浅出地分析了黄河近期防洪形势，他作出的结论是：为治理黄河下游的洪水威胁，小浪底水利枢纽应作为最有利的工程方案提上议事日程，及早上马，水火无情，麻痹不得。

人民日报记者凌志军采写的通讯《从治黄看决策》被认为是此次黄河采访后发表的最精彩之作。该文的深刻之处在于，从40多年来治黄取得的诸如千里长堤、众多水库电站等一系列有形成果背后，发现了另一种无形的成果，即人们在治黄实践中获得的不仅要治理而且还要大胆开发利用的真知。

1990年10月14日，是中央人民政府政务院发布《关于治理淮河的决定》40周年纪念日。水利部淮河水利委员会本着“节约、隆重、创新、求实”的原则，协同淮河流域豫、皖、苏、鲁4省举办了生动、活泼的宣传纪念活动，取得了很好的效果。

10月，淮河的宣传在各新闻媒介形成热点。自10月12日起，淮河流域4省电视台在每晚八点半钟的时间同时播出17集系列电视片《淮河》；中央电视台于10月14日起在《新闻联播》中连续6天专题报道治淮成就；自10月中旬起，人民日报、解放日报、文汇报、解放军报及河南、安徽、江苏、山东4省省报、省台围绕治淮40周年进行了大量报道，各类稿件达180件。

1990年，配合国家计委关于宣传“七五”期间全国重点工程的精神，水利系统各单位组织新闻媒介先后对黄河中下游堤防建设、嫩江支流洮儿河上的察尔森水库、河南洛宁县境内的故县水库等进行宣传报道，提高其知名度。

各地相继举办了几项已建重点水利工程的周年纪念活动，新闻宣传工作与之配合默契。三门峡水利枢纽工程于1960年9月基本建成蓄水后，风风雨雨30个春秋，不仅工程本身为抗御黄河洪水发挥了巨大效益，而且以其工程建设的实践，为人们认识黄河、治理黄河和在多沙河流上修建水库积累了正反两个方面宝贵的经验。首都各主要报纸都以显要位置报道了三门峡工程的效益和经验。1990年是北京密云水库建成30周年。这座在周总理亲自关怀下修建的大型水库，30年来向京津冀地区供水265亿 m^3，仅保证城市工业用水一项创净产值15亿元，相当于当年水库建设投资的4倍。人民日报、北京日报等十几家单位的记者参加了纪念会，并给以充分报道。25年前的4月5日，山西省境内的滔滔漳河水，穿山洞、走峭壁，通过红旗渠引入河南省林县干旱山区，创造了人类历史上的奇迹。25年后的同一天，几十位新闻记者从首都来到红旗渠主干渠终点的分水岭，和林县4万多名干部群众一起参加了河南省委、省政府举办的红旗渠通水

25周年暨红旗渠纪念碑揭幕典礼。大型电视专题片《红旗渠颂》、长篇通讯《重访红旗渠》等相继与读者、观众见面，向社会各界宣传了林县人民艰苦创业、团结治水的英雄气概。

水利部新闻宣传部门积极开展了长江三峡水利枢纽工程论证的宣传工作。7月15日国务院召开的三峡工程论证汇报会闭幕，首都各主要新闻单位及时、准确地进行了报道。部有关部门结合三峡论证举办的论证成果展览受到社会各界人士的关注。

1990年水利部新闻宣传主管部门，加强了对本系统新闻宣传工作的行业管理。首先是配合国家新闻出版署开展了对本系统出版社、各专业报纸、期刊的整顿工作。通过整顿，进一步坚定了社会主义方向和为发展水利事业服务的宗旨。其次是为了加强对水利新闻传播的管理和监督，转发了国务院《关于加强外国记者管理问题的通知》并提出了部关于贯彻国务院关于加强外国记者管理问题的通知的意见。针对一度曾发生汛旱情报道失实现象，汛前及时制定了部《关于水情、旱情和水旱灾害新闻报道的几点意见》，对有关水事突发事件、七大江河防御特大洪水的部署、全国范围的水旱灾害以及一般性水旱情况等的公开报道，都作了明确规定。第三，"黄河杯"全国水利好新闻评选工作起步，8月召开的全国水利好新闻评选委员会工作会议研究确定，继续对中央级，省、自治区、直辖市级报纸、广播电台、电视台在近两年内发表、播出的水事新闻作品进行评比，以促进全国水利新闻宣传工作。

（张学俭）

《中国水利报》宣传报道情况

《中国水利报》是中华人民共和国水利部的机关报，创办于1989年1月7日，由《中国水利报》社编辑出版。国内统一刊号CN11—0156。对开四版，每周三、六出版，代号1－137，国内外公开发行。

水利部创办《中国水利报》旨在适应水行政主管部门，加强水利行业管理和水工程、水事活动的行业管理，大力贯彻《水法》，统一管理水资源，综合开发利用和保护水资源，防治水害，推动水利更好地为国民经济和人民生活全面服务的需要。水利部于1988年10月27日以水办［1988］15号文发出《关于认真办好〈中国水利报〉的通知》，对办报的宗旨、方针、任务、记者队伍和通讯网络的建立等作出明确的规定。水利部要求把《中国水利报》真正办成党、政府和人民的喉舌，成为联系各级水利部门和广大职工的桥梁，向社会宣传水利的有力阵地，发挥新闻媒介信息传递、舆论引导、舆论监督和服务读者的作用。

《中国水利报》创办以来，认真、努力地宣传和贯彻党在社会主义初级阶段的基本路线，宣传贯彻党和政府的方针政策，力求及时全面地报道各地的水利建设、水管理和水事活动，传播依法治水、科学治水、依靠群众治水的经验，宣传两个文明建设，弘扬自力更生、艰苦奋斗精神，报道加强思想政治工作、基层党组织建设和职工队伍建设，反映水利系统改革开放的新成就、新风貌。报纸坚持立足本行业，面向全社会，为广大水利职工服务，为水利界服务，为社会服务。

《中国水利报》创刊时为每周出一刊。经新闻出版署批准，自1990年1月起改为每周出两刊。《中国水利报》社已在各省、自治区、直辖市和七大流域机构及丹江口水利枢纽管理局设立记者站，在大部分计划单列市和地（市）、县发展了通讯员，在全国初步形成了水利新闻通讯网络。

1990年，《中国水利报》社认真组织编辑记者学习江泽民、李瑞环同志关于新闻工作的重要讲话，提高坚持四项基本原则、反对资产阶级自由化的自觉性，认真执行党中央提出的新闻工作为社会主义服务、为人民服务的方针，坚持以正面宣传为主，认真贯彻部党组的指示，更加紧密地围绕水利部的中心工作展开新闻报道。

在报纸上继续大力宣传国务院《关于大力开展农田水利基本建设的决定》(1989年10月15日颁布)的精神，报道各地农田水利建设的健康发展情况。突出宣传了山东省九间棚这样一些自力更生、艰苦奋斗、群众投劳集资办水利的典型。突出宣传了农田水利建设发挥的效益，在农业综合开发中水利先行，农随水转，为开发服务的经验，及时用大量的事实宣传了水利对农业丰收的重要作用，回答了为什么丰收以后仍然要大搞水利建设的问题，旗帜鲜明地提出这项千秋大业要年年干下去。1990年12月3日，党和国家领导人参加北京郊区冬修水利劳动，随后，中央直属机关和中央国家机关数十名正、副部长带领机关干部参加劳动。《中国水利报》从第一天起就组织报道组到现场进行采访，通过消息、通讯、特写、言论、图片等形式，进行集中、连续报道。贯彻中共中央《关于加强党同人民群众联系的决定》精神，着重宣传党与人民群众密切联系的传统作风，同时，以大量版面反映了各地兴修水利的新高潮。

在国家研究制定"八五"计划和十年规划期间，及时地宣传了水利是国民经济的基础产业和基础设施。《中国水利报》首先在6月6日报道了杨振怀部长在一次座谈会上提出的，要明确水利在国民经济中的基础地位；8月8日发表署名专论，阐述国务院领导同志关于"水利要作为基础产业"，在"八五"计划安排中加以体现的指示；8月18日，在一版头条报道了江泽民总书记等领导人对水资源问题的批示，考虑"八五"计划得认真研究水的问题，要从战略高度认识水的问题严重性；8月23日本报邀请水利界知名专家就此问题举行了专题座谈，随后陆续发表了一些知名专家的专论和省市领导人谈加强水利基础产业建设的消息，并刊登了"八五"水利经济体制改革规划（草案），这一草案体现了水利是国民经济基础产业的重要思想。突出报道了9月5日李鹏、宋平等领导人在听取全国农田基本建设会议汇报后，强调把水利作为基础设施和基础产业来抓，并在"八五"计划中加以体现的指示。

继续正面宣传报道三峡工程。在国务院召开三峡工程论证汇报会后，《中国水利报》以专题报道形式的独家新闻，介绍了历时2年8个月的长江三峡工程重新论证工作的全面情况。报道了总的结论：三峡工程对四化建设是必要的，技术上是可行的，经济上是合理的，建比不建好，早建比晚建有利。详细介绍了重新论证推荐的三峡工程建设方案，兴建三峡工程的必要性，技术上的可能性，水库移民问题，生态环境问题，经济上的合理性，兴建三峡工程的时机等。

在精神文明建设方面，推出了湖南省农村看水员文青成这一雷锋式的典型人物，引起了较强烈的反响。5月15日，中共水利部党组做出《关于开展向雷锋式的好青年文青成学习的决定》。5月30日，李鹏总理看了《中国水利报》关于文青成的先进事迹报道后，亲笔题录了文青成日记中的一段话："为人在世，要正直爱民，一心为公。"予以褒扬。6月15日，湖南省委省政府做出决定，号召全省各行各业、各条战线，广泛深入地开展学习文青成的活动。新华社获悉李鹏总理题词后，向全国发了通稿。

把防洪作为报纸的重头"戏"，多角度、多方面进行宣传，突出了居安思危，克服麻痹思想，立足于防大汛，抗大灾的各项准备工作，尤其是宣传了"城市防洪工作非抓好不可"的这件大事，并向全国市长进言，建议像"哈尔滨市一样，总结一下历史的经验和血的教训，迅速行动，消除防洪隐患，确保城市防洪安全。"

在做好上述宣传报道的同时，也加强了农村水电、电气化试点县及地方电网建设、城市乡镇供水、水资源管理、水政建设、科技兴水等多方面的报道。

（李　鹰　陈小江）

《中国水利》杂志出版情况

《中国水利》杂志是水利部的机关刊物，以宣传党和国家的方针政策为己任，促进水利改革，提倡科学治水和学术争鸣，介绍水利理论，传播先进经验，致力于促进水利科技水平和经营管理水平的提高。这是一本综合性杂志，融政策性、知识性、趣味性于一体。

《中国水利》杂志1950年8月创刊，原名《人民水利》，1956年1月起改用今名。1981年1月，《中国水利》复刊。国内统一刊号CN11—1374，国外邮发代号M899。复刊后，至1990年底共出版了98期。《中国水利》杂志编辑部隶属于中国水利报社。

1990年，《中国水利》杂志开辟了一批有行业特色、有社会影响的专栏。"三峡工程论证"专栏，连续向国内外读者宣传三峡工程的论证成果，首家公开连载论证专家组的专题论证报告（摘要）。"省长谈水利"专栏先后刊出了10位省长撰写的文章。1990年10月开辟的新栏目"论坛"，及时宣传了党中央、国务院领导对水利工作指示精神。不失时机开展了"水利是基础产业和基础设施"的讨论研究，在各级水利部门产生了积极的影响。

（张卫东）

情　　报

水利科技情报运行机制

水利科技情报工作是水利科学技术和信息工作的重要组成部分，是水利建设事业的一项开拓手段和基础工作，是水利战线上各级领导的"耳目"、"尖兵"和"参谋"。

情报工作始终坚持"开发信息资源，服务四化建设"和"经济建设必须依靠科学技术，科学技术必须面向经济建设”的方针,适应和促进有计划的商品经济的发展,树立“用户第一,主动服务”的思想,适应和促进有计划的商品经济的需要,广辟情报来源,做好文献工作,加强分析研究,扩展服务领域,发挥整体功能,促使情报产品走向商品化,把情报工作真正搞活。”

水利电力情报研究所直属于水利部和能源部领导的情报研究机构,担负水利电力系统的情报研究、文献检索、情报业务归口管理以及标准化研究和专利代理等工作。

根据《水利电力科技情报工作试行条例》(1986 年 12 月)的规定:“部科技情报研究所既是全国水利电力系统的情报中心,又是情报职能管理机构,负责归口管理全国水利电力系统的科技情报工作。”

一、情报业务归口管理工作

1. 水利系统情报管理　科技情报体制改革是“七五”期间情报工作的首要任务,按照国家科委对部、委情报机构设置的要求,水利科技情报体系有:

水利电力情报研究所是水利系统归口管理的职能部门;其职责是:编制情报规划,协调情报工作,进行业务指导,开展人员培训,评审情报成果,组织检查评比和经验交流。

长江、黄河、松辽、海河、淮河和珠江六大流域机构和地方水利(水电)科技情报中心站的职能:流域机构负责组建流域内情报工作横向联合,以促进该区域内科技情报工作的开展,贯彻执行部下达的情报规划与重点课题计划;地方水利(水电)科技情报中心站受所在单位的省、自治区、直辖市水利电力厅(局)的双重领导,根据本地需要和特点,有针对性地收集、整理和管好科技情报资料,开展多种形式的情报服务。

部属勘测、设计、科研、施工、运行和基层单位的各级情报机构:开展文献资料的搜集、加工报道和提供信息服务。专业情报网主要是在同行业间开展情报交流,为领导决策、科研、生产、教学等提供情报信息。

1990 年,主要贯彻执行上级文件精神的有:

(1) 向各级情报机构转发《国家科委关于科技情报研究单位增强经营观念,深化情报服务的意见》的通知[(90)国科发情字第 025 号],文件反映了国家科委于 1989 年 8 月召开全国科技情报所(局)长座谈会的精神:①增强经营观念,深化情报服务,以文献合理布局与开发利用和国内外计算机联机检索系统与数据库建设为重点;②扩大情报服务范围,满足科技进步和经济建设的情报需求,对部级情报单位重点搞好大宗和外向型情报产品的生产经营,地区情报单位重点是情报产品推销活动,咨询和中介服务。

(2) 经水利部和能源部签发《关于贯彻国务院科技兴农和组织开展科技成果推广工作的通知》:①水利是农业的命脉,电力是农业的重要能源。水利电力系统各级情报机构,要认真组织科技情报人员,学习国务院这一决定,领会精神,提高认识,增强科技兴农的自觉性;②各级专业情报网站应努力成为科技兴农、节水、节能的技术推广服务组织,都能根据实际需要和可能,选择技术成熟、可靠、适用并能取得显著效益的“短、平、快”项目,加强科技成果应用和示范推广工作,如节水农业方面的低压管道输水灌溉、渠道衬砌防渗、泵站、节能技术改造和低产改造治理上;③拟定于 1991 年对科技兴农和科技成果推广有成效的先进单位和个人进行总结评比和表彰。上述活动得到各级水利情报机构和情报网站的响应和大力支持,并纳入年度计划。

(3) 转发国家科委于 4 月 28 日发出[(90)国科发情字第 302 号文]:《关于加强科技情报职能管理工作的通知》,要求①检查本系统情报职能管理工作;②各部、委科学技术司下设情报处;③主管部门要每年拨出一定的经费或政策性调节费,安排一些情报工作项目。为此,水利部科技教育司和能源部科学技术司再一次指定水利电力情报研究所情报管理处为司所属的情报处,代部进行情报归口管理工作的职能部门。

(4) 传达贯彻 9 月召开的 1990 年全国科技情报所(局)长工作会议。重申进一步贯彻治理整顿和深化改革的方针,充分发挥科技情报单位各方面的潜力,发挥科技情报人员在经济建设和科技进步中的作用,增强社会服务,提高自我发展能力,使情报事业获得更大的发展,再次强调情报服务和情报经营问题,消除大家的顾虑,不要担心因为增强经营观念而改变科技情报单位的经费包干管理办法和公益事业服务单位的性质,同时指出:随着信息社会的临近,科技情报事业作为信息产业的一部分,应该逐步向产业化方向发展。

(5) 传达贯彻国家科委编的《1991～1995 年国家科技情报发展规划》,其指导思想是:科技情报工作必须坚持经济建设为中心,坚持四项基本原则,坚持“治理整顿,深化改革”的方针,坚持为我国科技工作三个层次的战略布局服务;增强情报经营观念,加快情报现代化建设,积极开发情报文献资源,充分发挥情报研究耳目、尖兵和参谋作用,大力发展各种情报产品和情报服务,加强情报系统的组织协调,有效地为经济建设和科技发展服务,为我国在本世纪末达到小康水平贡献力量。

为此，要努力完成的主要任务：①初步建成全国科技情报计算机服务系统，即形成以10～12个数据库咨询中心和服务中心为骨干的计算机网络，并开始实用化；②努力形成文献支持系统，在基本完成40个主要行业和20个重点省、市的文献合理布局的基础上使全国文献合理布局初见成效；③搞好基础建设，提高情报研究水平，逐步建立面向需求的情报研究与决策咨询服务体系。

2. 地方水利（水电）情报管理　1990年10月召开了"第二届地方水利（水电）情报工作会议"，就第一届地方水利（水电）情报工作会议（1985年12月）以来的工作进行了总结，交流了经验，修改了《地方水利（水电）科技情报工作暂行办法》，提出了振兴地方水利（水电）情报工作的意见：①提高认识，增强信心，积极投入振兴地方水利（水电）情报工作的实践，努力开创情报工作新局面；②明确今后中心任务就是要为科技兴农和科技兴水服务；③加强省、自治区、直辖市情报站的建设，充分发挥情报业务和职能管理的双重作用；④大力加强情报队伍的建设，改善情报工作条件。

经水利部转发此会议纪要和附件后，四川、浙江、湖南、辽宁等省也相继召开本省水利科技情报工作会议，贯彻全国会议的精神。

3. 专业情报网的管理　全年对水利系统内专业情报网的活动计划进行摸底调查，调整、充实专业情报交流内容，加强情报网站之间的横向联合。

专业情报网有分工过细的、活动内容重复的进行逐步归并；长期缺少固定专职干部，有名无实的予以撤销；严格控制新网成立的审批手续；经过整顿后的情报网，其网长单位一般设置2～3名专职技术干部负责网的工作，网长单位一般不宜轻易变动，以保证网的工作相对稳定；促进部内、外相关情报网之间的联系，扩大情报网的服务范围，积极开展既面向行业又面向地区，面向社会的情报服务，以推动整个行业的科技进步。

4. 科技期刊的管理　为了加强水利电力系统科技期刊的管理，提高期刊质量，遵照新闻出版署《期刊管理暂行规定》和国家科委《全国自然科学技术期刊管理办法》的有关规定，经水利部和能源部转发《水利电力系统自然科学技术期刊管理办法》，召开了"第一届水利电力科技期刊经验交流会"，主要任务是总结交流期刊工作经验，研究期刊工作的管理和深化改革，提出开创期刊工作新局面的设想和意见：①进一步提高对科技期刊重要性的认识，切实加强对科技期刊的领导和支持；②加强科技期刊编辑队伍的建设，提高编辑人员的素质；③加强期刊的标准和标引工作，为情报资源的建库、开发利用作贡献，要求各期刊从1991年第1期起，对其刊登的重要文章都要有文摘和关键词标引；要求各编辑部按期将自己的期刊一式6份寄送部情报所文献处，以供馆藏、流通、建库和期刊管理之用；④开展科技期刊和编辑部的达标创优活动，争取2～3年组织一次经验交流和评奖活动；⑤加强期刊的宏观管理；⑥积极做好水利电力科技期刊编辑学会的筹建工作。

通过整顿，水利科技正式期刊36种，见表1。会议讨论和通过了《水利电力系统科技期刊质量出版评审标准》、《水利电力系统科技期刊稿酬的暂行规定》和《水利电力系统科技期刊编辑分科学会条例》。

表1　水利科技正式出版的期刊分类表

类　别	期刊名称	刊　期	发行范围	主办单位
技术刊物	《水利水电技术》	月　刊	公开	能源部、水利部
	《水力发电》	月　刊	公开	能源部、水利部
	《人民黄河》	双月刊	公开	黄河水利委员会
	《水文》	双月刊	公开	水利部水文局
	《中国水土保持》	月　刊	公开	黄河水利委员会
	《中国水利》	月　刊	公开	水利部
	《人民长江》	月　刊	公开	长江水利委员会
	《农田水利与小水电》	月　刊	公开	农村水利水土保持司、中国水利学会
	《水利经济》	季　刊	公开	中国水利经济研究会
	《人民珠江》	月　刊	公开	珠江水利委员会
	《东北水利水电》	月　刊	内部	松辽水利委员会
	《海河水利》	双月刊	内部	海河水利委员会 水利电力情报研究所
	《喷灌技术》	季　刊	公开	中国喷灌技术开发公司 喷灌科技情报网

续表

类　别	期刊名称	刊　期	发行范围	主办单位
	《大坝观测与土工测试》	双月刊	公开	南京自动化研究所
	《水利电力机械》	双月刊	内部	郑州机械设计研究所
	《水利工程管理技术》	双月刊	内部	水利部工程管理培训中心
	《水利渔业》	双月刊	内部	水利部工程管理培训中心 中国水利实业开发公司
	《灌溉排水》	季　刊	公开	水利部、中国农业科学院 农田灌溉研究所
	《治淮》	月　刊	公开	淮河水利委员会
	《西北水资源与水工程》	季　刊	公开	西北水利科学研究所
检索刊物	《国外科技资料目录》	双月刊	公开	水利电力情报研究所
	《中文科技资料目录》	季　刊	内部	水利电力情报研究所
学术刊物	《泥沙研究》	季　刊	公开	中国水利学会泥沙专业委员会
	《水利水运科学研究》	季　刊	公开	南京水利科学研究院
	《国际泥沙研究》(英)	半年刊	公开	国际泥沙培训中心
	《水科学进展》	半年刊	公开	南京水文水资源研究所
学报刊物	《水利学报》	月　刊	公开	中国水利学会
	《河海大学学报》	双月刊	公开	河海大学
	《长江科学院院刊》	季　刊	公开	长江科学院
	《岩土工程学报》	双月刊	公开	中国水利学会
	《武汉水利电力学院学报》	双月刊	公开	武汉水利电力学院
	《华北水利水电学院学报》	半年刊	内部	华北水利水电学院
	《北京水利电力经济管理学院学报》	半年刊	内部	北京水利电力经济管理学院
信息刊物	《水利水电快报》	半月刊	内部	长江水利委员会
	《水利水电勘测设计情报动态》	双月刊	内部	水利水电规划设计总院
	《水土保持科技情报》	季　刊	内部	辽宁水土保持研究所

5. 专利代理　转发国家科委《关于加强专利管理工作的通知》［(90) 国专发管字第 23 号］和中国专利局等 5 个单位《企业专利工作办法（试行）》［(90) 国专发办字第 78 号］。

为更好地开展专利工作，召开了“水利电力专利代理工作座谈会”，提出今后开展专利服务工作重点应是：①要从加强专利的宣传工作入手，扩大专利申请案源和申请案的代理量；②抓好促进专利技术的实施工作，首先是优选一批社会经济效益好的“短、平、快”项目；③加强组织建设，开展业务培训和工作交流。

二、情报研究工作

部情报研究所作为水利电力科技情报研究中心。在情报研究方面主要是分析研究国外水利、电力及能源发展的政策、水平、速度与经营管理的经验与规律，为研究制定我国水利、电力及能源的方针、政策、发展规划与科技攻关提供可靠的情报和建议；调查研究国内外水利、电力建设的技术发展状况及趋势，及时推荐各种适用的新技术、新材料、新工艺和新装备。

1990 年情报研究工作以加强宏观和战略情报研究，以及情报基础研究为重点，紧紧围绕水利部和能源部的工作要点和水利电力事业发展的需要，注重选题，注重质量，在服务于领导决策、服务于基层、服务于科技、生产建设等方面取得显著成效，全年情报工作情况见表 2。

水利水电系统主要科技情报成果见表 3，在为领导决策和生产建设等方面具有重要参考价值。如《国际河流开发中的投资及效益分摊》、《国外中型河流和中型水电站开发》、《西南水电基地战略研究》、《国外水政策和水管理体制》等课题为有关部门制定投资政策、体制改革及进行项目经济分析提供了可借鉴的国外经验。《国外水利技术经济手册》、《国外电力统计》

表 2　水利电力情报研究所情报工作情况表

名称		数量	
阅览		4000	(人次)
情报和文献加工	文摘	3221	(篇)
	数据库工作单	10000	(张)
情报研究报告		15	(篇)
情报和文献服务	专题咨询服务	31	(个)
	复制	35	(千页)
	缩微制作	84120	(页)
	培训班	举办 7(个)	306(人次)
	国内情报交流	12	(次)
翻译	中译外	0	(万字)
	外译中	195	(万字)
声像	拍摄	2	(部)
	映视观众	1500	(人次)
对外交流	来访项目	10(个)	30(人次)
	出访项目	7(个)	10(人次)
	签订协议	1	(个)
出版印刷	图书、资料	10	(种)
	连续出版物	12	(种)
	出版量	678	(万字)

等为水利水电发展及技术经济政策的制定提供了有价值的数据资料。

“七五”国家重点科技攻关项目中，水利共 7 项，其中水利部主持的有：“华北地区及山西能源基地水资源研究”、“长江三峡工程重大科学技术问题研究”、“黄淮海平原中低产地区综合治理”等 3 项，其中“长江三峡工程重大科学技术问题研究”涉及三峡工程论证中的一些重大、复杂、有疑虑的问题及工程建设的一些关键技术难题，均作了大量的情报研究工作，特别是吸收当前世界上水资源丰富，水电建设发达，具有设计、科研、制造、安装等技术水平先进的几个国家，如美国、苏联、加拿大、日本，为三峡工程的成功建设提供了有益的经验。

情报研究围绕科技攻关开展超前服务，为三峡工程可行性论证和工程实施方案的优化提供科学依据。从验收委员会验收的结论表明，该项目的各课题均达到可行性研究报告拟定的攻关考核目标，通过国家验收。

积极配合有关方面开展科技兴农的情报研究，重点对节约用水、低产田改造、水资源开发与利用、防洪、水利经济、水政策、水资源管理、灌溉技术等方面的课题进行大量的情报调研工作，编制一些有价值的专题。例如：

《水资源管理》系列专题，共 4 个分册，对国外的水政策、管道输水灌溉、水污染防治措施等方面的情况，进行了深入的调查研究，介绍世界水资源的情况，预测一些国家水资源供需状况，综述了国外水管理的新经验并涉及到节约用水和水资源规划的具体技术和经营管理等问题。此系列专题荣获原水电部科技进步奖。

《节水灌溉新技术》调研专题，分析了我国农业水资源面临的形势和困难，指出节水灌溉势在必行，并就改革灌溉制度，改进和推广节水灌溉技术，田间工程的改造，灌、排水自动化和提高灌溉管理水平等方面的问题，提出了措施和建议，同时还介绍了美国、日本等国先进的灌溉技术。

《国外农田排水》调研专题是为适应当前我国改造中低产田，增加粮食产量的需要，特别是通过农田排水，治理渍害和洼涝盐碱地的需要，受水利部农村水利水土保持司委托而编写这一综述性调研资料。在 3 月水利部召开的水利科技工作会议和北方盐碱地改良会上，该专题受到好评，大家纷纷踊跃订购，江苏省等单位代表说：这项专题成果为改造低产田提供了重要的情报信息和技术资料，我们基层单位很需要这样有实用价值的情报资料。

《水工建筑物冻害及其防治》调研专题由水利电力情报研究所主持下召集由北方 7 个科研单位的科技情报人员共同编制的。着重论述冻害防治的技术措施与方法，给出有关工程实例，提供了丰富的实践资料。

表 3　　水利水电系统 1990 年主要科技情报成果表

序号	名　称	完成时间	完　成　单　位
1	碾压混凝土筑坝技术与趋向	1990.1	水利电力情报研究所
2	国外水利水电新技术汇编	1990.2	水利电力情报研究所
3	国外农田排水	1990.3	水利电力情报研究所
4	中国排灌泵站(中、英文)	1990.5	农村水利水土保持司、水利电力情报研究所
5	节水灌溉新技术	1990.5	水利电力情报研究所
6	苏联河流开发文集	1990.7	水利电力情报研究所、水利水电规划设计总院
7	国际河流开发中的投资及效益分摊	1990.7	水利电力情报研究所
8	国外水政策和水管理体制	1990.8	水利电力情报研究所
9	第十三届国际灌排会议文集	1990.12	农村水利水土保持司、水利电力情报研究所
10	水利水电工程的可靠性理论	1990.12	水利电力情报研究所
11	八十年代灌浆译文集		水利电力情报研究所
12	中国灌区(中、英文)		农村水利水土保持司、水利电力情报研究所
13	水电工程围堰爆破拆除文集	1990.3	长江水利委员会情报室
14	国外地下洞室开挖技术和长锚杆施工技术	1990.3	长江水利委员会情报室
15	人工砂轧制新技术	1990.10	长江水利委员会情报室
16	高边坡开挖技术(国外)	1990.12	长江水利委员会情报室
17	国内外跨河水准测量情报调查报告		长江水利委员会勘测总队
18	土工织物及其应用实例综述(摘编)		长江水利委员会勘测总队
19	跨流域调水工程	1990.5	黄河水利委员会
20	土石坝工程发展综述	1990.7	黄河水利委员会
21	农业节水技术专辑		海河水利委员会
22	苏联对外活动法规选编	1990.6	松辽水利委员会
23	混凝土坝岩基抗剪强度参数确定专辑	1990.5	珠江水利委员会科技情报所
24	自然灾害与减灾对策	1990.10	珠江水利委员会科技情报所
25	珠江水利委员会遥感成果文集	1990.11	珠江水利委员会科技情报所
26	安徽省混凝土大坝主要工程地质问题及勘察工作经验总结		淮河水利委员会
27	碾压混凝土译文集	1990.10	水利水电规划设计总院
28	第十六届国际大坝会议论文(专题 61—非粘土防渗土石坝译文选集)		水利水电规划设计总院
29	抽水蓄能电站工程实例	1990.10	北京勘测设计院
30	碾压混凝土坝温度控制综述		天津勘测设计院
31	国内外大型水电工程洞群设计、施工实例汇编	1990.12	天津勘测设计院
32	强烈地震区高面板堆石坝坝体抗震稳定问题综述	1990.12	天津勘测设计院
33	水工建筑物冻害及其防治	1990.6	东北勘测设计院科学研究所、黑龙江省水利科学研究所、西北水利科学研究所
34	国内外水电站电气主接线及有关参数统计表	1990.12	华东勘测设计院

三、文献支持系统

水利电力情报研究所是水利电力系统文献检索中心。

1990年统计水利系统88个科技情报单位，包括水利部和能源部直属情报机构21个，流域机构及其所属单位11个，部属企事业单位10个，施工单位18个，各省、自治区、直辖市水利科技情报中心站28个，馆藏文献407.5万册。其中水利电力情报研究所馆藏文献36万册，还有许多视听资料，包括引进的文献磁带，参见表4。这些情报资料基本上覆盖了水利各个方面。

表4　水利电力情报研究所情报文献馆藏表

名　　称	单位	合计	其中：外文
图书	册	42033	2158
期刊	种	1050	583
会议录	种	80	50
科技报告	种	150	120
检索工具	种	30	30
标准文献	件	70	70
缩微平片	张	1000	1000
录音磁带、唱片和唱盘	盒(张)	300	300
数据库	个	3	1

全国和水利科技情报系统的文献布局，分为国家级、专业部级和地区级三个层次。

(1)中国科技情报研究所为国家综合性情报中心。文献收藏范围以工程技术、管理科学和高技术为主；同时收集和管理国内国家级科技研究报告。

中国科学院文献情报中心为国家自然科学情报中心。文献收藏范围以数、理、化、天、地、生、边缘科学和高技术为主。

中国专利局专利文献馆为国家专利文献中心。文献收藏范围为专利说明书、专利公报和专利分类索引。

中国技术监督情报研究所为国家标准和计量文献中心。文献收藏范围为国际标准、区域性标准、国家标准、专业标准、国内、外计量文献，发达国家的技术法规、质量管理、质量监督、产品认证等文献。

(2) 水利电力情报研究所为水利部和能源部专业科技情报中心。文献收藏范围为水利电力专业期刊、图书、会议论文集，其中外文文献占60%以上。

(3) 地区科技情报机构，主要包括省、自治区、直辖市和地（市）两级科技情报单位。文献收藏范围主要围绕本地水利建设的急需，组织搜集和提供有关实用技术信息。

《国家科委关于调整和加强全国科技情报系统文献工作意见》[(89)国科发情字第054号]，强调调整和改革现有的文献资源管理办法，实现合理布局和资源共享，是情报资源建设的主要任务。

由于历史、地理环境、交通、通讯众多因素，水利系统的科技文献分布极不合理。出现了有的期刊重复订，有的期刊没有订；文献资料多的地方利用率低，而迫切需要资料的地方又找不到资料。从1986年开始，水利电力情报研究所组织协调编制系统内中、西文期刊联合目录。

1990年召开“水利电力系统科技文献协调工作研讨会”，就水利电力系统科技文献工作的成绩、现状、存在问题、实现资源共享的必要性及实现条件和应采取的措施，进行了广泛的交流和讨论，成立了“水利电力科技文献协作情报网筹备小组”，决定对原版期刊进行订购和交流调整。

为贯彻落实“国家科技情报检索系统”的建设工作，即着手建库前的准备工作，已出版《水利水电科学技术主题词典》、《水利电力科技文献主题标引规则》、《水利水电科技文摘员须知》、《水利电力分类表》以及《水利电力科技文献著录规则》等。

文献数据库建设是检索的基础，文献著录和标引是建库前处理工作，前处理工作的好坏，将直接影响数据库的质量，影响今后联机联网，所以文献数据库建设必须向国家标准化靠拢。

四、数据库建设与计算机网络

数据库建设是情报图书管理自动化的基础，没有数据库，自动化检索系统就成了“无米之炊”。在具体建库问题上主要考虑实用性、经济性、计算机的技术条件和人员素质，同时也要重视系统实施后的效益、数据库的生存能力和系统的管理方法等。

我国自建中文数据库400多种，其中文献数据库总容量超过100万篇，利用引进的国外数据磁带建立了23个联机检索数据库，总容量达到2000万篇。

1990年，水利电力情报研究所重点科技项目《科技情报计算机检索系统一期工程》基本完成。已建立了9个各种类型的文献、事实和数字数据库。

“水利水电统计数据库”：包括100多个国家有关水资源、防洪、水力发电、航道、灌溉、供水、水电工程、科研管理等方面的大量统计数据。

还将建立“国内外水利水电经验咨询库”，其内容包括水利水电情报研究成果，新技术，国外有关工程咨询公司和制造厂概况等，可供领导部门和各专业部门在宏观决策、工程标准、规划设计时查询和参考。

“水利中文文献数据库”组织了水利系统中几十个科研、设计和教学单位，对本专业内200多种期刊、学位论文及科研报告进行加工，每条记录除文章的外部特征数据外，还有文摘及为便利于用户检索的主题词，至今已加工文献近万篇，可由联机终端供科研单位检索国内文献，还可与国外大型文献库交换，形成供微机联机检索的信息产品。

“水利电力中外文献题录库”已建有中文期刊文献题录30000余条，国际会议论文题录500条，已向系统内30多个单位提供软盘，取得了明显的效益。1990年2月，北京和华北地区连续数日大雾，致使电网大面积污闪跳闸停电，为避免事故的再次发生，有关部门利用文献题录数据库进行检索，仅用一小时就检索出109条有关污闪方面的文献题录，受到了领导的好评。

“水利电力标准数据库”包括水利电力行业的国家标准和部颁标准，建成后将并入国家标准数据库。

引进的“美国水资源文摘（SWRA）西文库”40000余条数据（每年可增加4000多条），经过格式转换和逻辑处理后，在DPS—7机上移植试运行成功，并投入使用。

水利系统文献题录数据库发展迅速。其特点：成本低、见效快。统计至1989年底，已建题录库120000条，其中水利电力情报研究所水利水电文摘数据库3000多条，长江水利委员会中文期刊题录8000多条，这些数据库对科研、设计、生产、教育起到一定的作用。

各种类型的专业数据库有：黄河水利委员会的黄河防洪中文文摘数据库、淮河水利委员会的水文数据库、大坝安全监测中心的全国大、中型水电站大坝特征数据库、山东省水利勘测设计院的专题情报数据库（有关土工织物、混凝土灌注桩和混凝土补强）等。

水利电力情报研究所的计算机设备情况见表5。

1990年统计水利系统88个科技情报单位已配备微机101台，有9个单位已建或准备筹建局部网络，长江水利委员会、黄河水利委员会等13个单位建立了国际联机检索终端。

水利电力情报研究所的国际联机检索终端联接着美国DIALOG、BRS、欧洲ESA世界三大情报系统和西德的STN检索系统，可检索世界可检文献量的75%以上，可为用户进行联机追溯检索、定题检索和定购原文服务。水利水电系统检索课题已达1200项，其中协助一些课题曾获得国家和部级奖，为申报专利和发明提供了情报依据，还为生产和科研项目提供了最新资料和成果内容，获得较好的经济和社会效益。

利用微机进行文献自动化管理，逐步建立图书、资料和期刊的科学管理，已实现的图书馆阅览室的采、编、流各环节的管理自动化。

表5 水利电力情报研究所情报设备表

类型	数量(台、件)
复印机	15
缩微阅读器和阅读复印机	6
用户电报机	0
传真机	1
摄、录像设备	1
计算机设备	53
大、中型机	1
小型机	1
微型机(PC)	21
终端	30

（陈丕瑜）

地方水利科技情报中心站

各省、自治区、直辖市设置的水利水电情报专职机构，已逐步形成本地区水利科技情报中心站（见表1），已承担起行使情报管理职能，其隶属关系受所在单位和省水利厅（局）的双重领导，主要任务是，根据本地区需要和特点，有针对性地收集、整理和管好科技情报资料，开展多种形式的情报服务。同时做好本地区的情报网协调和职能管理工作。

自“第二届地方水利（水电）情报工作会议以来，全国除海南、西藏两省、区外，已有28个省、自治区、直辖市建立和健全了水利科技情报中心站的组织，其中20个站是以省、自治区、直辖市水利科学研究所情报室为依托，其他则设置在厅（局）科教处或勘测设计院情报室兼管，专职情报人员286人，图书资料馆藏128万册，拥有微机16台，复印机15台。

今年编辑出版各种刊物40种共314期。据不完全统计，已组织交流活动16余次，获奖情报成果29项。

在深化科技体制改革，振兴地方水利水电情报工作中有许多新的经验：

(1) 面向经济、主动服务的思想观念进一步增强，情报工作紧密结合生产，更有效地服务于经济建设。

北京市水利科技情报中心站在农业节水技术和水资源保护的研究方面，先后完成低压管道输水灌溉技

表 1　　全国水利水电科技情报中心站

序号	情报站名称	行政负责人	现有人员数	邮政编码	站　址	出版刊物
1	北京市水利科技情报中心站	徐金城	11	100044	北京市车公庄西路老虎庙6号	《北京水利科技》、《北京水科技简讯》、《信息》
2	天津市水利科技情报中心站	张　丹	8	300010	天津市河北区民主道27号	《天津水利》
3	河北省水利科技情报中心站	刘益秋	3	050051	石家庄市陵园西街28号	《水利科技资料》
4	山西省水利科技情报中心站	李大雰	5	030002	太原市桃园四巷30号	《山西水利科技》、《山西文献摘报》
5	内蒙古水利局科技情报中心站	毛慧力	20	010020	呼和浩特市呼伦南路5号	《内蒙古水利科技》、《内蒙古水利信息》
6	辽宁省水利科技情报中心站	王秀然	5	110003	沈阳市和平区光荣街二段一里1号	《辽宁水利科技通讯》
7	吉林省水利科技情报中心站	谷玉文	13	130022	长春市斯大林大街140号	《吉林水利》
8	黑龙江省水利科技情报中心站	顾立明	18	150080	哈尔滨市南岗区延兴路12号	《黑龙江水利科技》、《水利科技简讯》
9	上海市水利局科技情报中心站	顾鹤皋	5	200040	上海市铜仁路257号	《上海水利》
10	山东省水利厅科技情报中心站	李云波	18	250013	济南市历山路87号	《山东水利科技》、《水利科技消息》
11	江苏省水利厅科技情报中心站	陈茂满	4	210005	南京市上海路9号	《江苏水利科技》
12	浙江省水利厅科技情报中心站	吴梨玲	11	310004	杭州市华家池36号	《浙江水利科技》
13	安徽省水利水电科技情报中心站	张明修	5	230022	合肥市曙光路1号	《水利科技资料》
14	福建省水利水电科技情报中心站	张贵生、王泳、王钦乐	6	350001	福州市东水路28号	《水利科技》
15	江西省水利科技情报中心站	黄俊民	10	330029	南昌市北京东路12号	《江西水利科技》
16	河南省水利科技情报中心站	黄克兴、赵冠三	13	450003	郑州市纬五路39号	《河南水利科技》、《期刊题录》、《水利科技消息》
17	湖北省水利水电科技情报中心站	肖友堂	14	430070	武汉市武昌珞狮路40号	《湖北水利》
18	湖南省水利水电厅科技情报中心站	周建国、吴宏	32	410007	长沙市东塘284号	《水利水电建设》、《技术报导》、《新到资料图书目录》、《科技期刊题录》
19	广东省水利水电科技情报中心站	李添贤、伍楚材	8	510610	广州市沙河瘦狗岭	《广东水电科技》

续表

序号	情报站名称	行政负责人	现有人员数	邮政编码	站　址	出版刊物
20	广西水利水电厅科科技情报中心站	戴大坚	2	530023	南宁市建政路12号	《广西水利电力科技》
21	四川省水利电力厅科技情报中心站	周天佑	20	610073	成都市罗家碾	《四川水利》、《四川水电科技情报》
22	贵州省水利水电厅科技情报中心站	王文轩	3	550002	贵阳市西湖路32号	《贵州水利水电》
23	云南省水利水电科技情报中心站	李　诺	8	650500	昆明市呈贡环城北路4号	《水利水电消息》
24	甘肃省水利厅科技情报中心站	陆振东	13	730000	兰州市平京路182号	《甘肃水利水电技术》
25	宁夏水利科技情报中心站	岳俊德	4	750001	银川市解放西街188号	《宁夏水利》
26	青海省水利水电科技情报中心站	马文龙	8	810012	西宁市园树庄65号	《青海水利水电》
27	新疆水利水电科技情报中心站		14	830000	乌鲁木齐市黑龙江路10号	《新疆水利科技》
28	陕西省水利水电科技情报中心站	何　韧	5	710004	西安市尚德路134号	《陕西水利信息》

术、京密引水渠道水草生物防治、雨洪资源开发利用和滴灌土壤消毒技术等18项专题情报调研报告和服务成果。其中低压管道灌溉工程在大兴县半壁店乡建立万亩示范区进行，主要采用薄壁硬塑管和地埋塑料软管。工程建成后，每年可节水104.72万m^3，节电5.58万kW·h，冬小麦增产率达到13.31%，效益显著。在京密引水渠进行养鱼除草试验研究，通过治理，引渠输水流量达到原设计标准，对缓解北京用水高峰期的用水紧张状况起重大作用，社会经济效益显著，科研成果获北京市科技进步一等奖。

天津市水利科技情报中心站完成的《土工织物应用技术》、《引渠明渠护坡型式》、《水库防冰技术》等4项调研课题，有效地解决了引滦工程运行管理中的技术难题，分别得到部、市的奖励。

山东省水利厅科技情报中心站除了围绕当地水利建设需求，完成《水利工程老化现状及其对策》等5项调研成果外，参与山东省首届水利科技成果交流交易会，展出科技成果266项，促进了科技成果向生产力的转化。

黑龙江省水利科技情报中心站在推广季节冻土区抗冻技术，已有80%的市、县掌握和运用，节约资金达1800万元；全省60%市、县推广了土工织物技术；水田节水灌溉技术新增650万亩，年平均节水6.5亿m^3，增产水稻3.25亿kg。

贵州省水利水电厅科技情报中心站在渠道防渗方面推广群众乐意接受的新材料，在人畜饮水工程中推广小水窖技术，取得了明显的成效。

湖南省水利水电厅科技情报中心站为大力推广土工织物，编写《大力推动岩土工程的新革命》，并牵头组建了湖南省土工织物技术协作网。现在土工织物在全省广泛用于水利、电力、交通、冶金、建筑等工程建设中。

新疆、广西、湖北、辽宁等省、区在推广新技术方面也都取得经济和社会效益。

（2）继续对情报体制的改革进行了有益的探索，在课题承包、经费包干、有偿服务、开拓情报市场等方面取得了初步成效。

吉林省水利科技情报中心站实行岗位承包，在完成自身任务的前题下，组建了国内各地70余人参加的水利科技翻译网，已完成200余万字的翻译任务；省内某项试验工程急需国外的一项专题情报，于是主动与对方按有偿服务签订服务合同，立即组织人力检索、编译和分析研究，很快地完成了专题调研，其成果满足了用户要求。

四川省水利电力厅科技情报中心站向省内外推广自动抓梁式表层取水闸和水箱抽气式水电站虹吸进水口两项新技术，提取部分技术转让费，征订或代销书刊17种，近2万册，在情报服务方面共创收10万元。

内蒙古水利局科技情报中心站试行经费包干，优化组合，明显地提高工作效率。

河北省水利厅组建科普情报工作委员会，并组成全省水利科技情报工作网。

(3) 部分省、自治区、直辖市重视情报网站的建设，职能管理工作得到加强。福建省水利水电科技情报中心站站长由省水利厅副厅长兼任；少数省、自治区、直辖市水利科技情报中心站站长由科教处长兼任。市（地）情报组大多数由分管副局长或总工程师兼组长。

湖南省水利系统都建立了情报机构，现有专职联络员154人，通讯员96人。每年召开一次会议，交流经验，总结评比，评选优秀情报成果，表彰先进情报单位和优秀联络员、通讯员。

浙江省水利厅科技情报中心站建立了省、市(地)、县三级水利科技情报网，情报员229人，初步形成了一个多层次、多渠道、纵横联系的网络。

（陈丕瑜）

水利水电专业情报网

水利水电专业情报网是全国水利科技情报体系的重要组成部分，是专业同行自愿结合组成的有计划、有领导的情报协作组织。主要任务是：组织网内情报力量，广泛搜集和及时传递本专业、本地区的国内外科技水平和动态，组织开展先进技术和情报经验的交流和咨询服务工作，编辑出版网刊等。

至1990年底统计，全国水利水电专业情报网有42个，基本上覆盖了水利系统各个专业方面。其中水利专业情报网15个：水利工程管理、喷灌、泵站、水工建筑物抗冻、渠库防渗、黄河流域水土保持、岩石混凝土断裂力学、砌石坝、地下水、水利经济、水工钢筋混凝土、混凝土建筑物病害修补和处理、低压管道灌溉、泥沙和机械疏浚；水利电力跨行业的专业情报网1个：水利电力机械；水利水电勘测设计专业情报网19个：水能技术经济、混凝土坝、地下建筑物、泄水工程与高速水流、机电、水力机械、金属结构、暖通空调、水文、电气设计、物探、测量、工程地质、钻探、土石坝、施工组织设计、通信技术、电工二次和勘测设计标准化；科学研究和交叉学科的专业情报网7个：水利水电施工、岩石力学与工程、水电厂自动化、水电厂生产技术、大坝安全监测、计算机技术与计算机应用和水电站压力管道。见表1。

1990年，情报网根据本专业的特点，结合科技攻关项目、生产建设和科研的需要，有针对性地进行了情报调研。水利水电勘测设计行业较系统地提出本专业的国内外技术发展水平与综述以及科技情报资料。据不完全统计，已组织的情报交流活动60余次，有4000人参加，共交流资料3000余份，共编辑出版网

表1　**水利水电专业情报网**

序号	情报网名称	网长单位	邮政编码	地　址	网员单位数	网刊名称
1	水利水电施工技术情报网	水利电力情报研究所	100011	北京市德外六铺炕	59	《水利水电施工》
2	水利工程管理情报网	水利部工程管理培训中心	441900	湖北省丹江口市	249	《水利工程管理技术》、《水利工程管理动态》
3	喷灌科技情报网	武汉水利电力学院水利工程系	430072	武汉市武昌珞珈山	130	《喷灌技术》、《喷灌动态》、《微灌动态》
4	水利电力机械情报网	郑州机械设计研究所	450052	郑州市陇海西路57号	103	《水利电力机械》
5	全国泵站科技情报网	武汉水利电力学院	430072	武汉市武昌珞珈山	128	《泵站科技信息》
6	水工建筑物抗冻情报网	吉林省水利科技咨询服务中心	130022	长春市斯大林大街140号	97	《工程与冻土》
7	全国渠库防渗科技情报网	西北水利科学研究所	712100	陕西省杨陵区	177	《渠道防渗特辑》、《渠道防渗信息》

续表

序号	情报网名称	网长单位	邮政编码	地　址	网　员单位数	网刊名称
8	黄河流域水土保持科技情报网	黄河水利委员会水土保持处	450003	郑州市金水路11号	43	《水土保持情报》、《水土保持信息》
9	水利水电岩石力学与工程情报网	水利水电科学院岩土研究所	100044	北京市车公庄10号	56	《岩石力学》、《岩石力学动态》
10	水电厂自动化技术情报网	南京自动化研究所	210003	南京市323信箱	85	《水电厂自动化技术》
11	水电厂生产技术情报网	葛洲坝水电厂	443002	湖北省宜昌市	170	《水电动态》
12	大坝安全监测情报网	南京自动化研究所	210003	南京市323信箱	136	《大坝观测技术》、《大坝观测动态》
13	岩石混凝土断裂力学情报网	水利水电科学院结构所	100038	北京市复兴路甲1号	46	《岩石混凝土断裂与强度》
14	砌石坝情报网	山东省水利科学研究所	250013	济南市历山路	92	《砌石坝技术》
15	全国地下水情报网	水利部农田灌溉研究所	453003	河南省新乡东牧村	98	《地下水》、《地下水信息报》
16	水利经济情报网	北京水利电力经济管理学院	100024	北京市东郊定福庄	106	《水利经济情报》
17	水工钢筋混凝土情报网	水利水电科学院结构所	100038	北京市复兴路甲1号	88	《混凝土建筑物及修补》
18	混凝土建筑物病害修补和处理情报网	水利水电科学院结构所	100038	北京市复兴路甲1号	14	《混凝土建筑物修补通讯》
19	水利水电计算机技术与计算机应用情报网	水利水电科学院结构所	100038	北京市复兴路甲1号	99	《计算技术与计算机应用》、《水利水电微机应用》
20	低压管道灌溉科技情报网	水利水电科学院水利所	100044	北京市车公庄10号	95	《管道灌溉技术通讯》
21	泥沙情报网	水利水电科学院国际泥沙培训中心	100044	北京市车公庄10号	32	《泥沙情报》、《泥沙文摘》
22	水能技术经济情报网	中南勘测设计院	410014	长沙市圭塘	110	《水能技术经济》、《水能技术经济动态》
23	水利水电混凝土坝情报网	华东勘测设计院	310014	杭州市上塘路	64	《混凝土坝技术》
24	水利水电地下建筑物情报网	成都勘测设计院	610072	成都市青羊宫	70	《地下工程技术》
25	水利水电泄水工程与高速水流情报网	东北勘测设计院科研所	130061	长春市北安路74号	72	《泄水工程与高速水流》、《高速水流情报网通讯》
26	水电机电技术情报网	机电研究所	301900	天津市蓟县	96	《水电站机电技术》
27	水力机械设计情报网	中南勘测设计院	410014	长沙市圭塘	101	《水力机械技术》
28	水利水电金属结构设计情报网	中南勘测设计院	410014	长沙市圭塘	91	《金属结构》

续表

序号	情报网名称	网长单位	邮政编码	地　址	网员单位数	网刊名称
29	水利水电暖通空调情报网	西北勘测设计院	710001	西安市南大街	34	《水电暖通空调技术》
30	水文科技情报网	长江水利委员会水文局	430010	武汉市解放大道1155号	204	《水文科技情报》
31	水电电气设计技术情报网	华东勘测设计院	310014	杭州市上塘路	51	《水电电气设计》、《水电电气设计通讯》
32	水利电力物探情报网	黄河水利委员会设计院	450003	郑州市政三街8号	62	《工程物探》
33	水利水电测量技术情报网	天津勘测设计院	300222	天津市河西区洞庭路60号	119	《水利水电测量》
34	水利水电工程地质情报网	长江水利委员会勘测总队	430010	武汉市解放大道1155号	115	《工程地质》、《工程地质动态》
35	水利水电钻探情报网	东北勘测设计院	130021	长春市春城大街30号	50	《水利水电钻探》
36	水利水电土石坝工程情报网	北京勘测设计院	100024	北京市东郊定福庄	92	《土石坝工程》
37	水利水电施工组织设计情报网	东北勘测设计院	130021	长春市春城大街30号	62	《施工组织设计》
38	水电通讯技术情报网	东北勘测设计院	130021	长春市春城大街30号	38	《水利水电通讯技术》
39	水利水电电工二次设计情报网	长江水利委员会	430010	武汉市解放大道1155号	34	《水利水电电工二次设计通讯》
40	水利水电勘测设计标准化情报网	北京勘测设计院	100024	北京市东郊定福庄	45	《水利水电勘测设计标准化》
41	水电站压力管道情报网	水利水电科学院材料所	100038	北京市复兴路甲1号	41	《水电站压力管道》、《水电站压力管道情报网网讯》
42	机械疏浚情报网	水利部第十三工程局	253009	德州市三里庄	52	《疏浚与吹填》

刊40种，共140余期，“通讯”、“动态”和“信息”刊物18种，共120期，计800万字。完成情报调研课题和编译专题资料40项。

1990年部分水利水电专业情报网完成的科技情报成果有：

全国地下水情报网《全国地下水情报网首届科技情报交流会议论文选编》；

水利工程管理情报网《全国水利工程管理科技成果汇编（第一集）(1978～1987年)》；

水工建筑物抗冻情报网《水工建筑物冻害及其防治》；

水利经济情报网《水利经济论文选集》；

水能技术经济情报网《全国中型水电开发战略及对策》；

混凝土坝技术情报网《混凝土坝设计参考资料》；

高速水流与工程情报网《泄水工程高速水流研究进展》；

水利水电暖通空调情报网《国内外水电站地下与封闭式厂房暖通空调论文专集》。

情报网充分依靠广大科技情报人员、专业人员及时搜集和传递国内外技术革新成果和科技动态信息，促进知识更新，推动技术进步。逐步形成了一支有理论、有经验、有实干精神的水利水电情报队伍和信息传递网络。

随着科技情报体制的深化改革，情报网的工作深度和广度方面有了很大发展，表现在：

（1）加强专业基础建设，开发信息资源，为网员单位和各级领导提供一批质量较高的调研成果。

水利水电勘测设计19个专业情报网，由北京水利水电规划设计总院科技处归口管理，组织编写《水利水电专业综述文集》，要求通过调查研究，掌握本专业的国内外基本情况，系统地积累资料，所提交的送审稿应是多年来技术情报工作的总结，切实反映专业技术水平和发展趋向，该成果将于1991年组织专家审查后汇总出版。

土石坝情报网在编制《土石坝工程发展综述》时，搜集大量的国内外工程资料，邀情网内土石坝方面的专家座谈、讨论征求意见稿，仅初稿修改了两次，又请网刊部分顾问审议送审稿，内容上力求详尽阐述，新颖、实用、可靠，特别是对我国土石坝建设的发展、高面板坝的技术难题、沥青混凝土防渗墙的采用提供科学依据。

从低压管道输水灌溉科技情报网组织召开的“全国低压管道输水灌溉网第二次技术研讨现场会”获悉：由网员单位承担“七五”国家重点科技攻关项目中有关低压管道 8 个子专题完成后，并通过技术鉴定，如薄壁 PVC 管、双壁波纹管和内衬薄膜现浇管、一次和二次成型混凝土管及其他新材料管。

岩石力学与工程情报网集中了全国从事多年的岩土工程方面的科研人员，将他们手头保存分散掌握的工程实践资料，历时一年半，编制《岩石力学参数手册》，内容由 66 个大、中型工程实例列入第一部分，第二部分由 8 种表格形式反映火成岩、沉积岩和变质岩的物理力学指标，软弱岩、软弱夹层、四川红层岩、浙江火山岩、锚索试验及地应力等值，全书共 40 多万字，将于 1991 年公开出版。

水能技术经济情报网于 1987 年开始接受中国水力发电学会委托，历时两年的调研，完成《我国中型水电资源合理开发利用问题》和《全国中型水电开发战略及对策》，提出：要为优先开发水电，改善能源结构，加速中型水电建设进程。已开发的 96 座中型水电站建设运行实践表明，具有“短、平、快”优势，其建设周期 3～4 年，淹没损失小而分散，环境容量大，易于发挥地方集资建设的积极性。全国尚有 941 座中型水电站可开发，设计容量 6600 万 kW。

水电电气设计情报网编制的专题资料较多，如《常用电气设备国内外价格资料汇编》和《日本 GIS 标准》，注重科技情报和经济情报，对日本迅速发展的气体绝缘开关设备（简称 GIS）的新技术跟踪较紧。

（2）网刊注重编辑质量，及时传递信息，已成为情报交流的重要园地。

喷灌科技情报网召开第五次经验交流及工作会期间，与会代表学习党的十三届五中全会公报，着重领会“特别是要迅速在全党全国造成一个重视农业、支援农业和发展农业的热潮，齐心合力把农业搞上去，确保粮食、棉花等主要农产品稳定增长”的精神，认识到发展农业就要发展灌溉事业，特别要发展节水灌溉技术。喷灌和微灌是重要的节水灌溉措施和技术，强调管理是当前喷、微灌工作中的主要问题，邀请高等院校、科研单位、制造厂家一起研究提高喷、微灌设备、机具的质量，于是明确网刊主要技术领域：喷灌、滴灌、微喷灌及其他节水灌溉技术；园林灌溉与喷泉；喷水防尘、降温、增氧等各种灌水新技术。《喷灌技术》在出版方面采用了微机排版，激光打印制版胶印等新技术。

水利工程管理情报网主办《水利工程管理技术》网刊宗旨是加强对“水法”、“河道管理条例”等有关法规宣传贯彻，内容上进一步开展对堤坝白蚁防治技术、海堤（塘）防治与防潮有效工程技术措施，沿海挡潮闸受氯离子侵蚀碳化有效防护途径，水闸上、下游冲刷及淤积原因和防护措施的探讨。该网刊在传递科技信息、传播科学知识、发现和培养人才、促进水利工程管理技术方面起到了积极作用。

水利经济情报网的学术交流涉及到中国水利建设和发展、水利工程的社会效益问题、经济分析中投资还本、水资源供需平衡分析诸问题，具有一定的实际应用价值。《水利经济情报》网刊一年两期，除进行业务交流外，还开辟专题论述、最新资料，办网很有生气。

《地下水》网刊为提高信息密度，增设“文摘栏”、“地下水开发利用”等栏目。《地下水信息报》，属动态刊物，一年 12 期，经常注意反映各地区机井测改技术，推广新技术。如宣传报道河北省水利厅为加强机井管理，提高装置效率，节能，开展农用机井测试改造挖潜技术推广工作，年累计节电 3.11 亿 kW·h，节油 2.89 万 t，恢复、扩大灌溉面积 161 万亩，改善灌溉面积 2988 万亩，增产粮食 11.5 亿 kg，累计净效益 6 亿元。随后，山东、陕西等地对现有机井逐一进行分析，逐一改造，使试验区内平均装置综合效率分别由原来的 34.9%和 17.4%，提高到 61.8%和40.9%。

水电厂自动化技术情报网主办的《水电厂自动化》，为提高网刊质量，强调少而精，讲实用和提高学术水平，国内、外并重，基础自动化和综合自动化并重，增加信息量和各种“讲座”类科普文章，跟踪国外科技信息。

三、情报网以“一业为主，专家众多”的特点，根据实际需要，积极创造条件，扩大和延伸服务领域，推广适用技术

渠库防渗科技情报网从日本采用过的一种复合膜处理贮水池漏水得到启示，调查我国生产的单体材料没有将其“复合”，根据所掌握的技术情报资料，建议有关厂家试制这种尔后命名为 Xd—103 的新防水材料，利用各种技术经验交流会和刊物上，综合论述、介绍和推广这种新产品，现已远销新疆、贵州、广西等 10 多个省、自治区，并大量用于渠道防渗和库区渗漏

处理上。

水利水电施工技术情报网召开新技术演示会，在网内推广“粗径变形钢筋机械连接接头工艺”，以此来推动网员单位之间技术成果交流，并尽快转化为生产力。与会代表通过重点介绍和现场实际操作演示，对各种钢筋连接方法的比较产生了极大兴趣。其中机械连接工艺，适用于水利工程粗钢筋现场连接，质量可靠，操作方法简便，不受施工环境和工人技术水平的影响。连接速度高，经济效益好，电焊工从此将甩掉焊枪把，不用电焊机，这是钢筋连接技术上的一场变革。

高速水流与工程情报网邀请参加网长工作会的代表，对鲁布革工程泄洪建筑物的有关高速水流问题提出咨询意见，认为泄洪洞出口拟建的二道坝建议不建，受到鲁布革工程管理局、昆明勘测设计院等有关单位的重视，经过大量补充试验得到证实，现已决定采纳，可节省工程投资约400万元。

水工建筑物抗冻情报网结合各时期的实际需要，开展了多种形式的技术交流和成果推广活动，如抗冻技术交流会、座谈会、培训班、现场考察和优秀抗冻工程评优等活动。1990年全面系统地推广黑龙江省水工抗冻技术经验，会同该省水利厅共同召开会议和组织现场考察，如发现木兰县水工抗冻结构物简单、投资少、效果好，立即组织有关单位前往学习考察，所编制的《水工抗冻技术图集》已有60多个单位选用。

随着建坝条件不断恶化和大坝老化现象日趋严重，大坝安全监测情报网在监测仪器情报交流方面取得长足进展，重点围绕本专业的关键性课题逐步开展工作，多次举办研讨班和培训班，召开的“大坝安全监测学术讨论会”，吸引了中外厂商参加，会上评选一批具有较高水平的优秀情报成果。

（陈丕瑜）

出　　版

水利图书出版工作综述

1990年中共中央要求出版部门认真贯彻“一手抓整顿，一手抓繁荣”的方针，在具体做法上，要求“减少品种、优化选题、调整结构、提高质量”，其中心是提高质量。水利系统的水利电力出版社和河海大学出版社，根据上述精神，各自安排了1990年的工作，现综述如下。

一、水利电力出版社

（一）工作情况

1. 1990年工作的总要求　继续坚持团结办社、民主办社、深化改革、优质高效的办社方针，大力加强思想政治工作，切实改善经营管理，为水利电力事业的发展作出新贡献。

该社1990年业务工作的重点是：抓好规划、抓好发行；提高质量、提高效益；压缩品种、缩短周期。

2. 1990年计划生产指标与实际完成的指标

类别	计划指标	完成指标	超额百分数
出书品种	300种	305种	2%
新书字数	6000万字	6085万字	1%
印造册数	230万册	204万册	－13%
用纸令数	30000令	30243令	1%
码洋	1250万元	1340万元	7%

3. 编辑工作　1990年编辑工作主要抓了以下四个方面的工作：

（1）抓规划。1990年在充分调查研究的基础上，制订了《1991～1995年重点选题规划（草案）》，共计规划水利电力各专业的重点选题90种，约5000万字，水和电两大专业各半，这项工作将对今后5年出书有重要的指导作用。此外，该社还协助两部的教育司和科教司，制订了《1990～1995年的教材选题和出版规划》，优化了选题，压缩了品种，有利于教材质量的提高。

（2）抓质量。图书质量是编辑出版工作的生命。1990年除切实抓了选、组、审、编和重点图书与部分科技书的三审制以外，该社还重点抓了出书后的审读制度和排、印、装的质量检查。具体做法是：每年选择新书品种的10%～15%，共计约20多种，社内外各请一位专家进行审读，所有承担审读的人员，都必须逐章、逐节、逐句、逐字进行通读，将发现的各种大小问题，填写在“图书审读意见表”内。图书的排、印、装质量，逐月进行一次检查，分别评出优质品，合格品和不合格品三类，按承包协议，有奖有罚。由于坚持了这两项工作，对于图书质量的提高，起到了积极的促进作用。

(3)抓周期。对教材和规程规范的周期管理，有了一定的成效，由该社出版的各类教材基本上做到了“课前到手，人手一册”，该社为了缩短规程规范的出版周期，于1989年第四季度，会同水利部科教司、中国电力企业联合会、水利水电规划设计总院、电力规划设计管理局，共同制订了《水利电力标准规范出版工作管理暂行办法》，该办法规定：从收到定稿到出书的时间分别为：5万字以下为3个月；5～10万字为4个月；10～15万字为5个月；15～20万字为6个月；20万字以上的另行研究。经过编辑室、装帧设计室和出版室1990年一年来的努力，基本实现了上述要求，大大地缩短规程规范的出版周期，受到了广大读者的欢迎和好评。

(4) 抓出版基金的建立。为解决科技专著出版难的问题，在水利和能源两部的关心和支持下，建立水利电力科技专著出版基金的筹备工作，已经有了进展，水利和电力两大专业已各筹集基金20万元，1991年这项工作即可全面展开。

4. 发行工作　出版社要从生产型转变为生产经营型，搞好发行是关键。因为出版社出版的图书要通过发行这座桥梁，才能送到读者手中，出版工作的社会效益和经济效益才能真正体现出来。1990年该社十分重视多依靠新华书店、主动和新华书店搞好关系，并在王府井新华书店开辟了特约经销柜，展销该社的图书。在充分发挥新华书店积极性的同时，认真搞好自办发行，努力提高图书印数，降低库存，并慎重地确定每种书的印数。经过该社发行部全体职工的努力，1990年共完成码洋1433万元，其中自办发行码洋963万元，新华书店经销码洋470万元，自办发行占总码洋的67%。该社为了做好自办发行工作，从1983年以来，分别在杭州、武汉、沈阳、西安、成都陆续建立了5个发行站，这5个站从建站初的20余人，年发行量几十万册，码洋几十万元，发展到1990年已有95名职工，年发行量达600余万元（其中水电版图书达300余万元）。7年来，5个发行站，发行各类科技图书1000多万册，码洋890万元，为社会主义两个文明建设，为发展水利电力事业做出了显著的成绩。

该社为了交流发行站工作经验，提高发行站管理水平，加强社、站合作，更好地为读者服务，于1990年5月6～10日在武汉能源部中南电力设计院召开了“水利电力出版社第二次发行站工作座谈会”。会议期间评选出杭州发行站和武汉发行站为1989年度先进发行站，通过了《水利电力出版社评选先进发行站条件及办法》，这次座谈会达到了预定的“交流经验，表彰先进；听取意见，改进工作；反映问题，提出建议”的目的。

5. 音像出版工作　该社1986年经原国家出版局批准，成立了水利电力出版社音像出版部，有音像读物的出版和发行权，从音像出版部成立以来，共计出版、发行录像片72部。其中1990年完成20部，片长5350 min。

为了更好地发挥水利系统的音像设备和人才的作用，水利部发了水人劳（1990）122号文，批准成立水利部电教中心，该中心设在水利电力出版社内，与音像出版部合署办公。

此外，该社1990年在加强思想政治工作，提高人员素质，增产节约、增收节支等方面，也做了大量的工作，均收到了较好的效果。

（二）水利图书出版情况

1990年该社共出版中华人民共和国国家标准，以及中华人民共和国水利部、能源部部颁标准39种；科技图书49种；各种教材57种；工具书4种；共计149种。现从科技专著、水利古籍图书、工具书等不同类型的图书，选择《水工隧洞的设计理论和计算》、《漕河图志》、《英汉水利水电技术词典》、《水利电力土木建筑工程招标承包经营管理》等四种图书作一简要介绍，基本上可以看到该社1990年的出书全貌。

1.《水工隧洞的设计理论和计算》第二版　该书第一版由中国科学院学部委员汪胡桢教授著，书中对水工隧洞的布置和水力计算，衬砌的结构和材料，水工隧洞的有限单元分析法，以及水工隧洞的喷锚衬砌等都作了较详细地介绍，还列举了许多实例，供读者参考。该书第二版由顾慰慈教授进行修订，充实了许多新的内容，删掉了一些陈旧的内容，弥补了原书的一些不足之处，使该书的理论更为完整，内容也更为实用。

2.《漕河图志》　该书是一部水利古籍，由姚汉源教授等进行整理。漕河就是京杭大运河，元代开始通航，但并不通畅。明代迁都北京后，对运河进行了根治，取得了成绩，奠定了明、清两代政府依赖运河“南粮北调”的基础。该书正是选择这一重要时期，全面记述运河的专著，也是目前现存关于京杭运河最早的一部专著。内容包括对运河原委、建置、工程管理及有关文献。该书过去很少流行，清代编《四库全书》时，仅得到三卷残本，这次姚汉源和谭徐明二同志根据日本收藏的八卷全本，并参照北京图书馆胶卷本（国内无书）点校而成。该书原作者王琼，成书于明弘治九年。在同类古籍书中具有以下特点：①重点突出；②图文并茂；③简练扼要；④明了可靠；⑤比较实用；⑥注重事实；⑦注重资料的完整性等等。

3.《英汉水利水电技术词典》（第二版）　由著名水利专家、原水利水电科学研究院院长张泽祯同志任主编，并组织了水利界30多位经验丰富、治学严谨的专家、学者，参加编审工作，花了3年多时间，在第一版的基础上，编纂而成，最后由中国科学院学部委员、能源部总工程师潘家铮同志终审定稿。第二版具有以下一些特点：①收词做到了全、新、广、精。全，收词覆盖了水利水电专业的主要学科及相关学科；新，注重选收新兴学科及由于技术和语言发展而产生的新词汇；广，从大量外文期刊、杂志、辞书、国际会议论文、专著等和本书第一版中筛选的词条；精，对词条逐一核对英文拼写，并认真推敲了中文译称。②收词量大，总量近8万条；③按主体词编排，加设了书眉和边标；④主体词标注国际音标，便于读者记忆；⑤价格便宜，由于利用微机排版，版面紧凑，与同规模词典相比，价格约低30%。

4.《水利电力土木建筑工程招标承包经营管理》该书由中国水利电力对外公司长期从事土建工程招标承包经营管理的专家梁鉴、王世文等同志编著。该书根据国外招标承包的最新资料，汲取国内招标承包工程在经营管理方面的经验教训，对水利电力土木建筑工程的招标承包制做了整体论述；对招标发包、技术咨询、投标承包和项目管理等各方面分章加以论述；对国内外情况进行对比，提出改善经营管理的建议；书中对重要事项，以实例阐明；对施工索赔和承包风险等课题，以专门章节进行了深入叙述。该书还辑录了国际咨询工程师联合会主编的《土木工程施工合同条款》(国际通用)的最新版本，并附有英文原文，以便招标承包有关各方参照遵循。该书的出版，对从事土建工程承包公司、建设单位有关人员的经营管理能力的提高，具有重要的现实意义。

(史梦熊)

1990年水利图书选目

水利电力出版社

洪水预报系统
张恭肃等著

实用暴雨洪水预报理论与方法
张文华编著

葛洲坝工程丛书·泥沙研究
水利部长江水利委员会　唐日长主编

华北地区水资源合理开发利用——中国科学院地学部研讨会论文集
中国科学院地学部

水科学青年学术论文集（一）水力学·水文水资源·泥沙·水环境
本书编委会

黄土地区工程地质
乔平定　李增钧主编

水工隧洞的设计理论和计算（第二版）
汪胡桢原著　顾慰慈修订

溢洪道设计规范专题文集
中南勘测设计院编

水工建筑物设计丛书·水工隧洞和调压室 水工隧洞部分
潘家铮主编

坝工手册
[美] A·R·高尔泽等著陆焕生　边光启等译　伍修焘校

渗流计算分析与控制
毛昶熙主编

泵站设计与抽水装置试验
[苏] B.ф.切巴耶夫斯基主编　窦以松等译

农用井泵（第二版）
栾鸿儒主编

机井试验技术研究成果选编
水利部农村水利水土保持司

黄淮海平原地下水人工补给
田原　张原秀　张雪峰主编

实用水库调节计算
张元禧编著

综合利用水库调度
水利部长江流域规划办公室　河海大学

水电站管道
[苏] A.P.弗列依谢斯特等　诸葛睿鉴　黄伟译

水利水电工程露顶式弧形钢闸门典型设计图册
水利水电规划设计管理局编

水力发电技术知识丛书·第三分册·水能经济
李国强

小水电技术丛书·小型水电站综合经济评价
蒋水心

大体积混凝土
水利水电科学研究院结构材料研究所

水利水电施工丛书·大体积碾压混凝土
魏朝坤

水利水电施工丛书·地下洞室原位观测
黄仁福　吴铭江

水利水电施工丛书·水工沥青混凝土材料选择与配合比设计
丁朴荣编著

水利水电工程施工组织设计手册·第二卷·施工技术
水利电力部水利水电建设总局

混凝土手册

美国内务部垦务局　王圣培等译

水利水电施工丛书·爆破安全与防护

朱传统　梅锦煜

葛洲坝工程丛书·建筑物及其基础的安全监测

水利部长江水利委员会　曹乐安主编

水利电力土木建筑工程招标承包经营管理

中国水利电力对外公司　梁鉴　王世文等编著

水利工程经营管理

方一新主编

岩石力学原理及其应用

［英］R. E. 古德曼著　王鸿儒　王宏硕等译

淮河水利简史

水利部淮河水利委员会《淮河水利简史》编写组

珠江水利简史

珠江水利委员会《珠江水利简史》编委会

中国水利古籍丛刊·漕河图志

姚汉源　谭徐明

中国水利史小丛书·滇池水利小史

樊西宁

英汉水利水电技术词典（第二版）

张泽祯主编

水与人类丛书·黄河纵横谈

邹乾印

江源首次考察记

石铭鼎

京杭运河治理与开发

邹宝山　何凡能　何为刚编著

水利史研究会第二次会员代表大会暨学术讨论会论文集

中国水利学会水利史研究会

科学出版社

坝基岩体工程地质力学分析

王思敬著

水资源开发与环境

李宝庆等主编

地下水非稳定渗流解析法

李佩成著

一维非定常流体力学

周毓著

理论流体力学（上）

游镇雄　牛家玉著

粘弹性力学引论（二版）

郝松林著

中国水利与环境

张天曾著

科学普及出版社

凝固的水库——冰川资源

王宗太等编著

中国环境科学出版社

城市水源保护——太原西山水源保护研究

《太原西山水源保护研究》编写组

海洋出版社

河口工程泥沙数学模型

王尚毅等著

北京大学出版社

黄河水资源保护研究文集

关伯云　徐云麟主编

清华大学出版社

高含沙水流运动

钱宁主编

钱宁论文集

本书编辑组编

土力学地基基础

陈希哲编著

工程流体力学

潘文全著

上海人民出版社

丰城县水利志

皮恒垣主编　丰城县水利电力局编

上海交通大学出版社

水动力学基础

刘岳元等编

广西科学技术出版社

论红水河开发

翁长溥著

河海大学出版社

长江水利史论文集

姚汉源等选编

改革中的水利财务工作

水利部财务司编

大连理工大学出版社

水库模糊优化调度

王本德编著

水力学计算公式程序

刘思光等编著

模糊水文学与水资源系统模糊优化原理

陈守煜著

中小型水库控制运用

李英志编著

华中理工大学出版社

多目标决策理论方法与应用

冯尚友编

江西高校出版社

水力学

［苏］Ю.М.康士坦丁诺夫著　钟用新译

湖北人民出版社

葛洲坝论

陈汉柏主编

（史梦熊　周金辉　王永法）

主要水利期刊论文选目

总类

中国水利决策的展望

钱正英　水利水电技术 90・2

当今世界关注灌溉排水

许志方　农田水利与小水电 90・4

论水利基础产业

张岳　中国水利 90・10

决策分析原理在水利水电工程中的应用

金家麟　水力发电 90・9

水文及水资源

多阶段多目标决策系统模糊优选理论及其应用

陈守煜　水利学报 90・1

指数 r 分布及其在水文中的应用

李松仕　水利学报 90・5

统计法调节计算的年调节与多年调节相结合问题

秦大庸等　水利学报 90・6

多目标规划模糊优化原理与模型

陈守煜等　水利学报 90・12

跨流域引水工程多水库联合供水优化调度

方淑秀等　水利学报 90・12

四川省“三江”水电综合考察

四川省“三江”水电综合考察组

水力发电学报 90・1

城市污水处理厂群动态投人问题研究

梅亚东等　武汉水利电力学院学报 90・2

松涛灌区最优续建规划模型的研究

关洪林等　武汉水利电力学院学报 90・2

水电站群最优开发程序的动态规划——模拟模型

张毅等　武汉水利电力学院学报 90・6

洪水频率的区域综合分析

郭生练　武汉水利电力学院学报 90・6

发挥水能资源优势建设西南水电能源基地

梁益华　水利水电技术 90・6

水资源量设计保证值的合理评估方法

孙济良　水利水电技术 90・7

河西走廊内陆河水资源利用模式简论

曹相云等　水利水电技术 90・9

梯级水库下游洪水概率分布的计算方法

王锐琛等　水文 90・1

官厅水库供水系统水质水量控制的研究

刘培等　水文 90・1

应用分级法分析江西雨量站网密度

谭国良　水文 90・2

水利工程影响地区径流、洪水计算

罗嗣林等　水文 90・2

论水文频率计算中的适线法

金光炎　水文 90・2

中国设计暴雨的综合研究

胡明思等　水文 90・3

我国南方特大暴雨的一些特点

汪德宇等　水文 90・3

广西岩溶产流模型

俞日新等　水文 90・4

皮尔逊Ⅲ型分布参数估计

刘光文　水文 90・4

我国大陆各区域地面大气系统水分平衡计算

崔一峰等　水文 90・4

洪水演算的非线性规划模型

王忠民等　水文 90・5

毛河流域地下水多年调节计算

周玉醴等　水文 90・5

论确定洪水经验频率的双（多）样本模型

王善序　水文 90・6

南京市城北地区暴雨径流污染研究

刘曼蓉等　水文 90・6

小流域都市化对暴雨洪水影响的试验研究
林俊俸等 水文 90·6
安康水电站入库洪水水文预报模型初探
何长春 水利工程管理技术 90·3
长江流域水资源开发程序问题的探讨
本刊编辑部 人民长江 90·4
乌江水资源的综合利用
彭善群 人民长江 90·11
介绍一种简捷的防洪水库群洪水优化调度方法
许自达 人民黄河 90·1
龙滩水库为下游防洪的设计洪水及调度方法的探讨
邓敬存 人民珠江 90·2
华南近500年旱涝特征及未来20年趋势预测
梁建茵 人民珠江 90·2
论流域性堤库结合的防洪工程体系
向旭 人民珠江 90·5
潮水流沙资料整编系统程序的研究
沈鸿金 人民珠江 90·6
安康水电站的洪水预报系统
何长春 水力发电 90·11
水利水电工程设计洪水标准问题的探讨
徐祖信等 水力发电 90·3
柘溪水电站水库洪水优化调度理论和应用
梁年生等 水力发电 90·7
提高频率分析成果可靠性的有效途径
——两洪参数协调方法的探讨
梁家志等 河海大学学报 90·5
黄土丘陵区小流域产沙数学模型
汤立群 河海大学学报 90·6
鄱阳湖水面蒸发研究
侯战生等 河海大学学报 90·6
应用时间序列分析法模拟地下水资源系统
方乐润等 河海大学学报 90·6

地质勘测

乌江河谷岩溶发育特征研究
彭汉兴等 河海大学学报 90·3
模糊数学在工程地质类比中的应用
张勤 河海大学学报 90·4
大坝视准线法观测的定权公式
蒋玉田 武汉水利电力学院学报 90·2
长江三峡工程地质地震与枢纽建筑物专题
地质地震论证报告（节录）
长江三峡工程论证地质地震专家组 中国水利 90·1
互补色立体影像镶嵌图的研制
陈学兼等 人民珠江 90·4
安康水电站工程地质工作回顾
黄一和 水力发电 90·11
贴壁凸体湍流分离的数值分析
李炜等 武汉水利电力学院学报 90·5
暂态过程中分层流到塞状流转捩的研究
刘佑华 武汉水利电力学院学报 90·6
梯形槽中急流分水的试验研究
郑国华等 灌溉排水 90·4
高速含沙水流掺气抗磨作用的研究
王世夏 人民黄河 90·3
感潮河段洪水预报的不恒定流计算方法研究
陈兴伟 人民珠江 90·4
我国高坝坝型及枢纽泄洪消能布置的新进展
赵增凯 水力发电 90·1

水力学

空泡在边壁附近溃灭的实验研究
陆力等 水利学报 90·2
平面二维明渠流动数值计算中涡粘扩散项的合理选取
何少苓等 水利学报 90·4
泄水建筑物免空化设计的可靠性分析
姜树海 水利学报 90·5
水工弧形闸门的动特性及其优化方法
阎诗武 水利学报 90·6
明渠渐变流随机微分方程模型
金明 水利学报 90·8
多级孔板管道壁压脉动特性
崔广涛 水利学报 90·9
均匀切变状态下初始各向异性湍流
对突加无旋畸变的响应
刘士和等 水利学报 90·10
管网恒定流水力计算的新模型
杨开林等 水利学报 90·10
自由跌流的水力特性
刘清朝 水利学报 90·11
溢流坝反弧段水流的紊动特性
董曾南等 水利学报 90·12
宽尾墩及窄缝坎的水力学计算
李桂芬等 水力发电学报 90·1
水力机械转（叶）轮内完全三元流动
杂交命题的变域变分理论
张丕祚等 水力发电学报 90·1
水轮叶片三维边界层计算
梅祖彦等 水力发电学报 90·4
一种新的紊流模型——K-ε-S 模型
叶坚等 水利水运科学研究 90·1
河道水流泥沙问题的一种有限元解法
韦直林 武汉水利电力学院学报 90·6

衬砌渠道防冻胀设计中的几个问题
朱强　水利水电技术 90·9
刘家峡等水库修建后黄河的冲淤变化
程秀文等　水利水电技术 90·12
长江三峡水库长期使用研究
唐日长　人民长江 90·6
国外关于暴雨空间变化问题的研究介绍
李长兴　人民长江 90·6
黄河下游游荡性河段建闸引水泥沙问题分析
张永昌等　人民黄河 90·2
近 70 年来黄河中上游径流与输沙量变化
徐建华等　人民黄河 90·5
卫星遥感动态信息的应用
许祥向　人民珠江 90·2
葛洲坝 1 号船闸输水系统水力学试验研究
陈泰春　水利水运科学研究 90·1
用数值模拟法探讨三峡坝体深孔体型
丁道扬　水利水运科学研究 90·3
堤坝非稳定渗流计算程序的编制及其应用
陈平等　水利水运科学研究 90·4
管中紊流新探索
张长高　河海大学学报 90·1
宽顶堰紊流场的数值模拟
尹幸愉　河海大学学报 90·2
混凝土高坝泄洪可靠度研究
徐祖信等　河海大学学报 90·2

河渠泥沙

在三峡工程变动回水区中一维全沙数学模型的研究
赵士清等　水利水运科学研究 90·2
无粘性均匀沙起动拖曳力的计算式
程年生　水利水运科学研究 90·3
黄河口输沙及冲淤变形计算研究
张世奇　水利学报 90·1
长江寸滩站卵石推移质输沙规律
彭润泽等　水利学报 90·1
挟沙能力级配及有效床沙级配的确定
何其明等　水利学报 90·1
关于悬移质输沙率计算模式的探讨
倪晋仁　水利学报 90·1
悬浮颗粒紊流扩散系数的随机分析
邵学军等　水利学报 90·10
波浪及水流共同作用下的泥沙运动
张长宽等　河海大学学报 90·5
冲积河渠床面阻力试验研究
王士强　水利学报 90·12
应用接力泵解决泥浆近距离输送
顾文泉　排灌机械 90·2

灌溉排水

滴灌条件下土壤水分运动规律的研究
刘晓英等　水利学报 90·1
利用盐分迁移函数模型研究入渗条件下土层的水盐动态
叶自桐　水利学报 90·2
阻容网络混合计算机求解地下水盐运动的原理及应用
綦学梅　水利学报 90·3
常用农田地下排水非恒定流计算公式及其应用中的若干问题
严家适　水利学报 90·4
大禹渡梯级泵站优化调度研究
高占义等　水利学报 90·5
灌溉渠系优化设计方法的研究
罗金耀等　水利学报 90·6
土壤——植物——大气连续体水分运移力能关系的田间试验研究
康绍忠等　水利学报 90·7
微灌系统田间管网允许压力差的最优分配方法
杨建康等　水利学报 90·7
高产省水灌溉制度优化模型研究
袁宏源等　水利学报 90·11
多目标决策中的模糊综合相似选择法
白宪台等　武汉水利电力学院学报 90·4
环形液气射流泵的理论及试验研究
陆宏圻等　武汉水利电力学院学报 90·1
地下水动态的时序分析及其观测周期的研究
张思聪等　灌溉排水 90·1
计算农田排水问题的一种新方法——有限解析法
张效先等　灌溉排水 90·1
渠道渗流计算的边界元法
牟占生　灌溉排水 90·1
鼠道在砂礓黑土地区排灌两用的探讨
张凤英等　灌溉排水 90·2
河南省偃师县发展千亩滴灌的调查
孙仁华　灌溉排水 90·2
节能异形喷嘴水力性能的研究及其研制
李英能等　灌溉排水 90·2
渠床土壤入渗率的空间变异性及合理取样规则
陈亚新等　灌溉排水 90·3
根据水稻生育进程叶龄模式进行“深—浅—晒—间—润”合理灌溉
吴玉柏　灌溉排水 90·3

西北地区灌溉节水途径
刑大韦 灌溉排水 90·3
作物敏感指数与敏感系数的分析与研究
李会昌 灌溉排水 90·4
钢筋混凝土梯形条缝滤水管的成井试验
谢健民等 灌溉排水 90·4
虹吸式地中蒸渗仪
王文忠等 农田水利与小水电 90·6
地下排灌两用工程系统治理砂礓黑土
李占柱等 农田水利与小水电 90·6
关于灌区管理八项技经指标的改进意见
李哲 农田水利与小水电 90·6
膜上灌水技术的实践与推广
樊晏清等 农田水利与小水电 90·10
关于北方平原灌溉农业发展问题
康权 中国水利 90·1
管道灌溉是农田灌溉技术的重大变革
山东省水利厅 中国水利 90·1
建立节水型灌溉农业
张震 中国水利 90·11

岩土力学、工程力学

瀑布沟高土石坝离心模心模型试验研究
张利民等 水利学报 90·9
岩坡中楔形体的稳定分析
陈胜宏 水利学报 90·11
混凝土坝岩基灌浆帷幕合设计的研究
许安国等 水利学报 90·11
河谷形态对平面 SH 波散射的影响
张楚汉等 岩土工程学报 90·1
求解弹性地基上带裂纹 Reissner 板的新方法
郑健龙等 岩土工程学报 90·1
土坝浸水变形分析
殷宗泽等 岩土工程学报 90·2
上海地区软粘土的卸荷—再加荷变形特性
陈永福等 岩土工程学报 90·2
土锚挡土板桩墙与土体系统的整体稳定性
段兵廷等 岩土工程学报 90·2
边坡稳定性分析中几个问题的探讨
丰定祥等 岩土工程学报 90·3
鲁布革水电站原位试验洞位移反馈岩体应力场研究
马启超等 岩土工程学报 90·3
场地类别模糊综合评定实用方法
苏径宇等 岩土工程学报 90·3
黄土湿陷变形的结构理论
高国瑞 岩土工程学报 90·4
两向不等压作用下圆形巷弹塑性分析摄动解
魏悦广 岩土工程学报 90·4
湿陷性黄土（Q_3）的增湿变形特征
张苏民等 岩土工程学报 90·4
随机地震作用下砂土液化概率分析
吴再光等 岩土工程学报 90·5
岩体滑动过程的可靠性分析
郭怀志 岩土工程学报 90·5
上海延安东路越江隧道一号井土工试验研究
陈绪禄等 岩土工程学报 90·5
桩的大应变法波动分析优化算法程序
袁建新等 岩土工程学报 90·6
矿山采动地表的大型工业建筑利用研究
颜荣贵 岩土工程学报 90·6
节理岩体多层弹粘塑性模型的隐式积分算法
张武功 岩土工程学报 90·6
水力荷载作用下水电机组的动力响应
马震岳等 水力发电学报 90·2
ST 型杠杆式高压固结仪的研制与应用
金淮尹等 大坝观测与土工测试 90·1
长江三峡新滩滑坡前缘深层蠕变灰色处理
邓文赓等 大坝观测与土工测试 90·2
裂土三向胀缩性的室内研究
张颖钧等 大坝观测与土工测试 90·1
土质软弱的涂面上建造土石混合式海塘的若干技术改进
徐恭俭等 海洋工程 90·4
作用在方形斜桩上的波流力
杨正己等 水利水运科学研究 90·4
主应力方向偏转条件下粘性土的变形特性
窦宜等 水利水运科学研究 90·4
一种用孔压圆锥贯入试验测定软土的新分类图
张诚厚等 水利水运科学研究 90·4
柯依那坝的地震可靠度分析
吴天新等 河海大学学报 90·1
求大挠度板高级变分近似解的一种算法
孙文俊 河海大学学报 90·2
用摩擦一接触耦合结点计算挡土墙压力
徐道远等 河海大学学报 90·3
边界元法分析区域不划分单元的粘弹性问题
沈家荫等 河海大学学报 90·4
结构自振特性的边界单元法分析
李跃宇等 河海大学学报 90·5
非均匀布地震载荷下土坡的稳定性
栾茂田等 水利学报 90·1
地基无限域的动力模拟—有限元与无穷元耦合模型
赵崇斌等 水利学报 90·6

地下工程围岩粘弹塑性参数反分析
王芝银等　水利学报 90·9
节理岩体渗流和变形耦合性质的研究
陈胜宏等　武汉水利电力学院学报 90·1
某电站调压井围岩稳定分析
杨淑清　武汉水利电力学院学报 90·1
Ⅰ－Ⅱ复合型疲劳裂纹扩展门槛条件的实验研究
毛益麟　武汉水利电力学院学报 90·6
模拟地震振动台的动力特性试验及分析
孟吉复等　武汉水利电力学院学报 90·6
弹粘塑性Ⅰ型裂纹试样动力响应的有限元分析
徐昭光等　武汉水利电力学院学报 90·6
水电站厂房高边坡动态监测与分析
陈钦亮　水利水电技术 90·3
绳索取芯钻进技术在浅孔中的应用
郭守忠　水利水电技术 90·7
某地下工程交岔点岩体稳定研究
赵志海　水利水电技术 90·10
我国的坝工建设
贺珍　中国水利 90·1
长江三峡黄腊石滑坡形成机制及稳定性初步研究
杨天民等　人民长江 90·4
略论水电建设中的岩体工程原位监测
傅冰骏　水力发电 90·9
采用非线性强度指标的边坡稳定分析
陈祖煜　水力发电 90·9

水工结构及材料

钢筋/混凝（砂浆）体系中钢筋腐蚀速率的电化学测试
朱雅仙等　水利水运科学研究 90·1
水工弧形闸门动力特性的实验模态分析
严根华等　水利水运科学研究 90·3
“胜利二号”钻井平台的总体设计与性能研究
马志良等　海洋工程 90·1
轴向循环荷载下稳定粘土中桩承载力的方法
陈竹昌　海洋工程 90·1
集中力作用下钢筋混凝土迭合连续板的试验研究
徐陆福等　海洋工程 90·4
石砭峪水库沥青混凝土面板堆石坝原型观测
施伯兴　大坝观测与土工测试 90·4
清江隔河岩水利枢纽变形监测系统的总体设计
胡具裕等　大坝观测与土工测试 90·2
万安水利枢纽变形观测设计
水库水位降落速度和土坝坝坡稳定性
顾慰慈　水力发电学报 90·3
二滩拱坝泄水中孔工作弧门流激振动问题
阎诗武等　水力发电学报 90·4
水工钢结构表面喷镀金属层保护膜厚度质量的检测分析
贾华民　排灌机械 90·4
变厚梯形元的显式分析及其在坝工中的应用
汪树玉等　水利学报 90·2
土石坝坝基混凝土防渗墙的应力和变形
陈慧远　水利学报 90·4
不衬砌压力隧洞数值分析中的节理模型
吕明　水利学报 90·4
平面应变状态下的混凝土变形和强度特性
宋玉普等　水利学报 90·4
高强硅粉混凝土抗冻性及气泡结构的试验研究
范沈抚　水利学报 90·7
五强溪水电站弧形门预应力闸墩的试验研究
刘致彬等　水利学报 90·7
重力坝最大可能破坏模式的探讨
吴世伟等　水利学报 90·8
拱坝开裂的历史经验
汝乃华等　水利学报 90·9
拱坝行波输人的动力分析和抗震设计
刘浩吾等　水利学报 90·9
双层筒形网壳静力分析模型的研究
周氏等　河海大学学报 90·3
用原型观测资料反馈混凝土坝的实际安全度
吴中如等　河海大学学报 90·4
边界单元法在粘弹性参数位移反馈分析中的应用
沈家荫等　河海大学学报 90·5
钢管混凝土柱的弹塑性有限元分析
杨炳麟　武汉水利电力学院学报 90·4
水泥基药卷式锚固剂简介
李金玉　水利水电技术 90·6
土石坝抗震设计结构措施综述
郭诚谦　水利水电技术 90·7
窄缝式消能工的体型设计
刘清朝等　水利水电技术 90·8
劣质骨料在白山电站施工中的应用
孙凤阁　水利水电技术 90·12
土工合成材料在我国水利工程中的应用
韦凤年　中国水利 90·3
空腹填渣砌石重力坝
彭先传　中国水利 90·12
黄冈地区大坝安全监测工作取得成效
湖北省黄冈地区水利局等　水利工程管理技术 90·2
湖南省水库工程病险分析及防治技术
湖南省水利工程管理局　水利工程管理技术 90·2
病害土石坝加固新技术

顾淦臣 水利工程管理技术 90·增

土坡渗流整体稳定性分析与控制——渗流作用下土坡稳定分析

毛昶熙等 人民长江 90·12

缓慢蓄水对大坝防渗体渗透加固作用的试验研究

刘杰等 人民黄河 90·5

土坝抗震的有效应力动力分析研究

孙明权等 人民黄河 90·6

二滩水电站拱坝地基三维渗流分析及渗控措施的研究

许国安 水力发电 90·3

模糊数学方法在确定大坝建基面方面的应用

刘绍军等 水力发电 90·3

拱座稳定分析系统的开发

陈璇等 水力发电 90·4

CAD 技术的发展和拱坝 CAD 系统的研制

班效侯 水力发电 90·4

拱坝沿建基面的抗滑稳定分析

涂传林 水力发电 90·6

成屏一级水电站混凝土面板堆石坝的设计

吴其张 水力发电 90·7

拱坝稳定模型研究方法的改革

陈国棨等 水力发电 90·7

安康水电站拦河坝深层抗滑稳定分析和基础处理设计

林柏年等 水力发电 90·11

流溪河拱坝时效位移初探

李珍照等 水利工程管理技术 90·5

水利水电施工

重力坝坝基抗滑硐塞破坏机理的分析

段亚辉等 武汉水利电力学院学报 90·1

用柔度法计算悬浮体系斜拉输水结构

凌君忆 武汉水利电力学院学报 90·4

坝后空间明弯压力钢管自承方式的实验研究

邓训等 武汉水利电力学院学报 90·6

天生桥二级水电站厂房西坡滑坡体采用抗滑桩加固的设计

唐杰 水利水电技术 90·3

网络计划技术在葛洲坝工程施工中的应用

傅志安 水利水电技术 90·6

龚嘴水电站消力池整治工程围堰混凝土的水下施工

刑国柱 水利水电技术 90·10

鲁布革水电站地下工程施工综述

唐定远等 人民长江 90·3

碾压混凝土坝在我国的应用和发展

罗承管 人民长江 90·5

大坝混凝土施工的模拟技术

邓景龙 人民长江 90·10

安康水电站的施工及其特点

蔡泽夏 水力发电 90·11

过水堆石围堰体上水深和护面板及垫层下压强计算

肖焕雄等 水利学报 90·7

施工导流标准的多目标风险决策

肖焕雄等 水利学报 90·11

鲁布革水电站建设中的一些基本经验

段世航 水力发电学报 90·2

施工期堆石堰坝的渗流计算

杨建基 河海大学学报 90·5

调压室底部阻力系数的试验研究

刘启钊等 河海大学学报 90·3

干涸盐湖浓差能实验发电装置设计原理

宁克信 海洋工程 90·2

应用系统辨别技术确定水轮机蜗壳流量系数 K 值的新方法

徐枋同等 水利学报 90·2

水轮机转轮内部层流和湍流的三维计算

林斌良等 水利学报 90·3

单元机组中按给定模型实现机炉负荷协调的设计方法

朱国瑜 武汉水利电力学院学报 90·2

密闭循环水系统水力过渡过程的计算与研究

刘光临等 武汉水利电力学院学报 90·4

岔管过渡带曲面计算机辅助几何设计

于宇明等 武汉水利电力学院学报 90·1

减小调压室稳定断面措施的探讨

叶复萌等 水利水电技术 90·8

我国自制首台 1 万 kW 灯炮机组的运行

蔡王英 人民珠江 90·5

水电站压力管道的振动分析

董毓新等 水力发电 90·6

环境水利

水环境中紊流动污染场深度平均二方段数值模拟新模式及其数值检验

余利仁等 水利学报 90·3

亏氧状态的河流水质模拟

郑英铭 河海大学学报 90·6

我国蓄滞洪区安全建设与管理

李宪文等 水利工程管理技术 90·3

一维热污染计算中有关问题的探讨

潘存鸿 人民珠江 90·5

小水电

农村电气化经济系统分析

徐光先等 农田水利与小水电 90·6

水利经济、水利管理

黔中地区电、铝、磷联合开发的经济分析

万永华　武汉水利电力学院学报 90・5

京密引水渠道水草的生物防治

钟玉麟　水利水电技术 90・1

灌溉工程经济效益分析方法

王旭升等　水利水电技术 90・7

投入产出分析方法在湖南省水利水电发展规划中的应用

杨开泰等　水利水电技术 90・11

“拨改贷”电站的最低电价计算及可行性论证

杨知乾　农田水利与小水电 90・1

水利工程项目的经济风险分析

王忠法　农田水利与小水电 90・7

水利综合经营的展望

万里　中国水利 90・11

我国水利管理技术回顾与展望

牛运光　水利工程管理技术 90・增

长江荆江大堤防渗及护岸工程加固设计简析

冯训文　人民长江 90・10

新中国建立以来黄河中下游防洪经济分析

李国英等　人民黄河 90・1

田贵水库高粘粒含量水坠坝脱水固结规律的分析

林鸿斌　人民珠江 90・3

小型水电站的投资估算

许黔敏　水力发电 90・1

灌溉水量分配大系统分解协调模型

曾赛星等　河海大学学报 90・1

水电站库群优调度的分解方法

董增川等　河海大学学报 90・6

水电、火电、核电的综合比较

邱忠恩　水力发电学报 90・3

一种堰槽水位自动测量装置

罗峰等　排灌机械 90・3

灌溉增产效益分摊系数的试验研究

郭斯瑞等　水利学报 90・4

水土保持

再论华南坡地利用与改良

黄秉维　中国水土保持 90・1

植物护坡土坝过水试验研究

土坝过水防护措施研究课题组　中国水土保持 90・3

黄河流域水土保持经济效益分析

黄委会黄河中游治理局　中国水土保持 90・4

黄河流域水土保持蓄水保土效益计算

黄委会黄河中游治理局　中国水土保持 90・5

库坝探漏新技术及工程处理的新方法

杨玉镜等　中国水土保持 90・7

国内小流域综合治理规划方法综述

温是　中国水土保持 90・9

利用微机绘制小流域土地资源基本图件的研究

卫中平等　中国水土保持 90・10

黄丘一区水土流失规律研究基本经验总结与总体构思

华绍祖等　中国水土保持 90・11

模糊聚类在水土保持区划中的应用

张汉雄　中国水土保持 90・11

三峡库区水土保持规划的系统工作方法

李红卫　中国水土保持 90・12

谈黄河粗泥沙来源区治理开发的指导思想与基本措施

华绍祖　人民黄河 90・1

航道与港口

变分原理在波浪理论研究中的应用

严以新　河海大学学报 90・2

杂交有限元计算港湾谐振

朱蔚文　海洋工程 90・1

我国潮汐电站选址的地质地貌条件评价

刘振夏等　海洋工程 90・1

奥西水东湾潮汐通道——落潮三角洲的动力地貌过程

李春初等　海洋工程 90・2

接近海底水平管的波浪力和 C_D，C_M，C_L 值的实验值

邢至庄等　海洋工程 90・3

珠江口伶仃洋的 Kelvin 潮波利用二维分析模型和三维模型和三维数值模拟的研究

叶龙飞等　海洋工程 90・4

加快发展长江水系航运的研究

长江水系航运发展战略研究组　中国河运 90・2

振兴内河航运需要从宏观战略上深加探讨的问题

贺崇什　中国河运 90・5

综合利用水利工程中航运规划和建设的有关问题

万晓文　中国河运 90・8

争取滚动方式加速綦江开发

重庆市交通局　中国河运 90・9

水利史

周恩来治水思想（一）

曹应旺　中国水利 90・2

祝贺张含英同志从事水利工作六十五年暨九十寿辰

杨振怀　中国水利 90・5

古代荆江堤防的管理

程鹏举　中国水利 90・5

历代治黄方略简介（一）

张汝翼　中国水利 90・5

新中国成立时面临的严峻水利形势

徐乾清　中国水利 90・11

湖南水轮泵兴衰原因分析

邹石林　排灌机械 90・4

其他

因子选择对回归分解的影响

史宇澄　大坝观测与土工测试 90・1

垂线坐标仪的理论分析

徐国龙　大坝观测与土工测试 90・2

水电站大坝监测网的优化

任权等　大坝观测与土工测试 90・5

用非线性参数估计分析降雨对地下水位的影响

沈长松等　大坝观测与土工测试 90・6

测斜仪精度试验与应用研究

熊国文等　水利水运科学研究 90・3

规则波作用下系泊船舶撞击能量综合分析与建议的计算式

高明等　水利水运科学研究 90・4

解 Burgers 方程的混合有限解析法

陆君安等　武汉水利电力学院学报 90・2

HVDC 圆环形直流接地极的发热分布研究

郭琮等　武汉水利电力学院学报 90・6

刍议建立“农村水利建设发展基金”

陈学仁　农田水利与小水电 90・10

水库网箱饲养尼罗罗非鱼高产技术研究

杨沁芳　水利渔业 90・1

网箱养鲤配套技术的研究

李德尚等　水利渔业 90・2

仙溪水库渔禽结合养鱼高产试验

张滔　水利渔业 90・5

加强渔政管理　搞好水库开发

姚清臣　水利渔业 90・5

长吻鮠鱼种摄食习性及其人工配合饲料初步研究

贺锡勤等　水利渔业 90・6

大有希望的“后劲带”——沿黄—陇兰经济带

杨承训　人民黄河 90・3

（周金辉　王永法）

教材出版概况

水利电力出版社承担水利部科教司下达的水利水电类专业统编教材出版任务。1990 年起从原来高校本科、中专、技工三个层次增加到高校本科（或研究生）、大专、中专、函大、职大、职中、技工等 7 个层次的统编教材。

第一轮（1978～1982 年）高等学校、中等专业学校水利水电类教材编审出版规划中，除因故不交稿而取消其选题外，高校最后一种教材《结构力学》（下册）于 1983 年 6 月出版；中专最后一种教材《电子技术基础》于 1982 年 6 月出版；技工最后一种教材《水力机组及其辅助设备运行》于 1984 年 11 月出版。第一轮教材出版规划于 1984 年年底完成，共出版 76 种，3093 万字。

1978～1990 年
水利水电类专业教材规划与出版情况一览表

轮次	分类	规划		出版		备注
		种数	字数（万）	种数	字数（万）	
第一轮（1978～1982）	高校	71	2339	43	1728	
	中专	41	968	31	1316	
	技工（第一批）	2	28	2	49	
	合计	114	3335	76	3093	
第二轮（1983～1987）	高校	87	1974.6	70	2570.8	因故取消17种选题
	中专	40	1032.6	39	1475	
	技工（第二批）	9	238	7	296.7	
	合计	136	3245.2	116	4342.5	
第二轮补充（1988～1989）	本科	19	387	18	773.7	
	大专	5	105	5	129.1	
第三轮（1990～1995）	本科（第一部分）	156	3061			
	专科	50	1120			
	中专	101	2043.3	1	23.6	
	技工	19	465			
	合计	326	6689.3	1	23.6	
成人教育教材（1990）	函大	10	369.5	6	240.5	
	职大	3	79	2	66.9	
	职中	8	227	6	201.6	
	合计	21	675.5	14	509	

第二轮（1983～1987 年）高等学校、中等专业学校水利水电类教材编审出版规划中，除因故不交稿而取消选题外，高校最后一种教材《水流电测技术》于 1991 年 5 月出版；中专最后二种教材《水文测验》（第二版）、《工程地质学》（第二版）于 1988 年 11 月出版；技工最后一种教材《水利工程施工》于 1990 年 6 月出版。第二轮教材出版规划于 1991 年上半年完成，共出

版116种书，4342.5万字。

第二轮(1988～1989年)水利水电类专业高等学校补充教材编审出版规划中(因故取消一种选题，另增加三种选题)，最后一种教材《水工建筑物》(专题部分)于1991年5月出版，故第二轮补充教材出版规划，于1991年上半年全部完成，共出版24种，902.8万字。

第三轮（1990～1995年）水利水电类专业7个层次的统编教材选题和编审出版规划中共有435种书、8999.8万字(包括高校本科第三轮第二部分选题)。这批教材出版规划的数量相当于第一轮的3.8倍，第二轮的2.7倍。

1978年至1990年水利水电类专业统编教材共出版：高校本科（包括研究生教材）教材131种，5072.5万字；大专教材5种，129.1万字；中专教材71种，2814.6万字；函授大学教材6种，240.5万字；职工大学教材2种，66.9万字；职工中专教材6种，201.6万字；技工教材9种，345.7万字。规划与出版情况详见下表。

水利部科教司于1989年7月、8月和1990年8月先后在山东泰安、内蒙古呼和浩特和吉林省长春召开了高校水利专科和水利中专部分教材主编人研讨会。水利电力出版社有关领导到会就如何编好教材、强调主编、主审责任制以及出版社对书稿的要求等作了讲话，这对进一步提高教材的书稿质量起了一定的作用。

水利部科教司于1990年12月中旬在南京河海大学召开了高等学校水利水电类专业教学委员会正、副主任委员、教学组组长会议。水利电力出版社有关领导到会宣讲了国家教委有关教材出版建设的指导方针和政策，并就《教材选题出版规划》中的问题、意见和建议等作了简要的说明，对这次会议讨论优化选题起了积极的作用。

（李月素）

蓬勃开展的音像出版工作

水利电力出版社，是部属的一个专业出版社，成立于1951年，规模较大。多年来为配合部的中心工作，出版了大量的科技图书、规程规范、大中专课本和职工培训教材，为水利电力事业的发展提供了优质服务。随着科学技术的高速发展，以信息技术为主导的一系列新技术、新产业正在大量涌现。面对这样的新形势，多学科、多层次、多形式的科学技术普及与教育工作，便负有光荣的历史重任。因此，仅靠传统的报刊、杂志、图书等出版方式来完成这一重任，就显得势单力薄和远远不够了。

1986年9月，经国家出版局批准，该社成立了音像出版部，以录音录像等技术手段开展音像读物的出版业务。这一新的出版手段的诞生，给该社传统的出版工作注入了新鲜血液，也带来了勃勃生机。

一、音像出版部概况

音像出版部是一个包括水利电力两个行业的处室。现有各类专业技术干部10人，人员结构合理，整体素质较高。拥有音像设备资产已达百万元，初步具备了一定的生产、制作能力和经营管理水平。它主要负责水利电力系统内的音像读物的出版、发行工作。音像出版与图书出版一样，作者和出版单位享有著作权和专有出版权，依法得到保护，享有权利和义务。其主要业务范围，是在出版水利电力类图书的基础上，充分利用社内和部属单位及各省市兄弟单位的现有设备和人才，为版本图书配像，以及挖掘新的选题，书像配套出版。包括：各类培训教材，教学参考读物，科技成果推广，工程管理经验交流，重大科研和工程课题的宣传、教育、推广等。

二、音像读物出版情况

音像出版部自1986年9月成立以来，在上级单位的支持和系统内单位的积极配合下，这项新的出版事业从无到有、从小到大迅速发展壮大起来。几年来，紧紧围绕水利部、能源部的中心任务，积极开拓工作，努力扩大出版业务和提供优质服务。截止到1990年底，经过职工的共同努力，已完成上级下达和系统内委托的70余部音像读物的出版任务，并取得了较好的社会效益和经济效益。譬如，该社配合行业职工培训，组织出版了相应的岗位培训录像教材，使用效果很好，深受各地的欢迎。1987年，为配合原水利电力部职工培训工作，提高农村乡镇电管站职工素质，普及安全、科学、节约用电知识，组织出版了一套31个学时的《乡镇电力管理站岗位培训录像片》。该片出版发行以来，全国已有200多个培训网点先后配备了教材，有力地推动了培训工作的开展。1988年，为配合落实水利部区乡水利员岗位培训计划的实施，针对以往在职工培训工作中，师资不足，学习条件差和职工自学有一定困难等问题，该社与水利部农村水利水土保持司、科技教育司、中国水利学会科普工作委员会联合组织摄制并由该社出版发行了一套12集共200学时的《农村水利技术人员培训录像教材》，与原版12册图书配套使用，及时地为基层单位提供了灵活方便的学习条件。由于该片充分发挥了声像教学的特点，内容形象生动，重点突出，针对性强，教学效果好，全国各地在制定培训计划的同时，争相配备教材，积极开展轮训工作，培训效果比较显著。全国已有180

多个地、市级单位使用了这套录像教材，目前仍有不少单位正在抓紧办理订购手续。同时，该社还出版了《井灌区——低压管道输水技术》、《火力发电厂输煤系统粉尘综合治理》等科技成果推广片；出版了《水电站建筑物》、《地下圆形隧洞施工》、《交流电机绕组电势和磁势》等大中专院校教学参考片；出版了《喷泉》、《江河明珠》等水利宣传片、风光片等。

三、主要做法

音像出版部是该社包括“选、组、审、编、摄、录、发”在内的一个小型“音像出版社”。在出版方式上既与图书出版有很大的相同处，又有它自身的特点。书和像作为知识的载体，表现形式有较大的区别，而在形成“商品”的全过程及诸多工作环节中则是一样的。最大的不同点，是作者、制作队伍、读者对象、合作方式、管理办法等均发生了程度不同的变化，应针对这些需要认真加以研究和探索，不断总结经验，推动音像出版事业的发展。

(1) 贯彻出版方针，严格专业分工，坚持音像读物服务于水利电力行业的原则。紧紧围绕水利电力建设、生产、科研、教育事业的发展，及时组织出版相应的音像读物。坚持以社会效益为最高准则，处理好社会效益与经济效益的关系，努力为广大读者提供更多更好的精神食粮。在1989～1990两年中，根据中共中央、国务院和国家出版局关于“扫黄”大检查以及压缩、整顿录音录像制品市场的有关规定，通过自查和上级单位抽查，该社已出版的70余种音像读物，其专业分工明确，内容丰富、健康，可读性、实用性强，为合格单位，受到上级主管单位的表扬。

(2) 抓好重点项目的出版工作，制定好选题规划。在出版工作中，采取抓住重点，做好规划，区别轻重缓急分步实施的原则，安排好宏观计划，做好近期工作。1988～1990年期间，重点抓了《农村水利技术人员培训录像教材》、《地下水开发利用培训录像教材》、《中国南水北调——东线工程电视专题片》、《防止电力生产重大事故安全系列片》等重点项目和巨型培训教材的组织摄制和出版发行工作，有力地配合了水利部、能源部的宣传、教育、培训工作的开展。同时，在该社图书选题规划的基础上，调查制定了1991～1993年水利水电类和电力类音像读物选题规划。规划中注意了重点和一般的关系、近期和远期的关系、读者层次高和层次低的关系。使规划基本做到了统筹兼顾，覆盖面广。

(3) 提高出版质量，搞好发行服务。质量是出版物的生命，没有质量就没有出版事业的繁荣和发展。为保证出版物的质量，着重抓了以下几点：①选好音像读物作者、编导和制作单位以及制作人员；②组织有关专家对文字稿本和分镜头脚本进行认真审查、技术内容把关和艺术加工，专业编辑把好文字关；③采取编辑中耕和抽查的办法，对制作中的录像片及时检查并进行技术指导，发现问题及时纠正；④请专家会审，严格按照出版物的质量要求和技术要求，对制作完的录像片全面审查，审查不过关的不予出版；⑤抓好复录生产环节，提高复录产品质量和发行质量；⑥注意搜集用户和读者意见，不断总结经验，完善出版物的制作出版质量。几年来，由于认真贯彻“质量第一、信誉第一、服务至上”的出版发行宗旨，所出版发行的音像读物普遍受到使用单位和读者的欢迎。在1989年由中国水力发电工程学会举办的全国音像资料评选活动中，该社出版的音像读物均获得好评，其中《地下圆形隧洞施工》获一等奖，大型电视系列片《江河明珠——流金溢彩的艺术长廊—“猫跳河纪行”》获二等奖，《水电站建筑物》获三等奖，另有几部获优秀奖。

(4) 培养作者队伍，搞好系统内合作。几年来，根据音像出版的特点，采取聘请有关人员担任录像片撰稿、主讲、导演、技术顾问、审片、摄制等工作，先后同上千名专家、学者和优秀工程技术人员、制作人员建立了良好的联系和合作关系，团结和培养了一大批热心于音像出版工作的作者和音像制作者。有力地推动了这项事业的蓬勃发展。在单位和部门之间的合作上，还根据制作投资的不同方式，采取不同的出版收益分配办法，加强了同各单位的联系与合作，调动了各方面的积极性，这对多出、快出、出好音像读物起到了重要作用。

四、1991年水利电力音像读物重点出版计划

(1) 中国南水北调——东线工程；

(2) 小型水电站职工培训录像教材(7集共127学时)；

(3) 地下水开发利用系列培训教材(3集80学时)；

(4) 防止电力生产重大事故安全系列片(18集共48个短片)；

(5) 高压断路器检修工艺(共10集，1991年出版4集)。

五、水利部电化教育中心

在部委机构调整后，原“水利电力部电化教育中心”已于1989年更名为“能源部电力电化教育中心”，归口管理能源部电力系统的电化教育工作。根据工作需要，水利部于1990年10月批准成立“水利部电化教育中心”，负责全国水利系统电教业务的组织管理和指导工作。“中心”设在水利电力出版社，其主要任务

是：对水利系统内电教（音像）工作进行组织、协调并协助水利部科教司进行宏观管理。1990 年主要围绕“组织设置、领导体制、有关章程和条例、系统内有关设备和人员情况”进行摸底调查和研究工作，计划 1991 年召开水利部电化教育中心工作会议。

（吴春良）

水利电力出版社主要音像读物出版情况一览表

<table>
<tr><th colspan="2">片　　名</th><th>片　　长
(min)</th><th>制作单位</th></tr>
<tr><td colspan="2">水工概论</td><td>60</td><td>河海大学</td></tr>
<tr><td colspan="2">水工建筑物</td><td>50</td><td>福州大学</td></tr>
<tr><td colspan="2">水电站建筑物</td><td>73</td><td>福州大学</td></tr>
<tr><td colspan="2">地下圆形隧洞施工</td><td>70</td><td>太原工业大学</td></tr>
<tr><td colspan="2">喷　　泉</td><td>27</td><td>武汉水利电力学院</td></tr>
<tr><td colspan="2">山东省低压管道输水灌溉技术</td><td>55</td><td>山东省水利厅</td></tr>
<tr><td colspan="2">井灌区低压管道输水技术</td><td>53</td><td>水利部农水司、华北水电学院</td></tr>
<tr><td rowspan="12">农村水利技术人员培训录像教材</td><td>水利工程测量</td><td>14×50（14 学时）</td><td rowspan="12">由山东水专、江苏水专、南昌水专、安徽省水利厅、北京水电经济管理学院和水利电力出版社音像部联合摄制，本音像部制片</td></tr>
<tr><td>水利工程制图</td><td>16×50（16 学时）</td></tr>
<tr><td>小型工程水力计算</td><td>20×50（20 学时）</td></tr>
<tr><td>工程力学与结构计算</td><td>22×50（22 学时）</td></tr>
<tr><td>地基与基础</td><td>18×50（18 学时）</td></tr>
<tr><td>小型水工建筑物</td><td>22×50（22 学时）</td></tr>
<tr><td>农田水利</td><td>18×50（18 学时）</td></tr>
<tr><td>地下水利用</td><td>12×50（12 学时）</td></tr>
<tr><td>小型抽水站</td><td>20×50（20 学时）</td></tr>
<tr><td>小型水利工程施工</td><td>16×50（16 学时）</td></tr>
<tr><td>小型水利工程管理</td><td>12×50（12 学时）</td></tr>
<tr><td>灌区量水设备</td><td>10×50（10 学时）</td></tr>
<tr><td rowspan="12">江河明珠大型系列电视录像片</td><td>芙蓉国的珍珠——柘溪水库</td><td rowspan="12">每集约 20</td><td rowspan="12">水利电力规划设计院</td></tr>
<tr><td>为有源头活水来——密云水库一瞥</td></tr>
<tr><td>流金溢彩的艺术长廊—猫跳河纪行</td></tr>
<tr><td>绿色的新安江</td></tr>
<tr><td>古渡新姿—今日乌江渡</td></tr>
<tr><td>北国宝镜照人寰</td></tr>
<tr><td>跨世纪的进步——羌乡电气化见闻</td></tr>
<tr><td>沧浪新歌——丹江口水库巡礼</td></tr>
<tr><td>金凤凰从这里起飞</td></tr>
<tr><td>洱海沧桑</td></tr>
<tr><td>第二松花江揽胜</td></tr>
<tr><td>黄河上游三明珠</td></tr>
</table>

续表

片　　名	片　长 (min)	制作单位
塞上黄河从人愿 大渡河之光 友谊的界河 流溪河 富春轻舟行 珠嵌古丝路 引滦龙头——潘家口水库巡礼 长江明珠葛洲坝	每集约 20	水利水电规划设计总院
火力发电厂生产过程 （中文版） （英文版）	 180 180	 上海电力学院
火力发电厂输煤系统粉尘综合治理	70	水电部劳资司组织编写，本音像部制片
高等学校电化教材 火力发电厂概况及输煤制粉系统 （全套三集）	200	山东工业大学电教中心
200 MW 汽轮机调节保安系统工作原理	160	牡丹江电力技校
100 MW 汽轮发电机检修工艺过程	50	牡丹江电力技校
交流电机绕组电势和磁势	57	东北电力学院
±500 kV 葛洲坝—上海直流输电工程施工、安装	60	上海电力学院
离心泵结构与部件	30	上海电力学院、浙江大学
葛洲坝电站轴流转桨式水轮机安装	340	葛洲坝工程局职工教育中心
工程设计单位全面质量管理概论	220	本音像部
集体企业经营管理	1400	本音像部
汉字 dBASEIII PLUS 原理与应用	720	长沙水利电力师范学院
钳工工艺基础	400	河南电力技校
农电企业管理	1300	本音像部
乡镇电力管理站岗位培训教材	1551	山西省电力工业局、农电局组织摄制 水利电力部农电司、教育司、科技司、财务司监制
公民的责任	60	上海供电局、南京供电局、本音像部
电缆防火	30	湖南省电力局
钱厂长的酸甜苦辣	70	本溪电力局
孤帆远影	97	水电部劳资司

（吴春良）

水利标准出版简况

切实搞好水利水电各类标准——规程、规范、导则、准则等的出版发行工作，对推进技术进步，提高产品质量和工程建设质量具有举足轻重的作用。

建国40余年来，水利水电标准的公开出版发行一直是由水利电力出版社来承担的。据不完全统计，该社自1951年～1990年，先后出版水利水电各类标准269种，其中：勘测设计类70种，施工安装类92种，运行维修类72种，管理类35种。此外，该社还先后翻译出版了国外的水利水电规程、规范等48种。水利电力出版社对我国水利水电标准的出版工作做出了很大成绩。

应该指出，近年来水利部系统和能源部系统有些部门负责制定的某些水利水电标准，没有按规定交给水利电力出版社出版，而是自找印刷厂，自己搞发行，或委托与水利水电行业无关的某些出版社出版。这种做法是错误的，是违反国务院规定的，必须予以制止。

水利电力出版社为搞好规程规范的编辑出版发行工作，在加快出书周期与提高出书质量方面，采取了许多切实的改进措施，并已获成效，受到了水利水电行业系统的好评。

1990年，该社出版的水利水电标准共计25种，其书名如下：

水利水电基本建设工程单元工程质量等级评定标准·水轮发电机组安装工程 SDJ 249.3－88
水利水电基本建设工程单元工程质量等级评定标准·金属结构及启闭机械安装工程 SDJ 249.4－88
水利水电基本建设工程单元工程质量等级评定标准·发电电气设备安装工程 SDJ 249.5－88
水利水电基本建设工程单元工程质量等级评定标准·升压变电电气设备安装工程 SDJ249.6－88
水文测验铅鱼 SL 06－89
水文测杆 SL 09－89
水文仪器总技术条件 GB 9359－88
积时式悬移质泥沙采样器 SL 08－89
瞬时式悬移质泥沙采样器 SL 07－89
水文仪器术语 SL 10－89
喷灌用自应力钢丝网水泥管 SL 11－90
喷灌用自应力水泥管铸铁管件 SL 12－90
喷灌用自应力水泥管件 SL 12－90
灌溉试验规范 SL 13－90
混凝土大坝安全监测技术规范 SDJ 336－89 **(试行)**
应变控制式无侧限压缩仪 GB 9358－88
渗透仪 GB 9357－88
溢洪道设计规范 SDJ 341－89
橡胶坝技术指南 SLJ 03－88
水电站厂房设计规范 SD 335－89 **(试行)**
水电站进水口设计规范 SD 303－88 **(试行)**
水利水电枢纽工程等级划分及设计标准(山区、丘陵部分) SDJ 12－78 **(试行)补充规定**
疏浚工程施工技术规范 SL17－90
水利水电工程施工组织设计规范 SDJ 338－89 **(试行)**
水利水电工程环境影响评价规范 SDJ 302－88 **(试行)**

(金　炎)

河海大学出版社概况

河海大学出版社于1986年11月17日经原国家出版局正式批准成立。在国家新闻出版署、国家教委的关怀和水利部的直接领导下，经过4年多的苦心经营，河海大学出版社发展迅速，已初具规模，成为一个体制健全、机构完善，拥有一支较高业务素质的队伍，具有一定出版能力的出版单位。全社现有正式职工33人，其中编辑19人，专职校对2人，出版人员2人，发行人员5人，有正、副社长各一人，正、副总编各1人。设立了总编室、办公室、三个编辑室、财务室、出版科、发行科、图书代办站和书刊门市部。各部门之间互相合作、协调发展，全社的管理机制逐步走上了有秩序、稳定的运转轨道。

河海大学出版社一贯坚持为社会主义精神文明和物质文明建设服务，为思想政治教育和教学科研服务的正确方向，努力抓好两个效益，并首先把社会效益置于首位。4年多来，出版了一批具有较高学术水平、较高装帧质量的教材、专著和思想政治教育方面的书籍，共257种。其中：教材69种、专著82种，约占出书总数的60%；反映我校管理改革和政治思想教育的图书31种，约占出书总数的12.5%；社会科学、科学技术类及其它图书约75种，约占出书总数的27.5%。4年多来出版的重要水利书籍如下。

(1) 农村电工职业道德读本，曾济生等编，32开本，10万字，每册定价1.20元。

(2) 农电企业管理案例及题集，水利电力部农电司编，32开本，11万字，每册定价1.50元。

(3) 结构可靠度与安全度分析论文集，吴世伟等著，16开本，24万字，每册定价2.90元。

(4) 土石坝有限元分析，陈慧远编著，16开本，20万字，每册定价2.50元。

(5) 土力学，钱家欢等编著，16开本，41万字，每册定价2.85元。

(6)水资源保护工作手册，方子云主编，16开本，235万字，每册定价35元。

(7)江南海塘论文集，上海水利局水利志编辑室编，16开本，21万字，每册定价4.50元。

(8)出国考察报告汇编，水利电力部教育司编，16开本，23.4万字，每册定价2.50元。

(9)城市水资源经济及开发利用，吴文桂等编，32开本，17.4万字，每册定价2.50元。

(10)环境水力学，张书农著，16开本，48.64万字，每册定价6.00元。

(11)干船坞，张永龄、张祖贤等编译，16开本，35万字，每册定价6.90元。

(12)施成熙湖泊与水文文选，施成熙著，16开本，27.8万字，每册定价4.00元。

(13)河海大学邀请科学讨论会——水文学的回顾与展望论文集，梁瑞驹等编，16开本，21.8万字，每册定价3.00元。

(14)湿润地区水文站网规划论文选集，胡风彬等著，16开本，36.1万字，每册定价8.00元。

(15)N－S方程的数值解和紊流模型，金忠青编著，大32开本，32万字，每册定价3.00元。

(16)城市水文学，詹道江等编译，32开本，20.2万字，每册定价3.90元。

(17)钢筋混凝土有限元分析，周氏等译，16开本，40.9万字，每册定价8.00元。

(18)国际小水电技术咨询手册，童建栋编著，16开本，90万字，每册定价16.80元。

(19)土石坝地震工程，顾淦臣著，16开本，49万字，每册定价3.45元。

(20)水资源计算评价管理，曹万金编著，16开本，51.6万字，每册定价8.80元。

(21)大坝变形观测，任权主编，16开本，26.3万字，每册定价4.50元。

(22)计算水力学，汪德爟编著，16开本，45.9万字，每册定价6.45元。

(23)江河·多目标·政策，武韶英等编，16开本，33.9万字，每册定价25.00元。

(24)水工建筑物安全监控理论及其应用，吴中如等编著，16开本，每册定价10.00元。

(25)长江水利史论文集，长江水利委员会编著，16开本，35.2万字，每册定价8.00元。

(26)荆江大堤志，荆江大堤志编纂委员会编，16开本，345万字，每册定价30.00元。

(27)空化与空蚀，张林夫、夏维洪编著，32开本，19.4万字，每册定价1.70元。

(28)岛式防波堤不规则波绕射计算方法，全国水运工程标准技术委员会编，16开本，6.4万字，每册定价1.75元。

(29)农村曙光——100个农村水电电气化试点县，水利部农电司、中国水利报社编，8开本，11万字，每册定价60元。

(30)“小型水电站培训教材”丛书（全套6种）：

低压水轮发电设备运行与维修，程泾川编，16开本，24.3万字，每册定价4.20元。

电气二次回路运行与维护，虞放等编，16开本，28.1万字，每册定价4.80元。

电气一次设备运行与维修，虞放等编，16开本，31.4万字，每册定价4.80元。

调速器的调试与故障处理，李永国编，16开本，26.8万字，每册定价4.50元。

水轮机及辅助设备运行与维修，陈建农编，16开本，26.6万字，每册定价4.00元。

小型水电站运行规程与管理，唐文品编，16开本，21.8万字，每册定价3.00元。

(31)水利电力系统领导干部岗位培训教材（全套共14种，已出版8种）：

电力生产企业现代管理，张纯等编，16开本，47万字，每册定价4.10元。

电力生产企业现代管理案例，张纯等编，16开本，16.8万字，每册定价2.20元。

电力施工企业管理，丁则成等编，16开本，47.4万字，每册定价5.90元。

电力建设现代管理，袁光裕等编，16开本，59.2万字，每册定价7.30元。

电力生产现代技术（电网部分），蒙定中等编，16开本，48万字，每册定价5.95元。

电力生产现代技术（水电厂近代技术），武汉水利电力学院编，16开本，69.3万字，每册定价8.30元。

送变电施工现代技术，武汉水利电力学院编，16开本，53.7万字，每册定价6.75元。

火电施工现代技术，武汉水利电力学院编，16开本，56.5万字，每册定价6.95元。

河海大学出版社成立4年多来，先后有14种图书获奖。其中有5种图书获6种国家级奖；有3种图书获省、部级奖；有6种图书获华东地区大学出版社协会奖。

获国家级奖的图书有：

(1) 1989年9月《水资源保护工作手册》获1988年全国优秀图书奖；

(2) 1988年8月《现代管理十八法应知应会备要》获第二届全国图书“金钥匙”纪念奖；

(3) 1989年12月《水资源保护工作手册》获第三届全国图书“金钥匙”优胜奖；

(4) 1989年6月《中小学生英汉插图词典》获第二届新星杯最佳图书奖；

(5) 1989年11月《江南海塘论文集》获全国首届

科技史优秀图书二等奖；

(6) 1990年10月《全唐诗精华分类鉴赏集成》获第四届全国图书“金钥匙”优胜奖。

获省、部级奖的图书有：

(1) 1988年12月《大学生思想品德修养》获1988年高等教育科研优秀成果三等奖；

(2) 1989年9月《数学教育学》获江苏省高等教育科学研究优秀成果二等奖；

(3) 1989年《河海大学管理改革》获江苏省教委优秀教育科学研究成果二等奖。

获华东地区大学出版社协会首届图书奖的图书有：

(1) 1990年《荆江大堤志》获华东地区大学出版社首届图书评比一等奖；

(2) 1990年《环境水力学》获华东地区大学出版社协会首届图书评比二等奖；

(3) 1990年《土石坝地震工程》获华东地区大学出版社协会首届图书评比二等奖；

(4) 1990年《计算水力学》获华东地区大学出版社协会首届图书评比二等奖；

(5) 1990年《土力学》获华东地区大学出版社协会首届图书评比二等奖；

(6) 1990年《微机数据库及汉字dBASEIII》获华东地区大学出版社协会首届图书评比二等奖。

河海大学出版社在成立短短的4年多时间里，先后举办过几次大型的新闻发布会、座谈会、首发式等活动。

1987年7月在北京民族文化宫礼堂举行《奥林匹克词汇大全》一书的新闻发布会。国家体委副主任张彩珍、体育界权威人士钟师统、水利部教育司副司长陈秉堃及国家体委部分干部、专家，北京体育学院部分专家、教授出席了会议。参加会议的还有在京的各大报社的记者、中央广播电台和中央电视台记者共100余人。中央广播电台当晚向国内外作了报道，中央电视台也在当天新闻联播和晚间新闻节目里作为重要新闻播放。该书获国际奥委会主席萨马兰奇及其执委会全体成员的一致好评，称该书为“最优秀的、完整的学科专著”。

1988年12月在北京举办《英汉建筑工程大辞典》出版发行座谈会。中宣部、国家新闻出版署、国家教委、水利部、能源部、新华书店总店等有关方面负责人参加了座谈。大家称誉该书内容翔实、语言准确严谨、编排生动、图文并茂、知识广博而先进，为我国建设史上第一部新型、实用的大型建筑工具书。

1990年4月17日在北京人民大会堂云南厅隆重举行《荆江大堤志》一书的首发式。该书为新中国成立以来第一部大型堤防志，李先念同志为该书题写了书名。全国政协副主席王任重、水利部副部长张春园出席了会议。首都各大报纸和中央电视台记者到会采访。中央电视台于当天晚间新闻节目播放了现场录像。次日，有关各报纸发表了专题报道，新华社向全国所有报纸发了电讯。

为进一步解决著名专家和学者的学术著作和科研成果出书难的问题，从1990年起该社每年拿出10万元设立出版基金，成立了以校长梁瑞驹同志为首的评审委员会，确定了“评审办法”，从而有可能使一批具有较高水平的学术著作得以问世，有力地促进了学校的教学与科研事业的发展。

（朱宪卿）

《水力发电》的成长过程和主要特点

《水力发电》杂志月刊创刊于1954年7月。多年来，它一直是国务院电力主管部门宣传贯彻党和国家有关水电方针政策，推进科学技术进步，交流行业管理经验的重要工具之一。原电力工业部、水利电力部和现能源部、水利部的领导都积极支持这本刊物的成长和发展；水利水电战线的广大作者和读者也热情支持欢迎这本刊物。截至1990年12月，这本月刊已出版了200期。

《水力发电》从创刊到1990年底历经37个年头438个月，为什么只出版200期?这是因为它从创刊到成长发展，经历了一个比较曲折的过程。新中国成立后经过3年恢复期，党和国家即开始部署全面的经济建设。那时，水力发电在我国还是项新事业，在人民群众中还鲜为人知。为宣传我国水能资源的优势及其开发的远大前景，推进技术进步，促进水力发电事业的发展，原燃料工业部水力发电建设总局于1954年春即着手准备创办《水力发电》月刊，并于同年7月15日出版了创刊号。当时，新中国的水力发电事业刚刚起步，水电建设队伍还未完全形成，系统组织机构尚在逐步建立中，但《水力发电》一出版，就受到广大读者的爱护和欢迎，在当时专业人员还很少的情况下，创刊号发行量就达到4500册。以后逐年上升，由4500余册上升到5550册、6000余册，最后稳定到8000多册，其中有的专号达到1万册，出现了生气蓬勃、欣欣向荣的形势。但是，由于机构变动等多种原因，《水力发电》只出版了74期，于1958年10月就停刊了，停刊达22年之久。

党的十一届三中全会的春风吹遍祖国大地，也促使《水力发电》的重新奋起。在广大读者的迫切要求和上级机关的积极支持下，《水力发电》于1980年7月12日恢复出版。复刊后的《水力发电》既继承了50

年代办刊的宗旨和特点，在某些方面又有所发展和创新。当它以新的面貌重新与读者见面后，受到更加热烈的欢迎，每期发行量一般稳定在1万册左右，其中有些期数达1.5万册以上。本文的3个撰搞人也是本刊前后的3位负责人，前者是参与《水力发电》的创办人之一，并为之耕耘了几十年；中者参与了《水力发电》的复刊，也为之奋战了10多个春秋；后者接任这项工作时间已达5年多，正在竭尽精力，攀登新的高峰。

下面，在回顾上述办刊经过的基础上，介绍一下《水力发电》的一些基本特点和办刊经验。

(1) 以技术为主，同时宣传党和国家有关水电的方针政策是《水力发电》的基本特征。以技术为主就是综合全行业进行报道，也就是从水力发电的前期技术、水电建设技术、水电站运行管理和科研成果等各方面进行全面报道。创刊后的一段时期，在较多地介绍苏联水电建设经验的同时，重点报道了我国江河规划和三门峡、新安江、狮子滩、上犹江等工程建设技术。复刊后的10年间，《水力发电》在水电技术的组稿和编辑工作上，已相对固定了近30个栏目，其中勘测、设计、施工、规划、机电、运行、中小水电等栏目每期都占总字数的70%以上。在规划和动能经济方面，对近些年来我国大江大河流域（如黄河上游、乌江、红水河、大渡河，长江中上游等）的规划均做了及时报道。在设计方面，对薄拱坝技术（如东江电站、紧水滩电站）做了宣传；并比较系统地介绍了国内外拱坝、混凝土面板堆石坝、碾压混凝土坝等新坝型的建设经验。同时，对高坝、高速水流消能的新技术也及时予以反映。在勘测方面，为进一步推广小口径金刚石钻探技术做了大量报道。另外，物探、岩石力学等方面的新技术都做了报道。在施工方面，对“一喷、两掺、三模”技术、碾压混凝土技术、地下隧洞快速施工、基础边坡处理、坝基预裂爆破、隧洞光面爆破、拱坝温控技术等，均做了大量报道。在机电方面，这几年着重宣传了大功率大容量水轮机、组合电器、非线性电阻等新技术。

由于水力发电在我国是一项新事业，因此在《水力发电》创刊时就明确强调：要把宣传有关水电方针政策，宣传水电在我国能源构成和国民经济发展中的战略地位，作为办刊的一项宗旨和刊物承担的一项基本任务。每期一二篇，虽然所占篇幅不多，不影响“技术为主”的特点，但必须贯彻实施。据粗略统计，在已出版的200期中，刊登这方面的文章、文件310余篇，约占全部篇幅的7%。这对全国广大水利水电工作者和有关方面及时了解水电方针政策，了解水电发展形势，热爱水电事业，锐意进取，团结奋战，起了重要的“喉舌”作用。

(2) 出版“专号”，使某一选题系列化、深入化，是《水力发电》的传统特色。《水力发电》的第一个专号是“黄河规划专号”，出版于1955年8月15日。这个专号出版后其影响之大，意义之深，出乎编辑人员之所料，并从此把出版专号列为年度报道计划的一项重要内容，形成了《水力发电》的传统特色。自创刊到1990年的200期里，共出版32个专号，占16%。近10年来出版的主要专号有的以总结工程为主，如《乌江渡水电站专号》、《葛洲坝工程专号、《鲁布革水电站专号》、《龙羊峡水电站专号》、《东江水电站专号》、《紧水滩水电站专号》、《安康水电站专号》等；有的以专题技术为主，如《拱坝CAD专号》、《地质勘测专号》、《水电站运行专号》等；为了介绍地区水电事业发展经验，出版了《福建省水电建设专号》、《四川省中小水电专号》；为了庆祝重大节日和纪念日，出版了《庆祝建国35周年专号》、《庆祝建国40周年专号》，以及《出版100期纪念专号》、《出版200期纪念专号》等等。所有这些“专号”，从不同方面、不同角度、不同层次，以其丰富多彩的内容，系统反映了我国水电建设的面貌、状况和水平，受到了广大读者的特别欢迎。

(3) 求实求新，为推进技术进步服务，是《水力发电》的主要目的。所谓求实就是重点报道应用技术，反映国内外某一个时期的技术发展水平。比如，在坝工方面，我国已建各类大坝8万多座，其中高于15 m以上的大坝就有18000多座，高于100 m的大坝也有20多座。《水力发电》在选题报道中重点是高坝和具有某种特点的中坝。近10年来，以大量篇幅报道了拱坝特别是薄拱坝的设计、施工技术。所谓求新就是瞄准世界先进技术项目和我国正在进行的研究实验并已起步的项目，进行全面深入的报道。近些年来，《水力发电》对“六五”及“七五”计划的科研成果，都进行了跟踪报道。比如，碾压混凝土是一项新技术，是筑坝快速施工在技术上的重大突破，《水力发电》先后报道了沙溪口、铜街子、坑口、岩滩、水口等16个工程的设计、施工、科研经验和部分观测成果。混凝土面板堆石坝我国80年代起步，已建和在建的有十几座，《水力发电》比较全面地报道了辽宁的关门山、浙江的成屏等工程的实践经验。其他有关混凝土，减少水泥用量，地下工程等等和设计施工新技术，也都及时作了报道。所有这些对推进技术进步起了一定的作用。

(4) 坚持“双百”方针，开展问题讨论是《水力发电》办刊的重要指针。复刊后的《水力发电》对贯彻党和国家关于“百花齐放，百家争鸣”的方针是认真、稳妥的。凡有利于发展繁荣社会主义水电事业的观点和文章，本刊都认真筛选，尽力刊用；对于某些不同意见，不同观点的文章，本刊也选择一些影响深远的观点，开辟“专栏”，展开讨论。例如，我国水能资源居世界之首是众所周知的。但是对水电在国民经济和能源结构中的地位和作用，历来就有不同看法。80年代前期，某个有一定权威的经济研究单位的研究人员，以调查报告的形式，宣传多搞火电，少搞水电，并登在内部刊物上。本刊编委会认为事关重大，决定在《水力发电》开辟“关于水电经济性评价问题的讨论”专栏。在讨论中收到很多好文章，由于篇幅有限，只能筛选很少一部分，予以刊用。通过讨论，澄清了事实，弄清了国情，回顾了昨天，展望了明天，为党和国家制订正确的经济政策，按照能源资源的数量和分布调整能源结构，进行宏观决策提供了真实的情况。正如国务院副总理邹家华所说的：“过去，有人认为发展水电投资大，建设周期长，这涉及到一个衡量标准问题。现在全国煤炭供应十分紧张，新建一个（火）电厂要相应增加一个新煤矿的投入，还有运输方面的投入。这样加到一起算，建火电的投资和建水电也就差不多了，更不要讲建成以后的运行成本。不要造成一个错觉，以为发展水电成本高”。“电力的发展要根据各地的资源情况来制定方针政策，总的指导思想是水火并举，因地制宜。”

(5) 作者众多，读者热爱是《水力发电》成长发展的坚实基础。《水力发电》的主要读者对象是水利水电系统的工程技术人员，科技工作者，大专院校师生和县以上的领导干部。这样一些读者对象，决定了本刊必须有一支较高的技术业务素质和实践经验的作者队伍。《水力发电》的历届编委会和特约通讯员网，集中了全国一定数量的工程技术干部。他们既把握住办刊的方向，也是热心的作者，更是联系广大读者的纽带。《水力发电》从创刊之日起，从来没有过“稿荒”问题，而是苦于版面有限，积压稿件现象难以完全消除，虽是一件非常遗憾的事情，但作者并不计较这些，来稿量仍然有增无减。这说明广大作者对《水力发电》是无条件支持的。

《水力发电》在50年代就颇有名气，在停刊的年月里，许多读者并没有忘记它，而是在时时怀念它。《水力发电》之所以能复刊，是与广大读者的促进分不开的。复刊后，有一段时间国内报刊市场疲软，销售量大幅度下降，而《水力发电》的发行量一直比较平稳。为什么《水力发电》在读者中会有这样比较深远的影响？我们认为，除《水力发电》本身较受读者喜爱外，关键的一点是于水力发电在我国是一项具有远大发展前景的事业，水电工作者有一本本行业的杂志，可以从中获得信息和经验，以增长知识和才干，更好地为我国水电事业服务。

(6) 坚持行业的领导，赢得各方的大力支持，是办好《水力发电》的根本保证。这本刊物是水电行业的一本专业性杂志，又是能源水利主管部门宣传水电方针政策的渠道之一，因此，它必须接受主管部门的领导，求得各级领导的支持。复刊后，原水利电力部，现能源部、水利部的领导热心为本刊撰写很多重要文章，特别是主管技术工作的领导，都十分关心这本刊物的成长和发展，并亲手撰稿。国务院副总理邹家华还为本刊题词“大力发展水电事业”。1982年8月14日为庆祝《水力发电》出版100期，水利电力部在人民大会堂广西厅举行了隆重的纪念座谈会，到会各方领导、专家、学者200余人共商如何加快发展水电和进一步办好刊物的问题，并出版了专号。1990年12月，《水力发电》出版满第二个100期，又于12月21日，由能源部、水利部在人民大会堂安徽厅举行了庆祝《水力发电》200期座谈会。参加座谈会的有能源部部长黄毅诚、副部长陆佑楣，水利部副部长严克强，原电力工业部副部长、中顾委委员李锐，原水利电力部副部长王英先，原水电总局局长张铁铮，以及长期从事水利水电事业的部分领导、专家、学者；能源部、水利部、国家计委、国家能源投资公司、中国电力企业联合会、中国国际工程咨询公司等有关部门的负责人和能源部、水利部在京的科研、设计、建设、施工、大学等单位的有关科技人员；还有中央电视台、光明日报、中国电力报、中国水利报和兄弟期刊的记者，共计约240余人。在庆祝《水力发电》出版200期中，我们还组织了以水电发展“八五”计划和10年规划为主要内容的专号。在这期专号中，国务院副总理兼国家计委主任邹家华为本刊题了词；全国政协副主席钱正英，能源部部长黄毅诚、副部长陆佑楣，以及水利水电规划设计总院、能源部水电开发司、国家能源投资公司水电项目部、中国电力企业联合会科技工作部、水利电力科技情报所、水利部农电司的负责同志为本刊撰写了文章。从他们的文章中，读者可以了解到我国水电事业近10年来所取得的巨大成就、今后10年的发展前景，以及存在的差距和困难，借以进一步鼓舞广大水电工作者为加快发展我国水电事业努力奋斗。

我国的水电事业在10年改革开放中成绩显著，未来10年的任务更加光荣、艰巨。《水力发电》决心与广大水电工作者共同努力奋斗，满怀信心地朝着国家确定的目标前进，迎接水电建设的大发展。

（王波　张培基　江召题）

学术团体与活动

中国水利学会组织及活动

一、组织建设及主要工作

到1990年底，全国31个省级学会，会员人数已发展到63000多人，外籍通讯会员25人。学会所属工作机构除原有6个工作委员会（编辑委员会）以外，又新成立了青年科技工作委员会，聘请许可达同志为主任委员。学术机构除原有22个专业委员会（研究会）以外，又新成立了淮河研究会，聘请袁国林同志为主任委员。水资源专业委员会的组建工作已基本就绪。黄河研究会、三峡研究会、滩涂围垦专业委员会和《水利名词》审定委员会正在筹建中。国际性学术组织除已成立的中国国家大坝委员会、中国国家灌排委员会、中国国家水文科学委员会、中国地区水资源委员会外，我会1986年还申请加入国际水力学协会，成为该会的团体会员。在上属所有学会二级组织中，共聘任了1000多名专家、学者为这些组织的委员或理事。

1990年11月，在北京召开了五届二次常务理事会，审议1990年的工作情况汇报，安排1991年的工作计划。同时举行了五届二次理事会（扩大）会议，同意1991年举行我会成立60周年学术报告会及纪念活动。并推选林秉南、张春园、戴定忠、刘政民、李桂芬为我会出席1991年召开的中国科学技术协会第四次全国代表大会的代表；推荐林秉南、张春园为中国科学技术协会第四届委员候选人。

为推动学会工作正常开展，1990年共召开各种工作会议7次。完成了五届理事基本情况登记工作。还为“五大”表彰的189名优秀中青年科技工作者、118名学会先进工作者和72名学会荣誉工作者颁发了奖品。为纪念学会成立60周年进行了一系列准备工作，组织编印受到学会“五大”表彰的优秀论文集，共收编论文453篇，约100万字。编印了中国水利学会中英文简介和《中国水利学会成立60周年纪念》手册。同时还邀请部分通讯会员和港、澳、台学者届时前来参加活动。

1990年4月，我会和陕西省水利水保厅、陕西电视台在人民大会堂联合举行了8集电视连续剧——《江河赤子》审片座谈会。该剧反映了我国近代水利先驱、中国水利学会创始人李仪祉先生的爱国主义精神和为民造福的治水业绩。全国人大副委员长习仲勋、全国政协副主席马文瑞、屈武和中顾委、水利部、能源部的有关老领导、老专家以及新闻单位等方面共计80余人出席了审片座谈会。习仲勋等领导同志对《江河赤子》的拍摄给予了高度评价，认为片子“拍得好”，“这个片子很有现实意义，片子中反映的问题，对我们现在都很有教益。它既写了李仪祉先生，也宣扬了水利事业。”

1990年，是我国当代水利专家、中国水利学会创始人之一张含英同志从事水利工作65周年和90岁诞辰。中国水利学会与水利部联合于5月10日举行了祝贺活动。全国政协副主席、原水利电力部部长钱正英、中国科协书记处书记高镇宁和水利部、水利学会许多领导，以及有关各方面人士100多人前来祝贺。我会还出版了《张含英自传》。

根据中国科协《中国科技专家传略》总编纂委员会的要求，我会于1990年4月向中国科协上报了第一批入传的水利专家名单共11人，他们是：李仪祉、张含英、汪胡桢、黄文熙、钱宁、严恺、张光斗、林秉南、须恺、高镜莹、施嘉炀。并分别约请撰稿人撰写他们的传略。

此外，我会接待了由17位台湾学者组成的大陆水利考察团，参观考察了都江堰、葛洲坝等水利工程，给台湾学者留下了很好的印象。

二、国内学术活动

1990年，我会及所属各专业委员会、研究会，围绕当前水利事业中的重大问题，组织和参与各种学术活动36项，其中学术会议34项，学术考察2项。参加人员达2200多人次，提交论文、报告1600余篇（学术会议详见附表）。各省级水利学会也都分别或连片举行了多种形式的学术活动。通过这些活动，交流了学术成果，传递了信息，探讨了问题，提出许多好的意见和建议，为促进科技进步和水利事业的发展发挥了积极作用。

下面介绍几次重大活动的情况：

(1) 为配合联合国“国际减灾十年”活动，1990年9月，我会和国家防汛总指挥部办公室、湖南省水利学会、湖北省水利学会、长江水利委员会、中国三峡工程开发总公司（筹）、湖南省水电厅、湖北省水利厅和武汉水利电力学院等 9 个单位在武汉联合召开了"减轻荆江、洞庭湖区洪涝灾害对策研讨会"。有 76 个部门和单位的 152 位专家、教授和科技工作者参加了会议。会前，部分同志分别考察了荆江河段和洞庭湖区。通过考察和讨论，与会同志一致认为三峡工程是减轻荆江、洞庭湖区洪涝灾害的关键工程。在三峡工程实现以前，建议就以下 8 个方面抓紧治理步伐：①尽快完成 1980 年长江中下游防洪座谈会规定的荆江大堤、洞庭湖区重点堤垸的堤防建设任务，达到按规定的防御水位运行。在此基础上，对其他重 要堤防的加高加固工作也要逐步安排；②加强洪湖分蓄洪区、荆江分洪区、武汉附近分蓄洪区和洞庭湖区承担蓄洪任务的堤垸的分蓄洪安全建设，因地制宜地采用各种安全措施，以便在遇到大洪水时，有计划地运用分蓄洪区。③继续有计划地进行下荆江河势控制工程及长江重点河段护岸建设，加强洞庭湖区洪道整治，以减少淤积，遏制湖区洪水位上涨趋势；④加强隔河岩、五强溪水库建设。澧水上的江垭、皂市水库，要尽快开始兴建，以防止 1935 年洪水灾害重演；⑤加强堤防和分蓄洪区的管理，重视非工程防洪措施的建设，搞好通讯、报警设施的现代化，尽快制定分蓄洪区管理法规，搞好分蓄洪区的防洪基金筹集、生产结构调整及人口限制政策等；⑥在排涝方面要继续按照统一规划进行建设，对现有设施进行更新改造，并留足内湖面积；⑦大力开展长江上游及四水上游的水土保持工作；⑧江、湖洪涝灾害的治理，是一个大的系统工程，要根据新的情况深化治理方案，要进行科学研究，希望国家列入"八五"重点科研计划。

建议书已上报全国人大、国务院、全国政协及有关部委、有关省的人大和省政府。水利部长杨振怀在建议书上批示："中国水利学会这个建议很好，请部领导阅，请防办、计划司、水管司、水规院、长委会认真研究安排。"中国国际减灾十年委员会办公室在《中国减灾活动》11 期刊登了建议条文。

（2）受中国科协委托，由我会牵头，联合中国地球物理、地震、气象、土木工程、水力发电、水土保持、天文、农学、地质、地理、环境科学、林学、航海、海洋等 15 个全国性学会，于 1990 年 10 月在北京召开了以自然灾害预测和对策为主题的"全国减轻自然灾害研讨会"。与会代表 130 多人，共收到论文 423 篇。经评审，将其中 99 篇论文和 66 篇论文摘要，汇编成《全国减轻自然灾害研讨会论文集》(1990)。这些论文涉及水、旱、地震等 10 多种自然灾害。这次会议是建国以来第一次涉及到气圈、水圈、岩石圈、生物圈和宇宙环境等领域的多学科综合性学术交流活动，也是近年来对我国防灾、减灾科研成果的一次全面检阅。会议认为，我国危害最大、发生最频的自然灾害是洪涝、干旱、地震、地质和水土流失等。通过交流讨论，提出了会议综合报告、建议书和中国近期及 90 年代自然灾害预测资料，上报中央、国务院，及有关政府部门，供决策参考。建议书的要点为：①减灾工作要认真贯彻"以防为主，防抗救相结合"的方针，建立防抗救综合体系；②强化政府减灾功能，体现政府部门在减灾工作中的主导地位，是搞好减灾的关键；③减轻自然灾害，必须依靠科学技术；④大力宣传普及减灾科技知识，提高全民族、全社会减灾意识；⑤中国科协要发挥科学家群体优势，当好国家减灾工作的科技参谋。

这次会议受到国务院和有关部门的高度重视，田纪云副总理到会作了重要讲话，他指出，要在减灾工作中发挥各级政府的主导作用。同时减灾是全民性的工作，要加强宣传，加紧立法，提高全民的减灾意识。他还强调指出，减灾工作离开各种科学技术手段是不可能达到有效减灾目的的。各位专家学者提出的研究成果，各级政府要予以高度重视，已经成熟的，应立即组织实施，使之尽快转化为生产力。人民日报、中央电视台、广播电台都先后报道了会议的情况。

（3）应淮河水利委员会邀请，由我会水利经济研究会和中国水力发电工程学会联合组成考察团，于 1990 年 5 月到河南、江苏、安徽、山东等省对淮河流域进行了考察。针对流域内存在的一些突出的矛盾和问题，提出了考察报告，并上报国务院及有关方面。国务院根据报告中反映的问题，指示国家计委组织水利、交通两部到现场调查。调查组提出的处理意见已上报国务院。

（4）1990 年 9 月，我会与北京水利学会在密云水库联合召开了"密云水库建成 30 周年学术讨论会"。与会者 100 余人，收到报告、论文 18 篇，编印成《密云水库论文集》。论文作者都是亲身参加兴建和管理密云水库的同志。他们以大量实际资料，全面分析、总结了密云水库在规划、勘测、设计、施工和运行管理方面所取得的成绩、经验和教训。与会领导和专家们认为，密云水库建成 30 年来，有效地控制了潮白河两岸的洪涝灾害，为促进京、津、冀地区工农业发展，改善人民生活，发挥了显著作用，取得了可观的经济效益和社会效益。密云水库已成为北京市一个可靠而重要的水源。

（5）由中国科协组织，中国土壤、土地学会牵头，联合水利等 20 个全国性学会于 1990 年 11 月下旬在厦门召开了"全国土地退化防治学术讨论会"。我会向会议提交了 8 篇论文。会议着重讨论了我国土地退化的现状、原因、发展趋势及对生态环境、农业生产和国民经济发展的影响，寻求土地退化的防治措施与对策，并向国家有关部门提出了建议。

（6）1990 年，华东、西南、西北各片水利学会，针对本地区的共同问题，积极开展学术活动，各具特色。3月，华东7省（市）水利学会协作组，在浙江奉化市召开第三次学术讨论会，围绕水利工作管理问题，进行了讨论，并就如何强化水利行业管理、抓好水费改革、落实集资渠道、加强技术管理和提高工程效益等方面，向各级政府和水利部门提出了建议。6月，西南5省（市、区）水利学会在拉萨市召开了第二届联合学术讨论会，主要对如何开发利用西南地区水资源问题，进行了讨论。同时也为促进西藏水利建设出谋划策。与会的云南、贵州、四川代表纷纷表示，要竭力支持西藏水利建设，尤其在水利人才方面要切实给予帮助，体现了省区间大协作的精神。10月，西北5省（区）水利学会在西安召开了“西北干旱、半干旱地区第五次水资源开发利用学术讨论会”。会议着重讨论了节水问题，建议把节约用水作为西北水资源开发利用的一项基本政策。同时呼吁全社会要重视水污染的防治和水环境的保护工作。

三、国际学术交流

1990年我会共参与组织和参加了4次国际学术会议，其中国内3项，国外1项。我国参加上述国际会议的专家、学者达200多人次，提交论文、报告170余篇。

(1) 1990年4月在巴西里约热内卢召开的国际灌溉排水委员会第14届国际灌溉排水大会上，我国许志方教授当选为国际灌排委员会副主席。这是中国代表第一次在这个组织中担任重要职务。

(2) 由加拿大国际发展研究中心组织的第二届亚洲水库渔业研讨会，1990年10月在杭州举行，来自印度、泰国、新加坡、尼泊尔、马来西亚、菲律宾、斯里兰卡、孟加拉国以及中国浙江、江苏、四川、上海等10个省、市的中外水库渔业专家、学者参加了这次会议，会上共宣读论文29篇。通过交流讨论，与会外国专家对中国水库渔业所取得的成就给予了高度评价，认为中国水库渔业在单产上已走在世界前列。

(3) 由中国水利学会和国际水文科学协会共同主办的国际水资源管理水文学基础学术讨论会，1990年10月23日至26日在北京召开，来自25个国家和地区的100多名专家、学者出席了会议（其中外宾39人）。收到论文70多篇。会议主要就水资源管理中的一些水文基础问题及应用卫星、遥感、计算机技术解决水资源评价、规划与管理中的疑难问题进行了交流。国际水文科学协会秘书长克伦勃兰德先生主持开幕式，中国水利学会理事长、水利部部长杨振怀致开幕词。全国政协副主席钱正英、中国科学院副院长孙鸿烈以及有关部门负责人出席了开幕式。

(4)第七届亚太地区水力学学术讨论会于1990年11月在北京召开，来自13个国家和地区的220名专家、学者出席了会议（其中外宾73名）。香港、台湾的学者也参加了会议。开幕式由会议组织委员会主席、中国水利学会国际合作委员会主任赵传绍主持，中国水利学会副理事长、水利部副部长张春园致开幕词。会议收到论文208篇。中国水利学会副理事长、水利水电科学研究院名誉院长林秉南教授作技术总报告，有三位特邀报告人作了专题报告。会议分为四个分会场对河流水力学、工业和结构水力学、环境水力学及海岸水力学与试验技术等专题进行发言与讨论。会议评选、奖励了2名优秀论文作者。

此外，在国际交往方面，1990年先后接待了国际水力学协会主席Lawson先生、日中农林水产交流协会专务理事崛江真一郎先生和欧美水利工程访华团的来访。先后两次派员参加了在加拿大召开的系统工程在水资源开发中的应用的国际学术讨论会和加美大坝监测安全讨论会。还与加拿大土木工程学会交换一名青年学者进修。

四、刊物

学会主办的刊物《水利学报》（月刊）及专业委员会主办的刊物《泥沙研究》（季刊）、《岩土工程学报》（双月刊》、《农田水利与小水电》（月刊》和《水利经济》（季刊）1990年均按计划正常出版。《水利学报》（英文版）在积极筹办中。减灾研究会与防汛办联合创办了《防汛与抗旱》（内部发行）。

五、科普及人才培养

1990年全国有20个省、自治区、直辖市水利学会分别举办了青少年水利科技夏令营，营员达2300人。7月，中国水利学会与北京水利学会联合举办的夏令营，营员54人，评选出12名优秀营员和17篇优秀小论文，其中2篇在《中国水利报》上发表。

为鼓励水利院校学生努力学习，奋发进取，中国水利学会自1988年起设立水利优秀学生奖学金。1990年评选出水利优秀学生61名，由中国水利学会发给优秀学生证书及奖金。

按照中国科协要办好“科技工作者之家”的要求，1990年组织部分省、自治区、直辖市水利学会和专业委员会的水利科技工作者约300人，分批到河北、广西、湖南科技活动中心参加了联谊活动。这一活动为科技工作者相互介绍科技成果、交流经验、建立横向合作创造了条件。

六、咨询

中国水利学会第五次全国代表大会决定，将原来的科技咨询服务中心委员会改为科技咨询工作委员会，成为学会下属的一个工作机构，但对外名称和所用印章暂时不变。对原已成立的13个分支机构，仍负责归口管理。

1990年，咨询工作委员会受学会委托，与黑龙江省水利学会联合组织了黑龙江省三江平原水利学术考察活动，邀请国内有关专家和工程技术人员32人，从6月11日至26日，先后考察了8个县(市)，9个国营农场和1个水产养殖场，查勘了安邦河、七星河、挠力河等8条河流上的许多水利工程和设施，行程3000多km。通过考察论证，考察团进一步明确指出，开发三江平原，水利必须先行，而水利的中心任务又是防洪治涝。进一步肯定了当地总结出的"一水、二路、三开垦"的开发经验，同时为促进三江平原的开发治理，提出如下5条建议：①进一步加强有关部门的工作协调，统筹规划和安排各项工程和资金，更有效地发挥现有投入的作用；②进一步加快骨干工程的建设，目前用于骨干工程的投资比例显然偏小；③进一步增加三江平原的建设投入；④进一步加强规划设计和科研工作；⑤加强水利管理，建议省、市、县和农场主管部门认真研究，从组织机构、人员、经费、体制、政策等方面拿出一套办法，付诸实施。

根据中国科协要求全国性学会要加强决策性咨询的精神，1990年由咨询工作委员会顾问崔宗培的主持，邀请十几位水利专家对水利发展中的若干战略问题进行了研究。初步拟定的题目有：水利是国民经济的基础产业，中国水利经济体制改革问题，中国水资源问题及其解决途径，中国农业节水灌溉问题，中国水能开发问题，中国环境水利问题，中国海岸带开发利用中的问题和对策，中国城市用水、节水问题，中国设计洪水与标准问题，中国水利管理问题等等。

中国水利学会1990年学术活动情况见表1。

表1　中国水利学会1990年学术活动统计表

序号	会议名称	出席人数(人)	论文报告篇数(篇)	时间(月)	地点	举办单位
1	环境水利研究会委员会议及环境水利学科发展学术讨论会	80	59	3	新安江	环境水利研究会
2	北方地区治理洼涝盐碱中低产田水利技术措施经验交流会	53	56	3	天津	农田水利专业委员会、水利部农田水利水土保持司
3	水利电力情报研究会第二届委员会暨第三次学术年会	60	50	4	南京	水利电力情报研究会
4	水法研究会成立大会暨学术交流会	50	15	5	北京	水法研究会(筹)、水利部水政司
5	第三届全国土动力学学术会议	157	189	5	上海	岩土专业委员会等7单位
6	第三届全国流体弹性力学学术讨论会	80	52	6	安徽	水力学专业委员会等4单位
7	全国水库施肥养鱼技术讨论会	86	32	6	湖南	水利渔业专业委员会、水利部水管司
8	第三届全国大体积混凝土温度应力和温度控制研讨会	36	38	7	山东	水工结构专业委员会等3个单位
9	水利电力系统国际联机检索技术研讨会	22		8	河北	水利电力情报研究会、情报所
10	密云水库建成30周年学术讨论会	100	18	8	密云水库	中国水利学会、北京水利学会
11	CAD软件交流学术研讨会	40	10	8	长沙	计算机应用专业委员会等3个单位
12	减轻荆江、洞庭湖区洪涝灾害对策研讨会	152	100	9	武汉	中国水利学会等9单位
13	山东省新泰市光明、东周等水库下游防洪对策研讨会	74		9	山东省新泰市	水力学专业委员会

续表

序号	会议名称	出席人数(人)	论文报告篇数(篇)	时间(月)	地点	举办单位
14	河套水利史学术讨论会	20	36	9	内蒙古	水利史研究会、内蒙古自治区水利局
15	第三届水利水电工程渗流学术讨论会	123	119	10	陕西	工程管理专业委员会岩土力学专业委员会
16	西北地区混凝土面板堆石坝学术交流会	68	12	10	青海	施工专业委员会
17	系统工程在施工组织管理中的应用学术交流会	70	31	10	杭州	施工专业委员会
18	全国减轻自然灾害研讨会	130	423	10	北京	中国水利学会等15个全国性学会
19	长江水利史学术讨论会	77	68	10	丹江口	水利史研究会、长办
20	全国水利工程测量学术讨论会	42	44	10	济南市	勘测专业委员会
21	粉煤灰储放和利用技术讨论会	20	4	10	无锡	岩土力学专业委员会
22	化学灌浆学术交流会	155	65	11	宁波	施工专业委员会、岩土力学专业委员会
23	第七次机械疏浚与吹填施工技术经验交流会	108	30	11	开封	施工专业委员会
24	第三次高压喷射灌浆技术经验交流会	42	20	11	湖南	施工专业委员会
25	规划、水利经济研究会系统工程学组第二届学术年会	77	67	11	丹江口	规划研究会、水利经济研究会
26	水利量测综合学术讨论会	99	71	11	陕西	水利量测技术研究会
27	全国水利水电岩土(钻探)技术交流会	53	35	11	广东	勘测专业委员会等3单位
28	灾害性水文气象问题学术讨论会	130	84	11	山东	水文气象学委员会、淮河水利委员会
29	全国土地退化防治学术讨论会			11	厦门	中国科协组织，我会及20个全国性学会参加
30	全国岩溶地区水利工程地质、地下水开发利用学术交流会	143	64	12	昆明市	勘测专业委员会、水力发电工程学会
31	防汛系统计算机应用工作交流及自动化学组年会	146	37	12	郑州	工程管理专业委员会、国家防办
32	三桥静力触探仪测试学术会议	45	8	12	上海	岩土力学专业委员会
33	水利经济改革研讨会	108	25	12	北京	水法研究会、水利经济研究会
34	土工织物和土工膜应用技术交流会	79	36	12	北京	工程管理专业委员会等3个单位

（梅昌华）

中国水力发电工程学会组织及活动

在总结“七五”，迎接“八五”的1990年，中国水力发电工程学会结合第三次全国会员代表大会的召开，围绕国家经济建设及社会发展十年规划和“八五”计划的宏伟战斗目标，开展了以下各项工作。

一、总结经验，深化改革，为加快水电建设献计、献策、献力

1990年10月23～27日，在湖北省武汉市召开了第三次全国会员代表大会。遵照“治理整顿、深化改革”的方针，以“献身、创新、求实、协作”的精神，围绕水电建设的新形势、新任务，以“改善能源结构，加快水电建设”为主题，开展了学术研讨，向国务院呈送了《关于实现2000年水电总装机达到8000万kW的建议书》。由二届理事会李鹗鼎理事长，在总结学会工作的基础上作了以《总结经验、深化改革、团结奋进》为题的二届理事会工作报告；修改了会章，选举产生了第三届理事会；进行了表彰活动；为进一步深化改革，开创学会工作新局面，在认识和组织上准备了条件。

出席第三次会员代表大会的代表共156人，以无记名投票选举出理事127名。在三届一次理事会上选出常务理事29名，推选李鹗鼎为理事长，陆佑楣、张春园、罗西北、贺毅、徐洽时、潘家铮、游吉寿、梁益华为副理事长，梁益华（兼）、邹范湘为秘书长。一致推举施嘉炀教授继续担任名誉理事长，聘请王干国、李锐、张光斗、张昌龄、张铁铮、陈赓仪、沈信祥、邹林光、季成龙、黄文熙、覃修典等11名为顾问，还选荐了28位名誉理事。

第三次代表大会所通过的《中国水力发电工程学会会章》是在原会章的基础上作了50余处的补充修改，篇幅由原来的六章十九条，增加到六章二十四条。并对如下几个方面，作了补充和规定：①坚持党的领导，坚持社会主义方向；②为科学技术进步和经济建设服务；③加强科学生产、运行管理，推进综合利用原则，重视社会、经济效益；④致力于十年规划和“八五”计划重大科学技术课题组织攻关，作更深层次的研究；⑤强化为会员服务工作，开展会员的继续教育，反映会员呼声；⑥发展个人、团体和外籍通讯会员的条件、手续、权利及义务。更有利于团结广大水电科技工作者，理顺各方面关系，为我国社会主义物质文明和精神文明建设献计、献策、献力，使学会更好地发挥优势，进一步起纽带、桥梁、参谋、助手作用。

在向国务院呈报的《关于实现2000年水电总装机达到8000万kW的建议书》分析了水电建设形势，提出了改革的建议。中国的水电建设，虽然已经取得了举世瞩目的成就，但根据国家十年规划和“八五”计划发展目标对水电建设所提出的要求来看，今后十年要完成比过去40年还要多的水电建设任务，水电年平均投产容量需达到400～500万kW，为“七五”期间年投产容量的3～4倍，任务紧迫而艰巨，存在着水电管理体制尚不健全，关系尚未理顺，投资体制不合理，资金短缺，前期工作费用不足、设计储备严重不适应；水电法制不健全不配套，现行的某些财税价格制度对水电建设十分不利，这一系列问题，如不早获解决，对今后十年的水电建设将造成深远的不利影响，直接制约着我国经济建设总目标的实现。建议国家把大力开发水电、改善能源结构作为一项基本国策，统一认识，采取强有力措施，改革水电开发管理体制，拓宽投资渠道，在财税电价政策方面予以扶持，并增加前期工作经费。

二、加强组织建设、强化管理工作，为推动科技新成果转化为生产力作出部署

为推广筑坝新技术，以缩短工期、降低造价，1990年6月碾压混凝土筑坝专业委员会在四川省乐山县铜街子水电站工地成立，挂靠在中国电力企业联合会科技工作部。主任委员：王圣培，副主任委员：陈宗梁、郑顺炜、杨运祥、李丰，秘书长：孙玉琳。学会理事会还原则通过设置混凝土面板堆石坝专业委员会，挂靠在水利水电规划设计总院科技处，由纪云生、董育坚、蒋国澄、陈宗梁、李春敏等同志负责筹组。

以提高大坝安全经济运行水平，推进大坝设计、施工、运行水平为主旨，1990年8月成立了大坝安全监测专业委员会。挂靠在浙江省杭州市能源部大坝安全监察中心。聘任了43位委员和数名顾问。主任委员：施济中；副主任委员：储海宁、李光宗、叶丽秋、张日光；秘书长：李旦江、池胡庆。

鉴于当前水电建设尚无统管机构，为研究探索水电建设体制改革经验，交流新信息，在“三大”期间，由一些来自建设单位的理事倡议，成立水电建设管理专业委员会或研究会，多数理事对此有共识，获得意向性同意。尔后经常务理事会正式通过成立，并提请沈维义理事与能源部、水利部有关主管领导部门进一步商酌筹组，得到大力支持。

围绕第三次会员代表大会的召开，于1990年先后组建若干工作委员会，原建工作委员会或编辑委员会有的进行换届、调整和加强。

组建了国际学术交流工作委员会，以顺应国际学术交往新形势的需要。主任委员：杨定原；副主任委员：谭艾幸、晏勤、李桂芬。共聘任委员12名，其中晏勤兼任国际学术交流部主任，赵政声兼副主任，张博庭任秘书长。

在原有优秀论文评选工作委员会的基础上，进一步扩大评优工作业务范围，成立了评优工作委员会，由马君寿任主任委员，赵佩钰、赵政声任副主任委员，赵政声兼秘书长。

新成立的科学技术咨询工作委员会，使学会的科技咨询服务工作建立在更加自觉和制度化的基础上。主任委员：梁益华，副主任委员：何格高、王宝基、纪云生、李浩钧、黄克亮，聘请各专业专家27名为委员。其中黄克亮兼任科技咨询服务中心主任，顾景芳(女)、朱培林、单鹰为副主任。

1990年还成立了青年工作委员会，这将有利于发现、培养、推荐优秀青年科技人才和开展适应青年需要的学会活动，该委员会挂靠在水利水电科学研究院。主任委员：许可达，副主任委员：孔令兵、刘清潮，秘书长：丁留谦。

换届后的第二届科普工作委员会，选聘委员28名。主任委员：林明华，副主任委员：苏众、王宝基、谈国良、许可达、赵士云（女）、徐洪亮、贺至刚、陈叔康，秘书长：张继骞。并聘请马君寿、陆钦侃、程学敏、刘颂尧、蔡定一、王庭济、唐集尹等老专家为顾问。该工作委员会仍挂靠在水利电力情报研究所。

第三届水力发电学报编辑委员会，聘请张宪宏为主任委员，刘颂尧、许协庆、赵政声、施熙灿为副主任委员。在全国各地共选聘编辑委员会委员38名。编辑部主编由张宪宏兼任，施熙灿兼任副主编。

《中国水力发电年鉴》第三卷（1989～1991年）编辑委员会聘请80余名委员。李鹗鼎为主任委员，陆佑楣、张春园、潘家铮为副主任委员。编辑部主编仍由常流、王波担任，副主编为张培基、陈上奎。

新成立的中国水力发电史料征集编辑委员会，挂靠在水利电力情报研究所，由水利水电界老领导、老专家共50余名委员组成。主任委员：张铁铮，副主任委员：罗西北、常流、林明华。编辑部聘请王庭济兼主编，唐集尹为副主编，陆茂竹为编辑兼秘书长。

第三次会员代表大会期间，接纳了西藏自治区水电勘测设计院为本会会员小组。联系人为出席“三大”的西藏代表，该院党委书记魏晴光。

三、开展决策论证，深化科学考察，继续为宏观决策民主化科学化服务

1990年春节期间举办了关于水电建设的“深化改革，走出低谷”为主题的理事扩大年会，会议就调整我国水电在能源中的结构，致力于增加设计项目储备，走自我发展的道路等方面提出意见和建议。

1990年6月下旬，由该学会主持，委托全国水能技术经济咨询部和中南勘测设计院组织研究的中型水电开发战略专题所提交的《我国中型水电资源合理开发利用技术经济政策》的研究报告，由能源部科技司和水电开发司共同主持并组织了专家评审，评审报告称：研究报告在全面深入考察我国能源资源和能源生产结构，系统分析我国中型水电开发的技术经济和社会环境的基础上，理论联系实际，采用软件与硬件相结合的方法，考虑各省区的基本时空战略方针，提出相应的政策体系。”“建议在今后10～20年内，全国中型水电站开发的时空战略，可以本报告作为基本依据”。该项研究所提供的资料已为能源部在编制《本世纪内新增电力规划》中，起到了参考作用。

为进一步探索河流梯级开发在综合利用方面所显示的社会、经济效益，作出了合理评价，推广已形成梯级开发河流的规划、建设、运行管理经验，在学会“三大”闭幕后，接着组织人员，前往我国较早建成梯级开发的四川龙溪河各梯级水电站作现场调查了解。他们认为老水电厂的技术改造应当提到日程，建议有关主管决策部门有必要在更改资金和设备方面予以妥善安排，以促进老厂更好地安全经济运行，发挥更大效益，稳定生产运行管理人员队伍。

由该学会和中国电力企业联合会牵头共同组织的，并已列入能源部1989～1991年电力科学技术计划软课题的《建设西南水电能源基地战略研究》项目，在1990年4月召开了有电力科学研究院，水利水电科学研究院，水利电力情报研究所，水利水电规划设计总院，电力规划设计总院，中国国际工程咨询公司，川、云、贵三省的电力工业局、有关水电、电力设计院的有关专家参加的第一次协调会议，在取得良好进展的基础上，于1990年11月16日到12月4日，又组织了部分能源和水利水电界专家，对金沙江的石鼓到宜宾的中、下游河段的虎跳峡、观音岩、溪落渡、向家坝等主要电站坝址及其部分淹没地区进行了考察。考察中得到川、滇领导，电力局及沿途地、州、市、县的积极支持和协助。考察后一致结论是：金沙江十分丰富的水能资源，优越的开发条件，是西南水电能源基地的核心，纳入全国一、二次能源平衡，加快予以开发，对促进西南地区经济发展，改善我国电能结构和长江上游生态环境，实现西电东送，具有重要的战略意义。建议加强领导，统一认识，抓紧前期工作，做好流域规划，金沙江的开发应该提到今天的议事日程上来。

根据乌江流域水电综合考察团所提出的《乌江流

域水电经济开发综合考察报告》中关于成立乌江水电开发公司的建议，由贵州省申请上报，于1990年4月经国家批准。相继列入国家科委和国家计委的软课题项目《乌江流域经济综合开发战略研究报告》于1990年底由国家科委组织鉴定，被评为科技成果奖一等奖。

四、提高质量，讲求实效，学术活动密切结合生产建设的需要大力开展

1990年中国水力发电工程学会，共举办国内学术交流活动26次，各类专业科技人员共有1678人次参加，提交学术论文报告800余篇。1990年的学会学术活动的特点是，在结合专业发展和工程实际方面及在质量方面均有提高，深受专业科技人员的欢迎，取得更大的社会、经济效益。为1990年2月27日～3月2日在武昌举行的第二次水库诱发地震学术交流会，就水库诱发地震的基本特征，水库地震活动的时、空、强分布规律、地震机制、地质环境、水文地质条件，以及监测、预测工作分析进行了深入讨论，进一步明确了研究方向。地质与勘探专业委员会今年还于8月17日～23日在长春举办了浅层地震反射学术交流会，于11月与其它专业学会联合召开“岩土工程钻探凿孔工艺学术会议”和“岩溶学术交流会”。由于具有针对性强，故起到了各专业技术信息交流和新技术推广的作用。

当前，计算机技术已基本覆盖了水电系统各个领域，但所涉及的领域与关心的问题各有侧重。因此，计算机应用专业委员会在开展计算机应用学术交流活动方面，注重突出计算机专业的特点。1990年8月在长沙召开的“CAD与软件工程研讨会”，除对CAD在水电系统应用中所取得的新经验、新成果进行交流外，并着重就软件工程在CAD方面的应用进行了深入讨论。

我国抽水蓄能电站的建设起步并不晚，在60年代先后修建了岗南、密云抽水蓄能电站，但发展缓慢，直到近10年来各地区对调峰电源的需求十分迫切，加上核电起步，对抽水蓄能在以火电和核电为主的电网中的作用，有新的共识。1990年3月20日至23日中国水力发电工程学会南方各省、自治区地方学会在广州召开了“广州抽水蓄能电站专题学术讨论会”。对抽水蓄能电站的建设和有关统筹规划、峰谷电价比等技术政策性问题，进行了研讨，提出了很好的建议，为使我国抽水蓄能电站的起步达到较高的技术起点，发表了有益意见。

1990年2月3日～7日，水库经济专业委员会在西安举行的关于移民安置、环境容量和移民优惠政策方面的学术研讨会，以其结合实际工程实例通过白山、龙羊、紧水滩等电站的水库移民安置工作进行总结研讨，以开拓未来。受到能源部、水利部、国家能源投资公司和陕西省人民政府的重视。能源部陆佑楣、水利部纽茂生二位副部长向会议发来贺电、贺词，陕西省徐山林、王双锡两位副省长到会并讲话。

随着我国水电建设的发展，建坝条件日趋复杂，已建的一些大坝老化日趋严重，大力推进大坝安全监测工作的进展，已属大势所趋。大坝安全监测专业委员会成立不久，即于1990年11月2日～6日在天津举办了较大型的专业学术交流会。会议收到学术论文、资料、专题研究报告114篇，还举办了观测仪器展览会。会议论文、资料、研究成果报告主要以有关观测成果整理和方法、观测资料反馈分析、计算机软件和监测系统和观测仪器介绍等，充分反映了我国大坝安全监测工作近年来所取得的新成绩。在观测资料整理分析方法上有新发展，观测资料分析成果日益为改进设计、指导施工、保证安全生产和提高生产率等方面广为采用，取得显著成效。

五、拓宽渠道、广开窗口全方位地推进国际民间技术交流和合作

1990年4月学会派出理事、天津市水电学会筹备组负责人之一，天津勘测设计院技术委员会主任曹楚生，参加了由英国土木工程学会、电气工程学会和机械工程学会共同举办的国际抽水蓄能会议。向会议提交了《潘家口混合式抽水蓄能电站》的论文，同时还对有关国家的抽水蓄能电站进行了考察和技术交流。

1990年5月28日～6月1日由该学会土工合成材料专业委员会组成的中国代表团一行五人，应邀出席了在荷兰召开的第四届国际土工织物学术会议。会议代表来自40多个国家的共700余人，主要活动包括论文报告会、会外介绍、技术参观、产品展览和国际土工织物学会会员大会。我国学者有6篇论文被刊入论文集。展示了我国土工织物发展水平和发展前景，获得了好评。会上还就成立国际土工织物学会中国分会问题进行了具体协商。并为争取1998年第六届国际土工织物国际学术会议在中国召开交换了意见。

1990年9月该学会牵头，联合了水利水电规划总院、水利水电工程总公司、水利水电科学院和武汉水利电力学院邀请苏联水工安装总公司总工程师卢布谢夫斯基和水工研究院阿尔克希波夫压力管道专家来华讲学，在武水举办了专题研讨班，并交流了压力管道设计制造安装等方面的经验。

由中国水力发电工程学会和中国电力企业联合会发起、组织的“抽水蓄能工程国际学术讨论会”于1990年10月16～19日在北京召开。来自法国、意大利、日

本、苏联、美国、澳大利亚、奥地利、瑞典、德国和中国的百余名代表参加会议，共提交论文60余篇，涉及内容包括水工水力学、结构、地下工程、机电设备、运行管理、经济评价等方面。代表们参观了北京十三陵抽水蓄能电站地下厂房等施工现场。会后部分代表参观了正在进行机组安装的潘家口混合式抽水蓄能电站和广州抽水蓄能电站施工工地，代表们对中国的抽水蓄能电站的建设和发展留下深刻印象。

应波兰格坦斯克（GDANSK）理工大学邀请，该学会理事、天津市水电学会筹备组成员之一、天津大学教授李惕先于1990年10月至11月前往该校进行有关水能规划专业的讲学，为时约两个月。

六、协作奉献增强活力、为领导决策部门和会员服务工作向纵深发展

1990年举办继续教育、新技术推广培训班6期，参训人员450人次，都是面向实际，按需施教，广受欢迎。如1990年4月18～30日在河北省秦皇岛市举办的第二期“水工补偿收缩混凝土建坝技术培训班”，学员来自各有关设计院或工程局，已经应用或即将使用水工补偿收缩混凝土建坝的单位和设计、施工组织者，带着生产建设中的问题来参加培训，系统地学习了理论知识，了解了很多工程实例。认识到该项技术具有良好的技术、经济效益。

1990年5月3日中国水力发电工程学会优秀学术论文评选工作委员会，对于自1987年1月1日～1988年12月31日，在全国学会和地方学会所举办的学术会议上交流的论文，以及在《水力发电学报》和全国学会各专业委员会，或地方学会主办的刊物上发表的学术论文经过一年的推荐、评审进行终评，共评出优秀论文二等奖8篇，三等奖18篇，并分别颁发了奖金、奖状。

1990年在中国科协举办的第二届“青年科技奖”活动中，我会推荐的武汉水利电力学院李义天同志入选。

在第三次全国会员代表大会上，我会还对陕西、广西、四川、湖北、东北等五省、自治区地方学会授予“先进学会”称号，表彰了从事水力发电50周年的老专家41名，学会工作积极分子52名。

中国水力发电工程学会在“发挥群团优势，开拓决策论证”方面的工作和体会，于1990年12月中国科协召开的决策论证工作会议上作了介绍，并得到科协领导和与会代表的赞许。

在编辑出版方面，1990年6月《中国水力发电年鉴》（1984～1988）第二卷正式发行问世。《中国水力发电史料》所刊载的丹江口水利枢纽专辑广受欢迎。《水力发电学报》系统地介绍了丹江口工程建设经验。创刊以来，到1990年底已出版31期，经书面征询读者意见，无论在质量还是内容方面，均已具有自己的特色，得到读者的好评。

1990年8月7日～12日中国水力发电工程学会在密云水库举办了青少年夏令营活动，参加营员47名，均为高中二年级学生，通过学习夏令营丛书，听有关水电基本知识和水电建设远景的报告以及参观水库、大坝、水电厂、试验室活动，增长了知识，开阔了眼界。还组织营员撰写“小论文”，开展水电知识竞赛等活动，启发了青少年的思维，建立了友谊。通过游览山川名胜古迹，激发了青少年对祖国、对社会主义的热爱，受益不浅。

（邹范湘）

中国水利电力企业管理协会
中国水利电力企业家协会
组织及活动

一、概述

中国水利电力企业管理协会建于1982年，是中国企业管理协会中成立较早的单位之一。协会以面向水利电力企、事业，为企、事业服务为宗旨，以“服务、研究、交流、提高”为方针，是水利电力企、事业单位、团体和企业管理工作者，在自愿的基础上联合起来的，从事研究、探索和传播现代企业管理理论与实践经验，承办水利部、能源部及中国电力企业联合会有关企事业管理事项的社会团体。并具有培训、咨询、研究、信息服务、国际交流、书刊出版、法律事务、企业之家等”八大功能，和企业生产经营的参谋，政府经济领导部门的助手，以及政府与企事业之间的纽带、桥梁“三大作用”。企协建立之初，为企业管理协会、质量管理协会、设备管理协会和施工企业管理协会四块“牌子”一套领导机构。1985年3月在北京召开了水利电力企业管理协会第一届年会，正式制定了协会章程，推选产生了第一届理事会。由原水利电力部副部长、顾问张彬同志任会长（见表1）。年会前后，全国已有6个电力网局，90%的省电力局，以及葛洲坝工程局和部分直属修造企业建立了地方或单位的企业管理协会，并成为水利电力企协的团体会员。

第二届年会于1989年8月在黑龙江省牡丹江第二发电厂召开。会议审议通过了一届理事会的工作报告，修订了《章程》，推选了第二届理事会。由张彬同志任名誉会长（见表1），中电联理事长张凤祥任会长。

会议还奖励表彰了优秀企业管理单位、优秀企业家、优秀企业管理协会、优秀企协工作者和优秀论著。这届年会的召开，是在水利电力部机构改革、重建水利部和组建能源部并成立了中国电力企业联合会一年后召开的。企协仍作为水利、电力两行业的一个统一的社会团体保留下来。并从二届年会起始，决定加强水利系统企协的活动。过去的企协，只有丹江、长委、四川地电企协等几个会员单位。二届年会后，省级和直属单位的企协增加到15个，另有15个省区建立了筹备组织。直属分支机构2个，电力系统的基层企协也进一步得到健全与发展。

随着行政体制和领导机构的改革，质协与施工企业管理协会变为独立社团，设备管理协会仍与企协合署办公，保持两块"牌子"一套领导机构。

二、企协直属分支机构及专业团体会员

1990年水利系统新建的分支及专业团体有：

水利地方电力分会，1990年10月组建，名誉会长张春园（水利部副部长），会长邓秉礼，副会长兼秘书长白林。

水文分会，1990年9月组建，名誉会长王守强（国家防汛办公室主任，水利部副部长）会长胡宗培，秘书长王玉辉。

全国灌区协会，1989年筹备（协作组），1990年5月组建，1990年12月接纳为企协专业团体会员。名誉会长侯捷（城市建设部部长，原水利部副部长），会长乔玉成，秘书长何欣。

管理科学研究会，1990年6月组建，为专门从事水利电力企业单位在管理科学方面的课题，进行调查研究，理论探索的专业团体会员，会长梁永庚，秘书长黄泽浩。

除上述水口新建组织外，企业的分支机构及专业性团体会员有：机械企业管理协会、列车电站协会、电力通讯协会、电力节能协会、电力调度协会、城市供用电研究会、咨询工作研究会、燃料管理研究会、录像中心、北京电力培训中心等。此外，设备管理协会设有电力工业设备诊断技术专业协会，下有红外技术专业委员会与绝缘监督专业委员会。

省、自治区、直辖市的水利、电力企协和直属单位企协均为水利电力企协的团体会员单位。

三、理事会办事机构及主要活动

企协业务的主管部门为水利部、能源部和中电联。理事会的常设工作机构有办公室、研究部、咨询服务部、培训部、音像部、编辑出版部。

企协的活动是分层次的。各地方企协、分支机构及专业协会等，均根据中企协和水利电力企协的统筹规划和各自的需求、特点，独立开展活动。

下面简要介绍企协主持进行的主要活动。

研究部主要是自行组织兼推动开展调查研究和专题研讨活动。组织调研员网络，聘请调研员60多名。至二届年会时，共举办28次研讨会和学术交流，近2000人次参加。其中有发电企业经济管理学术讨论会、施工企业经济管理学术讨论会、厂长负责制研讨会、总经济师工作研讨班，以及企业精神研讨会和探讨怎样当厂长、经理为内容的企业家研讨会等。配合研讨活动编印出版了《水利电力企业24种现代化管理方法应用实例资料汇编》(上下集)、《论厂长负责制》、《企业升级文件资料汇编》等。

培训部，累计举办过各种培训班70余期，4200多人次参加。其中有局厂长班、三总师班，有全面质量管理、设备诊断技术、工程招标投标、咨询顾问、带压堵漏技术、刷镀技术、远红外线技术、发动机组震动检测、发供电企业现代化管理、录像技术、企协专兼职业务培训等。

咨询服务部，主要是为水利电力企事业管理进行义务或有偿服务活动。1986年起步，1987年组建咨询工作研究会，已有会员单位43个。除各地企协开展了大量咨询服务外，企协直接组织和参加的企业管理和技术咨询项目13个。组织过咨询顾问培训班3期100余人，经过考评，已认定中级咨询顾问112人，另有8名申请高级咨询顾问资格，已通过两级考评及报中国企业管理协会待批。

编辑出版部，自1983年起创刊《水利电力企业管理》，现为双月刊，已出版42期；出版《水利电力企业管理信息》半月刊，142期。内部发行各类图书资料45种，总数达41万册，有技术类丛书，如《电力设备管理和维修系列丛书》(共4集)，《电力设备诊断技术丛书》(共3集)；有综合类，如《最新企业管理法规汇编》；有企业管理经济汇编类，如《电力工业企业现代化管理与经营》、《全国发供电企业管理现代化经济资料汇编》；有基础教材类，如《车间班组手册》、《电力工业企业班组基础教材》等。此外，还配合中国企业管理协会《名人大词典》、《百科全书》和《中国企业概况》等工具书编辑出版，承办了水利电力系统的征稿组编等工作。

音像部，1983年5月建组。已形成全国性的录相网络，每年组织召开一次优秀录相评选表彰会，邀请中央电视台、北京广播学院和水利电力系统录相专家组成评委，评选出当年的优秀专题片，优秀编导、摄制、音响、灯光效果等，择优向中央和地方电视台推荐播放。通过培训，已有64个基层单位的录相人员获中

央和地方电视台的团体通讯员证。这些单位的录相可径送电视台优先播放。平均每年送中央电视台播放的水利电力新闻、纪录片等约三四十条。

国际和地区间的交流活动，由办公室负责。企协组建以来，邀请和接待国际和香港地区的专家、学者、企业家来华讲课、交流经验 10 次 35 人；出国考察、学习 14 次 21 人。与国外交往的单位有日本火力原子力学会、四国电力、东海大学、进畿会社、美国公用事业通讯协会、英国中央发电局、瑞典 AGA 公司、瑞典管理集团、加拿大咨询公司、香港中华电力公司、四化协会和人才开发中心等。1990 年又分别与香港中华电力公司和苏联东方地区电力联合公司签订今后每年进行一次对等互访的协议。

四、中国水利电力企业家协会

随着改革开放的深化，水利电力企业有了很大发展，已经涌现出一批优秀企业家。他们在水利电力企业改革和市场竞争中显露出了卓越才干，近几年来，被各地和国家评选出的一批省、市、自治区先进企业、部级先进企业、部一级管理单位和国家二级企业、国家一级企业的厂长、经理，以及选入《企事业改革家列传》的部分水利电力企业家领导者，就是企业家中的优秀代表。1988 年 5 月在辽宁兴城召开的“电力工业企业家研讨会”，提出了成立水利电力企业家协会的倡议，得到了各地水利电力企业的厂长、经理和工程管理单位领导人的积极响应。因此，成立中国水利电力企业家协会的条件，已经基本成熟。1989 年 8 月，在中国水利电力企业管理协会第二届年会召开的同时，宣告了中国水利电力企业家协会的正式诞生，推举出以水利电力企业家为主组成的第一届理事会，并经理事会提议，一致通过张彬同志任企业家协会名誉会长，中国电力联合会理事长、水利电力企业管理协会会长张凤祥为企业家协会会长。协会的宗旨是面向水利电力企业家，为企业家服务，交流企业家的工作经验，反映企业家的意愿，维护企业家的合法权益，沟通政府与企业家之间的联系，提高企业家素质。企业家协会的活动，以各二级分会自行开展为主，目前已成立了企业家协会水利分会、火电分会、水电分会、供电分会和机械分会，基本上都由基层企业家担任正副会长轮流主持会议。

中国水利电力企业家协会水利分会，成立于 1989 年 11 月，是水利电力企业家协会下的 6 个分会之一，实际又是整个水利系统企业家协会的综合组织，参加水利分会的成员，主要是水利系统的大中型企业和评上国家二级企业、省级先进企业，以及已实行企业化管理的大中型水利工程管理单位中，评上部一级管理单位的经营者和领导人，或其他企事业中具有中级以上专门职称，并在经济工作中有突出贡献的领导人。目前已发展会员 99 个单位 196 人，其中地方电力企业 45 个 56 人，施工、机械、建材企业 23 个 40 人，工程管理单位、部、省级直属公司及其他综合经营企业 31 个 100 人。建会以来，除组织会员之间经常进行信息交流、通讯互访和经营协作外，1989 年 11 月在丹江召开成立大会的同时，组织了企业经营管理经验交流会，1990 年 5 月与水利部企业管理办公室联合组织了企业升级研讨会，1990 年 8 月举办了“坚持和完善经营承包责任制”的厂长、经理培训班。此外，还与企协水利地电分会联合完成了《水利系统地方电力管理体制改革意见》的课题调查研究报告。

企协理事会主要成员情况表

名称	名誉会长	会长	名誉顾问	顾问	副会长	正副秘书长
企协一届理事会		张彬			刘树田　路岩(女) 袁联　杨裕进 殷俊　鲁平 李文	袁联(兼) 董希文　阚盛田 黎功烈　李广才
企协二届理事会	张彬	张凤祥	路岩(女) 李岩 袁联	杨裕进　殷俊 李瑞生　庄进 刘祯　杨立志 杨春光　周公辅 梁玉山　彭肆	万里(第一副会长) 石云山(常务) 董希文　李景中 马建章　周沂 孟昭明　王衍	周沂(兼) 王衍(兼) 肖秉伦　阚盛田 孙振华　官之新

续表

名称	名誉会长	会　长	名誉顾问	顾　问	副会长	正副秘书长
企业家协会理事会	张　彬	张凤祥			石云山(常务) 董希文(常务) 席亚林(常务) 綦连安　赵金刚 徐　航　马　东 郭新明　郎仲春 杨德亮　侯广忠 彭学威　钱家越 赵双驹　邢文鹏 黄泽浩	周　沂 肖秉伦　王　衔
企业家协会水利分会	李伯宁 钮茂生	万　里			綦连安(第一副会长) 马建章(常务) 席亚林　邓秉礼 赵春明　戴良生 逄树林　王　衔	王　衔(常) 江　桦　白　林 孙东安　谢永发

（王衔）

大　　事　　记

Major Events

1990年中国水利大事记

一月

1月5日 水利部发出关于加强农村水电及其供电电网工作的通知。

1月9日 杨振怀部长主持召开部务扩大会议，宣布水利部成立党组。侯捷、张春园、王守强副部长，何璟总工程师和部机关各司局及在京直属单位的主要负责人参加了会议。

1月10日 水电工会全国委员会工作会议在京举行。钮茂生副部长到会与水利系统代表座谈。他强调指出：各级党委必须把工会工作列入重要的议事日程，要从各方面为工会创造条件，有计划地发挥工会参政议政作用，积极依靠工会组织做好职工思想工作，千方百计稳定职工队伍，坚定信念，振奋精神，共渡难关。

1月11日 中国水土保持学会常务理事会议在京举行。学会理事长、水利部部长杨振怀主持会议并作了重要讲话。杨部长在讲话中总结了去年水土保持工作的进展情况，提出了今年水保工作的重点：做好各方面准备，迎接《水土保持法》的公布；召开全国第5次水土保持工作会议；继续以晋、陕、蒙接壤地区为重点，抓好预防保护和监督管理工作，建立监督管理体系；继续做好全国13片重点防治工作。

1月12日 水利部与国家民委、国务院农业综合开发领导小组共同召开会议，研究开发利用水力资源，解决少数民族地区、贫困地区的无电少电县脱贫致富大计。会议商议：在国家的扶持下，利用当地人力、物力、财力，充分开发当地水力资源，加速这些县的脱贫致富的步伐。张春园副部长及我部有关司局的负责同志参加了会议。

1月13日 国家防汛总指挥部、水利部联合发出了关于做好蓄滞洪区安全建设的通知。

1月16日～19日 全国水利水电规划设计工作会议在京召开。全国30个省、自治区、直辖市的水利（水电）厅（局）及规划设计单位、7个流域机构及其所属的规划设计单位和水利部、能源部直属的8个设计院的主要负责同志和有关单位的同志参加了会议。与会代表就前期工作的经费、水利改革与行业管理等问题分组进行了讨论，并就一年来加强流域规划，搞好优化选点，集资搞设计，贯彻“一业为主，两头延伸，多种经营”，应用推广先进技术，搞好优化设计，推行全面质量管理等方面所取得的先进经验进行了广泛的交流。杨振怀部长、张春园副部长、何璟总工程师出席了会议，杨部长在会上作了重要讲话。

1月18日 国务院副总理田纪云在杨振怀部长的陪同下，到国家防汛总指挥部办公室进行慰问。慰问时在座的有侯捷、王守强副部长，各流域机构及部机关各司局负责人。田副总理向在座的同志拜年，并通过大家向全国防汛、抗旱、水土保持战线和水利系统全体职工表示亲切慰问。田副总理还为国家防汛总指挥部办公室题词：辞旧迎新，祝贺1989年防汛工作巨大成绩，希望防汛战线、抗旱战线全体同志，再接再厉、扎扎实实、埋头苦干，夺取新胜利。

二月

2月6日 王守强副部长赴山东黄河防凌第一线，检查黄河凌汛情况，部署防凌工作。

2月6日 水利部发出了关于更改水利部治淮委员会名称的批复，同意将“水利部治淮委员会”更名为“水利部淮河水利委员会”。

2月7日～21日 杨振怀部长在广东考察水利工作。在接受记者采访时杨部长说：治水必躬亲，希望各级水利干部下基层去，真正把群众关心的事摆在前头，为人民做几件实事。在广东考察期间杨部长检查了磨刀门垦区、向澳门供水工程、东江-深圳对香港供水工程、惠东县白盘珠水库、汕头市和潮州市的韩江大堤及澄海县的防潮大堤等工程。并同珠江水利委员会的领导成员进行了座谈，杨部长代表部党组宣布了珠委新的领导班子的组成。在珠委全体职工大会上杨部长作了重要讲话。

2月11日 水利部、中国农业银行联合发出了关于加强农田水利建设、增加农业信贷投入的联合通知。

2月15日～18日 全国25个城市防洪经验交流会在哈尔滨市召开，会上交流了城市防洪建设与管理的经验，部署了1990年城市防汛及水利工作。王守强副部长参加了会议并作了重要讲话。

2月16日～3月2日 侯捷副部长分别到山东、辽宁、内蒙古3省、自治区，调查了解旱情及冬春农田水利基本建设情况。

2月26日 水利部在廊坊市永定河泛区召开警

报通讯产品展示会，王守强副部长及有关单位的同志参加了展示会。

2月27日 水利部直属单位监察工作会议在天津召开。会上总结交流了经验，研究部署了1990年监察工作。钮茂生副部长到会作了重要讲话。

三月

2月27日～3月2日 王守强副部长根据田纪云副总理指示精神，专程到山西省大同市检查防汛工作。在晋期间，与有关领导交换了意见，并提出了口泉河、十里河的清障方案和措施。

3月1日 国务院办公厅发出通知，要求各省、自治区、直辖市人民政府及国务院有关部门贯彻执行《水利工程水费核订、计收和管理办法》。

3月2日 水利部、司法部联合发出了关于继续深入学习、宣传、贯彻《中华人民共和国水法》的通知。

3月4日 水利部机关团委开展"学习雷锋精神，做四有青年"主题团日活动。钮茂生副部长和机关党委、办公厅的负责同志也参加了这次活动。

3月6日 杨振怀部长会见了墨西哥驻华大使，双方就合作的课题范围进行了商谈。

3月7日 水利部机关召开"三八"红旗手表彰大会，杨振怀部长和侯捷、王守强副部长及全国妇联书记处书记关涛同志参加了会议。王守强副部长代表部党组在会上讲了话，会上表彰了部机关和在京单位的65名"三八"红旗手。

3月9日 水利电力系统物资工作会议在杭州召开，钮茂生副部长到会祝贺并讲了话。会议总结了1989年工作，对今年的物资供应管理工作做了部署。并表彰奖励了79个先进集体和25名先进个人。

3月10日 水利部发出了关于发送水利部科学技术进步奖奖励通报（第1号）的通知。通知说：经核准，决定对水利部科学技术进步奖评审委员会评审出的1989年度科学技术进步奖69项，给予奖励并通报表扬。

3月15日 杨振怀部长会见了法中委员会主席德·维乐彬先生，双方就继续加强合作等问题交换了意见。

3月20日～4月4日 全国人大七届三次会议在京召开，全国人大代表侯捷同志出席了会议，杨振怀部长列席了会议。会议期间，杨振怀部长和侯捷、钮茂生、张春园、王守强副部长还到一些省、自治区代表团小组会上汇报水利工作，听取代表们对水利工作的意见，同时还回答了代表们提出的问题。

3月22日 水利部公布了1989年全国水利系统部级优质工程、优秀施工奖名单的通知。获部级优质工程奖六项，获部级优秀施工奖一项；计有建设、设计和施工等27个单位获奖。

3月23日 全国水利科技工作座谈会在天津举行，张春园副部长到会并讲了话。参加会议的有部副总工程师徐乾清、机关有关司局的负责人，流域机构、高等院校、各省水利（电）厅（局）有关负责同志，以及中国水利学会农水专业的委员们，共160多人。

3月23日 以"气象和水文部门为减轻自然灾害服务"为主题的1990年世界气象日座谈会在京召开，国务委员、国家科委主任宋健同志出席会议并讲了话。王守强副部长代表水利部在会上发了言。

3月26日 全国水资源与水土保持工作领导小组顾问钱正英同志、水利部杨振怀部长和侯捷、钮茂生副部长等到北京市政府与陈希同市长、张健民副市长、王宪主任等就北京市的水资源问题交换了意见。国务院三峡地区经济开发办公室主任李伯宁同志也参加了会议。

3月27日～30日 全国水情工作会议在京举行，王守强副部长出席会议并讲了话。会议确定在水文水情领域办8件实事。

3月31日 出席全国七届人大三次会议从事水利工作的20多名七届人大代表与水利部负责人座谈。杨振怀部长向代表们汇报了水利部今年的工作重点。侯捷、张春园副部长，何璟总工程师及部机关有关司局的负责同志参加了座谈会。

四月

4月2日 华北水资源研究项目赠款协议书的签字仪式在京举行。国务委员、国家科委主任宋健主持了签字仪式，杨振怀部长代表水利部出席。

4月2日 中国水资源规划与管理国际研讨会在京开幕。张春园副部长代表水利部出席了开幕式。

4月4日 中国江河多目标开发经济政策高级研讨班在河海大学开班。张春园副部长到会致词。这个研讨班是水利部和世界银行经济发展学院合作举办的，38名学员来自各流域机构和各省、自治区、直辖市水利厅局。

4月9日～13日 水利部水文水利调度中心在京召开了水文遥测设备展示评审会，有9个单位提供了参展设备。王守强副部长以及有关司局的领导参观了水文遥测设备。

4月10日～13日 全国水利系统办公室主任会议在京召开。全国各省、自治区、直辖市、计划单列市水利厅(局)、各流域机构、部直属单位、在京单位及部机关有关单位的办公室主任共80多人出席了会议。侯捷副部长，人劳司万里司长、行政司副司长于宗泰出席了开幕式。侯捷副部长在开幕式上做了重要讲话，会议期间，李昌凡主任作了题为《提高参政意识，努力作好新时期办公室工作》的报告，万里司长也讲了话。会上，13个单位的代表就如何做好办公室工作交流了经验。水利报社杨秀伟社长、对外公司温梦令副经理在会上做了发言。办公厅各处室也在会上介绍了本处室的工作。会议结束前，钮茂生副部长针对会议代表提出的问题作了重要讲话，任润余副主任作了总结。

4月10日 中国农业银行、财政部、水利部联合发出了关于继续发放节水灌溉贴息贷款的联合通知。

4月12日～16日 长江上游水土流失重点防治区第二次工作会议在甘肃省武都县举行。侯捷副部长在会上强调指出，长江上游水土流失重点防治工作任务相当艰巨，需要动员千百万群众进行长期不懈的治理，因此，要利用各种形式大造舆论，真正做到家喻户晓，使重点防治工作搞得更好。会后，侯捷副部长视察了甘肃省的水利建设情况。

4月12日 钮茂生副部长到北京市大兴县、朝阳区对开展建立水利执法体系试点工作进行了检查。

4月12日 国家防汛总指挥部发出了关于做好1990年防汛工作的通知。

4月13日 杨振怀部长邀请有关专家分析水情趋势商讨抗灾对策。张春园、王守强副部长以及中国科学院大气科学研究所、地理研究所、国家气象局、水利水电科学研究院的专家和部内有关司局负责同志40多人参加了座谈会。

4月14日～20日 杨振怀部长以我国陪同团团长的身份，陪同斐济总理马拉参观访问了深圳、广州、成都、北京等地。

4月17日 《荆江大堤志》首发式在京举行。全国政协主席李先念为这部堤防专志题写了书名，全国政协副主席王任重写了序并在首发式上作了重要讲话。参加首发式的还有国务院三峡经济开发办公室主任李伯宁、水利部副部长张春园、原长江流域规划办公室主任林一山以及有关单位的同志。

4月18日～21日 全国水利审计工作会议在京举行。会议讨论、修订了《水利部内部审计工作暂行规定》等三个规章制度；就审计工作的开展及有关一些具体业务问题举行了专业座谈会。会议期间，杨振怀部长、钮茂生副部长、审计署副审计长崔建民分别就强化水利审计监督等问题作了重要讲话。部机关和审计署的有关司局、全国30个省、自治区、直辖市水利（水电）厅（局）和部直属单位以及计划单列市水利（水电）局审计机构的负责人参加了会议。

4月18日～28日 张春园副部长带领工作组对丹江口水利枢纽、汉江、长江进行了防汛检查，实地考察了开发汉江的有关工程，并出席了湖北省防汛工作会议，在会上讲了话。

4月19日 中国水利学会、陕西省水利水保厅、陕西电视台联合拍摄的反映李仪祉的电视剧《江河赤子》在人大会堂举行座谈会，习仲勋副委员长等领导出席了会议，李伯宁同志代表水利部领导在会上讲了话。

4月21日 国家防汛总指挥部1990年度第一次会议在京召开。国家防汛总指挥部副总指挥、水利部部长杨振怀同志汇报了今年的防汛形势和部署；国家气象局副局长马鹤年同志汇报了今年汛期天气趋势预报情况。国务院副总理、国家防汛总指挥部总指挥田纪云同志在听取有关情况汇报后作了重要讲话。

4月21日～30日 水利部邀请人民日报、经济日报、中央电视台、中央人民广播电台、光明日报、农民日报等11家新闻单位的记者由办公厅任润余副主任陪同到黄河下游考察采访防汛。

4月23日～30日 杨振怀部长、侯捷副部长主持召开了新疆国际河流暨塔里木河流域规划要点报告审查会。会上原则通过了要点报告并对下一步工作提出了要求。新疆自治区、外交部、农业部、总参作战部、国家环保局及我部总工程师何璟和有关司局的同志参加了会议。

4月26日～29日 1990年黄河防汛会议在河南郑州召开。会议期间，与会人员分别从空中和地上察看了三门峡库区到入海口的黄河河道和防洪工程。水利部副部长、国家防汛总指挥部秘书长钮茂生同志，黄河防汛总指挥部总指挥、河南省省长程维高同志分别在会上讲了话。晋、陕、豫、鲁四省负责同志和有关方面负责人参加了会议。

4月28日 《中国水利报》刊登了1990年度水利系统全国五一劳动奖章获奖名单，他们是：

王朝明　海南省澄迈县水电局局长

王定学　黄河水利委员会水文局黑山峡水位站测工

于鄂生　长江水利委员会一勘测队工程师

唐胜德　甘肃省水电勘测设计院院长

杨正强　宝鸡峡引渭灌溉管理局常兴管理站合同工

依比托乎提·色衣提（维）　新疆维吾尔自治区喀什地区叶城县水电局局长

4月30日 水利部部长杨振怀受国务院委派，与河北省省长岳岐峰为秦皇岛市“引青济秦”东线应急工程通水剪彩，并出席了祝捷大会。杨振怀部长在会上代表国务院热烈祝贺“引青济秦”应急工程胜利通水，向为工程做出突出贡献的秦皇岛市人民，向参加工程建设的广大干部、工人、农民、解放军、武警部队指战员和工程技术人员，表示崇高的敬意和亲切的慰问。河北省省长岳岐峰也在会上讲了话。全国政协常委何正文、地矿部副部长张宏仁、团中央书记张宝顺等同志出席了会议。全国政协副主席杨成武、农业部部长何康，全国妇联，上海、江苏等省（市）人民政府以及各界知名人士数十人发来了贺电、贺信。

4月30日 水利部发出了关于加强水利基建工程质量管理工作的通知。

五月

5月4日 水利部分别发出了关于批准水利部珠江水利委员会、太湖流域管理局"三定"方案的通知。

5月5日 水利部党组发出了关于开展向雷锋式的好青年文青成学习的决定。

5月7日 国务委员陈俊生召集会议，听取国家防汛总指挥部副总指挥、水利部部长杨振怀关于国家防总今年第一次会议落实情况的汇报。会上，国家气象局副局长马鹤年汇报了4月份以来的天气情况。国务院副秘书长、国家防总副总指挥李昌安，国家计委、财政部、物资部、能源部、邮电部、水利部等有关方面负责人参加了会议。

5月7日～8日 侯捷副部长主持召开京津冀防汛工作小型汇报会。他在会上强调指出，9月亚运会召开之时正好是我们防汛紧要时刻，要保证安全渡汛，保证北京亚运会顺利召开。

5月8日 杨振怀部长会见了日本众议院议员木部佳昭先生和建设省开发课长丰田高司先生及其一行。

5月8日 水利部分别发出了关于批准水利部淮河水利委员会、海河水利委员会、松辽水利委员会"三定"方案的通知。

5月8日～10日 长江中下游防汛总指挥部指挥长会议在安徽省安庆市召开。我部王守强副部长出席了会议并讲话。会上各省、市分别介绍了今年汛前准备的作法和好的经验，同时针对长江流域的现状和特点提出了建议和要求。湖北省、湖南省、江西省、安徽省、江苏省、上海市、南京市、武汉市、安庆市、长委、丹江口水利枢纽管理局、南京军区、广州军区等单位的代表共80多人参加了会议。

5月9日 中国水利水电对外公司经营管理工作会议在京举行。水利部副部长张春园、能源部副部长陆佑楣到会并讲了话。

5月10日 在辽宁省本溪县小市举行了观音阁水库大坝及电站工程开工典礼。水利部部长杨振怀，辽宁省委书记全树仁、省长李长春，日本国众议员、前建设省大臣木部佳昭先生为开工典礼剪了彩，随后举行了奠基仪式。杨振怀部长在工程奠基仪式上发表讲话时说，希望辽宁观音阁水库的建设能为全国水利建设闯出一条新路、提供新的经验，为全国水利事业做出贡献。我部总工程师何璟同志也出席了开工典礼。

5月10日～21日 中苏指导编制额尔古纳河和黑龙江界河段水资源综合利用规划委员会第四次会议在苏联莫斯科举行。以委员会中方主席、水利部副部长张春园为团长的中方代表团一行12人参加了会议。会议审议了1989年黑龙江规划工作进展情况的报告及1990年工作计划，并就规划工作中存在的问题进行了讨论，会议结束时双方签署了会议纪要。

5月10日 张含英同志从事水利工作65年暨90寿辰祝贺会在京举行。中国水利学会副理事长陈赓仪主持祝贺会，水利部副部长侯捷同志代表杨部长致祝词。出席祝贺会的有全国政协副主席钱正英、中国科协副主席高镇宁，还有与张老长期共事的原水利电力部的老部长、老专家、老同事共100多人。

5月11日～25日 应朝鲜民主主义人民共和国气象水文局的邀请，以水利部副部长钮茂生为团长、人劳司司长万里为副团长的中国水利部代表团一行7人对朝鲜进行了友好访问。访问期间，钮茂生副部长和朝鲜气象水文局李建日局长分别代表中朝双方重新签署了《中华人民共和国水利部和朝鲜民主主义人民共和国气象水文局关于鸭绿江和图们江水文工作合作协定》和《中华人民共和国水利部代表团和朝鲜民主主义人民共和国气象水文代表团会议纪要》。朝鲜政务院副总理郑浚基会见了代表团全体成员，并进行了亲切友好的谈话。

5月11日～13日 水利部科教司、农水司在京召开冀鲁豫苏皖京津沪5省3市科技兴农水利技术推广规划工作座谈会。会上成立了以张春园副部长为组长的科技兴农技术推广领导小组，全面负责全国水利科技的推广普及工作。

5月14日 全国政协副主席钱正英，水利部长杨振怀分别为雷锋式的好青年文青成题词。钱正英同志的题词是："向水利系统的雷锋式好青年文青成同志学习。"杨振怀同志的题词是："向雷锋式的好青年文青成同志学习，献身水利造福人民。"

5月14日～18日 全国农水处长汇报会议在京召开。侯捷副部长到会并讲话。会议对去冬今春农田水利基本建设情况、各项农水经费管理使用情况等几个方面的问题进行了认真的总结交流。

5月15日～18日 全国水利执法体系建设工作会议在京召开。会议由侯捷副部长主持，杨振怀部长致开幕词。全国政协副主席钱正英，全国人大法工委、司法部、公安部等部门的领导同志出席会议并讲了话。国家计委、交通部、林业部、建设部、地矿部、中科院、国土管理局、环保局等单位的代表，全国人大法工委经济法室主任魏耀荣和国务院机构改革办公室方克定等同志出席了会议。部分省市水利厅（局）长、流域机构主任、第一批执法试点的21个单位的代表、准备参加第二批试点的30多个单位的代表参加了会议。会议结束时杨部长作了总结报告，部机关有关司局长参加了会议。

5月15日 中国水法研究会在京成立。全国政协副主席钱正英任名誉会长；邬福肇、李培传和魏耀荣同志为顾问；柯礼聃任会长。

5月15日～21日 国务委员陈俊生率检查组在安徽、河南检查了淮河中、上游的防汛工作，随同检查的有水利部副部长王守强、民政部副部长张德江及国家计委、财政部、物资部、交通部、邮电部、保险总公司的有关负责同志，皖、豫两省和淮委负责人也陪同进行了检查。

5月20日～24日 水利部部长、国家防汛总指挥部副总指挥杨振怀率检查组到湖北、湖南检查了长江防汛工作。随同检查的有地矿部副部长张宏仁、卫生部副部长何界生以及国家计委、财政部、铁道部、交通部、农业部、邮电部、物资部、民航局等国务院12个部委的有关领导，湖北省省长郭树言、湖南省省长陈邦柱、武汉市市长赵宝江等参加了检查。

5月22日 水利部机关党委组织在京直属单位200名党员到亚运村工地参加义务劳动。

5月23日 全国水利职业技术教育学会在湖北成立。科教司副司长武韶英当选为学会理事会理事长。

5月25日 国务院副总理、国家防汛总指挥部总指挥田纪云率国家防汛总指挥部部分成员，在河南省委书记侯宗宾、省长程维高的陪同下，查看了郑州至中牟堤段的花园口、赵口等黄河险工，听取了黄河防汛总指挥长、河南省省长程维高关于今年黄河防汛部署和存在问题的情况汇报，询问了防御特大洪水的对策。田副总理在检查中强调指出，确保大江大河安全渡汛，是当前摆在我们面前的头等大事，也是对各级领导干部和广大共产党员的严峻考验。他希望大家振奋精神，克服困难竭尽全力，千方百计夺取今年大江大河防洪的胜利。随同检查的有国务院副秘书长李昌安、水利部副部长侯捷、总参作战部部长隗福临、铁道部副部长石希玉、物资部副部长桓玉珊、财政部副部长项怀诚、公安部副部长俞雷、国务院生产委员会副主任赵维臣、石油天然气总公司副总经理周永康等。

5月26日～28日 由财政部、物资部、总参作战部、水利部等10个部委的负责人组成的国家防汛总指挥部黄河防汛检查组，在国务院副秘书长李昌安的带领下，继续对黄河下游的险工险段进行了检查。

5月26日 水利部、《人民日报》社联合主办“大家来谈水”专栏座谈会。杨振怀部长在会上作了专题发言，他说，水利事业是国民经济发展的基础，一定要明确水利在国民经济中的基础地位，积极发挥水利在四化建设中的重要作用。参加这次座谈会的有国家科委、中科院、北京城市规划设计院、北京师范学院和新华社等新闻单位以及水利系统的有关专家学者共20多人。

5月28日 钮茂生副部长会见并宴请了以日本国土厅水资源部部长苗村滋克先生为团长的日本水资源代表团，双方就中日两国水资源工作的交流和合作交换了意见。

5月29日～6月5日 全国水资源与水土保持工作领导小组在京召开《长江流域综合利用规划要点报告》审查会。国务院副总理、全国水资源与水土保持工作领导小组组长田纪云委托国务委员陈俊生主持这次会议，并在会议开始和结束时作了重要讲话。会议经过8天的认真审议，在集中了各方面意见的基础上，原则通过了《规划要点报告》。国务院领导对这次会议很重视，姚依林副总理亲自到会看了长江流域综合利用规划图片（资料）展览，田纪云副总理询问了会议进展情况。全国政协副主席、全国水资源与水土保持工作领导小组顾问钱正英同志出席了会议。

5月29日～31日 侯捷副部长在结束了国家防总对黄河防汛检查以后，又从济南赶到胜利油田，检查了胜利油田及整个黄河河口地区的防汛准备工作。

5月30日 水利部发出了关于尽快落实《水利工程水费核订、计收和管理办法》中附加库区移民扶助金的通知。

六月

6月7日 侯捷副部长听取了西藏日喀则地区佳宝专员关于该地区水利建设情况的汇报。计划司、农水司、农电司的同志参加。

6月8日 杨振怀部长会见世界银行中国局局长伯基，双方就利用世界银行贷款等问题交换了意见。张春园副部长参加了会见。

6月8日～16日 以苏联国家水文气象委员会副主席别列斯托夫为团长的苏联水文代表团与我部王守强副部长为团长的中国水文代表团在京就交换黑龙江流域水文情报进行了第五次会晤，并签订了水文议定书。侯捷、王守强副部长代表杨振怀部长宴请了苏联代表团。

6月9日 国家防汛总指挥部以国汛发出了关于禁止在河道内违章采砂，确保防汛安全的紧急通知。

6月10日～16日 杨振怀部长随同国务院总理李鹏在河南重点视察了黄河防汛工作，实地检查了黄河北金堤滞洪区及濮阳渠村分洪闸、封丘曹岗、开封柳园口、中牟赵口、郑州花园口等堤防险工及其他防洪工程设施。13日在听取了黄委会第一副主任亢崇仁、副主任陈先德关于当前黄河防汛工作和小浪底工程汇报后，李总理作了重要讲话。他要求沿河各省要立足于防大汛，首长负责，动员群众，四省联防，团结治水，要全力以赴，做好充分的准备工作，把损失减少到最低限度，确保黄河两岸人民生命财产安全。李总理对小浪底工程也做了重要指示。随后，即兴为黄河水利委员会题词："根治黄河水害，开发黄河水利水电资源，为中国人民造福。"李总理还到水利部、中国农业科学院农田灌溉研究所听取了关于发展节水型农业的介绍，并参观了节水灌溉试验场等。李总理还应杨振怀部长的请求，为华北水利水电学院书写了新校名。

在豫期间，杨部长还到黄河水利学校、黄河水利技工学校、华北水利水电学院迁郑新址，深入到学生宿舍、食堂、教室、工地调查研究，指导工作。

6月11日～13日 侯捷副部长率领海河流域防汛检查组对天津市海河入海口、永定新河的清淤，泛区内救生楼（台）的建设及于桥、大黑汀、潘家口水库等16项渡汛重点工程进行了检查。

6月13日 《中国水利报》刊登国务院李鹏总理在看了关于文青成同志先进事迹的报道后，亲笔题录文青成日记中的一段话："为人在世，要正直爱民，一心为公。"予以褒扬。

6月13日～16日 全国水利系统机关后勤工作会议在京召开。会上交流了搞好后勤工作的经验，针对一些问题进行了探讨。侯捷副部长、钮茂生副部长针对代表们提出的问题和意见作了重要讲话。各省、自治区、直辖市、计划单列市水利厅（局）及部机关有关司局领导80多人参加了会议。

6月15日 河南、安徽、江苏、山东四省人民政府和水利部、国家环保局联合以环管字［1990］272号文发出了《淮河流域防止河道突发性污染事故的决定（试行）》。《决定》的颁发，使淮河流域水资源保护工作有了统一的法规性依据。

6月18日 国务委员陈俊生主持召开国家防汛总指挥部第二次会议，传达李鹏总理视察黄河时关于防汛问题的讲话，听取长江、黄河、淮河、海河防汛检查的情况，研究部署了当前的防汛工作。会上，杨振怀部长在汇报了我国防洪工程的现状、存在的问题和当前汛情后，提出当前要落实县、乡、村三级防汛抢险队伍；组织防汛抢险演习，检验各种防汛方案的可靠程度；要按照分级负责的原则，落实防汛岗位责任制；要发扬党政军民齐动员的好传统，集中全力投入到防汛抗洪工作当中去。侯捷副部长汇报了检查海河防汛的情况，国家气象局副局长骆继宾和王守强副部长等同志先后发了言。钮茂生副部长及有关部委负责同志参加了会议。

6月20日 水利部发出了关于在"严打"斗争中开展严厉打击严重破坏水利设施犯罪活动斗争的通知。

6月21日 水利部机关第一届妇女代表大会在京召开。会议选举产生了机关妇女委员会。杨振怀部长、钮茂生副部长到会并讲话。全国妇联书记处书记关涛、部机关部分司局的领导及妇女代表80多人参加了会议。

6月21日～27日 侯捷副部长参加了贵州省政府召开的农田水利建设表彰大会，并视察了贵州省的水利建设和人畜饮水工程。

6月22日 国务院总理李鹏主持召开国务院第63次常务会议，讨论《大中型水利水电工程建设征地补偿和移民安置条例（草案）》等文件，杨振怀部长在会上作了说明。

6月24日 为了祝贺《中华人民共和国水法》实施两周年，李鹏总理亲笔题词："依法治水，加强水资源的统一管理和保护。"

6月25日～30日 全国水利系统人事劳资工作会议在四川都江堰市举行。侯捷副部长到会并讲话。各省、自治区、直辖市和部直属单位负责人劳工作的同志参加了会议。

6月26日 杨振怀部长会见了世界银行驻中国代表处首席代表宋默之、前首席代表林重庚。

6月27日 水利部直属机关党委召开部机关及在京单位党员大会，表彰了在1989年工作当中表现突出的12个先进支部、19名优秀党务工作者和47名优秀共产党员。还有一批新党员举行了入党宣誓。杨振怀部长，钮茂生、张春园、王守强副部长以及水利部的老部长、老领导、老专家参加了会议。部党组书记杨振怀讲了话，部直属机关党委书记钮茂生作了总结讲话。

6月28日 水利部发出了关于给长期从事水利工作的职工颁发荣誉证书和证章的通知。

6月29日 中央国家机关党工委召开先进党支部、优秀党员、优秀党务工作者表彰大会。我部钮茂生、张含英、郭廷辅、周柏生、田孝忠、李桂芬、史梦熊、明玛8位同志被评为优秀党员，傅希文同志被评为优秀党务工作者。

七月

7月2日 杨振怀部长主持召开节水科研工作座谈会，就节水的科研、推广问题进行了研究。计划司、农水司、科教司、灌排公司、中国水利报社及水科院、农田灌溉所的负责同志和有关人员参加了会议。

7月4日 水利部发出了关于成立水利部技术委员会的通知。第一届技术委员会主任：杨振怀，副主任：张春园、何璟、徐乾清。

7月6日～14日 国务院在京召开三峡工程论证汇报会。李鹏等领导出席，姚依林主持会议，潘家铮受三峡工程论证领导小组委托，作了关于三峡工程论证情况的报告。有76名专家、教授、学者和各方面人士在会上作了发言或书面发言。大多数同志赞成可行性报告，也有一些同志提出了不同意见或疑问。会议决定将可行性报告提请国务院三峡工程审查委员会审查。13日，江泽民、李鹏、姚依林等党和国家领导人会见了出席汇报会的全体同志，并同大家合影。参加这次会议的有宋平、田纪云、李铁映、吴学谦、秦基伟、程子华、阿沛·阿旺晋美、孙起孟、王丙乾、宋健、邹家华、李贵鲜、陈希同、陈俊生、王任重、周培源、钱学森、程思远、钱正英等。各有关方面负责人，各民主党派、全国工商联的负责人以及部分无党派爱国人士，也参加了会议。会议结束时，李鹏、姚依林同志作了重要讲话。李鹏同志宣布了三峡工程审查委员会组成人员：邹家华同志为主任，王丙乾、宋健、陈俊生同志为副主任。

7月14日 杨振怀部长会见了日本国土厅次官的场顺三一行，双方介绍了各自的基本情况并希望扩大在水资源方面的合作。

7月16日 张春园副部长会见了苏联水资源调配局局长伊万诺夫，双方进行了友好会谈。

7月17日 侯捷副部长向离退休老部长传达了国务院第九次全体会议文件。

7月18日 国务委员陈俊生主持召开全国水资源与水土保持工作领导小组第三次会议，听取《长江流域综合利用规划简要报告》修订情况的汇报。杨振怀部长、张春园副部长和领导小组办公室有关人员及长委、水规院的负责同志参加了会议。

7月19日 杨振怀部长、侯捷、钮茂生、张春园、王守强副部长向李鹏总理、邹家华国务委员汇报了水利“八五”计划和十年规划。李鹏总理对水利工作做了重要指示。

7月24日 《每日情况》刊登了江泽民、陈云同志在张光斗教授提出的解决我国水资源问题建议信上的批示。江总书记批示：“在考虑‘八五’计划时，得认真研究一下水的问题。人无远虑，必有近忧。应该未雨绸缪。”陈云同志批示：“水的问题始终是个大问题。要从战略高度来认识水的问题的严重性。各级领导部门，尤其是经济、科技领导部门，应该把计划用水、节约用水、治理污水和开发新水源放在不次于粮食、能源的重要位置上，并列入长远规划，五年计划和年度计划加以实施，以逐步扭转目前水资源危机的严重状况。”

7月27日 水利部发出了关于发布《农田排水技术规程（南方农田暗管排水部分）》的通知。

7月31日 王守强副部长代表水利系统全体职工向亚运会组委会捐赠了价值25万元的我部优质产品。亚运会组委会顾问韩伯平接受了捐赠，并代表亚运会组委会向我部颁发了荣誉证书和纪念品。

八月

8月1日 杨振怀部长、王守强副部长、徐乾清副总工程师到水调中心检查了专为防汛试制的海事卫星通讯设备并与长委、黄委的领导进行了通话和传真试验。

钮茂生副部长在黄河防汛总指挥部办公室与河南省代省长李长春共同听取了今年黄河防汛情况汇报，并就进一步做好防汛工作提出了具体要求。

8月2日 水利部转发了人事部“关于黄河水利委员会和长江水利委员会机关机构设置和人员编制问题的批复”。

8月3日～20日 水利部办公厅、三峡工程论证领导小组办公室、三峡工程开发公司共同举办的《三峡工程论证成果陈列》展览在京展出。机械电子工业部部长何光远、国家地震局局长方樟顺、中国人民对外友协会长韩叙、副会长陈昊苏等同志以及有关部委和大专院校的领导和职工，民革中央、民进中央、致公党、农工民主党等民主党派的领导和机关工作人员共2500余人次参观了展出。

8月4日 水利部颁发《国家级大中型水库工程管理单位等级标准（试行）》及评审办法。

张春园副部长在部会见了三峡论证工作组的各专家组的工作组组长，高度评价他们在论证工作中所做的贡献，并希望大家继续对三峡工程予以关注。同一天，张副部长还邀请清华大学张光斗教授来部座谈，张教授着重提出“八五”期间水利工作应努力确立基础产业的地位，并对我部的科技工作提出了宝贵的建议。杨振怀部长也会见了张教授。

8月6日 杨振怀部长会见了美国驻华大使李洁明。外事司等有关领导会见时在座。

8月10日　水利部发出了关于颁发《制定水长期供求计划导则》的通知。

8月13日　水利部人劳司发文任命朱承中同志兼任南水北调办公室主任。

8月15日　杨振怀部长签发水利部第1号、第2号、第3号令，内容分别为：《水政监察组织暨工作章程（试行）》；《违反水法规行政处罚暂行规定》；《违反水法规行政处罚程序暂行规定》。

8月16日　王守强副部长听取了内蒙古自治区政府副主席阿拉坦·敖其尔关于洪涝灾情的汇报。计划司、财务司、水管司、农水司、防办的有关同志参加。

水利部发出了关于对沿全国主要铁路干线的小型水库进行安全检查通知。

8月23日　《中国水利报》社邀请水利界部分知名专家就水利是基础产业，在"八五"计划中加以体现的问题举行了座谈讨论会。长年从事水利工作的老同志、老专家张含英、刘德润、崔宗培等和中央文献研究室的同志及部机关有关司局的负责人在会上发了言。最后，侯捷副部长作了总结讲话。

8月24日～30日　王守强副部长赶赴福建省的厦门、福州、泉州、宁德等地慰问因12号台风受灾的群众，并检查当地水毁工程情况。

8月27日～9月1日　全国农田水利基本建设会议在京举行。开幕式由杨振怀部长主持，田纪云副总理作了《扎扎实实富有成效地把农田水利基本建设推向一个新的阶段》的重要讲话。接着，侯捷副部长作了《深入贯彻国务院〈决定〉精神继续大力开展农田水利基本建设》的报告。国务院副秘书长李昌安、国家计委副主任甘子玉、林业部部长高德占、财政部副部长项怀诚、农业部副部长陈耀邦、石化总公司总经理盛华仁，全国（除台湾省）各省主管农业、水利的副省长，计划单列市的负责人，各省水利（水电）厅（局）、各流域机构及部机关各司局的负责同志出席了开幕式。会议期间，江苏、湖北、黑龙江等共16个省市介绍了本地农田水利工作的经验，部领导分别与各省、市举行了座谈。30日，杨振怀部长代表水利部作了报告。9月1日，李鹏、宋平、田纪云、陈俊生等党和国家领导人接见了部分会议代表，杨振怀部长作了汇报。李鹏、宋平等领导同志在听取了山东、四川、浙江、湖南等省的代表发言之后作了重要讲话。国家计委、农业部、林业部、财政部、农业银行、石化总公司等有关部委的同志也出席了会见。

8月29日　水利部监察局在陕西临潼召开水利系统执法监察座谈会。会上传达了中央领导同志有关水利工作的重要指示，学习了李鹏总理关于纠正行业不正之风的重要讲话；交流了开展执法监察工作的经验；提出了《水利系统开展纠正行业不正之风的意见》。部直属11个委、院和16个省（自治区、直辖市）水利厅（局）监察部门的负责人参加了会议。

8月31日　水利部颁发《黄河下游浮桥建设管理办法》。

九月

9月1日　密云水库建库30周年庆祝活动在京举行。全国人大常委会委员长万里、副委员长陈慕华、全国政协副主席钱正英参加庆祝活动并剪彩。北京市委书记李锡铭、市长陈希同为新落成的密云水库纪念碑揭幕。我部王守强副部长到会祝贺。修建水库的领导者、建设者和首都党政机关领导近300人出席了庆祝大会。

9月3日～10日　全国水土保持重点治理区第七次会议在内蒙古通辽市召开。侯捷副部长在讲话中要求各地区，在资金投入上，要加强使用的管理，要搞有偿扶持，搞创收，在治理建设中打下底子，以便滚动发展。侯捷副部长在内蒙古自治区副主席阿拉坦·敖其尔的陪同下，同参加会议的代表一起，参观了哲里木盟奈曼、库伦两旗的柳河流域治理区。有关省、自治区、直辖市的代表100多人参加了会议。

9月4日　水利部海委引滦工程管理局在潘家口水库召开大会，庆祝建局10周年。王守强副部长、天津市副市长陆焕生分别在庆祝会上讲了话。

9月8日　杨振怀部长、王守强副部长邀请离退休老部长、老司局长来部，向他们通报了全国农田水利基本建设会议精神，传达了李鹏、宋平、田纪云等领导同志的重要讲话，并听取了老同志对水利工作的意见。刘向三、张季农、黄友若、王继兴等同志及离退休司局级干部近40人参加了会议。

9月9日　张闻天塑像揭幕仪式在南京河海大学举行。薄一波、邓力群等领导同志及张闻天同志的夫人刘英出席了揭幕仪式。我部王守强副部长也参加了揭幕仪式。

9月10日　水利部颁发《部级先进管理单位审定办法（试行）》。

9月11日　全国人大常委会办公厅组织在京的近百名人大代表，听取了政府系统和高法、高检院关于人大代表建议，政协委员提案办理情况的汇报。财政部、水利部、河南省、河北省分别介绍了办理情况。人大常委会副委员长陈慕华、彭冲作了总结讲话，我部办公厅副主任周保志等同志参加了会议。

9月14日～19日　水利部、国务院机构改革办公室联合召开的资源自然区划与行政区划相结合管理模式研讨会在安徽黄山市举行。会上宣读了24篇论文，专家们指出，科学的流域管理与区域管理相结合的水管理模式，能更好地开发利用和保护水资源。必须进一步完善流域管理。王守强副部长、国务院机构改革办公室副主任顾家麒和国家计委、地矿部、农业部、中科院、环保局、土地管理局、海洋局等单位及七个流域机构和部分省、市水利（水电）厅局的专家81人出席了会议。

9月21日 国务院批转了全国水资源与水土保持工作领导小组关于长江流域综合利用规划简要报告审查意见。

9月24日 水利部发出关于贯彻落实国务院加强廉政建设纠正行业不正之风电话会议精神的通知。

9月27日 水利部发出关于批准广东省东江-深圳供水工程管理局等8个企业为1989年度国家二级企业的通知。8个1989年度国家二级企业是：

广东省东江-深圳供水工程管理局
黄河水利委员会三门峡水利枢纽管理局
天津市振津管道工程公司
北京市水利工程基础处理总队
福建省泉州市山美水电站
四川省都江堰市电力公司
郑州水工机械厂
江苏省武进液压启闭机厂

9月30日 曹乐安、曹楚生、周君亮三位同志被建设部评为全国水利行业设计大师；陈德基被建设部评为全国勘察大师。

十月

10月5日～20日 经国务院研究决定，由水利部牵头，国家计委、财政部、农业部、林业部和交通部参加的西藏"一江两河"农业综合开发工作组，在王守强副部长带领下对西藏进行了考察。国务院工作组实地考察了江孜和山南地区，并对"一江两河"中部地区农业综合开发项目今后10年规划和1991年计划项目安排提出了建设性意见。

10月5日 水利部发出《关于加强小水电基本建设财务管理的通知》。

10月6日～9日 水利电力职工思想政治工作研究会流域学组1990年年会在江苏省无锡市召开。

10月6日 水利部发出《关于授予郑效华等六名同志全国水利系统劳动模范称号的决定》。

10月7日～11日 1990年全国水政工作年会在新疆乌鲁木齐市召开。会议总结了1990年全国水政工作情况，明确了1991年全国水政工作要以水法宣传为先导，以实施取水许可制度和河道管理条例为重点的八项任务。并决定明年在全国开展水政工作创优争先活动及表彰先进。

10月8日 杨振怀部长会见了斐济基础设施部部长托拉一行，双方就加强水利工程方面的合作问题交换了意见。

10月9日 杨振怀部长、张春园副部长、何璟总工程师和能源部潘家铮总工程师以及三峡办、三峡总公司（筹）等单位的负责同志，在国家计委向国务委员、国家计委主任邹家华同志汇报了三峡工程审查工作的有关问题。

水利部发出《关于开展第二届全国水利建设先进县评比表彰活动的通知》。

10月11日～12日 东北地区农田水利基本建设座谈会在吉林省长春市召开。侯捷副部长到会并讲话，他要求各地要继续贯彻落实全国农田水利基本建设会议精神，广泛发动群众，使冬季农田水利建设在东北地区首先形成高潮，推动全国农田水利建设高潮的掀起。黑龙江、辽宁、吉林省水利厅的厅长，哈尔滨、沈阳、大连、通辽、哲里木盟市（盟）水利局的局长以及松辽委的负责同志共20多人参加了会议。

10月11日 国家防汛总指挥部发出关于评选表彰防汛抗旱先进集体和个人的通知。

10月13日～17日 国务委员兼国家计委主任邹家华、国务院副秘书长王书明、国家计委副主任叶青、水利部部长杨振怀、水利部副部长张春园、湖北省省长郭树言、国务院三峡地区经济开发办公室主任李伯宁等视察了汉江杜家台分洪闸、荆江大堤、葛洲坝水利枢纽、三峡工程三斗坪坝址、丹江口水利枢纽及汉江王甫洲水利枢纽坝址。

10月14日 治淮40周年纪念大会在安徽蚌埠举行。全国政协副主席钱正英、水利部部长杨振怀向大会发了贺电。原水利部副部长黄友若代表水利部在会上讲了话。全国总工会书记处书记张国祥、河南省人大副主任郭培鋆、山东省副省长王乐泉、安徽省副省长汪涉云、江苏省政府副秘书长陈根兴和各流域机构负责人及流域4省水利厅厅长到会祝贺。淮委主任袁国林在会上全面总结了治淮40年的成绩、经验和教训，提出了新形势下淮河治理开发的任务。会上还表彰了6名全国水利系统劳动模范和100名淮委表彰的劳动模范。会后，黄友若同志为新落成的治淮陈列馆典礼剪彩。

10月15日 华北水利水电学院在郑州市新校址举行了本科90级新生开学典礼。院党委书记黄瑾在会上讲了话，部科教司司长严克强、河海大学副校长解启庚以及国家教委、河南省、郑州市有关负责同志到会祝贺。

10月18日～11月9日 以三峡总公司筹建处主任陈赓仪为团长、水利部总工程师何璟为副团长的中国水电工程考察团一行7人，赴苏考察。

10月22日～25日 全国减轻自然灾害研讨会在京举行。国务院副总理、减灾十年委员会主任田纪云在会上强调说，农田水利基本建设是我国减灾活动的重要组成部分。我部王守强副部长参加了会议。

10月22日～24日 中国经济与环境协调发展国际会议在京举行。国务委员、国家科委主任宋健主持会议，杨振怀部长出席了会议并在会上做了题为“兴修水利，合理利用水土资源，为经济和环境协调发展而努力”的发言。

10月23日～26日 由中国水利学会和国际水文科学协会共同主办的国际水资源管理水文基础学术讨论会在京举行。这次会议主要就水资源管理中的一些水文学基础等问题进行了讨论。全国政协副主席钱正英、水利部部长杨振怀、中科院副院长孙鸿烈等及有关部门的负责人出席了开幕式。来自25个国家和地区的100多名专家学者出席了会议。

10月23日 张春园副部长接见了获国家产品质量银质奖的郑州水工机械厂和重庆水文仪器厂的代表并合影留念。

10月24日 水利部新闻发言人、办公厅主任李昌凡同志主持召开新闻发布会，宣读了国务院原则批准的《长江流域综合利用规划简要报告》。张春园副部长向与会记者介绍了国务院审批长流规的意义和规划的主要内容及如何贯彻实施的意见。徐乾清副总工程师、长委会主任魏廷琤、水规院副院长曾肇京回答了记者的提问。新华社、人民日报、光明日报、中央人民广播电台等15家报社、电台的记者参加了会议。

10月25日～27日 长江上游水土保持委员会第三次会议在北京未名山庄召开，委员会副主任委员钮茂生主持，四川省省长张浩若作工作报告。侯捷副部长，林业部副部长刘广运，沿江6省的负责同志和水电厅的同志以及部农水司、长江水利委员会的同志出席了会议。

10月25日 张春园副部长、徐乾清副总工程师会同国家计委、中国国际工程咨询公司的有关领导和专家，共同查勘了万家寨水利枢纽、库区及引黄入晋线路。并听取了内蒙古、山西两省区政府领导和部门对万家寨水利枢纽和引黄工程建设和管理问题的意见。

10月26日 水利部发出《关于加强对全国农田水利基本建设督促检查工作的通知》。

10月28日 共青团中央、林业部、水利部联合以(90)中青联字第035号文发出了关于表彰6省区青年黄河防护林工程建设先进集体和个人的决定。

10月29日 侯捷副部长在京主持召开华北地区农田水利建设座谈会。听取了北京、天津、山西、河北、内蒙古等省、自治区、直辖市水利厅主管厅长的汇报。侯捷副部长在会上作了题为“以节水为中心，搞好华北地区农田水利基本建设”的总结发言。北京、天津、河北、山西、内蒙古水利厅（局）的主管厅（局）长及海委的有关同志参加了会议。

十一月

11月1日～3日 水利部政工专业职务评定工作领导小组在三门峡水利枢纽管理局召开了部直属单位思想政治工作人员专业职务评定会。会议研究、部署了首次评定政工专业职务的工作。

11月3日～15日 侯捷副部长率工作组查勘了南水北调东线工程。查勘期间，侯捷副部长分别与江苏省副省长凌启鸿、山东省副省长王乐泉、河北省副省长张润身、天津市副市长陆焕生就南水北调东线工程的有关问题交换了意见。参加查勘的有计划司副司长赵广和、水管司副司长曹松润、南水北调办公室姚榜义等同志。

11月6日 国务委员邹家华主持听取水利“八五”计划汇报。杨振怀部长，张春园、王守强副部长以及计划司的负责同志参加了汇报。

王守强副部长会见了联合国副秘书长谢启美，双方就联合国开发署与我部的有关合作项目交换了意见。外事司、防汛办的负责同志参加了会见。

11月7日～13日 国务院副总理田纪云同水利部部长杨振怀、农业部副部长陈耀邦等，由中共四川省委书记杨汝岱、副省长谢世杰、刘昌杰陪同，考察了国家扶持的川东农业开发区，实地了解改造中低产田的作法和效果。还考察了四川最大水利工程都江堰人民渠扩建工程和被称为“第二都江堰”的武都引水工程。10日，杨振怀部长在成都市检查了水利和地方水电工作，并听取了成都市政府和水电局领导关于地方水电规划方案的汇报。

11月7日～11日 水利部老干部局在江苏瓜洲闸召开部系统离退休干部发挥作用经验交流座谈会。

11月8日 国务院任命严克强为水利部副部长。

水利部发出表彰通报，决定授予桃峪口水库灌区等100个灌区和排灌泵站为全国先进管理单位。

11月12日～17日 国务院召开的第二次血防工作会议在武汉举行。水利部王守强副部长参加会议，并在会上向李铁映同志汇报了水利结合灭螺工作的情况，对血吸虫病的综合治理提出了建议。参加会议的有国家计委、卫生部、农业部、水利部以及湖北、湖南等 14 个省、市的代表共 200 多人。根据国务院的安排，明年的血防工作会议，将由水利部杨振怀部长代表国务院作报告。

11 月 12 日 水利部发出“关于颁发《水利工程建设监理规定（试行）》和《水利工程建设监理单位管理办法（试行）》的通知”。

11 月 13 日～16 日 由中国水利学会举办的第七届亚太地区水力学会议在京召开。张春园副部长代表中华人民共和国水利部和中国水利学会在开幕式上致词。会上，代表们就河流力学、工业和结构力学、环境水力学及海岸水力学与试验技术等专题，展开了广泛而深入的讨论。来自世界 13 个国家和中国台湾省的专家、学者 200 多人参加了会议。

11 月 14 日 水利部信息中心成立，杨德晔同志任信息中心主任。

11 月 15 日～21 日 第二次农业、林业、水利部门合作培训协调会议在杭州举行。侯捷副部长在闭幕式上致词，参加这次会议的有：世界银行、世行经济发展学院、联合国开发计划署、亚洲开发银行、国际培训基金会和联合国粮农组织的代表。

11 月 16 日 水利部在京召开农田水利基本建设新闻发布会。会议由部新闻发言人、办公厅主任李昌凡主持，侯捷副部长在会上作了专题发言，向记者们介绍了当前农田水利基本建设的情况；杨振怀部长、侯捷副部长回答了记者们提出的有关问题。新华社、人民日报、中央广播电台、电视台等首都 26 家新闻单位 30 多名记者出席了会议。

11 月 18 日～20 日 水利部技术委员会第一次全体会议在京召开。会议讨论了计划司提出的《水利“八五”计划和十年规划设想纲要》；杨振怀部长在会上讲话，着重分析当前的水利形势，展望 90 年代的水利事业；张春园、严克强副部长也在会上讲了话。

第一届技术委员会主任：杨振怀，副主任：张春园、严克强（常务）、何璟、徐乾清。

11 月 19 日～22 日 全国水文系统表彰大会在京举行。杨振怀部长、王守强副部长分别在会上讲了话；大会共表彰了全国水文系统 140 个先进集体和 145 名先进个人。来自全国 30 个省、自治区、直辖市水利水文部门及各流域机构、有关院校、科研、工厂等单位的 90 多人参加了会议。原水利部副部长李伯宁、原水电部水文局局长王子平等同志应邀出席了会议。

11 月 19 日～20 日 杨振怀部长、王守强副部长分别与孟加拉国水利部秘书（常务副部长）赛义德·萨密姆·阿桑就中孟合作项目的有关问题进行了会谈。外事司、中孟项目合作组的有关人员会谈时在座。

11 月 20 日～23 日 全国水利系统首次公安保卫工作座谈会在京举行。张春园副部长在开幕式上讲了话，会议期间，杨振怀部长到会看望了参加会议的代表并讲话，最后，还接受了法制日报记者的采访。办公厅主任李昌凡做了工作报告，部机关水政司、人劳司、农水司、水管司、农电司、财务司、水利报社、水利实业开发公司等单位的领导和有关同志及公安部的代表到会并讲了话。来自全国各省、自治区、直辖市水利（水电）厅（局），各计划单列市水利（水电）局、部直属单位的代表学习了中央领导同志关于加强水利、政法工作的指示，总结交流了经验，研究了在新形势下，水利公安保卫工作的任务。

11 月 22 日～23 日 华东地区农田水利基本建设座谈会在浙江杭州召开。侯捷副部长到会并讲话，他指出：水利部门应做好水利是国民经济基础产业的研究和宣传工作。华东 6 省 1 市水利（水电）厅（局）的负责人和有关单位 20 多人参加了会议。会前、会后，侯捷副部长在浙江省副省长许行贯的陪同下，检查了嘉兴、江山、金华等地的农田水利基本建设开展情况；并慰问了战斗在乌溪江引水工程工地上的广大干部、群众及解放军指战员。

11 月 23 日 杨振怀部长接受了科技报研究会记者采访团的采访，就科技兴水、建立科技推广体系等问题回答了记者的提问。

11 月 23 日～25 日 国家防汛总指挥部在浙江临海市召开全国防台风工作会议。水利部副部长、国家防汛总指挥部办公室主任王守强到会并讲了话，会议交流了各地防台风的经验，研究和制定了防台风减轻灾害损失的对策，部署了今后的工作。沿海各省、自治区、直辖市防汛指挥部和中央有关部委的负责同志参加了会议。

11 月 24 日 水利部办公厅主任李昌凡受部领导委托主持召开会议，宣布我部成立治理“三乱”领导小组。侯捷同志任组长，办公室设在财务司。会上，讨论了“水利部关于贯彻《中共中央、国务院关于坚决制止乱收费、乱罚款和各种摊派决定》的意见”。部内 17 个职能司局及政研中心的负责同志参加了会议。

11 月 27 日 水利部、公安部联合发出了关于在农村水电地区贯彻执行《关于严禁窃电的通告》的通知。

11 月 28 日～12 月 2 日 淮河水利委员会、水规院联合在京召开“淮河流域规划与治理”座谈会。杨振怀部长在开幕式上作了重要讲话；王守强副部长作了会议总结。会议就如何修改淮河流域规划纲要等问题，进行了研究。部总工程师何璟、部有关司局、水规院、淮委和豫、皖、苏、鲁 4 省水利厅负责人出席了会议。

11 月 30 日　水利部人劳司组织召开下基层锻炼回来的大学生、研究生座谈会，王守强副部长在会上讲了话。办公厅、人劳司、机关党委、团委及有关司局的负责人参加了座谈会。

十二月

12 月 3 日　江泽民总书记、李鹏总理、乔石、宋平、李瑞环同志到北京昌平县辛店河农田水利基本建设工地参加劳动。江泽民、李鹏同志发表重要讲话，号召全国大搞农田水利基本建设。江总书记和李鹏总理在工地上亲切慰问冒着寒冷坚持挖河的农民和解放军官兵。参加劳动的还有国务院副总理田纪云、吴学谦、中央军委秘书长杨白冰、国务委员李铁映、邹家华、秦基伟、陈希同、中央书记处书记丁关根、候补书记温家宝、国务院秘书长罗干等。我部杨振怀部长，侯捷、张春园、严克强副部长，何璟总工程师及有关司局领导参加了劳动。劳动结束后，杨振怀部长陪同中央领导观看了喷滴灌设备，并向江总书记和李总理介绍了新研制的这些设备的功能。

12 月 4 日　在杨振怀部长，侯捷、张春园、王守强、严克强副部长，何璟总工程师的率领下，部机关及在京直属单位 300 多人到北京昌平辛店河水利工地参加劳动。杨振怀、侯捷等部领导在劳动休息时接受了新闻单位的采访。

水利部发出通知，决定批准凉山彝族自治州西昌电力公司等 55 个企业为 1989 年度部级先进企业。

12 月 5 日　杨振怀部长会见了突尼斯新任驻华大使沙拉赫·基巴利先生，双方进行了友好的会谈。外事司、对外公司的负责同志会见时在座。

12 月 8 日　水利部直属学校首届文艺汇演在河海大学举行。受张春园副部长的委托，科教司副司长武留英代表水利部，向参加汇演的河海大学、华北水利水电学院、南昌水利水电专科学校、黄河水利学校、长江水利学校、黄河水利技工学校等 6 所部属学校师生表示慰问和感谢。

12 月 10 日　王守强副部长邀请部分著名法律专家座谈河道采砂中的有关问题。水政司、水管司、政研中心的有关负责同志参加。

12 月 11 日　三峡工程审查委员会第一次会议在京召开。邹家华同志主持会议，听取了审查委员会办公室的工作汇报。杨振怀部长、张春园副部长、何璟总工程师和三峡工程审查委员会办公室的有关同志参加。

12 月 11 日～14 日　全国水文数据库工作会议在京举行，何璟总工程师致开幕词，王守强副部长在会上讲了话。与会代表总结、交流了经验，讨论修改了全国水文数据库建设规划纲要和建库工作的几点意见。来自各流域机构水文局（处），各省、自治区、直辖市水文总站和有关院校、科研单位及特邀专家 70 多人参加了会议。

12 月 12 日～14 日　海河流域水利厅（局）长座谈会议在天津召开。侯捷副部长、天津市副市长陆焕生分别在会上讲了话，海委主任张泽鸿作了报告。部有关司局和京、津、冀、鲁、豫、晋、内蒙古等水利厅局的 50 多人参加了会议。

12 月 13 日　侯捷、张春园、王守强、严克强副部长，何璟总工程师接见了水利系统获得中国设计大师称号的曹楚生、周君亮和获得勘察大师称号的陈德基，并与 3 位大师合影留念。李昌凡、万里、柯礼聃、朱云祥、周振先、张岳等同志会见时在座。设计大师曹乐安因病请假。

12 月 13 日～20 日　以苏联国家水利建设总公司董事会主席顾问马·格·鲁宾为团长的苏联代表团一行 3 人来我国考察水利经济政策。在华期间，与我部政策研究中心交流了经验，考察了丹江口水利枢纽及部分灌溉系统，就合作研究《提高水利整体效益和水利工程投资回收政策》问题签定了议定书。严克强副部长设宴招待了苏联客人。

12 月 14 日～16 日　全国沙棘开发利用工作会议在河南郑州召开，来自全国 11 个省、自治区及轻工业部、商业部、中华全国总工会水电工会和我部的代表 80 多人出席了会议。钮茂生副部长在会上作了“为国分忧，为民造福，大力发展沙棘事业”的报告。会上，代表们交流了经验，表彰了“七五”期间在沙棘开发利用方面做出突出贡献的先进集体和先进个人。

12 月 14 日～27 日　由杨振怀部长率领的中国水利代表团一行 6 人，对印度、巴基斯坦两国进行了友好访问。访问期间，印度总理钱德拉·谢卡尔和巴基斯坦总统伊沙克·汗亲切会见了杨振怀部长及代表团全体成员。

12 月 15 日　中华全国总工会和水利部在河南郑州隆重举行命名大会，追授黄河水利委员会机关幼儿园职工、共产党员周景文同志“保护国家财产，勇斗歹徒，英勇献身的好职工”荣誉称号，并授予他全国“五一”劳动奖章。大会宣布了中共水利部党组关于在全国水利系统开展向周景文同志学习的活动的决定。中共河南省顾问委员会副主任黎明，河南省总工会、省公安厅和黄委会有关领导以及群众代表 1000 多人出席了命名大会。

12 月 15 日　水利部转发国务院的通知，任命：魏廷琤为长江水利委员会主任（副部级），潘天达、季昌化、黎安田、张修真为长江水利委员会副主任（正局级）。

12月18日～21日 中国水利经济研究会和中国水法研究会联合在京举办水利经济改革研讨会。会议由王继兴同志主持，张季农同志致开幕词。与会代表就如何贯彻中央和国务院领导同志关于水利工作和水利是基础产业的一系列指示，围绕“八五”水利经济体制改革规划（草案），研讨水利经济改革的战略和措施，交流了各地水利经济改革的经验。严克强副部长到会并讲了话。参加研讨会的还有李伯宁、黄友若等同志及国家体改委、国务院发展研究中心、机构改革办、中国社会科学院的有关负责同志和专家。

12月21日 为纪念《水力发电》杂志出版200期，近200名水利水电老领导、专家及科技工作者在人民大会堂举行座谈。国务委员、国家计委主任邹家华为该刊题词：“大力发展水电事业”。严克强副部长应邀参加了座谈会并讲了话。

12月23日～29日 钮茂生副部长率工作组到贵州检查工作。

12月25日～30日 中国共产党第十三届中央委员会第七次全体会议在北京举行。中央委员侯捷同志出席了会议；杨振怀同志列席了会议。

12月26日 张春园、王守强、严克强副部长和部机关的职工一起，参加了宣武区水利部选区的人民代表选举。

12月27日 国家防汛总指挥部办公室、水利部办公厅联合召开记者座谈会，王守强副部长向记者们介绍了今年的防汛情况，李昌凡主任介绍了水利工作情况。人民日报、新华社、中央电视台、中央人民广播电台、光明日报、中国日报、经济日报、农民日报、经济参考、瞭望杂志、中国水利报等新闻单位的记者参加了座谈会。

12月29日 《关于联合建设万家寨水利枢纽和引黄入晋工程的意向书》签字仪式在京举行，计划司副司长赵广和、内蒙古自治区计委主任周文德、山西省计委副主任郑友三分别代表水利部、内蒙古自治区政府、山西省政府在意向书上签字。张春园、严克强副部长以及我部和两省区有关部门的负责同志出席了签字仪式并合影留念。

12月31日 水利部颁发了《水利工程基本建设项目竣工决算报告编制规程（SL19－90)》。

（刘景民）

水　利　统　计

Statistics of Water Resources

一、水利综合指标

全国历年灌溉面积占耕地比重及人均占有耕地、灌溉面积

年份	耕地面积（万亩）	有效灌溉面积（万亩）	有效灌溉面积占耕地（%）	人均占有有效灌溉面积（亩/人）		机电灌溉面积（万亩）	机电灌溉面积占有效灌溉面积（%）	人均占有耕地（亩/人）	
				按总人口	按农业人口			按总人口	按农业人口
1949	146822	23893	16.3		0.53	378	1.6	2.71	3.28
1952	161878	29003	17.9	0.50	0.59	476	1.6	2.82	3.29
1957	167745	37507	22.4	0.58	0.69	1803	4.8	2.59	3.18
1962	154355	43045	27.9	0.64	0.77			2.29	2.76
1965	155391	48054	30.9	0.66	0.80	12140	25.3	2.14	2.57
1975	149562	69181	46.3	0.75	0.89	35862	51.8	1.62	1.91
1978	149084	72080	48.3	0.75	0.89	38003	52.7	1.55	1.84
1979	149247	72478	48.6	0.74	0.89	39458	54.4	1.53	1.83
1982	147910	72995	49.4	0.72	0.87	39474	54.1	1.46	1.77
1983	147539	72819	49.4	0.71	0.87	39454	54.2	1.44	1.75
1984	146781	72600	49.4	0.70	0.87	39274	54.1	1.42	1.75
1985	145269	71899	49.4	0.69	0.86	39447	54.8	1.39	1.74
1986	144345	71809	49.7	0.68	0.80	39519	55.0	1.37	1.70
1987	143833	71950	50.0	0.67	0.84	40094	55.7	1.33	1.68
1988	143583	71871	50.0	0.66	0.83	40093	55.8	1.32	1.66
1989	143484	72506	50.5	0.66	0.83	40557	55.9	1.30	1.64
1990	143511	72584	50.6	0.63	0.81	40853	56.3	1.26	1.61

（王淑筠）

灌 溉

地 区	一、有效灌溉(农田灌溉) 小计	其中：当年实灌	二、林地及果园灌溉	三、牧草灌溉 小计	其中：饲草基地	天然牧场	旱涝保收面积
全国总计	72584	62156	2678	1148	503	645	51548
北 京	493	463	65	0	0	0	363
天 津	519	450	23	0	0	0	319
河 北	5659	5261	284	2	2	0	3846
山 西	1707	1483	25	0	0	0	926
内 蒙 古	2310	1976	209	255	122	133	1430
辽 宁	1589	1269	104	1	1	0	1360
吉 林	1333	1051	7	7	0	7	871
黑 龙 江	1618	1189	18	0	0	0	761
上 海	480	426	0	0	0	0	460
江 苏	5956	4806	19	0	0	0	4355
浙 江	2216	2157	79	0	0	0	1525
安 徽	3950	3118	5	0	0	0	2779
福 建	1400	1295	12	1	1	0	942
江 西	2755	2655	11	0	0	0	2049
山 东	6695	5791	384	4	3	1	4832
河 南	5325	3789	25	0	0	0	4007
湖 北	3550	3070	25	1	1	0	2942
湖 南	4014	3710	33	0	0	0	3212
广 东	3242	2930	345	0	0	0	2403
广 西	2263	1879	10	0	0	0	1813
海 南	358	273	1	0	0	0	260
四 川	4209	3625	17	22	5	17	2801
贵 州	825	621	0	0	0	0	708
云 南	1581	1432	21	6	6	0	998
西 藏	195	0	0	0	0	0	0
陕 西	1894	1594	19	1	0	1	1207
甘 肃	1365	1185	108	25	6	19	1119
青 海	326	246	13	129	23	106	202
宁 夏	470	438	67	6	6	0	403
新 疆	4287	3974	749	688	327	361	2655

面 积(至1990年)

(单位:万亩)

机电排灌面积							水轮泵灌溉面积
合 计	机电灌溉面积					纯排面积	
	小 计	机电井	固定站	流动机	喷滴灌		
46838	40853	17609	18619	3627	998	5985	457
442	436	267	80	15	74	6	0
627	519	183	323	0	13	108	0
5760	5156	4610	336	202	8	604	2
1257	1255	785	469	0	1	2	2
1613	1254	1079	171	3	1	359	2
2271	1307	774	502	0	31	964	1
1107	876	485	333	53	5	231	1
1552	976	492	371	17	96	576	1
480	472	0	437	19	16	8	0
5833	5277	193	4092	957	35	556	7
1664	1603	21	1230	325	27	61	7
3146	2546	213	1911	249	173	600	1
245	221	13	171	17	20	24	30
835	603	12	445	144	2	232	20
5979	5879	3277	1736	498	368	100	5
4045	4045	3459	423	134	29	0	0
2517	1838	46	1219	568	5	679	41
1795	1618	0	1245	325	48	177	158
1113	574	9	509	55	1	539	27
389	387	3	348	33	3	2	66
17	16	1	14	1	0	1	5
992	992	42	934	0	16	0	39
95	95	0	94	0	1	0	30
250	233	17	205	10	1	17	2
0	0	0	0	0	0	0	0
1315	1315	742	565	0	8	0	1
636	636	341	288	0	7	0	3
43	43	6	35	0	2	0	4
238	131	41	89	1	0	107	0
582	550	498	44	1	7	32	2

(王淑筠)

有效灌溉面积增减变化(1990年)

(单位:万亩)

地区	本年累计达到	上年累计达到	本年新增	本年减少	其中:工程设施损坏报废	机井报废	长期无水	建设占地:国家基建	建设占地:乡村建设	其他原因
全国总计	72583.16	72506.26	1972.26	1895.36	357.07	420.74	244.48	100.08	91.44	681.55
北京	492.96	490.32	6.43	3.79	0.02	0.64	0.34	1.19	0.13	1.47
天津	518.87	512.92	12.36	6.41	2.08	2.26	0.39	0.76	0.44	0.48
河北	5658.55	5558.13	325.44	225.02	6.48	185.88	10.74	1.18	0.65	20.09
山西	1707.29	1681.92	36.68	11.31	1.15	2.64	2.20	0.63	0.48	4.21
内蒙古	2310.43	2202.92	169.86	62.35	35.71	14.05	7.12	2.97	0.05	2.45
辽宁	1588.68	1523.76	88.07	23.15	3.28	6.36	7.89	0.26	0.25	5.11
吉林	1332.84	1253.96	84.78	5.90	1.35	3.16	0.48	0.13	0.00	0.78
黑龙江	1617.62	1535.83	111.42	29.63	7.93	11.93	2.53	0.00	0.50	6.74
上海	480.00	481.00	0.00	1.00	0.00	0.00	0.00	1.00	0.00	0.00
江苏	5956.38	6011.66	55.37	110.65	16.14	2.94	20.50	16.18	10.18	44.71
浙江	2215.62	2221.63	11.97	17.98	5.35	0.24	3.34	3.30	2.13	3.62
安徽	3949.52	3836.51	174.18	61.17	12.95	4.33	0.20	1.90	1.21	40.58
福建	1400.44	1391.10	14.98	5.64	2.02	0.22	0.11	1.64	1.28	0.37
江西	2755.12	2739.01	23.22	7.11	1.24	0.09	0.80	1.11	0.75	3.12
山东	6695.49	6533.32	249.87	87.70	13.30	34.24	7.15	5.33	4.37	23.31
河南	5325.13	5865.24	180.99	721.10	206.11	148.90	96.54	38.59	50.05	180.91
湖北	3550.00	3848.00	41.00	339.00	15.00	0.00	68.00	13.00	10.00	233.00
湖南	4014.33	4011.30	18.47	15.44	5.77	0.02	1.15	1.06	1.09	6.35
广东	3241.65	3242.16	14.37	14.88	3.25	0.00	0.09	3.41	1.24	6.89
广西	2262.52	2238.77	29.58	5.83	1.98	0.01	0.71	0.34	0.14	2.65
海南	357.69	355.50	2.50	0.31	0.10	0.00	0.00	0.00	0.00	0.21
四川	4208.91	4177.36	35.76	4.21	0.51	0.02	0.22	1.04	0.88	1.54
贵州	825.38	823.25	18.83	16.70	5.69	0.00	4.35	0.60	0.16	5.90
云南	1581.32	1529.85	60.12	8.65	2.73	0.05	1.66	1.12	0.74	2.35
西藏	195.00	181.20	13.80	0.00	0.00	0.00	0.00	0.00	0.00	0.00
陕西	1894.26	1871.08	43.41	20.23	6.66	1.70	3.33	2.08	2.61	3.85
甘肃	1365.17	1341.00	25.86	1.69	0.00	0.00	0.24	0.09	0.38	0.98
青海	325.71	319.85	6.73	0.87	0.23	0.35	0.00	0.19	0.07	0.03
宁夏	469.72	446.76	31.40	8.44	0.00	0.00	0.00	0.05	0.04	8.35
新疆	4286.56	4280.95	84.81	79.20	0.04	0.71	4.40	0.93	1.62	71.50

(王淑筠)

全国历年除涝、治碱、水土保持面积

年份	易涝面积（万亩）	除涝面积（万亩）			盐碱耕地面积（万亩）	盐碱耕地改良面积（万亩）	水土流失面积		水土流失治理面积				
		合计	其中				万 km^2	万亩	合计		其中：（万亩）		
			三至五年	五年及以上					万 km^2	万亩	水平梯田	沟坝地	水保林
1973	33024	23430	10549	12582	10131	4839	118	176475	35	52635	7379	1087	20588
1974	35006	26200	10857	15198	10058	5479	117	174779	38	57635	9314	1282	26694
1975	33121	24091	10564	13527	10593	5828	120	179445	41	61135	10517	1271	30267
1976	33343	25033	10589	14444	10698	6279	119	178862	42	63011	11074	1413	31971
1977	33416	25322	10829	14493	10893	6061	115	172935	42	63662	10742	1393	31386
1978	33831	25922	11125	14797	10868	6197	118	177519	40	60653	10859	1336	31507
1979	34872	26623	11309	15314	10953	6198	118	177258	41	60909	9692	1397	31909
1980	35115	26771	10974	15797	10718	6353	118	177456	41	61728	9809	1342	32518
1981	35665	26844	10761	16083	10865	6394	120	180500	41	62471	9641	1317	32740
1982	35665	27139	10816	16323	10865	6398	120	181346	41	62118	9551	1386	33550
1983	36099	27301	10792	16509	11036	6587	120	180515	42	63607	9685	1383	34244
1984	36353	27599	10736	16863	10997	6711	121	181556	44	66935	10593	1575	36855
1985	36310	27876	10826	17050	11539	6854	129	193834	46	69589	10473	1912	38472
1986	36344	28141	11146	16995	11410	6935	131	196616	48	71863	11154	1903	40385
1987	36506	28437	11282	17155	11454	7133	132	198027	50	74292	11632	2368	41833
1988	36522	28587	11298	17298	11508	7245	134	200709	51	77024	11928	2157	44191
1989	36638	28844	11349	17495	11308	7325	135	202245	52	78231	12421	2244	45735
1990	36700	29005	11507	17498	11309	7493	136	204620	53	79456	11433	2345	47490

（王淑筠）

除涝、治碱面积（至1990年）

（单位：万亩）

地区	易涝面积	除涝面积			本年新增除涝面积	本年减少除涝面积	盐碱耕地面积	盐碱耕地改良面积	本年新增改良面积	本年减少改良面积
		合计	3～5年一遇	5年及以上						
全国总计	36700	29005	11507	17498	499	338	11309	7493	189	21
北京	254	238	52	186	1	0	72	63	0	0
天津	624	612	150	462	12	8	355	312	11	1
河北	2798	2347	1116	1231	15	0	1527	1109	15	0
山西	169	131	89	42	0	0	486	281	9	0
内蒙古	558	337	158	179	10	0	779	377	18	1
辽宁	1501	1454	88	1366	7	6	577	451	12	0
吉林	1581	1447	171	1276	15	5	411	203	0	0
黑龙江	6164	3994	2580	1414	235	22	846	285	2	0
上海	102	94	22	72	1	0	52	40	0	0
江苏	4393·	4073	1164	2909	15	97	1098	948	21	8
浙江	790	672	227	445	16	0	0	0	0	0

续表

地　区	易涝面积	除涝面积 合计	除涝面积 3～5年一遇	除涝面积 5年及以上	本年新增除涝面积	本年减少除涝面积	盐碱耕地面积	盐碱耕地改良面积	本年新增改良面积	本年减少改良面积
安　徽	3556	2913	1211	1702	29	7	169	142	0	1
福　建	315	158	102	56	2	2	56	31	1	0
江　西	710	471	215	256	3	0	0	0	0	0
山　东	4600	3559	1111	2448	44	20	1437	1203	34	3
河　南	3167	2344	1737	607	56	147	1198	945	6	0
湖　北	2074	1762	370	1392	8	6	0	0	0	0
湖　南	786	661	223	438	4	0	0	0	0	0
广　东	879	739	95	644	1	0	0	0	0	0
广　西	523	276	158	118	1	0	436	100	21	0
海　南	16	15	11	4	0	0	0	0	0	0
四　川	250	126	87	39	2	0	3	1	0	0
贵　州	130	57	35	22	2	0	0	0	0	0
云　南	357	258	165	93	11	2	7	4	1	0
陕　西	250	194	114	80	2	16	123	86	1	0
甘　肃	49	19	17	2	2	0	188	107	8	0
青　海	0	0	0	0	0	0	28	14	0	0
宁　夏	0	0	0	0	0	0	130	85	2	1
新　疆	104	54	39	15	5	0	1331	706	27	6

（王淑筠）

水土流失治理面积(至1990年)

地　区	水土流失面积 (km²)	水土流失治理面积 合计 (km²)	折万亩	其中：(万亩) 水平梯田	沟坝地	水保林	种　草	其　他	合计中小流域治理的面积 (万亩)	本年新增治理面积 (km²)	本年减少治理面积 (km²)
全国总计	1364136	529698	79456.38	11433.94	2345.17	47490.43	5100.88	13085.96	22778.43	31627	23457
北　京	6641	3259	489.02	33.40	30.58	323.79	7.07	94.18	646.55	177	0
天　津	554	240	36.02	10.74	2.47	18.27	0.00	4.54	4.54	4	0
河　北	68782	40210	6031.50	425.91	117.90	3377.49	254.44	1855.76	2041.79	1317	190
山　西	94960	44050	6607.59	1517.59	401.99	4361.65	326.36	0.00	1096.49	2082	561
内蒙古	186026	33004	4950.64	229.54	69.49	3903.90	747.71	0.00	1498.88	3061	1552
辽　宁	54553	36669	5500.36	700.24	84.82	4054.46	200.33	460.51	1317.53	1704	189
吉　林	36340	20870	3130.00	249.00	2.00	2113.00	14.00	752.00	213.00	983	19
黑龙江	50000	18324	2748.71	93.43	0.00	851.19	20.90	1783.19	528.76	930	171
江　苏	10459	6845	1026.79	238.90	24.10	534.70	38.76	190.33	81.81	96	17
浙　江	24945	18863	2829.52	123.94	0.00	2459.82	69.80	175.96	147.77	183	37
安　徽	24579	14280	2142.00	153.43	131.87	1169.44	53.75	633.51	206.57	328	52
福　建	16552	6037	905.70	85.34	40.28	482.17	20.10	277.81	338.91	725	44
江　西	38955	12234	1835.18	110.23	31.54	1637.73	13.79	41.89	276.95	1424	394
山　东	51973	21384	3207.60	1606.52	126.83	1205.03	52.81	216.41	403.50	1247	122

续表

地区	水土流失面积(km²)	水土流失治理面积							合计中小流域治理的面积(万亩)	本年新增治理面积(km²)	本年减少治理面积(km²)
		合计(km²)	折万亩	其中：(万亩)							
				水平梯田	沟坝地	水保林	种草	其他			
河南	60568	28966	4344.90	1043.58	131.41	2349.96	93.04	726.91	1748.10	1475	16415
湖北	72240	28733	4310.00	581.00	122.00	3006.00	40.00	561.00	345.00	846	80
湖南	44693	15065	2259.75	286.03	98.45	1252.45	124.11	498.71	353.68	634	205
广东	12242	8960	1344.00	101.02	46.47	656.74	27.73	512.04	262.44	788	0
广西	17309	8789	1319.68	141.27	22.57	1154.98	0.01	0.85	11.59	130	61
海南	348	206	30.95	3.56	0.00	16.98	0.00	10.41	0.00	0	0
四川	37107	23474	3521.10	400.58	373.51	1714.90	112.36	919.75	1735.55	3938	2104
贵州	35394	7516	1127.40	143.56	74.62	643.88	35.73	229.61	1127.40	1147	55
云南	45911	13086	1962.90	438.17	172.33	1211.76	44.43	96.21	1235.55	940	25
陕西	137485	64393	9659.01	1030.43	103.79	5453.15	1056.97	2014.67	5630.33	4097	1047
甘肃	172417	42975	6446.21	1363.40	38.73	2898.27	1456.02	689.79	1203.64	2855	0
青海	26000	4178	626.64	153.64	2.29	243.40	46.70	180.61	126.20	151	0
宁夏	36227	6776	1016.40	144.70	80.87	389.44	242.37	159.02	189.89	358	117
新疆	876	312	46.81	24.79	14.26	5.88	1.59	0.29	6.01	7	0

（王淑筠）

全国1973～1990年各年建成水库数、库容、水库灌溉面积

（库容：亿 m³；面积：万亩）

年份	合计			大型水库			中型水库			小型水库			塘坝	
	座	总库容	有效灌溉面积	座	总库容	有效灌溉面积	座	总库容	有效灌溉面积	座	总库容	有效灌溉面积	万座	蓄水量
1973	72131	3650	17119	283	2767	6743	1833	436	4292	70015	447	6084	529	201
1974	74712	3549	20274	290	2644	8431	1860	488	5338	72562	417	6505	669	252
1975	73650	3624	21240	300	2667	8676	1982	504	5317	71368	453	7247	659	266
1976	78473	3888	24011	304	2879	10563	2057	531	5715	76112	478	7733	650	258
1977	81501	3948	24315	308	2887	10673	2129	558	5843	79064	503	7799	714	283
1978	84585	4012	24627	311	2896	10613	2205	585	6087	82069	531	7927	453	283
1979	86132	4081	25209	319	2945	10739	2252	593	6246	83561	543	8224	642	276
1980	86822	4130	23984	326	2975	9382	2298	605	6319	84198	550	8283	637	273
1981	86881	4169	23709	328	2989	9120	2333	622	6379	84220	558	8210	632	266
1982	86900	4188	23915	331	2994	9326	2353	632	6477	84216	562	8112	632	268
1983	86567	4208	23506	335	3007	9122	2367	640	6376	83865	561	8008	619	264
1984	84998	4292	23749	338	3068	9420	2387	658	6348	82273	566	7981		
1985	83219	4301	23640	340	3076	9610	2401	661	6309	80478	564	7721		
1986	82716	4432	23624	350	3199	9612	2415	666	6283	79951	567	7729		
1987	82870	4475	23853	353	3233	9673	2428	672	6386	80089	570	7794		
1988	82937	4504	23702	355	3252	9599	2462	681	6302	80120	571	7801		
1989	82848	4617	23739	358	3357	9614	2480	688	6381	80010	572	7744		
1990	83387	4660	23714	366	3396	9647	2499	690	6308	80522	573	7759		

（王淑筠）

已建成水库座数、库

地 区	水 库（座）	总库容	兴利库容	大中型水库年来水量	有效灌溉面积	大型水库			
						座	总库容	兴利库容	年来水量
全国总计	83387	4660.31	2311.91	8351.84	23714.24	366	3396.75	1488.59	7238.72
北 京	83	93.03	23.84	15.98	336.65	4	87.54	20.36	13.44
天 津	91	25.21	10.00	12.83	115.80	2	20.59	6.54	10.30
河 北	1176	147.52	71.28	97.13	1212.54	20	126.23	60.25	89.13
山 西	779	39.31	16.25	13.69	562.59	6	17.06	6.13	7.51
内 蒙 古	473	73.07	28.18	38.43	375.89	9	50.12	18.54	22.50
辽 宁	908	302.26	153.65	406.72	736.32	25	274.22	139.91	397.52
吉 林	1329	299.76	168.89	330.14	314.68	13	268.56	152.03	310.95
黑 龙 江	491	68.98	34.30	33.18	199.22	15	43.88	20.92	22.49
江 苏	1143	190.17	50.82	327.97	1763.01	8	167.14	38.55	317.66
浙 江	3558	336.09	171.67	575.39	1152.35	18	287.44	138.10	434.39
安 徽	4533	182.25	80.76	113.86	1385.04	10	124.47	49.58	90.61
福 建	2719	71.04	52.49	93.61	423.87	8	38.00	26.58	34.02
江 西	9487	234.69	133.57	288.39	1093.26	18	132.54	59.54	173.91
山 东	5596	192.15	108.99	106.37	1034.30	33	121.49	69.65	76.17
河 南	2427	499.96	76.82	436.24	918.03	16	453.38	52.46	414.53
湖 北	5799	500.59	253.19	600.60	2107.30	52	393.34	185.22	547.66
湖 南	13062	290.70	206.47	863.09	2359.88	15	173.57	112.19	771.78
广 东	6341	371.60	213.42	371.31	1334.26	27	247.85	127.14	263.43
广 西	4536	220.22	106.69	1455.46	1044.92	25	130.64	47.95	1380.06
海 南	992	75.18	46.02	82.56	257.66	5	45.56	27.71	62.29
四 川	9135	118.44	73.55	530.05	1467.34	7	39.70	23.19	504.36
贵 州	1844	51.82	34.46	199.90	263.04	3	31.59	18.85	100.36
云 南	4450	68.11	51.89	62.52	627.77	2	6.59	5.66	6.42
陕 西	1344	44.72	25.76	172.17	443.35	5	12.34	7.73	151.06
甘 肃	292	85.61	64.77	703.87	421.39	6	72.87	55.48	676.01
青 海	136	2.01	1.79	2.52	59.43	0	0.00	0.00	0.00
宁 夏	194	17.46	4.47	303.05	320.38	1	8.50	0.50	302.00
新 疆	469	58.36	47.92	114.81	1383.97	13	21.54	17.83	58.16

容、灌溉面积(至1990年)

(库容:亿 m^3;灌溉面积:万亩;水量:亿 m^3)

	中型水库					小型水库			
有效灌溉面积	座	总库容	兴利库容	年来水量	有效灌溉面积	座	总库容	兴利库容	有效灌溉面积
9647.10	2499	690.43	423.00	1113.12	6307.79	80522	573.13	400.32	7759.35
253.40	16	4.68	2.98	2.54	34.39	63	0.81	0.50	48.86
45.00	11	3.58	2.71	2.53	44.12	78	1.04	0.75	26.68
981.40	35	12.62	6.37	8.00	130.69	1121	8.67	4.66	100.45
230.86	52	13.77	5.94	6.18	201.07	721	8.48	4.18	130.66
233.88	59	17.02	6.81	15.93	86.14	405	5.93	2.83	55.87
582.38	61	17.81	8.24	9.20	72.31	822	10.23	5.50	81.63
116.66	82	20.35	11.02	19.19	96.63	1234	10.85	5.84	101.39
64.68	50	15.95	8.76	10.69	70.16	426	9.15	4.62	64.38
1437.64	40	12.13	5.90	10.31	143.24	1095	10.90	6.37	182.13
276.64	94	27.15	16.31	141.00	365.71	3446	21.50	17.26	510.00
815.82	100	32.67	16.48	23.25	256.16	4423	25.11	14.70	313.06
99.21	68	17.23	13.34	59.59	108.24	2643	15.81	12.57	216.42
120.32	193	43.77	29.93	114.48	307.32	9276	58.38	44.10	665.62
455.28	136	38.02	19.92	30.20	229.78	5427	32.64	19.42	349.24
524.63	94	26.66	13.02	21.71	210.40	2317	19.92	11.34	183.00
1109.78	225	61.84	38.13	52.94	473.95	5522	45.41	29.84	523.57
454.11	227	54.14	40.68	91.31	793.61	12820	62.99	53.60	1112.16
391.44	262	70.63	47.52	107.88	429.48	6052	53.12	38.76	513.34
313.82	166	48.28	29.45	75.40	354.26	4345	41.30	29.29	376.84
131.51	67	19.25	11.60	20.27	70.95	920	10.37	6.71	55.20
169.90	116	27.88	16.78	25.69	321.72	9012	50.86	33.58	975.72
0.00	29	7.09	5.26	99.54	41.15	1812	13.14	10.35	221.89
7.31	121	34.12	22.86	56.10	252.87	4327	27.40	23.37	367.59
195.38	62	20.20	10.21	21.11	141.51	1277	12.18	7.82	106.46
33.89	25	8.70	6.08	27.86	305.35	261	4.04	3.21	82.15
0.00	5	0.83	0.83	2.52	13.11	131	1.18	0.96	46.32
280.00	14	5.35	1.77	1.05	15.96	179	3.61	2.20	24.42
322.16	89	28.71	24.10	56.65	737.51	367	8.11	5.99	324.30

(王淑筠)

万亩以上灌区处

地区	按设计灌溉面积划分			按		有
				合计		
	处	设计灌溉面积	有效灌溉面积	处	有效灌溉面积	处
全国总计	6837	48538.56	33562.29	5363	31845.95	72
北京	40	331.00	312.00	33	307.00	0
天津	48	133.93	101.15	46	99.63	0
河北	176	2174.68	1567.15	158	1556.63	4
山西	173	1209.88	984.58	154	971.80	2
内蒙古	252	2576.30	1534.25	189	1487.82	2
辽宁	151	956.16	729.85	109	705.18	1
吉林	159	725.00	428.00	116	400.00	0
黑龙江	335	1219.01	701.77	215	641.44	0
江苏	185	2038.27	1541.14	185	1541.14	2
浙江	193	992.94	927.87	190	927.87	2
安徽	510	2829.91	1873.91	350	1804.58	5
福建	135	448.91	367.84	126	358.08	0
江西	330	1110.69	791.94	210	714.61	1
山东	762	4901.09	2861.56	468	2716.34	7
河南	239	2784.30	1435.21	146	1384.65	6
湖北	399	3771.00	2881.58	291	2683.81	10
湖南	387	1977.10	1555.71	357	1544.21	2
广东	382	1582.97	1254.49	320	1213.42	2
广西	356	1398.17	1091.88	288	1025.20	1
海南	60	411.43	232.61	39	218.63	1
四川	364	2522.38	1829.54	295	1779.77	3
贵州	93	160.76	118.97	52	94.50	0
云南	209	590.74	436.80	167	411.49	0
陕西	157	1527.33	1321.03	135	1283.24	6
甘肃	171	1251.77	1022.42	165	1018.31	0
青海	73	198.62	170.66	64	166.58	0
宁夏	22	782.55	435.65	22	435.65	2
新疆	476	7931.67	5052.73	473	4354.37	13

数、面积(至1990年)

(单位:万亩)

效	灌	溉	面	积	划	分
50万亩以上灌区	30～50万亩灌区		10～30万亩灌区		1～10万亩灌区	
有效灌溉面积	处	有效灌溉面积	处	有效灌溉面积	处	有效灌溉面积
9071.37	76	2843.69	477	7429.61	4738	12501.28
0.00	4	157.00	2	54.00	27	96.00
0.00	0	0.00	0	0.00	46	99.63
568.89	2	87.50	25	453.61	127	446.63
201.30	4	156.39	16	239.18	132	374.93
719.79	3	123.13	12	201.52	172	443.38
81.49	1	46.67	21	317.45	86	259.57
0.00	1	30.00	6	98.00	109	272.00
0.00	1	35.00	5	63.56	209	542.88
104.55	11	373.95	41	660.79	131	401.85
166.48	1	35.29	17	299.98	170	426.12
868.51	1	36.00	14	185.22	330	714.85
0.00	1	44.60	5	92.78	120	220.70
82.33	0	0.00	13	202.37	196	429.91
850.04	4	134.72	44	749.67	413	981.91
459.60	4	161.73	27	449.00	109	314.32
961.55	8	263.56	57	792.42	216	666.28
162.25	8	322.10	13	194.67	334	865.19
208.34	1	31.53	17	209.22	300	764.33
53.73	3	103.67	10	154.43	274	713.37
103.34	0	0.00	1	14.00	37	101.29
975.06	0	0.00	9	153.61	283	651.10
0.00	0	0.00	0	0.00	52	94.50
0.00	0	0.00	2	21.86	165	389.63
797.66	1	44.90	9	156.72	119	283.96
0.00	4	157.46	27	478.18	134	382.67
0.00	0	0.00	0	0.00	64	166.58
339.00	1	41.66	1	13.93	18	41.06
1367.46	12	456.83	83	1173.44	365	1356.64

(王淑筠)

水闸、堤防(至1990年)

地区	水闸(座)				堤防累计到达						堤防累计绿化长度(km)	本年新增堤防长度(km)	本年减少堤防长度(km)
					合计			其中:主要堤防					
	合计	大型	中型	小型	长度(km)	保护耕地(万亩)	保护人口(万人)	长度(km)	保护耕地(万亩)	保护人口(万人)			
全国总计	27649	316	2126	25207	225770	47423.32	33462.25	57499	31431.28	22286.98	106552	10189	1398
北京	210	10	44	156	657	286.00	195.00	398	278.00	219.00	410	4	0
天津	366	10	39	317	4027	621.17	969.78	1949	606.00	955.53	2637	15	4
河北	1443	16	186	1241	18236	4787.00	2240.00	5585	4655.00	1876.00	9032	0	0
山西	99	2	14	83	2451	316.99	165.99	485	74.48	56.94	813	53	3
内蒙古	104	4	25	75	4113	1756.00	656.00	3388	1618.00	578.00	1147	67	5
辽宁	393	20	73	300	17583	2128.00	1585.00	1964	877.00	815.00	8752	935	0
吉林	21	1	4	16	6454	931.00	500.00	3265	766.00	362.00	2252	214	2
黑龙江	93	2	13	78	10333	3143.71	975.61	1167	1143.04	481.04	2252	171	19
上海	190	0	54	136	1190	267.80	951.52	727	175.91	889.60	707	125	0
江苏	2374	26	260	2088	49786	4450.96	4381.94	6302	4002.66	3255.68	29126	6269	993
浙江	2226	4	148	2074	6277	1949.00	1967.00	533	927.00	880.00	1216	325	0
安徽	1859	36	238	1585	19222	3126.14	2468.33	5089	2365.78	1890.78	6726	31	16
福建	3480	13	101	3366	4975	391.18	462.95	1020	181.46	291.04	674	103	7
江西	365	3	31	331	3197	657.40	654.35	198	125.72	133.85	264	11	21
山东	876	36	131	709	10788	5213.00	2825.00	7446	4224.00	2371.00	8297	0	0
河南	1488	17	190	1281	13554	8575.00	5122.00	5508	4661.00	2819.00	8644	0	0
湖北	633	9	64	560	11452	2869.00	2271.00	4661	2057.00	1703.00	8440	541	0
湖南	1633	4	31	1598	4469	889.94	825.56	2067	586.41	570.21	2000	4	2
广东	5256	86	282	4888	15769	1688.17	2156.38	222	304.00	705.00	7606	4	31
广西	2306	7	41	2258	2157	202.89	170.51	177	29.52	54.29	167	18	5
海南	315	2	21	292	447	36.69	27.77	0	0.00	0.00	9	3	0
四川	43	5	5	33	2236	456.93	479.22	867	277.99	308.72	656	117	35
贵州	0	0	0	0	0	0.00	0.00	0	0.00	0.00	0	0	0
云南	582	2	48	532	5910	335.50	296.56	782	81.17	118.19	1811	270	44
陕西	15	0	0	15	4510	374.36	188.97	1564	270.54	306.28	1671	173	87
甘肃	924	0	20	904	2291	192.27	170.45	570	96.80	73.04	181	505	53
青海	0	0	0	0	0	0.00	0.00	0	0.00	0.00	0	0	0
宁夏	19	0	9	10	494	74.55	54.97	494	74.55	54.97	224	1	3
新疆	336	1	54	281	3192	1702.67	700.39	1071	972.25	518.82	838	230	68

(王淑筠)

固定排灌站、水轮泵站(至1990年)

地区	固定机电排灌站									本年新增排灌站			水轮泵站	
	合计			电动机排灌站			内燃机排灌站			处	装机		处	台
	处	装机		处	装机		处	装机			万台	万kW		
		万台	万kW		万台	万kW		万台	万kW					
全国总计	473680	62.08	2006.49	376824	50.17	1790.19	96856	11.91	216.30	17029	2.16	62.64	20308	32570
北京	5185	0.65	13.55	5080	0.65	13.50	105	0.00	0.05	45	0.01	0.09	1	10
天津	2011	0.47	41.75	1996	0.47	41.67	15	0.00	0.08	40	0.01	0.36	0	0
河北	3169	0.62	42.69	2721	0.54	38.87	448	0.08	3.82	105	0.01	0.87	72	125
山西	10129	1.65	58.50	8873	1.50	56.00	1256	0.15	2.50	293	0.05	5.47	47	90
内蒙古	1983	0.32	12.16	1079	0.22	10.30	904	0.10	1.86	252	0.03	0.52	3	28
辽宁	6395	1.09	58.49	5930	1.04	57.58	465	0.05	0.91	84	0.02	1.42	12	39
吉林	5451	0.83	27.99	5233	0.80	27.62	218	0.03	0.37	0	0.01	0.28	24	85
黑龙江	5574	0.75	25.34	2985	0.45	20.73	2589	0.30	4.61	220	0.03	1.16	19	34
上海	8063	1.12	18.77	8063	1.12	18.77	0	0.00	0.00	0	0.00	0.00	0	0
江苏	68391	9.22	279.88	63375	8.21	245.90	5016	1.01	33.98	1808	0.23	5.84	4	35
浙江	59435	7.24	83.96	52462	6.47	77.90	6973	0.77	6.06	2555	0.40	2.72	399	484
安徽	12891	2.49	137.93	11724	2.29	129.70	1167	0.20	8.23	1235	0.16	4.03	231	283
福建	14983	1.63	28.98	9061	1.01	20.99	5922	0.62	7.99	171	0.02	0.42	1386	2266
江西	24460	2.91	80.62	18156	2.15	67.52	6304	0.76	13.10	1320	0.14	3.33	1237	1587
山东	26853	3.53	129.52	16102	2.26	87.04	10751	1.27	42.48	1602	0.21	6.91	46	84
河南	11534	1.52	53.53	9771	1.30	45.65	1763	0.22	7.88	348	0.04	1.06	36	134
湖北	17374	2.49	204.66	14396	2.13	190.46	2978	0.36	14.20	0	0.00	5.40	625	113
湖南	64595	7.30	167.23	40289	4.46	140.71	24306	2.84	26.52	4318	0.44	7.66	3880	7140
广东	27368	3.43	104.25	23979	3.08	98.67	3389	0.35	5.58	245	0.06	0.82	1722	2769
广西	23747	2.57	52.24	12755	1.43	38.73	10992	1.14	13.51	860	0.10	1.92	6164	9166
海南	1302	0.15	2.78	834	0.10	2.16	468	0.05	0.62	53	0.01	0.05	74	166
四川	34016	4.06	126.34	31195	3.76	123.19	2821	0.30	3.15	621	0.07	1.82	355	482
贵州	8145	0.89	19.27	6549	0.73	16.95	1596	0.16	2.32	0	0.00	0.00	3033	6156
云南	10529	1.34	60.92	10126	1.29	59.79	403	0.05	1.13	529	0.06	2.49	164	336
陕西	9954	2.14	53.88	7672	1.44	45.46	2282	0.70	8.42	174	0.03	0.63	543	591
甘肃	7489	1.24	91.75	4268	0.90	86.63	3221	0.34	5.12	43	0.00	6.57	187	284
青海	944	0.13	8.50	886	0.12	8.28	58	0.01	0.22	21	0.00	0.20	22	43
宁夏	1099	0.20	17.78	1019	0.19	17.55	80	0.01	0.23	64	0.01	0.49	2	3
新疆	611	0.10	3.23	245	0.06	1.87	366	0.04	1.36	23	0.01	0.11	21	37

（王淑筠）

机 电

地区	机电井（万眼）	其中：牧区机电井（眼）	已配套 合计（万眼）	装机 万台	装机 万 kW	其中：完好数量（万眼）	机配 眼数（万眼）	机配 装 万台
全国总计	314.92	31471	273.11	312.16	2659.40	256.51	98.85	120.89
北京	4.41	0	4.33	4.39	50.82	4.26	0.09	0.01
天津	2.77	0	2.73	2.73	29.22	2.44	0.10	0.10
河北	73.44	104	68.07	93.48	809.64	67.45	20.59	36.14
山西	8.42	0	7.66	7.98	92.25	6.83	0.22	0.35
内蒙古	16.15	28659	14.24	14.38	131.12	12.54	6.25	6.36
辽宁	9.64	0	9.06	8.98	122.33	7.76	2.23	2.16
吉林	5.42	291	4.79	4.78	45.20	4.16	1.14	1.13
黑龙江	7.89	0	6.94	6.83	68.03	6.24	3.33	3.14
江苏	4.89	0	3.20	3.17	21.37	2.81	0.91	0.84
浙江	0.25	0	0.17	0.16	1.03	0.16	0.08	0.07
安徽	11.46	0	4.75	4.51	32.90	4.18	3.48	3.23
福建	1.66	0	0.81	0.61	4.88	0.64	0.65	0.53
江西	0.20	0	0.16	0.17	1.74	0.16	0.05	0.06
山东	75.90	0	65.07	76.66	615.54	63.67	32.46	39.09
河南	69.58	0	60.21	61.56	409.39	54.19	24.42	24.69
湖北	0.63	0	0.63	0.50	9.21	0.42	0.18	0.14
广东	0.42	0	0.32	0.32	2.63	0.40	0.18	0.18
广西	0.14	0	0.12	0.12	1.36	0.11	0.06	0.06
海南	0.04	0	0.02	0.02	0.23	0.02	0.01	0.01
四川	1.41	15	1.27	1.14	11.05	1.26	0.39	0.39
云南	0.28	0	0.26	0.26	3.72	0.23	0.01	0.01
陕西	13.33	0	12.21	13.21	96.45	11.29	0.80	0.89
甘肃	3.04	112	2.94	3.04	44.41	2.34	0.41	0.48
青海	0.13	219	0.12	0.12	1.62	0.12	0.02	0.02
宁夏	0.89	671	0.79	0.78	6.36	0.75	0.02	0.02
新疆	2.53	1400	2.24	2.26	46.90	2.08	0.77	0.79

井(至1990年)

机电井				其中：牧区机电井			本年新增配套井（眼）	本年报废配套井（眼）
井	电配井			眼数	装机			
机	眼数（万眼）	装机		（眼）	台	kW		
万kW		万台	万kW					
1110.18	174.26	191.27	1549.22	25834	25668	226233	212585	114636
0.10	4.24	4.38	50.72	0	0	0	1429	943
0.90	2.63	2.63	28.32	0	0	0	533	806
347.32	47.48	57.34	462.32	29	29	500	58553	32404
3.76	7.44	7.63	88.49	0	0	0	2824	1948
54.23	7.99	8.02	76.89	23291	23269	180927	22481	7405
25.04	6.83	6.82	97.29	0	0	0	11896	2089
10.29	3.65	3.65	34.91	291	291	2726	3072	156
32.88	3.61	3.69	35.15	0	0	0	5731	1978
7.16	2.29	2.33	14.21	0	0	0	1060	1424
0.44	0.09	0.09	0.59	0	0	0	32	12
27.07	1.27	1.28	5.83	0	0	0	5463	1168
4.01	0.16	0.08	0.87	0	0	0	77	111
0.65	0.11	0.11	1.09	0	0	0	136	37
342.78	32.61	37.57	272.76	0	0	0	48648	20379
214.24	35.79	36.87	195.15	0	0	0	42712	39592
4.02	0.45	0.36	5.19	0	0	0	200	0
1.86	0.14	0.14	0.77	0	0	0	43	11
0.53	0.06	0.06	0.83	0	0	0	178	0
0.11	0.01	0.01	0.12	0	0	0	0	62
3.42	0.88	0.75	7.63	12	12	141	152	16
0.07	0.25	0.25	3.65	0	0	0	98	32
8.23	11.41	12.32	88.22	0	0	0	5171	3054
6.20	2.53	2.56	38.21	105	105	870	224	124
0.21	0.10	0.10	1.41	200	199	2641	3	19
0.29	0.77	0.76	6.07	671	640	6140	369	13
14.37	1.47	1.47	32.53	1235	1123	32288	1500	853

（王淑筠）

排灌机械保有量(至1990年)

地区	合计		电动机		内燃机	
	万台	万 kW	万台	万 kW	万台	万 kW
全国总计	674.65	6805.45	325.31	3831.10	349.34	2974.35
北　京	6.47	71.22	6.41	70.41	0.06	0.81
天　津	9.48	131.16	7.76	117.01	1.72	14.15
河　北	167.69	1339.78	71.62	536.07	96.07	803.71
山　西	9.99	155.03	9.39	147.23	0.60	7.80
内蒙古	17.34	141.56	9.65	85.94	7.69	55.62
辽　宁	10.76	186.93	7.92	156.24	2.84	30.69
吉　林	6.13	75.58	4.75	63.34	1.38	12.24
黑龙江	9.02	113.83	4.30	57.67	4.72	56.16
上　海	4.10	30.07	4.08	29.88	0.02	0.19
江　苏	33.12	465.10	20.58	325.71	12.54	139.39
浙　江	18.42	131.88	12.67	102.06	5.75	29.82
安　徽	22.53	295.45	9.09	172.30	13.44	123.15
福　建	3.31	38.36	1.15	21.27	2.16	17.09
江　西	8.67	130.08	4.65	84.63	4.02	45.45
山　东	155.87	1309.63	54.79	454.95	101.08	854.68
河　南	77.04	563.06	42.39	258.39	34.65	304.67
湖　北	20.83	423.46	8.21	274.50	12.62	148.87
湖　南	37.70	310.79	7.43	156.33	30.27	154.46
广　东	9.97	144.55	8.88	126.58	1.09	17.97
广　西	3.80	62.99	1.66	39.69	2.14	23.30
海　南	0.17	3.18	0.10	2.38	0.07	0.80
四　川	11.68	194.09	4.66	131.16	7.02	62.93
贵　州	4.66	38.06	1.28	18.80	3.38	19.26
云　南	2.29	69.57	1.82	65.13	0.47	4.44
陕　西	15.53	157.68	13.82	139.93	1.71	17.75
甘　肃	4.41	137.23	3.51	125.21	0.90	12.02
青　海	0.29	10.30	0.23	9.69	0.06	0.61
宁　夏	1.01	24.41	0.98	23.87	0.03	0.54
新　疆	2.37	50.42	1.53	34.64	0.84	15.78

（王淑筠）

解决人畜饮水情况(至1990年)

(人数:万人;牲畜:万头)

地区	解决人畜饮水								其中:病区改水			
	需解决		已解决		其中:本年解决		本年重复解决		需解决	已解决	其中:本年解决	本年重复解决
	人数	牲畜	人数	牲畜	人数	牲畜	人数	牲畜	人数	人数	人数	人数
全国总计	21495.62	12826.99	13277.52	7906.38	912.97	656.72	267.88	201.96	4276.69	1760.61	120.93	34.49
北京	69.31	21.10	62.66	19.70	1.72	0.39	3.44	0.61	34.80	30.52	0.58	0.13
天津	279.65	58.21	197.87	52.86	5.28	−19.60	12.06	0.75	198.56	118.92	14.03	11.80
河北	1587.19	208.36	1079.06	153.51	86.49	14.85	21.97	4.38	851.36	448.58	31.32	6.25
山西	1125.63	159.16	910.27	130.83	14.64	2.44	15.45	2.61	222.59	76.77	0.36	0.00
内蒙古	607.54	1163.94	240.44	723.43	13.09	55.15	3.43	28.78	350.75	91.61	0.83	1.55
辽宁	650.15	99.59	346.23	84.07	18.94	3.13	0.00	0.00	123.50	108.13	6.94	0.00
吉林	532.84	220.77	296.41	91.47	13.56	7.05	2.50	1.05	137.55	67.86	2.06	1.18
黑龙江	1218.24	441.39	652.81	180.85	22.36	7.49	1.85	0.44	263.25	95.83	4.30	0.20
江苏	1090.30	517.52	517.00	244.45	41.93	18.31	9.76	3.23	294.41	55.98	10.24	9.90
浙江	386.38	136.70	238.86	73.53	28.15	13.82	8.31	3.04	33.49	15.66	0.25	0.67
安徽	685.87	219.08	313.60	78.73	24.49	12.79	7.61	0.61	0.00	0.00	0.00	0.00
福建	863.20	270.57	467.92	127.70	63.60	18.90	2.87	0.63	21.91	10.13	1.38	0.00
江西	815.80	438.69	542.96	257.95	41.83	23.73	7.91	4.17	17.47	5.16	0.11	0.00
山东	1128.97	101.37	757.15	58.95	48.62	5.15	15.10	1.38	0.00	0.00	0.00	0.00
河南	1105.09	75.17	657.62	72.77	43.92	7.47	8.70	2.08	719.64	261.52	15.34	0.55
湖北	570.27	351.11	380.98	241.61	18.98	11.61	10.64	4.67	39.05	15.12	1.67	0.10
湖南	441.42	282.85	322.19	196.74	17.49	12.47	3.10	2.42	10.57	0.98	0.02	0.02
广东	270.88	62.71	192.81	38.85	19.27	3.92	8.51	2.19	19.16	2.98	1.21	0.13
广西	957.36	579.65	582.13	307.37	41.61	21.64	6.39	5.13	0.00	0.00	0.00	0.00
海南	122.70	0.00	94.20	0.00	19.12	0.00	3.12	0.00	7.39	1.17	0.04	0.00
四川	1518.28	1494.91	863.34	835.45	66.00	83.16	44.44	42.99	33.96	2.65	0.41	0.02
贵州	722.89	497.59	450.45	298.70	54.44	35.83	0.00	0.00	16.76	5.60	1.51	0.00
云南	1246.24	745.57	955.07	547.40	67.44	51.50	38.42	24.44	45.03	6.89	0.20	0.04
陕西	1381.17	324.56	717.76	119.62	22.37	6.85	0.00	0.00	329.21	152.51	1.15	0.00
甘肃	885.23	643.84	591.15	621.08	34.70	58.72	8.51	8.62	184.22	57.99	6.77	0.00
青海	212.00	918.00	156.88	654.95	6.08	24.42	0.88	1.88	27.00	17.70	2.00	0.00
宁夏	90.25	175.39	58.07	116.33	6.02	13.81	0.50	0.57	26.84	11.46	2.62	0.00
新疆	930.77	2619.19	631.63	1577.48	70.83	161.72	22.41	55.29	268.22	98.89	15.59	1.95

(王淑筠)

全国历年固定排灌站、水轮泵站、机电井

年 份	固定排灌站（万处）			水轮泵站		配套机电井		
	合计	机械	电力	万处	万台	眼数（万眼）	完好数（万眼）	完好率（%）
1965						19.42		
1970						62.70		
1975	34.33	14.08	20.25	5.55	7.72	181.75		
1976	38.43	15.15	23.28	5.92	7.12	203.32		
1977	40.55	16.25	24.30	4.89	7.06	210.88		
1978	41.59	16.01	25.58	4.44	6.33	221.83		
1979	43.17	15.55	27.62	4.03	5.90	229.37		
1980	52.44	23.40	29.04	3.53	5.34	229.06	201.98	88
1981	47.23	17.52	29.71	3.31	5.02	229.77	201.97	88
1982	47.08	16.62	30.46	3.09	4.77	234.31	203.78	87
1983	47.53	15.91	31.62	2.82	4.35	241.30	211.84	88
1984	47.81	15.10	32.71	2.76	4.35	240.31	215.05	89
1985	46.23	13.35	32.88	2.37	3.85	237.04	211.24	89
1986	45.56	12.28	33.28	2.26	3.72	236.39	211.45	89
1987	46.21	11.56	34.65	2.15	3.51	243.02	220.67	91
1988	46.11	10.72	35.39	2.11	3.44	251.90	230.56	92
1989	46.54	10.16	36.38	2.03	3.34	263.29	244.23	93
1990	47.37	9.70	37.68	2.03	3.25	273.11	256.51	94

（王淑筠）

全国历年排灌动力机械拥有量

(单位:万 kW)

年 份	排灌机械拥有量			其中	
	合 计	其中:电动机	占拥有量比重（%）	固定机电排灌站	配套机电井
1949	7.1				
1952	9.4				
1957	41.5	7.1	17		
1962	452.1	164.8	36		
1965	667.4	325.9	49		
1970	1342.1				
1975	3481.0	1706.4	49	1128.54	1576.51
1976	3985.0	1982.4	49	1273.02	1820.01
1977	4292.0	2108.4	49	1393.34	1845.32
1978	4722.4	2420.0	51	1502.76	2073.20
1979	5132.9	2598.8	51	1649.41	2061.64
1980	5384.0	2735.5	51	1797.56	2074.02
1981	5454.8	2856.3	52	1804.27	2122.78

续表

年　份	排灌机械拥有量			其　中	
	合　计	其中：电动机	占拥有量比重(%)	固定机电排灌站	配套机电井
1982	5561.8	2989.4	54	1856.59	2190.72
1983	5792.3	3173.1	55	1905.53	2281.37
1984	5957.5	3294.2	55	1924.86	2285.72
1985	5941.4	3319.2	56	1914.83	2315.12
1986	5979.3	3405.9	57	1918.15	2277.35
1987	6242.2	3545.9	57	1955.83	2370.60
1988	6436.7	3642.4	57	1985.38	2537.80
1989	6635.4	3740.0	56	1997.78	2593.24
1990	6805.5	3831.1	56	2006.49	2659.40

（王淑筠）

二、水利综合指标(按流域分)

流域灌溉面积(至1990年)

(单位:万亩)

流　域	一、有效灌溉(农田灌溉)		二、林地及果园灌溉	三、牧草灌溉			旱涝保收面积	机电排灌面积							水轮泵灌溉面积
	小计	其中：当年实灌		小计	其中：饲草基地	天然牧场		合　计	机电灌溉面积 小　计	机电井	固定站	流动机	喷滴灌	纯排面积	
总　计	57973	49241	1344	264	122	142	41805	41487	35913	15161	16833	3267	652	5574	385
黄　河	6636	5790	333	132	64	68	4595	4705	4257	2629	1581	25	22	448	8
淮　河	10805	7858	101	0	0	0	7654	9651	8834	3387	4355	730	362	817	8
海　河	9373	8699	400	4	4	0	6331	9141	8523	6326	1457	649	91	618	2
滦　河	536	429	66	2	2	0	363	573	468	363	52	49	4	105	0
长　江	21668	19098	124	30	13	17	16577	11022	9506	275	7443	1667	121	1516	287
珠　江	4326	3744	261	1	1	0	3387	1411	951	7	862	79	3	460	77
松花江	2528	1885	24	16	2	14	1378	2252	1625	899	627	57	42	627	0
辽　河	2101	1738	35	79	36	43	1520	2732	1749	1275	456	11	7	983	3

（王淑筠）

流域灌溉面积(至1990年)

(单位:万亩)

地区	一、有效灌溉(农田灌溉)		二、林地及果园灌溉	三、牧草灌溉			旱涝保收面积	机电排灌面积							水轮泵灌溉面积
					其中:			合计	机电灌溉面积					纯排面积	
	小计	其中:当年实灌		小计	饲草基地	天然牧场			小计	机电井	固定站	流动机	喷滴灌		
黄河流域															
总计	6636	5790	333	132	64	68	4595	4705	4257	2629	1581	25	22	448	8
山西	1133	1018	9	0	0	0	573	882	882	532	349	0	1	0	2
内蒙古	1216	1111	174	57	50	7	889	765	433	302	131	0	0	332	0
山东	452	383	29	0	0	0	364	406	397	287	107	0	3	9	1
河南	979	897	7	0	0	0	743	748	748	656	60	24	8	0	0
陕西	1613	1347	16	1	0	1	1013	1263	1263	719	540	0	4	0	0
甘肃	532	426	21	14	0	14	449	365	365	90	271	0	4	0	2
青海	241	170	10	54	8	46	161	38	38	2	34	0	2	0	3
宁夏	470	438	67	6	6	0	403	238	131	41	89	1	0	107	0
淮河流域															
总计	10805	7858	101	0	0	0	7654	9651	8834	3387	4355	730	362	817	8
江苏	3623	2783	14	0	0	0	2517	3641	3144	191	2440	497	16	497	7
安徽	2065	1503	1	0	0	0	1340	1852	1602	211	1100	119	172	250	0
山东	2067	1749	80	0	0	0	1485	1790	1720	1001	551	10	158	70	1
河南	3050	1823	6	0	0	0	2312	2368	2368	1984	264	104	16	0	0
海滦河流域——其中:海河流域															
总计	9373	8699	400	4	4	0	6331	9141	8523	6326	1457	649	91	618	2
北京	493	463	65	0	0	0	363	442	436	267	80	15	74	6	0
天津	519	450	23	0	0	0	319	627	519	183	323	0	13	108	0
河北	5134	4840	220	2	2	0	3489	5193	4694	4253	284	153	4	499	2
山西	574	465	16	0	0	0	353	375	373	253	120	0	0	2	0
内蒙古	29	22	1	0	0	0	15	15	15	14	1	0	0	0	0
山东	1774	1658	64	2	2	0	1155	1727	1724	672	576	476	0	3	0
河南	850	801	11	0	0	0	637	762	762	684	73	5	0	0	0
海滦河流域——其中:滦河流域															
总计	536	429	66	2	2	0	363	573	468	363	52	49	4	105	0
河北	525	421	64	2	0	0	357	567	462	357	52	49	4	105	0
内蒙古	7	4	1	2	2	0	2	3	3	3	0	0	0	0	0
辽宁	4	4	1	0	0	0	4	3	3	3	0	0	0	0	0
长江流域															
总计	21668	19098	124	30	13	17	16577	11022	9506	275	7443	1667	121	1516	287
上海	480	426	0	0	0	0	460	480	472	0	437	19	16	8	0

续表

地区	一、有效灌溉(农田灌溉) 小计	其中：当年实灌	二、林地及果园灌溉	三、牧草灌溉 小计	其中：饲草基地	其中：天然牧场	旱涝保收面积	机电排灌面积 合计	机电灌溉面积 小计	机电井	固定站	流动机	喷滴灌	纯排面积	水轮泵灌溉面积
江苏	2333	2023	5	0	0	0	1838	2192	2133	2	1652	460	19	59	0
浙江	579	568	8	0	0	0	468	541	533	0	513	19	1	8	0
安徽	1828	1560	4	0	0	0	1390	1281	931	2	802	127	0	350	0
江西	2755	2655	11	0	0	0	2049	835	603	12	445	144	2	232	20
河南	447	268	1	0	0	0	315	167	167	135	26	1	5	0	0
湖北	3550	3070	25	1	1	0	2942	2517	1838	46	1219	568	5	679	41
湖南	3956	3660	33	0	0	0	3167	1786	1609	0	1239	322	48	177	156
广西	105	95	0	0	0	0	74	9	9	0	6	3	0	0	3
四川	4209	3625	17	22	5	17	2801	992	992	42	934	0	16	0	39
贵州	610	443	0	0	0	0	524	75	75	0	74	0	1	0	25
云南	490	433	17	5	5	0	318	75	72	7	60	4	1	3	1
陕西	281	247	3	0	0	0	194	52	52	23	25	0	4	0	1
甘肃	43	25	0	0	0	0	37	20	20	6	11	0	3	0	1
青海	2	0	0	2	2	0	0	0	0	0	0	0	0	0	0
珠江流域															
总计	4326	3744	261	1	1	0	3387	1411	951	7	862	79	3	460	77
湖南	59	50	0	0	0	0	45	9	9	0	6	3	0	0	2
广东	1921	1741	249	0	0	0	1461	919	473	0	423	49	1	446	15
广西	1766	1467	10	0	0	0	1455	341	340	3	311	24	2	1	54
贵州	215	178	0	0	0	0	184	20	20	0	20	0	0	0	5
云南	365	308	2	1	1	0	242	122	109	4	102	3	0	13	1
松花江流域															
总计	2528	1885	24	16	2	14	1378	2252	1625	899	627	57	42	627	0
内蒙古	143	78	0	9	2	7	84	87	68	61	5	2	0	19	0
吉林	1066	826	6	7	0	7	652	960	758	413	299	43	3	202	0
黑龙江	1319	981	18	0	0	0	642	1205	799	425	323	12	39	406	0
辽河流域															
总计	2101	1738	35	79	36	43	1520	2732	1749	1275	456	11	7	983	3
内蒙古	845	.696	20	78	35	43	409	701	693	657	34	1	1	8	2
辽宁	1098	916	14	1	1	0	972	1917	967	558	404	0	5	950	1
吉林	158	126	1	0	0	0	139	114	89	60	18	10	1	25	0

（王淑筠）

流域有效灌溉面积增减变化(1990年)

(单位:万亩)

流域	本年累计达到	上年累计达到	本年新增	本年减少	其中:工程设施损坏报废	机井报废	长期无水	建设占地:国家基建	建设占地:乡村建设	其他原因
总计	57973.18	58049.60	1651.82	1728.24	324.57	408.08	227.03	90.49	83.79	594.28
黄河	6635.20	6549.62	208.11	122.53	34.37	13.36	19.32	9.14	10.75	35.59
淮河	10805.37	10993.73	428.30	616.66	155.14	119.66	74.43	21.25	26.79	219.39
海河	9373.46	9278.09	395.62	300.25	17.79	191.45	13.08	24.98	23.40	29.55
滦河	535.53	520.68	33.09	18.24	1.92	8.49	4.05	0.34	0.19	3.25
长江	21668.68	22062.09	197.67	591.08	99.48	49.43	103.20	30.18	21.24	287.55
珠江	4325.76	4282.76	61.25	18.25	4.02	0.01	1.70	3.74	1.24	7.54
松花江	2527.95	2382.00	175.61	29.66	7.61	13.64	1.88	0.00	0.00	6.53
辽河	2101.23	1980.63	152.17	31.57	4.24	12.04	9.37	0.86	0.18	4.88

(王淑筠)

流域有效灌溉面积增减变化(1990年)

(单位:万亩)

地区	本年累计达到	上年累计达到	本年新增	本年减少	其中:工程设施损坏报废	机井报废	长期无水	建设占地:国家基建	建设占地:乡村建设	其他原因
黄河流域										
总计	6635.20	6549.62	208.11	122.53	34.37	13.36	19.32	9.14	10.75	35.59
山西	1132.85	1119.21	19.77	6.13	0.40	0.21	0.90	0.30	0.28	4.04
内蒙古	1215.86	1188.00	45.17	17.31	12.07	2.62	0.08	2.21	0.05	0.28
山东	451.83	437.33	23.71	9.21	1.00	2.05	1.67	0.43	0.69	3.37
河南	978.73	1007.41	33.74	62.42	14.61	6.54	13.41	4.11	6.94	16.81
陕西	1613.43	1593.18	36.98	16.73	6.09	1.59	3.06	1.94	2.30	1.75
甘肃	531.83	521.46	12.02	1.65	0.00	0.00	0.20	0.09	0.38	0.98
青海	240.95	236.27	5.32	0.64	0.20	0.35	0.00	0.01	0.07	0.01
宁夏	469.72	446.76	31.40	8.44	0.00	0.00	0.00	0.05	0.04	8.35

续表

地区	本年累计达到	上年累计达到	本年新增	本年减少	其中：工程设施损坏报废	机井报废	长期无水	建设占地：国家基建	建设占地：乡村建设	其他原因
淮河流域										
总计	10805.37	10993.73	428.30	616.66	155.14	119.66	74.43	21.25	26.79	219.39
江苏	3623.02	3666.00	49.46	92.44	16.02	2.94	17.53	11.08	7.18	37.69
安徽	2065.49	1939.45	157.44	31.40	7.75	4.29	0.20	0.40	0.16	18.60
山东	2067.30	2000.71	109.21	42.62	7.49	23.15	2.81	0.92	1.29	6.96
河南	3049.56	3387.57	112.19	450.20	123.88	89.28	53.89	8.85	18.16	156.14
海滦河流域——其中：海河流域										
总计	9373.46	9278.09	395.62	300.25	17.79	191.45	13.08	24.98	23.40	29.55
北京	492.96	490.32	6.43	3.79	0.02	0.64	0.34	1.19	0.13	1.47
天津	518.87	512.92	12.36	6.41	2.08	2.26	0.39	0.76	0.44	0.48
河北	5133.80	5046.79	293.79	206.78	4.56	177.39	6.69	0.84	0.46	16.84
山西	574.44	562.71	16.91	5.18	0.75	2.43	1.30	0.33	0.20	0.17
内蒙古	29.35	31.36	5.15	7.16	7.15	0.00	0.00	0.00	0.00	0.01
山东	1774.36	1745.48	44.76	15.88	1.12	4.70	0.04	1.13	0.67	8.22
河南	849.68	888.51	16.22	55.05	2.11	4.03	4.32	20.73	21.50	2.36
海滦河流域——其中：滦河流域										
总计	535.53	520.68	33.09	18.24	1.92	8.49	4.05	0.34	0.19	3.25
河北	524.75	511.34	31.65	18.24	1.92	8.49	4.05	0.34	0.19	3.25
内蒙古	6.58	6.27	0.31	0.00	0.00	0.00	0.00	0.00	0.00	0.00
辽宁	4.20	3.07	1.13	0.00	0.00	0.00	0.00	0.00	0.00	0.00
长江流域										
总计	21668.68	22062.09	197.67	591.08	99.48	49.43	103.20	30.18	21.24	287.55
上海	480.00	481.00	0.00	1.00	0.00	0.00	0.00	1.00	0.00	0.00
江苏	2333.36	2345.66	5.91	18.21	0.12	0.00	2.97	5.10	3.00	7.02
浙江	579.24	581.13	0.09	1.98	0.35	0.14	0.14	0.30	0.33	0.72
安徽	1827.58	1840.50	16.19	29.11	4.83	0.00	0.00	1.47	1.03	21.78
江西	2755.12	2739.01	23.22	7.11	1.24	0.09	0.80	1.11	0.75	3.12
河南	447.16	581.75	18.84	153.43	65.51	49.05	24.92	4.90	3.45	5.60
湖北	3550.00	3848.00	41.00	339.00	15.00	0.00	68.00	13.00	10.00	233.00
湖南	3955.63	3954.69	16.38	15.44	5.77	0.02	1.15	1.06	1.09	6.35
广西	104.97	103.70	1.27	0.00	0.00	0.00	0.00	0.00	0.00	0.00
四川	4208.91	4177.36	35.76	4.21	0.51	0.02	0.22	1.04	0.88	1.54
贵州	610.22	610.80	13.67	14.25	4.38	0.00	3.67	0.59	0.14	5.47
云南	490.27	476.11	17.96	3.80	1.20	0.00	1.02	0.47	0.26	0.85
陕西	280.83	277.90	6.43	3.50	0.57	0.11	0.27	0.14	0.31	2.10
甘肃	43.48	42.57	0.95	0.04	0.00	0.00	0.04	0.00	0.00	0.00
青海	1.91	1.91	0.00	0.00	0.00	0.00	0.00	0.00	0.00	0.00

续表

地区	本年累计达到	上年累计达到	本年新增	本年减少	其中：工程设施损坏报废	机井报废	长期无水	建设占地：国家基建	建设占地：乡村建设	其他原因
珠江流域										
总计	4325.76	4282.76	61.25	18.25	4.02	0.01	1.70	3.74	1.24	7.54
湖南	58.70	56.61	2.09	0.00	0.00	0.00	0.00	0.00	0.00	0.00
广东	1921.29	1921.61	8.31	8.63	0.38	0.00	0.02	3.10	0.88	4.25
广西	1765.63	1748.93	22.53	5.83	1.98	0.01	0.71	0.34	0.14	2.65
贵州	215.16	212.45	5.16	2.45	1.31	0.00	0.68	0.01	0.02	0.43
云南	364.98	343.16	23.16	1.34	0.35	0.00	0.29	0.29	0.20	0.21
松花江流域										
总计	2527.95	2382.00	175.61	29.66	7.61	13.64	1.88	0.00	0.00	6.53
内蒙古	142.61	105.29	39.69	2.37	0.80	1.57	0.00	0.00	0.00	0.00
吉林	1065.88	1009.61	59.09	2.82	1.34	1.33	0.00	0.00	0.00	0.15
黑龙江	1319.46	1267.10	76.83	24.47	5.47	10.74	1.88	0.00	0.00	6.38
辽河流域										
总计	2101.23	1980.63	152.17	31.57	4.24	12.04	9.37	0.86	0.18	4.88
内蒙古	845.32	792.37	65.96	13.01	1.99	5.12	3.63	0.70	0.00	1.57
辽宁	1098.38	1052.30	62.36	16.28	2.25	5.09	5.29	0.16	0.18	3.31
吉林	157.53	135.96	23.85	2.28	0.00	1.83	0.45	0.00	0.00	0.00

(王淑筠)

流域除涝、治碱面积(至1990年)

(单位:万亩)

流域	易涝面积	除涝面积：合计	除涝面积：三至五年一遇	除涝面积：五年及以上	本年新增除涝面积	本年减少除涝面积	盐碱耕地面积	盐碱耕地改良面积	本年新增改良面积	本年减少改良面积
总计	31194	25433	9567	15866	373	339	9361	6315	142	14
黄河	1096	779	498	281	12	33	1361	861	19	1
淮河	9762	7936	3647	4289	79	149	2274	1889	27	9
海河	5129	4314	1725	2589	58	38	3171	2285	55	3
滦河	297	276	120	156	0	0	109	88	1	0
长江	6979	5839	1711	4128	45	76	146	119	3	0
珠江	1147	822	223	599	4	0	361	86	17	0
松花江	4996	3729	1526	2203	170	38	1151	399	2	0
辽河	1788	1738	117	1621	5	5	788	588	18	1

(王淑筠)

流域除涝、治碱面积(至1990年)

(单位:万亩)

地　区	易涝面积	除涝面积 合 计	除涝面积 3～5年一遇	除涝面积 5年及以上	本年新增除涝面积	本年减少除涝面积	盐碱耕地面积	盐碱耕地改良面积	本年新增改良面积	本年减少改良面积
黄河流域										
总　计	1096	779	498	281	12	33	1361	861	19	1
山　西	108	84	57	27	0	0	165	122	4	0
内蒙古	124	43	26	17	1	0	535	269	10	0
山　东	123	116	30	86	2	1	9	8	0	0
河　南	478	352	277	75	8	16	368	279	2	0
陕　西	234	179	105	74	1	16	123	86	1	0
甘　肃	29	5	3	2	0	0	28	11	0	0
青　海	0	0	0	0	0	0	3	1	0	0
宁　夏	0	0	0	0	0	0	130	85	2	1
淮河流域										
总　计	9762	7936	3647	4289	79	149	2274	1889	27	9
江　苏	3070	2823	919	1904	12	58	1021	877	21	8
安　徽	2769	2197	1029	1168	21	5	169	142	0	1
山　东	1881	1438	614	824	9	8	479	398	3	0
河　南	2042	1478	1085	393	37	78	605	472	3	0
海滦河流域——其中:海河流域										
总　计	5129	4314	1725	2589	58	38	3171	2285	55	3
北　京	254	238	52	186	1	0	72	63	0	0
天　津	624	612	150	462	12	8	355	312	11	1
河　北	2502	2072	997	1075	15	0	1439	1028	14	0
山　西	61	47	32	15	0	0	321	159	5	0
内蒙古	0	0	0	0	0	0	13	5	0	0
山　东	1388	1105	312	793	23	6	746	524	24	2
河　南	300	240	182	58	7	24	225	194	1	0
海滦河流域——其中:滦河流域										
总　计	297	276	120	156	0	0	109	88	1	0
河　北	296	275	119	156	0	0	88	81	1	0
内蒙古	1	1	1	0	0	0	21	7	0	0
长江流域										
总　计	6979	5839	1711	4128	45	76	146	119	3	0
上　海	102	94	22	72	1	0	52	40	0	0
江　苏	1323	1250	245	1005	3	39	77	71	0	0

续表

地区	易涝面积	除涝面积 合计	3～5年一遇	5年及以上	本年新增除涝面积	本年减少除涝面积	盐碱耕地面积	盐碱耕地改良面积	本年新增改良面积	本年减少改良面积
浙江	349	329	71	258	5	0	0	0	0	0
安徽	786	716	182	534	8	2	0	0	0	0
江西	710	471	215	256	3	0	0	0	0	0
河南	347	274	193	81	4	29	0	0	0	0
湖北	2074	1762	370	1392	8	6	0	0	0	0
湖南	780	658	221	437	4	0	0	0	0	0
广西	2	1	1	0	0	0	10	5	3	0
四川	250	126	87	39	2	0	3	1	0	0
贵州	87	38	21	17	2	0	0	0	0	0
云南	135	93	62	31	4	0	4	2	0	0
陕西	16	15	9	6	1	0	0	0	0	0
甘肃	18	12	12	0	0	0	0	0	0	0
珠江流域										
总计	1147	822	223	599	4	0	361	86	17	0
湖南	6	3	2	1	0	0	0	0	0	0
广东	574	484	46	438	1	0	0	0	0	0
广西	409	223	115	108	1	0	360	85	16	0
贵州	43	19	14	5	0	0	0	0	0	0
云南	115	93	46	47	2	0	1	1	1	0
松花江流域										
总计	4996	3729	1526	2203	170	38	1151	399	2	0
内蒙古	240	124	86	38	9	0	19	4	0	0
吉林	1220	1116	121	995	10	0	286	110	0	0
黑龙江	3536	2489	1319	1170	151	38	846	285	2	0
辽河流域										
总计	1788	1738	117	1621	5	5	788	588	18	1
内蒙古	193	169	45	124	0	0	173	81	7	1
辽宁	1296	1296	39	1257	0	0	490	414	11	0
吉林	299	273	33	240	5	5	125	93	0	0

（王淑筠）

流域水土流失治理面积(至1990年)

流域	水土流失面积(km²)	水土流失治理面积 合计(km²)	折万亩	其中:(万亩) 水平梯田	沟坝地	水保林	种草	其他	合计中小流域治理的面积(万亩)	本年新增治理面积(km²)	本年减少治理面积(km²)
总计	1169842	453333	68000.66	9553.02	2072.25	40099.95	4824.96	11450.48	20409.17	27770	23103
黄河	456113	148963	22344.61	3939.96	546.86	12140.92	3155.19	2561.68	7955.18	8942	6890
淮河	57408	26743	4011.52	1351.41	141.29	1700.52	95.94	722.36	962.07	1273	7061
海河	92721	46228	6934.31	918.20	309.93	3908.45	276.03	1521.70	2747.93	1731	2492
滦河	32513	16947	2541.91	113.30	49.76	1789.98	110.47	478.40	561.87	729	105
长江	325985	133863	20079.67	2271.26	900.79	12623.55	764.62	3519.45	5510.25	10727	6018
珠江	42840	17261	2590.35	292.83	78.92	1993.13	24.54	200.93	825.17	642	116
松花江	92605	29617	4442.03	226.35	0.01	2230.10	39.82	1945.75	628.54	1823	25
辽河	69657	33711	5056.26	439.71	44.69	3713.30	358.35	500.21	1218.16	1903	396

(王淑筠)

流域水土流失治理面积(1990年)

地区	水土流失面积(km²)	水土流失治理面积 合计(km²)	折万亩	其中:(万亩) 水平梯田	沟坝地	水保林	种草	其他	合计中小流域治理的面积(万亩)	本年新增治理面积(km²)	本年减少治理面积(km²)
黄河流域											
总计	456113	148963	22344.61	3939.96	546.86	12140.92	3155.19	2561.68	7955.18	8942	6890
山西	62339	29514	4427.26	1082.43	226.20	2898.57	220.06	0.00	757.81	1614	459
内蒙古	94460	15906	2385.96	77.60	39.60	1833.52	435.24	0.00	739.63	1371	1195
山东	6528	3657	548.55	193.38	41.96	214.27	0.56	98.38	46.35	146	29
河南	17620	7467	1120.05	316.15	38.34	597.22	13.97	154.37	600.15	503	4224
陕西	101000	47187	7078.00	779.34	83.89	3812.19	957.45	1445.13	4442.09	3017	866
甘肃	112939	34307	5146.11	1192.88	33.71	2152.72	1238.89	527.91	1053.06	1782	0
青海	25000	4149	622.28	153.48	2.29	242.99	46.65	176.87	126.20	151	0
宁夏	36227	6776	1016.40	144.70	80.87	389.44	242.37	159.02	189.89	358	117
淮河流域											
总计	57408	26743	4011.52	1351.41	141.29	1700.52	95.94	722.36	962.07	1273	7061
江苏	7154	4438	665.77	165.41	13.94	262.32	34.31	189.79	51.18	88	17
安徽	6740	2461	369.15	67.29	44.56	213.48	4.28	39.54	72.69	130	0
山东	18477	6541	981.15	587.88	39.00	287.06	37.29	29.92	94.80	478	41
河南	25037	13303	1995.45	530.83	43.79	937.66	20.06	463.11	743.40	577	7003

续表

地区	水土流失面积(km²)	水土流失治理面积 合计(km²)	折万亩	其中：(万亩) 水平梯田	沟坝地	水保林	种草	其他	合计中小流域治理的面积(万亩)	本年新增治理面积(km²)	本年减少治理面积(km²)
海滦河流域——其中：海河流域											
总计	92721	46228	6934.31	918.20	309.93	3908.45	276.03	1521.70	2747.93	1731	2492
北京	6641	3259	489.02	33.40	30.58	323.79	7.07	94.18	646.55	177	0
天津	554	240	36.02	10.74	2.47	18.27	0.00	4.54	4.54	4	0
河北	43291	24706	3705.90	326.84	77.81	1762.47	151.87	1386.91	1548.57	774	97
山西	32621	14536	2180.33	435.16	175.79	1463.08	106.30	0.00	338.68	468	102
内蒙古	4134	1082	162.29	17.18	3.41	136.07	5.63	0.00	75.49	118	100
山东	0	0	0.00	0.00	0.00	0.00	0.00	0.00	0.00	0	0
河南	5480	2405	360.75	94.88	19.87	204.77	5.16	36.07	134.10	190	2193
海滦河流域——其中：滦河流域											
总计	32513	16947	2541.91	113.30	49.76	1789.98	110.47	478.40	561.87	729	105
河北	25491	15504	2325.60	99.07	40.09	1615.02	102.57	468.85	493.22	543	93
内蒙古	5995	443	66.38	1.43	7.66	54.40	2.89	0.00	20.17	89	12
辽宁	1027	1000	149.93	12.80	2.01	120.56	5.01	9.55	48.48	97	0
长江流域											
总计	325985	133863	20079.67	2271.26	900.79	12623.55	764.62	3519.45	5510.25	10727	6018
江苏	3305	2407	361.02	73.49	10.16	272.38	4.45	0.54	30.63	8	0
浙江	1551	1362	204.26	2.75	0.00	201.41	0.10	0.00	0.00	11	0
安徽	14825	10495	1574.25	71.71	84.18	790.86	49.27	578.23	90.68	130	52
江西	38955	12234	1835.18	110.23	31.54	1637.73	13.79	41.89	276.95	1424	394
河南	12431	5791	868.65	101.72	29.41	610.31	53.85	73.36	270.45	205	2995
湖北	72240	28733	4310.00	581.00	122.00	3006.00	40.00	561.00	345.00	846	80
湖南	43582	14925	2238.75	281.40	98.21	1239.27	123.39	496.48	353.68	623	205
广西	164	136	20.47	1.88	0.00	18.59	0.00	0.00	3.08	14	0
四川	37107	23474	3521.10	400.58	373.51	1714.90	112.36	919.75	1735.55	3938	2104
贵州	23596	6112	916.80	126.40	60.12	511.00	28.75	190.53	916.80	1034	0
云南	18234	3975	596.25	107.27	69.42	310.81	29.52	79.23	155.12	520	7
陕西	36485	17206	2581.01	251.09	19.90	1640.96	99.52	569.54	1188.24	1080	181
甘肃	23490	7013	1051.87	161.74	2.34	669.31	209.58	8.90	144.01	894	0
青海	20	0	0.06	0.00	0.00	0.02	0.04	0.00	0.06	0	0
珠江流域											
总计	42840	17261	2590.35	292.83	78.92	1993.13	24.54	200.93	825.17	642	116
湖南	1111	140	21.00	4.63	0.24	13.18	0.72	2.23	0.00	11	0
广东	5771	3573	535.95	62.42	17.55	293.81	5.68	156.49	82.34	231	0
广西	15870	8347	1253.25	132.06	20.78	1099.76	0.01	0.64	8.51	108	61
贵州	11798	1404	210.60	17.16	14.50	132.88	6.98	39.08	210.60	113	55
云南	8290	3797	569.55	76.56	25.85	453.50	11.15	2.49	523.72	179	0

续表

地区	水土流失面积(km²)	水土流失治理面积 合计(km²)	折万亩	其中：(万亩) 水平梯田	沟坝地	水保林	种草	其他	合计中小流域治理的面积(万亩)	本年新增治理面积(km²)	本年减少治理面积(km²)
松花江流域											
总计	92605	29617	4442.03	226.35	0.01	2230.10	39.82	1945.75	628.54	1823	25
内蒙古	22558	983	147.49	4.00	0.01	127.88	15.60	0.00	28.80	188	3
吉林	22214	12797	1919.00	135.00	0.00	1354.00	4.00	426.00	146.00	720	10
黑龙江	47833	15837	2375.54	87.35	0.00	748.22	20.22	1519.75	453.74	915	12
辽河流域											
总计	69657	33711	5056.26	439.71	44.69	3713.30	358.35	500.21	1218.16	1903	396
内蒙古	39340	13082	1962.27	114.91	10.00	1567.87	269.49	0.00	604.39	1178	214
辽宁	23287	16987	2547.99	290.80	32.69	1895.43	86.86	242.21	597.77	680	173
吉林	7030	3642	546.00	34.00	2.00	250.00	2.00	258.00	16.00	45	9

(王淑筠)

流域已建成水库座数、库容、灌溉面积(至1990年)

(库容：亿 m³；灌溉面积：万亩；水量：亿 m³)

流域	水库(座)	总库容	兴利库容	大中型水库年来水量	有效灌溉面积	大型水库 座	总库容	兴利库容	年来水量	有效灌溉面积
总计	66519	3585.25	1690.85	6867.16	17941.53	267	2631.35	1081.28	6164.37	7885.04
黄河	3148	578.85	151.31	1286.91	1367.74	16	499.71	110.15	1253.19	694.08
淮河	5537	412.61	146.37	467.24	3025.12	35	331.09	102.15	437.30	2378.96
海河	1372	276.98	111.75	138.82	1919.08	27	232.63	88.15	115.19	1288.16
滦河	536	15.43	4.78	4.00	58.59	3	10.51	1.88	2.00	26.40
长江	44809	1378.47	797.68	2851.92	8717.06	114	877.15	450.41	2427.74	2425.91
珠江	8903	477.39	249.22	1693.60	1635.79	33	310.19	136.20	1544.83	269.01
松花江	1538	306.34	169.92	352.47	465.58	23	259.53	144.58	322.59	186.53
辽河	676	139.18	59.82	72.20	752.57	16	110.54	47.76	61.53	615.99

流域	中型水库 座	总库容	兴利库容	年来水量	有效灌溉面积	小型水库 座	总库容	兴利库容	有效灌溉面积
总计	1849	505.53	300.01	702.79	4188.39	64403	448.37	309.56	5868.10
黄河	150	45.67	21.19	33.72	334.96	2982	33.47	19.97	338.70
淮河	155	45.46	22.91	29.94	282.98	5347	36.06	21.31	363.18
海河	103	31.79	16.95	23.63	390.10	1242	12.56	6.65	240.82
滦河	8	2.02	1.19	2.00	15.16	525	2.90	1.71	17.03
长江	928	235.15	152.92	424.18	2311.54	43767	266.17	194.35	3979.61
珠江	325	94.71	59.65	148.77	627.12	8545	72.49	53.37	739.66
松花江	109	29.79	16.64	29.88	145.53	1406	17.02	8.70	133.52
辽河	71	20.94	8.56	10.67	81.00	589	7.70	3.50	55.58

(王淑筠)

流域已建成水库座数、

地区	水库（座）	总库容	兴利库容	大中型水库年来水量	有效灌溉面积	大型水库座	大型水库总库容	大型水库兴利库容	大型水库年来水量
						黄河			
总计	3148	578.85	151.31	1286.91	1367.74	16	499.71	110.15	1253.19
山西	396	20.12	8.78	5.54	354.26	2	8.28	3.25	3.19
内蒙古	186	8.08	3.13	3.52	54.36	0	0.00	0.00	0.00
山东	883	54.83	38.65	26.79	116.05	4	44.17	31.88	20.65
河南	372	374.50	23.36	349.04	94.88	3	367.48	19.86	346.81
陕西	855	34.27	19.70	20.75	346.93	3	7.12	4.85	9.31
甘肃	140	68.03	51.88	576.13	27.79	3	64.16	49.81	571.23
青海	122	1.56	1.34	2.09	53.09	0	0.00	0.00	0.00
宁夏	194	17.46	4.47	303.05	320.38	1	8.50	0.50	302.00
						淮河			
总计	5537	412.61	146.37	467.24	3025.12	35	331.09	102.15	437.30
江苏	520	174.80	43.70	321.55	1581.23	5	163.34	37.21	315.70
安徽	1829	85.64	34.40	43.73	648.01	4	58.02	19.74	35.08
山东	1781	57.73	31.70	40.03	275.30	15	37.39	20.46	31.77
河南	1407	94.44	36.57	61.93	520.58	11	72.34	24.74	54.75
						海滦河流域—			
总计	1372	276.98	111.75	138.82	1919.08	27	232.63	88.15	115.19
北京	83	93.03	23.84	15.98	336.65	4	87.54	20.36	13.44
天津	91	25.21	10.00	12.83	115.80	2	20.59	6.54	10.30
河北	664	132.35	66.61	93.13	1155.49	17	115.72	58.37	87.13
山西	383	19.19	7.47	8.15	208.33	4	8.78	2.88	4.32
内蒙古	10	0.75	0.31	0.49	3.20	0	0.00	0.00	0.00
山东	0	0.00	0.00	0.00	0.00	0	0.00	0.00	0.00
河南	141	6.45	3.52	8.24	99.61	0	0.00	0.00	0.00
						海滦河流域——			
总计	536	15.43	4.78	4.00	58.59	3	10.51	1.88	2.00
河北	512	15.17	4.67	4.00	57.05	3	10.51	1.88	2.00
内蒙古	9	0.14	0.06	0.00	0.88	0	0.00	0.00	0.00
辽宁	15	0.12	0.05	0.00	0.66	0	0.00	0.00	0.00
						长江			
总计	44809	1378.47	797.68	2851.92	8717.06	114	877.15	450.41	2427.74
江苏	623	15.37	7.12	6.42	181.78	3	3.80	1.34	1.96

库容、灌溉面积(至1990年)

(库容:亿 m^3;灌溉面积:万亩;水量:亿 m^3)

有效灌溉面积	中型水库 座	总库容	兴利库容	年来水量	有效灌溉面积	小型水库 座	总库容	兴利库容	有效灌溉面积
	流		域						
694.08	150	45.67	21.19	33.72	334.96	2982	33.47	19.97	338.70
196.10	25	7.03	3.15	2.35	97.32	369	4.81	2.38	60.84
0.00	16	5.50	1.90	3.52	28.20	170	2.58	1.23	26.16
39.52	17	5.00	3.15	6.14	35.90	862	5.66	3.62	40.63
27.98	15	2.99	1.34	2.23	24.98	354	4.03	2.16	41.92
150.48	54	17.63	8.81	11.44	111.29	798	9.52	6.04	85.16
0.00	5	1.58	0.50	4.90	8.20	132	2.29	1.57	19.59
0.00	4	0.59	0.57	2.09	13.11	118	0.97	0.77	39.98
280.00	14	5.35	1.77	1.05	15.96	179	3.61	2.20	24.42
	流		域						
2378.96	155	45.46	22.91	29.94	282.98	5347	36.06	21.31	363.18
1415.30	17	5.84	3.13	5.85	76.11	498	5.62	3.36	89.82
474.17	59	18.27	9.15	8.65	97.93	1766	9.35	5.51	75.91
132.45	38	10.50	5.43	8.26	53.30	1728	9.84	5.81	89.55
357.04	41	10.85	5.20	7.18	55.64	1355	11.25	6.63	107.90
其中:	海	河	流	域					
1288.16	103	31.79	16.95	23.63	390.10	1242	12.56	6.65	240.82
253.40	16	4.68	2.98	2.54	34.39	63	0.81	0.50	48.86
45.00	11	3.58	2.71	2.53	44.12	78	1.04	0.75	26.68
955.00	27	10.60	5.18	6.00	115.53	620	6.03	3.06	84.96
34.76	27	6.74	2.79	3.83	103.75	352	3.67	1.80	69.82
0.00	5	0.68	0.30	0.49	2.65	5	0.07	0.01	0.55
0.00	0	0.00	0.00	0.00	0.00	0	0.00	0.00	0.00
0.00	17	5.51	2.99	8.24	89.66	124	0.94	0.53	9.95
其	中: 滦	河	流	域					
26.40	8	2.02	1.19	2.00	15.16	525	2.90	1.71	17.03
26.40	8	2.02	1.19	2.00	15.16	501	2.64	1.60	15.49
0.00	0	0.00	0.00	0.00	0.00	9	0.14	0.06	0.88
0.00	0	0.00	0.00	0.00	0.00	15	0.12	0.05	0.66
	流		域						
2425.91	928	235.15	152.92	424.18	2311.54	43767	266.17	194.35	3979.61
22.34	23	6.29	2.77	4.46	67.13	597	5.28	3.01	92.31

地区	水库（座）	总库容	兴利库容	大中型水库年来水量	有效灌溉面积	大型水库			
						座	总库容	兴利库容	年来水量
浙江	241	9.26	3.26	15.55	51.49	4	6.64	1.86	13.11
安徽	2490	94.99	45.45	66.37	717.68	6	66.45	29.84	55.53
江西	9487	234.69	133.57	288.39	1093.26	18	132.54	59.54	173.91
河南	507	24.57	13.37	17.03	202.96	2	13.56	7.86	12.97
湖北	5799	500.59	253.19	600.60	2107.30	52	393.34	185.22	547.66
湖南	12880	288.84	204.95	859.91	2329.60	15	173.57	112.19	771.78
广西	108	2.39	1.84	2.96	23.24	0	0.00	0.00	0.00
四川	9135	118.44	73.55	530.05	1467.34	7	39.70	23.19	504.36
贵州	1448	48.14	31.54	191.35	200.45	3	31.59	18.85	100.36
云南	1586	25.00	20.57	22.41	240.73	1	5.53	4.72	5.01
陕西	489	10.45	6.06	151.42	96.42	2	5.22	2.88	141.75
甘肃	16	5.74	3.21	99.46	4.81	1	5.21	2.92	99.34
珠江									
总计	8903	477.39	249.22	1693.60	1635.79	33	310.19	136.20	1544.83
湖南	182	1.86	1.52	3.18	30.28	0	0.00	0.00	0.00
广东	3405	266.65	144.08	226.00	564.60	12	201.14	98.41	175.89
广西	3584	178.29	82.75	1428.21	790.98	20	107.99	36.85	1367.53
贵州	396	3.68	2.92	8.55	62.59	0	0.00	0.00	0.00
云南	1336	26.91	17.95	27.66	187.34	1	1.06	0.94	1.41
松花江									
总计	1538	306.34	169.92	352.47	465.58	23	259.53	144.58	322.59
内蒙古	36	16.46	12.02	15.46	67.78	1	13.65	10.33	9.00
吉林	1108	235.90	131.36	313.03	243.92	11	211.99	118.37	297.99
黑龙江	394	53.98	26.54	23.98	153.88	11	33.89	15.88	15.60
辽河									
总计	676	139.18	59.82	72.20	752.57	16	110.54	47.76	61.53
内蒙古	156	42.84	10.12	16.51	175.13	7	33.65	6.75	11.90
辽宁	374	73.65	40.36	50.05	512.53	8	59.27	33.97	45.31
吉林	146	22.69	9.34	5.64	64.91	1	17.62	7.04	4.32

续表

有效灌溉面积	中型水库 座	中型水库 总库容	中型水库 兴利库容	中型水库 年来水量	中型水库 有效灌溉面积	小型水库 座	小型水库 总库容	小型水库 兴利库容	小型水库 有效灌溉面积
18.17	6	1.56	0.57	2.44	12.56	231	1.06	0.83	20.76
341.65	39	13.27	6.77	10.84	149.71	2445	15.27	8.84	226.32
120.32	193	43.77	29.93	114.48	307.32	9276	58.38	44.10	665.62
139.61	21	7.31	3.49	4.06	40.12	484	3.70	2.02	23.23
1109.78	225	61.84	38.13	52.94	473.95	5522	45.41	29.84	523.57
454.11	223	52.98	39.73	88.13	775.11	12642	62.29	53.03	1100.38
0.00	4	1.35	0.91	2.96	11.27	104	1.04	0.93	11.97
169.90	116	27.88	16.78	25.69	321.72	9012	50.86	33.58	975.72
0.00	24	6.10	4.49	90.99	28.72	1421	10.45	8.20	171.73
5.13	44	9.88	7.81	17.40	91.31	1541	9.59	8.04	144.29
44.90	8	2.57	1.40	9.67	30.22	479	2.66	1.78	21.30
0.00	2	0.35	0.14	0.12	2.40	13	0.18	0.15	2.41
流　域									
269.01	325	94.71	59.65	148.77	627.12	8545	72.49	53.37	739.66
0.00	4	1.16	0.95	3.18	18.50	178	0.70	0.57	11.78
55.79	144	37.74	25.13	50.11	226.72	3249	27.77	20.54	282.09
211.04	125	37.19	22.73	60.68	275.83	3439	33.11	23.17	304.11
0.00	5	0.99	0.77	8.55	12.43	391	2.69	2.15	50.16
2.18	47	17.63	10.07	26.25	93.64	1288	8.22	6.94	91.52
流　域									
186.53	109	29.79	16.64	29.88	145.53	1406	17.02	8.70	133.52
61.18	8	2.36	1.46	6.46	3.92	27	0.45	0.23	2.68
68.97	59	14.72	8.05	15.04	85.03	1038	9.19	4.94	89.92
56.38	42	12.71	7.13	8.38	56.58	341	7.38	3.53	40.92
流　域									
615.99	71	20.94	8.56	10.67	81.00	589	7.70	3.50	55.58
107.80	23	7.28	2.56	4.61	47.05	126	1.91	0.81	20.28
460.50	32	9.83	4.29	4.74	23.92	334	4.55	2.10	28.11
47.69	16	3.83	1.71	1.32	10.03	129	1.24	0.59	7.19

（王淑筠）

流域万亩以上灌区处数、面积(至1990年)

(单位:万亩)

流域	处	按设计灌溉面积划分 设计灌溉面积	按设计灌溉面积划分 有效灌溉面积	按有效灌溉面积划分 合计 处	合计 有效灌溉面积	50万亩以上灌区 处	50万亩以上灌区 有效灌溉面积	30～50万亩灌区 处	30～50万亩灌区 有效灌溉面积	10～30万亩灌区 处	10～30万亩灌区 有效灌溉面积	1～10万亩灌区 处	1～10万亩灌区 有效灌溉面积
总计	5225	34525.02	24008.82	3971	23123.39	51	7010.56	56	2084.29	318	4987.24	3546	9041.30
黄河	595	5967.26	4095.44	504	4021.54	12	2057.75	6	256.10	38	632.93	448	1074.76
淮河	804	5965.79	3640.57	475	3463.33	7	798.26	12	406.84	74	1232.02	382	1026.21
海河	568	5384.00	3715.16	474	3690.14	9	1227.12	11	430.85	51	891.06	403	1141.11
滦河	26	183.98	149.95	22	145.82	1	82.89	0	0.00	0	0.00	21	62.93
长江	1973	11832.87	8774.67	1554	8384.50	21	2763.05	18	666.56	108	1520.31	1407	3434.58
珠江	590	1978.51	1566.00	485	1479.37	0	0.00	4	135.20	12	177.57	469	1166.60
松花江	424	1683.55	960.54	272	873.80	0	0.00	1	35.00	10	147.56	261	691.24
辽河	245	1529.06	1106.49	185	1064.89	1	81.49	4	153.74	25	385.79	155	443.87

(王淑筠)

流域万亩以上灌区处数、面积(至1990年)

(单位:万亩)

地区	处	按设计灌溉面积划分 设计灌溉面积	按设计灌溉面积划分 有效灌溉面积	按有效灌溉面积划分 合计 处	合计 有效灌溉面积	50万亩以上灌区 处	50万亩以上灌区 有效灌溉面积	30～50万亩灌区 处	30～50万亩灌区 有效灌溉面积	10～30万亩灌区 处	10～30万亩灌区 有效灌溉面积	1～10万亩灌区 处	1～10万亩灌区 有效灌溉面积
						黄河流域							
总计	595	5967.26	4095.44	504	4021.54	12	2057.75	6	256.10	38	632.93	448	1074.76
山西	90	786.18	665.13	82	659.61	2	201.30	3	123.80	9	132.12	68	202.39
内蒙古	73	1696.29	966.95	59	958.46	2	719.79	1	46.06	3	54.93	53	137.68
山东	73	259.81	142.78	52	131.57	0	0.00	0	0.00	3	35.60	49	95.97
河南	68	616.37	333.86	48	326.54	0	0.00	1	44.58	10	177.59	37	104.37
陕西	129	1371.15	1187.36	111	1151.86	6	797.66	0	0.00	7	126.29	98	227.91
甘肃	95	343.32	264.42	91	261.20	0	0.00	0	0.00	5	92.47	86	168.73
青海	45	111.59	99.29	39	96.65	0	0.00	0	0.00	0	0.00	39	96.65
宁夏	22	782.55	435.65	22	435.65	2	339.00	1	41.66	1	13.93	18	41.06

续表

地区	按设计灌溉面积划分			按有效灌溉面积划分									
	处	设计	有效	合计		50万亩以上灌区		30～50万亩灌区		10～30万亩灌区		1～10万亩灌区	
		灌溉面积	灌溉面积	处	有效灌溉面积	处	有效灌溉面积	处	有效灌溉面积	处	有效灌溉面积	处	有效灌溉面积
淮河流域													
总计	804	5965.79	3640.57	475	3463.33	7	798.26	12	406.84	74	1232.02	382	1026.21
江苏	128	1836.43	1379.40	128	1379.40	2	104.55	11	373.95	39	640.79	76	260.11
安徽	317	1615.06	1024.53	172	962.40	2	469.81	0	0.00	5	94.44	165	398.15
山东	253	1324.35	620.85	121	547.49	0	0.00	0	0.00	19	301.44	102	246.05
河南	106	1189.95	615.79	54	574.04	3	223.90	1	32.89	11	195.35	39	121.90
海滦河流域——其中：海河流域													
总计	568	5384.00	3715.16	474	3690.14	9	1227.12	11	430.85	51	891.06	403	1141.11
北京	40	331.00	312.00	33	307.00	0	0.00	4	157.00	2	54.00	27	96.00
天津	48	133.93	101.15	46	99.63	0	0.00	0	0.00	0	0.00	46	99.63
河北	153	1995.03	1418.52	136	1410.81	3	486.00	2	87.50	25	453.61	106	383.70
山西	83	423.70	319.45	72	312.19	0	0.00	1	32.59	7	107.06	64	172.54
内蒙古	5	11.60	2.46	1	1.20	0	0.00	0	0.00	0	0.00	1	1.20
山东	212	1997.26	1321.38	161	1309.28	5	688.58	2	69.50	12	212.53	142	338.67
河南	27	491.48	240.20	25	250.03	1	52.54	2	84.26	5	63.86	17	49.37
海滦河流域——其中：滦河流域													
总计	26	183.98	149.95	22	145.82	1	82.89	0	0.00	0	0.00	21	62.93
河北	23	179.65	148.63	22	145.82	1	82.89	0	0.00	0	0.00	21	62.93
内蒙古	3	4.33	1.32	0	0.00	0	0.00	0	0.00	0	0.00	0	0.00
长江流域													
总计	1973	11832.87	8774.67	1554	8384.50	21	2763.05	18	666.56	108	1520.31	1407	3434.58
江苏	57	201.84	161.74	57	161.74	0	0.00	0	0.00	2	20.00	55	141.74
浙江	23	65.83	64.52	23	64.52	0	0.00	0	0.00	1	11.97	22	52.55
安徽	190	1196.56	839.83	175	832.63	3	398.70	1	36.00	9	90.78	162	307.15
江西	330	1110.69	791.94	210	714.61	1	82.33	0	0.00	13	202.37	196	429.91
河南	38	486.50	245.36	19	234.04	2	183.16	0	0.00	1	12.20	16	38.68
湖北	399	3771.00	2881.58	291	2683.81	10	961.55	8	263.56	57	792.42	216	666.28
湖南	380	1937.35	1533.52	351	1522.75	2	162.25	8	322.10	13	194.67	328	843.73
广西	14	38.09	30.84	13	30.39	0	0.00	0	0.00	0	0.00	13	30.39
四川	364	2522.38	1829.54	295	1779.77	3	975.06	0	0.00	9	153.61	283	651.10
贵州	72	114.21	84.19	36	62.48	0	0.00	0	0.00	0	0.00	36	62.48
云南	74	226.09	173.85	58	163.18	0	0.00	0	0.00	1	11.86	57	151.32
陕西	28	156.18	133.67	24	131.38	0	0.00	1	44.90	2	30.43	21	56.05
甘肃	4	6.15	4.09	2	3.20	0	0.00	0	0.00	0	0.00	2	3.20

续表

地区	按设计灌溉面积划分			按有效灌溉面积划分									
	处	设计灌溉面积	有效灌溉面积	合计		50万亩以上灌区		30～50万亩灌区		10～30万亩灌区		1～10万亩灌区	
				处	有效灌溉面积	处	有效灌溉面积	处	有效灌溉面积	处	有效灌溉面积	处	有效灌溉面积
珠江流域													
总计	590	1978.51	1566.00	485	1479.37	0	0.00	4	135.20	12	177.57	469	1166.60
湖南	7	39.75	22.19	6	21.46	0	0.00	0	0.00	0	0.00	6	21.46
广东	216	633.05	544.15	183	526.00	0	0.00	1	31.53	4	57.12	178	437.35
广西	283	1059.99	825.78	227	766.07	0	0.00	3	103.67	8	120.45	216	541.95
贵州	21	46.55	34.78	16	32.02	0	0.00	0	0.00	0	0.00	16	32.02
云南	63	199.17	139.10	53	133.82	0	0.00	0	0.00	0	0.00	53	133.82
松花江流域													
总计	424	1683.55	960.54	272	873.80	0	0.00	1	35.00	10	147.56	261	691.24
内蒙古	33	129.15	55.54	18	42.93	0	0.00	0	0.00	0	0.00	18	42.93
吉林	122	571.00	320.00	85	295.00	0	0.00	0	0.00	5	84.00	80	211.00
黑龙江	269	983.40	585.00	169	535.87	0	0.00	1	35.00	5	63.56	163	437.31
辽河流域													
总计	245	1529.06	1106.49	185	1064.89	1	81.49	4	153.74	25	385.79	155	443.87
内蒙古	128	715.97	495.00	103	472.91	0	0.00	2	77.07	9	146.59	92	249.25
辽宁	102	711.09	550.49	72	533.98	1	81.49	1	46.67	16	239.20	54	166.62
吉林	15	102.00	61.00	10	58.00	0	0.00	1	30.00	0	0.00	9	28.00

（王淑筠）

流域水闸、堤防(至1990年)

流域	水闸（座）				堤防累计到达						堤防累计绿化长度(km)	本年新增堤防长度(km)	本年减少堤防长度(km)
	合计	大型	中型	小型	合计			其中:主要堤防					
					长度(km)	保护耕地(万亩)	保护人口(万人)	长度(km)	保护耕地(万亩)	保护人口(万人)			
总计	16743	235	1617	14891	182811	40765.88	28699.25	52051	28869.10	20148.85	91712	8803	1297
黄河	1226	14	61	1151	10557	2481.85	1125.41	5958	1737.39	819.53	5781	587	102
淮河	4486	79	622	3785	54174	13081.65	9379.57	13503	10090.76	6777.90	33934	6121	934
海河	2183	49	301	1833	24657	9186.07	4628.61	11414	7972.12	4036.58	13067	34	4
滦河	329	1	40	288	4941	565.00	626.00	54	33.00	24.00	2747	0	0
长江	4426	31	314	4081	55361	8629.69	8744.62	13242	5573.01	6186.22	24183	1320	195
珠江	3615	43	200	3372	12224	1274.53	1363.92	596	257.82	539.37	4696	39	44
松花江	102	3	16	83	11937	3190.09	1312.12	3556	1795.00	802.25	3688	90	18
辽河	376	15	63	298	8960	2357.00	1519.00	3728	1410.00	963.00	3616	612	0

（王淑筠）

流域水闸、堤防(至1990年)

地区	水闸(座)				堤防累计到达						堤防累计绿化长度(km)	本年新增堤防长度(km)	本年减少堤防长度(km)
					合计			其中:主要堤防					
	合计	大型	中型	小型	长度(km)	保护耕地(万亩)	保护人口(万人)	长度(km)	保护耕地(万亩)	保护人口(万人)			
黄河流域													
总计	1226	14	61	1151	10557	2481.85	1125.41	5958	1737.39	819.53	5781	587	102
山西	52	2	10	40	1595	252.09	88.16	322	49.36	26.89	583	38	3
内蒙古	16	1	9	6	1397	930.00	212.00	1371	928.00	210.00	751	10	5
山东	108	10	13	85	1612	354.00	209.00	1301	345.00	205.00	1579	0	0
河南	123	1	12	110	2214	489.00	203.00	1001	68.00	65.00	1588	0	0
陕西	15	0	0	15	2004	293.85	266.34	1044	230.26	225.93	939	50	87
甘肃	893	0	8	885	1241	88.36	91.94	425	42.22	31.74	117	488	4
宁夏	19	0	9	10	494	74.55	54.97	494	74.55	54.97	224	1	3
淮河流域													
总计	4486	79	622	3785	54174	13081.65	9379.57	13503	10090.76	6777.90	33934	6121	934
江苏	1749	23	211	1515	34488	2964.52	2844.09	4314	2953.56	2131.01	21041	6118	918
安徽	1252	29	191	1032	7784	2228.13	1486.48	3968	1923.20	1276.89	4569	3	16
山东	180	11	54	115	3270	2096.00	1247.00	2185	1569.00	995.00	2769	0	0
河南	1305	16	166	1123	8632	5793.00	3802.00	3036	3645.00	2375.00	5555	0	0
海滦河流域——其中:海河流域													
总计	2183	49	301	1833	24657	9186.07	4628.61	11414	7972.12	4036.58	13067	34	4
北京	210	10	44	156	657	286.00	195.00	398	278.00	219.00	410	4	0
天津	366	10	39	317	4027	621.17	969.78	1949	606.00	955.53	2637	15	4
河北	1119	15	146	958	13303	4222.00	1620.00	5538	4622.00	1858.00	6285	0	0
山西	47	0	4	43	855	64.90	77.83	163	25.12	30.05	230	15	0
内蒙古	0	0	0	0	0	0.00	0.00	0	0.00	0.00	0	0	0
山东	381	14	56	311	3938	1902.00	822.00	2388	1671.00	744.00	2388	0	0
河南	60	0	12	48	1877	2090.00	944.00	978	770.00	230.00	1117	0	0
海滦河流域——其中:滦河流域													
总计	329	1	40	288	4941	565.00	626.00	54	33.00	24.00	2747	0	0
河北	324	1	40	283	4933	565.00	620.00	47	33.00	18.00	2747	0	0
内蒙古	5	0	0	5	8	0.00	6.00	7	0.00	6.00	0	0	0
长江流域													
总计	4426	31	314	4081	55361	8629.69	8744.62	13242	5573.01	6186.22	24183	1320	195
上海	190	0	54	136	1190	267.80	951.52	727	175.91	889.60	707	125	0

续表

地区	水闸(座)				堤防累计到达						堤防累计绿化长度(km)	本年新增堤防长度(km)	本年减少堤防长度(km)
					合计			其中:主要堤防					
	合计	大型	中型	小型	长度(km)	保护耕地(万亩)	保护人口(万人)	长度(km)	保护耕地(万亩)	保护人口(万人)			
江苏	625	3	49	573	15298	1486.44	1537.85	1988	1049.10	1124.67	8085	151	75
浙江	104	0	18	86	1235	698.00	642.00	282	611.00	577.00	315	159	0
安徽	605	7	47	551	10116	886.74	967.82	1101	442.10	613.34	1935	27	0
江西	365	3	31	331	3197	657.40	654.35	198	125.72	133.85	264	11	21
河南	0	0	0	0	831	203.00	173.00	493	178.00	149.00	384	0	0
湖北	633	9	64	560	11452	2869.00	2271.00	4661	2057.00	1703.00	8440	541	0
湖南	1633	4	31	1598	4469	889.94	825.56	2067	586.41	570.21	2000	4	2
广西	0	0	0	0	245	11.58	10.61	0	0.00	0.00	56	3	0
四川	43	5	5	33	2236	456.93	479.22	867	277.99	308.72	656	117	35
贵州	0	0	0	0	0	0.00	0.00	0	0.00	0.00	0	0	0
云南	222	0	15	207	1655	90.78	70.36	234	12.92	22.16	559	53	14
陕西	0	0	0	0	2506	80.51	122.63	520	40.28	80.35	732	123	0
甘肃	6	0	0	6	931	31.57	38.70	104	16.58	14.32	50	6	48
珠江流域													
总计	3615	43	200	3372	12224	1274.53	1363.92	596	257.82	539.37	4696	39	44
广东	2804	40	143	2621	9483	1045.00	1086.00	176	200.00	426.00	4022	4	31
广西	540	1	27	512	939	118.61	141.38	69	18.16	41.00	111	15	5
贵州	0	0	0	0	0	0.00	0.00	0	0.00	0.00	0	0	0
云南	271	2	30	239	1802	110.92	136.54	351	39.66	72.37	563	20	8
松花江流域													
总计	102	3	16	83	11937	3190.09	1312.12	3556	1795.00	802.25	3688	90	18
内蒙古	14	0	3	11	1008	294.00	236.00	465	219.00	176.00	52	43	0
吉林	21	1	4	16	3533	710.00	266.00	2146	620.00	191.00	1848	44	0
黑龙江	67	2	9	56	7396	2186.09	810.12	945	956.00	435.25	1788	3	18
辽河流域													
总计	376	15	63	298	8960	2357.00	1519.00	3728	1410.00	963.00	3616	612	0
内蒙古	34	3	7	24	1585	522.00	183.00	1440	461.00	168.00	343	11	0
辽宁	342	12	56	274	6603	1676.00	1258.00	1823	858.00	746.00	2946	455	0
吉林	0	0	0	0	772	159.00	78.00	465	91.00	49.00	327	146	0

（王淑筠）

流域排灌机械保有量(至1990年)

流域	合计		电动机		内燃机	
	万台	万kW	万台	万kW	万台	万kW
总计	577.49	5944.85	278.71	3387.29	298.78	2557.56
黄河	56.30	663.87	41.34	533.35	14.96	130.52
淮河	107.13	1034.41	44.83	471.57	62.30	562.84
海河	236.88	2015.96	99.94	854.55	136.94	1161.41
滦河	12.47	87.92	8.86	57.96	3.61	29.96
长江	121.03	1557.66	54.42	1020.69	66.61	536.97
珠江	13.41	202.01	10.06	171.27	3.35	30.74
松花江	14.00	167.14	8.01	107.60	5.99	59.54
辽河	16.27	215.88	11.25	170.30	5.02	45.58

(王淑筠)

流域排灌机械保有量(至1990年)

地区	合计		电动机		内燃机	
	万台	万kW	万台	万kW	万台	万kW
黄河流域						
总计	56.30	663.87	41.34	533.35	14.96	130.52
山西	7.06	114.40	6.54	107.56	0.52	6.84
内蒙古	6.17	50.32	3.82	35.75	2.35	14.57
山东	11.02	99.04	5.92	55.86	5.10	43.18
河南	14.27	114.37	9.20	70.70	5.07	43.67
陕西	14.45	145.10	13.10	130.72	1.35	14.38
甘肃	2.07	106.52	1.58	99.61	0.49	6.91
青海	0.25	9.71	0.20	9.28	0.05	0.43
宁夏	1.01	24.41	0.98	23.87	0.03	0.54
淮河流域						
总计	107.13	1034.41	44.83	471.57	62.30	562.84
江苏	16.04	260.15	8.45	173.60	7.59	86.55
安徽	14.67	163.19	3.83	75.34	10.84	87.85
山东	32.79	302.27	13.07	125.52	19.72	176.75
河南	43.63	308.80	19.48	97.11	24.15	211.69
海滦河流域——其中：海河流域						
总计	236.88	2015.96	99.94	854.55	136.94	1161.41
北京	6.47	71.22	6.41	70.41	0.06	0.81
天津	9.48	131.16	7.76	117.01	1.72	14.15
河北	155.53	1254.73	62.82	478.85	92.71	775.88
山西	2.93	40.63	2.85	39.67	0.08	0.96
内蒙古	0.13	1.65	0.12	1.59	0.01	0.06
山东	46.84	405.24	7.90	67.42	38.94	337.82
河南	15.50	111.33	12.08	79.60	3.42	31.73

续表

地区	合计		电动机		内燃机	
	万台	万kW	万台	万kW	万台	万kW
海滦河流域——其中：滦河流域						
总计	12.47	87.92	8.86	57.96	3.61	29.96
河北	12.16	85.05	8.80	57.22	3.36	27.83
内蒙古	0.19	1.09	0.01	0.02	0.18	1.07
辽宁	0.12	1.78	0.05	0.72	0.07	1.06
长江流域						
总计	121.03	1557.66	54.42	1020.69	66.61	536.97
上海	4.10	30.07	4.08	29.88	0.02	0.19
江苏	17.08	204.95	12.13	152.11	4.95	52.84
浙江	4.76	38.17	4.17	34.99	0.59	3.18
安徽	7.28	128.27	5.04	95.11	2.24	33.16
江西	8.67	130.08	4.65	84.63	4.02	45.45
河南	3.64	28.56	1.63	10.98	2.01	17.58
湖北	20.83	423.46	8.21	274.59	12.62	148.87
湖南	37.54	308.79	7.39	155.43	30.15	153.36
广西	0.18	1.86	0.04	0.71	0.14	1.15
四川	11.68	194.09	4.66	131.16	7.02	62.93
贵州	3.09	27.55	0.86	15.09	2.23	12.46
云南	0.90	25.33	0.71	23.60	0.19	1.73
陕西	1.08	12.58	0.72	9.21	0.36	3.37
甘肃	0.20	3.90	0.13	3.20	0.07	0.70
珠江流域						
总计	13.41	202.01	10.06	171.27	3.35	30.74
湖南	0.16	2.00	0.04	0.90	0.12	1.10
广东	7.67	103.90	7.44	101.48	0.23	2.42
广西	3.14	54.95	1.46	36.27	1.68	18.68
贵州	1.57	10.51	0.42	3.71	1.15	6.80
云南	0.87	30.65	0.70	28.91	0.17	1.74
松花江流域						
总计	14.00	167.14	8.01	107.60	5.99	59.54
内蒙古	1.37	11.00	0.13	1.68	1.24	9.32
吉林	4.87	62.05	3.97	54.15	0.90	7.90
黑龙江	7.76	94.09	3.91	51.77	3.85	42.32
辽河流域						
总计	16.27	215.88	11.25	170.30	5.02	45.58
内蒙古	8.57	68.67	5.28	42.97	3.29	25.70
辽宁	6.96	138.99	5.61	122.59	1.35	16.40
吉林	0.74	8.22	0.36	4.74	0.38	3.48

（王淑筠）

流域固定排灌站、水轮泵站(至1990年)

流域	固定机电排灌站 合计 处	合计 装机 万台	合计 装机 万kW	电动机排灌站 处	电动机 装机 万台	电动机 装机 万kW	内燃机排灌站 处	内燃机 装机 万台	内燃机 装机 万kW	本年新增排灌站 处	装机 万台	装机 万kW	水轮泵站 处	水轮泵站 台
总计	387667	51.97	1809.31	315068	42.73	1637.22	72599	9.24	172.09	14074	85.79	56.56	16783	27031
黄河	31027	5.39	244.44	23142	4.16	224.25	7885	1.23	20.19	882	0.13	14.13	123	237
淮河	50729	7.27	284.24	44709	6.32	248.54	6020	0.95	35.70	2758	0.34	8.68	58	180
海河	18474	2.98	137.48	16378	2.69	125.30	2096	0.29	12.18	558	84.07	3.69	112	205
滦河	246	0.06	6.43	212	0.06	6.28	34	0.00	0.15	3	0.00	0.04	7	8
长江	225886	28.45	876.99	183009	23.12	793.11	42877	5.33	83.88	8281	1.04	23.25	9580	15958
珠江	46547	5.53	159.43	36000	4.43	144.66	10547	1.10	14.77	1158	0.16	4.33	6873	10363
松花江	9805	1.33	46.95	6863	1.02	42.23	2942	0.31	4.72	328	0.03	1.16	19	39
辽河	4953	0.96	53.35	4755	0.93	52.85	198	0.03	0.50	106	0.02	1.28	11	41

(王淑筠)

流域固定排灌站、水轮泵站(至1990年)

地区	固定机电排灌站 合计 处	合计 装机 万台	合计 装机 万kW	电动机排灌站 处	电动机 装机 万台	电动机 装机 万kW	内燃机排灌站 处	内燃机 装机 万台	内燃机 装机 万kW	本年新增排灌站 处	装机 万台	装机 万kW	水轮泵站 处	水轮泵站 台
黄河流域														
总计	31027	5.39	244.44	23142	4.16	224.25	7885	1.23	20.19	882	0.13	14.13	123	237
山西	6926	1.14	44.11	6017	1.03	42.05	909	0.11	2.06	241	0.04	5.17	12	37
内蒙古	1106	0.20	8.12	697	0.15	7.24	409	0.05	0.88	26	0.01	0.30	0	0
山东	3474	0.45	15.45	2085	0.29	11.50	1389	0.16	3.95	274	0.03	0.63	5	10
河南	3174	0.42	15.24	2876	0.38	13.96	298	0.04	1.28	72	0.01	0.23	3	3
陕西	7843	1.74	47.02	6006	1.19	40.04	1837	0.55	6.98	148	0.03	0.59	34	49
甘肃	6483	1.12	88.38	3575	0.82	83.73	2908	0.30	4.65	36	0.00	6.52	47	93
青海	922	0.12	8.34	867	0.11	8.18	55	0.01	0.16	21	0.00	0.20	20	42
宁夏	1099	0.20	17.78	1019	0.19	17.55	80	0.01	0.23	64	0.01	0.49	2	3
淮河流域														
总计	50729	7.27	284.24	44709	6.32	248.54	6020	0.95	35.70	2758	0.34	8.68	58	180
江苏	30766	4.34	159.43	28878	3.90	141.20	1888	0.44	18.23	1204	0.14	4.01	4	35
安徽	6007	1.13	57.62	5651	1.06	55.62	356	0.07	2.00	888	0.12	2.49	9	22
山东	8745	1.14	44.57	5806	0.80	33.06	2939	0.34	11.51	493	0.06	1.83	32	41
河南	5211	0.66	22.62	4374	0.56	18.66	837	0.10	3.96	173	0.02	0.35	13	82

续表

地区	固定机电排灌站									本年新增排灌站			水轮泵站	
	合计			电动机排灌站			内燃机排灌站			处	装机		处	台
	处	装机		处	装机		处	装机			万台	万kW		
		万台	万kW		万台	万kW		万台	万kW					
海滦河流域——其中：海河流域														
总计	18474	2.98	137.48	16378	2.69	125.30	2096	0.29	12.18	558	84.07	3.69	112	205
北京	5185	0.65	13.55	5080	0.65	13.50	105	0.00	0.05	45	0.01	0.09	1	10
天津	2011	0.47	41.75	1996	0.47	41.67	15	0.00	0.08	40	0.01	0.36	0	0
河北	2967	0.56	36.52	2540	0.48	32.82	427	0.08	3.70	102	0.01	0.83	65	117
山西	3203	0.51	14.39	2856	0.47	13.95	347	0.04	0.44	52	84.00	0.30	35	53
内蒙古	27	0.00	0.04	16	0.00	0.03	11	0.00	0.01	12	0.00	0.01	0	0
山东	2669	0.44	19.75	1749	0.31	13.04	920	0.13	6.71	211	0.03	1.67	0	0
河南	2412	0.35	11.48	2141	0.31	10.29	271	0.04	1.19	96	0.01	0.43	11	25
海滦河流域——其中：滦河流域														
总计	246	0.06	6.43	212	0.06	6.28	34	0.00	0.15	3	0.00	0.04	7	8
河北	202	0.06	6.17	181	0.06	6.05	21	0.00	0.12	3	0.00	0.04	7	8
内蒙古	8	0.00	0.01	0	0.00	0.00	8	0.00	0.01	0	0.00	0.00	0	0
辽宁	36	0.00	0.25	31	0.00	0.23	5	0.00	0.02	0	0.00	0.00	0	0
长江流域														
总计	225886	28.45	876.99	183009	23.12	793.11	42877	5.33	83.88	8281	1.04	23.25	9580	15958
上海	8063	1.12	18.77	8063	1.12	18.77	0	0.00	0.00	0	0.00	0.00	0	0
江苏	37625	4.88	120.45	34497	4.31	104.70	3128	0.57	15.75	604	0.09	1.83	0	0
浙江	19398	2.62	30.10	19078	2.59	29.88	320	0.03	0.22	911	0.25	1.42	6	9
安徽	6365	1.30	79.22	5616	1.17	73.08	749	0.13	6.14	329	0.04	1.53	102	116
江西	24460	2.91	80.62	18156	2.15	67.52	6304	0.76	13.10	1320	0.14	3.33	1237	1587
河南	737	0.09	4.19	380	0.05	2.74	357	0.04	1.45	7	0.00	0.05	9	24
湖北	17374	2.49	204.66	14396	2.13	190.46	2978	0.36	14.20	0	0.00	5.40	625	113
湖南	63826	7.22	165.37	39864	4.42	139.77	23962	2.80	25.60	4304	0.44	6.97	3734	6924
广西	703	0.07	1.13	284	0.03	0.67	419	0.04	0.46	20	0.00	0.00	327	471
四川	34016	4.06	126.34	31195	3.76	123.19	2821	0.30	3.15	621	0.07	1.82	355	482
贵州	6366	0.70	15.75	5375	0.60	14.17	991	0.10	1.58	0	0.00	0.00	2483	5377
云南	3998	0.49	20.54	3834	0.47	20.07	164	0.02	0.47	133	0.01	0.83	53	122
陕西	2111	0.40	6.86	1666	0.25	5.42	445	0.15	1.44	26	0.00	0.04	509	542
甘肃	844	0.10	2.99	605	0.07	2.67	239	0.03	0.32	6	0.00	0.03	140	191
珠江流域														
总计	46547	5.53	159.43	36000	4.43	144.66	10547	1.10	14.77	1158	0.16	4.33	6873	10363
湖南	769	0.08	1.86	425	0.04	0.94	344	0.04	0.92	14	0.00	0.69	146	216
广东	18933	2.47	80.41	18602	2.44	79.71	331	0.03	0.70	113	0.04	0.59	972	1589
广西	20336	2.21	46.78	11196	1.26	34.71	9140	0.95	12.07	737	0.09	1.75	5148	7671
贵州	1779	0.19	3.52	1174	0.13	2.78	605	0.06	0.74	0	0.00	0.00	550	779
云南	4730	0.58	26.86	4603	0.56	26.52	127	0.02	0.34	294	0.03	1.30	57	108

续表

地区	固定机电排灌站 合计 处	装机 万台	装机 万kW	电动机排灌站 处	装机 万台	装机 万kW	内燃机排灌站 处	装机 万台	装机 万kW	本年新增排灌站 处	装机 万台	装机 万kW	水轮泵站 处	台
松花江流域														
总计	9805	1.33	46.95	6863	1.02	42.23	2942	0.31	4.72	328	0.03	1.16	19	39
内蒙古	462	0.05	1.33	60	0.01	0.52	402	0.04	0.81	155	0.01	0.11	0	0
吉林	4440	0.65	23.95	4244	0.63	23.63	196	0.02	0.32	1	0.00	0.20	2	5
黑龙江	4903	0.63	21.67	2559	0.38	18.08	2344	0.25	3.59	172	0.02	0.85	17	34
辽河流域														
总计	4953	0.96	53.35	4755	0.93	52.85	198	0.03	0.50	106	0.02	1.28	11	41
内蒙古	322	0.06	2.44	271	0.05	2.35	51	0.01	0.09	46	0.01	0.06	3	28
辽宁	4185	0.81	49.22	4048	0.79	48.84	137	0.02	0.38	55	0.01	1.18	8	13
吉林	446	0.09	1.69	436	0.09	1.66	10	0.00	0.03	5	0.00	0.04	0	0

(王淑筠)

流域机电井(至1990年)

流域	机电井(万眼)	其中:牧区机电井(眼)	已配套机电井 合计(万眼)	装机 万台	装机 万kW	其中:完好数量(万眼)	机配井 眼数(万眼)	装机 万台	装机 万kW
总计	267.73	24872	231.66	265.39	2247.45	216.73	81.58	101.58	928.71
黄河	45.23	20543	41.17	43.83	366.86	37.84	8.05	8.92	75.64
淮河	80.83	0	59.26	60.82	438.17	54.52	31.30	31.77	276.68
海河	99.16	104	93.63	123.51	1077.74	90.59	30.29	49.31	460.75
滦河	9.58	120	7.72	7.69	49.54	7.50	1.10	1.05	11.18
长江	6.43	15	5.80	5.64	50.00	5.05	2.25	2.26	21.96
珠江	0.14	0	0.13	0.13	1.86	0.12	0.04	0.04	0.21
松花江	12.45	832	10.70	10.55	101.56	9.42	4.23	3.93	38.43
辽河	13.91	3258	13.25	13.22	161.72	11.69	4.32	4.30	43.86

流域	已配套机电井 电配井 眼数(万眼)	装机 万台	装机 万kW	其中:牧区机电井 眼数(眼)	装机 台	装机 kW	本年新增配套井(眼)	本年报废配套井(眼)
总计	150.08	163.81	1318.74	20227	20233	141228	180103	101175
黄河	33.12	34.91	291.22	16609	16578	100111	21670	11533
淮河	27.96	29.05	161.49	0	0	0	50241	29351
海河	63.34	74.20	616.99	29	29	500	65262	40106
滦河	6.62	6.64	38.36	119	119	1734	5969	2385
长江	3.55	3.38	28.04	12	12	141	4912	10172
珠江	0.09	0.09	1.65	0	0	0	196	6
松花江	6.47	6.62	63.13	663	663	9214	8238	2619
辽河	8.93	8.92	117.86	2795	2832	29528	23615	5003

(王淑筠)

流 域 机 电

地区	机电井（万眼）	其中：牧区机电井（眼）	已配套 合计（万眼）	已配套 装机 万台	已配套 装机 万 kW	其中：完好数量（万眼）	机配 眼数（万眼）	机配 装 万台
黄 河								
总计	45.23	20543	41.17	43.83	366.86	37.84	8.05	8.92
山西	5.84	0	5.29	5.59	66.50	4.81	0.18	0.31
内蒙古	6.37	19798	5.57	5.60	42.37	4.77	2.09	2.09
山东	6.04	0	5.37	6.54	58.34	5.17	1.67	2.27
河南	12.45	0	11.57	11.76	83.24	10.78	3.28	3.33
陕西	12.73	0	11.68	12.64	91.72	10.81	0.68	0.76
甘肃	0.81	21	0.81	0.83	17.14	0.66	0.12	0.13
青海	0.10	53	0.09	0.09	1.19	0.09	0.01	0.01
宁夏	0.89	671	0.79	0.78	6.36	0.75	0.02	0.02
淮 河								
总计	80.83	0	59.26	60.82	438.17	54.52	31.30	31.77
江苏	4.88	0	3.19	3.16	21.17	2.80	0.91	0.84
安徽	11.40	0	4.72	4.49	32.76	4.15	3.47	3.23
山东	23.57	0	17.84	19.13	159.84	17.39	8.92	9.72
河南	40.98	0	33.51	34.04	224.40	30.18	18.00	17.98
海 滦 河 流 域—								
总计	99.16	104	93.63	123.51	1077.74	90.59	30.29	49.31
北京	4.41	0	4.33	4.39	50.82	4.26	0.09	0.01
天津	2.77	0	2.73	2.73	29.22	2.44	0.10	0.10
河北	64.08	104	60.54	85.98	762.73	60.04	19.64	35.24
山西	2.58	0	2.37	2.39	25.75	2.02	0.04	0.04
内蒙古	0.17	0	0.13	0.13	1.61	0.09	0.01	0.01
山东	12.28	0	11.34	15.12	126.02	10.98	8.75	12.04
河南	12.87	0	12.19	12.77	81.59	10.76	1.66	1.87
海 滦 河 流 域—								
总计	9.58	120	7.72	7.69	49.54	7.50	1.10	1.05
河北	9.36	0	7.53	7.50	46.91	7.41	0.95	0.90
内蒙古	0.09	120	0.08	0.08	1.05	0.06	0.08	0.08
辽宁	0.13	0	0.11	0.11	1.58	0.03	0.07	0.07

井(至1990年)

机电井				其中：牧区机电井			本年新增配套井（眼）	本年报废配套井（眼）
井机	配电井			眼数	装机			
	眼数	装机						
万kW	（万眼）	万台	万kW	（眼）	台	kW		
流			域					
75.64	33.12	34.91	291.22	16609	16578	100111	21670	11533
3.28	5.11	5.28	63.22	0	0	0	2066	1052
13.78	3.48	3.51	28.59	15866	15866	93113	5818	1418
19.95	3.70	4.27	38.39	0	0	0	3428	1342
29.59	8.29	8.43	53.65	0	0	0	4863	4785
7.00	11.00	11.88	84.72	0	0	0	5096	2895
1.66	0.69	0.70	15.48	21	21	219	29	17
0.09	0.08	0.08	1.10	51	51	639	1	11
0.29	0.77	0.76	6.07	671	640	6140	369	13
流			域					
276.68	27.96	29.05	161.49	0	0	0	50241	29351
7.16	2.28	2.32	14.01	0	0	0	1053	1424
27.03	1.25	1.26	5.73	0	0	0	5368	1166
86.80	8.92	9.41	73.04	0	0	0	14707	5052
155.69	15.51	16.06	68.71	0	0	0	29113	21709
其中：海河流域								
460.75	63.34	74.20	616.99	29	29	500	65262	40106
0.10	4.24	4.38	50.72	0	0	0	1429	943
0.90	2.63	2.63	28.32	0	0	0	533	806
338.17	40.90	50.74	424.56	29	29	500	52699	30019
0.48	2.33	2.35	25.27	0	0	0	758	896
0.05	0.12	0.12	1.56	0	0	0	169	273
104.42	2.59	3.08	21.60	0	0	0	5147	3980
16.63	10.53	10.90	64.96	0	0	0	4527	3189
其中：滦河流域								
11.18	6.62	6.64	38.36	119	119	1734	5969	2385
9.15	6.58	6.60	37.76	0	0	0	5854	2385
1.03	0.00	0.00	0.02	119	119	1734	15	0
1.00	0.04	0.04	0.58	0	0	0	100	0

地 区	机电井（万眼）	其中：牧区机电井（眼）	已配套 合计（万眼）	装机 万台	装机 万 kW	其中：完好数量（万眼）	机配 眼数（万眼）	机配 装 万台
长江								
总 计	6.43	15	5.80	5.64	50.00	5.05	2.25	2.26
江 苏	0.01	0	0.01	0.01	0.20	0.01	0.00	0.00
浙 江	0.02	0	0.02	0.02	0.07	0.02	0.00	0.00
安 徽	0.04	0	0.02	0.02	0.07	0.02	0.00	0.00
江 西	0.20	0	0.16	0.17	1.74	0.16	0.05	0.06
河 南	3.28	0	2.94	2.99	20.16	2.47	1.48	1.51
湖 北	0.63	0	0.63	0.50	9.21	0.42	0.18	0.14
四 川	1.41	15	1.27	1.14	11.05	1.26	0.39	0.39
云 南	0.15	0	0.13	0.13	1.87	0.12	0.00	0.00
陕 西	0.60	0	0.53	0.57	4.73	0.48	0.12	0.13
甘 肃	0.09	0	0.09	0.09	0.90	0.09	0.03	0.03
珠江								
总 计	0.14	0	0.13	0.13	1.86	0.12	0.04	0.04
广 西	0.08	0	0.08	0.08	0.95	0.07	0.03	0.03
云 南	0.06	0	0.05	0.05	0.91	0.05	0.01	0.01
松花江								
总 计	12.45	832	10.70	10.55	101.56	9.42	4.23	3.93
内蒙古	1.31	576	1.00	1.05	9.54	0.91	0.88	0.92
吉 林	4.47	256	3.87	3.86	36.60	3.34	0.75	0.74
黑龙江	6.67	0	5.83	5.64	55.42	5.17	2.60	2.27
辽河								
总 计	13.91	3258	13.25	13.22	161.72	11.69	4.32	4.30
内蒙古	7.19	3223	6.61	6.67	67.60	5.96	2.75	2.81
辽 宁	6.12	0	6.04	5.96	88.03	5.52	1.24	1.16
吉 林	0.60	35	0.60	0.59	6.09	0.21	0.33	0.33

续表

机电井	电配井			其中：牧区机电井			本年新增配套井(眼)	本年报废配套井(眼)
机	眼数(万眼)	装机		眼数(眼)	装机			
万kW		万台	万kW		台	kW		
流域								
21.96	3.55	3.38	28.04	12	12	141	4912	10172
0.00	0.01	0.01	0.20	0	0	0	7	0
0.00	0.02	0.02	0.07	0	0	0	0	0
0.00	0.02	0.02	0.07	0	0	0	94	2
0.65	0.11	0.11	1.09	0	0	0	136	37
12.33	1.46	1.48	7.83	0	0	0	4209	9909
4.02	0.45	0.36	5.19	0	0	0	200	0
3.42	0.88	0.75	7.63	12	12	141	152	16
0.01	0.13	0.13	1.86	0	0	0	39	4
1.23	0.41	0.44	3.50	0	0	0	75	159
0.30	0.06	0.06	0.60	0	0	0	0	45
流域								
0.21	0.09	0.09	1.65	0	0	0	196	6
0.17	0.05	0.05	0.78	0	0	0	178	0
0.04	0.04	0.04	0.87	0	0	0	18	6
流域								
38.43	6.47	6.62	63.13	663	663	9214	8238	2619
8.29	0.12	0.13	1.25	407	407	6915	2713	1100
6.61	3.12	3.12	29.99	256	256	2299	1936	40
23.53	3.23	3.37	31.89	0	0	0	3589	1479
流域								
43.86	8.93	8.92	117.86	2795	2832	29528	23615	5003
26.14	3.86	3.86	41.46	2760	2797	29101	12267	3167
14.64	4.80	4.80	73.39	0	0	0	10248	1836
3.08	0.27	0.26	3.01	35	35	427	1100	0

（王淑筠）

全国历年堤防长度、保护面积及水闸座数

年 份	堤防						水闸（座）			
	合 计		主要堤防		一般堤防		合 计	大 型	中 型	小 型
	长 度 (km)	保护面积 (万亩)	长 度 (km)	保护面积 (万亩)	长 度 (km)	保护面积 (万亩)				
1973	112966		48760		64206		16942	160	1088	15694
1974	145447	43337	47112	32124	98335	11213	21541	196	1286	20059
1975	149141	43868	46041	29896	103100	13972	20998	224	1433	19341
1976	158285	48306	46370	33781	111915	14525	23036	249	1513	21274
1977	165774	48296	43110	31485	122664	16811	27073	256	1607	25210
1978	164585	47886	44024	31853	120561	16033	25909	266	1732	23911
1979	168276	48129	43349	30561	124927	17568	25694	241	1802	23651
1980	170645	50431	43257	33544	127388	16887	26656	250	1783	24623
1981	170644	50431	43256	33544	127388	16887	26834	252	1837	24745
1982	170645	50431	43256	33544	127389	16887	24906	253	1949	22704
1983	175499	50823	46125	33503	129374	17320	24980	263	1912	22805
1984	178958	53188	53046	34368	125912	18820	24862	290	1941	22631
1985	177048	46590	53739	31071	123309	15519	24816	294	1957	22565
1986	185045	47498	55706	31918	129339	15580	25315	299	2032	22984
1987	200175	48307	56067	31697	144108	16610	26131	299	2060	23772
1988	203709	48495	56267	31672	147442	16823	26319	300	2060	23959
1989	216979	47949	56634	31178	160345	16771	26739	308	2086	24345
1990							27649	316	2126	25207

（王淑筠）

三、水利基本建设

历年水利基建投资占全国农林水气投资比重(一)

（单位:亿元）

年 份	全国基建总投资	其中：农林水气投资		其中：水利基建投资		
		合 计	占全国基建投资 (%)	合 计	占全国基建投资 (%)	占农林水气 (%)
1950	11.34			0.92	8.1	
1951	23.46			1.95	8.3	
1952	43.56	6.46	14.8	3.28	7.5	51
1953	90.44	7.85	8.7	3.40	3.8	43

续表

年　份	全国基建总投资	其中：农林水气投资		其中：水利基建投资		
		合　计	占全国基建投资（%）	合　计	占全国基建投资（%）	占农林水气（%）
1954	99.07	4.13	4.2	2.31	2.3	56
1955	100.36	6.19	6.2	3.58	3.6	58
1956	155.28	12.11	7.8	7.42	4.8	61
1957	143.32	12.71	8.8	7.59	5.3	60
1958	269.00	28.00	10.4	21.33	7.9	76
1959	349.72	36.28	10.4	24.52	7.0	68
1960	388.69	49.90	12.8	33.39	8.6	67
1961	127.42	17.80	13.9	9.60	7.5	54
1962	71.26	14.42	20.2	7.80	10.9	54
1963	98.16	23.19	23.6	8.68	8.8	37
1964	144.12	28.19	19.6	10.08	7.0	36
1965	179.61	24.57	13.7	10.16	5.7	41
1966	209.42	24.41	11.7	16.14	7.7	66
1967	140.17	23.07	16.5	14.58	10.4	63
1968	113.06	13.86	12.3	8.81	7.8	64
1969	200.83	19.99	10.0	13.57	6.8	68
1970	312.55	26.26	8.4	17.04	5.5	65
1971	340.84	32.14	9.4	21.00	6.2	65
1972	327.98	35.82	10.9	22.29	6.8	62
1973	338.10	40.24	11.9	24.09	7.1	60

（王淑筠）

历年水利基建投资占全国农林水气投资比重(二)

（单位:亿元）

年　份	全国基建总投资	其中：农林水气投资		其中：水利基建投资		
		合　计	占全国基建投资（%）	合　计	占全国基建投资（%）	占农林水气（%）
1974	347.71	39.75	11.4	23.67	6.8	60
1975	409.32	41.96	10.3	26.06	6.4	62
1976	376.44	44.50	11.8	29.14	7.7	65
1977	382.37	44.79	11.7	28.66	7.5	64
1978	500.99	56.47	11.3	35.33	7.1	63
1979	523.48	62.50	11.9	37.04	7.1	59
1980	558.89	59.69	10.7	27.07	4.8	45
1981	442.91	35.23	8.0	13.57	3.1	38
1982	555.53	39.88	7.2	17.47	3.1	44
1983	594.13	42.84	7.2	21.13	3.5	49
1984	743.15	46.14	6.2	20.68	2.8	45
1985	1074.37	51.27	4.8	20.16	1.9	39
1986	1176.10	54.64	4.6	22.87	1.9	42
1987	1324.11	66.08	5.0	27.10	2.0	41
1988	1574.31	47.19	3.0	30.65	1.9	65
1989	1537.99	71.35	4.6	35.55	2.3	50
1990	1705.00	70.44	4.1	48.72	2.9	69
恢复时期	78.36			6.15	0.0	

续表

年 份	全国基建总投资	其中：农林水气投资 合计	其中：农林水气投资 占全国基建投资(%)	其中：水利基建投资 合计	其中：水利基建投资 占全国基建投资(%)	其中：水利基建投资 占农林水气(%)
"一五"时期	588.47	42.99	7.3	24.30	4.1	57
"二五"时期	1206.09	146.40	12.1	96.64	8.0	66
三年调整时期	421.89	75.95	18.0	28.92	6.9	38
"三五"时期	976.03	107.59	11.0	70.14	7.2	65
"四五"时期	1763.95	189.91	10.8	117.11	6.6	62
"五五"时期	2342.17	267.95	11.4	157.24	6.7	59
"六五"时期	3410.09	215.36	6.3	93.01	2.7	43
1953～1990合计	17996.68	1387.38	7.7	752.25	4.2	54

资料来源：基建统计资料(1949～1979)，国民经济统计提要(1949～1984)，1980年以后资料采用固定资产投资统计年报。

（王淑筠）

全国各时期水利基本建设新增固定资产

时 期	水利基建投资(亿元)	新增固定资产(亿元)	固定资产交付使用率(%)
1952	3.28	2.92	89
"一五"时期	24.30	19.81	82
"二五"时期	96.64	59.98	62
三年调整时期	28.92	23.46	81
"三五"时期	70.14	52.81	75
"四五"时期	117.11	74.70	64
"五五"时期	157.24	102.61	65
其中：1978	35.32	21.91	62
1979	37.04	25.38	69
1980	27.07	17.88	66
"六五"时期	93.01	80.25	86
1981	13.57	11.07	82
1982	17.47	10.91	62
1983	21.13	28.30	34
1984	20.68	14.21	69
1985	20.16	15.76	78
"七五"时期			
1986	22.87	19.21	84
1987	27.10	18.64	69
1988	30.65	17.05	56
1989	35.55	22.83	64
1990	48.72	33.32	68
1953～1990合计	752.25	524.67	70

（王淑筠）

全国各时期水利基本建设完成实物量

时 期	土方(亿 m³)	石方(亿 m³)	混凝土(万 m³)
"一五"时期	17.59	0.26	264.58
"二五"时期	87.41	5.26	1331.03
三年调整时期	12.95	0.68	434.42
"四五"时期	52.97	5.11	1900.89
"五五"时期	69.32	8.29	3409.25
其中：1978	13.98	1.96	807.69
1979	20.61	1.63	746.34
1980	5.50	0.54	506.21
"六五"时期	11.63	1.09	1270.55
1981	2.08	0.25	230.78
1982	1.95	0.21	244.92
1983	2.43	0.20	283.03
1984	2.65	0.23	267.84
1985	2.52	0.20	243.98
"七五"时期			
1986	2.41	0.20	225.43
1987	3.10	0.26	275.63
1988	2.93	0.23	298.16
1989	3.17	0.29	328.12
1990	3.32	0.27	437.05
1953～1990合计	266.80	21.94	10175.11

（王淑筠）

水利基本建设财务拨款情况(1990年)

(单位:万元)

地区	上年末结余		本年财务拨款、贷款									本年财务支出	年末结余现存款
	现金存款	库存设备材料	合计	国家预算内资金	国内贷款	利用外资	自筹资金				其他资金		
							小计	中央各部自筹	地方自筹	企、事业单位自筹			
全国总计	17136	10460	521343	279037	27637	38324	147064	1750	123531	21783	29281	512165	24615
北京	3	738	22855	14932		200	20			20	7703	22668	
天津	218		4270	2830			1417		700	717	23	4372	111
河北			11086	9528	100		1458		1402	56		11083	3
山西	82	141	12646	5440			7206		7146	60		12390	220
内蒙古			11188	8315		950	1590		1420	170	333	11146	42
辽宁	1461	229	30574	8709	4400	3383	12667		10543	2124	1415	30433	718
吉林			10718	6976			2792		2792		950	10718	
黑龙江			15300	7594			376		256	120	7330	15300	
上海	243	683	13647	3546			10101		4929	5172		14427	146
江苏	14	65	16803	10754			6023	1290	3137	1596	26	16498	319
浙江	1493	192	11910	7014	100		4746		4496	250	50	10676	2829
安徽	1417	255	20974	13068		5042	2745		2499	246	119	20413	899
福建	1498	413	11897	3293	4629		3352	460	2501	391	623	11941	1802
江西	161	45	14295	7720	2312		3772		2259	1513	491	14371	133
山东	168	421	21382	18076	200		3106		3026	80		21404	309
河南	2397	2527	50827	45322	400		4893		4765	128	212	50303	2258
湖北	539	932	34599	17657	300		16642		11361	5281		35141	755
湖南			15617	11217	100		4300		4300			15617	
广东	1247		58824	7159	3685	19000	24095		23822	273	4885	55253	4818
广西	233	147	8188	6429	176		1527		1477	50	56	7612	496
海南	745	108	3560	3130	390		40		40			3147	1158
四川	546	206	25811	15764	2060		6884		5180	1704	1103	26352	719
贵州	42		13083	5659	4962		1891		1608	283	571	12694	390
云南	549	4	16252	4118			11190		11005	185	944	15128	1653
西藏			435	435								435	
陕西	2248	254	8659	7152	10	536	961		376	585		9526	1506
甘肃	757	2602	25850	10258	169	8643	6064		5984	80	716	25206	1617
青海	443		6683	2917	2204	570	895		585	310	97	6538	572
宁夏	329	498	4929	3850	30		299		229	70	750	5433	149
新疆	303		18481	10175	1410		6012		5693	319	884	15940	993

(王淑筠)

水利基本建设完成投资额(1990年)

(单位:万元)

地 区	本年计划投资 合计	本年计划投资 其中:国家投资	本年完成投资 合计	本年完成投资 其中:国家投资	其中:地方项目投资 合计	其中:地方项目投资 其中:国家投资	拨付其他单位基建款	完成次年预拨投资
全国总计	538198	290150	487203	278314	388311	187777	7076	2684
北 京	26578	14952	18880	11147	13989	6256	3443	
天 津	4384	2824	4378	2830	2608	1184		
河 北	11093	9628	11046	9628	7097	5735		
山 西	12646	5440	10755	4632	10327	4204	412	
内蒙古	10288	8285	11102	8271	7019	4188	30	
辽 宁	28179	9165	26975	9142	26661	8828	304	
吉 林	10943	7074	10548	6806	9237	5495	170	
黑龙江	15803	8017	15701	7915	13097	5427	102	63
上 海	18346	7574	13556	7549	13028	7021		
江 苏	18703	10534	16131	10270	13249	7414	372	120
浙 江	8748	6898	10128	6566	9395	5833		150
安 徽	21759	13413	21390	12938	14408	6111	123	
福 建	12406	4358	11338	3807	11293	3762		
江 西	14726	7720	14269	7750	11592	5135		
山 东	21433	18105	21415	18076	12837	9561		
河 南	51179	44984	49795	44480	19590	14531	908	331
湖 北	35893	17757	34442	17154	20339	8521	343	99
湖 南	15617	11217	15617	11217	9405	6005		
广 东	58852	7179	40749	6969	39043	5497		608
广 西	8423	6557	7216	5938	7216	5938		
海 南	3560	3130	3107	2677	3082	2652		
四 川	25406	15881	26351	16188	25135	15092	484	1022
贵 州	13164	5659	12734	5659	12516	5489		
云 南	15968	4105	14894	4092	14601	3919	142	291
西 藏	435	435	435	435	435	435		
陕 西	19026	11073	9368	7860	6479	5476	57	
甘 肃	27703	11550	25559	10702	25339	10482	100	
青 海	6324	2917	7190	2917	7180	2907		
宁 夏	4888	3791	5610	4563	5610	4563		
新 疆	15725	9928	16524	10136	16504	10116	86	

(王淑筠)

水利基本建设投资完成额(按隶属关系分)(1990年)

(单位:万元)

地区	合计	部直属	部直供	省属	地市属	县属
全国总计	487203	72297	26595	205872	101466	80973
北京	18880	4891		13989		
天津	4378	1770		2608		
河北	11046	3949		6526	571	
山西	10755	238	190	7038	3289	
内蒙古	11102	4083		950	5511	558
辽宁	26975	170	144	14177	7321	5163
吉林	10548	939	372	436	1573	7228
黑龙江	15701	80	2524	2025	10532	540
上海	13556	528		13028		
江苏	16131	2168	714	7938	5311	
浙江	10128	133	600	2046	1513	5836
安徽	21390	600	6382	5249	7111	2048
福建	11338	45		118	3522	7653
江西	14269	165	2512	1496	348	9748
山东	21415	7654	924	12837		
河南	49795	28574	1631	10939	8651	
湖北	34442	9967	4136	1598	8294	10447
湖南	15617	166	6046	9405		
广东	40749	1706		15997	18606	4440
广西	7216			1537	980	4699
海南	3107	25		1293	82	1707
四川	26351	1216		13940	2189	9006
贵州	12734	218		2348	10078	90
云南	14894	293		8030	1386	5185
西藏	435			435		
陕西	9368	2469	420	4944	489	1046
甘肃	25559	220		18668	2434	4237
青海	7190	10		5343	1675	162
宁夏	5610			4430		1180
新疆	16524	20		16504		

(王淑筠)

全国历年解决人畜饮水情况

年份	需要解决的数量		已解决的数量	
	万人	万头	万人	万头
1975	4982	4439	2796	1260
1976	5217	4725	3037	1417
1977	6018	5297	3431	1701
1978	6827	5515	3796	1995
1979	8080	5147	4005	2096
1980	10423	6415	5294	3092
1981	10754	7299	5792	3390
1982	11752	7368	6382	3597
1983	12298	8003	6660	3991
1984	14929	8970	7673	4319
1985	15976	9146	8467	4609
1986	17586	10555	9390	5576
1987	19017	10708	10571	6213
1988	19554	11354	11487	6756
1989	19981	11726	12314	7303

（王淑筠）

水利基本建设投产的大中型项目和新增效益(1990年)

项目	新增建设能力或效益				
	名称	单位	建设规模	自开始建设至本年底止累计新增	本年新增
一、全部建成投产项目					
1、察尔森水库	水库库容	亿 m^3	13.65	13.65	13.65
	发电装机	万 kW	1.28	1.28	0.64
2、桃山水库	水库库容	亿 m^3	2.64	2.64	2.64
二、部分建成投产项目					
1、淮河干流堤防加固	有效灌溉面积	万亩	10.16	0.16	0.11
	除涝面积	万亩	134.83	85.27	6.09
	排灌装机	万 kW	1.28	1.45	0.39
2、茨淮新河工程	有效灌溉面积	万亩	198.00	87.60	7.74
	除涝面积	万亩	1500.00	359.69	17.82
	排灌装机	万 kW	6.47	5.76	0.18
3、牛头山水库及灌区	水库库容	亿 m^3	3.03	3.03	3.03
	发电装机	万 kW	0.64	0.64	0.64
4、巢湖治理	排灌装机	万 kW	1.48	1.00	1.00
	改善灌溉面积	万亩	356.00		
	改善除涝面积	万亩	20.00		
5、花凉亭灌区	有效灌溉面积	万亩	105.83	65.00	1.50

续表

项目	新增建设能力或效益 名称	单位	建设规模	自开始建设至本年底止累计新增	本年新增
6、龙门滩电站	水库库容	亿 m^3	0.54	0.54	
	发电装机	万 kW	4.40	1.80	1.80
7、大段电站	水库库容	亿 m^3	1.15	1.15	1.15
	发电装机	万 kW	1.28	0.64	0.64
8、苏泗庄引黄灌溉	有效灌溉面积	万亩	60.00	2.00	2.00
9、赵口引黄灌区	有效灌溉面积	万亩	128.00	4.00	4.00
10、渠村引黄灌区	有效灌溉面积	万亩	74.63	24.20	16.00
11、人民渠七期	水库库容	亿 m^3	4.11	3.92	
	有效灌溉面积	万亩	131.51	60.71	1.44
	发电装机	万 kW	0.45	0.32	0.32
12、玉溪河引水	水库库容	亿 m^3	0.25	0.25	
	有效灌溉面积	万亩	18.81	14.93	
	发电装机	万 kW	1.53	1.53	0.25
13、武都引水	水库库容	亿 m^3	1.74		
	有效灌溉面积	万亩	126.98		
	发电装机	万 kW	2.46	0.88	0.88
14、升钟水库	水库库容	亿 m^3	13.39	13.39	
	有效灌溉面积	万亩	156.00	21.35	3.36
	发电装机	万 kW	0.44	0.44	
	排灌装机	万 kW	1.89	1.29	0.11
15、景泰川电灌	有效灌溉面积	万亩	50.00	14.26	6.71
	排灌装机	万 kW	17.50	8.73	4.91
16、观音岩电站	水库库容	亿 m^3	1.23		
	发电装机	万 kW	1.26	1.26	1.26

（王淑筠）

水利基本建设本年新增效益(1990年)

地区	水库总库容（亿 m^3）	有效灌溉面积（万亩）	除涝面积（万亩）	发电装机容量（万 kW）	排灌装机（万 kW）
全国总计	29.64	181.75	93.31	16.43	9.95
河北		13.12	3.00	0.25	
山西				1.75	
内蒙古	14.05	3.17		0.64	
辽宁		0.67	1.50	0.03	0.25
吉林	0.17			1.02	
黑龙江	2.64	11.00			

续表

地 区	水库总库容（亿 m^3）	有效灌溉面积（万亩）	除涝面积（万亩）	发电装机容量（万 kW）	排灌装机（万 kW）
江 苏		16.00			
浙 江	3.25			0.64	
安 徽		16.43	19.83	0.50	1.70
福 建	0.34	0.30		5.06	0.01
江 西	1.15			0.64	
山 东		14.20	18.10		
河 南	5.71	30.44	19.89		0.24
湖 北		11.00	2.00	0.07	0.88
湖 南		6.22	6.60	0.88	0.94
广 东	0.09	4.05		1.00	0.02
广 西	0.60	0.90		0.07	
海 南	0.03	0.04		0.37	
四 川	0.01	10.68		1.45	0.15
贵 州		3.34	0.41	2.02	
云 南	1.32	10.03	0.10	0.03	
陕 西		5.07	21.88		0.07
甘 肃	0.04	11.36			5.69
青 海		3.11			
宁 夏		4.07			
新 疆	0.24	6.55		0.01	

（王淑筠）

水利基本建设利用外资项目一览表（1990年）

（投资：万元）

建设项目	计划总投资	自开始建设至本年底止累计完成投资	本年计划投资 合计	本年计划投资 其中：国家投资	本年完成投资 合计	本年完成投资 其中：国家投资	另：完成次年预拨投资	新增固定资产 自开始建设至本年底止累计	新增固定资产 其中：本年	自开始建设至本年底累计完成不增加固定资产投资	年末未完工程累计完成投资
北 京											
九龙公司游乐园	12622	11493	200		10			11483			10
其中：利用外资	1172	1172			10						
内 蒙 古											
河套灌区工程配套	128400	25464	2882	1506	3832	1506		15529	687	4217	5718
其中：利用外资	22320	1367	950		950						
辽 宁											
观音阁水库	93287	36101	12883	2000	12883	2000		1722	484	92	34287
其中：利用外资	58436	6101	3383		3383						

续表

建设项目	计划总投资	自开始建设至本年底止累计完成投资	本年计划投资 合计	本年计划投资 其中:国家投资	本年完成投资 合计	本年完成投资 其中:国家投资	另:完成次年预拨投资	新增固定资产 自开始建设至本年底止累计	新增固定资产 其中:本年	自开始建设至本年底累计完成不增加固定资产投资	年末未完工程累计完成投资
安　徽											
1、巢湖治理	22784	15959	5140	600	4088	361		9569	2929	337	6053
其中:利用外资	12350	10573	4540		3348						
2、淠史杭灌区配套	25920	18372	4266	1981	4492	1954		17148	4342	389	835
其中:利用外资	15399	11271	2285		2538						
广　东											
东江—深圳供水工程	165045	11263	25283		11263						11263
其中:利用外资	110000	4463	18483		4463						
甘　肃											
1、引大入秦	106530	37963	14500	500	12429	500		4388	86	406	33169
其中:利用外资	12300	11099	7500		6297						
2、兴堡子川电灌	10465	10162	210	210	219	160		759		1408	7995
其中:利用外资	1625	1403			5						
青　海											
乌兰西赛灌区	3988	1295	924	234	924	234		148	89	68	1079
其中:利用外资	2390	842	570		570						
陕　西											
1、东雷抽黄二期工程	50020	3776	10636	5636	3576	3091		105		95	3576
其中:利用外资	20720	485	5000		485						
2、定边供水工程	13828	378	2423	463	378	327					378
其中:利用外资	5580	51	1600		51						

（王淑筠）

四、水　利　财　政

全国各时期水利财政支出占国家财政总支出比重

（单位:亿元）

时期	国家财政总支出	农林水气支出 合计	农林水气支出 占国家财政总支出比重(%)	水利财政支出 合计	水利财政支出 占国家财政总支出比重(%)	水利财政支出 占农林水气支出比重(%)
1950～1989年合计	34363.9	3123.4	9.1	1335.80	3.9	42.8
三年恢复时期	366.6	12.6	3.4	7.59	2.1	60.2
"一五"时期	1369.8	81.1	5.9	40.06	2.9	49.4
"二五"时期	2277.7	255.0	11.3	120.07	5.3	47.1

续表

时期	国家财政总支出	农林水气支出 合计	农林水气支出 占国家财政总支出比重（%）	水利财政支出 合计	水利财政支出 占国家财政总支出比重（%）	水利财政支出 占农林水气支出比重（%）
三年调整时期	1204.9	139.8	11.6	71.30	5.9	51.0
“三五”时期	2518.6	191.2	7.6	104.48	4.1	54.6
“四五”时期	3919.6	350.2	8.9	188.58	4.8	53.8
“五五”时期	5246.5	614.5	11.7	300.50	5.7	48.9
其中：1978	1111.0	136.8	12.3	68.05	6.1	49.7
1979	1273.1	159.3	12.5	79.48	6.2	49.9
1980	1212.7	136.0	11.2	58.75	4.8	43.2
“六五”时期	6952.0	646.3	9.2	236.76	3.4	36.6
1981	1115.0	101.7	9.1	41.65	3.7	40.9
1982	1153.3	112.9	9.8	46.64	4.0	41.3
1983	1292.5	132.9	10.3	51.33	4.0	38.6
1984	1546.4	145.2	9.4	49.24	3.2	33.9
1985	1844.8	153.6	8.3	47.90	2.6	31.2
“七五”时期						
1986	2330.8	184.1	7.9	62.42	2.7	33.9
1987	2455.9	194.3	7.9	62.22	2.5	32.0
1988	2706.6	197.8	7.0	68.43	2.5	34.6
1989	3014.6	256.5	9.0	73.39	2.4	28.6

资料来源：财政部农业财务司

（王淑筠）

（京）新登字115号

中国水利年鉴

1991

中国水利年鉴编辑委员会 编

水利电力出版社出版、发行
（北京三里河路6号）
水利电力出版社微机排版组排版 水利电力出版社印刷厂印刷
各地新华书店经售

787×1092毫米 16开本 45印张 1463千字 9插页
1992年5月第一版 1992年5月北京第一次印刷
印数0001—4000册 精装定价**49.00**元
ISBN 7-120-01509-5/TV·561